"十四五"时期国家重点出版物出版专项规划项目

国家古籍工作规划项目

中国禅宗典籍丛刊

续传灯录 上

吕有祥　点校

中州古籍出版社
·郑州·

图书在版编目（CIP）数据

续传灯录 / 吕有祥点校 . —郑州：中州古籍出版社，2022. 11
（中国禅宗典籍丛刊）
ISBN 978-7-5738-0514-0

Ⅰ.①续… Ⅱ.①吕… Ⅲ.①僧侣－列传－中国－古代 Ⅳ.① B949.92

中国版本图书馆 CIP 数据核字（2022）第 226049 号

XU CHUANDENG LU
续传灯录

出 版 人	许绍山
策划编辑	刘　晓
责任编辑	刘　晓
责任校对	唐志辉
装帧设计	曾晶晶

出 版 社	中州古籍出版社（地址：郑州市郑东新区祥盛街27号6层　邮编：450016　电话：0371-65723280）
发行单位	河南省新华书店发行集团有限公司
承印单位	郑州市毛庄印刷有限公司
开　　本	890 mm×1240 mm　1/32
印　　张	35.625
字　　数	763千字
印　　数	1—3 000册
版　　次	2022年11月第1版
印　　次	2022年11月第1次印刷
定　　价	149.00元

本书如有印装质量问题，请联系出版社调换。

总 序

在中国传统文化中，儒学、佛教和道教鼎足而立，是三个最主要的组成部分。它们在相互排斥的同时又相互吸收，共同丰富和发展了中华民族的文化。

佛教本是从印度传来的外来宗教，然而它在中国这块辽阔丰饶的具有悠久历史文化的国土上传播，经过漫长岁月，已经与中国传统文化和宗教习俗密切结合，演变成中国的民族的主要的宗教。隋唐时期具有民族特色的佛教宗派的创立，标志着佛教中国化历程的基本结束，此后进入中国佛教的持续发展时期。在这些佛教宗派中，天台宗、华严宗和禅宗是最富有民族特色的宗派。在它们的蕴涵深刻哲学思辨内容的教义理论中，有说色空、色心和体用相即的宇宙存在论，有论善恶、净染的心性论，有讲出世不离世间的修行解脱论，有用以沟通色空、色心和体用的"不二"的方法论……这些在中国历史文化，特别是在哲学思想领域都产生过极为深远的影响。研究中国历史文化，研究中国哲学思想都离不开对佛教的考察和研究，这早已成为人们的共识。

禅宗虽奉北魏时期来华的印度僧菩提达摩为初祖，但从历史真实情况考察，实际创立者应是被后世禅宗奉为四祖、五祖的道信（580~651）和弘忍（601~675）。在弘忍去世之后，他的门下形成以神秀（约606~706）及其弟子普寂（651~739）为代表的北宗，以惠能（638~713）及其弟子神会（668或686~760）、行思（671~740）、怀让（677~744）为代表的南宗。在"安史之乱"（755~763）后，北宗逐渐衰微以至湮灭无闻，而南宗则迅速传遍大江南北，日益昌盛，并在唐末五代形成禅门五宗——临济宗、沩仰宗、曹洞宗、云门宗、法眼宗。进入宋代，临济宗又分成杨岐、黄龙二派。两宋是禅宗发展史上的鼎盛时期，它一跃而成为中国佛教宗派中的主流派，在当时社会的各个阶层和文化思想领域都有很大的影响。此后，中国儒、释、道三教日益会通融合，佛教内部各宗也互相融通，禅宗与净土念佛信仰的结合最为密切，以至形成"念佛禅"。

禅宗虽标榜"以心传心，不立文字"，但从实际情况来看，它的文字著述最多，形式也多种多样，其中禅法语录最多。记录惠能言行的语录有《六祖坛经》，记录神会言行的语录有《菩提达摩南宗定是非论》等，此后怀让、马祖、怀海、希运以及禅门五宗的创始人义玄、灵祐和慧寂、良价和本寂、文偃、文益，后世各宗著名禅师几乎都有语录行世。语录有别集，有合集。在语录集子中既有禅师在开堂、上堂、小参、普说等各种场合的说法记录，也有师徒间的答问；有对前人公案的评说——拈古，也有评述这些公案的偈颂——颂古；有代前人回答质询的代语，也有在前人答语之外另作答语的别语；还有书信、法语、序跋、碑铭、题赞、札记、遗表等。在语录中，有贴近当时民众的通俗白话，有含意清丽玄远的诗偈；在语录外，有卷帙浩繁的史传，包括以语录为主的灯史、以记事为主的传记、按编年记述的通史。此外，还有论议、杂著、清规等。这些数量庞大的禅宗文献，无疑是我国宝贵的文化遗产。

我国在20世纪70年代末实行改革开放政策以后，随着社会科学界对宗教研究的深入展开，在对佛教文献的研究和整理、出版方面也取得很大的成绩，为从事佛教研究的人员和社会上广大读者提供了不少经过校订注释的有价值的佛教参考资料。然而在大量佛教文献面前，为了让研究者和读者使用方便，有必要按类别选择其中最重要的文献进行研究和整理，分阶段地作校勘、标点和注释出版。

现在奉献在诸位面前的《中国禅宗典籍丛刊》是一套中国禅宗系列的文献选编，其中收录了中国禅宗的部分重要史书、语录和清规等文献，皆请学者依据较好的版本作了校勘、分段和标点，并且一律改用现在通用的简化字。虽然所收文献的数量不是很大，但在目前公开出版的禅宗著述较少的情况下，这一套丛书的出版一定会给从事佛教禅宗研究和中国哲学、文史研究的学者和广大读者带来不少方便。我们深知此项工作并非轻而易举，希望边工作边改进，谨望读者今后经常给我们提出建议，不吝赐教，以便把这一工作做得更好。

杨曾文
1998年2月9日

总目录

点校说明/1

续传灯录

　　序/1

　　目录/1

　　续传灯录/1

　　附编一　《续传灯录》总目录（三卷）/708

　　附编二　《增集续传灯录》/805

　　附编三　校点后叙：圆极居顶与《续传灯录》/1083

　　附编四　主要参阅书目/1087

点校说明

一、关于版本。《续传灯录》有明《永乐南藏》、《嘉兴藏》（径山本）、日本《卍续藏经》（径山本）、《大正藏》（径山本）。本次点校，采用《中华大藏经》第七十四册影印的《永乐南藏》本，及其以《嘉兴藏》（径山本）为校本的校勘记；同时参校禅宗其他灯录、语录、僧传。

二、关于校记。底本文字一般不改动，只注明校本有异者，但校本有明显错误则不作校记。对个别冷僻字词做适当注释。

三、关于目录。《永乐南藏》本没有总目录，目录分属于各卷首，且目录包括有录禅师和无录禅师（只列出禅师名而无语录传记）。本次点校去掉分属于各卷的目录，汇为总目录；去掉无录禅师，只列出有录禅师。《永乐南藏》原目录禅师名称与正文名称不统一（如目录"汾州善昭禅师"，正文为"汾州太子院善昭禅师"；目录"叶县归省禅师"，正文为"汝州叶县广教院归省禅师"），本次点校，目录采用正文称呼。《卍续藏经》有《续传灯录总目录》三卷，作为本书附录附后。

四、原书为繁体字，转换为简体，新式标点，适当分段。

续传灯录

序①

洪武辛巳（1401）冬，朝廷刊《大藏经律论》②将毕，敕僧录司③，凡宗乘诸书，其切要者，各依宗系编入。臣某谨按：吴僧道原，于宋景德间修《传灯录》三十卷，真宗特命翰林学士杨亿等，裁正而序之，目曰《景德传灯录》。自是禅宗寖盛，相传得法者益繁衍。仁宗天圣中，则有驸马都尉李遵勖，着《广灯录》。建中靖国初，则有佛国白禅师为《续灯录》。淳熙十年，净慈明禅师纂《联灯会要》。嘉泰中，雷庵受禅师述《普灯录》。宋季，灵隐大川济公以前五灯为书颇繁，乃会粹成《五灯会元》。窃谓《景德传灯录》至矣，继此四灯之录，宁免得此而遗彼乎！《会元》为书，其用心固善，然不能尊《景德传灯》为不刊之

---

① 此《序》载于《卍续藏经》第八十二册（录自灵谷寺《居顶文集》及《圆庵集》）。
② 从洪武五年（1372）开刻，至建文四年亦即洪武三十五年（1402）完成的《洪武南藏》。
③ 僧录司：朝廷掌管僧侣事务的官职。洪武十五年（1382），在京设僧录司，各府设僧纲司，州设僧正司，县设僧会司。僧录司诸僧官由礼部任命，有左、右善世；左、右阐教（六品官）；左、右讲经（八品官）；左、右觉义等职。主要任务是监督僧众行仪及主管考试等。

典①,复取而编入之,是为重复矣。

今臣幸遇圣明,光赞佛乘,遂忘其僭冒,纂集《续传灯录》。其承传之序,断自《景德传灯》以后,肇于大鉴下若干世汾阳昭禅师,编联至若干世某禅师而讫。凡若干世,得人若干,内出机缘语句者若干人,名之曰《续传灯录》,总三十六卷。其采取之书,则用《五灯会元》《佛祖慧命》《僧宝传》《分灯录》,与夫禅门宗派图、诸祖语录等,集其文则仍其旧,略加取舍,而不敢苟为芟润以失其真。其世则专揭大鉴于上,而不敢以五家宗派分裂之。盖五家宗派互相激扬,同出大鉴,故此《续录》统而合之,以一其归也。

嗟夫,心法无形,匪从人得,贵在默契而自证悟也。达磨东来,直指心原,不立文字,悟心成佛,则于语言奚以哉。然心法遍一切处,大地山河,草木瓦砾,莫非自心所现,皆是发机悟门,况语言文字乎。盖无上妙道,虽不可以语言传,而可以语言见。语言者,指心之准的也,故学者每以语言为证悟浅深之侯。是故佛祖虽曰传无可传,至于授受之际,针芥相投,必有机缘语句,与夫印证偈颂,苟取之以垂后世,皆足为启悟之资,其可废而不传乎。是则从上诸师汲汲于《传灯》一书者,岂非有补于宗教哉。

臣某学识庸陋,猥忝掌教②,故兹膺命③,栗栗④靡宁。爰⑤

---

① 不刊之典:不能更改的文典。
② 猥:自谦语,表示自己身份卑贱低微。忝,愧与。掌教,管理佛教事宜。
③ 膺命:接受朝廷的任命。
④ 栗栗:战战兢兢。
⑤ 爰:于是。

集学徒，采撷群籍，随其世系诠次之，至若机缘语句，无从质正①者，尚有待于后之同志嗣成②其书焉。

---

① 质正：质询核实。
② 嗣成：继续完成。

目 录

续传灯录卷第一/1
大鉴下第十世/1
汝州首山念禅师法嗣/1
汾州太子院善昭禅师
汝州叶县广教院归省禅师
潭州神鼎洪諲禅师
襄州谷隐山蕴聪慈照禅师
汝州广慧院元琏禅师
并州承天院三交智嵩禅师
忻州铁佛院智嵩禅师
汝州首山怀志禅师
池州仁王院处评禅师
随州智门回罕禅师
襄州鹿门慧昭山主
丞相王随居士

续传灯录卷第二/17
大鉴下第十世/17
智门祚禅师法嗣/17
明州雪窦重显禅师
襄州延庆山子荣禅师
洪州百丈智映宝月禅师
韶州南华宝缘慈济禅师
黄州护国院寿禅师
瑞州九峰勤禅师
潭州云盖继鹏禅师
鄂州黄龙海禅师
鼎州彰法澄泗禅师
泉州云台因禅师
复州青山好禅师
福州慈云山绍诜禅师

文殊真禅师法嗣/23

瑞州洞山晓聪禅师
安吉州上方齐岳禅师
南台勤禅师法嗣/25
明州育王常坦禅师
汝州高阳法广禅师
润州金山瑞新禅师
潭州石霜节诚禅师
江陵福昌询禅师
黑水璟禅师法嗣/25
乾明信禅师法嗣/31
峨眉黑水乂钦禅师
澧州药山彝肃禅师
五祖戒禅师法嗣/25
益州郫县西禅垂白禅师
瑞州洞山宝禅师
福严雅禅师法嗣/31
洪州泐潭怀澄禅师
衡州常宁北禅智贤禅师
复州北塔思广禅师
南岳衡岳寺振禅师
潭州云盖山志颙禅师
开福贤禅师法嗣/32
苏州翠峰慧颙禅师
日芳上座
蕲州四祖山端禅师
报慈嵩禅师法嗣/32
蕲州五祖山秀禅师
郢州兴阳山逊禅师
明州天童山景德怀清禅师
德山远禅师法嗣/33
襄州白马辩禅师
庐山开先善暹禅师
随州水南智昱禅师
吉州禾山楚材禅智禅师
舒州海会通禅师
秀州资圣院盛勤禅师
蕲州义台子祥禅师
潭州鹿苑圭禅师
蕲州十王怀楚禅师
兴元府大中仁辩禅师
苏州定慧道海禅
益州菩提桂芳禅师
温州雁荡山灵峰文吉禅师
西峰豁禅师法嗣/36
瑞州洞山妙圆禅师
南安岩自严尊者
越州宝严叔芝禅师
广教志禅师法嗣/38
福昌善禅师法嗣/30
舒州四面山怀清禅师

石门远禅师法嗣/38
　　果州清居山浩升禅师
　　邓州广济方禅师
　　怀安军云顶鉴禅师
　　潭州道吾契诠禅师
梁山观禅师法嗣/39
　　鼎州罗纹得珍山主
　　澧州药山利昱禅师
　　鼎州梁山岩禅师
德山晏禅师法嗣/39
　　鼎州德山志先禅师
北禅感禅师法嗣/40
　　濠州南禅聪禅师
谷隐俨禅师法嗣/40
　　襄州谷隐契崇禅师

续传灯录卷第三/41
大鉴下第十一世/41
汾阳昭禅师法嗣/41
　　潭州石霜楚圆慈明禅师
　　滁州琅邪山慧觉广照禅师
　　瑞州大愚山守芝禅师
　　潭州石霜法永禅师
　　舒州法华院全举禅师
　　南岳芭蕉庵大道谷泉禅师

　　蕲州黄梅龙华寺晓愚禅师
　　安吉州天圣皓泰禅师
　　唐州龙潭智圆禅师
　　舒州投子圆修禅师
　　汾州太子院道一禅师
叶县省禅师法嗣/58
　　舒州浮山法远圆鉴禅师
　　汝州宝应院法昭演教禅师
　　唐州大乘山慧果禅师

续传灯录卷第四/61
大鉴下第十一世/61
谷隐聪禅师法嗣/61
　　润州金山县颖达观禅师
　　苏州洞庭翠峰慧月禅师
　　明州伏锡山修已禅师
　　唐州大乘山德遵禅师
　　荆南府竹园法显禅师
　　彭州永福院延照禅师
　　安吉州景清院居素禅师
　　处州仁寿嗣珍禅师
　　越州云门显钦禅师
　　果州永庆光普禅师
　　驸马都尉李遵勖居士
　　英公夏竦居士

神鼎谭禅师法嗣/66
　　荆南府开圣宝情山主
　　天台山妙智寺光云禅师
广慧琏禅师法嗣/67
　　东京华严道隆禅师
　　临江军慧力慧南禅师
　　汝州广慧德宣禅师
　　文公杨忆居士
梁山岩禅师法嗣/70
　　鼎州梁山善冀禅师
道吾诠禅师法嗣/70
　　相州天平山契愚禅师
归宗柔禅师法嗣/71
　　南康军罗汉行林祖印禅师
　　明州天童新禅师
　　杭州功臣觉轲心印禅师
　　明州天童清简禅师
百丈恒禅师法嗣/72
　　庐山栖贤澄湜禅师
　　苏州万寿德兴禅师
　　越州云门雍熙永禅师
崇寿稠禅师法嗣/73
　　泉州云台山令岑禅师
　　杭州资国圆进山主
云居锡禅师法嗣/73

　　台州般若从进禅师
　　越州清化志超禅师

续传灯录卷第五/74

大鉴下第十一世/74

洞山晓聪禅师法嗣/74
　　南康军云居晓舜禅师
　　潭州大沩怀宥禅师
　　杭州佛日契嵩禅师
　　洪洲太守许式
泐潭澄禅师法嗣/76
　　明州育王山怀琏大觉禅师
　　临安府灵隐云知慈觉禅师
　　婺州承天惟简禅师
　　明州九峰鉴韶禅师
　　婺州西塔显殊禅师
　　天台崇善寺用良禅师
　　临江军慧力有文禅师
　　福州雪峰象敦禅师
　　南康军云居守亿禅师
　　瑞州洞山永孚禅师
　　令滔首座
洞山自宝禅师法嗣/81
　　瑞州洞山清辩禅师
北塔思广禅师法嗣/82

荆州军玉泉承皓禅师

云盖志颙禅师法嗣/83
　　南康军云居文庆海印禅师

四祖端禅师法嗣/83
　　福州广明常委禅师

雁荡山文吉禅师法嗣/83
　　温州净光为觉禅师

金山瑞新禅师法嗣/84
　　安吉州天圣守道禅师

上方齐岳禅师法嗣/84
　　越州东山国庆顺宗禅师

北禅智贤禅师法嗣/84
　　潭州兴化绍铣禅师
　　洪州法昌倚遇禅师
　　福州广因择要禅师

庐山开先善暹禅师法嗣/88
　　南康军云居山了元佛印禅师
　　东京智海本逸正觉禅师
　　越州天章元楚宝月禅师
　　庐山万杉善爽禅师

庐陵禾山楚才禅师法嗣/90
　　抚州曹山宝积雄禅师

钦山悟勤禅师法嗣/91
　　鼎州梁山圆应禅师

续传灯录卷第六/92

大鉴下第十一世/92

大阳玄禅师法嗣/92
　　舒州投子山义青禅师
　　郢州兴阳清剖禅师
　　南岳福严审承禅师
　　惠州罗浮山显如禅师
　　襄州白马归喜禅师
　　郢州大阳慧禅师
　　越州云门山灵运宝印禅师
　　怀安军云顶海鹏禅师
　　复州干明机聪禅师

雪窦显禅师法嗣/97
　　越州天衣义怀禅师
　　越州称心省倧禅师
　　泉州承天传宗禅师
　　处州南明日慎禅师
　　舒州投子法宗禅师
　　天台宝相蕴观禅师
　　岳州君山显升禅师
　　平江府水月寺惠金典座
　　修撰曾会居士
　　湖州报本有兰禅师
　　真州长芦祖印智福禅师
　　筠州洞山慧圆禅师

真州六合香积孜禅师
　　　温州平阳宝庆子环禅师
　　　越州天衣在和禅师
　　　越州称心守明禅师
　　　汉阳军凤栖仲卿禅师
　　　温州雁荡灵岩寺德初禅师
　　　潭州龙兴智传禅师
　　　信阳军乾明则禅师
　　　鼎州乾明知应禅师
　　　南岳云峰元益首座
百丈宝月智映禅师法嗣/105
　　　杭州惠因祥禅师
　　　临安府惠因义宁禅师
南华缘禅师法嗣/106
　　　齐州兴化延庆禅师
　　　韶州宝寿行德禅师
　　　韶州白虎山守升禅师
　　　韶州佛陀山崇钦禅师
　　　韶州延祥法迎禅师
　　　韶州舜峰慧宝禅师
云盖山继鹏禅师法嗣/106
　　　越州诸暨钟山报恩谭禅师
洞山子荣禅师法嗣/107
　　　江州圆通祖印居讷禅师

续传灯录卷第七/109
大鉴下第十二世/109
石霜圆禅师法嗣/109
　　　黄龙南禅师
　　　杨岐禅师
　　　洪州翠岩可真禅师
　　　蒋山赞元觉海禅师
　　　瑞州武泉山政禅师
　　　南岳双峰省回禅师
　　　洪州大宁道宽禅师
　　　潭州道吾悟真禅师
　　　蒋山保心禅师
　　　洪州百丈惟政禅师
　　　明州香山蕴良禅师
　　　苏州南峰惟广禅师
　　　潭州大沩德乾禅师
　　　全州灵山本言禅师
　　　安吉州广法院源禅师
　　　灵隐德章禅师
琅邪觉禅师法嗣/122
　　　苏州定慧超信海印禅师
　　　洪州泐潭晓月禅师
　　　越州姜山方禅师
　　　福州白鹿山显端禅师
　　　滁州琅邪山智迁禅师

泉州凉峰洞渊禅师
真州真如院方禅师
宣州兴教院坦禅师
江州归宗可宣禅师
秀州长水子璇讲师

续传灯录卷第八/128

大鉴下第十二世/128

天衣怀禅师法嗣/128

东京慧林宗本圆照禅师
东京法云寺法秀圆通禅师
东京相国慧林院若冲觉海禅师
真州长芦应夫广照禅师
临安府佛日智才禅师
北京天钵寺重元文慧禅师
台州瑞岩子鸿禅师
庐山栖贤智迁禅师
越州净众梵言首座
舒州山谷三祖冲会圆智禅师
泉州资寿院捷禅师
洪州观音启禅师
越州天章元善禅师
真州长芦体明圆鉴禅师
汀州开元智孜禅师
平江府澄照慧慈禅师

临安府法雨慧源禅师
秀州崇德智澄禅师
泉州栖隐有评禅师
平江府定慧云禅师
建宁府乾符大同院旺禅师
无为军铁佛因禅师
安吉州报本法存禅师
和州开圣院栖禅师
福州衡山惟礼禅师
临安府北山显明善孜禅师
明州启霞惠安禅师
越州云门灵侃禅师
天台太平元坦禅师
临安府佛日文祖禅师
沂州望仙山宗禅师
瑞州五峰净觉院用机禅师
无为军佛足处祥禅师
平江府明因慧赟禅师
兴化军西台其辩禅师
汀州开元智谭禅师
处州缙云县永泰智觉禅师
杭州龙华文喜禅师
处州永泰自仁禅师
洪州延恩法安禅师
礼部杨杰居士

续传灯录卷第九/145
大鉴下第十二世/145
大愚芝禅师法嗣/145
  南岳云峰文悦禅师
  苏州瑞光月禅师
  瑞州洞山子圆禅师
石霜永禅师法嗣/149
  南岳福严保宗禅师
  郢州大阳如汉禅师
浮山远禅师法嗣/150
  东京净因净照道臻禅师
  庐州兴化仁岳禅师
  荆门军玉泉谓芳禅师
  宿州定林惠琛禅师
  秀州本觉若珠禅师
  东京华严普孜禅师
  南康军清隐院惟湜禅师
  潭州衡岳寺奉能禅师
宝应昭禅师法嗣/154
  滁州琅邪方铣禅师
  郢州兴阳山希隐禅师
石门进禅师法嗣/155
  明州瑞岩智才禅师
金山颖禅师法嗣/155
  宣州广教文鉴继真禅师

  润州普慈院崇珍禅师
  太平州瑞竹仲和禅师
  润州金山怀贤圆通禅师
  越州石佛寺显忠祖印禅师
  杭州净住院居说真净禅师
  安吉州西余山拱辰禅师
  苏州昆山般若寺善端禅师
  节使李端愿居士
洞庭月禅师法嗣/158
  苏州荐福亮禅师
仗锡已禅师法嗣/158
  台州黄岩保轩禅师
龙华岳禅师法嗣/159
  安吉州西余师子净端禅师

续传灯录卷第十/160
大鉴下第十二世/160
投子青禅师法嗣/160
  芙容道楷禅师
  随州大洪山报恩禅师
  沂州洞山云禅师
  长安福应文禅师
  滁州龙蟠圣寿昙广禅师
玉泉皓禅师法嗣/166
  郢州林溪兴教文庆禅师

夹山遵禅师法嗣/166
　　江陵福昌信禅师
佛印元禅师法嗣/167
　　临安府百丈庆善陀净悟禅师
　　常州善权慧泰禅师
　　饶州崇福德基禅师
　　婺州宝林怀吉真觉禅师
　　洪州资福宗诱禅师
　　洪州翠岩广化惠空禅师
　　饶州密岩净土德溥禅师
　　南康军云居山仲和禅师
　　庐山同安崇胜幼宗禅师
　　袁州龙兴居岳禅师
　　庐山万杉子章禅师
　　信州鹅湖山仁寿德延禅师
广因要禅师法嗣/169
　　福州妙峰如璨禅师
智海逸禅师法嗣/169
　　瑞州广檗志因禅师
　　福州大中德隆海印禅师
　　福州白鹿山仲豫禅师
　　签判刘经臣居士
支提隆禅师法嗣/172
　　杭州灵隐玄本禅师
净土素禅师法嗣/173
　　杭州净土院惟正禅师
宝林殊禅师法嗣/174
　　婺州宝林用明禅师
东山宗禅师法嗣/174
　　建州定峰晓宣禅师

续传灯录卷第十一/175

大鉴下第十二世/175

云居舜禅师法嗣/175
　　金陵蒋山法泉佛慧禅师
　　明州天童澹交禅师
　　建州崇梵余禅师
　　处州慈云院修慧圆照禅师
　　杭州南山长耳相子良禅师
　　建州开元莹禅师
大沩宥禅师法嗣/178
　　庐山归宗慧通禅师
　　安州大安兴教慧宪禅师
　　饶州崇福清雅禅师
育王琏禅师法嗣/179
　　临安府佛日净慧戒弼禅师
　　福州天官慎徽禅师
　　杭州径山无畏维琳禅师
　　杭州临平胜因资禅师
　　温州弥陀正彦庵主

灵隐知禅师法嗣/180
　　临安府灵隐正童圆明禅师
承天筒禅师法嗣/181
　　婺州智者山利元禅师
　　温州瑞安僧印禅师
九峰韶禅师法嗣/181
　　明州大梅祖镜法英禅师
称心倧禅师法嗣/182
　　彭州慧日尧禅师
报本兰禅师法嗣/182
　　福州中际可遵禅师
　　邢州开元法明上座
称心明禅师法嗣/183
　　洪州上蓝院光寂禅师
承天宗禅师法嗣/184
　　饶州崇福了禅师
　　杭州承天守明禅师
　　湖州凤皇山护国仁王有从禅师
　　鼎州大龙山德全禅师
　　苏州昆山慧严海印法安禅师
长芦福禅师法嗣/185
　　金陵清凉广慧和禅师
天衣和禅师法嗣/186
　　杭州护国菩提志专禅师
云居齐禅师法嗣/186

南康云居契瑰禅师
杭州灵隐文胜慈济禅师
明州瑞岩义海禅师
明州广慧志全禅师
明州大梅保福居煦禅师
处州南明惟宿禅师
荆州军清溪清禅师
庐州万杉广智禅师
明州金鹅虚白禅师
苏州翠峰山洪禅师
洪州上蓝普禅师
功臣轲禅师法嗣/189
　　苏州尧峰颢暹禅师
　　苏州吴江圣寿志升禅师
　　杭州功臣开化守如禅师
栖贤湜禅师法嗣/190
　　杭州南山兴教院惟一禅师
　　安吉州西余体柔禅师
　　真州定山惟素山主
　　南岳福严省贤禅师
　　袁州仰山智齐禅师
罗汉祖印行林禅师法嗣/192
　　真州长芦赞禅师
　　福州支提昭爱禅师
　　福州灵峰道诚禅师

袁州仰山择和禅师
袁州崇胜道珍禅师
绵州富乐智静禅师
临江军慧力院绍珍禅师
洪州大宁院庆璁禅师

续传灯录卷第十二/194

大鉴下第十三世/194

法云秀禅师法嗣/194

东京法云惟白佛国禅师
建康府保宁子英禅师
温州仙岩景纯禅师
宁国府广教守讷禅师
兴元府慈济聪禅师
安州白兆山通慧珪禅师
庐州长安净名法因禅师
浮槎山福严守初禅师
鼎州德山仁绘禅师
潭州道林广慧宝琳禅师
寿州霍丘归才禅师
饶州安国自方禅师
澧州圣寿香积用旻禅师
瑞州瑞相子来禅师
庐州真空从一禅师
襄州凤凰山千明广禅师

庐山开先心印智珣禅师
舒州甘露德颙禅师
江宁府蒋山慧炬良策禅师
太平州芜湖县吉祥讷禅师
庐州广慧冲云禅师
庐州承天资福月禅师
南京宁陵安福子胜禅师
金陵正觉道清禅师
庐州澄慧义端禅师
庐州北天王崇胜益禅师
庐山栖贤智柔庵主
金陵天禧慧严宗永禅师

杭州佛日山智才禅师法嗣/204

澧州夹山自龄禅师

长芦广照应夫禅师法嗣/205

真定府洪济宗颐禅师
滁州琅邪山宗初禅师
滁州龙蟠山道成禅师
歙州普满明禅师
和州褒禅溥禅师
滁州宝林辉禅师
真州灵岩志愿禅师
潭州等觉法思禅师
寿州寿春广慧法岸禅师
真州定山真如文彦禅师

荆南府护国绍通禅师
南京法宝德一禅师
池州乾明禅院宝慧禅师
和州开圣觉禅师
明州雪窦道荣觉印禅师
平江府慧日智觉广灯禅师
栖贤迁禅师法嗣/212
舒州王屋山崇福灯禅师
杭州南山法雨惟镇禅师
潭州东明慧迁禅师
开元智谭禅师法嗣/213
汀州开元宗祐禅师
善果怀演庵主法嗣/213
潭州玉池光教寺冲俨禅师
天宁道楷禅师法嗣/213
汝州香山法成禅师
成都大智齐琏禅师
邓州丹霞子淳禅师
东京净因自觉禅师
建昌军资圣南禅师
潼川府梅山已禅师
襄州石门元易禅师
瑞州洞山微禅师
西京天宁禧誧禅师
襄州鹿门法灯禅师

洪州宝峰阐提惟照禅师
福州普贤善秀禅师
太傅高世则居士
大洪恩禅师法嗣/221
随州大洪守遂禅师
庐山归宗通禅师法嗣/222
襄州资福广照素月禅师
庐山同安庆通禅师
江陵福昌知信禅师法嗣/222
安州法兴期禅师
蒋山泉禅师法嗣/223
清献公赵抃居士

续传灯录卷第十三/224

大鉴下第十三世/224

杨岐会禅师法嗣/224
舒州白云守端禅师
金陵保宁仁勇禅师
比部孙居士
潭州石霜守孙禅师
衡州茶陵县郁山主
翠岩真禅师法嗣/229
潭州大沩慕哲真如禅师
南岳西林崇奥禅师
蕲州石鼓洞珠禅师

蒋山元禅师法嗣/232
　　明州雪窦法雅禅师
　　邵州丞熙应悦禅师
　　衢州石门雅禅师
　　信州龟峰瑞相子琼禅师
南岳双峰省回禅师法嗣/233
　　阆州光国文赞禅师
　　金州灵山彦文禅师
菩提光用禅师法嗣/234
　　杭州临安净土善思禅师
天童山清遂禅师法嗣/234
　　福州大中立志禅师
　　福州乾元了觉圆禅师
　　南岳应天万寿应城禅师
南岳云峰文悦禅师法嗣/236
　　桂州寿宁齐晓禅师
　　庐州澄慧咸诩禅师
定慧信禅师法嗣/237
　　苏州穹窿智圆禅师
玉泉悟空禅师法嗣/238
　　江陵护国齐月禅师
福严保宗禅师法嗣/238
　　衡州花药山崇胜义然禅师
　　南岳承天智昱禅师
太子同广禅师法嗣/239
　　西京龙门山胜善清照禅师
净因臻禅师法嗣/239
　　福州长庆惠遇文慧禅师
　　福州栖胜继超禅师
　　邓州香严慧照洞敷禅师
天王仁岳禅师法嗣/241
　　潭州兴化绍清禅师
　　潭州智度山定林景芳禅师
　　汝州首山处圭禅师
玉泉谓芳禅师法嗣/242
　　福州圣泉寺绍灯禅师
　　临江军慧力善周禅师
　　韶州南华重辩禅师
　　安州延福智兴禅师
灵隐胜禅师法嗣/243
　　杭州灵隐延珊慧明禅师
　　常州荐福院归则禅师
　　杭州隐灵蕴聪禅师
　　杭州南院清禅师
　　金陵保宁宗禅师
　　越州石佛有邦禅师
　　金陵清凉慈化举内禅师
大梅居煦禅师法嗣/245
　　婺州智者嗣如禅师
龙华悟乘禅师法嗣/245

温州灵岩宣密禅师
瑞岩义海禅师法嗣/245
　　明州大梅文慧禅师
　　明州翠岩嗣元禅师
彰江昭远禅师法嗣/246
　　苏州万寿法印守坚禅师
净众言首座法嗣/246
　　西京招提惟湛广灯禅师

续传灯录卷第十四/247

大鉴下第十三世/247

东京慧林圆照宗本禅师法嗣/247
　　东京法云大通善本禅师
　　舒州投子证悟修颙禅师
　　润州金山法印善宁禅师
　　睦州广灵佛印希祖禅师
　　寿州资寿圆澄岩禅师
　　太平州隐静守俨禅师
　　秀州本觉法真守一禅师
　　润州甘露传祖仲宣禅师
　　福州太平守恩禅师
　　衢州灵曜寺辩良佛慈禅师
　　真州长芦净照崇信禅师
　　苏州瑞光真觉守琮禅师
　　宣州水西山轲禅师

明州启霞山崇梵慧章禅师
越州石佛密印晓通禅师
处州南明仁寿善通禅师
杭州西湖妙慧文义禅师
西京韶山杲禅师
东京净因佛日惟岳禅师
明州天童可齐禅师
苏州万寿普勤禅师
明州香山正觉延泳禅师
明州雪窦法藏守卓禅师
湖州报本常利禅师
睦州资福道芳禅师
安州九嶷山圆明着禅师
东京慧林慈寿法昙禅师
通州狼山法印载仪禅师
苏州定慧圆义遵式禅师
杭州南山广法法光禅师
明州瑞岩永觉禅师
舒州太平慧灯禅师
处州法海世长禅师
筠州米山崇仙禅师
苏州宝华妙觉愿禅师
明州岳林元亨禅师
庐州澄慧善珂禅师
苏州宝华悟本庆禅师

饶州密岩净土慧旻禅师
庐州澄慧师冕禅师
潭州石霜能禅师
筠州逍遥聪禅师
舒州投子普聪禅师
泗州普照寺处虚真寂禅师
常州南禅宁禅师
安吉州道场慧印禅师
东京褒亲慈济祥禅师

续传灯录卷第十五/274
大鉴下第十三世/274
黄龙慧南禅师法嗣/274
洪州黄龙晦堂宝觉祖心禅师
洪州泐潭真净克文禅师
洪州泐潭洪英禅师
袁州仰山行伟禅师
吉州仁山隆庆院庆闲禅师
潭州云盖守智禅师
福州玄沙合文明慧禅师
瑞州黄檗惟胜真觉禅师
洪州百丈元肃禅师
潭州大沩怀秀禅师
南岳福严慈感禅师

续传灯录卷第十六/293
大鉴下第十三世/293
黄龙慧南禅师法嗣/293
潭州石霜琳禅师
蕲州开元子琦禅师
洪州上蓝顺禅师
舒州三祖法宗禅师
蕲州四祖山法演禅师
蕲州五祖晓常禅师
南岳高台寺宣明佛印禅师
齐州灵岩山重确正觉禅师
潭州大沩颖诠禅师
安州九㠇山法明禅师
廉泉昙秀禅师
信州灵鹫慧觉禅师
洪州兴化法澄禅师
衡州花药元恭禅师
安州兴国契雅禅师
潭州宝盖山子勤禅师
大庾岭云峰寺道圆禅师
福州延庆洪准禅师
南岳胜业惟亨禅师
桂州登云山超乃禅师
黄檗积翠永庵主
舒州宿松县灵隐德滋山主

江州东林兴龙寺常总禅师
金陵保宁寺圆玑禅师
南康军云居元祐禅师
报本慧元禅师
杨州建隆昭庆禅师
南康军清隐潜庵清源禅师
吉州禾山德普禅师
东京慧林佛陀德逊禅师
隆兴府祐圣法寗禅师
蕲州三角山慧泽禅师
南岳法轮文昱禅师
庐山归宗志芝庵主

慧林冲禅师法嗣/310
东京永兴华严寺智明佛慧禅师
镇州永泰智航禅师
江阴军寿圣子邦圆觉禅师
常州广福法照昙章禅师
扬州石塔戒禅师

瑞岩子鸿禅师法嗣/312
台州佛窟昌国可英禅师
明州岳林昙振禅师

天钵文慧重元禅师法嗣/313
恩州祖印善丕禅师
卫州元丰院清满禅师
西京善胜真悟禅师

青州定慧院法本禅师
舒州三祖圆智冲会禅师法嗣/315
杭州临安居润禅师

续传灯录卷第十七/316

大鉴下第十四世/316

丹霞淳禅师法嗣/316
明州天童宏智正觉禅师
真州长芦真歇清了禅师
随州大洪慧照庆预禅师
处州治平湡禅师

净因成禅师法嗣/322
台州天封子归禅师
太平州吉祥法宣禅师
台州护国守昌禅师
邓州丹霞普月禅师
东京妙慧尼慧光净智禅师

宝峰照禅师法嗣/323
江州圆通真际德止禅师
台州真如道会禅师
兴国军智通大死翁景深禅师
衡州华药智朋禅师

石门易禅师法嗣/326
吉州青原齐禅师
越州天衣法聪禅师

遂宁府香山尼佛通禅师

天宁蒲禅师法嗣/326

　　西京熊耳慈禅师

大沩喆禅师法嗣/327

　　东京智海普融道平禅师

　　洪州泐潭景祥禅师

　　和州光孝慧兰禅师

　　潭州东明仁仙禅师

　　泗州普照晓钦明悟禅师

　　庐山东林自遵正觉禅师

　　潭州福严置禅师

　　潭州东明迁禅师

　　潭州道吾汝能禅师

　　安州大安山兴教慧淳禅师

　　潭州中峰罗浮希声禅师

　　郢州兴阳贤禅师

　　鼎州永安妙喜禅师

雪窦雅禅师法嗣/331

　　衢州光孝普印慈觉禅师

庆善晨禅师法嗣/331

　　杭州庆善院普能禅师

净土思禅师法嗣/332

　　杭州灵凤山万寿法诠禅师

　　杭州庆善守隆禅师

护国月禅师法嗣/332

江陵府护国慧本禅师

大洪遂禅师法嗣/333

　　随州大洪庆显禅师

续传灯录卷第十八/334

大鉴下第十四世/334

泐潭洪英禅师法嗣/334

　　南岳法轮齐添禅师

　　泉州慧明云禅师

　　袁州仰山友恩禅师

　　潭州大沩齐恂禅师

仰山行伟禅师法嗣/336

　　襄州谷隐静显禅师

　　瑞州黄檗山祇园永泰禅师

　　潭州龙王山善随禅师

　　庐山慧日明禅师

百丈元肃禅师法嗣/337

　　袁州仰山清蔺禅师

　　瑞州百丈维古禅师

　　嘉定府月珠神鉴禅师

黄檗惟胜禅师法嗣/338

　　成都府昭觉纯白禅师

庐陵隆庆庆间禅师法嗣/339

　　潭州安化闻一禅师

云盖守智禅师法嗣/340

　　　　福州宝寿最乐禅师
　　　　安吉州道场法如禅师
　　　　绍兴府石佛慧明解空禅师
上蓝顺禅师法嗣/340
　　　　参政苏辙居士
本觉守一禅师法嗣/341
　　　　福州越峰粹圭妙觉禅师
　　　　福州寿山本明禅师
　　　　台州天台如庵主
　　　　平江府西竺寺尼法海禅师
乾明觉禅师法嗣/343
　　　　岳州平江长庆应圆禅师
长芦信禅师法嗣/343
　　　　临安府径山智讷妙空禅师
　　　　东京慧林怀深慈受禅师
　　　　婺州智者法铨禅师
　　　　平江府万寿如瓌证悟禅师
　　　　越州天衣如哲禅师
开先珣禅师法嗣/345
　　　　庐州延昌熙咏禅师
　　　　庐州开先宗禅师
保宁英禅师法嗣/345
　　　　临安府广福院惟尚禅师
　　　　明州雪窦法宁禅师
　　　　庐山罗汉勤禅师

　　　　芦州罗汉善修禅师
元丰清满禅师法嗣/347
　　　　湘州长兴宗朴禅师
　　　　福州雪峰宗演圆觉禅师
　　　　卫州王大夫
净因觉禅师法嗣/347
　　　　东京华严真懿慧兰禅师
大洪智禅师法嗣/348
　　　　越州天章枢禅师
甘露宣禅师法嗣/349
　　　　平江府妙湛寺尼文照禅师
瑞岩居禅师法嗣/349
　　　　台州万年处幽禅师
净因岳禅师法嗣/349
　　　　福州鼓山体淳禅鉴禅师
金山慧禅师法嗣/350
　　　　常州报恩觉然宝月禅师

续传灯录卷第十九/351
大鉴下第十四世/351
法云善本禅师法嗣/351
　　　　临安府净慈楚明宝印禅师
　　　　长芦道和祖照禅师
　　　　福州雪峰思慧妙湛禅师
　　　　婺州宝林果昌禅师

潭州云峰志璿祖灯禅师
东京慧林常悟禅师
安吉州道场有规禅师
赵州延庆可复禅师
安吉州道场慧颜禅师
温州双峰普寂宗达佛海禅师
越州五峰子琪禅师
西京韶山云门道信禅师
临安府上天竺从谏慈辩讲师
越州承天滋须禅师
苏州吴江圣寿法晏禅师
郑州资福宝月法明禅师
越州天衣寺慧通禅师
湖州天圣齐月禅师
柳州宜章圆明希古禅师
通州狼山文慧禅师

金山善宁禅师法嗣/359
秀州禅悦知相禅师
秀州鹿苑道齐禅师
婺州普济子淳圆济禅师
吉州禾山用安禅师

广灵希祖禅师法嗣/360
睦州乌龙山广坚禅师
处州缙云仙岩怀义禅师
睦州清溪西禅智诚禅师

寿州资寿圆澄岩禅师法嗣/361
鼎州武陵彰法嵩禅师

投子山证悟修颙禅师法嗣/361
寿州资寿灌禅师
西京白马江禅师
邓州香严知月禅师
丞相富弼居士

法云佛国惟白禅师法嗣/363
润州金山佛鉴惟仲禅师
兴元府中梁山乾明永因禅师
婺州智者绍先禅师
楚州胜因崇恺禅师
沂州马鞍山福圣院仲易禅师
东京慧林慧海月印禅师
扬州建隆原禅师

续传灯录卷第二十/368

大鉴下第十四世/368

东林照觉常总禅师法嗣/368
洪州渤潭宝峰应乾禅师
庐山开先广鉴行瑛禅师
庐山万杉绍慈禅师
东京襃亲佛海有瑞禅师
庐山圆通可仙禅师
临江军慧力可昌禅师

黄州柏子山德嵩禅师
庐陵禾山甘露志传禅师
泉州开元真觉志添禅师
绍兴府象田梵卿禅师
南岳衡岳寺道辩禅师
福州兴福院康源禅师
东京褒亲旌德寺谕禅师
隆兴府西山龙泉夔禅师
南康军兜率志恩禅师
慧圆上座
内翰东坡居士苏轼
雪窦荣禅师法嗣/379
福州雪峰大智禅师
婺州智者山嗣如禅师法嗣/379
婺州承天澄月禅师
婺州华藏虚外禅师
婺州净土可嵩禅师
白云端禅师法嗣/380
蕲州五祖法演禅师
潭州云盖山智本禅师
滁州琅邪永起禅师
英州保福殊禅师
袁州崇胜院珙禅师
提刑郭祥正

续传灯录卷第二十一/392

大鉴下第十四世/392

保宁仁勇禅师法嗣/392
　安吉州上方日益禅师
　隆兴府景福日余禅师
　鄂州月掌山寿圣智渊禅师
　信州灵鹫山宝积宗映禅师
　安吉州乌镇寿圣院楚文禅师
云居山元祐禅师法嗣/394
　东京智海佛印智清禅师
　舒州白云海会守纵禅师
　庐山罗汉院系南禅师
　泉州南峰永程禅师
　台州宝相元禅师
　信州永丰慧日庵主
　亳州白藻清俨禅师
　潭州慈云彦隆禅师
　鄂州子陵山自瑜禅师
　隆兴府东山景福省悦禅师
报本慧元禅师法嗣/398
　苏州承天永安传灯元正禅师
甘露颙禅师法嗣/399
　扬州光孝元禅师
育王振禅师法嗣/400
　明州岳林真禅师

招提湛禅师法嗣/400
    秀州华亭观音和尚
玄沙文禅师法嗣/401
    福州广慧达杲禅师
保宁玑禅师法嗣/401
    庆元府育王无竭净昙禅师
    台州真如戒香禅师
华光恭禅师法嗣/401
    郴州万寿念禅师
大沩怀秀禅师法嗣/402
    潭州大沩祖瑃禅师
    南岳后洞方广有达禅师
    南岳南台允恭禅师
    南岳福严文演禅师
南岳福严慈感禅师法嗣/404
    明州育王宝鉴法达禅师
蕲州开元琦禅师法嗣/405
    韶州荐福道英禅师
    庐山双溪宝严允光禅师
    泉州尊胜有朋禅师
五祖山晓常禅师法嗣/407
    蕲州月顶延福道轮禅师
    蕲州南乌崖寿圣楚清禅师
建隆昭庆禅师法嗣/408
    荆门军玉泉善超禅师

    平江府泗洲用元禅师
佛印宣明禅师法嗣/409
    潭州龙兴师定禅师
黄檗积翠永庵主法嗣/410
    庐陵清平楚金禅师
三祖宗禅师法嗣/411
    宁国府光孝惟爽禅师
石霜琳禅师法嗣/411
    鼎州德山静照庵宗什庵主

续传灯录卷第二十二/413

大鉴下第十四世/413

黄龙心禅师法嗣/413
    黄龙悟新禅师
    隆兴府黄龙灵源惟清禅师
    隆兴府泐潭草堂善清禅师
    吉州青原惟信禅师
    澧州夹山灵泉院晓纯禅师
    汉州三圣继昌禅师
    隆庆府双岭化禅师
    泗州龟山水陆院晓津禅师
    漳州保福本权禅师
    潭州南岳双峰景齐禅师
    温州护国寄堂景新禅师
    鄂州黄龙智明禅师

潭州道吾仲圆禅师
杭州慈云道清禅师
太史山谷居士黄庭坚
洪州黄龙如晓禅师
观文王韶居士
秘书吴恂居士

宝峰文禅师法嗣/422
隆兴府兜率从悦禅师
东京法云佛照杲禅师
泐潭文准禅师
庐山慧日文雅禅师
瑞州洞山梵言禅师
德安府文殊宣能禅师
桂州寿宁善资禅师
南岳祝融上封慧和禅师
瑞州五峰净觉本禅师
永州太平安禅师
潭州报慈进英禅师
瑞州洞山至干禅师
平江府宝华普鉴佛慈禅师
瑞州九峰希广禅师
瑞州黄檗道全禅师
筠州情凉德洪禅师
衢州超化静禅师
南岳石头怀志庵主

婺州双溪印首座
洪州奉新县慧安慧渊禅师

续传灯录卷第二十三/439

大鉴下第十五世/439

黄龙清禅师法嗣/439
东京天宁长灵守卓禅师
潭州上封佛心才禅师
潭州法轮应端禅师
隆兴府百丈以栖禅师
信州博山无隐子经禅师
隆兴府黄龙德逢通照禅师
邵州光孝昙清禅师
温州光孝德周禅师
寺丞戴道纯居士

黄龙死心悟新禅师法嗣/443
吉州禾山方禅师
杭州南荡法空禅师
嘉定府九顶寂惺惠泉禅师
潭州上封祖秀禅师
嘉兴府华亭性空妙普庵主
严州钟山道隆首座
扬州齐谧首座
空室道人智通者

草堂清禅师法嗣/447

福州雪峰东山慧空禅师
庆元府育王野堂普崇禅师
台州万年雪巢法·禅师
隆兴府黄龙山堂道震禅师
青原信禅师法嗣/450
　　成都府正法希明禅师
　　潭州梁山欢禅师
　　祖庵主
夹山纯禅师法嗣/451
　　澧州钦山乾明普初禅师
黄州柏子山嵩禅师法嗣/452
　　黄州东禅惟资禅师
褒亲瑞禅师法嗣/452
　　安州应城寿宁道完禅师
智海清禅师法嗣/453
　　泉州乾峰圆慧禅师
　　蕲州四祖仲宣禅师
庐山罗汉寺南禅师法嗣/453
　　南岳云峰景德慧昌禅师
　　舒州浮山德宣禅师
琅邪起禅师法嗣/454
　　俞道婆
光孝兰禅师法嗣/455
　　明州芦山无相法真禅师
象田卿禅师法嗣/455

　　庆元府雪窦持禅师
　　绍兴府石佛益禅师
慧日雅禅师法嗣/456
　　隆兴府九仙法清祖鉴禅师
　　平江府觉海法因庵主
龙牙言禅师法嗣/457
　　瑞州洞山择言禅师
道林一禅师法嗣/457
　　潭州大沩大圆智禅师

续传灯录卷第二十四/458

大鉴下第十五世/458

净慈明禅师法嗣/458
　　临安府净慈象禅师
　　福州雪峰隆禅师
长芦和禅师法嗣/458
　　镇江府甘露达珠禅师
　　临安府灵隐慧淳圆智禅师
雪峰慧禅师法嗣/459
　　杭州净慈月堂道昌禅师
　　临安府径山照堂了一禅师
　　镇江府金山了心禅师
香严月禅师法嗣/460
　　邓州香严倚松如璧禅师
慧林深禅师法嗣/461

临安府灵隐寂室慧光禅师
台州国清愚谷妙印禅师
台州国清垂慈普绍禅师
泉州九座慧邃禅师
报恩然禅堂法嗣/461
秀州资圣元祖禅师
慧林海禅师法嗣/462
庐山万杉寿坚禅师
开先宗禅师法嗣/462
瑞州黄檗惟初禅师
潭州岳麓海禅师
雪峰演禅师法嗣/463
福州西禅慧舜禅师
长芦了禅师法嗣/463
明州天童宗珏禅师
真州长芦妙觉慧悟禅师
福州龟山义初禅师
健康保宁兴誉禅师
真州北山法通禅师
天童觉禅师法嗣/464
明州雪窦嗣宗禅师
常州善权法智禅师
杭州净慈自得慧晖禅师
明州瑞岩石窗法恭禅师
襄州石门清凉法真禅师

明州光孝了堂思彻禅师
随州大洪法为禅师
真州长芦琳禅师
大洪预禅师法嗣/469
临江军慧力悟禅师
福州雪峰慧深首座
天封归禅师法嗣/469
江州东林通理禅师
天衣聪禅师法嗣/470
苏州慧日法安禅师
温州护国钦禅师
无为军吉祥元实禅师
舒州投子道宣禅师
承天澄月禅师法嗣/471
婺州承天仲颜禅师

续传灯录卷第二十五/472

大鉴下第十五世/472

五祖演禅师法嗣/472
成都府昭觉寺克勤佛果禅师
舒州太平慧勤佛鉴禅师
舒州龙门清远佛眼禅师
潭州开福道宁禅师
彭州大随南堂元静禅师
汉州无为宗泰禅师

蕲州五祖表自禅师
蕲州龙华道初禅师
嘉州九顶清素禅师
元礼首座
普融藏主
法闷上座
智海平禅师法嗣/491
东京净因蹒庵继成禅师
南岳法轮彦孜禅师
衡州开福崇哲禅师
泐潭祥禅师法嗣/495
台州鸿福德升禅师
建宁府万寿慧素禅师
明州香山道渊禅师
建宁府开善木庵道瑀首座
景淳知藏
信州怀玉用宣首座
潭州云盖本禅师法嗣/497
潭州南岳承天惠连禅师
潭州南岳承天自贤禅师
庐陵香山惟德禅师
南岳草衣岩治平庆禅师
护国本禅师法嗣/499
岳州君山崇胜普净禅师

续传灯录卷第二十六/500

大鉴下第十五世/500

兜率悦禅师法嗣/500
隆兴府兜率慧照禅师
抚州府疏山了常禅师
丞相张商英居士
泐潭准禅师法嗣/503
隆兴府云岩典牛天游禅师
潭州三角智尧禅师
法云杲禅师法嗣/505
随州洞山辩禅师
东京慧海仪禅师
西蜀銮法师
文殊能禅师法嗣/507
常德府德山琼禅师
昭觉纯白禅师法嗣/507
成都府信相宗显正觉禅师
大沩璘禅师法嗣/508
眉州中岩慧目蕴能禅师
怀安军云顶宝觉宗印禅师
饶州荐福英禅师法嗣/510
福州等觉普明禅师
泐潭乾禅师法嗣/511
潭州龙牙宗密禅师
江州圆通道旻圆机禅师

　　　　庆元府天童普交禅师
　　　　福州东禅祖鉴从密禅师
　　　　楚州胜因戏鱼咸静禅师
　　　　庆元府二灵知和庵主
　　　　庐州西天王兴化可都禅师
　　　　潭州道吾楚方禅师
　　开先瑛禅师法嗣/515
　　　　潭州大沩海评禅师
　　　　绍兴府慈氏端仙禅师
　　圆通仙禅师法嗣/516
　　　　温州净光了威佛日禅师
　　　　婺州明招文慧禅师
　　慧力可昌禅师法嗣/517
　　　　临江军慧力洞源禅师

续传灯录卷第二十七/518
大鉴下第十六世/518
昭觉圆悟克勤禅师法嗣/518
　　　　临安府径山妙喜大慧宗杲禅师
　　　　平江府虎丘绍隆禅师
　　　　明州育王佛智端裕禅师
　　　　潭州大沩佛性法泰禅师
　　　　台州护国此庵景元禅师
　　　　福州玄沙僧昭禅师

续传灯录卷第二十八/538
大鉴下第十六世/538
昭觉圆悟克勤禅师法嗣/538
　　　　平江府南峰云辩禅师
　　　　成都府正法建禅师
　　　　建康府华藏密印安民禅师
　　　　成都府昭觉彻庵道元禅师
　　　　临安府中天竺伢堂中仁禅师
　　　　眉州象耳山袁觉禅师
　　　　眉州中岩华严祖觉禅师
　　　　潭州福严文演禅师
　　　　平江府西山明因昙玩禅师
　　　　平江府虎丘雪庭元净禅师
　　　　衢州天宁讷堂梵思禅师
　　　　岳州君山佛照觉禅师
　　　　平江府宝华显禅师
　　　　绍兴府东山觉禅师
　　　　台州天封觉禅师
　　　　成都府昭觉道祖首座
　　　　南康军云居宗振首座
　　　　枢密徐俯
　　　　郡王赵令衿
　　　　侍郎李弥逊
　　　　觉庵道人
　　　　令人本明

成都府范县君者

临安府灵隐瞎堂远禅师

台州洪福子文禅师

续传灯录卷第二十九/563

大鉴下第十六世/563

太平勤禅师法嗣/563

常德府文殊心道禅师

韶州南华知昺禅师

潭州龙牙智才禅师

明州蓬莱卿禅师

安吉州何山佛灯守珣禅师

隆兴府泐潭择明禅师

台州宝藏本禅师

吉州大中祥符清海禅师

漳州净众佛真了灿禅师

隆兴府谷山海禅师

龙门佛眼远禅师法嗣/571

温州龙翔竹庵士珪禅师

南康军云居高庵善悟禅师

遂宁府西禅文琏禅师

隆兴府黄龙牧庵法忠禅师

衢州乌巨雪堂道行禅师

抚州白杨法顺禅师

南康军云居法如禅师

南康军归宗真牧正贤禅师

安吉州道场正堂明辩禅师

潭州方广深禅师

世奇首座者

温州净居尼慧温禅师

给事冯楫济川居士

开福宁禅师法嗣/584

潭州大沩月庵善果禅师

续传灯录卷第三十/585

大鉴下第十六世/585

雪窦明禅师法嗣/585

密州嗜山宁禅师

净慈昌禅师法嗣/585

临安府五云悟禅师

灵隐光禅师法嗣/586

临安府中竺痴禅元妙禅师

圆觉昙禅师法嗣/586

抚州灵岩圆日禅师

岳麓海禅师法嗣/586

荆门军玉泉思达禅师

天宁卓禅师法嗣/587

庆元府育王无示介谌禅师

安吉州道场普明慧琳禅师

安吉州道场无传居慧禅师

　　　　临安府显宁松堂圆智禅师
　　　　安吉州乌回唯庵良范禅师
　　　　温州本寂灵光文观禅师
上封才禅师法嗣/589
　　　　福州普贤元素禅师
　　　　福州鼓山堂僧洵禅师
　　　　福州鼓山别峰祖珍禅师
云岩游禅师法嗣/590
　　　　临安府径山涂毒智策禅师
圆通旻禅师法嗣/591
　　　　江州庐山圆通守慧冲真密印
　　　　通慧禅师
　　　　隆兴府黄龙道观禅师
　　　　左丞范冲居士
　　　　枢密吴居厚居士
　　　　谏议彭汝霖居士
　　　　中丞卢航居士
　　　　左司都贶居士
雪峰需禅师法嗣/593
　　　　福州雪峰球堂慧忠禅师
祥符立禅师法嗣/593
　　　　湖南报慈淳禅师
浮山真禅师法嗣/593
　　　　峨嵋灵岩徽禅师
信相显禅师法嗣/593

　　　　成都府金绳文禅师
净因成禅师法嗣/594
　　　　台州瑞岩如胜佛灯禅师
　　　　无为军冶父实际道川禅师
上封秀禅师法嗣/595
　　　　文定公胡安国草庵居士
黄龙逢禅师法嗣/595
　　　　饶州荐福常庵择崇禅师
黄龙震禅师法嗣/596
　　　　常德府德山无净慧初禅师
万年一禅师法嗣/596
　　　　嘉兴府报恩法常首座
岳山祖庵主法嗣/597
　　　　庐山延庆叔禅师
胜因静禅师法嗣/597
　　　　涟水军万寿梦庵普信禅师
　　　　平江府慧日默庵兴道禅师
　　　　广德军光孝果慜禅师
天童交禅师法嗣/597
　　　　庆元府蓬莱圆禅师
明招慧禅师法嗣/598
　　　　杨州石塔宣秘礼禅师
天童珏禅师法嗣/598
　　　　明州雪窦智鉴禅师
雪窦宗禅师法嗣/598

泰州广福微庵道勤禅师
善权智禅师法嗣/599
　越州超化藻禅师
大随静禅师法嗣/599
　合州钓鱼台石头自回禅师
　潼川府护圣愚丘居静禅师
　简州南岩胜禅师
　常德府梁山廓庵师远禅师
　嘉州能仁默堂绍悟禅师
　彭州土溪智陀子言庵主
　剑门南修造
　莫将尚书
　龙图王萧居士
五祖自禅师法嗣/604
　蕲州龙华高禅师

续传灯录卷第三十一/605
大鉴下第十七世/605
虎丘隆禅师法嗣/605
　明州天童应庵昙华禅师
育王裕禅师法嗣/608
　福州清凉坦禅师
　临安府净慈水庵师一禅师
　安吉州道场无庵法全禅师
　泉州延福寒岩慧升禅师

大沩泰禅师法嗣/610
　潭州慧通清旦禅师
　澧州灵岩仲安禅师
　成都府正法灏禅师
　成都府昭觉辩禅师
护国元禅师法嗣/612
　台州国清简堂行机禅师
　镇江府焦山或庵师体禅师
　常州华藏湛堂智深禅师
　参政钱端礼居士
灵隐远禅师法嗣/616
　庆元府东山齐已禅师
　抚州疏山归云如本禅师
　觉阿上人
　内翰曾开居士
　知府葛郯居士
华藏民禅师法嗣/619
　临安府径山别峰宝印禅师
昭觉元禅师法嗣/621
　凤栖慧观禅师
文殊道禅师法嗣/621
　潭州楚安慧方禅师
　常德府文殊思业禅师
何山珣禅师法嗣/622
　婺州义乌稠岩了赟禅师

待制潘良贵居士
泐潭明禅师法嗣/622
　　汉州无为随庵守缘禅师

续传灯录卷第三十二/624
大鉴下第十七世/624
径山杲禅师法嗣/624
　　泉州教忠晦庵弥光禅师
　　江州东林万庵道颜禅师
　　福州西禅懒庵鼎需禅师
　　福州东禅蒙庵思岳禅师
　　福州西禅此庵守净禅师
　　建宁府开善道谦禅师
　　庆元府育王佛照德光禅师
　　常州华藏遁庵宗演禅师
　　庆元府天童无用净全禅师
　　大沩法宝禅师
　　福州玉泉昙懿禅师
　　饶州荐福悟本禅师
　　庆元府育王大圆遵璞禅师
　　温州雁山能仁枯木祖元禅师
　　真州灵岩东庵了性禅师
　　建康府蒋山一庵善直禅师
　　剑州万寿自护禅师
　　潭州大沩了庵景晕禅师

临安府灵隐谁庵了演禅师
泰州光孝寺致远禅师
福州雪峰崇圣普慈蕴闻禅师
处州连云道能禅师
临安府灵隐最庵道印禅师
建宁府竺原宗元庵主
近礼侍者
温州净居尼妙道禅师
平江府资寿尼无着妙总禅师
侍郎无垢居士张九成
参政李邴居士
宝学刘彦修居士
提刑吴伟明居士
门司黄彦节居士
秦国夫人计氏法真
临安径山了明禅师

续传灯录卷第三十三/652
大鉴下第十七世/652
龙翔圭禅师法嗣/652
　　南康军云居顽庵德升禅师
　　通州狼山萝庵慧温禅师
云居悟禅师法嗣/653
　　婺州双林德用禅师
　　台州万年无着道闲禅师

福川中际善能禅师
　　南康军云居普云自圆禅师
乌巨行禅师法嗣/654
　　饶州荐福退庵休禅师
　　信州龟峰晦庵慧光禅师
　　真州长芦且庵守仁禅师
白杨顺禅师法嗣/656
　　吉州青原如禅师
云居如禅师法嗣/656
　　太平州隐静圆极彦岑禅师
　　鄂州报恩成禅师
道场辩禅师法嗣/657
　　平江府觉报清禅师
　　安吉州何山然首座
黄龙忠禅师法嗣/657
　　成都府信相戒修禅师
西禅琏禅师法嗣/657
　　遂宁府西禅第二代希秀禅师
净居尼温禅师法嗣/658
　　温州净居尼无相法灯禅师
大沩果禅师法嗣/658
　　荆门军玉泉穷谷宗琏禅师
　　潭州大沩行禅师
　　潭州道林渊禅师
　　随州大洪老衲祖证禅师

　　隆兴府泐潭山堂德淳禅师
　　常州宜兴保安复庵可封禅师
　　隆兴府石亭野庵祖璇禅师
　　潭州石霜宗鉴禅师
石头回禅师法嗣/662
　　南康军云居蓬庵德会禅师
育王谌禅师法嗣/662
　　台州万年心闻昙贲禅师
　　庆元府天童慈航了朴禅师
　　南剑州西岩宗回禅师
　　高丽国坦然国师
　　临安府龙华无住本禅师
道场琳禅师法嗣/664
　　临江军东山吉禅师
道场慧禅师法嗣/664
　　临安府灵隐懒庵道枢禅师
光孝憼禅师法嗣/665
　　广德军光孝悟初首座
中竺妙禅师法嗣/665
　　温州光孝己庵深禅师

续传灯录卷第三十四/667
大鉴下第十八世/667
东林颜禅师法嗣/667
　　荆南府公安遁庵祖珠禅师

　　　　汀州报恩法演禅师
　　　　临安府净慈肯堂彦充禅师
　　　　婺州智者元庵真慈禅师
　　　　成都府昭觉绍渊禅师
西禅需禅师法嗣/670
　　　　福州鼓山木庵安永禅师
　　　　温州龙翔柏堂南雅禅师
　　　　福州天王志清禅师
　　　　南剑州剑门安分庵主
教忠光禅师法嗣/673
　　　　临安府净慈混源昙密禅师
　　　　泉州法石中庵慧空禅师
东禅岳禅师法嗣/674
　　　　福州鼓山宗逮禅师
西禅净禅师法嗣/674
　　　　福州乾元宗颖禅师
开善谦禅师法嗣/674
　　　　建宁府仙州山吴十三道人
无用全禅师法嗣/675
　　　　育王笑翁禅师
天童华禅师法嗣/676
　　　　庆元府天童密庵咸杰禅师
　　　　南书记者
　　　　侍郎李浩居士
道场全禅师法嗣/678

　　　　常州华藏伊庵有权禅师
双林用禅师法嗣/679
　　　　婺州三峰印禅师
大沩行禅师法嗣/680
　　　　常德府德山子涓禅师
万年贲禅师法嗣/680
　　　　温州龙鸣在庵贤禅师
　　　　潭州大沩咦庵鉴禅师

续传灯录卷第三十五/682
大鉴下第十八世/682
育王光禅师法嗣/682
　　　　杭州灵隐妙峰善禅师
　　　　杭州府净慈北涧禅师
　　　　杭州径山如琰禅师
　　　　明州天童派禅师
　　　　东禅观禅师
　　　　上方朴翁铦禅师

大鉴下第十九世/685
天童杰禅师法嗣/685
　　　　杭州府灵隐松源禅师
　　　　婺州卧龙破庵禅师
　　　　饶州荐福曹原生禅师
　　　　天童枯禅自镜禅师

净慈慧光禅师

　　太平府隐静万庵致柔禅师

天童达观禅师法嗣/687

　　苏州虎丘佛堂善济禅师

径山如琰禅师法嗣/688

　　灵隐大川禅师讳普济

　　杭州径山偃溪闻禅师

　　径山淮海肇禅师

　　婺州双林介石明禅师

万寿崇观禅师法嗣/688

　　黄龙慧开禅师

　　潭州石霜竹岩妙印禅师

育王师瑞禅师法嗣/689

　　明州瑞岩寿禅师

灵隐之善禅师法嗣/689

　　杭州径山藏叟禅师

天童智颖禅师法嗣/690

　　临安府径山荆叟禅师

净慈居简禅师法嗣/690

　　明州育王大观禅师

鼓山安永禅师法嗣/690

　　杭州净慈晦翁悟明禅师

直翁举禅师法嗣/691

　　明州天童岫禅师

大鉴下第二十世/692

卧龙祖先禅师法嗣/692

　　杭州径山无准禅师

　　杭州灵隐法熏禅师

续传灯录卷第三十六/695

大鉴下第二十世/695

荐福道生禅师法嗣/695

　　径山痴绝禅师

净慈闻禅师法嗣/696

　　杭州径山云峰禅师

育王观禅师法嗣/698

　　径山佛智晦机禅师

径山善珍禅师法嗣/699

　　杭州径山元叟禅师

净慈仲颖禅师法嗣/701

　　温州江心一山禅师

　　奉化岳林梅堂益禅师

双林朋禅师法嗣/702

　　杭州灵隐悦堂闻禅师

天童云外禅师法嗣/703

　　明州雪窦无印禅师

灵隐崇岳禅师法嗣/704

　　镇江金山善开禅师

　　湖州道场运庵禅师

华藏觉通禅师
温州龙翔石岩禅师
瑞岩少室光睦禅师
明州天童山天目禅师

增集续传灯录卷第二/867
增集续传灯录卷第三/892
增集续传灯录卷第四/923
增集续传灯录卷第五/971
增集续传灯录卷第六/1037

附编一
续传灯录总目录(三卷)/708

附编二
增集续传灯录/805
增集续传灯录卷第一/833

附编三
校点后叙：圆极居顶与《续传灯录》/1083

附编四
主要参阅书目/1087

续传灯录卷第一

大鉴下第十世

汝州首山念禅师法嗣

汾州①太子院善昭禅师 太原俞氏子。器识沉邃,少缘饰,有大智,于一切文字,不由师训,自然通晓。年十四,父母相继而亡,孤苦,厌世俗尘劳,因剃发受具。杖策游方,所至少留,不喜观览,随机扣发,历参诸方知识七十一员,最后到首山。

一日,首山升座,师出问曰:"百丈卷席,意旨如何?"山曰:"龙袖拂开全体现。"曰:"师意如何?"山曰:"象王行处绝狐踪。"师于言下大悟,拜起而曰:"万古碧潭空界月,再三捞摝始应知。"有问者曰:"见何道理便尔自肯?"师曰:"正是我放身命处。"

后游衡湘及襄沔间,每为郡守以名刹力致,前后八请,坚卧不答。洎首山殁,西河道俗遣僧契聪迎请住持,师闭关高枕。聪

---
① 汾州:径山本作"汾阳"。

排闼①而入，让之曰："佛法大事，靖退②小节，风穴惧应谶，忧宗旨坠灭。幸而有先师，先师已弃世。汝有力荷担如来大法者，今何时而欲安眠哉！"师矍然起，握聪手曰："非公不闻此语，趣办严吾行矣。"既至，燕坐一榻，足不越阃③者三十年，道俗同曰"汾阳"而不敢名。

上堂，谓众曰："汾阳门下有西河师子当门踞坐，但有来者即便咬杀，有何方便入得汾阳门、见得汾阳人？若见汾阳人者，堪与祖佛为师。不见汾阳人，尽是立地死汉。如今还有人入得么？快须入取，免得孤负平生。不是龙门客，切忌遭点额。那个是龙门客？一齐点下。"举起拄杖曰："速退速退，珍重！"

又上堂云："凡一句语须具三玄门，一玄门须具三要。阿那个是三玄三要底句？快会取好！各自思量还得稳当也未？古德已前行脚，闻一个因缘未明中间，直下饮食无味，睡卧不安，火急决择，莫将为小事。所以大觉老人为一大事因缘出现于世。想计他从上来行脚，不为游山玩水、看州府奢华、片衣口食，皆为圣心未通，所以驱驰行脚，决择深奥，传唱敷扬，博问先知，亲近高德。盖为续佛心灯，绍隆祖代，兴崇圣种，接引后机，自利利他耳。如今还有商量者么？有即出来，大家商量。"

僧问："如何是接初机底句？"师曰："汝是行脚僧。"曰："如何是辨衲僧底句？"师曰："西方日出卯。"曰："如何是正令行底句？"师曰："千里持来呈旧面。"曰："如何是立乾坤底

---

① 闼（tà）：门。
② 靖退：恭谨谦让。
③ 阃（kǔn）：门槛，指寺院大门。

句?"师曰:"北俱卢州长粳米,食者无嗔亦无喜。"乃曰:"将此四转语验天下衲僧,才见尔出来,验得了也。"

问:"如何是学人着力处?"师曰:"嘉州打大像。"曰:"如何是学人转身处?"师曰:"陕府灌铁牛。"曰:"如何是学人亲切处?"师曰:"西河弄师子。"乃曰:"若人会得此三句,已辨三玄,更有三要语在,切须荐取,不是等闲。与大众颂出:三玄三要事难分,得意忘言道易亲。一句明明该万象,重阳九日菊花新。"

师为并、汾苦寒,乃罢夜参。有异比丘振锡而至,谓师曰:"会中有大士六人,奈何不说法?"言讫而去。师密记以偈曰:"胡僧金锡光,为法到汾阳。六人成大器,劝请为敷扬。"

上堂,"凡一句语须具三玄门,每一玄门须具三要,有照有用。或先照后用,或先用后照,或照用同时,或照用不同时。先照后用,且要共你商量。先用后照,你也须是个人始得。照用同时,你作么生当抵?照用不同时,你又作么生凑泊?"

僧问:"如何是大道之源?"师曰:"掘地觅天。"曰:"何得如此?"师曰:"不识幽玄。"问:"如何是宾中宾?"师曰:"合掌庵前问世尊。"曰:"如何是宾中主?"师曰:"对面无俦侣。"曰:"如何是主中宾。"师曰:"阵云横海上,拔剑搅龙门。"曰:"如何是主中主?"师曰:"三头六臂擎天地,忿怒那咤扑帝钟。"

上堂,"汾阳有三诀,衲僧难辨别。更拟问如何,拄杖蓦头楔"。时有僧问:"如何是三诀?"师便打,僧礼拜。师曰:"与汝一时颂出:第一诀,接引无时节,巧语不能诠,云绽青天月。第二诀,舒光辨贤哲,问答利生心,拨却眼中楔。第三诀,西国胡人说,济水过新罗,北地用镔铁。"复曰:"还有人会么?会底出来通个消息。要知远近,莫只恁么记言记语以当平生,有甚么利益!不用久立,珍重!"

僧问:"如何是祖师西来意?"师曰:"青绢扇子足风凉。"问:"布鼓当轩挂,谁是知音者?"师曰:"停锄倾麦饭,卧草不抬头。"问:"如何是道场?"师曰:"下脚不得。"问:"如何是祖师西来意?"师曰:"彻骨彻髓。"曰:"此意如何?"曰:"遍天遍地。"问:"真正修道人不见世间过,未审不见个甚么过?"师曰:"雪埋夜月深三尺,陆地行舟万里程。"曰:"和尚是何心行?"师曰:"却是你心行。"问:"如何是和尚家风?"师曰:"三玄开正道,一句破邪宗。"曰:"如何是和尚活计?"师曰:"寻常不掌握,供养五湖僧。"曰:"未审吃个甚么?"师曰:"天酥陀饭非珍馔,一味良羹饱即休。"

上堂,谓众曰:"夫说法者须具十智同真,若不具十智同真,邪正不辩,缁素不分,不能与人天为眼目决断是非。如鸟飞空而折翼,如箭射的而断弦。弦断故射的不中,翼折故空不可飞。弦壮翼牢,空的俱彻。作么生是十智同真?与诸上座点出:一同一质,二同大事,三总同参,四同真智,五同遍普,六同具足,七同得失,八同生杀,九同音吼,十同得入。"又曰:"与甚么人同得入?与阿谁同音吼?作么生是同生杀?甚么物同得失?阿那个同具足?是甚么同遍普?何人同真智?孰能总同参?那个同大事?何物同一质?有点得出底么?点得出者,不吝慈悲。点不出来,未有参学眼在。切须辨取,要识是非面目见在。不可久立,珍重。"

龙德府尹李侯与师有旧,虚承天寺致之,使三反不赴。使者受罚,复至曰:"必欲得师俱往,不然有死而已。"师笑曰:"老病业已不出山,借往当先后之,何必俱邪。"使曰:"师诺,则先后惟所择。"师乃令设馔且俶装①,告众曰:"老僧去也,谁人随得?"一僧出云:"某甲随得。"师曰:"汝日行几里?"僧曰:"五十里。"师曰:"汝随我不得。"又一僧出云:"某甲随得。"师曰:"汝日行几里?"僧云:"七十里。"师曰:"汝也随我不得。"侍者出云:"某甲随得,但和尚到处某甲即到。"师曰:"汝却随得老僧。"言讫谓使者曰:"吾先行矣。"停箸而逝。侍者即立化。阇维,收舍利起塔。

汝州叶县广教院归省禅师 冀州贾氏子。弱冠依易州保寿院出家受具。后游方参首山,山一日举竹篦问:"唤作竹篦即触,不唤作竹篦即背,唤作甚么?"师掣得,掷地上曰:"是甚么?"山曰:"瞎。"师于言下豁然顿悟。

开堂,僧问:"祖祖相传传祖印,师今得法嗣何人?"师曰:"寰中天子,塞外将军。"曰:"如海一滴蒙师指,向上宗乘事若何?"师曰:"高祖殿前樊哙怒,须知万里绝烟尘。"

问:"维摩丈室不以日月为明,和尚丈室以何为明?"师曰:"眉分八字。"曰:"未审意旨如何?"师曰:"双耳垂肩。"问:"如何是超师之作?"师曰:"老僧眉毛长多少?"问:"如何是尘中独露身?"师曰:"塞北千人帐,江南万斛舟。"曰:"怎么即非尘也。"师曰:"学语之流,一札万行。"问:"如何是和尚深深

---

① 俶(chù)装:整理行装。

处?"师曰:"猫有歃血①之功,虎有起尸②之德。"曰:"莫便是也无?"师曰:"碓捣东南,磨推西北。"

问:"如何是金刚不坏身?"师曰:"百杂碎。"曰:"意旨如何?"师曰:"终是一堆灰。"问:"不落诸缘,请师便道。"师曰:"落。"问:"如何是清净法身?"师曰:"厕坑头筹子。"

问:"如何是戒定慧?"师曰:"破家具。"

师一日升座。僧问:"才上法堂来时如何?"师拍禅床一下。僧曰:"未审此意如何。"师曰:"无人过价,打与三百。"问:"忽遇大阐提人来,还相为也无?"师曰:"法久成弊。"曰:"慈悲何在?"师曰:"年老成魔。"

上堂,"宗师血脉,或凡或圣,龙树、马鸣,天堂地狱,镬汤炉炭,牛头狱卒,森罗万象,日月星辰,他方此土,有情无情"。以手画一画云:"俱入此宗。此宗门中亦能杀人亦能活人,杀人须得杀人刀,活人须得活人句。作么生是杀人刀活人句?道得底出来对众道看!若道不得,即孤负平生。珍重!"

问:"如何是和尚四无量心?"师曰:"放火杀人。"曰:"慈悲何在?"师曰:"遇明眼人举似。"问:"不在内、不在外、不在中间,未审在甚么处。"师曰:"南斗六,北斗七。"问:"如何是毗卢师法身主?"师曰:"僧排夏腊,俗列耆年。"曰:"向上更有事也无?"师曰:"有。"曰:"如何是向上事?"师曰:"万里崖州君自去,临行惆怅怨他谁。"

---

① 歃(shà)血:古代举行盟会时,微饮牲血,或含于口中,或涂于口旁,以示信守誓言的诚意。
② 起尸:起死回生。

上堂，良久曰："夫行脚禅流直须着忖，参学须具参学眼，见地须得见地句，方有相亲分，始得不被诸境惑，亦不落于恶道。毕竟如何委悉？有时句到意不到，忘缘前尘，分别影事。有时意到句不到，如盲摸象，各说异端。有时意句俱到，打破虚空界，光明照十方。有时意句俱不到，无目之人纵横走，忽然不觉落深坑。"

问："如何是古今无异路？"师曰："俗人尽裹头。"曰："意旨如何？"师曰："阇黎无席帽。"问："己事未明，以何为验？"师曰："闹市里打静槌。"曰："意旨如何？"师曰："日午点金灯。"问："布鼓当轩击，谁是知音者？"师曰："眼中有涩钉。"曰："未审此意如何？"师曰："乔翁赛南神。"僧请益柏树子话，师曰："我不辞与汝说，还信么？"曰："和尚重言，争敢不信。"师曰："汝还闻檐头水滴声么？"其僧豁然，不觉失声云："哪"师曰："你见个甚么道理？"僧便以颂对曰："檐头水滴，分明历历，打破乾坤，当下心息。"师乃忻然。

问僧："日暮投林，朝离何处？"曰："新戒不曾学禅。"师曰："生身入地狱，下去！"后有僧举到智门宽和尚处，门曰："何不道锁匙在和尚手里。"

师因去将息寮看病僧，僧乃问曰："和尚四大本空，病从何来？"师曰："从阇黎问处来。"僧喘气，又问曰："不问时如何？"师曰："撒手卧长空。"僧曰："哪！"便脱去。

潭州神鼎洪𬤇禅师 襄水扈氏子。自游方，一衲以度寒暑。尝与数耆宿至襄沔间，一僧举论宗乘颇敏捷，会野饭山店中供办，而僧论说不已。师曰："三界惟心，万法惟识，惟识惟心，眼声耳色。是甚么人语？"僧曰："法眼语。"师曰："其义如何？"曰："惟心故，根境不相到。惟识故，声色拟然①。"师曰："舌味是根境否？"曰："是。"师以箸荚菜置口中，含糊而语曰："何谓相入耶？"坐者骇然，僧不能答。师曰："途路之乐，终未到家。见解入微，不名见道。参须实参，悟须实悟。阎罗大王，不怕多语。"僧拱而退。

后反长沙，隐于衡岳三生藏。有湘阴豪贵来游福严，即师之室，见其气貌闲静，一钵挂壁，余无长物，倾爱之，遂拜跪请曰："神鼎乃我家植福之地，久乏宗匠，愿师俱往，何如？"师笑而诺之，即以己马负师。至十年始成丛席。一朽床为说法座，其甘枯淡无比。又以德腊俱高，诸方尊之，如古赵州。

僧问："诸法未闻时如何？"师曰："风萧萧雨飒飒。"曰："闻后如何？"师曰："领话好。"问："鱼鼓未鸣时如何？"师曰："看天看地。"曰："鸣后如何？"师曰："捧钵上堂。"问："古涧寒泉时如何？"师曰："不是衲僧行履处。"曰："如何是衲僧行履处？"师曰："不见有古涧寒泉。"问："两手献尊堂时如何？"师曰："是甚么？"问："学人到宝山，空手回时如何？"师曰："腊月三十日。"

问："如何是和尚家风？"师曰："饥不择食。"问："如何是和尚为人句？"师曰："拈柴择菜。"问："莫只这便是也无？"师曰："更须子细。"问："拨尘见佛时如何？"师曰："佛亦是尘。"问："如何是道人活计？"师曰："山僧自小不曾入学堂。"

---

① 拟然：径山本作"纵然"。

官人指木鱼问："这个是甚么？"师曰："惊回多少瞌睡人。"官曰："洎不到此间。"师曰："无心打无心。"问："如何是清净法身？"师曰："灰头土面。"曰："为甚么如此？"师曰："争怪得山僧。"曰："未审法身向上还有事也无？"师曰："有。"曰："如何是向上事？"师曰："毗卢顶上金冠子。"问："菩提本无树，何处得子来？"师曰："唤作无得么？"问："持地菩萨修路等佛，和尚修桥等何人？"师曰："近后。"问："和尚未见先德时如何？"师曰："东行西行。"曰："见后如何？"师曰："横担拄杖。"

上堂，举洞山曰："贪嗔痴，太无知，赖我今朝识得伊。行便打，坐便槌，分付心王子细推。无量劫来不解脱，问汝三人知不知？"师曰："古人与么道，神鼎则不然。贪嗔痴，实无知，十二时中任从伊。行即往，坐即随，分付心王拟何为。无量劫来元解脱，何须更问知不知。"

襄州谷隐山蕴聪慈照禅师 广州张氏子。初参百丈恒和尚，因结夏，百丈上堂，举《中观论》曰："正觉无名相，随缘即道场。"师便出问："如何是正觉无名相？"丈曰："汝还见露柱么？"师曰："如何是随缘即道场？"丈曰："今日结夏。"

次参首山，问："学人亲到宝山，空手回时如何？"山曰："家家门前火把子。"师于言下大悟，呈偈曰："我今二十七，访道曾寻觅。今朝喜得逢，要且不相识。"

后到大阳，玄和尚问："近离甚处？"师曰："襄州。"阳曰："作么生是不隔底句？"师曰："和尚住持不易。"阳曰："且坐吃茶。"师便参众去。侍者问："适来新到，祇对住持不易，和尚为甚么教坐吃茶?"阳曰:"我献他新罗附子,他酬我舶上茴香,你去问他有语在。"侍者请师吃茶,问:"适来祇对和尚道住持不易,意旨如何?"师曰:"真鍮①不博金。"

住后,僧问:"如何是佛?"师曰:"邛州多出九节杖。"曰:"谢师指示。"师曰:"且莫作答佛话会却。"问:"来时无物,去时空,二路俱迷,如何得不迷去?"师曰:"秤头半斤,秤尾八两。"问:"如何是古佛心?"师曰:"踏着秤锤硬似铁。"曰:"意旨如何?"师曰:"明日向汝道。"问:"青山渌水即不问,急切一句作么生道?"师曰:"手过膝,耳垂肩。"问:"如何是道?"师曰:"车碾马踏。"曰:"如何是道中人?"师曰:"横眠竖坐。"问:"日往月来迁,不觉年衰老,还有不老者么?"师曰:"有。"曰:"如何是不老者?"师曰:"虬龙筋力高声叫,晚后精灵转更多。"

问:"如何是学人深深处?"师曰:"乌龟水底深藏六。"曰:"未审其中事若何?"师曰:"路上行人莫与知。"问:"古人索火,意旨如何?"师曰:"任他灭。"曰:"灭后如何?"师曰:"初三十一。"

因作清凉河堰,僧问:"忽遇洪水滔天,还堰得也无?"师曰:"上拄天,下拄地。"曰:"劫火洞然,又作么生?"师曰:"横出竖没。"问:"深山岩崖中,还有佛法也无?"师曰:"有。"曰:"如何是深山岩崖中佛法?"师曰:"奇怪石头形似虎,火烧松树势如龙。"问:"古人道见色便见心,露柱是色,那个是心?"

---

① 鍮(tōu):一种黄色有光泽的矿石,即黄铜矿或自然铜,似金而非金。

师曰："昼见簸箕星。"曰："意旨如何?"师曰："柳营节级横阶上。"

问："如何是道?"师曰："善犬带牌。"曰："为甚如此?"师曰："令人惧见。"

上堂，"十五日已前诸佛生，十五日已后诸佛灭。十五日已前诸佛生，你不得离我这里，若离我这里，我有钩子钩你。十五日已后诸佛灭，你不得住我这里，若住我这里，我有锥子锥尔。且道，正当十五日，用钩即是，用锥即是?"遂有偈曰："正当十五日，钩锥一时息，更拟问如何，回头日又出。"

问："如何是无缝塔?"师曰："直下看。"曰："如何是塔中人?"师曰："退后退后。"问："承古有言，只这如今谁动口。意旨如何?"师曰："莫认驴鞍桥作阿爷下颔。"

张茂崇太保问："摩腾入汉，已涉繁词。达磨单传，请师直指。"师曰："冬不寒，腊后看。"问："若能转物，即同如来，万象是物，如何转得?"师曰："吃了饭，无些子意智。"问："寸丝不挂，法网无边，为甚么却有迷悟?"师曰："两桶一担。"问："有情有用，无情无用，如何是无情应用?"师曰："独扇门子尽夜开。"

上堂，"春景温和，春雨普润，万物生芽，甚么处不沾恩?且道承恩力一句作么生道?"良久曰："春雨一滴滑如油。"问："如何是学人自己法身?"师曰："每日搬柴不易。"曰："此是大众底，如何是学人底?"师曰："三生六十劫。"问："逐日开单展钵，以何报答施主之恩?"师曰："被这一问，和我愁杀。"曰："恁么则谢供养也。"师曰："得甚么人气力?"僧礼拜，师曰：

"明日更吃一顿。"问："古人急水滩头毛球子，意旨如何？"师曰："云开月朗。"问："急水滩头连底石，意旨如何？"师曰："屋破见青天。"曰："屋破见青天，意旨如何？"师曰："通上彻下。"问："一处火发，任从你救，八方齐发时如何？"师曰："快。"曰："还求出也无？"师曰："若求出，即烧杀你。"僧礼拜，师曰："直饶你不求出，也烧杀你。"

示众："第一句道得，石里迸出。第二句道，得挨拶将来。第三句道，得自救不了。"

上堂，"五白猫儿爪距狞，养来堂上绝虫行。分明上树安身法，切忌遗言许外甥。作么生是许外甥底句？莫错举！"僧入室问："正当与么时，还有师也无？"师曰："灯明连夜照，甚处不分明？"曰："毕竟事如何？"师曰："来日是寒食。"

汝州广慧院元琏禅师　泉州陈氏。到首山，山问："近离甚处？"师曰："汉上。"山竖起拳曰："汉上还有这个么？"师曰："这个是甚么碗鸣声？"山曰："瞎。"师曰："恰是。"拍一拍，便出。他日又问："学人亲到宝山，空手回时如何？"山曰："家家门前火把子。"师当下大悟，云："某甲不疑天下老和尚舌头也。"山曰："汝会处作么生，与我说来看！"师曰："只是地上水碾砂也。"山曰："汝会也。"师便礼拜。

住后，僧问："如何是祖师西来意？"师曰："竹竿头上曜红旗。"杨忆侍郎问："天上无弥勒，地下无弥勒，未审在甚么处？"师曰："敲砖打瓦。"又问："风穴道金沙滩头马郎妇，意旨如何？"师曰："更道也不及。"僧问："如何是无位真人？"师曰："上木下铁。"曰："恁么则罪归有处也。"师曰："判官掷下笔。"

僧礼拜，师曰："拖出。"问："如何是佛？"师曰："两个不是多。"

上堂，"临济两堂首座相见，同时下喝，诸人且道还有宾主也无？若道有，只是个瞎汉。若道无，亦是个瞎汉。不有不无，万里崖州。若向这里道得，也好与三十棒。若道不得，亦与三十棒。衲僧家到这里作么生出得山僧圈䙀①去？"良久曰："苦哉！虾蟆蚯蚓蹦跳上三十三天，撞着须弥山，百杂碎。"拈拄杖曰："一队无孔铁锤，速退速退！"

并州承天院三交智嵩禅师　范阳人。参首山，问："如何是佛法的的大意？"山曰："楚王城畔，汝水东流。"师于此有省，顿契佛意，乃作三玄偈曰："须用直须用，心意莫定动。三岁师子吼，十方没狐种。我有真如性，如同幕里隐。打破六门关，显出毗卢印。真骨金刚体可夸，六尘一拂永无遮。廓落世界空为体，体上无为真到家。"山闻，乃请吃茶。问："这三颂是汝作来邪？"师曰："是。"山曰："或有人教汝现三十二相时如何？"师曰："某甲不是野狐精。"山曰："惜取眉毛。"师曰："和尚落了多少？"山以竹篦头上打，曰："这汉向后乱作去在。"

住后，上堂，"文殊仗剑五台横行，唐明一路把断妖讹。三世诸佛，未出教乘。网底游鱼，龙门难渡。垂钩四海，只钓狞龙。格外玄谈，为求知识。若也举扬宗旨，须弥直须粉碎。若也说佛说祖，海水便须枯竭。宝剑挥时，毫光万里。放汝一路，通方说话。把断咽喉，诸人甚处出气？"僧问："钝根乐小法，不自

---

① 䙀（kuì）：衣纽，或用绳子等拴成的结。

信作佛,作佛后如何?"师曰:"水里捉麒麟。"曰:"与么则便登高座也。"师曰:"骑牛上三十三天。"问:"古人拈椎竖拂,意旨如何?"师曰:"骑驴不着靴。"

问:"如何是夺人不夺境?"师曰:"家乡有路无人到。"曰:"如何是夺境不夺人?"师曰:"暗传天子敕,倍行一百程。"曰:"如何是人境两俱夺?"师曰:"无头虾蟆脚指天。"曰:"如何是人境俱不夺?"师曰:"晋祠南畔长柳巷。"

问:"古人东山西岭青,意作么生?"师曰:"波斯鼻孔大。"曰:"与么则西天迦叶,东土我师。"师曰:"金刚手板阔。"问:"大悲千手眼,那个是正眼?"师曰:"开化石佛拍手笑,晋祠娘子解讴歌。"问:"临济推倒黄檗,因甚维那吃棒?"师曰:"正狗不偷油,鸡衔灯盏走。"问:"如何是截人之机?"师曰:"要用便用。"曰:"请和尚用。"师曰:"拖出这死汉。"

郑工部问:"百尺竿头独打球,万丈悬崖丝系腰时如何?"师曰:"幽州着脚,广南廝扑。"郑无语,师曰:"勘破这胡汉。"郑曰:"二十年江南界里,这回却见禅师。"师曰:"瞎老婆吹火。"僧问:"二边纯莫立,中道不须安,未审意旨如何?"师曰:"广南出象牙。"曰:"不会,请师直指。"师曰:"番国皮球八百价。"

上堂,"塞温冷暖,着衣吃饭,自不欠少,波波地觅个甚么?只是诸人不肯承当。如今还有承当底么?有则不得孤负山河大地。珍重!"问:"祖师西来,三藏东去,当明何事?"师曰:"佛殿部署修,僧堂老僧盖。"僧曰:"与么则全明今日事也。"师曰:"今日事作么生?"僧便喝,师便打。问:"如何是学人用心处?"

师曰:"光剃头,净洗钵。"曰:"如何是学人行履处?"师曰:"僧堂前,佛殿后。"

上堂,举法眼偈曰:"见山不是山,见水何曾别。山河与大地,都是一轮月。大小法眼,未见出涅盘堂。三交即不然,见山河与大地锥刀各自用,珍重!"

忻州铁佛院智嵩禅师 有同参到,师见便问:"还记得相识么?"参头拟议,第二僧打参头一坐具,曰:"何不快祗对和尚。"师曰:"一箭两垛。"师问僧:"甚处来?"曰:"台山来。"师曰:"还见龙王么?"曰:"和尚试道看!"师曰:"我若道,即瓦解冰消。"僧拟议,师曰:"不信,道!"问:"亡僧迁化向甚么处去也?"师曰:"下坡不走快,便难逢。"

汝州首山怀志禅师 僧问:"如何是祖师西来意?"曰:"三尺杖子破瓦盆。"问:"如何是佛?"师曰:"桶底脱。"问:"从上诸圣有何言句?"师曰:"如是我闻。"曰:"不会。"师曰:"信受奉行。"

池州仁王院处评禅师 问首山:"如何是佛法大意?"山便喝,师礼拜。山拈棒,师曰:"老和尚没世界那。"山抛下拄杖曰:"明眼人难瞒。"师曰:"草贼大败。"

随州智门回罕禅师 为北塔僧使点茶次,师起揖曰:"僧使,近上坐。"使曰:"鹞子头上争敢安巢。"师曰:"捧上不成龙。"随后打一坐具。使茶罢起曰:"适来却成触忤和尚。"师曰:"江南杜禅客,觅什么第二碗?"

襄州鹿门慧昭山主 杨忆侍郎问曰:"入山不畏虎,当路却防人时如何?"师曰:"君子坦荡荡。"僧问:"如何是鹿门山?"师曰:"石头大底大小底小。"曰:"如何是山中人?"师曰:"横眠竖卧。"

丞相王随居士 谒首山,得言外之旨,自尔履践深明大法,临终书偈曰:"画堂灯已灭,弹指向谁说,去住本寻常,春风扫残雪。"

续传灯录卷第二

大鉴下第十世

智门祚禅师法嗣

明州雪窦重显禅师 遂宁府李氏子,依普安院仁诜上人出家,受具之后,横经讲席,究理穷玄,诘问锋驰,机辩无敌。咸知法器,金指南游。首造智门,即伸问曰:"不起一念,云何有过?"门召师近前,师才近前,门以拂子蓦口打,师拟开口,门又打,师豁然开悟。

出住翠峰,后迁雪窦。开堂日,于法座前顾视大众曰:"若论本分相见,不必高升法座。"遂以手画一画曰:"诸人随山僧手看,无量诸佛国土一时现前。各各子细观瞻,其或涯际未知,不免拖泥带水。"便升座。上首白椎罢,有僧方出,师约住曰:"如来正法眼藏委在今日,放行则瓦砾生光,把住则真金失色。权柄在手,杀活临时。其有作者,共相证据。"僧出问:"远离翠峰祖席,已临雪窦道场,未审是一是二?"师曰:"马无千里谩追风。"曰:"恁么则云散家家月。"师曰:"龙头蛇尾汉。"问:"德山临济棒喝已彰,和尚如何为人?"师曰:"放过一着。"僧拟议,师便喝,僧曰:"未审只恁①么别有在。"师曰:"射虎不真,徒劳没羽。"问:"吹大法螺,击大法鼓,朝宰临筵,如何即是?"师曰:"清风来未休。"曰:"恁么则得遇于师也。"师曰:"一言已出,驷马难追。"僧礼拜,师曰:"放过一着。"乃普观大众曰:"人天普集合,发明个甚么事,焉可互分宾主,驰骋问答,便当宗乘去。广大门风,威德自在,辉腾今古,把定乾坤。千圣只言自知,五乘莫能建立。所以声前悟旨,犹迷顾鉴之端。言下知宗,尚昧识情之表。诸人要知真实相为么?但以上无攀仰,下绝己躬,自然常光现前,个个壁立千仞。还辩明得也无?未辩辩取,未明明取。既辩明得,能截生死流,同据佛祖位。妙圆超悟,正在此时。堪报不报之恩,以助无为之化。"

问:"如何是佛法大意?"师曰:"祥云五色。"曰:"学人不会。"师曰:"头上漫漫。"问:"达磨未来时如何?"师曰:"猿啼古木。"曰:"来后如何。"师曰:"鹤唳青霄。"曰:"即今事作么生?"师曰:"一不成二不是。"问:"和尚未见智门时如何?"师曰:"尔鼻孔在我手里。"曰:"见后如何?"师曰:"穿过髑髅。"有僧出礼拜,起曰:"请师答话。"师便棒,僧曰:"岂无方便?"师曰:"罪不重科。"复有一僧出礼拜,起曰:"请师答话。"师曰:"两重公案。"曰:"请师不答话。"师亦棒。

问:"古人道北斗里藏身,意旨如何?"师曰:"千闻不如一见。"曰:"此话大行。"师曰:"老鼠衔铁。"问:"古人道皎皎地绝一丝头,只如山河大地又且如何?"师曰:"面赤不如语直。"

---

① 恁:径山本作"甚"。

曰："学人未晓。"师曰："遍问诸方。"问："如何是学人自己?"师曰："乘槎斫额。"曰："莫只这便是?"师曰："浪死虚生。"问："如何是缘生义?"师曰："金刚铸铁券。"曰："学人不会。"师曰："闹市里牌。"曰："恁么则行到水穷处,坐看云起时。"师曰："列下。"问："四十九年说不尽底,请师说。"师曰："争之不足。"曰："谢师答话。"师曰："铁棒自看。"问："如何是把定乾坤眼?"师曰："拈却鼻孔。"曰："学人不会。"师曰："一喜一悲。"僧拟议,师曰："苦。"

问："如何是脱珍御服,着弊垢衣?"师曰："垂手不垂手。"曰："乞师方便。"师曰："左眼挑筋,右眼抉肉。"问："龙门争进举,那个是登科?"师曰："重遭点额。"曰："学人不会。"师曰："退水藏鳞。"问："寂寂忘言,谁是得者?"师曰："卸帽穿云去。"曰："如何领会?"师曰："披蓑带雨归。"曰："二十年后,此话大行。"师曰："一场酸涩。"问："坐断毗卢底人,师还接否?"师曰："殷勤送别潇湘岸。"曰："恁么则学人罪过也。"师曰："天宽地窄太愁人。"僧礼拜,师曰："苦屈之词,不妨难吐。"问："生死到来,如何回避?"师曰："定花板上。"曰："莫便是他安身立命处也无?"师曰："符到奉行。"

上堂,僧问："如何是吹毛剑?"师曰："苦。"曰："还许学人用也无?"师嘘一嘘,乃曰："大众前共相唱酬,也须是个汉始得。若也未有奔流度刃底眼,不劳拈出。所以道,如大火聚,近着即燎却面门。亦如按太阿宝剑①,冲前即丧身失命。"乃曰:

---

① 太阿宝剑:楚国的镇国之宝,相传是欧冶子和干将两大剑师联手所铸。

"太阿横按祖堂寒,千里应须息万端,莫待冷光轻闪烁。"复云:"看看!"便下座。

上堂,僧问:"如何是维摩一默。"师曰:"塞山访拾得。"曰:"恁么则入不二之门。"师嘘一嘘,复曰:"维摩大士去何从,千古令人望莫穷,不二法门休更问,夜来明月上孤峰。"

上堂,"春山叠乱青,春水漾虚碧,寥寥天地间,独立望何极"。便下座。却顾谓侍者曰:"适来有人看方丈么?"者曰:"有。"师曰:"作贼人心虚。"

上堂,"十方无壁落,四面亦无门,古人向甚么处见客?或若道得接手句,许你天上天下"。

上堂,"田地稳密底,佛祖不敢近,为甚么抬脚不起?神通游戏底,鬼神不能测,为甚么下脚不得?直饶十字纵横,朝打三千,暮打八百"。

上堂,"大众,这一片田地分付来多时也,尔诸人四至界畔,犹未识在。若要中心树子,我也不惜"。问:"如何是诸佛本源?"师曰:"千峰寒色。"曰:"本委向上更有也无?"师曰:"雨滴岩花。"

上堂,僧问:"雪覆芦花时如何?"师曰:"点。"曰:"恁么则为祥为瑞去也。"师曰:"两重公案。"乃曰:"雪覆芦花欲暮天,谢家人不在渔船。白牛放却无寻处,空把山童赠铁鞭。"

师一日游山,四顾周览,谓侍者曰:"何日复来于此?"侍者哀乞遗偈,师曰:"平生唯患语之多矣。"翌日出杖、屦、衣、盂,散及徒众,乃曰:"七月七日复相见耳。"至期,盥沐摄衣,北首而逝,塔全身于寺之西坞,赐明觉大师。

襄州延庆山子荣禅师　僧问："如何是随色摩尼珠？"师曰："三个童儿弄花球。"曰："恁么则终朝尽日也。"师曰："头白齿落。"

上堂，僧问："灵光隐隐，月照寒窗，善法堂前，请师举唱。"师曰："听。""此犹是这边事，那边事作么生？"师曰："脚下毛生。"问："如何是佛？"师曰："横身彰十号，入椁示双趺。"曰："将何供养？"师曰："合掌当胸。"问："如何是祖师西来意？"师曰："穿耳胡僧不着鞋。"

洪州百丈智映宝月禅师　僧问："师唱谁家曲，宗风嗣阿谁？"师曰："窣堵那咤掌上擎。"曰："恁么则北塔的子，韶石儿孙也。"师曰："斫额望新罗。"

韶州南华宝缘慈济禅师　僧问："如何是祖师西来意？"师曰："青山绿水。"曰："未来时还有意也无？"师曰："高者高，低者低。"

黄州护国院寿禅师　僧问："如何是一路涅盘门？"师曰："寒松青有千年色，一径风飘四季香。"问："如何是灵山一会？"师曰："如来才一顾，迦叶便低眉。"

瑞州九峰勤禅师　僧问："方便门中，请师垂示。"师曰："佛不夺众生愿。"曰："恁么则谢师方便。"师曰："却须吃棒。"上堂曰："罗舌沸千唤万唤，露柱因甚么不回头？"良久曰："美食不中饱人吃。"便下座。

潭州云盖继鹏禅师　初谒双泉雅禅师，泉令充侍者，示以芭蕉柱杖话，经久无省发。一日，泉向火次，师侍立，泉忽问："柱杖子话，试举来与子商量。"师拟举，泉拈火箸便搊撼，师豁然大悟。

住后，僧问："如何是佛法大意？"师曰："舌头无骨。"问："如何是祖师西来意？"师曰："汤瓶火里煨。"问："佛未出世时如何？"师曰："天。"曰："出世后如何？"师曰："地。"

上堂，"高不在绝顶，富不在福严。乐不在天堂，苦不在地狱"。良久曰："相识满天下，知心能几人。"

鄂州黄龙海禅师　僧问："如何是黄龙家风？"师曰："看。"曰："忽遇客来，如何祗待？"师以拄杖点之。问："如何是最初一句？"师曰："掘地讨天。"

鼎州彰法澄泗禅师　僧问："如何是佛法大意？"师曰："多少人摸索不着。"曰："忽然摸着，又作么生？"师曰："堪作甚么？"

泉州云台因禅师　僧问："如何是和尚家风？"师曰："嗔拳不打笑面。"曰："如何施设？"师曰："天台则有，南岳则无。"问："如何是佛？"师曰："月不破五。"曰："意旨如何？"师曰："初三十一。"问："如何是佛法大意？"师曰："今日好晒麦。"曰："意旨如何？"师曰："问取磨头。"

上堂，"菩萨子不在内，不在外，不在中间，且道落在甚么处？"良久曰："南赡部洲，北郁单越。"

复州青山好禅师　僧问："师唱谁家曲，宗风嗣阿谁？"师曰："昔日灵山亲授记，今朝汶水令方行。"僧云："恁么则雷布云门洞，雨洒景陵城去也。"师曰："九宫八卦。"

福州慈云山绍诜禅师　僧问："如何是佛？"师曰："额上汗出。"问："如何是慈云山？"师曰："徒劳仰面看。"问："如何是慈云水？"师曰："急。"

文殊真禅师法嗣

瑞州洞山晓聪禅师　韶州杜氏子。游方时，在云居作灯头，见僧说："泗洲大圣近在扬州出现。"有设问曰："既是泗洲大圣，为甚么却向扬州出现？"师曰："君子爱财，取之以道。"后僧举似莲华峰祥庵主，主大惊曰："云门儿孙犹在。"中夜望云居拜之。

住后，僧问："达磨未传心地印，释迦未解髻中珠，此时若问西来意，还有西来意也无？"师曰："六月雨淋淋，宽其万姓心。"曰："恁么则云散家家月，春来处处花。"师曰："脚跟下到金刚水际是多少？"僧无语，师曰："祖师西来特唱此事，自是上座不荐，所以从门入者不是家珍，认影迷头岂非大错。既是祖师西来特唱此事，又何必更对众叨叨。珍重！"

问："无根树子向甚么处栽①？"师曰："千年常住一朝僧。"问："如何是离声色句？"师曰："南赡部洲，北欝单越。"曰："恁么则学人知恩不昧也。"师曰："四大海深多少？"问："古镜未磨时如何？"师曰："此去汉阳不远。"曰："磨后如何？"师曰："黄鹤楼前鹦鹉洲。"问："如何是佛？"师曰："理长即就。"

上堂，"教山僧道甚么即得，古即是今，今即是古。所以《棱②严经》道：'松直棘曲，鹄白乌玄。'还知得么？虽然如是，

---

① 栽：径山本作"栽"。
② 棱：径山本作"楞"。

未必是松一向直，棘一向曲，鹄便白，乌便玄。洞山道，这里也有曲底松，也有直底棘，也有玄底鹄，也有白底乌。久立"。

上堂，僧问："学人进又不得，退又不得时如何？"师曰："抱首哭苍天。"僧无语。师曰："汝还知钵盂饟子落处么？汝若知得落处，也从汝问，三十年后蓦然问着也不定。"

上堂，举寒山云："井底生红尘，高峰起白浪，石女生石儿，龟毛寸寸长。若要学菩提，但看此模样。"良久曰："还知落处也无？若也不知落处，看看菩提入僧堂里去也。久立。"

上堂，"春寒凝冱，夜来好雪，还见么？大地雪漫漫，春风依旧寒。说禅说道易，成佛成祖难。珍重！"

上堂，"晨鸡报晓灵，粥后便天明。灯笼犹瞌睡，露柱却惺惺"。复曰："惺惺直言惺惺，历历直言历历，明朝后日莫认奴作郎。珍重！"

因事示众："天晴盖却屋，乘乾刈却禾。早输王税了，鼓腹唱巴歌。"问："德山入门便棒，犹是起模画样。临济入门便喝，未免捏目生花。离此二途，未审洞山如何为人？"师曰："天晴久无雨，近日有云腾。"曰："他日若有人问洞山宗旨，教学人如何举似？"师曰："园蔬枯槁甚，檐水泼菠薐。"

初比部郎中许公式出守南昌，过莲华峰，闻祥公曰："聪道者在江西，试寻访之，此僧人天眼目也。"许公既至，闻聪住山家风，作诗寄之曰："语言浑不滞，高蹑祖师踪。夜坐连云石，春栽带雨松。境分金殿烛，山答月楼钟。有问西来意，虚堂对远峰。"

师一日不安，上堂辞众，述法身颂曰："参禅学道莫茫茫，问透法身北斗藏。余今老倒尪羸甚，见人无力得商量。唯有镢头知我意，栽松时复上金刚。"言讫而寂。又七日，阇维得五色舍利，塔于金刚岭。

南台勤禅师法嗣

汝州高阳法广禅师 僧问："如何是大悲千手眼？"师曰："堕坑落堑。"

潭州石霜节诚禅师 僧问："古者道，卷帘当白昼，移榻对青山。如何是卷帘当白昼？"师曰："过净瓶来。"曰："如何是移榻对青山？"师曰："却安旧处着。"

上堂，"心外无法，法外无心。随缘荡荡，更莫沉吟。你等诸人才上阶道便好回去，更莫待第二杓恶水泼作甚么"。

黑水璟禅师法嗣

峨眉黑水义钦禅师 上堂，僧出礼拜，师曰："大地百杂碎。"便下座。

五祖戒禅师法嗣

瑞州洞山宝禅师 寿州人，生娼室，无姓氏。为人廉谨，性慕佛乘，于碌石寺受业。修头陀行，粝食垢衣。参戒和尚，发明心地，大着名声，常在五祖会主寺事。

一日戒病，令行者于库司取生姜煎药，师叱之。行者白戒，戒令将钱回买，师方取姜付与，戒心重之。后游丛林至洞山时，聪公居焉，特加敬重。聪殁，遗言令继其席。适郡守亦以书瞩戒，举所知者主之。戒云："卖生姜汉住得也。"遂开法于洞山。

僧问："如何是佛？"师曰："头脑相似。"或曰："腰长脚短。"问："师唱谁家曲，宗风嗣阿谁？"师曰："言犹在耳。"僧云："恁么则五祖嫡子，云门儿孙也。"师曰："日驰五百。"

示众曰："总恁么风恬浪静，那里得来？忽遇洪波浩渺，白浪滔天，当恁么时，觅个水手也难。得众中莫有把柁者也无？"众无对。师曰："赚却一船人。"

移住归宗，一日扶杖山门，见喝道来，问："甚官？"吏云："县尉令避道。"师立道左避，尉马跪不行。师曰："这畜生却识人。"尉知是师，作礼，马乃行。

复迁云居，一夜山神与师肩舆绕寺，师呵曰："抬上方丈去。"神直抬上方丈。

师为人精严，护持戒法。初行脚时，宿旅店，一夕为娼女所迫，与同寝榻，师坐禅至晓。娼女索宿钱，师与之。出门自烧被而去，娼女以实告其妪，遂请归置斋礼谢，谓真佛子也。然性好名事边幅。初得法于戒和尚，戒暮年，弃众造焉。师以其行藏落人，疑似弗为礼。

上堂，说偈讥之曰："嗟见世誧讹，言清行浊多，若无阇老子，谁人奈汝何。"

戒遂造大愚，一日于僧堂前倚柱杖谈笑而化。师虽有盛名，丛林亦以是少之。师尝作达磨祖师真赞，大为丛林所称诵。序曰："师真图邈，三界无着，拟欲安排，知君大错。虚劳指点，何处扪摸。要识师真，乾坤廓落。"赞曰："师相兮世所稀，师眉兮阵云垂，师眼兮电光辉，师鼻兮耸须弥。师口门无齿兮，过在谁。拟涉流沙兮，何不自知非。彼此丈夫兮，传法与阿谁。更住少林兮，懡㦬却西归。遇衲僧兮，好与一顿椎。虽然如是兮，不会莫针锥。"

洪州泐潭怀澄禅师 僧问："如何是佛？"师曰："文不加点。"问："不与万法为侣者是什么人？"师曰："观世音菩萨。"问："如何是佛法大意？"师曰："文殊自文殊，解脱自解脱。"

复州北塔思广禅师 僧问："如何是衲僧变通事？"师曰："东涌西没。"僧云："变通后如何？"师曰："地肥茄子嫩。"僧云："如何是佛？"师曰："左手书右手字。"僧云："学人不会。"师曰："拗头折脚。"

潭州云盖山志颙禅师 僧问："豹岩雾卷，鸟道云开，海众咸臻，潮音愿振。"师曰："月映千江白。"僧云："恁么则五云岭秀，三井风清。"师曰："云开万里新。"问："如何是云盖境？"师曰："山角金屏掩，松罗玉帐垂。"僧云："如何是境中人？"师曰："紫袍公子少，雪顶野僧多。"问："如何是祖师西来意？"师曰："古寺碑难读。"僧云："未审意旨如何？"师曰："读者尽攒眉。"

问："如何是和尚家风？"师曰："遮天盖地。"僧云："忽遇客来，如何只待？"师曰："赵州道底。"师顾视大众，喝一喝，曰："诸禅德莫是宾主历然么？莫是先照后用么？莫是照用同时么？若恁么会临济宗风，平沈苦海。既不恁么会，作么生商量？

良久喝一喝，拍绳床一下。又上堂曰："昨日三，今日四，把断要津，放开捏聚。无限禅徒，特地罔措。"喝一喝。

苏州翠峰慧颙禅师　僧问："师唱谁家曲，宗风嗣阿谁？"师曰："门开东岭上。"僧云："恁么则五祖嫡子也。"师曰："猿啸老松枝。"

蕲州四祖山端禅师　法身颂曰："灯心刺着石人脚，火急去请周医博，路逢庞公相借问，六月日头干晒却。"

蕲州五祖山秀禅师　僧问："无法可说，是名说法。有法可说，又将何说？"师曰："霜寒地冻。"僧云："空生不解岩中坐，惹得天花动地来。"师曰："日出冰消。"僧拟议，师曰："何不进语？"僧无语，师曰："车不横推，理不曲断。"

明州天童山景德怀清禅师　僧问："如何是祖师西来意？"师曰："眼里不着沙。"僧云："如何领会？"师曰："耳里不着水。"僧云："恁么则礼拜也。"师曰："东家点灯，西家暗坐。"上堂曰："西湖隐出山峰秀，楼橹参差若画成。禅流共在祇园住，莫教虚度一平生。"便下座。

襄州白马辩禅师　僧问："如何是佛？"师曰："水来河涨。"僧云："如何是法？"师曰："风来树动。"

随州水南智昱禅师　上堂曰："欲识解脱道，今日参较早，唯念路行难，水深鱼不少。参！"又曰："欲识解脱道，鸡鸣已天晓。赵州庭前柏，打落青州枣。"喝一喝。

舒州海会通禅师　僧问："如何是和尚为人一句？"师曰："清光满目。"僧云："学人不会。"师曰："搽灰抹土。"问："如何是佛法大意？"师曰："柿桶盖棕笠。"僧云："学人不晓。"师曰："行时头戴顶，坐则挂高阁。"

蕲州义台子祥禅师　僧问："如何是义台境？"师曰："路不拾遗。"僧云："如何是境中人？"师曰："桀犬吠尧。"问："如何是祖师西来意？"师曰："曾问几人来？"僧云："即今问和尚。"师曰："且莫虚头。"

蕲州十王怀楚禅师　僧问："如何是佛？"师曰："巍巍堂堂。"问："如何是透法身句？"师曰："大有人问了。"僧云："意旨如何？"师曰："静处萨婆诃。"

苏州定慧道海禅师　僧问："诸佛出世，已涉繁辞，作么生是的旨？"师曰："逢人不得错举。"僧云："不因一事，不长一智。"师曰："怪之不及。"

温州雁荡山灵峰文吉禅师　僧问："祖祖相传传祖印，师今得法嗣何人？"师曰："无角铁牛眠少室，生儿石女老黄梅。"僧云："恁么则韶阳儿孙，祖峰嫡子。"师曰："雁荡天台。"僧云："祖意已蒙师指示，为人一句又如何？"师曰："两重公案。"问："昔日灵山分半座，饮光对面被搽糊。今朝此席又如是，还有完全句也无？"师曰："一步两步。"僧云："金风吹落叶，玉露滴青松。"师曰："紧峭草鞋。"僧云："一回举着一回新。"师便打。

瑞州洞山妙圆禅师　僧问："如何是佛？"师曰："头脑相似。"

越州宝严叔芝禅师　僧问："如何是佛？"师曰："土身木骨。"曰："意旨如何？"师曰："五彩金装。"曰："恁么则顶礼去也。"师曰："天台椰栗。"

福昌善禅师法嗣

安吉州上方齐岳禅师 僧问:"如何是菩提?"师曰:"砖头瓦子。"曰:"意旨如何。"师曰:"苦。"

上堂,"旋收黄叶烧青烟,竹榻和衣半夜眠,粥后放参三下鼓,孰能更话祖师禅"。便下座。

明州育王常坦禅师 僧问:"如何是有中有?"师曰:"金河峰上。"曰:"如何是无中无?"师曰:"般若堂前。"

上堂,"千花竞发,百鸟啼春,是向上句。诸佛出世,知识兴慈,是向下句。作么生是不涉二途句?若识得,顶门上出气。若识不得,土牛耕石田"。击禅床下座。

润州金山瑞新禅师 僧问:"吾有大患,为吾有身。父母未生,未审此身在甚么处?"师曰:"旷大劫来无处所,若论生灭尽成非。"曰:"恁么则周遍十方心,不在一切处。"师曰:"泥里撼椿。"

上堂,"世间所贵者,和氏之璧、隋侯之珠,金山唤作驴屎马粪。出世间所贵者,真如解脱,菩提涅盘,金山唤作屎沸碗鸣。且道恁么说话,落在甚么处?故不是取舍心重,信邪倒见,诸人要知么?猛虎不顾几上肉,洪炉岂铸囊中锥"。

江陵福昌询禅师 僧问:"如何是佛?"师曰:"花开金谷暖,柳拂玉墀香。"僧云:"恁么则春令既行,万方道泰。"师曰:"开口迷全体,无言露半身。"

乾明信禅师法嗣

澧州药山彝肃禅师 僧问:"佛未出世时如何?"师曰:"大树大皮里。"僧云:"出世后如何?"师曰:"小树小皮缠。"问:"如何是不动尊?"师曰:"四王抬不起。"

益州郫县西禅垂白禅师 僧问:"香烟才起,大众云臻。祖意西来,请师垂示。"师曰:"心光自照。"僧云:"恁么则一句于师亲领得,永镇郫城万古传。"师曰:"是人有分。"

福严雅禅师法嗣

衡州常宁北禅智贤禅师 僧问:"师唱谁家曲,宗风嗣阿谁?"师曰:"掷钵峰峦秀,名高海外传。"僧云:"昔日福严亲得旨,今朝此地化迷途。"师曰:"终是饱丛林。"问:"如何是佛?"师曰:"匙挑不起。"僧云:"如何是道?"师曰:"险路架桥。"

除夕示众曰:"年穷岁尽,无可与大众分岁,老僧烹一头露地白牛,炊土田米饭,煮菜羹①,烧榾柮火,与大众围炉,唱归田乐。何以如此?免得倚他门户,傍他墙,致使时人唤作郎。"下座。时有僧从后大呼曰:"县有吏至!"师反顾,问其所以。僧云:"和尚杀牛未纳皮角。"师笑,掷暖帽于地与之。僧就地拾

---

① 羹:径山本作"根"。

得，跪进云："天寒，还和尚帽子。"师顾问侍者倚遇曰："如何？"遇云："近日城中纸贵，一状领过。"

又上堂，良久曰："冤苦冤苦，作什么百丈不在？老僧今日困。"下座。又上堂，呵呵大笑曰："争怪得老僧。"

南岳衡岳寺振禅师　示众曰："阿呵呵，瘦松寒竹锁清波，有时独坐磐陀上，无人共唱太平歌。朝看白云生洞口，暮观明月照娑婆。有人问我居山事，三尺杖子搅黄河。"

开福贤禅师法嗣

日芳上座　僧问："如何是函盖乾坤句？"师竖起拄杖。僧曰："如何是截断众流句？"师横按拄杖。僧曰："如何是随波逐浪句？"师掷下拄杖。僧曰："三句外请师道。"师便起去。

师赞开福真曰："清仪瘦兮，可瞻可仰，仰之非亲。妙笔图兮，可拟可像，像之非真。非亲非真，秋月盈轮。有言无味兮，的中的。既往如在兮，觅焉觅。当机隐显兮，丝发誧讹。金乌卓午兮，迅风霹雳。"

报慈嵩禅师法嗣

郢州兴阳山逊禅师　僧问："如何是佛？"师曰："发白面皱。"曰："如何是法？"师曰："暑往寒来。"问："如何是三界外事？"师曰："洛阳千里余，不得旧时书。"

德山远禅师法嗣

庐山开先善暹禅师 临江军人，操行清苦，智识明达。远禅师在德山，师往依之。一日，远升堂顾视大众云："师子频呻，象王回顾。"师忽有省，入室陈解。远云："子作么生会？"师回顾曰："后园驴吃草。"远然之。自此机辩迅捷。禅林目曰："海上横行暹道者。"

又参雪窦显，显爱其后逸，留坐下数年，欲举住明州金鹅。师闻之，书二偈于壁而去。"不是无心继祖灯，道惭未厕岭南能，三更月下离岩窦，眷眷无言恋碧层。三十余年四海间，寻师择友未尝闲，今朝得到无心地，却被无心趁出山。"

后住开先，嗣德山远禅师。却通雪窦书，山前婆子见专使来，问云："暹首座出世为谁烧香？"专使云："德山远和尚。"婆子遂骂云："雪窦抖擞屎肠说禅为汝，得①怎么辜负恩德？"

开堂日，上首白槌罢。师曰："千圣出来也只是稽首赞叹，诸代祖师提挈不起，是故始从迦叶迄至山僧，二千余年，月烛慧灯，星排道树，人天普照，凡圣齐荣。且道承什么人恩力？老胡也只道，明星出现时，我与大地有情同时成道。如是则彼既丈夫我亦尔，孰为不可。良由诸人不肯承当，自生退屈，所以便推排一个半个。先达出来递相开发，也只是与诸人作个证明。今日人天会上，莫有久游赤水，凤在荆山，怀袖有珍，顶门有眼，到处

---

① 得：《大慧普觉禅师宗门武库》等作"尔得"或"你得"。

践踏觉场底衲僧么？却请为新出世长老作个证明，还有么？"时有僧出，师曰："象驾峥嵘谩进途，谁信螳螂能拒辙。"

问："灵山一会，何异今日？"师曰："莫妄想。"僧云："作家宗师。"师曰："三十年后自有人知。"问："说佛说祖，雪上加霜，如何是默默之机？"师曰："口边吃棒。"僧拟议，师便喝。问："一棒一喝犹是葛藤，瞬目扬眉拖泥带水，如何是直截根源？"师曰："速。"僧云："恁么则祖师正宗，和尚把定。"师曰："野渡无人，舟自横。"问："如何是祖师西来意？"师曰："洛阳城古。"僧云："学人不会。"师曰："少室山高。"问："达磨未来时如何？"师曰："清贫长乐。"僧云："来后如何？"师曰："浊富多忧。"问："如何是露地白牛？"师曰："瞎。"问："妙峰顶上即不问，半山相见事如何？"师曰："把手过江来。"僧云："高步出长安。"师曰："脚下一句作么生道？"僧便喝，师曰："山腰里走。"

问："一雨所润，为什么万木不同？"师曰："羊羹虽美，众口难调。"问："年穷岁尽时如何？"师曰："依旧孟春犹寒。"僧云："更深夜静时如何？"师曰："老鼠入灯笼。"问："瞥嗔瞥喜时如何？"师曰："适来菩萨面，如今夜叉头。"师乃曰："选佛选祖今正是时，莫只怎么怀疑终日。如斯见解，已过平生。幸逢胜集，对众决择。然则此事亦非在争锋唇舌，所以道，并却咽喉唇物①道将来。如此则便可以忘怀，自得取定方寸，自然常光现前，各各孤运其间。山河大地不碍见闻，万象森罗寻常显发。还有于

---

① 物：疑为"吻"。

此承当得底么？既然各自孤运，更教阿谁承当？草衣输野客，木食属山人。珍重！"

又上堂曰："一若是，二即非，东西南北人不知，休话指天兼指地，青山白云徒尔为。"以拄杖击香台一下。师住开先凡十八年，后示灭于本山。

吉州禾山楚材禅智禅师 临江军人也。僧问："佛令祖令，诸方并行，未审和尚如何？"师曰："山僧退后。"曰："恁么则诸方不别也。"师曰："伏惟伏惟。"问："如何是离凡圣底句？"师曰："山河安掌上。"曰："恁么则迥超今古外。"师曰："展缩在当人。"问："一毫未发时如何？"师曰："海晏河清。"曰："发后如何？"师曰："遍界无知己。"问："如何是和尚说法底口？"师曰："放一线道。"问："抱璞投师，请师雕琢。"师曰："不雕琢。"曰："为甚么不雕琢？"师曰："弄巧翻成拙。"

秀州资圣院盛勤禅师 僧问："如何是正法眼？"师曰："山青水绿。"问："四威仪中如何履践？"师曰："鹭鸶立雪。"曰："恁么则闻钟持钵，日上阑干。"师曰："鱼跃千江水，龙腾万里云。"曰："毕竟如何？"师曰："山中逢猛兽，天上见文星。"

上堂，"多生觉悟非干衲，一点分明不在灯"。拈拄杖曰："拄杖头上祖师，灯笼脚下弥勒。须弥山腰鼓细即不问，你作么生是分明一点？你若道得，无边刹境总在尔眉毛上。你若道不得，作么生过得罗刹桥？"良久曰："水流千派月，山锁一磉云。"卓拄杖下座。

潭州鹿苑圭禅师 桂州人也。僧问："如何是道？"师曰："吴头楚尾。"曰："如何是道中人？"师曰："骑马踏镫，不如步行。"问："如何是第一义谛？"师曰："胡人读汉书。"

上堂，"凡有因缘，须晓其宗。若晓其宗，无是无不是。用则波腾海沸，全真体以运行，体则镜净水沉，举随缘而会寂。且道兜率天宫几人行几人坐？若向这里辨得缁素，许你诸人东西南北，如云似鹤。于此不明，踏破草鞋未有了日在。参！"

兴元府大中仁辩禅师　僧问："如何是焦崖境？"师曰："庭前寒柏老，祖意不西来。"僧云："如何是境中人？"师曰："胡僧深碧眼，跣足蹑阶行。"

益州菩提桂芳禅师　僧问："诸佛出世，梵王前引，帝释后随。和尚出世，有何祥瑞？"师曰："三春物象妍。"僧云："学人未晓。"师曰："溪花红似锦，岸柳绿如蓝。"僧云："便恁么去时如何？"师曰："未曾骑竹马，切忌跨金龙。"

西峰豁禅师法嗣

南安岩自严尊者　生郑氏，泉州同安人。年十一弃家，依建兴卧像寺沙门契缘为童子。年十七为大僧，游方至庐陵，谒西峰耆宿豁禅师。豁，清凉明禅师高弟，云门孙也。太宗皇帝尝诏至阙，馆于北御园舍中习定，久之乞还山。师依止五年，密契心法。辞去，渡怀仁江，有蛟每为行人害，师为说偈戒之，而蛟去。过黄杨峡，渴欲饮，会溪涸，师以杖摘之而水流出。父老来聚观，合爪以为神，师遁去。

武平南黄石岩多蛇虎，师止住而蛇虎可使令。四远闻之大惊，争敬事之。民以雨旸男女祷者随其欲，应念而获，家画其像，饮食必祭。邻寺僧死，师不知法当告官，便自焚之。吏追捕坐庭中问状，不答，索纸作偈曰："云外野僧死，云外野僧烧。二法无差互，菩提路不遥。"字画险劲，如擘窠大篆。吏大怒，以为狂且慢己，去僧伽梨，曝日中。既得释，因以布巾幪首而衣白服。师恨所说法，听者疑信各半，因不语者六年。岩寺当输布，而民岁代输之，师不忍，置书布束中求免。吏得之愈怒，追问亦不答，以为妖，焚其布帽，火尽而帽益明鲜。乃索纸作偈曰："一切慈忍力，皆吾心所生。王官苦拘束，佛法不流行。"自后稍发语。

后游南康槃古山。先是西竺波利尊者经始谶曰："却后当有白衣菩萨来兴此山。"师住三年而成丛林，乃还南安。江南眠槎为行舟碍，师舟过焉，摩挲之曰："去去，莫与人为害。"槎一夕荡除。

有僧自惠州来曰："河源有巨舟着沙，万牛挽不可动，愿得以载砖，建塔于南海，为众生福田。"师曰："此阴府之物，然付汝偈取之。"偈曰："天零灞水生，阴府船王移，莫立沙中久，纳福荫菩提。"僧即舟唱偈，而舟为动，万众欢呼。至五羊，有巨商从借以载，僧许之，方解缞①，俄风作，失舟所在。有沙弥无多闻性，而事师谨愿，师怜之作偈使诵，久当聪明。偈曰："大智发于心，于心何处寻，成就一切义，无古亦无今。"于是世间文字语言，一览诵念，无所遗忘。偈语章句，援笔立就。师示人多以偈，然题"赠以之中"四字于其后，莫有识其旨者。异迹甚着，所属状以闻，诏佳之。宰相王钦若、大参赵安仁以下皆赠

---

① 缞（ｓī）：粗绳子。

诗。师未尝视,置承尘上而已。淳化乙卯正月初六日,集众曰:"吾此日生,今正是时。"遂右胁卧而化,谥曰定光圆应禅师。

广教志禅师法嗣

舒州四面山怀清禅师 初住蕲口兴化,僧问:"临济三玄,似石女向波中作舞。云门关棙闪铄,如鹞子过新罗。去此二途,兴化当行何令?"师曰:"道什么?"僧云:"恁么则和尚与古人出气。"师曰:"再犯不容。"僧应喏,师以拄杖打禅床曰:"若不点破,将谓山僧瞌睡。"

石门远禅师法嗣

果州清居山浩升禅师 僧问:"师唱谁家曲,宗风嗣阿谁?"师曰:"金鸡啼石户,得意逐波清。"曰:"未审是谁之子?"师曰:"谢汝就门骂詈。"

邓州广济方禅师 僧问:"如何是佛?"师曰:"骑牛趁春草,背却少年爷。"问:"宝剑未磨时如何?"师曰:"乌龟啖黑豆。"曰:"磨后如何?"师曰:"庭柱挂灯笼。"曰:"如何是修行?"师曰:"庭柱伤寒。"

怀安军云顶鉴禅师 僧问:"雪点红炉,请师验的。"师曰:"王婆煮䭔①。"曰:"争奈即今何?"师曰:"犹嫌少在。"

---

① 䭔(duī):饼类食品。

潭州道吾契诠禅师 僧问："师唱谁家曲，宗风嗣阿谁？"师曰："凤岭无私曲，如今天下传。"曰："如何是道吾境？"师曰："溪花含玉露，庭果落金台。"曰："如何是境中人？"师曰："拥炉披古衲，曝日枕山根。"问："牛头未见四祖时如何？"师曰："玉上青蝇。"曰："见后如何？"师曰："红炉焰里冰。"

梁山观禅师法嗣

鼎州罗纹得珍山主 僧问："亲切处乞师指示。"师曰："老僧元是广南人。"

澧州药山利昱禅师 上堂，"山河大地，日月星辰，与诸上座同生，三世诸佛与诸上座同参，三藏圣教与诸上座同时。还信得么？若也信得及，陕府铁牛吞却乾坤。虽然如是，被法身碍却转身不得，须知有出身之路。作么生是诸上座出身之路？道道！"良久曰："若道不得，永沉苦海。珍重！"僧问："格外之谈，乞师垂示。"师曰："要道也不难。"曰："恁么则万仞碧潭，许垂一线也。"师曰："大众笑你。"

鼎州梁山岩禅师 僧问："如何是祖师西来意？"师曰："新罗附子，蜀地当归。"

德山晏禅师法嗣

鼎州德山志先禅师 僧问："见色便见心时如何？"师曰："角弓弯似月，宝剑利如霜。"曰："如何领会？"师曰："金甲似鱼鳞，朱旗如火焰。"问："远远投师，乞师一接。"师曰："不接。"曰："恁么则虚伸一问。"师曰："少逢穿耳客，多遇刻舟人。"问："大通智胜佛，十劫坐道场，为什么不得成佛道？"师曰："贪观天上月，失却掌中珠。"问："军期急速时如何？"师曰："十字街头满面尘。"曰："为甚么如此？"师曰："知而故犯。"问："如何是无为之谈？"师曰："石牛石虎喃喃语。"曰："是何言教？"师曰："长行书不尽，短偈绝人闻。"问："如何是一称南无佛？"师曰："皆以成佛道。"

北禅感禅师法嗣

濠州南禅聪禅师 僧问："如何是西来意？"师曰："冬月深林雨，三春平地风。"问："如何是大道根源？"师曰："云兴当午夜，石虎叫连宵。"

谷隐俨禅师法嗣

襄州谷隐契崇禅师 僧问："如何是祖师西来意？"师曰："番人皮裘胡人着。"曰："学人不会此理如何？"师曰："聋人侧耳瘂人歌。"

续传灯录卷第三

大鉴下第十一世

汾阳昭禅师法嗣

潭州石霜楚圆慈明禅师 全州李氏子。少为书生,年二十二,依湘山隐静寺出家。其母有贤行,使之游方。闻汾阳道望,遂往谒焉。阳顾而默器之,经二年未许入室。每见必骂诟,或毁诋诸方,及有所训,皆流俗鄙事。一夕诉曰:"自至法席已再夏,不蒙指示,但增世俗尘劳,念岁月飘忽,已事不明,失出家之利。"语未卒,阳熟视骂曰:"是恶知识,敢裨贩我!"怒举杖逐之。师拟伸救,阳掩师口,乃大悟,曰:"是知临济道出常情。"服役七年,辞去,依唐明嵩禅师。嵩谓师曰:"杨大年内翰知见高,入道稳实,子不可不见。"师乃往见大年。

年问曰:"对面不相识,千里却同风。"师曰:"近奉山门请。"年曰:"真个脱空。"师曰:"前月离唐明。"年曰:"适来悔相问。"师曰:"作家。"年便喝,师曰:"恰是。"年复喝。师以手划一划,年吐舌曰:"真是龙象。"师曰:"是何言欤?"年唤客司:"点茶来,元来是屋里人。"师曰:"也不消得。"茶罢又问："如何是上座为人一句？"师曰："切。"年曰："与么则长裙新妇拖泥走。"师曰："谁得似内翰。"年曰："作家作家。"师曰："放你二十棒。"年拊膝曰："这里是甚么所在？"师拍掌曰："也不得放过。"年大笑。又问："记得唐明当时悟底因缘么？"师曰："唐明问首山：'如何是佛法的的大意？'山曰：'楚王城畔汝水东流。'"年曰："只如此语意旨如何？"师曰："水上挂灯球①。"年曰："与么则孤负古人去也。"师曰："内翰疑，则别参。"年曰："三脚虾蟆跳上天。"师曰："一任跻跳。"年乃大笑，馆于斋中，日夕质疑智证。因闻前言往行，恨见之晚。朝中见驸马都尉李公遵勖，曰："近得一道人，真西河师子。"李曰："我以拘文，不能就谒，奈何？"年默然。归语师曰："李公佛法中人，闻道风远至，有愿见之心，政以法不得与侍从过从。"师于黎明谒李公，公阅谒，使童子问曰："道得即与上座相见。"师曰："今日特来相看。"又令童子曰："碑文刊白字，当道种青松。"师曰："不因今日节，余日定难逢。"童又出曰："都尉言，与么则与上座相见去也。"师曰："脚头脚底。"公乃出，坐定问曰："我闻西河有金毛师子，是否？"师曰："甚么处得者消息？"公便喝，师曰："野干鸣。"公又喝，师曰："恰是。"公大笑。师辞，公问："如何是上座临行一句？"师曰："好将息。"公曰："何异诸方？"师曰："都尉又作么生？"公曰："放上座二十棒。"师曰："专为流通。"公又喝，师曰："瞎。"公曰："好去。"师应喏喏。自是往来杨、李之门，以法为友。

---

① 球：径山本作"笼"。

久之，辞还河东。年曰："有一语寄与唐明得么？"师曰："明月照见夜行人。"年曰："却不相当。"师曰："更深犹自可，午后更愁人。"年曰："开宝寺前金刚，近日因甚么汗出？"师曰："知。"年曰："上座临行，岂无为人底句？"师曰："重迭关山路。"年曰："与么则随上座去也。"师嘘一声。年曰："真师子儿，大师子吼。"师曰："放去又收来。"年曰："适来失脚踏倒，又得家童扶起。"师曰："有甚么了期？"年大笑。

师还唐明，李公遣两僧讯师，师于书尾画双足，写来僧名以寄之。公作偈曰："黑毫千里余，金椁示双趺。天人浑莫测，珍重赤须胡。"

师以母老南归，至瑞州首众于洞山，时聪禅师居焉。先是汾阳谓师曰："我遍参云门儿孙，特以未见聪为恨。"故师依止三年乃游仰山。杨大年以书抵宜春太守黄宗旦，使请师出世说法。守以南源致师，师不赴，旋特谒守愿行，守问其故。对曰："始为让，今偶欲之耳。"守大贤之。

住后上堂，"一切诸佛及诸佛阿耨多罗三藐三菩提法，皆从此经出"。乃竖起拄杖曰："这个是南源拄杖子，阿那个是经。"良久曰："向下文长，付在来日。"喝一喝，下座。

上堂，良久曰："无为无事人，犹是金锁难。"喝一喝，下座。问："如何是佛？"师曰："水出高原。"问："如何是南源境？"师曰："黄河九曲水出昆仑。"曰："如何是境中人？"师曰："随流人不顾，斫手望扶桑。"

上堂，"云收雾卷，杲日当空，不落明暗，如何通信？"僧问："山深觅不得时如何？"师曰："口能招祸。"问："如何是佛法大意？"师曰："洞庭湖里浪滔天。"问："东涌西没时如何？"师曰："寻。"问："夜静独行时如何？"师曰："三把茆。"问："宝剑未出匣时如何？"师曰："响。"曰："出匣后如何？"师嘘一声。问："闹中取静时如何？"师曰："头枕布袋。"问："牛头未见四祖时如何？"师曰："堆堆地。"曰："见后如何？"师曰："堆堆地。"问："一得永得时如何？"师曰："抱石投河。"问："仗镆铘剑拟取师头时如何？"师曰："斩将去。"僧拟议，师便打。

师住三年，弃去，谒神鼎諲禅师。鼎首山高第，望尊一时，衲子非人类精奇，无敢登其门者。住山三十年，门弟子气吞诸方。师发长不剪，弊衣楚音，通谒称法侄，一众大笑。鼎遣童子问："长老谁之嗣？"师仰视屋曰："亲见汾阳来。"鼎杖而出，顾见顾然问曰："汾州有西河师子是否？"师指其后绝叫曰："屋倒矣。"童子返走。鼎回顾相矍铄。师地坐，脱只履而视之。鼎老忘所问，又失师所在。师徐起整衣，且行且语曰："见面不如闻名。"遂去。鼎遣人追之，不可，叹曰："汾州乃有此儿邪。"师自是名重丛林。

定林沙门本延有道行，雅为士大夫所信敬。鼎见延，称师知见可兴临济。会道吾虚席，延白郡请以师主之，法令整肃，忘躯为法者集焉。

上堂，"先宝应曰：'第一句荐得堪与佛祖为师，第二句荐得堪与人天为师，第三句荐得自救不了。'道吾则不然，第一句荐得和泥合水，第二句荐得无绳自缚，第三句荐得四棱着地。所以道，起也海晏河清，行人避路，住也乾坤失色，日月无光。汝辈向甚么处出气？如今还有出气者么？有即出来，对众出气看！如无，道吾为汝出气去也"。乃嘘一声，卓拄杖下座。

上堂，"道吾打鼓，四大部洲同参。拄杖横也，挑括乾坤大地。钵盂覆也，盖却恒沙世界。且问诸人向甚么处安身立命？若也知得，向北俱卢洲吃粥吃饭。若也不知，长连床上吃粥吃饭"。

次住石霜，当解夏，谓众曰："昨日作婴孩，今朝年已老。未明三八九，难踏古皇道。手铄黄河干，脚踢须弥倒。浮生梦幻身，人命夕难保。天堂并地狱，皆由心所造。南山北岭松，北岭南山草。一雨润无边，根苗壮枯槁。五湖参学人，但问①虚空讨。死脱夏天衫，生被冬月袄。分明无事人，特地生烦恼。"喝一喝，下座。

上堂，"一喝分宾主，照用一时行。要会个中意，日午打三更"。遂喝一喝，曰："且道是宾是主，还有分得者么？若也分得，朝打三千，暮打八百。若也未能，老僧失利。"

因同道相访，上堂，"飒飒凉风景，同人访寂寥。煮茶山上水，烧鼎洞中樵。珍重！"问："达磨未来时如何？"师曰："长安夜夜家家月。"曰："来后如何？"师曰："几处笙歌几处愁。"问："一物不将来时如何？"师曰："槐木成林。"曰："四山火来时如何？"师曰："物逐人兴。"曰："步步登高时如何？"师曰："云生足下。"问："古人封白纸，意旨如何？"师曰："家贫路富。"问："如何是祖师西来意？"师曰："三日风，五日雨。"

上堂，"夫宗师者，夺贫子之衣珠，究达人之见处。若不如

---

① 问：疑为"向"。

是,尽是和泥合水汉"。良久曰:"路逢剑客须呈剑,不是诗人莫献诗。"喝一喝。

上堂,"我有一言,绝虑忘缘,巧说不得,只要心传。更有一语,无过直举,且作么生是直举一句?"良久,以拄杖画一画喝一喝。问:"己事未明,以何为验?"师曰:"玄沙曾见雪峰来。"曰:"意旨如何?"师曰:"一生不出岭。"问:"祖意教意是同是别?"师曰:"马有垂缰之报,犬有驥草之恩。"① 曰:"与么则不别也。"师曰:"西天东土。"问:"如何是学人自己?"师曰:"打骨出髓。"

上堂,"入水见长人,珍重!"

上堂,"面西行向东,北斗正离宫,道去何曾去,骑牛卧牧童。珍重!"

上堂,"春生夏长即不问,你诸人脚跟下一句作么生道?"良久曰:"华光寺主。"便下座。

上堂,"药多病甚,网细鱼稠"。便下座。

示众,以拄杖击禅床一下云:"大众还会么?不见道,一击忘所知,更不假修持。诸方达道者,咸言上上机。香严怎么悟去,分明悟得如来禅,祖师禅未梦见在。且道祖师禅有甚长处?若向言中取,则误赚后人。直饶棒下承当,辜负先圣。万法本闲,唯人自闹。所以山僧居福严,只见福严境界,晏起早眠。有时云生碧嶂,月落寒潭。音声鸟,飞鸣般若台前。娑罗花,香散祝融峰畔。把瘦筇,坐盘石,与五湖衲子,时话玄微,灰头土

---

① 马有垂缰之报,犬有驥草之恩:典故为"犬有湿草之恩,马有垂缰之义"。

面。住兴化,只见兴化家风,迎来送去,门连城市,车马骈阗,渔唱潇湘,猿啼岳麓。丝竹歌谣时时入耳,复与四海高人日谈禅道,岁月都忘。且道居深山,住城郭,还有优劣也无?试道看!"良久云:"是处是慈氏,无门无善财。"

问:"行脚不逢人时如何?"师曰:"钓丝绞水。"问:"寻枝摘叶即不问,如何是直截根源?"师曰:"柳栗拄杖。"曰:"意旨如何?"师曰:"行即肩挑云水衲,坐来安在掌中擎。"问:"既是护法善神,为甚么张弓架箭?"师曰:"礼防君子。"问:"如何是佛?"师曰:"有钱使钱。"

上堂,"祖师心印,一印印空,一印印水,一印印泥。如今还有印不着者么?试向脚跟下道将一句来。设尔道得,倜傥分明,第一不得行过衲僧门下,且道衲僧有甚么长处?"良久曰:"人王三寸铁,遍地是刀枪。"喝一喝,卓拄杖下座。

上堂,"天已明,鼓已响,圣众臻,齐合掌。如今还有不合掌者么?有即尼干欢喜,无即瞿昙恶发。久立,珍重!"

问:"磨砻三尺剑,去化不平人。师意如何?"师曰:"好去。"僧曰:"点。"师曰:"你看。"僧拍手一下,归众。师曰:"了。"

上堂,"北山南,南山北,日月双明天地黑,大海江河尽放光,逢着观音问弥勒。珍重!"问:"有理难伸时如何?"师曰:"苦。"曰:"怎么则舌拄上腭也。"师嘘一声,僧曰:"将谓胡须赤。"师曰:"梦见兴化脚跟么?"示徒偈曰:"黑黑黑,道道道,明明明,得得得。"

师室中插剑一口,以草鞋一对,水一盆,置在剑边。每见入室即曰:"看看!"有至剑边拟议者,师曰:"险丧身失命了也。"便喝出。

师冬日榜僧堂,作此字○○○二二三几卅卌。其下注曰:"若人识得,不离四威仪中。"首座见曰:"和尚今日放参。"师闻而笑之。

宝元戊寅,李都尉遣使邀师曰:"海内法友,唯师与杨大年耳。大年弃我而先仆,年来顿觉衰落,忍死以一见。"公仍以书抵潭帅①,敦遣之。师恻然,与侍者舟而东下,舟中作偈曰:"长江行不尽,帝里到何时。既得凉风便,休将橹棹施。"至京师与李公会,月余而李公果没。临终画一圆相,又作偈献师:"世界无依,山河匪碍。大海微尘,须弥纳芥。拈起幞头,解下腰带。若觅死生,问取皮袋。"师曰:"如何是本来佛性?"公曰:"今日热,如昨日。"随声便问师:"临行一句作么生?"师曰:"本来无挂碍,随处任方圆。"公曰:"晚来困倦。"更不答话。师曰:"无佛处作佛。"公于是泊然而逝。

仁宗皇帝尤留神空宗,闻李公之化与师问答,加叹久之。师哭之恸,临圹而别。有旨赐官舟南归,中途谓侍者曰:"我忽得风痹疾。"视之,口吻已㖞斜。侍者以足顿地曰:"当奈何平生呵佛骂祖,今乃尔。"师曰:"无忧,为汝正之。"以手整之,如故。曰:"而今而后,不钝置汝。"后年正月五日示寂,寿五十四,腊三十二。铭行实于兴化,塔全身于石霜。续通鉴则平河东,在太平兴国己卯。据《佛支统纪》,则师入灭于康定庚辰。以寿数逆推之,则雍熙丁亥师始生。《僧宝传》所载,恐失考证。

---

① 帅:径山本作"师"。

滁州琅邪山慧觉广照禅师 西洛人也。父为衡阳太守，因疾倾丧。师扶榇归洛，过澧阳药山古刹，宛若夙居，缘此出家，游方参问，得法汾阳，应缘滁水，与雪窦明觉同时唱道，四方皆谓二甘露门。逮今淮南遗化如在。

僧问："如何是佛？"师曰："铜头铁额。"曰："意旨如何？"师曰："鸟嘴鱼腮。"

上堂，"奇哉十方佛，元是眼中花。欲识眼中花，元是十方佛。欲识十方佛，不是眼中花。欲识眼中花，不是十方佛。于此明得，过在十方佛。于此未明，声闻起舞，独觉临妆。珍重！"

僧问："阿难结集即不问，迦叶微笑事如何？"师曰："克时克节。"曰："自从灵鹫分灯后，直至支那耀古今。"师曰："点朱点漆。"问："如何是宾中宾？"师曰："手携书剑谒明君。"曰："如何是宾中主。"师曰："卷起帘来无可睹。"曰："如何是主中宾？"师曰："三更过孟津。"曰："如何是主中主？"师曰："独坐镇寰宇。"问："莲花未出水时如何？"师曰："猫儿戴纸帽。"曰："出水后如何？"师曰："狗子着靴行。"问："拈椎竖拂即不问，瞬目扬眉事若何？"师曰："赵州曾见南泉来。"曰："学人未晓。"师曰："今冬多雨雪，贫家争奈何。"

上堂，"欲知常住身，当观烂坏体。欲知常住性，当观拄杖子。拄杖子吞却须弥，须弥吞却拄杖子。衲僧到这里，若也拟议，剑梁落膊输降款，铁作胸襟到海隅"。击禅床下座。

上堂，"见闻觉知俱为生死之因，见闻觉知正是解脱之本。譬如师子反掷，南北东西且无定止。汝等诸人若也不会，且莫孤负释迦老子咁"。

上堂,"山僧今日为诸人说破,明眼衲僧莫去泥里打坐。珍重!"

上堂,"天高莫测,地厚宁知。白云片片岭头飞,绿水潺潺涧底急。东涌西没一句即不问,你生前杀后一句作么生道?"良久曰:"时寒吃茶去。"

上堂,"阿呵呵,是甚么,开口是,合口过。轻舟短棹泛波心,蓑衣箬笠从他破。咦!"

上堂,"十方诸佛是个烂木橛,三贤十圣是个茅溷头筹子。汝等诸人来到这里作么生?"良久曰:"欲得不招无间业,莫谤如来正法轮"。

上堂,"剪除狂寇,扫荡挽抢,犹是功勋边事。君臣道合,海晏河清,犹是法身边事。作么生是衲僧本分事?"良久曰:"透网金鳞犹滞水,回途石马出纱笼"。

上堂,"承言须会宗,勿自立规矩。若人下得通方句,我当刎颈而谢之"。

上堂,拈起拄杖曰:"山僧有时一棒作个漫天网,打俊鹰快鹘。有时一棒作个布丝网,捲蚬捞虾。有时一棒作金毛师子,有时一棒作虾蟆蚯蚓。山僧打你一棒,且作么生商量?你若缁素得出,不妨拄杖头上眼开,照四天下。若也未然,从教立在古屏畔,待使丹青入画图。"

上堂,"击水鱼头痛,穿林宿鸟惊。黄昏不击鼓,日午打三更。诸禅德,既是日午,为甚却打三更?"良久曰:"昨见垂杨绿,今逢落叶黄。"

上堂,"拈起拄杖,更无上上。放下拄杖,是何模样。髑髅峰后即不问,汝诸人马镫里藏身一句作么生道?若道不得,拄杖子道去也"。卓一下,便归方丈。

上堂,"进前即死,退后即亡。不进不退,又落在无事之乡。何故?长安虽乐,不是久居"。

上堂,"汝等诸人在我这里过夏,与你点出五般病。一不得向万里无寸草处去,二不得孤峰独宿,三不得张弓架箭,四不得物外安身,五不得滞于生杀。何故?一处有滞,自救难为。五处若通,方名导师。汝等诸人,若到诸方遇明眼作者,与我通个消息,贵得祖风不坠。若是常徒,即便寝息。何故?裸形国里夸服饰,想君太杀不知时"。

上堂,僧因看《华严金师子章》第九由心回转善成门,又释曰:"如一尺之镜,纳重重之影象。若然者,道有也得,道无也得,道非亦得,道是亦得。虽然如是,更须知有拄杖头上一窍。若也不会,拄杖子穿灯笼,入佛殿,撞着释迦,磕倒弥勒,露拄抚掌,呵呵大笑。你且道笑个甚么?"卓拄杖下座。

上堂,拈拄杖曰:"盘山道,向上一路滑。南院道,壁立千仞崄。临济道,石火电光钝。琅邪有定乾坤底句,各各高着眼,高着眼。"卓拄杖下座。

瑞州大愚山守芝禅师 太原王氏子。才升座,僧问:"如何是和尚家风?"师曰:"一言出口,驷马难追。"问:"如何是城里佛?"师曰:"十字街头石幢子。"问:"不落三寸时如何?"师曰:"乾三长,坤六短。"曰:"意旨如何?"师曰:"切忌地盈虚。"问:"昔日灵山分半座,二师相见事如何?"师曰:"记得么?"僧良久,师打禅床一下曰:"多年忘却也。"乃曰:"且住且住。若向言中取，则句里明机，也似迷头认影。若也举唱宗乘，大似一场寐语。虽然如是，官不容针，私通车马。放一线道，有个葛藤处。"遂敲禅床一下曰："三世诸佛尽皆头痛，且道大众还有免得底么？若一人免得，无有是处。若免不得，海印发光。"师乃竖起拂子曰："这个是印那个是光，这个是光那个是印，掣电之机，徒劳伫思。会么？老僧说梦，且道梦见个甚么？南柯十更若不会，听取一颂：'北斗挂须弥，杖头挑日月，林泉好商量，夏末秋风切。'珍重！"

问："如何是祖师西来意？"师曰："天寒日短。"问："心法无形，如何雕琢？"师曰："一丁两丁。"曰："未晓者如何领会？"师曰："透七透八。"

上堂，"一击响玲珑，喧轰宇宙通，知音才侧耳，项羽过江东。与么会，恰认得驴鞍桥作阿爷下颔"。

上堂，"大愚相接大雄孙，五湖云水竞头奔。竞头奔，有何门，击箭宁知枯木存。枯木存，一年还曾两度春。两度春，帐里珍珠撒与人。撒与人，思量也是慕西秦"。

上堂，"竖穷三际，横遍十方，拈起也帝释心惊，放下也地神胆战。不拈不放，唤作甚么？"自云："虾蟆。"

上堂，"三世诸佛不知有，狸奴白牯却知有"。乃拈起拂子云："狸奴白牯总在这里放光动地。何谓如此，两段不同。"问："如何是佛？"师曰："锯解秤锤。"

上堂，大众集定，乃曰："现成公案，也是打揲不办。"便下座。

上堂，"大洋海底排班立，从头第二鬃毛斑。为甚么不道第一鬓毛斑，要会么？金蕊银丝成玉露，高僧不坐凤凰台。"

上堂，众集，乃曰："为众竭力，祸出私门。"便下座。

上堂，"翠岩路崎岖，举步涉千溪，更有洪源水，滔滔在岭西"。击禅床，下座。

示众，擎起香，合云："明头合，暗头合？道得天下横行，若道不得，且合却。"下座。

问："如何是为人一句？"师曰："四角六张。"曰："意旨如何？"师曰："八凹九凸。"

上堂，"沙里无油事可哀，翠岩嚼饭喂婴孩，他时好恶知端的，始觉从前满面埃"。击禅床，下座。

潭州石霜法永禅师　僧问："如何是佛？"师曰："臂长衫袖短。"问："如何是祖师西来意？"师曰："布裤胜头穿。"

舒州法华院全举禅师　到公安远和尚处，安问："作么生是伽蓝？"师曰："深山藏独虎，浅草露群蛇。"曰："作么生是伽蓝中人？"师曰："青松盖不得，黄叶岂能遮。"曰："道甚么？"师曰："少年玩尽天边月，潦倒搏桑没日头。"曰："一句两句，云开月露，作么生？"师曰："照破佛祖。"

到大愚芝和尚处，愚问："古人见桃花，意作么生？"师曰："曲不藏直。"曰："那个且从这个作么生？"师曰："大街拾得金，四邻争得知。"曰："上座还知么？"师曰："路逢剑客须呈剑，不是诗人不献诗。"曰："作家诗客。"师曰："一条红线两人牵。"曰："玄沙道，谛当甚谛当，敢保老兄未彻在。又作么生？"师曰："海枯终见底，人死不知心。"曰："却是。"师曰："楼阁凌云势，峰峦迭翠层。"

到琅邪觉和尚处，邪问："近离甚处？"师曰："两浙。"曰："船来陆来？"师曰："船来。"曰："船在甚处？"师曰："步下。"曰："不涉程途一句作么生道？"师以坐具摵一摵，曰："杜撰长老，如麻似粟。"拂袖而出。邪问侍者："此是甚么人？"者曰："举上座。"邪曰："莫是举师叔么，先师教我寻见伊。"遂下旦过问："上座莫是举师叔么，莫怪适来相触忤。"师便喝，复问："长老何时到汾阳？"邪曰："某时到。"师曰："我在浙江早闻你名，元来见解只如此，何得名播寰宇。"邪遂作礼曰："某甲罪过。"

师到杭州西庵，庵主曾见明招，主举颂曰："绝顶西峰上，峻机谁敢当。超然凡圣外，瞥起两重光。"师曰："如何是两重光？"主曰："月从东出，日向西没。"师曰："庵主未见明招时如何？"主曰："满盏油难尽。"师曰："见后如何？"主曰："多心易得干。"

住后，僧问："如何是夺人不夺境？"师曰："白菊乍开重日暖，百年公子不逢春。"曰："如何是夺境不夺人？"师曰："大地绝消息，翛然独任真。"曰："如何是人境两俱夺？"师曰："草荒人变色，凡圣两齐空。"曰："如何是人境俱不夺？"师曰："清风与明月，野老笑相亲。"

上堂，"释迦不出世，达磨不西来，佛法遍天下，谈玄口不开"。

上堂，"钟鸣鼓响，鹊噪鸦鸣，为你诸人说般若讲涅盘了也。诸人还信得及么？观音菩萨向诸人面前作大神通，若信不及，却往他方救苦利生去也"。

上堂，"开口又成增语，不开口又成剩语"。乃曰："金轮天子敕，草店家风别。"

上堂，"三世诸佛口挂壁上，天下老和尚作么生措手？你诸人到诸方作么生举？山僧恁么道，也是久日桦来唇"。喝一喝。

上堂，"古者道，我若一向举扬宗教，法堂里草深一丈，不可为阇黎锁却僧堂门去也。虽然如是，也是乌龟陆地弄尘行"。

上堂，"语渐也返常合道，论顿也不留朕迹。直饶论其顿、返其常，也是抑而为之"。问："牛头未见四祖时，为甚么百鸟衔花献？"师曰："果熟猿兼重。"曰："见后为甚么不衔花？"师曰："林疏鸟不过。"问："七星光彩天将晓，不犯皇风试道看！"师曰："将军马蹄红。"曰："错！"师便打。僧礼拜，展坐具始收。师曰："一展一收，法法皆周。拟欲更问，着甚来由。"遂问："会么？"僧曰："不会。"师便打。

南岳芭蕉庵大道谷泉禅师 泉州人也。受法汾阳，放荡湖湘，后省同参慈明禅师。明问："白云横谷口，道人何处来？"师左右顾视曰："夜来何处火，烧出古人坟。"明曰："未在，更道。"师作虎声，明以坐具便搧，师接住，推明置禅床上，明却作虎声，师大笑曰："我见七十余员善知识，今日始遇作家。"

师因倚遇上座来参遇后住法昌。问："庵主在么？"师曰："谁？"曰："行脚僧。"师曰："作甚么？"曰："礼拜庵主。"师曰："恰值庵主不在。"曰："你聻。"师曰："向道不在，说甚么你我。"拽棒趁出。遇次日再来，师又趁出。遇一日又来问："庵主在么？"师曰："谁？"曰："行脚僧。"揭帘便入。师拦胸扭住曰："我这里虎狼纵横，尿床鬼子三回两度来讨甚么？"曰："人言庵主亲见汾阳来。"师解衣抖擞曰:"你道我见汾阳来有多少奇特?"曰:"如何是庵中主?"师曰:"入门须辩取。"曰:"莫只这便是么?"师曰:"赚却几多人。"曰:"前言何在?"师曰:"听事不真,唤钟作瓮。"曰:"万法泯时全体现,君臣合处正中邪去也。"师曰:"驴汉不会,便休乱统作么?"曰:"未审客来将何祗待?"曰:"云门糊饼、赵州茶。"曰:"恁么则谢师供养去也。"师叱曰:"我这里火种也未有,早言谢供养。"

师因大雪作偈曰:"今朝甚好雪,纷纷如秋月,文殊不出头,普贤呈丑拙。"

慈明迁住福严,师又往省之,少留而还,作偈寄之曰:"相别而今又半年,不知谁对共谭禅,一般秀色湘山里,汝自匡徒我自眠。"明览笑而已。

蕲州黄梅龙华寺晓愚禅师 到五祖戒和尚处,祖问曰:"不落唇吻一句作么生道?"师曰:"老老大大,话头也不照顾。"祖便喝,师亦喝。祖拈棒,师拍手便出。祖召曰:"阇黎且住话在。"师将坐具搭在肩上更不回首。

上堂,"摩腾入汉已涉繁词,达磨西来不守己分,山僧今日与么道,也是为他闲事长无明"。

安吉州天圣皓泰禅师 河东人。到琅邪,邪问:"埋兵掉斗,未是作家。匹马单枪,便请相见。"师指邪曰:"将头不猛,带累三军。"邪打师一坐具,师亦打邪一坐具,邪接住曰:"适来一坐具,是山僧令行。上座一坐具,落在甚么处?"师曰:"伏惟尚飨。"邪拓开曰:"五更侵早起,更有夜行人。"师曰:"贼过后张弓。"邪曰:"且坐吃茶。"住后,僧问:"如何是佛?"师曰:

"黑漆圣僧。"曰:"如何是佛法大意?"师曰:"看墙似土色。"

唐州龙潭智圆禅师 辞汾阳,阳曰:"别无送路,与子一枝拄杖一条手巾。"师曰:"手巾和尚受用,拄杖即不消得。"阳曰:"汝但将去,有用处在。"师便收。阳曰:"又道不用。"师便喝,阳曰:"已后不让临济。"师曰:"正令已行。"阳来日送出三门乃问:"汝介山逢尉迟时如何?"师曰:"一刀两段。"阳曰:"彼现那吒又作么生?"师便拽拄杖,阳喝曰:"这回全体分付。"

住后,僧问:"承教有言,是真精进是名真法供养如来。如何是真法?"师曰:"夜聚晓散。"问:"如何是龙潭剑?"师曰:"触不得。"曰:"用者如何?"师曰:"白骨连山。"问:"昔日穷经,今朝参禅,此理如何?"师曰:"两彩一赛。"曰:"作么生领会?"师曰:"去后不留踪。"曰:"如何是佛?"师曰:"火烧不然。"问:"古殿无佛时如何?"师曰:"三门前合掌。"

舒州投子圆修禅师 僧问:"达磨未来时如何?"师曰:"出口入耳。"曰:"来后如何?"师曰:"叉手并足。"

汾州太子院道一禅师 僧问:"如何是佛?"师曰:"卖扇老婆手遮日。"问:"红轮未出时如何?"师曰:"照烛分明。"曰:"出后如何?"师曰:"捞天摸地。"问:"如何是学人亲切处?"师曰:"慈母抱婴儿。"曰:"如何是学人转身处?"师曰:"街头巷尾。"曰:"如何是学人着力处?"师曰:"千斤担子两头摇。"问:"古曲无音韵,如何和得齐?"师曰:"三九二十七,篱头吹觱栗。"曰:"宫商角徵非关妙,石人抚掌笑呵呵。"师曰:"同道方知。"

叶县省禅师法嗣

舒州浮山法远圆鉴禅师 郑州人也。投三交嵩和尚出家,幼为沙弥,见僧入室请问赵州庭柏因缘,嵩诘其僧,师傍有省。进具后,谒汾阳叶县,皆蒙印可。尝与达观颖、薛大头七八辈,游蜀几,遭横逆,师以智脱之。众以师晓吏事故,号远录公。

开堂,拈香曰:"汝海枯木上生花,别迎春色。"僧问:"师唱谁家曲,宗风嗣阿谁?"师曰:"八十翁翁辊绣球。"曰:"恁么则一句回然开祖胄,三玄戈甲振丛林。"师曰:"李陵元是汉朝臣。"问:"如何是佛?"师曰:"大者如兄,小者如弟。"问:"如何是祖师西来意?"师曰:"平地起骨堆。"问:"祖师门下,壁立千仞,正令当行,十方坐断。和尚将何表示?"师曰:"寒猫不捉鼠。"曰:"莫便是为人处也无?"师曰:"波斯不系腰。"问:"新岁已临,旧岁何往?"师曰:"目前无异怪,不用贴钟馗。"曰:"毕竟如何?"师曰:"将谓目前无。"僧以手画,曰:"争奈这个何?"师便打。

师与王质待制论道,画一圆相,问曰:"一不得匹马单枪,二不得衣锦还乡。鹊不得喜,鸦①不得殃。速道速道!"王罔措,师曰:"勘破了也。"

上堂,"莫更论古话今,只据目前事,与你诸人定夺区分"。僧便问:"如何是目前事?"师曰:"鼻孔。"曰:"如何是向上

---

① 鸦:径山本作"鹊"。

事?"师曰:"眼睛。"

欧阳文忠公闻师奇逸,造其室,未有以异之,与客棋。师坐其傍,文忠遽收局,请因棋说法。师即令挝鼓升座曰:"若论此事,如两家着棋相似。何谓也?敌手知音,当机不让。若是缀五饶三,又通一路始得。有一般底,只解闭门作活,不会夺角冲关,硬节与虎口齐彰,局破后,徒劳绰斡。所以道,肥边易得,瘦肚难求。思行则往往失粘,心粗而时时头撞。休夸国手,谩说神仙。赢局输筹即不问,且道黑白未分时,一着落在甚么处?"良久曰:"从来十九路,迷悟几多人。"文忠加叹,从容谓同僚曰:"修初疑禅语为虚诞,今日见此老机缘所得所造,非悟明于心地,安能有此妙旨哉?"

上堂,"天得一以清,地得一以宁,君王得一以治天下。衲僧得一祸患临身"。击禅床下座。

上堂,"诸佛出世建立化门,不离三身智眼,亦如摩醯首罗三目。何故?一只水泄不通、缁素难辩,一只大地全开、十方通畅,一只高低一顾、万类齐瞻。虽然若是,本分衲僧,陌路相逢,别具通天正眼始得。所以道,三世诸佛不知有,狸奴白牯却知有。且道狸奴白牯知有个甚么事,要会么?深秋帘幕千家雨,落日楼台一笛风"。

师暮年休于会圣岩,叙佛祖奥义,作九带曰:"佛正法眼带、佛法藏带、理贯带、事贯带、理事纵横带、屈曲垂带、妙叶兼带、金针双销带、平怀常实带。"学者既已传诵,师曰:"若据圆极法门,本具十数,今此九带,已为诸人说了,更有一带还见得么?若也见得,亲切分明,却请出来对众说看。说得分明,许汝通前九带，圆明道眼。若见不亲切，说不相应，唯依吾语而为己解，则名谤法。诸人到此如何？"众无语，师叱之而去。

汝州宝应院法昭演教禅师　僧问："一言合道时如何？"师曰："七颠八倒。"曰："学人礼拜。"师曰："教休不肯休，直待雨淋头。"问："大通智胜佛。十劫坐道场，佛法不现前，不得成佛道。为甚么不得成佛道？"师曰："赤脚骑铁驴，直至海南居。"

上堂，"十二时中，许你一时绝学，即是学佛法。不见阿难多闻第一，却被迦叶摈出，不得结集。方知聪明博学，记持忆想，向外驰求，与灵觉心转没交涉。五蕴壳中，透脱不过，顺情生喜，违情生怒，盖覆深厚，自缠自缚，无有解脱。流浪生死，六根为患，众苦所逼，无自由分，而被妄心于中主宰。大丈夫儿早构取好"。喝一喝曰："参！"

上堂，"宝应门风险，入者丧全身。作么生是出身句？若道不得，三十年后"。

唐州大乘山慧果禅师　僧问："如何是从上来传底意？"师曰："金盘拓出众人看。"问："拨尘见佛时如何？"师曰："拨尘即乖，见佛即错。"曰："总不如是时如何？"师曰："错。"问："如何是道？"师曰："宽处宽，窄处窄。"曰："如何是道中人？"师曰："苦处苦，乐处乐。"曰："道与道中人相去多少？"师曰："十万八千。"问："如何是祖师西来意？"曰："天晴日出。"曰："学人不会。"师曰："雨下泥生。"

续传灯录卷第四

大鉴下第十一世

谷隐聪禅师法嗣

润州金山昙颖达观禅师 杭州丘氏子。首谒大阳玄禅师，遂问："洞山特设偏正君臣，意明何事？"阳曰："父母未生时事。"师曰："如何体会？"阳曰："夜半正明，天晓不露。"师罔然，遂谒谷隐，举前话，隐曰："大阳不道不是，只是口门窄，满口说未尽。老僧即不然。"师问："如何是父母未生时事？"隐曰："粪壑子。"师曰："如何是夜半正明，天晓不露？"隐曰："牡丹花下睡猫儿。"师愈疑骇。一日普请，隐问："今日运薪邪？"师曰："然。"隐曰："云门问僧：'人搬柴，柴搬人？'如何会？"师无对，隐曰："此事如人学书，点画可效者工，否者拙，盖未能忘法耳。当笔忘手，手忘心，乃可也。"师于是默契，良久曰："如石头云，执事元是迷，契理亦非悟。"隐曰："汝以为药语、为病语？"师曰："是药语。"隐呵曰："汝以病为药，又安可哉？"师曰："事如函得盖，理如箭直锋，妙宁有加者而犹以为病，实未喻旨。"隐曰："妙至是亦只名理事①，祖师意旨，智识所不能到，矧事理能尽乎。故世尊云：理障，碍正见知；事障，续诸生死。"师恍如梦觉，曰："如何受用？"隐曰："语不离窠臼，安能出盖缠？"师叹曰："才涉唇吻，便落意思，尽是死门，终非活路。"

住后，示众曰："才涉唇吻，便落意思，尽是死门，俱非活路。直饶透脱，犹在沉沦。莫教孤负平生，虚度此世。要得不孤负平生么？"拈拄杖卓一下曰："须是莫被拄杖瞒始得。看看拄杖子，穿过你诸人髑髅，蹦跳入你鼻孔里去也。"又卓一下。僧问："经文最初两字是甚么字？"师曰："以字。"曰："有甚么交涉？"师曰："八字。"曰："好赚人"。师曰："谤斯经故获罪如是。"

问："一百二十斤铁枷，教阿谁担？"师曰："老僧。"曰："自作自受。"师曰："苦苦。"问："和尚还曾念佛也无？"师曰："不曾念佛。"曰："为甚么不念佛？"师曰："怕污人口。"

上堂，众集定，首座出礼拜，师曰："好好问着。"座②低头问话次，师曰："今日不答话。"便归方丈。

上堂，"山僧门庭别，已改诸方辙，为文殊拔出眼里楔，教普贤休嚼口中铁。劝人放开髂枯驾切。蛇手，与汝斫却系驴橛。驻意拟思量"。喝曰："陉陉，参！"

上堂，"山僧平生意好相扑，只是无人搭对，今日且共首座搭对"。卷起袈裟下座，索首座相扑，座才出，师曰："平地上吃交。"便归方丈。

---

① 妙至是亦只名理事：《禅林僧宝传》为"借其妙至是，亦止明理事而已"。
② 座：《建中靖国续灯录》作"首座"。

上堂,"三世诸佛是奴婢,一大藏教是涕唾"。良久曰:"且道三世诸佛是谁奴婢?"乃将拂子画一画曰:"三世诸佛过这边,且道一大藏教是谁涕唾?"师乃自唾一唾。

上堂,"秤锤井底忽然浮,老鼠多年变作牛。慧空见了拍手笑,三脚猢狲差异猴"。

上堂,"五千教典,诸佛常谈,八万尘劳,众生妙用,犹未是金刚眼睛在。如何是金刚眼睛?"良久曰:"瞎。"

上堂,大众集定,有僧才出礼拜,师曰:"欲识佛性义,当观时节因缘。"僧便问:"如何是时节因缘?"师便下座。

问:"如何是向去底人?"师曰:"从归青嶂里,不出白云来。"曰:"如何是却来底人?"师曰:"自从游紫陌,谁肯隐青山。"

问:"如何是夺人不夺境?"师曰:"家里已无回日信,路边空有望乡牌。"曰:"如何是夺境不夺人?"师曰:"沧海尽教枯到底,青山直得碾为尘。"曰:"如何是人境两俱夺?"师曰:"天地尚空秦日月,山河不见汉君臣。"曰:"如何是人境俱不夺?"师曰:"莺啭千林花满地,客游三月草侵天。"

问:"如何是和尚家风?"师曰:"伸手不见掌。"曰:"忽遇仙陀客来又作么生?"师曰:"对面千里。"问:"师唱谁家曲,宗风嗣阿谁?"师曰:"临济。"曰:"恁么则谷隐的子也。"师曰:"德山。"问:"如何是长法身?"师曰:"拄杖六尺。"曰:"如何是短法身?"师曰:"算子三寸。"曰:"恁么则法身有二也。"师曰:"更有方圆在。"

上堂,"诸方钩又曲,饵又香,奔凑犹如蜂,抱王因圣。这里钩又直,饵又无,犹如水底捺葫芦"。举拄杖作钓鱼势,曰:

"深水取鱼长信命,不曾将酒祭江神。"掷拄杖下座。

苏州洞庭翠峰慧月禅师 僧问:"一花开五叶,结果自然成时如何?"师曰:"脱却笼头,卸却角驮。"曰:"拶出虚空去,处处尽闻香。"师曰:"云愁闻鬼哭,雪压髑髅吟。"问:"和尚未见谷隐时一句作么生道?"师曰:"步步登山远。"曰:"见后如何?"师曰:"驱驱信马蹄。"

明州仗锡山修已禅师 杭州人。与浮山远公游,尝卓庵庐山佛手岩。后至四明山心,独居十余载,虎豹为邻,尝曰:"羊肠鸟道无人到,寂莫云中一个人。"尔后道俗闻风而至,遂成禅林。僧问:"如何是无缝塔?"师曰:"四棱着地。"曰:"如何是塔中人?"师曰:"高枕无忧。"问:"如何是祖师西来意?"师曰:"舶船过海,赤脚回乡。"

唐州大乘山德遵禅师 问谷隐曰:"古人索火,意旨如何?"曰:"任他灭。"师曰:"灭后如何?"曰:"初三十一。"师曰:"恁么则好时节也。"曰:"汝见甚么道理?"师曰:"今日一场困。"隐便打,师乃有颂曰:"索火之机实快哉,藏锋妙用少人猜,要会我师亲的旨,红炉火尽不添柴。"僧问:"世界圆融一句请师道。"师曰:"团团七尺余。"问:"如何是祖师西来意?"师曰:"鼻大眼深。"

上堂,"上来又不问,下去又不疑,不知是不是,是即也大奇"。便下座。

荆南府竹园法显禅师 僧问:"如何是佛?"师曰:"好手画不成。"问:"如何是道?"师曰:"交横十字。"曰:"如何是道中人?"师曰:"往往不相识。"

彭州永福院延照禅师 僧问："如何是彭州境？"师曰："人马合杂。"僧以手作拽弓势，师拈棒，僧拟议，师便打。

安吉州景清院居素禅师 僧问："即此见闻非见闻，为甚么法身有三种病、二种光？"师曰："填凹就缺。"问："承和尚有言，寰中天子敕，塞外将军令。如何是塞外将军令？"师曰："揭。"曰："其中事如何？"师曰："蹴。"曰："莫便是和尚为人处也无？"师弹指一下。问："远远投师，乞师一接。"师曰："新罗人打鼓。"曰："如何领会？"师曰："舶主未曾逢。"问："如何是末上一句？"师曰："金刚树下。"曰："如何是末后一句？"师曰："拘尸城边。"曰："向上更有事也无？"师曰："有。"曰："如何是向上事？"师曰："波旬拊掌呵呵笑，迦叶抬头不识人。"

处州仁寿嗣珍禅师 僧问："知师已得禅中旨，当阳一句为谁宣？"师曰："土鸡瓦犬。"曰："如何领会？"师曰："门前不与山童扫，任意松钗满路岐。"

上堂，"明明无悟，有法即迷。日上无云，丽天普照。眼中无翳，空本无花。无智人前，不得错举。参！"

越州云门显钦禅师 上堂，良久曰："好个话头，若到诸方，不得错举。"便下座。

果州永庆光普禅师 初问谷隐："古人道，来日大悲院里有斋。意旨如何？"曰："日出隈阳坐，天寒不举头。"师入室次，隐曰："适来因缘，汝作么生会？"师曰："会则途中受用，不会则世谛流布。"曰："未在更道。"师拂袖便出。住后，僧问："如何是佛法大意？"师曰："蜀地用镔铁。"

驸马都尉李遵勖居士 汴州人。谒谷隐，问出家事，隐以崔赵公问径山公案答之，公于言下大悟，作偈曰："学道须是铁汉，着手心头便判，直趣无上菩提，一切是非莫管。"公一日与坚上座送别，公问："近离上党，得届中都，方接麈谭。邐回虎锡，指云屏之翠峤，访雪岭之清流。未审此处彼处的的事么生？"座曰："利剑拂开天地静，霜刀才举斗牛寒。"公曰："恰值今日耳聩。"座曰："一箭落双雕。"公曰："上座为甚么着草鞋睡？"座以衣袖一拂，公低头，曰："今日可谓降伏也。"座曰："普化出僧堂。"公临终时膈胃躁热，有尼道坚谓曰："众生见劫尽大火所烧时，都尉切宜照管主人公。"公曰："大师与我煎一服药来。"坚无语。公曰："这师姑药也不会煎得。"公与慈明问答罢，泊然而终。语见《慈明传》中。

英公夏竦居士 字子乔。自契机于谷隐，日与老衲游，偶上蓝溥禅师至，公问："百骸溃散时，那个是长老自家底？"蓝曰："前月二十离蕲阳。"公休去。蓝却问："百骸溃散时，那个是相公自家底？"公便喝。蓝曰："喝则不无，毕竟那个是相公自家底？"公对以偈曰："休认风前第一机，太虚何处着思惟。山僧若要通消息，万里无云月上时。"蓝曰："也是弄精魂。"

神鼎谭禅师法嗣

荆南府开圣宝情山主 僧问："如何是开圣境？"师曰："三乌引路。"曰："如何是境中人？"师曰："二虎巡山。"

天台山妙智寺光云禅师 僧问："如何是祖师西来意？"师曰："东篱黄菊。"曰："意旨如何？"师曰："九日重阳。"

广慧琏禅师法嗣

东京华严道隆禅师 初参石门彻和尚,问曰:"古者道,但得随处安闲,自然合他古辙。虽有此语,疑心未歇时如何?"门曰:"知有乃可随处安闲,如人在州县住,或闻或见千奇百怪,他总将作寻常。不知有而安闲,如人在村落住,有少声色则惊怪传说。"师于言下有省,门尽授其洞上厥旨,后为广慧嗣。

一日,福严承和尚问曰:"禅师亲见石门,如何却嗣广慧?"师曰:"我见广慧,渠欲剃发,使我擎凳子来。慧曰:'道者,我有凳子诗,听取!'乃曰:'放下便平稳。'我时便肯伊。因叙在石门处所得,广慧曰:'石门所示,如百味珍羞,只是饱人不得。'"

师至和初,游京客景德寺,日纵观都市,归常二鼓。一夕不得入,卧于门之下。仁宗皇帝梦至寺门,见龙蟠地,惊觉中,夜遣中使视之,睹师熟睡鼻鼾,撼之惊矍,问名归奏。帝闻名道隆,乃喜曰:"吉征也。"明日召至便殿问宗旨,师奏对详允,帝大悦。后以偈句相酬唱,络绎于道。或入对留宿禁中,礼遇特厚。赐号应制明悟禅师。

皇祐间,诏大觉琏禅师于化成殿演法。召师问话,机锋迅捷,帝大悦,侍卫皆山呼。师即奏疏,举琏自代,禁林待问,秘殿谈禅。乞归庐山,帝览表不允,有旨于曹门外,建精舍延师,赐号华严禅院。开堂,僧问:"如何是道?"师曰:"高高低低。"曰:"如何是道中人?"师曰:"脚瘦草鞋宽。"师年八十余示寂于盛暑,安坐七日,手足柔和,全身塔于寺之东。

临江军慧力慧南禅师 僧问:"师唱谁家曲,宗风嗣阿谁?"师曰:"铁牛不吃栏边草,直上须弥顶上眠。"曰:"恁么则昔日汝阳亲得旨,临江今日大敷扬。"师曰:"礼拜了,退!"问:"如何是佛?"师曰:"头大尾小。"曰:"未晓玄言,乞师再指。"师曰:"眉长三尺二。"曰:"恁么则人人皆顶戴,见者尽攒眉。"师长嘘一声,僧拍一拍便礼拜,师曰:"一任蹦跳。"

汝州广慧德宣禅师 僧问:"祖祖相传传祖印,师今得法嗣何人?"师曰:"仲氏吹埙①,伯氏吹篪②。"曰:"恁么则广慧的子,首山亲孙也。"师曰:"橡堆里坐地,不打阇梨。"

文公杨忆居士 字大年,建宁人。幼举神婴及壮负才名,而未知有佛。一日过同僚见读《金刚经》,笑且罪之,彼读自若,公疑之曰:"是岂出孔孟之右乎,何佞甚?"因阅数板憎然,始少敬信。后会翰林李公维,勉令参问。及由秘书监出守汝州,首谒广慧。慧接见,公便问:"布鼓当轩击,谁是知音者?"慧曰:"来风深辨。"公曰:"恁么则禅客相逢只弹指也。"慧曰:"君子可八③。"公应喏喏。慧曰:"草贼大败。"夜语次,慧曰:"秘监曾与甚人道话来?"公曰:"某曾问云岩谅监寺:'两个大虫相咬时如何?'谅曰:'一合相。'某曰:'我只管看。'未审恁么道还得么?"慧曰:"这里即不然。"公曰:"请和尚别一转语。"慧以手作拽鼻势,曰:"这畜生更蹦跳在。"公于言下脱然无疑,有偈曰:"八角磨盘空里走,金毛师子变作狗,拟欲将身北斗藏,应

---

① 埙(xūn):吹奏乐器,有陶制或木、骨、石制的,多为鸡蛋形,有一至十几个音孔。
② 篪(chí):横吹竹管乐器,有数量不等的孔,现已很罕见。
③ 八:亦有多本作"入"。

须合掌南辰后。"

复杼其师承密证，寄李翰林曰："病夫夙以顽蠢，获受奖顾，预闻南宗之旨，久陪上国之游。动静咨询，周旋策发，俾其刳心之有诣，墙面之无惭者，诚出于席间床下矣。矧又故安公大师每垂诱导，自双林灭影，只履西归，中心浩然，罔知所止，仍岁沉痼，神虑迷恍。殆及少间，再辨方位，又得云门谅公大士见顾蒿蓬。谅之旨趣，正与安公同辙，并自庐山云居归宗而来，皆是法眼之流裔。去年假守兹郡，适会广慧禅伯，实承嗣南院念，念嗣风穴，穴嗣先南院，南院嗣兴化，兴化嗣临济，临济嗣黄檗，黄檗嗣百丈，丈嗣马祖。祖出让和尚，让即曹溪之长嫡也。斋中务简，退食之暇，或坐邀而至，或命驾从之，请扣无方，蒙滞顿释。半岁之后，旷然弗疑，如忘忽记，如睡忽觉。平昔碍膺之物，嚗然自落。积劫未明之事，廓尔现前。固亦决择之洞分，应接之无蹇矣。重念先德，率多参寻，如雪峰九上洞山、三到投子，遂嗣德山。临济得法于大愚，终承黄檗。云岩多蒙道吾训诱，乃为药山之子。丹霞亲承马祖印可，而终作石头之裔。在古多有，于理无嫌。病夫今继绍之缘，实属于广慧，而提激之自，良出于鳌峰也。欣幸欣幸！"

公问广慧曰："承和尚有言，一切罪业皆因财宝所生，劝人疏于财利。况南阎浮提众生以财为命，邦国以财聚人，教中有财法二施。何得劝人疏财乎？"慧曰："幡竿尖上铁龙头。"公曰："海坛马子似驴大。"慧曰："楚鸡不是丹山凤。"公曰："佛灭二千岁，比丘少惭愧。"

公置一百问，请广慧答，慧一一答回。公问李都尉曰："释迦六年苦行成得甚么事？"尉曰："担折知柴重。"

公因微恙，问环大师曰："某今日忽违和，大师慈悲，如何医疗？"环曰："丁香汤一碗。"公便作吐势，环曰："恩爱成烦恼。"环为煎药次，公叫曰："有贼！"环下药于公前，叉手侧立。公瞪目视之曰："少丛林汉。"环拂袖而出。又一日问曰："某四大将欲离散，大师如何相救？"环乃槌胸三下。公曰："赖遇作家。"环曰："几年学佛法，俗气犹未除。"公曰："祸不单行。"环作嘘嘘声。

公书偈遗李都尉曰："沤生与沤灭，二法本来齐，欲识真归处，赵州东院西。"尉见遂曰："泰山庙里卖纸钱。"尉即至，公已逝矣。

梁山岩禅师法嗣

鼎州梁山善冀禅师　僧问："拨尘见佛时如何？"师曰："莫眼华。"问："和尚几时成佛？"师曰："且莫压良为贱。"曰："为甚么不肯承当？"师曰："好事不如无。"师颂鲁祖面壁曰："鲁祖三昧最省力，才见僧来便面壁。若是知心达道人，不在扬眉便相悉。"

道吾诠禅师法嗣

相州天平山契愚禅师　僧问："师唱谁家曲，宗风嗣阿谁？"师曰："杖鼓两头打。"问："如何是祖师西来意？"师曰：

"镇州萝卜石含茶。"居士问:"法无动摇时如何?"师曰:"你从潞府来。"士曰:"一步也不曾蓦。"师曰:"因甚得到这里?"士曰:"和尚睡语作么?"师曰:"放你二十棒。"官人问:"无邻可隔,为甚么不相见?"师曰:"怨阿谁?"师廊下行次,见僧以拄杖示之,僧便近前接,师便打。

归宗柔禅师法嗣

南康军罗汉行林祖印禅师 僧问:"天垂甘露,地涌七珍,是甚么人分上事?"师曰:"谢汝相报。"曰:"恁么则佛子住此地,即是佛受用去也。"师曰:"更须仔细。"

上堂,才坐,忽有猫儿跳上身,师提起示众曰:"昔日南泉亲斩却,今朝耶舍示玄徒,而今卖与诸禅客,文契分明要也无?"良久,抛下猫儿,便下座。

明州天童新禅师 僧问:"如何是密作用?"师曰:"何曾密?"问:"心径未通时如何?"师曰:"甚么物碍汝?"问:"求之不得时如何?"师曰:"用求作么?"曰:"如何即是?"师曰:"何曾失却?"问:"如何是天童境?"师曰:"云无人种生何极,水有谁教去不回。"

杭州功臣觉轲心印禅师 僧问:"祖师不在东西山,未审在什么处?"师曰:"且讨。"问:"如何是天真佛?"师曰:"争敢装点。"

明州天童清简禅师 钱塘张氏子。师为事孤洁,时谓之简浙客。僧问:"如何是祖师西来意?"师曰:"不欲向汝道。"曰:

"请和尚道。"师曰:"达磨不可再来也。"师晚居雪窦而终,塔于寺之东南隅。

百丈恒禅师法嗣

庐山栖贤澄湜禅师 建宁人。僧问:"赵州石桥,度驴度马。三峡石桥,当度何人?"师曰:"虾蟆蚯蚓。"曰:"恁么则物物尽沾恩。"师曰:"踏不着。"问:"仙洞昨朝师唱罢。栖贤今日请师宣。"师曰:"来日又作么生?"曰:"未审如何领会?"师曰:"箭过新罗。"问:"如何是佛?"师曰:"张三李四。"问:"古人斩蛇,意旨如何?"师曰:"犹未知痛痒。"问:"此是选佛场,心空及第归,学人如何得及第归?"师曰:"不才谨退。"

晚参众集,师曰:"早晨不与诸人相见,今晚不可无言。"便下座。问:"毗目仙人执善财手,见微尘诸佛。只如未执手时,见个甚么?"师曰:"如今又见个甚么?"上堂,良久曰:"幸好一盘饭,不可糁椒姜。虽然如此,试唛唊看!"便下座。

苏州万寿德兴禅师 僧问:"如何是佛?"师曰:"大众一时瞻仰。"问:"如何是和尚为人一句?"师曰:"汝且自为。"乃曰:"问答俱备,其谁得意?若向他求,还成特地。老僧久处深山,比为藏拙。何期今日入到万寿门下,可谓藏之不得。既藏不得,分明露现,未审诸人阿谁先见。如有见处,出来对众吐露个消息。"良久曰:"久立,珍重!"

越州云门雍熙永禅师 僧问:"师子未出窟时如何?"师曰:"且莫哮吼。"曰:"出窟后如何?"师曰:"退后着。"问:

"如何是古佛径路?"师曰:"谁不履践?"问:"如何是学人休心息意处?"师曰:"拗折住杖得也未?"问:"心王出敕时如何?"师曰:"更宣一遍看。"问:"如何是决定义?"师曰:"不可执着。"问:"如何是佛法大意?"师曰:"此意不小。"

崇寿稠禅师法嗣

泉州云台山令岑禅师 本州蔡氏子。僧问:"如何是云台境?"师曰:"前山后山。"曰:"如何是境中人?"师曰:"瞌睡汉。"

杭州资国圆进山主 本州人。僧问:"丹霞烧木佛,意旨如何?"师曰:"招因带果。"问:"庭前柏树子,意旨如何?"师曰:"碧眼胡僧笑点头。"问:"古人道,东家作驴,西家作马。意旨如何?"师曰:"相识满天下。"

云居锡禅师法嗣

台州般若从进禅师 僧问:"古涧寒泉时如何?"师曰:"切忌饮着。"曰:"饮着又如何?"师曰:"丧却汝性命。"

越州清化志超禅师 杭州董氏子。僧问:"如何是佛?"师曰:"汝是甚么人?"曰:"莫便是也无?"师曰:"是即没交涉。"

续传灯录卷第五

大鉴下第十一世

洞山晓聪禅师法嗣

南康军云居晓舜禅师 瑞州人也。少年粗猛，忽悟浮幻，投师出家，乃修细行参洞山。一日如武昌行乞，首谒刘公居士家。士高行，为时所敬，意所与夺，莫不从之。师时年少，不知其饱参，颇易之。士曰："老汉有一问，若相契即开疏，如不契即请还山。"遂问："古镜未磨时如何？"师曰："黑似漆。"士曰："磨后如何？"师曰："照天照地。"士长揖曰："且请上人还山。"拂袖入宅。师懡㦬①，即还洞山。山问其故，师具言其事。山曰："你问我，我与你道。"师理前问，山曰："此去汉阳不远。"师进后语，山曰："黄鹤楼前鹦鹉洲。"师于言下大悟，机锋不可触。

住后，僧问："承师有言，不谈玄，不说妙，去此二途，如何指示？"师曰："虾蟆赶鹞子。"曰："全因此问也。"师曰：

---

① 懡㦬（mǒluó）：羞愧的样子。

"老鼠弄猢狲。"

上堂，"唯一坚密身，一切尘中现。虾蟆蚯蚓各有窟穴，乌鹊鸠鸽亦有窠巢，正当与么时，为甚么人说法？"良久曰："方以类聚，物以群分。"

上堂，"三峡道无别，朝朝祇么说。僧繇会写真，镇府出镔铁"。

上堂，"不长不短不小不大，此个道理是谁境界？咄！"

上堂，"闻说佛法两字，早是污我耳目。诸人未跨云居门，脚跟下好与三十棒。虽然如是，也是为众竭力"。

上堂，举夹山道："闹市门头识取天子，百草头上荐取老僧。""云居即不然，妇摇机轧轧，儿弄口呙呙。"

上堂，"诸方有弄蛇头、拨虎尾、跳大海、剑刃里藏身。云居这里寒天热水洗脚，夜间脱袜打睡，早朝旋打行缠，风吹篱倒，唤人夫劈篾缚起"。

上堂，"云居不会禅，洗脚上床眠。冬瓜直侊侗，瓠子曲弯弯"。

潭州大沩怀宥禅师　僧问："人将语试，金将火试。未审衲僧将甚么试？"师曰："拄杖子。"曰："毕竟如何？"师曰："退后着。"僧应喏，师便打曰："教休不肯休，直待雨淋头。"

杭州佛日契嵩禅师　藤州镡津李氏子。七岁出家，十三得度，十九游方，遍参知识，得法于洞山。师夜则顶戴观音像而诵其号，必满十万乃寝以为常。自是世间经书章句不学而能，作《原教论》十余万言，明儒释之道一贯，以抗宗韩排佛之说，读之者畏服。

后居永安兰若，著《禅门定祖图》《传法正宗记》《辅教编》，上进仁宗皇帝，览之加叹，行传法院编次入藏，下诏褒宠赐号明教。宰相韩琦大参欧阳修，皆延见而尊礼之。洎东还，熙宁四年六月四日晨兴写偈曰："后夜月初明，吾今喜独行，不学大梅老，贪闻鼯鼠声。"至中夜而化，阇维不坏者五，曰顶、曰耳、曰舌、曰童真、曰数珠。其顶骨出舍利，红白晶洁，道俗合诸不坏，葬于故居永安之左。后住净慈北涧居简，尝著五种不坏赞。师有文集二十卷，目曰《镡津》，盛行于世。

洪州太守许式 参洞山得正法眼。一日与泐潭澄上蓝溥坐次，潭问："闻郎中道，夜坐连云石，春栽带雨松。当时答洞山甚么话？"公曰："今日放衙早。"潭曰："闻答泗州大圣在扬州出现底，是否？"公曰："别点茶来。"潭曰："名不虚传。"公曰："和尚早晚回山。"潭曰："今日被上蓝觑破。"蓝便喝，潭曰："须是你始得。"公曰："不奈船何，打破戽斗。"

泐潭澄禅师法嗣

明州育王山怀琏大觉禅师 漳州龙溪陈氏子。诞生之夕，梦僧伽降室。因小字泗洲，既有异兆，金知祥应。龆龀出家，丱角圆顶，笃志道学，寝食无废。一日洗面，泼水于地，微有省发，即慕参寻。远造泐潭法席，投机印可，师事之十余年。去游庐山，掌记于圆通讷禅师所。

皇祐中，仁庙有诏，住净因禅院，召对化成殿。问佛法大意，奏对称旨，赐号大觉禅师。后遣中使问曰："才去竖拂，人立难当。"师即以颂回进曰:"有节非干竹,三星偃月宫。一人居日下,弗与众人同。"帝览大悦。又诏入对便殿,赐罗扇一把,题元寂颂于其上。与师问答诗颂,书以赐之,凡十有七篇。

至和中,乞归老山中,乃进颂曰:"六载皇都唱祖机,两曾金殿奉天威。青山隐去欣何得,满箧唯将御颂归。"帝和颂不允,仍宣谕曰:"山即如如体也,将安归乎?再住京国,且兴佛法。"师再进颂谢曰:"中使宣传出禁围,再令臣住此禅扉,青山未许藏千拙,白发将何补万几。霄露恩辉方湛湛,林泉情味苦依依,尧仁况是如天阔,应任孤云自在飞。"既而遣使赐龙脑钵。师谢恩罢,捧钵曰:"吾法以坏色衣、以瓦铁食,此钵非法。"遂焚之。中使回奏,上加叹不已。

治平中上疏丐①归,仍进颂曰:"千簇云山万壑流,闲身归老此峰头。余生愿祝无疆寿,一炷清香满石楼。"英庙依所乞,赐手诏曰:"大觉禅师怀琏,受先帝圣眷,累锡宸章②,屡贡诚恳,乞赐归林下。今从所请,俾遂闲心。凡经过小可庵院,任性住持,或十方禅林,不得抑逼坚请。"师既渡江,少留金山,西湖四明郡守,以育王虚席迎致。九峰韶公作疏,劝请四明之人相与出力,建大阁,藏所赐诗颂,榜之曰宸奎。翰林苏公轼知杭州时,以书问师曰:"承要作宸奎阁碑,谨以撰成,衰朽废学,不知堪上石否?见参寥说禅师出京日,英庙赐手诏,其略云:'任性住持者。'不知果有否?如有,切请录示全文,欲添入此一节。"师终藏而不出,逮委顺后,获于箧笥。

---

① 丐:径山本作"乞"。
② 宸(chén)章:帝王所作的文辞。

开堂日,僧问:"诸佛出世,利济群生。猊座师登,将何拯济?"师曰:"山高水阔。"曰:"华发无根树,鱼跳万仞峰。"师曰:"新罗国里。"曰:"慈舟不棹清波上,剑峡徒劳放木鹅。"师曰:"脱却衣裳卧荆棘。"曰:"人将语试。"师曰:"惯得其便。"僧拊掌。师曰:"更蹦跳。"

问:"圣君御颂亲颁赐,和尚将何报此恩?"师曰:"两手拓地。"曰:"恁么则一人有庆,兆民赖之。"师曰:"半寻拄杖搅黄河。"问:"橹棹不停时如何?"师曰:"清波箭急。"曰:"恁么则移舟谙水势,举棹别波澜。"师曰:"济水过新罗。"曰:"古佛位中留不住,夜来依旧宿芦花。"师曰:"儿童不识十字街。"

问:"坐断毗卢顶,不禀释迦文,犹未是学人行业。如何是学人行业?"师曰:"砗额望明月。"僧以手便拂,师曰:"作甚么?"僧茫然。师曰:"赚却一船人。"师曰:"若论佛法两事,是加增之辞、廉纤之说。诸人向这里承当得,尽是二头三首。譬如金屑虽贵,眼里着不得。若是本分衲僧,才闻举着,一摆摆断,不受纤尘,独脱自在,最为亲的。然后便能在天同天、在人同人,在僧同僧、在俗同俗,在凡同凡、在圣同圣。一切处出没自在,并拘检它不得,名邈他不得。何也?为渠能建立一切法故。一切法要且不是渠,渠既无背面,第一不用妄与安排。但知十二时中,平常饮啄,快乐无忧。只此相期,更无别事。所以古人云:放旷长如痴兀人,它家自有通人爱。"

上堂,"应物现形,如水中月"。遂拈起拄杖曰:"这个不是物,即今现形也。且道月在甚么处?"良久曰:"长空有路还须透,潭底无踪不用寻。"击香台,下座。

临安府灵隐云知慈觉禅师 僧问："一佛出世，各坐一华。和尚出世，有何祥瑞？"师曰："白云横谷口。"曰："光前绝后去也。"师曰："错。"曰："大众证明，学人礼谢。"师曰："点。"

问："如何是道？"师曰："甚么道？"曰："大道。"师曰："欲行千里，一步为初。"曰："如何是道中人？"师曰："西天驻泊，此地都监。"僧礼拜，师乃吽吽。

上堂，"日月云霞为天标，山川草木为地标，招贤纳士为德标，闲居趣寂为道标"。拈拄杖曰："且道这个是甚么标？会么？拈起则有文有彩，放下则粝粝磕磕。直得不拈不放，又怎么生？"良久曰："扶过断桥水，伴归无月村。"卓一下，下座。

上堂，"秋风起，庭梧坠，衲子纷纷看祥瑞。张三李四卖器虚，拾得寒山争贱贵。觌面相逢，更无难易。四衢道中，棚阑瓦市。逼塞虚空，普天匝地。任是临济赤肉团上，雪峰南山鳖鼻，玄沙见虎，俱胝举指，一时拈来，当面布施。更若拟议，千山万水"。复曰："过。"

婺州承天惟简禅师 僧问："佛与众生，是一是二？"师曰："花开满树红，花落万枝空。"曰："毕竟是一是二？"师曰："唯余一朵在，明日恐随风。"问："如何是吹毛剑？"师曰："星多不当月。"曰："用者如何？"师曰："落。"曰："落后如何？"师曰："观世音菩萨。"问："如何是和尚家风？"师曰："理长即就。"曰："如何领会？"师曰："绘雉不成鸡。"问："开口即失，闭口即丧，未审如何说？"师曰："舌头无骨。"僧曰："不会。"师曰："对牛弹琴。"

上堂，"夫遮那之境界，众妙之玄门，知识说之而莫穷，善财酹之而不竭，文殊体之而寂寂，普贤证之以重重。若也随其法性，如云收碧汉，本无一物。若也随其智用，如华开春谷，应用无边。虽说遍恒沙，乃同遵一道。且问诸人，作么生是一道？"良久曰："白云断处见明月，黄叶落时闻捣衣，参！"

上堂，"莫离盖缠，莫求佛祖，去此二途，以何依怙？江淹梦笔，天龙见虎。古老相传，月不跨五。参！"

上堂，"一刀两段，埋没宗风。师子翻身，拖泥带水。直饶坐断十方，不通凡圣，脚跟下好与三十"。

明州九峰鉴韶禅师 僧问："承闻和尚是泐潭嫡子是否？"师曰："是。"曰："还记得当时得力句否？"师曰："记得。"曰："请举看。"师曰："左手握拳，右手把笔。"

上堂，"山僧说禅，如蚱蜢吐油，捏着便出，若不捏着，一点也无。何故？只为不曾看读古今因缘。及预先排叠胜妙见知，等候升堂，便磨唇挦嘴，挦粥饭气，熏炙诸人。凡有一问一答，盖不得已。岂独山僧，看它大通智胜如来，默坐十劫，无开口处。后因诸天梵天及十六王子再三劝请，方始说之。却不是秘惜，只为不敢埋没诸人。山僧既不埋没诸人，不得道山僧会升座。参！"

婺州西塔显殊禅师 上堂，"黄梅席上数如麻，句里呈机事可嗟，直是本来无一物，青天白日被云遮。参！"

天台崇善寺用良禅师 僧问："三门与自己是同是别？"师曰："八两移来作半斤。"曰："恁么则秋水泛渔舟去也。"师曰："东家点灯，西家为甚么却觅油？"曰："山高月上迟。"师曰："道甚么？"曰："莫瞌睡。"师曰："入水见长人。"

临江军慧力有文禅师 上堂，"建山寂莫，坐倚城郭。无味之谈，七零八落"。以拄杖敲香台，下座。

福州雪峰象敦禅师 僧问："如何是佛？"师曰："把火照鱼行。"曰："如何是法？"师曰："唐人译不出。"曰："佛法已蒙师指示，未审毕竟事如何？"师曰："腊月三十日。"

南康军云居守亿禅师 上堂，"马祖才升堂，雄峰便卷席。春风一阵来，满地花狼藉"。便下座。

瑞州洞山永孚禅师 上堂，"棒头挑日月，木马夜嘶鸣"。拈拄杖曰："云门大师来也。"卓一下曰："炊沙作饭，看井作裤。参！"

令滔首座 久参泐潭，潭因问："祖师西来，单传心印，直指人心，见性成佛。子作么生会？"师曰："某甲不会。"潭曰："子未出家时作个甚么？"师曰："牧牛。"潭曰："作么生牧？"师曰："早朝骑出去，晚后复骑归。"潭曰："子大好不会。"师于言下大悟，遂成颂曰："放却牛绳便出家，剃除须发着袈裟，有人问我西来意，拄杖横挑啰哩啰。"

洞山自宝禅师法嗣

瑞州洞山清辩禅师 僧问："百丈得大机，黄檗得大用，未审和尚得个甚么？"师便喝，僧亦喝，师便打。僧曰："争奈大众眼何？"便归众，师嘘两嘘。

北塔思广禅师法嗣

荆州军玉泉承皓禅师 姓王氏，眉州丹棱人也。依大力院出家登具，后游方参北塔，发明心要，得大自在三昧。制犊鼻裈，书历代祖师名字，乃曰："唯有文殊、普贤较些子。"且书于带上，故丛林目为皓布裈。

元丰间，首众于襄阳谷隐。有乡僧亦效之，师见而诟曰："汝具何道理敢以为戏事耶，呕血无及耳。"寻于鹿门如所言而逝。

张无尽奉使京西南路就谒之，致开法于郢州大阳。时谷隐主者私为之喜，师受请升座曰："某在谷隐十年，不曾饮谷隐一滴水、嚼谷隐一粒米。汝若不会，来大阳为汝说破。"携拄杖下座，傲然而去。

寻迁玉泉，有示众曰："一夜雨雾烹，打倒蒲萄棚。知事头首，行者人力。拄底拄，撑底撑，撑撑拄拄到天明，依旧可怜生。"自赞："粥稀后坐，床窄先卧。耳聩爱高声，眼昏宜字大。"

冬至示众曰："暑运推移，布裈赫赤，莫怪不洗，无来换替。"僧入室次，狗子在室中，师叱一声，狗便出去。师曰："狗却会，你却不会。"师示疾，门人围绕。师笑曰："吾年八十一，老死舁尸出，儿郎齐着力。一年三百六十日。"言毕而逝。

云盖志颙禅师法嗣

南康军云居文庆海印禅师 僧问:"如何是函盖乾坤句?"师曰:"合。"曰:"如何是随波逐浪句?"师曰:"阔。"曰:"如何是截断众流句?"师曰:"窄。"

上堂,"道本无为,法非延促。一念万年,千古在目。月白风恬,山青水绿。法法现前,头头具足。祖意教意,非直非曲。要识庐陵米价,会取山前麦熟"。以拂子击禅床,下座。

四祖端禅师法嗣

福州广明常委禅师 僧问:"知师久蕴囊中宝,今日当场略借看。"师曰:"看。"曰:"恁么则谢师指示。"师曰:"等闲垂一钓,容易上钩来。"

雁荡山文吉禅师法嗣

温州净光为觉禅师 僧问:"云门一曲师亲唱,未审西来意若何?"师曰:"道什么?"云:"恁么则便是和尚为人处也?"师曰:"错。"乃曰:"净光绀宇,古佛祇园,闻名者尘心顿息,目观者宛若升天。面临郛郭,背靠林泉,处处尽歌皇化,何须演妙谈玄。向上一窍又且如何?"蓦拈拄杖卓一下,曰:"鸳鸯绣了从君看,莫把金针度与人。"下座。

金山瑞新禅师法嗣

安吉州天圣守道禅师 上堂,"日月绕须弥,人间分昼夜,南阎浮提人只被明暗色空留碍。且道不落明暗一句怎么生道?"良久曰:"柳色黄金嫩,梨花白雪香。参!"上堂,"不从一地至一地,寂灭性中宁有位。释迦稽首问然灯,仁者何名为受记"。便下座。

上方齐岳禅师法嗣

越州东山国庆顺宗禅师 上堂,"心生则种种法生,心灭则种种法灭"。拈起拄杖曰:"此个是法,那个是灭底心?若人道得,许你顶门上具眼。其或未然,云暗不知天早晚,雪深难辩路高低。参!"

北禅智贤禅师法嗣

潭州兴化绍铣禅师 泉州人。上堂,拈拄杖曰:"一大藏教,是拭不净故纸。超佛越祖之谈,是诳呼间阎汉。若论衲僧门下,一点也用不得。作么生是衲僧门下事?"良久曰:"多虚不如少实。"击香台,下座。

洪州法昌倚遇禅师 漳州林氏子。幼弃家,依郡之崇福得度,有大志,自受具游方,名著丛席。浮山远和尚尝指谓人曰:

"此后学行脚样子也。"参北禅贤,问:"近离甚处?"师曰:"福严。"贤曰:"思大鼻孔长多少?"师曰:"与和尚当时见底一般。"贤曰:"且道老僧见时长多少?"师曰:"和尚大似不曾到福严。"贤笑云:"学语之流。"又问:"来时马大师健否?"师曰"健。"云:"向汝道什么?"师曰:"令北禅莫乱统。"贤云:"念汝新到,不欲打汝。"师曰:"倚遇亦放过和尚。"

茶罢,贤又问:"乡里甚么?"师曰:"漳州。"贤云:"三平在彼作什么?"师曰:"说禅说道。"贤云:"年多少?"师曰:"与露柱齐年。"贤云:"有露柱即且从,无露柱年多少?"师曰:"无露柱一年也不少。"贤云:"半夜放乌鸡。"师因倒心,师事之。

后游西山,眷双岭深邃,栖息三年。与英邵武胜上座游,应法昌请,决别曰:"三年聚首,无事不知。检点将来,不无渗漏。"以拄杖划一划曰:"这个且止,宗风事作么生?"英云:"须弥安鼻孔。"师曰:"临崖看浒眼,特地一场愁。"英云:"深沙努眼睛。"师曰:"争奈圣凡无异路,方便有多门。"英云:"铁蛇钻不入。"师曰:"有甚共语处?"英云:"自缘根力浅,莫怨太阳春。"却划一划云:"宗风且止,这个事作么生?"师与一掌,英约住云:"这漳州子,莫无去就。"师曰:"你作这般见解,不打更待何时?"又与一掌。英云:"也是我致得。"

法昌在分宁之北,千峰万壑,古屋数间。师至,安乐之,火种刀耕。衲子时有至者,皆不堪其枯淡,坐此成单丁。开炉日,以一力挝鼓,升座曰:"法昌今日开炉,行脚僧无一个,唯有十八高人,缄口围炉打坐。不是规矩严难,免见诸人话堕。直饶口似秤锤,未免灯笼勘破。不知道绝功勋,枉用修因证果。"喝一喝曰:"但能一念回心,即脱二乘羁锁。"又曰:"毗耶杜口,仿效宗乘。鹫岭拈花,翻成毒药。九年面壁,钝置先宗。半夜传衣,欺它后学。马祖即心是佛,大似待兔守株。盘山非心非佛,可谓和泥合水。如斯之见,尽是败坏祖风,灭胡种族,承虚接响,罔圣欺贤,后学无辜遭它指注。若论此事,诸佛不曾出世,亦无一法与人。达磨不西来,二祖不得髓,直得皇风荡荡,野老讴歌,心无所恃,行无所依。闻禅与道,似见冤家。说色与心,如逢猛虎。法昌然后与你挑野菜,舂黍米,作和罗饭,煮骨董羹。饥即餐,困即眠。不由诸位自崇高,莫学三乘立餐课。"

大宁宽禅师至,师画地作此 ⊕ 相,便曳锹出。翌日未升坐,谓宽曰:"昨日公案如何?"宽画此 ⊕ 相即扬撒之。师曰:"宽禅头名下无虚人。"乃升坐曰:"忽地晴天霹雳声,禹门三级①浪峥嵘。几多头角为龙去,虾蟹依然努眼睛。"

南禅师至,师方植松。南云:"小院子栽许多松作么?"师曰:"临济道底。"云:"栽得多少?"师曰:"但见猬②啼鹤宿,耸汉侵云。"南指石云:"这里何不栽?"师曰:"功不浪施。"云:"也知无下手处。"师却指石上松曰:"从什么处得此来?"南大笑云:"苍天苍天。"乃作偈云:"头戴华巾离少室,手携席帽出长安,鹫峰峰下重相见,鼻孔元来总一般。"又画此 ○ 示之。师曰:"葫芦棚上摘冬瓜,麦浪堆中钓得虾。谁在画楼沽酒处,相邀来吃赵州茶。"又画此 ✽ 答之。南云:"铁牛对对黄金角,木

---

① 级:径山本作"汲"。
② 猬:《禅林僧宝传》作"猿"。

马双双白玉蹄。为爱雪山香草细，夜深乘月过前溪。"又画⊖示之。师曰："玉麟带月离霄汉，金凤衔花下彩楼，野老不嫌公子醉，相将携手御街游。"又画此〇答之。

师又与南举程大卿看生缘话，师曰："和尚何不直下与伊剿绝却？"南云："也曾为蛇画足来，是伊自不瞥地。"师曰："和尚如何为它？"南云："咬尽生姜呷尽醋。"师曰："流俗阿师又怎么去。"南云："和尚作么生？"师拈拂子便打。南云："这老汉也是无人情。"时南道被天下丛林宗之，而师与之酬唱如交友，一时豪杰多归之。

龙图徐公禧布衣时，与师往来，为法喜之游。师将化前，一日作偈遗之曰："今年七十七，出行须择日。昨夜问龟歌，报导今朝吉。"徐览偈耸然，邀灵源清禅师同往，师方坐寝室，以院务诫知事曰："吾住此山二十三年，护惜常住每自苾之，今行矣，汝辈着精彩。"言毕，举拄杖曰："且道这个分付阿谁？"徐与灵源皆屏息，遂掷杖投床，枕臂而化。

福州广因择要禅师　上堂，"王临宝位，胡汉同风。纽半破三，佛殿倒卓。藏身句即不问，你透出一字作么生道？"拈拄杖曰："春风开竹户，夜雨滴花心。"

上堂，"古者道，只恐为僧心不了，为僧心了总输僧。且如何是诸上座了底心？"良久曰："渔翁睡重春潭阔，白鸟不飞舟自横。"僧问："如何是祖师西来意？"师曰："长安东，洛阳西。"问："如何是佛？"师曰："福州橄榄两头尖。"问："佛未出世时如何？"师曰："隈岩傍壑。"曰："出世后如何？"师曰："前山后山。"

庐山开先善暹禅师法嗣

南康军云居山了元佛印禅师 饶州浮梁林氏子。诞生之时，祥光上烛，须发爪齿，宛然具体，风骨爽拔。孩孺异常，发言成章，语合经史，闾里先生称曰神童。年将顶角，博览典坟，卷不再舒，洞明今古。才思俊迈，风韵飘然。志慕空宗，投师出家。试经圆具，感悟夙习，即遍参寻投机。于开先法席，出为宗匠，九坐道场，四众倾向，名动朝野。神宗赐高丽磨衲金钵，以旌师德。

上堂，"寒，寒，风撼竹声干，水冻鱼行涩，林疏鸟宿难。早是严霜威重，那堪行客衣单。休思紫陌山千朵，且拥红炉火一攒。放下茱萸，空中竹橛。倒却迦叶门前刹竿。直下更云不会，算来也太无端。参！"

师一日与学徒入室次，适东坡居士到面前。师曰："此间无坐榻，居士来此作甚么？"士曰："暂借佛印四大为坐榻。"师曰："山僧有一问，居士若道得即请坐，道不得即输腰下玉带子。"士欣然曰："便请。"师曰："居士适来道，暂借山僧四大为坐榻。只如山僧四大本空，五阴非有，居士向甚么处坐？"士不能答，遂留玉带，师却赠以云山衲衣。士乃作偈曰："百千灯作一灯光，尽是恒沙妙法王，是故东坡不敢惜，借君四大作禅床。病骨难堪玉带围，钝根仍落箭锋机，会当乞食歌姬院，夺得云山旧衲衣。此带阅人如传舍，流传到我亦悠哉，锦袍错落犹相称，乞与佯狂老万回。"

东京智海本逸正觉禅师　福州彭氏子。上堂，"开口是，合口是，眼下无妨更着鼻。开口错，合口错，眼与鼻孔都拈却。佛也打，祖也打，真人面前不说假。佛也安，祖也安，衲僧肚皮似海宽。此乃一出一入，半合半开，是山僧寻常用底。敢问诸禅德，刹竿因甚么头指天？力士何故揸起拳？"良久曰："参！"

又一日，上堂拈拄杖曰："这拄杖在天也与日月并明，在地也与山河同固，在王侯也以代蒲鞭，在百姓也防身御恶，在衲僧也昼横肩上，渡水穿云，夜宿旅亭，撑门挂户。且道在山僧手里用作何为？要会么？有时放步东湖上，与僧遥指远山青。"击禅床，下座。

上堂，"忆得老僧年七岁时，于村校书处得一法门，超情离见，绝妙绝玄，爱自染神逾六十载，今日辄出，普告大众，若欲传持，宜当谛听"。遂曰："寒原耕种罢，牵犊负薪归。此夜一炉火，浑家身上衣。诸禅德，逢人不得错举。"

上堂，"我有这一着，人人口里嚼。嚼得破者，速须吐却。嚼不破者，翻成毒药"。乃召诸禅德，"作甚么滋味？试请道看！"良久曰："医王不是无方义，千里苏香象不回。"

越州天章元楚宝月禅师　僧问："如何是佛法大意？"师曰："一年三百六十日。"曰："便恁么会时如何？"师曰："迢迢十万不是远。"

上堂，"鼓声错落，山色崔嵬，本既不有，甚处得来"。良久曰："高着眼。"

庐山万杉善爽禅师　僧问："如何是万杉境？"师曰："万株杉下千寻竹。"僧云："如何是境中人？"师曰："老僧叉手对阇梨。"问："佛法大意，请师指示。"师曰："昆仑头戴华山尖。"乃曰："古即今，今即古，家家囱下有诸祖。文殊示现满山川，自是时人不能悟。大众，且道悟个甚么？"喝一喝。

晚参，侍者度拂子与师，师曰："百丈昔因拈起悟，始觉蒸糊是面做。禅人到此莫商量，向道僧堂对厨库。"复曰："经有经师，论有论师，律有律师，教老僧说个甚么。"良久曰："春困，归堂打睡。"

庐陵禾山楚才禅师法嗣

抚州曹山宝积雄禅师 僧问："如何是佛？"师曰："寒猫不捉鼠。"问："一尘一佛国，一叶一释迦，学人如何下足？"师曰："大地草漫漫。"僧云："谢师答话。"师曰："明眼人难瞒。"僧云："大众一时记取。"师曰："曹山今日失利。"

问："法雷一震，龙象四来，如何行令？"师曰："清风不会偎家意，吹散白云撩乱飞。"僧云："学人还有安身立命处也无？"师曰："脚踏实地。"乃曰："善应群方，万机丛凑，相逢相见即不问，你拈匙把箸，为甚么道不得？"良久曰："曹山今日失利。"又曰："山不青，水不绿，南北东西无下足。白云片片岭头飞，夜来却入芦花宿。"又曰："千江竞凑，万派同源。宝月腾辉，光分沙界。山河大地，明暗自殊。坐卧经行何人分上。其中莫有语言道断、函盖相应底衲僧么？出来与曹山相见。"时有僧出，方礼拜次，师曰："大众分明记取话头。"

钦山悟勤禅师法嗣

鼎州梁山圆应禅师 僧问:"如何是超佛越祖之谈?"师曰:"吃粥吃饭。"

续传灯录卷第六

大鉴下第十一世

大阳玄禅师法嗣

舒州投子山义青禅师 青社李氏子。七龄颖异,往妙相寺出家。试经得度,习《百法论》。未几叹曰:"三祇途远,自困何益。"乃入洛,听《华严》义,若贯珠。尝读《诸林菩萨偈》,至即心自性,猛省曰:"法离文字,宁可讲乎?"即弃,游宗席。时圆鉴禅师居会圣岩,一夕梦畜青色鹰为吉征。届旦师来,鉴礼延之,令看外道问佛,不问有言,不问无言因缘。经三载,一日问曰:"汝记得话头么,试举看!"师拟对,鉴掩其口,师了然开悟,遂礼拜。鉴曰:"汝妙悟玄机邪?"师曰:"设有也须吐却。"时资侍者在傍曰:"青华严今日如病得汗。"师回顾曰:"合取狗口!若更切切,我即便呕。"自此复经三年,鉴时出洞下宗旨示之,悉皆妙契,付以大阳顶相皮履直裰,嘱曰:"代我续其宗风,无久滞此,善宜护持。"遂书偈送曰:"须弥立太虚,日月辅而转,群峰渐倚他,白云方改变。少林风起丛,曹溪洞帘卷,金凤宿龙巢,宸苔岂车碾。"令依圆通秀禅师。师至彼,无所参问,唯嗜睡而已。执事白通曰："堂中有僧日睡，当行规法。"通曰："是谁？"曰："青上座。"通曰："未可，待与按过。"通即曳杖入堂，见师正睡，乃击床呵曰："我这里无闲饭与上座吃了打眠。"师曰："和尚教某何为？"通曰："何不参禅去！"师曰："美食不中饱人吃。"通曰："争奈大有人不肯上座。"师曰："待肯，堪作甚么？"通曰："上座曾见甚么人来？"师曰："浮山。"通曰："怪得恁么顽赖。"遂握手相笑，归方丈。由是道声籍甚。初住白云，次迁投子。

上堂，召大众曰："若论此事，如鸾凤冲霄，不留其迹，羚羊挂角，那觅乎踪。金龙不守于寒潭，玉兔岂栖于蟾影。其或主宾若立，须威音世外摇头，问答言陈，仍玄路旁提为唱。若能如是，犹在半途，若更凝眸，不劳相见。"

上堂，"宗乘若举，凡圣绝踪。楼阁门开，别户相见。设使卷帘悟去，岂免旁观。春遇桃花，重增眼病。所以古人道，向上一路，千圣不传。诸仁者既是不传，为甚么铁牛走过新罗国里？"遂喝曰："达者须知暗里惊。"僧问："师唱谁家曲，宗风嗣阿谁？"师曰："威音前一箭，射透两重山。"曰："如何是相传底事？"师曰："全因淮地月，得照郢阳春。"曰："怎么则入水见长人也。"师曰："只知荆玉异，那辨楚王心。"僧礼拜，师以拂子击之。复曰："更有问话者么？如无，彼此着便。"问："和尚适来拈香，祝延圣寿，且道当今年多少？"师曰："月笼丹桂远，星拱北辰高。"曰："南山直耸齐天寿，东海洪波比福源。"师曰："双凤朝金阙，青松古韵高。"曰："圣寿已蒙师指示，治化乾坤事若何。"师曰："不如缄口退，却是报皇恩。"

师示寂，书偈曰："两处住持，无可助道。珍重诸人，不须寻讨。"投笔奄息。阇维多灵异，兹不尽具，获设利五色同灵骨塔于寺北三峰庵。

郢州兴阳清剖禅师　在大阳作园头，种瓜次，阳问："甜瓜何时得熟？"师曰："即今熟烂了也。"曰："拣甜底摘来。"师曰："与甚么人吃？"曰："不入园者。"师曰："未审不入园者还吃也无？"曰："汝还识伊么？"师曰："虽然不识，不得不与。"阳笑而去。

住后，上堂，"西来大道，理绝百非。句里投机，全乖妙旨。不已而已，有屈祖宗。岂况忉忉，有何所益。虽然如是，事无一向。且于唱教门中，通一线道，大家商量"。僧问："娑竭出海乾坤震，觌面相呈事若何？"师曰："金翅鸟王当宇宙，个中谁是出头人。"曰："忽遇出头时，又怎么生？"师曰："似鹘提鸠君不信，髑髅前验始知真。"曰："恁么则叉手当胸，退身三步也。"师曰："须弥座下乌龟子，莫待重遭点额回。"

问："从上诸圣向甚么处去？"师曰："月照千江静，孤灯海底明。"郑金部问："和尚甚么时开堂？"师曰："不历僧祇数，日月未生前。"

师卧疾次，大阳问："是身如泡幻，泡幻中成办。若无个泡幻，大事无由办。若要大事办，识取个泡幻。作么生？"师曰："犹是这边事。"阳曰："那边事作么生？"师曰："匝地红轮透，海底不栽花。"阳笑曰："乃尔惺惺邪。"师喝曰："将谓我忘却。"竟尔趋寂。

南岳福严审承禅师　侍立大阳次，阳曰："有一人遍身红烂，卧在荆棘林中，周匝火围。若亲近得，此人大敌塵开。若亲近不得，时中以何为据？"师曰："六根不具，七识不全。"阳曰："你教伊出来，我要见伊。"师曰："适来别无左右，只对和尚。"阳曰："官不容针。"师便礼拜。师后至华严隆和尚处，举前话，隆曰："冷如毛粟，细如冰雪。"李相公特上山问："如何是祖师西来意？"师指庭前柏树。公如是三问："师如是三答。"公欣然乃有颂曰："出没云间满大虚，元来真相一尘无，重重请问西来意，唯指庭前柏一株。"

惠州罗浮山显如禅师　益州人。初到大阳，阳问："汝是甚处人？"曰："益州。"阳曰："此去几里？"曰："五十里。"阳曰："你与么来，还曾踏着么？"曰："不曾踏着。"阳曰："汝解腾空那？"曰："不解腾空。"阳曰："争得到这里？"曰："步步不迷方，通身无辨处。"阳曰："汝得超方三昧邪？"曰"圣心不可得，三昧岂彰名。"阳曰："如是如是，汝应信此，即本体全彰，理事不二，善自护持。"

住后，僧问："如何是罗浮境？"师曰："突兀侵天际，巍峨镇海涯。"曰："如何是境中人？"师曰："顶上白云散，足下黑烟生。"

襄州白马归喜禅师　初问大阳："学人蒙昧，乞指个入路。"阳曰："得。"良久乃召师，师应诺，阳曰："与你个入路。"师于言下有省。

住后僧问："如何是佛法大意？"师曰："善犬带牌。"问："如龟藏六时如何？"师曰："布袋里弓箭。"问："不着佛求，不着法求，当于何求？"师曰："村人跪拜石师子。"曰："意旨如何?"师曰:"社树下设斋。"

上堂,"急走即蹉过,慢行趁不上。没量大衲僧,无计奈何。有多口饶舌底,出来!"僧问:"一句即不问,如何是半句?"师曰:"投身掷下。"曰:"这个是一句也。"师曰:"半句也摸不着。"问:"如何阒寂之门?"师曰:"莫闹,莫闹。"

郢州大阳慧禅师 僧问:"汉君七十二阵,大霸寰中。和尚临筵不施寸刃,承谁恩力?"师曰:"杲日当轩际,森罗一样观。"曰:"恁么则金乌凝秀色,玉兔瑞云深。"师曰:"滴历无私旨,通方一念玄。"问:"如何是和尚家风?"师曰:"粗布直裰重重补,日用锄头旋旋揩。"曰:"向上客来,如何祇待?"师曰:"要用便用。"问:"如何是西来意?"师曰:"日出东方,月落西户。"复示颂曰:"朝朝日出东方,夜夜月落西户。如今大宋官家,尽是金枝玉树。"

越州云门山灵运宝印禅师 上堂,"夜来云雨散长空,月在森罗万象中。万象灵光无内外,当明一句若为通。不见僧问大哥和尚云:'月生云际时如何?'大哥曰:'三个孩儿抱花鼓,莫来拦我球门路。'月生云际,是明甚么边事?三个孩儿抱花鼓,拟思即隔。莫来拦我球门路,须有出身处始得,若无出身处,也似黑牛卧死水。出身一句作么生道?不劳久立"。

怀安军云顶海鹏禅师 僧问:"如何是大疑底人?"师曰:"毕钵岩中,面面相觑。"曰:"如何是不疑底人?"师曰:"如是我闻,须弥粉碎。"问:"祖意教意是同是别?"师曰:"达磨逢梁武,摩腾遇汉明。"

复州干明机聪禅师 僧问:"如何是佛法大意?"师曰:

"此问不虚。"问:"如何是东禅境?"师曰:"定水不曾离旧岸,红尘争敢入波来。"

雪窦显禅师法嗣

越州天衣义怀禅师　永嘉乐清陈氏子也。世以渔为业,母梦星殒于屋乃孕,及产尤多吉祥。儿时坐船尾,父得鱼付师贯之。师不忍乃私投江中,父怒笞之,师恬然如故。长游京师,依景德寺为童行,天圣中试经得度。谒金銮善叶县省,皆蒙印可。遂由洛抵龙门,复至都下,欲继宗风。意有未决,忽遇言法华拊师背曰:"云门临济去。"及至姑苏,礼明觉于翠峰,觉问:"汝名甚么?"曰:"义怀。"觉曰:"何不名怀义?"曰:"当时致得。"觉曰:"谁为汝立名?"曰:"受戒来十年矣。"觉曰:"汝行脚,费多少草鞋?"曰:"和尚莫瞒人好。"觉曰:"我也没量罪过,汝也没量罪过,你作么生?"师无语,觉打曰:"脱空谩语汉,出去!"入室次,觉曰:"恁么也不得,不恁么也不得,恁么不恁么总不得。"师拟议,觉又打出,如是者数四。寻为水头,因汲水折担,忽悟,作投机偈曰:"一二三四五六七,万仞峰头独足立,骊龙颔下夺明珠,一言勘破维摩诘。"觉闻,拊几称善。后七坐道场,化行海内,嗣法者甚众。

住后,僧问:"如何是佛?"师曰:"布发掩泥,横身卧地。"曰:"意旨如何?"师曰:"任是波旬也皱眉。"曰:"恁么则谢师指示。"师曰:"西天此土。"问:"学人上来,请师说法。"师曰:"林间鸟噪,水底鱼行。"

上堂，"须弥顶上不扣金钟，毕钵岩中无人聚会。山僧倒骑佛殿，诸人反着草鞋。朝游檀特，暮到罗浮。拄杖针筒，自家收取"。

上堂，"衲僧横说竖说，未知有顶门上眼"。时有僧问："如何是顶门上眼？"师曰："衣穿瘦骨露，屋破看星眠。"

上堂，"夫为宗师，须是驱耕夫之牛，夺饥人之食，遇贱即贵，遇贵即贱。驱耕夫之牛，令他苗稼丰登。夺饥人之食，令他永绝饥渴。遇贱即贵，握土成金。遇贵即贱，变金成土。老僧亦不驱耕夫之牛，亦不夺饥人之食。何谓耕夫之牛？我复何用？饥人之食，我复何餐？我也不握土成金，也不变金作土，何也？金是金土是土，玉是玉石是石，僧是僧俗是俗，古今天地，古今日月，古今山河，古今人伦。虽然如是，打破大散关，几个迷逢达磨"。

上堂，"雁过长空，影沉寒水，雁无遗踪之意，水无留影之心。若能如是，方解向异类中行。不用续凫截鹤、夷岳盈壑。放行也百丑千拙，收来也挛挛拳拳。用之，则敢与八大龙王斗富。不用，都来不直半分钱。参！"僧问："天不能盖，地不能载，未审是甚么人？"师曰："掘地深埋。"曰："此人还受安排也无？"师曰："土上更加泥。"问："牛头未见四祖时如何？"师曰："长江无六月。"曰："见后如何？"师曰："一年一度春。"室中问僧："无手人能行拳，无舌人解言语。忽然无手人打无舌人，无舌人道个甚么？"又曰："蜀魄连宵叫，鸡鸠终夜啼。圆通门大启，何事隔云泥。"

晚年以疾居池阳杉山庵，门弟子智才住临平之佛日，迎归侍奉。才如苏城未还，师速其归。及踵门，师告之曰："时至，吾行矣。"才曰："师有何语示徒？"乃说偈曰："红日照扶桑，寒云封华岳。三更过铁围，拶折骊龙角。"才问："卵塔已成，如何是毕竟事？"师举拳示之。遂就寝，推枕而寂，塔全身寺东之原。崇宁中，谥振宗禅师。

越州称心省倧禅师 僧问："如何是祖师西来意？"师曰："行人念路。"僧曰："不会。"师曰："紧峭草鞋。"

上堂，"佛种从缘起，是故说一乘"。拈拄杖曰："拄杖是缘，那个是佛种？拄杖是一乘法，那个是缘？这里参见释迦老子了，却买草鞋行脚。不得向衲僧门下过，打折汝腰。且道衲僧据个甚么？"良久曰："三十年后，莫孤负人。"卓拄杖下座。

泉州承天传宗禅师 僧问："大用现前，不存轨则时如何？"师曰："承天今日高竖降旗。"僧便喝，师曰："临济儿孙。"僧又喝，师便打。问："如何是般若体？"师曰："云笼碧峤。"曰："如何是般若用？"师曰："月在清池。"

处州南明日慎禅师 僧问："祖意教意，是同是别？"师曰："水天影交碧。"曰："毕竟是同是别？"师曰："松竹声相寒。"

舒州投子法宗禅师 时称道者。僧问："如何是道者家风？"师曰："袋袋里草鞋。"曰："意旨如何？"师曰："赤脚下桐城。"

天台宝相蕴观禅师 僧问："如何是佛？"师曰："堂堂八尺余。"

岳州君山显升禅师 上堂，"大方无外，含裹十虚，至理不形,圆融三际。高超名相,妙体全彰。迥出古今,真机独露。握骊珠而鉴物,物物流辉。掷宝剑以挥空,空空绝迹。把定,则摩竭掩室,净名杜词。放行,则拾得摇头,寒山拊掌。且道是何人境界?"拈拄杖卓一下,曰:"瞬目扬眉处,凭君子细看。"

平江府水月寺惠金典座 依明觉于雪窦,闻举须弥山话,默有契。一日,欲往讯,遇之殿轩。觉问:"汝名甚么?"曰:"惠金。"觉曰:"阿谁惠汝金?"曰:"容少间去方丈致谢。"觉曰:"即今聻。"曰:"这里容和尚不得。"

修撰曾会居士 幼与明觉同舍,及冠异途。天禧间,公守池州,一日会于景德寺。公遂引《中庸》《大学》,参以《楞严》,符宗门语句,质明觉。觉曰:"这个尚不与教乘合,况《中庸》《大学》邪!学士要径捷理会此事。"乃弹指一下曰:"但恁么荐取。"公于言下领旨。

天圣初,公守四明,以书币迎师补雪窦。既至,公曰:"某近与清长老商量赵州勘破婆子话,未审端的有勘破处也无?"觉曰:"清长老道个甚么?"公曰:"又与么去也。"觉曰:"清长老且放过一着,学士还知天下衲僧出这婆子圈𰀁不得?"公曰:"这里别有个道处,赵州若不勘破婆子,一生受屈。"觉曰:"勘破了也。"公大笑。

湖州报本有兰禅师 僧问:"道无横径,立者皆危,如何是道?"师曰:"日耀祥光澹。"僧云:"意旨如何?"师曰:"风摇瑞色浓。"僧礼拜,师曰:"犹欠一着。"

问:"拨尘见佛即不问,宝剑挥空事若何?"师曰:"脚下看。"僧云:"脚下且置,向上事又且如何?"师曰:"天晴日出,雨下云兴。"问："法本无说，当说何明？"师曰："水中盐味，色里胶青。"僧云："便怎么时如何？"师曰："三十年后。"师乃曰："衣中至宝，何假披沙。各自持来，复将何用。交光牙入，不隐不彰。达磨九年，不敢动着。恐屈儿孙，报本不惜眉毛，普示大众。"拈起拄杖，大众拟议，一时打散。

又上堂，曰："大无方，小无所，半合半开，未可相许。岭梅初折众花荣，微雨微晴春力普。春力普到头，莫问曹溪祖。"又曰："法无有尔，理见非常。至道无方，刹尘应物。直得风行草偃，响顺声和，无纤芥可齐。见卓牌闹市，要得不伤和气。闲与露柱商量，苟能自契点头，莫谓山僧多口。"

真州长芦祖印智福禅师 江州人，夏文庄之系族也。出家圆具，遂参雪窦，顿明祖意，道行才智，洒然超迈。出世长芦，僧问："如何是教外别传一句？"师曰："问不着。"僧云："为什么问不着？"师曰："白云千万里。"僧云："学人退身三步。"师曰："更待何时？"

问："宝剑未出匣时如何？"师曰："涩。"僧云："出后如何？"师曰："利。"问："如何是第一机？"师曰："不为矐儿而发。"僧云："岂无方便？"师曰："静处萨婆诃。"师乃曰："问在答处，答在问宗，一任诸人点头。忽若问不在答处，答不在问宗，又且作么生摸索？"乃展手曰："无遗丝发，一时分付，请诸人各各子细观瞻。倪一念回光，千圣共辙，不历僧祇，岂劳修证。截生死海，踞祖佛位。便乃高超三界，永出四流，万德圆明，十方独步。可不同酬佛恩，共显王化。"

筠州洞山慧圆禅师 参雪窦得旨，年甚少，声名籍甚。后依开先暹禅师法席,会洞山阙人,暹举之以应筠人之请,遂出世说法。

僧问:"远离庐阜,将届新丰。不涉程途,请师便道。"师曰:"山僧今日倦。"僧云:"善知识方便在什么处?"师曰:"瞎。"僧便喝,师曰:"犹未省在。"乃曰:"学非稽古,道愧当时。俛仰无门,乃随众意。古人道,无事上山行一转,借问时人会也无。只如老僧与诸人从庐阜来,遇夜便宿,逢晓便行,直至此间,一脚在前,一脚在后。如今个个高挂钵囊,阁却拄杖,更有什么事可会?然虽如是,若不登楼望,焉知沧海深。"

时黄龙南禅师住黄檗,因出邑相见于净戒寺,南默无所言,但焚香相对危坐而已,自申时至三鼓。师起曰:"夜深恐妨和尚偃息。"即趋出。明日各还山,南偶问永首座:"在庐山识今洞山老否?"永云:"不识,止闻其名。"久之问云:"和尚此回见之如何?"南云:"奇人。"永退问侍者:"汝随和尚见洞山,夜语及何事?"侍者以实告,永笑云:"疑杀天下人。"

真州六合香积孜禅师 僧问:"四山相逼则不问,六合门开事若何?"师曰:"七通八达。"僧云:"恁么则妙用纵横。"师曰:"三脚虾蟆跳上天。"问:"如何是坐禅僧?"师曰:"万事总无能。"僧云:"如何是入定僧?"师曰:"四海本澄澄。"僧云:"如何是行道僧?"师曰:"六合势腾腾。"僧云:"如何是应供僧?"师曰:"三轮等性空。"

师上堂曰:"菩提之道不可图度,万法本空,宁有真假。无为为宗,无相为本。量包沙界,德洽乾坤。或演一乘,或垂三句,或令悟本,悉使返源。究竟之中,必无是事。了得本心心了了，山河大地亦闲闲。"又曰："本有之心，丝毫不隔，因兹错念，遂致邪非。垢尽遇人，便明己见。作么生是己见？"良久曰："四海洪波静，一轮天地秋。"

温州平阳宝庆子环禅师 僧问："大施门开，请师一决。"师曰："风行草偃。"僧云："一句截流，又作么生？"师曰："水到渠成。"僧云："华盖山上云，慎江江里水。"师曰："郎中在此。"

问："古镜未磨时如何？"师曰："清风来不尽。"僧云："磨后如何？"师曰："明月照重城。"僧云："太守临筵，请师一照。"师曰："是何面目？"僧云："三十年后。"师曰："赚杀人。"拈拄杖曰："朝到西天，暮归东土即且致，把断要津一句作么生道？若也道得，不出门知天下事，若道不得，拄杖子笑你。"击禅床一下。

越州天衣在和禅师 僧问："祖祖相传传祖印，师今得法嗣何人？"师曰："人将语试，水将杖探。"僧云："廓周沙界。"师曰："一夜梅开尽，百花犹未知。"

越州称心守明禅师 僧问："如何是佛？"师曰："道什么？"云："如何是法？"师曰："道什么？"云："如何是僧？"师曰："道什么。"云："谢师重重相为。"师曰："道什么？"

汉阳军凤栖仲卿禅师 僧问："古佛出世为一大事因缘，和尚出世当为何事？"师张口吐舌。僧云："只这个，别更有在？"师曰："朝三千，暮八百。"

问："百骸俱溃散，一物镇长灵。如何是一物？"师曰："苦哉，佛陀耶。"僧云："和尚还有为人处也无？"师曰："弄精魂汉。"僧云："何必如此？"师曰："讳人道着。"乃曰："道无前后,达者由人。虽然根性利钝差殊,究实元无有异。所以三乘教法,接引迷徒。执相滞名,卒难造入。是故过去诸佛于此涅槃,现在诸佛于此成道,未来诸佛于此修行。不见达磨大师道:吾本来兹土,传法救迷情,一花开五叶,结果自然成。"拈拄杖曰:"会么?彼一时此一时,嵩山果熟也,一任诸人采摘。"卓拄杖一下。又曰:"巍巍堂堂,三界无双。磊磊落落,十方寥廓。拟议则丧身失命,思量则千错万错。"喝一喝下座。

温州雁荡灵岩寺德初禅师 僧问:"大众临筵,如何举唱?"师曰:"谢塘青草年年长,欧浦潮来日日新。"僧云:"莫便是为人处也无?"师曰:"且莫错认。"问:"棒喝齐收,请师相见。"师曰:"老僧不如汝。"僧云:"专为流通。"师曰:"堪作什么?"问:"心生种种法生,如何是种种法生?"师曰:"我与汝葛藤。"僧云:"今日已见于师矣。"师曰:"且喜勿交涉。"僧礼拜。师曰:"孤负杀人。"师乃曰:"问得须弥岌峇,海水腾波,祖道门中未有少分。何故从门入者不是家珍?本自圆融,何须特地。人人踞妙高峰顶,个个彻诸法根源。不假慈氏楼阁,今日一时明取。还明得也无?若也明得,故号丈夫,不孤千圣深恩,亦答国王至化。珍重!"

潭州龙兴智传禅师 僧问:"久处湖湘拟伸一问,师还答否?"师曰:"何得拖泥带水。"僧便喝。师曰:"一阵雨一阵凉。"僧礼拜。师曰:"有头无尾。"

师于治平中示寂,平生行住坐卧之处,悉涌舍利。禅徒唱得衣物者,舍利日生。有于真前至诚求者,随念示应。

信阳军乾明则禅师 僧问:"师唱谁家曲,宗风嗣阿谁?"

师曰："片云生海峤，一雁过寒空。"僧云："与么则雪窦嫡子也。"师曰："一岭英英，六花皎皎。"问："如何是祖师西来意？"师曰："清风生碧落。"僧云："意旨如何？"师曰："明月映长江。"问："如何是海印三昧？"师曰："但向己求。"僧云："学人不会。"师曰："莫从他觅。"问："如何是日用道？"师曰："一箭到西天。"僧云："到后如何？"师曰："周遍法界。"

鼎州乾明知应禅师 僧问："莲花未出水时如何？"师曰："撑天拄地。""出水后如何？"师曰："填沟塞壑。"乃曰："马祖升堂，百丈卷席。火动烟生，云擎雨色。觌面相呈，一何轻掷。重赏三千，轻酬八百。"

南岳云峰元益首座 李林宗居士问："意欲出尘今未出，请师今日决疑情。"师曰："作么生是出尘？"居士惘然。师曰："还会么？"居士忽然省悟，有颂云："心镜从来莹，洪河本自深。只因师问后，沙石化为金。"师曰："正趣地狱。"居士曰："人我无相，胡为地狱？"师曰："汝今何在。"居士云："见今对答。"师曰："只此是黄金。"

百丈宝月智映禅师法嗣

杭州惠因祥禅师 僧问："师唱谁家曲，宗风嗣阿谁？"师曰："天圆地方。"僧云："端的请师一言。"师曰："若到诸方，分明举似。"乃曰："南山高，北山低，日出东兮，夜落西。白牛上树觅不得，乌鸡入水大家知。且道觅得后又如何？"良久曰："堪作什么？"

临安府惠因义宁禅师 僧问:"佛未出世时如何?"师曰:"摩耶夫人。"曰:"出世后如何?"师曰:"悉达太子。"

南华缘禅师法嗣

齐州兴化延庆禅师 上堂,"言前荐得,孤负平生。句后投机,全乖道体。离此二途,祖宗门下又且如何?"良久曰:"眼里瞳儿吹木笛。"

韶州宝寿行德禅师 冬日在南华受请,示众曰:"新冬新宝寿,言是旧时言。若会西来意,波斯上舶船。"

韶州白虎山守升禅师 僧问:"如何是佛?"师曰:"有眼无鼻孔。"

韶州佛陀山崇钦禅师 僧问:"如何是和尚直截为人一句?"师打一拂子曰:"会么?"僧云:"不会。"师曰:"逢人莫错举。"

韶州延祥法迎禅师 僧问:"牛头未见四祖时如何?"师曰:"拄杖子。""见后如何?"师便打。云:"今日亲见和尚。"师曰:"再犯不容。"

韶州舜峰慧宝禅师 僧问:"步步登高时如何?"师曰:"崄。"云:"不进不退时如何?"师曰:"丧。"云:"如何即是?"师曰:"苏噜苏噜。"

云盖山继鹏禅师法嗣

越州诸暨钟山报恩谭禅师 僧问:"至道无难,唯嫌拣择。

如何是不拣择？"师曰："昨日初三，今日初四。"僧云："此犹是拣择。"师曰："龙蛇易辨，衲子难瞒。"问："一问一答犹落建化门庭，未审第一义中如何举唱？"师曰："檐前雨滴，雪满长空。"僧云："若然者，到头霜夜月，任运落前溪。"师曰："作家禅客。"僧云："和尚莫瞒人好"。师曰："却是你瞒我。"问："如何是祖师西来意？"师曰："只履已归葱岭久，而今休更问来端。"僧云："便与么去时如何？"师曰："南山起云，北山下雨。"问："杖锡已居于此日，请师一句利人天。"师曰："鼻孔大头向下。"僧云："向上还有事也无？"师曰："有。"僧云："如何则是？"师曰："欲穷千里目，更上一层楼。"乃曰："法身无像，应物现形，诸禅德作么生说个应物现形底道理？"拈拄杖示众曰："世尊身长丈六，这个拄杖子亦长丈六。弥勒身长千尺，这个拄杖子亦长千尺。方圆任器，隐显从他。大包天地，细入微尘。如驴觑井，如井觑驴。得之者，运筹帷幄，把断要津。失之者，杳杳忽忽，虚生浪死。得失二途，一时放却。敢问诸人，且道山僧拄杖子毕竟长多少？"良久曰："笑指客从何处来。"击香台一下。

洞山子荣禅师法嗣

江州圆通祖印居讷禅师 梓州中江蹇氏之子。初生，有神光满室。年十一，依汉州什邡竹林寺僧元昉出家。十七，试《法华》得度受具，以讲学冠两川，耆年多下之。会有禅者自南方还，称祖道被天下。马大师，什邡人，应般若多罗谶。蜀之豪俊，以经论闻者如亮公，而亮公弃徒隐西山；如鉴公，而鉴公焚疏钞,称滴水莫敌巨海。师怃然,良久曰:"汝知其说乎?"禅者曰:"我不能知也,子欲知之,何惜一往。"师于是出蜀,放浪荆楚,屡阅寒暑,迄无所得。西至襄州洞山荣座下,留止十年。读《华严论》,至曰:"须弥在大海中高八万四千由旬,非手足攀揽可及,以明八万四千尘劳山住烦恼大海,众生有能于一切法无思无为,即烦恼自然枯竭。尘劳成一切智之山,烦恼成一切智之海。若更起心思虑,即有攀缘。即尘劳愈高,烦恼愈深,不能至诸佛智顶。"师即豁然有省,叹曰:"石巩云:'无下手处。'而马祖云:'旷劫无明,今日一切消灭。'非虚语也。"

后游庐山,道价日增。南康太守程师孟,请住归宗,遂嗣荣禅师。又住圆通,仁宗皇帝闻其名,皇祐初诏住十方净因禅院,以目疾坚辞不赴,举本院书记怀琏自代。于是诏琏,琏至,引对问佛法大意称旨,赐琏号大觉禅师,赐师号祖印禅师。住持二十年,移住四祖开先两剥①。师临众简严,不妄言笑。常入定初叉手自如,中夜渐升至膺。侍者每视以候鸡鸣。其精进如此。

既老退居宝积岩,时江州牧刘公述每造师问道。一日,忽辞刘公归,沐浴端坐示寂。刘公率缁俗送往茶毗,火焰中白气上贯太阳,大众惊仰。欧阳文忠公贬异教者,独尊敬师。每问南来士人:"曾见讷禅师否?"又与老苏明允游相好云。

---

① 剥:径山本作"刹"。

续传灯录卷第七

大鉴下第十二世

石霜圆禅师法嗣

黄龙南禅师 章氏,讳惠南,其先信州玉山人也。童龆深沉,有大人相,不茹荤,不嬉戏。年十一弃家,师事怀玉定水院智銮。尝随銮出道,上见祠庙,辄杖击火,毁之而去。十九落发受具足戒。远游至庐山归宗,老宿自宝集众坐,而公却倚,宝时时晌之,公自是坐必跏趺,行必直视。

至栖贤,依谡禅师,谡莅众进止有律度,公规模之三年。辞,渡淮,依三角澄禅师。澄有时名,一见器许之。及澄移居泐潭,公又与俱,澄使分座接纳矣。而南昌文悦见之,每归卧叹曰:"南,有道之器也,惜未受本色钳锤耳。"会同游西山,夜语及云门法道,悦曰:"澄公虽云门之后,然法道异耳。"公问所以异,悦曰:"云门如九转丹砂,点铁作金。澄公药汞银,徒可玩,入锻即流去。"公怒以枕投之。明日悦谢过,又曰:"云门气宇如王,甘死语下乎。澄公有法授人,死语也,死语其能活人哉。"即背去。公挽之曰:"即如是,谁可汝意者?"悦曰:"石霜楚圆手段出诸方,子欲见之,不宜后也。"公默计之曰:"此行脚大事也。悦师翠岩,而使我见石霜,见之有得,于悦何有哉。"即日办装,中途闻慈明不事事,慢侮少丛林,乃悔,欲无行,留萍乡累日。结伴自攸县登衡岳,寓止福严,老宿号贤叉手者,大阳明安之嗣,命公掌书记。渌潭法侣闻公不入石霜,遣使来讯。俄贤卒,郡以慈明领福严,公心喜之,且欲观其人,以验悦之言。慈明既至,公望见之,心容俱肃。闻其论,多贬剥诸方,而件件数以为邪解者,皆渌潭密付旨诀。气索而归,念悦平日之语,翻然改曰:"大丈夫心膂之间,其可自为疑碍乎。"趋诣慈明之室曰:"惠南以暗短望道未见,比闻夜参,如迷行得指南之车然,惟大慈更施法施,使尽余疑。"慈明笑曰:"书记已领徒游方,名闻丛林。借有疑,不以衰陋鄙弃,坐而商略,顾不可哉。"呼侍者进榻且使坐,公固辞,哀恳愈切。慈明曰:"书记学云门禅,必善其旨。如曰放洞山三顿棒,洞山于时应打不应打?"公曰:"应打。"慈明色庄而言:"闻三顿棒声,便是吃棒。则汝自旦及暮,闻鸦鸣鹊噪、钟鱼鼓板之声,亦应吃棒。吃棒何时当已哉?"公瞠而却。慈明云:"吾始疑不堪汝师,今可矣。"即使拜。公拜起,慈明理前语曰:"脱如汝会云门意旨,则赵州尝言'台山婆子被我勘破'。试指其可勘处。"公面热汗下,不知答,趋出。明日诣之,又遭诟骂。公惭见左右,即曰:"政以未解求决耳,骂岂慈悲法施之式!"慈明笑曰:"是骂耶?"公于是默悟其旨,失声曰:"渌潭果是死语。"献偈曰:"杰出丛林是赵州,老婆勘处没来由。而今四海清如镜,行人莫以路为仇。"慈明以手点没字顾公,公即易之,而心服其妙密,留月余辞去,时年三十五。

游方广后洞，识泉大道。又同夏，泉凡圣不测而机辩逸群，拊公背曰："汝脱类汾州，厚自爱。"明年游荆州，乃与悦会于金銮，相视一笑曰："我不得友兄及谷泉，安识慈明？"是秋北还，独入泐潭，澄公旧好尽矣。自云居，游同安，老宿号神立者，察公倦行役，谓曰："吾住山久，无补宗教，敢以院事累子。"而群将雅知公名，从立之请，不得已受之。泐潭遣僧来，审提唱之语，有曰："智海无性，因觉妄以成凡。觉妄元虚，即凡心而见佛。便尔休去谓同安无折合，随汝颠倒所欲，南斗七北斗八。"僧归举似澄，澄为不怿。俄闻嗣石霜，泐潭法侣多弃去。

住归宗，火一夕而烬，坐抵狱。为吏者百端求其隙，公怡然引咎，不以累人。唯不食而已。久而后释，吏之横逆，公没齿未尝言。

住黄檗，结庵于溪上，名曰积翠。既而退居曰："吾将老焉。"方是时，江湖闽粤之人，闻其风而有在于是者，相与交武，竭蹶于道，唯恐其后。虽优游厌饫固以为有余者，至则怃然自失，就弟子之列。南州高士潘兴嗣延之尝问其故，公曰："父严则子孝。今日之训，后日之范也。譬诸地尔，隆者下之，洼者平之。彼将登于千仞之上，吾亦与之俱。困而极于九渊之下，吾亦与之俱。伎之穷则妄尽而自释也。"又曰："煦之妪之，春夏之所以生育也。霜之雪之，秋冬之所以成熟也。吾欲无言，得乎！"以"佛手、驴脚、生缘"三语问学者，莫能契其旨，天下丛林目为三关。脱有酬者，公无可否，敛目危坐，人莫涯其意。延之又问其故，公曰："已过关者，掉臂径去，安知有关吏。从吏问可否，此未透关者也。"

住黄龙，法席之盛，追媲泐潭马祖、百丈大智。熙宁二年三月十七日，馈四祖、惠日两专使。会罢起，跏趺寝室前，大众环拥，良久而化。前一日说偈，又七日阇维得五色舍利，塔于山之前嶂，阅世六十有八，坐五十夏。大观四年春，敕谥普觉。

杨岐禅师　名方会，生冷氏，袁州宜春人也。少警敏滑稽，谈剧有味。及冠，不喜从事笔研，窜名商税，务掌课最，坐不职当罚。宵遁去，游筠州九峰，恍然如昔经行处，眷不忍去，遂落发为大僧。阅经闻法，心融神会。能痛自折节，依参老宿。慈明禅师住南原，会辅佐之，安乐勤苦。及慈明迁道吾石霜，会俱自请领监院事，非慈明之意，而众论杂然称善。挟楮①衾入典金谷，时时蠢语摩拂慈明，诸方传以为当。慈明饭罢必山行，禅者问道，多失所在。会阚②其出未远，即挝鼓集众。慈明遽还，怒数曰："少丛林暮而升座，何从得此规绳。"会徐对曰："汾州晚参也，何为非规绳乎！"慈明无如之何。今丛林三八念诵罢犹参者，此其原也。

慈明迁兴化，因辞之，还九峰。萍实道俗，诣山请住杨岐。时九峰长老勤公不知会，惊曰："会监寺亦能禅乎？"会受帖问答罢，乃曰："更有问话者么？试出相见。杨岐今日性命在汝诸人手里，一任横拖倒拽。为什么如此？大丈夫儿须是当众决择，莫背地里似水底按葫芦相似。当众勘验看！有么？若无，杨岐失利。"下座。勤把住曰："今日且喜得个同参。"曰："同参底事作么生？"勤曰："杨岐牵犁，九峰拽耙。"曰："正当与么时，杨岐

---

① 楮（chǔ）：落叶乔木，树皮是造纸原料。
② 阚（kàn）：望也。

在前？九峰在前？"勤无语。会拓开曰："将谓同参，元来不是。"自是名闻诸方。

会谓众曰："不见一法，是大过患。"拈拄杖云："穿过释迦老子鼻孔，作么生道得脱身一句？向水不洗水处，道将一句来。"良久曰："向道莫行山下路，果闻猿叫断肠声。"又曰："一切智通无障碍。"拈起拄杖云："拄杖子向汝诸人面前逞神通去也。"掷下云："直得乾坤震裂，山岳摇动，会么？不见道一切智智清净。"拍绳床曰："三十年后，莫道杨岐龙头蛇尾。"其提纲振领，大类云门。又问来僧曰："云深路僻，高驾何来？"对曰："天无四壁。"曰："踏破多少草鞋？"僧便喝。会曰："一喝两喝后作么生？"曰："看这老和尚着忙。"会曰："拄杖不在，且坐吃茶。"又问来僧曰："败叶堆云，朝离何处？"对曰："观音。"曰："观音脚跟下一句作么生道？"对曰："适来相见了也。"曰："相见底事作么生？"其僧无对。会曰："第二上座代参头道看！"亦无对。会曰："彼此相钝置。"其验勘锋机，又类南院。庆历六年，移住潭州云盖山，以临济正脉付守端。

洪州翠岩可真禅师 福州人也。尝参慈明，因之金銮，同善侍者坐夏，善乃慈明高第、道吾真、杨岐会皆推伏之。师自负亲见慈明，天下无可意者。善与语，知其未彻，笑之。一日山行，举论锋发，善拈一片瓦砾，置盘石上曰："若向这里下得一转语，许你亲见慈明。"师左右视，拟对之。善叱曰："伫思停机，情识未透，何曾梦见？"师自愧悚，即还石霜。慈明见来，叱曰："本色行脚人，必知时节。有甚急事，夏未了，早已至此？"师泣曰："被善兄毒心，终碍塞人，故来见和尚。"明遽问：

"如何是佛法大意？"师曰："无云生岭上，有月落波心。"明瞋目喝曰："头白齿豁，犹作这个见解，如何脱离生死。"师悚然，求指示。明曰："汝问我。"师理前语问之，明震声曰："无云生岭上，有月落波心。"师于言下大悟。

师爽气逸出，机辩迅捷，丛林惮之。住翠岩日，僧问："如何是佛？"师曰："同坑无异土。"问："如何是祖师西来意？"师曰："深耕浅种。"问："如何是学人转身处？"师曰："一堵墙，百堵调。"曰："如何是学人着力处？"师曰："千日斫柴一日烧。"曰："如何是学人亲切处？"师曰："浑家送上渡头船。"问："利人一句，请师垂示。"师曰："三脚虾蟆飞上天。"曰："前村深雪里，昨夜一枝开。"师曰："饥逢王膳不能餐。"问："如何是道？"师曰："出门便见。"曰："如何是道中人？"师曰："担枷过状。"

上堂，"先德道，此事如爆龟文，爆即成兆，不爆成钝。爆与不爆，直下便捏。上蓝即不然，无固无必，虚空走马，旱地行船。南山起云，北山下雨"。遂拈拄杖曰："拄杖子变作天大将军，巡历四天下，有守节不守节，有戒行无戒行，一时奏与天帝释。"乃喝一喝曰："丈夫自有冲天志，莫向如来行处行。"卓一下。

上堂，举龙牙颂曰："学道如钻火，逢烟未可休。直待金星现，归家始到头。"神鼎曰："学道如钻火，逢烟即便休。莫待金星现，烧脚又烧头。"师曰："若论顿也，龙牙正在半途。若论渐也，神鼎犹少悟在。于此复且如何？诸仁者今年多落叶？几处扫归家？"

上堂，"临阵抗敌，不惧生死者，将军之勇也。入山不惧虎兕者，猎人之勇也。入水不惧蛟龙者，渔人之勇也。作么生是衲僧之勇？"拈拄杖曰："这个是拄杖子，拈得把得动得，三千大千世界一时摇动。若拈不得把不得动不得，文殊自文殊，解脱自解脱。参！"

上堂，举僧问巴陵："如何是道？"陵曰："明眼人落井。"又问宝应："如何是道。"应曰："五凤楼前。"又问首山："如何是道？"山曰："脚下深三尺。""此三转语，一句壁立千仞，一句陆地行船，一句宾主交参。诸人莫有拣得者么？出来道看！如无，且行罗汉慈破结贼故，行菩萨慈安众生故，行如来慈得如相故"，问："如何是佛法大意？"师曰："五通贤圣。"曰："学人不会。"师曰："舌至梵天。"

师将入灭，示疾甚劳苦。席稿于地，转侧不少休。喆侍者垂泣曰："平生呵佛骂祖，今何为乃尔？"师熟视呵曰："汝亦作此见解邪？"即起趺坐，呼侍者烧香，烟起，遂示寂。

蒋山赞元觉海禅师　婺州义乌人，姓傅氏，乃大士之裔也。夙修种智，随愿示生。父母感祥，闾里称异。三岁出家，七岁为僧。十五游方，远造石霜，升于丈室。慈明一见曰："好好着槽厂。"师遂作驴鸣。明曰："真法器耳。"俾为侍者。二十年中，运水搬柴，不惮寒暑，悉已躬亲。求道①。后出世苏台、天峰、龙华、白云。府帅请居志公道场，提纲宗要，机锋迅敏，解行相应，诸方推服。丞相王公安石，重师德望，特奏章服师号。

---

① 求道：《建中靖国续灯录》作"求道事师，少有如此"。

公又坚辞鼎席，结庐定林山中，与师萧散林下，清谈终日。赠师颂曰："不与物违真道广，每随缘起自禅深。舌根已净谁能坏，足迹如空我得寻。"此亦明世稀有事也。

僧问："如何是和尚家风？"师曰："东壁打西壁。"曰："客来如何只待？"师曰："山上樵，井中水。"问："如何是诸佛出身处？"师曰："驴胎马腹。"问："鲁祖面壁，意旨如何？"师曰："住持事繁。"问："如何是大善知识？"师曰："屠牛剥羊。"曰："为甚么如此？"师曰："业在其中。"

上堂，"这个若是，如虎戴角。这个若不是，唤作甚么？"良久曰："喂驴喂马，珍重！"

元祐元年，师乃迁化。丞相王公恸哭于塔，赞师真曰："贤哉人也。行厉而容寂，知言而能默。誉荣弗喜，辱毁弗戚。弗矜弗克，人自称德。有缁有白，来自南北。弗顺弗逆，弗抗弗抑。弗观汝华，唯食已实。孰其嗣之，我有遗则。"

瑞州武泉山政禅师 僧问："如何是佛法大意？"师曰："衣成人，水成田。"上堂，"黄梅席上，海众千人。付法传衣，碓坊行者。是则红日西升，非则月轮东上。参！"

南岳双峰省回禅师 上堂，"南番人泛船，塞北人摇橹。波斯人大唐，须弥山作舞。是甚么说话？"师元丰六年九月十七日，净发沐浴辞众。偈曰："九十二光阴，分明对众说。远洞散寒云，幽西度残月。"言讫坐逝，茶毗齿顶不坏，上有五色异光。

洪州大宁道宽禅师 僧问："饮光正见，为甚么见拈花却微笑？"师曰："忍俊不禁。"问："丹霞烧木佛，院主为甚么眉须堕落？"师曰："贼不打贫儿家。"问："既是一真法界，为甚么却有千差别别？"师曰："根深叶茂。"僧打圆相曰："还出得这个也无？"师曰："弄巧成拙。"问："如何是前三三后三三？"师曰："数九不到九。"

问："如何是佛法大意？"师曰："点茶须是百沸汤。"曰："意旨如何？"师曰："吃尽莫留滓。"有僧造师之室，问："如何是露地白牛？"师以火箸插火炉中曰："会么？"曰："不会。"师曰："头不缺，尾不剩。"

师在同安日，时有僧问："既是同安，为甚么却有病僧化去？"师曰："布施不如还却债。"

上堂，"少林妙诀，古佛家风。应用随机，卷舒自在。如拳作掌，开合有时。似水成沤，起灭无定。动静俱显，语默全彰。万用自然，不劳心力。到这里，唤作顺水放船。且道逆风举棹，谁是好手？"良久曰："弄潮须是弄潮人。"喝一喝曰："珍重！"

上堂，"无念为宗，无住为本。真空为体，妙有为用。所以道，尽大地是真空，遍法界是妙有。且道是甚么人用得？四时运用，日月长明。法本不迁，道无方所。随缘自在，逐物升沉。此土他方，入凡入圣。虽然如是，且道入乡随俗一句作么生道？"良久曰："西天梵语，此土唐言。"

潭州道吾悟真禅师 上堂，"古今日月，依旧山河。若明得去，十方薄伽梵，一路涅槃门。若明不得，谤斯经故，获罪如是"。上堂，"师子儿哮吼，龙马驹蹦跳。古佛镜中明，三山孤月皎"。遂作舞，下座。

上堂，举洞山道："五台山上云蒸饭，佛殿阶前狗尿天。刹竿头上煎䭔子，三个猢狲夜簸钱。""老僧即不然，三面狸奴脚踏月,两头白牯手拏烟。戴冠碧兔立庭柏,脱壳乌龟飞上天。老僧葛藤,尽被汝诸人觑破了也。洞山老人甚是奇特,虽然如是,只行得三步四步,且不过七跳八跳。且道誵讹在甚么处?老僧今日不惜眉毛,一时布施。"良久曰:"丁宁损君德,无言真有功。任从沧海变,终不为君通。"

问:"凝然便会时如何?"师曰:"老鼠尾上带研槌。"问:"如何是真如体?"师曰:"夜叉屈膝眼睛黑。"曰:"如何是真如用?"师曰:"金刚杵打铁山摧。"问:"如何是常照?"师曰:"针锋上须弥。"曰:"如何是寂照?"师曰:"眉毛里海水。"曰:"如何是本来照?"师曰:"草鞋里蹦跳。"僧退。师曰:"寂照常照本来照,草鞋底下常蹦跳。更会针锋上须弥,眉毛水中常渺渺。"问:"如何是佛?"师曰:"洞庭无盖。"

上堂,"山前麦熟,庐陵米价。镇州萝菔,更有一般"。良久曰:"时挑野菜和根煮,旋斫生柴带叶烧。"

上堂,"古人道:认着依前还不是,实难会。土宿颔下髭须多,波斯眼深鼻孔大。甚奇怪,欻然透过新罗界"。问僧:"甚处来?"曰:"堂中来。"师曰:"圣僧道甚么?"僧近前不审。师曰:"东家作驴,西家作马。"曰:"过在甚么处?"师曰:"万里崖州。"

师不安,僧问:"和尚近日尊位如何?"师曰:"粥饭头不了事。"僧无语,师鸣指一下。

上堂,"普化明打暗打,布袋横撒竖撒。石室行者踏碓,因甚忘却下脚?"问:"如何是第一玄?"师曰:"释尊光射阿难肩。"曰:"如何是第二玄?"师曰:"孤轮众象攒。"曰:"如何是第三玄？"师曰："泣向枯桑泪涟涟。"曰："如何是第一要？"师曰："最好精粗照。"曰："如何是第二要？"师曰："闪电乾坤光晃耀。"曰："如何是第三要？"师曰："路夹青松老。"

上堂，举僧问首山："如何是佛？"山曰："新妇骑驴，阿家牵。"师曰："手提巴鼻脚踏尾，仰面看天听流水，天明送出路傍边，夜静还归茅屋里。"

蒋山保心禅师 僧问："月未圆时如何？"师曰："顺数将去。"曰："圆后如何？"师曰："倒数将来。"问："如何是吹毛剑？"师曰："黑漆露柱。"问："声色两字，如何透得？"师曰："一手吹，一手拍。"

洪州百丈惟政禅师 上堂，"岩头和尚用三文钱索得个妻，只解捞虾摝蚬，要且不解生男育女，直至如今，门风断绝。大众要识巖公妻么？百丈今日不惜唇吻，与你诸人注破。蓬鬓荆钗世所稀，布裙犹是嫁时衣"。僧问："牛头未见四祖时，为甚么百鸟衔花献？"师曰："有钱千里通。"曰："见后为甚么不衔花？"师曰："无钱隔壁聋。"

问："达磨未来时如何？"师曰："六六三十六。"曰："来后如何？"师曰："九九八十一。"问："如何是祖师西来意？"师曰："木耳树头生。"问："一切法是佛法，意旨如何？"师曰："一重山下一重人。"问："上行下学未是作家，背楚投吴方为达士。岂不是和尚语？"师曰："是。"曰："父财子用也。"师曰："汝试用看。"僧拟议，师便打。

上堂，"天台普请，人人知有。南岳游山，又作么生？会则灯笼笑你，不会有眼如盲"。

明州香山蕴良禅师 僧问:"如何是透法身句?"师曰:"刹竿头上舞三台。"曰:"如何是接初机句?"师曰:"上大人。"曰:"如何是末后句?"师曰:"双林树下。"问:"如何是学人转身处?"师曰:"磨坊里。"

上堂良久,呵呵大笑,曰:"笑个甚么?笑它鸿鹄冲天飞,乌龟水底逐鱼儿。三个老婆六只奶,金刚背上烂如泥。阿呵呵,知不知,东村陈大耆。参!"

苏州南峰惟广禅师 上堂,"一问一答,如钟含响,似谷应声。盖为事不获已,且于建化门中放一线道。若据衲僧门下,天地悬殊。且道衲僧有甚么长处?"良久曰:"尽日觅不得,有时还自来。咄!"

潭州大沩德乾禅师 僧问:"如何是祖师西来意?"师曰:"水从山上出。"曰:"意旨如何?"师曰:"溪涧岂能留。"乃曰:"山花似绵,文殊撞着眼睛。幽鸟绵蛮,观音塞却耳际。诸仁者,更思量个甚么?昨夜三更睡不着,翻身捉得普贤,贬向无生国里。一觉直至天明。今朝又得与诸人相见说梦。噫!是甚么说话?"卓拄杖,下座。

全州灵山本言禅师 僧问:"如何是佛?"师曰:"谁教汝恁么问?"曰:"今日起动和尚也。"师曰:"谢访及。"

安吉州广法院源禅师 僧问:"如何是祖师西来意?"师曰:"砖头瓦片。"问:"闹中取静时如何?"师曰:"冤不可结。"问:"如何是正法眼?"师曰:"眉毛下。"曰:"便与么会时如何?"师曰:"瞳儿笑点头。"问:"如何是向上事?"师曰:"日月星辰。"曰:"如何是向下事?"师曰:"地狱镬汤。"问:"万里无云时如何？"师曰："猢狲忍饿。"曰："乞师拯济。"师曰："甚么火色？"问："古人拈槌举拂，意旨如何？"师曰："白日无闲人。"曰："如何承当？"师曰："如风过耳。"问："握剑当胸时如何？"师曰："老鸦成队。"曰："正是和尚见处。"师曰："蛇穿鼻孔。"僧拂袖便出，师曰："大众相逢。"

问："从上诸圣，向甚么处行履？"师曰："十字街头。"曰："与么则败缺也。"师曰："知你不到这田地。"曰："到后如何？"师曰："家常茶饭。"问："祖意教意是同是别？"师曰："乾姜附子。"曰："与么则不同也。"师曰："冰片雪团。"

上堂，"春雨微微，檐头水滴。闻声不悟，归堂面壁"。

上堂，"若论大道，直教杍山无开口处。你诸人试开口看！"僧便问："如何是大道？"师曰："担不起。"曰："为甚么担不起？"师曰："大道。"

上堂，"若论此事，切莫道着，道着即头角生"。有僧出曰："头角生也。"师曰："祸事。"曰："某甲罪过。"师曰："龙头蛇尾，伏惟珍重。"

师元丰八年十月十二晚，忽书偈曰："雪鬓霜髭九九年，半肩毳衲尽诸缘。廓然笑指浮云散，玉兔流光照大千。"掷笔而寂。

灵隐德章禅师 初住大相国寺西经藏院，庆历八年九月一日，仁宗皇帝诏师于延春阁下斋，宣普照大师问："如何是当机一句？"师曰："一言迥出青霄外，万仞峰前崄处行。"曰："作么生是崄处行？"师便喝。曰："皇帝面前何得如此？"师曰："也不得放过。"

明年又宣入内斋，复宣普照问："如何是夺人不夺境？"师曰："雷惊细草萌芽发，高山进步莫迟迟。"曰："如何是夺境不夺人？"师曰："戴角披毛异，来往任纵横。"曰："如何是人境两俱夺？"师曰："出门天外回，流光影不真。"曰："如何是人境俱不夺？"师曰："寒林无宿客，大海听龙吟。"

后再宣入化城殿斋，宣守贤问："斋筵大启，如何报答圣君？"师曰："空中求鸟迹。"曰："意旨如何？"师曰："水内觅鱼踪。"师进《心珠歌》曰："心如意，心如意，任运随缘不相离。但知莫向外边求，外边求，终不是，枉用工夫隐真理。识心珠，光耀日，秘藏深密无形质。拈来掌内众人惊，二乘精进争能测。碧眼胡须指出，临机妙用何曾失。寻常切忌与人，看大地山河动岌岌。"

师皇祐二年乞归山林养老，御批杭州灵隐寺住持，赐号明觉。

琅邪觉禅师法嗣

苏州定慧超信海印禅师 桂州人。僧问："如何是佛法的的大意？"师曰："湘源斑竹杖。"曰："意旨如何？"师曰："枝枝带泪痕。"问："如何是第一句？"师曰："那吒忿怒。"曰："如何是第二句？"师曰："衲僧罔措。"曰："如何是第三句？"师曰："西天此土。"

上堂，"泥蛇咬石鳖，露柱啾啾叫。须弥打一棒，阎老呵呵笑。参！"

上堂，"若识般若，即被般若缚。若不识般若，亦被般若缚。

识与不识，拈放一边。却问诸人，如何是般若体？参堂去"。

上堂，"莺声阑，蝉声急，入水乌龟头不湿。鹭鸶飞入芦花丛，雪月交辉俱不及。吽！"

洪州泐潭晓月禅师 本州章氏子。僧问："修多罗教如标月指，未审指个甚么？"师曰："请高着眼。"曰："曙色未分人尽望，及乎天晓也寻常。"师曰："年衰鬼弄人。"

越州姜山方禅师 僧问："如何是不动尊？"师曰："单着布衫穿市过。"曰："学人未晓。"师曰："骑驴踏破洞庭波。"曰："透过三级浪，专听一声雷。"师曰："伸手不见掌。"曰："还许学人进向也无？"师曰："踏地告虚空。"曰："雷门之下布鼓难鸣。"师曰："八花球子上，不用绣红旗。"曰："三十年后，此话大行。"师便打。

问："莲花未出水时如何？"师曰："穿针嫌眼小。"曰："出水后如何？"师曰："尽日展愁眉。"问："如何是一尘入正受？"师曰："蛇衔老鼠尾。"曰："如何是诸尘三昧起？"师曰："鳖咬钓鱼竿。"曰："恁么则东西不辨，南北不分去也。"师曰："堂前一碗夜明灯，帘外数茎青瘦竹。"

问："诸佛未出世时如何？"师曰："不识酒望子。"曰："出世后如何？"师曰："钓鱼船上赠三椎。"问："如何是佛？"师曰："留髭表丈夫。"问："奔流度刃，疾焰过风。未审姜山门下，还许借借也无？"师曰："天寒日短夜更长。"曰："锦帐绣鸳鸯，行人难得见。"师曰："髑髅里面气冲天。"僧召和尚，师曰："鸡头凤尾。"曰："诸方泥里洗，姜山画将来。"师曰："姜山今日为客，且望阇黎善传。虽然如是，不得放过。"便打。

上堂，"穿云不渡水，渡水不穿云。乾坤把定不把定，虚空放行不放行。横三竖四，乍离乍合，将长补短即不问，汝诸人饭是米做一句要且难道？"良久曰："私事不得官酬。"

上堂，"不是道得道不得，诸方尽把为奇特。寒山烧火满头灰，笑骂丰干这老贼"。

福州白鹿山显端禅师 本州周氏子。僧问："如何是道？"师曰："九州百粤。"曰："如何是道中人？"师曰："乘肥衣锦。"问："如何是大善知识？"师曰："持刀按剑。"曰："为甚么如此？"师曰："礼防君子。"问："如何是异类？"师曰："鸦巢生凤。"

上堂，"摩腾入汉，肉上剜疮。僧会来吴，眼中添屑。达磨九年面壁，鬼魅之由。二祖立雪求心，翻成不肖。汝等诸人到这里，如何吐露？若也道得，海上横行。若道不得，林间独卧"。以拄杖击禅床一下。

问："如何是无相佛？"师曰："滩头石师子。"曰："意旨如何？"师曰："有心江上住，不怕浪淘沙。"问："凝然湛寂时如何？"师曰："不是阇黎安身立命处。"曰："如何是学人安身立命处？"师曰："云有出山势，水无投涧声。"问："如何是教意？"师曰："楞伽会上。"曰："如何是祖意？"师曰："熊耳山前。"曰："教意祖意，相去几何？"师曰："寒松连翠，竹秋水对红莲。"

滁州琅邪山智迁禅师 僧问："如何是琅邪境？"师曰："松因有限萧疏老，花为无情取次开。"曰："如何是境中人？"师曰："发长僧貌丑。"问："如何是和尚为人句？"师曰："眼前三尺雪。"曰："莫便是也无？"师曰："脑后一枝花。"

泉州凉峰洞渊禅师 僧问："如何是涅槃？"师曰："刀斫斧劈。"曰："如何是解脱？"师曰："衫长裤短。"问："诸圣不到处，师还知也无？"师曰："老来无力下禅床。"问："离四句绝百非时如何？"师曰："柴门草自深。"问："狗子还有佛性也无？"师曰："松直棘曲。"问："如何是佛？"师曰："金沙照影。"曰："如何是道？"师曰："玉女抛梭。"曰："佛与道相去几何？"师曰："龟毛长一丈，兔角长八尺。"

真州真如院方禅师 参琅邪，唯看柏树子话，每入室陈其所见，不容措词，常被喝出。忽一日，大悟直入方丈："我会也。"琅邪曰："汝作么生会？"师曰："夜来床荐暖，一觉到天明。"琅邪可之。

宣州兴教院坦禅师 永嘉牛氏子，业打银，因淬砺瓶器有省。即出家，参琅邪机语，顿契。后依天衣怀禅师，时住兴教，擢为第一座。衣受他请，欲闻州乞师继之。时刁景纯学士守宛陵，衣恐刁涉外议，乃于观音前祝曰："若坦首座道眼明白，堪任住持，愿示梦于刁学士。"刁夜梦牛在兴教法座上。衣凌晨辞州，刁举所梦，衣大笑。刁问其故，衣曰："坦首座姓牛又属牛。"刁就座出帖请之，师受请升座。

有雪窦化主省宗出问："诸佛未出世，人人鼻孔辽天。出世后，为甚么杳无消息？"师曰："鸡足峰前风悄然。"宗曰："未在，更道。"师曰："大雪满长安。"宗曰："谁人知此意，令我忆南泉。"拂袖归众，更不礼拜。师曰："新兴教今日失利。"便归方丈，令人请宗至，师曰："适来错只对一转语，人天众前何不礼拜盖覆却？"宗曰："大丈夫膝下有黄金，争肯礼拜无眼长老。"师曰："我别有语在。"宗乃理前语，至未在更道处，师曰："我有三十棒，寄你打雪窦。"宗乃礼拜。

江州归宗可宣禅师 汉州人也。壮为僧，即出峡依琅邪。一语忽投，群疑顿息，琅邪可之。未几，令分座。净空居士郭功甫过门问道与厚。及师领归宗，时功甫任南昌尉。俄郡守恚师不为礼，捃①甚，遂作书寄功甫曰："某世缘尚有六年，奈州主抑逼，当弃余喘，托生公家，愿无见阻。"功甫阅书，惊喜且领之。中夜，其妻梦间见师入其寝，失声曰："此不是和尚来处。"功甫撼而问之，妻详以告，呼灯取书示之，相笑不已，遂孕。及生乃名宣老，期年记问如昔。至三岁，白云端禅师抵其家，始见之曰："吾侄来也。"云曰："与和尚相别几年？"宣倒指曰："四年矣。"盖与相别一年方死。云曰："甚处相别？"曰："白莲庄上。"云曰："以何为验？"曰："爹爹妈妈明日请和尚斋。"忽闻推车声，云问："门外是甚么声？"宣以手作推车势。云曰："过后如何？"曰："平地两条沟。"果六周无疾而逝。

秀州长水子璇讲师 郡之嘉兴人也。自落发诵《楞严》不辍。从洪敏法师，讲至"动静二相，了然不生"，有省，谓敏曰："敲空击木木，一作竹。尚落筌蹄。举目扬眉，已成拟议。去此二途，方契斯旨。"敏拊而证之，然欲探禅源，罔知攸往。闻琅邪道重当世，即趋其席。值上堂次，出问："清净本然，云何忽生山河大地？"琅邪凭陵答曰："清净本然，云何忽生山河大地。"

---

① 捃（jùn）：拾取，摘取，指收集材料以打击别人，引申指弹劾。

师领悟，礼谢曰："愿侍巾瓶。"琅邪谓曰："汝宗不振久矣。宜励志扶持，报佛恩德，勿以殊宗为介也。"乃如教再拜以辞。后住长水，承禀日顾众曰："道非言象得，禅非拟议知。会意通宗，曾无别致。"由是二宗仰之。尝疏《楞严》等经，盛行于世。

续传灯录卷第八

大鉴下第十二世

天衣怀禅师法嗣

东京慧林宗本圆照禅师 常州无锡管氏子，体貌庞硕，所事淳厚。年十九，依姑苏承天永安道升禅师出家。巾侍十载，剃发受具。又三年，礼辞游方。至池阳，谒振宗。宗举天亲从弥勒内宫而下，无着问云："人间四百年，彼天为一昼夜，弥勒于一时中，成就五百亿天子，证无生法忍。未审说甚么法？"天亲曰："只说这个法。"如何是这个法，师久而开悟。

一日室中问师："即心即佛时如何？"曰："杀人放火有甚么难？"于是名播寰宇。漕使李公复圭，命师开法瑞光，法席日盛。武林守陈公襄，以承天兴教二刹，命师择居。苏人拥道遮留，又以净慈坚请。移文谕道俗曰："借师三年为此邦植福，不敢久占。"道俗始从。

元丰五年，神宗皇帝下诏，辟相国寺六十四院为八禅二律，召师为慧林第一祖。既至，上遣使问劳，阅三日传旨，就寺之三门为士民演法。翌日，召对延和殿，问道赐坐，师即跏趺。帝问:"卿受业何寺?"奏曰:"苏州承天永安。"帝大悦,赐茶。师即举盏长吸,又荡而撼之。帝曰:"禅宗方兴,宜善开导。"师奏曰:"陛下知有此道,如日照临,臣岂敢自息。"即辞退。帝目送之,谓左右曰:"真福慧僧也。"后帝登遐,命入福宁殿说法。以老乞归林下,得旨:"任便云游州郡,不得抑令住持。"击鼓辞众,说偈曰:"本是无家客,那堪任意游。顺风加橹棹,船子下杨州。"既出,都城王公贵人送者,车骑相属。师临别诲之曰:"岁月不可把玩,老病不与人期。唯勤修勿怠,是真相为。"闻者莫不感涕。

晚居灵岩,其嗣法传道者不可胜纪。僧问:"如何是祖师西来意?"师曰:"韩信临朝。"曰:"中下之流,如何领会?"师曰:"伏尸万里。"曰:"早知今日事,悔不慎当初。"师曰:"三皇冢上草离离。"

问:"上是天,下是地,未审中间是甚么物?"师曰:"山河大地。"曰:"恁么则谢师答话。"师曰:"大地山河。"曰:"和尚何得瞒人。"师曰:"却是老僧罪过。"

上元日,僧问:"千灯互照,丝竹交音。正恁么时,佛法在甚么处?"师曰:"谢布施。"曰:"莫便是和尚为人处也无?"师曰:"大似不斋来。"

上堂,"于一毫端现宝王刹,坐微尘里转大法轮"。拈起拄杖曰:"这个是尘,作么生说个转法轮底道理?山僧今日不惜眉毛,与汝诸人说破。拈起也,海水腾波,须弥岌峇。放下也,四海晏清,乾坤肃静。敢问诸人,且道拈起即是,放下即是?当断不断,两重公案。"击禅床,下座。

上堂,"看看!烁烁瑞光照大千界,百亿微尘国土,百亿大海水,百亿须弥山,百亿日月,百亿四天下,乃至微尘刹土,皆于光中一时发现。诸仁者,还见么?若也见得,许汝亲在瑞光。若也不见,莫道瑞光不照。好参!"

上堂,"头圆像天,足方似地。古貌棱层,丈夫意气。趯倒须弥,踏翻海水。帝释与龙王,无着身处"。乃拈拄杖曰:"却来拄杖上回避。咄!任汝神通变化,究竟须归这里。"以拄杖卓一下。师全身塔于苏之灵岩。

东京法云寺法秀圆通禅师 秦州陇城辛氏子。母梦老僧托宿,觉而有娠。先是麦积山老僧,与应乾寺鲁和尚者善,尝欲从鲁游方。鲁老之,既去,绪语曰:"他日当寻我竹铺坡前铁场岭下。"鲁后闻其所,俄有儿生,即往观焉,儿为一笑。三岁愿随鲁归,遂从鲁姓。十九试经圆具,励志讲肆,习《圆觉》《华严》,妙入精义。因闻无为军铁佛寺怀禅师法席之盛,径往参谒。怀问曰:"座主讲甚么经?"师曰:"《华严》。"曰:"《华严》以何为宗?"师曰:"法界为宗。"曰:"法界以何为宗?"师曰:"以心为宗。"曰:"心以何为宗?"师无对。怀曰:"毫厘有差,天地悬隔。汝当自看,必有发明。"后闻僧举白兆参报慈,"情未生时如何?"慈曰:"隔。"师忽大悟,直诣方丈,陈其所证。怀曰:"汝真法器,吾宗异日在汝行矣。"

初住龙舒四面,后诏居长芦法云,为鼻祖。神宗皇帝上仙宣就神御前说法,赐圆通号。僧问:"不离生死而得涅槃,不出魔界而入佛界。此理如何?"师曰:"赤土搽牛奶。"曰:"谢师答话。"师曰:"你话头道甚么?"僧拟议,师便喝。问:"阳春二三月,万物尽生芽,未审道芽还增长也无?"师曰:"自家看取。"曰:"莫便是指示处么?"师曰:"芭蕉高多少?"曰:"野火烧不尽,春风吹又生。"师曰:"这个是白公底,你底作么生?"曰:"且待别时。"师曰:"看你道不出。"

上堂,"看风使帆,正是随波逐浪。载断众流,未免依前渗漏。量才补职,宁越短长。买帽相头,难得恰好。直饶上不见天,下不见地,东西不辩,南北不分,有甚么用处?任是纯钢打就、生铁铸成,也须额头汗出。总不恁么,如何商量?"良久曰:"赤心片片谁知得,笑杀黄梅石女儿。"

上堂,"山僧不会巧说,大都应个时节。相唤吃碗茶汤,亦无祖师妙诀。禅人若也未相谙,踏着秤锤硬似铁"。

上堂,"秋云秋水,青山满目。这里明得,千足万足。其或未然,道士倒骑牛。参!"

上堂,"寒雨细朔风,高吹沙走。石拔木鸣条,诸人尽知有。且道风作何色?若识得去,许你具眼。若也不识,莫怪相瞒。参!"

上堂,"少林九年冷坐,却被神光觑破。如今玉石难分,只得麻缠纸里。还会么?笑我者多,晒我者少"。

上堂,"衲僧家高揖释迦,不拜弥勒,未为分外。只如半偈亡躯,一句投火,又图个甚?"良久曰:"彼彼住山人,何须更说破。"

师示疾,谓众曰:"老僧六处住持,有烦知事首座。大众,今来四大不坚。火风将散,各宜以道自安,无违吾嘱。"遂曰:"来时无物去时空,南北东西事一同,六处住持无所补。"师良久，监寺惠当进曰："和尚何不道末后句？"师曰："珍重，珍重！"言讫而逝。

东京相国慧林院若冲觉海禅师 江宁府锺氏子。上堂，"碧落静无云，秋空明有月。长江莹如练，清风来不歇。林下道人幽，相看情共悦。诸仁者，适来道个清风明月，犹是建化门中事。作么生是道人分上事？"良久曰："间来石上观流水，欲洗禅衣未有尘。"上堂，"无边义海，咸归顾盼之中。万象形容，尽入照临之内。你诸人筑着磕着，因甚么却不知？"良久曰："莫怪山僧太多事，光阴如箭急相催。珍重！"

真州长芦应夫广照禅师 滁州蒋氏子。僧问："古者道，如来禅即许老兄会，祖师禅未梦见在。未审如来禅与祖师禅是同是别？"师曰："一箭过新罗。"僧拟议，师便喝。问："识得衣中宝时如何？"师曰："你试拈出看！"僧展一手，师曰："不用指东画西，宝在甚么处？"曰："争奈学人用得。"师曰："你试用看。"僧拂坐具一下，师曰："众人笑你。"

上堂，召众曰："江山绕槛，宛如水墨屏风。殿阁凌空，丽若神仙洞府。森罗万象，海印交参。一道神光，更无遮障。诸人还会么？"良久曰："寥寥天地间，独立望何极。参！"

上堂，顾大众曰："这个为甚么拥不聚，拨不散，风吹不入，水洒不着，火烧不得，刀斫不断。是个甚么？众中莫有钉嘴铁舌底衲僧，试为山僧定当看。还有么？"良久曰："若无，山僧今日失利。久立！"

临安府佛日智才禅师 台州金氏子。僧问："如何是道？"师曰："水冷生冰。"曰："如何是道中人？"师曰："春雪易消。"

曰："如何谈论？"师鸣指一下。问："东西密相付，为甚么众人皆知？"师曰："春无三日晴。"曰："特伸请益。"师曰："拖泥带水。"曰："学人到这里却不会。"师曰："贼身已露。"

上堂，"城里喧繁，空山寂静。然虽如此，动静一如，死生不二。四时轮转，物理湛然。夏不去而秋自来，风不凉而人自爽。今也古也，不改丝毫。谁少谁多，身无二用。诸禅德，既身无二用，为甚么龙女现十八变？君不见，弄潮须是弄潮人。珍重！"

上堂，"风雨萧骚，塞汝耳根。落叶交加，塞汝眼根。香臭丛杂，塞汝鼻根。冷热甘甜，塞汝舌根。衣绵温冷，塞汝身根。颠倒妄想，塞汝意根。诸禅德，直饶汝翻得转，也是平地骨堆。参！"

上堂，"严风刮地，大野清寒。万里草离衰，千山树黯黮。苍鹰得势，俊鹘横飞。颇称衲僧，钵囊高挂，独步遐方。似猛将出荒郊，临机须扣敌。今日还有么？"良久曰："匣中宝剑，袖里金锤。幸遇太平，挂向壁上。参！"

上堂，"诸禅德还知么？山僧生身父母一时丧了，直是无依倚处"。以手槌胸曰："苍天苍天！"复顾大众，良久曰："你等诸人也，是铁打心肝。"便下座。

上堂，举柏树子话。师曰："赵州庭柏说与禅客，黑漆屏风松椤①亮隔。"僧问："如何是无为？"师曰："山前雪半消。"曰："请师方便。"师曰："水声转呜咽。"

---

① 椤：径山本作"罗"。

北京天钵寺重元文慧禅师 青州千乘孙氏子。母梦于佛前吞一金果后乃诞。师相仪殊特，迥异群童。十七出家，冠岁圆具。初游讲肆，颇达宗教。尝宴坐古室，忽闻空中有告师："学上乘者，无滞于此，惊骇出视，杳无人迹。"翌日客至，出《寒山集》，师一览之，即慕参玄。至天衣法席，遇众请益，豁然大悟。衣印可曰："此吾家千里驹也。"

出世后，僧问："如何是禅？"师曰："入笼入槛。"僧抚掌，师曰："跳得出是好手。"僧拟议，师曰："了。"问："如何是透法身句？"师曰："上是天，下是地。"

上堂，"冬不受寒，夏不受热。身上衣，口中食，应时应节，即非天然自然，尽是人人膏血。诸禅德，山僧恁么说话，为是世法，为是佛法？若也择得分明，万两黄金亦消得"。喝一喝。

上堂，"福胜一片地，行也任你行，住也任你住，步步踏着，始知落处。若未然者，直须退步脚下看取。咄！"

上堂，"古今天地，万象森然。岁岁秋收冬藏，人人道我总会。还端的也无？直饶端的，比他鸡足峰前，是甚么闲事？"良久曰："今朝十月初旬，天寒不得普请。参！"

师四易名蓝，缁白仰童。示寂正盛暑中，清风透室，异香馥郁。茶毗，烟焰到处，获舍利五色。大师文公彦博以上，赐白琉璃瓶贮之。籍以锦褥，躬葬于塔。居士何震所获额骨齿牙舍利，别创浮图。

台州瑞岩子鸿禅师 本郡吴氏子。僧问："如何是道？"师曰："开眼觑不见。"问："法尔不尔，如何指南？"师曰："话堕也。"曰："乞师指示。"师呵呵大笑。

上堂,"一不守,二不向,上下四维无等量。大洋海里泛铁船,须弥顶上翻鲸浪。临济缩却舌头,德山阁却拄杖。千古万古独巍巍,留与人间作榜样"。

庐山栖贤智迁禅师 杭州高氏子。僧问:"一问一答,尽是建化门庭。未审向上更有事也无?"师曰:"有。"曰:"如何是向上事?"师曰:"云从龙,风从虎。"曰:"恁么则龙得水时添意气,虎逢山则长威狞。"师曰:"兴云致雨,又怎么生?"僧便喝,师曰:"莫更有在。"僧拟议,师咄曰:"念话杜家。"问:"如何是本来心?"师曰:"折东篱,补西壁。"曰:"恁么则今日斋晏。"师曰:"退后着。"

上堂,"闻佛法二字,早是污我耳目。诸人未跨法堂门,脚跟下好与三十棒。虽然如是,山僧今日也是为众竭力。珍重!"

上堂,"是甚么物,得恁顽顽嚚嚚、腼腼觍觍①?"拊掌呵呵大笑曰:"今朝巴鼻直是黄面瞿昙。通身是口,也分疏不下。久立。"

越州净众梵言首座 示众:"南阳国师道:说法有所得,斯则野干②鸣;说法无所得,是名师子吼。"师曰:"国师怎么道,大似掩耳偷铃。何故?说有说无尽是野干鸣。诸人要识师子吼么?咄!"

舒州山谷三祖冲会圆智禅师 临安府人也。初开堂日,僧问:"如何是第一义谛?"师曰:"百杂碎。"曰:"恁么则褒禅一会,不异灵山。"师曰:"将粪箕扫帚来。"问:"师登宝座,壁立

---
① 腼腼觍觍(miǎn miǎn xiàn xiàn):即腼腼腆腆,羞愧不自然的样子。
② 野干:形状似狐,比狐小,喜群居,其夜间叫声如狼。

千仞，正令当行，十方坐断。未审将何为人？"师曰："千钧之弩。"曰："大众承恩。"师曰："量才补职。"问："理虽顿悟，事假渐除。除即不问，如何是顿悟底道理？"师曰："言中有响。"曰："便恁么又且如何？"师曰："金毛师子。"问："生也犹如着衫，死也还同脱裤。未审意旨如何？"师曰："譬如闲。"曰："为甚么如此？"师曰："因行不妨掉臂。"问："如何是天堂？"师曰："太远在。"曰："如何是地狱？"师曰："放你不得。"曰："天堂地狱相去多少？"师曰："七零八落。"问："白云绽处，楼阁门开。善财为甚么从外而入？"师曰："开眼即瞎。"曰："未审落在甚么处？"师曰："填沟塞壑。"问："如何是不动尊？"师曰："寸步千里。"

泉州资寿院捷禅师 僧问："如何是佛法大意？"师曰："铁牛生石卵。"曰："如何是接人句？"师曰："三门前合掌。"曰："如何是大用句？"师曰："脑门着地。"曰："如何是无事句？"师曰："横眠大道。"曰："如何是奇特句？"师曰："的。"

洪州观音启禅师 僧问："如何是祖师西来意？"师曰："松长柏短。"曰："意旨如何？"师曰："叶落归根。"

越州天章元善禅师 僧问："大无外，小无内。既无内外，毕竟是甚么物？"师曰："开口见胆。"曰："学人未晓。"师曰："苦中苦。"曰："为众竭力，祸出私门。"师打，曰："教休不肯休，须待雨淋头。"问："如何是最初句？"师曰："末后问将来。"曰："为甚如此？"师曰："先行不到。"曰："入水见长人也。"师曰："秦皇击缶。"

上堂，"君问西来意，马师踏水潦。若认一毫头，何曾知起倒。劫火才洞然，愚夫觅干草。宁知明眼人，为君长懊恼"。嚬呻。

真州长芦体明圆鉴禅师 上堂，顾视左边曰："师子之状，岂免频申。"顾右边曰："象王之仪，宁忘回顾。取此逃彼，上士奚堪。识变知几，野狐窠窟。到这里，须知有凡圣不历处、古今不到处。且道是甚么人行履？"良久曰："丈夫自有冲天志，莫向如来行处来。"

汀州开元智孜禅师 上堂，"衲僧家向针眼里藏身稍宽，大海中走马甚窄。将军不上便桥，勇士徒劳挂甲。昼行三千，夜行八百，即不问。不动步一句作么生道？若也道得，观音、势至、文殊、普贤只在目前。若道不得，直须撩起布裙，紧峭草鞋。参！"

上堂，"寒空落落，大地漫漫。云生洞口，水出高原。若也把定，则十方世界恍然。若也放行，则东西南北坦然。茫茫宇宙人无数，一个个鼻孔辽天。且问诸人，把定即是，放行即是？还有人断得么？若无人断得，三门外有两个大汉，一个张眉握剑，一个努目挥拳。参！"

平江府澄照慧慈禅师 僧问："了然无所得，为甚么天高地阔？"师曰："窄。"上堂，"若论此事，眨上眉毛，早是蹉过，那堪进步向前。更要山僧说破，而今说破了也。还会么？昨日雨，今日晴"。

临安府法雨慧源禅师 僧问："如何是最初一句？"师曰："梁王不识。"曰："如何是末后一句？"师曰："达磨渡江。"

秀州崇德智澄禅师 上堂，"觌面相呈，更无余事。若也如此，岂不俊哉。山僧盖不得已，曲为诸人，若向衲僧面前，一点也着不得。诸禅德，且道衲僧面前说个甚么即得？"良久曰："深秋帘幕千家雨，落日楼台一笛风。"

泉州栖隐有评禅师　僧问："如何是平常道？"师曰："和尚合掌，道士擎拳。"问："十二时中，如何趣向？"师曰："着衣吃饭。"曰："别有事也无。"师曰："有。"曰："如何即是？"师曰："斋余更请一瓯茶。"

平江府定慧云禅师　僧问："如何是为人一句？"师曰："见之不取。"曰："学人未晓。"师曰："思之千里。"

建宁府乾符大同院旺禅师　僧问："如何是祖师西来意？"师曰："入市乌龟。"曰："意旨如何。"师曰："得缩头时且缩头。"

无为军铁佛因禅师　僧问："如何是和尚家风？"师曰："一寻寒木自为邻，三事秋云更谁识。"曰："和尚家风蒙指示，为人消息又如何？"师曰："新月有圆夜，人心无满时。"

安吉州报本法存禅师　钱塘陆氏子。僧问："无味之谈，塞断人口。作么生是塞断人口底句？"师便打。僧曰："恁么则一句流通，天人耸耳。"师曰："只恐不是玉，是玉也大奇。"曰："专为流通。"师曰："一任乱道。"

在天衣受请，上堂曰："吴江圣寿见召住持，进退不遑，且随缘分。此皆堂头和尚提耳训育，终始奖谕。若据今日，正令当行，便好一棒打杀，那堪更容立在座前。虽然如是，养子方见父慈。"

和州开圣院栖禅师　开堂，垂语曰："选佛场开，人天普会。莫有久历觉场罢参禅客,出来相见!"时有僧出,师曰:"作家作家!"僧曰:"莫着忙。"师曰:"元来不是作家。"僧提起坐具曰:"看看!摩竭陀国亲行此令。"师曰:"只今作么生?"僧礼拜,师曰:"龙头蛇尾。"问:"东西不辨,南北不分。学人上来,乞师一接。"师曰:"不接。"曰:"为甚么不接?"师曰:"为你东西不辨,南北不分。"曰:"将谓胡须赤,更有赤须胡。"师曰:"苏嚧苏嚧。"问:"如何是道?"师曰:"放汝三十棒。"曰:"为甚么如此?"师曰:"杀人可恕,无礼难容。"

上堂,拈拄杖曰:"大众,急着眼看须弥山。"画一画。"百杂碎,南赡部洲打一棒,东倾西侧,不免且收在开圣手中,教伊出气不得。"卓一下。

福州衡山惟礼禅师 上堂,"若论此事,直下难明。三贤罔测,十圣不知。到这里,须高提祖令,横按镆铘。佛尚不存,纤尘何立。直教须弥粉碎,大海焦枯,放一线道,与诸人商量。且道商量个甚么?"良久曰:"盐贵米贱。"

临安府北山显明善孜禅师 僧问:"如何是祖师西来意?"师曰:"九年空面壁,憺懹又西归。"曰:"为甚么如此?"师曰:"美食不中饱人餐。"问:"如何是无情说法?"师曰:"灯笼挂露柱。"曰:"甚么人得闻?"师曰:"墙壁有耳。"

明州启霞惠安禅师 僧问:"诸佛出世,盖为群生。和尚出世,当为何人?"师曰:"不为阇梨。"曰:"恁么则潭深波浪静,学广语声低。"师曰:"棒上不成龙。"

越州云门灵侃禅师 僧问:"十二时中如何用心?"师曰:"佛殿里烧香。"曰:"学人不会。"师曰:"三门头合掌。"

上堂,"尘劳未破,触境千差。心鉴圆明,丝毫不立。灵光皎皎,独露现前。今古两忘,圣凡路绝。到这里始能卷舒自在,应用无亏,出没往还,人间天上。大众,虽然如是,忽被人把住问:'你道拄杖子,向甚么处着?'又如何只对?还有人道得么?出来道看"。众无对,乃拍禅床,下座。

天台太平元坦禅师 上堂,"是法无宗,随缘建立。声色动静,不昧见闻。举用千差,如钟待扣。于此荐得,且随时着衣吃饭。若是德山临济,更须打草鞋行脚。参!"

临安府佛日文祖禅师 僧问:"峭峻之机,请师垂示。"师曰:"十字街头八字立。"曰:"只如大洋海底行船,须弥山上走马,又作么生?"师曰:"乌龟向火。"曰:"恁么则能骑虎头,善把虎尾。"师以拄杖点一下,曰:"礼拜着。"

沂州望仙山宗禅师 僧问:"四时八节即不问:平常一句事如何?"师曰:"禾山打鼓。"曰:"莫是学人着力处也无?"师曰:"归宗拽石。"僧无语。师曰:"真个衲僧。"

上堂,"南台乌药,北海天麻。新罗附子,辰锦朱砂"。良久曰:"大众会么?久立!"

上堂,"你等诸人还肯放下么?若不放下,且担取去"。便下座。

瑞州五峰净觉院用机禅师 僧问:"如何是道?"师曰:"十字街头踏不着。"曰:"便怎么去时如何?"师曰:"且缓缓。"

上堂,"清平过水,投子卖油。一年三百六十日,不须频向数中求"。以拂击禅床,下座。

无为军佛足处祥禅师 僧问:"如何是般若体?"师曰:

"琉璃殿里隐寒灯。"曰："如何是般若用？"师曰："活卓卓地。"问："一色无变异，唤作露地白牛，还端的也无？"师曰："头角生也。"曰："头角未生时如何？"师曰："不要犯人苗稼。"

平江府明因慧赟禅师 上堂，横按拄杖曰："若恁么去，直得天无二日，国无二王，释迦老子饮气吞声，一大藏教如虫蚀木。设使钻仰不及，正是无孔铁锤。假饶信手拈来，也是残羹馊饭，一时吐却，方有少分相应。更乃堕在空亡，依旧是鬼家活计。要会么？雨后始知山色翠，事难方见丈夫心。"卓拄杖，下座。

兴化军西台其辩禅师 上堂，举临济无位真人语，乃召大众曰："临济老汉寻常一条脊梁硬似铁，及乎到这里，大似日中迷路，眼见空花。直饶道无位真人是干屎橛，正是泥龟曳尾。其僧只知季夏极热，不知仲冬严寒。若据当时，合着得甚么语，塞断天下人舌头？西台只恁么休去。又乃眼不见为净，不免出一只手狼籍去也。临济一担，西台一堆，一担一堆，分付阿谁？从教撒向诸方去，笑杀当年老古锥。"

汀州开元智谭禅师 上堂，僧问："如何是无私句？"师曰："片月流辉，光含万象。"云："谢师指示。"师曰："指示个什么？"云："争奈言犹在耳。"师曰："是什么言？"云："片月流辉，光含万象。"师曰："学语之流。"问："如何是道？"师曰："亘古亘今。"云："目前无异路，达者共同途。"师曰："汝作么生会？"云："踏着秤锤硬似铁。"师曰："犹较些子。"问："如何是佛法大意？"师曰："春寒秋热。"云："学人不会。"师曰："秋热春寒。"问："如何是古佛家风？"师曰："赞叹不及。"

云:"如何是无缝塔?"师曰:"风吹不入。"云:"如何是塔中人?"师曰:"鼻孔大头向下。"乃曰:"物我冥契,显露真机。法法灵通,心心独耀。卷舒自在,隐显无拘。有时阒尔无踪,有时廓周沙界。般若光中,悉皆应现。尘尘既尔,念念皆如。说什么目连鹙子具大神通,到这里作么生摸索?"

处州缙云县永泰智觉禅师 僧问:"少林一去无消息,今日殷勤为举扬。"师曰:"月华自照三千界,云水空随十万程。"云:"九年面壁,当为何事?"师曰:"还提只履自西归。"乃曰:"金风淅沥,玉露凄清。菊解香苞,稻悬嘉穟。时清道泰,野老讴歌。处处登高,人人欢乐。诸禅德,只如林间衲子,岂不知时?若也燕默忘形,昧他光景,翠微深处,不逐四时,一炷栴旃,无恩不报。"拍禅床,下座。

杭州龙华文喜禅师 初住陆莲庵。僧问:"如何是陆莲境?"师曰:"一径阶前草,数株霜后松。"云:"如何是境中人?"师曰:"擘开凡圣路,踏破画门来。"云:"向上宗乘事若何?"师曰:"一条栗杖,万里作风威。"乃曰:"诸仁者,且道答伊境不答伊境?若道答伊境,山僧眼在什么处?若道不答伊境,又道一径阶前草数株霜后松,还相委悉么?"良久曰:"时时明祖意,日日起清风。珍重!"

处州永泰自仁禅师 僧问:"如何是露地白牛?"师曰:"大难看守。"云:"看守即易,未审作何用?"师曰:"用得即用。"云:"学人借用得也无?"师曰:"直饶用得,也只是别人底。"乃曰:"松风凛凛,败叶纷纷。岸柳衰残,猿啼远岫。若也善观时节,方与诸圣相邻,未出得衲僧活计。诸仁者,当此之际，正好横担拄杖，高挂钵囊，到处撞开方丈门，且与老胡相见。若也一言不契，坐具拂开便行，岂不快哉！山僧自行脚已来，未尝逢着一个半个。何故如此？"良久曰："土旷人稀，相逢者少。珍重！"又曰："金风乍扇，松竹交阴，水月分明，衲僧罔措。还会么？若有人会得出来，通个消息，山僧与你证据。"良久曰："布袋里锥子，不出头者是好手。"下座。

洪州延恩法安禅师 姓许氏，临川人。少事承天沙门慕闲出家。年二十，以通经得度。游方，谒雪窦显禅师。显殁，依天衣怀禅师，众推其知见。又遍历诸家耆宿，指目为饱参。归临川，见黄山如意院，败屋破垣，无以蔽风雨，师求居之，十年殿阁如化成。乃弃去，下江汉，航二浙，上天台，泝①淮汶而还。所至接物利生，未尝失言，亦未尝失人。白首怀道，翩然无侣，倚杖于南昌上蓝，又住武宁之延恩寺。寺初以父子传，贫不能守，易以为十方，草屋数楹，败床破簟，师安乐之。县令纠豪右谋为一新，师笑曰："檀法本以度人，今非其发心而强之，是名作业，不名佛事也。栖止十年而丛林成，僧至如归。师与法云秀为昆弟且相得。秀所居装②严妙天下，说法如云雨，其力量③可以为弟兄接羽翼而天飞也。"尝以书招师，师读之一笑而已。或问其故，师曰："吾始见秀有英气，谓可以语道。乃今而后，知其痴，痴人正不可与语也。"问者曰："何哉？"师曰："比丘法，当一钵行四方，秀既不能尔。又于八达衢头架大屋，从人乞饭，

---

① 泝：径山本作"沂"。
② 装：《指月录》作"庄"。
③ 力量：《指月录》作"威光"。

以养数百闲汉,非痴乎!"师每谓人曰:"万事随缘,是安乐法。"

元丰甲子七月,命弟子取方丈文书聚火之,以院事付一僧。八月旦示灭,阅世六十有一,坐四十有一夏。

礼部杨杰居士 字次公,号无为,历参诸名宿。既①从天衣游,衣每引老庞机语,令研究深造。后奉祠泰山,一日,鸡一鸣,睹日如盘涌,忽大悟。乃别有男不婚,有女不嫁之偈曰:"男大须婚,女长须嫁,讨甚闲工夫,更说无生话。"书以寄衣,衣称善。后会芙蓉楷禅师,公曰:"与师相别几年?"蓉曰:"七年。"公曰:"学道来,参禅来?"蓉曰:"不打这鼓笛。"公曰:"恁么则空游山水,百无所能也。"蓉曰:"别来未久,善能高鉴。"公大笑。公有辞世偈曰:"无一可恋,无一可舍。太虚空中,之乎者也。将错就错,西方极乐。"

---

① 既:径山本作"晚"。

续传灯录卷第九

大鉴下第十二世

大愚芝禅师法嗣

南岳云峰文悦禅师 南昌徐氏子。初造大愚,闻示众曰:"大家相聚吃茎齑,若唤作一茎齑,入地狱如箭射。"便下座。师大骇,夜造方丈。愚问:"来何所求?"师曰:"求心法。"愚曰:"法轮未转,食轮先转。后生趁色力健,何不为众乞食。我忍饥不暇,何暇为汝说禅乎。"师不敢违。未几,愚移翠岩,师纳疏罢,复过翠岩求指示。岩曰:"佛法未到烂却,雪寒宜为众乞炭。"师亦奉命,能事罢,复造方丈。岩曰:"堂司阙人,今以烦汝。"师受之不乐,恨岩不去心。地坐后架①,桶箍忽散,自架堕落,师忽然开悟,顿见岩用处。走搭伽黎上寝堂,岩迎笑曰:"维那且喜,大事了毕。"师再拜不及,吐一辞而去,服勤八年。

后出世翠岩,时首座领众出迎问曰:"德山宗乘即不问,如何是临济大用?"师曰:"你甚处去来?"座拟议,师便掌。座拟

---

① 地坐后架:《联灯会要》作"一日后架修桶"。

对,师喝曰:"领众归去。"自是一众畏服。僧问:"如何是道?"师曰:"路不拾遗。"曰:"如何是道中人?"师曰:"草贼大败。"僧礼拜,师嘘一声。问:"万法归一,一归何所?"师曰:"黄河九曲。"曰:"如何是第一句?"师曰:"垂手过膝。"曰:"如何是第二句?"师曰:"万里崖州。"曰:"如何是第三句?"师曰:"粪箕扫帚。"问:"如何是深山岩崖佛法?"师曰:"猢狲倒上树。"问:"如何是衲衣下事?"师曰:"皮里骨。"问:"不涉廉纤,请师速道。"师曰:"须弥山。"问:"如何是清净法身?"师曰:"柴场荻草。"

上堂,"语不离窠道,焉能出盖缠。片云横谷口,迷却几人源。所以道,言无展事,语不投机。承言者丧,滞句者迷。汝等诸人到这里凭何话会?"良久曰:"欲得不招无间业,莫谤如来正法轮。"

上堂,"过去诸佛已灭,未来诸佛未生。正当今日,佛法委在翠岩,放行则随机利物,把住则瓦解冰消。且道把住好,放行好?"良久曰:"咄!这野狐精。"击禅床下座。

上堂,"汝等诸人与么上来,大似刺脑入胶盆。与么下去,也是平地吃交。直饶不来不去,朝打三千,暮打八百"。

上堂,"道远乎哉,触事而真。圣远乎哉,体之则神。所以娑婆世界以音声为佛事,香积世界以香饭为佛事。翠岩这里,只于出入息内,供养承事,过现未来尘沙诸佛,无一空过者。过现未来,尘沙诸佛,是翠岩侍者无一不到,如一不到,三十拄杖。诸上座还会么?将此深心奉尘刹,是则名为报佛恩"。

上堂,"有情之本,依智海以为源。含识之流,总法身而为体。只为情生智隔,想变体殊。达本情忘,知心体合。诸禅德会么?古佛与露柱相交,佛殿与灯笼斗额,若也不会,单重交折"。

上堂,"竿木随身,逢场作戏。然虽如是,一手不独拍,众中莫有作家禅客、本分衲僧,出来共相唱和,有么?"时有僧出礼拜,师曰:"依希似曲才堪听,又被风吹别调中。"便下座。

上堂,"天明平旦,万事成办,北俱卢洲,长粳米饭"。下座。

上堂,"有佛处不得住,无佛处急走过。你等诸人横担拄杖,向甚么处行脚?"良久曰:"东胜身洲持钵,西瞿耶尼吃饭。"

上堂,"假使心通无量时,历劫何曾异今日?且道今日事作么生?"良久曰"乌龟钻破壁。"

上堂,"见闻觉知无障碍,声香味触常三昧。衲僧道会也,山是山水是水,饥来吃饭,困来打睡。忽然须弥山蹦跳入你鼻孔里,摩竭鱼穿你眼睛中,作么生商量?"良久曰:"参堂去。"

上堂,"一刀两段,未称宗师,就下平高,固非作者。翠岩到这里,口似匾担,你等诸人作么生商量?"良久曰:"欲得不招无间业,莫谤如来正法轮。"

上堂,"若见诸相非相即山河大地,并无过咎。诸上座终日着衣吃饭,未曾咬着一粒米,未曾挂着一缕丝,便能变大地作黄金,搅长河为酥酪。然虽如是,着衣吃饭即不无,衲僧门下汗臭气,也未梦见在"。

上堂,"普贤行,文殊智。补陀岩上清风起,瞎驴趁队过新罗,吉獠舌头三千里"。

上堂,拈起拄杖曰:"掌钵盂向香积世界,为甚么出身无路?

挑日月于拄杖头上，为甚么有眼如盲？直得风行草偃，响顺声和，无纤芥可留，犹是交争底法。作么生是不交争底法？"卓拄杖，下座。

上堂，"临济先锋放过一着，德山后令且在一边。独露无私一句，作么生道？"良久曰："堪嗟楚下钟离昧。音抹"以拂子击禅床，下座。

上堂，"教中道：'种种取舍皆是轮回，未出轮回而辨圆觉，彼圆觉性即同流转，若免轮回，无有是处。'你等诸人到这里，且作么生辨圆觉？"良久曰："荷叶团团团似镜，菱角尖尖尖似锥。"以拂击禅床。

上堂，"古人道，山河石壁，不碍眼光"。师曰："作么生是眼？"拈拄杖打禅床一下，曰："须弥山百杂碎即不问，你且道娑竭罗龙王年多少？"

俗士问："如何是佛？"师曰："着衣吃饭量家道。"曰："恁么则退身三步，叉手当胸去也。"师曰："醉后添杯不如无。"

小参，举百丈岁夜示众曰："你这一队后生，经律论固是不知，入众参禅，禅又不会，腊月三十日且作么生折合去？"师曰："灼然，诸禅德去圣时遥，人心澹泊，看却今时丛林，更是不得所在之处。或聚徒三百五百，浩浩地，只以饭食丰浓、寮舍稳便为旺化。中间孜孜为道者无一人。设有十个五个，走上走下，半青半黄，会即总道我会，各各自谓握灵蛇之珠，孰肯知非？及乎挨拶，鞭逼将来，直是万中无一，苦哉苦哉！所谓般若丛林岁岁凋，无明荒草年年长。就中今时后生，才入众来，便自端然拱手，受他别人供养。到处菜不择一茎，柴不搬一束，十指不沾水，百事不干怀。虽则一期快意，争奈三涂累身。岂不见教中道：'宁以热铁缠身，不受信心人衣。宁以洋铜灌口，不受信心人食。上座若也是去，直饶变大地作黄金，搅长河为酥酪，供养上座未为分外。若也未是，至于滴水寸丝，便须披毛戴角、牵犁拽耙，偿他始得。'不见祖师道：'入道不通理，复身还信施。'此是决定底事，终不虚也。诸上座，光阴可惜，时不待人，莫待一朝眼光落地，缁田无一篑之功，铁围陷百刑之痛。莫言不道。珍重！"

苏州瑞光月禅师 僧问："俱胝一指，意旨如何？"师曰："月落三更穿市过。"

瑞州洞山子圆禅师 上堂，有僧出，抛下坐具，师曰："一钓便上。"僧提起坐具，师曰："弄巧成拙。"僧曰："自古无生曲，须是遇知音。"师曰："波斯入唐土。"僧大笑归众。

石霜永禅师法嗣

南岳福严保宗禅师 上堂，"世尊周行七步，举足全乖，目顾四方，触途成滞。金襕授去，殃及儿孙。玉偈传来，挂人唇吻。风幡悟性，未离色尘。钵水投针，全成管见。祖师九年面壁，不见纤毫。卢公六代传衣，图他小利。江西一喝，不解慎初。德峤全施，未知护末。南山鳖鼻，谩指踪由。北院枯松，徒彰风彩。云门顾鉴，落二落三。临济全提，错七错八。若说君臣五位，直如纸马过江。更推宾主交参，恰似泥人澡洗。独超象外，且非捉兔之鹰。混迹尘中，未是咬猪之狗。何异跳坑堕堑，正是避溺投罾。如斯之解,正在常途。出格道人,如何话会?岂不见陶潜俗子,尚自睹事见机。而今祖室子孙,不可皮下无血。"喝一喝。

郢州大阳如汉禅师 僧问:"如何是敲磕底句?"师曰:"槛外竹摇风,惊起幽人睡。"曰:"观音门大启也。"师曰:"师子咬人。"乃曰:"闻声悟道,失却观音眼睛。见色明心,昧了文殊巴鼻。一出一入,半开半合。泥牛昨夜游沧海,直至如今不见回。咄!"

浮山远禅师法嗣

东京净因净照道臻禅师 福州古田戴氏子也。父梦伟然黄冠裳者,导从至舍,母遂妊。又梦天乐黄幡梵呗,引厖眉碧眼一僧至,即诞师。幼不茹荤,十四岁投上生院出家,持头陀行。十九为大僧,阅大小经论,置不读,曰:"此方便说耳。"即持一钵走江淮,所参知识甚多,而得旨于浮山。江州承天虚席,欲致师。非师所欲,乃游丹阳,寓止因圣寺。一日行江上,顾舟默计曰:"当随所往,信吾缘也。"问舟师曰:"载我船尾可乎?"舟师笑曰:"师欲何之?我入汴船也。"师因曰:"吾偶欲游京师。"遂载之而北。

谒净因大觉琏禅师,琏使首众于坐下。及琏归吴,众请以师嗣焉。开法之日,英宗遣中使,降香赐紫方袍、觉照师号。京师都会,好恶万端,贵人达官盈门,而师一目之,万口一辞,咸以为本色道人,莫不加敬。积数年,元丰三年春,慈圣光献上仙神宗，诏至庆寿宫说法。僧问："慈圣仙游，定归何所？"师曰："水流元在海，月落不离天。"上大悦，诏设高广坐，恣人问答，左右上下，得未曾有，欢声动宫殿，赐与甚厚。又语执政："道臻素有德行，可择一美号进呈。"乃赐号净照禅师。京城创诸禅刹，辟相国寺为慧林、智海二禅寺。其命主僧必使师择之，宿老皆从风而靡。高丽使三僧来就学，师随根开导，皆契宗旨。

师为人，渠渠静退，似不能言。性慈祥纯，谨奉身至约，一布裙二十年不易，无所嗜好。尝雪方丈之西壁，请文与可扫墨竹，谓人曰："吾使游人见之，心自清凉，此君盖替我说法也。"所居都城西隅，衲子四十余辈，颓然不出户，三十年如一日。

元祐八年八月十七日，忽语门弟子净圆曰："吾更三日行矣。"及期沐浴更衣说偈已，跏趺而化。阅世八十，坐六十一夏。黄鲁直尝题其像曰："老虎无齿，卧龙不吟。千林月黑，六合云阴。远山作眉红杏腮，嫁与春风不用媒。老婆三五少年日，也解东涂西抹来。"可想见其高致也。

师初出世，僧问："师唱谁家曲，宗风嗣阿谁？"师曰："有钱使钱，无钱守贫。"僧云："月华嫡子，临济儿孙。"师曰："放你三十棒。"问："如何是净因境？"师曰："法广殿牌，仁宗亲写。"僧云："如何是境中人？"师曰："六代祖师天下闻。"问："如何是道中人？"师曰："万家烟火外，一枕水云间。"问："如何是佛？"师曰："朝妆香，暮换火。"问："如何是观音妙智力？"师曰："河南犬吠，河北驴鸣。"问："如何是祖师西来意？"师曰："拄杖横担不到肩。"僧云："谢师答话。"师曰："错认定盘星。"乃曰："一问一答，无有尽时，古人唤作无尽藏海,亦呼为方便门,于纳僧面前远矣。何故? 权柄在手,纵夺自由,坐断毗卢,壁立千仞。善财楼阁,孰肯闲游。华藏琅函,岂能看取。丈夫猛利,本合如然,过后思量,成第二月。除兹,投机徇器,止宿草庵,就下平高,曲成万物,周流无滞,触处皆通。苟不尽毫毛,自取其咎。如斯谈说,笑杀衲僧。且道谁是解笑者?"良久曰:"看取。"便下座。

又示众,拈拄杖曰:"榔栗木杖子,善能谈佛祖。聋人既得闻,哑人亦解语。指白石为玉,点黄金为土。便恁么会去,他家未相许。不相许,莫莽卤,南街打鼓,北街舞。"卓一下。

庐州兴化仁岳禅师 泉南①人也。僧问:"如何是佛法大意?"师曰:"临济问黄檗。"曰:"学人不会。"师曰:"三回吃棒来。"问:"如何是和尚家风?"师曰:"曲录禅床。"曰:"客来如何只待?"师曰:"拄杖子。"问:"一大藏教尽是名言,离此名言,如何指示?"师曰:"癞马揩枯柳。"曰:"学人不会。"师曰:"骆驼好吃盐。"曰:"毕竟如何?"师曰:"铁鞭指处马空嘶。"

荆门军玉泉谓芳禅师 蜀人。僧问:"从上诸圣,以何法示人?"师拈起拄杖。僧曰:"学人不会。"师曰:"两手分付。"僧拟议,师便打。

宿州定林惠琛禅师 僧问:"如何是道?"师曰:"只在目前。"僧曰:"为甚么不见?"师曰:"瞎。"

秀州本觉若珠禅师 福州卓氏子。僧问:"如何是道?"师

---

① 泉南:径山本作"南泉"。

举起拳，僧曰："学人不会。"师曰："拳头也不识？"

上堂，"说佛说祖，埋没宗乘。举古谈今，淹留衲子。拨开上路，谁敢当头。齐立下风，不劳拈出。无星秤子，如何辩得斤两？若也辩得，须弥只重半铢。若辩不得，拗折秤衡，向日本国与诸人相见"。

东京华严普孜禅师　建州建阳，谢氏子也。幼习儒业，举进士有声。后看佛经，至识自心源，夙根启发。遂投太平兴国西律院僧可崇，出家得度具戒。游方参道，诣龙舒浮山圆鉴禅师法席，入室扣请，心融神会。舒人请居甘露太平二刹，道誉大播。

僧问："如何是宾中宾？"师曰："客路如天远。"僧云："如何是宾中主？"师曰："侯门似海深。"僧云："如何是主中主？"师曰："寰中天子敕。"僧云："如何是主中宾？"师曰："塞外将军令。"师曰："宾中问主，互换机锋。主中问宾，同生同死。主中辨主，饮气吞声。宾中觅宾，白云万里。故句中无意，意在句中。于斯明得，一双孤雁，扑地高飞。于斯未明，一对鸳鸯，溪边独立。知音禅客，相共证明。影响异流，切须子细。"良久曰："若是陶渊明，攒眉却归去。"

师后退居净因，德望颇重。元丰五年，都人请居华严，益振宗风。京城内外，翕然归向。八年四月十日，诏入禁中说法。既归，无疾，进止如常。十四日，忽鸣鼓升坐，辞众而逝。

师为人清秀杰出，唱临济下三玄九带，造曹洞五位十玄，皆妙得其家风要旨。学既该博，故凑泊者望其津涯而已。师初得法时，年尚少，久为浮山侍者。时青华严已有省发矣。而浮山知其未彻，令师激之。师奉教方便启发，青遂契证，后续洞下宗，语在《青传》。

南康军清隐院惟湜禅师 僧问："如何是道？"师曰："斜街曲巷。"曰："如何是道中人？"师曰："百艺百穷。"

潭州衡岳寺奉能禅师 上堂，"宗风才举，万里云收。法令若行，千峰寒色。须弥顶上，白浪滔天。大海波中，红尘满地。应思黄梅昔日、少室当年，不能退己让人，遂使春糠答志，断臂酬心。何似衡岳这里，山畲粟米饭，一桶没盐羹，苦乐共住，随高就低。且不是南头买贵，北头卖贱。直教文殊稽首，迦叶攒眉，龙树、马鸣吞声饮气，目连鹙子且不能为。为甚如此？谛观法王法，法王法如是"。

宝应昭禅师法嗣

滁州琅邪方铳禅师 上堂，"造物无生物之心，而物物自成。雨露非润物之意，而灵苗自荣。所以，药剂不食而病自损，良师不亲而心自明。故知妙慧灵光，不从缘得。到这里，方许你进步，琅邪与你别作个相见。还有么？若无，不可压良为贱"。

郢州兴阳山希隐禅师 僧问："如何是悬崖撒手底句？"师曰："明月照幽谷。"曰："如何是绝后再苏底句？"师曰："白云生太虚。"曰："怎么则樵夫出林丘，处处歌春色。"师曰："是人道得。"

上堂，"了见不见，见了未了。路上行人，林间宿鸟。月里塔高十二层，天外星躔五百秒。要会么？手执夜明符，几个知天晓。参！"

石门进禅师法嗣

明州瑞岩智才禅师　僧问:"如何是截断众流句?"师曰:"好。"曰:"如何是随波逐浪句?"师曰:"随。"曰:"如何是函盖乾坤句?"师曰:"合。"曰:"三句蒙师指,如何辨古今?"师曰:"向后不得错举。"

上堂,"天平等,故常覆。地平等,故常载。日月平等,故四时常明。涅槃平等,故圣凡不二。人心平等,故高低无诤"。拈拄杖卓一下曰:"诸禅者,这拄杖子,昼夜为诸人说平等法门,还闻么?若闻去,敢保诸人行脚事毕。若言不闻,亦许诸人顶门眼正。何故?是法平等,无有高下,是名阿耨多罗三藐三菩提?"良久笑曰:"向下文长。"

金山颖禅师法嗣

宣州广教文鉴继真禅师　初参达观遂,问曰:"某甲自讲说外,究寻诸佛所说广大,如何得见边际去?"观云:"寻常凭何讲说?"师曰:"依教解义。"观云:"依教解义,三世佛冤。"师曰:"离教一字,如同魔说。"观云:"不问子教义,解说者何人?"师曰:"但见动静语言,不可睹其形相。"观云:"只此无形相,便是广大。若悟此心,便见边际。"师自此有省。

住广教,上堂曰:"夫欲为宗师,须了明暗句。半夜里贴眼,浑成空路布。多事释迦文,生时强四顾。点胸独称尊,又周行七步。明复阿谁知，暗使何人悟。自后百千年，屈指河沙数。一盲引众盲，盲盲相扶举。他日见阎老，努目空相觑。是时休叫道，镬汤无冷处。休空腹高心，但高盘转箸。寄语后世人，莫被徐六误。"

润州普慈院崇珍禅师 僧问："如何是普慈境？"师曰："出门便见鹤林山。"曰："如何是境中人？"师曰："入门便见珍长老。"

太平州瑞竹仲和禅师 僧问："得座披衣人尽委，向上宗乘事若何？"师曰："但知冰是水。"曰："更有事也无？"师曰："休问水成冰。"曰："弄潮须是弄潮人。"师曰："这僧从浙中来。"

润州金山怀贤圆通禅师 僧问："师扬宗旨，得法何人？"师拈起拂子，僧曰："铁瓮城头曾印证，碧溪崖畔祖灯辉。"师拂一拂曰："听事不真，唤钟作瓮。"

越州石佛寺显忠祖印禅师 僧问："如何是不动尊？"师曰："热鏊上猢狲。"曰："如何是千百亿化身？"师曰："添香换水，点灯扫地。"曰："如何是毗卢师法身主？"师曰："系马柱。"曰："有甚么交涉？"师曰："缚杀这汉。"问："会杀佛祖底，始是作家。如何是杀佛祖底剑？"师曰："不斩死汉。"曰："如何是和尚剑？"师曰："令不重行。"问："如何是相生？"师曰："山河大地。"曰："如何是想生？"师曰："兔子望月。"曰："如何是流注生？"师曰："无间断。"曰："如何是色空？"师曰："五彩屏风。"

上堂，"咄咄咄！海底鱼龙尽枯竭，三脚虾蟆飞上天，脱壳乌龟火中活"。

上堂，"点时不到，皂白未分。到时不点，和泥合水。露柱蹦跳入灯笼里，即且从他。汝眉毛因甚么却拖在脚跟下？直饶于此明得，也是猢狲戴席帽。于此未明，何异曲蟮穿靴。然虽如此，笑我者多，哂我者少"。

杭州净住院居说真净禅师 参达观遂问曰："某甲经论粗明，禅直不信，愿师决疑。"观曰："既不信禅，岂可明经。禅是经纲，经是禅纲。提纲正网，了禅见经。"师曰："为某甲说禅看。"观曰："向下文长。"师曰："若恁么，经与禅乃一体。"观曰："佛及祖非二心，如手搦拳，如拳搦手。"师因而有省，乃成偈曰："二十余年用意猜，几番曾把此心灰。而今潦倒逢知己，李白元来是秀才。"

安吉州西余山拱辰禅师 上堂，"灵云见华，眼中着翳。玄沙蹙指，体上遭迍。不如且恁么过时，自然身心安乐"。

上堂，"理因事有，心逐境生。事境俱忘，千山万水。作么生得恰好去？"良久曰："且莫剜肉成疮。"师有《祖源通要》三十卷行于世。

苏州昆山般若寺善端禅师 僧问："有生有灭，尽是常仪，无生无灭时如何？"师曰："昆仑着靴空中立。"曰："莫便是为人处也无？"师曰："石女簪花火里眠。"曰："大众证明。"师曰："更看泥牛斗入海。"

节使李端愿居士 儿时在馆舍，常阅禅书，长虽婚宦，然笃志祖道。遂于后圃筑室，类兰若，邀达观处之，朝夕咨参，至忘寝食。观一日视公曰："非示现力，岂致尔哉？奈无个所入何?"公问曰:"天堂地狱,毕竟是有是无?请师明说。"观曰:"诸佛向无中说有,眼见空花。太尉就有里寻无,手揸①水月。堪笑眼前见牢狱不避,心外闻天堂欲生。殊不知,忻怖在心,善恶成境。太尉但了自心,自然无惑。"公曰:"心如何了?"观曰:"善恶都莫思量。"公曰:"不思量后,心归何所?"观曰:"且请太尉归宅。"公曰:"只如人死后,心归何所?"观曰:"未知生,焉知死。"公曰:"生则某已知之。"观曰:"生从何来?"公罔措。观起,搛其胸曰:"只在这里,更拟思量个甚么?"公曰:"会得也。"观曰:"作么生会?"公曰:"只知贪程,不觉蹉路。"观拓开曰:"百年一梦,今朝方省。"既而说偈曰:"三十八岁,懵然无知。及其有知,何异无知。滔滔汴水,隐隐隋堤。师其归矣,箭浪东驰。"

洞庭月禅师法嗣

苏州荐福亮禅师 僧问:"不假言诠,请师示诲。"师曰:"大众总见汝恁么问。"曰:"莫只这便是也无?"师曰:"罕逢穿耳客。"

仗锡已禅师法嗣

台州黄岩保轩禅师 僧问:"不欲无言,略凭施设时如

---

① 揸(zhā):方言,用手指撮东西,拿取。

何？"师曰："知而故犯。"僧礼拜，师便打。

龙华岳禅师法嗣

安吉州西余师子净端禅师 本郡人也，姓丘氏。始见弄师子，发明心要。往见龙华，蒙印可。遂旋里合彩为师子皮，时被之，因号端师子。丞相章公慕其道，躬请开法吴山，化风盛播。

开堂日，僧官宣疏，至"推倒回头，趯翻不托，七轴之莲经未诵，一声之渔父先闻"。师止之，遂登座。拈香祝圣罢，引声吟曰："本是潇湘一钓客，自西自东自南北。"大众杂然称善。师顾笑曰："谛观法王法，法王法如是。"便下座。

上堂，"二月二，禅翁有何谓，春风触目百花开，公子王孙日日醺醺醉，唯有殿前陈朝桧，不入时人意。禅家流，只这是莫思虑，坦然斋后一瓯茶，长连床上伸脚睡。咄！"

师到华亭，众请上堂，"灵山师子，云间哮吼。佛法无可商量，不如打个筋斗"。便下座。问："羚羊未挂角时如何？"师曰："怕。"曰："既是善知识，因何却怕？"师曰："山僧不曾见恁么差异畜生。"

续传灯录卷第十

大鉴下第十二世

投子青禅师法嗣

芙容道楷禅师 沂州沂水人,生崔氏,为人刚劲孤硬。自其少时,即能辟谷学道,隐伊阳山中。后游京师藉名术台寺,试所习得度具戒。谒青华严于淮山海会,问:"佛祖言句,如家常茶饭。离此之外,别有为人言句也无?"青曰:"汝道寰中天子敕,还假禹汤尧舜也无?"楷拟酬之,青以拂子撼之曰:"汝发意来早有二十棒也。"于是楷悟旨于言下,再拜即去。青呼曰:"且来。"楷亦不顾。青曰:"汝到不疑之地耶。"楷以手掩耳。后掌众食,青问:"厨务勾当良苦。"对曰:"不敢。"曰:"汝炊饭耶,煮粥耶?"对曰:"人工淘米着火,行者煮粥炊饭。"曰:"汝作甚?"对曰:"和尚慈悲,放他闲去。"

又尝从青游园,青以拄杖付楷曰:"理合与么?"对曰:"与和尚提鞋挈杖,不为分外。"曰:"有同行在。"对曰:"那一人不受教。"青遂休去。至晚青谓曰:"早来说话未尽。"对曰:"更请举看。"青曰:"卯生日,戌生月。"楷即点灯来。曰:"上来下去,总不空然。"对曰:"在左右理合如此。"曰:"奴儿婢子,谁家屋里无对?"曰:"和尚尊年缺他不可?"曰:"与么殷勤。"对曰:"报恩有分。"

元丰五年,北还沂间,居马鞍山,遂出世说法。初住沂州之仙洞,后迁西洛之招提龙门,又迁住郢州之大阳、隋州之大洪,皆一时名公卿为之劝请,洞上之风大振西北。

崇宁三年有诏,住东京十方净因禅院。大观元年冬,移住天宁,差中使押入,不许辞免。俄开封尹李孝寿,奏楷道行卓冠丛林,宜有以褒显之,即赐紫伽黎,号定照禅师。楷焚香谢恩罢,上表辞之曰:"伏蒙圣慈,特差彰善阁只候谭祯,赐臣定照禅师号及紫衣牒一道,臣感戴睿恩。"已,即时焚香升座,仰祝圣寿讫,伏念:"臣行业迂疏,道力绵薄,常发誓愿,不受利名,坚持此意,积有岁年。庶几如此传道后来,使人专意佛法。今虽蒙异恩,若遂忝冒,则臣自违素愿,何以教人。岂能仰称陛下所以命臣住持之意!所有前件恩牒,不敢祗受。伏望圣慈察臣微悃,非敢饰词。特赐俞允,臣没齿行道,上报天恩。"上阅之,以付李孝寿躬往,谕朝廷旌善之意,而楷确然不回。开封尹具以闻,上怒,收付有司。有司知楷忠诚而适犯天威,问曰:"长老枯悴有疾乎?"楷曰:"平日有疾,今实无。"又曰:"言有疾,即于法免罪遣。"楷曰:"岂敢侥幸称疾,而求脱罪遣乎!"吏太息,于是受罚,着缝掖,编管缁州。都城道俗见者流涕,楷气色闲暇。至缁州,僦屋而居,学者益亲。明年冬,敕放令自便,庵于芙蓉湖中,数百人环绕坐卧。楷虑祸,乃日各食粥一杯,不堪者稍稍去,在者犹百许人。

政和七年冬，敕赐所居庵额华严禅寺。明年五月十四日，无疾而殁。先写偈付侍者曰："吾年七十六，世缘今已足。生不爱天堂，死不怕地狱。撒手横身三界外，腾腾任运何拘束。"

初，楷在大阳，青华严遣果侍者，以大阳皮履直裰付之，楷以付襄州洞山道微。微退罢还浙东，殁于双林小寺。今取以还鹿门山，建阁藏之，曰藏衣。

楷偈句精深有旨法，作五偈述其门风。一曰妙唱不干舌，偈曰："刹刹尘尘处处谈，不劳弹指善财参。空生也解通消息，花雨岩前鸟不噪。"二曰死蛇惊出草，偈曰："日炙风吹草里埋，触他毒气又还乖。暗地若教开死口，长安依旧绝人来。"三曰解针枯骨吟，偈曰："死中活得是非常，密用他家别有长，半夜髑髅吟一曲，冰河红焰却清凉。"四曰铁锯和三台，偈曰："不是宫商调，谁人和一场。伯牙何所措，此曲旧来长。"五曰古今无间，偈曰："一法原无万法空，个中那许悟圆通。将谓少林消息断，桃花依旧笑春风。"楷旧隐与虎为邻，虎尝乳四子月余，楷阚其出往视之，腥臭不可言，窃携其一还。虎得夒曳至弄穴前伏地，喜见脊尾，但见三子，怒以足跑地吼，群鸟皆鸣翔其上，楷即放还之。其伊阳宰韩承议偈曰："老爱依山人事稀，虎驯庵畔怪来迟，寥寥石室尘埃满，不知何日是归期。"又曰："数里无人到，山黄始觉秋，岩间一觉睡，忘却百年忧。"

随州大洪山报恩禅师 卫之黎阳刘氏子，世皆硕儒。师未冠，举方略，擢上第，后厌尘境，请于朝乞谢簪绂为僧，上从其请。遂游心祖道，至投子，未久即悟心要。子曰："汝再来人也，宜自护持。"辞，谒诸名宿，皆蒙印可。丞相韩公缜，请开法于西京少林。未几,大洪革律为禅,诏师居之。

上堂,"五五二十五,案山雷,主山雨,明眼衲僧,莫教错举"。僧问:"九鼎澄波即不问,为祥为瑞事如何?"师曰:"古今不坠。"曰:"这个且拈放一边,向上还有事也无?"师曰:"太无厌生。"曰:"作家宗师。"师曰:"也不消得。"

上堂,"如斯话会,谁是知音?直饶向一句下千眼顿开,端的有几个是迷逢达磨?诸人要识达磨祖师么?"乃举手作捏势,曰:"达磨鼻孔在少林手里。若放开去也,从教此土西天,说黄道黑,欺胡谩汉。若不放过,不消一捏。有人要与祖师作主,便请出来与少林相见,还有么?"良久曰:"果然。"

上堂,拈起拄杖曰:"昔日德山、临济信手拈来,便能坐断十方,壁立千仞,直得冰河焰起,枯木花芳。诸人若也善能横担竖夯,遍问诸方。苟或不然,少林倒行此令去也。"击禅床一下。僧问:"一箭一群即不问,一箭一个事如何?"师曰:"中也。"曰:"还端的也无?"师曰:"同声相应,同气相求。"曰:"怎么则石巩犹在。"师曰:"非但一个两个。"曰:"好事不如无。"师曰:"穿却了也。"问:"三玄三要即不问,五位君臣事若何?"师曰:"非公境界。"曰:"怎么则石人拊掌,木女呵呵。"师曰:"杓卜听虚声,熟睡饶谵语。"曰:"若不上来伸此问,焉能得见少林机。"师曰:"放过则不可。"随后便打。

上堂,横按拄杖曰:"便与么休去,已落二三。更若切切,终成异见。既到这里,又不可弓折箭尽去也。且衲僧家,远则能照,近则能明。"乃拈起拄杖曰:"穿却德山鼻孔,换却临济眼睛。掀翻大海,拨转虚空。且道三千里外,谁是知音?于斯明得,大似杲日照天。苟或未明,不免云腾致雨。"卓一下。问:"祖师西来,九年面壁。最后一句,请师举唱。"师曰:"面黑眼睛白。"

师尝设百问以问学者。其略曰:假使百千劫所作业不忘,为甚么一称南无佛,罪灭河沙劫?又作此○相曰:"森罗万象,总在其中,具眼禅人,试请甄别。"

上堂,拈拄杖曰:"看看大地雪漫漫,春来特地寒,灵峰与少室,料掉不相干。休论佛意祖意,谩谓言端语端。铁牛放出无踪迹,明月芦花君自看。"卓拄杖,下座。

师素与无尽居士张公商英友善。无尽尝以书问三教大要曰:"《清凉疏》第三卷:西域邪见,不出四见。此方儒道,亦不出此四见。如庄、老计自然为因,能生万物,即是邪因。《易》曰:'太极生两仪。'太极为因,亦是邪因。若谓一阴一阳之谓道,能生万物,亦是邪因。若计一为虚无,则是无因。今疑老子自然与西天外道自然不同。何以言之?老子曰:'常无欲以观其妙,常有欲以观其徼。'无欲则常有,徼则已入其道矣,谓之邪因,岂有说乎?易曰:'一阴一阳之谓道,阴阳不测之谓神。神也者,妙万物而为言,寂然不动,感而遂通天下之故。'今乃破阴阳变易之道为邪因,拨去不测之神,岂有说乎?望纸后批示,以断疑网故也。"

师答曰:"西域外道宗多途,要其会归,不出有无四见而已,谓有见、无见、亦有亦无见、非有非无见也。盖不即一心为道,则道非我有,故名外道。不即诸法是心,则法随见异,故名邪见。如谓之有有,则有无。如谓之无无,则无有。有无则有见竞生，无有则无见斯起。若亦有亦无见，非有非无见亦犹是也。夫不能离诸见，则无以明自心，无以明自心，则不知正道矣。故经云：'言词所说法，小智妄分别，不能了自心，云何知正道。'又曰：'有见即为垢，此则未为见。远离于诸见，如是乃见佛。'以此论之，邪正异途，正由见悟殊致故也。故清凉以庄老计道法自然能生万物，《易》谓太极生两仪，一阴一阳之谓道，以自然太极为因，一阴一阳为道，能生万物则是邪因，计一为虚无则是无因。尝试论之：夫三界唯心，万缘一致，心生故法生，心灭故法灭。推而广之，弥纶万有而非有。统而会之，究竟寂灭而非无。非无亦非非无，非有亦非非有。四执既亡，百非斯遣，则自然因缘皆为戏论，虚无真实俱是假名矣。至若谓太极阴阳能生万物，常无常有斯为众妙之门，阴阳不测是谓无方之神。虽圣人设教，示悟多方，然既异一心，宁非四见。何以明之？盖虚无为道，道则是无；若自然、若太极、若一阴一阳为道，道则是有。常无常有，则是亦无亦有；阴阳不测，则是非有非无。先儒或谓妙万物谓之神则非物，物物则亦是无。故西天诸大论师，皆以心外有法为外道，万法唯心为正宗。盖以心为宗，则诸见自亡，言虽或异，未足以为异也。心外有法，则诸见竞生，言虽或同，未足以为同也。虽然儒道圣人固非不知之，乃存而不论耳。良以未即明指一心为万法之宗，虽或言之，犹不论也。如西天外道，皆大权菩萨示化之所施，为横生诸见，曲尽异端，以明佛法，是为正道。此其所以为圣人之道，顺逆皆宗，非思议之所能知矣。故古人有言，缘昔真宗未至，孔子且以系心，今知理有所归，不应犹执权教。然知权之为权，未必知权也，知权之为实，斯知权矣。

是亦周孔老庄设教立言之本意，一大事因缘之所成始所成终也。然则三教一心，同途异辙，究竟道宗，本无言说，非维摩大士，孰能知此意也！"

沂州洞山云禅师　上堂，"秋风卷地，夜雨翻空。可中别有清凉，个里更无热恼。是谁活计，到者方知，才落见闻，即居途路。且道到家后如何？任运独行无伴侣，不居正位不居偏"。

长安福应文禅师　上堂，"明明百草头，明明祖师意，直下便承当，错认弓为矢。惺惺底筑着磕着，懵懂底和泥合水。龟毛拂逼塞虚空，兔角杖撑天拄地。日射珊瑚林，知心能几几"。击禅床，下座。

滁州龙蟠圣寿昙广禅师　僧问："师唱谁家曲，宗风嗣阿谁？"师曰："杨广山头云霭霭，月华庵畔柏青青。"曰："恁么则投子嫡嗣，大阳亲孙也。"师曰："未跨铁牛，捧如雨点。"曰："今日已知端的。"师曰："一任敲砖打瓦。"

玉泉皓禅师法嗣

郢州林溪兴教文庆禅师　上堂，"六六三十六，东方甲乙木。嘉州大像出关来，陕府铁牛入西蜀。参！"

夹山遵禅师法嗣

江陵福昌信禅师　僧问："一花开五叶，如何是第一叶？"师提起坐具，僧曰："云生片片，雨点霏霏。"师曰："不痛不知伤。"僧曰:"这个犹是风生雨意,如何是第一叶?"师将坐具搋一搋,僧拍掌。师曰:"一任蹦跳。"问:"如何是佛?"师曰:"东家儿郎,西家织女。"僧曰:"学人不会。"师曰:"掷笔抛梭。"

上堂,召大众,众举头,师曰:"南山风色紧。"便下座。

佛印元禅师法嗣

临安府百丈庆善陀净悟禅师 僧问:"如何是佛?"师曰:"问谁?"曰:"特问和尚。"师曰:"鹞子过新罗。"

上堂,"说则摇唇,行则动脚。直饶不说不行时,错错!"拍禅床,下座。

常州善权慧泰禅师 上堂,"诸佛出世,广演三乘。达磨西来,密传大事。上根之者言下顿超,中下之流须当渐次发明心地。或一言唱道,或三句敷扬,或善巧应机,遂成多义。撮其枢要,总是空花,一句穷源,沉埋祖道。敢问诸人,作么生是依时及节底句?"良久曰:"微云淡河汉,疏雨滴梧桐。参!"

饶州崇福德基禅师 上堂,"若于这里会得,便能入一佛国,坐一道场,水鸟树林,共谭斯要,楼台殿阁,同演真乘。续千圣不尽之灯,照八面无私之焰。所以道,在天同天,在人同人。还有知音者么?"良久曰:"水底金乌天上日,眼中瞳子面前人。"

婺州宝林怀吉真觉禅师 上堂,"善慧遗风五百年,云黄山色只依然。而今祖令重行也,一句流通遍大千。大众且道是甚么句?莫是函盖乾坤、截断众流、随波逐浪底么?吽!有甚交涉?自从有佛祖已来,未曾动着。今日不可漏泄真机去也"。顾视大众曰:"若到诸方,不得错举。"

洪州资福宗诱禅师 上堂,"龙泉今日与诸人说些葛藤"。良久曰:"枝葛上更生枝蔓。"

洪州翠岩广化惠空禅师 僧问:"如何是道?"师曰:"荒田不拣。"云:"莫便是和尚为人处么?"师曰:"量才补职。"

示众曰:"昨日雨霖霖,今朝日杲杲。文殊与普贤,全身入荒草。赖得王老师,夜来眠起早。"拈起拄杖曰:"来也来也,不见道,春无三日晴。"下座。

饶州密岩净土德溥禅师 僧问:"如何是密岩境?"师曰:"芙蓉头上清风起。"云:"如何是境中人?"师曰:"雨露增①前野老歌。"云:"向上宗乘如何指示?"师曰:"新声调古曲,那个是知音?"

南康军云居山仲和禅师 僧问:"如何是佛?"师曰:"问处分明。"僧云:"夜来松竹起清风,吹散白云三两片。"师曰:"且莫磕着露柱。"僧礼拜归众,师嘘嘘。

庐山同安崇胜幼宗禅师 上堂,拈拄杖示众曰:"拄杖子是体。"击禅床一下曰:"这个是用,直得高低普见,远近皆闻,正当恁么时,且道是分不分?"良久曰:"椰栗横挑华藏界,维摩掌上未为多。"下座。

袁州龙兴居岳禅师 僧问:"师唱谁家曲,宗风嗣阿谁?"

---

① 增:《建中靖国续灯录》作"坛"。

师曰:"自从达磨分流后,万派都归是一家。"云:"学人未晓,请师直指。"师曰:"集云峰下四藤条。"

庐山万杉子章禅师 僧问:"道泰不传天子令,时清共唱太平歌。如何是太平歌?"师曰:"云尽日月正,雪消天地春。"云:"恁么则雨洒千峰秀,风动万年枝。"师曰:"星江水阔连天碧,五老山横宇宙宽。"问:"师资未相见时如何?"师曰:"定光金地遥招手。"云:"见后如何?"师曰:"尊卑定位。"

信州鹅湖山仁寿德延禅师 僧问:"如何是鹅湖境?"师曰:"一泓湖水春来渌,数只仙鹅天外归。"云:"如何是境中人?"师曰:"松声来客坐,山翠上人衣。"乃曰:"众口咸来发问端,当空一点欲酬难。而今大义重宣也,剔起眉毛觌面看。久立!"

广因要禅师法嗣

福州妙峰如璨禅师 上堂,"今朝是如来降生之节,天下缁流莫不以香汤灌沐,共报洪恩。为甚么教中却道,如来者无所从来?既是无所从来,不知降生底是谁。试请道看!若道得,其恩自报。若道不得,明年四月八还是蓦头浇"。

智海逸禅师法嗣

瑞州广檗志因禅师 僧问:"如何是得力句?"师曰:"脚。"曰:"学人不会。"师曰:"一步进一步。"

上堂，"四十九年说，恩润禽鱼，十万途程来，警悟人天，这二老汉各人好与三十棒。何故？一个说长说短，一个胡言汉语。虽然如是，且放过一着"。

福州大中德隆海印禅师 上堂，"法无异法，道无别道。时时逢见释迦，处处撞着达磨。放步即交肩，开口即咬破，不咬破，大小大"。

上堂，"夫欲智拔，先须定动"。卓拄杖曰："唵苏嚧嘶唎娑婆诃，归堂吃茶。"

上堂，"触境无滞底，为甚么抬头不起？田地稳密底，为甚么下脚不得？譬如天王赐与华屋，虽获大宅，要因门入"。乃曰："门䦱。樊哙踏开真主出，巨灵抬手锦鳞喷。参！"

上堂，"平旦寅晓何人，处处弥陀佛，家家观世音。月里麒麟看北斗，向阳椑子一边青"。

福州白鹿山仲豫禅师 开堂日，问答罢，师乃曰："设使言中辩的，句里藏机，意思交驰，并同流浪。何故？吾祖之道，岂其然乎。若是上根作者，独步丹霄，临机大用。把住，涓滴不漏。放行，乃浪涌千江。踞地全威，壁立千仞。得不英灵自己、荷负宗门！直饶恁么，未称衲僧。且道衲僧有甚么奇特？"良久曰："深秋帘幕千家雨，落日楼台一笛风。"下座。

签判刘经臣居士 字兴朝，少有逸才，登仕版，于佛法未之信。年三十二，会东林照觉总禅师，与语启迪之，乃敬服，因醉心祖道。既而抵京师，谒慧林冲禅师。于僧问雪窦："如何是诸佛本源？"答曰："千峰寒色。"语下有省。岁余官雒幕，就参韶山杲禅师。将去任，辞韶山，山嘱曰："公如此用心，何愁不悟。尔后或有非常境界、无量欢喜，宜急收拾。若收拾得去，便成法器。若收拾不得，则有不宁之疾，成失心之患矣。"

未几，复至京师，趋智海依正觉逸禅师请问因缘，海曰："古人道：'平常心是道。'你十二时中放光动地，不自觉知，向外驰求，转疏转远。"公益疑不解。一夕入室，海举《传灯》所载，香至国王问波罗提尊者："何者是佛？"尊者曰："见性是佛。"之语问之。公不能对，疑甚。遂归就寝，熟睡至五鼓，觉来方追念间，见种种异相，表里通彻，六根震动，天地回旋，如云开月现，喜不自胜。忽忆韶山临别所嘱之言，姑抑之。逗明，趋智海，悉以所得告，海为证据且曰："更须用得始得。"公曰："莫要践履否？"海厉声曰："这个是甚么事，却说践履？"公默契，乃作《发明心地颂》八首，及著《明道谕儒篇》以警世，词曰："明道在乎见性，余之所悟者，见性而已。孟子曰：'口之于味也，目之于色也，耳之于声也，鼻之于臭也，四肢之于安佚也，性也。'杨子曰：'视听言貌思，性所有也。'有见于此，则能明乎道矣。当知道不远人，人之于道，犹鱼之于水，未尝须臾离也。唯其迷己逐物，故终身由之而不知。佛曰大觉，儒曰先觉，盖觉此耳。昔人有言曰：'今古应无坠，分明在目前。'又曰：'大道只在目前，要且目前难睹。欲识大道真体，不离声色言语。'又曰：'夜夜抱佛眠。朝朝还共起。起倒镇相随，语默同居止。欲识佛去处，只这语声是。'此佛者之语道为最亲者。立则见其参于前也，在舆则见其倚于衡也。瞻之在前也，忽焉在后也，取之左右逢其源也。此儒者之语道最迩者。奈何此道唯可心传，不立文字，故世尊拈花而妙心传于迦叶，达磨面壁而宗旨付于神光。六叶既敷,千花竞秀。分宗列派,各有门庭。故或瞬目扬眉,擎拳举指。或行棒行喝,竖拂拈槌。或持叉张弓,辊球舞笏。或拽石搬土,打鼓吹毛。或一默一言,一吁一笑。乃至种种方便,皆是亲切为人。然只为太亲故,人多罔措。瞥然见者,不隔丝毫。其或沉吟,迢迢万里。欲明道者,宜无忽焉。祖祖相传,至今不绝。真得吾儒所谓忿而不发、开而弗违者矣。余之有得,实在此门。反思吾儒,自有其道。良哉孔子之言!默而识之,一以贯之。故目击而道存,指掌而意谕。凡若此者,皆合宗门之妙旨,得教外之真机。然而孔子之道,传之子思,子思传之孟子。孟子既没,不得其传。而所以传于世者,特文字耳。故余之学,必求自得而后已。幸余一夕开悟,凡目之所见、耳之所闻、心之所思、口之所谈、手足之所运动,无非妙者。得之既久,日益见前,每以与人,人不能受,然后知其妙道果不可以文字传也。呜呼,是道也,有其人则传,无其人则绝。余既得之矣,谁其自知乎。终余之身而有其人邪,无其人邪,所不可得而知也。故为记颂歌语,以流播其事,而又著此篇以谕吾徒云。"

支提隆禅师法嗣

杭州灵隐玄本禅师 僧问:"蚌含未剖时如何?"师曰:"光从何来?"问:"临济入门便喝,德山入门便棒。此意如何?"师曰:"天晴不肯去。"师见僧看经乃问:"看甚么经?"僧无语。乃示颂曰:"看经不识经,徒劳损眼睛。欲得不损眼,分明识取经。"

净土素禅师法嗣

杭州净土院惟正禅师 秀州华亭黄氏子。幼从钱塘资圣院本如隶业,且将较艺于有司,如使祷观音像以求阴相。师谢曰:"岂忍独私于己哉!"郡人朱绍安闻而加叹,欲启帑度之。师慨然曰:"古之度人以清机密旨。今反是,去古远矣。吾堕三宝数当有其时。"已而遇祥符覃恩,得谐素志。独拥毳袍且弊,同列慢之。师曰:"佛乎佛乎,仪相云乎哉。僧乎僧乎,盛服云乎哉。"厥后,有愿输奉岁时用度,俾继加之院务。亦复谢曰:"闻托钵乞食,未闻安坐以享。闻历谒诸祖,未闻废学自任。况我齿茂气完,正在筋力为礼,非从事屋庐之秋也。"于是提策东引,学三观于天台。

复旋径山,恣单传之旨于老宿惟素。素董临安功臣山净土院,师辅相之久而继席焉。然为人高简,律身精严,名卿巨公多所推尊。叶内翰清臣牧金陵,迎师语道。一日,叶曰:"明日府有燕饮,师固奉律,能为我少留一日,款清话否?"师诺之。翌日遣使邀,师留一偈而返曰:"昨日曾将今日期,出门倚杖又思惟。为僧祇合居岩谷,国士筵中甚不宜。"坐客皆仰其标致。

师识虑洗然,不牵世累,雅爱跨黄犊出入,军持巾钵悉挂角上,市人争观之,师自若也。杭守蒋侍郎,尝与师为方外友,每往谒,至郡庭下犊,谈笑终日而去。蒋有诗曰:"禅客寻常入旧都,黄牛角上挂瓶盂。有时带雪穿云去,便好和云画作图。"师尝作山中偈曰:"桥上山万层,桥下水千里。唯有白鹭鸶,见我常来此。"

平生制作三十卷,号《锦溪集》。又工书笔法胜绝,秦少游珍藏之。冬不拥炉,以芦花作球,纳足其中,客至共之。夏秋好玩月,盘膝大盆中,浮池上,自旋其盆,吟笑达旦,率以为常。九峰韶禅师尝客于院,一夕将卧,师邀之曰:"月色如此,劳生扰扰,对之者能几人。"峰唯唯而矣。久之,呼童子使熟炙,峰方饥意,作药石顷,乃橘皮汤一杯。峰匿笑曰:"无乃太清乎!"

有问曰:"师以禅师名,乃不谈禅,何也?"师曰:"徒费言语。吾懒宁假曲折,但日夜烦万象为敷演耳。言语有间而此法无尽,所谓造物无尽藏也。"

皇祐元年孟夏八日,语众曰:"夫动以对静,未始有极。吾一动历年六十有四,今静矣。然动静本何有哉?"于是泊然而逝。

宝林殊禅师法嗣

婺州宝林用明禅师 僧问:"世尊三昧,迦叶不知。和尚三昧,什么人知?"师曰:"泥牛穿海去,木马透云归。"云:"恁么则学人请益。"师曰:"未敢相许。"僧无语,师曰:"真个。"

东山宗禅师法嗣

建州定峰晓宣禅师 僧问:"如何是祖师西来意?"师曰:"云收千岳翠。"云:"如何领会?"师曰:"雨洗百花鲜。"问:"学人上来,请师垂示。"师曰:"江澄秋夜月,风扫晓天霞。"云:"一句才闻,流通万古。"师曰:"汝作么生会?"僧喝,师便打。

续传灯录卷第十一

大鉴下第十二世

云居舜禅师法嗣

金陵蒋山法泉佛慧禅师 随州时氏子。僧问:"古人说不到处,请师说。"师曰:"夫子入太庙。"曰:"学人未晓。"师曰:"春暖柳条青。"问:"如何是急切一句?"师曰:"火烧眉毛。"问:"祖师面壁,意旨如何?"师曰:"撑天拄地。"曰:"便怎么去时如何?"师曰:"落七落八。"问:"二祖立雪齐腰,意旨如何?"师曰:"三年逢一闰。"曰:"为甚么付法传衣?"师曰:"村酒足人酤。"问:"莲华未出水时如何?"师曰:"西瞿耶尼。"曰:"出水后如何?"师曰:"泗洲大圣。"问:"如何是祖师西来意?"师曰:"发长僧貌丑。"曰:"未审意旨如何?"师曰:"闭户怕天寒。"问:"南禅结夏,为甚么却在蒋山解?"师曰:"众流逢海尽。"曰:"恁么则事同一家。"师曰:"梦里到家乡。"

上堂,"来不来,去不去,脚下须弥山,脑后擎天柱,大藏不能宣,佛眼不能觑。诸禅德,渐老逢春解惜春,昨夜飞花落无数"。

上堂,画一圆相,以手拓起曰:"诸仁者还见么?团团离海峤,渐渐出云衢。诸人若也未见,莫道南明长老措大相,却于宝华王座上念中秋月诗。若也见得,此夜一轮满,清光何处无。"

上堂,"要去不得去,要住不得住。打破大散关,脱却娘生裤。诸仁者,若倒腊月三十日,且道用个甚么?"良久曰:"柳絮随风,自西自东。"

上堂,"古人恁么,南禅不恁么。古人不恁么,南禅却恁么。大众还委悉么?王婆衫子短,李四帽檐长"。

圣节上堂,拈拄杖击法座一下,曰:"以此功德祝延圣寿。"便下座。

上堂,"时人欲识南禅路,门前有个长松树。脚下分明不较多,无奈行人恁么去。莫恁去,急回顾,楼台烟锁钟鸣处"。

师因雪下,上堂召大众曰:"还有过得此色者么?"良久曰:"文殊笑,普贤瞋,眼里无筋一世贫,相逢尽道休官去,林下何曾见一人。"

上堂,"快人一言,快马一鞭。若更眼睛定动,未免纸里麻缠。脚下是地,头上是天,不信但看八九月,纷纷黄叶满山川"。

师晚奉诏住大相国智海禅寺,问众曰:"赴智海,留蒋山,去就孰是?"众皆无对。师索笔书偈曰:"非佛非心徒拟议,得皮得髓谩商量。临行珍重诸禅侣,门外千山正夕阳。"书毕坐逝。

明州天童澹交禅师 僧问:"临云阁耸,太白峰高,到这里如何进步?"师曰:"但寻荒草际,莫问白云深。"曰:"未审如何话会?"师曰:"寒山逢拾得,两个一时痴。"曰:"向上宗乘,又且如何举唱?"师曰:"前言不及后语。"

上堂,"也大奇,也大差,十个指头八个镢。由来多少分明,不用赞龟打瓦"。便下座。

建州崇梵余禅师 僧问:"临济喝,少遇知音。德山棒,难逢作者。和尚今日作么生?"师曰:"山僧被你一问,直得退身三步,脊背汗流。"曰:"作家宗师,今日遭遇。"师曰:"一语伤人,千刀搅腹。"僧以手画一画曰:"争奈这个何?"师曰:"草贼大败。"问:"恁么来底人,师还接否?"师曰:"孤峰无宿客。"曰:"不恁么来底人,师还接否?"师曰:"滩峻不留舡。"曰:"恁么不恁么则且置,穿过髑髅一句作么生?"师曰:"堪笑亦堪悲。"

上堂,"直须向黑豆未生芽时构取"。良久,召大众曰:"剑去久矣。"

处州慈云院修慧圆照禅师 上堂,"片月浸寒潭,微云满空碧。若于达道人,好个真消息。还有达道人么?微云穿过你髑髅,片月触着你鼻孔。珍重!"

杭州南山长耳相子良禅师 僧问:"六月休歇时如何?"师曰:"在家致仕。"云:"忽遇客来,如何只待?"师曰:"烂嚼清风,饱餐明月。"云:"学人有分也无?"师曰:"无下口处。"乃曰:"莺啼绿柳,鹊噪花枝。于斯荐得,触处光辉,更有一般道理。防萌杜渐,居安虑危,是何言欤?"

建州开元莹禅师 上堂曰:"有一面镜,到处悬挂,凡圣不来,谁上谁下。"遂拈拄杖曰:"这个是拄杖,那个是镜。"良久曰:"万古碧潭空界月,再三捞摝始应知。"又曰:"倏倏忽忽,东涌西没。无害无伤,穿皮透骨。平等应用,非心非佛。拶破面门,个是何物。古人无端,谓辽天鹘。无眼者看取力口希。咄咄咄!"以拂子击禅床,下座。

大沩宥禅师法嗣

庐山归宗慧通禅师 僧问:"如何是函盖乾坤句?"师曰:"日出东方,夜落西。"曰:"如何是截断众流句?"师曰:"铁山横在路。"曰:"如何是随波逐浪句?"师曰:"舡子下扬州。"问:"如何是尘尘三昧?"师曰:"灰飞火乱。"问:"如何是佛法大意?"师曰:"黄河水出昆仑嘴。"

问:"十二时中,如何履践?"师曰:"铁牛步春草。"问:"只履西归,当为何事?"师曰:"为缘生处乐,不是厌他乡。"曰:"如何是当面事?"师曰:"眼下鼻头垂。"

上堂,"心随相起,见自尘生。了见本心,知心无相。即十方刹海,念念圆明。无量法门,心心周匝。夫如是者,何假觉城东际,参见文殊,楼阁门开,方亲弥勒。所以道,一切法门无尽海,同会一法道场中"。拈起拄杖曰:"这个是一法,那个是道场。这个是道场,那个是一法。"良久曰:"看看!拄杖子穿过诸人髑髅,须弥山拶破诸人鼻孔。"击香台一下曰:"且向这里会取!"

上堂,"从无入有易,从有入无难。有无俱尽处,且莫自颟顸。举来看,寒山拾得礼丰干"。

安州大安兴教慧宪禅师 上堂,"我有一条拄杖,寻常将何比况。采来不在南山,亦非昆仑西嶂。拈起满目光生,放下骊龙缩项。同徒若也借看,卓出人中之上"。击香台,下座。

饶州崇福清雅禅师 僧问:"如何是崇福境?"师曰:"磬敲寒月夜。香炷白云朝。"云:"如何是境中人?"师曰:"僧是僧,俗是俗。"云:"向上更有奇特事也无?"师曰:"毗卢顶上金冠子。"云:"重重蒙指示,千古为流芳。"师曰:"笑杀旁观者。"

育王琏禅师法嗣

临安府佛日净慧戒弼禅师 僧问:"如何是毗卢印?"师曰:"草鞋踏雪。"曰:"学人不会。"师曰:"步步成踪。"

福州天官慎徽禅师 上堂,"八万四千波罗密门,门门长开。三千大千微尘诸佛,佛佛说法。不说有,不说无,不说非有非无,不说亦有亦无。何也?离四句,绝百非,相逢举目少人知,昨夜霜风漏消息,梅花依旧缀寒枝"。

杭州径山无畏维琳禅师 湖州人。初住大明,僧问:"师唱谁家曲,宗风嗣阿谁?"师曰:"不在然灯前,亦非释迦后。"云:"莫便是育王儿孙也无?"师曰:"神岳峰高,尾闾水急。"问:"如何是大明家风?"师曰:"神鸾顶上轩眉坐,黄鹄岫中昂首行。"云:"未审意旨如何?"师曰:"会即便会,觅甚意旨?"僧珍重便去。师曰:"听取一偈:榾柮①火残飞白灰,老僧身上白

---

① 榾柮(gǔ duò):木柴块,树根疙瘩。

如雪。地炉冥坐人不知,苍狁①山西叫明月。久立!"

杭州临平胜因资禅师 僧问:"知师久蕴囊中宝,今日当场略借看?"师曰:"方圆无内外,丑拙任君嫌。"云:"心月孤圆,光含万像。"师曰:"莫将黄叶作真金。"问:"菩提不可以心得,和尚从何而得?"师曰:"齄汉。"乃曰:"若论此事,如日月丽天,八方普照,盲者不见,盆下不知,非日月不明,乃当人障隔。若据祖师正令,拟议千差,直须打透金锁玄关,一任纵横妙用。久立!"

温州弥陀正彦庵主 一日,礼拜雪窦良禅师。良问云:"汝是有主沙弥,无主沙弥?"主曰:"有无且致,和尚是有主禅师,无主禅师?"良云:"却被葫芦倒缠藤。"主曰:"道什么?"良拟对,主拂袖便出,曰:"见面不如闻名。"良呵呵大笑。至晚入室,良不允,主乃有颂曰:"金刀剃落青丝发,求佛求法亦求真,黄梅分付卢行者,师今授手与何人。"

灵隐知禅师法嗣

临安府灵隐正童圆明禅师 僧问:"如何是道?"师曰:"夜行莫踏白。"曰:"如何是道中人?"师曰:"黄张三,黑李四。"

---

① 狁(yòu):一种猴,黄黑色,尾巴很长。

承天简禅师法嗣

婺州智者山利元禅师 上堂，拈拄杖曰："大用现前，不存轨则。东方一指，乾坤肃静。西方一指，瓦解冰消。南方一指，南斗作宫。北方一指，北斗潜藏。上方一指，筑着帝释鼻孔。下方一指，穿过金刚水际。诸人面前一指，成得甚么边事？"良久，卓一下曰："路上指奔鹿，门前打犬儿。"

温州瑞安僧印禅师 僧问："如何是法身礼。"师曰："头大耳小。"云："如何是法身用？"师曰："南原耕罢者，牵犊负樵归。"云："恁么则三身不分也。"师曰："大虫看水磨。"乃曰："将心问佛如天远，以佛求心道转赊。若遇云门行正令，须教棒下识龙蛇。"良久曰："具眼者看取。"

师于熙宁十年九月十三日，沐浴更衣，留偈曰："倚空灵剑冷光浮，佛祖魔军一刃收。带月吼风归宝匣，铁牛惊散曲江头。"言讫，趺坐而逝，茶毗敛骨，获舍利五色。

九峰韶禅师法嗣

明州大梅祖镜法英禅师 姓张氏，本州鄞县人。初住襄阳白马，开堂，问答罢，乃曰："至道无在岂无在也，至言无穷岂有穷也。得之则皎若目前，失之则毫厘有隔。是故，虽一大藏教不为多言，一默毗耶岂曰无语。须知佛祖人天殊非本有，好恶长短亦非本无。直下荐得，犹在半途，这个事须遇明眼证据。贫道今日功不浪旋,将此举扬,上祝皇风、情与无情,得无生忍。"

次居大梅,判宗留后仲爱一见道契,奏赐师名。上堂曰:"祖师不会禅,诸佛不会道。学道与学禅,诸方闹浩浩。或以玉为尘,或认①石为宝。参得一肚皮,特地生烦恼。不烦恼解会,何如入荒草。寄语参禅学道人,头边白发年年新,何如来与大梅老。相共开田博饭吃,一生参学事毕。珍重!"

又曰:"三十六旬之始,七十二候之初。末后句则且置,只如当头一句又作么生道?"拈拄杖曰:"岁朝把笔,万事大吉,急急如律令。大众,山僧恁么提唱,且道还有祖师意也无?"良久曰:"记得东村黑李四,年年亲写在门前。"卓拄杖,下座。又曰:"春山笋蕨正蒙茸,好把黄粱彻晓春。莫谓西来无此意,祖师浑在钵盂中。参!"

称心倧禅师法嗣

彭州慧日尧禅师 僧问:"古者道,我有一句,待无舌人解语,却向汝道。未审意旨如何?"师曰:"无影树下好商量。"僧礼拜,师曰:"瓦解冰消。"

报本兰禅师法嗣

福州中际可遵禅师 上堂,"咄咄咄!井底啾啾是何物?

---

① 认:径山本作"以"。

直饶三千大千，也只是个鬼窟。咄！"

上堂，"昨夜四更起来，呵呵大笑不歇。幸然好一觉睡，霜钟撞作两橛"。

上堂，"禾山普化忽颠狂，打鼓摇铃戏一场。劫火洞然宜煮茗，岚风大作好乘凉。四蛇同箧看他弄，二鼠侵藤不自量。沧海月明何处去，广寒金殿白银床。咄！"

上堂，"八万四千深法门，门门有路超乾坤。如何个个踏不着，只为蜈蚣太多脚。不唯多脚亦多口，钉嘴铁舌徒增丑。拈椎竖拂泥洗泥，扬眉瞬目笼中鸡。要知佛祖不到处，门掩落花春鸟啼"。

邢州开元法明上座 依报本未久，深得法忍。后归里事落魄，多嗜酒呼卢。每大醉，唱柳词数阕。日以为常，乡民侮之。召斋则拒，召饮则从，如是者十余年，咸指曰："醉和尚。"

一日，谓寺众曰："吾明旦当行，汝等无他往。"众窃笑之。翌晨，摄衣就座，大呼曰："吾去矣，听吾一偈。"众闻奔视，师乃曰："平生醉里颠蹶，醉里却有分别。今宵酒醒何处，杨柳岸晓风残月。"言讫寂然，撼之已委蜕矣。

称心明禅师法嗣

洪州上蓝院光寂禅师 上堂，横按拄杖，召大众曰："还识上蓝老汉么？眼似木楔，口如匾担。无问精粗，不知咸淡。与么住持，百千过犯。诸禅德，还有为山僧忏悔底么？"良久曰："气急杀人。"卓拄杖，下座。

承天宗禅师法嗣

饶州崇福了禅师 上堂，僧问："大众云臻，请师说法。"师曰："青莲不惜亲分付，罕遇知音会破颜。"云："一句无私，群心有赖。"师曰："个中端的旨，沙界共流通。"云："若不临沧海，焉知波浪宽。"师曰："一滴曹溪水，时人被陆沉。"乃曰："迟日和风，柳皱桃绽，当万物发生之际，是般若流运之时。草木芬芳，园林秀媚。且道无影树子抽条也未？"遂拈拄杖云："看看！筑着梵王鼻孔，拶破帝释眼睛。尽大地全是山僧，诸人无分。若也荐得，尽大地全是诸人，山僧无分。如或未然，打鼓普请看。"又曰："云拥奇峰，水盈巨壑。横扁舟于古岸，钓皓月于波心。红尾锦鳞，侬家末事。骊珠荆璞，未足为珍。直饶撮土为金，何似转凡成圣。大众，贤愚凡圣，古今条例，且道怎么生转？"良久曰："琉璃盏子人皆有，无着当时只为粗。"下座。

杭州承天守明禅师 上堂曰："剑轮飞处，好定纲宗。石火电光，眼中着屑。所以曹溪拈拂，已涉痕瑕。雪岭辊球，急须着眼。若是行脚上士、本分禅流，纵教喝散白云，冲开碧落。如斯受用，又属建化门中。若也正令提纲，任是三头六臂底出来，也须倒退三千里。参！"

湖州凤皇山护国仁王有从禅师 僧问："昙花已现人天仰，愿开金口副群机。"师曰："白云垂碧落，无处不为霖。"云："便怎么会时如何？"师曰："裂转鼻孔。"云："不因伸请问，争辨我师机。"师曰："用不着。"问："箭锋相拄，笑杀衲僧。啐啄同时，千山万水。不涉程途，请师速退。"师曰："一二三四五。"云："便是和尚为人处也无？"师曰："堕崖落堑。"云："作家宗师。"师曰："放汝三十棒。"乃曰："宗乘一举，海辨难诠。祖令当行，要津无路。真如凡圣，皆是梦言。佛及涅槃，并为增语。据此诚实，还可举扬也无？既升此座，不可徒然。方便门中，放一线道，与诸人商量。且道十二时中如何趣向？若向这里荐得，行住坐卧，任运施为，见闻觉知，随缘应用，尘尘弥勒，刹刹善财，山河大地，自己家风，妙明真心，非增非减。若能如是，方称大丈夫。久立！"

鼎州大龙山德全禅师 僧问："如何是法身？"师曰："声前拍不散。"云："学人便恁么时如何？"师曰："句后觅无踪。"

苏州昆山慧严海印法安禅师 僧问："柳垂堤畔，花发林间，如何显道？"师曰："两彩一赛。"云："自从一见桃花后，直至如今更不疑。"师曰："汝向什么处见灵云？"云："花开满树，花落枝空。"师曰："放汝三十棒。"

长芦福禅师法嗣

金陵清凉广慧和禅师 上堂曰："达磨祖师，无端将一杓恶水，泼在天下老宿头上。直得天下老和尚说禅说道，南北纷纭，续焰传芳，亘今亘古。山僧今日亲遭一杓，摆脱无门。扬千古之玄风，振一时之轨范。"良久曰："看看！山僧将一杓恶水，泼向诸人头上去也，还觉也无？如或不知，更看一杓。祖佛家风孰与知，西来消息若何为。殷勤为报未归客，月满秋天霜冷时。参!"

又曰:"一日复一日,日日催人老。寒则且围炉,困乃和衣倒。奉报往来人,家中元有宝。家内不曾寻,拄棒缘门讨。任使讨过半,辛苦生烦恼。不如归去来,去却门前草。"复曰:"诸禅德,尽十方世界是草,作么生去?归堂吃茶。"又曰:"多日天晴,今朝下雨。大地山河,无不皆普。三时打钟,二时打鼓。处处分明,头头荐取。"复拈拄杖曰:"诸禅德,还会么?三世诸佛尽在里许。"拍禅床一下。

天衣和禅师法嗣

杭州护国菩提志专禅师 僧问:"远离嘉禾胜境,已届海昌道场。如何是不动尊?"师曰:"此去嘉禾不远。"云:"恁么则往来无际。"师曰:"灵利衲僧。"僧便喝。师曰:"棒上不成龙。"乃曰:"说即天地悬殊,不说即眼睫里藏身,眉毛上蹦跳。说与不说,拈放一边。"举拄杖云:"且道这个是什么?"良久曰:"昼月冷光现,卓地计初成。"卓一下,下座。

云居齐禅师法嗣

南康云居契瑰禅师 僧问:"路逢死蛇莫打杀,无底篮子盛将归,未审师还受也无?"师曰:"你甚么处得来?"曰:"恁么则不虚施也。"师曰:"却且提取去。"问:"如何是佛?"师曰:"赞叹不及。"曰:"莫只这个便是么?"师曰:"不令人赞叹。"

杭州灵隐文胜慈济禅师 婺州刘氏子。僧问:"古鉴未磨时如何?"师曰:"古鉴。"曰"磨后如何?"师曰:"古鉴。"曰"未审分不分?"师曰:"更照看。"问:"如何是和尚家风?"师曰:"莫讶荒疏。"曰"忽遇客来作么生?"师曰:"吃茶去。"

明州瑞岩义海禅师 雪川胡氏子。造云居法席,居问:"甚么物怎么来。"师于言下大悟。遂有颂曰:"云居甚么物,问着头恍忽,直下便承当,犹是生埋没。"

出世,住报本,僧问:"如何是祖师西来意?"师曰:"若到诸方,但道报本不解答话。"问:"如何是和尚家风?"师曰:"无忌讳。"曰:"忽遇触忤又且如何?"师曰:"不解作客劳烦主人。"问:"释迦掩室于磨竭,净名杜口于毗耶,未审如何示众?"师曰:"汝不欲我开谈。"曰:"未晓师机。"师曰:"且退。"问:"如何是无位真人?"师曰:"这里无安排你处。"

明州广慧志全禅师 杭州卫氏子。上堂,僧问:"如何是衲僧本分事?"师曰:"你莫钝置我。"僧礼拜,师曰:"却是大众钝置阇梨。"便下座。

问:"贼不打贫儿家时如何?"师曰:"说向人也不信。"僧曰:"恁么则礼拜而退。"师曰:"得个甚么。"

明州大梅保福居煦禅师 温州周氏子。僧问:"古人面壁意旨如何?"师曰:"但怎么会。"曰:"未审如何领会?"师曰:"礼拜着。"

处州南明惟宿禅师 僧问:"法法不隐藏,古今常显露,如何是显露底法?"师曰:"见示大众。"曰:"恁么则学人谨退也。"师曰:"知过必改。"

荆州军清溪清禅师 僧问："古路坦然，如何履践？"师曰："你是行脚僧。"

庐州万杉广智禅师 僧问："如何是和尚家风？"师曰："山家只如此。"问："如何是西来的的意？"师曰："大众总闻。"问："寂默为宗时如何？"师曰："谩语。"问："如何是径截一路？"师曰："迂回多少？"问："如何是最先一句？"师曰："此问在后。"

问："世尊拈花意旨如何？"师曰："你还荐得么？"僧云："学人不会。"师曰："多少分明。"问："世尊三昧迦叶不知，如何是世尊三昧？"师曰："何处得这消息？"问："瑞雪满庭从何而降？"师曰："莫泄真机。"问："如何是无价宝？"师曰："甚处得来？"问："如何是祖师西来意？"师曰："尽言只履西归去。"问："古人卷席，意旨如何？"师曰："何不礼拜归堂？"问："如何是文殊门？"师曰："千圣皆从此入。"僧云："入后如何？"师曰："想你不识。"僧礼拜，师曰："灼然。"师乃曰："世尊良久，迦叶起来白槌。马师才升坐，百丈出来卷席。可谓摩竭陀令已行，不可更教山僧重下注脚。然虽如是，久参高士莫讶周遮，后学上坐也须着些精彩，更若繁词恐不及①。珍重！"

明州金鹅虚白禅师 僧问："如何是直截一路？"师曰："鸟道羊肠。"问："如何是一体？"师曰："驼驴猪狗。"僧云："恁么则四生六道去也。"师曰："哑。"

苏州翠峰山洪禅师 僧问："如何是翠峰境？"师曰："只

---

① 恐不及：《五灯全书》作"愈恐不及"。

闻莺鸟语，不见报春来。"问："如何是祖师西来意？"师曰："堪嗟立雪僧。"

洪州上蓝普禅师 相国夏竦问："百骸俱溃散，那个是长老主人？"师曰："前月二十日离蕲阳口。"

功臣轲禅师法嗣

苏州尧峰颢暹禅师 僧问："学人乍入丛林，乞师一接。"师曰："去。"问："承教有言，是法平等，无有高下。如何是平等法？"师曰："尧峰高，宝华低。"曰："恁么则却成高下去也。"师曰："情知你恁么会。"

闻雷声，示众曰："还闻雷声么？还知起处么？若知起处，便知身命落处。若也不知，所以古人道，不知天地者，刚道有乾坤，不如吃茶去。"问："如何是道？"师曰："夕死可矣。"问："如何是金刚力士？"师曰："这里用不着。"问："亡僧迁化向甚么处去也？"师曰："苍天苍天。"乃曰："只如末后僧问亡僧迁化向甚么处去也，山僧向他道苍天苍天，且道意落在甚么处？莫是悲伤迁逝痛忆道人么？若乃恁么评论，实谓罔知去处。要知去处么？更不用久立，歇去！"

上堂，"冬去春来，楼阁门开。若也入得，不用徘徊。诸上座，还向这里入得也未？若也入得，所以古人道，是处是弥勒，无门无善财。若也入之未得，自是诸上座狂走，更不切切。久立，珍重！"

苏州吴江圣寿志升禅师 上堂，"若论佛法，更有甚么事？

所以道，古今山河，古今日月，古今人伦，古今城廓，唤作平等法门，绝前后际。诸人还信得及么？若信得及，依而行之。久立，珍重！"

杭州功臣开化守如禅师 上堂，召大众曰："还知道圣僧同诸人到这里么？既劳尊降，焉敢稽留。久立，珍重！"

栖贤湜禅师法嗣

杭州南山兴教院惟一禅师 僧问："佛未出世时如何？"师曰："白云数重。"曰："出世后如何？"师曰："青山一朵。"问："如何是道？"师曰："刺头入荒草。"曰："如何是道中人？"师曰："干屎橛。"曰："大耳三藏第三度为甚么不见国师？"师曰："脚跟下看。"曰："如何得见？"师曰："草鞋跟断。"

安吉州西余体柔禅师 上堂，"一人把火，自烬其身。一人抱冰，横尸于路。进前则触途成滞，退后即噎气填胸，直得上天无路，入地无门，如今已不奈何也"。良久曰："待得云消去，自然春到来。"

真州定山惟素山主 僧问："如何是不迁义？"师曰："暑往寒来。"曰："怎么则迁去也？"师曰："啼得血流无用处。"问："达磨心印师已晓，试举家风对众看。"师曰："门前有个长松树，夜半子规来上啼。"问："知师洞达诸方旨，临机不答旧时禅。如何是新奇？"师曰："若到诸方，不得错举。"曰："学人殷勤于座右，莫不只此是新奇？"师曰："折草量天。"问："如何是定山境？"师曰："清风满院。"曰："忽遇客来，如何只待？"师曰："莫嫌冷淡。"乃曰："若论家风与境，不易酬对。多见指定处所，教他不得自在。曾有僧问大随：'如何是和尚家风？'随曰：'赤土画簸箕。'又曰：'肚上不贴榜。'且问诸人作么生会？更有夹山云门、临济风穴，皆有此话播于诸方，各各施设不同，又作么生会？法无异辙，殊途同归。若要省力易会，但识取自家桑梓，便能绍得家业，随处解脱，应用现前。天地同根，万物一体，唤作衲僧眼睛，绵绵不漏丝毫。苟或于此不明，徒自羚掷辛苦。"

僧问："如何是佛？"师曰："含齿戴发。"曰："恁么则人人具足。"师曰："远之又远。"问："牛头未见四祖时如何？"师曰："成家立业。"曰："见后如何？"师曰："立业成家。"问："如何是定山路？"师曰："峭。"曰："履践者如何？"师曰："崄。"问："无上法王有大陀罗尼，名为圆觉，流出一切清净真如、菩提涅槃。未审圆觉从甚么处流出？"师曰："山僧顶戴有分。"曰："恁么则信受奉行。"师曰："依稀似曲才堪听。"问："十二时中如何得与道相应？"师曰："皇天无亲，唯德是辅。"曰："恁么则不假修证也。"师曰："三生六十劫。"

南岳福严省贤禅师 僧问："如何是福严境？"师曰："画也画不及。"僧云："如何是境中人？"师曰："且子细。"问："师唱谁家曲，宗风嗣阿谁。"师曰："不因汝问，我也不说。"僧云："恁么则宝觉分枝去也。"师曰："莫乱道。"

袁州仰山智齐禅师 初参諟禅师，諟问："汝是甚处人？"对曰："安州人。"諟云："汝为甚么却不安？"对曰："今日转见病源。"諟云："且道强惺惺。"师遂礼拜，有颂曰："有口不能言，无舌能解语，惺惺犹是梦，何处有佛祖。"

罗汉祖印行林禅师法嗣

真州长芦赞禅师　僧问："拈槌举拂即不问，如何是喝散白云底意气？"师曰："吃棒。"僧云："争奈人天大众何？"师曰："罪不重科。"问："如何是佛法大意？"师曰："老僧奉圣旨开堂。"僧云："恁么则天人群生类，皆承此恩力。"师曰："知恩方解报。"问："一棒打破虚空时如何？"师曰："费力。"僧云："恁么则百杂碎。"师曰："只为终日区区。"师乃曰："起动大众，若于佛法中，也无可得伸剖，诸人尽是久参先德，达佛知见，不可更教这里谈禅说道。实为举足动步，不离道场，乃至林间宴坐经行，无非佛事。"良久曰："参！"

福州支提昭爱禅师　僧问："如何是佛？"师曰："牛儿不识虎。"问："如何是和尚家风？"师曰："臂长衫袖短。"僧云："忽遇客来如何？"师曰："离中虚坎中满。"

福州灵峰道诚禅师　僧问："祖祖相传，传祖印，师今得法嗣何人？"师曰："那个古人恁么道？"僧云："只如道，'吾有正法眼藏，付嘱迦叶'，又作么生？"师曰："不妨具眼。"僧云："千圣不传方是的，一言合道未为真。"师曰："早是不合也。"

袁州仰山择和禅师　僧问："如何是祖师西来意？"师曰："君子不废游。"问："如来藏中，以何为佛事？"师曰："香风吹菱花。"僧云："皆因今日也。"师曰："更雨新好者。"问："如何是佛。"师曰："真书梵字。"示众曰："法本不生，今则无灭，无灭无生,眼中金屑。古佛家风,青天明月。"

袁州崇胜道珍禅师 僧问:"如何是佛?"师曰:"更向什么处觅?"僧云:"莫只这是。"师曰:"勿交涉。"

绵州富乐智静禅师 僧问:"如何是佛法大意?"师曰:"六耳不同谋。"僧云:"意旨如何?"师曰:"逢人但恁么举。"

临江军慧力院绍珍禅师 僧问:"金鸡未鸣时如何?"师曰:"是何时节?"曰:"鸣后如何?"师曰:"却不知时。"问:"师子未出窟时如何?"师曰:"在那里。"曰:"出窟后如何?"师曰:"且走。"

洪州大宁院庆璁禅师 僧问:"道泰不传天子令,时人尽唱太平歌。未审师今意旨如何?"师曰:"山僧罪过。"问:"如何是佛。"师曰:"须弥山。"

上堂,"生死涅槃,犹如昨梦。且道三世诸佛、释迦老子,有甚么长处?虽然如是,莫错会好"。拍手一下,便下座。

问:"承古有言,东山西岭青。未审意旨如何?"师曰:"东山西岭青,雨下却天晴,更问个中意,鹁鸠生鹞鹰。"

续传灯录卷第十二

大鉴下第十三世

法云秀禅师法嗣

东京法云惟白佛国禅师　靖江人。上堂,"离娄有意,白浪徒以滔天。罔象无心,明珠忽然在掌"。以手打一圆相,召大众曰:"还见么?"良久曰:"看即有分。"

上堂,拈拄杖示众曰:"山僧住持七十余日,未曾拈动这个,而今不免现些少神通,供养诸人。"遂卓拄杖,下座。

上堂,"过去已过去,未来且莫算,正当现在事,今朝正月半,明月正团圆,打鼓普请看。大众,看即不无,毕竟唤甚么作月?休于天上觅,莫向水中寻"。师有《续灯录》三十卷入藏。后住明州天童云。

建康府保宁子英禅师　钱塘人也。上堂,拈拄杖曰:"日月不能并明,河海不能竞深,须弥不能同高,乾坤不能同固,圣凡智慧不及,且道这个有甚么长处?"良久曰:"节目分明,生来条直,冰雪敲开片片分,白云点破承伊力。"击禅床,下座。

温州仙岩景纯禅师　僧问:"德山棒,临济喝。和尚如何作用?"师曰:"老僧今日困。"僧便喝,师曰:"却是你惺惺。"

宁国府广教守讷禅师圆照上足时称讷叔。 僧问:"如何是古今常存底句?"师曰:"铁牛横海岸。"曰:"如何是衲僧正眼?"师曰:"针札不入。"

兴元府慈济聪禅师 僧问:"如何是道?"师曰:"此去长安三十七程。"曰:"如何是道中人?"师曰:"撞头磕额。"问:"不是风动,不是幡动,未审是甚么动?"师曰:"低声低声。"问:"如何是随色摩尼珠?"师曰:"青青翠竹,郁郁黄花。"曰:"如何是正色?"师曰:"退后退后。"问:"释迦已灭,弥勒未生,未审谁为导首?"师曰:"铁牛也须汗出。"曰:"莫便是为人处也无?"师曰:"细看前话。"问:"如何是超佛越祖之谈?"师曰:"陕府铁牛。"

上堂,"三乘教典,不是真诠,直指本心,未为极则。若是通心上士、脱洒高流,出来相见"。乃顾视大众曰:"休。"

上堂,"终日孜孜相为,恰似①牵牛上壁。大众,何故如此?贪生逐日区区去,唤不回头争奈何"。

上堂,"一即一,二即二,把定要津,何处出气?"拈拄杖曰:"彼自无疮,勿伤之也。"卓一下,下座。

安州白兆山通慧珪禅师 上堂,"幸逢嘉会,须采异闻。既遇宝山,莫令空手。不可他时后日,门扇后壁角头,自说大话也。穷天地,亘古今,即是当人一个自性,于是中间更无他物。诸人每日行时行着,卧时卧着,坐时坐着,只对语言时满口道

---

① 似:径山本作"是"。

着，以至扬眉瞬目，嗔喜爱憎，寂默游戏，未始间断。因甚么不肯承当自家歇去？良由无量劫来，爱欲情重，生死路长，背觉合尘，自生疑惑。譬如空中飞鸟，不知空是家乡；水里游鱼，忘却水为性命。何得自抑，却问傍人。大似捧饭称饥，临河叫渴。诸人要得休去？各请立地定着精神，一念回光，豁然自照。何异空中红日，独运无私，盘里明珠，不拨自转。然虽如是，只为初机向上机关未曾踏着，且道作么生是向上机？"良久曰："仰面看天不见天。"

庐州长安净名法因禅师 上堂，"天上月圆，人间月半。七八是数，事却难算。隐显不辨即且置，黑白未分一句作么生道？"良久曰："相逢秋色里，共话月明中。"

上堂，"祖师妙诀，别无可说。直饶钉嘴铁舌，未免弄巧成拙，净名已把天机泄"。

浮槎山福严守初禅师 僧问："如何是受用三昧？"师曰："拈匙放筋。"问："如何是正直一路？"师曰："踏不着。"曰："踏着后如何？"师曰："四方八面。"乃曰："若论此事，放行则曹溪路上月白风清，把定则少室峰前云收雾卷。如斯语论，已涉多途，但由一念相应，方信不从人得。大众且道从甚么处得？"良久曰："水流元在海，月落不离天。"

上堂，"即性之相，一亘晴空。即相之性，千波竞起。若彻来源，清流无阻。所以举一念而尘沙法门顿显，拈一毫而无边刹境齐彰。且道文殊普贤在甚么处？下坡不走快，便难逢"。便下座。

鼎州德山仁绘禅师 僧问："如何是不动尊？"师曰："来

千去万。"曰:"恁么则脚跟不点地也。"师曰:"却是汝会。"

上堂,"至道无难,唯嫌拣择,但莫憎爱,洞然明白。山僧即不然,至道最难,须是拣择。若无憎爱,争见明白?"

潭州道林广慧宝琳禅师 苏州人。少习经论,妙通精义,叩圆通禅师,发明祖意。丞相王荆公深加器重。出世广德兴教,次移池阳景德、庐山万杉、潭州道林,学者归仰。

僧问:"德山棒,临济喝,未审和尚如何为人?"师曰:"这聋汉。"僧无语,师曰:"非但患聋,亦乃患哑。"问:"浅闻深悟,深闻不悟,云门道了。和尚作么生?"师曰:"头戴天,脚踏地。"云:"学人未晓。"师曰:"有口不可闲却。"云:"若然者,饥来吃饭,困来眠。"师曰:"不妨会得好。"乃曰:"扬眉瞬目,未当宗乘。举古提今,残羹馊饭。一棒一喝,未称衲僧。踞坐思量,傍观者丑。且道作么生是衲僧本分事?常忆江南三月里。鹧鸪啼处百花香。"

又曰:"云收岳面,日上扶桑。飒飒寒风,纷纷败叶。潇湘江内,白浪滔天。广慧门前,地平如掌。若也知有底衲僧,稳坐太平。其或未然,不免捞天摸地。"

又上堂曰:"近日稍春寒,寥寥宇宙宽,山河无隔碍,世界掌中观。无口卢行者,饶舌见丰干。一日不相见,莫问旧时言。"拈拄杖曰:"会么?棒头有眼明如日,要识真金火里看。"

又曰:"今朝五月五,百草灵苗谁不睹。善财采药与文殊,杀活临机互为主。禅家流,莫莽卤,眨上眉毛好看取,信手拈来知不知,甜者甜兮苦者苦。"

寿州霍丘归才禅师 僧问:"如何是祖师密密意?"师曰:

"佛眼觑不见。"云:"为什么觑不见?"师曰:"密密意。"又问:"一言相契时如何?"师曰:"丹霄显露。"僧云:"不假一言时如何?"师曰:"带水拖泥。"问:"拨尘见佛时如何?"师曰:"眉长三尺。"

示众曰:"若于这里悟去,迥脱根尘,不拘文字,便乃坐断报化佛头,高步毗卢顶上,顿超三界物类,无拘妙用也。变化①金毛师子向须弥山顶哮吼一声,群魔胆裂。"蓦拈拄杖曰:"休向清凉山里埋根,且在霍丘城下拈出。还见么?若也以见见之为常见,无见见之为断见,前来葛藤一时划断见即不见,还见么?"良久曰:"前村深雪里,昨夜一枝开。"

饶州安国自方禅师 上堂,顾视大众曰:"还会么,一切见成,不用丝毫心力,但尽凡心,别无圣解。所以道,观身实相,观佛亦然。前际不来,后际不去,今则无住。无住之本,流出万端,万象森罗,一时验取。"

澧州圣寿香积用旻禅师 上堂,"木马冲开千骑路,铁牛透过万重关。木马铁牛即今在甚么处?"良久曰:"惊起暮天沙上雁,海门斜去两三行。"

瑞州瑞相子来禅师 上堂,顾视众曰:"夫为宗匠,随处提纲,应机问答,杀活临时,心眼精明,那容妖怪。若也棒头取证,喝下承当,埋没宗风,耻他先作。转身一路,不在迟疑。一息不来,还同死汉。大众,直饶到这田地,犹是句语埋藏,未有透脱一路。敢问诸人,作么生是透脱一路?还有人道得么?若

---

① 化:《建中靖国续灯录》作"作"。

无,山僧不免与诸人说破。"良久曰:"玉离荆岫寒光动,剑出丰城紫气横。"

庐州真空从一禅师 上堂,"心镜明鉴无碍"。遂拈起拄杖曰:"唤这个作拄杖即是碍,不唤作拄杖亦是碍,离此之外,毕竟如何?要会么?碍不碍,谁为对,大地山河,廓然纷碎。"

襄州凤凰山干明广禅师 上堂,"日头东畔出,月向西边没,来去急如梭,催人成白骨。山僧有一法,堪为保命术,生死不相干,打破精魂窟。咄咄咄,是何物?不是众生不是佛。参!"

庐山开先心印智珣禅师 饶州人。试经得度,志慕宗风。参圆通禅师,发悟心要,众推上首。遂住合淝之延昌,次迁开先。佛国禅师回奏紫方袍,都尉张公奏以心印师号。

僧问:"和尚出世将何为人?"师曰:"山形拄杖子。"僧云:"刁刁相似,鱼鲁参差。"师曰:"朝三千,暮八百。"问:"赵州三等接人,未审和尚几等接人?"师曰:"随家丰俭。"僧云:"向上之机虽已晓,中下之根事若何?"师曰:"领取钩头意,莫认定盘星。"问:"须菩提唱无说而显道,和尚以何而显道?"师曰:"山僧只似铁。"乃曰:"极目青天无片云,万象森罗全体露。若也拟议,更商量,终是翻成个露布。久立,归堂吃茶去!"

又曰:"平旦寅,扶桑日出照何人,个中未了奔南北,孰知大地一微尘。虽然如是,会得甚奇特,不会亦最亲。"又曰:"击鼓上来,大家觑见,法法现前,不劳锻炼。诸禅德,为什么如此?彼彼大丈夫,为君通一线。"

又曰:"动静不禅,去来常定,万派同源,海云自异。可谓心境一如,有何不可。然虽如是,且道衲僧分上还得也无?"良久曰:"天台椰栗木,南岳万岁藤。"又曰:"握须弥于掌内,鉴十方于目前,且道是什么人分上事?所以云门大师云:'三藏圣教在汝舌头上,微尘诸佛在汝脚跟下,不如悟去好。忽若筑着磕着,东西不辨,南北不分底,又作么生?"良久曰:"存得五湖明月在,不愁无处下金钩。"又曰:"一法不通,万缘方透,山河无隔碍,灵光触处明。且道眼为什么不见眉毛?只为住处太近,未免衲僧取笑。既不恁么,又作么生?钵盂无底寻常事,面无鼻孔笑杀人。"

舒州甘露德颙禅师 僧问:"知师已得圆通旨,未审如何指示人?"师曰:"昼见日。"僧云:"学人不会。"师曰:"夜见星。"问:"如何是佛法大意?"师曰:"歌须摇头,哭须皱眉。"问:"如何是最初一句?"师曰:"梁王不识。"云:"未审意旨如何?"师曰:"独自凄凄。"

示众曰:"旃檀林中,更非他木,并是根生土长,出现世间。花果枝条,悉皆茂盛,优钵罗华,时一现耳。直得圣凡聚首,远近同观则不无,且道承谁覆荫?"良久曰:"南山起云,北山下雨。"

上堂,"早朝击鼓,劳动诸人。古佛丛林,事不获已,直饶德山一棒似倚天长剑,临济一句如旱地爆雷,尽是倚势欺人,无风起浪。山僧今日过犯弥天,留与诸方点检"。

江宁府蒋山慧炬良策禅师 福州人。试经得度,游方参叩首。见六合孜禅师,稍有发明。诣圆通禅师席下,顿释凝滞。出世华藏,次迁钟山。

僧问:"诸佛出世,普为群生。和尚出世,又且如何?"师曰："拄杖未曾拈着。"云："与么则人天获利。"师曰："好领前话。"云："喏喏。"师曰："这个衲僧犹较些子。"乃曰："秋风索寞，秋景萧条。雁过长空，燕离大厦。游方禅客，卜处安居。腰东轻囊，手携短锡。水边松际，去住无拘。虽然如是，忽有人问：'作么生是行脚底事？'明眼人前如何只对。若是所得之者万一无疑，后学初心亦须仔细。还会么？要知江上路，须问渡头人。"又曰："雪将残，分外寒，向火容易，涉道艰难。好是和衣打睡，任他日上栏干。祖师没要断臂，吾徒莫作等闲。光阴荏苒，人事多端，这边绿水，那边青山。难难，百年三万六千日，看看便见鬓毛斑。山僧与么说话，拖泥带水。然虽如是，养子方知父慈。"

太平州芜湖县吉祥讷禅师 僧问："昔日凤凰台畔，已得圆通之机。今朝坐断要津，愿唱西来之曲。"师曰："日出卯，用处不须生善巧。"云："今日学人得闻于未闻也。"师曰："心不负人，面无惭色。"云："可谓清音通碧汉，古曲尽咸闻。"师曰："逢人但恁么流通。"乃曰："诸佛不出世，亦无有涅槃。祖师不西来，亦无所传授。若一向恁么去，释迦老子饮气吞声，放一线道，过这边来，便见有佛有祖，有师有承。山僧到这里，进前不得，退后无门，不免露个消息，也要大家知委。还相委悉么？"良久曰："霹雳一声惊宇宙，几人犹在梦魂中。"

师到隐静，上堂曰："五峰影里，双涧声中，草木青葱，烟云澹泞①。风光溢目，触处可观。然虽如是，程②如撞着道傍一句

---

① 泞：径山本作"伫"。
② 程：径山本作"只"。

作么生道?还知落处么?"良久曰:"玲珑八面自回合,峭峻一方谁敢窥。"复曰:"啸月吟春水石间,忘机赢得此心闲。无端打破空狼籍,羞对白云归旧山。"

庐州广慧冲云禅师 僧问:"如何是广慧境?"师曰:"古柏含烟翠,乔松带雪寒。"云:"如何是境中人?"师曰:"一瓶净水一笼烛,童子念经僧坐禅。"乃曰:"法界性海,非三界可观,解脱法门,绝一尘可视。盖由性灵不等,根器差殊故。诸佛出兴,随缘设教,或茶坊酒肆徇器投机,或柳巷花街优游自在。种种施为,尽入萨婆若海。恁么说话,耻他先圣。不见古人道,赤肉团上壁立千仞,百尺竿头如何进步。"良久曰:"撒手到家人不识,更无一物献尊堂。珍重!"

庐州承天资福月禅师 僧问:"如何是庐州境?"师曰:"千里风威肃,重城角韵清。"云:"如何是境中人?"师曰:"歌廉虽起裤襦①咏,借寇难留柱石材。"乃曰:"信知此事,西竺首传迦叶,域中祖令刚行,东土后付卢公,教外真风不坠。分灯列派,徇器投机,自古及今,圣贤间出。岂可以小根小智而能绍续祖宗,发显真猷,称扬斯事。然虽如是,事无一向。岂不见先德道,最初说法者不知有末后句,末后说法者不知有最初句。最初句即且置,作么生是末后句,还有道得么?"良久曰:"珍重!"

南京宁陵安福子胜禅师 僧问:"若立一尘,家国兴盛,不立一尘时如何?"师曰:"有眼无耳朵,六月火边坐。"僧便归众。师曰:"三十六计,走为上计。"随后便打。乃曰:"问处风

---

① 裤襦(kù rú):地方官吏的善政。

驰电卷，答处海纳众流。何也？且大道虚旷，孰以言宣，法无去来，本非出没，自今及古，何曾有异。灵光不昧，体露真常，心本空寂，境自不生，境既不生，性本常住。可谓一切诸法，皆悉圆成。是故先觉有言：'法本法无法，无法法亦法，今付无法时，法法何曾法。'诸仁者，他无恁么告报诸人，何不直下承当！若也承当得去，能于般若光中游华藏世界，纵横自在，妙用无边。拟识思量，翻成露布。毫厘情念事相不忘，往复轮回何有休息。殊不知，凡之与圣，皆是虚名，异相劣形，本来幻色。若能自信，旷劫尘劳，冰消瓦解。如是则十方世界一口吞尽，何处更有一丝毫为隔为碍。虽然如是，敢问诸人，只如达磨西来，九年冷坐个什么？"良久曰："不要疑着。"

又上堂曰："万木萧疏，群峰错落。严松古柏，四季长青。林下相逢，更说什么？若也扬眉瞬目，又是鬼弄精魂。更或拈拂敲床，大似隔靴抓痒。筑着磕着，头胀面赤。到这里如何得恰好？"良久曰："借君一片闲田地，独对高峰为举扬。"参。

金陵正觉道清禅师 僧问："如何是佛法大意？"师曰："陈仓米饭淡黄齑。"问："如何是急切处？"师曰："库宇半成，方丈基足。"

庐州澄慧义端禅师 僧问："如何是佛？"师曰："坯捏金装。"云："如何是法？"师曰："海口难宣。"云："如何是僧？"师曰："剃头洗钵。"云："向上更有事也无？"师曰："不妨惺惺。"乃曰："春山青，春水碧，随波逐浪成虚掷，若能返究本来源，万派分流声历历。"问："你诸人识不识？忽若识，免效当年空面壁。"

庐州北天王崇胜益禅师 上堂曰："灵源澄寂，动静一如。万法本空，随缘而照。方圆任器，应用无私。亘古亘今，了然自在。所以在天旋之不动，在江注之不流，寂而不凝，动而不乱，运用千般，隐无滞碍。然虽如是，争奈祖宗门下总用不着，敢问诸人，且道衲僧有什么奇特处？"乃拈拄杖，横按膝上，曰："会么？七星光灿烂，举动耀乾坤。"卓一下，又曰："宗门祖令，徒自缄言，坐断妙峰，一口吞尽，黄河倒泻昆仑，铁牛横行宇宙。到这里，却须有出身一路。"良久曰："玉马嘶时金斗转，金鸡啼处日光生。参！"

庐山栖贤智柔庵主 参圆通有省，乃献投机颂曰："二十年来行脚，走尽东京西洛，如今却到栖贤，一步不曾移着。"

金陵天禧慧严宗永禅师 僧问："九年面壁图个什么？"师曰："天盖地载。"云："昔日达磨，今日天禧。"师曰："多年历日。"问："正当恁么时，佛法在什么处？"师曰："你鼻孔里。"云："恁么则气急杀人。"师曰："也有些子。"

杭州佛日山智才禅师法嗣

澧州夹山自龄禅师 姓周氏，宜兴人。受业于本州福圣寺，十八具戒，游丛林。造佛日才禅师法席，悟明心要，给侍左右，多历年纪。才迁化，复历诸方。与石霜琳同行，因至黄龙南禅师会中，琳不晓黄龙宗旨，投诚入室。师怒殴之，绝交而去。至大沩真如喆禅师会下，为首座。遂开法兴化，僧问："混沌未分时如何？"师曰："春风拂拂。"曰："分后如何？"师曰："春日迟迟。"曰:"向上更有事也无?"师曰:"一年三百六十日。"

上堂,良久,顾大众曰:"月里走金乌,谁云一物无。赵州东壁上,挂个大葫芦。参!"

上堂,良久,打一圆相曰:"大众,五千余卷诠不尽,三世诸佛赞不及。令人却忆卖油翁,狼忙走下绳床立。参!"

上堂,"便乃忘机守默,已被金粟占先。拟欲展演词锋,落在瞿昙之后。离此二途,作么生是纳僧透脱一路?"良久曰:"好笑南泉提起处,刘茅镰子曲弯弯。参!"

长芦广照应夫禅师法嗣

真定府洪济宗颐禅师 姓孙氏,沼州人。少习儒业,超卓出群。元丰清满禅师见之,勉令奉佛。遂投圆通禅师出家,落发受具。参广照禅师,屡扣宗猷,未有开发。一日,足方蹑阶,忽然省悟,述投机颂曰:"举足上砖阶,分明这个法。黄杨木畔笑呵呵,万里青天一轮月。"遂陈其所悟,广照可之。

待制杨公畏请师出世说法。僧问:"台星临宝座,祖意愿宣扬。"师曰:"万里不挂片云。"僧云:"恩深转无语。"师曰:"唯有好风来席上,更无闲语落人间。"僧云:"千古淳风特地清。"师曰:"真师子儿,善师子吼。"问:"四众临筵,请师说法。"师曰:"须弥山,大海水。"僧云:"我闻一唱三疑息,青莲启目视头陁。"师曰:"毕钵岩中如何话会?"僧云:"杲日当空,清风满座。"师曰:"只道得一半。"问:"达磨面壁,此理如何?"师良久,僧礼拜。师曰:"今日被这僧一问,直得口哑。"

乃曰:"冬去寒食,一百单五。活人路上,死人无数。头钻荆棘林,将谓众生苦。拜扫事如何,骨堆上添土。唯有出家人,不踏无生路。大众且道,向什么路去,还会么?南天台,北五台。参!"又曰:"镇州萝卜头,声名播天下。虽则诸方老宿尽力提撕,然而多口衲僧咬嚼不破。先住禅师放下,又分付山僧,如今劈析将来,普通供养。"良久曰:"莫嫌冷淡无滋味,聊表禅家一片心。"又曰:"金风澹荡,物景萧条。叶落庭皋,云飞岭上。不逃暑而暑自退,无意凉而凉自来。正当恁么时,若谓唯心境界,正是头上安头。若言一切平常,大似斩头觅活。"又曰:"新罗别无妙诀,当言不避截舌。但能心口相应,一生受用不彻,且道如何是心口相应底句?"良久曰:"焦砖打着连底冻。"

滁州琅邪山宗初禅师 僧问:"朝宰请师陛宝座,如何方便示西来?"师曰:"多少分明。"云:"恁么则法雨高沾了了堂。"师曰:"贫无达士将金济,病有闲人说药方。"云:"云散始知江月白,坐间方见老卢机。"师曰:"别处人事。"问:"如何是琅邪境?"师曰:"红日照成金色界,秋烟染出碧琉璃。"云:"如何是境中人?"师曰:"抬头山万朵,伴手一枝筇。"乃曰:"若据祖师门下,举目则千山万水,低头乃十万八千。更若展露言锋,寻言究妙,譬若敲冰求火,缘木取鱼,徒费精神,远之远矣。如斯语话,犹涉化门。且问诸人,不落化门一句作么生道?"良久曰:"一句无私,应之万里。"

滁州龙蟠山道成禅师 僧问:"如何是龙蟠境?"师曰:"云散千山翠,烟深隔雨钟。"云:"如何是境中人?"师曰:"栁栗一条,衲衣三件。"云:"向上更有事也无?"师曰:"瞌睡汉。"问："闻师已得黄梅旨，一法如何指示人？"师曰："花开一朵秀，风动一江寒。"云："瘦竹有高节，闲云无定踪。"师曰："一曲楚歌悲杀人。"问："阳春已发，觉木初荣。宝座既登，请师说法。"师曰："岸柳迎风舞。"云："学人未晓。"师曰："溪花向日开。"乃曰："信手拈来，无非妙用，灵知自性，历劫常如。动静随缘，犹谷答响。分身百亿，曲徇群生。洒甘露，沃蕉芽，布慈云，谈实相，咸归至道，今古湛然。更须打办精神，分明看取。诸仁者还见么？"良久曰："秋水一泓长见底，涧松千尺不生枝。"

歙州普满明禅师 僧问："一佛出世，各坐一花，师今出世，为什么却升此座？"师曰："一片红云起，千山地布金。"僧拈起坐具云："且道这个是什么？"师曰："不用皂丝麻线。"问："觌面相逢即不问，脑后神光略借看。"师曰："不借。"云："为什么不借？"师曰："贼是小人。"问："远涉江山即不问，西来祖意事如何？"师曰："憹儸西归辞震旦，至今犹自笑儿孙。"云："恁么则诸圣入廛，殊无利济。"师曰："面壁九年空费力，得皮得髓太无端。"乃曰："吾祖家风岂涉途，失宗随照用心粗。一言为报知音者，近日南能不姓卢。"

上堂，顾视大众曰："牙齿①一把骨，耳朵两片皮，从始至于今，禅人犹未知。诸仁者，只恁么会得，便是出尘罗汉英灵丈夫。若也未然，江北江南问王老，一狐疑了一狐疑。"

又上堂，顾视大众曰："一佛手，二驴脚，生缘各各自斟酌。

---

① 齿：径山本作"爪"。

日出东方夜落西,砖头太厚瓦子薄。错错!前三三与后三三,莫道文殊对无着。"

和州褒禅溥禅师 僧问:"幸遇今朝登祖位,师将何法示迷情。"师曰:"独耀无私,对扬有准。"云:"昙华才绽,遍界馨香。"师曰:"你分上作么生?"云:"巨灵抬手无多子,分破华山千万重。"师曰:"且缓缓。"问:"如何是祖师西来意?"师曰:"牡丹须是三春拆。"云:"学人未晓。"师曰:"黄菊还他九日开。"云:"恁么则便是和尚为人处也。"师曰:"错。"乃曰:"洪机才割,大施门开。辉慧日于锋前,启骊珠于句后。全开宝藏,特决群疑。径截千途,心随万化。现自在力,阐大威光,使一灯分,照于十方。片月流光于万水,为凡圣之根本,作迷悟之源由。演唱一音,顿除疑网。包含万有,密付群机。心眼既开,圆明自显。智穷幽鉴,应用千差。舒卷现前,无非妙用。诸仁者,向这里荐得,吼师子之音,奋象王之势,祛差别之异见,了缚脱之殊途。为苦海之津梁,掌法王之宝印,权衡在手,明镜当台,可以摧邪辅正,可以去伪存真。现一道而清虚,辟群邪而体妙。圆光匝外,显出一灵。豁开万化之源,直示真空之理。诸仁者,还会么?"良久曰:"皎然天地无私照,一道光明处处通。珍重!"

滁州宝林辉禅师 僧问:"如何是祖师西来意?"师曰:"大梅道底。"云:"为什么灯灯相续?"师曰:"递相钝置。"问:"水出高原,如何解会?"师曰:"古今流不竭。"云:"学人未晓。"师曰:"界破青山。"云:"海底红尘生,山头白浪起。"师曰:"淹杀你。"问:"浅闻深悟寻常事,达磨迷逢意若何?"师曰："头戴天，脚蹋地。"云："忽遇三家村里人，如何只对？"师曰："忧则共戚，乐则同欢。"云："若不上来，焉知如是？"师曰："不得草草。"

问："牛头未见四祖时如何？"师曰："汤瓶。"云："见后如何？"曰："水罐。"云："学人未会。"师曰："世情看冷暖，人事逐高低。"问："和尚未见长芦时如何？"师曰："云生古峤。"云："见后如何？"师曰："水出高原。"云："见与未见，相去多少？"师曰："水流终到海，云起必为霖。"问："刀山剑树上，成等正觉时如何？"师曰："劈腹剜心。"云："和尚何得如此？"师曰："心不负人。"乃曰："步步登高，衲僧意气。心心放下，达士忘怀。意气不居祖佛之位，忘怀常游悲智之门。有念尽成功，无知方大利。"良久曰："瑞草生嘉运，林梅放早春。参！"又曰："智水莹精，心珠独耀。万象焕然，十方朗照。眼见无影树子，耳听没弦琴调。若是本分衲僧，不觉低头冷笑。且道笑个什么？无孔铁槌。"

真州灵岩志愿禅师 僧问："山间林下，颇称道人家风。渌水亭边，还他了事衲子。此犹是无风起浪，不涉波澜。请师答话。"师曰："云横远岫，雨滴悬崖。"云："数声清磬是非外，一个闲人天地间。"师曰："石人拊掌，木女呵呵。"云："高卧虚堂无一事，任他今日与明朝。"师曰："四海晏清王道泰，何须更用苦忉忉。"

问："六六三十六，春风动修竹。新斫没弦琴，请师弹一曲。"师曰："不落宫商角徵羽。"云："一声鸣历历，十指起清风。"师曰："不是中郎鉴，还同野舍薪。"云："恁么则不闻闻底事,大众皆闻。"师曰:"知音者少。"乃曰:"看看!云山迭迭,同万卉以青苍。烟渚依依,共孤舟而阒寂。楼台耸峻,殿塔交光。法法无私,古今冥贯。正当恁么时,还相委悉么?"良久曰:"不在低头,思量难得。"又曰:"山家活计无多事,直下分明不用猜。敷坐岂容知与见,任他乌兔去还来。诸人还委悉么?若委悉得去,心猿罢跳,性海无波。白云青嶂,任运萧然。紫陌红尘,随缘豁畅。其或未晓根源,切忌寻玄讨妙。直饶讨得偶傥分明,敢保斯人未彻。"良久曰:"任教沧海变,应不对君通。"又曰:"露卷云收,日上月落。林间幽鸟语呢喃,岭上樵夫歌间错,东南西北本来人。"喝一喝云:"莫向外边生卜度。"

潭州等觉法思禅师 僧问:"梵王请佛,盖为群生安抚,请师当为何事?"师曰:"月映千江白,云开万谷明。"云:"恁么则一句无私。"师曰:"古今无异路,达者共同途。"问:"如何是佛法大意?"师曰:"灯笼挂露柱。"云:"学人未会。"师曰:"佛殿对三门。"云:"向上更有事也无?"师曰:"大海若知足,百川应倒流。"师良久曰:"若也于斯荐得,上无攀仰,下绝己躬,灵光现前,耀腾今古。遇知音而随缘佛事,在山野而别构清规。亦可竿木随身,逢场作戏。然虽如是,且道最初一句作么生道?"顾大众曰:"切忌当头。"

寿州寿春广慧法岸禅师 僧问:"为国开堂于此日,师将何法报君恩?"师曰:"香烟霭霭,瑞气飘飘。"云:"恁么则达磨旧时花叶,而今信手拈来。"师曰:"寒山拊掌,拾得呵呵。"云:"学人今日小出大遇。"师曰:"乞儿见小利。"乃曰:"若论法体,本绝言诠。应用无亏,威光烜赫。英灵上士,相共证明。后学初机,徒劳伫思。虽然如是,事无一向。山僧今日不惜眉毛,与诸人说破。"良久曰:"人从陈州来,不得许州信。"

真州定山真如文彦禅师 上堂曰:"堤边柳绿,默演真空。岭上猿吟,明谈法要。若向这里荐得,头头圆觉,步步道场。其或未然,且待别时分明说破。珍重!"

荆南府护国绍通禅师 僧问:"如何是和尚家风?"师曰:"一瓶一钵。"云:"向上更有事也无?"师曰:"有。"云:"如何则是?"师曰:"拄杖子。"云:"若不上来,争知如是?"师便打,僧云:"错。"师曰:"犹自口喃喃。"

南京法宝德一禅师 僧问:"大众云臻,请师说法。"师曰:"谛听谛听。"僧云:"一回闻得一回新。"师曰:"你作么生会?"僧云:"谛听谛听。"师曰:"也是残羹馊饭。"问:"如何是睢阳境?"师曰:"车马门前有,尘埃堂上无。"云:"如何是境中人?"师曰:"时延三岛客,长接五湖僧。珍重!"

池州乾明禅院宝慧禅师 上堂,拈起袈裟角,示众曰:"此乃佛佛授手,祖祖相传,今日更不覆藏,普示诸人。还会么?"良久曰:"若也未然,且待别时重新说破。"

和州开圣觉禅师 久参长芦有所得,遍游丛林,至五祖演禅师会下。演问:"释迦弥勒犹是他奴,他是阿谁?"师曰:"胡张三,黑李四。"演深喜之,以语悟首座。悟云:"恐未实,更须搜看。"演后复问师:"释迦弥勒犹是他奴,他是阿谁?"师曰:"胡张三,黑李四。"演云:"不是不是。"师曰:"昨日是,今日因甚不是?"演云:"昨日是,今日不是。"师始大悟。后出世开圣开堂,法嗣夫禅师。于烧香之际,忽如有物捣其胸,因成疮未几而化。

明州雪窦道荣觉印禅师 郡之陈氏子。僧问:"寒山逢拾得时如何?"师曰:"扬眉飞闪电。"曰:"更有何事?"师曰:"开口放毫光。"曰:"如何是向上一路?"师曰:"七六八。"

平江府慧日智觉广灯禅师 本郡梅氏子。上堂,良久曰:"休休休,徒悠悠。钓竿长在手,鱼冷不吞钩。"喝一喝,下座。

栖贤迁禅师法嗣

舒州王屋山崇福灯禅师 上堂,"天不能盖,地不能载。一室无私,何处不在。大众直饶恁么会去,也是鬼弄精魂,怎生说个常在底道理"。良久曰:"金风昨夜起,遍地是黄花。"

杭州南山法雨惟镇禅师 僧问:"如何是法雨境?"师曰:"竹寺门相并,湖山路接连。"云:"如何是境中人?"师曰:"芳草和花种,修篁带雨移。"遂顾视大众曰:"还知么?南山岭头,白云冉冉。西湖岸上,绿柳依依。一时验取,不用针锥。"喝一喝,下座。

潭州东明慧迁禅师 初住南源。僧问:"如何是南源境?"师曰:"五岭侵霄汉,三株锁碧烟。"云:"如何是境中人?"师曰:"焚香开卷云生砌,卷箔冥心月在池。"乃曰:"不可以智知,不可以识识,大众且道识个什么?"良久曰:"露柱是木头作称①。"

---

① 称:《建中靖国续灯录》无此字。

开元智谭禅师法嗣

汀州开元宗祐禅师 僧问:"如何是祖师西来意?"师曰:"扁舟冲云浪。"云:"未审意旨如何?"师曰:"一苇渡金陵。"乃曰:"祖师门下,水泄不通。佛事门中,风行草偃。于斯见得,畅快平生。拟议思量,千山万水。"

善果怀演庵主法嗣

潭州玉池光教寺冲俨禅师 僧问:"以心传心,无说可说即不问,如何是可说?"师曰:"石笋逢时长。"僧云:"未审意旨如何?"师曰:"葵花向日开。"问:"如何是祖师的的意?"师曰:"泥牛不吃栏边草。"僧云:"和尚何处安身立命?"师曰:"直向孤峰顶上眠。"

天宁道楷禅师法嗣

汝州香山法成禅师 示众曰:"知有佛祖向上人,方有说话分。诸禅德且道,那个是佛祖向上事?有个人家儿子,六根不具,七识不全,是大阐提,无佛种性,逢佛杀佛,逢祖杀祖,天堂收不得,地狱摄无门。大众还识此人么?"良久曰:"对面不仙陀,睡多饶寐语。"又曰:"只这个负累杀人,认作空劫时自己,分明头上安头。更言落在今时,何异霜加雪上。直得纯清绝点,犹有流注真常。纵然转位回机,大似日中逃影。所以道,二由一有,一亦莫守,一心不生,万法无咎。"喝一喝曰:"是甚热碗鸣声! 岂不见道,文殊起佛见法见,贬向二铁围山。衲僧起佛见法见,列在三条椽下。"乃举起拂子曰:"拂子夜来起佛见法见,且道今朝如何批判?"击绳床曰:"分付德山、临济。"又曰:"灵机独耀,智鉴洞然,瞬目扬眉,已彰痕迹,拈槌竖拂,岂免阶梯。悟之者,心超数量,语默皆如,左放右收,都无依赖。迷之者,头头作解,取舍有心,纵饶尽得那边,未免这边碍着。所以道,衲僧家说①个解粘去缚,拔楔抽钉,已是犯锋伤手。更言体之与用、正之与偏,恰似三家村里教书郎,未念得一本太公家教,便道文章赛过李白杜甫。诸禅德,伊家自有同风,不要展他书卷。"

师问僧:"甚处人?"云:"西川。"师曰:"几时离乡?"云:"前年二月。"师曰:"未离本国一句,作么生道?"云:"通身是口,难为只对。"师曰:"犹是离家失业句。"僧无语,师打一拂曰:"枉踏草鞋。"

初,师与照阐提同嗣芙蓉,而不相识,因有鹏上人者,举照赞芙蓉像云:"雨洗淡红桃萼嫩,风摇浅碧柳丝轻。白云影里怪石露,绿水光中枯木清。咦! 你是何人?"师曰:"今日方知他亲见先师。"鹏遂请益,师曰:"岂不见法眼拈夹山话云,我三十年只作境话会。"鹏遂有省。师后被诏住东京净因寺。

成都大智齐琏禅师 潼川中江人,姓牟氏。少有蝉蜕尘浊之志,年十三落发,从护圣受具。逾岁游成都,依法华百法讲

---

① 说:《径山本》本作"语"。

席，又通唯识。至此则"无漏界，不思议善常，安乐解脱身，大牟尼名法"。瞥若有省。其师已不能屈居，顷之慨然太息曰："吾弃家为大事，兹纸上语尔。譬如画日月，岂有光明耶！"弃之，南游访清溪断臂道者，断臂深器之。复谒五祖演、真如哲、百丈肃、晦堂心，日夕参扣，然未有省发。在晦堂日，有自大阳来者，举芙蓉示众语，师心悦服，遂往从之，初见如旧相识。一日凌晨，闻板声，豁然大悟。急以告芙蓉，芙蓉可之，命掌经藏。分座说法，囊锥颖脱，丛林归重，名声籍然。未几，归省亲，闻芙蓉临净因，复往依止，遂首众座下。净因既在辇毂下，而芙蓉以龙象居焉，问法者万指，而师户外之屦亦如之。芙蓉每语人曰："琏首坐牛行虎视，机锋横出，异日弘吾道决矣。"时天下大兴崇宁寺，精择传法者，永兴经略使王公序，都转运使薛公绍彭，以师为宜，礼致之。师乃诺其请。居五年，名声普闻，远迩倾慕。迁襄阳普宁，政和初西归故里，筑庵妙峰将老焉。既而天彭请莅能仁，又改大随，广汉之无为，成都之超悟，最后居大智。

师在大随日，其徒有妄诉于州者，师怡然就逮，有司考竟其事，将加捶楚。实时天大晦暝，群乌飞噪集杖端，有自投于地者，州将骇异，遂得释脱焉。超悟在大慈寺之庑，列肆如贾区，常阖户坚坐，动遵戒律，人皆敬之。然道价素重，缁素求识面者，项背相望。时腊益高矣，颇厌苦，遂弃去，众力挽之，度不可留。则谓大智居西郊，林樾岑蔚，可以佚老，乃列言于府。时制置使席公每加宾礼，师欣然听之。凡历八载，禅侣影从，遂成宝社，然自是应接简矣。俄示疾，有问者，辄称吾无苦。忽语主事僧："为我置一蓝舆，吾将有所适。"迟明起趺坐，涉笔书偈，泊然而寂。时绍兴十五年十一月四日甲子也。后六日火浴，得舍利百余粒，皆具五色。阅世七十三，坐六十夏。

邓州丹霞子淳禅师 剑州贾氏子，弱冠为僧，彻证于芙蓉之室。

上堂，"乾坤之内，宇宙之间，中有一宝，秘在形山。肇法师恁么道，只解指踪话迹，且不能拈示于人。丹霞今日擘开宇宙，打破形山，为诸人拈出，具眼者辨取"。以拄杖卓一下曰："还见么？鹭鸶立雪非同色，明月芦花不似他。"

上堂，举德山示众曰："我宗无语句，实无一法与人。""德山恁么说话，可谓是只知入草求人，不觉通身泥水。仔细观来，只具一只眼。若是丹霞则不然，我宗有语句，金刀剪不开，深深玄妙旨，玉女夜怀胎。"

上堂，"亭亭日午犹亏半，寂寂三更尚未圆。六户不曾知暖意，往来常在月明前"。

上堂，"宝月流辉，澄潭布影。水无蘸月之意，月无分照之心，水月两忘，方可称断。所以道，升天底事，直须扬却，十成底事，直须去却，掷地金声，不须回顾。若能如是，始解向异类中行。诸人到这里，还相委悉么？"良久曰："常行不举人间步，披毛戴角混尘泥。"僧问："牛头未见四祖时如何？"师曰："金菊乍开蜂竞采。"曰："见后如何？"师曰："苗枯花谢了无依。"

宣和己亥春示寂，塔全身于洪山之南。

东京净因自觉禅师 青州王氏子。幼以儒业见知于司马温公，然事高尚而无意功名。一旦落发，从芙蓉游，履践精密，契悟超绝。出世，住大乘。崇宁间，诏居净因。

上堂，"祖师西来，特唱此事。自是诸人不肯委悉，向外驰求，投赤水以寻珠，诣荆山而觅玉。殊不知，从门入者不是家珍，认影迷头岂非大错。直得宗门提唱，体寂无依，念异不生，古今无间，森罗万象，触目家风，鸟道逼空，不妨举步。金鸡报晓，丹凤翱翔。玉树花开，枯枝结子。只有太阳门下日日三秋，明月堂前时时九夏。要会么？无影树垂寒涧月，海潮东注斗移西"。

建昌军资圣南禅师 圣节，上堂，顾视左右曰："诸人还知么？夜明帘外之主，万化不渝。琉璃殿上之尊，四臣不昧。端拱而治，不令而行，寿逾百亿须弥，化洽大千沙界。且道正恁么时，如何行履？野老不知黄屋贵，六街慵听静鞭声。"

潼川府梅山已禅师 僧问："如何是法身边事？"师曰："枯木糁花不犯春。"曰："如何是法身向上事？"师曰："石女不妆眉。"

襄州石门元易禅师 潼川税氏子。上堂，"十方同聚会，个个学无为。此是选佛场，心空及第归。大众，只如闻见觉知未尝有间，作么生说个心空底道理？莫是见而不见、闻而不闻，为之心空耶？错！莫是忘机息虑，万法俱捐，销能所以入玄宗，泯性相而归法界，为之心空耶？错！恁么也不得，不恁么也不得，恁么不恁么总不得，未审毕竟作么生，还会么？"良久曰："若实无为无不为，天堂地狱长相随。三尺杖子搅黄河，八臂那咤冷眼窥。无限鱼龙尽奔走，捉得循河三脚龟。脱取壳铁锥锥，吉凶之兆便分辉。借问东村白头老，吉凶未兆若何为。休休休，古往今来春复秋。白日腾腾随分过,更嫌何处不风流。咄!"

上堂,"皓月当空,澄潭无影。紫微转处夕阳辉,彩凤归时天欲晓。碧霄云外,石笋横空。绿水波中,泥牛驾浪。怀胎玉兔,晓过西岑。抱子金鸡,夜栖东岭。于斯明得,始知夜明帘外别是家风,空王殿中圣凡绝迹。且道作么生是夜明帘外事,还委悉么?正值秋风来入户,一声砧杵落谁家"。

僧问:"古镜未磨时如何?"师曰:"精灵皱眉。"曰:"磨后如何?"师曰:"波斯弹指。"曰:"为什么如此?"师曰:"好事不出门。"

绍兴丁丑七月二十五日坐寂,火后收舍利,塔于学射山。

瑞州洞山微禅师 上堂,"日暖风和柳眼青,冰消鱼跃浪花生。当锋妙得空王印,半夜昆仑戴雪行"。僧问:"如何是默默相应底事?"师曰:"痤子吃苦瓜。"

西京天宁禧誧禅师 蔡州宋氏子。初住韶山,次过天宁丹霞。

上堂,"韶山近日没巴鼻,眼里闻声鼻尝味。有时一觉到天明,不在床上不落地,大众且道在甚么处?诸人于斯下得一转语,非唯救得韶山,亦乃不孤行脚。其或未然,三级浪高鱼化龙,痴人犹㘞夜塘水"。

问:"如何是君?"师曰:"宇宙无双日,乾坤只一人。"曰:"如何是臣?"师曰:"德分明主化,道契物情机。"曰:"如何是臣向君?"师曰:"赤心归舜日,尽节报尧天。"曰:"如何是君视臣?"师曰:"玄眸凝不瞬,妙体鉴旁来。"曰:"如何是君臣道合?"师曰:"帐符尊贱隔,潜信往来通。"

政和五年九月四日忽召主事，令以楮囊分而为四，众僧、童行、常住、津送各一。既而复曰："丹霞有个公案，从来推到扶起，今朝普示诸人。且道是个甚底？"顾视左右曰："会么？"曰："不会。"师曰："伟哉大丈夫，不会末后句。"遂就寝右胁而化。

襄州鹿门法灯禅师 成都刘氏子。依大慈宝范为僧，俾听《华严》得其要。弃，谒芙蓉，蓉问曰："如何是空劫已前自己？"师于言下心迹泯然，从容进曰："灵然一句超群象，迥出三乘不假修。"蓉抚而印之。

开法鹿门，僧问："虚玄不犯宝鉴光寒时如何？"师曰："掘地深埋。"问："如何是逍遥物外底人？"师曰："遍身红烂，不可扶持。"

洪州宝峰阐提惟照禅师 简州李氏子，幼超迈而恶俗。一日授书，至"性相近也，习相远也"。遽曰："凡圣本一体，以习故差别，我知之矣。"即趋成都师鹿苑清泰。年十九剃染登具，泰令听《起信》于大慈，师辄归卧，泰诘之。师曰："既称正信大乘，岂言说所能了。"乃虚心游方，谒芙蓉于大洪。尝夜坐阁道，适风雪震薄，闻警盗者传呼过之，随有所得，辞去。大观中，芙蓉婴难，师自三吴欲趋沂水，仆夫迷道，师举杖击之，忽大悟叹曰："是地非鳌山也邪。"北至沂，芙蓉望而喜曰："绍隆吾宗，必子数辈矣。"因留躬畔湖上累年，智证成就，出领招提，迁甘露三祖。宣和壬寅，诏补圆通。弃去，复居渤潭。

上堂："古佛道，我初成正觉，亲见大地众生，悉皆成正觉。后来又道，深固幽远，无人能到。团！没见识汉，好龙头蛇尾"。便下座。

上堂,"过去诸佛已入涅槃了也,汝等诸人不应追念。未来诸佛未出于世,汝等诸人不要妄想。正当今日,你是何人?参!"

上堂,"伯夷隘,柳下惠不恭,君子不由也。二边不立,中道不安时,作么生?"拈拄杖曰:"鸳鸯绣出从君看,不把金针度与人。"

上堂,"太阳门下,妙唱弥高。明月堂前,知音盖寡。不免舟横江渚,棹举清波,唱庆尧年,和清平乐。如斯告报,普请承当。拟议之间,白云万里"。

上堂,"本自不生,今亦无灭,是死不得底样子。当处出生,随处灭尽,是含生受底规模。大丈夫汉,直须处生死流,卧荆棘林,俯仰屈伸,随机施设。能如是也,无量方便,庄严三昧,大解脱门,荡然顿开。其或未然,无量烦恼,一切尘劳,岳立面前,塞却古路"。

上堂,"古人道,堕肢体,黜聪明,离形去智,同于大道。正当恁么时,且道是甚么人删诗书、定礼乐,还委悉么?礼云礼云,玉帛云乎哉。乐云乐云,钟鼓云乎哉"。

问:"承师有言,云黯黯处,独秀峰挺出,月朦朦里,泓潭水光生。岂不是宝峰境?"师曰:"若是宝峰境,凭君仔细看。"曰:"如何是境中人?"师曰:"看取令行时。"曰:"只如承言须会宗,勿自立规矩,如何是和尚宗?"师曰:"须知云外千峰上,别有灵松带露寒。"雪下,僧问:"祖师西来即不问,时节因缘事若何?"师曰:"一片两片三四片,落在眼中犹不荐。"

建炎二年正月七日示寂。阇维得设利如珠琲,舌齿不坏,塔于寺之西峰。

福州普贤善秀禅师 僧问："如何是正中偏？"师曰："龙吟初夜后，虎啸五更前。"曰："如何是偏中正？"师曰："轻烟笼皓月，薄雾销寒岩。"曰："如何是正中来？"师曰："松瘁何曾老，花开满未萌。"曰："如何是兼中至？"师曰："猿啼音莫辩，鹤唳响难明。"曰："如何是兼中到？"师曰："拨开云外路，脱去月明前。"

太傅高世则居士 字仲贻，号无功。初参芙蓉，求指心要。蓉令去其所重，扣已而参。一日，忽造微密，呈偈曰："悬崖撒手任纵横，大地虚空自坦平。照壑辉岩不借月，庵头别有一帘明。"

大洪恩禅师法嗣

随州大洪守遂禅师 遂宁章氏子。上堂召大众曰："一拳拳倒黄鹤楼，一踏踏翻鹦鹉洲。惯向高楼骤玉马，曾于急水打金球。然虽恁么，争奈有五色丝绦击手脚，三鐪①金锁锁咽喉，直饶锤碎金锁，割断丝绦，须知更有一重碍汝在。且道如何是那一重，还会么？善吉维摩谈不到，目连鹙子看如盲。"

上堂，举李刺史问药山何姓，山曰正是时，李罔测，乃问院主："某甲适来问长老何姓，答道正是时。的当是姓甚么？"主曰："只是姓韩。"山闻曰："若六月对他便道姓热也。"又岩头问讲僧："见说大德会教是否？"曰："不敢。"岩头举拳曰："是甚

---

① 鐪（xū）：锁中的簧片。

么?"教曰:"是权教。"头曰:"苦哉,我若展脚问你,不可道脚教也。"师曰:"奇怪二老宿,有杀人刀有活人剑。一转语似石上栽花,一转语似空中挂剑。当时若无后语,达磨一宗扫地而尽。诸人要见二老宿么?宁可截舌,不犯国讳。"

庐山归宗通禅师法嗣

襄州资福广照素月禅师 僧问:"如何是古佛心?"师曰:"不着中间,去却两头。"僧云:"如何是和尚的的为人处?"师曰:"张公吃酒李公醉。"问:"如何是佛?"师曰:"顶后无圆相。"僧云:"未审意旨如何?"师曰:"和风发嫩蕊①。"问:"如何是真常道?"师曰:"着衣吃饭。"僧云:"学人不会。"师曰:"真常道。"僧云:"莫谩学人。"师曰:"想君不见朝官体,只识皮鞋不识靴。"

庐山同安庆通禅师 僧问:"师唱谁家曲,宗风嗣阿谁?"师曰:"燕子不离旧窠。"问:"世尊未成佛时如何?"师曰:"佛。"僧云:"成佛后如何?"师曰:"佛。"僧云:"毕竟如何?"师曰:"佛。"

江陵福昌知信禅师法嗣

安州法兴期禅师 僧问:"学人无问,请师不答。"师曰:

---

① 蕊:径山本作"萼"。

"鲸意吞舟腾巨浪，人无消息过沧溟。"僧云："恁么则落二落三。"师曰："饶君解致千般问，空自言多道转赊。"

蒋山泉禅师法嗣

清献公赵抃居士 字悦道。年四十余，摈去声色，系心宗教。会佛慧来居衢之南禅，公日亲之，慧未尝容措一词。后典青州，政事之余，多宴坐。忽大雷震惊，即契悟作偈曰："默坐公堂虚隐几，心源不动湛如水。一声霹雳顶门开，唤起从前自家底。"慧闻笑曰："赵悦道撞彩耳。"富郑公初于宗门未有所趣，公勉之书曰："伏惟执事，富贵如是之极，道德如是之盛。福寿康宁，如是之备。退休闲逸，如是之高。其所未甚留意者，如来一大事因缘而已。能专诚求所证悟，则他日为门下贺也。"

公年七十有二，以太子少保致仕而归，亲旧里民，遇之如故。作高斋以自适，题偈见意曰："腰佩黄金已退藏，个中消息也寻常。世人欲识高斋老，只是柯村赵四郎。"复曰："切忌错认。"

临薨，遗佛慧书曰："非师平昔警诲，至此必不得力矣。"慧悼以偈曰："仕也邦为瑞，归欤世作程。人间金粟去，天上玉楼成。慧剑无纤缺，冰壶彻底清。春风瀫水①路，孤月照云明。"

---

① 瀫 (hú) 水：即浙江省之衢江。

续传灯录卷第十三

大鉴下第十三世

杨岐会禅师法嗣

舒州白云守端禅师 衡阳葛氏子,幼事翰墨,冠依茶陵郁山主披削。往参杨岐,岐一日忽问:"受业师为谁?"师曰:"茶陵郁和尚。"岐曰:"吾闻伊过桥遭颠①有省,作偈甚奇,能记否?"师诵曰:"我有明珠一颗,久被尘劳关锁,今朝尘尽光生,照破山河万朵。"岐笑而趋起,师愕然,通夕不寐。黎明咨询之,适岁暮,岐曰:"汝见作日打驱傩②者么?"曰:"见。"岐曰:"汝一筹不及渠。"师复骇曰:"意旨如何?"岐曰:"渠爱人笑,汝怕人笑。"师大悟。巾侍久之,辞游庐阜。圆通讷禅师举住承天,声名籍甚。又逊居圆通,次徙法华龙门兴化海会,所至众如云集。

僧问:"如何是佛?"师曰:"镬汤无冷处。"曰:"如何是佛法大意?"师曰:"水底按葫芦。"曰:"如何是祖师西来意?"师

---

① 颠 (diān):跌,摔。
② 傩 (nuó):又称跳傩、傩舞、傩戏,一种神秘而古老的原始祭礼。

曰："乌飞兔走。"问："不求诸圣，不重己灵，未是衲僧分上事，如何是衲僧分上事？"师曰："死水不藏龙。"曰："便怎么去时如何？"师曰："赚杀你。"

到栖贤，上堂，"承天自开堂后，便安排些葛藤。来山南东葛西葛，却为在归宗开先万衫打迭了也。今日到三峡会里，大似临嫁医瘿，卒着手脚不办，幸望大众不怪。伏惟珍重！"

上堂，"鸟有双翼，飞无远近。道出一隅，行无前后。你衲僧家，寻常拈匙放箸，尽道知有，及至上岭时，为甚么却气急？不见道，人无远虑，必有近忧"。

示众云："泥佛不度水，木佛不度火，金佛不度炉，真佛内里坐。大众，赵州老子十二剂骨头，八万四千毛孔，一时抛向诸人怀里了也。圆通今日路见不平，为古人出气。"以手拍禅床云："须知海岳归明主，未信乾坤陷吉人。"

示众云："佛身充满于法界，普现一切群生前。随缘赴感靡不周，而常处此菩提座。大众，怎么生说个随缘赴感底道理？只于一弹指间，尽大地含生根机一时应得周足，而未尝动着一毫头，便且唤作随缘赴感，而常处此座。只如山僧此者受法华请，相次与大众相别，去宿县里开堂了，方归院去。且道还离此座也无？若道离，则世谛流布。若道不离，作么生见得个不离底事？莫是无边刹境，自它不隔于毫端，十世古今，始终不离于当念么？又莫是一切无心，一时自遍么？若怎么，正是掉棒打月。到者里，直须悟始得，悟后更须遇人始得。你道既悟了便休，又何必更须遇人。若悟了遇人，当垂手方便之时，着着自有出身之路，不瞎却学者眼。若只悟得干萝卜头底，不唯瞎却学者眼，兼自己动便先自犯锋伤手。你看我杨岐先师问慈明师翁道:'幽鸟语喃喃,辞云入乱峰时,如何?'答云:'我行荒草里,汝又入深村。'进云:'官不容针,更借一问。'师翁便喝。进云:'好喝。'师翁又喝,先师亦喝。师翁乃连喝两喝,先师遂礼拜。大众须知,悟了遇人者,向十字街头与人相逢,却在千峰顶上握手。向千峰顶上相逢,却在十字街头握手。所以山僧尝有颂云:'它人住处我不住,它人行处我不行。不是为人难共聚,大都缁素要分明。'山僧此者临行解开布袋头,一时撒在诸人面前了也,有眼者莫错怪好。珍重!"

上堂,"古人留下一言半句,未透时,撞着铁壁相似。忽然一日觑得透后,方知自己便是铁壁。如今作么生透?"复曰:"铁壁,铁壁。"

上堂,"若端的得一回汗出,便向一茎草上现琼楼玉殿。若未端的得一回汗出,纵有琼楼玉殿,却被一茎草盖却。作么生得汗出去?自有一双穷相手,不曾容易舞三台"。

上堂,"安居之首,禁足为名。禁足之意,意在进道而护生。衲僧家更有何生而可护、何道而可进?唾一唾,唾破释迦老子面门。踏一步,踏断释迦老子背脊骨。犹是随群逐队汉,未是本分衲僧"。良久曰:"无限风流慵卖弄,免教人指好郎君。"

熙宁五年迁化,寿四十八。

金陵保宁仁勇禅师 四明竺氏子,容止渊秀,龆为大僧,通天台教。更衣谒雪窦明觉禅师,觉意其可任大法,诮之曰"央库座主"。师愤悱下山,望雪窦拜曰:"我此生行脚参禅道,不过雪窦,誓不归乡。"即往泐潭,逾纪疑情未泮。闻杨岐移云盖能钤键学者，直造其室，一语未及，顿明心印。岐没，从同参白云端禅师游，研极玄奥。后出世，两住保宁而终。

僧问："如何是佛？"师曰："近火先焦。"曰："如何是道？"师曰："泥里有刺。"曰："如何是道中人？"师曰："切忌踏着。"问："先德道，寒风凋败叶，犹喜故人归。未审谁是故人？"师曰："杨岐和尚迁化久矣。"曰："正当恁么时，更有恁么人为知音？"师曰："无眼村翁暗点头。"

问："如何是佛？"师曰："自屎不觉臭。"问："如何是保宁境？"师曰："主山头倒卓。"曰："如何是境中人？"师曰："鼻孔无半边。"问："如何是尘中自在底人？"师曰："因行不妨掉臂。"

问："如何是佛？"师曰："铁锤无孔。"曰："如何是佛法大意？"师曰："镬汤无冷处。"问："灵山指月，曹溪话月，未审保宁门下如何？"师曰："嘎。"曰："有花当面贴。"师便喝。

问："摘叶寻枝即不问，如何是直截根源？"师曰："蚊子上铁牛。"曰："直截根源人已晓，中下之流如何指示？"师曰："石人脊背汗通流。"

上堂，"山僧二十余年挑囊负钵，向寰海之内参善知识十数余人，自家并无个见处，有若顽石相似。参底尊宿，亦无长处可相利益。自此一生，作个百无所解底人，幸自可怜生，忽然被业风吹到江宁府，无端被人上当推向十字街头，住个破院，作粥饭主人，接待南北。事不获已，随分有盐有醋，粥足饭足。且恁过时，若是佛法，不曾梦见"。

上堂，侍者烧香罢，师指侍者曰："侍者已为诸人说法了也。"

上堂,"看看山僧入拔舌地狱去也"。以手拽舌云:"阿㖿阿㖿。"

上堂,"秋风凉,松韵长,未归客,思故乡。且道谁是未归客,何处是故乡?"良久曰:"长连床上有粥有饭。"

上堂,"凤鸣条,雨破块,晓来枕上莺声碎,虾蟆蚯蚓一时鸣,妙德空生都不会。三个成群,四个作队,窈窈窕窕,飘飘飖飖,向南北东西,折得梨花李花,一佩两佩"。

比部孙居士 因杨岐会禅师来谒,直视断次,公曰:"某为王事所牵,何由免离?"岐指曰:"委悉得么?"公曰:"望师点破。"岐曰:"此是比部弘愿深广,利济群生。"公曰:"未审如何?"岐示以偈曰:"应现宰官身,广弘悲愿深,为人重指处,棒下血淋淋。"公于此有省。

潭州石霜守孙禅师 僧问:"生也不道,死也不道,为甚么不道?"师曰:"一言已出。"曰:"从东过西,又作么生?"师曰:"驷马难追。"曰:"学人总不与么。"师曰:"易开终始口,难保岁寒心。"

衡州茶陵县郁山主 本州人,自少落发,惟以应供为事。院居诸禅刹往来之冲,每有化主至,师必供养之。一日,因杨岐化主至,师问以禅宗之旨,化主为举和尚每问衲子,僧问法灯:"百尺竿头如何进步?"法灯云:"恶。"师从此参究,未尝离念。偶一日赴外请,骑蹇驴过溪桥,驴踏桥穿陷足,师坠驴,不觉口中曰:"恶!"忽然契悟,有颂曰:"我有神珠一颗,久被尘劳羁锁,今朝尘尽光生,照见青山万朵。"

走谒杨岐,杨岐即印可。师乃白云守端落发之师也。端悟道因缘已具端传。端后出世,住九江承天,赞师像曰:"水月以喻兮古来已多,我今不然兮所陈伊何。百尺竿头曾进步,溪桥一踏没山河。顾不游方兮何游之有,玄沙保寿兮师其与偶。应峰之东兮洣川①之口,三十三秋兮大师子吼。舒兮卷兮已而矣。依前空泻洣川水,九江相去几千里,父有重牙子无齿,谩劳提耳一炉香,微烟旋逐松风起。"

翠岩真禅师法嗣

潭州大沩慕哲真如禅师 抚州临川闻氏子。僧问:"赵州庭柏,意旨如何?"师曰:"夜来风色紧,孤客已先寒。"曰:"先师无此语,又作么生?"师曰:"行人始知苦。"曰:"十载走红尘,今朝独露身。"师曰:"雪上加霜。"

问:"如何是城里佛?"师曰:"万人丛里不插标。"曰:"如何是村里佛?"师曰:"泥猪疥狗。"曰:"如何是山里佛?"师曰:"绝人往还。"曰:"如何是教外别传底一句?"师曰:"翻译不出。"问:"牛头未见四祖时如何?"师曰:"寒毛卓竖。"曰:"见后如何?"师曰:"额头汗出。"

上堂,"月生一,天地茫茫谁受屈。月生二,东西南北没巴鼻。月生三,善财特地向南参。所以道,放行也怛萨舒光,把住也泥沙匿曜。且道放行是,把住是?"良久曰:"圆伊三点水,万

---

① 洣(mǐ)川:湖南省湘江一级支流,长江二级支流。

物自尖新。"

上堂，"古佛道，昔于波罗奈转四谛法轮，堕坑落堑。今复转最妙无上大法轮，土上加泥。如今还有不历阶梯，独超物外者么？"良久曰："出头天外看，谁是个中人。"

上堂，"阿刺刺，是甚么，翻思当年破灶堕。杖子忽击着，方知孤负我"。以拄杖击香台一下，曰："堕堕。"

上堂，"扣空追响，劳汝精神。梦觉觉非，复有何事。德山老人在汝诸人眉毛眼睫上，诸人还觉么？若也觉去，梦觉觉非。若也未觉，扣空追响，终无了期。直饶向这里倜傥分明，犹是梯山入贡，还有独超物外者么？"良久曰："且莫诈明头。"问："大通智胜佛，十劫坐道场，为甚不得成佛道？"师曰："苦杀人。"

上堂，"白云澹泞，水注沧溟，万法本闲，复有何事。所以道，也有权，也有实，也有照，也有用，诸人到这里如何履践？"良久曰："但有路可上，更高人也行。"

上堂，"山僧本无积畜，且得粥足饭足，困来即便打眠，一任东卜西卜"。

上堂，"古者道，一释迦，二元和，三佛陀，自余是甚么碗脱丘。慧光即不然，一释迦，二元和，三佛陀，总是碗脱丘。诸人还知慧光落处么？若也知去，许你具铁眼铜睛。若也不知，莫谓几经风浪险，扁舟曾向五湖游"。

上堂，拈起拄杖曰："一尘才起，大地全收。"卓一下曰："妙喜世界百杂碎，且道不动如来，即今在甚么处？若人识得，可谓不动步而登妙觉。若也未识，向诸人眉毛眼睫里涅槃去也。"又卓一下。

上堂，"不用思而知，不用虑而解，庐陵米价高，镇州萝菔大"。

上堂，拈起拄杖曰："智海拄杖，或作金刚王宝剑，或作踞地师子，或作探竿影草，或不作拄杖用。诸人还委悉么？若也委悉去，如龙得水，似虎靠山，出没卷舒，纵横应用。如未相委，大似日中逃影。"

上堂，"十方同聚会，个个学无为，此是选佛场，心空及第归。慧光门下，直拔超升，不历科目。诸人既到这里，风云布地，牙爪已成，但欠雷声烧尾。如今为你诸人震忽雷去也"。以拄杖击禅床，下座。

师于绍圣二年十月八日，无疾说偈曰："昨夜三更，风雷忽作，云散长空，前溪月落。"良久，别众趋寂。阇维，设利斗许大如豆，目睛齿爪不坏，门弟子分塔于京潭。

南岳西林崇奥禅师 僧问："一问一答，宾主历然。不问不答，如何辨别？"师曰："坐底坐，立底立。"曰："便恁么会时如何？"师曰："舌拄上腭。"僧礼拜，师曰："不得讳却。"

蕲州石鼓洞珠禅师 上堂曰："问答转多，去道转远。何也？道不属知，知而妄觉。道不属见，见是眼睛。眼睛不明，触事峥嵘。联环不断，为生死根。若能直向太虚之外，自然情念顿忘，真心直露。如斯说话，俯为下根。道友相逢，无可不可。坐则十方俱隐，行则六趣随缘。语则出口成言，默则三灾不挠。然虽如是，须知有转身一路。众中莫有转得身者么？出来证据！若无，山僧今日失利。"

蒋山元禅师法嗣

明州雪窦法雅禅师 僧问："学人不问西来意，乞师方便指迷情。"师曰："霹雳过头犹瞌睡。"曰："谢师答话。"师曰："再三启口问何人。"曰："争奈学人未礼拜何。"师曰："休钝置。"

邵州丞熙应悦禅师 抚州宜黄戴氏子。上堂，"我宗无语句，徒劳寻路布。现成公案已多端，那堪更涉他门户。觌面当机直下提，何用波吒受辛苦。咄！"

衢州石门雅禅师 僧问："雷音一震，龙象咸臻。学人上来，请师举唱。"师曰："莲目瞬时千界静，金颜笑处一花新。"僧云："人天尽入罗峰境，今日亲闻端的音。"师曰："百万茫茫人不知。"又问："佛未出世时如何？"师曰："东宫玉殿无遗影。"僧云："出世后如何？"师曰："毗蓝园畔雨天花。"僧云："恁么则逾春城于八夜，栖雪岭于六年。"师曰："威音王以前作么生？"僧云："且待别时。"师便打。

又问："如何是祖师西来意？"师曰："熊耳塔开空寂寂，惟留只履冒轻埃。"又问："如何是和尚家风？"师曰："一条筇竹杖，三事衲幔衣。"僧云："客来将何袛待？"师曰："酌泉酽[①]点祖师茶。"

示众曰："茱萸鲜嫩菊花香，畅杀陶家醉倒郎。我辈泛觞虽

[①] 酽（yàn）：色浓味厚的饮品。

绝分，东篱闲玩也无妨。大众，闲玩即不无，且道眼在什么处？知有底，眉毛眼上横。未谙者，红黄里乱走。阿呵呵！今日元来九月九。"喝一喝。

信州龟峰瑞相子琼禅师　僧问："如何是博山境？"师曰："涧流渌水，路出松门。"僧云："如何是境中人？"师曰："身着红绡衣，肚中黑如漆。"僧云："向上宗乘事若何？"师曰："刹竿头指天。"又问："青春已过，夏景暄繁，时节因缘，请师为说。"师曰："腊月二十五，未是拜年时。"僧云："学人未晓，乞师再指。"师曰："石人身上不生毛。"

南岳双峰省回禅师法嗣

阆州光国文赞禅师　僧问："如何是佛法大意？"师曰："祸不单行。"又问："诸法寂灭相，不可以言宣。猊座既登，师如何说？"师曰："因风吹火，用力不多。"僧云："恁么则佛佛道同。"师曰："猫儿带纸帽。"问："不二之法，请师速道。"师曰："领。"僧云："恁么则人人有分也。"师曰："了。"僧云："锦屏天下少，光国世间稀。"师曰："退。"

金州灵山彦文禅师　僧问："如何是祖师西来意？"师曰："缺齿胡僧笑不言。"僧云："学人不会。"师曰："只履返西天。"又问："如何是佛？"师曰："问得最亲。"乃曰："山青青，水绿绿，风吹南岭云，露滴东篱菊。更添松竹岁寒心，尽是无弦琴上曲。碧眼胡僧拍不足，拍不足，一二三四五六。咦！"拍一拍，下座。

菩提光用禅师法嗣

杭州临安净土善思禅师 上堂云："咄咄咄！临济德山尽该抹，棒头荐得不作家，喝下承当未奇绝。山僧宗旨不恁么，觌面相呈辨贤哲，声前一句早迟疑，语后持来底时节。劝禅人，休饶舌，神龙尚自不知源，岂说盲龟敌跛鳖。不看神光传祖位，才见老胡心便歇。真妙诀，堂堂自己可怜生，直下承当第二月。大丈夫，须剿绝，现成公案早多端，莫学痴人被摩捋。伤嗟末法有多途，邪党成群安可遏。初机入门无道眼，佛手生缘徒施设。禅流学得遍参游，问着元来打不迭。古人开口便知音，尚言弄巧翻成拙。那堪看话得心通，正是虚空钉铁橛。自惭道薄整颓纲，饮气吞声共谁说。特将鄙句报同风，本分禅人能辨别。大地山河尽放光，南无观世音菩萨。"

天童山清遂禅师法嗣

福州大中立志禅师 僧问："握骊珠于掌上，鉴十方于目前。学人上来，请师一鉴。"师曰："草贼大败。"僧云："学人今日失利。"师曰："自知较一半。"僧便喝，师曰："强惺惺。"

又问："远趋丈室，仰慕宗风。学人上来，请师一接。"师曰："高挂钵囊。"僧云："便是为人处也无？"师曰："盲人摸地。"僧云："莫压良为贱。"师曰："短贩樵人，徒夸书剑。"

又问："马祖升堂，百丈卷席，未审古人意旨如何？"师曰：

"官马相踏。"僧云:"学人今日小出大遇。"师曰:"拄杖未曾拈着。"

示众曰:"虎啸乌山之畔,众兽潜藏。云生螺渚之间,群峰失色。太阿宝剑耀日争辉,樵父搬柴,医王辨价。还有不顾宾主者么?出来道看!"良久曰:"水冻鱼难跃,天寒草发迟。"以拄杖打香台一下。

又曰:"法不见法,法不行法,法不知法。大众,这个是香炉子,如何是不见不行不知?百亿恒沙世界诸佛,尽在香炉上放光动地,说法度人。诸人还见么?直饶见得,也涉跼蹐。"喝一喝。

师于绍圣元年三月十一日,集众沐浴净,发说偈曰:"麒麟掣断黄金锁,玉兔冲开白玉关。好是无云中夜后,一轮明月照钟山。"偈毕,趺坐而逝,荼毗获舍利塔于本山。

福州乾元了觉圆禅师 开堂,上首白槌竟,师良久曰:"直饶阿那律天眼未解谛观,便是千手大悲焉能提掇。众中莫有不甘者么?出来!掀倒禅床,喝散大众,然虽如是,未是作家,且于第二门中与衲僧出气。"

僧问:"少林九年垂一语,直至如今赚师举。欲得不赚,便请师举。"师曰:"唵。"僧云:"摩哒哩伽,摩哒哩智,又作么生?"师曰:"放你三十棒。"又问:"尊者证果,超越圣流,不涉熏修,请师速道。"师曰:"落花檐外朵,青柳槛前梢。"僧云:"一雨周沙界,群心永夜苏。"师曰:"水不洗水一句作么生道?"僧云:"应知松柏操,不改岁寒心。"师曰:"且信一半。"又问:"未离兜率,已降王宫,未审是什么人?"师曰:"牛头出,马头回。"僧云:"未审是法身、报身?"师曰:"牵犁拽耙。"乃顾大众曰:"还相委悉么?若不相悉,山僧今日指鹿为马,唱九作十,瞒诸人去也。摩竭正令,水泄不通。少室真规,风吹不入。圣凡情尽,体露真常。迥绝见知,辉腾今古。良由情存圣量,堕在见知。所以听不出声,见不超色,纵灭一切见闻觉知,内守幽闲,犹为法尘分别影事,造种种业,轮回异趣,往而不返,真可悲伤。若能回光返照,有何佛道可成,有何众生可度。便能向火焰里藏身,东涌西没,南涌北没,于微尘上走马,坐大道场。若向这里见得,彻参得透,切忌认驴鞍桥作阿爷下颔。"

南岳应天万寿应城禅师 初参遂禅师,遂问:"上人从何而来?"师曰:"毗陵来。"遂云:"我闻毗陵出好草虫扇子,带得来否?"师作一圆相曰:"大善知识又要这个作么?"遂云:"只这个,此间亦要得。"师于言下大悟。

后住应天万寿,示众曰:"山花狼籍,孤负空生。山草离披,拈提室利。惊得岳神稽首、土地和南。陕府铁牛无放处,嘉州石像露全身。如斯说话,错会者多。敢问诸人,不涉春秋一句作么生道?"良久曰:"不得春风花不开,花开又被风吹落。"喝一喝。

南岳云峰文悦禅师法嗣

桂州寿宁齐晓禅师 僧问:"大众云臻,合谈何事?"师曰:"波斯入闹市。"僧云:"恁么则草偃风行。"师曰:"万里望乡关。"又问:"如何是佛?"师曰:"着衣吃饭。"僧云:"叉手当胸，退身①三步。"师曰："醉后添杯。"

示众曰："触目不会道，犹较些子。运足焉知路，错下名言。诸仁者，山僧今日将错就错，汝等诸人见有眼、闻有耳、嗅有鼻、味有舌，因怎么却不会？"良久曰："武帝求仙不得仙，王乔端坐却升天。"喝一喝。

庐州澄慧咸讷禅师 僧问："德山入门便棒，万古宗风。临济入门便喝，古今榜样。去此二途，请师拈掇。"师曰："总不恁么。"僧云："一言启口，别是家门。"师曰："赖遇拄杖不在手。"

又问："有问有答，善巧分张。向上宗乘，请师别道。"师曰："阇黎问得最亲。"僧云："学人会也。"师曰："会个什么？"僧举起坐具。师曰："毕竟作么生？"僧便喝。师曰："作家！"僧礼拜，师便喝。师乃曰："如来秘旨，岂涉辞锋。祖师心印，徒劳穿凿。若举宗乘一字，海水逆流，须弥倒卓。若说佛说祖，三界平沉，四生何有。若向下商量，枯木生花，寒灰发焰。然虽如是，向衲僧门下，白云千里万里。且道衲僧有什么长处？"良久曰："更有一般堪羡处，长连床上带刀眠。"

定慧信禅师法嗣

苏州穹窿智圆禅师 上堂，"福臻不说禅，无事日高眠。有问祖师意，连擉两三拳。大众且道为什么如此？不合恼乱山

---

① 身：径山本作"后"。

僧睡"。

玉泉悟空禅师法嗣

　　江陵护国齐月禅师　僧问："壁立千仞，水泄不通，还许学人请益也无？"师曰："汝待问什么。"僧云："向上事。"师曰："维那不在。"僧云："触忤和尚。"师曰："正令已行。"乃曰："穷外无方，究内非里，应用万般，无可比拟。分明向汝诸人道，佛性精魂总不是。"

福严保宗禅师法嗣

　　衡州花药山崇胜义然禅师　僧问："临济血脉，请师直道。"师曰："虚空里扬眉，默地里点头。"僧云："莫只这便是？"师曰："是即是，作么生会？"僧却点头，师曰："这贼好吃棒。"僧连声道贼贼，归众。师曰："三十棒，一棒也较不得。"

　　示众曰："心心心，青山渌水深，若人识得这山水，相对事法总平沉。是你诸人总识得，为什么七十二峰俨然依旧，试为说看！若说不出，大似不曾行脚。参！"

　　南岳承天智昱禅师　僧问："如何是佛？"师曰："发长僧貌丑。"僧云："意旨如何？"师曰："脑门后合掌。"又问："如何是祖师西来意？"师曰："石廪峰高。"僧云："意旨如何？"师曰："游人罕到。"又问："如何是和尚家风？"师曰："纸帐禅床。"僧云："客来如何祗待？"师曰："山中石耳。"

师于元丰八年四月内，沐浴净发，趺坐而逝。茶毗，齿舌眼睛不坏。

太子同广禅师法嗣

西京龙门山胜善清照禅师 僧问："变凡作圣则不问，点铁成金事若何？"师曰："直下无私处，触目尽光辉。"僧云："清光生掌上，喜气发眉间。"师曰："既能知自理，何用苦忉忉。"又问："天高地厚，万物皆从，未审和尚从与不从？"师曰："春来花烂熳。"僧云："金鸡回碧落，玉兔上长空。"师曰："道同方知。"僧云："学人今日承恩。"师曰："且莫错认。"

净因臻禅师法嗣

福州长庆惠暹文慧禅师 僧问："离上生之宝刹，登延圣之道场，如何是不动尊？"师曰："孤舟载明月。"曰："忽遇橹棹俱停，又作么生？"师曰："渔人偏爱宿芦花。"问："长期进道，西天以蜡人为验，未审此间以何为验？"师曰："弹子①。"曰："意旨如何？"师曰："大底大小底小。"

福州栖胜继超禅师 上堂，拈拄杖良久曰："三世诸佛尽在这里蹦跳，大众还会么？过去诸佛说了，未来诸佛未说，现在诸佛今说。敢问诸人，作么生是说底事？"卓一下曰："苏嚧

---

① 弹子：径山本作"铁弹子"。

苏嘘。"

邓州香严慧照洞敷禅师 福州人,生于范氏,幼而气韵清敏,长慕空宗。依东宗景德寺圆明大师出家,试经得度受具,遍参江淮丛席。末后见净因臻,一言顿契,如箭锋相拄,加以学问该博,自然融会,名动京师。被旨,出世于邓之香严几十载。返故里,住龟山、寿山、神光三刹。

上堂曰:"西干四七,道绝语言。东上二三,法无文字。惟传一印,直指人心。心了则天地全该,印定则丝毫不漏。尘尘绝待,法法融虚,方乃契圣根源,始曰入佛知见。如斯荐得,落二落三,本色衲僧如何话会,还道得么?个中消息若为传,凤阙龙楼峭倚天。要会觉城东际事,寥寥千古尚依然。"

住龟山时,僧问:"远辞香严丈室,近入龟山道场,如何是不动尊?"师曰:"千手大悲提不起。"僧云:"如何是动尊?"师曰:"玉殿曾游历,金门屡往还。"又问:"如何是龟山境?"师曰:"千峰来有路,八极净无尘。"云:"如何是境中人?"师曰:"有时开眼有时合。"又问:"如何是佛法的的大意?"师曰:"山寒露骨,水浅见沙。"师乃曰:"穷经穷论,正如入海算沙。觅法觅心,大似扪空求响。故释尊出世,为一大事因缘。诸祖传衣,亦乃广开方便。发挥教外之正法,指示涅槃之妙心,作筏渡人,应病与药。故善说法者,说无所说。善传心者,传无所传。纵饶一棒一条痕,一掴一手血,未免拖泥带水,岂能点瓦成金。大众,只如今日为国开堂,还有奇特事也无?"良久曰:"迭迭青山与流水,旧时颜色旧时声。"

又示众曰:"春无三日晴,风雨时时作。岩下见蟠桃,自开还自落。翻忆灵云得处亲，迄今底事何萧索。非萧索，春山春水四寥廓，鹧鸪啼处百花香，好荐声前这一着。"喝一喝，又曰："炎风匝地，畏日流空，奇云当户任长舒，白藕飘香来不断。林间达士，了无寒暑之变迁。尘里游人，但见光阴之迅速。直得灯笼合掌，露柱攒眉。一年又将半，几个是知音。知不知，路上行人口似碑。"

天王仁岳禅师法嗣

潭州兴化绍清禅师 僧问："不触波澜，如何趋向？"师曰："得宜须举棹，莫待打头风。"僧云："犹是湛水之波，忽遇拏云攫雾，又且如何？"师曰："道泰不传天子令。"师乃曰："问来答去，只益繁词，于道则远之远矣。祖令既行，要津坐断，十方诸佛瓦解冰消，三藏教乘扫土而尽。到这里，谁敢正眼觑着。所以释迦有竭世之枢机，尚掩室于摩竭。净名骋穷天之词辩，犹杜口于毗耶。岂况小根小智，何也？龙象蹴踏，非驴所堪。"

潭州智度山定林景芳禅师 僧问："师唱谁家曲，宗风嗣阿谁？"师曰："红炉金弹子。"僧云："还许学人接也无？"师曰："簸破阇黎铁面皮。"又问："七十二峰即不问，如何是法轮境？"师曰："岣嵝峰尖神禹碑。"僧云："还许学人识也无？"师曰："石青字赤形模奇。"僧云："今日得遇去也。"师曰："吏部当时尚莫窥。"僧云："端的在什么处？"师曰"何得汝不狐疑。"

汝州首山处圭禅师 僧问："如何是首山境？"师曰："白云片片时来往，汝水潺潺流向东。"僧云："如何是境中人？"师曰："寒山逢拾得，拍手笑呵呵。"僧云："向上宗乘事若何？"师曰："虚空藏鸟迹，风过树头鸣。"僧云："便是为人处也无？"师曰："曹溪水急。"

玉泉谓芳禅师法嗣

福州圣泉寺绍灯禅师 本郡古田县临水人，姓陈氏。生时异香满室，紫帽覆首。幼不茹荤，七岁自厌尘坌，观诸经论，如听旧书。十岁辞亲出家，礼潭州开福寺琎长老为师，精通《法华》，试经得度。受具之后，瓶锡游方。造玉泉芳禅师法席，一见针芥相投，筌蹄顿忘。遂还乡里，深自韬晦。郡守丁公向师道，延住陀岭塔院，缁素归敬。

忽一日，索浴更衣，鸣鼓升坐，四方檀信凑集如市。师乃说颂曰："吾年五十三，去住本无贪。临行事若何，不用口喃喃。"俨然示寂，瞑目两宵。偶闻钟声，忽然复醒，四大轻安，自后身常频出舍利。

元丰中，本郡大旱，太守孙公向师道风，请令祈雨，次日甘泽大霈。孙公钦仰，迁住文殊。前后郡邑亢旱，府主许公、察院王公、左司叶公，累请祷雨，无不应期。

迁住圣泉，凡住三道场。僧问："如何是圣泉境？"师曰："目前无异草。"僧云："如何是境中人。"师曰："往来无罣碍。"僧云："人境已蒙师指示，向上宗乘事若何。"师曰："驴事未去马事到来。"乃曰："般若门中，纵说百千妙义，不增一毫。直饶结舌亡锋，岂减少分。若论玄中又玄，终非妙门。鸟道鱼踪，早伤途辄。何也？盖为出此入彼，去者不至其方，来者不到其所。举一明三，莫穷幽趣。更不用续凫截鹤，夷岳盈壑。天壤相望，去道转远。正当与么时，衲僧门下作么生商量？"良久曰："昨夜三更月到窗。"

临江军慧力善周禅师 上堂曰："辽天鹘，万里①云，只一突，是什么？"喝一喝。师于元祐元年十二月望日，沐浴净发，说偈曰："山僧住瑞筠，未尝形言句。七十三年来，七十三年去。"言毕跏坐而逝，三日后，须发再生。

韶州南华重辩禅师 僧问："祖意西来即不问，最初一句请师宣。"师曰："龙衔黑宝离沧海，鹤侧霜翎下玉阶。"僧云："一轮明月照，四海尽分明。"师曰："夜半折开无缝塔，天明智积抱头回。"乃曰："会么？五大未明，二仪无迹。威音王觑不见，大悲手摸无踪。且道为复神通妙用，为复法尔如然？于斯明得，便乃高步毗庐顶上，坐报化佛头。于斯未明，只知事逐眼前过，不觉老从头上来。咦！"

安州延福智兴禅师 西川人，出家受具后，即造玉泉芳禅师法席，发明心地。初住渐源，次迁黄梅龙华，晚住延福。师语不谈玄，行不修洁，身不禀仪，众不喜见。逝后灵异不测，报应如响，缁素追仰，遗体塑饰，祈祷尤盛。

灵隐胜禅师法嗣

杭州灵隐延珊慧明禅师 僧问："如何是道？"师曰："道

---

① 里：有本作"重"。

远乎哉?"问:"如何是正真一路?"师曰:"丝发不通。"曰"怎么则依而行之。"师曰:"莫乱走。"

上堂,"与上座一线道,且作么生持论佛法?若也水泄不通,便教上座无安身立命处。当此之时,祖佛出头来,也有二十棒分。怎么道,山僧还有过也无?不见世尊生下,周行七步,目顾四方,一手指天,一手指地云:'天上天下,唯吾独尊。'云门云:'我当初若见,一棒打杀与狗子吃却。何以如此,贵图天下太平。'且道云门怎么说话,有佛法道理也无?虽然如此,云门只具一只眼。久立,珍重!"

常州荐福院归则禅师 僧问:"如何是祖师西来意?"师曰:"耳畔打钟声。"

杭州隐灵蕴聪禅师 问:"如何是和尚家风?"师曰:"索唤即有。"僧云:"未审有个什么。"师曰:"天台椰栗。"问:"古路重修时如何?"师曰:"平高就下。"

杭州南院清禅师 僧问:"西祖传来,请师通信。"师曰:"汝道传什么来?"僧云:"怎么则不通信去也。"师曰:"不妨伶利。"

金陵保宁宗禅师 僧问:"如何是佛?"师曰:"更问什么?"僧云:"莫只这便是也无。"师曰:"且莫虚头。"

越州石佛有邦禅师 初住南明,僧问:"祖祖相传传祖印,师今得法嗣何人?"师曰:"布发掩泥人尽委。"僧云:"怎么则灵隐一枝,南明独秀也。"师曰:"杓卜听虚声。"

金陵清凉慈化举内禅师 僧问:"一法本无,万法何有,未审和尚说个什么?"师曰:"汝记得分明。"僧云:"怎么则一切不存去也。"师曰:"也不信汝。"

大梅居煦禅师法嗣

婺州智者嗣如禅师 僧问:"如何是佛?"师曰:"量才补职。"僧云:"量才补职后如何?"师曰:"天台杖子。"问:"如何是真实之体?"师曰:"今日好寒。"僧云:"意旨如何?"师曰:"千山万山雪。"

龙华悟乘禅师法嗣

温州灵岩宣密禅师 僧问:"优昙花拆人皆委,祖令亲行事若何?"师曰:"识法者惧。"僧云:"施行有据去也。"师曰:"人小胆大。"

瑞岩义海禅师法嗣

明州大梅文慧禅师 僧问:"祖祖相传传祖印,师今得法嗣何人?"师曰:"少人定当得。"僧云:"报本嫡子也。"师曰:"适来向汝道什么?"问:"如何是大梅境?"师曰:"看。"僧云:"如何是境中人?"师曰:"吃茶去。"

明州翠岩嗣元禅师 僧问:"如何是祖师西来意?"师曰:"见钱买卖不曾赊。"僧云:"向上更有事也无?"师曰:"好不信人直。"

彰江昭远禅师法嗣

苏州万寿法印守坚禅师 僧问:"如何是道?"师曰:"谁不履践。"僧云:"如何是道中人?"师曰:"来千去万。"

净众言首座法嗣

西京招提惟湛广灯禅师 嘉禾人也。僧问:"如何是和尚家风?"师曰:"秋风黄叶乱,远岫白云归。"曰:"专为流通也。"师曰:"即今作么生举?"僧便喝,师便打。

上堂,"偏不偏,正不正,那事从来难比并。满天风雨骨手寒,何须更入那伽定"。卓拄杖,下座。

上堂,"六尘不恶,还同正觉。马上谁家白面郎,穿花折柳垂巾角。夜来一醉明月楼,呼卢输却黄金宅。臂鹰走犬归不归,娥眉皓齿嗔无力。此心能有几人知,黄头碧眼非相识。啰啰哩"。拍手一下,下座。

续传灯录卷第十四

大鉴下第十三世

东京慧林圆照宗本禅师法嗣

东京法云大通善本禅师 姓董氏,其先家于太康仲舒村。师之父祖皆官颍,遂为颍州人。母初无子,祷于佛像前,誓曰:"得子必以事佛。"及生师,骨相秀异,方晬而孤。既长博学,操履清修,然无仕官意,遂辟谷学道。家贫隐于笔工,气刚不屈,终日沉默。嘉祐八年至京师,籍名显圣地藏院,试所习为大僧。其师圆成律师惠楫者语人云:"本他日当是海内名。"因使听习毗尼,随喜《法华》。夜梦童子,如世所画善财者,合掌道而南。既觉曰:"诸圣加被我矣,其欲我南询诸友乎。"时圆照禅师道振吴中,师造姑苏,谒之于瑞光,默契宗旨,服勤五年,尽得其要。其整顿提撕之纲,研练差别之智,纵横卷舒,度越前规。一时流辈,无出其右。圆照倚之,以大其家。

元丰七年春,绝九江,游淮山,遍礼祖塔。眷浮山岩丛之胜,有终焉之志,遂居大寂岩。久之,出世于婺州双林,浙东道俗追崇,至谓傅大士复生。移住钱塘浮慈,继圆照之后,食堂日千余口,仰给于檀施,以师法名与圆照同下字,时号圆照为大本,以师为小本焉。

神宗闻其名,诏住京师法云寺,赐号大通禅师。又继圆通秀之后,师玉立孤峻,俨临清众,如万山环天柱,让其高寒。然精粗与众共,未尝以言徇物,以色假人。王公贵人施舍日填门,厦屋万础涂金缕碧,如地涌宝坊。凡八年,请于朝,愿归老于西湖之上,诏可,遂东还,庵于龙山崇德。

师凡三住大刹,道化尘俗,缁素蚁慕。尝示众曰:"上士听法以神,中士听法以心,下士听法以耳。且道更有一人来,将什么听?"乃拈拄杖卓禅床一下,曰:"高也着,低也着,落落圆音遍寥廓,十方内外更无他,不用无绳而自缚。"又曰:"案山说法主山听,主山说法案山听。案山主山一时说,且道将什么听?诸人若也善听,三世诸佛所说妙法,皆悉现前,还有么?铁锤无孔犹间事,笑杀毗耶老古锥。"又曰:"衲僧见处,逆顺难该,翛然独往,应物还来。或高栖于世表,或抗迹于尘埃。把定则冰生水面,放行则锦上花开。卢老不知何处去,白云影里笑哈哈。"喝一喝,下座。

又曰:"花心未放,柳眼初开。雁回呜咽之声,水泻潺湲之响。森罗举唱,法尔常规,更言缚脱同源,大似龙头蛇尾。"

又上堂,良久曰:"会么,祖佛妙旨,只在目前,慧日峰前,云生足下。湖澄浪阔,迥接遥天。晚唱渔舟,夜泛兼葭之月。欢游画舫,时闻丝竹之音。更说闻声悟道,见色明心,大似抛却甜桃树,寻山摘醋梨。"下座。

师住庵,杜门却扫,与世相忘者又十年,独与衲子思慧。居士大夫想其高风,愿见而不可得。

大观三年十二月甲子,屈三指,谓左右曰:"止有三日。"已而果殁。有异禽翔鸣于庭而去,塔全身于上方。

师平居作止,直视不瞬。临众三十年未尝笑,及间居时,抵掌笑语。或问其故,师曰:"不庄敬无以莅众,吾昔为丛林,故强行之,非性实然也。"所至,见画佛菩萨行立之像,不敢坐。伊蒲塞馔以鱼荄名者,皆不食。其真诚敬事,防心离过,类如此。及其升堂演唱,则左右顾,如象王旋回,学者多因此悟入。其将终之夕,越僧数人梦师归兜率天云。

舒州投子证悟修颙禅师 姓梁氏,晋州赵城人,幼不拜神祠,不受书训。常曰:"当为人天师,安慕此耶!"遂游诸方。造苏州瑞光圆照禅师法席,参扣宗旨。因举无着问天亲:"弥勒说什么法?"云:"说这个法。"忽如有省,晨夕参叩。一日,因登溷捽倒,打破水瓶有省,作颂曰:"这一交,这一交,万两黄金也合消。头上笠,腰下包,清风明月杖头挑。"于是名声蔼然,遂出世说法。

初住寿州资寿,历迁数大刹,住西京少林,迁招提,又迁舒州投子,道誉愈播,丛林同号曰"颙华严"。

升堂,有僧才出,师曰:"错。"云:"什么处是错?"师曰:"不信道。"问:"是法平等,无有高下,为甚么赵州三等接人?"师曰:"入水见长人。"云:"争奈学人未会。"师曰:"唤不回头,争奈何。"问:"如何是祖祖相传底心?"师曰:"三星绕月宫。"云:"便恁么去时如何?"师曰:"伯乐暂垂鞭,驽骀①夸八骏。"问:"如何是第一义?"师曰:"百杂碎。"乃曰:"楞伽峰顶,谁能措足。少室岩前,水泄不通。正当恁么时,黄头老子张得口,碧眼胡僧开得眼。虽然如是,事无一向。先圣幸有第二义门,足可共诸人东说西话。所以道,春生夏长,秋落冬枯,四时迁改,轮转长途。愚者心生彼此,达者一味无殊。"良久曰:"陕府铁牛吞大像,嘉州佛向藕丝藏。"又曰:"春风鸣古木,晓雾锁寒波。头头皆显露,显露亦殽讹。看看! 直下是,怎奈何,明眼汉没白㡓,吐不得,嚼不破。"喝一喝,下座。

又曰:"巍巍少室,永镇群峰,有时云中捧出,有时雾罩无踪,有时突在目前,有口道不得,被人唤作壁观胡僧。诸仁者,作么生免得此过? 休,休! 不如且持课。"良久曰。"一元和,二弥陀,三释迦,自余是什么碗脱丘? 参!"

又曰:"露滴庭莎,风鸣古桧。皓月泻,千峰寒色。清淮流,万顷波涛。于此荐得,与诸人截断众流。若也未然,不免随波逐浪。譬如河中水,湍流竞奔逝,各各不相知,诸法亦如是。"遂拈拄杖曰:"拄杖子是? 诸法是? 相知不相知。若相知,早被知缚。若不相知,凭何指注。"卓一下曰:"知之一字,众妙之门。"复曰:"错。"下座。

富郑公素慕宗风,初于少林见之,值升座,以目左右顾视大众,公因有省。及晚年致政居洛,重师道,渴思扣问,遂请住招提,伺师入境,躬出迓之。临登车,司马温公适至,问:"相公

---

① 驽骀(nú tái):指劣马,喻庸才。

何往？"郑公云："接新招提颙禅师。"温公云："某亦同去。"于是联镳出郭，候于邮亭。久之，忽见数十夫荷担，问之，荷担者应云："招提和尚行李。"温公遂索马先归。郑公云："要见华严，何故先返？"温公云："已见他了。"遂先还。公独候之，既至，益加敬重，因迎居后苑，晨夕参叩。富公每有谈论，师辄以为非，而公说理未已。师一日谓富公曰："待得山僧竖点头即是也。"自是，公有所言，师辄摇首，未曾有所答。忽一日中夜，公忽省彻，遽往叩门，师已闭关而寝，闻其声即呼曰："相公且喜，大事了毕。夜深更不启关，晨朝相见。"至晓往见之，师遥见公来，未交一谈，已点头矣，富公喜甚。时圆照方奉诏住慧林，公以诗寄谢曰："因见颙师悟入深，夤缘传得老师心，东南谩说江山远，目对灵光与妙音。"

润州金山法印善宁禅师 江州人，受业于甘露寺。至圆照禅师法席，师资机感，缘如夙契，戮力赞弼，以扬法化。出世万寿，规矩严肃，躬己力行，众无不服。

上堂，僧问："天皇也恁么道，龙潭也恁么道，未审和尚作么生道？"师曰："手握白玉鞭，骊珠尽击碎。"云："退身有分。"师曰："知过必改。"问："如何是祖师西来意？"师曰："秤尾无星。"云："未审此意如何？"师曰："斗方有底。"云："如何是佛？"师曰："眉如初月，眼似流星。"云："如何是法？"师曰："乂列交罗，星分大野。"云："如何是僧？"师曰："古貌棱层，丈夫意气。"问："竿木随身，逢场作戏，今朝选佛场开，请师方便。"师曰："文不加点。"云："可谓古今罕闻。"师曰："且道是什么题目？"僧拟议，师便打，乃顾视左右曰："古人道：

'在眼曰见,在耳曰闻,在鼻嗅香,在舌谈论,在身觉触,在意攀缘。'虽然如是,只见锥头利,不见凿头方。若是万寿即不然,有眼觑不见,有耳听不闻,有鼻不知香,有舌无谈论,有身不觉触,有意不攀缘。一念相应,六根解脱。敢问诸禅德,且道与前来是同是别?莫有具眼衲僧,出来通个消息。若无,复为诸人重重注破。放开则私通车马,捏聚则高下不存。若是惯战作家,一任是非贬剥。"

又曰:"撮玄机于掌上,挂古鉴于台前。有何妖孽,谁敢当御。可谓昭昭法界,自他而境智全收。历历真源,彼此而圣凡俱寂。以此而推,僧堂佛殿,对现色身。厨库三门,共扬斯事。但请拗折拄杖,向目前参取。"

又曰:"若也谈禅说道,便见有生有灭。更乃举扬古今,大似不观时节。昨夜风雨潇潇,今朝顿除烦热。到此善能参详,达磨迷是不别。"

又曰:"尽大地,未尝有一人真正举扬宗教。若有一人举扬宗教,尽大地人并须铓锋结舌。莫是教诸人杜绝见闻,契合斯道也无?如此见解,譬如萤火烧须弥山,经尘沙劫,终不能着。殊不知,古圣垂示,只要后人眼正。眼正达者,实谓古今罕闻,光前绝后。放行,言言见谛,句句明宗。收来,眼眼从方,明明侧立。向什么处见古人?"良久曰:"须知海岳归明主,未信乾坤别有天。"

睦州广灵佛印希祖禅师 处州周氏子。上堂曰:"灵光鉴彻,物我全收。照体独存,前后俱绝。由是,无为变化,应量千差,托质殊分,混同一性。故我元首明哉,股肱良哉。法以时遇,道在中兴。建大法幢,作大佛事,足可称扬。所以正观绝迹,名相互分,寂听非闻,圆音普应。霜钟露鼓,主伴交参。宝殿琼楼,听说斯显。六街三市,遍处庄严。柳陌花衢,寅昏佛事。圣凡交会,士庶锵锵。帝网圆融,虚明互照,何必南方独迈。遍扣诸门,历涉艰辛,是非未决。而今重重华藏,无尽法门,触目见成,何须拟议。然虽如是,钝置祖风。"良久曰:"九年少室谁知已,一句流通万古传。"

又示众曰:"严陵台畔,七里滩头,直须钓鳌钓鲸,岂止摝虾摝蚬。随流放旷,任性浮沉,停舟月上波心,举棹沤生水面。敢问大众,不触波澜一句作么生会?"良久曰:"时人只看丝纶上,不见芦花对蓼江。"

寿州资寿圆澄岩禅师 僧问:"大藏教中,还有奇特事也无?"师曰:"只恐汝不信。"云:"如何即是?"师曰:"黑底是墨,黄底是纸。"曰:"谢师答话。"师曰:"领取钩头意,莫认定盘星。"乃曰:"云生谷口,月满长川。樵父斫深园,渔翁钓沙岛。到这里,便是吴道子、张僧繇,亦无你下手处。"良久曰:"归堂问取圣僧去。"下座。

又曰:"乾坤肃静,海晏河清。风不鸣条,雨不破块。春生夏长,秋收冬藏。这个是世间法,作么生是佛法?"良久曰:"欲得不招无间业,莫谤如来正法轮。珍重!"

又上堂,良久曰:"宗乘妙诀,即今为说。山高水深,寒风凛冽。祖师西来,道个休歇。敢问诸人,作么生是休歇处,还会么?寒则围炉座,闲时任性眠。"

太平州隐静守俨禅师 僧问:"摩腾入汉,藏教分明。达磨西来,有何意旨?"师曰:"我法妙难思,龙天尽归向。"云:"未审祖意教意是同是别?"师曰:"两彩一赛。"云:"一言归有道,万象自无心。"师曰:"犹较些子。"问:"达磨大士相逢,如何话会?"师曰:"罕遇作家。"云:"若非朝宰知音,和尚焉肯拈出。"师曰:"金锤影动,宝剑光寒。"乃曰:"春云春雨,万物敷荣。暖日和风,岩花竞秀。青山迭迭,涧水澄澄。达磨迷逢,切忌说破。"复曰:"若人点捡得出,山僧今日话堕。"以拄杖击禅床,下座。

又曰:"一法不通,万缘方透。若也于斯明得,眼睛穿过铁围山,一口吸尽大海水。"乃一喝曰:"大海水已吸尽了也,鱼龙向什么处安身立命?众中莫有兴运慈悲者么,出来救取龙王。若也不能,气急杀人。虽然如是,事无一向,山僧不免为诸人说道理。不见先圣云,究竟涅槃,常寂灭相,终归于空。一翳在眼,空花遍界。翳若不消,不出门知天下事。翳若消尽,始知庵内人不见庵外事。若能如是,方解稳坐。十二时中一任受用。如或未然,久立,珍重!"

秀州本觉法真守一禅师 姓沈氏,江阴人。幼慕空门,圆照居瑞光时,遂投出家,更不他游,晨夕参叩,顿悟宗旨。

出世说法,僧问:"选佛选官应在我,祖席登科事若何?"师曰:"大鹏展翼天衢遥,巨鳌转身海水窄。"僧云:"夫子家声遗旧业,法王基绪得中兴。"师曰:"后五日看。"僧云:"且道昔日今时是同是别?"师曰:"一言已出。"问:"春气已随红雨散,熏风初度绿阴凉。学人借问西来意,乞师方便为敷扬。"师曰:"分明举似大众。"云:"可谓一句截流,万机顿削。"师曰:"筑着磕着，作么生道？"云："落落清规今古同，相逢会有知音举。"师曰："不妨伶利。"问："离群狮子，踞地全威，不露爪牙，愿闻哮吼。"师曰："大家着力。"云："当年卢老曾饶舌，今日亲闻第一机。"师曰："脚根下事作么生？"云："宝杖拨开千圣眼，当场辨取火中莲。"师曰："果然作家。"乃曰："此一法印，非有所传。旷劫佩持，不从人得。包六虚而无外，浑十世以同时。全提则佛祖踪沉，放下则圣凡交起。昭昭日用，森罗顿现于灵光。荡荡目前，彼此无分于实际。虽廓然泯迹，流通于无量义门。阒尔无依，迥超于一切智地。非文字相，离见闻缘，诸乘由是莫能诠，列祖于斯提不起。此日人天既集，不可徒然，略于建化门中普示诸人，各请端心正视。"乃顾左右曰："还见么，若恁么承当得，便乃机衡在握，同归阃外之权，刹海澄波，共助寰中之化。珍重！"

又曰："诸人知有道不得，山僧道得不知有。且道此两语是一理是二义？若人定当得出，许你顶门眼正。参！"

又曰："本分相见，不在如何。撩起便行，犹为钝汉。若也分宾分主，俱为念话杜家。更乃说妙谈玄，不当宗门苗裔。山僧恁么道，已是雪上加霜。汝等诸人更拟觅个什么？"以拄杖一时趁下。

润州甘露传祖仲宣禅师 上堂曰："建立宗乘，群魔屏迹。播扬大事，三藏忘言。况阿逸多未离兜率，黄面老已灭拘尸，大唐国里无禅师，天下衲僧昧糟粕。众中莫有英灵衲子、变豹作家，出来掀倒禅床，喝散大众，岂不快哉！"良久曰："瑞兽藏头角，珍禽惜羽毛。"又曰："雨过山青，云横水碧，宝陀岩上，瑞草将敷。王舍城中，幽花欲绽，空生宴坐，帝释奔驰。彼此一时，今古曷异。"良久曰："万般施设不如常。"

又曰："住，住！百千妙门同归一路，青山常在知识难逢，争如识取主人公。"高声召云："主人公！"复曰："今日自买自卖。"

又上堂，顾视曰："杨子江心，无风起浪。石公山畔，平地骨堆。会得左右逢原，争似寂然不动。"良久曰："堪笑寒山忘却归，十年不识来时道。"

福州太平守恩禅师 本州福清人，姓丘氏。自圆照得法，初出世，住地藏，迁太平。

上堂，竖起拳，复开，曰："或时为拳，或时为掌。若遇衲僧，有功者赏。"遂放下曰："直是土旷人稀，相逢者少。"又曰："雨后鸠鸣，山前麦熟。何处牧童儿，骑牛笑相逐，更把短笛横，风前一两曲。参！"

又曰："云岩弄师子，普化打筋斗。丛林将为向上关，未免笑破衲僧。口休休，没来由，却是象骨古锥能辊球。"

又上堂，拈拄杖击禅床一下，曰："有智若闻，则能信解，无智疑悔，则为永失，三十年后不得道。山僧今日上堂，只念《法华经》。"僧问："如何是古佛心？"师曰："莺啼处处同。"云："学人不会。"师曰："牛羊自傍山。"问："如何是沙门行？"师曰："多虚少实。"云："和尚何得谩人？"师曰："实无讳处。"僧问："庵内人为什么不知庵外事？"师曰："却许阇黎具眼。"云："久向和尚。"师曰："暗中秤绳，谁辨曲直？"问："如何是超佛越祖之谈？"师曰："三日一风，五日一雨。"云："向上更有事也无？"师曰："月明三岛静，樵子太平歌。"僧问："如何是本来人？"师曰："皮枯骨瘦。"云："中下之机，如何体悉？"师曰："倒卧横眠。"僧云："古佛今佛，皆无别理。"师曰："更梦见什么？"师乃曰："诸人知处，山僧尽知，山僧知处，诸人不知，今日不免布施诸人。"良久曰："头上是天，脚下是地。参！"

衢州灵曜寺辩良佛慈禅师 饶州吴氏子。清献赵公命开法于越州福果、衢州超化、海会、灵曜四刹。

僧问："三变禅林，四回出世，于和尚分上成得什么边事？"师曰："钵盂口向天。"曰："三十年来关棂子，而今流落五湖传。"师曰："那个是山僧关棂子？"曰："一言超影象，不坠古人风。"师曰："惜取眉毛。"

上堂，"不知时分之延促，不知日月之大小，灰头土面，且与么过，山僧每遇月朔，特地斗钉家风，抑扬问答，一场笑具。虽然如是，因风撒土，借水献花，有个葛藤露布，与诸人共相解摘看"。蓦拈拄杖击香台曰："参堂去！"

真州长芦净照崇信禅师 庐州人，姓高氏，十三依本州承天僧用成为师，二十受具。南游，造杭州净慈圆照禅师法席，投机印证。

初住秀州资圣，僧问："如何是道？"师曰："家家门首通长安。"云："如何是道中人？"师曰："上座自何来？"云："莫只这个便是也无？"师曰："碧眼胡僧笑点头。"云："毕竟如何？"师曰："礼拜了退。"

上堂曰："凄凉大野，物景萧条。露滴枯枝，烟笼远墅。长天极目，列万象以昭然。霜月流辉，映千江而普现。如斯举唱，带水拖泥。若也尽令提纲，直须祖佛侧立。放过一着，别有清规。"喝一喝。

苏州瑞光真觉守琮禅师 姓顾氏，本州人。依圆照禅师削发，复叩宗乘，乃获印可，遂出世阐扬。

僧问："作是思惟，十方佛现。今思惟了，佛在什么处？"师曰："当风一句，起自何来？"云："恁么则头头撞着弥勒，步步踏着释迦。"师曰："西天与此土不同。"乃曰："宗门妙诀，岂在多说，一言括尽，便须顿歇。明眼衲僧只自知，金色头陀善分别。冬去春来夏酷热，若遇寒山拾得时，传语丰干莫饶舌。"

宣州水西山轲禅师 僧问："我手佛手是同是别？"师曰："人人有分。"云："任有千般巧，终无两样风。"师曰："且莫错认。"问："真金须假炉中煅，一锤便成时如何？"师曰："切忌道着。"僧便喝，师曰："这漆桶。"乃曰："忆得灵山会上末后句，今日举似诸人。"良久曰："会么？任是饮光出来，今日也无伸处。参！"

又曰："雷声远震，广布慈云。甘露才开，普天春色。柳开青眼，花吐芳容。鸟噪幽林，鱼游水面。更说迷逢达磨，大似剜肉作疮。若言法本如斯，正是天然外道。恁么说话，傍若无人，明眼衲僧，一任点检。"

明州启霞山崇梵慧章禅师 僧问："如何是佛？"师曰："你问我。""如何是法？"师曰："黄卷赤轴。""如何是僧？"师曰："方袍圆顶。""如何是向上事？"师曰："且待别时。"云："即今便请。"师曰："蹉过了也。"

越州石佛密印晓通禅师 僧问："如何是石佛？"师曰：

"头戴天,脚踏地。"云:"向上更有事也无?"师曰:"任经霜与雪,不改旧时容。"乃曰:"至道冲虚,万物何宰。真空绝迹,法界如如。若能对境无心,触目无非是道。"良久乃曰:"昼夜舒光照有无,痴人唤作波罗蜜。参!"

处州南明仁寿善通禅师 僧问:"如何是南明境?"师曰:"泉飞一带雪,峰出半天云。""如何是境中人?"师曰:"策筇看鹤舞,坐石见云归。"问:"如何是祖师西来意?"师曰:"登山千里月,度海一帆风。"云:"未审意旨如何?"师曰:"言前有路,句下无私。"问:"龙未出洞时如何?"师曰:"佛眼觑不见。""出洞后如何?"师曰:"兴云吐雾。"

杭州西湖妙慧文义禅师 上堂曰:"随机设化,大阐宗风。截断众流,不留朕迹。入一乘之阃域,践向上之玄关。方便门开,分明看取。"喝一喝。又曰:"会么?已被热谩了也。今早起来,无教可说。下床着鞋,后架洗面。堂内展钵吃粥,粥后打睡,睡起吃茶,见客相唤,斋时吃饭。日日相似,有什么过?然虽如是,更有一般令我笑,金刚倒地一堆泥。"拍禅床下坐。

西京韶山杲禅师 僧问:"祖意西来,未审传个什么?"师拈起拄杖,僧云:"怎么则心外有法也"师曰:"心内心外即且置,汝唤什么作法?"僧曰:"天台榔栗。"师曰:"也是第二月。"乃曰:"七月孟秋犹热,古往今来时节。若在佛法商量,正是弄巧成拙。若作无事话会,又与外道何别。直饶总不如斯,敢保老兄未彻。如来言,祖师诀,无孔铁锤重下楔,自家心地乱如麻,却把指头唤作月。莫思量,休解说,千年枯骨休咬啮,从他兔走与乌飞,饥来吃饭困来歇。"

东京净因佛日惟岳禅师 福州长磎人,姓陈氏。七岁投西林院彻上人出家,遍扣知识。参圆照禅师,因侍立次,闻举劫火洞然因缘,豁然有省。给侍久之,出世常州承天。迁东京华严,复迁净因。

开堂日,哲宗皇帝遣中使降香,师登座问答罢,乃曰:"此个法门,不在筌蹄,岂干问答。直饶尽十方刹土,抹为微尘,一一微尘尽为衲僧,各如满慈鹙子,穷天玄辩,竭世枢机,到这里一点用不着。何以故?生佛圆融,自能平等。人人鼻孔辽天,各各壁立千仞。盖不知真随妄转,法逐缘迁,自昧灵光,枉投异趣。所以破有法王,运无缘慈,驾三乘舟楫,渡五姓波澜。翻恋澄潭月影,静夜钟声,故使怀州牛吃禾,庐陵米价长。又不免劳初祖达磨,逗器支那,教外菱花,不磨砖镜,衣中骊颔,不数他珍,未挂古帆,见成公案。由是,悟取无悟底面目,迷是不迷底乡关。三际无私,十方同畅,自家田地,枯木生枝,古庙香炉,寒灰再焰。莫不一切语言文字,资生产业,皆与实相不相违背。若然者,无影树下合同船,渔翁鼓舞。中有黄金充一国,野老讴歌,共乐升平,同跻寿域。自是天长地久,海晏河清。且道共乐升平一句,作么生道?"良久曰:"罗浮打鼓韶州舞。久立珍重!"

建中靖国元年,皇太后上仙,被旨同六禅长老就文德殿升座。师拈香曰:"率土之土,莫非王土。且道此一瓣香产何乡土?若也道得,白石有消日,氤氲无尽年。尽虚空,遍法界,为云为盖,应现无穷。上荐仙游,径生佛国。"乃敷坐。问答不录。师乃曰:"最初说法者不知末后句,末后说法者不知最初句。最初句,适来慧林禅师已为诸人说了也。说则说了,末后句且如何说?若约三乘十二分教，偏圆顿渐半满一音，不免执指为月，入海算沙。直似澄潭月影，后夜钟声，随扣击以发音，逐波澜而不散，犹是生死岸头事。故乃菩提达磨，观象神州有大乘器，所以泛杯千顷浪，登陟万重山，首造于梁。梁以果因有为之法而垂问，达磨揭圣谛第一义而奉答。梁主未契，遂之嵩少，九年面壁，不立文字，迥出三乘，直指人心，见性成佛。当时神光二祖，立云断臂，得髓明心。一花五叶，结果自成。六代传衣，后人得道。自此，东华方信有正法眼藏、涅槃妙心。中下随根迷悟相半，信知此事非大根大器不能领悟。何以故？见闻觉知是法，法离见闻觉知。便乃火聚当岐，铁山在路。自然少室峰前，壁立千仞，曹溪路上，水泄不通。于其中间，祖风不无凌迟，颓纲亦将委地。虽然如是，法无定相，道假时彰。建大法幢，演大法义，兴此一大事因缘，利乐有情，不在他时，须际会千佛，前后知之。今日幸遇大圣人出现于世，广大流布廓周沙界，实千载之一遇。至若尧舜禹汤，端拱垂衣，无为之化，不为不至。若乃开方便门，示真实相，十方嘉会，四聚同延，辟古佛之家风，发含生之大本，未可与今日同时而语。何谓也？释提桓因与善现发明般若，唯止真空。波斯匿王为庆喜特指不迁，犹存俗谛。惟此教外别传，向上一着，彰显当今，岂非希有之缘应在震旦！然溪山各异，云月是同，同声相应，同气相求，方知此事无古无今，无彼无此，高而无上，广不可极，渊而无下，深不可测。毛吞巨海，芥纳须弥。在天同天，在人同人。在天则为日为月为照为明，在人则为君为臣为忠为孝。以此而推，百亿日月，百亿须弥山，百亿四大海，根身器界，情与无情，同一体性。莫不仁者见之谓之仁，智者见之谓之智,百姓日用而不知。其能会万物于自己者,其唯圣人。由是灯灯续焰,叶叶相承,百千世月点慧灯,光融三界,十万里星排祖干,凉荫四生。是知法轮再转于支那,帝日长辉于震旦。始然者,法无大小,物无适莫,皆被其光,皆蒙其泽,以至草木禽鱼,无远不及。只如舍卫国王,欲往灵山见佛,敕诸臣僚,山河大地、草木丛林,须同去见。若一草一木不去,吾则不得见佛。大众,只今乾坤之内,宇宙之间,山河大地,草木丛林,去亦不去,来亦不来,湛湛无私,巍巍不动。乃文乃武,乃禅乃律,同在九重天上,慈德殿前,同时见佛。诸仁者,见则不无,且作么生见?"良久曰:"重瞳日月明无尽,隆准山河秀有余。"

皇情愉怿,赐号佛日禅师。初,神宗阐大相国寺为六禅,圆照首膺诏旨。至师复承恩遇,丛林增光焉。

明州天童可齐禅师 姓应氏,台州人,依天台国清寺僧道才出家圆具。初游讲肆,晚造慧光圆照禅师法席开悟,众请住安乐山。

晚迁天童,僧问:"宝华王座,今日师登,祖意西来,如何垂示?"师曰:"华开岩畔千枝秀。"云:"便是和尚为人处也无?"师曰:"水泻檐前一样清。"僧云:"空生不解岩前坐,惹得天花动地来。"师曰:"笑破他人口。"云:"时来云散后,不见别山高。"师曰:"吽吽。"问:"如何是道?"师曰:"踏不着。"云:"踏着后如何?"师曰:"七穿八穴。"乃曰:"一问一答,一捻一掠,千眼顿开,澄潭皎月,随机施设,纵夺临时。纵之,则句句攒花簇锦,处处释迦道场。夺之,则一法不留,千圣绝迹。虽然如是,须知有向上一窍,还会么?"良久曰:"莫谓春残花落尽，峰前昨夜一枝开。"

苏州万寿普勤禅师 上堂曰："物外无堪老便休，乾城梦质两悠悠。如何幻事来相逼，却使闲身不自由。然则出家之士，利物为初，禀先祖之洪规，续慧灯于千古，一心妙法，号总持门。得之者，不立阶梯，顿齐诸圣。失之者，尘劫不复，徒自劳形。或得失两忘，凡圣情尽。正当恁么时，不是心，不是佛，不是物。敢问诸禅德，毕竟是什么？若向这里倜傥分明，便能独步大方，横身三界。握金刚宝剑，破生死魔军。"良久曰："札。"

明州香山正觉延泳禅师 僧问："祖意西来即不问，和尚家风事若何？"师曰："眼深鼻大。"云："学人便怎么履践时如何？"师曰："臂长袖短。"乃曰："心随境现，境逐心生。心境两忘，是个什么？"拈起拄杖曰："且道这个甚处得来？若道是拄杖，瞎却你眼。若道不是拄杖，瞎在甚么处？是与不是，一时拈却，且骑拄杖出三门去也。"

明州雪窦法藏守卓禅师 示众曰："好大众，龙种上尊王佛，为诸人现银色世界，琼林玉宇，刹刹交光，宝殿银城，光辉相映。又色即是空，空即是色，色空空色休拟议，空色色空成智慧。耳闻眼见遍河沙，尽是如来真实地。不得已，向诸人道，生是苦，受是业，灭可证，道可修。以四谛十二因缘，知苦断集证灭修道。"复曰："有生可知，有业可断，有灭可证，有道可修，皆谤佛。谤佛尽同魔说。正当恁么时，且道作么生会？雪窦不免与诸人说破。千峰积寒雪，万径人踪绝，坏衲拥枯槎，是说如何说。"喝一喝。

又曰："阳回几次到新冬，坏衲炉寒也不穷。白鸟静驰天外影,红颜偷过耳边风。是非未起名何在,物我兼忘景自空。记取云岩岩上语,莫教辜负主人翁。"喝一喝。僧问:"如何是宾中主?"师曰:"进前无路。"云:"如何是主中宾?"师曰:"退不容身。"云:"如何是宾中宾?"师曰:"对面是何人。"云:"如何是主中主?"师曰:"有理无说处。"云:"宾主已蒙师指示,向上宗乘事若何?"师曰:"仰面贪看鸟,回头错应人。"

湖州报本常利禅师 上堂,僧问:"如何是大人相?"师曰:"披毛戴角。"云:"学人不会。"师曰:"紫磨金容。"问:"如何得作佛去?"师曰:"烦恼里荐取。"云:"如何得离烦恼?"师曰:"对面菩提。"问:"如何是无相佛。"师曰:"影临四海。"云:"如何是有相佛。"师曰:"体绝毫厘。"云:"毕竟是有是无。"师曰:"常忆当年寻海客。一声羌笛过山西。"云:"和尚不近道理。"师曰:"从来只与么。"

问:"古镜未磨时如何。"师曰:"照。"云:"磨后如何。"师曰:"黑。"云:"既是磨后为什么黑。"师曰:"为汝要磨。"问:"如何是无为。"师曰:"有作。"云:"如何是有作。"师曰:"无为。"僧拟议,师曰:"漆桶,这里不是无为。"乃曰:"今日月望,打个糊饼,供养大众。"拈拄杖作圆相曰:"还识此饼么?不但供养一人,百千万亿人只是一个。细嚼饱餐,不得咬破。然虽如是,切忌面生。参!"又曰:"大众,有一人无形无相,无学无名,不动人情,能为变化,该罗群象,洞摄大千,截生死流,踞涅槃岸。或诸菩萨,乃至非人,见今坐断毗卢,直至一生补处。还识此人么?若识得伊,共为洪范。若不识伊,常为冤对,快识取好!"

睦州资福道芳禅师 僧问："德山、临济以棒喝接人,和尚出世,将何垂示?"师曰："山僧无气力。"云："和尚岂无方便。"师曰："大众笑你。"有僧出,礼拜起云："请师答话。"师曰："蹉过了也。"云："甚处是蹉过?"师曰："五里复五里。"乃曰："秋风清,秋水渌,白露立寒沙,秋蝉噪幽谷,金风扇白苹,玉露滋黄菊。流水奏伯牙之琴,凉飙动子猷之竹。听也听不尽,观也观不足。且作么生会个佛性义?"良久曰："解空不解离声色,爱听孤猿岭上啼。"

安州九崟山圆明着禅师 僧问："大藏教中,还有奇特事也无?"师曰："有。"云："如何是?"师曰："展轴光千界,开函万国春。"问："作家不啐啄,啐啄不作家,学人上来,请师作家相见。"师曰："袖里青蛇吼。"云："学人不会。"师曰："脑后冷光生。"云："错。"师曰："识甚痛痒。"乃曰："烟凝雨岸,黄叶飘空,燕去雁来,古今时节。说生说灭,未为极则之谈。遣有排空,岂是格外之语。黄梅夜半,少室九年,直显真机,更无别理。所以道,直截根源佛所印,摘叶寻枝我不能。敢问诸人,作么生会个直显真机底道理?"良久曰："参!"

东京慧林慈寿法昙禅师 生杭州徐氏,出家圆具,听习经论。后造瑞光圆照禅师法席,投机开悟。先住北京天钵,次迁香山,后奉旨住东京慧林。

僧问："山岩水壑,尽是旧日家风。拄杖净瓶,拈起新来活计。古殿重开,愿闻举要。"师曰："击大法鼓,演大法义。"僧云："恁么则弥勒门开心顿晓,德云峰峻道何藏。"师曰："你向甚处见弥勒?"僧云："云散长天星斗现,月明沙界物难藏。"师曰："休要费力。"乃顾大众曰："皇都禅利，慧林道场，今日暂借。山僧升陟，实愧非才，于明眼人前，提纲佛祖，衒耀见知，直饶说得天雨四花，地摇六震，一点也用不着。盖为各各威光动地，人人不欠丝毫。然虽如是，更有向上一窍，三世诸佛不能宣，六代祖师拈不起。且道是什么物得怎么奇怪，还荐得么？"良久曰："曹溪路坦平，莫强生荆棘。久立！"

通州狼山法印载仪禅师 僧问："祥云绽处，现千朵之危峰。羽扇摇时，去九旬之炎热。正当恁么时，如何是到地头一句？"师曰："一雨普润。"僧云："未审如何践履？"师曰："射虎须当机。"僧云："快便难逢。"师曰："要棒吃那。"

问："知师久蕴囊中宝，今日当筵略借看。"师曰："莫是南番真舶主。"僧云："不独学人有赖，大众亦乃沾恩。"师曰："元来只是杜波斯。"乃顾视大众曰："好好！可谓幽显朗照，物理虚通，为森罗之宝印，作万象之真宗。其动也形，其寂也冥。本净非莹，法尔圆成。所以道，如何无价之宝隐在阴入之坑。大众，山僧今日敢对众前，特地拈出。"乃画一圆相，擎示大众曰："这里既放憨去，亦要大家精鉴。莫谓连城之价可以并辉，径寸之圆堪同其美。直谓龙女争锋，无垢世界，未当正觉。纵使金轮独步，立功勋者，权为重赏。且道是什么宝得怎么殊异？"良久曰："海神知贵不知价，留与人间光照夜。"

苏州定慧圆义遵式禅师 僧问："南泉斩猫儿，意旨如何？"师便打。僧云："犹是学人疑处。"师曰："十万八千。"僧云："忽遇赵州时如何？"师曰："卖金还有买金人。"问："如何是祖师西来意？"师曰："万水千山。"僧云："便与么去时如何?"师曰:"千山万水。"僧云:"专为流通。"师曰:"南地行人口似碑。"乃曰:"青山郁郁水滔滔,万浪千波接海涛。提得丝纶漾舟去,钩头须要钓鲸鳌。"拈拄杖曰:"负命者上钩来。参!"又曰:"睡来合眼饭来餐,佛祖从教说易难。若问安心有何法,太湖长浸洞庭山。衲僧家人人尽道,我八面四方,纵横无阂。龙济为什么道,卷帘除却障,闭户生得闲。若人辨得,许汝向衣钵下稳坐地。"

上堂曰:"一月初圆,百川澄影。一灯发彩,万炷流辉。月无留影之心,灯无传辉之念。若得如是,可以处于喧哗,入乎尘俗。运大悲光于沙界,开普门眼于生灵。岂惟观音大士三十二种妙应无方,具缚凡夫一一皆能开正法眼。虽然如是,也须是斩钉截铁汉始得。其或不然,静处萨婆诃。"

杭州南山广法法光禅师 僧问:"雪峰三上投子,九到洞山,为什么倒戈卸甲?"师曰:"理长即就。"云:"未审雪峰得个什么?"师曰:"一棒一条痕。"问:"腊月火烧山,意旨如何?"师曰:"若不得流水,还应过别山。"僧云:"学人未晓。"师曰:"春来草又生。"乃曰:"宾主问答,未当宗乘。建化门中,一期施设。使言言相副,句句投机,于衲僧分上远之远矣。如今日明云暗,山高水深,且作么生会举扬底道理,还会么?山僧不免土上加泥,更为露个消息。高低岩岫见重重,楼阁门开处处通。要会此中端的意,威光烁烁遍长空。珍重!"

明州瑞岩永觉禅师 僧问:"久得韶阳旨,门中试为通。"师曰:"声前如进镞,句后若流星。"僧云:"古殿豁开光灿烂,水精宫里撒真珠。"师曰:"点。"乃曰:"若据衲僧分上,四时不别,八节安知。高栖岩上,出没卷舒,一任桑田海变,从他兔走乌飞。布衾暖处始知春,黄叶飘阶委秋色。如斯境界,方称道怀。若据顺俗之谈,须是这个消息。"乃顾大众曰:"且道即今是什么时节,还知么?玉漏声将促,金乌影渐长。须臾春色里,又见百花香。久立!"

舒州太平慧灯禅师 僧问:"如何是太平境?"师曰:"多年三级塔,未老万株松。"云:"如何是境中人?"师曰:"一不曾斋。"乃曰:"太平知见,麦里有面,厨库对僧堂,三门对佛殿。"喝一喝。

处州法海世长禅师 僧问:"法身三种病二种光,如何透得?"师曰:"画地为牢。"僧云:"和尚透得也无?"师曰:"退身无路。"僧云:"自起自倒。"师曰:"脑门着地。"问:"如何是诸法实相?"师曰:"更举一遍。"僧云:"三世诸佛吐不出,六代祖师吞不下。"师曰:"言犹在耳。"乃曰:"城市喧哗,空中寂静。虽然如是,动静一如,彼我不二,四时轮转,物理湛然。夏不去而冬自来,风不寒而冰自冷。今也古也,不假丝毫。谁少谁多,身无二用。诸禅德,既是身无二用,为什么龙女现十八变?君不见,弄潮须是弄潮人。"卓拄杖,下座。

筠州米山崇仙禅师 上堂,顾视大众曰:"山河大地被山僧撮来,捣罗为末,炼蜜为丸,以淡姜汤吞下了也,何处更有一丝毫。若道是有,即为谤法。诸人到这里,合作么生话会?"良久曰:"参!"

苏州宝华妙觉愿禅师 僧问:"机轮曾未转,转处实能幽,如何是转处实能幽?"师曰:"白云绕空谷,清风拂太虚。"云:

"意旨如何？"师曰："劫火洞然毫末尽，青山依旧白云中。"问："如何是祖师西来意？"师曰："霜风零落叶。"云："意旨如何？"师曰："逢春又却生。"问："久雨不晴时如何？"师曰："绿毛龟出水。"云："晴后如何？"师曰："得缩头时且缩头。"师顾视大众曰："日如箭，月如梭，灵源本来莹净，何须特地揩磨。如今要得无余事，学取城东黑老婆。参！"

明州岳林元亨禅师 示众曰："云依依，日迟迟，柳开河岸，花发高枝。灵云今日向甚处安身立命？"蓦拈拄杖曰："看，看！莫颟顸，久参高士，举目知归，晚进之流，新罗国里。久立！"

庐州澄慧善珂禅师 僧问："如何是澄慧境？"师曰："千里清风归野外，一轮明月上波心。"云："如何是境中人？"师曰："横肩椰栗，目视层霄。"云："如何是向上事？"师曰："葛藤得也未？"

示众曰："若论此事，高超三界，独步大千，截生死流，踞涅槃岸，演无上法。使灵苗异草，处处腾芳，鸾凤麒麟，声声相应。可谓将此深心奉尘刹，是则名为报佛恩。诸高德，如斯举唱，未免周遮，若是出格道流，且道别时相见。参！"

苏州宝华悟本庆禅师 僧问："久居岩谷即不问，入廛垂手事如何？"师曰："弄花香满手，穿竹粉盈衣。"云："便是为人处也无？"师曰："两眼已随青嶂合，双眉犹带野花颦。"僧出众，提起坐具，师便喝，僧亦喝。师又喝，僧礼拜，师便打。问："休去歇去，古庙香炉去，意旨如何？"师曰："有耳铁牛穿半夜，无缘石马走春风。"云："莫便是为人处也无？"师曰："风激浪高鱼自隐，金鳞透入碧波中。"师顾视曰："看看！桃花乱落如红雨，风撼梨花白雪香。莺转玉琴细，柳垂金线长。古佛家风在，头头示显扬。恁么说话，也是事随物转，法逐时迁。若是格外上根，不干文墨，直见自心，大用繁兴，无非佛事。"良久曰："参！"

饶州密岩净土慧旻禅师 示众曰："道无动静，法本随缘，立处皆真，随方作主。在天地则覆载，在日月则照临，在君臣则移风易俗，在释氏则兴运慈悲。且道衲僧分上又作么生？"良久曰："欲言言不及，林下好商量。参！"

庐州澄慧师冕禅师 僧问："如何是澄慧境？"师曰："前临金斗城，后枕藏舟浦。"僧问："如何是境中人？"师曰："利名尽处江山窄，声色忘来天地宽。"乃曰："万法㧞①然，何须自昧。大众还见么？风高凛冽正严凝，瑞气祥光满寺庭。祖令已行高着眼，寒光烁烁射文星。久立！"

潭州石霜能禅师 僧问："知师久蕴囊中宝，今日当场略借看。"师曰："两手分付。"僧云："小出大遇。"师曰："回眸子细看。"乃曰："释迦密印，不出乎心。达磨真机，岂离当体。于兹见得，畅快平生，更若纷纭，自家埋没。虽然如是，七穿八穴一句又作么生？路逢死蛇莫打杀，无底蓝子盛将归。"

筠州逍遥聪禅师 绵州盐泉人，姓王氏。幼投剑门慈云海亮禅师出家，年二十三诵经得度，遂游成都讲肆。舍之南游，遍参尊宿。至吴越，见圆照本禅师于净慈，久而不悟。本云："吾

---

① 㧞：径山本作"纵"。

昔梦汝甚异，汝不勉则死。"师茫然，不知所谓，常念南岳思大和尚口吞三世诸佛语，不去于心。一日，为僧伽作礼，忽洒然而悟，即上方丈见本，具陈所得。本云："汝得之矣。吾昔梦汝吞一世界一剃刀，今汝所悟云然，知汝自今始真出家也。"即为升坐告众，师服勤久之。游江西高安，人敬爱之，延住真如、开善、圣寿三刹。

师性静默，与物无忤，所居不问有无，安于戒律，不知持犯之别。后退圣寿，安居十年，弊衣粝食，与住山时如一日。素善东坡苏公兄弟。元丰中，黄门公谪高安，与师游颇相得。元祐末，再谪高安，师出见之，曰："老僧比梦与公游于山中，知公当复来。去与来，宿缘也，无足怪者。"时高安之人皆来谒师，而言有如聪禅师而不坐道场者耶？师曰："吾未始不坐道场，顾以苏公一来，余无求也。"山①旧有逍遥寺，开山祖名僐，乃唐肃宗之少子，出家事忠国师，蒙记莂，居逍遥寺，赐田甚广。经五代乱民盗畔之几尽，后真净文禅师诉于县，十得一二，可以居众，于是众请师住焉。师从之，绍圣乙亥十二月杖策入山，山久废不治，僧不至，师方治其缺圮以延众。明年夏，师示寂，至九月戊申入灭，俗寿五十五，塔于本山。

舒州投子普聪禅师 中秋，上堂曰："寂住峰顶，叶落归根，明月堂前，金风玉露。且道深秋一句作么生道？"良久曰："古往不知何处去，后夜依前月到窗。"下坐。

师晚年道望益显着，缁素无不敬仰。在投子时，年八十余

---

① 山：《五灯全书》作"高安山"。

矣。有监寺者一夕为盗所杀,副寺白师。师曰:"我已知其人矣。"副寺闻官而吏至,师如前语。吏诘之,师曰:"杀监寺者老僧也。"吏即以师系狱,师无异词。偶杨次公为宪按部至州境,夜梦神人云:"此州有肉身菩萨,枉坐缧绁①之中。"次公访问,吏以师事告,次公遂释之。后十年有行者,患迦摩罗疾②而自首云:"昔日杀监寺者我也。"黄鲁直太史公尤敬师,尝兴胡少汲书云:"公道学颇得力耶,治病之方,当深求禅悦,照破生死之根,则忧畏淫怒,无处安脚。病既无根,则枝叶无能为害。投子聪和尚、海会演和尚,皆出世宗师,道行高重,不愧古人,皆可亲近。且胜③从文章之士学妄言绮语,增长无明种子也。聪老尤喜接高明士大夫,开怀议论,便穿得诸儒鼻孔。若于义理得宗趣,却观旧读诸书境界,廓然六通四辟,极省心力也。然有道之士,须以至诚恳恻归向。古人所谓'下人不精,不得其真',此非虚语。"师为名公所赏识者如此,可想见其高风焉。后于本山示寂。

泗州普照寺处虚真寂禅师 滁州赵氏子。开堂日,僧问:"世尊出世,地涌金莲,和尚出世,有何祥瑞?"师曰:"扫却门前雪。"

常州南禅宁禅师 僧问:"庐陵米价作么生酬?"师曰:"款出囚口。"

安吉州道场慧印禅师 上堂,"韶石渡头,舟横野水,汾阳浪里,棹拨孤烟。云月无私,溪山岂异,一言合辙,千里同

---

① 缧绁(léi xiè):捆绑犯人的绳索,借指监狱囚禁。
② 迦摩罗疾:《瑜伽师地论》云:"迦末罗病,损坏眼根,于非黄色悉见黄相。"
③ 且胜:有本作"殊胜"。

风。敢问诸人，作么生是同风底句？"良久曰："八千子弟今何在，万里山河属帝家。"

东京褒亲慈济祥禅师　上堂曰："梅花新绽，柳眼初开，雪散长空，风恬浪静。文殊性海，普贤行门，直下分明，更无余事。"良久曰："莫错认。"

续传灯录卷第十五

大鉴下第十三世

黄龙慧南禅师法嗣

洪州黄龙晦堂宝觉祖心禅师 南雄始兴人,生于邬氏。少为书生有声,年十九而目盲。父母许以出家,辄复见物,乃往依龙山寺沙门惠全。明年试经业,而师独献诗得剃发。继住受业院,不奉戒律。一旦,弃之入丛林,谒云峰悦禅师,留止三年,苦其孤硬,告悦将去。悦云:"必往依黄檗南公。"师至黄檗,四年知有而机不发。又辞而上云峰,会悦没,因就止石霜,无所参决。试阅《传灯》,至僧问多福禅师:"如何是多福一丛竹?"多福云:"一茎两茎斜。"僧云:"不会。"多福云:"三茎四茎曲。"此时顿觉亲见二师。径归黄檗,方展坐具,南笑云:"子入吾室矣。"师亦踊跃自喜,即应曰:"大事本来如是,和尚何用教人看话下语、百计搜寻。"南云:"若不令汝如此究寻到无用心处,自见自肯,吾即埋没汝也。"师从容游泳,陆沉众中,时时往决云门语句。南云:"知是边事便休,汝用许多工夫作什么?"师曰:"不然,但有纤疑在。不到无学,安能七纵八横,天回地转哉。"

南肯之。已而往谒翠岩真禅师，真与语，大奇之，依止二年而真没，乃还黄檗。南使分座，接纳后来。及南迁住黄龙，师往谒溺潭月禅师。月以经论精义入神，闻诸方同列笑之，以谓："政不自歇去耳，乃下乔木入幽谷乎。"师曰："彼以有得之得，护前遮后。我以无学之学，朝宗百川。"

中以小疾医寓章江，转运判官夏倚公立雅意禅学，见杨杰次公而叹曰："吾至江西，恨不识南公。"次公云："有心上座在章江，公能自屈，不待见南也。"公立见师剧谈，神思倾豁。至论《肇论》"会万物为自己者"及"情与无情共一体"时，有狗卧香卓下，师以压尺击狗，又击香卓曰："狗有情即去，香卓无情自住。情与无情，安得成一体？"公立不能对。师曰："才入思惟，便成剩法，何曾会万物为自己哉。"

又尝与僧论《维摩》，"三万二千师子宝座画入毗耶小室，何故不碍？为是维摩所现神力耶？为别假异术耶？夫难信之法故现此瑞，有能信者始知本来自有之物，何故复令更信？"曰："若无信入，小必妨大。虽然既有信，法何从而起耶。"又作偈曰："楼阁门前才敛念，不须弹指已开扃。善财一去无消息，门外春来草自青。"其指法亲切，方便妙密，多类此。

南入灭，师继住持十有二年。然性真率，不乐从事于务，五求解去，乃得谢事闲居，而学者益亲。谢景温师直守潭州，虚大沩以致师，三辞不往。又嘱江西转运判官彭汝砺器资，问所以不赴长沙之意。师曰："愿见谢公，不愿领大沩也。马祖百丈以前，无住持事，道人相寻于空闲寂莫之滨而已。其后虽有住持，王臣尊礼为天人师。今则不然，挂名官府，如有户籍之民，直遣五伯追之耳。此岂可复为也?"师直闻之,不敢以院事屈,愿一见之。师至长沙,师直愿受法要,师为举其纲。略曰:"三乘十二分教,还同说食,示人食味。既因他说其食,要在自己亲尝。既自亲尝,便能了知其味是甘是辛、是咸是淡。达磨西来,直指人心见性成佛,亦复如是。真性既因文字而显,要在自己亲见。若能亲见,便能了知目前是真是妄、是生是死。既能了知真妄生死,反观一切语言文字,皆是表显之说,都无实义。如今不了病在甚处,病在见闻觉知。为不如实知真际所诣,认此见闻觉知为自己所见。殊不知,此见闻觉知,皆因前尘而有分别。若无前尘境界,即此见闻觉知还同龟毛兔角,并无所归。"师直闻所未闻。

又答韩侍郎宗古问,曰:"承谕昔时开悟,旷然无疑。但无始已来,习气未能顿尽,然心外无剩法者,不知烦恼习气是何物而欲尽之。若起此心,翻成认贼为子也。从上以来,但有言说,乃至随病设药,纵有烦恼习气,但以如来知见治之,皆是善权方便诱引之说。若是定有习气可治,却是心外有法而可尽之。譬如灵龟曳尾于途,拂迹迹生,可谓将心用心,转见病深。苟能明心,心外无法,法外无心,心法既无,更欲教谁尽耶。"

师游京师,驸马都尉王公诜尽礼迎之,庵于国门之外。久之南还,再游庐山。彭器资守九江,师见之。器资从容问师:"人命临终时有旨决乎?"师曰:"有之。"云:"愿闻其说。"师曰:"待器资死即道。"器资起立增敬云:"此事须是和尚始得。"盖于四方公卿,合即千里应之,不合则咫尺不往。尝有偈曰:"不住唐朝寺,闲为宋地僧。生涯三事衲,故旧一枝藤。乞食随缘去,逢山任意登。相逢莫相笑,不是岭南能。"可以想见师人物品格焉。

师既腊高,复移庵深入,栈绝学者又二十余年。尝于南公圆寂之日作偈曰:"昔人去时是今日,今日依然人不来。今既不来昔不往,白云流水空徘徊。谁云秤尺平,直中还有曲。谁云物理齐,种麻还得粟。可怜驰逐天下人,六六元来三十六。"丛林传之,以为克肖南公"随汝颠倒所欲,南斗七北斗八"之语。元符三年十一月十六日,中夜示寂。阅世七十有六,坐五十五夏,赐号宝觉。葬于南公塔之东,号双塔。

洪州泐潭真净克文禅师 出于陕府阌乡①郑氏,郑世族多名公卿。师生而杰异,幼孤,事后母至孝而失爱。母数困辱之,父悲之,使游学四方。至复州北塔,闻耆宿广公说法感泣,裂缝掖而师事之,故北塔以克文名之。年二十五,试所习剃发,受具足戒。学经论,无不臻妙。游京洛讲席,因经行龙门殿庑间,见塑比丘像冥目如在定,翻然自失,谓其伴曰:"我所负者,如吴道子画人物,虽尽其妙,然非活者。"于是弃去,曰:"吾将南游观道焉。"

治平二年,坐夏于大沩。夜闻僧诵云门语,僧问:"佛法如水中月是否?"云门云:"清波无透路。"豁然有省。

时南禅师在黄檗,师往造焉。适真觉惟胜为首坐,南一日举古德"钟楼上念赞,床脚下种菜"话,令众下语。胜云:"猛虎当路坐。"南喜之,遂退院令住,而居于积翠庵。师三到庵,语不契,乃曰:"此老只是个修行僧,不会我说话。"遂去见翠岩顺

---

① 阌(wén)乡:河南省灵宝市阌乡县。

禅师，顺知见甚高，而语话好葛藤，诸方号顺婆婆是也。问师："近离甚处？"师曰："黄檗。"云："庵头老子安乐否？"师曰："安乐。"云："甚处人事？"师曰："关西。"云："说话却不似关西人。"师曰："幼曾游学。"云："甚处为僧？"师曰："从北塔广和尚落发，广与秀同参双泉郁。"顺笑云："顷与讷祖印参此二大老，不会渠语话。及我如今参得些子禅，要见他，却已迁化了。"又问："新黄檗住得如何？"师曰："甚好。"顺云："渠只下得一转语好，遂住黄檗，禅即未梦见在。"师因此大悟临济宗旨，顿见南用处，遂作数颂寄之，南大称赏。因回参礼，南问："从什么处来？"对曰："翠岳。"南云："恰值老僧不在。"进曰："未审向什么处去？"南云："天台普请，南岳云游。"曰："若然者，学人亦得自在去也。"南云："脚下鞋何处得来？"曰："庐山七伯钱唱得。"南云："何曾自在？"师指曰："何曾不自在耶？"南骇异之。

于时洪英首座与师齐名，英乃邵武人也，众中号英邵武、文关西。久之辞去，复寓止翠岩顺禅师会下。顺云："子种性迈往而契悟广大，临济将仆，子力能支之，厚自爱。"

南住黄龙，师复往焉。南云："适令侍者卷帘，问渠：'卷起帘时如何？'云：'照见天下。''放下帘时如何？'云：'水泄不通。''不卷不放时如何？'侍者无语。汝又作么生？"师曰："和尚替侍者下涅盘堂始得。"南厉声云："关西人果无头脑。"乃顾旁僧。师指之曰："只这僧也未梦见。"南大笑。自是门下号伟异，虽博学多闻者见之，无不詟缩。

南入灭，游衡岳，还首众于仰山。熙宁五年至高安，太守钱公弋先侯见之，师复谒，有獒逸出屏间，师方趋迎之，少避。钱公嘲云："禅者固能教诲蛇虎，乃畏狗乎。"师曰："易伏隈岩虎，难降护宅龙。"钱公叹云："名不虚得。"遂挽令住洞山，继住寿圣。

初于洞山开堂，示众曰："问话且止，只知问佛问法，殊不知佛法来处。且道从什么处来？"乃垂下一足曰："昔日黄龙亲行此令，十方诸佛无敢违者。诸代祖师，一切贤圣，无敢越者。无量法门，一切妙义，天下老和尚舌头，始终一印，无敢异者。无异即且止，印在什么处，还见么？若见，非僧非俗，无偏无党，一一分付。若不见，即我自收。"遂收足，乃喝一喝曰："兵随印转，将逐符行。佛手驴脚生缘，老好痛与三十棒。而今会中莫有不甘者么？若有，不妨奇特。若无，新长老谩汝诸人去也。故我大觉世尊，昔日于摩谒陀国，十二月八日明星现时，豁然悟道，大地有情，悉皆成佛。今日有释子沙门克文，于东震旦国大宋筠阳城中，六月十三日，赫日现时，又悟个什么？"以拂子画一画曰："我不敢轻于汝等，汝等皆当作佛。"下座。

又示众曰："洞山门下，有时和泥合水，有时壁立千仞。汝等诸人，拟向和泥合水处见洞山，洞山且不在和泥合水处。拟向壁立千仞处见洞山，洞山且不在壁立千仞处。拟向一切处见洞山，洞山且不在一切处。汝不要见洞山，鼻索在洞山手里。拟瞌睡也，把鼻索一掣，只见眼孔定动，又不相识。也不要你识洞山，且识得自己也得。"又曰："洞山门下要行便行，要坐便坐。钵盂里痾屎，净瓶中吐唾，执法修行，如牛拽磨。"复曰："头陀石被莓苔裹，掷笔峰遭薜荔缠。罗汉院一年度三个行者，归宗寺里参退吃茶。"

有僧问:"如何是佛?"师呵呵大笑。僧云:"何哂之有?"师曰:"我笑汝随语生解。"僧云:"偶然失利。"师遂高声曰:"不得礼拜。"僧便归众。师复笑曰:"随语生解,果然果然。"乃曰:"洞山门下八凹九凸,交交加加,屈屈曲曲,崎崎岖岖,嵲嵲屼屼①。水云掩映,烟岚重叠。一道直路,观者游者十人九人,举步早是迷却路头也。其中莫有不迷者么?"喝一喝曰:"且道路头在什么处?"又曰:"佛法二字不用道着,道着则头角生。古人只解杀人,不解活人。何不道佛法二字——现成。诸仁者,欲知佛么,只诸人是。欲知法么,只诸人日用者是。是不是,是即也大奇,不是也大奇。杀也活也,一处不通,两处失功,触途成滞。"

一日上堂,问答罢,乃曰:"还有问话底么?"良久曰:"三十年弄马骑,却被驴扑。"遂抚膝曰:"直得须弥岌嶪,海水腾波,三十三天一时退位,十八大地狱尽乃停酸。见么?若这里见得,释迦拱手,弥勒攒眉,文殊、普贤与伊作侍者。若也不见,看我七纵八横,且向葛藤里荐取。阿呵呵!诸高德且道我笑个什么?噫!我笑昔日云门、临济、德山、岩头,萤火之光,蚊蚋之解。一人道,我呵佛骂祖。一人道,我得末后一句。一人道,黄檗佛法无多子。一人道,大觉世尊初生下时,一手指天一手指地,天上天下唯吾独尊,我当时若见,一棒打杀与狗子吃。似这一队掠虚汉,总只一期于无佛处称尊。若是如今唤来,一时与伊生按过,自余之辈放过即不可。岂不闻僧问乾峰云:'十方薄枷

---

① 嵲屼(niè wù):山高耸貌,颠簸貌。

梵,一路涅槃门,未审路头在什么处?'乾峰拈拄杖画一画云:'在这里。'只如乾峰恁么,曾梦见也未?若是老僧即不然,十方薄伽梵,一路涅槃门,未审路头在什么处,劈脊便棒,却问伊:'路头在什么处?'待拟开口,热喝出去。更有云门折脚老比丘,不分缁素,不辨正邪,拈扇子云:'蹦跳上三十三天,筑着帝释鼻孔。东海鲤鱼打一棒,雨似盆倾。'似这般和泥合水汉,粪扫堆里埋却十个五个,又有甚过。阿呵呵!乐不乐,足不足,而今幸对山青水绿,年来是事一时休,信任身心懒拘束。大众休瞌睡好。"

又解夏示众曰:"有问话者么?"乃以拂子击禅床曰:"天地造化,有阴有阳,有生有杀。日月照临,有明有暗,有隐有显。江河流注,有高有下,有壅有决。明主治化,有君有臣,有礼有乐,有赏有罚。佛法住世,有顿有渐,有权有实,有结有解。结也,四月十五,十方世界,是圣是凡,若草若木。"以拂子左边敲一下曰:"从这里一时结。"举拂子曰:"总在拂子头上,还见么?"乃喝曰:"解也,七月十五日,法界若草若木,乃圣乃凡。"以拂子右边敲一下曰:"从这里一处解。"举拂子曰:"总在拂子头上,还见么?"乃喝曰:"只如四月十五已前,七月十五日已后,且道是解是结?"举拂子曰:"总在拂子头上,还见么?"又喝曰:"诸高德,此三喝中,有一喝是金刚王宝剑,有一喝是踞地师子,有一喝是探竿影草。若人一一辨得,始见临济大师道出常情,黄檗被掌,大愚遭筑。虽相去三二百年许,汝亲为嫡子,然后大开不二妙门,权衡诸祖,摧邪显正,扶宗立教,整顿颓纲。纵大知见,耀大法眼,不动本际,决胜魔军。"乃喝曰:"更须知有一喝不作一喝用。到者里，须是烁迦罗眼，向未屙已前蓦提得去。诸高德，且道提得个什么？"良久，喝一喝，下座。

师住持凡十有二年，厌繁剧谢事，东游三吴。至金陵时，王荆公方退，闲居定林，闻师来，出迎，既是喜甚，剧谈终日。公问："诸经皆首标时处，《圆觉经》独不然，何也？"师曰："顿乘所演，直示众生，日用现前，不属今古。只今老僧与相公，俱入大光明藏，游戏三昧，互为宾主，非干时处。"又问："经云'一切众生皆证圆觉'。而圭峰以证为具，谓译者之讹，何如？"师曰："《圆觉》如可改，《维摩》亦可改也。《维摩》岂不云：'亦不灭受蕴而取证。'夫不灭受蕴而取证，与皆证《圆觉》之意同。盖众生现行无明，即是如来根本大智。圭峰之言，非是。"荆公大悦，称赏者累日，施其第为宝坊，延师为开山第一祖。

升座曰："大众，今日一会，要知么，是大众成佛时节净缘。乃今际会，大丞相荆国公及判府左丞，施宅舍园林为佛刹，请山僧阐扬祖意。诸人还会么？直指大众即心见性成佛，大众信得及么？若自信得及，即知自性本来成佛，纵有未信，亦当成佛。但为迷来日久，乍尔闻说，诚难取信。且如古今天下善知识，一切禅道，一切语言，并是善知识自佛性中流出建立，而流出者是末，佛性是本。近代佛法可伤，多弃本逐末，背正投邪，但认古人言句为禅为道，有甚干涉！直饶达磨西来，亦无禅可说。只要大众自证自悟，自成佛，自建立一切禅道。况神通变化，众生本自具足，不假外求。如今人多是外求，盖根本自无所悟，一向客作，数他珍宝，都是虚妄，不免生死流转。大众，今日二相公特建此大道场，作大佛事，出大地众生生死流转之苦，显露本来广大寂灭妙心，开发本来神通大光明藏。但迷则长居凡下，悟则即今圣贤。大众，言多则去道转远，笑他明眼道人，众中莫有明眼者么？今时佛法混滥，要分邪正，使大家不堕邪见，作人天正眼，有么有么？"良久曰："我终不敢轻于汝等，汝等皆当作佛。"下座。荆公大悦，以师道行奏闻，诏赐真净禅师。

未几，厌繁阓，还高安，庵于九峰之下，名曰投老，学者自远而至。六年而复出，住归宗。又二年，张天觉由左司谪金陵酒官，起帅南昌，过庐山见师。康强尽礼致之，以居泐潭。俄，退居云庵。

以崇宁元年十月旦日示疾，十五日疾愈。尽出平生玩好道具，件件疏之散诸门弟子。十六日中夜，沐浴跏趺，众请说法。师笑曰："今年七十八，四大相离别，火风既离散，临行休更说。"言卒而逝。又七日阇维，五色成焰，白光上腾，烟之所及，皆成舍利。道俗千余人皆得之，分建塔于泐潭宝莲峰之下、洞山留云洞之北。

洪州泐潭洪英禅师 姓陈氏，邵武军人。幼警敏，读书五行俱下。父母爱之，使为书生，习进士。师不食自誓，恳求出家。及成大僧，即行访道。东游至曹山，依止耆年雅公。久之辞去，登云居。眷岩壑胜绝，为终焉之计。阅《华严十明论》，至"为真智慧无体性，不能自知无性，故为无性之性。不能自知无性，故名曰无明。《华严》第六地曰：'不了第一义故号曰无明。'将知真智慧本无性故不能自了"。"若遇了缘而了，则无明灭矣，是谓成佛要门，愿以此法绍隆佛种。然今诸方谁可语此。"既而曰："有积翠老子在。"即日往黄檗，谒南禅师，夜语达旦，南惟加敬，而未许入室。师往往呈语，南惟默然。一日，因取经函，忽失手而坠，憂然有声，遂顿悟，径造方丈，陈其所解。南曰："汝乃吾家英雄具正眼者，善自护持。"

时会下龙象杂还，而师议论英发，常倾四坐，声名藉甚。乃游西山，遇南昌潘居士，同宿双岭。居士言："龙潭见天皇时节，冥合孔子。"师惊问："何以验之？"居士举孔子曰："二三子以我为隐乎，吾无隐乎尔。吾无行而不与二三子者是丘也。"天皇云："汝擎茶来，吾与汝接。汝行食来，吾与汝受。汝问讯，我起手，何尝不为汝。师以为何如？"师笑曰："楚人以山鸡为凤，世传以为笑，不意居士此语正相类。何也？汝擎茶来，吾为汝接。汝行食来，吾为汝受。汝问讯，我起手。若言是说，说个什么。若言不说，龙潭何以便悟此。所谓无法可说，是名说法，以世尊之辨，亦不能加此两句耳。学者但求解会，譬如五色图画虚空。鸟窠无佛法可传授，不可默坐，只拈布毛吹之，侍者便悟去。学者乃云：'拈起布毛，全体发露。'似此见解，未出教乘，其可称祖师门下客耶。九峰被人问：'深山里还有佛法也无？'不得已云有，及被穷诘无可有，乃云：'石头大者大小者小。'学者乃卜度云：'刹说众生说，三世炽然说。'审如此，教乘自足，何必更问祖师意旨耶。要得脱体明去。譬如病眼人求医治之，医者乃能去翳膜，不曾以光明与之。"居士推床而起云："吾忧积翠法道未有继者，今知尽在子躬矣。"

双岭顺禅师问："庵中老师好问学者：'并却咽喉唇吻，道取一句。'首座曾道得么？"师为之一笑，已而有偈曰："阿家尝醋三尺喙，新妇洗面摸着鼻。道吾答话得腰裈，玄沙开书是白纸。"

于是顺叹服，以为名下无虚士。

有同参在石门分座接纳，师作偈寄之曰："万煅炉中铁蒺藜，直须高价勿饶伊。横来竖去呵呵笑，一任旁人鼓是非。"

熙宁元年，首众于庐山圆通寺，学者归之如南公。明年春，南圆寂。十月，师徇四众之请，遂开法于石门。僧问："逢场作戏时如何？"师曰："红炉爆出铁乌龟。"僧云："当轩布鼓师亲击，百尺竿头事若何？"师曰："山僧不信这活计。"僧拟议，师曰："不唧嚼汉。"僧礼拜起，便垂下袈裟角云："脱衣卸甲时如何？"曰："喜得狼烟息，弓弰壁上悬。"僧却揽上袈裟角云："重整衣甲时如何？"师曰："不到乌江畔，知君未肯休。"僧便喝，师曰："惊我。"僧拍一拍，师曰："也是死中得活。"僧礼拜，师曰："将谓收燕破赵之才，元来只是贩私盐贼。"

僧问："如何是佛？"师曰："眉分八字眼似流星。"僧云："如何是祖师西来意？"师曰："一棒一条痕。"僧云："大众证明，学人礼谢。"师呵呵大笑。僧礼拜起，以左手画一圆相，师以拂子穿向右边。僧以右手画一圆相，师以拂子穿向左边。僧以两手画圆相托呈，师以拂子画一画曰："三十年来，未曾逢沩仰子孙，今日却遇着个踏土汉。还更有问话者么？"良久无问。师乃曰："问也无穷，答也无尽，问答去来，于道转远。何故？况为此事，直饶棒头荐得，不是丈夫，喝下承当，未为达士。那堪更向言中取则，句里驰求，语路尖新，机锋捷疾。如斯见解，尽是埋没宗旨，玷污先贤，于吾祖道何曾梦见。只如我佛如来，临般涅槃，乃云：'吾有正法眼藏涅槃妙心，付嘱摩诃大迦叶。'迦叶遂付阿难，洎商那和修鞠多大士诸祖相继。至于达磨西来，直指人心，见性成佛，不立文字语言，岂不是先圣方便之道。自是当人不信，却自迷头认影，奔逐狂途，致使伶俜流浪生死。禅德，若能一念回光返照，向自己脚跟下褥剥究竟将来，可谓洞门溪开，楼阁重重，十方普现，海会齐彰。便乃凡圣贤愚山河大地，以海印三昧一印印定，更无纤毫透漏。山僧如是举唱，若是众中有本色衲僧闻之，实为掩耳而归，笑破它口。大众且道，本色衲僧门下一句作么生道？"良久曰："天际雪埋千尺石，洞门冻折数株松。"

又一日升堂，僧问："黄龙一曲师亲唱，佛手驴脚略借观。"师曰："老僧打退鼓。"僧礼拜，师曰："龙头蛇尾。"又问："临济栽松即不问，百丈开田事若何？"师曰："深着锄头。"僧云："古人犹在。"师曰："更添锄头。"僧礼拜。师击禅床一下，乃顾视大众曰："青山重叠叠，绿水响潺潺。"遂拈拄杖曰："未到悬崖处，抬头仔细看。"卓拄杖而起。又曰："宝峰高峻人罕到，岩前雪压枯松倒。岭前岭后野猿啼，一条古路清风扫。禅德，虽然如是，且道山僧拄杖子长多少？"遂拈起曰："长者随长使，短者随短用。"卓一下。

又上堂良久，顾视大众曰："石门巇嶮铁关牢，举目重重万仞高。无角铁牛冲得破，毗卢海内作波涛。且道不涉波涛一句作么生道？"良久曰："一句不遑无着问，迄今犹作野盘僧。"下座。

师住未期年，六月知事纷争，止之不可，即谓众曰："领众不肃，正坐无德。吾有愧黄龙。"呼维那鸣钟众集，叙行脚始末曰："吾灭后火化，以骨石藏普通塔，明生死不离清众也。"言卒而逝。阅世五十有九，坐四十三夏。门弟子奉师遗诫，茶毗以灵骨入塔，别收舍利供养。

袁州仰山行伟禅师 河朔人也，东京大佛寺受具。听习《圆觉》，微有所疑，挈囊游方，专扣祖意。至南禅师法席，六迁星序。一日扣请，寻被喝出，足拟跨门，顿省玄旨，出世仰山，道风大着。

上堂，"大众会么，古今事掩不得，日用事藏不得。既藏掩不得，则日用现前。且问诸人，现前作么生？参！"

上堂，"大众见么？开眼则普观十方，合眼则包含万有。不开不合是何模样，还见模样么？久参高德，举处便晓。后进初机，识取模样，莫只管贪睡。睡时眼见个甚么？若道不见，与死人何别。直饶丹青处士，笔头上画出青山绿水，夹竹桃花，只是相似模样。设使石匠锥头，钻出群羊走兽，也只是相似模样。若是真模样，任是处士石匠，无你下手处。诸人要见，须是着眼始得"。良久曰："广则一线道，狭则一寸半。"以拂子击禅床。"鼓声才动，大众云臻，诸人上观，山僧下觑，上观观个甚么？下觑觑个甚么？"良久曰："对面不相识。"

上堂，"道不在声色而不离声色。凡一语一默，一动一静，隐显纵横，无非佛事。日用现前，古今凝然，理何差互"。师自题其像曰："吾真难貌，斑斑驳驳，拟欲安排，下笔便错。"示寂，阇维，获五色舍利，骨石栓索勾连，塔于寺之东。

吉州仁山隆庆院庆闲禅师 福州卓氏子，母梦胡僧授以明珠，吞之而娠，及生，白光照室。幼不近酒蔵，年十一弃俗，十七得度，二十遍参。后谒黄龙于黄檗。龙问："甚处来？"师曰："百丈。"曰："几时离彼？"师曰："正月十三。"龙曰："脚跟好,痛与三十棒。"师曰:"非但三十棒。"龙喝曰:"许多时行脚,无点气息。"师曰:"百千诸佛亦乃如是。"曰:"汝与么来,何曾有纤毫到诸佛境界?"师曰:"诸佛未必到庆闲境界。"龙问:"如何是汝生缘处?"师曰:"早晨吃白粥,如今又觉饥。"问:"我手何似佛手?"师曰:"月下弄琵琶。"问:"我脚何似驴脚?"师曰:"鹭鸶立雪非同色。"龙嗟咨而视曰:"汝剃除须发,当为何事?"师曰:"只要无事。"曰:"与么则数声清磬是非外,一个闲人天地间也。"师曰:"是何言欤?"曰:"灵利衲子。"师曰:"也不消得。"龙曰:"此间有辨上座者汝着精彩。"师曰:"他有甚长处?"曰:"他拊汝背一下又如何?"师曰:"作甚么?"曰:"他展两手。"师曰:"甚处学这虚头来?"龙大笑,师却展两手,龙喝之。又问:"拢拢松松,两人共一碗,作么生会?"师曰:"百杂碎。"曰:"尽大地是个须弥山,撮来掌中,汝又作么生会?"师曰:"两重公案。"曰:"这里从汝胡言汉语。若到同安,如何过得?"

时英邵武在同安作首座,师欲往见之。师曰:"渠也须到这个田地始得。"曰:"忽被渠指火炉曰:这个是黑漆火炉,那个是黑漆香卓,甚处是不到处?"师曰:"庆闲而前且从恁么说话。若是别人,笑和尚去。"龙拍一拍,师便喝。明日同看僧堂,曰:"好僧堂。"师曰:"极好工夫。"曰:"好在甚处?"师曰:"一梁拄一柱。"曰:"此未是好处。"师曰:"和尚又作么生?"龙以手指曰:"这柱得与么圆,那枋得与么匾。"师曰:"人天大善知识,须是和尚始得。"即趋去。

明日侍立,龙问:"得坐披衣,向后如何施设?"师曰:"遇方即方，遇圆即圆。"曰："汝与么说话，犹带唇齿在。"师曰："庆闲即与么，和尚作么生？"曰："近前来与汝说。"师拊掌曰："三十年用底，今朝捉败。"龙大笑曰："一等是精灵。"师拂袖而去。由是学者争归之。

庐陵太守张公鉴，请居隆庆。僧问："铺席新开，不可放过。"师曰："记取话头。"曰："请师高着眼。"师曰："蹉过了也。"室中垂问曰："祖师心印，篆作何文？诸佛本源，深之多少？"又曰："十二时中，上来下去，开单展钵。此是五蕴败坏之身，那个是清净法身？"又曰："不用指东画西，实地上道将一句来。"又曰："十二时中着衣吃饭，承甚么人恩力？"又曰："鱼行水浊，鸟飞毛落。亮座主一入西山，为甚么杳无消息？"

师居隆庆，未期年，钟陵太守王公韶请居龙泉，不逾年，以病求去。庐陵道俗舟载而归，居隆庆之东堂，事之益笃。

元丰四年三月七日将示寂，遗偈曰："露质浮世，奄质浮灭。五十三岁，六七八月。南岳天台，松风涧雪。珍重知音，红炉优钵。"泊然坐逝。俾画工就写其真，首忽自举，次日仍平视。阇维日，云起风作，飞瓦折木，烟气所至，东西南北四十里，凡草木沙砾之间，皆得舍利如金色，计其所获几数斛。阅世五十五，坐夏三十六。

初，苏子由欲为作记而疑其事，方卧，痁梦有呵者曰："闲师事何疑哉，疑即病矣。"子由梦中作数百言，其铭略曰："稽首三界尊，闲师不止此。悯世狭劣故，聊示其小者。"子由其知言哉。

潭州云盖守智禅师 剑州陈氏子。游方，至豫章大宁，时法昌遇禅师韬藏西山，师闻其饱参，即之。昌问曰："汝何所来？"师曰："大宁。"又问："三门夜来倒，汝知么？"师愕然曰："不知。"昌曰："吴中石佛，大有人不曾得见。"师惘然，即展拜。昌使谒翠岩真禅师，虽久之无省，且不舍寸阴。及谒黄龙于积翠，始尽所疑。后首众石霜，遂开法。道吾徙云盖，僧问："有一无弦琴，不是世间木。今朝负上来，请师弹一曲。"师拊膝一下。僧云："金风飒飒和清韵，请师方便再垂音。"师曰："陕府出铁牛。"

上堂，"紧鞘离水靴，踏破湖湘月。手把铁蒺藜，打碎龙虎穴。翻身倒上树，始见无生灭。劫笑老瞿昙，弹指超弥勒"。

上堂，"昨日高山看钓鱼，步行骑马失却驴。有人拾得骆驼去，重赏千金一也无。若向这里荐得，不着还草鞋钱"。

上堂，举赵州问僧："向甚么处去？"曰："摘茶去。"州曰："闲。"师曰："道着不着，何处摸索。背后龙鳞，面前驴脚。翻身筋斗，孤云野鹤。阿呵呵！"

示众："不离当处常湛然，觅即知君不可见。虽然先德恁么道，且作个模子搭却？若也出不得，只抱得古人底。若也出得，方有少分相应。云盖则不然，骑骏马，绕须弥，过山寻蚁迹，能有几人知。"

师居院之东堂，政和辛卯，死心谢事黄龙，由湖南入山奉觐，日已夕矣。侍僧通谒，师曳履且行且语曰："将烛来，看其面目，何似生而致名喧宇宙。"死心亦绝叫："把近前来，我要照是真师叔是假师叔。"师即当胸驱一拳，死心曰："却是真个。"遂作礼，宾主相得欢甚。及死心复领黄龙，至政和甲午示寂，时师住开福，得讣上堂："法门不幸法幢摧，五蕴山中化作灰。昨夜泥牛通一线，黄龙从此入轮回。"

福州玄沙合文明慧禅师　僧问："如何是道？"师曰："私通车马。"僧进一步，师曰："官不容针。"

瑞州黄檗惟胜真觉禅师　潼川罗氏子。居讲聚时，偶以扇勒窗棂有声，忽忆教中道："十方俱击鼓，十处一时闻。"因大悟，白本讲，讲令参问。师径往黄龙，后因瑞州太守委龙遴选黄檗主人，龙集众垂语曰："钟楼上念赞，床脚下种菜，若人道得，乃往住持。"师出答曰："猛虎当路坐。"龙大悦，遂令师往。由是，诸方宗仰之。

上堂，"临济喝，德山棒，留与禅人作模范。归宗磨，雪峰球，此个门庭接上流。若是黄檗即不然，也无喝，也无棒，亦不推磨，亦不辊球。前面是案山，背后是主山，塞却你眼睛，拶破你面门。于此见得，得不退转地，尽未来际不向他求。若见不得，醍醐上味翻成毒药"。

上堂，"寂兮寥兮，蟾蜍皎皎下空谷。宽兮廓兮，曦光赫赫流四海。曹溪路上，剿绝人行。多子塔前，骈阗如市。直饶这里荐得，倜傥分明，未是衲僧活计。大丈夫汉，须是向黑暗狱中敲枷打锁，饿鬼队里放火夺浆，推倒慈氏楼，折却空王殿，灵苗瑞草和根抚，满地从教荆棘生"。

洪州百丈元肃禅师　上堂，僧问："祖意西来，谁家嫡嗣？"师曰："面南观北斗。"僧云："黄龙密印亲传得，百丈今朝一派流。"曰："听事不真，唤钟作瓮。"僧云："人天有赖。"师曰："七穿八穴。"问："祖意西来，愿垂开示。"师曰："泥牛吞巨浪。"僧云:"中下之机,如何体究?"师曰:"木马践红尘。"僧云:"恁么则法轮再转,祖道重光。"师曰:"土上加泥。"乃曰:"文殊在诸人眼睫上放光,普贤在脚跟下走过。且道观音大士在什么处行履?夜闻风水响,日听岭猿啼。"又谓众曰:"春去秋来始复终,花开花落几时穷,唯余林下探玄者,了得无常性自通。"复曰:"亘古迈今,包天括地,岂去来之所易,何新旧之能迁。岭梅发泄,岸柳含烟,荣衰互换,前后交参。诸禅者会么?法尔非尔,不然而然。"又曰:"动则应用无穷,静则虚明寥廓,动静无二,物我如如。出家人到这里,阿谁无分。虽然如是,苦瓠连根苦,甜瓜彻蒂甜。"

潭州大沩怀秀禅师 信州应氏子。僧问:"昔日沩山水牯牛,自从放去绝踪由。今朝幸遇师登座,未审时人何处求。"师曰:"不得犯人苗稼。"曰:"恁么则头角已分明。"师曰:"空把山童赠铁鞭。"

南岳福严慈感禅师 潼川杜氏子。上堂。"古佛心,祇如今,若不会,若沉吟。秋雨微微,秋风飒飒,乍此乍彼,若为酬答。沙岸芦花,青黄交杂。禅者何依?"良久曰:"札。"

续传灯录卷第十六

大鉴下第十三世

黄龙南禅师法嗣

潭州石霜琳禅师 初行脚时,与夹山龄同行。久依佛日才禅师,罢参矣①,因与龄同游黄檗,见慧南禅师小参,不喻其旨,师遂求入室,龄大怒,痛驱一顿而去。师独留未几,大悟黄龙宗旨,机锋颖脱,名振丛林。在南公坐下,与文关西英邵武等齐名,遂开法于石霜。

上堂,示众曰:"霜华一境,极目萧然。枯木堂前,风行草偃。渌水滔滔无尽,白云合而还开。往来禅客饱足,观光林下相逢,呵呵大笑。且道笑个什么?"良久曰:"烟村三四月,别是一家春。"下坐。

又曰:"或谈玄或说妙,德山临济拍手笑。更言无说是菩提,多年梁上生芝草。咦!"僧问:"拈槌举拂,拈放一边,请师答话。"师曰:"高着眼。"僧云:"作家宗师。"师曰:"脚下蹉

---

① 矣:《宗门武库》作"后"。

过。"僧以坐具画一画,师曰:"自领出去。"又问:"法王出世,请施号令。"师曰:"一二三四五。"僧云:"法令施行。"师曰:"潇湘船子。"问:"慈云蔼蔼,慧日辉辉,大众欣然,乞师一接。"师曰:"好。"僧云:"不言含有象,何处谢无私?"师曰:"石女溪边笑点头。"

问石霜:"枯木重生时如何?"师曰:"海底金龟走,天边玉兔明。"僧云:"恁么则觉花开有地,果熟自然香。"师曰:"须弥顶上面南行。"师说法颇类真净,然于真净不相识而心敬之。在石霜时,真净在洞山,师以颂送僧,见之有曰:"憧憧四海求禅者,不到新丰也是痴。"

师于元丰七年三月初八日,净发沐浴。至夜小参曰:"平生行脚,方始见人。平生参禅,始终得力。成佛作祖,不离方寸。镬汤炉炭,只在如今。这个消息,如人饮水,冷暖自知。听吾一颂:大幻一段,光明灿烂。芒恼众生,早晚分散。"夜半端然示寂,阇维得舍利,葬于本山。

蕲州开元子琦禅师 泉州许氏子。依开元智讷试经得度,精《楞严》《圆觉》。弃,谒翠岩真禅师,问佛法大意,真唾地曰:"这一滴落在甚么处?"师扪膺曰:"学人今日脾疼。"真解颜。辞,参积翠岁余,尽得其道。乘间侍翠,商确古今。适大雪翠指曰:"斯可以一致莒寻否?"师曰:"不能,然则天霁日出,云物解驳,岂复有哉。知有底人,于一言句如破竹,虽百节,当迎刃而解,讵容声于拟议乎。"

一日,翠遣僧逆问:"老和尚三关语如何?"师厉声曰:"你理会久远时事作么?"翠闻,益奇之,于是名著丛席。翠殁,四祖演禅师命分坐，室中垂示语曰："一人有口，道不得姓字为谁。"后传至东林，总禅师叹曰："琦首座如铁山万仞，卒难逗它语脉。"未几，以开元为禅林，请师为第一世。

上堂，"虚空无内外，事理有短长，顺则成菩提，逆则成烦恼。灯笼常瞌睡，露柱亦懊恼。大道在目前，更于何处讨"。以拂子击禅床。

上堂，"四面亦无门，十方无壁落。头鬅松，耳卓朔，个个男儿大丈夫，何得无绳而自缚。且道透脱一句作么生道？"良久曰："踏破草鞋赤脚走。"僧问："须弥纳芥子即不问，微尘里转大法轮时如何？"师曰："一步进一步。"曰："恁么则朝到西天，暮归唐土。"师曰："作客不如归家。"曰："久向道风，请师相见。"师曰："云月是同，溪山各异。"

洪州上蓝顺禅师 西蜀人，有远识，为人勤渠纯至，丛林后进皆敬爱之。初出蜀时，与圆通讷偕行，已而又与大觉琏游甚久。又善于老苏公，故黄门后赞其像云："与讷偕行，与琏偕处。"得法于南为南长子，然缘薄所居，皆远方小刹。

又住景福香城双峰，学者过其门，莫肯留。师亦超然自得，视世境如飞埃过目。寿八十余，坐脱于香城山，颜貌如生。平生与潘延之善，将终使邀延之叙别，延之至而师已化矣。其示众多为偈，皆德言也。有偈曰："夏日人人把扇摇，冬来以炭满炉烧。若能于此全知晓，尘劫无明当下消。"又作赵州勘婆子偈曰："赵州问路婆子，答云直恁么去。皆言勘破老婆，婆子无你雪处。"又作黄龙三关颂曰："长江雪散水滔滔，忽尔狂风浪便高。不识渔家玄妙意，偏于浪里觇风涛。"又曰："南海波斯入大唐，有人别宝便商量。或时遇贱或时贵,日到西峰影渐长。"又曰:"黄龙老和尚,有个生缘语。山僧承嗣伊,今日为君举。为君举,猫儿偏解捉老鼠。"颇为丛林称颂云。

舒州三祖法宗禅师 僧问:"如何是佛?"师曰:"吃盐添得渴。"问:"如何是道?"师曰:"十里双牌,五里单堠①。"曰:"如何是道中人。"师曰:"少避长,贱避贵。"问:"如何是善知识所为底心?"师曰:"十字街头一片砖。"曰:"如何是十字街头一片砖?"师曰:"不知。"曰:"既不知,却怎么说。"师曰:"无人踏着。"

上堂,"五五二十五,时人尽解数。倒拈第二筹,茫茫者无据。为甚么无据,爱他一缕,失却一端"。

上堂,"明晃晃活鲅鲅,十方世界一毫末。抛向面前知不知,莫向意根上拈掇"。拍一拍。

上堂,"架梯可以攀高,虽升而不能达河汉。铸锹可以掘凿,虽利而不能到风轮。其器者费功,其谋者益妄。不如归家坐,免使走尘壤。大众,那个是尘壤?祖佛禅道"。

蕲州四祖山法演禅师 桂州人也。僧问:"如何是心相?"师曰:"山河大地。"曰:"如何是心体?"师曰:"汝唤甚么作山河大地?"

上堂,"叶辞柯秋已暮,参玄人须警悟。莫谓来年更有春,等闲蹉了岩前路。且道作么生是岩前路?"良久曰:"崄。"

上堂,"主山吞却案山,寻常言论拄杖子,普该尘刹未足为

---

① 堠(hòu):古代瞭望敌情的土堡,烽堠。

奇。光境两亡，复是何物"。良久曰："劫火洞然毫末尽，青山依旧白云中。"

上堂，"佛祖之道，壁立千仞。拟议驰求，还同点额。识不能识，智不能知。古圣到这里垂一言半句，要你诸人有个入处。所以道，低头不见地，仰面不见天，欲识白牛处，但看髑髅前。如今头上是屋，脚下是地，面前是佛殿，且道白牛在甚么处？"乃召大众，众举头，师叱之。

蕲州五祖晓常禅师 僧问："如何是宗乘中事？"师曰："动唇吻得么？"问："如何是正法眼？"师曰："拣择得么？"问："如何是法身？"师曰："道汝不会得么？"问："莲华未出水时如何？"师曰："看不见。"僧云："出水后如何？"师曰："清香满路。"

上堂曰："一念信心一念佛，念念更非是别物。六门出入岂神通，一道光明无轨则。行亦行，坐亦坐，或语或笑非两个。目下若也认得渠，青山万里无寸草。"

南岳高台寺宣明佛印禅师 僧问："正法眼藏，涅槃妙心，便请拈出。"师直上觑，僧曰："恁么则人天有赖。"师曰："金屑虽贵。"

齐州灵岩山重确正觉禅师 上堂，"祖师心印，状似铁牛之机。针挑不出，匙挑不上。过在阿谁？绿虽千种草，香只一株兰"。

上堂"不方不圆，不上不下，驴鸣狗吠，十方无价"。拍禅床，下座。

潭州大沩颖诠禅师 僧问："古镜未磨时如何？"师曰：

"黑漫漫地。"僧云:"磨后如何?"师曰:"烁破顶门。"又问:"如何是祖师西来意?"师曰:"广州上船。"僧云:"意旨如何?"师曰:"少林面壁。"僧云:"学人不会。"师曰:"归去西天。"

上堂曰:"山高水冷,游人罕到。牧牛坡下,禅客纵横。出出入入,莫教落草。恁么说话,还有佛法道理也无?"良久曰:"却忆仰山曾有语,一回入草一回牵,吽!"

安州九嶷山法明禅师 上堂,僧问:"宝坐既临于此日,请师一句露尖新。"师曰:"言中有响。"僧云:"皋鹤连天叫,金乌绕木飞。"师曰:"识取话头。"又问:"到宝山中,空手回时如何?"师曰:"用力者失。"僧云:"途中用尽意,憹懷却回归。"师曰:"切忌道着。"

示众曰:"心本绝尘,众生自昧。犹如澄清大海,浪起风生。亦如皎洁太虚,云兴雨作。诸仁者,风未兴,云未起,寒山拾得贺太平,九嶷山岭松高翠,寺前流水古今清,明眼衲僧须仔细。"乃笑曰:"久立,珍重!"

廉泉昙秀禅师 僧问:"满口道不得时如何?"师曰:"话堕也。"问:"不与万法为侣时如何?"师曰:"自家肚皮自家画。"问:"如何是学人转身处?"师曰:"扫地浇花。"曰:"如何是学人亲切处?"师曰:"高枕枕头。"曰:"总不恁么时如何?"师曰:"莺啼岭上,花发岩前。"问:"如何是衲僧口。"师曰:"杀人不用刀。"

信州灵鹫慧觉禅师 上堂,"大众,百千三昧,无量妙义,尽在诸人脚跟下,各请自家回互取,会么?回互不回互,认取归家路。智慧为桥梁,柔和作依怙。居安则虑危,在乐须知苦。君不见，庞居士，黄金抛却如粪土。父子团圞头，共说无生语。无生语，仍记取，九夏雪花飞，三冬汗如雨"。

洪州兴化法澄禅师 上堂曰："云笼碧嶂，雨洒长空，百草斗青，千山竞翠。遮那境界，花藏门开。处处善财，重重弥勒。交参主伴，更互敷扬。大悲无穷，度生不倦。大众，还见弥勒么？"良久曰："长忆江南三月里，鹧鸪啼处百花香。"

衡州花药元恭禅师 僧问："如何是道？"师曰："通身无障碍。"僧云："如何是道中人？"师曰："来往任纵横。"问："莲华未出水时如何？"师曰："枝叶甚分明。"僧云："出水后如何？"师曰："一任众人观。"僧云："天地若教出，池塘焉敢藏。"师曰："莫妄想。"问："兆象未生时如何？"师曰："波斯读梵书。"僧云："生后如何？"师曰："胡僧笑点头。"僧云："欲生未生时如何？"师曰："洗脚上渔船。"僧云："全因今日也。"师曰："梳头不洗面。"

安州兴国契雅禅师 僧问："请师不于语默里答话。"师以拄杖卓一下。僧云："和尚莫草草忽忽。"师曰："西天斩头截臂。"僧礼拜，师曰："堕也堕也。"

上堂曰："心如朗月连天静。"遂打一圆相云："寒山子㘉①，性似寒潭彻底清，是何境界？"良久曰："无价夜光人不识，识得又堪作什么？九天虚度几千春。"乃呵呵大笑曰："争如独坐明窗下，花落花开自有时。"下座。

潭州宝盖山子勤禅师 僧问："师今已唱胡家曲，更将何

---

① 㘉：他本作"聻"。

法示来徒?"师曰:"一字两头垂。"僧云:"威光分此夜,照用出何门?"师曰:"头上光明烜赫,脚下黑漆颟顸。"僧云:"入水见长人。"师曰:"傍观者丑。"

上堂曰:"溪山虽异,云月是同。顺应方圆,任自西东。大众,法不离色,响不离声。到这里明明声色显露,如何透得,还有透得底么?"良久曰:"钟鸣鼓响相交应,青山不碍白云飞。"

大庾岭云峰寺道圆禅师 南雄州人,性纯,至少游方,虽饱参而未大透彻。闻南禅师在黄檗积翠庵,往依之。一日燕坐下板,闻两僧举百丈野狐因缘。一僧云:"只如不昧因果,也未脱得野狐身。"一僧应声云:"便是不落因果也,亦何曾堕野狐身耶。"师闻其语,悚然异之,不自觉其身之起意行,上庵头过涧,忽大悟。见南公,叙其事,未终,涕泪交颐。南公令就侍者榻熟寐,忽起作偈曰:"因果不落不昧,僧俗本无忌讳。丈夫气宇如王,争受囊藏被盖。一条榔栗任纵横,野狐跳入金毛队。"南公见之,大笑久之。又作风幡偈曰:"不是风兮不是幡,白云依旧覆青山。年来老大浑无力,偷得忙中些少闲。"真净文禅师大称赏之,以为机锋不减英邵武,尝手书此二偈云。师晚年住大庾云峰寺。

福州延庆洪准禅师 桂林人。久从南禅师游,天资纯谨,未尝忤物。闻人之善,如出诸己。喜气津津,生眉宇间。闻人之恶,必合掌扣空,若自追悔者。见者莫不笑之,而师真诚始终一如。

出世延庆,暮年谢院事,寓迹寒溪寺,寿已逾八十矣。日夕无他营为,眠食之余,惟吟梵音,赞观世音而已。临终时,门人弟子皆赴檀越供，惟一仆夫在。师携磬，坐土地祠前，诵《孔雀经》一遍，告别即归，安坐瞑目而逝，三日不倾。乡民来观者如堵，师忽开目而笑，使坐于地。有顷，门弟子还，师呼立其右，握手如炊熟，久视之，寂然去矣，神色不变，颊红如生，道俗塑其像龛之。

南岳胜业惟亨禅师 僧问："学人乍入丛林，乞师指示。"师曰："欲行千里，一步为初。"僧云："十二时中，如何履践？"师曰："白云无心，青天有日。"

示众曰："有利无利，莫离行市。王老师卖身即不问，且道庐陵米有人酬价么？若无人，老僧自卖自买去。"良久曰："东行不见西行利。"以拄杖卓一下。

桂州登云山超乃禅师 僧问："未审云如何登？"师曰："栗横担不顾人。"僧云："山高巇崄如何上？"师曰："直往千峰万峰去。"僧云："便是为人处也无？"师曰："看脚下。"僧云："谢师指示。"师曰："崄。"复曰："登云山大巇崄①。"良久曰："山僧今日平地上吃交。"下座。

黄檗积翠永庵主 示众曰："山僧住此庵来，无禅可说，无法可传，亦无差异珍宝。只收得续火柴头一个，留与后人，令他烟焰不绝，火光长明。"遂以拂子掷下。时有僧就地拈来，向口边吹一吹。师便喝曰："谁知续火柴头从这汉边烟消火灭去。"便拂袖归庵，僧吐舌。又尝问僧审奇："汝久不见，何所为？"奇云："见伟藏主有个安乐处。"师曰："试举似我。"奇因叙其所

---

① 巇崄（xī xiǎn）：险恶，险峻。崄同"险"。

得,师曰:"汝是,伟未是。"奇莫测,归以语伟。伟大笑云:"汝非,永不非也。"奇走积翠,质之于南公,南亦大笑。师闻之,作偈曰:"明暗相参杀活机,大人境界普贤知。同条生不同条死,笑倒庵中老古锥。"

舒州宿松县灵隐德滋山主 蜀人,住院二十年,每日独自上堂曰:"朝朝相似,日日一般。只这便是,更莫别求。"元丰六年十月四日升堂集众,良久曰:"会么?"众无语,师俨然而逝。

江州东林兴龙寺常总禅师 延平施氏子,久依黄龙密,授大法决旨。出住泐潭,次迁东林,皆符谶记。僧问:"乾坤之内,宇宙之间,中有一宝,秘在形山。如何是宝?"师曰:"白月现,黑月隐。"曰:"非但闻名,今日亲见。"师曰:"且道宝在甚么处?"曰:"古殿户开光灿烂,白莲池畔社中人。"师曰:"别宝还他碧眼胡。"又僧出众,提起坐具曰:"请师答话。"师曰:"放下着。"僧又作展势,师曰:"收。"曰:"昔年寻剑客,今朝遇作家。"师曰:"这里是甚么所在?"僧便喝,师曰:"喝老僧那?"僧又喝,师曰:"放过又争得。"便打。

上堂,"乾坤大地,常演圆音,日月星辰,每谈实相。翻忆先黄龙道,秋雨淋漓,连宵彻曙,点点无弘,不落别处"。复云:"滴穿汝眼睛,浸烂汝鼻孔。东林则不然,终归大海作波涛。"击禅床,下座。

上堂,"老卢不识字,顿明佛意,佛意离文墨故。白兆不识书,圆悟宗乘,宗乘非言诠故。如此老婆心,分明入泥水。今时人犹尚抱①桥柱澡洗，把缆放船"。良久曰："争怪得老僧。"

金陵保宁寺圆玑禅师 福州林氏子。僧问："生死到来，如何回避？"师曰："堂中瞌睡，寮里抽解。"曰："便怎么时如何？"师曰："须知有转身一路。"曰："如何是转身一路？"师曰："倾出你脑髓，拽脱你鼻孔。"曰："便从今日无疑去也。"师曰："作么生会？"曰："但知行好事，不用问前程。"师曰："须是恁么？"

上堂，"道源不远，性海非遥，但向己求，莫从它觅。古人怎么说话，大似认奴作郎，指鹿为马。若是翠岩即不然也，不向己求，亦不从它觅。何故，双眉本来自横，鼻孔本来自直。直饶说得天花乱坠，顽石点头，算来多虚，不如少实。且道如何是少实底事？"良久曰："冬瓜直侗侗，瓠子曲弯弯。"

上堂，"春雨微微，百事皆宜。禾苗发秀，蔬菜得时。阿难如合掌，迦叶亦攒眉。直饶灵山会上拈花微笑，算来犹涉离微。争似三家村里老翁，深耕浅种，各知其时。有事当面便说，谁管瞬目扬眉。更有一般奇特事，末后一着更须知"。击拂子，下座。

上堂，"广寻文义，镜里求形。息念观空，水中捉月。单传心印，特地多端。德山临济，枉用工夫。石巩子湖，翻成特地。若是保宁，总不恁么，但自随缘饮啄，一切寻常，深遁白云，甘为无学之者。敢问诸人，保宁毕竟寻何报答四恩三有？"良久曰："愁人莫向愁人说，说向愁人愁杀人。"

师示寂，阇维有终不坏者。二糁以五色舍利，塔于雨花台

---

① 抱：径山本作"把"。

之左。

南康军云居元祐禅师 姓王氏,信州上饶人。年十三,师事博山承天沙门齐晟。二十四,得度具戒。时南禅师在黄檗,即往依之十余年。南殁,去游湘中,庐于衡岳马祖故基。衲子追随,声重荆楚间。谢师直守潭州,欲禅,道林尽礼致师为第一世,师欣然肯来。道林峰房,蚁穴间见,峰峦层出,像设之多,冠于湘西。师夷廓之,为虚堂,为禅室,以会四海之学者。役夫不敢坏像设,师自锄弃诸江,曰:"昔本不成,今安得坏。吾法尚无凡情,况存圣解乎。"六年而殿阁崇成。弃之,去游庐山。

南康太守陆公時,请住玉硐寺。徐王闻其名,奏赐紫方袍。师作偈辞之曰:"为僧六十鬓先华,无补空门愧出家。愿乞封回礼部牒,免辜卢老衲袈裟。"人问其故,师曰:"人主之恩而王公之施,非敢辞以近名也,但以法未①等耳。昔惠满不受宿请,云:'天下无僧乃受汝供,满何人哉!'"

王安上者荆公之弟问法于师,以云居延之。师欣然应之曰:"当携此骨归葬峰顶耳,登舆而去。"师初开堂,问答罢,乃曰:"新启法筵,人天会集。稀逢难遇,正在此时。还更有乘时适变底衲僧么,出来与汝证据。"良久曰:"不出头者是好手。虽然如是,道林今日已向平地上吃交了也。赖遇金粟大士有不二法门,放一线道,道林方解开布袋头,足可以施展家风,向无佛处称尊。便乃指点三界,目视四维,偃仰尧天,高歌舜日。举音王调,唱菩萨蛮,奏没弦琴,含太古意。当是时,文殊休惆怅,普

---

① 未:径山本作"本"。

贤谩沉吟。任是千圣出头来，异口同音，也不消一札。久立，珍重！"

上堂，"月色和云白，松声带露寒。好个真消息，凭君仔细看。黄龙先师和身放倒，还有人扶得起么？祖祢不了，殃及儿孙"。击禅床，下座。

又示众曰："一切声是佛声。"以拂子击禅床曰："梵音深远，令人乐闻。"又曰："一切色是佛色。"乃拈起拂子曰："今佛放光明，助发实相义。已到之者，顶戴奉行。未到之者，应如是知、如是信。"击禅床，下座。

师于壬申年七月七日夜子时，方丈敷坐，谓大众曰："三处住持，不传一法。火风聚散，物理常情。吾灭后，不得随世俗厚葬缞绖①哭泣，当禀我佛西天竺法，火化归塔。"遂说偈曰："今年六十六，三处因缘足。夜半火烧山，跳入火中浴。"言毕示寂，阇维得五色舍利，塔建于云居山。师清癯，发白不剪，风度英特。说法好讥呵诸方，雅自称王祐上坐云。

报本慧元禅师 潮州倪氏，垂髫凛然，如老成人，群儿戏于前，袖手趺坐而已。父母商略云："儿材如此，岂堪世用，令事佛僧乃可耳。"师闻之，即矍然起拜，遂依城南精舍诵《法华经》，年十九剃发受具。游方至京师，寓止华严。有圆明法师者，见而异之云："上人齿少，从何至此，所求何事？"曰："慧元从南海来，无他求，惟求佛法。"圆明笑云："王城声利捷方式，酒色樊笼，横目争夺，日有万端，宁有佛法乎？佛法尽在南方也。"

---

① 缞绖（shuāi dié）：缞，古代用粗麻布制成的丧服。绖，古代丧服上的麻带子。

师乃自洛京游襄汉，遍历名山，所至亲近知识，然俱无解悟。

治平二年春，至黄龙。时南新自积翠来，龙象四集，师每坐下板，辄自引手，反复视之曰："宁有道理而云似佛手，知吾家潮阳而乃复问生缘何处乎？"一日顿悟，尽释所疑，遂发去。

熙宁元年入吴，开法于吴江寿圣寺，遣僧造黄龙，投法嗣书。南视其名，谓专使："吾偶忘此僧，书未欲开，可令亲来见老僧。"专使反命。师即日腰包而来，至豫章，而南已圆寂，因留叹息。适晦堂老人出城相会，与师语，大奇之，深恨老师不及见。留逾月，乃复还吴中，道俗师尊之。

又延住昆山慧严院十年。尝夜舟归自雪川，寇劫舟，白刃交错，舟人惊怖，不知所出。师安坐徐曰："钱帛皆施汝，人命不可害也。"盗既去。至旦，人来视舟，意师死矣，而貌和神凝如常日。其临生死祸福，能脱然无累如此。

元祐四年，移住承天万寿寺，众益盛。躬自持钵至湖州，湖人云："师到处为家，何苦独爱姑苏？"固留不使还。苏人闻之，争持杖捶，哗以入湖云："何为夺我邦善知识？政当见还，否则有死而已。"师怡然，不恔情去留，曰："吾任缘耳。"相守弥月，苏人食尽乃去，竟为湖人所有，遂住报本禅院。

六年十一月十六日，升坐说偈曰："五十五年梦幻身，东西南北孰为亲。白云散尽青山外，万里秋空片月新。"言讫而化。右司谏陈公莹中，在湖亲见其事云。

师为人孤硬，风度甚高，威仪端重，危坐终日。南禅师门弟子，能踪迹其行藏者，惟师而已。遗言葬岘山之阳。门弟子元正问："何独念岘山乎？"师曰："它日可建寺。"后三十年，太师楚国公王黼追想师道，为请于朝赐谥证悟禅师，塔曰定应。有旨建显化寺，岁度僧以奉香火云。

杨州建隆昭庆禅师 泉州晋江林氏子也。示众曰："始见新岁倏忽，早是二月初一，天气和融。拟举个时节因缘，与诸人商量，却被帝释梵王在门外柳眼中努出头来，先说偈言：'裊裊扬轻絮，且逐风来去，相次走绵球，休言道我絮。'当时撞着阿修罗，把住云：'任你絮，忽逢西风吹渭水，落叶满长安一句作么生道？'于是帝释缩头入柳眼中。"良久曰："参！"

南康军清隐潜庵清源禅师 豫章邓氏子。上堂，"寒风激水成冰，杲日照冰成水，冰水本自无情，各各应时而至。世间万物皆然，不用强生拟议"。

上堂，"先师初事栖贤諟泐潭澄，历二十年，宗门奇奥，经论玄要，莫不贯穿。及因云峰指见慈明，则一字无用。遂设三关语以验学者，而学者如叶公画龙，龙现即怖"。

吉州禾山德普禅师 生于绵州蒲氏，少尚气节，有卓识。见富乐山静禅师，合爪作礼曰："此吾师也。"静与语奇之，携归山中阴察之，其作止类老头陀。静云："此子赋性豪纵，不受控御，而能折节杵臼炊爨间，以事众为务，是为希有。"年十八得度受具，秀出讲席，解《唯识》《起信论》，两川无敢难诘者，号义虎。罪圭峰疏义多臆说，摘其失处，诫学者不可信。老宿皆数之云："圭峰，清凉国师所印可，汝敢雌黄，蚍蜉撼树，汝今是矣。"师叹曰："学者以名位惑久矣。清凉、圭峰非有四目八臂也，奈何甘自退屈乎。"乃出蜀至荆州金銮，夜与一衲，偶忘其名。衲见了山情庵主，师闻其饱参，问之曰："经论何负禅宗，而长老多讥呵之耶？"衲云："以其是识情义理、思想边量，非能发圣得道，脱有发圣得道者，皆藉之以为缘耳。傥不因自悟，唯经论是仗，则能读能知能见能解者，皆证圣成道去矣，宁尚与仆辈俯仰耶。唯以死语是所知障，故祖师西来也。如经言'一切众生本来成佛'，汝信之乎？"对曰："世尊之语，岂敢不信。"衲云："既信矣，则尚何区区远来乎？"对曰："闻禅宗有别传法故来耳。"衲笑云："是则未信，非能信也。"师曰："其病安在？"衲云："积翠南禅师出世久，子见之，不宜后，见则当使汝疾有瘳矣。"师即日遂行，以熙宁元年至黄龙，问："阿难问迦叶：'世尊付金襕外，复传何法？'迦叶呼阿难，阿难应喏。迦叶云：'倒却门前刹竿着。'意旨如何？"南公云："上人出蜀，曾到玉泉否？"曰："曾到。"又问："曾挂塔否？"曰："一夕便发。"南公云："智者道场，关将军打供，与结缘几时何妨？"师默然，良久理前问，南公俛首。师趋出，豁然有省，大惊曰："两川义虎，不消此老一唾。"

八年秋游螺川，待制刘公请住慧云禅院七年，迁住禾山十有二年。元祐五年十二月十五日，谓左右曰："诸方尊宿死，丛林必祭，吾以为徒虚设。吾若死，汝曹当先祭。"乃令从今办祭。众以其老又好戏语，问云："和尚几时迁化？"曰："汝辈祭绝即行。"于是帏寝堂坐师其中，致祭读文，跪揖上食，师饫餐自如。自门弟子下及庄力，日次为之。至明年元日祭绝。曰："明日雪晴乃行。"至时晴，忽雪，雪止，师坐焚香而化。阅世六十有七，坐四十九夏，全身塔于寺之左。

东京慧林佛陀德逊禅师 姓杨氏，福州侯官人也。少习儒业,学问该博,颇着声誉,忽厌尘纷,发志求道。遂依东京天宁寺慧照上人出家,试经得度,遍扣知识。造南禅师法席,投机开悟。久为侍者,复游讲席。初出世汾阳之净土,次迁太原之白云。常坐不卧,缁素钦服。齿腊既高,道行益固,遂奉诏住慧林。

开堂日,哲宗皇帝遣中使降香。师升座问答罢,乃曰:"传持此事,岂以摇唇鼓舌、驰骋言锋而可议。然于方便门中,事无一向,是故文殊以无住为本,曹溪以无念为宗。无念之宗,为万法之宗。无住之本,为万法之本。众生弃本逐末,背觉合尘。一失其源,迷而不复。故祖师西来,不立文字,特唱宗乘,只教诸人明见自性,与佛同寿。歇则菩提,不从人得。佛言:'我于然灯佛所无一法可得,然灯佛方与我受记。若有一法可得,然灯佛即不与我受记。'如是举唱,犹是化门,且道不落化门一句作么生道?冬无寒,腊下看。"复曰:"诸仁者,道非隐显,遇缘即宗。法无去来,因时而会。若缘时而未会,虽佛祖亦何为。且恢张祖席,创立丛林,岂一僧之所能,必假国王大檀越为之护助,佛日乃可光扬。自昔京城未闻是道,先帝始建法幢,延四海之高流,为一时之大事,故今日佛道如此之盛。皇帝陛下,少践丕图,早闻妙法,不忘佛记,克绍前芳,遂令山野之人,获预朝廷之命。即将此开堂善利,上祝圣寿无疆,伏愿舜日与佛日齐明,尧风与祖风并扇,万邦无事。时当熙盛之年,四海晏清,人乐升平之化。久立珍重!"洎哲宗升遐,百日入内,赐号佛陀禅师。未几,太后上仙,师又被诏入内,升座举扬般若,赐赉甚厚。黄龙法道,至是始盛于京都。于大观间示寂。

隆兴府祐圣法窨禅师 潮阳郑氏子，晚见黄龙，深蒙印可。上堂，"此事如医家验病方，且杂毒满腹，未易攻治，必瞑眩之药而后可瘳。就令徇意投之，适足狂惑，增其沈痼，求其己病，不亦左乎。法堂前草深，于心无愧"。

蕲州三角山慧泽禅师 僧问："师登宝座，大众侧聆。"师卓拄杖一下。僧曰："答即便答，又卓个甚么？"师曰："百杂碎。"

南岳法轮文昱禅师 上堂，以拄杖卓一卓，喝一喝，曰："雪上加霜，眼中添屑，若也不会，北郁单越。"

庐山归宗志芝庵主 临江人也，壮为苾刍，依黄龙，于归宗遂领深旨，有偈曰："未到应须到，到了令人笑。眉毛本无用，无渠底波俏。"未几，龙引退，芝陆沉于众。一日普请罢，书偈曰："茶芽蘼蕨初离焙，笋角狼忙又吐泥。山舍一年春事办，得闲谁管板头低。"由是衲子亲之。师不怿，结茅绝顶，作偈曰："千峰顶上一间屋，老僧半间云半间。昨夜云随风雨去，到头不似老僧闲。"

慧林冲禅师法嗣

东京永兴华严寺智明佛慧禅师 常州史氏子。上堂，"若论此事，在天则列万像而齐现，在地则运四时而发生，在人则出没卷舒，六根互用。且道在山僧拄杖头上又作么生？"良久，卓一下曰："高也着，低也着。"

镇州永泰智航禅师 上堂，"散为气者，乃道之漓，适于变者，为法之弊。灵机不昧，亘古亘今，大用现前，何得何失。虽然如是，忽遇无孔铁锤，作么生话会？"拈拄杖曰："穿过了也。"

上堂，"龙腾碧汉，变化无方，凤翥青霄，谁知踪迹。可行则行，不出百千三昧，可止则止，宁忘万象森罗！所以道，取不得舍不得，不可得中只么得。且道得个甚么？"良久曰："莫妄想。"

江阴军寿圣子邦圆觉禅师 僧问："祖意教意，且拈放一边，如何得速成佛去？"师曰："有成终不是，是佛亦非真。"僧拟议，师叱曰："话头道甚么。"

常州广福法照昙章禅师 僧问："如何是祖师西来意？"师曰："春来花自发。"僧云："学人未晓。"师曰："秋至叶先凋。"问："如何是露地白牛？"师曰："头角分明。"问："如何是和尚为人一句？"师曰："一二三四五六七。"僧云："意旨如何？"师曰："万物皆从这里出。"

扬州石塔戒禅师 自慧林得旨后，住杭州西湖一刹，再住扬州石塔，忽退席渡江。东坡知扬州，重请住持。疏有为东坡而少留之语，晁无咎学士为宣之，师于此名重一时。东坡又为作戒衣铭云："石塔得三昧，初从戒定入，是故常宝护，登坛受戒衣。吾闻得道人，一物不可留，云何此法衣，补缉成百衲。诸法念念逝，此衣非昔衣，此法无生灭，衣亦无坏者。振此无尘衣，洗此无垢人，坏则随他去，是故终不坏。"师为东坡所知，可见其为人也。

瑞岩子鸿禅师法嗣

台州佛窟昌国可英禅师 僧问："如何是佛法大意？"师曰："一轮才出海，万国尽沾恩。"云："学人不会。"师曰："只为分明极，翻令所得迟。"问："如何是佛窟境？"师曰："春归一径岩前秀，雪尽数峰云外寒。"云："如何是境中人？"师曰："锡杖夜敲霜峤月，铜瓶晨漱碧潭烟。"乃曰："春风澹荡，万物含芳。林间野老讴歌，江上渔人举棹。山花列秀，岸柳垂阴，莺啭乔林，兽鸣幽谷。白云绽处于峰，迭迭崔嵬。万派朝宗浩渺，波澜涵月。森罗普现，万象齐观，南北东西，交横互映，重重帝网，百亿垂形，海印发光，大于普赴。如斯语话，无不尽知，且道迷身一句作么生道？"良久曰："天上忽雷惊宇宙，井底虾蟆不举头。"

明州岳林昙振禅师 上堂垂语曰："今日布袋头开，还有买卖者么？"僧出云："有。"师曰："不作贵，不作贱，怎么生酬价？"僧无语，师曰："山僧今日失利。"问："宝坐既登于此日，个中消息请宣扬。"师曰："飒飒和风，飘飘细雨。"僧云："言前超有路，句后越毗卢。"师曰："也不消得。"问："知师解接无根树，妙手能挑海底灯。学人上来，请师一接。"师曰："堤柳乍开金眼细，岭梅初绽玉苞香。"僧云："圆音才剖，大众沾恩。"师曰："伶利人难得。"乃曰："若论此事，不在僧之与俗、男之与女、贤之与愚、贵之与贱，悉皆具足，曾无欠少。良由根有利钝，见有差殊，向声色里转却。何以知之，岂不见道：'名言滞于心首,恒为绿虑之场,实际居于目前,翻成名相之境。'且作么生是目前事,还知么?"良久曰:"眼里无筋一世贫。"

天钵文慧重元禅师法嗣

恩州祖印善丕禅师 僧问:"如何是佛?"师曰:"通上彻下。"云:"如何是法?"师曰:"彻下通上。"乃曰:"通上彻下,彻下通上,迷有千差,悟无两样。"喝一喝。

又上堂曰:"千家门万家户,贫底贫富者富,其或未瞥地,三途未是苦。"击拂子一下。又曰:"人人独耀,个个极则,祖印如斯说话,非常有损有益。"乃拊掌一下曰:"噫!又复引人入荆棘。"喝一喝。又曰:"潭中浩月,岭上白云。达磨西来,莫如此说。"拈拄杖曰:"也大奇,拄杖解说不思议。"击香台下坐。

又曰:"堪作梁者作梁,堪作柱者作柱。灵利衲僧,便知落处。"蓦拈拄杖曰:"还知这个堪作什么?"打香台一下曰:"莫道无用处。"复打一下,又曰:"看看!堂里木师伯,被圣僧打一掴,走去见维那,被维那打两掴,露柱呵呵笑,打着这师伯,祖印路见不平,遂拈拄杖曰:'来来,虽是圣僧,也须吃棒。'"击香台下坐。

卫州元丰院清满禅师 姓田氏,沧州盐山人,幼以孝闻,母丧,出家剃落禀戒。诣青州元禅师丛席,入室咨参。一日,山行取叶净手,豁然契悟,投机颂曰:"大奇大奇,动用还迷,更问如何,蓦口便槌。"山居苦行,绝粒七年,太守钱公请师出世。僧问:"禅关创辟,祖道重兴,千圣灵机,愿师举唱。"师曰:

"秋观黄叶落。"僧云:"千圣灵机蒙举唱,我师关棙意如何?"师曰:"冬见万木枯。"僧云:"恁么则木马嘶时花遍地,泥牛行处海云凝。"师曰:"也须会始得。"

问:"如何是祖师印?"师曰:"地静天宁。"僧云:"如何是心印?"师拍膝一下。僧云:"佛祖心印相去几何?"师曰:"言浅理深。"问:"如何是衲僧得力处?"师曰:"月上青天。"僧云:"未审有何凭验?"师曰:"莫瞌睡。"乃横按拂子曰:"要扣玄关,须是有节操、极慷慨、斩钉截铁、剥剥地汉始得。若是隈刀避箭,碌碌之徒,看即有分。"击禅床下坐。

又上堂,顾视大众曰:"无异思惟,谛听谛听。昨日热,今日寒,抖擞精神,着力看。着力看,看来看去,转颟顸。要得不颟顸,看看!"

西京善胜真悟禅师 上堂,"扬声止响,不知声是响根。弄影逃形,不知形为影本。以法问法,不知法本非法。以心传心,不知心本无心。心本无心,知心如幻。了法非法,知法如梦。心法不实,莫谩追求,梦幻空花何劳把捉。到这里,三世诸佛,一大藏教,祖师言句,天下老和尚路布葛藤,尽使不着。何故?太平本是将军致,不许将军见太平"。

青州定慧院法本禅师 僧问:"古人到这里,为甚么拱手归降?"师曰:"理合如是。"曰:"毕竟如何?"师曰:"夜眠日走。"

舒州三祖圆智冲会禅师法嗣

杭州临安居润禅师 僧问:"为国开堂于此日,师将何法利人天?"师曰:"将谓剑①利衲子。"僧云:"一炷名香祝圣恩。"师曰:"今日事作么生?"僧无语,师曰:"气急杀人。"问:"清净本然,遍周沙界,庵内人为什么不知庵外事?"师曰:"合恁么。"僧云:"特伸请益。"师曰:"有甚相亏。"乃曰:"大众但看,从上古圣,挑囊负钵,出一丛林,入一保社。若不得个入处,昼夜不舍参问知识,筑着磕着,忽然瞥地,始知刀是铁做,一时放下。便乃天台普请,南岳游山。左之右之,不居惑地。诸仁者,古人既恁么会,今日欠少个什么?"良久曰:"多虚不如少实。"

---

① 剑:径山本作"伶"。

续传灯录卷第十七

大鉴下第十四世

丹霞淳禅师法嗣

明州天童宏智正觉禅师 隰州李氏子，母梦五台一僧解环，与环其右臂，乃孕，遂斋戒。及生，右臂特起，若环状。七岁日诵数千言。祖寂，父宗道久参佛陀逊禅师。尝指师谓其父曰："此子道韵胜甚，非尘埃中人，苟出家，必为法器。"十一得度于净明本宗，十四具戒，十八游方。诀其祖曰："若不发明大事，誓不归矣。"及至汝州香山，成枯木一见，深所器重。一日闻僧诵《莲经》至"父母所生眼，悉见三千界"，瞥然有省，即诣丈室陈所悟。山指台上香合曰："里面是甚么物？"师曰："是甚么心行？"山曰："汝悟处又作么生？"师以手画一圆相呈之，复抛向后。山曰："弄泥团汉，有甚么限？"师曰："错。"山曰："别见人始得。"师应喏喏，即造丹霞。霞问："如何是空劫以前自己？"师曰："井底虾蟆吞却月，三更不借夜明帘。"霞曰："未在，更道。"师拟议，霞打一拂子曰："又道不借。"师言下释然，遂作礼。霞曰："何不道取一句？"师曰："某甲今日失钱遭罪。"

霞曰："未暇打得你，且去。"霞领大洪师掌笺记，后命首众，得法者已数人。

四年过圆通，时真歇初住长芦，遣僧邀至，众出迎，见其衣焉穿弊且易之。真歇俾侍者易以新履，师却曰："吾为鞋来邪？"众闻心服，恳求说法。居第一座六年，出住泗州普照。次补太平圆通能仁。及长芦天童屋庐湫隘，师至，创辟一新，衲子争集。

上堂，"黄合帘垂，谁传家信。紫罗帐合，暗撒真珠。正恁么时，视听有所不到，言诠有所不及，如何通得个消息去？梦回夜色依稀晓，笑指家风烂熳春"。

上堂，"心不能缘，口不能议，直饶退步荷担，切忌当头触讳。风月寒清古渡头，夜船拨转琉璃地"。

上堂，"空劫有真宗，声前问已躬。赤穷新活计，清白旧家风。的的三乘外，寥寥一印中。却来行异类，万派自朝东"。

上堂，"今日是释迦老子降诞之辰，长芦不解说禅，与诸人画个样子。只如在摩耶胎时作么生？"以拂子画此⊙相曰："只如以清净水，浴金色身时，又作么生？"复画此⩎相曰："只如周行七步，目顾四方，指天指地，成道说法，神通变化，智慧辩才，四十九年三百余会，说青道黄，指东画西，入般涅槃时，又作么生？"乃画此⊕相，复曰："若是具眼衲僧，必也相许。其或未然，一一历过始得。"

上堂，僧问："如何是向去底人？"师曰："白云投壑尽，青嶂倚空高。"曰："如何是却来底人？"师曰："满头白发离岩谷，半夜穿云入市廛。"曰："如何是不来不去底人？"师曰："石女唤回三界梦，木人坐断六门机。"乃曰："句里明宗则易，宗中辩的则难。"良久曰:"还会么?冻鸡未报家林晓,隐隐行人过雪山。"

僧问:"一丝不着时如何?"师曰:"合同船子并头行。"曰:"其中事作么生?"师曰:"快刀快斧斫不入。"问:"布袋头开时如何?"师曰:"一任填沟塞壑。"问:"清虚之理,毕竟无身时,如何?"师曰:"文彩未痕初,消息难传际。"曰:"一步密移玄路转,通身放下劫壶空。"师曰:"诞生就父时,合体无遗照。"曰:"理既如是,事作么生?"师曰:"历历才回分化事,十方机应又何妨。"曰:"恁么则尘尘皆现本来身去也。"师曰:"透一切色,超一切心。"曰:"如理如事,又作么生?"师曰:"路逢死蛇莫打杀,无底篮子盛将归。"曰:"入市能长啸,归家着短衫。"师曰:"木人岭上歌,石女溪边舞。"

上堂,"诸禅德,吞尽三世佛底人,为甚么开口不得?照破四天下底人,为甚么合眼不得?许多病痛,与你一时拈却了也。且作么生得十成通畅去,还会么?擘开华岳连天色,放出黄河到海声"。

师住持以来,受无贪而施无厌。岁艰食,竭己有及瞻众之余,赖全活者数万,日常过午不食。

绍兴丁丑九月,谒郡僚及檀度。次谒越帅赵公,令讫与之言别。十月七日还山。翌日辰巳间,沐浴更衣,端坐告众。顾侍僧索笔作书,遗育王大慧禅师,请主后事。仍书偈曰:"梦幻空花,六十七年。白鸟烟没,秋水连天。"掷笔而逝。龛留七日,颜貌如生。奉全躯塔于东谷,谥宏智,塔名妙光。

真州长芦真歇清了禅师 左绵雍氏子,襁褓入寺见佛,喜动眉睫,咸异之。年十八试《法华》得度,往成都大慈,习经论,领大意。出蜀,至沔汉,扣丹霞之室。问:"如何是空劫已前自己?"师拟对,霞曰:"你闹在,且去。"

一日,登钵盂峰,豁然契悟。径归侍立,霞掌曰:"将谓你知有。"师欣然拜之。翌日,霞上堂曰:"日照孤峰翠,月临溪水寒。祖师玄妙诀,莫向寸心安。"便下座。师直前曰:"今日升座,更瞒某不得也。"霞曰:"你试举我今日升座看。"师良久,霞曰:"将谓你瞥地。"师便出。后游五台之京师浮汴,直抵长芦,谒祖照,一语契投,命为侍者,逾年分座。未几,称疾退闲,命师继席,学者如归。

建炎末,游四明,主补陀台之天封、闽之雪峰,诏住育王。徙温州龙翔、杭州径山,慈宁皇太后命开山皋宁崇先。

上堂,"我于先师一掌下,伎俩俱尽,觅个开口处不可得。如今还有怎么快活不彻底汉么?若无,衔铁负鞍,各自着便"。

上堂,"久默斯要,不务速说。释迦老子待要款曲卖弄,争奈未出母胎,已被人觑破。且道觑破个甚么,瞒雪峰不得"。

上堂,"上孤峰顶,过独木桥,蓦直恁么行,犹是时人脚高脚低处。若见得彻,不出户,身遍十方,未入门,常在屋里。其或未然,趁凉搬取一转柴"。

上堂,"道得第一句,不被拄杖子瞒。识得拄杖子,犹是途路中事。作么生是到地头一句?"

上堂,"处处觅不得,只有一处不觅自得,且道是那一处?"良久曰:"贼身已露。"

上堂,"口边白醭①去,始得入门。通身红烂去,方知有门里事,更须知有不出门底"。乃曰:"唤甚么作门?"僧问:"三世诸佛,向火焰里转大法轮,还端的也无?"师大笑曰:"我却疑着。"曰:"和尚为甚么却疑着?"师曰:"野花香满路,幽鸟不知春。"

问:"不落风彩,还许转身也无?"师曰:"石人行处不同功。"曰:"向上事作么生?"师曰:"妙在一沤前,岂容千圣眼。"僧礼拜,师曰:"只恐不恁么。"师一日入厨,看煮面次,忽桶底脱,众皆失声曰:"可惜许!"师曰:"桶底脱,自合欢喜,因甚么却烦恼?"僧曰:"和尚即得。"师曰:"灼然,可惜许一桶面。"问僧:"你死后烧作灰撒却了,向甚么处去?"僧便喝,师曰:"好一喝,只是不得翻款。"僧又喝,师曰:"公案未圆,更喝始得。"僧无语,师打曰:"这死汉。"

上堂,"苔封古径,不堕虚凝。雾锁寒林,肯彰风要。钩针稳密,孰云渔父栖巢。只么承当,自是平常快活。还有具透关眼底么?"良久曰:"直饶闻早便归去,争似从来不出门。"

上堂,"乍雨乍晴,乍寒乍热。山僧底个,山僧自知。诸人底个,诸人自说。且道,雪峰口除吃饭外,要作甚么?"问僧:"琉璃殿上,玉女撑梭,明甚么边事?"曰:"回互不当机。"师曰:"还有断续也无?"曰:"古今不曾间。"师曰:"正当不曾间时如何?"僧珍重便出。

上堂,撼拄杖曰:"看看!三千大千世界一时摇动,云门大师即得,雪峰则不然。"卓拄杖曰:"三千大千世界向甚么处去,

---

① 白醭(bú):醋或酱油等液体表面上长的白色霉变层。这里指口边白沫。

还会么？不得重梅雨，秧苗争见青。"

上堂，"幻化空身即法身"。遂作舞云："见么见么？怎么见得，过桥村酒美。"又作舞云："见么见么？怎么不见，隔岸野花香。"

上堂，"还有不被玄妙污染底么？"良久曰："这一点，倾四海水，已是洗脱不下。"僧问："如何是空劫已前自己？"师曰："白马入芦花。"

上堂，"穷微丧本，体妙失宗。一句截流，渊玄及尽。是以金针密处，不露光铓，玉线通时，潜舒异彩。虽然如是，犹是交互双明。且道巧拙不到，作么生相委？"良久曰："云萝秀处青阴合，岩树高低翠锁深。"

上堂，"转功就位，是向去底人。玉韫荆山贵转位，就功是却来底人。红炉片雪春，功位俱转，通身不滞，撒手亡依。石女夜登机，密室无人扫。正怎么时，绝气息一句，作么生相委？"良久曰："归根风堕叶，照尽月潭空。"师终于皋宁崇先，塔于寺西华桐坞，谥悟空禅师。

随州大洪慧照庆预禅师 鄞州胡氏子。上堂，"进一步践它国王水草，退一步踏它祖父田园，不进不退，正在死水中。还有出身之路也无？萧骚晚籁松钗短，游漾春风柳线长"。

上堂，举船子嘱夹山曰："直须藏身处无踪迹，无踪迹处莫藏身，吾在药山三十年只明此事。""今时人为甚么却造次？丹山无彩凤，宝殿不留冠。有时憨，有时痴，非我途中争得知。"

处州治平湿禅师 上堂，"优游实际妙明家，转步移身指落霞。无限白云犹不见，夜乘明月出芦花"。

净因成禅师法嗣

台州天封子归禅师 上堂，卓拄杖一下，召大众曰："八万四千法门，八字打开了也，见得么？金凤夜栖无影树，峰峦才露海云遮。"

太平州吉祥法宣禅师 僧问："如何是祖师西来意？"师曰："久旱无甘雨，田中稻穗枯。"曰："意旨如何？"师曰："今年米价贵，容易莫嫌粗。"

台州护国守昌禅师 上堂，拈拄杖卓曰："三十六旬之开始，七十二候之起元。万邦迎和气之时，东帝布生成之令。直得天垂瑞彩，地拥祯祥，微微细雨洗寒空，淡淡春光笼野色。可谓应时纳祐，庆无不宜，尽大地人皆添一岁。敢问诸人，且道那一人年多少？"良久曰："千岁老儿颜似玉，万年童子鬓如丝。"

邓州丹霞普月禅师 上堂，"威音已前谁当辩的，然灯已后孰是知音。直饶那畔承当，未免打作两橛。纵向这边行履，也应未得十全。良由杜口毗耶，已是天机漏泄。任使掩室摩竭，终须缝罅离披。休云体露真常，直是纯清绝点。说甚皮肤脱落，自然独运孤明。虽然似此新鲜，未称衲僧意气。直得五眼齐开，三光洞启，从此竿头丝线，自然不犯波澜，须明转位回机，方解入廛垂手。所以道，任使板齿生毛，莫教眼眼顾着。认着则空花缭乱，言之则语路参差。既然如是，敢问诸人，不犯锋铓一句作么生道？"良久曰："半夜乌龟眼豁开，万象晓来都一色。"

东京妙慧尼慧光净智禅师 上堂，举赵州勘婆话，乃曰：

"赵州舌头连天，老婆眉光覆地，分明勘破归来，无限平人瞌睡。"

宝峰照禅师法嗣

江州圆通真际德止禅师 金紫徐闶中之季子也，世居历阳。师双瞳绀碧，神光射人，十岁未知书，多喜睡，其父目为懵然子。暨成童，强记过人，学文有奇语。弱冠，梦异僧授四句偈。已而有以南安岩主像遗之者，即傍所载聪明偈，自是持念不忘。后五年，随金紫将漕西洛。一夕忽大悟，连作数偈。一曰："不因言句不因人，不因物色不因声。夜半吹灯方就枕，忽然这里已天明。"每啸歌自若，众莫测之，乃力求出家。父弗许，欲以官授之。师曰："某方将脱世网，不着三界，岂复刺头于利名中邪，请移授从兄珏。"遂祝发受具。未数岁，名振京师。宣和三年春，徽宗皇帝赐号真际，俾居圆通。

上堂，"山僧二十年前，两目皆盲，了无所睹，唯是闻人说道，青天之上有大日轮，照三千大千世界，无有不遍之处，筹策万端，终不能见。二十年后，眼光渐开，又值天色连阴，浓云乱涌，四方观察，上下推穷，见云行时，便于行处作计较，见云住时，便于住处立个窠臼。正如是间，忽遇着个多知汉问道：'莫是要见日轮么，何不向高山顶上去？'"山僧却征它道："那里是高山顶上？"它道："红尘不到处，是诸仁者好个端的消息，还会么？长连床上佛陀耶。"

上堂，"昨夜黄面瞿昙，将三千大千世界来，一口吞尽。如人饮汤水，踪迹不留，应时消散。当尔时，诸大菩萨、声闻、罗汉及与一切众生，尽皆不觉不知，唯有文殊、普贤瞥然觑见。虽然得见，渺渺茫茫，恰似向大洋海里头出头没。诸人且道，是什么消息？若也检点得破，许它顶门上具一只眼"。示寂，阇维烟气所及悉成设利，塔司空山，分窆迭石原。

台州真如道会禅师 上堂，"空劫中事，自肯承当。日用全彰，有何渗漏？正好归家稳坐，任它雪覆青山。不留元字挂怀，谁顾波翻水面。且道，正不立玄，偏不附物一句，如何举似？机丝不挂梭头事，文彩纵横意自殊"。

兴国军智通大死翁景深禅师 台州王氏子，自幼不群。年十八，依广度院德芝披剃。始谒净慈象禅师，一日闻象曰："思而知，虑而解，皆鬼家活计。"兴不自遏，遂往宝峰求入室。峰曰："直须断起灭念，向空劫已前扫除玄路，不涉正偏，尽却今时，全身放下，放尽还放，方有自由分。"师闻，顿领厥旨。峰击鼓告众曰："深得阐提大死之道，后学宜依之。"因号大死翁。建炎改元，开法智通。

上堂，"来不入门，去不出户，来去无痕，如何提唱？直得古路苔封，羚羊绝迹，苍梧月锁，丹凤不栖。所以道，藏身处没踪迹，没踪迹处莫藏身。若能如是，去住无依，了无向背，还委悉么？而今分散如云鹤，你我相忘触处玄"。僧问："如何是正中偏？"师曰："黑面老婆披白练。"曰："如何是偏中正？"师曰："白头翁子着皂衫。"曰："如何是正中来？"师曰："屎里翻筋斗。"曰："如何是兼中至？"师曰："雪刃笼身不自伤。"曰："如何是兼中到？"师曰："昆仑夜里行。"曰："向上还有事也无?"师曰:"捉得乌龟唤作鳖。"曰:"乞师再垂方便。"师曰:"入山逢虎卧,出谷鬼来牵。"曰:"何得干戈相待?"师曰:"三两线,一斤麻。"

绍兴初,归住宝藏岩,以事民其服。壬申二月示微恙,乃曰:"世缘尽矣。"三月十三为众小参,仍说偈曰:"不用剃头,何须澡浴。一堆红焰,千足万足。虽然如是,且道向上还有事也无?"遂敛目而逝。

衡州华药智朋禅师 四明黄氏子,依宝峰有年无省。因为众持钵,峰自题其像曰:"雨洗淡红桃萼嫩,风摇浅碧柳丝轻。白云影里怪石露,绿水光中古木清。噫!你是何人?"至焦山,枯木成禅师见之叹曰:"今日方知此老亲见先师来。"师遂请益其赞。成曰:"岂不见法眼拈夹山境话曰:'我二十年只作境会。'"师即契悟,《罗湖野录》云:"成指以问师曰:'汝会么?'师曰:'不会。'成曰:'汝记得法灯拟寒山否?'师遂诵,至'谁人知此意,令我忆南泉。'于忆字处,成遽以手掩师口曰:'住住。'师豁然有省。乃曰:'元来怎地。'成曰:'汝作么生会?'师曰:'春生夏长,秋收冬藏。'成曰:'直须保任。'师应喏。

绍兴初,出住华药婺之天宁,后迁清凉。上堂,"海风吹梦,岭猿啼月。敢问诸人,是何时节?怎么会得,无影树下任邀游。其或未然,三条椽下直须打彻"。后退居明之瑞岩,建康再以清凉挽之,明守亦勉其行,师不从,作偈送使者曰:"相烦专使入烟霞,灰冷无汤不点茶。寄语甬东贤太守,难教枯木再生花。"未几而终。

石门易禅师法嗣

吉州青原齐禅师 福州陈氏子。二十八辞父兄,从云盖智禅师出家,执事首座。座一日秉拂罢,师问曰:"某闻首座所说莫晓其义,伏望慈悲指示。"座谆谆诱之,使究无著说这个法。逾两日有省,以偈呈曰:"说法无如这个亲,十方刹海一微尘。若能于此明真理,大地何曾见一人。"座骇然,因语智得度,遍扣诸方。后至石门,深蒙器可。出住青原仅一纪。示寂日,说偈遗众曰:"昨夜三更过急滩,滩头云雾黑漫漫。一条拄杖为知己,击碎千关与万关。"

越州天衣法聪禅师 高邮人。上堂,"幽室寒灯不假挑,虚空明月彻云霄。要知日用常无间,烈焰光中发异苗"。因装普贤大士开光明次,师登梯秉笔,顾大众曰:"道得即为下笔。"众无对。师召侍者:"与老僧牢扶梯子。"遂点之。

遂宁府香山尼佛通禅师 因诵《莲经》有省,往见石门,乃曰:"成都吃不得也,遂宁吃不得也。"门拈拄杖打出,通忽悟曰:"荣者自荣,谢者自谢,秋露春风,好不着便。"门拂袖归方丈,师亦不顾而出,由此道俗景从,得法者众。

天宁诵禅师法嗣

西京熊耳慈禅师 上堂,"般若无知,应缘而照。山僧今日撒屎撒尿,这边放,那边屙,东西山岭笑呵呵。幸然一片清凉地，刚被熊峰染污它。染污它，莫啾唧，泥牛木马尽呵叱。过犯弥天且莫论，再得清明又何日。还会麻？来年更有新条在，恼乱春风卒未休"。

大沩喆禅师法嗣

东京智海普融道平禅师 处州人。上堂，"山僧不会佛法，为人总没来由。或时半开半合，或时全放全收。还如万人丛里，冷地掉个石头。忽然打着一个，方知触处周流"。

上堂，"赵州有四门，门门通大道。玉泉有四路，路路透长安。门门通大道，毕竟谁亲到。路路透长安，分明进步看"。拍膝一下曰："岁晚未归客，西风门外寒。"

上堂，举盘山示众曰："似地擎山，不知山之孤峻。如石含玉，不知玉之无瑕。古人恁么说话，大似抱赃叫屈。智海门下，人人慷慨。生擒虎兕，活捉狞龙。眼里着得须弥山，耳里着得大海水。"遂拈拄杖曰："不是向人夸伎俩，丈夫标致合如斯。"卓拄杖下座。

洪州泐潭景祥禅师 建昌南城傅氏子。僧问："如何是祖师西来意？"师曰："十个指头八个丫。"问："我手何似佛手？"师曰："金鍮难辨。"曰："我脚何似驴脚？"师曰："黄龙路险。"曰："人人有个生缘，如何是和尚生缘？"师曰："把定要津，不通凡圣。"

中秋上堂，"灵山话，曹溪指，放过初生斫额底。未问龙眠老古锥，昨夜三更转向西。正当恁么时，有人问，如何是月向明暗未分处？道得一句，便与古人共出一只手。如或未然，宝峰不免依模画样应个时节"。乃打一圆相曰："清光万古复千古，岂止人间一夜看。"

师室中问僧："达磨西归，手携只履，当时何不两只都将去？"曰："此土也要留个消息。"师曰："一只脚在西天，一只脚在东土，着甚来由？"僧无语。问僧："唯一坚密身，一切尘中现，如何是尘中现底身？"僧指香炉曰："这个是香炉。"师曰："带累三世诸佛生陷地狱。"僧罔措，师便打。师不安次，有僧问："和尚近日尊候如何？"师曰："土地前烧二陌纸着。"师常叉手夜坐，如对大宾。初坐，手与趺缀，至五鼓，必齐膺，因号祥叉手焉。

和州光孝慧兰禅师 不知何许人也，自号碧落道人。尝以触衣①书七佛名，丛林称为兰布裈。有拟《草庵歌》一篇行于世，具载普灯。建炎末，逆虏犯淮执师见酋长，长曰："闻我名否？"师曰："我所闻者，唯大宋天子之名。"长恚，令左右以锤击之。锤至辄断坏，长惊异，延麾下敬事之。经旬，师索薪自焚，无敢供者。亲拾薪成龛，怡然端坐，烟焰一起，流光四腾。虏跪伏，灼肤者多。火绝，得五色舍利，并其骨而北归。所执僧尼，悉得自便。和人至今咏之。

潭州东明仁仙禅师 开堂日，僧问："世尊出世，梵王前引，帝释后随。和尚出世，有何祥瑞？"师曰："任是百千诸佛，一时赶向水牯栏里。"曰："有何祥瑞？"师曰："山僧不曾

---
① 触衣：指直接接触肌肤之衣类，如内裤等。

眼花。"

泗州普照晓钦明悟禅师 僧问："师唱谁家曲，宗风嗣阿谁？"师曰："东边更近东。"曰："沩山的子，智海亲孙也。"师曰："却笑傍人把钓竿。"

上堂，"引手撮空，展转莫及。翻身掷影，徒自劳形。当面拈来，却成蹉过。毕竟如何？"拍禅床曰："洎合错商量。"

庐山东林自遵正觉禅师 上堂，"十五日已前放过一着，十五日已后未可商量。正当十五日，试道一句看！"良久曰："山色翠秾①春雨歇，柏庭香拥木兰开。"

潭州福严置禅师 东川人，上堂，"福严山上云，舒卷任朝昏。忽尔落平地，客来难讨门"。

潭州东明迁禅师 蚤侍真如，晚居沩山真如庵。忠道者高其风，每叩之。一日，阅《首楞严》次，忠问："如我按指，海印发光，佛意如何？"师曰："释迦老子好与二十棒。"曰："为甚么如此？"师曰："用按指作么？"曰："汝暂举心，尘劳先起，又作么生？"师曰："亦是海印发光。"

潭州道吾汝能禅师 僧问："如何是佛？"师曰："毁着不嗔。"僧云："如何是法？"师曰："赞着不喜。"僧云："如何是僧？"师曰："剃除须发。"乃曰。"三转法轮于大千，其轮本来常清净。毗婆尸佛早留心，直至如今未得妙。为什么如此？一切智智清净，还会么。对驴弹琴，不入牛耳。"俄迁大沩山，未两月，沐浴净发，趺坐而逝。

---

① 秾：径山本作"浓"。

安州大安山兴教慧淳禅师 开堂日,上首白槌竟,师曰:"未白槌已前唤作什么,白槌已后唤作第一义谛。莫有不甘底么,出来相见。"问:"白槌前请师道。"师曰:"方丈里。"僧云:"白槌后又如何。"师曰:"法座上。"僧云:"谢师指示。"师曰:"勿交涉。"僧云:"如何是第一句。"师曰:"脚下。"僧云:"如何是第二句。"师曰:"口里。"僧云:"如何是第三句。"师曰:"脑上。"乃曰:"灵山会上迦叶亲闻,五祖堂前老卢得旨,至今累及儿孙,血脉不断。岂多学多知、负能负胜,人人具英雄志气,各各出自己胸襟,不取它人处分,便可出生入死,方可报佛恩德?如斯举唱,笑傍观者,还有同死同生底汉么?"良久曰:"若无,山僧今日失利。"

潭州中峰罗浮希声禅师 僧问:"为国开堂于此日,师将何法报君恩?"师曰:"庭前瑞雪落纷纷。"僧云:"君恩如此报,祖意又如何?"师曰:"且领前话。"僧云:"恁么则金枝永茂,玉叶长芳。"师曰:"一任众人看。"乃曰:"云生大野,雾锁长空。三草二木,悉归师子吼。露滴庭莎,尽称无边妙相。猿啼鸟噪,皆谈不二圆音。"乃拈拄杖曰:"无边妙义尽在山僧拄杖头上。若也会得,可谓应时应节。若不会,万年松在祝融峰。"卓一下。二月八日,无疾坐终,茶毗诸根不坏,舍利求者可掬。

郢州兴阳贤禅师 江州人,丛林所谓贤蓬头是也。真如哲会中,号称角立。见地明白,机锋颖脱,有超师之作。而行业不谨,一众易之。哲结庵于方丈后,令师独处,惟通小径,直方丈前过,不许众僧往来。后二年,遂举立僧秉拂,议论超诣,一众始大服。住兴阳数载,法道大着。及示寂,肉身不坏。圆悟勤在沩山目击其事，妙喜果游兴阳时，尚及见其肉身。

鼎州永安妙喜禅师 僧问："如何是国师三唤侍者？"师召大德，僧应喏。师曰："钝根汉。"僧云："向上还有事也无？"师曰："汝看虚空，还曾开口么？"僧契悟，礼谢。师与一颂曰："虚空开口唤须弥，声隐春雷蛰者知。若不仙陀徒拟议，负吾负汝自风移。"

雪窦雅禅师法嗣

衢州光孝普印慈觉禅师 泉州许氏子。室中问僧："父母未生已前在甚么处行履？"僧拟对，即打出。或曰："达磨在你脚下。"僧拟看，亦打出。或曰："道道！"僧拟开口，复打出。

庆善晨禅师法嗣

杭州庆善院普能禅师 本郡吕氏子。上堂，"事不获已，与诸人葛藤。一切众生只为心尘未脱，情量不除，见色闻声，随波逐浪，流转三界，汨没四生。致使正见不明，触途成滞。若也是非齐泯，善恶都忘，坐断报化佛头，截却圣凡途路，到这里方有少许相应。直饶如是，衲僧分上未为奇特。何故如此？才有是非，纷然失心。咄！"

上堂，拈拄杖曰："未入山僧手中，万法宛然。既入山僧手中，复有何事？"良久曰："有意气时添意气，不风流处也风流。"卓拄杖一下。

净土思禅师法嗣

杭州灵凤山万寿法诠禅师 僧问："如何是佛？"师曰："抱桩打拍浮。"曰："如何是法？"师曰："黄泥弹子。"曰："如何是僧？"师曰："剃除须发。"曰："三宝外还别有为人处也无？"师举起一指，僧曰："不会。"师曰："指在唯观月，风来不动幡。"

上堂，"德山棒，临济喝，尽是无风波匝匝。灯笼蹦跳过青天，露柱魂惊头脑①裂。虽然如是，大似食盐加得渴"。喝一喝。

杭州庆善守隆禅师 开堂日，僧问："知师久蕴囊中宝，今日当筵略借看。"师曰："多少分明。"曰："师子吼时全露现，文殊仗剑又如何？"师曰："惊杀老僧。"问："千佛出世各有奇祥，和尚今日以何为验？"师曰："木人把板云中拍。"曰："意旨如何？"师曰："石女拈笙水底吹。"

上堂，"花簇簇，锦簇簇，盐酱拈来事事足。留得南泉打破锅，分付沙弥煮晨粥。晨粥一任诸人吃，洗钵盂一句作么生会？多少人疑着"。

护国月禅师法嗣

江陵府护国慧本禅师 僧问："有物先天地，无形本寂寥，

---

① 头脑：径山本作"脑头"。

未审是甚么物?"师曰:"一铤墨。"曰:"恁么则耀古照今去也。"师曰:"作么生是耀古照今底?"僧便喝,师便打。

上堂,"好个时节,谁肯承当。苟或无人,不如惜取"。良久曰:"弹雀夜明珠。"

大洪遂禅师法嗣

随州大洪庆显禅师 广安杨氏子。僧问:"须菩提岩中宴坐,帝释雨华。和尚新据洪峰,有何祥瑞?"师曰:"铁牛耕破扶桑国,迸出金乌照海门。"曰:"未审是何宗旨?"师曰:"熨斗煎茶铫不同。"

续传灯录卷第十八

大鉴下第十四世

泐潭洪英禅师法嗣

南岳法轮齐添禅师 僧问:"学人上来,乞师指示。"师曰:"汝适来闻鼓声么?"僧云:"闻。"师曰:"还我话头来。"僧礼拜,师笑曰:"令人疑着。"

又上堂,喝一喝曰:"师子哮吼。"又喝一喝曰:"象王嚬伸。"又喝一喝曰:"狂狗逐块。"又喝一喝曰:"鰕跳不出斗。"乃曰:"此四喝,有一喝堪与佛祖为师,明眼衲僧试请拣看。若拣不出,大似日中迷路。"

又上堂,良久曰:"性静情逸。"乃喝一喝曰:"心动神疲。"遂顾左右曰:"守真志满。"拈拄杖曰:"逐物意移。"蓦召大众曰:"见怪不怪,其怪自坏。"

泉州慧明云禅师 僧问:"般若海中如何为人?"师曰:"云开银汉迥。"僧云:"毕竟又如何?"师曰:"棒头见血。"问:"毗婆尸佛早留心,直至如今不得妙,意旨如何?"师曰:"丑拙不堪当。"僧云:"忽然当又作么生?"师曰:"半钱也不直。"僧云："如何即是？"师曰："赵州南，石桥北。"僧礼拜，师击禅床三下。

上堂曰："少室遗风，曹溪要旨。黄檗收来，临济扶起。三关戈甲竞头分，四栋开遮何止此。定宗乘，立纲纪，当机验取庐陵米，更从升合定高低，争似备师封白纸。象骨提，心暗喜，同风今古播丛林，切忌叩牙惊着齿。"又曰："雪峰鳖鼻，沩山水牯，临济三关，云门一普。劝君一一透将来，捉取大雄山下虎。"

袁州仰山友恩禅师 上堂，以拄杖击禅床一下曰："佛令祖令，瓦解冰销。半字满字，千山万水。衲僧门下，草偃风行。然虽如是，官不容针，私通车马。有一则奇特因缘，举似大众。"良久曰："达磨九年空面壁，西归羞见洛阳人。"又曰："烟云开处，日月齐明，影落千江，光含万象。头头显焕，无非自己家风。物物全彰，尽是祖师活计。于斯明得，则点头咽唾。于此未明，且摆臂摇头。恁么说话，大似傍若无人。若有人一个出来咳嗽一声，山僧退身三步。"

潭州大沩齐恂禅师 僧问："玉兔不怀胎，牸牛为什么却生儿？"师曰："着槽厂去。"僧云："牧牛坡下。"师曰："莫教落草。"僧云："步步踏着。"师曰："草里汉。"乃曰："头角未生时荐得，早犯山僧苗稼了也。更待擎头戴角，异类中来生儿养犊。其何以堪？不见仰山云：'一回入草去，一回把鼻牵。然虽如是，不免犯人苗稼。'且道如何得不犯？"良久曰："铁牛不吃栏边草，直上须弥顶上眠。"又曰："青山迤迤水茫茫，猿爱岩前果熟香。更有一般堪羡处，谁知别有好思量。"

仰山行伟禅师法嗣

襄州谷隐静显禅师 僧问："觌面相呈事若何？"师曰："清风来不尽。"僧云："通上彻下，丝毫不纳也。"师曰："明月照无私。"问："文彩既彰，愿闻举唱。"师曰："巡海夜叉头戴角。"僧云："祇园五叶花开处，不别东君别是春。"师曰："重迭关山路。"问："一镞破三关即不问，道人相见时如何？"师曰："贼身已露。"乃曰："三日一风，五日一雨。时清道泰，歌谣满路。释迦掩室谩商量，净名杜口休更举。要知极则本根源，识取南庄李胡子。敢问诸人，只如李胡子有甚长处会么？今年必定有来年，不如剩种来年粟。"又曰："暑运推移，日长一线。且道佛法长多少？"自曰："九九八十一，诸人还会么？若无人会，山僧为你珍重说偈言：九九八十一，日南长至日，暑运既推移，大家相委悉。非为世谛流布，且要应时纳祐。参！"又曰："今朝正月五，大众明看取，火上更加热，苦中更加苦。堪笑谷隐太无端，空谷岩前流谜语。"喝一喝。又曰："语默视瞬皆说，见闻觉知尽听。香积世界，餐香饭，悟无生。极乐国中，听风柯，悟般若。"遂拈拄杖曰："若将耳听终难晓，眼处闻声方得知。"卓一下。

瑞州黄檗山祇园永泰禅师 随州人。僧问："如何是祖师西来意？"师曰："铁铸就。"僧拟议，师曰："会么？"僧礼拜，师曰："何不早如此。"

潭州龙王山善随禅师 僧问："如何是龙王境？"师曰："水晶宫殿。"曰："如何是龙王如意宝珠？"师曰："顶上髻中。"

僧礼拜，师曰："莫道不如意好。"

庐山慧日明禅师 上堂，"不用心求，唯须息见。三祖大师虽然回避金钩，殊不知已吞红线。慧日又且不然，不用求真并息见，倒骑牛兮入佛殿，牧笛一声天地宽，稽首瞿昙，真个黄面"。

百丈元肃禅师法嗣

袁州仰山清蔺禅师 僧问："优钵昙华今日现，愿将花蕊接迷情。"师曰："但得雪消去，自然春到来。"僧云："一闻千悟，立证圆通也。"师曰："心不负人，面无惭色。"问："二十年来方外客，今朝出世事何如？"师曰："云从龙，风从虎。"僧云："万丈白云藏不得，一轮明月耀青天。"师曰："行到水穷处，坐看云起时。"问："集云峰下分明事，请师分付四藤条。"师曰："赵州八十方行脚。"僧云："得恁么不知时节。"师曰："行到南泉即便休。"乃曰："乍临胜席，宝①慰灵襟。昔日闻说千端，不如一日得到。僧归山舍，人返郡城，事有迁移，理无改易。何也？湘水直连秀水，出山还入一山，动静去来，岂妨湛寂。郡峰列岫，常露自己家风。夹道青松，直透长安大路。烟云横野，殿阁凌空，不移跬步之间，顿入华藏世界。入则不无，还见善财么？"遂垂下一足曰："久参上士，已自知归。乍到禅人，不妨立地一时构取。"又曰："新律才分，霞光报晓。天色欲暖还冷，气

---

① 宝：径山本作"实"。

候似冬忽春。盖鸿蒙之象初升,乃严凝之寒未退。时须顷刻已属东君,勿此为劳共称得岁。刚有一人不在斯限。天地无由盖载,寒暑岂得推迁。日月莫谐照临,阴阳卒难变易。若教此人受岁,终是不甘。时节到来,又争讳得。且道受岁人与不受岁人,两家相见,如何作贺?"良久曰:"寒随一夜去,春逐五更来。"

瑞州百丈维古禅师 上堂,大众集定,拈拄杖示众曰:"多虚不如少实。"卓一下,便起。

嘉定府月珠神鉴禅师 僧请笔师语要,师曰:"达磨西来单传心印,曹溪六祖不识一字。今日诸方出世,语句如山,重增绳索。"乃拍禅床曰:"于斯荐得,犹是钝根。若也未然,白云深处从君卧,切忌寒猿中夜啼。"

黄檗惟胜禅师法嗣

成都府昭觉纯白禅师 梓州飞乌人,姓支氏。父谦闻法于松山道者,以死生为戏,白衣梵行缁俗,无出其右者。尝云:"吾根钝不得入圆顿,愿有子续佛慧命足矣。"

师少闻父诲,谛听沉思,有如夙习。一日,跃过溪,忽有省,不觉失笑,送往依峨眉山华严寺落发受具。父子相与,遍历成都讲肆,通性相宗经论。去之,南游,首谒澧州太平俊禅师,俊大奇之,谓真吾法子也,付以十三条说法大衣,师逊却之。后诣黄檗山,礼真觉胜禅师,亲近岁余,未始一顾,师奉事益勤。胜一日忽抬眸视之,师咄曰:"这老汉把不定作么。"胜大笑,乃为印证心地。

元丰末，宗室南康郡王，自黄檗邀胜诣辇下，师侍行。未几，会太学生上书讼博士者，语连胜，有旨放归蜀。门人星散，独师负巾钵以从。会成都府帅，奏改昭觉为十方，问真觉谁可住持，真觉以师应请。师既领院，遵南方规范，一变律居。

上堂，示众有曰："不超性海是理事缚，不透声轮是语言缚。"于是蜀之净侣靡然向风，经肆讲席为之一空。朝散郎冯敢、奉议郎段玘、天台山隐者宋放、唐安文士相里昱，皆抠衣执弟子礼。

元祐末，峨眉白水僧正阙，丞相蔡京时帅成都，命师住。师不乐，遂并昭觉辞之。蔡察其诚，复请归旧刹，益建立纲宗，孤硬峭整，大为同辈所嫉，谤讟盈路。师不恤也，久而自定。

师示疾，以颂付小师宗显曰："风高月冷，水远天长。出门无影，四面八方。"怡然而寂，俗寿五十九，坐三十四夏。小师得法出世者，曰宗显、宗化。嗣法者，曰剑州元封常照、邛州铁像子嵩。师于昭觉为第一代，塔至今存焉。

庐陵隆庆庆闲禅师法嗣

潭州安化闻一禅师　僧问："意旨不到处，特地好商量，未审是什么人境界？"师曰："张三李四。"僧云："木人把板云中拍，石女衔笙水底吹。"师曰："乱走作什么？"僧云："也要和尚识得。"师曰："西天此土。"

上堂曰："拈花微笑虚劳力，立雪齐腰枉用功。争似老卢无用处，却传衣钵振真风。大众且道，那个是老卢传底衣钵，莫是大庾岭头提不起底么？且莫错认定盘星。"以拂子击禅床，下坐。

云盖守智禅师法嗣

福州宝寿最乐禅师 古田人也。上堂，"诸佛不真实，说法度群生。菩萨有智慧，见性不分明。白云无心意，洒为世间雨。大地不含情，能长诸草木。若也会得，犹存知解。若也不会，堕在无记。去此二途，如何即是？海阔难藏月，山深分外寒。"

安吉州道场法如禅师 衢州徐氏子，参云盖悟汾阳"十智同真"话。寻常多说十智同真，故丛林号为如十同也。水庵圆极皆依之。圆极尝赞之曰："生铁面皮难凑泊，等闲举步动乾坤。戏拈十智同真话，不负黄龙嫡骨孙。"

上堂，"知见立知，即无明本。知见无见，斯即涅槃。无漏真净，云何是中更容他物。释迦老子和身放倒，后代儿孙如何接续，要会么？通玄不是人间世，满目青山何处寻。"

绍兴府石佛慧明解空禅师 僧问："如何是宝相境？"师曰："三生凿成。"曰："如何是境中人？"师曰："一佛二菩萨。"

上蓝顺禅师法嗣

参政苏辙居士 字子由。元丰三年以睢阳从事，左迁瑞州榷筦之任。是时，洪州上蓝顺禅师，与其父文安先生有契，因往访焉，相得欢甚。公咨以心法，顺示搐鼻因缘，已而有省，作偈呈曰："中年闻道觉前非，邂逅相逢老顺师。搐鼻径参真面目，掉头不受别钳锤。枯藤破衲公何事，白酒青盐我是谁。惭愧东轩残月上，一杯甘露滑如饴。"

本觉守一禅师法嗣

福州越峰粹圭妙觉禅师 本郡林氏子。僧问："如何是祖师西来意？"师曰："瘦田损种。"曰："未审如何领会？"师曰："刈禾镰子曲如钩。"问："机关不到时如何？"师曰："抱瓮灌园。"曰："此犹是机关边事。"师曰："须要雨淋头。"

福州寿山本明禅师 开堂日，僧问："李相当年参药峤，云在青天水在瓶。府帅请师匡上席，未知祖意若为明。"师曰："今古应无坠，分明在目前。"云："将谓寿山无透路，元来方外有知音。"师曰："今之古之一句作么生道得？"云："伯牙与子期，不如闲相识。"师曰："又被风吹别调中。"问："如何是寿山境？"师曰："三山长在目，一径是杉松。"云："如何是境中人？"师曰："闲持椰栗木，笑问往来人。"

问云："向上宗乘事若何？"师曰："龙吟雾起，虎啸风生。"问："知师久蕴吹毛剑，作么生是吹毛剑？"师曰："清风八面。"云："中下之机如何晓解？"师曰："切忌当锋。"云："恁么则今日用去也。"师曰："快便难逢。"乃曰："过去诸佛已过去，未来诸佛犹未来。正当空却之际，佛法委在何人？若也一念回光返照，十世古今不离于当念，岂有前后去来之际？直饶诸圣出兴，如恒河沙数，未有一个半个当头指出。是以释迦老子四十九年说不尽,三乘十二分教又是黄叶止啼之说。洎乎灵山会上,不得已而拈花示众,迦叶破颜微笑,便道:'吾有正法眼藏,分付摩诃大迦叶。'自此之后,翻成途辙,西天此土,递相传授。如以印印心,心以印印定,实无一法与人。直指当人分上,真机绝朕,包千古以无穷,大智冲虚,亘十方而无尽。法界岂从他得,圆光不离目前。举足下足,无非真实道场。一卷一舒,岂离繁兴大用。草木丛林,皆现色身三昧。山河大地,尽转根本法轮。若能如是,方解报佛深恩,上资皇图永固。珍重!"

又上堂曰:"四面青山列画屏,谁知身世与云平。松风水月淡相对,别占壶中一片清。所以白云影里,古佛岩前,青松翠柏尽彰古佛之家风,杰阁雄楼何异天宫之世界。既到这里,不用弹指,楼阁门开,说甚天台与南岳。为什么如此,寿岳凌霄汉,红尘不到关。"

台州天台如庵主 久依法真,因看云门东山水上行语,发明己见。师隐故山,猿鹿为伍。郡守闻其风,遣使逼令住持。师作偈曰:"三十年来住此山,郡符何事到林间。休将锁锁尘寰事,换我一生闲又闲。"遂焚其庐,竟不知所止。

平江府西竺寺尼法海禅师 宝文吕嘉之姑也。首参法云秀和尚,后领旨于法真言下。诸名儒屡挽应世,坚不从。殂日①说偈曰:"霜天云雾结,山月冷涵辉。夜接故乡信,晓行人不知。"届明坐脱。

---

① 殂(cú)日:日落。

乾明觉禅师法嗣

岳州平江长庆应圆禅师 上堂，"寒气将残春日到，无索泥牛皆蹦跳。筑着昆仑鼻孔头，触倒须弥成粪扫。牧童儿，鞭弃了，懒吹无孔笛，拍手呵呵笑。归去来兮归去来，烟霞深处和衣倒"。良久曰："切忌睡着。"

长芦信禅师法嗣

临安府径山智讷妙空禅师 秀州夏氏子。僧问："牛头未见四祖时如何？"师曰："坐久成劳。"曰："见后如何？"师曰："不妨我东行西行。"

东京慧林怀深慈受禅师 寿春府夏氏子。生而祥光现舍，文殊坚禅师遥见，疑火也。诘且知师始生，往访之，师见坚辄笑。母许出家，十四割爱冠祝发，后四年访道方外，依净照于嘉禾资圣，照举良遂见麻谷因缘问曰："如何是良遂知处？"师即洞明，出住资福，屦满户外。

蒋山佛鉴勤禅师行化至，茶退，师引巡寮，至千人街坊。鉴问："既是千人街坊，为什么只有一人？"师曰："多虚不如少实。"鉴曰："怎么那。"师赧然。偶朝延以资福为神霄宫，因弃，往蒋山，留西庵阵请益。鉴曰："资福知是般事便休。"师曰："某实未稳，望和尚不外。"鉴举倩女离魂话，反复穷之，大豁疑碍，呈偈曰："只是旧时行履处，等闲举着便誵讹。夜来一阵狂风起,吹落桃花知几多。"鉴拊几曰:"这底岂不是活祖师意。"

未几,被旨住焦山,僧问:"如何是佛?"师曰:"面黄不是真金贴。"曰:"如何是佛向上事?"师曰:"一箭一莲花。"僧作礼,师弹指三下。问:"知有道不得时如何?"师曰:"痖子吃蜜。"曰:"道得不知有时如何?"师曰:"鹦鹉唤人。"僧礼拜,师叱曰:"这传语汉。"

问:"甚么人不被无常吞?"师曰:"只恐他无下口处。"曰:"恁么则一念通玄箭,三尸鬼失奸也。"师曰:"汝有一念定被他吞了。"曰:"无一念时如何?"师曰:"捉着阇黎。"

上堂,"古者道:忍忍,三世如来从此尽。饶饶,万祸千殃从此消。默默,无上菩提从此得"。师曰:"会得此三种语了,好个不快活汉。山僧只是得人一牛还人一马,泼水相唾,插嘴厮骂。"卓拄杖曰:"平出平出。"

上堂,"云自何山起,风从甚涧生。好个入头处,官路少人行"。

上堂,"不是境亦非心,唤作佛时也陆沉。个中本自无阶级,切忌无阶级处寻。总不寻,过犹深,打破云门饭袋子,方知赤土是黄金。咄!"

婺州智者法铨禅师 上堂,"要扣玄关,须是有节操,极慷慨,斩得钉,截得铁,硬剥剥地汉始得。若是隈刀避箭,碌碌之徒,看即有分"。以拂子击禅床,下座。

平江府万寿如瑰证悟禅师 建宁魏氏。开堂日,僧问:"如何是苏台境?"师曰:"山横师子秀,水接太湖清。"曰:"如何是境中人?"师曰:"衣冠皇宋后,礼乐大周前。"师凡见僧必问:"近日如何?"僧拟对,即推①其背曰:"不可思议。"将示寂,众集,复曰:"不可思议。"乃合掌而终。

越州天衣如哲禅师 族里未详。自退席,寓平江之万寿,饮啖无择,人多侮之。有以瑞岩唤主人公话问者,师答以偈曰:"瑞岩长唤主人公,突出须弥最上峰。大地掀翻无觅处,笙歌一曲画楼中。"一日曰:"吾行矣。"令拂拭所乘笋舆,乃书偈告众曰:"道在用处,用在死处。时人只管贪欢乐,不肯学无为。"叙平昔参问,勉众进修已,忽竖起拳曰:"诸人且道,这个落在甚处?"众无对,师挥案一下曰:"一齐分付与秋风。"遂入舆,端坐而逝。

开先珣禅师法嗣

庐州延昌熙咏禅师 僧问:"少林面壁,意旨如何?"师曰:"惭惶杀人。"

庐州开先宗禅师 上堂,"一不做,二不休,捩转鼻孔,捺下云头。禾山解打盐官鼓,僧繇不写戴嵩牛。卢陵米,投子油,雪峰依旧辊双球,夜来风送衡阳信,寒雁一声霜月幽"。

保宁英禅师法嗣

临安府广福院惟尚禅师 初参觉印,问曰:"南泉斩猫儿,

---

① 推:径山本作"拊"。

意旨如何?"印曰:"须是南泉始得。"印以前诘①诘之,师不能对,至僧堂,忽大悟曰:"古人道,从令②日去,更不疑天下老和尚舌头。信有之矣。"述偈呈印曰:"须是南泉第一机,不知不觉蓦头锥。觌面若无青白眼,还如懜懜守空池。"举未绝,印竖拳曰:"正当恁么时作么生?"师掀倒禅床,印遂喝。师曰:"贼过后张弓。"便出。住广福日,室中问僧:"提起来作么生会?"又曰:"且道是个甚么要人提起?"

明州雪窦法宁禅师 衢州杜氏子。上堂,"百川异流,以海为极。森罗万象,以空为极。四圣六凡,以佛为极。明眼衲子,以拄杖子为极。且道拄杖子以何为极?有人道得,山僧两手分付。傥或未然,不如闲倚禅床畔,留与儿孙指路头"。

庐山罗汉勤禅师 上堂曰:"罗汉有一句,拟议成露布,直下便承当,归堂吃茶去。"又上堂曰:"月生一,三世如来跳不出。月生二,直下分明休拟议。月生三,凛凛霜风彻骨寒。"遂拈拄杖曰:"山僧拄杖子,过去不可得,见在不可得,诸人者作么生会?白③这里辨得,罗纹十字一任横行。苟或未然,切忌乱走。"击禅床,下坐。

芦州罗汉善修禅师 上堂曰:"一气不言,群芳竞吐。烟羃羃兮水渌山青,日迟迟兮莺吟燕语,桃花依旧笑春风,灵云别后知何许。"蓦拈拄杖曰:"见么?"良久曰:"鼻孔眼睛一时穿却。"卓拄杖一下。

---

① 诘:径山本作"语"。
② 令:径山本作"今"。
③ 白:径山本作"向"。

元丰清满禅师法嗣

湘州长兴宗朴禅师 上堂曰:"我有一诀,逢人便说,雨下天凉,炎天普热。大众还会么?你若会得,眼中着屑。你若不会,今朝败阙。不见道,别别,韶阳老人得一橛。"又曰:"腊月正严寒,草木尽枯干。几多名利客,见处黑漫漫。"喝一喝。

福州雪峰宗演圆觉禅师 恩州人也。僧问:"不慕诸圣,不重己灵时如何?"师曰:"款出囚口。"曰:"便怎么会去时如何?"师曰:"换手搥胸。"问:"如何是大善知识心?"师曰:"十字街头片瓦子。"

辞众日,僧问:"如何是临岐一句?"师曰:"有马骑马,无马步行。"曰:"途中事作么生?"师曰:"贱避贵。"

上堂,"遣迷求悟,不知迷是悟之钳锤。爱圣憎凡,不知凡是圣之镱鞴。只如圣凡双泯、迷悟俱忘一句作么生道?半夜彩霞笼玉像,天明峰顶五云遮"。

卫州王大夫 遗其名,以丧偶厌世相,遂参元丰,于言下知归。丰一日谓曰:"子乃今之陆亘也。"公便掩耳。既而回坛山之阳,缚茅自处者三载。偶歌曰:"坛山里,日何长,青松岭,白云乡,吟鸟啼猿作道场。散发采薇歌又笑,从教人道野夫狂。"

净因觉禅师法嗣

东京华严真懿慧兰禅师 上堂,"达磨大师九年面壁,未开口已前,不妨令人疑着,却被神光座主一觑,脚手忙乱,便道:'吾本来兹土,传法救迷情,一华开五叶,结果自然成。'当时若有个汉,脑后有照破古今底琅①目,手中有截断虚空底钳锤,才见恁么道,便与蓦胸扭住,问他道:'一华五叶且拈放一边,作么生是你传底法?'待伊开口,便与㪺②倒禅床,直饶达磨全机也倒退三千里,免见千古之下负累儿孙。华严今日岂可徒然,非唯重整颓纲,且要与诸人雪屈"。遂拈拄杖横案,召大众曰:"达磨大师向甚处去也?"掷拄杖,下座。

上堂,拈拄杖曰:"灵山会上唤作拈花,少室峰前名为得髓。从上古德只可傍观,末代宗师尽皆拱手。华严今日不可逐浪随波,拟向万仞峰前点出普天春色,会么?髑髅无喜识,枯木有龙吟。"

大洪智禅师法嗣

越州天章枢禅师 上堂,召大众曰:"春将至,岁已暮,思量古往今来,只是个般调度。凝眸昔日家风,下足旧时岐路。劝君休莫莽卤,眨上眉毛须荐取。东村王老笑呵呵,此道今人弃如土。"

---

① 琅:径山本作"眼"。
② 㪺:径山本作"掀"。

甘露宣禅师法嗣

平江府妙湛寺尼文照禅师 温陵人。上堂，"灵源不动，妙体何依，历历孤明，是谁光彩。若道真如实际，大似好肉剜疮。更作祖意商量，正是迷头认影。老胡四十九年说梦即且止，僧堂里憍陈如上座，为你诸人举觉底，还记得么？"良久曰："惜取眉毛好。"

瑞岩居禅师法嗣

台州万年处幽禅师 上堂，"先圣行不到处，凡流恰到。凡流既到，先圣莫知到与不到。知与不知，总置一壁。只如僧问干峰：'十方薄伽梵，一路涅槃门，未审路头在甚么处？'峰以拄杖画一画曰：'在这里。'且道此老与他先圣凡流相去几何？南山虎咬石羊儿，须向其中识生死"。

净因岳禅师法嗣

福州鼓山体淳禅鉴禅师 上堂，"由基弓矢，不射田蛙，任氏丝纶，要投溟渤。发则穿杨破的，得则修鲸巨鳌。只箭既入重城，长竿岂钓浅水。而今莫有吞钩啮镞底么？若无，山僧卷起丝纶，拗折弓箭去也"。掷拄杖，下座。

金山慧禅师法嗣

常州报恩觉然宝月禅师 越州郑氏子。上堂,"学者无事空言,须求妙悟。去妙悟而事空言,其犹逐臭耳。然虽如是,罕逢穿耳客,多遇刻舟人"。

一日谓众曰:"世缘易染,道业难办,汝等勉之。"语卒而逝。

续传灯录卷第十九

大鉴下第十四世

法云善本禅师法嗣

临安府净慈楚明宝印禅师 百粤张氏。上堂,"祖师心印,非长非短,非方非圆,非内非外,亦非中间。且问大众,决定是何形貌?"拈拄杖曰:"还见么,古篆不成文,飞帛难同体,从本自分明,何须重特地。"击禅床,下座。

上堂,"出门见山水,入门见佛殿,灵光触处通,诸人何不荐。若不荐,净慈今日不着便"。

上堂,"祖师道:'吾本来兹土,传法救迷情,一华开五叶,结果自然成。'净慈当时若见恁么道,用黑漆拄杖子一棒打杀,埋向无阴阳地上,令他出气不得。何故?叵耐他瞒我唐土人。众中莫有为祖师出气底么?出来和你一时埋却"。

上堂,"若论此事,如散铺宝贝,乱堆金玉。昧己者自甘穷困,有眼底信手拈来。所以道,阎浮有大宝,见少得还稀,若人将献我,成佛一饷时"。乃拈拄杖曰:"如今一时呈似,普请大众高着眼。"掷拄杖,下座。

长芦道和祖照禅师 兴化潘氏子。僧问:"无遮圣会,还有不到者么?"师曰:"有。"曰:"谁是不到者?"师曰:"金刚脚下铁昆仑。"问:"不许夜行,投明须到,意旨如何?"师曰:"羊头车子推明月。"曰:"便怎么去时如何?"师曰:"铁门路崄。"问:"一锤两当时如何?"师曰:"踏藕得鱼归。"问:"教外别传,未审传个甚么?"师曰:"铁弹子。"问:"百城游罢时如何?"师曰:"前头更有赵州关。"

上堂,"一二三四五六,碧眼胡僧数不足,泥牛入海过新罗,木马追风到天竺。天竺茫茫何处寻,补陀岩上问观音,普贤拍手呵呵笑,归去来兮秋水深"。

福州雪峰思慧妙湛禅师 钱唐[①]俞氏子。僧问:"古殿无灯时如何?"师曰:"东壁打西壁。"曰:"恁么则撞着露柱也。"师曰:"未敢相许。"

上堂,"一法若通,万缘方透"。拈拄杖曰:"这里悟了,提起拄杖,海上横行。若到云居山头,与我传语雪峰和尚。咄!"

上堂,"布大教网,摝人天鱼。护圣不似老胡,拖泥带水。只是见兔放鹰,遇獐发箭"。乃高声召大众曰:"中!"

上堂,"昔日药山早晚不参,动经旬月,一日大众才集,药山便归方丈。诸禅德,彼时佛法早自淡薄,论来犹较些子。如今每日鸣鼓升堂,切切怛怛地,问者口似纺车,答者舌如霹雳。总似今日灵山慧命殆若悬丝,少室家风危如累卵。又安得个慨然有志,扶竖宗乘底衲子出来喝散大众!非唯耳边静办,当使正法久

[①] 唐:径山本作"塘"。

住,岂不伟哉!如或棒上不成龙,山僧倒行此令"。以拄杖一时趁散。

上堂,"眼睫横亘十方,眉毛上透青天,下彻黄泉,且道鼻孔在甚么处?"良久曰:"札。"

上堂,"妙高山顶,云海茫茫,少室岩前,雪霜凛凛。齐腰独立,徒自苦疲,七日不逢,一场懡㦬。别峰相见,落在半途,只履西归,远之远矣"。卓拄杖下座。

上堂,"大道只在目前,要且目前难睹。欲识大道真体,今朝三月十五。不劳久立!"

建炎改元,上堂,"天地之大德曰生,圣人之大宝曰位。今上皇帝践登宝位,万国归仁,草木禽鱼,咸被其德。此犹是圣主应世边事,王宫降诞已前一句,天下人摸索不着"。

上堂,"一切法无差,云门胡饼赵州茶。黄鹤楼中吹玉笛,江城五月落梅花。惭愧太原孚上座,五更闻鼓角,天晓弄琵琶"。喝一喝。

上堂,"南询诸友踏破草鞋,绝学无为坐消日月。凡情易脱,圣解难忘。但有纤毫,皆成渗漏。可中为道,似地擎山。应物现形,如驴觑井。纵无计较,途辙已成。若论相应,转没交涉。勉诸仁者,莫错用心,各自归堂,更求何事"。

婺州宝林果昌禅师 安州时氏子。师与提刑杨次公入山,同游山次。杨拈起大士饭石问:"既是饭石,为甚么咬不破?"师曰:"只为太硬。"杨曰:"犹涉繁词。"师曰:"未审提刑作么生?"杨曰:"硬。"师曰:"也是第二月。"杨为写七佛殿额,乃问:"七佛重出世时如何?"师曰:"一回相见一回新。"

上堂，"一即一，二即二，嗅着直是无香气"。蓦拈拄杖卓一下曰："识得山僧栗栗条，莫向南山寻鳖鼻。"

潭州云峰志璇祖灯禅师 南粤陈氏子。上堂，"休去歇去，一念万年去，寒灰枯木去，古庙香炉去，一条白练去。大众，古人见处如日晖空，不着二边，岂堕阴界。堪嗟后代儿孙，多作一色边会。山僧即不然，不休去不歇去，业识茫茫去，七颠八倒去；十字街头闹浩浩地，声色里坐卧去；三家村里盈衢塞路，荆棘里游戏去；刀山剑树劈腹剜心，镬汤炉炭，皮穿骨烂去。如斯举唱，大似三岁孩儿辊绣球"。

上堂，"一切声是佛声，涂毒鼓透入耳朵里。一切色是佛色，铁蒺藜穿过眼睛中，好事不如无"。便下座。

上堂，"尽乾坤大地是个热铁圆，汝等诸人向甚么处下口？"良久曰："吞不进吐不出。"

上堂，"瘦竹长松滴翠香，流风疏月度炎凉。不知谁住原西寺，每日钟声送夕阳"。

上堂，"声色头上睡眠，虎狼群里安禅。荆棘林内翻身，雪刃丛中游戏。竹影扫揩尘不动，月穿潭底水无痕"。

上堂，"不是风动不是幡动，衲僧失却鼻孔。是风动是幡动，分明是个漆桶。两段不同，眼暗耳聋。涧水如蓝碧，山花似火红"。

上堂，僧问："如何是西来意？"师曰："筑着额头，磕着鼻。"曰："意旨如何？"师曰："驴驼马载。"曰："向上还有事也无？"师曰："朝到西天，暮归唐土。"曰："谢师答话。"师曰："大乘砑郎当。"僧退。师乃曰："僧问西来意，筑着额头磕着鼻。意旨又如何，驴驼并马载。朝到西天，暮归唐，大乘恰似砑郎当。何故？没量大人被语脉里转却。"遂拊掌大笑，下座。

僧问："丹霞烧木佛，院主为甚么眉须堕落？"师曰："一人传虚，万人传实。"曰："恁么则不落也。"师曰："两重公案。"曰："学人未晓，特伸请益。"师曰："筠袁虔吉，头上插笔。"问："德山入门便棒，意旨如何？"师曰："束杖理民。"曰："临济入门便喝，又作么生？"师曰："不言而化。"曰："未审和尚如何为人？"师曰："一刀两段。"问："无缝铁门，请师一启。"师曰："进前三步。"曰："向上无关，请师一闭。"师曰："退后一寻。"曰："不开不闭，又作么生？"师曰："吽吽！"便打。

东京慧林常悟禅师 僧问："若不传法度众生，举世无由报恩者，未审传个甚么法？"师曰："开宗明义章第一。"问："达磨未来时如何？"师曰："省得草鞋钱。"曰："来后如何？"师曰："重迭关山路。"

安吉州道场有规禅师 婺州姜氏子。上堂，拈拄杖曰："还见么？穷诸玄辩，若一毫置于太虚，竭世枢机，似一滴投于巨壑。德山老人虽则焚其《疏钞》，也是贼过后张弓。且道文彩未彰以前，又作么生理论？三千剑客今何在，独许庄周致太平。"

上堂，"种田博饭，地藏家风。客来吃茶，赵州礼度。且道护圣门下，别有甚么长处？"良久曰："寻常不放山泉出，屋底清池吟照人。"化士出问："促装已办，乞师一言。"师曰："好看前路事，莫比在家时。"曰："恁么则三家村里十字街头，等个人去也。"师曰："照顾打失布袋。"

赵州延庆可复禅师 上堂，"胡来胡现，汉来汉现，忽然胡汉俱来时，如何祇准？"良久曰："落霞与孤鹜齐飞，秋水共长天一色。参！"

上堂，蓦拈拄杖，横按膝上曰："苦痛深，苦痛深，碧潭千万丈，那个是知音？"卓一下，下座。

安吉州道场慧颜禅师 上堂，"世尊按指，海印发光"。拈拄杖曰："莫妄想。"便下座。

温州双峰普寂宗达佛海禅师 僧问："如何是永嘉境。"师曰："华盖峰。"曰："如何是境中人。"师曰："一宿觉。"

上堂，众集定，喝一喝，"冤有头，债有主。珍重！"

越州五峰子琪禅师 僧问："学人上来，乞师垂示。"师曰："花开千朵秀。"曰："学人不会。"师曰："雨后万山青。"曰："谢指示。"师曰："你作么生会？"僧便喝，师曰："未在。"僧又喝，师曰："一喝两喝后作么生？"曰："也知和尚有此机要。"师曰："适来道甚么？"僧无语，师便喝。

西京韶山云门道信禅师 僧问："如何是祖师西来意？"师曰："千年古墓蛇，今日头生角。"曰："莫便是和尚家风也无？"师曰："卜度则丧身失命。"问："如何是学人自己？"师曰："无人识者。"曰："如何得脱洒去？"师曰："你问我答。"

临安府上天竺从谏慈辩讲师 处之松阳人也。具大知见，声播讲席，于止观深有所契。每与禅衲游。尝以道力扣大通，通一日作书寄之，师发缄，睹黑白二圆相乃悟，答偈曰："黑相白相，担枷过状。了不了兮，无风起浪。若问究竟事如何，洞庭山在太湖上。"

越州承天滋须禅师 姓黄氏，单州人。受业东京常兴寺，深穷经论，律行精持，参大通禅师，言下契悟，遂住承天。示众曰："若论此事，体之则神，敬之则灵。观之则眼似眉毛，听之则泥牛哮吼，言之则缩却舌头，嗅之则塞却鼻孔，触之则一棒一条痕，思之则针札不入。当此之际，谓之智不到处，心路绝处，亦谓之无事人安乐处。直饶千圣出兴，诸祖当头，亦道不着。昔日净名居士对诸菩萨前，曾露这个消息。次有达磨大师，于少室峰前，九年为众说法，唯有二祖亲闻，自后法流沙界。承天今日向知有底人前，亦有个说处。"良久曰："见么？百味交罗明祖意，一言之下报深恩。"

又上堂，拈起拄杖曰："见么？明如镜，平如秤。四七二三，亲行此令。有眼底辨取。"击禅床一下。

苏州吴江圣寿法晏禅师 僧问："祖意西来即不问，今日开堂事若何？"师曰："云生碧嶂。"云："学人不会。"师曰："月落寒潭。"乃曰："山头浪起，水底尘飞，结果空花，生儿石女。如今即不恁么，三年一闰，九月重阳，冬天日短，春天渐长，寒即向火，热即取凉。"良久曰："且道佛法在什么处？不离当处常湛然，觅即知君不可见。"喝一喝。

郑州资福宝月法明禅师 浴佛升坐，僧问："法身清净妙应无方，为什么香汤浴佛？"师曰："今朝四月八。"云："既然无垢，浴个什么？"师曰："不因入水，争见长人。"云："忽若撞着云门老子，又作么生？"师曰："快便难逢。"便打。

上堂曰："资福别无所补，五日一参击鼓。何曾说妙谈玄，只是粗言直语。甘草自来甜，黄连依旧苦。忽若鼻孔辽天，逢人切忌错举。"

又上堂曰："风柯月渚并可传心,烟岛云林咸提妙旨。现成公案不在思量,更说碧眼西来,单传直指,大似平地生波。而今还有相委悉底么?"良久曰:"石头大小连云翠,桧短松长带露青。"下座。又曰:"若论此事,譬如伐树得根,灸病得穴。若也得根,岂在千枝遍斩。若也得穴,不假六分全烧。"以拄杖卓一下曰:"这个是根,那个是穴。"喝一喝曰:"是何言欤。"

越州天衣寺慧通禅师 僧问:"师子未出窟时如何?"师曰:"藏牙伏爪。"云:"出窟后如何?"师曰:"群狐屏迹。"云:"恁么则青莎窟里威风振,秦望山前露爪牙。"师曰:"你试哮吼看。"僧云:"放过一着。"师曰:"吐不出。"

问:"如何是祖师西来意?"师曰:"青松倒影垂幽径。"云:"学人不会。"师曰:"绿竹寒声夹乱流。"云:"学人从此更无疑也。"师曰:"且缓缓。"乃曰:"今日囊锥既露,不免带水拖泥。"顾视大众曰:"有么,然祖师心印,直下圆成,怎么会得,少分相应。若以言诠取证,徒自疲劳。驰骋词锋,欲继真乘,无有是处。只如达磨未来一句作么生道,还有人道得么?"良久曰:"铁牛昨夜三更走,石女溪边喝便回。"

又示众曰:"鸣钟一扣,响振妙峰。玉烛腾辉,大千普照。观音菩萨到这里无处藏身,更问如何若何,铁围山畔,更过三千。"

湖州天圣齐月禅师 僧问:"如何是祖师西来意。"师曰:"胡地冬生笋。"云:"乞师再指。"师曰:"波斯不系腰。"云:"三十年后专为流通。"师曰:"西来意作么生?"僧拊掌一下,师曰:"早是乱统。"僧礼拜,师便打。

门①："师唱谁家曲，宗风嗣阿谁？"师曰："鱼行水浊。"云："恁么则净慈一箭，直射翠峰也。"师曰："卦是天门算来五兆。"云："验人端的处，下口便知音。"师曰："一任摸索。"乃曰："祖师心印，回脱根尘。妙体非形，徒然测度。若乃心存知解，识滞见闻，祖师徽猷，如何得到。今日直须一念情尽，内外见亡，大智圆明，方能洞晓，便乃随机应用，好丑齐观，触处皆渠，更无别理。山河举唱，孰是知音，水鸟谈真，何人善听。然虽如是，知者方知，更若心眼未开，切忌承虚接响。"以拄杖卓一下。

柳州宜章圆明希古禅师 上堂曰："天地无四壁，日月无四时。暑往寒来，风恬浪静。古今天地，古今山河，情与无情，皆承恩力。不用南询诸祖、北见文殊，古佛庙前，此时参毕，见个什么？"良久曰："也是迷逢达磨。"

通州狼山文慧禅师 僧问："和尚未见净慈时如何？"师曰："铁牛生角。"云："见后如何？"师曰："石马怀胎。"问："如何是祖师西来意？"师曰："海云生岳顶。"云："学人不会。"师曰："扬子水朝东。"

金山善宁禅师法嗣

秀州禅悦知相禅师 上堂曰："或住城隍或住山，任缘无事可相关。有时默坐令人笑，道是闲时又不闲。且问诸人，为什

---

① 门：径山本作"问"。

么却成不闲,大众还会么?"良久曰:"昨朝秋令尽,今日孟冬初。"

秀州鹿苑道齐禅师 上堂曰:"若论此事,直下无私,辉腾今古,不离当处,应现无亏。更逞词锋,徒劳侧耳。门庭敲磕,万别千差。到这里,维摩老汉只可傍观,达磨九年看即有分。"良久曰:"参!"

婺州普济子淳圆济禅师 僧问:"摩尼珠,人不识,如来藏里亲收得。如何是珠?"师曰:"不拨自转。"曰:"如何是藏?"师曰:"一拨便转。"曰:"转后如何?"师曰:"把不住。"

上堂,"雨过山青,云开月白,带雪寒松,摇风庭柏。山僧怎么说话,还有祖师意也无?其或未然"。良久曰:"看看!"

吉州禾山用安禅师 僧问:"莲花未出水时如何?"师曰:"鱼挨鳖倚。"曰:"出水后如何?"师曰:"水仙头上戴,好手绝跻攀。"曰:"出与未出时如何?"师曰:"应是乾坤惜,不教容易看。"

广灵希祖禅师法嗣

睦州乌龙山广坚禅师 上堂,良久曰:"明珠在掌,别者还稀。宝镜当台,何人委悉。锋前一路,截断众流。言下千差,随波逐浪。所以道,棒头取证,喝下承当,拟议之间,新罗国里。如斯举唱,曲为初机。若是明眼高流,不在钻龟打瓦。珍重!"

处州缙云仙岩怀义禅师 僧问:"如何是佛?"师曰:"自

屈作么。"云："如何是道？"师曰："你道了。"云："向上更有事也无？"师曰："无。"僧云："恁么则小出大遇也。"师曰："只恐不恁么。"云："也是。"师曰："却恁么去也。"

睦州清溪西禅智诚禅师 示众曰："庭凋一叶之梧，普天秋色。云过数行之雁，匝地寒声。忽荐西风，颉清野水，头头显露，物物全彰。有眼底总见，有耳底总闻。且道佛法在什么处？"良久曰："多少分明。"

寿州资寿圆澄岩禅师法嗣

鼎州武陵彰法嵩禅师 有僧脱鞋戴头上出来，师曰："赵州犹在。"僧拈下鞋呈起，师曰："果然。"僧提鞋归众，师曰："犹较些子。"遂拈起拄杖曰："行坐常持兔角杖，应用全施龙虎状。乳峰独许老韶撺，后代商量几般样。有方圆，有拯济，打着铁牛随棒起。须教不怯万年藤，画断两头休拟议。亦不大，亦不小，拄地撑天常皎皎。拈来卓向众人前，万象乾坤都一照。"卓一下。

投子山证悟修颙禅师法嗣

寿州资寿灌禅师 僧问："朝宰临筵，请师举唱。"师曰："翠竹摇风，寒松销月。"云："只如威音王已前又作么生？"师曰："无角铁牛眠少室，生儿石女老黄梅。"云："三十年后，此语盛行。"师曰："切忌错举。"

上堂，良久曰："便怎么散去，已是葛藤。更若喃喃，有何所益。"以拂子击禅床，下坐。

西京白马江禅师　僧问："知师久蕴囊中宝，今日开堂略借看。"师曰："不借借。"云："为什么不借？"师曰："卖金须是买金人。"乃曰："若言说佛说祖，未断生死根源。直饶不立纤尘，也是心常附物。敢问诸人，作么生恰好去？"拈起拄杖曰："看看！拄杖吞却虚空，虚空何曾知觉。"

邓州香严知月禅师　上堂，顾视大众曰："好诸禅德，雾卷长空，云收大野。女郎台下，何殊鸡足峰前。四湖岸头，不异曹溪路上。渔歌短艇，莺转乔林。野草含烟，汀花泣露。大众还相委悉么？"良久曰："头头垂示处，子细好生观。"

又上堂曰："吾家宝藏不悭惜，觌面相呈人罕识。辉今耀古体圆时，照地照天光赫赫。荆山美玉奚为贵，合浦明珠比不得。借问谁人敢酬价，波斯鼻孔长三尺。"喝一喝。

丞相富弼居士　字彦国，由清献公警励之后，不舍昼夜，力进此道。闻颙禅师主投子，法席冠淮甸，往质所疑。会颙为众登座，见其顾视，如象王回旋，公微有得，因执弟子礼。趋函丈命侍者请为入室，颙见即曰："相公已入来，富弼犹在外。"公闻汗流浃背，即大悟。寻以偈寄圆照本曰："一见颙公悟入深，夤缘传得老师心。东南谩说江山远，目对灵光与妙音。"

后奏署颙师号，颙上堂谢语有曰："彼一期之误，我亦将错而就错。"公作偈赞曰："万木千花欲向荣，卧龙犹未出沧溟。彤云彩雾呈嘉瑞，依旧南山一色青。"

法云佛国惟白禅师法嗣

润州金山佛鉴惟仲禅师 汀州人，早圆戒品，游庐山淮浙，遍扣宗师。至龟山时，白禅师住焉。师入室，闻举庭前柏树因缘，言下契悟。出世磁州惠果，未几，白奉诏住东京法云，与师俱行，遂充首坐。

元符三年春，哲宗皇帝上仙，五七入四①，相国曾公布闻师道风，奏以师名。浙漕程公之元，润州守大监傅公燮，请住金山。师于建中靖国元年四月十一日入寺，皇后遣中使降香，为皇帝祝延圣寿。上首白槌竟，师顾左右曰："还会么？师子奋迅，象王回旋，于斯明得，不妨省力，其或不然，有疑请问。"僧问："选佛场开当此日，师将何法答皇恩？"师曰："万年松在祝融峰。"僧云："若然者，只如大监临筵，如何补报？"师曰："渔樵千里乐升平。"僧云："飘来新雨露，洗出旧楼台。"师曰："说道理。"云："只如泛洪舟冲雪浪一句，又作么生？"师曰："三门头合掌，佛殿里烧香。"乃曰："法本无说，随事应机。心本绝形，遇缘即现。古今如是，凡圣同途。盖众生迷妄不知，遂成流转。故能仁顿忘情见，了达根源，不从外求，亦非内得。所以佛佛授手，祖祖相传，道贯一乘，宗分五派。临济则宾主互换，韶阳乃顾鉴全超，沩仰则父子相投，曹洞乃君臣庆会，清凉法眼直指唯心。建立门风，各张铺席，包含万象，该括大千。冥冥不混于色

---

① 四：径山本作"内"。

声,荡荡岂妨于语默。把定则十方坐断,虎踞龙蟠。放行则千圣出兴,风行草偃。助尧仁政化,祝睿算延鸿,降伏众魔,普利群有。然虽恁么,犹涉程途。且道正令当行,如何理论?"良久曰:"一气不言含有象,万灵何处谢无私。"

皇后教旨,遣中使降香,为皇子韩国公头晬之辰,请升坐。僧问:"天香远降,庆皇子之令辰,中使临筵,愿闻法要。"师曰:"好风来不尽,红日照无涯。"僧云:"一句迥超今古外,松萝不与月轮齐。"师曰:"于斯如晓了,不在别追求。"僧云:"个中奇特事,炉爇御清香。"师曰:"木人吹玉笛,声入紫微宫。"乃曰:"妙高台畔,龙象骈阗,化城阁前,圣贤会合,正是我皇植福之地,乃为禅流选佛之场。洞启法门,广开要路。悟之者头头显道,物物明心,高蹈大方,圆融至理。迷之者重重昧性,句句乖宗,空自精勤,终无了达。苟能于斯一致,画断两边,不离当人,便同正觉。真可谓金轮统御,玉烛遐明,万国宾从,八方宁静,龙蛇出穴,丹凤来梧,野老讴歌,行人让路。尧风与祖风并扇,舜日共佛日齐明。奔波游子径归家,是处高人游佛国。然虽如是,且道龙生龙子底句又作么生?"良久曰:"非但天神来密祐,更资遐算助吾皇。"

师初开法,僧问:"如何是佛?"师曰:"高声问着。"僧云:"如何是道?"师曰:"脚下荐取。"僧云:"如何是禅?"师曰:"舌拄梵天。"僧云:"学人今日小出大遇去也。"师曰:"你遇得个什么?"僧云:"不可重说偈言。"师曰:"勘破了也。"乃曰:"如是之法,亘古亘今,一切现前,不劳心力。上至诸佛,下及傍生,妙湛真如,何常有异。只为群情弃本逐末,展转轮回,未能舍妄归真，安得顿超彼岸。所以菩提达磨远届此方，直指人心，见性成佛。少林九年冷坐，不措一言。唯有坐主神光，俄然瞥地，便乃求安心之旨，了不可寻，即于言下承当，从此绍隆祖位。末后门庭大启，枝派遥分。石人舞出玄关，玉女吹成妙曲。如斯举唱，已徇机缘，后学初心，直须荐取，久参高德，曲为证明。且道截断两头底句又作么生？"良久乃拍禅床一下，下坐。

又上堂曰："今朝二月十五，惠果升堂击鼓，召集四海禅人，大家商量佛祖。寒山闻说呵呵，舍得起来作舞。直饶碧眼胡僧，也须点头相许。还相委悉么？归堂吃茶去。"

又上堂，顾视大众曰："春光渐半，春色方融，桃花陌上喷馨香，杨柳岸边垂袅娜。大医岭下水声，终夜响潺湲。惠果门前云影，暮天铺烂熳。莺啼岭上，蝶舞花前，法法见成，不劳心力。"

又示众曰："汝等大众，尽是云外高士，遍历诸方，扣问宗师，求其解悟。还知人人自有一段光明，十二时中在汝诸人面门出入，未尝有丝毫欠少，未尝有丝毫间隔，未究得者切须究取。比来行脚图个甚么？若于此见得历历分明，犹是生死岸头事在。须知有衲僧超佛越祖向上一着，敢问诸人，作么生是向上一着？"良久曰："月明深夜后，猿叫乱峰前。"击禅床，下座。

兴元府中梁山乾明永因禅师 本府人，初住法济。僧问："改律为禅，非无所以，学人上来，乞师便道。"师曰："分明一句，作者犹迷。"僧云："汉水只应流到海，月轮直上最高峰。"师曰："且得领话。"问："世尊出世，地涌金莲。和尚出世，有何祥瑞？"师曰："昨日雨，今日晴。"僧云："向上更有事也无?"师曰:"有。"僧云:"如何是向上事?"师曰:"东西南北上下四维。"乃曰:"信哉,此事孰不承恩,大似日轮处虚空界,但能返照,即自圆明,不假多闻,本来具足。堂堂应用,历历现前,廓落情尘,遍周法界,虚空上下,不在思量,大地山河,有何间隔。"乃拈起拂子曰:"前佛已灭,后佛未生,正当而今,诸人何不省悟去。便乃不除烦恼即证菩提,不离死生便成正觉,假饶碧眼胡僧也添减丝毫不得。虽然如是,敢问诸人,作么生是添减不得底事?"良久曰:"斩新楼阁佛家天,律即禅居岂偶然。底事不曾添减得,任从天下与人传。"

婺州智者绍先禅师 潭州人也。上堂,"根尘同源,缚脱无二。不动丝毫,十方游戏。子湖犬子虽狞,争似南山鳖鼻"。遂高声曰:"大众看脚下。"

上堂,"团不聚,拨不散,日晒不干,水浸不烂,等闲挂在太虚中,一任傍人冷眼看"。

楚州胜因崇恺禅师 僧问:"菩萨人见性如昼见日,声闻人见性如夜见月,未审和尚见性如何?"师曰:"一笔钩下。"云:"未审意旨如何?"师曰:"万里无云,千峰壁立。"僧云:"谢师指示。"师曰:"错。"

问:"师唱谁家曲,宗风嗣阿谁?"师曰:"云舒北阙,月印南溟。"师云①:"恁么则佛国嫡子也。"师曰:"抛茅五兆。"乃曰:"祖师正令,今古全提,函盖乾坤,把定世界。直得天轮左转,地轴右旋,夜月流光,朝曦曜彩,四方炳焕,八顾恢张,不

---

① 师云:径山本作"僧云"。

隐微毫，无遗纤芥。山青水碧，鹄白乌玄。雾起郊源，龙吟城际。风生槛外，虎啸亭前。木童撞出幽关，石女擘开金锁。冲断三玄戈甲，拨散五位枪旗。石巩弓秘魔叉，直须放下。德山棒临济喝，不用施呈。何须击鼓般泥，不用辊球拽石。个中道理俱尽，巴鼻全无，点捡将来，直是未在。既若如然，你且道超宗越格底事作么生？"良久曰："大地载不起，乾坤藏亦难。"

沂州马鞍山福圣院仲易禅师 上堂，"一二三四五，升堂击法鼓。簇簇齐上来，一一面相睹。秋色满虚庭，秋风动寰宇。更问祖师禅，雪峰到投子。咄！"

东京慧林慧海月印禅师 僧问："师唱谁家曲，宗风嗣阿谁？"师曰："黄金地上玉楼台。"曰："如何是祖师西来意？"师曰："三月洛阳人戴花。"

上堂，"黄金地上，具眼者未肯安居。荆棘林中，本分底留伊不得。只如去此二途，作么生是衲子行履处？"良久曰："举头烟霭里，依约见家山。"

上堂，顾视大众，拍禅床一下，聊表不空，便下座。

扬州建隆原禅师 姑苏夏氏子。上堂，拈拄杖曰："买帽相头，依模画样。从他野老自颦眉，志公不是闲和尚。"卓拄杖，下座。

续传灯录卷第二十

大鉴下第十四世

东林照觉常总禅师法嗣

洪州泐潭宝峰应乾禅师 姓彭氏，袁州萍乡人。遍历诸方，晚至照觉禅师泐潭法席，久之未蒙印可，示以鸟窠吹布毛因缘，殊不晓解。一日豁然悟旨，乃成颂曰："潦倒忘机是鸟窠，西湖湖上控烟萝。布毛取出无多子，铁眼铜睛不奈何。"照觉可之，自此推为上首。照觉受命东林，遂以师继法席。

僧问："十方薄伽梵，一路涅槃门，未审路头在什么处？"师曰："踏着石头硬似铁。"僧云："还许学人进步也无？"师曰："点滴依前落二三。"问："得旨忘言，归家稳坐。未审到家一句作么生道？"师曰："闲看白云生碧落，静听流水过青山。"僧云："玉见火时光转润，莲花在水叶长干。"师曰："更须高着眼。"

问："孤贫赫赤，一物俱无，还识渠么？"师曰："不识。"僧云："每日上来下去，为甚不识？"师曰："渠无面目。"僧云："与和尚同参去也。"师曰："同参事怎生？"僧云："学人到这里却不会。"师曰："直须与么。"

因浴佛，僧问："佛身无为不堕诸数，那个是真佛？"师曰："杀好一问。"僧云："铜铁之象且致，今日浴那个佛？"师曰："煮炸不烂。"问："金毛踞地，百兽潜踪。学人上来，乞师指示。"师曰："脑裂。"僧云："学人未晓。"师曰："犹自不知休。"僧云："谢师指示。"师曰："大众笑你。"

问："春风拂拂，春鸟关关。香严竹方翠，灵云花未残。正当怎么时如何？"师曰："千峰竞秀，万壑争流。"僧云："时节既彰，祖意教意如何显异？"师曰："基法师鼻孔。"僧云："马驹踏杀天下人，居士吸尽西江水。"师曰："须是具眼。"师乃曰："天上月圆，地下月半。吞兮吐兮，知君错算。昨夜清风落太虚，珠玑迸洒苍崖面。霰雪交飞竟若为，少林从此露风规。"喝一喝。

又曰："金风振野，古佛嘉猷。玉露垂珠，道人活计。溪边渔父，尽唱无生。岭上石人，时敲布鼓。殊不知，月里麒麟看北斗，楚王城畔水东流。住住！是甚么？二三四七八九，拈得鼻孔失却口。"

师于绍圣三年庚子示疾，沐浴净发，说偈曰："锋铓点滴休相许，目病空花徒指注，六十三年浮世人，踏翻海岳重归去。"言毕而逝。

庐山开先广鉴行瑛禅师 桂州永福县人，姓毛氏。本州菩提寺受业，初谒庆闲禅师，稍悟玄旨。次参照觉，顿息所疑。

出世开先，僧问："如何是祖师西来意？"师曰："君山点破洞庭心。"僧云："意旨如何？"师曰："白浪四边绕，红尘何处来。"问："少林面壁意旨如何？"师曰："入定。"僧云："孤负古人。"师曰："罕遇知音。"问："法轮工已毕，推转意如何？"

师曰:"活鲅鲅地。"僧云:"法不孤起,仗境方生。"师曰:"有意气时添意气,不风流处也风流。"僧画一圆相,师曰:"争奈诸圣眼何。"

问:"有人问我解何宗,拈起拂子劈口打,意旨如何?"师曰:"猢狲入布袋,铁筋击乌龟。"僧云:"不睹云中雁,争知沙塞寒。"师曰:"千眼大悲观不得,无言童子暗嗟嘘。"僧云:"为什么如此?"师曰:"只为如此。"乃曰:"谈玄说妙,譬如画饼充饥。入圣超凡,大似飞蛾赴火。一向无事,败种蕉芽。更外驰求,水中捉月。"乃以拂子拂一拂曰:"适来许多见解,拂却了也。作么生是诸人透脱一句?"良久曰:"铁牛不吃栏边草,直是须弥顶上眠。"击禅床,下坐。

又曰:"和风习习,春日迟迟。山花灼灼,涧草离离。紫燕双飞大野,黄莺对语高枝。衲僧到此如凝滞,无限春光付与谁。"喝一喝。又曰:"弯石巩弓,架兴化箭,运那罗延力,定烁迦罗眼。不射大雄虎,不射药山鹿,不射云岩师子,不射象骨猕猴。且道射个什么?"良久曰:"放过一着。"又曰:"水不洗水,金不博金。独露一心,拨开万象。一大藏教,几张拭不净故纸。从上古佛,一队多知解阿师。自兹截断众流,更不百城游历。还有与么衲僧么?"良久曰:"点即不到。"又曰:"有一人说得一丈,一寸也行不得。有一人行得一丈,一寸也说不得。有一人行得说得,有一人行不得说不得。此四人中,华藏欲觅一人为师,明眼衲僧试请拣看。"又曰:"登山须到顶,入海须到底,学道须到佛祖道不得处。若不如是,尽是依草附木底精灵,吃野狐涎唾底鬼子。华藏恁么道,譬如良药,然则苦口且要治疾。阿㖿!"

又上堂,喝一喝曰:"三月青春强半,溪山雨散云飞。庭花自开自落,梁燕双去双归。"复云:"木中有火,不钻不出。砂中有金,不淘不得。心中有道,不学不悟。游方行脚,唤作道人,还曾悟道么?"良久曰:"白日莫空过,青春不再来。"

师材器广大,果于立事,任人役物,如转石于千仞之溪,无不如意,有照觉之遗风。在开先几二十年,初苦痰癖,屡求去而不可,卧病坊者三年。一旦起,将梵刹而鼎新之,迄九年而成,穷极壮丽,见者骇叹。素善黄太史鲁直,鲁直戏谓师为如来藏中之说客、菩提场中之游侠云。

庐山万杉绍慈禅师 姓赵氏,桂州人,十八受具,十九游方。久参总禅师,一日侍立次,问:"世尊付金栏外,别传何物?"总举起拂子,师曰:"毕竟作么生?"总以拂子蓦口打。师拟开口,总又打,师忽然有省,遂夺拂子礼拜。总云:"汝见何道理?"师曰:"拂子属某甲了。"总云:"三十年老将,今日被小卒折倒。"自此名声藉藉,推为东林上首,遂出世万杉。

僧问:"解接无根树,能挑海底灯,意旨如何?"师曰:"特地光辉。"僧云:"兔角点开千圣眼,龟毛拂尽九衢尘。"师曰:"寒山抚掌。"僧云:"好手手中呈好手,红心心里射红心。"师曰:"阇梨还接得也未?"僧云:"莲社老师亲得旨,人间天上尽蒙恩。"师曰:"蹉却话头。"问:"千圣共传无底钵,曹溪路上许谁同。如何是无底钵?"师曰:"千人跳不出。"僧云:"万里游沧海,忻逢倒岳波。"师曰:"不是弄潮人。"问:"祖师心印,状似铁牛之机,正当恁么时,印即是,不印即是?"师曰:"看取炉中铁弹子。"僧云:"忽然打破又作么生?"师曰:"须知痛痒。"僧云:"今日得遇和尚。"师曰:"语脉里转却。"乃曰:"阳乌啼春,观音户启,清泉照月,毗卢界彰。鹤鸣峰头,声声不别,散珠亭上,颗颗圆成,乍隐乍彰,不拨自转。还有收得者么?试呈似看!"良久曰:"可笑猿猴探白月,不知真个有蟾蜍。"下座。

又曰:"赤水之珠,清江之月,猿猴竞探,徒尔迷踪,罔象无心,超然自得。所谓视之有余光,揽之不盈手,出没无穷,往来无际。然虽如是,下坡不走快,便难逢。"乃喝一喝,拍一拍云:"赤水之珠,清江之月,瓦解冰消。众中还有英灵变豹者么?出来救取一半。"良久曰:"可怜此意无人会,却使陶潜暗皱眉。"又示众曰:"玉溪不会禅,只识诸方病,蓦下霹雳散,转杀也不定。"左丞蔡卞赞师真云:"灵光头头显现,猕猴亦背一面,若人欲识师真,打破镜来相见。"

东京褒亲佛海有瑞禅师 姓陈氏,兴化军仙游县人。幼异尘俗,默坐终日,父母奇之,舍令出家。依东京景德寺重全上人为师,落发受具。造黄龙南禅师法席,南公曰:"汝为人事来,为佛法来?"师曰:"为佛法来。"南公曰:"若为佛法来,即今便分付。"遂打一拂子。师曰:"和尚也不得恼乱人。"南公器之,然师终未彻。后依泐潭总禅师,始悟玄奥,给侍久之,众推上首。

出世安州太平旌德,被诏住东京褒亲。哲宗皇帝五七入内,赐大觉师名。百日入内,又赐佛海禅师号。开堂问答罢,师曰:"问得亦好,不问亦强。一问若不达,翻成戏论法。问若有旨,答亦随机。为什么宗乘道着千圣退步,宝杖敲时三乘失辙?盖为此事似秦镜当台,千里邪心自怖,如镆铘在袖,百亿魔军碎胆。

直得大圣不说说，迦叶绝闻闻。大底只要诸人回光返本，敛念收心，善恶都莫思量，自然得入心体湛寂，妙用恒沙，物我混同。有人便于此承当得，犹属抱桥柱澡洗，及乎舍之，似万里望乡关，执之堕在魔王境界，唤作迷时人逐法，悟后法随人。盖无私法要，千古同规，一句同机，唯人自鉴。到这里若会得，便见终始一如，古今齐致，至于赵州庭柏，清风长在。若不会得，便见云门凳子，天地悬殊。于是不得已，便乃琉璃殿上日午打更，无景林间秋行春令。何也？妙体虽然无异，妙用盖有多门。是故释主能仁，应迹迦维，引悲沙界，神通妙力，不可思议。盖为群生日用三昧而不觉，业识茫然而莫返，遂致前境纷纭，本原错杂。由是金仙久默斯要，于不二境作大佛事。入寂此土，经纶三界，道洽大千，化均百亿，言满法界，捞笼群生，敷玄籍以晓果因，垂天真以育情性。无何机有大小，乘分顿渐，故使资粮者，可以推微达者，寻端见绪。然后为散乱者，诫之以定慧。耽诸乐者，示之以无常。乐小法者，导之以大方。计诸见者，谕之以无动。泥名相者，开不二门。此岂不以因言入道，籍教明真，一心皎然，万德咸着。良为于此，末后却曰，如标月指，空拳谕实。噫！如此兴慈，大似有过无功，未如我金色头陀，随身活计，琉璃钵盂，传来无底，任是千眼大士，莫窥其状。达磨所有生涯，大庾岭头掷下，设有万夫之勇，提之不动。后来风幡事起，卷簟义彰，佛手难藏，驴脚自露。所以儿孙事不获已，曲顺人情，放一线道，便有绍续门风，联辉祖焰，佩无我印，开不二门，致得向上金鸡衔米一粒，遍济十方。真如厩内，良驹独出，踏杀群魔。所以人人尽道，摩竭令严，承当者少，支那玄响，应之者稀。大众若据如斯见识，一何少哉！只如知滋味，识痛痒，聆至音，决胜负，宁无一个半个。且道能如此者是什么人？"良久曰："禅关已得裴公达，祖意宁无谢守评。"下坐。

又曰："有佛世界，以一尘一毛而作佛事，令见一法者具足一切法，故权为架阁。有佛化内，以忘言寂默为佛事，使学者离一切相即名诸佛，故好与三下火抄。有佛土中，以黄花翠竹而为佛事，令睹相者见色即空故，且付与弥勒。有佛宝刹，以法空为坐而示佛事，使学人不着佛求故，勘破了勾下。有佛道场，以四事供养而成佛事，使知足者断异念故，可与下载。有佛妙域，以一切语言三昧作佛事，令随机入者不舍动静故，为渠装载。大众且道，于中还有优劣也无？"良久曰："到者须知是作家。"

庐山圆通可仙禅师 僧问："如何是佛？"师曰："骑牛觅牛。"僧云："争奈学人不会。"师曰："参取不会底。"

上堂，良久曰："恁么散去，早是不着便。那堪长老鼓两片皮，摇三寸舌，说东道西，指南言北，转没交涉。何故如此？说则乾坤大地，该括微尘，收则纤芥无差，丝毫不露。苟或独超象外，量等太虚，便乃终日说事，不为事所碍。古今三世，俨尔目前，曲直条然，是非有辨。能和光同尘，随邪逐恶。恁么说话，也大无端。忽有个杰出丛林烜赫禅者，为众竭力，出来掀倒禅床，喝散大众，将长老推向阶下，也许他有些气息。有么？既无，老僧倒行此令。"拄杖打禅床一下。

临江军慧力可昌禅师 僧问："佛力法力即不问，如何是慧力？"师曰："踏倒人我山，扶起菩提树。"僧云："菩提本无树，向什么处下手？"师曰："无下手处正好着力。"僧云："今日得闻于未闻。"师曰:"莫把真金唤作鍮石。"问:"一念万年,十方坐断,学人特伸请益。"师曰:"先付德山,后与临济。"僧云:"悔伸一问。"师便打。

问:"祖意西来,请师举唱。"师曰:"达磨当年,无如是事。"僧云:"和尚莫教话堕。"师曰:"却被上人勘破。"僧云:"争奈文彩已彰。"师曰:"向你道。"问:"祖意教意是同是别?"师曰:"一点水墨,两处成龙。"僧云:"恁么则寒潭浪静苍龙宿,玉叶婆娑彩凤栖。"师曰:"先记摩腾,后思卢老。"问:"摩竭正令,此日全提,如何是摩竭正令?"师曰:"喝散白云,击破虚空。"僧云:"恁么则冲开法王阵,打破祖师关。"师曰:"更须着力。"僧云:"若然者,让老马驹初出厩,存师圣箭乍离弦。"师曰:"也不消得。"僧云:"灼然水洒不着。"师曰:"谁肯便回头。"师乃曰:"法王行处,草木生辉。大海腾波,须弥岌峇①。玄机未发,只恐眠云不深。大用才彰,便出白莲社里。所谓随方作主,宁类守株,把住放行,自由自在,纵有连天瀑布,不来耳畔生喧,任他双剑峰高,免向眼前为碍。时行则行,时止则止,动静不失其时,其道光明②。大众且道,那个是光明底事?"良久曰:"禾山打鼓声犹在,自此庐陵米价低。"以拂子击禅床。又曰:"菩提无相,相覆大千。法性无言,言满天下。所以观音从闻得道,弥勒因见悟心。祖师门下有何境界便得动止无碍?"良久曰:"国师不见客,侍者出山门。"

黄州柏子山德嵩禅师 僧问:"如何是显露底法?"师曰:

---

① 岌峇(jí kè):雷击声,锤铁声。
② 光明:《建中靖国续灯录》作"光明大矣"。

"高着眼。"僧云:"法不孤起。"师曰:"露柱上荐取。"僧云:"若不得流水,还应过别山。"师曰:"知心有几人?"乃曰:"天地一指,绝诤竞之心,万物一马,无是非之论。由是魔罗潜迹,佛祖兴隆。寒山拊掌欣欣,拾得呵呵大笑。大众,二古圣笑什么?"良久,呵呵大笑曰:"昙花一朵再逢春。"

庐陵禾山甘露志传禅师 上堂曰:"牛头没,马头回,剑轮飞处绝纤埃,南北东西无异路,休言南岳与天台。所以未离庐阜,只见五峰势险、三峡声雄,自牧庵中,随缘度日,便道涅槃城里坐致太平,解脱坑中未可安身立命。及到禾山也,见凌霄峰上云自卷舒,罗汉洞前溪声浩渺,三门佛殿无异诸方,厨库僧堂仍皆奋辙。便好拗折拄杖,高挂钵囊,与诸禅德跨露地白牛,游壶中天地、物外山川、唱村田乐。且恁么过时,假使诸佛出兴于世,地摇六震,天雨四花,终不能管得,也不疑着渠。且道山僧有何长处便恁么道?"良久曰:"白云乍可来青嶂,明月那教下碧天。"

泉州开元真觉志添禅师 姓陈氏,本州人。因游东林,谒总禅师,一日室中示吹布毛因缘,师于言下开悟,乃呈颂曰:"老师曾把布毛吹,举处分明第一机,欲识个中端的处,岭头遥指白云飞。"

元祐初,游京师。徐国大王闻师道风,一日遣使召师入宫,小参示众曰:"毗卢遮那实性,与汝等诸人本性无别。从旷劫来,轮转法界,于受生中无本无末,无去无来,无性无相,无古无今,纤尘不立,毫发难存,无正法之可分,何像末之为间。故知法界众生,无成无坏,自性本源是佛。然虽如是,据衲僧门下,天地悬殊，既有生而有灭，复有去而有来。正、像、末法既无差，性相昭然而可睹。于其中间，无有成佛，无不成佛。于般若藏，无所间然。直饶三世诸佛，六代祖师，天下老和尚，神通过于鹙子，辩智胜于满慈，到这里也须结舌亡锋。"良久曰："国令已传清宇宙，人人各贺太平年。"

王又问："如何是佛法底事？"师曰："见性即是。"王曰："如何得见性去？"师曰："不离十二时中行住坐卧，皆是古佛道场。"王遂领悟，密契宗风，即命四禅入宫升坐，复求印可，饭千僧阅大藏以为庆赞。及奏宣仁皇太后，赐师真觉禅师号，固辞不受。赐磨衲袈裟，御笔题金环绦鈎云："赐真觉道者当来同成佛果。"诸宫屡赐紫衣，四十余道回奏，遍赐诸方禅律。哲宗上仙复于福宁殿升座，赐真觉大师。

绍兴府象田梵卿禅师 嘉兴人，姓钱氏。僧问："大悲菩萨用许多手眼作甚么？"师曰："富嫌千口少。"曰："毕竟如何是正眼？"师曰："从来共住不知名。"问："寒风乍起，衲子开炉，忽忆丹霞烧木佛，因何院主堕眉须？"师曰："张公吃酒李公醉。"曰："为复是逢强即弱，为复是妙用神通？"师曰："堂中圣僧却谙此事。"

僧问："象田有屠龙之剑，欲借一观时如何？"师横按拄杖，僧便喝。师掷下拄杖，僧无语。师曰："这死虾蟆。"

上堂，"春已暮，落花纷纷下红雨，南北行人归不归。千林万林鸣杜宇，我无家兮何处归。十方刹土奚相依，老天有个真消息，昨夜三更月在池"。

上堂，"佛法到此，命若悬丝。异目超宗，亦难承绍。"竖起拂子曰："赖有这个堪作流通。于此覰得，便见三世诸佛向灯笼露柱里转大法轮，六趣众生于铁围山得闻法。要声非声，见色非色，随异类四生，各得解脱。如斯举唱，非但埋没宗风，亦乃平沈自己。且道如何得不犯令去？"拍禅床，下座。

南岳衡岳寺道辩禅师 僧问："拈槌举拂即且置，和尚如何为人？"师曰："客来须接。"曰："便是为人处也。"师曰："粗茶淡饭。"僧礼拜，师曰："须知滋味始得。"

福州兴福院康源禅师 上堂，"山僧有一诀，寻常不漏泄，今日不囊藏，分明为君说"。良久曰："寒时寒，热时热。"

东京褒亲旌德寺谕禅师 上堂，"新罗打鼓，大宋上堂。庭前柏子问话，灯笼露柱着忙。香台拄杖起作舞，卧病维摩犹在床。这老汉我也识得你病，休讶郎当。咄！"

隆兴府西山龙泉夔禅师 上堂，众集，师乃曰："只恁么便散去，不妨要妙。虽然如是，早是无风起浪，钉橛空中。岂况牵枝引蔓，说妙谭玄，正是金屑眼中翳，衣珠法上尘。且道拂尘出屑是甚么人？"卓拄杖，下座。

南康军兜率志恩禅师 上堂，"落落魄魄，居村居郭，莽莽卤卤，何今何古，不重己灵，休话佛祖。拂定释迦鼻孔，揭却观音耳朵。任他雪岭辊球，休管禾山打鼓。若是本色衲僧，终不守株待兔。参！"

慧圆上座 开封酸枣干氏子，世业农。少依邑之建福寺德光为师，性椎鲁然，勤渠祖道。坚坐不卧，居数岁得度。出游庐山至东林，每以己事请问，朋辈见其貌陋，举止乖疏，皆戏侮之。一日行殿庭中，忽足颠而仆，了然开悟作偈，俾行者书于壁曰："这一交，这一交，万两黄金也合消。头上笠，腰下包，清风明月杖头挑。"即日离东林。众传至照觉，觉大喜曰："衲子参究若此，善不可加。"令人迹其所往，竟无知者。

内翰东坡居士苏轼　字子瞻。因宿东林，与照觉论无情话有省，黎明献偈曰："溪声便是广长舌，山色岂非清净身。夜来八万四千偈，他日如何举似人。"未几，抵荆南，闻玉泉皓禅师机锋不可触，公拟仰之，即微服求见。泉问："尊官高姓？"公曰："姓秤，乃秤天下长老底秤。"泉喝曰："且道这一喝重多少？"公无对，于是尊礼之。后过金山，有写公照容者，公戏题曰："心似已灰之木，身如不系之舟。问汝平生功业，黄州、惠州、琼州。"

雪窦荣禅师法嗣

福州雪峰大智禅师　僧问："如何是祖师西来意？"师衔拂柄示之。僧曰："此是香严底，和尚又作么生？"师便喝，僧大笑，师叱曰："这野狐精。"

婺州智者山嗣如禅师法嗣

婺州承天澄月禅师　僧问："如何是道？"师曰："残阳恋幽草。"问"如何是佛法大意？"师曰："今年柴米贵。"临示寂有颂曰。"去也何之，住兮何所，去住何从，超然绝侣。临岐一句向谁举，银潢夜白孤蟾吐。"言毕，跌坐而逝。

婺州华藏虚外禅师　僧问:"知师久蕴囊中宝,今日当筵欲借看。"师曰:"剔起眉毛。"僧云:"见后如何?"师曰:"多少分明。"

师将顺世,有颂曰:"少年石女握金环,独角犀牛入华山。波旬拊掌呵呵笑,碧眼胡儿渡铁关。"言毕,跌坐而逝。

婺州净土可嵩禅师　将顺世,有颂曰:"灵木无根,北斗有柄。大海波澜,是余寿命。八尺丈六,谁凡谁圣。若问去处,春行秋令。珍重诸贤,形端表正。"言毕,跌坐而逝。

白云端禅师法嗣

蕲州五祖法演禅师　绵州邓氏子。三十五始弃家祝发受具,往成都习唯识《百法论》。因闻菩萨入见道时,智与理冥,境与神会,不分能证所证。西天外道尝难比丘曰:"既不分能证所证,却以何为证?"无能对者。外道贬之,令不鸣钟鼓,反披袈裟。三藏奘法师至彼,救此义曰:"如人饮水,冷暖自知。"乃通其难。师曰:"冷暖则可知矣,作么生是自知底事?"遂质本讲曰:"不知自知之理如何讲?"莫疏其问,但诱曰:"汝欲明此,当往南方,扣传佛心宗者。"师即负笈出关,所见尊宿,无不以此咨决,所疑终不破。

泊谒圆照本禅师,古今因缘会尽,唯不会僧问兴化:"四方八面来时如何?"化云:"打中间底。"僧作礼。化云:"我昨日赴个村斋,中途遇一阵卒风暴雨,却向古庙里避得过。"请益本,本云:"此是临济下因缘,须是问他家儿孙始得。"师遂谒浮山远禅师，请益前话。远云："我有个譬喻说似你，你一似个三家村里卖柴汉子，把个匾担向十字街头立地问人：'中书堂今日商量甚么事？'"师默计云，若如此大故未在。

远一日语师曰："吾老矣，恐虚度子光阴，可往依白云。此老虽后生，吾未识面，但见其颂临济三顿棒话，有过人处，必能了子大事。"师潸然礼辞。至白云，遂举僧问南泉摩尼珠话请问，云叱之。师领悟，献投机偈曰："山前一片闲田地，叉手叮宁问祖翁。几度卖来还自买，为怜松竹引清风。"云特印可，令掌磨事。未几云至，语师曰："有数禅客自庐山来，皆有悟入处，教伊说亦说得有来由，举因缘问伊亦明得，教伊下语亦下得，只是未在。"师于是大疑，私自计曰："既悟了，说亦说得，明亦明得，如何却未在。"遂参究累日，忽然省悟。从前宝惜，一时放下，走见白云。云为手舞足蹈，师亦一笑而已。师后曰："吾因兹出一身白汗，便明得下载清风。"云一日示众曰："古人道，如镜铸像，像成后镜在甚么处？"众下语不契，举以问师。师近前问讯曰："也不较多。"云笑曰："须是道者始得。"乃命分座，开示方来。

初住四面，迁白云，晚居东山。僧问："携筇领众，祖令当行，坐断要津，师意如何？"师曰："秋风吹渭水，落叶满长安。"曰："四面无门山岳秀，今朝且得主人归。"师曰："你道路头在甚么处？"曰："为甚么对面不相识？"师曰："且喜到来。"问："祖意教意是同是别？"师曰："人贫智短，马瘦毛长。"问："如何是白云为人亲切处？"师曰："捩转鼻孔。"曰："便怎么去时如何？"师曰："不知痛痒汉。"问："达磨面壁，意旨如何？"师曰："计较未成。"曰："二祖立雪时如何？"师曰："将错就错。"

曰:"只如断臂安心,又作么生?"师曰:"炀帝开汴河。"

问:"百尺竿头,如何进步?"师曰:"快走始得。"问:"如何是临济下事?"师曰:"五逆闻雷。"曰:"如何是云门下事?"师曰:"红旗闪烁。"曰:"如何是曹洞下事?"师曰:"驰书不到家。"曰:"如何是沩仰下事?"师曰:"断碑横古路。"僧礼拜,师曰:"何不问法眼下事?"曰:"留与和尚。"师曰:"巡人犯夜。"问:"如何是白云一滴水?"师曰:"打碓打磨。"曰:"饮者如何?"师曰:"教你无着面处。"问:"天下人舌头尽被白云坐断,白云舌头甚么人坐断?"师曰:"东村王大翁。"师乃曰:"适来思量得一则因缘,而今早忘了也,却是拄杖子记得。"乃拈拄杖曰:"拄杖子也忘了。"遂卓一下曰:"同坑无异土。咄!"

上堂,"幸然无一事,行脚要参禅。却被禅相恼,不透祖师关。如何是祖师关?把火入牛栏"。

上堂,"恁么恁么,虾跳不出斗。不恁么不恁么,弄巧成拙。软似铁,硬如泥,金刚眼睛十二两,衲僧手里秤头低。有价数,没商量,无鼻孔底,将甚么闻香"。

上堂,"难难几何般,易易没巴鼻,好好催人老,默默从此得。过这四重关了,泗洲人见大圣。参!"

上堂,"若要七纵八横,见老和尚打鼓升堂,七十三八十四,将拄杖蓦口便筑。然虽如是,拈却门前下马台,剪却五色索,方始得安乐"。僧问:"承师有言,山前一片闲田地,只如威音王已前,未审甚么人为主?"师曰:"问取写契书人。"曰:"和尚为甚倩人来答?"师曰:"只为你教别人问。"曰:"与和尚平出去也。"师曰:"大远在。"问:"如何是佛?"师曰:"口是祸门。"

又曰："肥从口入。"问："一代时教是个切脚，未审切那个字？"师曰："钵啰娘。"曰："学人只问一字，为甚么却答许多？"师曰："七字八字。"问："如何是和尚家风？"师曰："铁旗铁鼓。"曰："只有这个，为复别有？"师曰："采石渡头看。"曰："忽遇客来，将何祇待？"师曰："龙肝凤髓，且待别时。"曰："客是主人相师。"师曰："谢供养。"

问："如何是先照后用？"师曰："王言如丝。"曰："如何是先用后照？"师曰："其出如纶。"曰："如何是照用同时？"师曰："举起轩辕鉴，蚩尤顿失威。"曰："如何是照用不同时？"师曰："金将火试。"问："佛未出世时如何？"师曰："大憨不如小憨。"曰："出世后如何？"师曰："小憨不如大憨。"问："牛头未见四祖时如何？"师曰："头上戴累垂。"曰："见后如何？"师曰："青布遮前。"曰："未见时为甚么百鸟衔华献？"师曰："富与贵是人之所欲。"曰："见后为甚么不衔花献？"师曰："贫与贱是人之所恶。"问："如何是佛？"师曰："露胸跣足。"曰："如何是法？"师曰："大赦不放。"曰："如何是僧？"师曰："钓鱼船上谢三郎。"问："四面无门山岳秀，个中时节若为分。"曰："东君知子细，遍地发萌芽。"曰："春去秋来事宛然也。"师曰："才方搓弹子，便要捏金刚。"

上堂，"古人道：'我若向你道，即秃却我舌。若不向你道，即痖却我口。'且道还有为人处也无？四面有时拟为你吞却，只被当门齿碍。拟为你吐却，又为咽喉小。且道还有为人处也无？"乃曰："四面自来柳下惠。"

上堂，"结夏无可供养，作一家燕管顾诸人"。遂抬手曰：

"啰逻招,啰逻摇,啰逻送。莫怪空疏,伏惟珍重。"

上堂,"白云不会说禅,三门开向两边,有人动着关棙,两片东扇西扇"。

上堂,"一向恁么去,路绝人稀。一向恁么来,孤负先圣。去此二途,祖佛不能近。设使与白云同生同死,亦未称平生。何也?凤凰不是凡间物,不得梧桐誓不栖"。

上堂,"千峰列翠,岸柳摇金。樵父讴歌,渔人鼓舞。笙簧聒地,鸟语呢喃。红粉佳人,风流公子。一一为汝诸人发上上机,开正法眼。若向这里荐得,金色头陀无容身处。若也不会,吃粥吃饭,许你七穿八穴"。

上堂,"此个物,上拄天,下拄地,皖口作眼,皖山作鼻。太平退身三步,放你诸人出气"。

上堂,"狗子还有佛性也无?也胜猫儿十倍"。

上堂,"太平淈漌汉,事事尽经遍。如是三十年,也有人赞叹。个道赞叹是甚么,好个淈漌汉"。

上堂,"汝等诸人见老和尚鼓动唇吻,竖起拂子,便作胜解。及乎山禽聚集,牛动尾巴,却将作等闲。殊不知,檐声不断前旬雨,电影还连后夜雷"。

谢监收,上堂,"人之性命事,第一须是○,欲得成此○,先须防于○,若是真○,人○○"。

上堂,"有佛处不得住,换却你心肝五脏。无佛处急走过,雁过留声。三千里外逢人不得错举,出门便错。恁么则不去也。种粟却生豆。摘杨华,摘杨华。不觉日又夜,争教人少年"。

上堂,"悟了同未悟,归家寻旧路。一字是一字,一句是一句。自小不脱空，两岁学移步。湛水生莲花，一年生一度"。僧问："如何是夺人不夺境？"师曰："秋风吹渭水，落叶满长安。"曰："如何是夺境不夺人？"师曰："路上逢人半是僧。"曰："如何是人境两俱夺？"师曰："高空有月千门照，大道无人独自行。"曰："如何是人境俱不夺？"师曰："少妇棹孤舟，歌声逐水流。"

小参，举德山云："今夜不答话，问话者三十棒。""众中举者甚多，会者不少。且道向甚么处见德山？有不顾性命者，试出来道看！若无，山僧为大众与德山老人相见去也。待德山道：'今夜不答话，问话者三十棒。'但向伊道：'某甲话也不问，棒也不吃。'你道还契他德山老人么？到这里须是个汉始得。况某甲十有余年，海上参寻，见数人尊宿，自为了当。及到浮山会里，直是开口不得。后到白云门下，咬破一个铁酸豏，直得百味具足。且道豏子一句作么生道？"乃曰："花发鸡冠媚早秋，谁人能染紫丝头。有时风动频相倚，似向阶前斗不休。"

上堂，"山僧昨日入城，见一棚傀儡，不免近前看，或见端严奇特，或见丑陋不堪。转动行坐，青黄赤白，一一见了。子细看时，元来青布幔里有人。山僧忍俊不禁，乃问长史高姓。他道：'老和尚看便了，问甚么姓？'大众，山僧被他一问，直得无言可对，无理可伸。还有人为山僧道得么？昨日那里落节，今日这里拔本"。

上堂，"说佛说法，拈槌竖拂，白云万里。德山入门便棒，临济入门便喝，白云万里。然后恁么也不得，不恁么也不得，恁么不恁么总不得也，则白云万里。忽有个汉出来道：'长老你恁么道也则白云万里，这个说话唤作矮子看戏，随人上下，三十年后一场好笑。'且道笑个甚么?笑白云万里"。

示众云:"祖师道:'吾本来兹土,传法救迷情,一花开五叶,结果自然成。'达磨大师信脚来信口道,后代儿孙多成计较。要会开花结果处么,郑州梨,青州枣,万物无过出处好。"

示众云:"真如凡圣,皆是梦言,佛及众生,并为增语。或有人出来道:'盘山老觱。'但向伊道:'不因紫陌花开早,争得黄莺下柳条。'若更问道:'五祖老觱。'"自云:"诺,惺惺着。"

示众云:"十方诸佛,六代祖师,天下善知识,皆同这个舌头。若识得这个舌头,始解大脱空,便道山河大地是佛,草木丛林是佛。若也未识得这个舌头,只成小脱空,自谩去,明朝后日大有事在。五祖怎么说话,还有实头处也无?"自云:"有。""如何是实头处?归堂吃茶去。"

示众云:"每日起来,拄却临济棒,吹云门曲,应赵州拍,担仰山锹,驱沩山牛,耕白云田。七八年来,渐成家活。更告诸公,每人出一只手,相共扶助,唱村田乐,粗羹淡饭,且恁么过。何也?但愿今年蚕麦熟,罗睺罗儿与一文。"

示众,举德山和尚因僧问:"从上诸圣以何法示人?"山云:"我宗无语句,亦无一法与人。"雪峰从此有省。后有僧问雪峰云:"和尚见德山得个甚么便休去?"峰云:"我当时空手去空手归。""白云今日说向透未过者。有个人从东京来问伊:'甚处来?'他却道:'苏州来。'问伊:'苏州事如何?'伊道:'一切寻常。'虽然如是,谩白云不过。何故?只为语音各别。毕竟如何?苏州菱,邵伯藕。"

示众:"佛祖生冤家,悟道染泥土,无为无事人,声色如聋聱。且道如何即是？恁么也不得，不恁么也不得，恁么不恁么总不得。忽有个出来道：'恁么也得，不恁么也得，恁么不恁么总得。'只向伊道：'我也知你向鬼窟里作活计。'"

小参，举陆亘大夫问南泉："弟子家中有一片石，也曾坐也曾卧，拟镌作佛得么？"云："得。"陆曰："莫不得么？"云："不得。""大众，夫为善知识，须明决择。为甚么他人道得也道得，他人道不得也道不得，还知南泉落处么？白云不惜眉毛与汝注破，得又是谁道来，不得又是谁道来。汝若更不会，老僧今夜为汝作个样子。"乃举手云："将三界二十八天作个佛头，金轮水际作个佛脚，四大洲作个佛身，虽然作此佛儿子了，汝诸人又却在那里安身立命？大众还会也未？老僧作第二个样子去也。将东弗于逮作一个佛，南赡部洲作一个佛，西瞿耶尼作一个佛，北郁单越作一个佛，草木丛林是佛，蠢动含灵是佛。既恁么，又唤甚么作众生，还会也未？不如东弗于逮还他东弗于逮，南赡部洲还他南赡部洲，西瞿耶尼还他西瞿耶尼，北郁单越还他北郁单越，草木丛林还他草木丛林，蠢动含灵还他蠢动含灵。所以道，是法住法位，世间相常住。既恁么，汝又唤甚么作佛，还会么？忽有个汉出来道：'白云休寐语。'大众记取这一转。"

三佛侍师于一亭上夜话，及归灯已灭，师于暗中曰："各人下一转语。"佛鉴曰："彩凤舞丹霄。"佛眼曰："铁蛇横古路。"佛果曰："看脚下。"师曰："灭吾宗者乃克勤尔。"

崇宁三年六月二十五日，上堂辞众曰："赵州和尚有末后句，你作么生会，试出来道看！若会得去，不妨自在快活。如或未然，这好事作么说。"良久曰："说即说了，也只是诸人不知。要会么,富嫌千口少,贫恨一身多。珍重!"

时山门有土木之役,躬往督之,且曰:"汝等勉力,吾不复来矣。"归丈室,净发澡身,迄旦,吉祥而化。是夕,山摧石陨,四十里内岩谷震吼,阇维设利如雨,塔于东山之南。

潭州云盖山智本禅师 瑞州郭氏子。开堂日,僧问:"诸佛出世,天雨四花。和尚出世,有何祥瑞?"师曰:"千闻不如一见。"曰:"见后如何?"师曰:"瞎。"问:"如何是清净法身?"师曰:"家无小使,不成君子。"问:"将心觅心,如何觅得?"师曰:"波斯学汉语。"问:"如何是学人出身处?"师曰:"雪峰元是岭南人。"问:"素面相呈时如何?"师曰:"一场丑拙。"问:"人人尽有一面古镜,如何是学人古镜?"师曰:"打破来向你道。"曰:"打破了也。"师曰:"胡地冬抽笋。"问:"古人道:'说取行不得底,行取说不得底。'未审行不得底作么生说?"师曰:"口在脚下。"曰:"说不得底作么生行?"师曰:"踏着舌头。"问:"知师久蕴囊中宝,今日当场略借看。"师曰:"适来恰被人借去。"

上堂,"去者鼻孔辽天,来者脚踏实地。且道祖师意向甚么处着?"良久曰:"长恨春归无觅处,不知流入此中来。"

上堂,"高台巴鼻,开口便是。若也便是,有甚巴鼻?月冷风高,水清山翠"。

上堂,"以楔出楔,有甚休歇,欲得休歇,以楔出楔"。喝一喝。

上堂,高声唤侍者,侍者应诺。师曰:"大众集也未?"侍者曰:"大众已集。"师曰:"那一个为甚么不来赴参?"侍者无语,师曰:"到即不点。"

上堂,"满口道不出,句句甚分明,满目觑不见,山山迭乱青。鼓声犹不会,何况是钟鸣"。喝一喝。

上堂,"祖翁卓卓荦荦,儿孙龌龌龊龊。有处藏头,没处露角,借问衲僧,如何摸索?"

上堂,横按拄杖曰:"牙如刀剑,面如铁眼。放电光,光不歇。手把蒺藜一万斤,等闲敲落天边月。"卓一下。僧问:"如何是咬人师子?"师曰:"五老峰前。"曰:"这个岂会咬人。"师曰:"今日拾得性命。"

上堂,"头戴须弥山,脚踏四大海,呼吸起风雷,动用生五彩。若能识得渠,一任岁月改。且道谁人识得渠?"喝一喝云:"田库奴。"

滁州琅邪永起禅师 襄阳人也。僧问:"庵内人为甚么不见庵外事?"师曰:"东家点灯,西家暗坐。"曰:"如何是庵内事?"师曰:"眼在甚么处?"曰:"三门头合掌。"师曰:"有甚交涉?"乃曰:"五更残月落,天晓白云飞。分明目前事,不是目前机。既是目前事,为甚么不是目前机?"良久曰:"此去西天路,迢迢十万余。"

上堂良久,拊掌一下曰:"阿呵呵,阿呵呵,还会么?法法本来法。"遂拈拄杖曰:"这个是山僧拄杖,那个是本来法,还定当得么?"卓一下。

英州保福殊禅师 僧问:"诸佛未出世时如何?"师曰:"山河大地。"曰:"出世后如何?"师曰:"大地山河。"曰:"恁么则一般也。"师曰:"敲砖打瓦。"问:"如何是和尚家风?"师曰："碗大碗小。"曰："客来将何祇待？"师曰："一杓两杓。"曰："未饱者作么生？"师曰："少吃少吃。"问："如何是大道？"师曰："闹市里。"曰："如何是道中人？"师曰："一任人看。"问："如何是禅？"师曰："秋风临古渡，落日不堪闻。"曰："不问这个禅。"师曰："你问那个禅？"曰："祖师禅。"师曰："南华塔外松阴里，饮露吟风又更多。"问："如何是真正路？"师曰："出门看堠子①。"乃曰："释迦何处灭俱尸，弥勒几曾在兜率。西觅普贤好惭愧，北讨文殊生受屈。坐压毗卢额汗流，行筑观音鼻血出。回头摸着个匾担，却道好个木牙笏。"喝一喝，下座。

袁州崇胜院珙禅师 上堂，举石巩张弓架箭接机公案，颂曰："三十年来握箭弓，三平才到擘开胸。半个圣人终不得，大颠弦外几时逢。"

提刑郭祥正 字功甫，号净空居士。志乐泉石，不羡纷华。因谒白云，云上堂曰："夜来枕上作得个山颂，谢功甫大儒，庐山二十年之旧。今日远访白云之勤，当须举与大众，请已后分明举似诸方。此颂岂唯谢功甫大儒，直要与天下有鼻孔衲僧脱却着肉汗衫，莫言不道。"乃曰："上大人，丘乙己，化三千，七十士。尔小生，八九子，佳作仁，可知礼也。"公切疑，后闻小儿诵之忽有省，以书报云。云以偈答曰："藏身不用缩头，敛迹何须收脚。金乌半夜辽天，玉兔赶他不着。"

元祐中，往衢之南禅，谒泉万卷，请升座。公趋前拈香曰："海边枯木，入手成香。爇向炉中，横穿香积如来鼻孔，作此大

---

① 堠（hòu）子：古时筑在路旁用以分界或计里数的土坛。

事，须是对众白过始得。云居老人有个无缝布衫，分付南禅。禅师着得，不长不短。进前则诸佛让位，退步则海水澄波。今日嚬呻，六种震动。"遂召曰："大众还委悉么？有意气时添意气，不风流处也风流。"泉曰："递相钝置。"公曰："因谁致得？"

崇宁初，到五祖，命祖升座。公趋前拈香曰："此一瓣香爇向炉中，供养我堂头法兄禅师。伏愿于方广座上擘开面门，放出先师形相，与他诸人描貌。何以如此？白云岩畔旧相逢，往日今朝事不同。夜静水寒鱼不食，一炉香散白莲峰。"祖遂云："囊谟萨怛哆钵啰野，恁么恁么，几度白云溪上望，黄梅花向雪中开。不恁么不恁么，嫩柳垂金线，且要应时来。不见庞居士问马大师云：'不与万法为侣者是甚么人？'大师云：'待汝一口吸尽西江水，即向汝道。'大众，一口吸尽西江水，万丈深潭穷到底，掠彴不是赵州桥，明月清风安可比。"

后又到保宁，亦请升座。公拈香曰："法鼓既鸣，宝香初爇。杨岐顶𩕳门，请师重着楔。"保宁卓拄杖一下曰："着楔已竟，大众证明。"又卓一下，便下座。

又到云居，请佛印升座。公拈香曰："觉地相逢一何早，鹘臭布衫今脱了。要识云居一句玄，珍重后园驴吃草。"召大众曰："此一瓣香熏天炙地去也。"印曰："今日不着便，被这汉当面涂糊。"便打，乃曰："谢公千里来相访，共话东山竹径深。借与一龙骑出洞，若逢天旱便为霖。"掷拄杖，下座。公拜起，印曰："收得龙么？"公曰："已在这里。"印曰："作么生骑。"公摆手作舞，便行。印抚掌曰："只有这汉犹较些子。"

续传灯录卷第二十一

大鉴下第十四世

保宁仁勇禅师法嗣

安吉州上方日益禅师 开堂日,上首白槌罢,师曰:"白槌前观一又不成,白槌后观二又不是。到这里任是铁眼铜睛,也须百杂碎。莫有不避危亡底衲僧,试出来看!"时有两僧齐出,师曰:"一箭落双雕。"僧曰:"某甲话犹未问,何得着忙?"师曰:"莫是新罗僧么?"僧拟议,师曰:"撞露柱汉。"便打。

问:"如何是未出世边事?"师曰:"井底虾蟆吞却月。"曰:"如何是出世边事?"师曰:"鹭鸶踏折枯芦枝。"曰:"去此二途,如何是和尚为人处?"师曰:"十成好个金刚钻,摊向街头卖与谁。"问:"如何是多年水牯牛?"师曰:"齿疏眼暗。"问:"闹市相逢事若何?"师曰:"东行买贱,西行买贵。"曰:"忽若不作贵不作贱,又作么生?"师曰:"镇州萝卜。"问:"一切含灵具有佛性,既有佛性,为甚么却撞入驴胎马腹?"师曰:"知而故犯。"曰:"未审向甚么处忏悔?"师打曰:"且作死马医。"问:"觌面相呈时如何?"师曰:"左眼半斤,右眼八两。"僧提起坐具曰："这个聻。"师曰："不劳拈出。"乃左右顾视曰："黄面老周行七步，脚根下正好一锥。碧眼胡兀坐九年，顶门上可惜一札。当时若有个为众竭力底衲僧，下得这毒手，也免得拈花微笑，空破面颜，立雪齐腰，翻成辙迹。自此将错就错，相篓打篓，遂有五叶芬芳，千灯续焰。向曲录木上唱二作三，于椰栗杖头指南为北。直得进前退后，有问法问心之徒，倚门傍墙；有觅佛觅祖底汉，庭前指柏，便唤作祖意西来。日里看山，更错认学人自己。殊不知，此一大事，本自灵明，尽未来际，未尝间断，不假修证，岂在思惟。虽鹙子有所不知，非满慈之所能辩。不见马祖一喝，百丈三日耳聋。宝寿令行，镇州一城眼瞎。大机大用，如迅雷不可停。一唱一提，似断崖不可履。正当恁么时，三世诸佛，只可傍观，六代祖师，证明有分。大众且道，今日还有证明底么？"良久曰："札。"

上堂，"拾得般柴，寒山烧火，唯有丰干岩中冷坐。且道丰干有甚么长处？"良久曰："家无小使，不成君子。"

隆兴府景福日余禅师　僧问："如何是道？"师曰："天共白云晓，水和明月流。"曰："如何是道中人？"师曰："先行不到，末后太过。"又僧出众，画一圆相。师以手画一画，僧作舞归众。师曰："家有白泽之图，必无如是妖怪。"乃拈拄杖曰："无量诸佛向此转大法轮，今古祖师向此演大法义。若信得及，法法本自圆成，念念悉皆具足。若信不及，山僧今日因行不妨掉臂，更为重说偈言。"卓一下，下座。

鄞州月掌山寿圣智渊禅师　僧问："祖意西来即不问，如何是一色？"师曰："目前无阇黎，此间无老僧。"曰："既不如是，如何晓会？"师曰："领取钩头意，莫认定盘星。"乃曰："凡有问答，一似击石，迸火流出，无尽法财，三草二木，普沾其润。放行也，云生谷口，雾罩长空。把定也，碧眼胡僧，亦须罔措。寿圣如斯举唱，犹是化门，要且未有衲僧巴鼻。敢问诸人，作么生是衲僧巴鼻？"良久曰："布针开两眼，君向那头看。"

信州灵鹫山宝积宗映禅师 开堂日，乃横按拄杖曰："大众到这里，无亲无疏，自然不孤。无内无外，纵横自在。自在不孤，清净毗卢。释迦举令，弥勒分疏。观根逗教，更相回互。看取宝积拄杖子，黑漆光生，两头相副。阿呵呵！是何言欤？"良久曰："世事但将公道断，人心难与月轮齐。"卓一下，下座。

安吉州乌镇寿圣院楚文禅师 上堂，拈拄杖曰："华藏木橛栗，等闲乱拈出。不是不惜手，山家无固必。点山山动摇，搅水水波溢。忽然把定时，事事执法律。要横不得横，要屈不得屈。"蓦召大众曰："莫谓棒头有眼明如日，上面光生尽是漆。"随声敲一下。

上堂，"一叉一札，着骨连皮。一搦一抬，粘手缀脚。电光石火，头垂尾垂。劈箭追风，半生半死。撞着磕着，讨甚眉毛。明头暗头，是何眼目。总不恁么，正在半途。设使全机，未至涯岸。直饶净裸裸赤洒洒，没可把尚有廉纤。山僧恁么道，且道口好作甚么？"良久曰："嘻！留取吃饭。"

云居山元祐禅师法嗣

东京智海佛印智清禅师 姓叶氏，泉州同安人。少为儒生，性明敏，博学典雅。年未冠，忽慕空宗，遂依鹿苑寺惠儒上人出家，遍参知识。至祐禅师法席，始明心地。初出世五祖，道望显着，遂奉诏住智海。

初开堂，哲宗遣中使降香，师登座问答罢，乃拈拂子，召大众曰："还见么？手中拂子层层，为诸人放百种宝光。"复击禅床曰："还闻么？坐下猊台句句，为诸人演一乘了义。诸人若向这里悟得，则旷大劫来，我人业识，当体烟灭灰飞，现前身世根境尘劳，彻底冰融雪泮。便见灵山正法眼藏昭昭，溢目全彰。少室涅槃妙心晃晃，通身独露。譬如演若，悟鉴中面目，元来只是己头。亦如力士，获额上圆珠，到了不从他得。如斯则无量神通三昧，尘尘本尔圆成。恒沙诸佛法门，念念一时具足。诸仁者，有能怎么构去，便谓立证无生，不待僧祇，而成正觉。如今要见无生么？"良久曰："二气不言含有象，万灵何处谢无私。"

元符三年，哲宗上仙百日，宣师入内，赐佛印禅师号。明年二月，皇太后上仙五七，被旨演法于慈德殿。登座问答罢，乃曰："适来净因禅师云：'是日并宣六禅长老升座。'净因乃佛日惟岳禅师，出云门下。最初说法者不知末后句，末后说法者不知最初句。臣僧今当末后说法，却奉为大行太后演最初句。还知么？灵源湛寂，物我皆如。佛性情真，圣凡同体。弥纶千古，廓彻虚①。本绝去来，何尝生灭。今日人天交接，幽显普临。皇风习习以和春，帝日迟迟而育物。万乘正登于舜殿，六禅齐仰于尧天。奉为大行太后建此法筵，指古佛心，开正法眼。于斯见得，

---

① 廓彻虚：径山本作"廓彻十虚"。《列祖提纲录》作"廓彻太虚"。

朱楼玉殿,重重现清净法身。金阙瑶池,处处露本来面目。唯佛与佛,同证同知。伏惟珍重!"

舒州白云海会守纵禅师 僧问:"药山一句人皆委,白云今日事如何?"师曰:"逼塞虚空。"僧云:"谁知今日里,明月锁舒城。"师曰:"斫额望扶桑。"问:"曹溪一滴,普洽大千,白云出山,如何利物?"师曰:"云横洞口,归鸟迷巢。"僧云:"指南一路又如何?"师曰:"铁蛇当大道,通身黑如烟。"

示众曰:"指呼四圣,号令六凡。统三界作大伽蓝,以十虚为解脱门户。山河大地是古佛之心源,炉炭镬汤乃众生之觉地。于一微尘上,现恒沙诸佛之全身。于一佛心中,现无边众生之世界。若能如是,即心无知,全心即佛,全佛即人,人佛无异,始为道矣。然虽如是,不落化门一句作么生道?"良久曰:"九年吃菜粥,此事少人知。"

庐山罗汉院系南禅师 汀洲张氏子。上堂:"禅不禅,道不道,三寸舌头胡乱扫,昨夜日轮飘桂花,今朝月窟生芝草。阿呵呵!万两黄金无处讨,一句绝思量,诸法不相到。"师临示寂,升座告众曰:"罗汉今日倒骑铁马,逆上须弥,踏破虚空,不留朕迹。"乃归方丈,跏趺而逝。

泉州南峰永程禅师 示众:"始自鸡峰续焰,少室流芳,大布慈云,宏开慧日。教分三藏,直指一心。或全提而棒喝齐施,或踪夺而宾主互设。或金刚按剑,或狮子翻身。或照用雷夺①,或机锋电掣。无非剪除邪妄,开廓玄微,直下明宗到真实

---

① 夺:径山本作"奔"。

地。诸仁者,到此方许一线道与你商量,苟或未然,尽是依师作解,无有是处。"

台州宝相元禅师 僧问:"一切诸佛及诸佛阿耨多罗三藐三菩提,皆从此经出。如何是此经?"师曰:"长时诵不停,非义亦非声。"曰:"如何受持?"师曰:"若欲受持者,应须用眼听。"

信州永丰慧日庵主 本郡丘氏子,卯岁出家,于明心寺得度。自机契云居,熟游湘汉。暨归永丰,或处岩谷或居廛市。令乡氏①称丘师伯,凡有所问,以莫晓答之。忽语邑人曰:"吾明日行脚去,汝等可来相送。"于是赆路者毕集,师笑不已。众问其故,即书偈曰:"丘师伯莫晓,寂寂明校②皎。日午打三更,谁人打得了。"投笔而逝。

亳州白藻清俨禅师 信州人。僧问:"杨广失囊驰,到处无人见。未审是甚么人得见?"师以拂子约曰"退后退后,妨他别人所问。"曰:"毕竟落在甚么处?"师曰:"可杀,不识好恶。"便打。

潭州慈云彦隆禅师 上堂,举玄沙示众曰:"尽大地都来是一颗明珠。"时有僧问:"既是一颗明珠,学人为什么不识?"沙曰:"全体是珠,更教谁识。"曰:"虽然全体是,争奈学人不识。"沙曰:"问取你眼。"师曰:"诸禅德,这个公案唤作嚼饭喂小儿,把手更与杖。还会么?若未会,须是扣己而参,直要真实,不得信口掠虚,徒自虚生浪死。"

---

① 氏:径山本作"民"。
② 校:径山本作"皎"。

郢州子陵山自瑜禅师 僧问："如何是古佛心？"师曰："赤脚跶泥冷似冰。"曰："未审意旨如何？"师曰："休要拖泥带水。"问："泗洲大圣为甚么杨州出现？"师曰："业在其中。"曰："意旨如何？"师曰："降尊就卑。"曰："谢和尚答话。"师曰："贼是小人，智过君子。"

隆兴府东山景福省悦禅师 上堂，"十二时中，跛跛挈挈，且与么过，大众利害在甚么处？"良久曰："听诸方断看。"击禅床，下座。

报本慧元禅师法嗣

苏州承天永安传灯元正禅师 郢州平阴县人，姓郑氏。受业本州太平兴国寺，礼藏智为师。参诸方，晚到苏州万寿寺，时元禅师居焉。因令师看庭前柏树因缘，发明心地，有偈曰："赵州柏树子，去处勿人知，抛却甜桃树，寻山摘醋梨。"元印可，举令住此寺。

僧问："承师再集人天会，愿示西来掣电机。"师曰："烟云雾锁。"僧云："还有西来意也无？"师曰："空生懊恼。"僧云："临济宗风，一时独秀。"师曰："不可有两个也。"僧云："是处是慈氏，无门无善财。"师曰："都来七八岁，游遍百余城。"问："桃花杨柳共谈真，如何是共谈真？"师曰："岭上梅华白，溪边柳眼青。"僧云："未审是什么人境界？"师曰："非汝境界。"问："实际理地，不受一尘。佛事门中，不舍一法。如何是一法？"师拈拄杖一击。僧云："一衲横披高坐上，炉烟起处太分明。"师曰:"不是这一法。"僧云:"卖金须遇买金人。"师曰:"这个是鍮石。"乃曰:"天人群生类,皆承此恩力。大众,有一人道,我不承佛恩力,不居三界,不属五行。祖师不敢定当,先佛不敢安名。你且道,是个什么人?"良久曰:"倚石岩前烧铁钵,就松枝上挂铜瓶。"

又上堂,僧问:"安抚旌麾得得临,请师为鼓勿弦琴。"师曰:"啰啰哩。"僧云:"这般格调,须遇知音。"师曰:"曲终人不见,江上数峰青。"僧云:"江月照时琴影现,松风吹处语声清。"师曰:"一夜寒溪雪到明,梅华漏泄春消息。"僧云:"木人闻作舞,石女听高歌。"师曰:"且道是何曲调?"僧云:"伯牙若在,耻见永安。"师曰:"得遇知音。"僧云:"只如尽乾坤大地是一面琴,和尚如何下手?"师曰:"拍拍是令。"僧云:"而今台斾光临,还许露个消息也无?"师曰:"许。"僧云:"莫言只有庭前柏,又得甘棠壮祖宗。"师曰:"千里同风。"乃曰:"若于棒下论其得失,德山是明教底罪人。更去喝里分其宾主,临济是法门中魔主。永安怎么说话,若无明眼人证据,尽大地堕坑落堑。大众且道,那个是明眼人?行如升斗,坐如蹲龙。诗正有《周南》《召南》,论道乃《庄子》《老子》。恁么说话也,未是明眼人。还识明眼人么?永安与诸人指出。"良久曰:"巨鳌莫负三山去,留取蓬莱顶上眠。"

甘露颙禅师法嗣

扬州光孝元禅师 僧问:"如何是和尚家风?"师曰:"七

颠八倒。"曰:"忽遇客来,如何祗待?"师曰:"生铁蒺藜,劈口堼。"

育王振禅师法嗣

明州岳林真禅师 上堂,"古人道,初秋夏末,合有责情三十棒。岳林则不然,灵山会上世尊拈花,迦叶微笑。正当恁么时,好与三十棒。何故如此?太平时节强起干戈,教人吹大法螺,击大法鼓。举步则金莲踥蹀,端居则宝座巍峨。梵王引之于前,香华缭绕。帝释随之于后,龙象骈罗。至令后代儿孙,递相仿敩①。三三两两,皆言出格风标。劫劫波波,未肯归家稳座。鼓唇摇舌,宛如钟磬笙竽。奋臂点胸,何啻稻麻竹苇。更逞游山玩水,拨草瞻风。人前说得石点头,天上飞来花扑地。也好与三十棒。且道,坐夏赏勞如何酬奖?"良久曰:"万宝功成何厚薄,千钧价重自低昂。"

招提湛禅师法嗣

秀州华亭观音和尚 僧问:"如何是佛?"师曰:"半夜乌龟火里行。"曰:"意作么生?"师曰:"虚空无背面。"僧礼拜,师便打。

---

① 敩:径山本作"效"。

玄沙文禅师法嗣

福州广慧达杲禅师 上堂，"佛为无心悟，心因有佛迷。佛心清净处，云外野猿啼"。

保宁玑禅师法嗣

庆元府育王无竭净昙禅师 嘉禾人也，晚归钱塘之法慧。一日上堂，"本自深山卧白云，偶然来此寄闲身。莫来问我禅兼道，我是吃饭屙屎人"。

绍兴丙寅夏，辞朝贵，归付院事。四众拥视，挥扇久之，书偈曰："这汉从来没缝罅，五十六年成话霸。今朝死去见阎王，剑树刀山得人怕。"遂打一圆相曰："嗄！一任诸方钻龟打瓦。"收足而化，火后舍利如霰。门人持骨，归阿育王山建塔。

台州真如戒香禅师 兴化林氏子。上堂，"孟冬改旦晓天寒，叶落归根露远山。不是见闻生灭法，当头莫作见闻看"。

华光恭禅师法嗣

郴州万寿念禅师 僧问："龙华胜会，肇启兹晨，未审弥勒世尊现居何处？"师曰："猪肉案头。"曰："既是弥勒世尊，为甚么却在猪肉案头？"师曰："不是弄潮人，休入洪波里。"曰："毕竟事又且如何？"师曰："番人不系腰。"

岁旦上堂。"往复无际,动静一源,含有德以还空,越无私而迥出。昔日日,今日日,照无两明。昔日风,今日风,鼓无两动。昔日雨,今日雨,泽无两润。于其中间觅云①来相而不可得。何故?自他心起,起处无踪。自我心忘,忘无灭迹。大众,若向这里会去,与天地而同根,共万物为一体。若也未明,山僧为你重重颂出:元正一,古佛家风从此出,不劳向上用工夫,历劫何曾异今日。元正二,寂寥冷淡无滋味,赵州相唤吃茶来,剔起眉毛须瞥地。元正三,上来稽首各和南,若问香山山里事,灵源一派碧如蓝。"遂喝一喝,下座。

大沩怀秀禅师法嗣

潭州大沩祖瑃禅师 福州吴氏子。僧问:"如何是沩山家风?"师曰:"竹有上下节,松无今古青。"曰:"未审其中饮啖何物?"师曰:"饥餐相化王粒②饭,渴点神运仓前茶。"

上堂,"道无定乱,法离见知,言句相投,都无定义。自古龙门无宿客,至今鸟道绝行踪,欲会个中端的意,火里蝍蟟吞大虫。咄!"

上堂,"雨下阶头湿,晴干水不流。鸟巢沧海底,鱼跃石山头。众中大有商量,前头两句是平实语,后头两句是格外谈。若如是会,只见石磊磊,不见玉落落。若见玉落落,方知道宽廓。咦!"

---

① 云:径山本作"去"。
② 相化王粒:径山本作"相公玉粒"。

南岳后洞方广有达禅师 僧问："学人上来，便请相见。"师曰："袖里金锤脑后看。"僧云："破二作三又作么生？"师曰："惜取眉毛。"僧便喝，师曰："放过即不可。"僧云："瞎。"师便打。

上堂，拈拄杖曰："诸禅德，展无碍手，和云折取，带雪将来，对众拈出，瞻之不足，玩之有余。"遂画一画曰："早晚散为霖，草木滋天下。"又曰："离四句，绝百非。便怎么，息狂机。不恁么，转狐疑。离此凭何旨，赵州东院西。还委悉么？头戴天，脚踏地，动用之中论不二，一字妙门着眼看，镇州萝卜知滋味。"喝一喝。

南岳南台允恭禅师 僧问："如何是佛？"师曰："眼睛突出。"问："祖意教意是同是别？"师曰："阿难合掌，迦叶擎拳。"乃曰："稀逢难遇，正在此时，何谓也？释迦已灭，弥勒未生。"举起拂子曰："正当今日，佛法尽在这个拂子上。放行把住，一切临时。放行也，风行草偃，瓦砾生光，拾得寒山，点头拊掌。把住也，水泄不通，精金失色，德山临济，饮气吞声。正当恁么时，放行即是，把住即是？"良久曰："后五日看。"

南岳福严文演禅师 僧问："如何是佛？"师当面一唾，乃曰："当面一唾，切忌蹉过。幽谷猿啼，乔林鹊噪。闹市纭纭，相头买帽。白日同归，不知几个。"又曰："日面佛，月面佛，马师一别经年，谁辨铜头铁额。百丈耳聋，未为埋没。临济吃棒，莫言受屈。三圣瞎驴，能始能卒。兴化帐中，抛撒将来，不是骊龙颔下之物。上根不动干戈，自然清风拂拂。中下恰恰用心，落在无生窠窟。"又曰："野华飘尽古城根，渐渐蝉鸣湘水渡。霏霏梅雨洒高空,匝地熏风满庭户。三十三兮老古锥,象转龙蟠曾显露。才显露,成点污,谨白参玄人,光阴莫虚度。"

南岳福严慈感禅师法嗣

明州育王宝鉴法达禅师 僧问:"此事惟己自知,为什么众生随类得解?"师曰:"眼见耳闻。"僧云:"兵随印转。"师曰:"德山临济。"问:"末后一句今日愿闻。"师曰:"昨日有人问我,直得杜口。"僧云:"为什么如此?"师曰:"不于湘水投明月,且向天童看白云。"问:"无根树子,还解生苗也无?"师曰:"拟待答话,又恐孤负阇黎。"问:"作者相逢时如何?"师曰:"平出。"僧云:"学人有拟在。"师便打。僧云:"不伸三拜,安得周旋?"师曰:"别处即得。"师乃曰:"一法虽彰万善无,到头何必用工夫。目前十字纵横也,自是时人落半途。大众,作么生是究竟一句?设使潜神守智,犹是止宿草庵。假饶息念观空,亦成守株待兔,虚生浪死。只为怀宝迷邦,滞壳迷封。良由贪程太速,直得言语道断,心行处灭。于衲僧分上,着什么来由?假便①心法双亡,两头截断,亦是按牛头吃草,争似耳闻目睹,口说心思。千山万水目前分,南北东西路头在。失之于旨,鱼鲁刀刁。得之于心,浑金璞玉。流出三教,皆指一心。左右逢原,万物皆备。到这里,计什么仁义礼智元亨利贞,说什么菩提涅槃常乐我净。直须拈放一边,且看山僧执金刚宝剑,把定要津,以文

---

① 便:径山本作"使"。

殊为先锋，以普贤为殿后。观音势至，掩耳偷铃。弥勒释迦，吞声饮气。直得皇风荡荡，舜日明明。天下衲僧，谁敢向鬼窟里作活计。还信得及么？"良久曰："道泰不传天子令，时清休唱太平歌。"又曰："半接城隍半倚村，一溪流水半山云。寂寥滋味有谁得，万世金轮王子孙。所以见闻觉知，思量分别，一见便见，无第二月。尧天舜日，谁能夜泛孤舟。白月清风，何必冬行春令。门当户对，极目无限青山。鸟叫猿啼，纵少①从他差路。栗蓬吞了，更无一物碍人。古镜重磨，不离旧时光彩。日日共虚空把手，时时与古佛对谈。堪嗟多少饥人，却去饭箩里饿杀。育王恁么道了，有三十棒本合自当，赖遇众人不知，且教拄杖子吞声饮气。"

又曰："居山日少出山多，惹得闲名孰奈何。争似白云深处坐，野猿幽鸟任高歌。大众，拈花示众，空自点胸，微笑破颜，落第二月。少林面壁，傍若无人，半夜渡江，贪程太速。更乃说佛说祖，头上安头。演妙谈真，泥中洗土。攒花簇锦，口是祸门。寂尔无言，守株待兔。总不如是，无孔铁锤。行道之人如何即是，还会么？白云虽是无心物，到头还是恋青山。"

蕲州开元琦禅师法嗣

韶州荐福道英禅师 僧问："佛未出世时如何？"师曰："琉璃瓶贮花。"僧云："出世后如何？"师曰："玛瑙钵盛果。"

---

① 少：径山本作"步"。

僧云:"未审是同是别?"师曰:"趯倒瓶,拽转钵。"乃曰:"据道而论,语也不得,默也不得。直饶语默两忘,亦没交涉。何故?句中无路,意在句中。无意无不意,非计较之所及。若是劈头点一点,顶门豁然眼开者,于此却有疾速分。若低头向意根下寻思,卒摸索不着。是知万法无根,欲穷者错。一源绝迹,欲返者迷。看他古佛光明先德风彩,一一从无欲无中发现。或时孤峻峭拔,竟不可构。或时含融混合,了无所睹。终不桩定一处,亦不系系两头。无是无不是,无非无不非。得亦无所得,失亦无所失。不曾隔越丝毫,不曾移易丝发。明明古路,不属玄微,觌面擎来,瞥然便过。不居正位,岂落邪途。不蹈大方,那趋小径。腾腾兀兀,何住何为。回首不逢,触目无对。一念普观,廓然空寂。此之宗要,千圣不传。直下了知,当处超越。是知赤洒洒处,恁么即易。明历历处,恁么还难。不用沾黏点染,直须剥脱屏除。若是本分手脚,放去无,收不来。一一放光现瑞,一一削迹绝踪。机上了不停,语中无可露。彻底搅不浑,通身扑不碎。且道毕竟是什么灵通?得恁么奇特,得恁么坚确。诸仁者,休要识渠面孔,不用安渠名字,亦莫觅渠所在。何故?渠无所在,渠无名字,渠无面孔。才起一念追求,如微尘计①,便隔十生五生。更拟管带思惟,益见纷纷杂杂,不如长时放教自由自在。要发便发,要住便住。即天然非天然,即如如非如如,即湛寂非湛寂,即败坏非败坏。生无恋,死无畏,无佛求,无魔怖。不与菩提会,不与烦恼俱。不受一法,不嫌一法。无在无不在,非离非不

---

① 计:径山本作"许"。

离。若能如是见得，释迦自释迦，达磨自达磨，干我什么碗。怎么说话，衲僧门下，推勘将来，布被芒鞵，不免撩他些些泥水。岂况汝等诸处更道，这个是平实语，这个是差别门庭，这个是关棙巴鼻，这个是道眼根尘。递相教习，如七家村里人传口令相似，有什么交涉？无事珍重！"

庐山双溪宝严允光禅师　上堂曰："阿呵呵，也大诧，不卷帘兮见天下。神光得髓是谁云，达磨不曾来东夏。西江一口吸易干，中原至宝难酬价。也大诡，令人转忆老兴化。"喝一喝。

泉州尊胜有朋禅师　本郡蒋氏丁①。丱岁试经，中选下发，多历教肆。尝疏《楞严》《维摩》等经，学者宗之。每疑祖师直指之道，故多与禅衲游。一日谒开元，迹未及阃，心忽领悟。元出遂问："座主来作甚么？"师曰："不敢贵耳贱目。"元曰："老老大大，何必如是？"师曰："自是者不长。"元曰："朝看《华严》，夜读《般若》则不问，如何是当今一句？"师曰："日轮正当午。"元曰："闲言语更道来。"师曰："平生仗忠信，今日任风波。然虽如是，只如和尚怎么道有甚交涉？须要新戒草鞋穿。"元曰："这里且放你过。忽遇达磨问，你作么生道？"师便喝。元曰："这座主今日见老僧，气冲牛斗。"师曰："再犯不容。"元拊掌大笑。

五祖山晓常禅师法嗣

蕲州月顶延福道轮禅师　上堂，良久曰："舍利塔前，花

---

① 丁：径山本作"子"。

开吐艳。毗卢藏畔，龟戏池中。雾卷山堂，云藏佛阁。青萝翳目，老鹤盘空。足可与诸人内助其机，外扬其道，又何必山僧出来指点。然虽如是，也须的当始得。且道的当底事作么生？多谢宝陀岩上月，舒光常得到松门。"又曰："重阳何物助僧家，篱菊枝枝尽发花。不学故侯将伴欵①，为君泛出赵州茶。只此一杯醒大梦，卢同七碗谩矜夸。"良久曰："便请。"卓拄杖一下，又曰："时雨频过比屋凉，野田毗甲尽同光。禅家高卧无余事，赢得林稍磬韵长。正当恁么时，谁是知音者？"良火②曰："子期别后空千载，月上落崖流水寒。"

蕲州南乌崖寿圣楚清禅师 僧问："亡僧迁化向甚么处去？"师曰："灵峰水急。"曰："恁么则不生也。"师曰："苍天苍天。"

建隆昭庆禅师法嗣

荆门军玉泉善超禅师 僧问："去却拄杖子，语默动静，未审如何为人？"师画一圆相，僧云："此犹是曷③藤。"师曰："了。"师良久谓众曰："妙性圆明，离诸名相。纵使恒沙诸佛逞七辩，无以谈其名。今古宗师具五眼，无以窥其相。心如瓦砾墙壁，方有少分相应。诸仁者，若能回光返照，照本灵源，常光现前，尘劳顿歇。歇即菩提，胜净明心，本周沙界，不从人得。敢

---

① 欵：径山本作"饮"。
② 火：径山本作"久"。
③ 曷：径山本作"葛"。

问语①人,且道从什么处得?"良久曰:"年年细柳年年绿,二月桃花二月红。"

平江府泗洲用元禅师 一日问建隆曰:"临济在黄檗,三回问佛法大意,三回被打。意旨如何?"语犹未了,被打一拂子,师顿领宗旨。

开堂日,僧问:"四众云臻,请师说法。"师曰:"有眼无耳朵,六月火边坐。"曰:"一句截流,万机顿息。"师曰:"听事不真,唤钟作瓮。"问:"朝参暮请,成得甚么边事?"师曰:"只要你歇去。"曰:"早知灯是火,饭熟已多时。"师曰:"你鼻孔因甚么着拄杖穿却?"曰:"拗曲作直又争得?"师曰:"且教出气。"

上堂,"一二三四五,火里蜘蟟吞却虎。六七八九十,水底泥牛波上立。一日一夜雨霖霖,无孔铁锤洒不入。洒不入,着底急,百川汹涌须弥岌。八臂那咤撞出来,稽首赞叹道难及。夷②!"

上堂,横按拄杖,顾视大众,曰:"今日平地上吃交。"便下座。

佛印宣明禅师法嗣

潭州龙兴师定禅师 僧问:"如何是潇湘境?"师曰:"猿到夜深啼岳麓。"僧云:"如何是境中人?"师曰:"相逢不下马,

---

① 语:径山本作"诸"。
② 夷:径山本作"咦"。

各自有前程。"问："如何是道？"师曰："花街柳巷。"僧云："如何是道中人？"师曰："语笑呵呵。"乃曰："秋风数夜渐寒，衲僧早觉身冷。通宵不睡思量，叵耐祖师乱走。不知念念释迦出世，步步弥勒下生，忽然撞着，尽是自己神光。怎生说得自己神光？"良久曰："一轮明月照潇湘。"喝一喝，又曰："白云峰顶，昔年尝到。朝参暮请，依师觉道。闹市红尘，煎杀不少。逐日①忙忙，贪生至老。咄！遮皮袋，臭秽易坏，贪欲贪乐不解厌，学佛学祖总不会。惭愧寒山老，眠云枕石块。思量拾得歌，爱住深岩内。蓑衣为被褥，箬笠作冠盖。只如山僧恁么举唱，是②有佛法也无？"良久曰："无为无事人，跳出红尘外。"喝一喝。

黄檗积翠永庵主法嗣

庐陵清平楚金禅师 僧问："祖祖相传，未审和尚传个什么？"师曰："两手抬不起。"僧云："能有几人知？"师曰："知底事又你么生？"僧云："放过一着。"师曰："迢迢十万余。"问："与么不与么，学人上来，请师与么。"师曰："陕府铁牛。"僧云："和尚与么，学人即不然也。"师曰："不消拈出。"

上堂，以拄杖卓一下，曰："只这是错，事无一向，出家人当为何事？"良久曰："自知较一半。"乃歌曰："人悄悄，鼓冬冬，特地升堂话祖风。千般说，万般喻，特地翻真却成伪。分别缁素与色空，扶藜摸壁与谁通，休寻南北与西东。山僧拄杖太无

---

① 逐日：径山本作"还自"。
② 是：径山本作"还"。

端，吞却十方刹海中。刹海中，细推穷，三十年后几多白头翁。"靠却拄杖曰："珍重！"

又曰："祖意齐彰，真机自立。八明蟾彩，彼我无差。出海红光，老婆心切。如斯境界，语①则头头显露，非取舍之功。迷则物物尘劳，难明妙理。更若即色明空，正是敲砖打瓦，说有说无，又是梦中说梦，未免觉来一场懡㦬。"又曰："明眼人若论斯事，如盐在水，只瞒得鼻孔。若是舌头上，一点也瞒不得。何故？三世诸佛，从上祖师，出现于世，只是狸奴白牯一个注脚。拈锤举拂，下喝敲床，尽是露柱注脚。"以拄杖卓一下曰：'山僧与露柱注脚，这里看得出，非但许你救得儿孙，亦许你见狸奴白牯，然后可以出生入死。若看不出，自救不了，何故？工夫不到不方圆，言语不通非眷属。'"喝一喝。

三祖宗禅师法嗣

宁国府光孝惟爽禅师 上堂，"今朝六月旦，一年已过半。奉报参玄人，识取娘生面。娘生面，荐不荐，鹭鸶飞入碧波中，抖擞一团银绣练"。

石霜琳禅师法嗣

鼎州德山静照庵宗什庵主 僧问："如何是庵中主？"师

---

① 语：径山本作"悟"。

曰:"从来不相许。"僧拟议,师曰:"会即便会,本末①底不得安名著字。"僧拟开口,师便打出。师室中常以拂子示众曰:"唤作拂子,依前不是。不唤作拂子,仿②地不识。汝唤作什么?"因僧请益,师以颂答之曰:"我有一柄拂子,用处别无调度,有时挂在松枝,任他头垂角露。"

---

① 末:径山本作"来"。
② 仿:径山本作"特"。

续传灯录卷第二十二

大鉴下第十四世

黄龙心禅师法嗣

黄龙悟新禅师 王氏，韶州曲江人也。魁岸黑面，如梵僧状。依佛陀院落发，以气节盖众，好面折人。初谒栖贤秀铁面，秀问："上座甚处人？"对曰："广南韶州。"又问："曾到云门否？"对曰："曾到。"又问："曾到灵树否？"对曰："曾到。"秀曰："如何是灵树枝条？"对曰："长底自长，短底自短。"秀曰："广南蛮莫乱说。"新曰："向北驴只恁么。"拂袖而出。秀器之，而新无留意，乃之黄龙，谒宝觉禅师，谈辩无所抵捂。宝觉曰："若之技止此耶，是故说食耳，渠能饱人乎？"新窘无以进，从容白曰："悟新到此，弓折箭尽，愿和尚慈悲，指个安乐处。"宝觉曰："一尘飞而翳天，一芥堕而覆地。安乐处正忌上座许多骨董，直须死却无量劫来全心乃可耳。"新趋出。

一日，默坐下板，会知事捶行者，新闻杖声，忽大悟。奋起忘纳其屦，趋方丈，见宝觉，自誉曰："天下人总是学得底，某甲是悟得底。"宝觉笑曰："选佛得甲科，何可当也。"新自是号死心叟,榜其居曰死心室,盖识悟也。

久之去游湘西,是时哲禅师领岳麓,新往造焉。哲问:"是凡是圣?"对曰:"非凡非圣。"哲曰:"是什么?"对曰:"高着眼。"哲曰:"恁么则南山起云,北山下雨。"对曰:"且道是凡是圣?"哲曰"争奈头上漫漫,脚下漫漫。"新仰屋作嘘声,哲曰:"气急杀人。"对曰:"恰是。"拂袖便出。

谒法昌遇禅师,遇问:"近离甚处?"对曰:"某甲自黄龙来。"遇云:"还见心禅师么?"对曰:"见。"遇曰:"什么处见。"对曰:"吃粥吃饭处见。"遇插火箸于炉中云:"者个又作么生?"新拽脱火箸便行。

新初住云岩,已而迁翠岩。翠岩旧有淫祠,乡人禳禬酒胾,汪秽无虚日,新诫知事毁之。知事辞以不敢掇祸,新怒曰:"使能作祸,吾自当之。"乃躬自毁折。俄有巨蟒蟠卧内,引首作吞噬之状,新叱之而遁,新安寝无他。

未几,再领云岩,建经藏,太史黄公庭坚为作记。有以其亲墓志才于碑阴者,新恚骂曰:"陵侮不避祸若是。"语未卒,电光翻屋,雷击自户入,析其碑阴中分之,视之已成灰烬,而藏记安然无损。

晚迁住黄龙,学者云委。属疾退居晦堂。夜参,竖起拂子云:"看看!拂子病,死心病。拂子安,死心安。拂子穿却死心,死心穿却拂子。正当恁么时,唤作拂子又是死心,唤作死心又是拂子,毕竟唤作什么?"良久云:"莫把是非来辨我,浮生穿凿不相干。"有乞末后句者,新与偈云:"末后一句子,直须心路绝。六根门既空,万法无生灭。于此彻其源,不须求解脱。生平爱骂人，只为长快活。"

政和五年十二月十三日，晚小参说偈，十五日泊然坐逝。讣闻，诸方衲子为之呜咽流涕，茶毗得舍利五色。阅世七十二，坐四十五夏，塔于晦堂之后。

隆兴府黄龙灵源惟清禅师 本州陈氏子，印心于晦堂。每谓人曰："今之学者未脱生死，病在甚么处，病在偷心未死耳。然非其罪，为师者之罪也。如汉高帝给韩信而杀之，信虽死，其心果死乎。古之学者言下脱生死，效在甚么处，在偷心已死。然非学者自能尔，实为师者钳锤妙密也。如梁武帝御大殿见侯景不动声气，而景之心已枯竭无余矣。诸方所说非不美丽，要之如赵昌画花，花虽逼真而非真花也。"

上堂，"鼓声才动，大众云臻。无限天机，一时漏泄。不孤正眼，便合归堂。更待繁词，沉埋宗旨。纵谓释迦不出世，四十九年说。达磨不西来，少林有妙诀。修山主也似高里望乡关。又道，若人识祖佛，当处便超越。直饶怎么悟入亲切去，更有转身一路，勘过了打。"以拂子击禅林，下坐。

上堂，"江月照，松风吹，永夜清宵更是谁。雾露云霞遮不得，个中犹道不如归。复何归，荷叶团团团似镜，菱角尖尖尖似锥"。

上堂，"三世诸佛不知有，恩无重报。狸奴白牯却知有，功不浪施。明大用，晓全机，绝踪迹，不思议。归去好，无人知。冲开碧落松千尺，截断红尘水一磎"。

上堂，"至道无难，惟嫌拣择，但莫增爱，洞然明白。祖师怎么说话，瞎却天下人眼。识是非别缁素底衲僧，到这里如何辨明?未能行到水穷处,难教坐看云起时"。

隆兴①府泐潭草堂善清禅师 南雄州何氏子。初谒大沩哲禅师,无所得。后谒黄龙,龙示以风幡话,久而不契。一日龙问:"风幡话子作么生会?"师曰:"迥无入处,乞师方便。"龙曰:"子见猫儿捕鼠乎?目睛不瞬,四足踞地。诸根顺向,首尾一直,拟无不中。子诚能如是,心无异缘,六根自静,默然而究,万无失一也。"师从是屏去闲缘岁余,豁然契悟,以偈告龙曰:"随随随,昔昔昔。随随随后无人识,夜来明月上高峰,元来只是这个贼。"龙领之,复告之曰:"得道非难,弘道为难。弘道犹在己,说法为人难。既明之后,在力行之。大凡宗师说法,一句中具三玄,一玄中具三要。子入处真实,得坐披衣,向后自看,自然七通八达去。"师复依止七年,乃辞,遍访丛林。

后出世黄龙,终于泐潭。僧问:"牛头未见四祖时如何?"师曰:"京三下四。"曰:"见后如何?"师曰:"灰头土面。"曰:"毕竟如何?"师曰:"一场懡㦬。"

开堂,上堂,举浮山远和尚云:"欲得英俊么,仍须四事俱备,方显宗师蹊径。何谓也?一者祖师巴鼻,二具金刚眼睛,三有师子爪牙,四得衲僧杀活。拄杖得此四事,方可纵横变态,任运卷舒,高耸人天,壁立千仞。倘不如是,守死善道者,败军之地。何故?棒打石人,贵论实事。是以到这里,得不修江耿耿,大野云凝,绿竹含烟,青山锁翠,风云一致,水月齐观,一句该通,已彰残朽。"师曰:"黄龙今日出世,时当末季,佛法浇漓,

---

① 兴:径山本作"庆"。

不用祖师巴鼻，不用金刚眼睛，不用师子爪牙，不用杀活拄杖。只有一枝拂子，以为蹊径，亦能纵横变态，任运卷舒，亦能高耸人天，壁立千仞。有时逢强即弱，有时遇贵即贱。拈起则群魔屏迹，佛祖潜踪。放下则合水和泥，圣凡同辙。且道，拈起好，放下好？竿头丝线从君弄，不犯清波意自殊。"

上堂，"色心不异，彼我无差"。竖起拂子曰："若唤作拂子，入地狱如箭。不唤作拂子，有眼如盲。直饶透脱两头，也是黑牛卧死水。"

吉州青原惟信禅师　上堂，"老僧三十年前未参禅时，见山是山见水是水。及至后来，亲见知识有个入处，见山不是山，见水不是水。而今得个休歇处，依然见山只是山，见水只是水。大众，这三般见解是同是别？有人缁素得出，许汝亲见老僧"。

澧州夹山灵泉院晓纯禅师　尝以木刻作一兽，师子头，牛足，马身。每升堂时，持出示众曰："唤作师子又是马身，唤作马身又是牛足，且道毕竟唤作甚么？"令僧下语，莫有契者。师示颂曰："轩昂师子首，牛足马身材，三道如能入，玄门叠叠开。"

上堂，"有个汉，自从旷大劫，无住亦无依，上无片瓦盖头，下无寸土立足。且道十二时中在甚么处安身立命？若也知得，朝到西天，暮归东土"。

汉州三圣继昌禅师　彭州黎氏子。上堂，"木佛不度火，甘露台前逢达磨，惆怅洛阳人未来，面壁九年空冷坐。金佛不度炉，坐叹劳生走道途，不向华山图上看，岂知潘阆倒骑驴。泥佛不度水，一道灵光照天地，堪羡玄沙老古锥，不要南山要鳖鼻"。

上堂,举赵州访二庵主,师曰:"五陵公子争夸富,百衲高僧不厌贫。近来世俗多颠倒,只重衣衫不重人。"

隆庆府双岭化禅师 上堂,"翠竹黄花非外境,白云明月露全真。头头尽是吾家物,信手拈来不是尘"。遂举拂子曰:"会么,认着依前还不是。"击禅床,下座。

泗州龟山水陆院晓津禅师 福州人也。僧问:"如何是宾中宾?"师曰:"巢父饮牛。"曰:"如何是宾中主?"师曰:"许由洗耳。"曰:"如何是主中宾?"师便喝。曰:"如何是主中主?"师曰:"礼拜了退。"

上堂,"田地稳密,过犯弥天,灼然抬脚不起。神通游戏,无疮自伤,特地下脚不得。且道过在甚么处?具参学眼底,出来共相理论。要见本分家山,不支岐路。莫只管自家点头蹉过岁月,他时异日顶上一椎,莫言不道"。

漳州保福本权禅师 临漳人也,性质直而勇于道。乃于晦堂举拳处,彻证根源,机辩捷出。黄山谷初有所入,问晦堂:"此中谁可与语?"堂曰:"漳州权。"师方督役开田,山谷同晦堂往,致问曰:"直岁还知露柱生儿么?"师曰:"是男是女?"黄拟议,师挥之,堂谓曰:"不得无礼。"师曰:"这木头不打,更待何时。"黄大笑。

上堂,举寒山偈曰:"吾心似秋月,碧潭清皎洁。无物堪比伦,教我如何说。""老僧即不然,吾心似灯笼,点火内外红。有物堪比伦,来朝日出东。"传者以为笑。死心和尚见之叹曰:"权兄提唱若此,诚不负先师所付嘱也。"

潭州南岳双峰景齐禅师 上堂,拈拄杖曰:"横拈倒用,诸方虎步龙行。打徇撑门，双峰掉在无事甲里。因风吹火，别是一家。"以拄杖靠肩，顾视大众曰："唤作无事得么？"良久曰："刀尺高悬着眼看，志公不是闲和尚。"卓拄杖一下。

温州护国寄堂景新禅师 郡之陈氏子。上堂，"三界无法，何处求心。欲知护国当阳句，且看门前竹一林"。

鄂州黄龙智明禅师 饶州人也。一日上堂，众才集，师乃曰："不可更开眼说梦去也。"便下座。

上堂，"南北一诀，斩钉截铁，切忌思量，翻成途辙"。师同胡巡检到公安二圣，胡问："达磨对梁武帝云'廓然无圣'，公安为甚么却有二圣？"师曰："一点水墨，两处成龙。"

潭州道吾仲圆禅师 上堂，"不是心，不是佛，不是物。古人恁么道，譬如管中窥豹，但见一斑。设或入林不动草，入水不动波，亦如骑马向冰棱上行。若是射雕手，何不向蛇头上揩痒。具正眼者试辨看！"良久曰："鸳鸯绣出自金针。"

杭州慈云道清禅师 尝垂语曰："箭锋相拄底，随机乃丝毫无差。边方人语不相暗，如何辨他子细？"又曰："格外明机底，问南则以北为酬。饥馁人急切相投，未审将何赈济？"又曰："妙用纵横底，临机辨若悬河。毗耶城彼上人来，未审若为酬对？"又曰："寒灰枯木底，到这里无言。家中给侍之人，日用如何指授？"有①来参扣者设此数问，问之多不契。

太史山谷居士黄庭坚 字鲁直。以《般若》夙习，虽膴仕，澹如也。出入宗门，未有所向，好作艳词。尝谒圆通秀禅

---

① 有：径山本作"又"。

师,秀呵曰:"大丈夫翰墨之妙,甘施于此乎?"秀方戒李伯时画马事,公诮之曰:"无乃复置我于马腹中耶。"秀曰:"汝以艳语动天下人淫心,不止马腹中,正恐生泥犁耳。"公悚然悔谢,由是绝笔,惟孳孳于道,着发愿文,痛戒酒色,但朝粥午饭而已。

往依晦堂,乞指径捷处。堂曰:"只如仲尼道:'二三子以我为隐乎,吾无隐乎尔者。'太史居常如何理论?"公拟对,堂曰:"不是,不是。"公迷闷不已。一日,侍堂山行次,时岩桂盛放,堂曰:"闻木犀花香么?"公曰:"闻。"堂曰:"吾无隐乎尔。"公释然,即拜之曰:"和尚得恁么老婆心切。"堂笑曰"只要公到家耳。"

久之,谒云岩死心新禅师。随众入室,心见,张目问曰:"新长老死,学士死,烧作两堆灰,向甚么处相见?"公无语。心约出曰:"晦堂处参得底,使未着在。"后左官黔南,道力愈胜,于无思念中,顿明死心所问,报以书曰:"往年尝蒙苦苦提撕,长如醉梦,依稀在光影中。盖疑情不尽,命根不断故,望崖而退耳。谪官在黔南道中,昼卧觉来,忽尔寻思,被天下老和尚谩了多少。唯有死心道人不肯,乃是第一相为也,不胜万幸。"后作《晦堂塔铭》曰:"某夙承记莂,堪任大法。道眼未圆,而来瞻窣堵①。实深宗仰之叹,乃勒坚珉,敬颂遗美。"公复设苹蘩之供,祭之以文,吊之以偈曰:"海风吹落楞伽山,四海禅徒着眼看,一把柳丝收不得,和烟搭在玉阑干。"

洪州黄龙如晓禅师 僧问:"有客远方来,示我径寸璧。

---

① 窣(sū)堵:佛塔。梵语音译,又译为窣堵坡、窣堵波。

如何是径寸璧？"师曰："千峰排翠色。"僧云："便怎么时如何？"师曰："万卉长威棱。"又问："如何是黄龙境？"师曰："山连幕阜，水泻洞庭。"僧云："如何是境中人？"师曰："形容虽丑陋，出语便成章。"又问："语默涉离微，如何通不犯？"师曰："山花开似锦，涧水湛如蓝。"僧云："谢师答话。"师曰："向道莫行山下路，分明只在路傍生。"乃曰："烟云绽处，楼殿撑天。水月松萝，交光相映。人和境照，柳眼乍青。佛法人事，无欠无少。虽然如是，不落时机一句作么生道？"良久曰："少林虽面壁，年老也心孤。"又曰："白云风卷，宇宙豁清。月印长天，形分众水。若怎么散去，便道山僧无折合。更或歌风咏月，又成起浪生风。正当恁么时，如何即是？"良久曰："幽鸟不嫌山势阔，鱼龙争厌碧潭深。"

观文王韶居士 字子淳。出刺洪州，乃延晦堂问道，默有所契。因述投机颂曰："昼曾忘食夜忘眠，捧得骊珠欲上天。却向自身都放下，四棱塌地恰团圆。"呈堂，堂深肯之。

秘书吴恂居士 字德夫。居晦堂，入室次，堂谓曰："平生学解记忆多闻即不问，你父母未生已前道将一句来。"公拟议，堂以拂子击之，即领深旨。连呈三偈，其后曰："咄这多知俗汉，咬尽古今公案。忽于狼藉堆头，拾得蛣蜣粪弹。明明不直分文，万两黄金不换。等闲拈出示人，只为走盘难看。咦！"堂答曰："水中得火世还稀，看着令人特地疑，自古不存师弟子，如今却许老胡知。"

宝峰文禅师法嗣

隆兴府兜率从悦禅师 赣州熊氏子。初首众于道吾,领数衲,谒云盖智和尚。智与语,未数句,尽知所蕴,乃笑曰:"观首坐气质不凡,奈何出言吐气如醉人耶?"师面热汗下,曰:"愿和尚不吝慈悲。"智复语,与锥札之。师茫然,遂求入室。智曰:"曾见法昌遇和尚否?"师曰:"曾看他语录自了可也,不愿见之。"智曰:"曾见洞山文和尚否?"师曰:"关西子没头脑,拖一条布裙作尿臭气,有甚长处。"智曰:"你但向尿臭气处参取。"师依教,即谒洞山,深领奥旨。复谒智,智曰:"见关西子后大事如何?"师曰:"若不得和尚指示,洎乎蹉过一生。"遂礼谢,师复谒真净。

后出世鹿苑,有清素者久参慈明,寓居一室,未始与人交。师因食蜜渍荔枝,偶素过门,师呼曰:"此老人乡果也,可同食之。"素曰:"自先师亡后,不得此食久矣。"师曰:"先师为谁?"素曰:"慈明也,某忝执侍十三年耳。"师乃疑骇曰:"十三年堪忍执侍之役,非得其道而何。"遂馈以余果,稍稍亲之。素问师所见者何人,曰:"洞山文。"素曰:"文见何人?"师曰:"黄龙南。"素曰:"南匾头见先师不久,法道大振如此。"师益疑骇,遂袖香诣素作礼。素起避之曰:"吾以福薄,先师授记不许为人。"师益恭。素乃曰:"怜子之诚,违先师之记,子平生所得试语我。"师具道所见。素曰:"可以入佛而不能入魔。"师曰:"何谓也?"素曰:"岂不见古人道,末后一句始到牢关。"如是累月,素乃印可,仍戒之曰:"文示子者,皆正知正见。然子离文太早,不能尽其妙。吾今为子点破,使子受用得大自在,他日切勿嗣吾也。"

师后嗣真净,僧问:"提兵统将,须凭帝主虎符。领众匡徒,密佩祖师心印。如何是祖师心印?"师曰:"满口道不得。"曰:"只这个,别更有?"师曰:"莫将支遁鹤,唤作右军鹅。"问:"如何是兜率境?"师曰:"一水挼蓝色,千峰削玉青。"曰:"如何是境中人?"师曰:"七凹八凸无人见,百手千头只自知。"

上堂,"耳目一何清,端居幽谷里,秋风入古松,秋月生寒水。衲僧于此更求真,两个猢狲垂四尾"。喝一喝。

上堂,"兜率都无辨别,却唤乌龟作鳖。不能说妙谈真,只解摇唇鼓舌。遂令天下衲僧,觑见眼中滴血。莫有翻嗔作喜,笑傲烟霞者么?"良久曰:"笛中一曲升平乐,算得生平未解愁。"

上堂,"始见新春,又逢初夏,四时若箭,两曜如梭,不觉红颜翻成白首。直须努力,别着精神,耕取自己田园,莫犯他人苗稼。既然如是牵犁拽耙,须是雪山白牛始得。且道鼻孔在甚么处?"良久曰:"叱叱!"

上堂,"常居物外度清时,牛上横将竹笛吹。一曲自幽山自绿,此情不与白云知。庆快诸禅德,翻思范蠡,谩泛沧波。因念陈抟,空眠太华,何曾梦见。浪得高名,实未神游,闲漂野迹。既然如此,具眼衲僧,莫道龙安非他是已①好"。

上堂,"无法亦无心,无心复何舍。要真尽属真,要假全归

---

① 是已:径山本作"自己"。

假。平地上行船,虚空里走马。九年面壁人,有口还如哑。参!"

上堂,"夜夜抱佛眠,朝朝还共起。起坐镇相随,语默同居止。欲识佛去处,只这语声是。诸禅德,大小傅大士,只会抱桥柱澡洗,把缆放船。印板上打将来,模子里脱将去。岂知道本色衲僧,塞除佛祖窟,打破玄妙门,跳出断常坑,不依清净界。都无一物,独奋双拳。海上横行,建家立国。有一般汉,也要向百尺竿头凝然端坐,洎乎翻身之际,舍命不得。岂不见云门大师道,知是般事拈放一边,直须摆动精神,着些筋骨,向混沌未剖已前荐得,犹是钝汉,那堪更于他人舌头上呎哋①滋味,终无了日。诸禅客,要会么。剔起眉毛有甚难,分明不见一毫端。风吹碧落浮云尽,月上青山玉一团"。喝一喝,下座。

一日,漕使无尽居士张公商英,按部过分宁,请五院长老就云岩说法。师最后登座,横拄杖曰:"适来诸善知识,横拈竖放,直下斜抛,换步移身,藏头露角。既于学士面前,各纳败阙,未免吃兜率手中痛棒,到这里不由甘与不甘。何故?见事不平争忍得,衲僧正令自当行。"卓拄杖,下座。

室中设三语,以验学者。一曰:"拨草瞻风,只图见性,即今上座性在甚么处?"二曰:"识得自性,方脱生死,眼光落地时,作么生脱?"三曰:"脱得生死,便知去处。四大分离,向甚么处去?"

元祐六年冬,浴讫,集众说偈曰:"四十有八,圣凡尽杀。不是英雄,龙安路滑。"奄然而化。其徒遵师遗诫,欲火葬,捐

---

① 哋:径山本作"澹"。

骨江中。得法弟子无尽居士张公,遣使持祭,且曰:"老师于祖宗门下有大道力,不可使来者无所起敬。"俾塔于龙安之乳峰,谥真寂禅师。

东京法云佛照杲禅师 自妙年游方,谒圆通玑禅师。入室次,玑举僧问投子:"大死底人却活时如何?"子曰:"不许夜行,投明须到,意作么生?"师曰:"恩大难酬。"玑大喜,遂命首众。至晚,为众秉拂,玑迟而讷,众笑之,师有报色。次日于僧堂点茶,因触茶瓢堕地,见瓢跳乃得应机三昧。

后依真净,因读祖偈曰:"心同虚空界,示等虚空法。证得虚空时,无是无非法。"豁然大悟。每谓人曰:"我于绍圣三年十一月二十一日,悟得方寸禅。"

出住归宗,诏居净因。僧问:"达磨西来传个甚么?"师曰:"周秦汉魏。"问:"昔日僧问云门:'如何是透法身句①。'门曰:'北斗里藏身。'意旨如何?"师曰:"赤心片片。"曰:"若是学人即不然。"师曰:"汝又作么生?"曰:"昨夜抬头看北斗,依稀却似点糖糕。"师曰:"但念水草,余无所知。"

上堂,"西来祖意,教外别传。非大根器,不能证入。其证入者,不被文字语言所转,声色是非所迷,亦无云门临济之殊,赵州德山之异。所以唱道须明有语中无语,无语中有语。若向这里荐得,可谓终日着衣,未尝挂一缕丝。终日吃饭,未尝咬一粒米。直是呵佛骂祖,有甚么过。虽然如是,欲得不招无间业,莫谤如来正法轮"。喝一喝,下座。

---

① 句:径山本作"句"。

上堂，拈拄杖曰："归宗会斩蛇，禾山解打鼓。万象与森罗，皆从这里去。"掷下拄杖曰："归堂吃茶。"师以力参深到，语不入时，每示众，常举："老僧熙宁八年，文帐在凤翔府供申，当年崩了华山四十里，压倒八十村人家。汝辈后生茄子瓠子几时知得。"或问曰："宝华王座上，因甚么一向世谛？"师曰："痴人佛性，岂有二种耶。"

泐潭文准禅师 兴元府唐固梁氏子。生始幼，见佛像辄笑，童子不喜闻酒胾。金仙寺沙门虚普，乞食至其家，师膺门酬酢如老成。时年八岁，即辞父母，愿从普归，授以《法华经》，伊吾即上口。元丰僧检童子较所习，以籍名先后度。师艺精，坐年少，不得奏名。陕西经略范公过普卢，普腊高，应对领略。师侍其傍，伸辩详明，进止可喜。范公欲携与俱西，师辞曰："登山求玉，入海求珠，人各有志。本行学道，世好非素心。"范公阴奇其语，度以为僧，剔发。既往依梁山乘禅师，呵曰："驱乌未受戒，敢学佛乘乎？"师捧手曰："坛场是戒耶，三羯磨、梵行、阿阇梨是戒耶。"乘大惊。师笑曰："虽然，敢不受教！"遂受具足戒于唐安律师。遍游成都讲肆，唱诸部纲目。即弃去，曰："吾不求甚解。"法师昙演佳其英特，抚之曰："汝法船也，南方有大开士，若沩山真如、九峰真净者，可往求之。"师拜受戒①。与同学志恭，诣大沩，久之不契。乃造九峰见真净，问曰："甚处来？"曰："兴元府。"问："近离甚处？"曰："大仰。"问："夏在甚处？"曰："沩山。"真净展手曰："我手何似佛手？"师

---

① 戒：《僧宝正续传》作"教"。

罔然。真净呵曰："适来句句无丝毫差错，灵明天真。才说个佛手，便成隔碍，病在什么处？"师曰："不会。"净曰："一切见成，更教谁会。"师服膺，就弟子之列，余十年所至必随。

绍圣三年，真净移居石门，衲子益盛。凡入室扣问，必瞑目危坐，无所示。见来者必起，从园丁壅菜，率以为常。师每谓恭曰："老汉无意于法道乎，莫能测也。"一日举杖决渠，水溅衣，因大悟，走叙其事。真净骂曰："此中乃敢用蘘苴耶。"自是迹愈晦而名愈着。

待制李景真守豫章，仰其风，请开法于云岩。未几，殿中监范公师①南昌，移居泐潭。师辞辩注射，迅机电扫，衲子畏而慕之。槌拂之下，常数千指，自号湛堂。每曰："我只畜一条挂杖，佛来也打，祖来也打，不将元字脚涴汝枯肠，如此临济一宗不致冷落。"

一日新到相看，展坐具。师曰："未得人事，上座近离甚处？"曰："庐山归宗。"师曰："宗归何处。"僧曰："嘎。"师曰："虾蟆窟里作活计。"僧云："和尚何不领话。"师曰："是你岂不是从归宗来？"僧云："是。"师曰："驴前马后汉。"问第二上座："近离甚处？"僧云："袁州。"师云："夏在甚处？"曰："仰山。"师曰："还见小释迦么？"僧云："见。"师曰："鼻孔长多少？"僧拟议，师云："话堕阿师。"问僧："你来作么？"曰："特来问讯和尚。"师云："云在岭头闲不彻，水流涧下太忙生。"僧云："和尚莫瞒人好。"师曰："马大师为什么从阇梨脚跟下走

---

① 师：《僧宝正续传》作"帅"。

过?"僧无语。师云:"却是阇梨谩老僧。"僧云:"有口道不得时如何?"师云:"洞庭湖里倒撑船。"

雪居先驰到,师问:"未离欧阜,文彩已彰。既到宝峰,如何吐露?"驰云:"目前有路。"师举起书云:"既是云居底,为甚在宝峰手中?"驰云:"兵随印转,将逐符行。"师云:"下坡不走,拍一拍。"驰拟议,师曰:"想先驰只有先锋,且无殿后。"

一日法堂上逢首座,便问:"向什么处去?"座云:"拟与和尚商量一事。"师云:"便请。"座曰:"东家杓柄长,西家杓柄短。"师云:"为甚拈起巩县茶瓶,却是饶州瓷碗?"座云:"临崖看浒眼,特地一场愁。"师叫屈,座吐舌而退。

师在分宁遇死心和尚,问:"你此回到山里么?"师云:"须去礼拜师兄。"心云:"你来时善看方便。"师曰:"何故?"心云:"我黄龙路滑。"师云:"曾跶倒几人来?"心云:"你未到黄龙早脚涩也。"师云:"和尚何得闭门相待?"死心又问:"准老你安许多僧,只是聚头打哄了噇饭,你毕竟将何为人?"师云:"因风吹火。"心云:"乱统作么?"师云:"从来有些子。"师却问:"和尚山中安多少众?"心云:"四百人,尽是精峭衲子。"师云:"师子窟中无异兽。"心云:"你来时也须照顾。"师云:"也待临时。"心云:"临时作么生?"师云:"唤来洗脚。"心云:"你川僧家开许大口。"师云:"准上座从来如此。"心云:"三十年弄马骑。"

问僧:"乡里甚处?"云:"青州。"师曰:"近离甚处?"云:"云居。"师曰:"安乐树下道将一句来。"僧无语。师却问傍僧云:"你道得么?"僧云:"某甲道不得,却请和尚道。"师云:

"向北驴似马大。"僧云:"与么那。"师云:"你鼻孔为甚么在宝峰手里?"僧便喝,师云:"水里火发。"

见僧看经,问:"看什么经?"曰:"《金刚经》。"师云:"经中道:'是法平等,无有高下'是否?"僧云:"是。"师云:"为什么云居山高,宝峰山低?"僧云:"是法平等,无有高下。"师曰:"你却做得个坐主使下。"僧云:"和尚又作么生?"师云:"且放你鼻孔出气。"

一日廊下见僧,问:"你还会也未?"僧云:"不会。"师曰:"左青龙右白虎。"僧云:"久向宝峰,元来只是个卖卜巡官。"师乃点指云:"上座今日不好。"僧云:"老汉败阙也。"师云:"路逢剑客须呈剑。"师问僧:"安乐么?"僧云:"无事。"师云:"你大有事在。"曰:"未审某甲有甚事。"师云:"近日上蓝金刚与天宁土地相打。"僧无语,师云:"元来无事。"问僧:"如何是上座得力处?"僧便喝,师云:"好好相借问,何得恶发。"僧又喝,师云:"元来是作家。"僧以坐具便打。师低头嘘一声,僧云:"放过一着。"师云:"者里不可放过。"随后便打。

师普说次,众欲散,忽问僧:"明来明打,暗来暗打,你作么生会?"僧便喝,师云:"点即不到。"僧又喝,师云:"到即不点。"僧云:"忽遇不明不暗来时又怎么生?"师云:"今日天寒,且归堂向火。"随后喝一喝便起。

一日上堂云:"宝峰一夜睡不着,计较今日上堂,揣腹搜胸,总思量不就,而今临时逼节事出急家门。"遂拈起拂子云:"准上座近日作得一柄拂子,且权将供养大众。"乃掷下云:"竹根棕叶麻绳系,样度天然别一家。"

政和五年夏六月寝疾，首坐问："和尚近日尊位如何？"师云："跛驴上壁。"坐云："和尚也好吃一服药。"师云："朽木搭桥。"座云："也知和尚不解忌口。"师云："你作么生？"坐拟进语，师云："你也好吃一服药。"

以七月二十二日更衣说偈而化，阅世五十五，坐三十五夏。灵骨舍利塔于石门之南源。丞相张无尽制其碑，谏议洪驹父叙语录，名士李商老撰次逸事，同门弟德洪觉范纪师行实，其高道硕德可想见矣。

琇公称："云居真牧和尚谓人曰：'出关走江淮阅三十年，参一十八人善知识。于中无出佛果、佛眼、死心、灵源、湛堂五大士而已。'诚哉斯言。盖真正宗师，考其全才，如此之难。若佛果、佛眼、死心、灵源之嗣，固已光明于世，独湛堂开法日浅，未有继其高躅者。然览其遗编，想其胸次，信余子未易企及也。觉范称，准于真净之门，所谓家名辨才气宇逸群者。抑知言哉。"

庐山慧日文雅禅师 受请日，僧问："向上宗乘，乞师不吝。"师曰："挂杖正开封。"曰："小出大遇也。"师曰："放过即不可。"便打。

瑞州洞山梵言禅师 太平州人也。上堂，有二僧齐出，一僧礼拜，一僧便问："得用便用时如何？"师曰："伊兰作旃檀之树。"曰："有意气时添意气，不风流处也风流。"师曰："甘露乃蒺藜之园。"

上堂，"吾心似秋月，碧潭清皎洁，无物堪比伦，教我如何说。寒山子劳而无功，更有个拾得道，不识这个意，修行徒苦辛。怎么说话自救不了。寻常拈粪箕，把扫帚，掣风掣颠，犹较些子。直饶是文殊普贤再出,若到洞山门下,一时分付与直岁,烧火底烧火,扫地底扫地。前廊后架,切忌搋匙乱筋。丰干老人更不饶舌。参退吃茶"。

上堂,"一生二,二生三,遏捺不住,廓周沙界。德云直上妙峰,善财却入楼阁。新妇骑驴阿家牵。山青水绿,桃华红,李华白。一尘一佛土,一叶一释迦"。乃合掌曰:"不审诸佛子,今晨改旦,季春极暄,起居轻利,安乐行否?少间专到上寮问讯。不劳久立。"

上堂,"腊月二十日,一年将欲尽,万里未归人。大众总是他乡之客,还有返本还源者么?"击拂子曰:"门前残雪日轮消,室内红尘遣谁扫。"

德安府文殊宣能禅师 僧问:"如何是祖师灯?"师曰:"四生无不照,一点任君看。"

上堂,"石巩箭秘魔叉,直下会得,眼里空华。堪悲堪笑少林客,暗携只履度流沙"。

桂州寿宁善资禅师 上堂,"若论此事,如鸦啄铁牛,无下口处,无用心处。更向言中问觅,句下寻思,纵饶卜度将来,翻成戏论边事。殊不知,本来具足,直下分明。佛及众生,纤毫不立。寻常向诸人道,凡夫具足圣人法,凡夫不知圣人具足凡夫法。圣人不会,圣人若会,即同凡夫。凡夫若知,即是圣人。然则凡圣一致,名相互陈。不识本源,迷其真觉,所以逐境生心,徇情附物。苟能一念情忘,自然真常体露"。良久曰:"便请荐取。"

上堂,"诸方五日一参,寿宁日日升座,莫怪重说偈言,过在西来达磨。上士处处逢渠，后学时时蹉过。且道蹉过一着，落在甚么处？"举起拂子曰："一片月生海，几家人上楼。"

南岳祝融上封慧和禅师 上堂，"未升此座已前，尽大地人成佛已毕，更有何法可说，更有何生可利。况菩提烦恼，本自寂然。生死涅盘，犹如昨梦。门庭施设，诳呼小儿。方便门开，罗纹结角。于衲僧面前，皆成幻惑。且道衲僧有甚么长处？"拈起拄杖曰："孤根自有擎天势，不比寻常曲录枝。"卓拄杖，下座。

瑞州五峰净觉本禅师 僧问："同声相应时如何？"师曰："鹁鸠树上啼。"曰："同气相求时如何？"师曰："猛虎岩前啸。"问："一进一退时如何？"师曰："脚在肚下。"曰："如何是不动尊？"师曰："行住坐卧。"

上堂，僧问："宝座既升，愿闻举唱。"师曰："雪里梅花火里开。"曰："莫便是为人处也无？"师曰："井底红尘已涨天。"

上堂，"恁么也不得，不恁么也不得，恁么不恁么总不得。诸人作么生会？直下会得，不妨奇特。更或针锥，西天此土"。

上堂，"五峰家风，南北西东。要用便用，以橛钉空。咄！"

永州太平安禅师 上堂，"有利无利，莫离行市。镇州萝卜极贵，庐陵米价甚贱。争似太平这里，时丰道泰，商贾骈阗，白米四文一升，萝卜一文一束。不用北头买贱西头卖贵，自然物及四生，自然利资王化。又怎生说个佛法道理？"良久云："劝君不用镌顽石，路上行人口似碑。"

潭州报慈进英禅师 僧问："远涉长途即不问，到家一句事如何？"师曰："雪满长空。"曰："此犹是时人知，有转身一路又作么生？"师便喝。

上堂，"报慈有一公案，诸方未曾结断，幸遇改旦拈出，各请高着眼看"。遂趯下一只鞋曰："还知这个消息也无？达磨西归时，提携在身畔。"

上堂，"与么上来，猛虎出林。与么下去，惊蛇入草。不上不下，日轮杲杲"。喝一喝曰："潇湘江水碧溶溶，出门便是长安道。"

上堂，掷下拄杖，却召大众曰："拄杖吞却祖师了也，教甚么人说禅，还有人救得也无？"喝一喝。

上堂，蓦拈拄杖曰："三世一切佛，同入这窠窟，衲僧唤作辽天鹘。"卓拄杖一下。

瑞州洞山至干禅师 上堂，"洞山不会谈禅，不会说道，只是饥来吃饭，困来打睡。你诸人必然别有长处，试出来尽力道一句看，有么有么？"良久曰："陆州道底。"

平江府宝华普鉴佛慈禅师 本郡周氏子，幼不茹荤，依景德寺清智下发。十七游方，初谒觉印英禅师，不契。遂扣真净之室，净举石霜虔侍者话问之，释然契悟，作偈曰："枯木无华几度秋，断云犹挂树稍头。自从斗折泥牛角，直至如今水逆流。"净肯之，命侍巾钵。晚徇众开法宝华，次移高峰。

上堂，"参禅别无奇特，只要当人命根断疑情脱，千眼顿开。如大洋海底辊一轮赫日上升天门，照破四天之下，万别千差一时明了。便能握金刚王宝剑，七纵八横，受用自在，岂不快哉。其或见谛不真，影像仿佛，寻言逐句，受人指呼，驴年得快活去。不如屏净尘缘，竖起脊梁骨，着些精彩。究教七穿八穴，百了千当,向水边林下,长养圣胎,亦不枉受人天供养。然虽如是,卧云门下有个铁门限,更须猛着气力跳过始得。拟议之间,堕坑落堑。"以拂子击禅床,下座。

上堂,"月圆,伏惟三世诸佛,狸奴白牯,各各起居万福。时中澹泊薄①,无可相延,切希宽抱。老水牯牛近日亦自多病多恼,不甘水草,遇着暖日和风,当下和身便倒。教渠拽杷牵犁,直是摇头摆脑。可怜万顷良田,一时变为荒草"。

瑞州九峰希广禅师 游方日,谒云盖智和尚,乃问:"兴化打克宾,意旨如何?"智下禅床,展两手,吐舌示之。师打一坐具,智曰:"此是风力所转。"又问石霜琳禅师,琳曰:"你意作么生?"师亦打一坐具,琳曰:"好一坐具,只是不知落处。"又问真净,净曰:"你意作么生?"师复打一坐具,净曰:"他打你也打。"师于言下大悟。净因有颂曰:"丈夫当断不自断,兴化为人彻底汉。已后从教眼自开,棒了罚钱趁出院。"后住九峰,衲子宗仰。

瑞州黄檗道全禅师 上堂,以拂子击禅床曰:"一槌打透无尽藏,一切珍宝吾皆有。拈来普济贫乏人,免使波咤路边走。"遂喝曰:"谁是贫乏者?"

筠州清凉德洪禅师 字觉范,郡之新昌喻氏子。年十四父母并月而殁,去依三峰靓禅师为童子。十九试经东都,假天王寺旧籍慧洪名为大僧,依宣秘律师受《唯识论》臻其奥。博观子史,有异才,以诗鸣京华缙绅间。久之南归,依归宗真净禅师研

---

① 薄:径山本作"泊"。

究心法，随迁泐潭，凡七年得真净之道。辞之东游，历沅湘。一日阅汾阳语，重有发药，于是胸次洗然，辩博无碍。崇宁中，显谟朱世英请出世临川之北禅。先是寺有古画应真十六轴，久亡其一。师至，以诗嘲之。未淹辰而应真见梦所匿之家，丐归寺中，因得之，世以谓尊者犹畏其嘲而归焉。

越明年，以事退游金陵。漕使吴正仲请居清凉，未阅月，为狂僧诬以度牒冒名，旁连讪谤事，入制狱锻炼。久之，坐冒名，着缝掖，走京师，见丞相张无尽特奏得度，改今名。太尉郭天民奏赐椹服，号宝觉圆明，自称寂音尊者。未几，坐交张、郭厚善。张罢政事时，左司陈莹中撰《尊尧录》将进御，当轴者嫉之，谓师颇助其笔削。政和元年十月，褫僧伽黎，配海外。三年春，遇赦，归于江西。是冬，复证狱于并州，明年得还。往来九峰、洞山，野服萧散，以文章自娱。

将自西安入衡湘，依法属以老。复为狂道士执以为张怀素党，下南昌狱，治百余日。非①是会赦免，归湘西之南台，仍治所居，榜曰明白庵，自为之铭云云。于是覃思经论，着义疏，发挥圣贤之秘奥。及解《易》，作《僧宝传》成，将负之入京，抵襄阳，会渊圣登极。大逐宣和用事者，诏赠丞相商英司徒，赐师重剃发，还旧师名。未几，国步多艰，退游庐阜。建炎二年夏五月示寂于同安，阅世五十有八，门人建塔凤栖山。

师之才章盖天禀，然幼览书籍，一过目毕世不忘，落笔万言，了无停思。其造端用意，大抵规模东坡而借润山谷。至于出

---

① 非：疑为"先"。

入禅教，议论精博，其才实高，圆悟禅师以为笔端具大辩才，不可及也。与士大夫游，议论衮衮，虽稠人广座，至必夺席。初在湘西，见山谷，与语终日，不容去，因有诗赠之，略曰："不肯低头拾卿相，又能落笔生云烟。"其后山谷过宜春，见其竹尊者诗，咨赏，以为妙入作者之域，颇恨东坡不及见之。着《林间录》二卷、《僧宝传》三十卷、《高僧传》十二卷、《智证传》十卷、《志林》十卷、《冷斋夜话》十卷、《天厨禁脔》一卷、《石门文字禅》三十卷、《语录偈颂》一编、《法华合论》七卷、《楞严尊顶义》十卷、《圆觉皆证义》二卷、《金刚法源论》一卷、《起信论解义》二卷，并行于世。

丞相张无尽称觉范，盖天下之英物、圣宋之异人。然古之高僧以才学名世，殆与觉范并驱者多矣，必以清标懿范相资而后美也。觉范少归释氏，长而博极群书。观其发挥经论，光辅丛林，孜孜焉手不停缀，而言满天下。及陷于难，着逢掖，出九死而仅生，垂二十年重削发，无一辞叛佛而改图。此其为贤者也。然工呵古人而拙于用己，不能全身远害。峻戒节以自高，数陷无辜之罪。抑其恃才暴耀太过而自取之邪。当自谓："识不知微，道不胜习"者，不独为洪实录，亦以见其不自欺焉。惜哉！

衢州超化静禅师 上堂，"声前认得已涉廉纤，句后承当犹为钝汉。电光石火犹在迟疑，点着不来横尸万里"。良久云："有甚用处！咄！"

南岳石头怀志庵主 婺州吴氏子。年十四师智慧院宝称，二十二试所习，落发。肆讲十二年，宿学敬慕。尝欲会通诸宗，正一代时教。有禅者问曰："杜顺乃贤首宗祖师也，谈法身则曰：

'怀州牛吃禾，益州马腹胀。'此偈合归天台何义邪？"师无对，即出游方，晚至洞山，谒真净。问："古人一喝不作一喝用，意旨如何？"净叱之。师趋出，净笑呼曰："浙子斋后游山好。"师忽领悟。久之辞去，净曰："子所造虽逸格，惜缘不胜耳。"因识其意，自尔诸方力命出世，师却之。庵居二十年，不与世接。士夫踵门，略不顾。有偈曰："万机休罢付痴憨，踪迹时容野鹿参。不脱麻衣拳作枕，几生梦在绿萝庵。"

或问："住山多年，有何旨趣？"师曰："山中住，独掩柴门无别趣，三个柴头品字煨，不用援毫文彩露。"

崇宁改元冬，曳杖造龙安，人莫之留。明年六月晦，问侍僧曰："早暮？"曰："已夕矣。"遂笑曰："梦境相逢，我睡已觉。汝但莫负丛林，即是报佛恩德。"言讫示寂。于最乐堂茶毗，收骨塔于乳峰之下。

婺州双溪印首座 自见真净，彻证宗猷，归遁双溪。一日偶书曰："折脚铛儿谩自煨，饭余长是坐堆堆。一从近日生涯拙，百鸟衔花去不来。"又以触衣碎甚，作偈曰："不挂寸丝方免寒，何须特地袤长竿。而今落落零零也，七佛之名甚处安。"

洪州奉新县慧安慧渊禅师 北人，孤硬自立。久参晦堂，已有契证。复参真净，深诣幽奥。陆沉众中，与众作息，人无知者。时慧安禅院临道左，凡衲子往来于泐潭黄龙、洞山黄檗者，无不经由。偶法席久虚，时真净在宝峰，太守移书，命择人居之。众中衲子耆宿，皆惮其行，久之不决。师忽白真净曰："慧渊去得否？"真净喜云："汝可去。"遂复书举师。时湛堂为首座，问师云："公去如何住持？"师曰："慧渊无福，当为一切人结缘，自肩一栲栳,打街供众。"湛堂云:"须老兄始得。"遂作颂饯之云:"师入新吴,诱携群有。且收驴脚,先展佛手。指点是非,分张好丑。秉杀活剑,作师子吼。应群生机,开布袋口。撒向南北东西,直教珠回玉走。含灵昧已之流,顿出无明窠臼。阿呵呵,见三下三,三三如九。祖祖相传,佛佛授手。"

师既至,逐日打化。遇暂到,即延归院中宿泊,且曰:"容某甲归修供养。"如此三十五年,风雨不易。鼎新创建佛殿、轮藏、罗汉堂,凡丛林所宜有者,咸皆备焉。死心叟住黄龙访之,师曰:"新长老,汝常爱使没意智一着子该抹人。今夜且宿此,待与公理会些细大法门。"死心惮之,语侍者云:"这汉是真个理会底,不能与他牦牙劈齿得,不若去休。"不宿便行。

师后终于慧安,阇维,六根不坏者三,获舍利无数。异香满室,累月不绝。奉新后遭兵火,残破无孑遗,独慧安诸殿巍然独存。盖愿力成就,神物护持所致云。

续传灯录卷第二十三

大鉴下第十五世

黄龙清禅师法嗣

东京天宁长灵守卓禅师 泉州庄氏子。上堂曰:"三千剑客,独许庄周,为甚么跳不出?良医之门多病人,因甚么不消一札?已透关者更请辨看。"

上堂,"譬如眼根,不自见眼,性自平等。无平等者,便怎么去。无孔铁锤,聊且安置。直得入林不动草,入水不动波,也是一期方便。若也篱内竹抽篱外笋,涧东花发涧西红,更待勘过了打"。僧问:"丹霞烧木佛,院主为甚么眉须堕落?"师曰:"猫儿会上树。"曰:"早知如是,终不如是。"师曰:"惜取眉毛。"问:"如何是衲衣下事?"师曰:"天旱为民愁。"问:"佛未出世时如何?"师曰:"绝毫绝厘。"曰:"出世后如何?"师曰:"填沟塞壑。"曰:"出与未出,相去几何?"师曰:"人平不语,水平不流。"

上堂,"平高就下,勾贼破家。截铁斩钉,狐狸恋窟。总不怎么,合作么生?所以道,万仞崖头亲撒手,须是其人。只如香积国中持钵一句,作么生道?"良久曰:"切忌风吹别调中。"

上堂,"释迦掩室,过犯弥天。毗耶杜词,自救不了。如何如何,口门太小"。

宣和五年十二月二十七日奄然示寂。阇维日,皇帝遣中使赐香,持金盘求设利,爇香罢,盘中铿然。视之,五色者数颗,大如豆。使者持还,上见大悦。

潭州上封佛心才禅师 福州姚氏子。幼得度,受具游方。至大中,依海印隆禅师。见老宿达道者看经,至"一毛头师子,百亿毛头一时现",师指问曰:"一毛头师子,作么生得百亿毛头一时现?"达曰:"汝乍入丛林,岂可便理会许事。"师因疑之,遂发心领净头职。一夕汛扫次,印适夜参,至则遇结座掷拄杖曰:"了即毛端吞巨海,始知大地一微尘。"师豁然有省。及出闽,造豫章黄龙山,与死心机不契,乃参灵源。凡入室出,必挥泪自讼曰:"此事我见得甚分明,只是临机吐不出,若为奈何。"灵源知师勤笃,告以须是大彻,方得自在也。未几,窃观邻案僧读《曹洞广录》,至药山采薪归,有僧问:"甚么处来?"山曰:"讨柴来。"僧指腰下刀曰:"呜剥剥是个甚么?"山拔刀作斫势。师忽欣然,掴邻案僧一掌,揭帘趁出,冲口说偈曰:"彻彻!大海干枯,虚空迸裂,四方八面绝遮拦,万象森罗齐漏泄。"后分座于真乘。

应上封之命,屡迁名刹。住乾元日,开堂示众曰:"百千三昧门,无量福德藏。放行也,如开武库,错落交辉。把住也,似雪覆芦花,通身莫辨。使见之者撩起便行,闻之者单刀直入。个个具顶门正眼,人人悬肘后灵符。扫佛祖见知,作丛林殃害。忆得宝寿开堂日，三圣推出一僧，宝寿便打。三圣云：'与么为人，瞎却镇州一城人眼去在。'且如乾元今日开堂，或有僧出来，山僧亦打。不唯此话大行，且要开却福州一城人眼去。何也？剑为不平离宝匣，药因救病出金瓶。"

上堂，"达磨未来东土已前，人人怀媚水之珠，个个抱荆山之璞，可谓壁立千仞。及乎二祖礼却三拜之后，一一南询诸友，北礼文殊，好不丈夫。或有一个半个，不求诸圣，不重己灵，匹马单枪，投虚置刃，不妨庆快平生。如今有么？自是不归归便得，五湖烟景有谁争。"

上堂，"宗乘提唱，妙绝名言，一句该通，乾坤函盖，直似首罗正眼，竖亚面门，又如圆∴三点，横该法界"。乃卓拄杖曰："向这一点下明得，出身犹可易，脱体道应难。"又卓拄杖曰："向第二点下明得，纵横三界外，隐显十方身。"又卓拄杖曰："向第三点下明得，鱼龙锁户，佛祖潜踪。不然，放过一着，随分有春色，一枝三四花。"

上堂，"一法有形该动植，百川湍激竞朝宗。昭琴不鼓云天淡，想象毗耶老病翁。维摩病，则上封病。上封病，则拄杖子病。拄杖子病，则森罗万象病。森罗万象病，则凡之与圣病。诸人还觉病本起处么？若也觉去，情与无情同一体，处处皆同真法界。其或未然，甜瓜彻蒂甜，苦瓠连根苦"。

潭州法轮应端禅师 南昌除氏子。少依化度善月圆颅登具。谒真净文禅师，机不谐。至云居，会灵源分座，为众激昂。师扣其旨，然以妙入诸经自负，源尝痛札之。师乃援马祖、百丈机语，及华严宗旨为表，源笑曰："马祖、百丈固错矣，而华严宗旨与个事喜没交涉。"师愤然，欲他往，因请辞。及揭帘，忽大悟，汗流浃背。源见乃曰："是子识好恶矣。马祖、百丈、文殊、普贤，几被汝带累。"由此，誉望四驰，名士夫争挽应世，皆不就。

政和末，太师张公司成，以百丈坚命开法，师不得已，始从。上堂，举大隋劫火洞然话，遂曰："六合倾翻劈面来，暂披麻缕混尘埃。因风吹火浑闲事，引得游人不肯回。坏不坏，随不随，徒将闻见强针锥。太湖三万六千顷，月在波心说向谁。"

僧问："如何是宾中宾？"师曰："芒鞋竹杖走红尘。"曰："如何是宾中主？"师曰："十字街头逢上祖。"曰："如何是主中宾？"师曰："御马金鞭混四民。"曰："如何是主中主？"师曰："金门谁敢抬眸觑。"曰："宾主已蒙师指示，向上宗乘又若何？"师曰："昨夜霜风刮地寒，老猿岭上啼残月。"

隆兴府百丈以栖禅师 兴化人也。上堂，"摩腾入汉，达磨来梁。途辙既成，后代儿孙开眼迷路。若是个惺惺底，终不向空里采花，波中捉月，谩劳心力。毕竟何为？山僧今日已是平地起骨堆，诸人行时，各自着精彩看"。

信州博山无隐子经禅师 岁旦上堂，"和气生枯栴，寒云散远郊。木人占吉兆，夜半露龟爻。诸禅德，龟爻露处，文彩已彰，便见一年十二月，月月如然，一日十二时，时时相似。到这里，直似黄金之黄，白玉之白。自从旷大劫来，未尝异色。还见么，其或未然，且徇张三通节序，从教李四鬓苍浪"。

隆兴府黄龙德逢通照禅师 郡之靖安胡氏子，生有庞眉。年十七，从上蓝普禅师落发，往依灵源，即明深旨。上堂，举夹山境话,师曰:"法眼徒有此语。殊不知,夹山老汉被这僧轻轻掆着,直得脚前脚后。设使不作境话会,未免犹在半途。"

邵州光孝昙清禅师 上堂,"杀父杀母,佛前忏悔。杀佛杀祖,不消忏悔。为甚么不消忏悔?且得冤家解脱"。

温州光孝德周禅师 信州璩氏子。于景德尊胜院染削,问道有年。后至黄龙,闻举少林面壁,顿悟,述二偈以呈,龙许之,自是名流江浙。

上堂曰:"举体露堂堂,十方无罣碍。千圣不能传,万灵成顶戴。拟欲共商量,开口百杂碎。只如未开口已前,怎么生?咄!"

上堂,"回互不回互,觑见没可睹。透出祖师关,踏断人天路。呵呵呵,悟不悟,落花流水知何处"。

寺丞戴道纯居士 字孚中。咨叩灵源,一日有省,乃呈偈曰:"杳冥源底全机处,一片心花露印纹。知是几生曾供养,时时微笑动香云。"

黄龙死心悟新禅师法嗣

吉州禾山方禅师 临江龚氏子。示众曰:"先用后照,要验作家。先照后用,不存影迹。照用同时,壁立千仞。照用不同时,根尘可鉴。古人以此四转语,验天下衲僧,若非具真正眼亲切悟明者,难为凑泊。今日分明为诸人拈出了也。还委悉么?若委悉去,可谓不动丝毫,顿超觉地。其或未然,切须子细。"又举拂子曰:"看看只这个,在临济则照用齐行,在云门则事理俱备,在曹洞则偏正叶通,在沩仰则暗机圆合,在法眼则何止唯心。然五家宗派门庭施设则不无,直饶辨得偈傥分明去,犹是光影边事。若要抵敌死生,则霄壤有隔。且道超越死生一句又作么生道?"良久曰:"泪合错下注脚。"

杭州南荡法空禅师 江西人,为人强项。久侍死心,得旨。后欲辞去,死心记云:"汝福薄,宜以道自养。"师遂辞行。清草堂亦有颂送之云:"十年聚首龙峰寺,一悟真空万境闲。此去随缘且高隐,莫将名字落人间。"

后出世杭州南荡,不逾月而院被火,了无子遗。师叹曰:"吾违先师之言,故见今日之难。"有富人欲独迎斋而舍三门,师曰:"公欲施财邀福,非长老受赐。若教我背众而食,所不愿也。"师既泪没于土木,道遂不行。草堂尝遣僧赍衣一袭寻访之,衲子闻,遂往依之,而师亦老矣。后示灭于本山。

嘉定府九顶寂惺惠泉禅师 成都张氏子。僧问:"心迷《法华》转,心悟转《法华》,未审意旨如何?"师曰:"风暖鸟声碎,日高花影重。"

上堂,"昔日云门有三句,谓函盖乾坤句,截断众流句,随波逐浪句。九顶今日亦有三句,所谓饥来吃饭句,寒即向火句,困来打睡句。若以佛法而论,则九顶望云门,直立下风。若以世谛而论,则云门望九顶,直立下风。二语相违,且如何是九顶为人处?"

潭州上封祖秀禅师 常德府何氏子。上堂,"枯木岩前夜放华,铁牛依旧卧烟沙,侬家鞭影重拈出"。击拂子曰:"一念回心便到家。"遂喝一喝,下座。

嘉兴府华亭性空妙普庵主 汉州人，久依死心获证。乃抵秀水，追船子遗风。结茅青龙之野，吹铁笛以自娱。多赋咏，得之者必珍藏。其山居曰："心法双忘犹隔妄，色尘不二尚余尘。百鸟不来春又过，不知谁是住庵人。"又警众曰："学道犹如守禁城，昼防六贼夜惺惺。中军主将能行令，不动干戈治太平。"又曰："不畊而食不蚕衣，物外清闲适圣时。未透祖师关棙子，也须存意着便宜。"又曰："十二时中莫住工，穷来穷去到无穷。直须洞彻无穷底，踏倒须弥第一峰。"

建炎初，徐明叛，道经乌镇，肆杀戮，民多逃亡。师独荷策而往，贼见其伟异，疑必诡伏者。问其来，师曰："吾禅者，欲抵密印寺。"贼怒欲斩之，师曰："大丈夫要头便斫取，奚以怒为。吾死必矣，愿得一饭以为送终。"贼奉肉食，师如常斋，出生毕，乃曰："孰当为我文之以祭。"贼笑而不答。师索笔大书曰："呜呼惟灵！劳我以生，则大块之过。役我以寿，则阴阳之失。乏我以贫，则五行不正。困我以命，则时日不吉。吁哉至哉！赖有出尘之道，悟我之性，与其妙心。则其妙心孰与为邻？上同诸佛之真化，下合凡夫之无明，纤尘不动，本自圆成。妙矣哉，妙矣哉！日月未足以为明，乾坤未足以为大。磊磊落落，无罣无碍。六十余年和光混俗，四十二腊逍遥自在。逢人则喜，见佛不拜。笑矣乎，笑矣乎！可惜少年郎，风流太光彩。坦然归去付春风，体似虚空终不坏。尚飨！"遂举箸饫餐，贼徒大笑。食罢复曰："劫数既遭离乱，我是快活烈汉。如今正好乘时，便请一刀两段。"乃大呼："斩斩！"贼方骇愕，稽首谢过，令卫而出。乌镇之庐舍免焚，实师之惠也，道俗闻之愈敬。

有僧睹师见佛不拜,歌逆问曰:"既见佛为甚么不拜?"师掌之曰:"会么?"云:"不会。"师又掌曰:"家无二主。"

绍兴庚申冬,造大盆穴而塞之。修书寄雪窦持禅师曰:"吾将水葬矣。"壬戌岁持至,见其尚存,作偈嘲之曰:"咄哉老性空,刚要喂鱼鳖。去不索性去,只管向人说。"师阅偈笑曰:"待兄来证明耳。"令遍告四众,众集,师为说法要,仍说偈曰:"坐脱立亡,不若水葬。一省柴烧,二省开圹。撒手便行,不妨快畅。谁是知音,船子和尚。高风难继百千年,一曲渔歌少人唱。"遂盘坐盆中,顺潮而下。众皆随至海滨,望欲断目。师取塞戽水而回,众拥观水无所入。复乘流而往,唱曰:"船子当年返故乡,没踪迹处妙难量。真风遍寄知音者,铁笛横吹作散场。"其笛声呜咽,顷于苍茫间,见以笛掷空而没。众号,慕图像事之。后三日,于沙上跌坐如生。道俗争往迎归,留五日,阇维,设利大如菽者莫计。二鹤徘回空中,火尽始去。众奉设利灵骨建塔于青龙。

严州钟山道隆首座 桐庐董氏子,于钟山寺得度。自游方所至,耆衲皆推重。晚抵黄龙,死心延为座元。心顺世遂,归隐钟山。慕陈尊宿高世之风,掩关不事事,日鬻数籰①自适,人无识者。手常穿一袜,凡有禅者至,提以示之曰:"老僧这袜着三十年了也。"有寺僧戏问:"如何是无净三昧?"师便掌。

扬州齐谧首座 本郡人也,死心称为饱参。诸儒屡以名山致之不可。后示化于潭之谷山,异迹颇众。门人尝绘其像请

---

① 籰(yuè):绕丝、纱、线等的工具。

赞，为书曰："个汉灰头土面，寻常不欲露现，而今写出人前，大似虚空着箭。怨怨！可惜人间三尺绢。"

空室道人智通者 龙图范珣女也。幼聪慧，长归丞相苏颂之孙悌。未几，厌世相，还家求祝发，父难之，遂清修。因看《法界观》顿有省，连作二偈见意。一曰："浩浩尘中体一如，纵横交互印毗卢。全波是水波非水，全水成波水自殊。"次曰："物我元无异，森罗镜像同。明明超主伴，了了彻真空。一体含多法，交参帝网中。重重无尽处，动静悉圆通。"后父母俱亡，兄涓领分宁尉，通偕行。闻死心名重，往谒之。心见，知其所得，便问："常啼菩萨，卖却心肝，教谁学般若？"通曰："你若无心我也休。"又问："一雨所滋，根苗有异。无阴阳地上，生个甚么？"通曰："一花五叶。"复问："十二时中，向甚么处安身立命？"通曰："和尚惜取眉毛好。"心打曰："这妇女乱作次第。"通礼拜，心然之，于是道声籍甚。

政和间，居金陵，常设浴于保宁，揭榜于门曰："一物也无，洗个甚么？纤尘若有，起自何来。道取一句子玄，乃可大家入浴。古灵只解揩背，开士何曾明心。欲证离垢地时，须是通身汗出。尽道水能洗垢，焉知水亦是尘。直饶水垢顿除，到此亦须洗却。"后为尼名惟久，挂锡姑苏之西竺。缁白日夕师问，得其道者颇众。俄示寂，书偈趺坐而终。有《明心录》行于世。

草堂清禅师法嗣

福州雪峰东山慧空禅师 本郡陈氏子。十四圆顶，即游诸方,遍谒诸老,晚契悟于草堂。绍兴癸酉,开法雪峰。受请日,上堂曰:"俊快底点着便行,痴钝底推挽不动。便行则人人欢喜,不动则个个生嫌。山僧而今转此痴钝为俊快去也。"弹指一下曰:"从前推挽不出而今出,从前有院不住而今住,从前嫌佛不做而今做,从前嫌法不说而今说。出不出,住不住即且置,敢问诸人,做底是甚么佛?空王佛邪,然灯佛邪,释迦佛邪,弥勒佛邪。说底又是甚么法?根本法邪,无生法邪,世间法邪,出世间法邪。众中莫有道得底么?若道得,山僧出世事毕。如或未然,逢人不得错举。"喝一喝,下座。

上堂,举云门示众云:"只这个带累杀人。"师曰:"云门寻常气宇如王,作怎么说话,大似贫恨一身多。山僧即不然,只这个快活杀人。何故?大雨方归屋里坐,业风吹又绕山行。然虽如是,也是乞儿见小利。且不伤物义一句,怎么生道?"

上堂,"一拳拳倒黄鹤楼,一趯趯翻鹦鹉洲,有意气时添意气,不风流处也风流。俊哉俊哉,快活快活,一似十七八岁状元相似。谁管你天,谁管你地。心王不妄动,六国一时通。罢拈三尺剑,休弄一张弓。自在自在,快活快活,恰似七八十老人作宰相相似。风以时,雨以时,五谷植,万民安"。竖起拄杖曰:"大众,这两谒并山僧拄杖子,共作得一褐衲僧。到雪峰门下,但知随例餐饳子,也得三文买草鞋。"喝一喝,卓拄杖,下座。

僧问:"和尚未见草堂时如何?"师曰:"江南有。"曰:"见后如何?"师曰:"江北无。"

庆元府育王野堂普崇禅师 本郡人也。示众,举巴陵和尚道:"不是风动,不是幡动,不是风幡,又向甚么处着?有人为祖师出气，出来与巴陵相见。雪窦和尚道：'风动幡动既是风幡，又向甚么处着？'有人为巴陵出气，出来与雪窦相见。"师曰："非风非幡无处着，是幡是风无着处。辽天俊鹘悉迷踪，踞地金毛还失措。阿呵呵，悟不悟，令人转忆谢三郎，一丝独钓寒江雨。"

台州万年雪巢法一禅师　太师襄阳郡王，李公遵勉之玄孙也。世居开封祥符县，母梦一老僧至而产。年十七，试上庠，从祖仕淮南，欲官之不就。将弃家，事长芦慈觉赜禅师。祖弗许，母曰："此必宿世沙门，愿勿夺其志。"未几，慈觉没。大观改元，礼灵岩通照愿禅师，祝发登具。依愿十年，迷闷不能入。谒圆悟于蒋山，悟曰："此法器也。"悟奉诏徙京师天宁，师侍行。靖康末，谒草堂于疏山，一语之及，大法顿明。绍兴七年，泉守宝文刘公彦修，请居延福。后四迁巨刹。

上堂，拈拄杖曰："拄杖子有时作出水蛟龙，万里云烟不断。有时作踞地师子，百年妖怪潜踪。有时心法两忘，照体独立。有时照用同时，主宾互用。"以拄杖画曰："延福门下总用不着，且道延福寻常用个甚么？"卓拄杖，喝一喝，下座。

上堂，"仰面不见天，低头不见地。古剑髑髅前，大海波涛沸"。

退长芦，归天台万年观音院，忽示微疾，书偈曰："今年七十五，归作庵中主，珍重观世音，泥蛇吞石虎。"入龛趺坐而逝。

隆兴府黄龙山堂道震禅师　金陵赵氏子。少依觉印英禅师为童子。英移居泗之普照，适淑妃择度童行，师得圆具。久之辞，谒丹霞淳禅师。一日与论洞上宗旨，师呈偈曰："白云深覆古寒岩,异草灵花彩凤衔。夜半天明日当午,骑牛背面着靴衫。"淳器之,师自以为碍,弃,依草堂,一见契合。日取藏经读之,一夕闻晚参鼓,步出经堂,举头见月,遂大悟,亟趋方丈,堂望见即为印可。

初住曹山,次迁广寿黄龙。上堂曰:"举个古人因缘问阇梨,阇梨不得作古会。若作古会,失却当面眼。举个即今因缘问阇梨,阇梨不得作今会。若作今会,障却阇梨本来眼。假饶不失不障,非古非今,犹是药病相治,止啼之说。只如透脱一句,阇梨还道得也无?若道不得,直待罗汉峰深谈实相,即向汝道。"

上堂,"少林冷坐,门人各说异端,大似众盲摸象。神光礼三拜,依位而立,达磨云:'汝得吾髓。'这黑面婆罗门,脚跟也未点地在"。

上堂,"石人问枯桩,何时汝发华。枯桩怒石人,何得口吧吧。石人呵呵笑,枯桩吐异葩。红霞辉玉象,白玉碾金沙。借问通玄士,何人不到家"。

青原信禅师法嗣

成都府正法希明禅师 汉州人也。解制上堂,"林叶纷纷落,乾坤报早秋。分明西祖意,何用更驰求。若恁么会得,始信佛祖之道本自平夷,大解脱门元无关钥。弥纶宇宙,逼塞虚空,量不可穷,智不能测。若也未明此旨,不达其源,任是百劫熏功,千生炼行,徒自疲苦,了无交涉。若深明此旨,洞达其源,乃知动静施为,经行坐卧,头头合道,念念朝宗。祖不云乎,迷生寂乱，悟无好恶，得失是非，一时放却。如是则谁迷谁悟，谁是谁非，自是诸人独生异见，观大观小，执有执无。己灵独耀不肯承当，心月孤圆自生违背，何异家中舍父，衣内忘珠。致使菩提路上荆棘成林，解脱空中迷云蔽日。山僧今日幸值众僧自恣，化主还山，诸上善人得得光访，不可缄默，随分葛藤，曲为今时少开方便，也须是诸人着眼，各自谛观。若更拟议寻思，白云万里。"遂拈拄杖曰："于斯明得，灵山一会，俨在目前。其或未然，更待来晨分付。"

潭州梁山欢禅师 僧问："大众云臻，请师开示。"师曰："天静不知云去处，地寒留得雪多时。"曰："学人未晓玄言，乞师再垂方便。"师曰："一重山后一重人。"

祖庵主 见青原之后缚屋衡岳间，三十余年人无知者，偶遭兴作偈曰："小锅煮菜上蒸饭，菜熟饭香人正饥。一补饥仓了无事，明朝依样画猫儿。"由是衲子披榛扣之。无尽张公力挽其开法，不从。竟终于此山。

夹山纯禅师法嗣

澧州钦山乾明普初禅师 上堂，良久曰："举扬宗旨，上祝皇基，伏愿祥云与景星俱现，醴泉与甘露双呈。君乃尧舜之君，俗乃成康之俗，使林下野夫不觉成太平曲，且作么生是太平曲？无为而为，神而化之。洒德雨以雾霈，鼓仁风而雍熙，民如野鹿，上如标枝。十八子，知不知，哩哩啰，啰啰哩。"拍一拍，下座。

黄州柏子山嵩禅师法嗣

黄州东禅惟资禅师 上堂曰:"信手拈来,无非佛事。何故?头头显理,物物皆宗。念念释迦出世,步步弥勒下生。若信得及,把得住,便请坐断报化佛头,高步毗卢顶上。"拈拄杖云:"且道拄杖子有何长处?"良久,画一画云:"能杀能活,能纵能夺。更有一般堪叹处,不风流处也风流。"卓一下。

褒亲瑞禅师法嗣

安州应城寿宁道完禅师 僧问:"云从龙,风从虎。未审和尚从个甚么?"师曰:"一字空中画。"曰:"得甚么奇特?"师曰:"千手大悲提不起。"问:"十方国土中,唯有一乘法。如何是一乘法?"师曰:"斗量不尽。"曰:"恁么则动容扬古路,不堕悄然机。"师曰:"作么生是悄然机?"僧举头看,师举起拂子。僧喝一喝,师曰:"大好悄然。"

上堂,"古人见此月,今人见此月。此月镇长存,古今人不别。若人心似月,碧潭光皎洁,决定是心源,此说更无说。咄!"

上堂,"诸禅德,三冬告尽,腊月将临三十夜,作么生只准?"良久曰:"衣穿瘦骨露,屋破看星眠。"

智海清禅师法嗣

泉州乾峰圆慧禅师 上堂，"达磨正宗，衲僧巴鼻。堪嗟迷者成群，开眼瞌睡。头上是天，脚下是地，耳朵闻声，鼻孔出气。敢问云堂之徒，时中甚处安置，还见么？可怜双林傅大士，却言只这语声是。咄！"

蕲州四祖仲宣禅师 上堂，"诸佛出世，为一大事因缘。祖师西来，直指人心。是佛凡圣，本来不二。迷悟岂有殊途，非涅槃之可欣，非死生之可厌，但能一言了悟，不起坐而即证无生，一念回光，不举步而遍周沙界。如斯要径，可曰宗门。山僧既到这里，不可徒然"。乃举拂子曰："看看！山河大地，日月星辰，若凡若圣，是人是物，尽在拂子头上一毛端里出入游戏。诸人还见么？设或便向这里见得倜傥分明，更须知有向上一路。试问诸人，作么生是向上一路？"良久曰："六月长天降大雪，三冬岭上火云飞。"

庐山罗汉寺南禅师法嗣

南岳云峰景德慧昌禅师 僧问："高提祖印即不问，觌面相呈事若何？"师曰："不劳拈出。"僧云："不因渔父引，争得见波涛。"师曰："酌然。"僧云："言前道破无妨碍，物外全提有像迁。"师曰："独许阇梨。"僧云："横身三界外，谁是出头人？"师曰："争不足，让有余。"僧云："学人东西不辨，南北不分。"

师曰："自生退屈。"乃曰："禹溪流水如蓝染，云密峰峦画不成。山色水声全是体，不知谁解悟无生。悟无生，彼此自忘情，更拟求奇妙，笑杀岭南能。"

又曰："非不非，是不是。达磨西来，惑众显异，梁王勘破，渡江入魏。九年面壁向嵩丘，接得神光转失利。大众欲不失利么？廉纤梅雨蔽千家，萧洒熏风吹万类。若作佛法商量，堕在野狐群里。"又曰："至道无难，唯嫌拣择。但莫憎爱，洞然明白。雪峰辊球，赵州庭柏。不落见闻，亦非声色。拟问如何，拦腮一掴。"又曰："佛祖传心西天此土。得之者如日如月，照耀乾坤。失之者如盲如聋，不辨西东。云峰这里，得失是非一时放却，无禅可参，无道可学。猖猖狂狂，蹈乎大方。且道佛祖传心传个什么？"良久曰："窗开云雾生衣上，帘卷山泉入镜中。"

舒州浮山德宣禅师　僧问："如何是佛？"师曰："天长地久。"僧云："学人未晓。"师曰："年老病生。"僧云："同生同死又作么生？"师曰："唤阇梨作佛得么。"乃曰："双井峰，锦绣谷，南北东西难图录，纵尔僧繇巧笔端，争如一到心中足。"拈起拂子曰："还见么？"良久曰："云居罗汉。"击禅床，下座。

上堂曰："诸佛不出世，四十九年说。祖师不西来，少林有妙诀。若人识祖佛，当处便超越。"遂拈拂子曰："这个是浮渡拂子，且道祖佛在什么处？"良久曰："虽是善因，而招恶果。"

琅邪起禅师法嗣

俞道婆　金陵人也，市油糍为业。常随众参问琅邪，邪以临济无位真人话示之。一日闻丐者唱莲花乐云："不因柳毅传书信，何缘得到洞庭湖。"忽大悟，以糍盘投地。夫傍睨曰："你颠邪。"婆掌曰："非汝境界。"往见琅邪，邪望之，知其造诣，问："那个是无位真人？"婆应声曰："有一无位人，六臂三头努力嗔。一擘华山分两路，万年流水不知春。"由是声名蔼着。凡有僧至则曰："儿儿。"僧拟议，即掩门。佛灯珣禅师往勘之，婆见，如前所问。珣曰："爷在甚么处？"婆转身拜露柱。珣即踏倒曰："将谓有多少奇特？"便出。婆蹶起曰："儿儿来，惜你则个。"珣竟不顾。

安首座至，婆问甚处来。安曰："德山。"婆曰："德山太乃老婆儿子。"安曰："婆是甚人儿子？"婆曰："被上座一问，直得立地放尿。"婆尝颂马祖不安因缘曰："日面月面，虚空闪电。虽然截断天下衲僧舌头，分明只道得一半。"

光孝兰禅师法嗣

明州芦山无相法真禅师 江南李主之裔也。上堂，"欲明向上事，须具顶门眼。若具顶门眼，始契出家心。既契出家心，常具顶门眼。要会顶门眼么？四京人着衣吃饭，两浙人饱暖自如。通玄峰顶香风清，花发蟠桃三四株"。

象田卿禅师法嗣

庆元府雪窦持禅师 郡之卢氏子。僧问："中秋不见月时如何？"师曰："更待夜深看。"曰："忽若黑云未散，又且如何?"师曰:"争怪得老僧。"

上堂,"悟心容易,息心难息。得心源,到处闲,斗转星移天欲晓,白云依旧覆青山"。

绍兴府石佛益禅师 上堂,"一叶落,天下秋。一尘起,大地收。一法透,万法周。且道透那一法?"遂喝曰:"切忌错认驴鞍桥作阿爷下颔。"便下座。

慧日雅禅师法嗣

隆兴府九仙法清祖鉴禅师 严陵人也。尝于池之天宁,以伽梨覆顶而坐。侍郎曾公开问曰:"上座仙乡甚处?"曰:"严州。"曰:"与此间是同是别?"师拽伽梨下地,揖曰:"官人曾到严州否?"曾罔措。师曰:"待官人到严州,却向官人道。"

住后,上堂曰:"万柳千华暖日开,一华端有一如来。妙谈不二虚空藏,动着微言遍九垓。笑哈哈,且道笑个甚么?笑觉苑脚跟不点地。"

上堂,举睦州示众曰:"汝等诸人未得个入头处,须得个入头处。既得个入头处,不得忘却老僧明明向汝道,尚自不会,何况盖覆将来。"师曰:"睦州恁么道,意在甚么处?其或未然,听觉苑下个注脚。张僧见王伴,王伴叫张僧,昨夜放牛处,岭上及前村。溪西水不饮,溪东草不吞。教觉苑如何即得?会么?不免与么去。"遂以两手按空,下座。

僧问:"如何是夺人不夺境?"师曰:"惺惺寂寂。"曰:"如何是夺境不夺人?"师曰:"寂寂惺惺。"曰:"如何是人境两俱夺?"师曰:"惺惺惺惺。"曰:"如何是人境俱不夺?"师曰:"寂寂寂寂。"曰:"学人今日买铁得金去也。"师曰:"甚么处得这话头来?"

平江府觉海法因庵主 郡之崦山朱氏子。年二十四,披缁服,进具。游方,至东林,谒慧日。日举灵云悟道机语问之,师拟对,日曰:"不是不是。"师忽有所契,占偈曰:"岩上桃花开,花从何处来。灵云才一见,回首舞三台。"日曰:"子所见虽已入微,然更着鞭,当明大法。"师承教,居庐阜三十年,不与世接,丛林尊之。建炎中,盗起江左,顺流东归,邑人结庵命居,缁白继踵问道。尝谓众曰:"汝等饱持定力,无忧晨炊而事干求也。"晚年放浪自若,称五松散人。

龙牙言禅师法嗣

瑞州洞山择言禅师 僧问:"如何是十身调御,投子下禅床立,未审意旨如何?"师曰:"脚跟下七穿八穴。"

道林一禅师法嗣

潭州大沩大圆智禅师 四明人也。上堂,举南泉道:"三世诸佛不知有,狸奴白牯却知有。"师曰:"三世诸佛既不知有,狸奴白牯又何曾梦见灼然。须知向上有知有底人始得。且作么生是知有底人?吃官酒,卧官街,当处死,当处埋。沙场无限英灵汉,堆山积岳露尸骸。"

续传灯录卷第二十四

大鉴下第十五世

净慈明禅师法嗣

临安府净慈象禅师 越州山阴人也。上堂,"古者道,一翳在眼,空花乱坠"。拈拄杖曰:"净慈拈起拄杖,岂不是一翳在眼?百千诸佛总在拄杖头,现丈六紫磨金色之身,乘其国土,游历十方,说一切法,度一切众。岂不是空花乱坠?即今莫有向拄杖未拈已前坐断得么?出来与净慈相见。如无,切忌向空本无花、眼本无翳处着到。"乃掷拄杖下座。

福州雪峰隆禅师 上堂,"一不成二,不是口吃饭,鼻出气。休云北斗藏身,说甚南山鳖鼻。家财运出任交关,劝君莫竞锥头利"。

长芦和禅师法嗣

镇江府甘露达珠禅师 福州人。上堂,"圣贤不分,古今惟一。可惟火就燥,水就湿,凿井而饮,耕田而食。大众,东村王老去不归,纷纷黄叶空狼籍"。

临安府灵隐慧淳圆智禅师 上堂,"吾心似秋月,碧潭清皎洁"。乃喝曰:"寒山子话堕了也。诸禅德,皎洁无尘,岂中秋之月可比。虚明绝待,非照世之珠可伦。触露乾坤,光吞万象,普天匝地,耀古腾今。且道是个甚么?"良久曰:"此夜一轮满,清光何处无。"

雪峰慧禅师法嗣

杭州净慈月堂道昌禅师 湖州吴氏。僧问:"大用现前,不存轨则时如何?"师曰:"张家兄弟太无良。"曰:"恁么则一切处皆是去也。"师曰:"莫唐突人好。"问:"心生则法生,心灭则法灭。只如心法双忘时,生灭在甚么处?"师曰:"左手得来,右手用。"问:"如何是从上宗门中事?"师曰:"一亩地。"曰:"便恁么会时如何?"师曰:"埋没不少。"问:"如何是诸佛本源?"师曰:"屋头问路。"曰:"向上还有事也无?"师曰:"月下抛砖。"

上堂,"未透祖师关,千难与万难。既透祖师关,千难与万难。未透时难即且置,既透了因甚么却难放下?笊篱虽得价,动他杓柄也无端"。

上堂,"与我相似,共你无缘,打翻药铫,倾出炉烟。还丹一粒分明在,流落人间是几年。咄!"

上堂,"雁过长空,影沉寒水。雁无遗踪之意,水无留影之心。若能如是,正好买草鞋行脚。所以道,动则影现,觉则冰生。不动不觉,正在死水里。荐福老人出头不得即且置,育王今日又作么生?向道莫行山下路,果闻猿叫断肠声"。

岁旦上堂,举拂子曰:"岁朝把笔,万事皆吉。忽有个汉出来道,和尚,这个是三家村里保正书门底,为甚么将来华王座上当作宗乘?只向它道,牛进千头马入百疋。"

临安府径山照堂了一禅师 明州人。上堂,"参玄之士,触境遇缘,不能直下透脱者,盖为业识深重,情妄胶固,六门未息,一处不通,绝点纯清,含生难到。直须入林不动草,入水不动波,始可顺生死,流入人间世。诸人要会么?"以拄杖画曰:"只向这里荐取。"

镇江府金山了心禅师 上堂,"佛之一字孰云无,木马泥牛满道途。倚遍阑干春色晚,海风吹断碧珊瑚。还有同声相应、同气相求者么?百鸟不来楼阁闭,只闻夜雨滴芭蕉"。

香严月禅师法嗣

邓州香严倚松如璧禅师 抚州饶氏子。上堂,"变化密移何太急,刹那念念一呼吸。八万四千方便门,且道何门不可入。入不入,晓来雨打芭蕉湿,殷勤更问个中人,门外堂堂相对立"。

闻啄木鸟鸣,说偈曰:"剥剥剥,里面有虫外面啄,多少茫茫瞌睡人,顶后一锥犹未觉。若不觉,更听山僧剥剥剥。"

慧林深禅师法嗣

临安府灵隐寂室慧光禅师 钱塘夏侯氏。僧问："飞来山色，示清净法身。合涧溪声，演广长舌相。正当恁么时，如何是云门一曲？"师曰："芭蕉叶上三更雨。"曰："一句全提超佛祖，满筵朱紫尽知音。"师曰："逢人不得错举。"

上堂，"不用求真，何须息见，倒骑牛兮入佛殿。羌笛一声天地空，不知谁识瞿昙面"。

台州国清愚谷妙印禅师 上堂，"满口道得底，为甚么不知有。十方知有底，为甚么满口道不得。且道誵讹在甚么处？若也知得，许你照用同时，明暗俱了。其或未然，道得道不得，知有不知有，南山石大虫，解作师子吼"。

台州国清垂慈普绍禅师 上堂，"灵云悟桃花，玄沙傍不肯。多少痴禅和，担雪去填井。今春花又开，此意谁能领。端的少人知，花落春风静"。

泉州九座慧邃禅师 上堂，"九座今日向孤峰绝顶，驾一只铁船，截断天下人要津，教他挥篙动棹，不得有个锦标子。且道在甚么人手里？"拈拄杖曰："看看！向道是龙刚不信，等闲夺得始惊人。"

报恩然禅堂法嗣

秀州资圣元祖禅师 僧问："紫金莲捧千轮足，白玉毫辉万德身。如何是佛？"师曰："拖枪带甲。"曰："贯花千偈虽殊品，标月还归理一如。如何是法？"师曰："元丰条绍兴令。"曰："林下雅为方外客，人间堪作火中莲。如何是僧？"师曰："披席把碗。"

慧林海禅师法嗣

庐山万杉寿坚禅师　相州人。岁旦，上堂，"有一人不拜岁，不迎新，寒暑不能侵其体，圣凡不能混其迹。从来鼻孔辽天，谁管多年历日。大众且道，此人即今在甚么处？"卓拄杖曰："咄咄咄！没处去。"

开先宗禅师法嗣

瑞州黄檗惟初禅师　常州蔡氏子。上堂，"我见宗大哥平生槁默危坐，所谓朽木形骸，未尝口角谠谠，将佛祖言教以当门庭，只要当人歇得十成，自然不向这壳漏子上着到。"有僧问："既不向这壳漏子上着到，未审如何保任？"师曰："无你用心处。"曰："和尚岂无方便？"师曰："鏊饼既无汁，压沙那有油。"

潭州岳麓海禅师　僧问："进前三步时如何？"师曰："撞头磕额。"曰："退后三步时如何？"师曰："堕坑落堑。"曰："不进不退时如何？"师曰："立地死汉。"

雪峰演禅师法嗣

福州西禅慧舜禅师 真定府人。上堂,"五日一参,三八普说,千说万说,横说竖说。忽有个汉出来道,说即不无,争奈三门头两个不肯。山僧即向它道,瞎汉,若不得它两个,西禅大似不遇知音"。

长芦了禅师法嗣

明州天童宗珏禅师 僧问:"如何是道?"师曰:"十字街头休斫额。"

上堂,"劫前运步,世外横身,妙契不可以意到,真证不可以言传。直得虚静敛气,白云向寒岩而断;灵光破暗,明月随夜船而来。正恁么时,作么生履践?偏正不曾离本位,纵横那涉语因缘"。

真州长芦妙觉慧悟禅师 上堂,"尽大地是个解脱门,把手拽,不肯入。雪峰老汉抑逼人作么,既到这里,为甚么鼻孔在别人手里?"良久曰:"贪观天上月,失却手中桡。"僧问:"雁过长空,影沉寒水。雁无遗纵之意,水无沉影之心。还端的也无?"师曰:"芦花两岸雪,江水一天秋。"曰:"便恁么去时如何?"师曰:"雁过长空釁。"僧拟议,师曰:"灵利衲子。"

福州龟山义初禅师 上堂,"久默斯要,不务速说,释迦老子寐语作么?我今为汝保任,斯事终不虚也,大似压良为贱。

既不恁么，毕竟如何？白云笼岳顶，翠色转崔嵬。"

健康保宁兴誉禅师 上堂，"步入道场，影涵宗鉴。粲粲星罗霁夜，英英花吐春时。木人密运，化机丝毫不爽。石女全提，空印文彩大彰。且道不一不异，无去无来，合作么生体悉？的的纵横皆妙用，阿侬元不异中来"。

真州北山法通禅师 上堂，"吞尽三世底，为甚么开口不得？照破四天下底，为甚么开眼不得？作么生得十成通畅去？金针双锁备，叶露隐全该"。僧问："断言语，绝思惟处，乞师指示。"师曰："滴水不入石。"

天童觉禅师法嗣

明州雪窦嗣宗禅师 徽州陈氏子，幼业经圆具。依妙湛慧禅师诘问次，释然契悟，慧以尘尾拂付之。后谒宏智，蒙印可，其道愈尊。出住普照善权、翠岩雪窦。

上堂，"人人有个鼻孔，唯有善权无鼻孔。为甚么无？二十年前被人掣落了也。人人有两个眼睛，唯有善权无眼睛。为甚么无？被人木橛子换了也。人人有个髑髅，唯有善权无髑髅。为甚么无？借人作屎杓了也"。遂召大众曰："鼻孔又无，眼睛又无，髑髅又无，诸人还识善权么？若也不识，是诸人埋没善权。其或未然，更听一颂：涧底泥牛金贴面，山头石女着真红，系驴橛上生芝草，不是云蔼香炉峰。"

上堂，"翠岩不是不说，只为无个时节。今朝快便难逢，一句为君剖决。露柱本是木头，秤锤只是生铁。诸人若到诸方，莫道山僧饶舌"。僧问："莲花未出水时如何？"师曰："没却你鼻孔。"曰："出水后如何？"师曰："穿着你眼睛。"曰："如何是正法眼？"师曰："乌豆。"问："如何是君？"师曰："磨砻三尺剑，待斩不平人。"曰："如何是臣？"师曰："白云闲不彻，流水太忙生。"曰："如何是君臣道合？"师曰："云行雨施，月皎星辉。"问："如何是正中偏？"师曰："菱花未照前。"曰："如何是偏中正？"师曰："团圞无少剩。"曰："如何是正中来？"师曰："遍界绝纤埃。"曰："如何是兼中至？"师曰："啮镞功前戏。"曰："如何是兼中到？"师曰："十道不通耗。"问："如何是转功就位？"师曰："撒手无依全体现，扁舟渔父宿芦花。"曰："如何是转位就功？"师曰："半夜岭头风月静，一声高树老猿啼。"曰："如何是功位齐彰？"师曰："出门不踏来时路，满目飞尘绝点埃。"曰："如何是功位俱隐？"师曰："泥牛饮尽澄潭月，石马加鞭不转头。"师终于本山，塔全身寺之西南隅。

常州善权法智禅师 陕府柏氏子。壮于西京圣果寺祝发，习《华严》。弃，谒南阳谨。次参大洪智，逾十年无所证。后于宏智言下豁然，出居善权，次迁金粟。

上堂，"明月高悬未照前，雪眉人凭玉阑干。夜深雨过风雷息，客散云楼酒碗干"。

上堂，"三界无法，何处求心。惊蛇入草，飞鸟出林。雨过山堂秋夜静，市声终不到孤岑"。

杭州净慈自得慧晖禅师 会稽张氏子。幼依澄照道凝，染削进具。甫二十，扣真歇于长芦，微有所证。旋里谒宏智，智举"当明中有暗，不以暗相遇。当暗中有明，不以明相睹"问之。

语不契,初夜定,回往圣僧前烧香。而宏智适至,师见之,顿明前话。次日入室,智举"堪嗟去日颜如玉,却叹回时鬓似霜"诘之。师曰:"其入离,其出微。"自尔问答无滞,智许为室中真子。

绍兴丁巳,开法补陀,徙万寿及吉祥雪窦,淳熙三年敕补净慈。

上堂,"朔风凛凛扫寒林,叶落归根露赤心。万派朝宗船到岸,六窗虚映芥投针。本成现,莫他寻,性地闲闲耀古今。户外冻消春色动,四山浑作木龙吟"。

上堂,"释迦老子穷理尽性,金口敷宣一代时教,珠回玉转,被人唤作拭不净故纸。达磨祖师以一乘法,直指单传,面壁九年,不立文字,被人唤作壁观婆罗门。且道作么生行履,免被傍人指注去?衲帔幪头万事休,此时山僧都不会"。

上堂,"巢知风,穴知雨,甜者甜兮苦者苦,不须计较更思量,五五从来二十五,万般施设到平常。此是丛林饱参句,诸人还委悉么?野老不知尧舜力,冬冬打鼓祭江神"。

上堂,"谷之神,枢之要,里许傍参,回途得妙。云虽动而常闲,月虽晦而弥照。宾主交参,正偏兼到。十洲春尽花凋残,珊瑚树林日杲杲"。僧问:"如何是正中偏?"师曰:"昨夜三更星满天。"曰:"如何是偏中正?"师曰:"白云笼岳顶,终不露崔嵬。"曰:"如何是正中来?"师曰:"莫谓鲲鲸无羽翼,今日亲从鸟道来。"曰:"如何是兼中至?"师曰:"应无迹用无痕。"曰:"如何是兼中到?"师曰:"石人衫子破,大地没人缝。"

上堂,"皮肤脱落绝方隅,明了身心一物无。妙入道寰深静处,玉人端驭白牛车。妙明田地,达者还稀,识情不到,唯证方知。白云儿灵灵自照,青山父卓卓常存,机分顶后光,智契劫前眼。所以道,新丰路兮峻仍簸,新丰洞兮湛然沃。登者登兮不动摇,游者游兮莫忽速。亭堂虽有到人稀,林泉不长寻常木。诸禅德,向上一着,尊贵难明。琉璃殿上不称尊,翡翠帘前还合伴。正与么时,针线贯通,真宗不坠,合作么生施设。满头白发离岩谷,半夜穿云入市廛"。

上堂,举傅大士法身颂云:"空手把锄头,步行骑水牛,人从桥上过,桥流水不流。""云门大师道,诸人东来西来,南来北来,各各骑一头水牯牛来。然虽如是,千头万头,只要识取这一头。"师曰:"云门寻常干爆爆地,锥札不入。到这里,也解拖泥带水。诸人只今要见这一头么?天色稍寒,各自归堂。

上堂,举风幡话,师曰:"风幡动处,着得个眼,即是上座。风幡动处,失却个眼,即是风幡。其或未然,不是风幡不是心,衲僧徒自强锥针。岩房雨过昏烟净,卧听凉风生竹林。"七年秋,退归雪窦。十年仲冬二十九日中夜,沐浴而逝,窆全身于明觉塔右。

明州瑞岩石窗法恭禅师 郡之奉化林氏子。于栖真院,下发受具。往延庆讲下,一夕,诵《法华》,至"父母所生眼,悉见三千界",时闻风刺棕榈叶声,忽然有省。弃,依天童,始明大旨。凡当世弘法者,悉往咨决。出住能仁光孝瑞岩。

上堂,"春风杨柳眉,春禽弄百舌。一片祖师心,两处俱漏泄。不动步还家,习漏顿消灭。暗投玉线芒,晓贯金针穴。深固实幽远,无人孰辩别。惭愧可怜生,头头皆合辙。不念阿弥陀,南无干屎橛。无智痴人前,第一不得说"。

上堂,"见得彻,用时亲,相逢尽是个中人。望空雨宝休夸富,无地容锥未是贫,踏着秤锤硬似铁,八两元来是半斤"。

上堂,举世尊生下,指天指地公案,颂曰:"五天一只蓬蒿箭,搅动支那百万兵。不得云门行正令,几乎错认定盘星。"

襄州石门清凉法真禅师 剑门人也。上堂,"柳色含烟,春光迥秀。一峰孤峻,万卉争芳。白云淡泞已无心,满目青山元不动。渔翁垂钓,一溪寒雪未曾消。野渡无人,万古碧潭清似镜。宾中有主,拄杖横挑日月轮。主中有宾,踏破草鞋赤脚走。直得宾主互显,杀活自由,理事混融,正偏不滞。入荒田不拣,信手拈来草。且道如何委悉,尘中虽有隐身术,争似全身入帝乡"。

明州光孝了堂思彻禅师 上堂,"羊头车子推明月,没底船儿载晓风。一句顿超情量外,道无南北与西东。所以劫前消息,非口耳之所传。格外真规,岂思量之能解。须知佛佛祖祖,了无一法为人,子子孙孙,直下全身荷负。既已万机寝削,自然一糁不留。湛湛之波,碧水冷涵于秋色。灵灵之照,霁天净洗于冰轮。宛转旁参,叶439兼带。梦手推开玉户,翻身拨动机轮。正令才行,又见一阳萌动。化工密运,俄惊三世变迁。虽则默尔无言,争奈炽然常说。无迁无变,今朝拈置一边。有故有新,且道如何话会。诸人还委悉么?群阴消剥尽,来日是书云"。

随州大洪法为禅师 天台鲍氏子。上堂,"法身无相,不可以音声求。妙道亡言,岂可以文字会。纵使超佛越祖,犹落阶梯。直饶说妙谈玄,终挂唇齿。须是功勋不犯,影迹不留,枯木寒岩，更无津润，幻人木马，情识皆空，方能垂手入鏖转身异类。不见道，无漏国中留不住，却来烟坞卧寒沙"。

真州长芦琳禅师　上堂，拈拄杖曰："其宗也离心意识，其旨也超去来今。离心意识故，品万类不见差殊。超去来今故，尽十方更无渗漏。当头不犯，彻底无依。悟向朕兆未生已前，用在功勋不犯之处。平常活计，不用踌躇。拟议之间，即没交涉。"

大洪预禅师法嗣

临江军慧力悟禅师　上堂，"一切声是佛声，檐前雨滴响泠泠。一切色是佛色，觌面相呈讳不得。便怎么，若为明，碧天云外月华清"。

福州雪峰慧深首座　示众："未得入头应切切，入头已得须教彻。虽然得入本无无，莫守无无无间歇。"大洪闻之，乃曰："深兄说禅若此，惜福缘不胜耳。"一日普说罢，挥偈辞众，以笔一拍而化。

天封归禅师法嗣

江州东林通理禅师　上堂，"峰头驾铁船，三更日轮杲。心闲不自明，落叶知谁扫。等闲摘个郑州梨，放手元是青州枣"。

天衣聪禅师法嗣

苏州慧日法安禅师 本郡人。僧问:"如何是和尚为人一句?"师曰:"狗走抖擞口。"曰:"意旨如何?"师曰:"猴愁搂搣头。"

温州护国钦禅师 上堂,"有句无句,明来暗去。活捉生擒,捷书露布。如藤倚树,物以类聚。海外人参,蜀中绵附。树倒藤枯,切忌名模。句归何处,苏嚧苏嚧。呵呵大笑,破镜不照。大地茫茫,一任蹦跳"。

无为军吉祥元实禅师 高邮人。自到天衣,早夜精勤,胁不至席。一日偶失笑喧众,衣摈之。中夜宿田里,睹星月粲然有省。晓归趋方丈,衣见乃问:"洞山五位君臣,如何话会?"师曰:"我这里一位也无。"衣令参堂,谓侍僧曰:"这汉却有个见处,奈不识宗旨何。"入室次,衣预令行者五人分序而立。师至,俱召实上座。师于是密契奥旨,述偈曰:"一位才彰五位分,君臣叶处紫云屯。夜明帘卷无私照,金殿重重显至尊。"衣称善,后住吉祥。

舒州投子道宣禅师 久侍天衣,无所契,衣叱之。师忘寝食者月余,一夕闻巡更铃声,忽猛省曰:"住住!一声直透青霄路,寒潭月皎有谁知,泥牛触折珊瑚树。"衣闻,命职藏司。住后凡有所问,以拂子作摇铃势。

承天澄月禅师法嗣

婺州承天仲颜禅师 僧问:"梵王请佛,盖为群生。今日使君请师,当为何事?"师曰:"大众知有恩。"僧云:"恁么则人天交接去也。"师曰:"不妨具眼。"

续传灯录卷第二十五

大鉴下第十五世

五祖演禅师法嗣

成都府昭觉寺克勤佛果禅师 彭州骆氏子,世宗儒。师儿时,日记千言。偶游妙寂寺,见佛书,三复怅然,如获旧物,曰:"予殆过去沙门也。"即去家,依自省祝发,从文照通讲说,又从敏行授《楞严》。俄得病濒死,叹曰:"诸佛涅槃正路,不在文句中。吾欲以声求色见,宜其无以死也。"遂弃去。至真觉胜禅师之席,胜方刺臂出血,指示师曰:"此曹溪一滴也。"师矍然,良久曰:"道固如是乎?"即徒步出蜀,首谒玉泉皓,次依金銮信、大沩哲、黄龙心、东林度,佥指为法器。而晦堂称他日临济一派属子矣。最后见五祖,尽其机用,祖皆不诺。乃谓祖强移换人,出不逊语,忿然而去。祖曰:"待你着一顿热病打时,方思量我在。"

师到金山,染伤寒困极。以平日见处试之,无得力者。追绎五祖之言,乃自誓曰:"我病稍间,即归五祖。"病痊寻归,祖一见而喜,令即参堂,便入侍者寮。方半月,会部使者解印还蜀,诣祖问道。祖曰:"提刑少年曾读小艳诗否?有两句颇相近,'频呼小玉元无事,只要檀郎认得声'。"提刑应喏喏。祖曰:"且子细。"师适归侍立次,问曰:"闻和尚举小艳诗,提刑会否?"祖曰:"他认得声。"师曰:"只要檀郎认得声。他既认得声,为甚么却不是?"祖曰:"如何是祖师西来意?庭前柏树子聻。"师忽有省,遽出,见鸡飞上阑干,鼓翅而鸣,复自谓曰:"此岂不是声。"遂袖香入室通所得,呈偈曰:"金鸭香销锦绣帏,笙歌丛里醉扶归。少年一段风流事,祗许佳人独自知。"祖曰:"佛祖大事,非小根劣器所能造诣,吾助汝喜。"祖遍谓山中耆旧曰:"我侍者参得禅也。"由此所至,推为上首。

崇宁中,还里省亲,四众迓拜。成都帅翰林郭公知章,请开法六祖,更昭觉。政和间谢事,复出峡南游。时张无尽寓荆南,以道学自居,少见推许。师舣舟①谒之,剧谈《华严》旨要曰:"华严现量境界,理事全真,初无假法。所以即一而万,了万为一。一复一,万复万,浩然莫穷。心佛众生,三无差别,卷舒自在,无碍圆融。此虽极则,终是无风匝匝之波。"公于是不觉促榻,师遂问曰:"到此与祖师西来意,为同为别?"公曰:"同矣。"师曰:"且得没交涉。"公色为之愠。师曰:"不见云门道:'山河大地无丝毫过患,犹是转句。直得不见一色,始是半提,更须知有向上全提时节。'彼德山临济岂非全提乎。"公乃首肯。翌日复举事法界、理法界,至理事无碍法界,师又问:"此可说禅乎?"公曰:"正好说禅也。"师笑曰:"不然,正是法界量里

---

① 舣(yǐ)舟:停船靠岸。

在。盖法界量未灭,若到事事无碍法界,法界量灭,始好说禅。如何是佛,干屎橛。如何是佛,麻三斤。是故真净偈曰:'事事无碍,如意自在。手把猪头,口诵净戒。趁出淫坊,未还酒债。十字街头,解开布袋。'"公曰:"美哉之论,岂易得闻乎。"于是以师礼留居碧岩,复徙道林。

枢密邓公子常奏赐紫服师号,诏住金陵蒋山,学者无地以容。敕补天宁万寿,上召见,褒宠甚渥。建炎初,又迁金山。适驾幸维杨,入对,赐圆悟禅师。改云居,久之复领昭觉。

僧问:"云门道须弥山意旨如何?"师曰:"推不向前,约不退后。"曰:"未审还有过也无?"师曰:"坐却舌头。"问:"法不孤起,仗境方生"提坐具曰:"这个是境,那个是法?"师曰:"却被阇梨夺却枪。"问:"古人道,栗横担不顾人,直入千峰万峰去。未审那里是他住处?"师曰:"腾蛇缠足,路布绕身。"曰:"朝看云片片,暮听水潺潺。"师曰:"却须截断始得。"曰:"此回不是梦,真个到庐山。"师曰:"高着眼。"问:"猿抱子归青嶂后,鸟衔花落碧岩前,此是和尚旧时安身立命处。如何是道林境?"师曰:"寺门高开洞庭野,殿脚插入赤沙湖。"曰:"如何是境中人?"师曰:"僧宝人人沧海珠。"曰:"此是杜工部底。作么生是和尚底?"师曰:"且莫乱道。"曰:"如何是夺人不夺境?"师曰:"山僧有眼不曾见。"曰:"如何是夺境不夺人?"师曰:"阇梨问得自然亲。"曰:"如何是人境俱夺?"师曰:"收。"曰:"如何人境俱不夺?"师曰:"放。"

问:"有句无句,如藤倚树,如何得透脱?"师曰:"倚天长剑逼人寒。"曰:"只如树倒藤枯,沩山为甚么呵呵大笑?"师曰:

"爱他底，着他底。"曰："忽被学人掀倒禅床，拗折拄杖，又作个甚么伎俩？"师曰："也是贼过后张弓。"

问："明历历，露堂堂，因甚么乾坤收不得？"师曰："金刚手里八棱棒。"曰："忽然一唤便回还，当得活也无？"师曰："鹙子目连无奈何。"曰："不落照，不落用，如何商量？"师曰："放下云头。"曰："忽遇其中人时如何？"师曰："骑佛殿出山门。"曰："万象不来渠独语，教谁招手上高峰。"师曰："错下名言。"

上堂，"通身是眼见不及，通身是耳闻不彻，通身是口说不着，通身是心鉴不出。直饶尽大地明得，无丝毫透，漏犹在半途，据令全提，且道如何是展演？域中日月纵横挂，一亘晴空万古春"。

上堂，"山头鼓浪，井底扬尘。眼听似震雷霆，耳观如张锦绣。三百六十骨节，一一现无边妙身。八万四千毛端，头头彰宝王刹海。不是神通妙用，亦非法尔如然。苟能千眼顿开，直是十方坐断。且超然独脱一句，作么生道？试玉须经火，求珠不离泥"。

上堂，"本来无形段，那复有唇嘴。特地广称扬，替他说道理。且道他是阿谁？"

上堂，"十五日已前，千牛拽不回。十五日已后，俊鹘趁不及。正当十五日，天平地平，同明同暗，大千沙界，不出当处，可以含吐十虚。进一步，超越不可说香水海。退一步，坐断千重万里白云。不进不退，莫道阇梨，老僧也无开口处"。举拂子曰："正当恁么时如何，有时拈在千峰上，划断秋云不放高。"

上堂，"十方同聚会，本来身不昧。个个学无为，顶上用钳锤。此是选佛场，深广莫能量。心空及第归，利剑不如锥。庞居士舌拄梵天，口包四海，有时将一茎草作丈六金身，有时将丈六金身作一茎草，甚是奇特。虽然如此，要且不曾动着向上关。且如何是向上关？铸印筑高坛"。

上堂，"有句无句，超宗越格。如藤倚树，银山铁壁。及至树倒藤枯，多少人失却鼻孔。直饶收拾得来，已是千里万里。只如未有恁么消息时，如何。还透得么？风暖鸟声碎，日高花影重"。

上堂，"第一句荐得，祖师乞命。第二句荐得，人天瞻落。第三句荐得，虎口横身。不是循途守辙，亦非革辙移途。透得，则六臂三头。未透，亦人间天上。且三句外一句，作么生道？生涯只在丝纶上，明月扁舟泛五湖"。

示众云："一言截断，千圣消声。一剑当头，横尸万里。所以道，有时句到意不到，有时意到句不到。句能刬意，意能刬句。意句交驰，衲僧巴鼻。若能恁么转去，青天也须吃棒。且道凭个甚么？可怜无限弄潮人，毕竟还落潮中死。"

示众云："万仞崖头撒手，要须其人。千钧之弩发机，岂为鼷鼠。云门睦州，当面蹉过。德山临济，诳呼间阎。自余立境立机，作窠作窟，故是灭胡种族。且独脱一句作么生道？万缘迁变浑闲事，五月山房冷似冰。"

绍兴五年八月己酉，示微恙。跌坐书偈遗众，投笔而逝。荼毗，舌齿不坏，设利五色无数。塔于昭觉寺之侧，谥真觉禅师。

舒州太平慧勤佛鉴禅师 本郡汪氏子。卯岁，师广教圆深，试所习得度。每以唯此一事实，余二则非真，味之有省。乃遍参名宿，往来五祖之门有年。恚祖不为印据，与圆悟相继而去。及悟归五祖，方大彻证。而师忽至意欲他迈，悟勉令挂搭，且曰："某与兄相别始月余，比旧时相见时如何？"师曰："我所疑者此也。"遂参堂。一日闻祖举僧问赵州："如何是和尚家风？"州曰："老僧耳聋，高声问将来。"僧再问，州曰："你问我家风，我却识你家风了也。"师即大豁所疑，曰："乞和尚指示极则。"祖曰："森罗及万象，一法之所印。"师展拜，祖令主翰墨。后同圆悟语话次，举东寺问仰山镇海明珠因缘，至无理可伸处。圆悟征曰："既云收得逮索此珠，又道无言可对，无理可伸。"师不能加答，明日谓悟曰："东寺只索一颗珠，仰山当下倾出一栲栳。"悟深肯之，乃告之曰："老兄更宜亲近老和尚去。"师一日造方丈，未及语，被祖诟，骂懡㦬而退。归寮，闭门打睡，恨祖不已。悟已密知，即往扣门。师曰："谁？"悟曰："我。"师即开门。悟问："你见老和尚如何？"师曰："我本不去，被你赚，累我遭这老汉诟骂。"悟呵呵大笑曰："你记得前日下底语么？"师曰："是甚么语？"悟曰："你又道东寺只索一颗珠，仰山倾出一栲栳。"师当下释然。悟遂领师同上方丈，祖才见遽曰："勤兄且喜，大事了毕。"明年命师为第一座。

会太平灵源赴黄龙，其席既虚，源荐师于舒守孙鼎臣，遂命补处，五祖付法衣，师受而捧，以示众曰："昔释迦文佛，以丈六金襕袈裟，披千尺弥勒佛身，佛身不长，袈裟不短。会么？即此样，无他样。"自是法道大播。

政和初，诏住东都智海。五年乞归，得旨居蒋山。枢密邓公子常奏师徽号、椹服。僧问："如何是祖师西来意？"师曰："吃醋知酸，吃盐知咸。"曰："弓折箭尽时如何？"师曰："一场懡㦬。"问："不与万法为侣者是甚么人？"师曰："捺破露柱。"曰："归乡无路时如何？"师曰："王程有限。"曰："前三三后三三，又作么生？"师曰："六六三十六。"问："承闻和尚亲见五祖是否？"师曰："铁牛嚼碎黄金草。"曰："恁么则亲见五祖也。"师曰："我与你有甚冤仇？"曰："只如达磨见武帝意旨如何？"师曰："胡言易辩，汉语难明。"曰："为甚凄凄暗渡江？"师曰："因风借便。"

问："如何是主中宾？"师曰："进前退后，愁杀人。"曰："如何是宾中主？"师曰："真实之言成妄语。"曰："如何是宾中宾？"师曰："夫子游行厄在陈。"曰："如何是主中主？"师曰："终日同行非伴侣。"曰："宾主已蒙师指示，向上宗乘事若何？"师曰："大斧斫了手摩挲。"

问："即心即佛即不问，非心非佛事如何？"师曰："昨日有僧问，老僧不对。"曰："未审与即心即佛相去多少？"师曰："近则千里万里，远则不隔丝毫。"曰："忽被学人截断两头，归家稳坐，又作么生？"师曰："你家在甚么处？"曰："大千沙界内，一个自由身。"师曰："未到家在，更道。"曰："学人到这里，直得东西不辨，南北不分去也。"师曰："未为分外。"

上堂，"至道无难，唯嫌拣择。桃花红，李花白，谁道融融只一色。燕子语，黄莺鸣，谁道关关只一声。不透祖师关捩子，空认山河作眼睛。"

上堂，"日日日西沉，日日日东上。若欲学菩提"。掷下拄杖曰："但看此模样。"

五祖周祥,上堂,"去年今日时,红炉片雪飞。今日去年时,曹娥读夜碑。末后一句子,佛眼莫能窥。白莲峰顶上,红日绕须弥。鸟啄珊瑚树,鲸吞离水犀。太平家业在,千古袭杨岐"。

上堂,横拄杖曰:"先照后用。"竖起曰:"先用后照。"倒转曰:"照用同时。"卓一下曰:"照用不同时。汝等诸人被拄杖一口吞尽了也,自是你不觉。若向这里道得转身句,免见一场气闷。其或未然,老僧今日失利。"

上堂,"金乌急,玉兔速,急急流光七月十,无穷游子不归家,纵归只在门前立。门前立,把手牵伊不肯入,万里看看寸草无,残花落地无人拾。无人拾,一回雨过一回湿"。

上堂,"世尊有密语,迦叶不覆藏"。乃曰:"你寻常说黄道黑评品古今,岂不是密语?你寻常折旋俯仰,拈匙把箸,秖揖万福,是覆藏不覆藏?忽然瞥地去也不可知。要会么?世尊有密语,冬到寒食一百五。迦叶不覆藏,水泄不通已露赃。灵利衲僧如会得,一重雪上一重霜。"

上堂,"十五日已前事,锦上铺花。十五日已后事,如海一沤发。正当十五日,大似一尺镜,照千里之像。虽则真空绝迹,其奈海印发光。任他露柱开花,说甚佛面百丑。何故?到头霜夜月,任运落前溪"。

上堂,举僧问赵州:"如何是不迁义?"州以手作流水势,其僧有省。又僧问法眼:"不取于相,如如不动,如何是不取于相,见于如如不动?"眼曰:"日出东方,夜落西。"其僧亦有省。"若也于此见得,方知道旋岚偃岳,本来常静,江河竞注,元自不流。其或未然,不免更为饶舌。天左旋,地右转,古往今来经几遍。金乌飞,玉兔走,才方出海门,又落青山后。江河波渺渺,淮济浪悠悠,直入沧溟昼夜流。"遂高声曰:"诸禅德,还见如如不动么?"

师室中以木骰子六只,面面皆书公字。僧才入,师掷曰:"会么?"僧拟不拟,师即打出。

七年九月八日上堂,"祖师心印,状似铁牛之机。去即印住,住即印破。直饶不去不住,亦未是衲僧行履处。且作么生是衲僧行履处?待十月前后,为诸人注破"。至后月八日,沐浴更衣端坐,手写数书别故旧,停笔而化。阇维,收灵骨设利,塔于本山。

舒州龙门清远佛眼禅师 临邛李氏子,严正寡言。十四圆具,依毗尼,究其说。因读《法华经》至"是法非思量分别之所能解",持以问讲师,讲师莫能答。师叹曰:"义学名相,非所以了生死大事。"遂卷衣南游,造舒州太平演禅师法席。因丐于庐州,偶雨①足跌仆地。烦懑间,闻二人交相恶骂。谏者曰:"你犹自烦恼在。"师于言下有省。及归,凡有所问,演即曰:"我不如你,你自会得好。"或曰:"我不会,我不如你。"师愈疑,遂咨决于元礼首座。礼乃以手引师之耳,绕围炉数匝,且行且语曰:"你自会得好。"师曰:"有冀开发,乃尔相戏耶。"礼曰:"你他后悟去,方知今日曲折耳。"

太平将迁海会,师慨然曰:"吾持钵方归复参,随往一荒院,安能究决已事耶。"遂作偈告辞,之蒋山坐夏,邂逅灵源禅师,

---

① 雨:径山本作"两"。

日益厚善。从容言语间，师曰："比见都下一尊宿语句似有缘。"灵源曰："演公天下第一等宗师，何故舍而事远游？所谓有缘者，盖知解之师，与公初心相应耳。"师从所勉，径趋海会，后命典谒。适寒夜孤坐，拨炉见火一豆许，恍然自喜曰："深深拨，有些子，平生事，只如此。"遽起，阅几上《传灯录》至破灶堕因缘，忽大悟，作偈曰："刀刀林鸟啼，披衣终夜坐。拨火悟平生，穷神归破堕。事皎人自迷，曲淡谁能和。念之永不忘，门开少人过。"圆悟因诣其寮，举青林般土话验之，且谓："古今无人出得，你如何会？"师曰："也有，甚难。"悟曰："只如他道'铁轮天子寰中旨'，意作么生？"师曰："我道帝释宫中放赦书。"悟退，语人曰："且喜，远兄便有活人句也。"自是隐居四面大中庵，属天下一新崇宁万寿寺，舒守王公涣之命师开法。次补龙门，道望尤振。后迁和之褒禅，枢密邓公洵武，奏赐师号紫衣。

上堂，"台山路上，过客全稀。破灶堂前，感恩无地。雪埋庭柏，冰锁偃溪。虽在南方火炉头，不入他家齑瓮里。看看！腊月三十日，便是孟春犹寒。你等诸人，各须努力向前，切忌自生退屈"。

上堂，卓拄杖曰："圆明了知，不由心念。抵死要道，堕坑落堑。毕竟如何？"乃倚拄杖，下座。

上堂，"泡幻同无碍，如何不了悟。眼里瞳人吹叫子，达法在其中，非今亦非古，六只骰子满盆红。大众，时人为甚么坐地看杨州，钵盂着柄新翻样，牛上骑牛笑杀人"。

上堂，"赵州不见南泉，山僧不识五祖。甜瓜彻蒂甜，苦瓠连根苦"。

上堂,"一叶落,天下春,无路寻思笑杀人。下是天,上是地,此言不入时流意。南作北,东作西,动而止,喜而悲。蛇头蝎尾一试之,猛虎口里活雀儿。是何言,归堂去"。

上堂,"千说万说,不如亲面一见,纵不说亦自分明。王子宝刀喻,众盲摸象喻。禅学中隔江招手事,望州亭相见事,迥绝无人处事,深山岩崖处事。此皆亲面而见之,不在说也"。

上堂,"苏武牧羊,辱而不屈。李陵望汉,乐以忘归。是在外国,在本国?佛诸弟子中,有者双足越坑,有者聆筝起舞,有者身埋粪壤,有者呵骂河神。是习气,是妙用?至于擎叉打地,竖拂敲床,睦州一向闭门,鲁祖终年面壁。是为人,是不为人?信知一切凡夫,埋没宝藏,殊不丈夫。诸人何不能①摆柁张帆,抛江过岸?休更钉桩摇橹,何日到家?既作曹溪人,又是家里汉,还见家里事么?"

僧问:"劫火洞然,大千俱坏,未审这个坏不坏?"师曰:"黑漆桶里黄金色。"问:"道远乎哉,触事而真。如何是道?"师曰:"顶上八尺五。"曰:"此理如何?"师曰:"方圆七八寸。"问:"劫火威音前,别是一壶天。御楼前射猎,不是刘茅田。"提起坐具曰:"这个唤作什么?"师曰:"正是刘茅田。"僧便喝,师曰:"犹作主在。"问僧:"孤灯独照时如何?"僧无对,师代曰:"露柱证明。"

师闻开静板声,乃曰:"据款结案。"师尝题语于龙门延寿壁间曰:"佛许有病者当疗治,容有将息所也。禅林凡有数名,或

---

① 能:《五灯会元》无"能"。

曰涅槃，见法身常住，了法不生也。或曰省行，知此违缘，皆从行苦也。或曰延寿，欲得慧命，扶持色身也。其实使人了生死处也，多见少觉微恙，便入此堂，不强支吾，便有补益。及乎久病，思念乡间，不善退思，灭除苦本。先圣云，病者众生之良药，若善服食，无不瘥者也。"

宣和初，以病辞归蒋山之东堂。二年书云前一日，饭食讫，趺坐，谓其徒曰："诸方老宿临终，必留偈辞世。世可辞邪，且将安往。"乃合掌，怡然趋寂。门人函骨归龙门，塔于灵光台侧。

潭州开福道宁禅师 歙溪汪氏子。壮为道人，于崇果寺执浴。一日将濯足，偶诵《金刚经》至"于此章句能生信心，以此为实"，遂忘所知。忽垂足沸汤中，发明已见。后祝发蒋山，依雪窦老良禅师。逾二年，遍历丛林，参诸名宿。晚至白莲，闻五祖小参，举忠国师古佛净瓶、赵州狗子无佛性话，顿彻法源。大观中，潭帅席公震请住开福，衲子景从。

浴佛，上堂，"未离兜率，已降王宫。未出母胎，度人已毕。诸禅德，日日日从东畔出，朝朝鸡向五更啼。虽然不是桃花洞，春至桃花亦满溪"。又道："毗蓝园内，右胁降生，七步周行，四方目顾，天上天下，唯我独尊。大似贪观天上月，失却手中珠。还知落处么？若知落处，方为孝子顺孙。苟或未然，不免重下注脚。"良久曰："天生伎俩能奇怪，未上输他弄一场。"

示众云："秋日耀长空，秋江浸虚碧。伤嗟门外人，处处寻弥勒。蓦路忽抬头，相逢不相识。诸禅德，既是相逢，为甚么却不相识？剪尽霜前竹，临溪不化龙。"

上堂，"遍界不曾藏，通身无影像。相逢莫讶太愚痴，旷劫至今无伎俩。无伎俩,少人知,大抵还他肌骨好,何须临镜画蛾眉"。

上堂,"摩竭正令,未免崎岖。少室垂慈,早伤风骨。腰囊挈锡,孤负平生。炼行灰心,递相钝置。争似春雨晴、春山青,白云三片四片,黄鸟一声两声。千眼大悲看不足,王维虽巧画难成。直饶便恁么,犹自涉途程。且不涉途程一句怎么生道?人从汴州来,不得东京信"。

僧问:"莲花未出水时如何?"师曰:"人天合掌。"曰:"出水后如何?"师曰:"不碍往来看。"问:"如何是句到意不到?"师曰:"瑞草本无根,信手拈来用。"曰:"如何是意到句不到?"师曰:"领取钩头意,莫认定盘星。"曰:"如何是意句俱到?"师曰:"大悲不展手,通身是眼睛。"曰:"如何是意句俱不到?"师曰:"君向潇湘我向秦。"

政和三年十一月四日,净发沐浴。次日斋罢小参,勉众行道,辞语诚切。期初七示寂。至日酉时,跏趺而逝。阇维,获设利五色,归藏于塔。

彭州大随南堂元静禅师 后名道兴,阆之玉山大儒,赵公约仲之子也。十岁病甚,母祷之,感异梦,舍令出家,师成都大慈宝生院宗裔。元祐三年,通经得度。留讲聚有年而南下,首参永安恩禅师,于临济三顿棒话,发明。次依诸名宿,无有当意者。闻五祖机峻,欲抑之。遂谒祖,祖乃曰:"我此间不比诸方,凡于室中,不要汝进前退后、竖指擎拳、绕禅床、作女人拜、提起坐具,千般伎俩。只要你一言下谛当,便是汝见处。"师茫然退,参三载。一日入室罢,祖谓曰:"子所下语,已得十分,试更与我说看。"师即剖而陈之。祖曰："说亦说得十分，更与我断看。"师随所问而判之。祖曰："好即好，只是未曾得老僧说话在。斋后可来祖师塔所，与汝一一按过始得。"及至彼，祖便以即心即佛、非心非佛，睦州担板汉，南泉斩猫儿，赵州狗子，无佛性有佛性之语，编辟之。其所对，了无凝滞。至子胡狗话，祖遽转面曰："不是。"师曰："不是却如何？"祖曰："此不是，则和前面皆不是。"师曰："望和尚慈悲指示。"祖曰："看他道，子胡有一狗，上取人头，中取人腰，下取人脚，入门者好看。才见僧入门，便道看狗。向子胡道看狗处下一转语，教子胡结舌。老僧铃口，便是仍然了当处。"次日入室，师默启其说，祖关①曰："不道，尔不是千了百当底人，此语只似先师下底语。"师曰："某何人得似端和尚？"祖曰："不然。老僧虽承嗣他，谓他语拙，盖只用远录公手段接人故也。如老僧共远录公，便与百丈、黄檗、南泉、赵州辈，把手共行，才见语拙即不堪。"师以为不然，乃拽杖渡江。适大水泛涨，因留四祖，侪辈挽其归。又二年，祖方许可。尝商略古今次，执师手曰："得汝说，须是吾举。得汝举，须是吾说。而今而后，佛祖秘要，诸方关键，无逃子掌握矣。"遂创南堂以居之，于是名冠寰海。

成都帅席公旦，请开法嘉祐。未几，徙②昭觉，迁能仁及大随。

上堂，"君王了了，将帅惺惺。一回得胜，六国平宁"。

上堂，举临济参黄檗之语，白云端和尚颂云："一拳拳倒黄

---

① 关：径山本作"笑"。
② 徙：径山本作"徒"。

鹤楼，一趯趯翻鹦鹉洲。有意气时添意气，不风流处也风流。"师曰："大随即不然，行年七十老躘踵，眼目精明耳不聋。忽地有人欺负我，一拳打倒过关东。"

上堂，问答已，乃曰："有祖已来，时人错会。只将言句以为禅道，殊不知道本无体，因体而得名。道本无名，因名而立号。只如适来上座才怎么出来，便怎么归众。且道具眼不具眼？若道具眼，才怎么出来，眼在甚么处。若道不具眼，争合便怎么去。诸仁者，于此见得，倜傥分明，则知二祖礼拜，依位而立，真得其髓。只这些子，是三世诸佛命根，六代祖师命脉，天下老和尚安身立命处。虽然如是，须是亲到始得。"

上堂，"自己田园任运耕，祖宗基业力须争。悟须①千圣头边坐，用向三途底下行"。僧问："祖师心印，请师直指。"师曰："你闻热么？"曰："闻。"师曰："且不闻寒。"曰："和尚还闻热否？"师曰："不闻。"曰："为甚么不闻？"师摇扇曰："为我有这个。"问："如何是夺人不夺境？"师曰："活捉魔王鼻孔穿。"曰："如何是夺境不夺人？"师曰："中心树子属吾曹。"曰："如何是人境两俱夺？"师曰："一钓三山连六鳌。"曰："如何是人境俱不夺？"师曰："白日骑牛穿市过。"

问："莲华未出水时如何？"师曰："好。"曰："出水后如何？"师曰："好。"曰："如何是莲华？"师曰："好。"僧礼拜，师曰："与他三个好，万事一时休。"

问："藏天下于天下即不问。"乃举拳曰："只如这个作么生

---

① 须：径山本作"得"。

藏？"师曰："有甚么难？"曰："且作么生藏？"师曰："衫袖里。"曰："未审如何是纪纲佛法底人？"师曰："不可是鬼。"曰："忽遇杀佛杀祖底来，又作么生支遣？"师曰："老僧有眼不曾见。"

问："学人乍入丛林，乞师指示。"师曰："吃粥吃饭，莫教放在脑后。"曰："终日吃时未尝吃。"师曰："负心衲子，不识好恶。"问："劫火洞然，大千俱坏。未审这个坏也无？"师曰："阿谁教你怎么？"问僧进前鞠躬曰："不审。"师曰："是坏不坏。"僧无语。问："如何是山里禅？"师曰："庭前嫩竹先生笋，涧下枯松长老枝。"曰："如何是市里禅？"师曰："六街钟鼓韵冬冬，即处铺金世界中。"曰："如何是村里禅？"师曰："贼盗消亡蚕麦熟，讴歌鼓舞乐升平。"

问："如何是诸佛出身处？"师曰："问得甚当。"曰："便恁么去时如何？"师曰："答得更奇。"问："因山见水，见水忘山。山水俱忘，理归何所？"师曰："山僧坐却舌头，天地黯黑。"

有一老宿垂语云："十字街头起一间茅厕，只是不许人屙。"僧举以扣师，师曰："是你先屙了，更教甚么人屙。"宿闻焚香，遥望大随，再拜谢之。

绍兴乙卯秋七月大雨，雪山中有异象。师曰："吾期至矣。"十七日别郡守，以次越三日，示少恙于天彭。二十四日夜，谓侍僧曰："天晓无月时如何？"僧无对，师曰："倒教我与汝下火始得。"翌日还棚口廨院，留遗诫，蜕然示寂。门弟子奉全身归。烟雾四合，猿鸟悲鸣。茶毗，异香遍野。舌本如故，设利五色者不可计，瘗于定光塔之西。后住天童天目文礼作师画像赞，可补行实之缺，因并录此。赞曰："东山一会人，唯他不唧嚼。别处着闲房，丛林难讲究。邠水潭蛇出惊人，钝铁锅鸡啼白昼。杂剧打来，全火只候。晚岁放疏慵，却与俗和同。勤巴子使人勘验，掷香贴便显家风。定光无佛，枉费罗笼。临行摇铎向虚空，那知丧尽白云宗。"

汉州无为宗泰禅师 涪城人。自出关，遍游丛社。至五祖，告香日，祖举赵州洗钵盂话俾参。洎入室举此话问师："你道赵州向伊道甚么，这僧便悟去？"师曰："洗钵盂去，覃。"祖曰："你只知路上事，不知路上滋味。"师曰："既知路上事，路上有甚滋味？"祖曰："你不知邪。"又问："你曾游浙否？"师曰："未也。"祖曰："你未悟在。"师自此凡五年，不能对。祖一日升堂，顾众曰："八十翁翁辊绣球。"便下座。师欣然出众曰："和尚试辊一辊看。"祖以手作打仗鼓势，操蜀音，唱绵州巴歌曰："豆子山，打瓦鼓。杨平山，撒白雨。白雨下，取龙女。织得绢，二丈五。一半属罗江，一半属玄武。"师闻大悟，掩祖口曰："只消唱到这里。"祖大笑而归。师后还蜀，四众请开法无为，迁正法。

上堂，"此一大事因缘，自从世尊拈花，迦叶微笑。世尊曰：'吾有正法眼藏，分付摩诃大迦叶'，以后灯灯相续，祖祖相传，迄至于今，绵绵不坠。直得遍地生华，故号涅槃妙心，亦曰本心，亦曰本性，亦曰本来面目，亦曰第一义谛，亦曰烁迦罗眼，亦曰摩诃大般若。在男曰男，在女曰女。汝等诸人但自悟去，这般尽是闲言语"。遂拈起拂子曰："会了唤作禅，未悟果然难难难，目前隔个须弥山。悟了易易易，信口道来无不是。"僧问：

"如何是佛？"师曰："阿谁教尔恁么问？"僧拟议，师曰："了。"

蕲州五祖表自禅师 怀安人也。初依祖最久，未有省。时圆悟为座元，师往请益。悟曰："兄有疑处，试语我。"师遂举德山小参不答话，问话者三十棒。悟曰："礼拜着！我作得你师，举话尚不会。"师作礼竟，悟令再举前话。师曰："德山小参不答话。"悟掩其口曰："但怎么看。"师出，扬声曰："屈屈！岂有公案只教人看一句底道理！"有僧谓师曰："兄不可如此说，首座须有方便。"因静坐体究及旬，顿释所疑，诣悟礼谢。悟曰："兄始知吾不汝欺。"又诣方丈，祖迎笑，自尔日深玄奥。

祖将归寂，遗言郡守，命嗣其席。衲子四至不可遏。师榜侍者门曰："东山有三句，若人道得，即挂搭。"衲子皆披靡。一日，有僧携坐具径造丈室，谓师曰："某甲道不得，只要挂搭。"师大喜，呼维那于明窗下安排。

上堂，"世尊拈华，迦叶微笑时，人只知拈花微笑，要且不识世尊"。僧问："如何是祖师西来意？"师曰："荆棘林中舞柘枝。"曰："如何是佛？"师曰："新生孩子掷金盆。"

蕲州龙华道初禅师 梓之马氏子。为祖侍者有年。住龙华日，上堂曰："鸡见便斗，犬见便咬。殿上鸱吻，终日相对，为甚么却不嗔？"便下座。

师机辩峻捷，门人罔知造诣。一日，谓众曰："昨日离城市，白云空往还。松风清耳目，端的胜人间。"召众曰："此是先师末后句。"有顷，脱然而逝。

嘉州九顶清素禅师 本郡郭氏子。于乾明寺剃染，遍扣禅扃。晚谒五祖，闻举首山答西来意语，倏然契悟，述偈曰："颠倒颠,颠倒颠,新妇骑驴阿家牵。"便恁么,太无端,回顾不觉布衫穿。"祖见乃问:"百丈野狐话又作么生?"师曰:"来说是非者,便是是非人。"祖大悦。久之,辞归,住清溪。次迁九顶,太守吕公来瞻大像,问曰:"既是大像,因甚么肩负两楹?"师曰:"船上无散工,至阁下睹观音像。"又问:"弥勒化境,观音何来?"师曰:"家富小儿娇。"守乃礼敬。勤老宿至,师问:"舞剑当咽时如何?"曰:"伏惟尚飨。"师诟曰:"老贼死去,你问我。"勤理前语问之,师叉手揖曰:"拽破。"

绍兴乙卯四月二十四日,得微疾,书偈遗众曰:"木人备舟,铁人备马。丙丁童子稳稳登,喝散白云归去也。"竟尔趋寂。

元礼首座 闽人也,受业焦山。初参演和尚于白云,凡入室必谓曰:"衲僧家,明取缁素好。"师疑之不已。一日演升堂,举首山"新妇骑驴阿家牵"语,乃曰:"诸人要会么?莫问新妇阿家,免烦路上波咤。遇饭即饭,遇茶即茶。同门出入,宿世冤家。"师于言下豁如,且曰:"今日缁素明矣。"二年,演迁席祖山,命分座,不就。演归寂,即他往。崇宁间,再到五祖,僧问:"五祖迁化向甚么处去?"师曰:"有眼无耳朵,六月火边坐。"曰:"意旨如何?"师曰:"家贫犹自可,路贫愁杀人。"或问:"《金刚经》云一切善法,如何是法?"师曰:"上是天,下是地。中间坐底坐,立底立。唤甚么作善法?"僧无对,师便打。后终于四明之瑞岩。

普融藏主 福州人也。至五祖,入室次,祖举倩女离魂话问之,有契,呈偈曰:"二女合为一媳妇,机轮截断难回互。从来往返绝踪由,行人莫问来时路。"凡有乡僧来谒,则发闽音,诵俚语曰："书头教娘勤作息，书尾教娘莫瞌睡。且道中间说个甚么？"僧拟对，师即推出。

法悦上座 久依五祖，未有所入。一日造室，祖问："不与万法为侣者是甚么人？"曰："法悦即不然。"祖以手指曰："住住！法悦即不然作么生？"师于是启悟。后至东林宣密度禅师席下，见其得平实之旨。一日，拈华绕度禅床一匝，背手插香炉中，曰："和尚且道，意作么生？"度屡下语，皆不契。逾两月，遂问师，令试说之。师曰："某只将华插香炉中，和尚自疑，有甚么事来。"

智海平禅师法嗣

东京净因蹒庵继成禅师 袁之宜春刘氏子。上堂，拈拄杖曰："清净本然，云何忽生山河大地？看看！富楼那穿过释迦老子鼻孔，释迦老子钻破虚空肚皮。且道山河大地在甚么处？"掷下拄杖，召大众曰："虚空翻筋斗，向新罗国里去也。是你诸人，切忌认叶止啼、刻舟寻剑。"

上堂，"茫茫尽是觅佛汉，举世难寻闲道人。棒喝交驰成药忌，了忘药忌未天真"。

上堂，"昆仑奴，着铁裤，打一棒，行一步。争似火中钓鳖，日里藏冰。阴影里翻魍魉，虚空缚杀麻绳"。

上堂，"狭路相逢且莫疑，雷光石火已迟迟。若教直下三心彻，只在如今一饷时。到这里，直使问来答去，火进星飞，互换主宾，照用得失，波翻岳立，玉转珠回。衲僧面前，了无交涉。

岂不见，拈华鹫岭，独许饮光，问疾毗耶，谁当金粟。那知微笑已成途辙，纵使默然未免风波。要须格外相逢，始解就中颖契。还会么？一曲寥寥动今古，洛阳三十六峰西"。

上堂，"举不顾，即差互，拟思量，何劫悟。大众，枯桑知天风，是顾不顾，海水知天寒，是思不思。且唤甚么作悟底道理？兔角杖头挑法界，龟毛拂子舞三台"。

上堂，"鼻里音声耳里香，眼中咸淡舌玄黄。意能觉触身分别，冰室如春九夏凉。如斯见得，方知男子身中入定时，女子身中从定出。葵花随日转，犀纹玩月生。香枫化老人，螟蛉成蜾蠃。若也不知，苦哉佛陀耶，许你具只眼"。

上堂，"一念心清净，佛居魔王殿。一念恶心生，魔王居佛殿。怀禅师曰：'但恁么信去，唤作脚踏实地而行。终无别法，亦无别道理。'老僧恁么举了，只恐你诸人见兔放鹰，刻舟求剑。何故？功德天，黑暗女，有智主人二俱不受"。

上堂，举汾阳拈拄杖示众曰："三世诸佛在这里，为汝诸人无孔窍，遂走向山僧拄杖里去，琼森节目。"师曰："汾阳与么示徒，大似担雪填井，傍若无人。山僧今日为汝诸人出气。"拈起拄杖曰："三世诸佛不敢强生节目，却从山僧拄杖里走出。向诸人道，我不敢轻于汝等，汝等皆当作佛。说是语已，翻筋斗向拘尸罗城里去也。"掷下拄杖曰："若到诸方，分明举似。"

师同圆悟、法真、慈受，并十大法师，禅讲千僧，赴太尉陈公良弼府斋。时　徽宗皇帝私幸观之，太师鲁国公亦与焉。有善《华严》者，乃贤首宗之义虎也，对众问诸禅曰："吾佛设教，自小乘至于圆顿，扫除空有，独证真常，然后万德庄严，方名为佛。尝闻禅宗一喝，能转凡成圣，则与诸经论似相违背。今一喝，若能入吾宗五教，是为正说。若不能入，是为邪说。"诸禅视师，师曰："如法师所问，不足三大禅师之酬，净因小长老可以使法师无惑也。"师召善，善应诺。师曰："法师所谓愚法，小乘教者乃有义也，大乘始教者乃空义也，大乘终教者乃不有不空义也，大乘顿教者乃即有即空义也，一乘圆教者乃不有而有不空而空，或作空而不有、有而不空义也。如我一喝，非唯能入五教，至于工巧技艺、诸子百家，悉皆能入。"师震声喝一喝，问善曰："闻么？"曰："闻。"师曰："汝既闻此一喝是有，能入小乘教。"须臾又问善曰："闻么？"曰："不闻。"师曰："汝既不闻，适来一喝是无，能入始教。"遂顾善曰："我初一喝，汝既道有。喝久声销，汝复道无。道无，则元初实有。道有，则而今实无。不有不无，能入终教。我有一喝之时，有非是有，因无故有。无一喝之时，无非是无，因有故无。即有即无，能入顿教。须知我此一喝，不作一喝用。有无不及，情解俱忘。道有之时，纤尘不立。道无之时，横遍虚空。即此一喝，入百千万亿喝。百千万亿喝，入此一喝。是故能入圆教。"善乃起再拜。师复谓曰："非唯一喝为然，乃至一语一默一动一静，从古至今，十方虚空，万象森罗，六趣四生，三世诸佛，一切圣贤，八万四千法门，百千三昧无量妙义，契理契机，与天地万物一体，谓之法身。三界唯心，万法唯识，四时八节，阴阳一致，谓之法性。是故《华严经》云：'法性遍在一切处，有相无相，一声一色，全在一尘中含。四义事理无边，周遍无余，参而不杂，混而不一。于此一喝，中皆悉具足，犹是建化门庭，随机方便，谓之小歇场，未至宝所。殊不知，吾祖师门下，以心传心，以法印法，不立文字，见性成佛，有千圣不传底，向上一路在。'"善又问曰："如何是向上一路？"师曰："汝且向下会取。"善曰："如何是宝所？"师曰："非汝境界。"善曰："望禅师慈悲。"师曰："任从沧海变，终不为君通。"善胶口而退，闻者靡不叹仰。皇帝顾谓近臣曰："禅宗玄妙，深极如此。净因才辩亦罕有也。"近臣奏曰："此宗师之绪余也。"

南岳法轮彦孜禅师 处之龙泉陈氏子。上堂，"若是谛当汉，通身无隔碍，举措绝毫厘，把手出红尘，拨开向上窍。当头札定，不犯锋棱。转握将来，应用恰好。丝毫不漏，函盖相应。任是诸佛诸祖，觑着寒毛卓竖。会么？吃茶去"。僧问："如何是不涉烟波底句？"师曰："皎皎寒松月，飘飘谷口风。"曰："万差俱扫荡，一句截流机。"师曰："点。"僧曰："到。"师曰："借人面具舞三台。"问："如何是佛？"师曰："白额大虫。"曰："只如洞山道麻三斤，又作么生？"师曰："毒蛇钻露柱。"曰："学人不晓。"师曰："踏着始惊人。"

衡州开福崇哲禅师 邵州刘氏子。上堂，"妙体堂堂触处彰，快须回首便承当。今朝对众全分付，莫道侬家有覆藏"。掷拂子，召侍者曰："因甚打下老僧拂子？"

问："一水吞空远，三峰峭壁危。猊台重拂拭，共喜主人归。未审到家如何施设？"师曰："空手捻双拳。"曰："意旨如何？"师曰："突出难辩。"

上堂，"山僧有三印，更无增减剩，觌面便相呈，能转凡成圣。诸人还知么？若也未知，不免重重注破。一印印空，日月星辰列下风。一印印泥，头头物物显真机。一印印水，掀转鱼龙头作尾。三印分明体一同，看来非赤又非红。互换高低如不荐，青山依旧白云中"。

泐潭祥禅师法嗣

台州鸿福德升禅师 衡阳人也。上堂，"诸人恁么上来，堕在见闻觉知。恁么下去，落在动静施为。若也不去不来，正是鬼窟活计。如何道得出身底句？若也道得，则分付拄杖子。若道不得，依而行之"。卓拄杖，下座。

建宁府万寿慧素禅师 上堂，僧问："劫火洞然，大千俱坏，未审这个还坏也无？大随曰'坏'，修山主曰'不坏'，未审孰是孰非？"师曰："一坏一不坏，笑杀观自在，师子蓦咬人，狂狗尽逐块。"复曰："会么？"曰："不会。"师曰："漆桶不快。"便下座。

一日有僧来作礼，师问："甚处来？"曰："和尚合知某来处。"师曰："湖南担屎汉，江西刈禾客。"曰："和尚真人天眼目。某在大沩充园头，东林作藏主。"师打三棒，喝出。

绍兴二十三年六月朔，沐浴跌坐，书偈曰："昨夜风雷忽尔，露柱生出两指。天明笑到灯笼，拄杖依前扶起。拂子蹦跳过流沙，夺转胡僧一只履。"于是俨然而逝。

明州香山道渊禅师 本郡人。上堂，"酒市鱼行，头头宝所。鸦鸣鹊噪，一一妙音"。卓拄杖曰："且道这个是何佛事？狼藉不少。"

上堂,"香山有个话头,弥满四大神洲,若以佛法批判,还如认马作牛。诸人既不作佛法批判,毕竟是甚么道理?"击拂子。"无鐍锁子不厌动摇,半夜枕头要须摸着"。下座。

建宁府开善木庵道璚[①]首座 信之上饶人,丛林以耆德尊之,泐潭亦谓其饱参。分座日,尝举只履西归语,谓众曰:"坐脱立亡倒化即不无,要且未有逝而复出遗履者,为复后代儿孙不及祖师,为复祖师剩有这一着子。"乃大笑曰:"老野狐。"

绍兴庚申冬,信守以超化革律为禅,迎为第一祖。师语专使曰:"吾初无意人间,欲为山子,正为宗派耳,然恐多不能往受请。"已,取所藏泐潭绘像与木庵二字,仍书偈嘱清泉亨老,寄得法弟子慧山曰:"口嘴不中祥老子,爱向丛林鼓是非。分付雪峰山首座,为吾痛骂莫饶伊。"顾专使曰:"为我传语侍郎,行计迫甚,不及修答。"声绝而化。

景淳知藏 梅州人,于化度寺得度。往依泐潭,入室次,潭问:"陕府铁牛重多少?"师叉手近前曰:"且道重多少?"潭曰:"尾在黄河北,头枕黄河南。善财无鼻孔,依旧向南参。"师拟议,潭便打,忽顿彻。巾侍有年,竟隐居林壑。尝作偈曰:"怕寒懒剃鬖鬆发,爱暖频添榾柮柴。破衲伽黎撩乱搭,谁能劳力强安排。"

信州怀玉用宣首座 四明彭氏子,幼为僧,径趋丛席,侍泐潭于黄檗。一日自临川持钵归,值潭晚参,有云:"一叶飘空便见秋,法身须透闹啾啾。"师闻领旨,潭为证据。后依大慧,

---

[①] 璚(jué):古同"玦",环形有缺口的佩玉。

慧亦谓其类己。以是名卿巨公列刹，迎礼不就。尝有颂大愚答佛话曰："锯解秤锤，出老杜诗。红稻啄残鹦鹉颗，碧梧栖老凤皇枝。"

潭州云盖本禅师法嗣

潭州南岳承天惠连禅师 僧问："如何是承天境？"师拈起拂子。僧云："如何是境中人？"师击禅床一下。僧云："人境已蒙师指示，向上宗乘事若何？"师挂拂子于旧处，乃曰："湖南近日稍别，小雪应时及节，但管积岳堆山，勿论春寒秋热。阿呵呵，真可悦，庭下黄柑香不彻。"

上堂，举扇子曰："犀牛扇子古今扬，七十峰前九夏长。二六时中如可用，分明头角好商量。且问诸禅德，商量个什么？"良久曰："任尔千般巧，终无两样风。"乃放扇子。

上堂，拈拄杖曰："诸供养中，法供养最胜。所谓法供养者，山供养水，水供养山。僧堂供养佛殿，佛殿供养僧堂。诸人供养老僧，老僧供养诸人。"良久曰："供养已毕，念普供养真言，老僧忘却，且教拄杖子念与诸人。"卓一下云："静处萨婆诃。"

上堂曰："闹市里识取古佛，百草头上荐取老僧。闹市里古佛且致，百草头上，老僧作么生荐？"乃云："不是逢人夸好手，大都品格合风流。"喝一喝。

潭州南岳承天自贤禅师 僧问："大众已集，仰听雷音。猊座既登，请师剖露。"师曰："刹竿头上翻筋斗。"僧云："恁么则岳麓山前祥雾起，祝融峰下瑞云生。"师曰："紫罗帐里撒真珠。"乃拈拄杖曰:"不是心,不是佛,不是物。"打禅床一下云:"与君打破精灵窟,簸土扬尘无处寻,千山万山空突屼。"复敲禅床一下曰:"归堂,参!"

又上堂曰:"一身高隐唯南岳,自笑孤云未是闲。松下水边端坐者,也应随例说居山。咄!"又曰:"五更残月落,天晓白云飞。分明目前事,不是目前机。既是目前事,为什么不是目前机?"良久曰:"欲言言不及,林下好商量。"又曰:"佛祖不能正观,天地不能盖载,且道为什么如此?"良久曰:"人人有个皮袋。"

庐陵香山惟德禅师　僧问:"登师子坐,作师子吼。"师曰:"退后三步。"僧云:"忽遇文殊来又作么生?"师曰:"列在下风。"乃曰:"独坐草庵中,空生直未委。天龙殊不知,花雨从何坠。摩竭徒掩室,毗耶空口闭。睡起一杯茶,别是个滋味。"喝一喝。

上堂曰:"难难!丝毫犹隔万重山。易易!刹那便到无生地。堪羡文殊与维摩,两个纷纷谈不二。山僧即不然。"良久曰:"难难!拣择明白君自看。"喝一喝。

南岳草衣岩治平庆禅师　僧问:"如何是治平境?"师曰:"石室夜深霜月白,草衣岁久败蒲寒。"僧云:"如何是境中人?"师曰:"携筇寻远水,洗钵趁朝斋。"僧云:"人境已蒙师指示,向上宗乘事若何?"师曰:"木马嘶风,泥牛渡海。"乃曰:"不是心,不是佛,不是物,放出辽天鹘,还见么?清风月下守株人,凉兔渐遥春草绿。"喝一喝。

上堂曰:"终日茫茫,那事无妨,且道那事如何?"良久曰:

"落叶知流水,归云识旧峰。"

护国本禅师法嗣

岳州君山崇胜普净禅师 僧问:"如何是君山境?"师曰:"寺居烟岛上,四野尽波澜。"僧云:"如何是境中人?"师曰:"望南看北斗。"僧云:"人境已蒙师指示,向上宗乘事若何?"师曰:"槛外清风起,湖中白浪生。"云:"谢答话。"师曰:"老僧罪过。"乃拈拄杖曰:"看看!拄杖拄杖,生在悬崖石上,如今拈向人前,一任生风起浪。"乃抛下。

又上堂曰:"摩竭掩室,净名杜口。饮光微笑,达磨壁观。雪老辊球,禾山打鼓。秘岩擎杈,清平拽石。此一队汉,各逞伎俩,总不措一言教,后人如何摸索,莫怪山僧不会说禅,只是修造院门,一粥一饭,接待往来。若是说禅说道,自有诸方。"

续传灯录卷第二十六

大鉴下第十五世

兜率悦禅师法嗣

隆兴府兜率慧照禅师 南安郭氏子。上堂,"龙安山下,道路纵横。兜率宫中,楼阁重迭。虽非天上,不是人间。到者安心,全忘诸念。善行者,不移双足。善入者,不动双扉。自能笑傲烟萝,谁管坐消岁月。既然如是,且道向上还有事也无?"良久曰:"莫教推落岩前石,打破下方遮日云。"

上堂,举拂子曰:"端午龙安亦鼓桡,青山云里得逍遥。饥餐渴饮无穷乐,谁爱争先夺锦标。却向干地上划船,高山头起浪。明椎玉鼓,暗展铁旗。一盏菖蒲茶,数个沙糖粽。且移取北郁单越来,与南阎浮提斗额看。"击禅床,下座。

上堂,"兜率都无伎俩,也效诸方榜样。五日一度升堂,起动许多龙象。禅道佛法又无,到此将何供养。须知达磨西来,分付一条拄杖"。乃拈起曰:"所以道,你有拄杖子,我与你拄杖子,你无拄杖子,我夺你拄杖子。且道那个是宾句,那个是主句?若断得去,即途中受用。若断不得,且世谛流布。"乃抛下拄杖。

抚州府疏山了常禅师 僧问："如何是疏山为人底句？"师曰："怀中玉尺未轻掷，袖里金椎劈面来。"

上堂，"等闲放下，佛手掩不住。特地收来，大地绝纤埃。向君道，莫疑猜，处处头头见善财，锤下分明如得旨，无限劳生眼自开"。

丞相张商英居士 字天觉，号无尽。年十九应举入京，道由向氏家，向预梦神人报曰："明日接相公。"凌晨公至，向异之，劳问勤腆，乃曰："秀才未娶，当以女奉洒扫。"公谦辞再三，向曰："此行若不了当，吾亦不爽前约。"后果及第，乃娶之。初任主簿，因入僧寺，见藏经梵夹，金字齐整，乃怫然曰："吾孔圣之书，不如胡人之教，人所仰重。"夜坐书院中，研墨吮笔，凭纸长吟，中夜不眠。向氏呼曰："官人夜深何不睡去？"公以前意白之。正以着《无佛论》，向应声曰："既是无佛，何论之有，当须着有佛论始得。"公疑其言，遂已之。后访一同列，见佛龛前经卷乃问曰："此何书也？"同列曰："《维摩诘所说经》。"公信手开卷，阅到"此病非地大，亦不离地大"处，叹曰："胡人之语亦能尔耶。"问此经几卷，曰三卷，乃借。归阅次，向氏问："看何书？"公曰："《维摩诘所说经》。"向曰："可熟读此经，然后着无佛论。"公悚然异其言，由是深信佛乘，留心祖道。

元祐六年，为江西漕首，谒照觉总禅师。觉诘其所见处，与己符合，乃印可。觉曰："吾有得法弟子住玉溪，乃慈古镜也，亦可与语。"公复因按部过分宁，诸禅迓之。公到，先致敬玉溪慈，次及诸山，最后问兜率悦禅师。悦为人短小，公曾见龚德庄说其聪明可人,乃曰:"闻公善文章。"悦大笑曰:"运使失却一只眼了也。从悦临济九世孙,对运使论文章,政如运使对从悦论禅也。"公不然其语,乃强屈指曰:"是九世也。"问:"玉溪去此多少?"曰:"三十里。"曰:"兜率蓽。"曰:"五里。"公是夜乃至兜率。悦先一夜梦日轮升天,被悦以手搏取,乃说与首座曰:"日轮运转之义。闻张运使非久过此,吾当深锥痛札。若肯回头,则吾门幸事。"座曰:"今之士大夫受人取奉惯,恐其恶发别生事也。"悦曰:"正使烦恼,只退得我院也,别无事。"公与悦语次,称赏东林,悦未肯其说。公乃题寺后拟瀑轩诗,其略曰:"不向庐山寻落处,象王鼻孔谩辽天。"意讥其不肯东林也。公与悦语至更深,论及宗门事,悦曰:"东林既印可运使,运使于佛祖言教有少疑否?"公曰:"有。"悦曰:"疑何等语?"公曰:"疑香严独脚颂,德山拓钵话。"悦曰:"既于此有疑,其余安得无邪?只如岩头言末后句,是有邪是无邪?"公曰:"有。"悦大笑便,归方丈,闭却门。公一夜睡不稳,至五更下床,触翻溺器,乃大彻,猛省前话,遂有颂曰:"鼓寂钟沉拓钵回,岩头一拶语如雷。果然只得三年活,莫是遭他授记来。"遂扣方丈门曰:"某已捉得贼了。"悦曰:"赃在甚处?"公无语。悦曰"都运且去,来日相见。"翌日,公遂举前颂,悦乃谓曰:"参禅只为命根,不断依语生解。如是之说,公已深悟。然至极微细处,使人不觉不知,堕在区宇。"乃作颂证之曰:"等闲行处,步步皆如。虽居声色,宁滞有无。一心靡异,万法非殊。休分体用,莫择精粗。临机不碍,应物无拘。是非情尽,凡圣皆除。谁得谁失,何亲何疏。拈头作尾,指实为虚。翻身魔界,转脚邪途。了无逆顺,不犯工夫。"公邀悦至建昌，途中一一伺察，有十颂叙其事，悦亦有十颂酬之，时元祐八年八月也。

公一日谓大慧曰："余阅雪窦拈古，至百丈再参马祖因缘曰：'大冶精金，应无变色。'投卷叹曰：'审如是，岂得有临济今日耶。'遂作一颂曰：'马祖一喝大雄峰，深入髑髅三日聋。黄檗闻之惊吐舌，江西从此立宗风。'后平禅师致书云：'去夏读临济宗派，乃知居士得大机大用，且求颂本。'余作颂寄之曰：'吐舌耳聋师已晓，锤胸只得哭苍天，盘山会里翻筋斗，到此方知普化颠。'诸方往往以余聪明博记，少知余者。师自江西法窟来，必辩优劣，试为老夫言之。"大慧曰："居士见处与真净死心合。"公曰："何谓也？"大慧举真净颂曰："客情步步随人转，有大威光不能现。突然一喝双耳聋，那吒眼开黄檗面。"死心拈曰："云岩要问雪窦，既是大冶精金，应无变色，为什么却三日耳聋，诸人要知么？从前汗马无人识，只要重伦盖代功。"公拊几曰："不因公语，争见真净死心用处。若非二大老，难显雪窦、马师尔。"

公于宣和四年十一月黎明，口占遗表，命子弟书之。俄取枕掷门窗上，声如雷震，众视之已蜕矣。公有颂古行于世，兹不复录。

泐潭准禅师法嗣

隆兴府云岩典牛天游禅师 成都郑氏子。初试郡庠，复往梓州试，二处皆与贡籍。师不敢承，窜名出关。适会山谷道人西还，因见其风骨不凡，议论超卓，乃同舟而下。竟往庐山，投师剃发，不改旧名。首参死心，不契，遂依湛堂于泐潭。一日，潭普说曰："诸人苦苦就准上座觅佛法。"遂拊膝曰："会么？雪上加霜。"又拊膝曰："若也不会，岂不见乾峰示众曰：'举一不得举二，放过一着，落在第二。'"师闻，脱然颖悟。

出世云盖，次迁云岩，尝和忠道者《牧牛颂》，曰："两角指天，四足踏地。拽断鼻绳，放甚屎屁。"张无尽见之，甚击节。后退云岩过庐山，栖贤主翁意不欲纳，乃曰："老老大大，正是质库中典牛也。"师闻之，述一偈而去，曰："质库何曾解典牛，只缘价重实难酬。想君本领无多子，毕竟难禁这一头。"因庵于武宁，扁曰典牛。终身不出，涂毒见之，已九十三矣。

上堂，卓拄杖曰："久雨不晴札，金乌飞在钟楼角。"又卓一下曰："犹在壳。"复卓曰："一任衲僧名邈。"

上堂，"马祖一喝，百丈蹉过。临济小厮儿，向粪扫推①头，拾得一只破草鞋，胡喝乱喝"。师震声喝曰："唤作胡喝乱喝得么？"

上堂，"象骨辊球能已尽，玄沙斫牌伎亦穷。还知么？火星入裤口，事出急家门"。

上堂，"三百五百，铜头铁额。木笛横吹，谁来接拍"。时有僧出，师曰："也是贼过后张弓。"

上堂，"宝峰有一诀，对众分明说。昨夜三更前，乌龟吞却鳖"。

冬至令节，上堂，"暑运推移，日南长至。布裤不洗，无来

---

① 推：径山本作"堆"。

换替。大小玉泉，无风浪起。云岩路见不平，直下一锤粉碎。"遂高声曰："看脚下！"

上堂，举梁山曰："南来者与你三十棒，北来者与你三十棒。然虽与么，未当宗乘。后来琅邪和尚道：'梁山好一片真金，捋作顽铁卖却。琅邪则不然，南来者与你三十棒，北来者与你三十棒，从教天下贬剥。'"师拈曰："一人能舒不能卷，一人能卷不能舒。云岩门下，一任南来北来。且怎么过，蓦然洗面，摸着鼻头，却来与你三十。"

上堂，"日可冷，月可热，众魔不能坏真说。作么生是真说？初三十一，中九下七。若信不及，云岩与汝道破。万人齐指处，一雁落寒空"。

病起，上堂，举马大师日面佛月面佛，后来东山演和尚颂曰："丫鬟女子画蛾眉，鸾镜台前语似痴。自说玉颜难比并，却来架上着罗衣。"师曰："东山老翁满口赞叹则故是。点检将来，未免有乡情在。云岩又且不然，打杀黄莺儿，莫教枝上啼，几回惊妾梦，不得到辽西。"

潭州三角智尧禅师 上堂，"捏土定千钧，秤头不立蝇。个中些子事，走杀岭南能。还有荐得底么？直饶荐得也是第二月"。

法云杲禅师法嗣

随州洞山辩禅师 上堂，"不是心，不是佛，不是物，钻天子鹞辽天鹁。不度火，不度水，不度炉，离弦箭发没回途。直饶会得十分去，笑倒西来碧眼胡"。

东京慧海仪禅师　上堂，"无相如来示现身，破魔兵众绝纤尘。七星斜映风生处，四海还归旧主人。诸仁者，大迦叶灵山会上，见佛拈花，投机微笑，须菩提闻佛说法，深解义趣，涕泪悲泣。且道笑者是哭者是？不见道，万派横流总向东，超然八面自玲珑。万人胆破沙场上，一箭双雕落碧空"。

上堂，举沩山坐次，仰山问："和尚百年后，有人问先师法道，如何只对？"沩曰："一粥一饭。"仰曰："前面有人不肯，又作么生？"沩曰："作家师僧。"仰便礼拜，沩曰："逢人不得错举。"师曰："自古及今，多少人下语，道严而不威，恭而无礼。横按拄杖，竖起拳头。若只恁么，却如何知得他父子相契处？山僧今日也要诸人共知，莫分彼我，彼我无殊。困鱼止泺，病鸟栖芦。逡巡不进泥中履，争得先生一卷书。"

西蜀銮法师　通大小乘，佛照谢事，居景德。师问照曰："禅家言多不根，何也？"照曰："汝习何经论？"曰："诸经粗知，颇通《百法》。"照曰："只如昨日雨，今日晴，是甚么法中收？"师懵然。照举痒和子击曰："莫道禅家所言不根好。"师愤曰："昨日雨，今日晴，毕竟是甚么法中收？"照曰："第二十四时分，不相应法中收。"师恍悟，即礼谢。后归蜀，居讲会，以直道示徒，不泥名相，而众多引去。遂说偈罢讲曰："众卖华兮，独卖松，青青颜色不如红。算来终不与时合，归去来兮翠蔼中。"由是隐居二十年，道俗追慕，复命演法。笑答偈曰："遁迹隐高峰，高峰又不容。不如归锦里，依旧卖青松。"众列拜悔过，两川讲者争依之。

文殊能禅师法嗣

常德府德山琼禅师 受请日，上堂曰："作家捞笼不肯住，呼唤不回头，为甚么从东过西？"自代曰："后五日看。"

昭觉纯白禅师法嗣

成都府信相宗显正觉禅师 潼川王氏子，少为进士，有声。尝昼掬溪水为戏，至夜思之，遂见水泠然盈室，欲汲之不可，而尘境自空，曰："吾世网裂矣。"往依昭觉得度，具满分戒，后随众咨参。觉一日问师："高高峰顶立，深深海底行，汝作么生会？"师于言下顿悟曰："钉杀脚跟也。"觉拈起拂子曰："这个又作么生？"师一笑而出，服勤七祀。

南游至京师，历淮浙，晚见五祖演和尚于海会，出问："未知关棙子，难过赵州桥。赵州桥即不问，如何是关棙子？"祖曰："汝且在门外立。"师进步一踏而退。祖曰："许多时茶饭，元来也有人知滋味。"明日入室，祖云："你便是昨日问话底僧否？我固知你见处，只是未过得白云关在。"师珍重便出。时圆悟为侍者，师以白云关意扣之。悟曰："你但直下会取。"师笑曰："我不是不会，只是未谙，待见这老汉共伊理会一上。"明日祖往舒城，师与悟继往。适会于兴化，祖问师："记得曾在郡里相见来？"师曰："全火只候。"祖顾悟曰："这汉饶舌。"自是机缘相契。

游庐阜回，师以"高高峰顶立，深深海底行"所得之语告五祖。祖曰："吾尝以此事诘先师。先师云：'我曾问远和尚，远曰：猫有䑛血之功，虎有起尸之德。'非素达本源，不能到也。"师给侍之久，祖钟爱之。

后辞西归，为小参，复以颂送曰："离乡四十余年，一时忘却蜀语。禅人回到成都，切须记取鲁语。"时觉尚无恙，师再侍之，名声蔼着。遂出住长松，迁保福信相。僧问："三世诸佛，六代祖师，总出这圈䙀不得。如何是这圈䙀？"师曰："井栏唇。"

上堂，举仰山问中邑："如何是佛性义？"邑曰："我与你说个譬喻，汝便会也。譬如一室有六窗，内有一猕猴。外有猕猴从东边唤狌狌，猕猴即应。如是六窗俱唤俱应。"仰乃礼拜，"适蒙和尚指示，某有个疑处。"邑曰："你有甚么疑？"仰曰："只如内猕猴睡时，外猕猴欲与相见，又怎么生？"邑下禅床，执仰山手曰："狌狌与你相见了。"师曰："诸人要见二老么？我也与你说个譬喻。中邑大似个金师，仰山将一块金来，使金师酬价，金师亦尽价相酬。临成交易，卖金底更与贴秤，金师虽然暗喜，心中未免偷疑。何故？若非细作，定是贼赃。"便下座。

大沩璿禅师法嗣

眉州中岩慧目蕴能禅师 本郡吕氏子。年二十二，于村落一富室为校书。偶游山寺，见禅册阅之，似有得，即裂冠圆具，一钵游方。

首参宝胜澄甫禅师，所趣颇异。至荆湖，谒永安喜、真如哲、德山绘，造诣益高。追抵大沩，沩问："上座桑梓①何处？"师曰："西川。"曰："我闻西川有普贤菩萨示现，是否？"师曰："今日得瞻慈相。"曰："白象何在？"师曰："牙爪已具。"曰："还会转身么？"师提坐具，绕禅床一匝。沩曰："不是这个道理。"师趋出。一日，沩为众入室问僧："黄巢过后，还有人收得剑么？"僧竖起拳，沩曰："菜刀子。"僧曰："争奈受用不尽。"沩喝出。次问师："还有人收得剑么？"亦竖起拳。沩曰："只是菜刀子。"曰："杀得人即休。"遂近前栏胸筑之。沩曰："三十年弄马骑，今日被驴子扑。"

后还蜀，庵于旧址，应四众之请，出住报恩。上堂，"龙济道，万法是心光。诸缘唯性晓，本无迷悟人，只要今日了"。师曰："既无迷悟，了个甚么？咄！"

上堂，举雪峰一日普请般柴，中路见一僧，遂掷下一段柴，曰："一大藏教只说这个。"后来真如哲道："一大藏教不说这个。""据此，二尊宿说话是同是别？山僧则不然"，竖起拂子曰："提起则如是我闻，放下则信受奉行。"室中问崇真毡头："如何是你空劫已前父母？"真领悟曰："和尚且低声。"遂献投机颂曰："万年仓里曾饥馑，大海中住尽长渴。当初寻时寻不见，如今避时避不得。"师为印可。

一日，与黄提刑弈棋次，黄问："数局之中无一局同，千着万着则故是。如何是那一着？"师提起棋子示之。黄伫思，师曰："不见道，从前十九路迷杀几多人。"

---

① 桑梓：古代常在家屋旁栽种桑树和梓树，借指故乡。

师住持三十余年，凡说法，不许录其语。临终书偈，跏坐而化。阇维时，暴风忽起，烟所至处，皆雨设利。道俗剧其地皆得之，心舌不坏，塔于本山。

怀安军云顶宝觉宗印禅师 上堂，"古者道：'识得橙子，周匝有余。'又道：'识得橙子，天地悬殊。'山僧总不恁么，识得橙子，是甚么闲家具？"

一日普说罢，师曰："诸子未要散去，更听一偈。"乃曰："四十九年，一场热哄。八十七春，老汉独弄。谁少谁多，一般作梦。归去来兮，梅梢雪重。"言讫，下座，倚杖而逝。

饶州荐福英禅师法嗣

福州等觉普明禅师 开堂日，上首白槌罢。师良久，普视大众曰："奇哉妙哉！是诸人还于此观得么？若实于此观得，尽十方世界，更无微毫许法可与为见为闻，亦无纤芥许法可与为对为待。可谓露裸裸，赤洒洒。若观不得，定是根尘结缚未解，凡圣情量不脱，终日只在是非得失里转倒，有什么用处。众中莫有超然独脱洒落底衲僧么？无妨出来，与你证明。"

僧问："如何是夺人不夺境？"师曰："风清月白。"僧云："如何是夺境不夺人？"师曰："灰头土面。"僧云："如何是人境俱不夺？"师曰："海晏河清。"僧云："如何是人境两俱夺？"师曰："水泄不通。"问："如何是宾中宾？"师曰："伶俜更苦辛。"僧云："如何是宾中主？"师曰："问处甚分明。"僧云："如何是主中宾？"师曰："垂手入红尘。"僧云："如何是主中主？"师曰："宝剑当胸。"僧云："宾主已蒙师指示，向上宗乘事若何？"师曰："且待别时来。"乃曰："休休！直饶问若联珠，答如瓶泻，于道远之远矣。何谓也？若论此事一大藏教，更不能诠。三世诸佛，唯是自得，辉今耀古。忘见绝知，弥满十虚。定有方所，只为情生智隔，想变体殊，于日用间不能自觉。所以劳他先德回首尘劳，开方便门，示真实相。方便门已八字打开了，也还有入得底么？若向这里入得，便能持实相印，建大法幢，出没纵横，卷舒自在。直饶到此，犹落建化门庭，未为衲僧径要一路。作么生是径要一路？"良久曰："肯重不得全，卸却方为妙。珍重！"

泐潭乾禅师法嗣

潭州龙牙宗密禅师 豫章人。僧问："如何是佛？"师曰："莫寐语。"问："如何是一切法？"师曰："早落第二。"

上堂，大众集，师曰："已是团栾，不劳雕琢，归堂吃茶。"

上堂，"休把庭华类此身，庭花落后更逢春。此身一往知何处，三界茫茫愁杀人"。

江州圆通道旻圆机禅师 世称古佛，兴化蔡氏子。母梦吞摩尼宝珠有孕。生五岁，足不履，口不言。母抱游西明寺，见佛像。遽履地合爪，称南无佛，仍作礼，人大异之。及官学大梁，依景德寺德祥出家，试经得度。遍往参激，皆染指，亲沩山喆禅师最久。晚慕泐潭，往谒，潭见，默器之。师陈历参所得，不蒙印可。潭举世尊拈华，迦叶微笑语以问，复不契。后侍潭行次，潭以拄杖架肩，长嘘曰："会么？"师拟对，潭便打。有顷，复拈草示之曰:"是甚么?"师亦拟对,潭遂喝。于是顿明大法,作拈华势,乃曰:"这回瞒旻上座不得也。"潭挽曰:"更道更道!"师曰:"南山起云,北山下雨。"即礼拜,潭首肯。后开法灌溪,次居圆通。以符道济禅师之记,学者向臻。朝廷闻其道,会宰臣复为之请锡,以命服与圆机号。上堂,"诸佛出世,无法与人,只是抽钉拔楔,除疑断惑。学道之士,不可自谩。若有一疑如芥子许,是汝真善知识"。喝一喝曰:"是甚么?切莫刺脑入胶盆。"

庆元府天童普交禅师 郡之万龄毕氏子,幼颖悟,未冠得度。往南屏,听台教。因为檀越修忏摩,有问曰:"公之所忏罪,为自忏邪,为他忏邪。若自忏罪,罪性何来。若忏他罪,他罪非汝,乌能忏之。"师不能对,遂改服游方。造泐潭,足才跨门,潭即呵之。师拟问,潭即拽杖逐之。一日,忽呼师至丈室曰:"我有古人公案,要与你商量。"师拟进语,潭遂喝,师豁然领悟,乃大笑。潭下绳床执师手曰:"汝会佛法邪。"师便喝,复拓开,潭大笑。于是名闻四驰,学者宗仰。后归桑梓,留天童,掩关却扫者八年。寺偶虚席,郡僚命师开法。恐其遁,预遣吏候于道,故不得辞。受请日,上堂曰:"咄哉黄面老,佛法付王臣。林下无情客,官差逼杀人。莫有知心底为我免得么?若无不免,将错就错。"便下座。

师凡见僧来,必叱曰:"栗未担时为汝说了也,且道说个甚么?招手洗钵,拈扇张弓。赵州柏树子,灵云见桃花,且掷放一边。山僧无恁么闲唇吻,与你打葛藤,何不休歇去。"拈拄杖,逐之。

宣和六年三月二十日,沐浴升堂说偈,脱然示寂。偈曰:

"宝杖敲空触处春,个中消息特弥纶。昨宵风动寒岩冷,惊起泥牛耕白云。"寿七十七,腊五十八。

福州东禅祖鉴从密禅师 汀州人也。上堂,"开口不是禅,合口不是道,踏步拟进前,全身落荒草"。

楚州胜因戏鱼咸静禅师 本郡高氏子。上堂,"游遍天下,当知寸步不曾移。历尽门庭,家家灶底少烟不得。所以肩笻峭履,乘兴而行。掣钓沉丝,任性而住。不为故乡田地好,因缘熟处便为家。今日信手拈来,从前几曾计较。不离旧时科段,一回举着一回新。明眼底瞥地便回,未悟者识取面目。且道如何是本来面目?"良久曰:"前台花发后台见,上界钟声下界闻。"以拂子击禅床,下座。

上堂,举世尊在摩竭陀国为众说法,是时将欲白夏,乃谓阿难曰:"诸大弟子,人天四众,我常说法,不生敬仰。我今入因沙白室中,坐夏九旬。忽有人来问法之时,汝代为我说,一切法不生,一切法不灭。"言讫掩室而坐。师召大众曰:"释迦老子初成佛道之时,大都事不获已。才方成个保社,便生退倦之心。胜因当时若见,将钉钉却室门,教他一生无出身之路,免得后代儿孙递相仿效。不见道,若不传法度众生,是不名为报恩者。"击拂子,下座。

后晦处涟漪之天宁,示微疾,书偈曰:"弄罢影戏,七十一载,更问如何,回来别赛。"置笔而逝。

庆元府二灵知和庵主 苏台玉峰张氏子,儿时尝习坐垂堂。堂倾,父母意其必死,师瞑目自若,因使出家。年满得度,趋谒渤潭。潭见乃问:"作甚么?"师拟对,潭便打,复喝曰:

"你唤甚么作禅?"师蓦领旨,即曰:"禅无后无先,波澄大海,月印青天。"又问:"如何是道?"师曰:"道红尘浩浩不用安排,本无欠少。"潭然之。次谒衡岳辩禅师,辩尤器①重。

元符间,抵雪窦之中峰、栖云两庵,逾二十年。尝有偈曰:"竹筧二三升野水,松窗五七片闲云。道人活计只如此,留与人间作见闻。"有志于道者多往见之。僧至礼拜,师曰:"近离甚处?"曰:"天童。"师曰:"太白峰高多少?"僧以手斫额作望势。师曰:"犹有这个在。"曰:"却请庵主道。"师却作斫额势,僧拟议,师便打。

师初偕天童交禅师问道,盟曰:"他日吾二人宜踞孤峰绝顶,目视霄汉,为世外之人,不可作今时籍名官府,屈节下气于人者。"后交爽盟,至则师竟不接。正言陈公以计诱师出山,住二灵,三十年间,居无长物,唯二虎侍其右。一日威于人,以偈遣之。宣和七年四月十二日,趺坐而逝。正言陈公状师行实。及示寂,异迹甚详。仍塑其像,二虎侍之,至今存焉。

庐州西天王兴化可都禅师 僧问:"祖意西来即不问,为人一句请师宣。"师曰:"片云归后洞,只鹤舞清虚。"僧云:"与么则兴化得人,群生有赖也。"师曰:"鸟啄古林木,山横今日云。"师乃曰:"如来大法,诸佛妙道,真源湛寂,了无生灭。设使千圣出来,亦乃难寻缝罅。兴云吐雾,普遍河沙,纵横有准,妙应无疑,把定放行,卷舒自得。起人天眼目,扩佛祖心源,诸法见前,更无欠少。所谓人人具足,个个圆成,不用纤毫心力,

---

① 器:径山本作"契"。

自然壁立千仞。"良久喝一喝。

潭州道吾楚方禅师 僧问："昔日道吾云：'生也不道，死也不道。'和尚今日为什么却道？"师曰："官不容针，私通车马。"僧云："真个渤潭无异水，清风宛尔不同常。"师曰："伶利衲僧，点一知二。"乃曰。"诸人十二时中，不要错用心好。头上是天，脚下是地，朝明夕晦，水绿山青，物像分明，亘古亘今。若也怎么承当去，早是无事起事。那更言中求玄，句里寻妙，正是埋没自己，不如归堂吃茶去。"

开先瑛禅师法嗣

潭州大沩海评禅师 上堂曰："灯笼上作舞，露柱里藏身，深妙神恶发，昆仑奴生嗔。"喝一喝曰："一句合头语，万劫堕迷津。"

绍兴府慈氏端仙禅师 本郡人，年二十去家，以试经披削。习毗尼，因睹"戒性如虚空，持者为迷倒"，师谓："戒者束身之法也，何自缚乎。"遂探台教。又阅："诸法不自生，亦不从他生，不共不无因，是故说无生。"疑曰："又不自他、不共、不无因生，毕竟从何而生？"即省曰："因缘所生，空假三观。抑扬性海，心佛众生，名异体同。十境十乘，转识成智。不思议境，智照方明，非言诠所及。"弃，谒诸方，后至投子。广鉴问："乡里甚处？"师曰："两浙东越。"鉴曰："东越事作么生？"师曰："秦望峰高，鉴湖水阔。"鉴曰："秦望峰与你自己是同是别？"师曰："西天梵语，此土唐言。"鉴曰："此犹是丛林祗对，毕竟是同是别?"师便喝,鉴便打,师曰:"恩大难酬。"便礼拜。后归里,开法慈氏室中。尝问僧:"三个橐驼两只脚,日行万里趁不着,而今收在玉泉山,不许时人乱斟酌。诸人向甚么处与仙[①]上座相见?"

圆通仙禅师法嗣

温州净光了威佛日禅师 僧问:"如何是祖师西来意?"师曰:"一宿二宿程,千山万山月。"曰:"意旨如何?"师曰:"朝看东南,暮看西北。"曰:"向上更有事也无?"师曰:"人心难满,溪壑易填。"问:"时节因缘即不问,惠超佛话事如何?"师曰:"波斯弯弓面转黑。"曰:"意旨如何?"师曰:"穿过髑髅笑未休。"曰:"学人好好借问。"师曰:"黄泉无邸店,今夜宿谁家。"

婺州明招文慧禅师 僧问:"百尺竿头,如何进步?"师曰:"南天台,北五台。"僧云:"处处逢归路,时时达本源。"师曰:"对面若无青山白云,相识犹如不相识。"僧云:"争奈学人有转身一路。"师曰:"切忌丧身失命。"师乃良久曰:"便与么散去,早自落七落八了也。俯为初机,不免重重话会。今朝五月五,为汝等诸人举个父母未生底句。光明烜赫耀乾坤,且是无今亦无古。三世诸佛强诠量,六代祖师徒指注。殿上迦叶谩擎拳,门外金刚眉卓竖。"师抚掌呵呵大笑曰:"笑个什么,笑

---

① 仙:径山本作"你"。

灯笼入露柱。"

慧力可昌禅师法嗣

临江军慧力洞源禅师 上堂曰："佛祖不立，雨落街头自湿。凡圣何依，晴干自是无泥。方知头头皆是道，法法本圆成。休说赵州七斤衫，曹溪一滴水。须弥顶上浪滔天，大洋海底红尘起。"喝一喝，"是何道理？参！"

续传灯录卷第二十七

大鉴下第十六世

昭觉圆悟克勤禅师法嗣

临安府径山妙喜大慧宗杲禅师 生于宣州宁国奚氏,年十三方从学发蒙,未半月,弃去出家,十七落发受具。虽年少,已知有宗门中事。遍阅诸家语录,尤喜云门睦州语。尝疑五家宗派元初只是一个达磨,甚处有许多门庭。然性俊逸不羁,父母勉之令游方。时宣州有明教绍珵禅师者,兴教坦之嗣琅邪觉之孙也。师闻其饱参,倒心事之,常请益雪窦拈古颂古及古宿因缘。珵指示惟要直下自见自说,不少假其言语。师洞达先德微旨。珵异之,每叹云:"杲再来人也。"

复游郢州,见大阳元首座、洞山微和尚、坚侍者。微在芙容首众,坚为侍者十年。师参三人甚久,尽得曹洞宗旨。一日见其臂香传授,以表不妄付嘱。心非之曰:"禅有传授,岂佛祖自证自悟之法。"遂去之,至真如喆座下,入庆藏主贤蓬头之室。又与庆同往黄龙,见晦堂东林,参照觉,俱不合。

又谒心印珣禅师,珣秀铁面之高第,与师语,大奇之,欲留会下，而师不乐。珣因指令往宝峰，参准禅师，准即湛堂也。师始至，机辩纵横。准云："汝鼻孔因甚无半边？"师曰："宝峰门下。"准云："杜撰禅和。"又因彩妆十王次，准指问师："这官人姓什么？"师曰："姓梁，湛堂姓梁。"准摩头云："争奈姓梁底少个幞头。"师曰："头虽不同，鼻孔仿佛。"准云："杜撰禅和。"又因看《金刚经》，问师云："是法平等，无有高下。为甚云居山高，宝峰山低？"师曰："是法平等，无有高下。"准云："你做得坐主奴。"又一日语师云："杲上坐，我这子禅，你一一理会得耶？"师曰："理会得。"准云："教你说也说得，教你做也做得，拈古颂古小参普说总得。只是有一件事不是，你还知么？"师曰："未审是什么事。"准云："你只欠囡地一下。所以说时有，不说时便无。入方丈时有，出方丈时便无。惺惺时有，睡着便无。如何敌得生死？"师曰："正是某甲疑处。"

准病，师问曰："某甲向后当见谁人？"准云："有个勤巴子，我不识渠，汝可见之，当能办子事。若了不下，便可修行，看一《大藏经》。后身出来参禅，决是个善知识也。"湛堂殁，师谒张天觉丞相，求塔铭，天觉门庭高于衲子，少许可。见师一言而契，即下榻，朝夕与语，名其庵曰妙喜，字之曰昙晦。且言："子必见川勤，吾助子往。"遂津其行。

勤即圆悟也，时方自蒋山奉诏住东京天宁，未至，师先到寺挂塔，参堂毕，勤方入院。师晨夕参请。勤举僧问云门："如何是诸佛出身处？"答云："东山水上行。"令师下语。师参及一年，凡下四十九转语，皆不契。一日勤赴一达官宅，升坐，举僧问云门："如何是诸佛出身处？"云门云："东山水上行。""若是天宁即不然。若有人问，如何是诸佛出身处。只向道，熏风自南来，殿阁生微凉。"师闻举，豁然省悟，遂以所悟告勤。勤察师虽得前后际断，动相不生，然却坐在净裸裸处。语师云："未也。子虽有得矣，而大法未明。"一日入室，勤云："也不易，尔你到这里田地。但可惜死了，不能得活。不疑言句，是为大病。不见道，悬崖撒手，自肯承当，绝后再苏，欺君不得。须知有这个道理。"师言："某甲只据如今得处，已是快活，更不能理会得也。"勤不肯，因令师在择木寮作不厘务侍者，每日同士大夫闲话，入室日不下三四。勤因举有句无句，如藤倚树诘师。师才开口，勤便云："不是不是。"如此者半载未蒙印可，念念不忘于心。一日同诸官客饭，师把箸在手，都忘下口。勤笑云："这汉参黄杨木禅却倒缩去。"师遂说譬喻曰："和尚这个道理，恰似狗看热油铛相似，要舐又舐不得，要舍又舍不得。"勤云："你喻得极好，只这个便是金刚圈栗棘蓬也。"

又一日问曰："见说和尚当时在五祖，亦曾问此话。不知五祖如何答，乞师垂示。"勤默不应。师曰："和尚当时不可独自问，须对大众前问，如今说又何妨。"勤遂云："我问有句无句如藤倚树时如何，五祖云，描也描不成，画也画不就。又问，忽遇树倒藤枯时如何。五祖云，相随来也。"师闻举，当下大悟，乃曰："某甲会也。"勤云："只恐你又透这公案未得。"师曰："请和尚举。"勤遂连举前辈一络索誵讹语话，征诘之。师随声酬对，了无滞碍。勤拊掌称善，又对众称赏云："杲非一生两生为善知识来。"师自是纵横踔厉，大肆其说，如建瓴水，如转圆石于千仞之坂。诸老敛衽，莫婴其锋矣。初师既大彻，反于数禅客有疑，乃以问勤。勤云："我这个禅如大海相似，你将得个大海来倾取去始得。若只将钵盂来盛得些子去便休。是你器量只如此，教我怎奈何。能有几个得到你田地。旧时只有个璟上坐，与你一般，却已死了也。"未几，遂举师首众。于时士大夫往往争与之游。雅为右丞吕公舜徒所重，奏赐紫衣，号佛日大师。

女真难作，虏酋欲取禅僧十辈，师在选中，既而获免。盖若有相之者，遂渡江而南。时勤赐号圆悟禅师，主云居法席，命师居第一坐，常与诸衲子入室，圆悟每来听其语。师一日入室罢，却上方丈，与圆悟同坐。圆悟云："或有个禅和子得似老僧，汝又如何支遣？"师曰："何幸如之。正如东坡说作刽子手，一生得遇一个肥汉剐。"圆悟呵呵大笑云："你倒与我入室，拶得我上壁也。"圆悟常言："近来诸方尽成窠窟，五祖下，我与佛鉴、佛眼三人，结社参禅。如今早见漏逗出来。佛鉴下有一种作狗子叫，鹁鸠鸣，取笑人。佛眼下有一种觑灯笼露柱，指东画西，如眼见鬼一般。我这里且无此两般病痛。"师曰："大好无病痛。"圆悟云："何谓也？"师曰："击石火，闪电光，引得无限人弄业识，举了便会了，岂不是佛法大窠窟。"圆悟不觉吐舌，乃云："休管他，休管他，我只以契证为期。若不契证，断定不放过。"师曰："说契证即得，第恐后来只怎么传将去，举了便会了。硬主张击石火，闪电光，业识茫茫，未有了日。"圆悟深以为然。

未几，圆悟还蜀，师始辞，居古云门，学者云集。复避乱走湖南，转江右，入闽，筑庵长乐洋屿。时从之者，才五十三人。未五十日，得法者十三人，前此盖未始有也，后皆角立。始应给事江公少明之请，住小溪云门庵。丞相张魏公在蜀时，圆悟为言师真得法髓,及造朝,遂以临安径山延之,法席之盛冠于一时。百舍重趼往赴,惟恐其后,至无所容,乃建千僧大阁以居之,凡二千余众。初开法升坐,问答未已,复有数僧竞出争问。师乃约住曰:"止止!假使大地草木尽抹为尘,一一尘有一口,一一口具无碍广长舌相,一一舌相出无量差别音声,一一音声发无量差别言词,一一言词有无量差别妙义。如上尘数,衲僧各各具如是口、如是舌、如是音声、如是言词、如是妙义,同时致百千问难,问问各别,不消径山长老咳嗽一声,一时答了。乘时于其中间,作无量无边广大佛事,一一佛事周遍法界,所谓一毛现神变,一切佛同说经,于无量劫不得其边际。便恁么去,闹热门庭即得。若以正眼观之,正是业识茫茫,无本可据,祖师门下一点也用不着。况复钩章棘句,展露言锋,非唯埋没从上宗乘,亦乃笑破衲僧鼻孔。所以道,毫厘系念,三涂业因。瞥尔情生,万劫羁锁。圣名凡号,尽是虚声。殊相劣形,皆为幻色。汝欲求之,得无累乎。及其厌之,又成大患。看他先德恁么告报,如国家兵器,不得已而用之。本分事上,亦无这个消息。山僧今日如斯举唱,大似无梦说梦,好肉剜疮。点捡将来,合吃拄杖。只今莫有下得毒手者么?若有,堪报不报之恩,共助无为之化。如无,倒行此令去也。"蓦拈拄杖曰:"横按镆铘全正令,太平寰宇斩痴顽。"卓一下,喝一喝,示众曰:"颠倒想生,生死续。颠倒想灭,生死绝。生死绝处,涅槃空。涅槃空处,眼中屑。涅槃既空,唤什么作眼中屑?白云乍可来青嶂,明月难教下碧天。"

又曰:"摩竭提国,犹在半途。少室峰前,全无巴鼻。谈玄说妙,好肉剜疮。举古明今,抛沙撒土。争似饥餐渴饮,闲坐困眠。从教四序推移，都不干预我事。虽然如是，也须实到这个田地始得。只如实到这个田地底，如何亲近？"喝一喝曰："灸疮瘢上，更着艾炷去也。"又曰："我宗无语句，实无一法与人，早是通身浸在屎窖里了也，那堪踏步向前。如之若何，问向上向下，三玄三要，银碗里盛雪，北斗里藏身，意旨如何。岂不是屎窖边更掘屎窖？虽然如是，若于屎窖中知些气息，方知三世诸佛、历代祖师、天下老和尚、古往今来一切善知识，尽在屎窖里转大法轮。其或未然，切忌向屎窖里作活计。"

又上堂，问答罢，乃曰："问得亦好，不问更亲。何故？声前一路，千圣不传。学者劳形，如猿捉影。可中有个英灵汉，恁么不恁么，聊闻举着，剔起便行，犹在葛藤窠里。直得内无所证，外无所修，似地擎山，如石含玉，亦未是衲僧放身命处。敢问大众，作么生是衲僧放身命处？若也知得，尘尘念念皆无空阙，折旋俯仰尽在其中。正恁么时，毕竟是谁家风月，还委悉么？千圣不知何处去，倚天长剑逼人寒。"下座。

师说法，不立窠臼，不守规辙，大率如此，不可概举。尝垂语问学者："我这里无法与人，只是据款结案。恰如你将个琉璃瓶子来护惜，似个什么，我一见便与你打破了。你又将个摩尼珠来，我又与你夺了。待你只恁么来，我又和你两手截了。所以临济和尚道，逢佛杀佛，逢祖杀祖，逢罗汉杀罗汉。既称善知识，为什么却要杀人去，且道是什么道理？又尝语僧俗言，参得禅了，凡读经看文字，如去自家屋里行一遭相似，又如与旧时相识底人相见一般。若欲以文字语言糟粕求，无有是处。"

参禅人请师子细说禅病。师言："禅有什么病可说，禅又不曾患头痛，又不曾患脚痛，又不曾患耳聋，又不曾患眼暗。只是参禅底人参得差别，证得差别，用心差别，依师差别。因此差别，故说名为病，非谓禅有病也。如何是佛，即心是佛，有什么病？狗子还有佛性也无，无有什么病？唤作竹篦则触，不唤作竹篦则背，有什么病？如何是佛麻三斤，有什么病？如何是佛干屎橛，有什么病？你不透了，才作道理要透，便千里万里没交涉也。拟心凑泊他，拟心思量他，向举起处领略，击石火闪电光处会，这个方始是病，世医拱手，然究竟不干禅事。赵州云，要与空王为弟子，莫教心病最难医。"

尝举南院问风穴："南方一棒作么生商量？"风穴云："作奇特商量。"风穴却问："此间一棒作么生商量？"南院横拄杖云："棒下无生忍，临机不见师。"师举了，曰："风穴当时好大展坐具，礼他三拜，不然与他掀倒绳床。"乃回顾衲子冲密云："你道风穴当时礼拜是，掀倒绳床是？"冲密云："草贼大败。"师曰："你看这瞎汉。"便打。

又举睦州，凡见僧来便云："见成公案，放你三十棒。"云峰悦云："作贼人心虚。"师曰："又添得一个道了。"问冲密云："你道我怎么道，还有过也无？"冲密云："作贼人心虚。"师曰："三个也。"

又举僧问大龙："色身败坏，如何是坚固法身？"大龙云："山花开似锦，涧水湛如蓝，作么生会？"僧云："不会。"师举了，指拜席问旁僧曰："见么？"云："见。"师曰："又道不会。"复曰："太近也，因什么不会？"僧罔措，师曰："只为分明极，翻令所得迟。"

师室中多问衲子："唤作竹篦即触，不唤作竹篦即背。不得下语，不得无语，不得思量，不得拟议，不得于意根下卜度，不得于举起处承当。速道速道！"僧拟进语，师便打趁出，于时罕有善其机者。又曰："唤作竹篦即触，不唤作竹篦即背。不得下语，不得无语，不得良久，不得卜度，不得作女人拜绕禅床，不得拂袖便行，一切总不得。你尔便夺却竹篦，我且许你夺却。我唤作拳头则触，不唤作拳头则背，你又如何夺。更饶你道个请和尚放下着，我且放下着。我唤作露柱则触，不唤作露柱则背，你又如何夺。我唤作山河大地则触，不唤作山河大地则背，你又如何夺。"时有舟峰长老云："某甲看和尚竹篦子话，如籍没却人家财产了，更要人纳物事。"师曰："你譬喻得极妙。我真个要你纳物事，你无所从出，便须讨死路去也。或投河，或赴火，拚得命方始死，得死了却缓缓地再活起来。唤你作菩萨便欢喜，唤你作贼汉便恶发，依前只是旧时人。所以古人道，悬崖撒手，自肯承当，绝后再苏，欺君不得。到这里始契得竹篦子话。"复说偈曰："佛之一字尚不喜，有何生死可相关。当机觌面无回互，说甚《楞严》义八还。"

师阐扬宗教时，有同时号称宗师说法，以寂照静默为本者，见士大夫为尘劳所障，方寸不宁，便为言："令寒灰枯木去，一条白练去，古庙香炉去，冷湫湫地去。"谓此法门可休歇人身心。师以为如此见解，堕在黑山下鬼窟里，教中谓之昏沉，殊不知这个猢狲子不死，如何得休歇。来为先锋，去为殿后底不死，如何得休歇。故师每力排之，谓之邪师寂照禅，断佛慧命，千佛出世，不通忏悔。

一日室中坐，有郑昂尚明者，持一办香来，怒气可掬，声色俱厉云："昂有一片香未烧在，欲与和尚理会一件事。只如默然无言，是法门中第一等休歇处，和尚肆意诋诃。昂心疑和尚不到这田地，所以信不及。且如释迦老子在摩竭提国，三七日中掩室不作声，岂不是佛默然。毗耶离城三十二菩萨各说不二法门，末后维摩无语，文殊赞善，岂不是菩萨默然。须菩提在岩中宴坐无言无说，岂不是声闻默然。天帝释见须菩提在岩中宴坐，乃雨花供养亦无言说，岂不是凡夫默然。达磨游梁历魏，少林冷坐九年，岂不是祖师默然。鲁祖见僧便面壁，岂不是宗师默然。和尚因什么却力排默照以为邪非？"

师曰："你曾读《庄子》么？"云："是何不读。"师曰："庄子云，言而足，终日言而尽道，言而不足，终日言而尽物。道物之极，言默不足以载，非言非默，义有所极。我也不曾看郭象解并诸家注解，只据我杜撰说破你这默然。岂不见孔子一日大惊小怪道：'参乎吾道，一以贯之。'曾子曰：'唯。'你揞大家才闻个唯字，便来这里恶口，却云这一唯与天地同根万物一体，致君于尧舜之上，成家立国，出将入相，以至启手足时，不出这一唯。且喜没交涉！殊不知这个道理，便是曾子言而足，孔子言而足。其徒不会，却问何谓也。曾子见他理会不得，却向第二头答他话，谓夫子之道不可无言。所以云，夫子之道，忠恕而已矣。要之道，与物至极处，不在言语上，不在默然处，言也载不得，默也载不得。公之所说，尚不契庄子意，何况要契释迦老子、达磨大师意耶。你要理会得庄子非言非默义有所极么，便是云门大师拈起扇子云，扇子蹦跳上三十三天，筑着帝释鼻孔，东海鲤鱼打一棒，雨似盆倾①。你若会得云门这个说话，便是庄子说底、曾子说底、孔子说底一般。"

昂遂无语。师曰："你虽不语，心犹未伏在。然古人决定不在默然处，坐地明矣。你适来举释迦掩室、维摩默然，且看旧时有个坐主唤作肇法师，把那无言说处说出来，与人云：'释迦掩室于摩竭，净名杜口于毗耶，须菩提唱无说以显道，释梵绝听而雨花。斯皆理为神御，故口以之而默，岂曰无辩，辩所不能言也。'这个是理与神忽然相撞着，不觉到说不得处，虽然不语，其声如雷，故曰岂曰无辩，辩所不能言也。这里世间聪明辩才，用一点不得。到得恁么田地，方始是放身舍命处。这般境界，须是当人自证自悟始得。所以《华严经》云：'如来宫殿无有边，自然觉者处其中。'此是从上诸圣大解脱法门，无边无量，无得无失，无默无语，无去无来。尘尘尔，刹刹尔，念念尔，法法尔，只为众生根性狭劣，不到三教圣人境界，所以分彼分此。殊不知，境界如此广大，却向黑山下鬼窟里默然坐地，故先圣呵为解脱深坑，是可怖畏之处。以道眼观之，则是刀山剑树，镬汤炉炭里坐地。一般坐主家尚不滞在默然处，况祖师门下客，却道才开口便落今时。且喜没交涉。"昂不觉作礼。

师曰："公虽作礼，然更有事在。"至晚来入室，师问曰："今年几岁？"云："六十四。"又问："你六十四前从什么处来？"昂又无语，师遂以竹篦打出。次日又来室中云："六十四年前尚未有昂在，如何和尚却问昂从什么处来？"师曰："你六十四年前

---

① 盆倾：径山本作"倾盆"。

不可元在福州郑家，只今这听法说法一段历历孤明底，未生已前，毕竟在什么处？"云："不知。"师曰："你若不知，便是生大。今生且限百岁，百岁后，你待要飞出三千大千世界外去，须是与他入棺材始得。当尔之时，四大五蕴一时解散，有眼不见物，有耳不闻声，有个肉团心分别不行，有个身火烧刀斫都不觉痛。到这里，历历孤明底却向什么处去？"云："昂也不知。"师曰："你既不知，便是死大。故曰无常迅速，生死事大，便是这个道理。这里使聪明也不得，记持也不得。我更问你平生做许多之乎者也，腊月三十日将那一句敌他生死，须是知得生来死去处分晓始得。若不知，即是愚人。"昂方心伏，始知无言无说处一切非是。因别参请，未几顿有所得。

时有祥云长老昙懿，与禅者遵璞，二人为同伴，初侍圆悟于蒋山，已有入处。后又隶真歇了坐下点胸，自许谓世莫有过之者。师知其未彻，业已开法，虑其误后学，以书致懿，令告假暂来。懿耻之，迟迟其行。师遂由小参痛抵其非，揭榜于门，以告四众。懿闻之，不得已，乃破夏来，抵师会下。师诘其所证语之曰："汝恁么见解，何尝梦见圆悟老人果欲究竟此事，且退却院子来。"懿从之，遂归，既散夏，果与璞偕至，二人同到室中，师问璞："三圣道，我逢人则出，出则不为人。兴化道，我逢人则不出，出则便为人。你道这两个老汉还有出身处也无？"璞于师膝上打一拳。师曰："汝这一拳为三圣出气，为兴化出气？速道速道！"璞拟议，师劈脊便打，仍谓之曰："汝第一不得忘了这一棒。"遂出，久之未得入门。

一日因别僧入室，二人听之。师问僧曰："德山见僧入门，便棒。临济见僧入门,便喝。雪峰见僧入门,便道是什么。睦州见僧入门,便道见成公案放你三十棒。你道这四个老汉还有为人处也无?"僧云:"有。"师曰:"札。"僧拟议,师便喝出。璞闻之,忽然有省,懿亦相继于一言之下大有省发,从前恶知恶解,当下冰消,后皆承嗣师。

师尝为众入室,见僧才入门便问:"诸佛菩萨、畜生驴马、庭前柏树子、麻三斤、干屎橛,你是一枚无状贼汉。"僧云:"久知和尚有此机要。"师曰:"我已无端入荒草,是你屎臭气也不知。"僧拂袖便出,师曰:"苦哉佛陀耶。"又僧才入门,师便曰:"不是,出去。"僧便出,师曰:"没量大人被语脉里转却。"次一僧入,师曰:"不是,出去。"僧却近前,师曰:"向你道不是,又却近前觅个什么?"便打出。又一僧入云:"适来两僧不会和尚意。"师低头嘘一声,僧罔措。师便打曰:"却是你会老僧意。"又僧才入,师曰:"你不会,出去。"僧亦出。复一僧入,师曰:"适来两个上坐,一人解收不解放,一人解放不解收。你还辨得么?"僧云:"一状领过。"师曰:"领过后别有甚好消息?"僧拍手一下,便出。师曰:"三十年后悟去在。"

又问僧云:"道不用修,但莫染污,如何是不染污底道?"僧云:"某甲不敢道。"师曰:"你为什么不敢道?"僧云:"恐染污。"师高声叫曰:"行者将粪箕扫箒来!"僧茫然,师便打出。

又僧才入,师曰:"释迦老子来也。"僧近前,师曰:"元来不是。"便打。次一僧入,师亦曰:"释迦老子来也。"僧当面问讯,便出,师曰:"却似真个。"又问僧:"不是心,不是佛,不是物,你作么生?"僧云:"领。"师曰:"领你屋里七代先灵。"

僧便喝,师曰:"适来领,如今喝。干他不是心,不是佛,不是物什么事。"僧无语,师便打。又问僧:"路逢达道人,不将语默对时如何?"僧珍重便行,师呵呵大笑。

次一僧来,师曰:"我适来问这僧,路逢达道人,不将语默对时如何,他珍重便行。你道他会不会?"僧拟问讯,师便打出。又问僧:"不与万法为侣者是什么人?"云:"无面目汉。"师曰:"适来有个师僧如此道,打出去也。"僧拟议,师便打。又问僧:"马大师道,自从胡乱后,三十年不曾少盐酱,意作么?"云:"随家丰俭。"师曰:"好个随家丰俭,只是你不会。"僧拟议,师便喝出。

又问僧:"香严上树话,你作么生?"僧云:"好对春风唱鹧鸪。"师曰:"虎头上座道,树上即不问,未上树请和尚道。又作么生?"僧云:"适来向和尚道了也。"师曰:"好对春风唱鹧鸪,是树上语,树下语?"僧无对,师便打。

又问侍者曰:"许多人入室,几人道得着,几人道不着?"侍者云:"某甲只管看。"师忽展手曰:"我手何似佛手?"侍者云:"天寒,且请和尚通袖行。"师打一竹篦曰:"且道是赏你,是罚你?"侍者无对。

有僧请益:"不知某甲死向什么处去?"师曰:"你只今是生耶死耶?"僧云:"生也不道,死也不道。"师曰:"你做得渐源奴。"僧拟议,师便打出。

又一僧来,师曰:"适来这僧衲一场败阙,你还知么?"僧云:"知。"师亦打出。又僧请益夹山境话,声未绝,师便喝。僧茫然,师曰:"你问什么?"僧拟举,师连打喝出。

又僧请益："某甲参禅不得，病在什么处？"师曰："病在这里。"云："某甲为什么参不得？"师曰："开眼尿床汉，我打你去。"

师室中机缘涡旋辨肆，不可把玩，自非上上根器，不可凑泊。师住径山时，名重一时。如侍郎张公子韶、状元汪公圣锡、少卿凭公济川，俱问道，自余皆一时名士大夫。师随机开悟，无所回互。而当时秉钧轴者，以其议己恶之，遂遭捃拾毁衣，屏去①衡州凡十年，又徙梅州。梅州瘴疠寂莫之地，而衲子裹粮从之，虽死不悔。又八年，高宗特恩放还，明年复僧衣，四方虚席以邀，率不就。最后以朝旨住育王，聚众多，食不继，筑涂田凡数十顷，诏赐其庄名般若。又二年，诏复移径山。师之再住径山，道俗歆慕，如见其所亲。虽老，接引后学不少倦。退居明月堂，先是孝宗皇帝为普安郡王时闻师名，尝遣内都监至径山谒师。师作偈以献曰："大根大器大力量，荷担大事不寻常。一毛头上通消息，遍界明明不覆藏。"王甚悦。及在建邸，复遣内知客，请师山中，为众说法，亲书妙喜庵大字。及制真赞，赐师曰："生灭不灭，常住不住。圆觉空明，随物现处。"师演成四偈以献，王览之尤喜。

又二年，王即位，遂赐号大慧禅师。复取向所赐宸翰以御宝识之，恩宠加厚，欲召对，而师已病矣。以隆兴元年八月十日，于径山明月堂示寂。上闻之，叹惜不已。诏以明月堂为妙喜庵，赐谥普觉。将示寂，亲书遗奏封毕，侍僧请留颂，师厉声曰：

---

① 去：《大慧语录》作"居"。

"无颂便死不得也。"索笔大书曰:"生也只恁么,死也只恁么。有偈与无偈,是什么热大。"投笔而逝。俗寿七十五,坐五十八夏。诸弟子以师全身葬于庵之后,赐塔名宝光。僧俗从师得法悟彻者,不啻数十人,皆有名于世。鼎需、思岳、弥光、悟本、守净、道谦、遵璞、祖元、冲密等九人,皆契悟广大,先师而殁。其余皆道化一方,临济宗旨益振焉。

平江府虎丘绍隆禅师 和之含山人也。九岁辞亲,居佛慧院。逾六年,得度受具。又五年,谒长芦信公,略沾法味。有传圆悟语至者,师读之叹曰:"想酢生液,虽未浇肠沃胃,要且使人庆快,弟恨未聆謦欬①耳。"遂由宝峰依湛堂,客黄龙,叩死心禅师,次谒圆悟。一日入室,悟问曰:"见见之时,见非是见,见犹离见,见不能及。"举拳曰:"还见么?"师曰:"见。"悟曰:"头上安头。"师闻脱然契证。悟叱曰:"见个甚么?"师曰:"竹密不妨流水过。"悟肯之,俾掌藏教。有问悟曰:"隆藏主柔易若此,何能为哉?"悟曰:"瞌睡虎耳。"

后归乡邑,出世住开圣。建炎乱,乃结庐铜峰之下。郡守李公光延居彰教,次徙虎丘,众盛②,道大显着。

示众曰:"豁开户牖,万里不挂片云。杲日腾空,四顾清风满坐。湖光浩渺,野色澄明。万象森罗,全彰海印。直得头头妙用,物物真机,心境一如,纤尘不立。正恁么是万机休罢,千圣不携,坐断毗卢顶,不禀释迦文,婢视声闻,奴呼菩萨。德山临济直得目瞪口呿,有棒有喝,一点也用不得。且道忽遇其中人来

---

① 謦欬(qǐng kài):咳嗽声,引申为谈吐、言笑。
② 众盛:《五灯会元》等,无"众盛"二字。

时,如何话会?倾盖相逢元故旧,何妨来吃赵州茶。"

又曰:"目前无法,万象森然。意在目前,突出难辨。不是目前法,触处逢渠,非耳目之所到,不离见闻觉知。虽然如是,也须是他向上关棙子始得。所以道,罗笼不肯住,呼唤不回头,佛祖不安排,至今无处所。如是则不劳敛念,楼阁门开。寸步不移,百城俱到。"蓦拈拄杖划一划云:"路逢死蛇莫打杀,无底蓝子盛将归。"

又曰:"光非照境,境亦非存。光境俱忘,复是何物。百草头上罢却干戈则且置,忽若嘉州大像倒骑陕府铁牛,把须弥山一捆百杂碎,新罗国里走马,南赡部洲说禅,又作么生?五台山上云蒸饭,佛殿阶前狗尿天。刹竿头上煎锤子,三个猢狲夜簸钱。"

又曰:"凡有展托,尽落今时。不展不托,堕坑落堑。直饶风吹不入,水洒不着,捡点将来,自救不了。岂不见道,直似寒潭月影,静夜钟声,随扣击以无亏,触波澜而不散,犹是生死岸头事。"拈拄杖,画一画云:"断古人多年葛藤,点头石不觉拊掌不笑,且道笑个什么?脑后见腮,莫与往来。"绍兴丙辰示微疾而逝,塔全躯于寺之西南隅。

明州育王佛智端裕禅师 绍兴府人,姓钱氏。自圆悟得旨,遍住大刹。奉诏住径山,赐号佛智大师。又移育王,尝示众曰:"一法若有,重重铁壁银山。万法若无,处处沉空滞寂。己眼若正,见刺亦除。一法不堕缘尘,万法本无挂碍。山是山水是水,俗是俗僧是僧,不异不同。直饶恁么,犹是闭门造车,未是出门合辙。更须知有顶上一着,作么生明?今古团栾无缝罅,大力那罗擘不开。"

又曰:"行时绝行迹,说时无说踪。行说若到,则垛生招箭。行说未明,则神锋划断。就使说无渗漏,行不迷方,犹滞壳漏在。若是大鹏金翅,奋迅百千由旬,十影神驹,驰骤四方八极,不取次唼啄,不随处埋身,且总不依倚,还有履践分也无?刹刹尘尘是要津。"

又示众,举南泉道:"老僧十八上便解作活计。"赵州道:"我十八上便解破家散宅。""会么?作活计底始解破家散宅,破家散宅底始解作活计。假使黄金为城,白银为壁,禅悦为食,解义为浆,本色衲子,不肯回顾。何也?岂不见道,明眼汉,投棄曰,纵饶万里空寥寥,正好一搯俱撼碎。且道,不落进修一句作么生道?"良久曰:"樗蒲若识本面彩,尽教骰子满盘红。"击拂子一下。

又示众曰:"未恁么时一句子,超释迦,越弥勒,及乎明破,不直半分。何也?只为见惯,若裁方就圆,如虎头戴角,龙背插翼,为瑞为祥。若平榻榻地,睡来合眼,饭来开口,且道裁方就圆即是,平榻榻地即是,还辨得出么?直饶辨得,也是碗脱丘。"

又曰:"尽大地是沙门眼,尽大地是自己光。为什么东弗于逮打鼓,西瞿耶尼不闻,南赡部洲点灯,北郁单越黑暗?直饶向个里道得十全,犹是光影活计。"以拂子一撼曰:"百杂碎,作么生是出身一路?若果不见,随路摘杨花。"

又曰:"一锤便成,不是性燥汉。一跃千里,不是汗血驹。锋铓不露,无孔铁锤,八面玲珑,多虚少实,直须肘后悬夜明符,顶门具金刚眼,彻头彻尾,生杀交驰。任他魔佛现前,便好利刀截却。且道据个什么便如此,要知么?玉杷轻提海岳昏。"

潭州大沩佛性法泰禅师 蜀人姓李氏。自幼业儒，为文章有声。忽厌俗出家，得度受具。遍游丛林，亲近诸耆宿。于五家宗派，皆妙得其家风，独于圆悟得髓。圆悟在道林蒋山，皆命为首座。

出世说法于德山，示众曰："祖师道，欲得现前，莫存顺逆。释迦老子是什么破草鞋，一大藏教是拭不净底故纸。达磨九年面壁，瞌睡未惺。汝等诸人皮下无血，眼里无筋，更向这里觅什么碗，各请归堂去。"

又曰："止止！不须说我法妙难思，释迦老子无端向净地上放屙，诸增上慢者闻，必不敬信。彼彼丈夫儿，诸人向什么处见释迦老子。若也见得，入德山门，未入得德山室，且道德山室如何入？"良久曰："三十年后。"又曰："开口有时非，开口有时是。粗言及细语，皆归第一义。释迦老子碗鸣声，达磨西来屎臭气。唯有山前水牯牛，身放毫光照天地。"

又曰："法不尔而尔，暗去明来。道不然而然，雷奔雨骤。直得千江竞注，万壑争流。山头白浪滔天，平地人鱼共处。莫问道芽增长，如今头上漫漫。虽然水到渠成，争奈过犹不及。幸而云收雨散，浪息波停，杲日当空，万像同庆。且道大功不宰一句作么生道？野老不知尧舜力，冬冬打鼓祭江神。"

又曰："宝剑拈来便用，岂有迟疑。眉毛剔起便行，更无回互。一切处腾今焕古，一切处截断罗笼。不犯锋芒，亦非顾鉴。独超物外则且置，万机丧尽时如何？八月秋，何处热？"

又曰："闻声悟道，未免着水耳中。见色明心，亦是撒沙眼里。直得纤毫无障碍，空有等空平。下绝己躬，上无攀仰。孤迥迥绝情尘,峭巍巍离分别。犹是那边事,且道这边事又作么生?休恋寒潭无影树,且看六月雪花飞。"

又曰:"动则影现,觉则冰生,不动不觉,土木无殊。衲僧到这里,须有转身一路始得。若也转得,分三成六,唱九作十。纳须弥于芥子,掷大千于方外。若转不得,守他山鬼窟,不免是精灵。"

又曰:"达得人空法空,未称祖佛家风。体得全用全照,亦非衲僧要妙。直须打破牢关,识取向上一窍。如何是向上一窍?春寒料峭,冻杀年少。"

又上堂曰:"涅槃无异路,方便有多门。"拈起拄杖云:"看看山僧拄杖子,一口吸尽西江水。东海鲤鱼蹦跳上三十三天。帝释忿怒,把须弥山一搠粉碎。坚牢地神,合掌赞叹云:'谛观法王法,法王法如是。'"以拄杖击绳床,下座。

又曰:"德山入门便棒,平地生堆。临济入门便喝,无风起浪。俱胝只竖一指,未免颟顸。雪峰辊出三球,小儿戏剧。到这里总用不着。争如六月三伏,甘雨普滋,水足东皋,禾青南亩,农夫鼓腹,樵者高歌。古佛家风,俨然如在。于斯会得,共乐升平。脱或未然,只知事逐眼前过,不觉老从头上来。"

台州护国此庵景元禅师 姓张氏,温州乐清人。始出家,遍游丛林。至蒋山,谒圆悟禅师,久在会中。一日因二僧阅《死心录》,有云:"既迷时,须待个悟。既悟了,须识悟中迷。迷悟双忘却,从迷悟处建立一切法。"师心非之,拂袖而起。行数步,忽然冥契,走告圆悟,圆悟印可。后辞圆悟,圆悟问:"向去有人问你作么生?"师抚傍僧背曰:"和尚问你何不只对?"圆悟大笑，尝语人云："我有些子禅，被元兄一布袋盛将去也。"丛林因号元布袋。

师道契耿龙图，因请出世于处州南明。示众曰："释迦不会道，达磨不会禅，列祖无机关，衲僧没巴鼻。是则是，作么生承当？若向这里承当得去，佛法世法打成一片，十二时中，不移易一丝毫。其或未然，莫守寒岩异草青，坐着白云宗不妙。"

又示众，举拂子曰："大众还见么？击碎银山铁壁，掀翻虎穴魔宫。截断佛祖机关，拂尽诸方路布。直得德山却步，临济吞声，天下衲僧不敢喘气。纵饶睦州亲自入门顶𩕳也还一剳。且道连云节角在什么处，还知么？若到诸方，切忌错选。"

又曰："野犴鸣，师子吼。开得眼，张得口。动南星，蹉北斗。大众还知落处么？金刚阶下蹲，神龟火里走。"僧问："如何是临济宗？"师曰："杀人不眨眼。"云："如何是云门宗？"师曰："顶门三眼曜乾坤。"云："如何是沩仰宗？"师曰："推不向前，约不向后。"云："如何是法眼宗？"师曰："箭锋相敌不相饶。"云："如何是曹洞宗？"师曰："手执夜明符，几个知天晓。"

师居南明几二年，厌于将迎。一日举感铁面颂云："院是大宋国里院，州是大宋国里州。州中有院不容住，何妨一钵五湖游。"师举了，曰："是则是，去住自由，忒杀露风骨。"因作颂曰："休休休！夕阳西去水东流，惟有仰山云势远，抟风千万过南州。"后住台州护国，示寂于木山。

福州玄沙僧昭禅师 上堂，"天上无弥勒，地下无弥勒，且道弥勒在甚么处？"良久曰："夜行莫踏白，不是水，便是石。"

续传灯录卷第二十八

大鉴下第十六世

昭觉圆悟克勤禅师法嗣

平江府南峰云辩禅师 本郡人,依闽之瑞峰章得度。旋里谒穹窿圆,忽有得,遂通所见。圆曰:"子虽得入,未至当也,切宜着鞭。"乃辞,扣诸席,后参圆悟。值入室,才踵门,悟曰:"看脚下。"师打露柱一下,悟曰:"何不着实道取一句。"师曰:"师若摇头,弟子摆尾。"悟曰:"你试摆尾看。"师翻筋斗而出,悟大笑,由是知名。

住后,僧问:"如何是夺人不夺境?"师曰:"霸主到乌江。"曰:"如何是夺境不夺人?"师曰:"筑坛拜将。"曰:"如何是人境两俱夺?"师曰:"万里山河获太平。"曰:"如何是人境俱不夺?"师曰:"龙吟雾起,虎啸风生。"曰:"向上还有事也无?"师曰:"当面蹉过。"曰:"真个作家。"师曰:"白日鬼迷人。"一日入城,与道俗行至十郎巷,有问:"巷在这里,十郎在甚处?"师奋臂曰:"随我来!"

成都府正法建禅师 上堂,"兔马有角,牛羊无角。绝毫绝厘，如山如岳。针峰上师子翻身，藕窍中大鹏展翼。等闲突过北俱卢，日月星辰一时黑"。

建康府华藏密印安民禅师 嘉定府朱氏子。初讲《楞严》于成都，为义学所归。时圆悟居昭觉，师与胜禅师为友，因造焉。闻悟小参，举国师三唤侍者因缘，赵州拈云："如人暗中书字，字虽不成，文彩已彰。""那里是文彩已彰处？"师心疑之，告香入室。悟问："座主讲何经？"师曰："《楞严》。"悟曰："《楞严》有七处征心，八还辩见，毕竟心在甚么处？"师多呈艺解，悟皆不肯。师复请益，悟令一切处作文彩已彰会。偶僧请益《十玄谈》，方举问君心印作何颜，悟厉声曰："文彩已彰。"师闻而有省，遂求印证，悟云："以本色钳锤。"师则罔措。一日白悟曰："和尚休举话，待某说看。"悟诺。师曰："寻常拈槌竖拂，岂不是经中道，一切世界诸所有相，皆即菩提妙明真心。"悟笑曰："你元来在这里作活计。"师又曰："下喝敲床时，岂不是返闻闻自性，性成无上道。"悟曰："你岂不见经中道，妙性圆明，离诸名相。"师于言下释然。

悟出蜀居夹山，师罢讲侍行。悟为众夜参举古帆未挂因缘，师闻未领，遂求决。悟曰："你问我。"师举前话，悟曰："庭前柏树子。"师即洞明，谓悟曰："古人道，如一滴投于巨壑，殊不知大海投于一滴。"悟笑曰："奈这汉何？"未几，令分座。悟说偈曰："休夸四分罢《楞严》，按下云头彻底参。莫学亮公亲马祖，还如德峤访龙潭。七年往返游昭觉，三载翱翔上碧岩。今日烦充第一座，白华丛里现优昙。"

后谒佛鉴于蒋山，鉴问："佛果有不曾乱为人说底句，曾与你说么?"师曰:"合取狗口。"鉴震声曰:"不是这个道理。"师曰:"无人夺你盐茶袋,叫作甚么?"鉴曰:"佛果若不为你说,我为你说。"师曰:"和尚疑时,退院别参去。"鉴呵呵大笑。师未几,开法保宁,迁华藏,旋里领中峰。

上堂,"众卖华兮独卖松,青青颜色不如红。算来终不与时合,归去来兮翠蔼中。可笑古人恁么道,大似逃峰赴壑,避溺投火。争如随分到尺八五分镢头边,讨一个半个。虽然如是,保宁半个也不要。何故?富嫌千口少,贫恨一身多"。

冬至上堂,举玉泉皓和尚云:"雪雪片片不别,下到腊月,再从来年正月、二月、三月、四月、五月、六月、七月、八月、九月、十月,依前不歇,冻杀饿杀,免教胡说乱说。"师曰:"不是骂人,亦非赞叹,高出临济德山,不似云居罗汉。且道玉泉意作么生?"良久曰:"但得雪消去,自然春到来。"

师后示寂于本山,阇维设利颇剩,细民穴地尺许,皆得之,尤光明莹洁,心舌亦不坏。

成都府昭觉彻庵道元禅师 绵州邓氏子,幼于降寂寺圆具。东游,谒大别道禅师。因看"廓然无圣"之语,忽尔失笑曰:"达磨元来在这里。"道誉之。往参佛鉴佛眼,蒙赏识。依圆悟于金山,以所见告,悟弗之许。悟被诏住云居,师从之。虽有信入,终以鲠胸之物未去为疑。会悟问参徒:"生死到来时如何?"僧曰:"香台子笑和尚。"次问师:"汝作么生?"师曰:"草贼大败。"悟曰:"有人问你时如何?"师拟答,悟凭陵曰:"草贼大败。"师即彻证,圆悟以拳击之,师抚掌大笑,悟曰:"汝见甚么便如此?"师曰:"毒拳未报,永劫不忘。"悟归昭觉,命首众。悟将顺世,以师继席焉。

临安府中天竺匃堂中仁禅师 洛阳人也,少依东京奉先院出家。宣和初,赐牒于庆基殿,落发进具后,往来三藏译经所,谛穷经论,特于宗门未之信。时圆悟居天宁,凌晨谒之。悟方为众入室,师见敬服,奋然造前。悟曰:"依经解义,三世佛冤。离经一字,即同魔说。速道速道!"师拟对,悟劈口击之,因坠一齿,即大悟,留天宁,由是师资契合,请问无间。后开法大觉,迁中天竺,次徙灵峰。

上堂,"九十春光已过半,养花天气正融和。海棠枝上莺声好,道与时流见得么。然虽如是,且透声透色一句,作么生道?金勒马嘶芳草地,玉楼人醉杏花天"。

上堂,举狗子无佛性话,乃曰:"二八佳人刺绣迟,紫荆花下啭黄鹂。可怜无限伤春意,尽在停针不语时。"

淳熙甲午四月八日,孝宗皇帝诏入赐座说法。帝举"不与万法为侣"因缘,俾拈提。师拈罢颂曰:"秤锤搦出油,闲言长语休。腰缠十万贯,骑鹤上扬州。"癸亥中,升堂告众而逝。

眉州象耳山袁觉禅师 郡之袁氏子,出家传灯,试经得度,本名圆觉。郡守填祠牒,误作袁字,疑师憪然,戏谓之曰:"一字名可乎。"师笑曰:"一字已多。"郡守异之,既受具出蜀,遍谒有道尊宿。后往大沩,依佛性。顷之,入室陈所见。性曰:"汝忒煞远在。"然知其为法器,俾充侍者掌宾客。师每侍性,性必举《法华》开示悟入四字,令下语。又曰:"直待我竖点头时,汝方是也。"偶不职被斥,制中无依,寓俗士家。一日诵《法华》,至"亦复不知何者是火?何者为舍?"乃豁然。制罢归省,性见，首肯之。圆悟再得旨住云居，师至彼，以所得白悟。悟呵云："本是净地，屙屎作么。"师所疑顿释。

绍兴丁巳，眉之象耳虚席。郡守谓此道场久为蟊螣囊橐，非名流胜士莫能起废。诸禅举师应聘，尝语客曰："东坡云：'我持此石归，袖中有东海。'山谷云：'惠崇烟雨芦雁，坐我潇湘洞庭，欲唤扁舟归去，傍人谓是丹青。'此禅髓也。"又曰："我敲床竖拂时，释迦老子、孔夫子，都齐立在下风。"有举此语似佛海远禅师，远曰："此觉老语也，我此间即不恁么。"

眉州中岩华严祖觉禅师 嘉州杨氏子，幼聪慧，书史过目成诵。著书排释氏，恶境忽现，悔过出家，依慧目能禅师。未几疽发膝上，五年医莫愈。因书《华严合论》毕，夜感异梦，旦即舍杖步趋。一日诵至《现相品》曰："佛身无有生，而能示出生。法性如虚空，诸佛于中住。无住亦无去，处处皆见佛。"遂悟《华严》宗旨。

洎登僧籍，府帅请讲于千部堂，词辩宏放，众所叹服。适南堂静禅师过门，谓师曰："观公讲说，独步西南，惜未解离文字相耳。倘问道方外，即今之周金刚也。"师欣然罢讲，南游，依圆悟于钟阜。一日入室，悟举罗山道："有言时，踞虎头，收虎尾，第一句下明宗旨。无言时，觌露机锋，如同电拂。""作么生会？"师莫能对，凤夜参究，忽然有省，作偈呈悟曰："家住孤峰顶，长年半掩门。自嗟身已老，活计付儿孙。"悟见许可。次日入室，悟又问："昨日公案作么生？"师拟对，悟便喝曰："佛法不是这个道理。"师复留五年，愈更迷闷。

后于庐山栖贤，阅浮山远禅师《削执论》云："若道悟有亲疏，岂有栴檀林中却生臭草。"豁然契悟，作偈寄圆悟曰："出林依旧入蓬蒿，天网恢恢不可逃。谁信业缘无避处，归来不怕语声高。"悟大喜，持以示众曰："觉华严彻矣。"

住后，僧问："最初威音王，末后娄至佛，未审参见甚么人？"师曰："家住大梁城，更问长安路。"曰："只如德山担疏钞行脚，意在甚么处？"师曰："捞破你眼睛。"曰："与和尚悟《华严》宗旨相去几何？"师曰："同途不同辙。"曰："昔日德山，今朝和尚。"师曰："夕阳西去水东流。"

上堂，举石霜和尚迁化，众请首座继踵住持，虔侍者所问公案。师曰："宗师行处，如火烧冰。透过是非关，全机亡得丧。尽道首座滞在一色，侍者知见超师。可谓体妙失宗，全迷向背。殊不知，首座如鹭鸶立雪，品类不齐。侍者似凤翥丹霄，不萦金网。一人高高山顶立，一人深深海底行。各自随方而来，同会九重城里。而今要识此二人么？"竖起拂子曰："龙卧碧潭风凛凛。"垂下拂子曰："鹤归霄汉背摩天。"

僧问："如何是一喝如金刚王宝剑？"师曰："血溅梵天。"曰："如何是一喝如踞地师子？"师曰："惊杀野狐狸。"曰："如何是一喝如探竿影草？"师曰："验得你骨出。"曰："如何是一喝不作一喝用？"师曰："直须识取把针人，莫道鸳鸯好毛羽。"

潭州福严文演禅师 成都府杨氏子。僧问："如何是定林正主？"师曰："坐断天下人舌头。"曰："未审如何亲近？"师曰："觑着则瞎。"

上堂，"当阳坐断，凡圣迹绝。随手放开，天回地转。直得日月交互，虎啸龙吟。头头物物，耳闻目视。安立谛上是甚么，还委悉么？阿斯吒。咄！"

平江府西山明因昙玩禅师 温州黄氏子，遍参丛席。宣和庚子回抵钟阜，适朝廷改僧为德士，师与同志数人入头陀岩，食松自处。久之，圆悟被旨居是山，亲至岩所，令去须发。及悟诏补京师天宁，与师俱往，命掌香水海。未几，举枹击鼓，顿明大法，凡有所问，皆对曰："莫理会。"故流辈咸以莫理会称之。

住后，上堂，"汝有一对眼，我也有一对眼。汝若瞒还自瞒，汝若成佛作祖，老僧无汝底分。汝若做驴做马，老僧救汝不得"。众檀越入山，请上堂，说偈曰："我无长处名虚出，谢汝殷勤特地来。明因无法堪分付，谩把山门为汝开。"

平江府虎丘雪庭元净禅师 双溪人也。上堂，"知有底人，过万年如同一日。不知有者，过一日如同万年。不见死心和尚道：'山僧行脚三十余年，以九十日为一夏，增一日也不得，减一日也不得。取不得舍不得，不可得中只么得。'翠云见处又且不然，山僧行脚三十来年①，谁管他一日九十日，也无得也无不得，处处当来见弥勒。且道弥勒在甚么处？金风吹渭水，落叶满长安"。

上堂，"说得须是见得，见得又须说得。见得说不得，落在阴界，见解偏枯。说得见不得，落在时机，堕在毒海。若是翠云门下，直饶说得见得，好与三十棒。说不得见不得，好与三十棒。翠云怎么道，也好与三十棒"。遂高声召大众曰："嶮。"

上堂，"日日日东出，日日日西没，是时人知有，自古自今，

---

① 来年：径山本作"年来"。

如麻似粟。忽然捩转话头，亦不从东出，亦不从西没。且道从甚么处出没？若是透关底人闻恁么道，定知五里牌在郭门外。若是透不过者，往往道半山热瞒人"。

僧问："如何是到家一句？"师曰："坐观成败。"问："不与万法为侣者是甚么人？"师曰："远亲不如近邻。"曰："待汝一口汲尽西江水即向汝道，又作么生？"师曰："近邻不如远亲。"问："亡僧迁化向甚么处去？"师曰："粪堆头。"曰："意旨如何。"师曰："筑着磕着。"

衢州天宁讷堂梵思禅师 苏台朱氏子。上堂，"趯翻生死海，踏倒涅槃岸，世上无活人，黄泉无死汉"。遂拈拄杖曰："讷堂今日拄杖子有分付处也，还有承当得者么，试出来担荷看，有么有么？"良久，掷拄杖，下座。

上堂，"知有底也吃粥吃饭，不知有底也吃粥吃饭。如何直下验得他有之与无、是之与非、邪之与正？若验不出，参学事大远在"。喝一喝，下座。

上堂，"山僧是杨岐四世孙，这老汉有个三脚驴子，弄蹄行公案。虽人人举得，只是不知落处。山僧不惜眉毛，为诸人下个注脚"。乃曰："八角磨盘空里走。"

岳州君山佛照觉禅师 上堂，举古者道："仰之弥高，钻之弥坚，瞻之在前，忽焉在后。""诸人还识得者么？若也不识，为你注破。仰之弥高，不隔丝毫，要津把断，佛祖难逃。钻之弥坚，真体自然，鸟啼花笑，在碧岩前。瞻之在前，非正非偏，十方坐断，威镇大千。忽焉在后，一场漏逗，堪笑云门，藏身北斗。咄！"

平江府宝华显禅师 本郡人也。上堂曰："吃粥了也，头上安头。洗钵盂去，为蛇画足。更问如何自纳败阙？"良久高声召大众，众举首，师曰："归堂吃茶。"

上堂，"禅莫参，道休学，歇意忘机常廓落。现成公案早周遮，只个无心已穿凿。直饶坐断未生前，难透山僧错错错"。

绍兴府东山觉禅师 后住因圣，上堂，"三通鼓罢，诸人各各上来，拟待理会祖师西来意。还知剑去久矣么？设使直下悟去，也是斩头觅活。东山事不获已，且向第二头鞠拶看"。以手拍禅床，下座。

上堂，"花烂熳，景暄妍，休说壶中别有天，百草头边如荐得，东高三丈，西阔八寸"。

上堂，举昔广额屠儿一日至佛所，扬下屠刀曰："我是千佛一数。"世尊曰："如是如是。""今时丛林将谓广额过去是一佛，权现屠儿。如此见广额，且喜没交涉。"又曰："广额正是个杀人不眨眼底汉，扬下屠刀立地成佛，且喜没交涉。又道广额扬下屠刀曰，我是千佛一数。这一佛多少分明，且喜没交涉。要识广额么？夹路桃华风雨后，马蹄何处避残红。"

台州天封觉禅师 上堂，"无生国里，未是安居，万仞崖头，岂容驻足。且望空撒手，直下翻身一句，作么生道？人逢好事精神爽，入火真金色转鲜"。

成都府昭觉道祖首座 初见圆悟，于即心是佛语下发明。久之，悟命分座。一日为众入室，余二十许人。师忽问曰："生死到来，如何回避？"僧无对。师掷下拂子，奄然而逝。众皆愕眙，亟以闻悟。悟至召曰："祖首座。"师张目视之。悟曰："抖撒精神透关去。"师点头，竟尔趋寂。

南康军云居宗振首座 丹丘人也，依圆悟于云居。一日仰瞻钟阁，倏然契证。有诘之者，座酬以三偈。其后曰："我有一机，直下示伊。青天霹雳，电卷星驰。德山临济，棒喝徒施。不传之妙，于汝何亏。"悟见大悦。竟以节操自高，道望愈重。尝书壁曰："住在千峰最上层，年将耳顺任腾腾。免教名字挂人齿，甘作今朝百拙僧。"

枢密徐俯 字师川，号东湖居士。每侍先龙图，谒法昌及灵源，语论终日。公闻之，藐如也。及法昌归寂在笑谈间，公异之，始笃信此道。后丁父忧，念无以报罔极，命灵源归孝址说法。源登座问答已，乃曰："诸仁者，只如龙图平日读万卷书，如水传器，涓滴不遗。且道寻常着在甚么处？而今舍识之后，这着万卷书底又却向甚么处着？"公闻，洒然有得，遂曰："吾无憾矣。"源下座问曰："学士适来见个甚么便怎么道？"公曰："若有所见，则钝置和尚去也。"源曰："恁么则老僧不如。"公曰："和尚是何心行？"源大笑。

靖康初，为尚书外郎，与朝士同志者，挂钵于天宁寺之择木堂，力参圆悟，悟亦喜其见地超迈。一日至书记寮，指悟顶相曰："这老汉脚跟犹未点地在。"悟顿面曰："瓮里何曾走却鳖。"公曰："且喜老汉脚跟点地。"悟曰："莫谤他好。"公休去。

郡王赵令衿 字表之，号超然居士，任南康，政成事简，多与禅衲游。公堂间为摩诘丈室。适圆悟居瓯阜，公欣然就其炉锤。悟不少假，公固请，悟曰："此事要得相应，直须是死一回始得。"公默契，尝自疏之，其略曰："家贫遭劫，谁知尽底不存。空屋无人，几度贼来亦打。"悟见，嘱令加护。

绍兴庚申冬，公与汪内翰藻、李参政邴、曾侍郎开，诣径山谒大慧。慧闻至，乃令击鼓入室，公欣然袖香趋之。慧曰："赵州洗钵盂话，居士作么生会？"公曰："讨甚么碗？"拂袖便出。慧起挡住曰："古人向这里悟去，你因甚么却不悟？"公拟对，慧拟之曰："讨甚么碗？"公曰："还这老汉始得。"

侍郎李弥逊　号普现居士。少时读书，五行俱下。年十八中乡举，登第京师，旋历华要。至二十八岁为中书舍人，常入圆悟室。一日早朝，回至天津桥，马跃，忽有省，通身汗流，直造天宁。适悟出门，遥见便唤曰："居士且喜，大事了毕。"公厉声曰："和尚眼花作甚么？"悟便喝，公亦喝。于是机锋迅捷，凡与悟问答，当机不让。公后迁吏部，乞祠禄归闽连江，筑庵自娱。忽一日示微恙，遽索汤沐浴毕，遂趺坐作偈曰："谩说从来牧护，今日分明呈露。虚空拶倒须弥，说甚向上一路。"掷笔而逝。

觉庵道人　祖氏，建宁游察院之侄女也。幼志不出适，留心祖道，于圆悟示众语下，了然明白。悟曰："更须扬却所见，始得自由。"祖答偈曰："露柱抽横骨，虚空弄爪牙。直饶玄会得，犹是眼中沙。"

令人本明　号明室，自机契圆悟，遍参明宿，皆蒙印可。绍兴庚申二月望，亲书三偈，寄呈草堂清，微露谢世之意。至旬末，别亲里而终。草堂跋其偈后，为刊行，大慧亦尝垂语发扬。偈曰："不识烦恼是菩提，若随烦恼是愚痴。起灭之时须要会，鹧过新罗人不知。不识烦恼是菩提，净花生淤泥。人来问我若何为，吃粥吃饭了，洗钵盂。莫管他，莫管他。终日痴憨弄海沙，要识本来真面目，便是祖师一木叉。道不得底叉下死，道得底也叉下死。毕竟如何，不许夜行，投明须到。"

成都府范县君者 螯居岁久，常坐而不卧。闻圆悟住昭觉，往礼拜，请示入道因缘。悟令看："不是心，不是佛，不是物，是个甚么。"久无所契。范泣告悟曰："和尚有何方便令某易会？"悟曰："却有个方便。"遂令只看"是个甚么"。后有省曰："元来恁么地近那。"

临安府灵隐瞎堂远禅师 生于眉山金流镇彭氏。年十三，投药师院僧宗辨出家，祝发受具，即往成都习经论，还峨眉云岩寺，时徽禅师住焉。徽，黄龙南四世孙，知见甚高。师初入门，值徽饭罢，于庭庑间闲行。师才见，即放包问曰："文殊为七佛祖师，未审什么人为文殊之师？"徽云："金沙溪畔马郎妇。"时有起铁拂者为首座，师亦往亲近，起尝诱掖之，两岁未有所得。一日静坐次，有僧独行自语云："假四大以为盖覆，缘六尘而生心，忽遇六尘顿息，唤什么作心？"师闻之，忽有省，遽起告首座，首座可之。上方丈告徽，徽亦可之。明日即告行，同志挽留，师不听，曰："吾师以为可，而我终未释然也。"时圆悟自云居归蜀，住昭觉，师造焉。每问话请益，辞旨峭硬，圆悟深器之。

一日圆悟普说，举庞居士问马祖："不与万法为侣者是什么人。"马祖云："待汝一口吸尽西江水即向汝道。"师闻举，豁然大悟，仆于众中。众以为中风，共掖起之。师乃曰："吾梦觉矣。"至夜，圆悟小参，师出问曰："净裸裸空无一物，赤骨律贫无一钱，户破家残，乞师赈济。"答云："七珍八宝一时挐。"师曰："争奈贼不入谨家之门。"答云："机不离位，堕在毒海。"师随声便喝。悟以拄杖击禅床云："吃得棒也未。"师又喝，圆悟连喝两喝，师礼拜。悟大喜，以偈赠师，有旧铁舌转关棙之语，众目之为铁舌远。自此机锋峻发，无所抵捂矣。

绍兴乙卯春，眉守延居象耳山，不赴。是岁圆悟示寂，叹曰："哲人云亡，继之者谁乎。"乃扁舟下峡。初抵淮南，住龙蟠八年。绕琅邪，又移婺之普济、衢之定业。师自发明心要，即得游戏如风大自在三昧。尝因开炉，升坐曰："天无门，地无壁，葫芦棚上种冬瓜，两手扶犁水过膝。跳金圈，吞栗棘，毡拍板对无孔笛。屈屈！独脚山魈解双趯。去年冬里无炭烧，今年定是无火炙。饥时饥到眼睛黄，穷时穷到赤骨立。屈屈！且道屈个什么？叵奈监寺、副寺、维那、典坐直岁等，却与泥水匠商量，放出两头鹆鹆，咬杀佛殿脊。"

又上堂，举真净和尚示众云："天地与我同根，万物与我同体。脚头脚底横三竖四，北俱卢洲火发，烧着帝释眉毛，东海龙王忍痛不禁。轰一声霹雳，直得倾湫倒岳，云暗长空。十字街头廖胡子，醉中惊觉起来。"拊掌呵呵大笑云："筠阳城中近来少贼。"乃拈拄杖云："贼贼！"师举了，曰："是则一场卖弄不少，争奈鼻孔眼睛各有主在。何故？葛藤堆里作窃，未当白拈。酒店门前舍遗，不是正贼。"时东廊下恰犬吠，师乃唤行者，探门前有甚官客。大众皆回首，师曰："要见正贼么？"遂哨指一声，摇手下坐。其举扬大率如此。

时妙喜杲谪梅州，有传师偈颂提唱以往者，妙喜骇云："老师暮年有子如是耶。"因寓书通诚,并寄赠圆悟所付法衣。逮其得旨放归,师以颂迎之,相遇甚欢。妙喜极口称誉,又题其真云:"这川蕃苴无真无假,一条白棒佛来也打。更有一般长处,解向钵盂里走马。"自此人益归重。

俄迁光孝,阅十年,安定郡王赵表之与师为世外交,侍郎曾开从师参叩。曾虽士大夫而饱参诸老,从妙喜游甚久,而未甚颖脱。至见师,始尽余疑。后过南岳,遂住南台。时龙王班禅师方广行禅者,皆月庵高第,道着湖湘间,私相语云:"此间壁立万仞,远何所措足乎。"因请升座,设三十余问,皆佛祖誵讹险节关棙,学者罕到之处,师随机开答,辞旨深奥,议论超诣,始大叹服。班即率其属环拜云:"此膝不屈于人久矣。"

未几,过天台,历住护国、国清、鸿福三寺。乾道丁亥,尚书沈公德龢守平江,以虎丘大道场比不得人,力邀师主之。至则接物无倦,法令整肃。适丁荒歉,虽斋粥不继,而户外之屦常满,忘躯为法者集焉,道益显着。遂奉诏住高亭山崇先寺。未几,与主者不合,退居迎照庵。再奉诏住灵隐,开堂,中使降香,祝圣罢,拈香曰:"此一炷香,天地莫能覆藏,佛眼莫能窥测。举处灭胡种族,拈来钝置杀人。累我三十年,荒草里横身,至令一平生作个不唧𠺕汉。就中有些子謦讹,对众也须说破。山僧二十年前,被业风吹到岷峨山下荆棘林中,撞着个无孔铁锤,被他一击,半醉半醒。将谓哑却口,一生开不得。二十年后,又被业风吹去濯锦江头,葛藤堆里,逢着个焦尾白额,是时亲遭一口,直无丧胆忘魂,开得口至今受用不尽。且道此香为二十年前见底知识即是,为二十年后见底知识即是?一鹤不栖双木,一客不烦两家。不见道,先行不到,末后太过。而今贼身已露,赃物现前,奉为前成都府昭觉先圆悟禅师大和尚,不重他对御谈空,横行海上,只重他胸中无物,肚里无禅,爇向炉中用酬法乳。"

于时孝宗皇帝留神空宗,屡诏入内,赐号佛海禅师。始妙喜赞师真,有解向钵盂走马之语。至师对御归以颂记之云:"钵盂走马向天庭,惯踏天街马不惊。回首飞来峰上望,白云包尽帝都春。"

师说法格外作用,不守规辙,脱略窠臼。至于室中机缘,尤为崄峻,不可凑泊。尝指面前花问僧:"唤作佛草料见成,唤作畜生口作人语,当恁么时,参学眼在什么处?"僧无语,师自代曰:"五岳四渎,名山大川。"又问僧:"三门前寸草不生,佛殿里如何得入?"僧无语,自代曰:"光剃头,净洗钵。"又问僧:"一大藏教是恶口,如何是你本身卢舍那?"僧无语,自代曰:"阿耨达池,深四十丈阔四十丈。"又问僧:"有祖以来多少人错会,错则错了也,如何免得此过?"僧无语,自代曰:"罪不重科。"

又问僧:"你是甚院?"僧云:"天宫院僧。"师曰:"既是天宫院,为甚却两脚踏地?"僧无语,自代曰:"争怪得我。"又一日升坐鸣鼓竟,师坐帐内,侍者寻师不见,师拨开帐曰:"只在这里因什么不见?"侍者无语,自代曰:"大斧斫三门。"又一日,因书记维那相争来投,师揭榜曰:"书记维那行令不正,老僧罚油,行者吃棒。"令二人下语。维那云:"难逃智鉴。"师曰:"不是不是。"书记无语,二人俱逐出。

又因净慈先驰至通书,师问:"你长老甚处人?"先驰云:

"和尚大似不识。"师曰："你尔是甚处人？"先驰云："越州。"师曰："猛虎不食伏肉。"又因在病，有僧相看，师问僧："老僧昨夜火星出宫了，至今因甚瘌屎不出？"僧云："老老大大，向东司里作活计。"师曰："承言虽会宗，勿自立规矩。既不识，如何乱统。"实时逐出。自代曰："摩竭罗国亲行此令。"僧入身，师起身问："更不着布裈相见。"僧叉手近前云："今日亲见瞎堂。"师呵呵大笑。僧云："伎俩已尽。"师抚掌一下。

时有日本国僧觉阿，通天台教，颇工书，能道诸国语。初来谒师，气甚锐，师徐以禅宗晓之。居三年，顿有得，作投机五颂而去，语在《觉阿传》。他日因海商传其国圆城寺主者觉忠诗书来谢，而师宗旨遂分一派于日本国焉。

淳熙二年闰九月旦上堂，说偈曰："淳熙二年闰，季秋九月旦。闹处莫出头，冷地着眼看。明暗不相干，彼此分一半。一种作贵人，教谁卖柴炭。向你道，不可毁不可赞，体若虚空没崖岸，相呼相唤归去来，上元定是正月半。"于时都下喧传，颇疑师当以正月十五日迁化。遂达上听，至期无疾，升坐祝圣如常仪。

又俗官诣寺修斋，再升坐讫，即语知事头首分伴官客，及施主斋。齐时侍者并赴堂，是日都下人竞集，上亦密遣中使，伺师起居，皆见师往来如常。时迭归奏，斋罢侍者与俗官同上方丈，但见门扃闭甚密。师素蓄一黑猿，颇驯能知人意，因衣以布裰，命之曰猿行者。至是求师不见，因窥于窗隙中，但见猿手持一卷书，人立于床前。遂亟从后路至榻前，拨开帐子，而师已化矣。取猿手中书观之，乃辞世颂曰："拗折秤锤，掀翻露布，突出机先，鸦飞不度。"留十日颜色不变。寿七十四，坐五十九夏。得法者了乘、如本、齐已、慧冲，皆住大刹。《对御语》一卷。

乾道七年正月二十日，有旨令灵隐长老慧远引见，晦日召至选德殿，奏曰："臣本凡愚，生于西蜀。早闻道于圆悟禅师，养拙山林几四十年。仰闻陛下即位以来，优恤生灵，护持宗教，所谓以佛心而治天下。臣叨缘庆幸，依近天颜，不胜万感。"

上曰："圆悟是谁？"师对："名克勤，建炎初太上皇帝驻跸维扬，召对赐号圆悟禅师，即臣之师也。"上曰："惜不及见之，杲何如？"师对："宗杲与臣同出圆悟之门。"上曰："卿甚时来灵隐？"师对："去冬会庆节前一日入寺。今蒙陛下恩遇，获睹清光。一门师资，岂胜荣遇。臣谨以旧所赞颂十篇上进。"读罢，上赐坐，遂谢恩就坐。

上曰："如何免得生死？"师对："不悟大乘道，终不能免。"上曰："如何得悟？"师对："本有之性，若以岁月磨去，无不悟者。"上曰："悟后如何？"师对："悟了始知陛下所问与臣所对，悉皆不是。"

上曰："一切处不是后如何？"师对："脱体现前，了无毫发可见之相。"上肯首。师又曰："古德云，无所是，是菩提。"

上曰："即心即佛如何？"师对："目前无法，陛下唤什么作心。"上曰："如何是心？"师遂起身叉手而立曰："只这是。"上笑，复问德山、临济悟道因缘，师具言其详。

上又问曰："频呼小玉元无事，只要檀郎认得声。此圆悟所得处，只是要人认得声。"师对："昔有陈度支问道于五祖演和尚，五祖云：'小艳诗中亦是说禅。'时圆悟侍立，因问云：'如何是禅？'五祖云：'频呼小玉元无事，只要檀郎认得声。如何是祖师西来意？庭前柏树子。如何是佛麻三斤？'圆悟遂长嘘一声，忽然有悟。时恰有鸡啼，圆悟云：'你亦会禅。'五祖云：'汝作么生会？'圆悟云：'去却胸中物，丧尽目前机。'五祖云：'此汉彻了也。'"上曰："好好！"

师又曰："悟得后，千句万句乃至一大藏教只是一句。"上曰："是那里一句？"师对："好语不出门。"

上曰："不与万法为侣，可参乎？"师对："老庞致此一问，直得惊天动地，超今古脱，是非离言，说无依倚。正如陛下至尊至贵，大道本然。"上曰："只是不在有无。"师对："离却有无底亦不要。"

上曰："卿如何？"师举起一拳随奏曰："臣山林野人，举止乖疏，不识礼度，乞陛下宽贷。"上曰："不妨说禅。"又问："得道者谁？"师对："学道之人甚众，随其器量浅深，入室处可验。得底人，他亦自知时节，昔有曾开侍郎亦近道。"

上曰："他如何有悟？"师对："曾尝问：'如何是善知识？'臣云：'灯笼露柱、猫儿狗子，皆称善知识，何必更问。'曾云：'既称善知识，为甚赞即欢喜，毁即烦恼？'臣云：'侍郎曾见善知识否？'曾云：'开三十年参禅，如何不见？'臣云：'欢喜处见，烦恼处见？'曾茫然。臣震喝一声，曾拟开口，臣又喝。复挡住云：'开口底不是曾侍郎，曾侍郎向甚处去？'曾不觉点头长嘘。臣举手长揖云：'侍郎且喜，大事了毕。'曾遂作投机颂云：'咄哉老驴，丛林妖孽，震地一声，天机漏泄，有人更问意如何，拈起拂子劈口截。'"

上曰："更有何人？"师对："学佛者众机缘亦广，切恐有劳圣听，不敢多奏。"乃云："臣乞回寺，与诸衲子传佛心宗，仰报覆焘之恩。愿陛下早复中原，以慰四海之望。"上曰："后来更要说话在。"师对："谨当退听。"遂谢恩下殿。

三月七日复有旨，八日午时，候驾过德寿宫回，令灵隐径山长老同入迁德殿引见，既见赐坐。

上曰："灵隐径山皆大刹，每令臣寮择人住持。"师对："荷陛下不忘灵山付嘱，不以形服见弃，林下之人何以仰报。"上曰："去秋水潦，今岁何如？"师对："腊雪应期，必有丰年之兆。"上曰："朕极忧民间荒歉。"师对："臣亦恐春间细民艰食。赖陛下圣德所感，今二麦将熟，米价稍平。中外得人已行赈济，但得一饱，则农务有绪，皆陛下生成之赐。"上曰："秋间更得一熟，民间稍苏。"师对："陛下以百姓心为心，圣虑既坚，必随心念。"

上曰："普闻黄彦节举古云：'心随万境转，转处实能幽。'因得受用，以虚心应物。径山对：'虚明自照，不劳心力。'"师对："此乃三祖大师《信心铭》，正为有所证悟者说。"上曰："如何？"师对："至道无难，唯嫌拣择。但莫憎爱，洞然明白。毫厘有差，天地悬隔。"上喜甚。师复奏曰："容臣录一本，并《铁舌庵录》《前后奏对录》上进。"上曰："甚好。"

又问："一口吸尽西江水，理会不出。"师对："理会不得，无义路处，直下便是。"上曰："更数年须可晓。"师对："但于一刹那间以悟为则。"问对既久，师乃奏曰："臣恐久劳圣听。"谢恩下殿。

八年正月二十八日，车驾幸灵隐寺，至冷泉亭。师起居罢，侍臣传旨长老归寺，上至三门下马，师再起居。上曰："行则个。"师侍行至藏殿前，师奏曰："修廊高峻，恐艰圣步。"上曰："不妨。"遂行至僧堂前。入僧堂，师先至方丈焚香。上至方丈，师起居。上首看太祖皇帝所赐京师能仁寺佛牙舍利，上以手捧至额加敬。师以佛牙事迹进呈。至遇安堂一笑轩，读大慧宗杲至梅阳所寄法衣书云："超然居士是个中人，恐有未至处，当与商量。"上见此，曰："迟两年惜不及召宗杲。"

上问曰："超然如何？"师对："超然居士与圆悟先师及大慧，游从之久，令臣与他痛下毒手。"上笑。又见《语录》三策在方丈前案上，并奏对状一纸。上曰："此是什么？"师奏："向来乞进三祖大师《信心铭》及《铁舌庵传》与《前后奏对录》。"上有旨令收入。次至交芦室见师画像，乃问曰："此是谁？"师对："此是僧徒画臣顶相，求赞。"上曰："此是画底，那个是真底？"师叉手躬身云："春气和暖，恭惟圣躬万福。"上大笑。上观圆悟禅师像，师读所题赞曰："好个脱洒老衲，写得十分相似。八住海内丛林，逢着唯论此事。海口辩涌洪涛，到了不说一字。慧远把断纲宗，负荷阔行大步。炉鞴快下钳锤，提持向上底路。"

上曰："此便是向时所说光尧在维扬登对底。"师对："便是。"上观释迦出山相，奏曰："此吴道子画。"师亦读所题赞曰："大哉释迦文，福聚海无量。此地少朱砂，赤土也为上。我今稽首礼赞扬，留与人天作榜样。"上观临济像曰："此是临济。"师对："临济禅师乃曹州人，臣十二世祖师也。"上周览山林乃曰："想雪下时可观。"师对："更有上方尤好。"上回，师随至东廊法堂前。上观壁画，师奏曰："此乃历代高僧。"上曰："如今有否。"师对:"西廊工已就。"上指华严变相,师随问奏答,语意相契。

上遂回驾,师谢恩而归,翌日有旨赐绢帛等。是年八月六日有旨,宣灵隐长老七日同官员僧道入内,就观堂斋。斋罢赴观堂前起居,上赐坐赐茶。谢恩次,续有旨,独宣灵隐长老至观堂东合。师随入奏曰:"臣等今日蒙陛下赐净供。三教毕集,此一段胜事,世所希有,感荷圣恩。"上曰:"可谓胜事。"遂赐坐。

上曰:"有一两件事欲问卿。"师对曰:"臣愿闻圣训。"上曰:"前日睡梦中忽闻钟声,遂觉。未知梦与觉是如何?"师对:"陛下问梦中底、觉来底?若问觉来底,而今正是寐语。若问梦中底,梦觉无殊,教谁分别。梦即是幻,知幻即离,离幻即觉,觉心不动。所以道,若能转物,即同如来。"上曰:"梦幻既非,且钟声从甚处起?"师奏:"从陛下问处起。"上笑。

上复问:"前日在此合静坐,忽然思得向时所举不与万法为侣,只这不与万法为侣也大奇,朕从这里有个见处。"师奏曰:"不与万法为侣,陛下作么生会?"

上曰:"四海不为多。"师奏曰:"一口吸尽西江水又如何?"上曰:"亦未尝欠阙。"师奏曰:"臣每于入室时,常问衲云:'如何是斩新一句?'拟议劈胸便打。有时问云:'如何是向上一路?'未开口也打。"上曰:"因甚却如此?"师对:"才涉思惟,即成剩法。才落阴界,即是生死根本。参禅如斫轮,拟议勿干涉。如击石火,似闪电光,已是钝置了也。何故?法无二法,心无别心,天无二日。所以德山悟道了,封却佛殿门,乃云:'有你便无我,有我便无你,方能见道。'近有一士人,到寺见方丈壁间臣所作偈颂，乃云：'好偈颂。'臣问曰：'闻公学伊川之学，排佛氏是否？'士人不对。臣又问曰：'只如德山示众云，释迦弥勒是担屎汉，十地菩萨是守田奴。莫也是排佛么？'士人惘然。臣曰：'这里有一条活路，若看得见，受用不尽。如看不见，非但招因带果，更有事在。观公所见，未曾遇人，且坐吃茶。'前日又有一官人问：'长老年多少？'臣云：'七十岁。'官人云：'颐养得好。'臣云：'菜羹粥饭僧，何足道。'官人云：'性命事如何？'臣云：'老僧无性命。'官人云：'如何无？'臣云：'也无如何。'官人遂摇头云：'第恐未是在。'臣云：'非但横点头未是，直饶正点头也未是在。'官人良久再问云：'官员与禅僧如何？'臣云：'只一般。'官人云：'官员进身仕路，禅僧宴坐林间，安得一般？'臣云：'适来未与公相见时也一般，而今相见了也一般，直饶相赞相毁也一般。所以道，那伽常在定，无有不定时。'官人云：'长老语异，可别觅一杯茶。'臣云：'寺事多故不能从款。'大率古今言句，正如陛下向时所作布袋赞，其略曰：'别别分明一点红，炉雪岂容存驻也。'"

上曰："作颂最难。"师奏曰："昔时叶县省禅师有一法嗣，住汉州什邡方水禅院，曾作偈示众曰：'方水潭中鳖鼻蛇，拟心相向便揄揶，何人拔得蛇头出？'"上曰："更有一句。"师对："只有三句。"上曰："如何只有三句？"师对："意有待焉。二百年后无人下语。后大隋元靖长老举前三句了，乃着语云：'方水潭中鳖鼻蛇。'又佛果圆悟禅师亦于第三句下着语云：'云门胡饼赵州茶。'臣于第三句下着语云：'嚩呢哒哩咈嚟咤。'"上笑曰："甚好。"又问："古今得受用者谁？"师对："太宗皇帝。"上曰：

"闻太宗皇帝得大受用。"师对:"太宗皇帝一日幸大相国寺,见僧看经次,问云:'看甚经?'僧云:'《仁王护国经》。'太宗皇帝云:'既是朕经,为甚却在卿手里?'僧无语,臣亦曾代下一转语。"上曰:"卿如何代语?"师对:"当时只将经卷当笏鞠躬云:'愿陛下万岁万岁万万岁。'"上曰:"好好。"师奏曰:"太宗皇帝又尝见一僧问云:'卿是何人?'僧云:'塔主。'太宗皇帝云:'既是朕塔,因甚是卿作主?'其僧又无语,臣亦代语云:'圣恩普被。'"上首肯。久之,忽闻窗外报未牌,师奏曰:"陛下日应万机,臣不敢久留,恐劳圣听。"谢恩下殿。

九年四月二日有旨,四月八日宣入内观堂斋。斋罢同众起居,上问曰:"相将结夏。"师奏曰:"此乃丛林成规,西天于结夏日,铸蜡人藏土窟中。结夏九十日,戒行精洁则蜡人冰,不然则蜡人不全,故号为僧蜡。"上曰:"观行如何天竺法?"师奏云:"今日十六人入观堂,修三年净观。"上曰:"观者是观想,忘想颠倒相持,何时得了?"师对:"以贼捉贼,将心觅心。故《楞严》呵云:'想念不可脱,云何获圆通。'"

上曰:"如《华严》大经,要妙只在偈赞处,争如十地顿超?"师对:"如《华严经》偈赞,只闻得四句,则八十一卷《华严》一时了毕。"上曰:"须尽底透得彻始得。"师对:"曹洞下禅多云,直须尽底去。如何得尽底去?"上掷下羽扇于榻前,默然正坐。时众皆惘然,相顾无语。师即起身近前奏曰:"今日乃释迦如来诞庆之辰,陛下作此一段胜事,臣等见所未见,闻所闻①。"时大雨,乃曰:"直得天雨四花,地摇六震。适来诸山皆有颂,臣独无,而今辄有一颂。"上曰:"如何?"师对:"未至禁门时,举似陛下了也。"上曰:"何妨再举一遍看。"师对:"不可头上更安头。"上曰:"朕也要知。"师退一步奏曰:"臣深领此一问。"上曰:"更有也无?"师对:"当似今日。"

又奏曰:"昔见台州守宗颖,问因看《法华经》云:'佛身长无量百千万亿那由他由旬,到此直是疑着。'是时臣掷下扇子于地上云:'你且道我扇长多少,与佛身相去几何?'渠惘然无答。"上曰:"此是妙处,如庖丁解牛。"师对:"不见全牛可下刀,无垢光中本三昧。"上首肯之,师谢恩归位。

上曰:"修禅定者如何?"师对:"初机若有所习,则不名大定。大定等虚空,了无修习处,亦无起灭出入处。陛下看此习定之者,尽是未证果位凡夫,直饶习到四禅八定,亦未为究竟。故圭峰宗密禅师云:'非想定后还作非狸之身。'昔有僧名顶三教,尝作偈示众云:'四禅舍念常清净,半是真如半是空。此处修行多歧路,行人到者莫忽忽。'一边顿证,则一念作佛。一边差别,则堕在二乘。穷空不归,四六二万十千劫修行再入轮回。故云:'繁兴永处那伽定,那伽常在定,无有不定时。'乃至风动尘起,云行雨施,悉皆在定。傅大士云:'欲学诸三昧,是动非在禅。心随境界流,云何名为定。'此乃是不动真智也。"上曰:"是。"众皆起,谢恩下殿。师再入奏曰:"臣去年八月二日《奏对录》并《七佛偈》《日本国法师问道录》,三日前亦曾乞进。"上曰:

---

① 闻所闻:《佛海瞎堂禅师广录》作"闻所未闻"。

"已看得数版未了在。"师奏曰:"《七佛偈》,去冬因沈介尚书问,第三毗舍浮佛偈云:'假借四大以为身,心本无生因境有。前境若无心亦无,罪福如幻起亦灭。'"上曰:"他如何问?"师奏曰:"前境若无心亦无。他到此生疑,却问如何。臣答云:'未有尚书时唤什么作境?心境俱空是个什么?'渠默有契证。"上曰:"朕近日于'四海不为多'处,别得一转语云:'明镜绝纤尘。'"师奏曰:"臣感蒙圣训。"谢恩,下殿。

台州洪福子文禅师 上堂,"不昧不落作么会?会得依前堕野狐,一夜凉风生画角,满船明月泛江湖"。

"十四五"时期国家重点出版物出版专项规划项目

国家古籍工作规划项目

中国禅宗典籍丛刊

续传灯录 下

吕有祥　点校

中州古籍出版社
·郑州·

续传灯录卷第二十九

大鉴下第十六世

太平勤禅师法嗣

常德府文殊心道禅师　眉州徐氏子,年三十得度。诣成都习《唯识》,自以为至。同舍诘之曰:"三界唯心,万法唯识。今目前万象纵然,心识安在?"师茫然不知对,遂出关周流江淮。既抵舒之太平,闻佛鉴禅师夜参举赵州柏树子话,至觉铁嘴云:"先师无此语,莫谤先师好。"因大疑,提撕既久,一夕豁然。即趋丈室拟叙所悟,鉴见来,便闭门。师曰:"和尚莫谩某甲。"鉴云:"十方无壁落,何不入门来。"师以拳攧破窗纸。鉴即开门,挡住云:"道道!"师以两手捧鉴头作口啐而出,遂呈偈曰:"赵州有个柏树话,禅客相传遍天下。多是摘叶与寻枝,不能直向根源会。觉公说道无此语,正是恶言当面骂。禅人若具通方眼,好向此中辨真假。"鉴深然之,每对客称赏,后命分座。

襄守请开法天宁,未几,擢大别文殊。上堂曰:"师子嚬呻,象王哮吼。云门北斗里藏身,白云因何唤作手。三世诸佛不能知,狸奴白牯却知有。且道作么生是他知有底事?雨打梨花蛱蝶飞，风吹柳絮毛球走。"

上堂，拈拄杖直上指曰："怎么时，刺破憍尸迦脚跟。"卓一下曰："怎么时，卓碎阎罗王顶骨。"乃指东畔曰："怎么时，穿过东海鲤鱼眼睛。"指西畔曰："怎么时，塞却西王母鼻孔。且道总不怎么时如何？今年雨水多，各宜频晒眼。"

宣和改元，下诏改僧为德士。上堂，"祖意西来事，今朝特地新。昔为比丘相，今作老君形。鹤氅披银褐，头包蕉叶巾。林泉无事客，两度受君恩。所以道，欲识佛性义，当观时节因缘。且道即今是甚么时节？毗卢遮那顶戴宝冠，为显真中有俗。文殊老叟身披鹤氅，且要俯顺时宜。一人既尔，众人亦然。大家成立丛林，喜得群仙聚会，共酌迷仙酒，同唱步虚词。或看《灵宝度人经》，或说长生不死药。琴弹月下，指端发太古之音。棋布轩前，妙着出神机之外。进一步便到大罗天上，退一步却入九幽城中。只如不进不退一句，又作么生道？直饶羽化三清路，终是轮回一幻身。"

二年九月，复僧上堂。"不挂田衣着羽衣，老君形相颇相宜。一年半内闲思想，大底兴衰各有时。我佛如来预谶法之有难，教中明载，无不委知。较量年代，正在于兹。魔得其便，惑乱正宗。僧改俗形，佛更名字。妄生邪解，删削经文。铙钹停音，钵盂添足。多般矫诈，欺罔圣君。赖我皇帝陛下圣德圣明，不忘付嘱，不废其教，特赐宸章颁行天下，仍许僧尼重新披削。实谓寒灰再焰，枯木重荣。不离俗形而作僧形，不出魔界而入佛界。重鸣法鼓，再整颓纲。迷仙酬变为甘露琼浆，涉虚词翻作还乡曲子。放下银木简，拈起尼师坛。昨朝稽首擎拳，今日和南不审。

只改旧时相,不改旧时人。敢问大众,旧时人是一个是两个?"良久曰:"秋风也解嫌狼藉,吹尽当年道教灰。"

建炎三年春示众,举临济入灭,嘱三圣因缘。师曰:"正法眼藏瞎炉灭,临济何曾有是说。今古时人皆妄传,不信但看后三月。"至闰三月,贼锺相叛,其徒欲举师南奔者。师曰:"学道所以了生死,何避之有。"贼至,师曰:"速见杀,以快汝心。"贼即举槊残之,血皆白乳。贼骇,引席覆之而去。

韶州南华知昺禅师 蜀之永康人也。上堂,"此事最希奇,不碍当头说。东邻田舍翁,随例得一橛。非唯贯声色,亦乃应时节。若问是何宗,八字不着人"。击禅床,下座。

上堂,"日日说,时时举,似地擎山争几许,陇西鹦鹉得人怜,大都只为能言语。休思惟,带伴侣,智者聊闻猛提取,更有一般也大奇,猫儿偏解捉老鼠"。

上堂,以拄杖向空中搅,曰:"搅长河,为酥酪,鰕蟹犹自眼搭眵①。"卓一下曰:"变大地作黄金,穷汉依前赤骨力。为复自家无分,为复不肯承当。可中有个汉荷负得行,多少人失钱遭罪。"再卓一下曰:"还会么?宝山到也须开眼,勿使忙忙空手回。"

上堂,"春光烂熳华争发,子规啼落西山月。憍梵钵提长吐舌,底事分明向唯说。嘎!"

上堂,"迷不自迷,对悟立迷。悟不自悟,因迷说悟。所以悟为迷之体,迷为悟之用。迷悟两无从,个中无别共。无别共,

---

① 眵(chī):眼睛分泌出来的液体凝结成淡黄色,俗称眼屎。

拨不动,祖师不将来,鼻孔千斤重"。

潭州龙牙智才禅师 舒州施氏子,早服勤于佛鉴法席,而局务不辞难,名已闻于丛林。及游方迫暮至黄龙,适死心在三门,问其所从来,既称名则知为舒州太平才庄主矣。翌日入室,死心问曰:"会得最初句,便会末后句。会得末后句,便会最初句。最初末后拈放一边,百丈野狐话作么生会?"师曰:"入户已知来见解,何须更举辇中泥。"心曰:"新长老死在上座手里也。"师曰:"语言虽有异,至理且无差。"心曰:"如何是无差底事?"师曰:"不扣黄龙角,焉知颔下珠。"心便打。

初住岳麓,开堂日,僧问:"德山棒,临济喝,今日请师为拈掇。"师曰:"苏噜苏噜。"曰:"苏噜苏噜,还有西来意也无?"师曰:"苏噜苏噜。"由是丛林呼为才苏噜。

后迁龙牙,因钦宗皇帝登位,众官请上堂,祝圣已,就座。拈拄杖卓一下,曰:"朝奏疏中道,本来奥境,诸佛妙场,适来拄杖子已为诸人说了也。于斯悟去,理无不显,事无不周。如或未然,不免别通个消息。舜日重明四海清,满天和气乐升平。延祥拄杖生欢喜,掷地山呼万岁声。"掷拄杖,下座。

上堂,弹指一下曰:"弹指圆成八万门,刹那灭却三祇劫。若也见得行得,健即经行困即歇。若也不会,再个鹬鹚扛个鳖。"

上堂,举死心和尚小参曰:"若论此事,如人家有三子。第一子聪明智慧,孝养父母,接待往来,主掌家业。第二子凶顽狡猾,贪淫嗜酒,倒街卧巷,破坏家业。第三子盲聋喑痖,菽麦不分,是事不能,只会吃饭。三人中黄龙要选一人用。更有四句,死中有活,活中有死,死中常死,活中常活。将此四句验天下衲僧。"师曰:"唤甚么作四句,三人姓甚名谁?若也识得,与黄龙把手并行,更无纤毫间隔。如或未然,不免借水献华去也。三人共体用非用,四句同音空不空,欲识三人并四句,金乌初出一团红。"

师居龙牙十三载,以清苦莅众,衲子敬畏。大师席公震,迁住云溪,经四稔,绍兴戊午八月望,俄集众付寺事,仍书偈曰:"戊午中秋之日,出家住持事毕。临行自己尚无,有甚虚空可觅。"其垂训如常。一十三①日再集众,示问曰:"涅槃生死尽是空华,佛及众生并为增语。汝等诸人合作么生?"众皆下语不契。师喝曰:"苦苦。"复曰:"白云涌地,明月当天。"言讫辴②然而逝,火浴获设利五色。并灵骨塔于寺之西北隅。

明州蓬莱卿禅师　上堂,"有句无句,如藤倚树,且任诸方点头。及乎树倒藤枯,上无冲天之计,下无入地之谋。灵利汉这里,着得一只眼,便见七纵八横"。举拂子曰:"看看!一曲两曲无人会,雨过夜塘秋水深。"

上堂,"杜鹃声里春光暮,满地落华留不住。琉璃殿上绝行踪,谁人解插无根树"。举拄杖曰:"这个是无根底,且道解开华也无?"良久曰:"只因连夜雨,又过一年春。"

上堂,举法眼道:"识得橙子,周匝有余。"云门道:"识得橙子,天地悬殊。"师曰:"此二老人,一人向高高山顶立,一人向深深海底行。然虽如是,一不是,二不成,落花流水里啼莺,闲亭雨歇夜将半,片月还从海底生。"

---

① 一十三:《五灯会元》等作"二十三"。
② 辴(chǎn):笑的样子,辴然而笑。

安吉州何山佛灯守珣禅师 郡之施氏子。参广鉴瑛禅师,不契。遂造太平,随众咨请,邈无所入。乃封其衾曰:"此生若不彻去,誓不展此。"于是昼坐宵立,如丧考妣。逾七七日,忽佛鉴上堂曰:"森罗及万象,一法之所印。"师闻顿悟,往见鉴。鉴曰:"可惜一颗明珠,被这风颠汉拾得。"乃诘之曰:"灵云道:'自从一见桃花后,直至如今更不疑。'如何是他不疑处?"师曰:"莫道灵云不疑。只今觅个疑处,了不可得。"鉴曰:"玄沙道:'谛当甚谛当,敢保老兄未彻在。'那里是他未彻处?"师曰:"深知和尚老婆心切。"鉴然之。师拜起,呈偈曰:"终日看天不举头,桃华烂熳始抬眸。饶君更有遮天网,透得牢关即便休。"鉴嘱令护持。是夕厉声谓众曰:"这回珣上座稳睡去也。"圆悟闻得,疑其未然,乃曰:"我须勘过始得。"遂令人召至,因与游山,偶到一水潭,悟推师入水,遽问曰:"牛头未见四祖时如何?"师曰:"潭深鱼聚。"悟曰:"见后如何?"师曰:"树高招风。"悟曰:"见与未见时如何?"师曰:"伸脚在缩脚里。"悟大称之。鉴移蒋山,命分座说法。出住庐陵之禾山,退藏故里,道俗迎居天圣。后徙何山及天宁。

上堂,"镀铄钴,住山斧,佛祖出头未轻与,纵使醍醐满世间,你无宝器如何取。阿呵呵!神山打罗,道吾作舞。甜瓜彻蒂甜,苦瓠连根苦"。

上堂,举婆子烧庵话,师曰:"大凡扶宗立教,须是其人。你看他婆子,虽是个女人,宛有丈夫作略。二十年筛①油费酱,

---

① 筛(shāi):筛子。

固是可知。一日向百尺竿头做个失落,直得用尽平生腕头气力。自非个俗汉知机,泊乎巧尽拙出。然虽如是,诸人要会么?雪后始知松柏操,事难方见丈夫心。"

上堂,"如来禅,祖师道,切忌将心外边讨,从门所得即非珍,特地埋藏衣里宝。禅家流,须及早,拨动祖师关棙,抖擞多年布袄,是非毁誉付之空,竖阔横长浑恰好。君不见,寒山老,终日嬉嬉,长年把扫。人问其中事若何,入荒田不拣,信手拈来草。参!"

僧问:"如何是宾中宾?"师曰:"客路如天远,侯门似海深。"曰:"如何是宾中主?"师曰:"长因送客处,忆得别家时。"曰:"如何是主中宾?"师曰:"相逢不必问前程。"曰:"如何是主中主?"师曰:"一朝权祖令,谁是出头人。"曰:"宾主已蒙师指示,向上宗乘事若何?"师曰:"向上问将来。"曰:"如何是向上事?"师曰:"大海若知足,百川应倒流。"僧礼拜,师曰:"珣上座三十年学得底。"

师尝谓众曰:"兄弟如有省悟处,不拘时节,请来露个消息。"雪夜有僧扣方丈门,师起,秉烛震威喝曰:"雪深夜半,求决疑情,因甚么威仪不具?"僧顾视衣祴①,师逐出院。

每曰:"先师只年五十九,吾年五十六矣,来日无多。"绍兴甲寅解制,退天宁之席,谓双槐居士郑绩曰:"十月八日是佛鉴忌,则吾时至矣。"乞还障南。十月四日,郑公遣弟僧道如讯之,师曰:"汝来正其时也。先一日不着便,后一日蹉过了。吾虽与

---

① 衣祴(gé):僧衣。

佛鉴同条生,终不与同条死。明早可为我寻一只小船子来。"如曰:"要长者,要高者?"师曰:"高五尺许。"越三日,鸡鸣端坐如平时。侍者请遗偈,师曰:"不曾作得。"言讫而逝。阇维舌根不坏,郡人陈师颜以宝函藏其家,门弟子奉灵骨塔于普应院之侧。

隆兴府泐潭择明禅师 上堂,举赵州访茱萸探水因缘,师曰:"赵老云收山岳露,茱萸雨过竹风清。谁家别馆池塘里,一对鸳鸯画不成。"又举德山托钵话,师曰:"从来家富小儿娇,偏向江头弄画桡。引得老爷把不住,又来船上助歌谣。"

上堂,"永嘉道:一月普现一切水,一切水月一月摄"。竖起拂子云:"看看!千江竞注,万派争流。若也素善行舟,便谙水脉,可以优游性海,笑傲烟波。其或未然,且归林下坐,更待月明时。"

台州宝藏本禅师 上堂,"清明已过十余日,华雨阑珊方寸深。春色恼人眠不得,黄鹂飞过绿杨阴"。遂大笑,下座。

吉州大中祥符清海禅师 初见佛鉴,鉴问:"三世诸佛一口吞尽,何处更有众生可教化。此理如何?"师拟进语,鉴喝之。师忽领旨,述偈曰:"实际从来不受尘,个中无旧亦无新。青山况是吾家物,不用寻家别问津。"鉴曰:"放下着。"师礼拜而出。

漳州净众佛真了灿禅师 泉南罗氏子。上堂,"重阳九日菊花新,一句明明亘古今,杨广橐驼无觅处,夜来足迹在松阴"。

隆兴府谷山海禅师 上堂,"一举不再说,已落二三。相见不扬眉,翻成造作。设使动弦别曲,告往知来,见鞭影便行,望刹竿回去,脚跟下好与三十棒。那堪更向这里撮摩石火,收捉电光。工夫枉用浑闲事,笑倒西来碧眼胡"。卓拄杖,下座。

龙门佛眼远禅师法嗣

温州龙翔竹庵士圭禅师 成都史氏子。初依大慈宗雅,心醉《楞严》逾五秋。南游,谒诸尊宿,始登龙门,即以平时所得白佛眼。眼曰:"汝解心已极,但欠着力开眼耳。"遂俾职堂司。一日侍立次,问云:"绝对待时如何?"眼曰:"如汝僧堂中白椎相似。"师罔措。眼至晚抵堂司,师理前话,眼曰:"闲言语。"师于言下大悟。

政和末,出世和之天宁,屡迁名刹。绍兴间,奉诏开山雁荡能仁。时真歇居江心,闻师至,恐缘法未熟,特过江迎归方丈,大展九拜,以诱温人,由是翕然归敬。未视篆,其徒惧行规法,深夜放火,鞠为瓦砾之墟。师竟就树缚屋,升座示众云:"爱闲不打鼓山鼓,投老来看雁荡山。杰阁危楼浑不见,溪边茅屋两三间。还有共相出手者么?"喝一喝,下座。听法檀施并力营建,未几复成宝坊。

次补江心,上堂曰:"万年一念,一念万年。和衣泥里辊,洗脚上床眠。历却来事,只在如今。大海波涛涌,小人方寸深。"拈起拄杖曰:"汝等诸人未得个入头,须得个入头。既得个入头,须有出身一路始得。大众且作么生是出身一路?"良久曰:"雪压难摧涧底松,风吹不动天边月。"卓拄杖,下座。

上堂,"万机不到,眼见色,耳闻声。一句当阳,头戴天,脚踏地。你诸人只知今日是五月初一,殊不知金乌半夜忙忙去,玉兔天明上海东"。以拂子击禅床，下座。

上堂，"明明无悟，有法即迷。诸人向这里立不得，诸人向这里住不得。若立则危，若住则瞎。直须意不停玄，句不停意，用不停机。此三者既明，一切处不须管带，自然现前，不须照顾，自然明白。虽然如是，更须知有向上事。久雨不晴，咄！"

上堂，"一叶落，天下秋，欲穷千里目，更上一层楼。一尘起，大地收，嘉州打大像，陕府灌铁牛。明眼汉合作么生？"良久曰："久旱檐头句，桥流水不流。"卓拄杖，下座。

上堂，"见见之时，见非是见，见犹离见，见不能及。落花有意随流水，流水无情恋落花。诸可还者自然非汝，不汝还者非汝而谁。长恨春归无觅处，不知转入此中来。"喝一喝曰："三十年后，莫道能仁教坏人家男女。"

上堂，僧问："如何是祖师西来意？"师曰："东家点灯，西家暗坐。"曰："未审意旨如何？"师曰："马便搭鞍，驴便推磨。"僧礼拜。师曰："灵利衲僧只消一个。"遂曰："马搭鞍，驴推磨，灵利衲僧只消一个。纵使东家明点灯，未必西家暗中坐。西来意旨问如何，多口阿师自招祸。"僧问："如何是第一义？"师曰："你问底是第二义。"问："狗子还有佛性也无，赵州道无，意旨如何？"师曰："一度着蛇咬，怕见断井索。"问："燕子深谈实相，善说法要，此理如何？"师曰："不及雁衔芦。"问："如何是佛？"师曰："华阳洞口石乌龟。"问："鲁祖面壁，意旨如何？"师曰："金木水火土，罗睺计都星。"问："有句无句，如藤倚树时如何？"师曰："作贼人心虚。"曰："国师三唤侍者，又作么生？"师曰："打鼓弄猢狲，鼓破猢狲走。"

丙寅七月十八日，召法属长老宗范付后事。次日沐浴，声钟集众，就座泊然而逝。荼毗日，送者均获舍利，奉灵骨塔于鼓山。

南康军云居高庵善悟禅师 洋州李氏子，年十一去家，业经得度，有夙慧。闻冲禅师举武帝问达磨因缘，如获旧物，遽曰："我既廓然，何圣之有。"冲异其语，勉之南询，蒙授记于龙门。一日有僧被蛇伤足，佛眼问曰："既是龙门，为甚么却被蛇咬？"师即应曰："果然现大人相。"眼益器之。后传此语到昭觉，圆悟云："龙门有此僧耶，东山法道，未寂寥尔。"

住后，上堂，"少林面壁，怀藏东土西天。欧阜升堂，充塞四维上下。致使山巍巍而砥掌平，水昏昏而常自清。华非艳而结空果，风不摇而片叶零，人无法而得咨问，佛无心而更可成。野蔬淡饭延时日，任运随缘道自灵。毕竟如何，日午打三更"。

遂宁府西禅文琏禅师 郡之张氏子。上堂，"一向恁么去，直得凡圣路绝，水泄不通，铁蛇钻不入，铁锤打不破。至于千里万里，鸟飞不度。一向恁么来，未免灰头土面，带水拖泥。唱九作十，指鹿为马。非唯孤负先圣，亦乃埋没己灵。敢问大众，且道恁么去底是，恁么来底是？芍药华开菩萨面，棕榈叶散夜叉头"。

上堂，"诸方浩浩谈玄，每日撞钟打鼓。西禅无法可说，勘破灯笼露柱。门前不置下马台，免被傍人来借路。若借路，须照顾脚下。若参差，邯郸学唐步"。

上堂，"心生种种法生，森罗万象纵横，信手拈来便用，日轮午后三更。心灭种种法灭，四句百非路绝，直饶达磨出头，也是眼中着屑。心生心灭是谁,木人携手同归。归到故乡田地,犹遭顶上一锤。"

上堂,"正月孟春犹寒,直下言端语端。拈起衲僧鼻孔,穿开祖佛心肝。知有者,达磨不来东土,二祖不往西天。不知有者,谁知当面蹉过,迢迢十万八千。山僧为你重说偈言,大众莫教孤负,孟春犹寒。"

僧问:"师子未出窟时如何?"师曰:"爪牙已露。"曰:"出窟后如何?"师曰:"龙头蛇尾。"曰:"出与未出时如何?"师曰:"正好吃棒。"问:"以一重去一重即不问,不以一重去一重时如何?"师曰:"阇黎有许多工夫。"

隆兴府黄龙牧庵法忠禅师

四明姚氏子,十九试经得度。习台教,悟一心三观之旨,未能泯迹,遍参名宿。至龙门,观水磨旋转,发明心要,乃述偈曰:"转大法轮,目前包里。更问如何,水推石磨。"呈佛眼,眼曰:"其中事作么生?"师曰:"涧下水长流。"眼曰:"我有末后一句待分付汝。"师即掩耳而去。

后至庐山,于同安枯树中,绝食清坐。宣和间,湘潭大旱,祷而不应。师跃入龙渊呼曰:"业畜当雨一尺。"雨随至。居南岳,每跨虎出游,儒释望尘而拜。

住后,上堂,"张公吃酒李公醉,子细思量不思议。李公醉醒问张公,恰使张公无好气。无好气,不如归家且打睡。"

上堂,"今朝正月半,有事为君断。切忌两眼睛,被他灯火换。"

上堂,"我有一句子,不借诸圣口,不动自己舌,非声气呼吸,非情识分别。假使净名杜口于毗耶,释迦掩室于摩竭,大似掩耳偷铃，未免天机漏泄。直饶德山入门便棒，临济入门便喝。若向牧庵门下，检点将来，只得一橛。千种言万般说，只要教君自家歇，一任大地虚空七凹八凸"。

僧问："如何是佛？"师曰："莫向外边觅。"曰："如何是心？"师曰："莫向外边寻。"曰："如何是道？"师曰："莫向外边讨。"曰："如何是禅？"师曰："莫向外边传。"曰："毕竟如何？"师曰："静处萨婆诃。"问："大众临筵，请师举唱。"师竖起拂子。僧曰："乞师再垂方便。"师击禅床一下。后示寂，塔于香原洞。

衢州乌巨雪堂道行禅师 处州叶氏子，依泗州普照英禅师得度。去参佛眼，一日，闻举玄沙筑着脚指话，遂大悟。

住后，上堂，"会即便会，玉本无瑕。若言不会，碓嘴生花。试问九年面壁，何如大会拈华？南明怎么商确，也是顺风撒沙。参！"

上堂，"云笼岳顶，百鸟无声。月隐寒潭，龙珠自耀。正当恁么时，直得石梁忽然大悟，石洞顿尔心休。虚空开口作证，溪北石僧点头。诸人总在这里瞌睡，笑杀陕府铁牛"。

上堂，"佛说三乘十二分，顿渐偏圆，痴人面前不得说梦。祖师西来直指人心，见性成佛，痴人面前不得说梦。临济三玄，云门三句，洞山五位，痴人面前不得说梦。南明怎么道，还免得遭人检责也无？所以古人道，石人机似汝，也解唱巴歌。汝若似石人，雪曲也应和。还有和雪曲底么？若有，唤来与老僧洗脚"。

上堂，"通身是口，说得一半。通身是眼，用得一橛。用不到处说有余，说不到处用无尽。所以道，当用无说，当说无用。

用说同时，用说不同时。诸人若也拟议，西峰在你脚底"。

到国清，众请上堂，"句亦刬，意亦刬，绝毫绝牦处，如山如岳。句亦到，意亦到，如山如岳处，绝毫绝牦。忽若拶通一线，意句俱到俱不到，俱刬俱不刬。直得三句外绝牢笼，六句外无标的。正当恁么时一句作么生道？倾盖同途不同辙，相将携手上高台"。

上堂，举赵州示众云："老僧除却二时斋粥，是杂用心处。"师曰："今朝六月旦，行者击鼓，长老升堂，尔诸人总来这里杂用心。"

上堂，举僧问云门："如何是惊人句？"门曰："响。"师曰："云门答这僧话不得便休，却鼓粥饭气以当平生。"

上堂，"黄梅雨麦秋寒，恁么会太无端。时节因缘佛性义，大都须是髑髅干"。

示众，举玑和尚问僧："禅以何为义？"众下语，皆不契理。僧请益玑，玑代云："以谤为义。"师曰："三世诸佛是谤，西天二十八祖是谤，唐土六祖是谤，天下老和尚是谤，诸人是谤，山僧是谤。于中还有不谤者也无？谈玄说妙河沙数，争似双峰谤得亲。"

师示疾，门弟子教授汪公乔年至省候，师以后事委之，示以偈曰："识则识自本心，见则见自本性。识得本心本性，正是宗门大病。"注曰："烂泥中有刺，莫道不疑好。"黎明沐浴更服，跏趺而逝。阇维五色设利，烟所至处累然，齿舌不坏，塔于寺之西。

抚州白杨法顺禅师 绵州文氏子，依止佛眼闻普说。举傅大士《心王铭》云："水中盐味，色里胶青，决定是有，不见其形。"师于言下有省。后观宝藏迅转顿明大法，趋丈室作礼呈偈曰："顶有异峰云冉冉，源无别派水泠泠。游山未到山穷处，终被青山碍睛眼。"眼笑而可之。

住后，上堂，"好事堆堆栈迭来，不须造作与安排。落林黄叶水推去，横谷白云风卷回。寒雁一声情念断，霜钟才动我山摧。白杨更有过人处，尽夜寒炉拨死灰。忽有个衲僧出来道：'长老少卖弄得恁么穷乞相。'山僧只向他道，却被你道着"。

上堂，"我手何似佛手，天上南星北斗。我脚何似驴脚，往事都来忘却。人人尽有生缘，个个足方顶圆。大愚滩头立处，孤月影射深湾。会不得，见还难，一曲渔歌过远滩"。

示众，"染缘易就，道业难成。不了目前，万缘差别。只见境风浩浩，凋残功德之林，心火炎炎，烧尽菩提之树。道念若同情念，成佛多时。为众一似为己，彼此事办。不见他非我是，自然上敬下恭。佛法时时现前，烦恼尘尘解脱"。

上堂，"鸡鸣晓月，狗吠枯椿，只可默会，难入思量。看不见处，动地放光，说不到处，天地玄黄。抚城尺六状纸，元来出在清江。大众，分明话出人难见，昨夜三更月到窗"。

上堂，"风吹茅茨屋脊漏，雨打阇黎眼睛湿。怎么分明却不知，却来这里低头立"。时绍灯上座闻之有省，后住婺之广教。

因病示众："久病未尝推木枕，人来多是问如何。山僧据问随缘对，窗外黄鹂口更多。只如七尺之躯，甚处受病？众中具眼者，试为山僧指出病源。"众下语皆不契。师自拊掌一下，作呕吐声。又云："好个木枕子。"师律身清苦，出入唯杖笠独行。后示寂,阇维收设利,目睛齿舌数珠,同灵骨塔于寺西。

南康军云居法如禅师 丹丘胡氏子,依护国瑞禅师,祝发登具。遍参浙右诸宗匠。晚至龙门,以平日所证白佛眼。眼曰:"此皆学解,非究竟事。欲了生死,当求妙悟。"师骇然谛信。一日命主香积,以道业未办固辞。眼勉曰:"姑就职,其中大有人为汝说法。"未几,晨兴开厨门,望见圣僧契所未证,即白佛眼。眼曰:"这里还见圣僧么?"师诣前问讯,叉手而立。眼曰:"向汝道,大有人为汝说法。"

住后,上堂,"一法若有,毗卢堕在凡夫。万法若无,普贤失其境界。向这里有无俱遣,得失两亡,直得十方诸佛不见。诸人且道,十二时中向甚么处安身立命?披蓑侧立千峰外,引水浇蔬五老前"。

上堂,"乾坤之内,宇宙之间,中有一宝,秘在形山。云居又且不然,乾坤之内,宇宙之间,中有一宝"。掷下拄杖云:"大众也须识取。"

南康军归宗真牧正贤禅师 潼州陈氏子,世为名儒。幼从三圣海澄为苾刍,具满分戒。游成都,依大慈秀公习经轮。凡典籍过目成诵,义亦顿晓,秀称为经藏子。出蜀,谒诸尊宿,后扣佛眼。一日入室,眼举殷勤抱得旃檀树,语声未绝,师顿悟。眼曰:"经藏子漏逗了也。"自是与师商确渊奥,亹亹无尽。眼称善,因手书真牧二字授之。

绍兴己巳,归宗虚席。郡候以礼请,坚卧不应。宝文李公懋尝问道于师,同属官强之乃就。

上堂,"且第一句如何道,汝等若向世界未成时、父母未生时、佛未出世时、祖师未西来时道得，已是第二句。且第一句如何道，直饶你十成道得，未免左之右之"。卓拄杖下座。

上堂，良久召大众曰："作么生？若也拟议，贤上座谩你诸人去也。打地和尚嗔他秘魔岩主擎个叉儿胡说乱道，遂将一捆成赍粉，散在十方世界。还知么？"举拂子曰："而今却在拂子头上说，一切智智清净，无二无二分，无别无断故。还闻么？阎老子知得。"乃曰："贤上座你若相当去，不妨奇特。或不相当，总在我手里。只向他道，阎老子你也退步，摸索鼻孔看。"击禅床，下座。

僧问："久默斯要，已泄真机。学人上来，请师开示。"师曰："耳朵在甚么处？"曰："一句分明该万象。"师曰："分明底事作么生？"曰："台星临照，枯木回春。"师曰："换却你眼睛。"

安吉州道场正堂明辩禅师 本郡俞氏子，幼事报本蕴禅师，圆颅受具。后谒诸名宿。至西京少林，闻僧举佛眼以古诗发明罽宾王斩师子尊者话，曰："杨子江头杨柳春，杨花愁杀渡江人。一声羌笛离亭晚，君向潇湘我向秦。"师默有所契，即趋龙门，求入室。佛眼问："从上祖师方册因缘，许你会得。"忽举拳曰："这个因何唤作拳？"师拟对，眼筑其口曰："不得作道理。"于是顿去知见。

住后，上堂，"猛虎口边拾得，毒蛇头上安排。更不钉椿摇橹，回头别有生涯。婆子被我勘破了，大悲院里有村斋"。

上堂，"净五眼，涌金春色晚。得五力，吹落碧桃华。唯证乃知难可测"。卓拄杖曰："一片何人得，流经十万家。"

上堂,"三祖道:'但莫憎爱,洞然明白。'当时老僧若见,便与一捆。且道是憎邪是爱邪?近来经界稍严,不许诡名挟佃"。

解夏上堂,"十五日已前不得去,少林只履无藏处。十五日已后不得住,桂子天香和雨露。正当十五日又且如何?阿呵呵!风流不在着衣多"。

上堂,举僧问投子:"大死底人却活时如何?"子曰:"不许夜行,投明须到。"师曰:"我疑千年苍玉精,化为一片秋水骨,海神欲护护不得,一旦鳌头忽擎出。"

上堂,"华开陇上,柳绽堤边,黄莺调叔夜之琴,芳草入谢公之句。何必闻声悟道,见色明心。非唯水上觅沤,已是眼中着屑"。擘开胸曰:"汝等当观吾①紫磨金色之身,今日则有,明日则无。大似无风起浪,全不知羞。且道今日事怎么生?好个迷逢达磨,不知谁解承当。"

僧问:"如何是佛?"师乃鸣指三下。问:"语默涉离微,如何通不犯?"师曰:"横身三界外,独脱万机前。"曰:"只如风穴道'长忆江南三月里,鹧鸪啼处百花香',又怎么生?"师曰:"说这个不唧噌汉作么?"曰:"嫩竹摇金风细细,百华铺地日迟迟。"师曰:"你向甚么处见风穴?"曰:"眼里耳里绝潇洒。"师曰:"料掉无交涉。"问:"莲华未出水时如何?"师曰:"未过冬至莫道寒。"曰:"出水后如何?"师曰:"未过夏至莫道热。"曰:"出与未出时如何?"师曰:"三十年后不要错举。"问:"如何是佛?"师曰:"无柴猛烧火。"曰:"如何是法?"师曰:"贫做富

---

① 吾:径山本作"我"。

装里。"曰:"如何是僧?"师曰:"卖扇老婆手遮日。"曰:"如何是和尚栗棘蓬?"师曰:"不答此话。"曰:"为甚么不答?"师大笑曰:"吞不进,吐不出。"

问:"如何是一喝如金刚王宝剑?"师曰:"古墓毒蛇头戴角。"曰:"如何是一喝如踞地师子师?"师曰:"虚空笑点头。"曰:"如何是一喝如探竿影草?"师曰:"石人拍手笑呵呵。"曰:"如何是一喝不作一喝用?"师曰:"布袋里猪头。"曰:"四喝已蒙师指示,向上还有事也无?"师曰:"有。"曰:"如何是向上事?"师曰:"锯解秤锤。"随声便喝。

佛眼忌,拈香。"龙门和尚,阐提潦倒。不信佛法,灭除禅道。拶破毗卢向上关,猫儿洗面自道好。一炷沈香炉上然,换手搥胸空懊恼。"遂摇手曰:"休懊恼。"以坐具搭肩上,作女人拜曰:"莫怪下房媳妇触忤大人好。"

室中垂问曰:"猫儿为甚么爱捉老鼠?"又曰:"板鸣因甚么狗吠?"师家风严冷,初机多惮之。因赞达磨曰:"升元阁前懵憹,洛阳峰畔乖张。皮髓传成话把,只履无处埋藏。不是一番寒彻骨,争得梅花扑鼻香。"雪堂行一见,大称赏曰:"先师犹有此人在,只消此赞可以坐断天下人舌头。"由是衲子奔辏。

临终登座,拈拄杖,于左边卓一下曰:"三十二相无此相。"于右边卓一下曰:"八十种好无此好。僧繇一笔画成,志公露出草稿。"又卓一下,顾大众曰:"莫懊恼,直下承当休更讨。"下座,归方丈。俨然趺坐而逝,火后收灵设骨利,藏所建之塔,曰仙人山。

潭州方广深禅师 僧问:"一法若有,毗卢堕在凡夫。万法若无，普贤失其境界。未审意旨如何？"师曰："富嫌千口，少贫恨一身多。"

世奇首座者　成都人也，遍依师席，晚造龙门。一日，燕坐瞌睡间，群蛙忽鸣，误听为净发版响，亟趋往。有晓之者曰："蛙鸣非版也。"师恍然，诣方丈剖露。佛眼曰："岂不见罗睺罗。"师遽止曰："和尚不必举，待去自看。"未几有省，乃占偈曰："梦中闻版响，觉后虾蟆啼。虾蟆与版响，山岳一时齐。"由是益加参究，洞臻玄奥。眼命分座，师固辞曰："此非细事也，如金针刺眼，毫发若差，睛则破矣。愿生生居学地而自煅炼。"眼因以偈美之曰："有道只因频退步，谦和元自惯回光。不知已在青云上，犹更将身入众藏。"

暮年学者力请，不容辞，后因说偈曰："诸法空故我心空，我心空故诸法同。诸法我心无别体，只在而今一念中。且道是那一念？"众罔措，师喝一喝而终。

温州净居尼慧温禅师　上堂，举法眼示众曰："三通鼓罢，簇簇上来。佛法人事，一时周毕。"师曰："山僧道，三通鼓罢，簇簇上来。拄杖不在，苕帚柄聊与三十。"

给事冯楫济川居士　自壮扣诸名宿，最后居龙门，从佛眼远禅师再岁。一日同远经行法堂，偶童子趋庭吟曰："万象之中独露身。"远拊公背曰："好，噇！"公于是契入。

绍兴丁巳除给事，会大慧禅师就明庆开堂。慧下座，公挽之曰："和尚每言于士大夫前曰：'此生决不作这虫豸。'今日因甚却纳败缺？"慧曰："尽大地是个杲上座，你向甚处见他？"公拟对，慧便掌。公曰："是我招得。"

越月特丐祠坐夏，径山榜其室曰不动轩。一日，慧升座，举药山问石头曰："三乘十二分教某甲粗知，承闻南方直指人心，见性成佛，实未明了。伏望慈悲示诲。"头曰："恁么也不得，不恁么也不得，恁么不恁么总不得。你作么生？"山罔措。头曰："子缘不在此，可往见江西马大师去。"山至马祖处，亦如前问。祖曰："有时教伊扬眉瞬目，有时不教伊扬眉瞬目，有时教伊扬眉瞬目者是，有时教伊扬眉瞬目者不是。"山大悟。慧拈罢，公随至方丈曰："适来和尚所举底因缘，某理会得了。"慧曰："你如何会？"公曰："恁么也不得，苏卢娑婆诃。不恁么也不得，悉利娑婆诃。恁么不恁么总不得，苏卢悉利娑婆诃。"慧印之以偈曰："梵语唐言，打成一块。咄哉！俗人得此三昧。"

公后知邛州，所至宴晦无倦。尝自咏曰："公事之余喜坐禅，少会将胁到床眠。虽然现出宰官相，长老之名四海传。"至二十三年秋，乞休致，预报亲知，期以十月三日报终。至日，令后厅置高座，见客如平时，至辰巳间降阶，望阙肃拜，请漕使摄邛事。着僧衣履踞高座，嘱诸官吏及道俗，各宜向道，扶持教门，建立法幢。遂拈拄杖按膝，蜕然而化。漕使请曰："安抚去住如此自由，何不留一颂以表罕闻。"公张目索笔书曰："初三十一，中九下七。老人言尽，龟哥眼赤。"竟尔长往。建炎后，名山巨刹教藏多不存，公累以己俸印施，凡一百二十八藏，用祝君寿，以康兆民。门人蒲大聘尝志其事，有《语录颂古》行于世。

开福宁禅师法嗣

潭州大沩月庵善果禅师 信州余氏子。上堂，"奚仲造车一百辐，拈却两头除却轴"。以拄杖打一圆相曰："且莫错认定盘星。"卓一卓，下座。

谢供头，上堂，"解猛虎颔下金铃，惊群动众。取苍龙穴里明珠，光天照地。山僧今日到此赞叹不及，汝等诸人合作么生？"竖起拂子曰："眨上眉毛，速须荐取"。掷拂子，下座。

上堂，"心生法亦生，心灭法亦灭。心法两俱忘，乌龟唤作鳖。诸禅德道得也未？若道得，道林与你拄杖子，其或未然，归堂吃茶去"。僧问："达磨九年面壁时如何？"师曰："鱼行水浊。"曰："二祖礼三拜，为甚么却得其髓？"师曰："地肥茄子大。"曰："只如一花开五叶，结果自然成，明甚么边事？"师曰："贼以赃为验。"曰："有时乘好月，不觉过沧州。"师曰："阇梨无分。"问："有句无句，如藤倚树时如何？"师曰："验尽当行家。"曰："树倒藤枯，句归何处，又作么生？"师曰："风吹日炙。"曰："沩山呵呵大笑聻。"师曰："波斯读梵字。"曰："道吾推倒泥里，沩山不管，此意又且如何？"师曰："有理不在高声。"曰："罗山道，道吾是撮马粪汉。又作么生？"师曰："多口阿师。"曰："今日足见老师七通八达。"师曰："仰面哭苍天。"僧礼拜，师曰："过。"问："莲花未出水时如何？"师曰："乾坤无异色。"曰："出水后如何？"师曰："遍界有清香。"

续传灯录卷第三十

大鉴下第十六世

雪窦明禅师法嗣

密州嵇山宁禅师 上堂,"有时孤峰顶上,啸月眠云。有时大洋海中,翻波走浪。有时十字街头,七穿八穴。诸人还相委悉么?樟树花开盛,芭蕉叶最多"。

净慈昌禅师法嗣

临安府五云悟禅师 苕溪人也。上堂,"月堂老汉道:'行不见行,是个甚么?坐不见坐,是个甚么?着衣时不见着衣,是个甚么?吃饭时不见吃饭,是个甚么?'山僧虽与他同床打睡,要且各自做梦。何故?行见行,坐见坐,着衣时见着衣,吃饭时见吃饭,无有不见底道理,亦无个是甚么。诸人且道,老汉底是,五云底是?"拈拄杖卓一下曰:"桃红李白蔷薇紫,问着春风总不知。"

灵隐光禅师法嗣

临安府中竺痴禅元妙禅师 婺州王氏。僧问："如何是截断众流句？"师曰："佛祖开口无分。"曰："如何是函盖乾坤句？"师曰："匝地普天。"曰："如何是随波逐浪句？"师曰："有时入荒草，有时上孤峰。"

上堂，"黄昏鸡报晓，半夜日头明。惊起雪师子，瞠开红眼睛"。

上堂，"去年梅，今岁柳，颜色馨香"。喝一喝，良久曰："若不得这一喝，几乎道着依旧。且道，道着后如何眼睛突出？"

圆觉昙禅师法嗣

抚州灵岩圆日禅师 上堂，"悟无不悟，得无不得，九年面壁空劳力，三脚驴儿跳上天，泥牛入海无踪迹。为甚如此？九九八十一"。

岳麓海禅师法嗣

荆门军玉泉思达禅师 僧问："如何是一印印空？"师曰："万象收归古鉴中。"曰："如何是一印印水？"师曰："秋蟾影落千江里。"曰："如何是一印印泥？"师曰："细观文彩未生时。"

天宁卓禅师法嗣

庆元府育王无示介谌禅师 温州张氏子。谢知事,上堂,"尺头有寸,鉴者犹稀。秤尾无星,且莫错认。若欲定古今轻重,较佛祖短长,但请于中着一只眼。果能一尺还他十寸,八两元是半斤,自然内外和平,家国无事。山僧今日已是两手分付,汝等诸人还肯信受奉行也无?尺量刀剪遍世间,志公不是闲和尚"。

上堂,"文殊智,普贤行,多年历日。德山棒,临济喝,乱世英雄。汝等诸人穿僧堂,入佛殿,还知崄过铁围关么?忽然踏着释迦顶颡,磕着圣僧额头,不免一场祸事"。

上堂,"我若说有,你为有碍。我若说无,你为无碍。我若横说,你又跨不过。我若竖说,你又跳不出。若欲丛林平怗,大家无事,不如推倒育王。且道育王如何推得倒去?"召大众曰:"着力着力!"复曰:"苦哉苦哉!育王被人推倒了也。还有路见不平,拔剑相为底么?若无,山僧不免自倒自起。"击拂子,下座。师性刚毅,莅众有古法,时以谌铁面称之。

安吉州道场普明慧琳禅师 福州人。上堂,"有漏笊篱,无漏木杓。庭白牡丹,槛红芍药。因思九年面壁人,到头不识这一着。且道作么生是这一着?"以拄杖击禅床,下座。

上堂,"一即多,多即一,毗卢顶上明如日。也无一,也无多,现成公案没諵讹。拈起旧来毡拍板,明时共唱太平歌"。

安吉州道场无传居慧禅师 本郡吴氏子。上堂,"钟馗醉里唱凉州,小妹门前只点头。巡海夜叉相见后,大家拍手上高楼。大众若会得去，锁却天下人舌头。若会不得，将谓老僧别有奇特"。

上堂，"百尺竿头弄影戏，不唯瞒你又瞒天。自笑平生岐路上，投老归来没一钱"。

上堂，举临济示众曰："一人在高高峰顶，无出身之路。一人在十字街头，亦无向背。且道那个在前那个在后？"师曰："更有一人，不在高高峰顶，亦不在十字街头，临济老汉因甚不知。"便下座。

临安府显宁松堂圆智禅师 上堂，"芦花白，蓼花红，溪边修竹碧烟笼。闲云抱幽石，玉露滴岩丛，昨夜乌龟变作鳖，今朝水牯悟圆通。咄！"

安吉州乌回唯庵良范禅师 上堂，"尘劫已前事，堂堂无背面。动静莫能该，舒卷快如电。莫道凡不知，佛也觑不见。决定在何处，合取这两片荐不荐，更为诸人通一线"。良久曰："天下太平，皇风永扇。"

上堂，举僧问赵州："至道无难，唯嫌拣择，是时人窠窟否？"州曰："曾有人问老僧，直得五年分疏不下。"师召众曰："赵州具顶门眼，向击石火里分缁素，闪电光中明纵夺，为甚么却五年分疏不下，还委悉么？易分雪里粉，难辨墨中煤。"

温州本寂灵光文观禅师 本郡叶氏子。上堂，"过去诸如来，斯门已成就，好事不如无。现在诸菩萨，今各入圆明，好事不如无。未来修学人，当依如是住，好事不如无。还知么？除却华山陈处士，何人不带是非行。参！"

上封才禅师法嗣

福州普贤元素禅师 建宁人也。上堂，"兵随印转，三千里外绝烟尘。将逐符行，二六时中净裸裸。不用铁旗铁鼓，自然草偃风行。何须七纵七擒，直得无思不服。所谓大丈夫秉慧剑，般若锋兮金刚焰，非但能摧外道心，早曾落却天魔胆。正恁么时，且道主将是甚么人？"喝一喝。

上堂，"南泉道：'我十八上便解作活计，囊无系蚁之丝，厨乏聚蝇之糁。'赵州道：'我十八上便解破家散宅，南头买贱，北头卖贵。'点检将来，好与三十棒，且放过一著。何故？曾为宕子偏怜客，自爱贪杯惜醉人"。

上堂，"未开口时先分付，拟思量处隔千山。莫言佛法无多子，未透玄关也大难。只如玄关作么生透？"喝一喝。

福州鼓山山堂僧洵禅师 本郡阮氏子。上堂，"黄檗手中六十棒，不会佛法的的大意，印较些子。大愚肋下筑三拳，便道黄檗佛法无多子，钝置杀人。须知有一人大棒蓦头打他不回头，老拳劈面槌他亦不顾。且道是谁？"

上堂，"朔风扫地卷黄叶，门外千峰凛寒色。夜半乌龟带雪飞，石女溪边皱两眉"。卓拄杖云："大家在这里，且道天寒人寒？"喝一喝云："归堂去。"

福州鼓山别峰祖珍禅师 兴化林氏子。僧问："赵州绕禅床一匝，转藏已竟，此理如何？"师曰："画龙看头，画蛇看尾。"曰："婆子道：'此来请转全藏，为甚么只转得半藏？'此意又且如何？"师曰："人无远虑，必有近忧。"曰："未审甚么处是转半藏处？"师曰："不是知音者，徒劳话岁寒。"

上堂，"寻牛须访迹，学道贵无心。迹在牛还在，无心道易寻"。竖起拂子曰："这个是迹，牛在甚么处？直饶见得头角分明，鼻孔也在法石手里。"

上堂，"向上一路，千圣不传"。卓拄杖曰："恁么会得，十万八千。毕竟如何？桃红李白蔷薇紫，问着春风总不知。"

示众云："大道只在目前，要且目前难睹。欲识大道真体，不离声色言语。"卓拄杖云："这个是声。"竖起拄杖云："这个是色，唤甚么作大道真体？直饶向这里见得，也是郑州出曹门。"

示众："若论此事，如人吃饭，饱则便休。若也不饱，必有思食之心。若也过饱，又有伤心之患。到这里作么生得恰好去？"良久云："且归岩下宿，同看月明时。"

云岩游禅师法嗣

临安府径山涂毒智策禅师　天台陈氏子，幼依护国僧楚光落发。十九造国清，谒寂室光，洒然有省。次谒大圆于明之万寿，圆问曰："甚处来？"师曰："天台来。"曰："见智者大师么？"师曰："即今亦不少。"曰："因甚在汝脚跟下？"师曰："当面蹉过。"圆曰："上人不耘而秀，不扶而直。"

一日辞去，圆送之门，拊师背曰："宝所在近，此城非实。"师领之。往豫章谒典牛，道由云居，风雪塞路，坐阅四十二日。午初版声铿然，豁尔大悟。及造门，典牛独指师曰："甚处见神见鬼来？"师曰："云居闻版声来。"牛曰："是甚么？"师曰："打破虚空，全无柄靶。"牛曰："向上事未在。"师曰："东家暗坐，西家厮骂。"牛曰："崭然超出佛祖，他日起家，一麟足矣。"

住后，上堂，举教中道："若以色见我，以音声求我，是人行邪道，不能见如来。""虽然恁么，正是捕得老鼠，打破油瓮。怀禅师道，你眼在甚么处。虽则识破释迦老子，争奈拈锤舐指。若是涂毒即不然，色见声求也不妨，百华影里绣鸳鸯，自从识得金针后，一任风吹满袖香。"师将示寂，升座别众，嘱门人以文祭之。师危坐倾听，至"尚飨"，为之一笑。越两日，沐浴更衣，集众说偈曰："四大既分飞，烟云任意归。秋天霜夜月，万里转光辉。"俄顷泊然而逝，塔全身于东岗之麓。

圆通旻禅师法嗣

江州庐山圆通守慧冲真密印通慧禅师 上堂，"但知今日复明日，不觉前秋与后秋。平步坦然归故里，却乘好月过沧洲。咦！不是苦心人不知"。

隆兴府黄龙道观禅师 上堂曰："古人道，眼色耳声万法成办。你诸人为甚么从朝至暮诸法不相到？"遂喝一喝曰："牵牛入你鼻孔，祸不入慎家之门。"

左丞范冲居士 字致虚，由翰苑守豫章过圆通，谒旻禅师。茶罢曰："某行将老矣，堕在金紫行中去，此事稍远。"通呼内翰，公应喏。通曰："何远之有？"公跃然曰："乞师再垂指诲。"通曰："此去洪都有四程。"公伫思，通曰："见即便见，拟思即差。"公乃豁然有省。

枢密吴居厚居士 拥节归钟陵,谒圆通旻禅师,曰:"某顷赴省试过此,过赵州关,因问前住讷老透关底事如何,讷曰:'且去做官。'今不觉五十余年。"旻曰:"曾明得透关底事么?"公曰:"八次经过,常存此念,然未甚脱洒在。"旻度扇与之曰:"请使扇。"公即挥扇。旻曰:"有甚不脱洒处?"公忽有省曰:"便请末后句。"旻乃挥扇两下。公曰:"亲切亲切!"旻曰:"吉獠舌头三千里。"

谏议彭汝霖居士 手写《观音经》施圆通,通拈起曰:"这个是《观音经》,那个是谏议经?"公曰:"此是某亲写。"通曰:"写底是字,那个是经?"公笑曰:"却了不得也。"通曰:"即现宰官身而为说法。"公曰:"人人有分。"通曰:"莫谤经好。"公曰:"如何即是?"通举经示之,公拊掌大笑曰:"嗄。"通曰:"又道了不得。"公礼拜。

中丞卢航居士 与圆通拥炉次,公问:"诸家因缘不劳拈出,直截一句请师指示。"通厉声揖曰:"看火。"公急拨衣,忽大悟,谢曰:"灼然佛法无多子。"通喝曰:"放下着。"公应喏喏。

左司都贶居士 问圆通曰:"是法非思量分别之所能解,当如何凑泊?"通曰:"全身入火聚。"公曰:"毕竟如何晓会?"通曰:"蓦直去。"公沉吟,通曰:"可更吃茶么?"公曰:"不必。"通曰:"何不恁么会?"公契旨曰:"元来太近。"通曰:"十万八千。"公占偈曰:"不可思议,是大火聚。便恁么去,不离当处。"通曰:"咦,犹有这个在。"公曰:"乞师再垂指示。"通曰:"便恁么去，铛是铁铸。"公顿首谢之。

雪峰需禅师法嗣

福州雪峰球堂慧忠禅师　上堂，"终日忙忙，那事无妨，作么生是那事？"良久曰："心不负人，面无惭色。"

祥符立禅师法嗣

湖南报慈淳禅师　上堂曰："青眸一瞬，金色知归。授手而来，如王宝剑。而今开张门户，各说异端。可谓古路坦而荆棘生，法眼正而还自瞖。孤负先圣，埋没己灵。且道不埋没不孤负正法眼藏，如何吐露，还有吐露得底么？出来吐露看。如无，担取诗书归旧隐，野花啼鸟一般春。"

浮山真禅师法嗣

峨嵋灵岩徽禅师　僧问："文殊是七佛之师，未审谁是文殊之师。"师曰："金沙滩头马郎妇。"

信相显禅师法嗣

成都府金绳文禅师　僧问："如何是大道之源？"师曰："黄河九曲。"曰："如何是不犯之令？"师曰："铁蛇钻不入。"

僧拟议，师便打。

净因成禅师法嗣

台州瑞岩如胜佛灯禅师 上堂，"人人领略释迦，个个平欺达磨。及乎问着宗纲，束手尽云放过。放过即不无，只如女子出定，赵州洗钵盂，又作么生话会？鹤有九皋难翥翼，马无千里谩追风"。

无为军冶父实际道川禅师 昆山狄氏子。初为县之弓级，闻东斋谦首座为道俗演法，往从之，习坐不倦。一日因不职，遭笞，忽于杖下大悟。遂辞职依谦，谦为改名道川，且曰："汝旧呼狄三，今名道川，川即三耳。汝能竖起脊梁，了办个事，其道如川之增。若放倒，则依旧狄三也。"师铭于心。

建炎初，圆顶游方，至天封，蹒庵与语，机锋相投，庵称善。归憩东斋，道俗愈敬。有以《金刚般若经》请问者，师为颂之，今盛行于世。

隆兴改元，殿撰郑公乔年漕淮西，适冶父虚席，迎开法。上堂，"群阴剥尽一阳生，草木园林尽发萌。唯有衲僧无底钵，依然盛饭又盛羹"。

上堂，举雪峰一日登座，拈拄杖，东觑曰："东边底。"又西觑曰："西边底。""诸人还知么？"掷下拄杖曰："向这里会取。"师曰："东边觑了复西观，拄杖重重话岁寒。带雨一枝花落尽，不烦公子倚阑干。"

上封秀禅师法嗣

文定公胡安国草庵居士 字康侯,久依上封,得言外之旨。崇宁中,过药山,有禅人举南泉斩猫话问公,公以偈答曰:"手握乾坤杀活机,纵横施设在临时。玉堂兔马非龙象,大用堂堂总不知。"又寄上封有曰:"祝融峰似杜城天,万古江山在目前。须信死心元不死,夜来秋月又同圆。"

黄龙逢禅师法嗣

饶州荐福常庵择崇禅师 宁国府人也。上堂,举僧问古德:"生死到来,如何免得?"德曰:"柴鸣竹爆惊人耳。"僧曰:"不会。"德曰:"家犬声狺夜不休。"师曰:"诸人要会么?柴鸣竹爆惊人耳,大洋海底红尘起。家犬声狺夜不休,陆地行船三万里。坚牢地神笑呵呵,须弥山王眼觑鼻。把手东行却向西,南山声应北山里。千手大悲开眼看,无量慈悲是谁底。"良久曰:"头长脚短,少喜多嗔。"

上堂,问侍者曰:"还记得昨日因缘么?"曰:"记不得。"复顾大众曰:"还记得么?"众无对。竖起拂子曰:"还记得么?"良久曰:"也忘却了也。三处不成,一亦非有。诸人不会方言,露柱且莫开口。"以拂子击禅床,下座。

黄龙震禅师法嗣

常德府德山无诤慧初禅师 静江府人也。上堂，顾视大众曰："见么？在天成象，在地成形。在日月为晦为朔，在四时为寒为暑。鼓之以雷霆，润之以风雨。且道在衲僧分上又作么生？一趯趯翻四大海，一拳拳倒须弥山。佛祖位中留不住，又吹渔笛汨罗湾。"

上堂，"九月二十五，聚头相共举。瞎却正法眼，拈却云门普。德山不会说禅，赢得村歌社舞。阿呵呵，逻啰哩"。遂作舞，下座。

万年一禅师法嗣

嘉兴府报恩法常首座 开封人也，丞相薛居正之裔。宣和七年，依长沙益阳华严元轼下发。遍依丛林，于《首楞严经》深入义海。自湖湘至万年，谒雪巢机契，命掌笺翰。后首众报恩，室中唯一矮榻，余无长物。庚子九月中，语寺僧曰："一月后不复留此。"十月二十一往方丈谒饭，将晓，书渔父词于室门，就榻收足而逝。词曰："此事《楞严》尝露布，梅华雪月交光处。一笑寥寥空，万古风瓯语。迥然银汉横天宇，蝶梦南华方栩栩。斑斑谁跨丰干虎，而今忘却来时路。江山暮天涯，目送鸿飞去。"

岳山祖庵主法嗣

庐山延庆叔禅师 僧问:"多子塔前共谈何事?"师曰:"一回相见一回老,能得几时为弟兄。"僧礼拜,师曰:"唐兴今日失利。"

胜因静禅师法嗣

涟水军万寿梦庵普信禅师 上堂,"残雪既消尽,春风日渐多。若将时节会,佛法又如何。且道时节因缘与佛法道理是同是别?"良久曰:"无影树栽人不见,开华结果自馨香。"

平江府慧日默庵兴道禅师 上堂,"同云欲雪未雪,爱日似晖不晖。寒雀啾啾闹篱落,朔风冽冽舞帘帷。要会韶阳亲切句,今朝觌面为提撕"。卓拄杖,下座。

广德军光孝果愁禅师 常德桃源人也。上堂,举南泉斩猫儿话,乃曰:"南泉提起下刀诛,六臂修罗救得无。设使两堂俱道得,也应流血满街衢。"

天童交禅师法嗣

庆元府蓬莱圆禅师 住山三十年,足不越阃,道俗尊仰之。师有偈曰:"新缝纸被烘来暖,一觉安眠到五更。闻得上方钟鼓动,又添一日在浮生。"

明招慧禅师法嗣

杨州石塔宣秘礼禅师　僧问："山河大地与自己是同是别?"师曰："长亭凉夜月,多为客铺舒。"曰："谢师答话。"师曰："网大难为鸟,纶稠始得鱼。"僧作舞归众。师曰："长江为研墨,频写断交书。"

上堂,举百丈野狐话,乃曰："不是翻涛手,徒夸跨海鲸。由基方捻镞,枝上众猿惊。"

上堂,至座前,师挡一僧上法座。僧惶惶欲走,师遂指座曰："这棚子若牵一头驴上去,他亦须就上厕在。汝诸人因甚么却不肯?"以拄杖一时赶散,顾侍者曰："崄!"

天童珏禅师法嗣

明州雪窦智鉴禅师　滁州吴氏子,儿时母与洗手疡,因曰："是甚么?"对曰："我手似佛手。"长失恃怙,依真歇于长芦,大休首众即器之。后遁象山,百怪不能惑,深夜开悟。求证于延寿,然复见大休。住后上堂,"世尊有密语,迦叶不覆藏。一夜落花雨,满城流水香"。

雪窦宗禅师法嗣

泰州广福微庵道勤禅师　本郡俞氏子。上堂,举僧问同安："如何是和尚家风？"同安曰："金鸡抱子归霄汉，玉兔怀胎入紫微。"曰："忽遇客来，将何只待？"同安曰："金果早朝猿摘去，玉华晚后凤衔来。"师曰："广福即不然，有问如何是和尚家风，只向他道：'翠竹丛边歌欸乃，碧岩深处卧烟萝。忽遇客来将何只待，没底篮儿盛皓月，无心碗子贮清风。'"

善权智禅师法嗣

越州超化藻禅师 开炉，上堂，"雪满寒窗，烧尽丹霞木佛。冰交野渡，冻杀陕府铁牛。直得寒灰发焰，片雪不留，任运纵横，现成受用。诸禅德要会么？衲帔蒙头坐，冷暖了无知"。

大随静禅师法嗣

合州钓鱼台石头自回禅师 本郡人也，世为石工。虽不识字，志慕空宗。每求人口授《法华》，能诵之。弃家，投大随，供扫洒。寺中令取崖石，师手不释锤凿，而诵经不辍口。随见而语曰："今日硿磕，明日硿磕。死生到来，作甚折合。"师愕然，释其器，设礼，愿闻究竟法，因随至方丈。令且罢诵经，看赵州勘婆因缘，师念念不去心。久之，因凿石，石稍坚，尽力一锤，瞥见火光，忽然省彻。走至方丈，礼拜呈颂曰："用尽工夫，浑无巴鼻。火光迸散，元在这里。"随忻然曰："子彻也。"复献赵州勘婆颂曰："三军不动旗闪烁，老婆正是魔王脚。赵州无柄铁扫帚，扫荡烟尘空索索。"随可之，遂授以僧服。人以其为石工，故有回石头之称也。

上堂,"参禅学道,大似井底叫渴相似。殊不知,塞耳塞眼,回避不及。且如十二时中,行住坐卧,动转施为,是甚么人使作。眼见耳闻,何处不是路头。若识得路头,便是大解脱路,方知老汉与你证明,山河大地与你证明。所以道,十方薄伽梵,一路涅槃门。诸仁者,大凡有一物当途,要见一物之根源。一物无处,要见一物之根源。见得根源,源无所源。所源既非,何处不圆。诸禅德,你看老汉有甚么胜你处,诸人有甚么不如老汉处,还会么?太湖三万六千顷,月在波心说向谁"。

潼川府护圣愚丘居静禅师 成都杨氏子,年十四,礼白马安慧为师。闻南堂道望,遂往依马①。堂举香严枯木里龙吟话,往返酬诘,师于言下大悟。一日,堂问曰:"莫守寒岩异草青,坐却白云宗不妙,汝作么生?"师曰:"直须挥剑,若不挥剑,渔父栖巢。"堂矍然曰:"这小厮儿。"师珍重便行。

出住东岩,上堂,"月生一,东岩乍住增愁寂,红尘世路有多端,米面食储无颗粒。崖为伴,泉为匹,飒飒清风来入室,山王土地暗中忙,云版钟鱼偷泪滴。世人莫道守空岩,亦有东篱打西壁"。

尝谓众曰:"参学至要,不出先南堂道。最初句及末后句,透得过者,一生事毕。倘或未然,更与你分作十门,各各印证。自心还得稳当也未?一须信有教外别传。二须知有教外别传。三须会无情说法与有情说法无二。四须见性如观掌中之物,了了分

---

① 马:《五灯会元》作"焉"。

明，一一田地稳密。五须具择法眼。六须行鸟道玄路。七须文武兼济。八须摧邪显正。九须大机大用。十须向异类中行。凡欲绍隆法种。须尽此纲要。方坐得这曲录床子。受得天下人礼拜。敢与佛祖为师。若不到恁么田地。只一向虚头。他时异日。阎老子未放你在。"间有学者各门颂出呈师，师以颂示曰："十门纲要掌中施，机会来时自有为。作者不须排位次，大都首尾是根基。"

简州南岩胜禅师 上堂，召大众曰："护生须是杀，杀尽始安居。会得个中意，分明在半途。且道到家一句又作么生？释迦弥勒没量大，看来犹只是他奴。"

僧问："放行五位即不问，把定三关事若何？"师曰："横按镆铘全正令。"曰："把定三关蒙指示，放行五位事如何？"师曰："太平寰宇斩痴顽。"曰："恁么则南岩门下，土旷人稀。"师曰："灵利衲僧，只消一点。"曰："自古自今，同生同死时如何？"师曰："家贼难防。"曰："今日学人小出大遇去也。"师便打曰："须是老僧打你始得。"僧礼拜，师曰："切忌诈明头。"

常德府梁山廓庵师远禅师 合川鲁氏子。上堂，举扬岐三脚驴子话，乃召大众曰："扬其汤者，莫若扑其火。壅其流者，莫若杜其源。此乃智人之明鉴，佛法之至论，正在斯焉。这因缘，如今丛林中，提唱者甚多，商量者不少。有般底只道，宗师家无固必，凡有所问，随口便答。似则也似，是即未是。若恁么，只作个干无事会，不见杨岐用处，乃至祖师千差万别，方便门庭，如何消遣。又有般底，只向佛边会，却与自己没交涉。古人道，凡有言句须，是一一消归自己。又作么生？又有般底，一向只作自己会，弃却古人用处，唯知道明自己事。古人方便，却如何消遣，既消遣不下，却似抱桥柱澡洗，要且放手不得。此亦是一病。又有般底，却去脚多少处会。若恁么会，此病最难医也。所以他语有巧妙处，参学人卒难摸索，才拟心则差了也。前辈谓之杨岐宗旨，须是他屋里人到恁么田地，方堪传授。若不然者，则守死善道之谓也。这公案直须还他透顶透底汉，方能了得。此非止禅和子会不得。而今天下丛林中出世为人底，亦少有会得者。若要会去，直须向威音那畔空劫已前轻轻觑着，提起便行，捺着便转。却向万仞峰前进一步，可以笼罩古今，坐断天下人舌头。如今还有恁么者么？有则出来道看。如无，更听一颂。三脚驴子弄蹄行，直透威音万丈坑。云在岭头闲不彻，水流涧下太忙生。湖南长老谁解会，行人更在青山外。"

上堂，"天得一以清，地得一以宁，君王得一以治天下。这个说话是家常茶饭，须知衲僧家别有奇特处始得。且道衲僧门下有甚奇特处？天得一，斗牛女虚危室壁。地得一，万象森罗及瓦砾。君王得一，上下四维无等匹。且道衲僧得一时如何？要见客从何处来，闲持经卷倚松立"。

浴佛，上堂，举药山浴佛公案，拈云："这僧问处，依稀越国，仿佛扬州。药山答来，眼似流星，机如掣电。点检将来，二俱不了。若是山僧即不然，当是时才见他问，只浴得这个，且不浴得那个。但转木杓柄与伊，待他拟议之间，拦面便泼。假饶这僧有大神通，具大智慧，也无施展处。敢问大众，这个即且致，唤甚么作那个？"下座。"佛殿烧香，为你说破。"师有《十牛图》并颂行于世。

嘉州能仁默堂绍悟禅师　结夏，上堂。"最初一步，十方世界现全身。末后一言，一微尘中深锁断。有时提起，如倚天长剑，光耀乾坤。有时放下，似红炉点雪，虚含万象。得到恁么田地，天魔外道，拱手归降，三世诸佛，一时稽首。便可以大圆觉为我伽蓝，于一毫端现宝王刹。如是则朝往西天，暮归东土，亦是禁足。百花丛里坐，淫坊酒肆行，亦是禁足。虽然如是，不曾动着这里一步。恁么则九旬无虚弃之功，百劫有今时之用，堪报不报之恩，以助无为之化。此即是涅槃妙心，金刚王宝剑。敢问大众，作么生得到这田地去？如人上山，各自努力。"

上堂，举赵州访二庵主公案，颂曰："一重山尽一重山，坐断孤峰子细看。雾卷云收山岳静，楚天空阔一轮寒。"

彭州土溪智陀子言庵主 绵州人也，初至大随，闻举石头和尚示众偈，倏然领旨。归隐土溪，悬崖绝壑间，有石若蹲异兽，师凿以为室。中发异泉，无涸溢，四众讶之。居三十年，化风盛播。室成日，作偈曰："一击石庵全，纵横得自然。清凉无暑气，涓洁有甘泉。宽廓含沙界，寂寥绝众缘。个中无限意，风月一床眠。"

剑门南修造者 淳厚之士也。自大随一语契投，服勤不怠。归谒崇化赟禅师。坐次，赟以宗门三印问之，南曰："印空印泥印水，平地寒涛竞起，假饶去就十分，也是灵龟曳尾。"

莫将尚书 字少虚，家世豫章分宁。因官西蜀，谒南堂静禅师，咨决心要，堂使其向一切处提撕。适如厕，俄闻秽气，急以手掩鼻，遂有省。即呈以偈曰："从来姿韵爱风流，几笑时人向外求。万别千差无觅处，得来元在鼻尖头。"南堂答曰："一法才通法法周，纵横妙用更何求。青蛇出匣魔军伏，碧眼胡僧笑点头。"

龙图王萧居士 字观复。留昭觉日,闻开静板声有省。问南堂曰:"某有个见处,才被人问却,开口不得,未审过在甚处?"堂曰:"过在有个见处。"堂却问:"朝旆几时到任?"公曰:"去年八月四日。"堂曰:"自按察几时离衙?"公曰:"前月二十。"堂曰:"为甚么道开口不得?"公乃契悟。

五祖自禅师法嗣

蕲州龙华高禅师 上堂,"象王行,师子住,赤脚昆仑眉卓竖。寒山拾得笑呵呵,指点门前老松树。且道他指点个甚么?忽然风吹倒,时好一堆柴"。

续传灯录卷第三十一

大鉴下第十七世

虎丘隆禅师法嗣

明州天童应庵昙华禅师 蕲州江氏子,生而奇杰。年十七于东禅去发,首依水南遂禅师,染指法味。因遍历江湖,与诸老激扬,无不契者。至云居,礼圆悟禅师。悟一见,痛与提策。及入蜀,指见彰教,教移虎丘。师侍行,未半载,顿明大事。去谒此庵,分座连云,开法妙严。后迁诸巨刹,住归宗日,大慧在梅阳。有僧传师垂示语句,慧见之,极口称叹,后以偈寄曰:"坐断金轮第一峰,千妖百怪尽潜踪。年来又得真消息,报道杨岐正脉通。"其归重如此。

上堂,"九年面壁,坏却东土儿孙。只履西归,钝置黄面老子"。以拄杖画一画曰:"石牛横古路,一马生三寅。"

上堂,"德章老瞎秃,从来没滋味。拈得口,失却鼻,三更二点唱巴歌,无端惊起梵王睡"。喝一喝曰:"我行荒草里,汝又入深村。"

上堂,"临济在黄檗处,三度吃棒底意旨,你诸人还觑得透也未？直饶一咬便断，也未是大丈夫汉。三世诸佛，口挂壁上。天下老和尚，将甚么吃饭？"

上堂，"十五日已前，水长船高。十五日已后，泥多佛大。正当十五日，东海鲤鱼打一棒，雨似盆倾，直得三千大千世界，一切众生，悉皆欢喜。谓言打这一棒，不妨应时应节，报恩不觉，通身踊跃。"遂作诗一首，举似大众："蜻蜓许是好蜻蜓，飞来飞去不曾停。被我捉来摘却两边翼，恰似一枚大铁钉。"

上堂，"若作一句商量，吃粥阿谁不会。不作一句商量，屎坑里虫子笑杀阇黎"。拈拄杖曰："拄杖子罪犯弥天，贬向二铁围山。且道荐福还有过也无？"卓拄杖曰："迟一刻。"

上堂，"明不见暗，暗不见明。明暗双忘，无异流俗阿师。野干鸣师子吼，师子吼野干鸣。三家村里臭猢狲，价增十倍。骊龙颔下明月珠，分文不直。若作衲僧巴鼻，甚处得来，三十年后，换手搥胸，未是苦在"。

上堂，"饭箩边漆桶里，相唾饶你泼水，相骂饶你接嘴。黄河三千年一度清，蟠桃五百年一次开花。鹤勒那咬定牙关，朱顶王呵呵大笑。归宗五十年前有一则公案，今日举似诸人。且道是甚么公案？王节级失却帖"。

上堂，"吃粥吃饭，不觉嚼破舌头，血溅梵天，四天之下，霈然有余。玉皇大帝，发追东海龙王，向金轮峰顶鞫勘，顷刻之间追汝诸人作证见也。且各请依实供通，切忌回避。傥若不实，丧汝性命"。

上堂，"五百力士揭石义，万仞崖头撒手行。十方世界一团铁，虚空背上白毛生。直饶拈却职脂帽子，脱却鹘臭布衫，向报恩门下正好吃棒。何故？半夜起来屈膝坐，龎头星现衲僧前"。

上堂，"三世诸佛眼里无筋，六代祖师皮下无血。分明咬定牙关，蹦跳出他圈㯏不得。何故？南泉斩猫儿"。

上堂云："参禅人切忌错用心，悟明见性是错用心，成佛作祖是错用心，看经讲教是错用心，行住坐卧是错用心，吃粥吃饭是错用心，屙屎送尿是错用心，一动一静一往一来是错用心。更有一处错用心，归宗不敢与诸人说破。何故？一字入公门，九牛车不出。"

上堂云："良工未出，玉石不分。巧冶无人，金沙混杂。纵使无师自悟，向天童门下，正好朝打三千，暮打八百。"蓦拈挂杖云："唤作挂杖，玉石不分。不唤作挂杖，金沙混杂。其间一个半个善别端由，管取平步丹霄。苟或未然。"卓挂杖云："急着眼看。"

僧问："婆子问岩头，呈桡舞棹则不问，且道婆手中儿子甚处得来，岩头扣船舷三下意旨如何？"师曰："焦砖打着连底冻。"曰："当时若问和尚，如何对它？"师曰："一棒打杀。"曰："这老和尚大似买帽相头。"师曰："你向甚处见岩头？"曰："札。"师曰："杜撰禅和。"曰："婆生七子，六个不遇知音，只这一个也不消得，掷向水中，又且如何？"师曰："少卖弄。"曰："岩头当时不觉吐舌，意作么生？"师曰："乐则同欢。"曰："僧问云门，如何是清净法身？"云门曰："花药栏。此意如何？"师曰："深沙弩眼睛。"问："只这是埋没自己，只这不是孤负先圣。去此二途，和泥合水处，请师道。"师曰："玉箸撑虎口。"曰："一言金石谈来重，万事鸿毛脱去轻。"师曰："莫谩老僧好。"问：

"人皆畏炎热，我爱夏日长。熏风自南来，殿阁生微凉时如何？"师曰："倒戈卸甲。"

虎丘忌日，拈香曰："平生没兴，撞着这无意智。老和尚做尽伎俩，凑泊不得。从此卸却干戈，随分着衣吃饭。二十年来，坐曲录床，悬羊头卖狗肉，知它有甚凭据，虽然一年一度烧香日，千古令人恨转深。"师于室中能锻炼耆艾，故世称大慧与师居处为二甘露门。尝诫徒曰："衲僧家着草鞋住院，何啻如蚯蚓恋窟乎。"隆兴改元六月十三日奄然而化，塔全身于本山。

育王裕禅师法嗣

福州清凉坦禅师 有僧举大慧竹篦话请益，师示以偈曰："径山有个竹篦，直下别无道理。佛殿厨库三门，穿过衲僧眼耳。"其僧言下有省。

临安府净慈水庵师一禅师 婺州马氏子，十六披削，首参雪峰慧照禅师。照举藏身无迹话问之，师数日方明，呈偈曰："藏身无迹更无藏，脱体无依便厮当。古镜不劳还自照，淡烟和露湿秋光。"照质之曰："毕竟那里是藏身无迹处？"师曰："嗄。"照曰："无踪迹处，因甚么莫藏身？"师曰："石虎吞却木羊儿。"照深肯之。

住后，上堂，举圆悟师翁道："参禅参到无参处，参到无参始彻头。""水庵则不然，参禅参到无参处，参到无参未彻头。若也欲穷千里目，直须更上一层楼。"

上堂："冻云欲雪未雪，普贤象驾峥嵘。岭梅半合半开，少室风光漏泄。便恁么去，犹是半提。作么生是全提底事？无智人前莫说，打你头破额裂。"

上堂，举法眼示众曰："尽十方世界明皎皎地，若有一丝头即是一丝头。"师竖起拂子曰："还见么？穿过髑髅犹未觉。"法灯云："尽十方世界自然明皎皎地，若有一丝头不是一丝头。"师曰："夜来月色十分好，今日秋山无限清①。"

安吉州道场无庵法全禅师 姑苏陈氏子，东斋川和尚为落发。师久依佛智，每入室，智以狗子无佛性话问之，师罔对。一日，闻僧举五祖颂云："赵州露刀剑。"② 忽大悟，有偈曰："鼓吹轰轰祖半肩，龙楼香喷益州船。有时赤脚弄明月，踏破五湖波底天。"

住后，上堂，"欲得现前，莫存顺逆"。卓拄杖云："三祖大师变作马面夜叉，向东弗于逮、西瞿耶尼、南赡部洲、北郁单越，却来山僧手里呈身，元来只是一条黑漆拄杖。还见么？直饶见得入地狱如箭射。"卓拄杖，下座。

上堂，拈拄杖曰："汝等诸人个个顶天立地，肩横栲栗，到处行脚，勘验诸方。更来这里觅个甚么？才轻轻拶着，便言天台普请，南岳游山。我且问你，还曾收得大食国里宝刀么？"卓拄杖曰："切忌口衔羊角。"僧问："牛头未见四祖时如何？"师曰："天下无贫人。"曰："见后如何？"师曰："四海无富汉。"

乾道己丑七月二十五日将入寂，众求偈，师瞪目下视。众请益坚，遂书"无无"二字，弃笔而逝。火后设利五色，塔于金

---

① 清：径山本作"青"。
② 五祖法演颂："赵州露刀剑，寒霜光焰焰，更拟问如何，分身作数段。"

斗峰。

泉州延福寒岩慧升禅师 建宁人也。上堂，喝一喝曰："尽十方世界，会十世古今，都卢在里许，冨冨塞塞了也。若乃放开一针锋许，则大海西流，巨岳倒卓。鼋鼍鱼龙，鰕蟹蚯蚓，尽向平地上涌出波澜，游泳鼓舞。然虽如是，须向百尺竿头自进一步，则步步踏转无尽藏轮。方知道，鼻孔搭在上唇，眉毛不在眼下。还相委悉么？"复喝一喝曰："切忌转喉触讳。"

大沩泰禅师法嗣

潭州慧通清旦禅师 蓬州严氏子，初出关，至德山直泰，上堂，举赵州曰："台山婆子已为汝勘破了也，且道意在甚么处。"良久曰："就地撮将黄叶去，入山推出白云来。"师闻释然，翌日入室，山问："前百丈不落因果，因甚么堕野狐。后百丈不昧因果，因甚么脱野狐。"师曰："好与一坑埋却。"

住后，上堂，"说佛说祖，正如好肉剜疮。举古举今，犹若残羹馊饭。一闻便悟，已落第二头。一举便行，早是不着便。须知个事如天普盖，似地普擎。师子游行，不求伴侣。壮士展臂，不借他力。佛祖拈掇不起，衲僧觌见无门。迷悟双忘，圣凡路绝。且道从上诸圣，以何法示人？"喝一喝曰："莫妄想。"

佛性和尚忌日，上堂，"三脚驴子弄蹄行，步步相随不相到。树头惊起双双鱼，拈来一老一不老。为怜松竹引清风，其奈出门便是草。因唤檀郎识得渠，大机大用都推倒。烧香勘证见根源，粪扫堆头拾得宝。丛林浩浩漫商量，劝君莫谤先师好。"

澧州灵岩仲安禅师 幼为比丘，壮游讲肆。后谒圆悟于蒋山，时佛性为座元，师扣之，即领旨。逮性住德山，遣师至钟阜，通嗣书。圆悟问："千里驰来，不辱宗风。公案现成，如何通信？"师曰："觌面相呈，更无回互。"曰："此是德山底，那个是上座底？"师曰："岂有第二人。"曰："背后底聻。"师投书，悟笑曰："作家禅客，天然有在。"师曰："付与蒋山。"次至僧堂前，师捧书问讯首座，座曰："玄沙白纸，此自何来？"师曰："久默斯要，不务速说。今日拜呈，幸希一览。"座便喝。师曰："作家首座。"座又喝，师以书便打。座拟议，师曰："未明三八九，不免自沈吟。"师以书复打一下曰："接！"

时圆悟与佛眼见，悟曰："打我首座死了也。"佛眼曰："官马厮踢有甚凭据。"师曰："说甚官马厮踢，正是龙象蹴踏。"悟唤师至曰："我五百人首座，你为甚么打他？"曰："和尚也须吃一顿始得。"悟顾佛眼吐舌。眼曰："未在。"却顾师问曰："空手把锄头，步行骑水牛，人从桥上过，桥流水不流。意作么生？"师鞠躬曰："所供并是诣实。"眼笑曰："元来是屋里人。"

又往见五祖自和尚通法眷书，祖曰："书里说个甚么？"师曰："文彩已彰。"曰："毕竟说个甚么？"师曰："当阳挥宝剑。"曰："近前来，这里不识几个字。"师曰："莫诈败。"祖顾侍者曰："是那里僧？"曰："此上座向曾在和尚会下去。"祖曰："怪得恁么滑头。"师曰："被和尚钝置来。"祖乃将书于香炉上熏，曰："南无三满多没陀南。"师近前弹指而已，祖便开书。回德山日，佛果、佛眼皆有偈送之。未几，灵岩虚席，衲子投牒，乞师住持，遂嗣大沩焉。

上堂，"参禅不究渊源，触途尽为留碍。所以守其静默，澄寂虚闲，堕在毒海。以弱胜强，自是非他。立人我量，见处偏枯。遂致优劣不分，照不构用，用不离窠。此乃学处不玄，尽为流俗。到这里，须知有杀中透脱，活处藏机，佛不可知，祖莫能测。所以古人道：'有时先照后用，且要共你商量。有时先用后照，你须是个汉始得。有时照用同时，你又作么生抵当。有时照用不同时，你又向甚么处凑泊。'还知么？穿杨箭与惊人句，不是临时学得来"。

成都府正法灏禅师　上堂，举永嘉到曹溪因缘乃曰："要识永嘉么，掀翻海岳求知己。要识祖师么，拨动乾坤建太平。二老不知何处去。"卓拄杖曰："宗风千古播嘉声。"

成都府昭觉辩禅师　上堂，"毫厘有差，天地悬隔。隔江人唱鹧鸪词，错认胡笳十八拍。要会么？欲得现前，莫存顺逆。五湖烟浪有谁争，自是不归归便得"。

护国元禅师法嗣

台州国清简堂行机禅师　本郡人，姓杨氏。风姿挺异，才压儒林。年二十五，弃妻，挈学出世法。晚见此庵密，有契识。出应莅山，刀耕火种单丁者一十七年，尝有偈云："地炉无火客囊空，雪似杨花落岁穷。拾得断麻穿坏衲，不知身在寂寥中。"每谓人曰："某犹未稳在，岂止住山乐吾事耶。"一日偶看斫树倒地，忽然大悟，平昔碍膺之物，泮然冰释。未几，有江州圆通之命，乃曰："吾道将行。"即欣然曳杖而去。登座说法，云："圆通不开生药铺,单单只卖死猫头。不知那个无思算,吃着通身冷汗流。"

上堂,"单明自己,乐是苦因,趣向宗乘,地狱劫住。五日一参,三八普说,自扬家丑。更若问理问事、问心问性,克由叵耐。若是英灵汉,窥藩不入,据鼎不尝,便于未有生佛以前转得身,却于今时大官路上捷行阔步,终不向老鼠窟草窠里头出头没。若也根性陋劣,要去有滋味处咬嚼。遇着义学阿师递相锢鏴,直饶说得云兴雨现,也是虾蟆化龙,下梢依旧,吃泥吃土。堪作甚么?"

上堂,"仲秋八月旦,庭户入新凉,不露风骨句,愁人知夜长"。

上堂,"无隔宿恩,可参临济禅。有肯诺意,难续杨岐派。穷厮煎,饿厮炒,大海只将折筋搅。你死我活,猛火然铛煮佛喋。怎么作用,方可撑门挂户。更说声和响顺,形直影端,驴年也未梦见"。

僧问:"三圣问雪峰:'透网金鳞,未审以何为食。'峰云:'待汝出网来即向汝道。'意旨如何?"师曰:"同途不同辙。"曰:"三圣道:'一千五百人善知识,话头也不识。'峰云:'老僧住持事繁又作么生?'"师曰:"前箭犹轻后箭深。"曰:"只如雪窦道:'可惜放过,好与三十棒,这棒一棒也较不得,直是罕遇作家。'意又作么生?"师曰:"阵败说兵书。"曰:"这棒是三圣合吃,雪峰合吃?"师以拂子击禅床曰:"这里荐取。"

示众云:"衲僧拄杖子不用则已,用则如鸩鸟落水,鱼鳖皆死。正按傍提,风飒飒地,独步大方,杀活在我。所以道,千人排门,不如一人拨关。若一人拨关,千人万人得到安乐田地。还知么?鸳鸯绣出从君看,不把金针度与人。"

示众云:"观色即空,成大智故不住生死。观空即色,成大悲故不证涅槃。生死不住,涅槃不证,汉地不收,秦地不管。且道在甚么处安身立命?莫是昭昭于心目之间而相不可睹,晃晃于色尘之内而理不可分么?莫是起坐镇相随语默同居止么?若恁么,总是髑髅前敲磕。须知过量人自有过量用,且作么生是过量用?北斗藏身虽有语,出群消息少人知。"

镇江府焦山或庵师体禅师 台州罗氏子。上堂,举临济示众四喝公案,乃召众曰:"这个公案,天下老宿拈掇甚多,弟恐皆未尽善。焦山不免四棱着地,与诸人分明注解一遍。如何是踞地师子?咄!如何是金刚王宝剑?咄!如何是探竿影草?咄!如何是一喝不作一喝用?咄!若也未会,拄杖子与焦山吐露看。"卓一下,曰:"笑里有刀。"又卓一下曰:"毒蛇无眼。"又卓一下曰:"忍俊不禁。"又卓一下曰:"出门是路。更有一机举话,长老也理会不得。"

上堂,"年年浴佛在今朝,目击迦维路不遥。果是当时曾示现,宜乎恶水蓦头浇"。

上堂,"热月须摇扇,寒来旋着衣。若言空过日,大似不知时"。

上堂,"道生一,无角铁牛眠少室。一生二,祖父开田说大义。二生三,梁间紫燕语呢喃。三生万物,男儿活计离窠窟。多处添,少处减,大虫怕吃生人胆。有若无,实若虚,争掩骊龙明月珠。是则是,只如焦山坐断诸方舌头一句,作么生道?肚无偏僻病，不怕冷油齏"。拍禅床，下座。

僧问："如何是即心即佛？"师曰："鼎州出狞争神。"曰："如何是非心非佛？"师曰："闽蜀同风。"曰："如何是不是心、不是佛、不是物？"师曰："穷坑难满。"问："起灭不停时如何？"师曰："谢供养。"问："我有没弦琴，久居在旷野。不是不会弹，未遇知音者。知音既遇，未审如何品弄？"师曰："钟作钟鸣，鼓作鼓响。"曰："云门放洞山三顿棒，意旨如何？"师曰："和身倒，和身擂。"曰："饭袋子，江西湖南便恁么去，又作么生？"师曰："泪出痛肠。"曰："真金须是红炉煅，白玉还他妙手磨。"师曰："添一点也难为。"

室中常举苕帚柄问学者曰："依稀苕帚柄，仿佛赤斑蛇。"众皆下语不契。有僧请益，师示以颂曰："依稀苕帚柄，仿佛赤斑蛇。棒下无生忍，临机不识爷。"

淳熙己亥八月朔示微疾，染翰，别郡守曾公。逮夜半，书偈辞众曰："铁树开华，雄鸡生卵。七十二年，摇篮绳断。"掷笔云寂。

常州华藏湛堂智深禅师 武林人也。佛涅槃日，上堂，"兜率降生，双林示灭。掘地讨天，虚空钉橛。四十九年播土扬尘，三百余会纳尽败缺。尽力布网张罗，未免唤龟作鳖。末得拘尸城畔，椁示双趺。旁人冷眼看来，大似弄巧成拙"。卓拄杖曰："若无这个道理，千古之下谁把口说。且道是甚么道理？痴人面前切忌漏泄。"

参政钱端礼居士 字处和，号松窗。从此庵发明己事，后于宗门旨趣一一极之。淳熙丙申冬，简堂归住平田，遂与往来。

丁酉秋微恙，修书召堂及国清瑞岩主僧，有诀别之语。堂与二禅诣榻次，公起趺坐，言笑移时，即书曰："浮世虚幻①，本无去来。四大五蕴，必无终尽。虽佛祖具大威德力，亦不能免这一着子。天下老和尚，一切善知识，还有跳得过者无？盖为地水火风，因缘和合，暂时凑泊，不可错认为己有。大丈夫磊磊落落，当用处把定，立处皆真。顺风使帆，上下水皆可，因斋庆赞，去留自在。此是上来诸圣开大解脱，一路涅槃门。本来清净空寂境界，无为之大道也。今吾如是，岂不快哉。尘劳外缘，一时扫尽。荷诸山垂顾，咸愿证明。伏惟珍重！"置笔，顾简堂曰："某坐去好，卧去好？"堂曰："相公去便了，理会甚坐与卧耶。"公笑曰："法兄当为祖道自爱。"遂敛目而逝。

灵隐远禅师法嗣

庆元府东山齐己禅师 邛州谢氏子。上堂，举修山主偈曰："是柱不见柱，非柱不见柱，是非已去了，是非里荐取。"召大众曰："荐得是，移华兼蝶至。荐得非，担泉带月归。是也好，郑州梨胜青州枣。非也好，象山路入蓬莱岛。是亦没交涉，踏着秤锤硬似铁。非亦没交涉，金刚宝剑当头截。阿呵呵，会也么。知事少时烦恼少，识人多处是非多。"

莲社会道友请，上堂，"渐渐鸡皮鹤发，父少而子老。看看行步龙钟，疑杀木上座。直饶金玉满堂，照顾白拈贼，岂免衰残

---

① 幼：径山本作"幻"。

老病。正好着精彩，任汝千般快乐。渠侬合自由，无常终是到来。归堂吃茶去，唯有径路修行，依旧打之绕。但念阿弥陀佛，念得不济事"。复曰："哑这条活路，已被善导和尚直截指出了也。是你诸人朝夕在径路中往来，因甚么当面蹉过阿弥陀佛。这里荐得，便可除迷倒障。拔犹预箭，截疑惑网，断痴爱河，伐心稠林，浣心垢浊，正心谄曲，绝心生死。然后转入那边，抬起脚，向佛祖履践不到处进一步。开却口，向佛祖言诠不到处说一句。唤回善导和尚，别求径路修行。其或准前，舍父逃走，流落他乡，撞东磕西。苦哉，阿弥陀佛。"

抚州疏山归云如本禅师 台州人也。上堂，"久雨不晴，戊在丙丁。通身泥水，露出眼睛。且道是甚么眼睛？"卓拄杖曰："林间泥滑滑，时叫两三声。"

觉阿上人 日本国滕氏子也。十四得度受具，习大小乘有声。二十九属商者自中都回，言禅宗之盛。阿奋然拉法弟金庆，航海而来，袖香拜灵隐佛海禅师。海问其来，阿辄书而对，复书曰："我国无禅宗，唯讲五宗经论。国主无姓氏，号金轮王，以嘉应改元舍位出家，名行真，年四十四。王子七岁令受位，今已五载，度僧无进纳而讲义高者赐之。某等仰服圣朝远公禅师之名，特诣丈室礼拜，愿传心印以度迷津。且如心佛及众生是三无差别，离相离言，假言显之。禅师如何开示？"海曰："众生虚妄见，见佛见世界。"阿书曰："无明因何而有？"海便打。阿即命海升座决疑。明年秋，辞游金陵，抵长芦江岸，闻鼓声，忽大悟，始知佛海垂手旨趣。旋灵隐，述五偈，叙所见，辞海东归，偈曰："航海来探教外传，要离知见脱蹄筌，诸方参遍草鞋破，水在澄潭月在天（其一）。扫尽葛藤与知见，信手拈来全体现，脑后圆光彻太虚，千机万机一时转（其二）。妙处如何说向人，倒地便起自分明，蓦然踏着故田地，倒裹幞头孤路行（其三）。求真灭妄元非妙，即妄明真都是错，堪笑灵山老古锥，当阳抛下破木杓（其四）。竖拳下喝少卖弄，说是说非入泥水，截断千差休指注，一声归笛啰啰哩（其五）。"海称善，书偈赠行。归本国，住叡山寺。洎通嗣法书，海已入寂矣。

内翰曾开居士 字天游，久参圆悟。暨往来大慧之门有日矣。绍兴辛未，佛海补三衢光孝，公与超然居士赵公访之。问曰："如何是善知识？"海曰："灯笼露柱，猫儿狗子。"公曰："为甚么赞即欢喜，毁即烦恼？"海曰："侍郎曾见善知识否？"公曰："某三十年参问，何言不见。"海曰："向欢喜处见，烦恼处见？"公拟议，海震声便喝。公拟对，海曰："开口底不是。"公罔然。海召曰："侍郎向甚么处去也？"公猛省，遂点头，说偈曰："咄哉！瞎驴丛林妖孽，震地一声，天机漏泄，有人更问意如何，拈起拂子劈口截。"海曰："也只得一概。"

知府葛郯居士 字谦问，号信斋，少擢上第。玩意禅悦，首谒无庵全禅师，求指南。庵令究即心即佛，久无所契，请曰："师有何方便使某得入？"庵曰："居士大无厌生。"已而佛海来居剑池，公因从游，乃举无庵所示之语，请为众普说。海发挥之，曰："即心即佛眉拖地，非心非佛双眼横，蝴蝶梦中家万里，子规枝上月三更。"留旬日而后返。一日，举不是心不是佛不是物，豁然顿明，颂曰："非心非佛亦非物，五凤楼前山突兀，艳阳影里倒翻身，野狐跳入金师窟。"无庵肯之，即遣书颂呈佛海。海报曰："此事非纸笔可既，居士能过我，当有所闻矣。"遂复至虎丘，海迎之曰："居士见处，止可入佛境界。入魔境界，犹未得在。"公加礼不已。海正容曰："何不道金毛跳入野狐窟。"公乃痛领。尝问诸禅曰："夫妇二人相打，通儿子作证。且道证父即是，证母即是？"或庵体禅师着语曰："小出大遇。"

淳熙六年守临川，八年感疾，一夕忽索笔书偈曰："大洋海里打鼓，须弥山上闻钟。业镜忽然扑破，翻身跳出虚空。"召僚属示之曰："生之与死，如昼与夜，无足怪者。若以道论，安得生死。若作生死会，则去道远矣。"语毕端坐而化。

华藏民禅师法嗣

临安府径山别峰宝印禅师 嘉州李氏子，自幼通六经而厌俗务。乃从德山清素，得度具戒。后听《华严》《起信》，既尽其说。弃依密印于中峰，一日，印举僧问岩头："起灭不停时如何？"岩叱曰："是谁起灭？"师启悟，即首肯。会圆悟归昭觉，印遣师往省。因随众入室，悟问："从上诸圣以何接人？"师竖拳。悟曰："此是老僧用底，作么生是从上诸圣用底？"师以拳挥之，悟亦举拳，相交大笑而止。

后至径山，谒大慧，慧问："甚处来？"师曰："西川。"慧曰："未出剑门关，与汝三十棒了也。"师曰："不合起动和尚。"慧忻然扫室延之。慧南迁，师乃西还，连主数刹。后再出峡，住保宁金山、雪窦径山。

开堂升座曰："世尊初成正觉，于鹿野苑中转四谛法轮，憍陈如比丘最初悟道。后来真净禅师初住洞山，拈云：'今日新丰洞里，只转个挂杖子。'遂拈拄杖着左边云：'还有最初悟道者么？若无，丈夫自有冲天志，莫向如来行处行。'遂喝一喝下座。若是印上座则不然，今日向凤凰山里，初无工夫转四谛法轮，亦无气力转挂杖子。只教诸人行须缓步，语要低声。何故？欲得不招无间业，莫谤如来正法轮。"

上堂，"三世诸佛，以一句演百千万亿句，收百千万亿句只在一句。祖师门下半句也无，只怎么合吃多少痛棒。诸仁者，且诸佛是，祖师是？若道佛是祖不是，祖是佛不是，取舍未忘。若道佛祖一时是，佛祖一时不是，颠顶不少。且截断葛藤一句作么生道？大虫裹纸帽，好笑又惊人"。

复举僧问岩头："浩浩尘中如何辨主？"头云："铜砂锣里满盛油。"师曰："大小岩头打失鼻孔。忽有人问保宁：'浩浩尘中如何辨主？'只对他道：'天寒不及卸帽。'"

上堂，"六月初一烧空赤日，十字街头雪深一尺。扫除不暇，回避不及。冻得东村廖胡子，半夜着靴水上立"。

上堂，"将心除妄妄难除，即妄明心道转迂，桶底趯穿无忌讳，等闲一步一芙蕖"。

师至径山弥浃，孝宗皇帝召对选德殿，称旨入对日，赐肩舆于东华门内。十年二月上注《圆觉经》，遣使驰赐命作序。师年迈，益厌住持。十五年冬，奏乞庵居得请。绍熙元年十一月，往见交承智策禅师，与之言别。策问行日，师曰："水到渠成。"归，索纸书"十二月初七夜鸡鸣时"九字，如期而化。奉蜕质返寺之法堂，留七日。颜色明润，发长顶温。越七日，葬于庵之西岗。谥慈辩禅师,塔曰智光。

昭觉元禅师法嗣

凤栖慧观禅师 上堂,"前村落叶尽,深院桂花残。此夜初冬节,从兹特地寒。所以道,欲识佛性义,当观时节因缘。时节若至,其理自彰"。喝一喝。"恁么说话,成人者少,败人者多。"

文殊道禅师法嗣

潭州楚安慧方禅师 本郡许氏子,参道禅师于大别。未几,改寺为神霄宫。附商舟过湘南,舟中闻岸人操乡音厉声云:"叫那!"由是有省。即说偈曰:"沔水江心唤一声,此时方得契平生。多年相别重相见,千圣同归一路行。"

住后,上堂,"临老方称住持,全无些子玄机。开口十字九乖,问东便乃答西。如斯出世,讨甚玄微。有时拈三放两,有时就令而施。虽然如是,同道方知。且道知底事作么生?直须打翻鼻孔始得"。

上堂,"达磨祖师在脚底,踏不着兮提不起。子细当头放下看,病在当时谁手里。张公会看脉,李公会使药。两个竞头医,一时用不着。药不相投,错错!吃茶去"。

常德府文殊思业禅师 世为屠宰。一日戮猪次,忽洞彻心源,即弃业为比丘。述偈曰:"昨日夜叉心,今朝菩萨面。菩萨与夜叉,不隔一条线。"往见文殊,殊曰:"你正杀猪时,见个甚么，便乃剃头行脚？"师遂作鼓刀势。殊喝曰："这屠儿，参堂去。"师便下，参堂。住文殊日，上堂举赵州勘婆话，乃曰："勘破婆子，面青眼黑。赵州老汉，瞒我不得。"

何山珣禅师法嗣

婺州义乌稠岩了赟禅师　上堂，举赵州狗子无佛性话，乃曰："赵州狗子无佛性，万迭青山藏古镜。赤脚波斯入大唐，八臂那咤行正令。咄！"

待制潘良贵居士　字义荣。年四十回心祖闱，所至挂钵，随众参扣。后依佛灯，久之不契。因诉曰："某只欲死去时如何？"灯曰："好个封皮，且留着使用，而今不了不当，后去忽被他换却封皮，卒无整理处。"公又以南泉斩猫儿话问曰："某看此甚久，终未透彻，告和尚慈悲。"灯曰："你只管理会别人家猫儿，不知走却自家狗子。"公于言下如醉醒。灯复曰："不易，公进此一步，更须知有向上事始得。如今士大夫说禅说道，只依着义理便快活，大率似将钱买油糍吃了便不饥，其余便道是瞒他亦可笑也。"公唯唯。

泐潭明禅师法嗣

汉州无为随庵守缘禅师　本郡人姓史氏，年十二病目，去依栖禅慧目能禅师，圆具。出峡至宝峰，值峰上堂，举永嘉曰："一月普现一切水，一切水月一月摄。"师闻释然领悟。住后上堂曰："以一统万，一月普现一切水。会万归一，一切水月一月摄。展则弥纶法界，收来毫发不存。虽然收展殊途，此事本无异致。但能于根本上着得一只眼去，方见三世诸佛、历代祖师，尽从此中示现。三藏十二部，一切修多罗，尽从此中流出。天地日月，万象森罗，尽从此中建立。三界九地，七趣四生，尽从此中出没。百千法门，无量妙义，乃至世间工巧诸技艺，尽现行此事。所以世尊拈华，迦叶便乃微笑。达磨面壁，二祖于是安心。桃华盛开，灵云疑情尽净。击竹作响，香严顿忘所知。以至盘山于肉案头悟道，弥勒向鱼市里接人。诚谓，造次颠沛必于是，经行坐卧在其中。既有如是奇特，更有如是光辉。既有如是广大，又有如是周遍。你辈诸人，因甚么却有迷有悟，要知么？幸无偏照处，刚有不明时。"

续传灯录卷第三十二

大鉴下第十七世

径山杲禅师法嗣

泉州教忠晦庵弥光禅师 闽之李氏子,儿时寡言笑,闻梵呗则喜。十五依幽岩文慧禅师,圆顶。犹喜阅群书。一日曰:"既剃发染衣,当期悟彻,岂醉于俗典邪?"遂出岭,谒圆悟禅师于云居。次参黄檗祥高庵悟,机语皆契。以淮楚盗起,归谒佛心。会大慧寓广,因往从之。慧谓曰:"汝在佛心处,所得者试举一二看。"师举佛心上堂,拈普化公案曰:"佛心即不然,总不恁么来时如何?"劈脊便打,从教遍界分身。慧曰:"汝意如何?"师曰:"某不肯他后头下个注脚。"慧曰:"此正是以病为法。"师毅然无信可意。慧曰:"汝但揣么看。"师竟以为不然。经旬,因记海印信禅师拈曰:"雷声浩大,雨点全无。"始无滞,趋告慧。慧以举道者见琅邪,并玄沙未彻语诘之。师对已,慧笑曰:"虽进得一步,只是不着所在。如人斫树,根下一刀,则命根断矣。汝向枝上斫,其能断命根乎。今诸方浩浩说禅者,见处总如此,何益于事。其杨岐正传三四人而已。"师愠而去。翌日慧问:"汝还疑否?"师曰:"无可疑者。"慧曰:"只如古人相见,未开口时已知虚实。或闻其语,便识浅深。此理如何?"师悚然汗下,莫知所诣。慧令究有句无句。

慧过云门庵,师侍行。一日问曰:"某到这里不能得彻,病在甚处?"慧曰:"汝病最癖,世医拱手。何也?别人死了活不得,汝今活了未曾死。要到大安乐田地,须是死一回始得。"师疑情愈深。后入室,慧问:"吃粥了也,洗钵盂了也。去却药忌,道将一句来。"师曰:"裂破。"慧震威喝曰:"你又说禅也。"师即大悟。慧挝鼓告众曰:"龟毛拈得笑哈哈,一击万重关锁开。庆快平生在今日,孰云千里赚吾来。"师亦以颂呈之曰:"一拶当机怒雷吼,惊起须弥藏北斗。洪波浩渺浪滔天,拈得鼻孔失却口。"

住后,上堂,"有句无句,如藤倚树,放憨作么。及乎树倒藤枯,句归何处。情知汝等诸人卒讨头鼻不着。为甚如此?只为分明极,翻令所得迟"。

上堂,"梦幻空花,何劳把捉。得失是非,一时放却"。掷拂子曰:"山僧今日已是放下了也,汝等诸人又作么生?"复曰:"侍者,收取拂子!"僧问:"文殊为甚么出女子定不得?"师曰:"山僧今日困。"曰:"罔明为甚么却出得?"师曰:"令人疑着。"曰:"恁么则擘开华岳千峰秀,放出黄河一派清。"师曰:"一任卜度。"

江州东林万庵道颜禅师 潼川人,族鲜于氏。久参圆悟,微有省发。洎悟还蜀,嘱依妙喜,仍以书致喜曰:"颜川彩绘已毕,但欠点眼耳。他日嗣其后,未可量也。"喜居云门及洋屿,师皆在焉,朝夕质疑,方大悟。

住后,上堂,"一叶落天下秋,一尘起大地收。鸟窠吹布毛,便有人悟去。今时学者为甚么却不识自己?"良久曰:"莫错怪人好"。

上堂,"欲识诸佛心,但向众生心行中识取。欲识常住不凋性,但向万物迁变处会取。还识得么?欲得不招无间业,莫谤如来正法轮"。

上堂,"诸人知处,良遂总知。良遂知处,诸人不知。作么生是良遂知处?"乃曰:"鸬鹚语鹤。"

上堂,"仲冬严寒,三界无安。富者快乐,贫者饥寒。不识玄旨,错认定盘。何也?牛头安尾上,北斗面南看"。

上堂,"一滴滴水,一滴滴冻。天寒人寒,风动幡动。云门扇子,蹦跳上三十三天,筑着帝释鼻孔。东海鲤鱼,打一棒,雨似盆倾。不出诸人十二时中寻常受用"。

上堂云,"圆通门户,八字打开,若是从门入得,不堪共语。须是入得无门之门,方可坐登堂奥。所以道,过去诸如来斯门已成就,现在诸菩萨今各入圆明,未来参学人当依如是法。从上诸圣,幸有如此,广大门风,不能继绍,甘自鄙弃。穿窬墙壁,好不丈夫。敢问大众,无门之门,作么生入?"良久云:"非唯观世音,我亦从中证。"

上堂,"元宵已过,化主出门。六群比丘,各从其类。此众无复枝叶,纯有贞实。如是增上慢人,退亦佳矣。麒麟不为瑞,鸑鷟①不为荣。麦秀两岐，禾登九穗，总不消得。但愿官中无事，林下栖禅，水牯牛饱卧斜阳，担板汉清贫长乐。粥足饭足，俯仰随时。箸笼不乱搋匙，老鼠不咬瓠箪。山家活计，淡泊长情。不敬功德天，谁嫌黑暗女，有智主人二俱不受"。良久曰："君子爱财，取之以道"。

上堂，"去年寒食后，今年寒食前。日日是好日，不是正中偏"。

上堂，"客舍久留连，家乡夕照边。檐悬三月雨，水没两湖莲。镬漏烧灯盏，柴生满灶烟。已忘南北念，入望尽平川"。

上堂，"旃檀林，无杂树，郁密深沉师子住。所以旃檀丛林，旃檀围绕，荆棘丛林，荆棘围绕。一人为主，两人为伴，成就万亿国土士农工商，若夜叉，若罗刹，见行魔业，优哉游哉，聊以卒岁"。僧问："香严上树话，意旨如何？"师曰："描不成，画不就。"曰："李陵虽好手，争奈陷番何。"师曰："甚么处去来？"问："如何是佛？"师曰："汝是元固。"僧近前曰："喏喏。"师曰："裈无裆，裤无口。"问："如何是佛？"师曰："志公和尚。"曰："学人问佛，何故答志公和尚？"师曰："志公不是闲和尚。"曰："如何是法？"师曰："黄绢幼妇，外孙齑臼。"曰："是甚么章句？"师曰："绝妙好辞。"曰："如何是僧？"师曰："钓鱼船上谢三郎。"曰："何不直说？"师曰："玄沙和尚。"曰："三宝已蒙师指示，向上宗乘事若何？"师曰："王乔诈仙得仙。"僧呵呵大笑，师乃叩齿。

---

① 鸑鷟（yuè zhuó）：是中国古代民间传说中的五凤之一，身为黑色或紫色，象征着坚贞不屈的品质。

福州西禅懒庵鼎需禅师 本郡林氏子,幼举进士有声。年二十五,因读《遗教经》,忽曰:"几为儒冠误。"欲去家,母难之,以亲迎在期,师乃绝之曰:"夭桃红杏,一时分付春风。翠竹黄花,此去永为道伴。"竟依保寿乐禅师为比丘。一锡湖湘,遍参名宿,法无异味。归里,结庵于羌峰绝顶,不下山者三年。佛心才禅师挽出,首众于大乘,尝问学者即心即佛因缘。时妙喜庵于洋屿,师之友弥光与师书云:"庵主手段与诸方别,可来少款如何?"师不答。光以计邀师饭,师往赴之。会妙喜为诸徒入室,师随喜焉。妙喜举僧问马祖:"如何是佛?"祖云:"即心是佛,作么生?"师下语,妙喜诉之曰:"你见解如此,敢妄为人师耶。鸣鼓普说,讦其平生珍重得力处,排为邪解。"师泪交颐,不敢仰视。默计曰:"我之所得,既为所排。西来不传之旨,岂止此耶。"遂归心弟子之列。一日喜问曰:"内不放出,外不放入,正恁么时如何?"师拟开口,喜拈竹篦劈脊连打三下,师于此大悟,厉声曰:"和尚已多了也。"喜又打一下,师礼拜。喜笑云:"今日方知吾不汝欺也。"遂印以偈云:"顶门竖亚摩醯眼,肘后斜县夺命符。瞎却眼,卸却符,赵州东壁挂葫芦。"于是声名喧动丛林。

住后,上堂曰:"句中意,意中句,须弥耸于巨川。句划意,意划句,烈士发乎狂矢。任待牙如剑树,口似血盆,徒逞词锋,虚张意气。所以净名杜口,早涉繁词,摩竭掩关,已扬家丑。自余瓦棺老汉,岩头大师,向羌峰顶上,擎风鼓浪,玩弄神变,脚跟下好与三十。且道过在什么处?"良久云:"机关不是韩光作,莫把胸襟当等闲。"

至节，上堂云："二十五日已前，群阴消伏，泥龙闭户。二十五日已后，一阳来复，铁树开花。正当二十五日，尘中醉客，骑驴骑马，前街后街，递相庆贺。物外闲人，衲帔蒙头，围炉打坐。风萧萧，雨萧萧，冷湫湫。谁管你张先生，李道士，胡达磨。"

上堂，"懒翁懒中懒，最懒懒说禅。亦不重自己，亦不重先贤。又谁管你地，又谁管你天。物外翛然无个事，日上三竿犹更眠"。

上堂，举僧问赵州："如何是古人言？"州云："谛听谛听。"师曰："谛听即不无，切忌唤钟作瓮。"

室中问僧："万法归一，一归何处？"曰："新罗国里。"师曰："我在青州作一领布衫重七斤。"曰："今日亲见赵州。"师曰："前头见，后头见？"僧乃作析额势。师曰："上座甚处人？"曰："江西。"师曰："因甚么却来这里纳败缺？"僧拟议，师便打。

福州东禅蒙庵思岳禅师　江州人。上堂，"蛾羊蚁子说一切法，墙壁瓦砾现无边身。见处既精明，闻中必透脱。所以雪峰和尚凡见僧来，辊出三个木球，如弄杂剧相似，玄沙便作析牌势，卑末谩道将来。普贤今日谤古人，千佛出世，不通忏悔。这里有人谤普贤，定入拔舌地狱。且道谤与不谤者，是谁心不负人，面无惭色？"

上堂，"达磨来时，此土皆知梵语。及乎去后，西天悉会唐言。若论直指人心，见性成佛，大似羚羊挂角，猎犬寻踪，一意乖疏，万言无用。可谓来时他笑我，不知去后我笑他。唐言梵语亲分付，自古斋僧怕夜茶"。

上堂，"腊月初，岁云徂，黄河冻已合，深处有嘉鱼，活鲅鲅，跳不脱，又不能相煦以湿，相濡以沫，惭愧菩萨摩诃萨。春风几时来，解此黄河冻，令鱼化作龙，直透桃花浪。会即便会，痴人面前且莫说梦"。

上堂，僧问："如何是初日分，以恒河沙等身布施？"师曰："从苗辨地，因语识人。"曰："如何是中日分，复以恒河沙等身布施？"师曰："筑着磕着。"曰："如何是后日分，亦以恒河沙等身布施？"师曰："向下文长，付在来日。"复曰："一转语，如天普盖，似地普擎。一转语，舌头不出口。一转语，且喜没交涉。要会么？惭愧世尊，面赤不如语直。大小岳上座，口似磉盘。今日为这问话僧讲经，不觉和注脚一时说破。"便下座。

上堂："哑却我口，直须要道。塞却你耳，切忌蹉过。昨日有人从天台来，却道泗洲大圣在洪州打坐，十字街头卖行货。是甚么？断跟草鞋，尖檐席帽。"

福州西禅此庵守净禅师 本州人。上堂，"谈玄说妙，撒屎撒尿。行棒行喝，将盐止渴。立主立宾，华擘宗乘。设或总不恁么，又是鬼窟里坐。到这里，山僧已是打退鼓。且道诸人寻常心愦愦、口悱悱，合作么生？莫将闲学解，埋没祖师心"。

上堂，"若也单明自己，不悟目前，此人有眼无足。若也只悟目前，不明自己，此人有足无眼。直得眼足相资，如车二轮，如鸟二翼，正好勘过了打"。

上堂，"九夏炎炎大热，木人汗流不辍，夜来一雨便凉，莫道山僧不说"。以拂子击禅床，下座。

上堂,"若欲正提纲,直须大地荒。欲来冲雪刃,未免露锋铓。当恁么时,释迦老子出头不得即不问,你诸人只如马镫里藏身,又作么生话会?"

上堂,"道是常道,心是常心。汝等诸人闻山僧恁么道,便道我会也。大尽三十日,小尽二十九,头上是天,脚下是地,耳里闻声,鼻里出气。忽若四大海水在汝头上,毒蛇穿你眼睛,虾蟆入你鼻孔,又作么生?"

上堂,"文殊普贤谈理事,临济德山行棒喝。东禅一觉到天明,偏爱风从凉处发。咄!"

上堂,"善斗者不顾其首,善战者必获其功。其功既获,坐致太平。太平既致,高枕无忧。罢拈三尺剑,休弄一张弓。归马于华山之阳,放牛于桃林之野。风以时而雨以时,渔父歌而樵人舞。虽然如是,尧舜之君犹有化在,争似乾坤收不得,尧舜不知名。浑家不管兴亡事,偏爱和云占洞庭"。

上堂,"闭却口时时说,截却舌无间歇。无间歇,最奇绝。最奇绝,眼中屑。既是奇绝,为甚么却成眼中屑?了了了时无可了,玄玄玄处亦须呵"。

上堂,"佛祖顶颡上,有泼天大路,未透生死关,如何敢进步。不进步,大千没遮护。一句绝言诠,那咤擎铁柱"。

开堂,拈香罢,就座,南堂和尚白槌曰:"法筵龙象众,当观第一义。"师随声便喝曰:"此是第几义?久参先德,已辨来端,后学有疑,不妨请问。"僧问:"阿难问迦叶,世尊传金襕外,别传何物。迦叶唤阿难,阿难应喏。未审此意如何?"师曰:"切忌动着。"曰:"只如迦叶道,倒却门前刹竿着。又作么生?"

师曰："石牛横古路。"曰："只如和尚于佛日处，还有这个消息也无？"师曰："无这个消息。"曰："争奈定光金地遥招手，智者江陵暗点头。"师曰："莫将庭际柏，轻比路傍嵩。"僧礼拜。师乃曰："定光金地遥招手，智者江陵暗点头。已是白云千万里，那堪于此未知休。设或于此便休去，一场狼藉不少。还有检点得出者么？如无，山僧今日失利。"

僧问："佛佛授手，祖祖相传，未审传个甚么？"师曰："速礼三拜。"问："不施寸刃，请师相见。"师曰："逢强即弱。"曰："何得埋兵掉斗？"师曰："只为阇黎寸刃不施。"曰："未审向上还有事也无？"师曰："有。"曰："如何是向上事？"师曰："败将不斩。"问："古佛堂前甚么人先到？"师曰："无眼村翁。"曰："未审如何趣向？"师曰："栲栗横担。"

建宁府开善道谦禅师 本郡人。初之京师，依圆悟，无所省发。后随妙喜，庵居泉南。及喜领径山，师亦侍行。未几，令师往长沙，通紫岩居士张公书。师自谓："我参禅二十年，无入头处，更作此行，决定荒废。"意欲无行。友人宗元者叱曰："不可在路便参禅不得也，去，吾与汝俱往。"师不得已而行，在路泣语元曰："我一生参禅业无得力处，今又途路奔波，如何得相应去。"元告之曰："你但将诸方参得底，悟得底，圆悟妙喜为你说得底，都不要理会。途中可替底事，我尽替你。只有五件事替你不得，你须自家支当。"师曰："五件者何事，愿闻其要。"元曰："着衣、吃饭、屙屎、放尿，驼个死尸路上行。"师于言下领旨，不觉手舞足蹈。元曰："你此回方可通书，宜前进，吾先归矣。"元即回径山。师半载方返，妙喜一见而喜曰："建州子，你这回别也。"

住后，上堂，"竺土大仙心，东西密相付，如何是密相付底心？"良久曰："八月秋，何处热。"

上堂，"壁立千仞，三世诸佛措足无门，是则是，太杀，不近人情。放一线道，十方刹海放光动地，是则是，争奈和泥合水。须知通一线道处，壁立千仞，壁立千仞处，通一线道。横拈倒用，正接傍提，电激雷奔，崖颓石裂，是则是，犹落化门。到这里，壁立千仞也没交涉，通一线道也没交涉。不近人情，和泥合水，总没交涉。只这没交涉也则没交涉，是则是，又无佛法道理。若也出得这四路头，管取乾坤独步。且独步一句作么生道？莫怪从前多意气，他家曾踏上头关"。

上堂，"去年也有个六月十五，今年也有个六月十五。去年六月十五少却今年六月十五，今年六月十五多却去年六月十五。多处不用减，少处不用添。既不用添又不用减，则多处多用，小处少用。"乃喝一喝曰："是多是少？"良久曰："个中消息子，能有几人知。"

上堂，"洞山麻三斤将去，无星秤子上定过。每一斤恰有一十六两，二百钱重更不少一铢。正与赵州殿里底一般，只不合被大愚锯解秤锤，却教人理会不得。如今若要理会得，但问取云门干屎橛"。

上堂，"有句无句，如藤倚树，撞倒灯笼，打破露柱。佛殿奔忙，僧堂回顾。子细看来，是甚家具？咄！只堪打老鼠"。

上堂，"诸人从僧堂里怎么上来，少间从法堂头怎么下去。并不曾差了一步，因甚么却不会"。良久曰："只为分明极，翻令所得迟。"

庆元府育王佛照德光禅师 临江军彭氏子。志学之年，依本郡东山光化寺吉禅师落发。一日入室，吉问："不是心，不是佛，不是物，是甚么？"师罔措，遂致疑，通夕不寐。次日诣方丈请益："昨日蒙和尚垂问，既不是心，又不是佛，又不是物，毕竟是甚么，望和尚慈悲指示。"吉震威一喝曰："这沙弥更要我与你下注脚在。"拈棒劈脊打出，师于是有省。后谒月庵果、应庵华、百丈震，终不自肯。

适大慧领育王，四海英材鳞集，师亦与焉。大慧室中问师："唤作竹篦则触，不唤作竹篦则背，不得下语，不得无语。"师拟对，慧便棒，师豁然大悟，从前所得，瓦解冰消。

初住台之光孝，僧问："浩浩尘中，如何辨主？"师曰："巾峰顶上塔心尖。"

上堂，"临济三遭痛棒，大愚言下知归。兴化于大觉棒头，明得黄檗意旨。若作棒会，入地狱如箭射。若不作棒会，入地狱如箭射。众中商量，尽道赤心片片，恩大难酬。总是识情卜度，未出阴界。且如临济悟去，是得黄檗力，是得大愚力？若也见得，许你顶门眼正，肘后符灵。其或未然，鸿福更为诸人通个消息。丈夫气宇冲牛斗，一踏鸿门两扇开"。

上堂，"七手八脚，三头两面。耳听不闻，眼觑不见。苦乐逆顺，打成一片。且道是甚么？路逢死蛇莫打杀，无底篮子盛将归"。

上堂，"闻声悟道，落二落三。见色明心，错七错八。生机一路，犹在半途。且道，透金刚圈，吞栗棘蓬底，是甚么人？披蓑侧立千峰外，引水浇蔬五老前"。

师住灵隐日，孝宗皇帝尝诏问道，留宿内观堂，奏对机缘，备于本录。后示寂，塔全身于鄮峰东庵。

常州华藏遁庵宗演禅师 福州郑氏子。上堂，拈起挂杖曰："识得这个，一生参学事毕。古人恁么道，华藏则不然。识得这个，更须买草鞋行脚。何也？到江吴地尽，隔岸越山多。"

腊旦，上堂，"一九与二九，相逢不出手。世间出世间，无剩亦无少"。遂出手曰："华藏不惜性命，为诸人出手去也。劈面三拳，拦腮一掌。灵利衲僧，自知痛痒。且转身一句作么生道？巡堂吃茶去。"

上堂，举南泉和尚道："我十八上便解作活计。"赵州和尚道："我十八上便解破家散宅。"师云："南泉赵州也是徐六担板，只见一边。华藏也无活计可作，亦无家宅可破，逢人突出老拳，要伊直下便到。且道到后如何？三十六峰观不足，却来平地倒骑驴。"

庆元府天童无用净全禅师 越州翁氏子。上堂，"学佛止言真不立，参禅多与道相违。忘机忘境急回首，无地无锥转步归。佛不是心，亦非亲体，承当绝所依。万古碧潭空界月，再三捞摝始应知"。

上堂，良久召众曰："还知么？"复曰："败缺不少。"

上堂，举长沙示众曰："百尺竿头坐底人，虽然入得，未为真。百尺竿头须进步，十方世界现全身。"大慧先师道："要见长沙么，更进一步。""保宁则不然，要见长沙么，更退一步。毕竟如何？换骨洗肠重整顿，通身是眼更须参。"

师到灵隐,请上堂,"灵山正派,达者犹迷。明来暗来,谁当辨的。双收双放,孰辨端倪。直饶千圣出来,也只结舌有分。何故?人归大国方为贵,水到潇湘始是清"。复曰:"适来松源和尚举竹篦话,令天童纳败缺。诸人要知么,听取一颂:黑漆竹篦握起,迅雷不及掩耳。德山临济茫然,懵底如何插嘴。"

大慧尝举灵云悟桃花问师,师曰:"灵云一见两眉横,引得渔翁良计生。白浪起时抛一钓,任教鱼鳖竞头争。"师自赞曰:"匙挑不上个村夫,文墨胸中一点无。曾把虚空揣出骨,恶声赢得满江湖。"后示寂,塔于本山。

大沩法宝禅师 福州人也。上堂,"唤作竹篦则触,不唤作竹篦则背。直须师子咬人,莫学韩獹逐块。阿呵呵,会不会,金刚脚下铁昆仑,捉得明州憨布袋"。上堂,"千般言,万种喻,只要教君早回去。夜来一片黑云生,莫教错却山前路。咄!"

福州玉泉昙懿禅师 本郡林氏。久依圆悟,自谓不疑。绍兴初,出住兴化祥云,法席颇盛。大慧入闽,知其所见未谛,致书令来,师迟迟。慧小参且痛斥,仍榜告四众。师不得已,破夏谒之,慧鞫其所证,既而曰:"汝恁么见解,敢嗣圆悟老人邪?"师退院亲之。一日入室,慧问:"我要个不会禅底做国师。"师曰:"我做得国师去也。"慧喝出,居无何,语之曰:"香严悟处,不在击竹边。俱胝得处,不在指头上。"师乃顿明。

后住玉泉,为慧拈香,继省慧于小溪。慧升座,举云门一日拈拄杖示众曰:"凡夫实谓之有,二乘析谓之无。缘觉谓之幻有,菩萨当体即空。衲僧见拄杖子但唤作拄杖子,行但行坐但坐,总不得动着。"慧曰:"我不是云门老人,将虚空剜窟窟。"蓦拈拄杖曰："拄杖子不属有不属无，不属幻不属空。"卓一下曰："凡夫二乘缘觉菩萨，尽向这里，各随根性，悉得受用。唯于衲僧分上，为害为冤，要行不得行，要坐不得坐。进一步则被拄杖子迷却路头，退一步则被拄杖子穿却鼻孔。即今莫有不甘底么？试出来与拄杖子相见。如无，来年更有新条在，恼乱春风卒未休。正恁么时合作么生？"下座。"烦玉泉为众拈出！"师登座叙谢毕，遂举前话曰："适来堂头和尚恁么批判，大似困鱼止泺，病鸟栖芦。若是玉泉则不然。"拈拄杖曰："拄杖子能有能无，能幻能空。凡夫二乘缘觉菩萨。"卓一下曰："向这里百杂碎。唯于衲僧分上，如龙得水，似虎靠山，要行便行，要坐便坐。进一步则乾坤震动，退一步则草偃风行。且道不进不退一句作么生道？"良久曰："闲持经卷倚松立，笑问客从何处来。"

饶州荐福悟本禅师 江州人也。自江西云门参侍妙喜，至泉南小溪，于时英俊毕集，受印可者多矣。师私谓其弃己，且欲发去。妙喜知而语之曰："汝但专意参究，如有所得，不待开口，吾已识也。"既而有闻师入室者，故谓师曰："本侍者参禅许多年，逐日只道得个不会。"师诟之曰："这小鬼，你未生时，我已三度霍山庙里退牙了，好教你知。"由是益锐志，以狗子无佛性话，举无字而提撕。一夕将三鼓，倚殿柱昏寐间，不觉无字出口吻，忽尔顿悟。后三日，妙喜归自郡城，师趋丈室，足才越阃，未及吐词，妙喜曰："本胡子这回方是彻头也。"

住后，上堂，"高揖释迦，不拜弥勒者，与三十拄杖。何故？为他只会步步登高，不会从空放下。东家牵犁，西家拽耙者，与三十拄杖。何故？为他只会从空放下，不会步步登高。山僧恁么道,还有过也无?众中莫有点捡得出者么?若点捡得出,须弥南畔把手共行。若点捡不出,布袋里老鸦虽活如死。"

上堂:"释迦掩室于摩竭,净名杜口于毗耶。须菩提唱无说而显道,释梵绝视听而雨华。大众,这一队不唧嚼汉,无端将祖父田园私地结契,各据四至界分方圆长短,一时花擘了也,致令后代儿孙,千载之下,上无片瓦盖头,下无卓锥之地。博山当时若见,十字路头掘个无底深坑,唤来一时埋却,免见递相钝置。何谓如此?不见道,家肥生孝子,国霸有谋臣。"

上堂,"乾闼婆王曾奏乐,山河大地皆作舞。争如跛脚老云门,解道腊月二十五。博山今日有条攀条,无条攀例,也要应个时节"。蓦拈拄杖横按膝上,作抚琴势,云:"还有闻弦赏音者么?"良久云:"直饶便作凤凰鸣,毕竟有谁知指法。"卓一下,下座。

庆元府育王大圆遵璞禅师　福州人。幼同玉泉懿问道圆悟数载,后还里,佐懿于莆中祥云。绍兴甲寅,大慧居洋屿,师往讯之。入室次,慧问:"三圣兴化出不出为人不为人话?你道这两个老汉,还有出身处也无?"师于慧膝上打一拳。慧曰:"只你这一拳,为三圣出气,为兴化出气?速道速道!"师拟议,慧便打。复谓曰:"你第一不得忘了这一棒。"后因慧室中问僧曰:"德山见僧入门便棒,林际①见僧入门便喝,雪峰见僧入门便道是甚么,睦州见僧便道现成公案放你三十棒。你道这四个老汉,还有为人处也无?"僧曰:"有。"慧曰:"札。"僧拟议,慧便喝。

---

① 林际:疑为临济。《祖庭事苑》云:"林际当作临济,院名也,师名义玄。"

师闻,遽领微旨,大慧欣然许之。

温州雁山能仁枯木祖元禅师 七闽林氏子。初谒雪峰预,次依佛心才,皆已机契。及依大慧于云门庵,夜坐次,睹僧剔灯,始彻证。有偈曰:"剔起灯来是火,历劫无明照破。归堂撞见圣僧,几乎当面蹉过。不蹉过,是甚么,十五年前奇特,依前只是这个。"慧以偈赠之曰:"万仞崖头解放身,起来依旧却惺惺。饥餐渴饮浑无事,那论昔人非昔人。"绍兴乙巳春,出住能仁。

上堂,"有佛处不得住,踏着秤锤硬似铁。无佛处急走过,脚下草深三尺。三千里外,逢人不得错举。北斗挂须弥,恁么则不去也。棒头挑日月,摘杨花,摘杨花,眼里瞳人着绣鞋"。卓拄杖,下座。

上堂,"雁山枯木实头禅,不在尖新语句边。背手忽然摸得着,长鲸吞月浪滔天"。

真州灵岩东庵了性禅师 上堂,"勘破了也,放过一着,是衲僧破草鞋。现修罗相,作女人拜,是野狐精魅。打个圆相,虚空里下一点,是小儿伎俩。拦腮赠掌,拂袖便行,正是业识茫茫,无本可据。直饶向黑豆未生已前一时坐断,未有吃灵岩拄杖分。敢问大众,且道为人节文在甚么处,还相委悉么?自从春色来嵩少,三十六峰青至今"。

上堂,"一苇江头杨柳春,波心不见昔时人。雪庭要识安心士,鼻孔依前塔上唇"。竖起拂子曰:"祖师来也,还见么。若也见得,即今荐取。其或未然,此去西天路,迢迢十万余。"僧问:"人天交接,如何开示?"师曰:"金刚手里八棱棒。"曰:"忽被学人横穿凡圣,击透玄关时,又作么生?"师曰:"海门横铁柱。"问:"如何是独露身?"师曰:"牡丹花下睡猫儿。"

建康府蒋山一庵善直禅师 德安云梦人。初参妙喜于回雁峰下,一日喜问之曰:"上座甚处人?"师曰:"安州人。"喜曰:"我闻你安州人会厮扑,是否?"师便作相扑势。喜曰:"湖南人吃鱼,因甚湖北人着鲠?"师打筋斗而出。喜曰:"谁知冷灰里有粒豆爆。"

出住保宁,上堂,"诸佛不曾出世,人人鼻孔辽天。祖师不曾西来,个个壁立千仞。高揖释迦,不拜弥勒,理合如斯。坐断千圣路头,独步大千沙界,不为分外。若向诸佛出世处会得,祖师西来处承当,自救不了,一生受屈。莫有大丈夫承当大丈夫事者么?出来与保宁争交。其或未然,不如拽破好"。便下座。

一日,留守陈丞相俊卿,会诸山茶话次,举有句无句,如藤倚树公案,令诸山批判。皆以奇语取奉。师最后曰:"张打油,李打油,不打浑身只打头。"陈大喜。

剑州万寿自护禅师 上堂,"古者道,若人识得心,大地无寸土。万寿即不然,若人识得心,未是究竟处。且那里是究竟处?"拈拄杖卓一下曰:"甜瓜彻蒂甜,苦瓠连根苦。"

潭州大沩了庵景晕禅师 筠州人。上堂,"云门一曲,腊月二十五,瑞雪飘空,积满江山。坞峻岭寒,梅花正吐。手把须弥椎,笑打虚空鼓。惊起憍梵钵提,冷汗透身如雨。忿怒阿修罗王"。握拳当胸,问云:"毕竟是何宗旨?咄!少室峰前亦曾错举。"

临安府灵隐谁庵了演禅师 福州人。上堂,"面门拶破,天地悬殊。打透牢关，白云万里。饶伊两头坐断，别有转身，三生六十劫，也未梦见在"。喝一喝，下座。

泰州光孝寺致远禅师 抚州许氏子。上堂，举女子出定话乃曰："从来打鼓弄琵琶，须是相逢两会家。佩玉鸣鸾歌舞罢，门前依旧夕阳斜。"

福州雪峰崇圣普慈蕴闻禅师 洪州沈氏子。示众云："栴檀丛林，栴檀围绕。师子丛林，师子围绕。虎狼丛林，虎狼围绕。荆棘丛林，荆棘围绕。大众四种丛林，合向那一种丛林安居好？若也明得，九十日内，管取个个成佛作祖。其或未然，般若丛林岁岁凋，无明荒草年年长。"

处州连云道能禅师 汉州人姓何氏。僧问："镜清六刮，意旨如何？"师曰："穿却你鼻孔。"曰："学人有鼻孔即穿，无鼻孔又穿个甚么？"师曰："抱赃叫屈。"曰："如何是就毛刮尘？"师曰："筠袁虔吉，头上插笔。"曰："如何是就皮刮毛？"师曰："石城虔化，说话厮骂。"曰："如何是就肉刮皮？"师曰："嘉眉果阆，怀里有状。"曰："如何是就骨刮肉？"师曰："漳泉福建，头匾如扇。"曰："如何是就髓刮骨？"师曰："洋澜左蠡，无风浪起。"曰："髓又如何刮？"师曰："十八十九，痴人夜走。"曰："六刮已蒙师指示，一言直截意如何？"师曰："结舌有分。"

临安府灵隐最庵道印禅师 汉州人。上堂，"大雄山下虎，南山鳖鼻蛇，等闲撞着，抱赏归家。若也不惜好手，便与拔出重牙。有么有么？"

上堂，"五五二十五，击碎虚空鼓。大地不容针，十方无寸土。春生夏长复何云，甜者甜兮苦者苦"。

中秋上堂，举马大师与西堂百丈南泉玩月公案，师云："马大师垂丝千尺，意在深潭。西堂振鬣，百丈摆尾，虽则冲波激浪，未免上他钩线。南泉自谓，跃过禹门，谁知依前落在巨网。即今莫有绝罗笼出窠臼底么？也好出来露个消息，贵知华藏门下不致寂寥。其或未然，此夜一轮满，清光何处无。"

建宁府竺原宗元庵主 本郡连氏子。久依大慧，分座西禅。丞相张公浚帅三山，以数院迎之，不就。归旧里，结茅号众妙园。宿衲士夫，交请开法，示众曰："若究此事，如失却锁匙相似，只管寻来寻去。忽然撞着，恶在这里。开个锁了，便见自家库藏，一切受用无不具足，不假他求，别有甚么事。"

示众曰："诸方为人抽钉拔楔，解粘去缚。我这里为人添钉着楔，加绳加缚了。送向深潭里，待他自去理会。"

示众曰："主法之人，气吞宇宙，为大法王。若是释迦老子，达磨大师出来，也教伊叉手向我背后立地，直得寒毛卓竖，亦未为分外。"

一日，举世尊生下，一手指天，一手指地云："天上天下惟吾独尊。"师乃曰："见怪不怪，其怪自坏。"垂语云："这一些子，恰如撞着杀人汉相似。你若不杀了他，他便杀了你。"

近礼侍者 三山人，久侍大慧，尝默究竹篦话无所入。一日入室罢，求指示。慧曰："你是福州人，我说个喻向你。如将名品荔枝和皮壳一时剥了，以手送在你口里，只是你不解吞。"师不觉失笑曰："和尚吞却即祸事。"慧后问师曰："前日吞了底荔枝，只是你不知滋味。"师曰："若知滋味，转见祸事。"

温州净居尼妙道禅师 延平尚书黄公裳之女。开堂日乃曰:"问话且止,直饶有倾湫之辩,倒岳之机,衲僧门下一点用不着。且佛未出世时一事全无。我祖西来便有许多建立,列刹相望,星分派列,以至今日累及儿孙。遂使山僧于人天大众前无风起浪,向第二义门通个消息。语默该不尽底,弥亘大方。诠说不及处,遍周沙界。通身是眼,觌面当机,电卷星驰。如何凑泊?有时一喝生杀全威,有时一喝佛祖莫辨,有时一喝八面受敌,有时一喝自救不了。且道那一喝是生杀全威,那一喝是佛祖莫辨,那一喝是八面受敌,那一喝是自救不了?若向这里荐得,堪报不报之恩。脱或未然,山僧无梦说梦去也。"拈起拂子曰:"还见么?若见被见刺所障。"击禅床曰:"还闻么?若闻,被声尘所惑。直饶离见绝闻,正是二乘小果。跳出一步,盖色骑声。全放全收,主宾互换。所以道,欲知佛性义,当观时节因缘。敢问诸人,即今是甚么时节?荡荡仁风扶圣化,熙熙和气助升平。"掷拂子,下座。

尼问:"如何是佛?"师曰:"非佛。"曰:"如何是佛法大意?"师曰:"骨底骨董。"问:"言无展事,语不投几①时如何?"师曰:"未屙已前,堕坑落堑。"

平江府资寿尼无着妙总禅师 丞相苏公颂之孙女也。年三十许,厌世浮休,脱去缘饰,咨参诸老,已入正信。作夏,径山大慧升堂,举药山初参石头后见马祖因缘,师闻豁然省悟。慧下座,不动居士冯公楫随至方丈曰:"某理会得和尚适来所举公案。"慧曰:"居士如何?"曰:"恁么也不得,苏嚧婆婆诃。不恁

---

① 几:径山本作"机"。

么也不得,嘌哩娑婆诃。恁么不恁么总不得,苏嚧嘌哩娑婆诃。"慧举似师,师曰:"曾见郭象注《庄子》,识者曰:却是庄子注郭象。"慧见其语异,复举岩头婆子话问之。师答偈曰:"一叶扁舟泛渺茫,呈桡舞棹别宫商。云山海月都抛却,赢得庄周蝶梦长。"慧休去。冯公疑其所悟不根,后过无锡,招至舟中,问曰:"婆生七子,六个不遇知音,只这一个也不消得,便弃水中。大慧老师言,道人理会得,且如何会。"师曰:"已上供通,并是诣实。"冯公大惊。

慧挂牌次,师入室,慧问:"古人不出方丈,为甚么却去庄上吃油糍?"师曰:"和尚放妙总过,妙总方敢通个消息。"慧曰:"我放你过,你试道看。"师曰:"妙总亦放和尚过。"慧曰:"争奈油糍何?"师喝一喝而出,于是声闻四方。

隆兴改元,舍人张公孝祥来守是郡,以资寿挽开法。入院上堂:"宗乘一唱,三藏绝诠。祖令当行,十方坐断。二乘闻之怖走,十地到此犹疑。若是俊流,未言而喻。设使用移星换斗底手段,施攘旗夺鼓底机关,犹是空拳,岂有实义。向上一路,千圣不传。学者劳形,如猿捉影。灵山付嘱,俯徇时机。演唱三乘,各随根器。始于鹿野苑,转四谛法轮,度百千万众。山僧今日与此界他方,乃佛乃祖,山河大地,草木丛林,现前四众,各转大法轮,交光相罗,如宝丝网。若一草一木不转法轮,则不得名为转大法轮。所以道,于一毫端,现宝王刹,坐微尘里,转大法轮。乘时于其中间,作无量无边广大佛事,周遍法界。一为无量,无量为一。小中现大,大中现小。不动步,游弥勒楼阁。不返闻,入观音普门。情与无情,性相平等。不是神通妙用,亦非法尔如然。于此俶傥分明，皇恩佛恩，一时报足。且道如何是报恩一句？天高群象正，海阔百川朝。"

上堂，举云门示众云："十五日已前则不问，十五日已后道将一句来。"自代云："日日是好日。"师曰："日日是好日，佛法世法尽周毕，不须特地觅幽玄，只管钵盂两度湿。"

上堂，"黄面老人横说竖说，权说实说，法说喻说，建法幢立宗旨，与后人作榜样。为甚么却道，始从鹿野苑，终至跋提河，于是二中间，未尝说一字？点检将来，大似抱赃叫屈。山僧今日人事忙冗，且放过一着"。便下座。

尼问："如何是夺人不夺境？"师曰："野花开满路，遍地是清香。"曰："如何是夺境不夺人？"师曰："茫茫宇宙人无数，几个男儿是丈夫。"曰："如何是人境俱不夺？"师曰："处处绿杨堪系马，家家门首透长安。"曰："如何是人境两俱夺？"师曰："雪覆芦花，舟横断岸。"曰："人境已蒙师指示，向上宗乘事若何？"师便打。

侍郎无垢居士张九成 未第时，因客谈杨文公、吕微仲诸名儒，所造精妙，皆由禅学而至也，于是心慕之。闻宝印楚明禅师道传大通，居净慈。即之，请问入道之要。明曰："此事唯念念不舍，久久纯熟，时节到来，自然证入。"复举赵州柏树子话，令时时提撕。公久之无省，辞。谒善权清禅师，公问："此事人人有分，个个圆成，是否？"清曰："然。"公曰："为甚么某无个入处？"清于袖中出数珠示之曰："此是谁底？"公俯仰无对。清复袖之曰："是汝底则拈取去，才涉思惟即不是汝底。"公悚然。未几，留苏氏馆，一夕如厕，以柏树子话究之，闻蛙鸣，释然契入。有偈曰："春天月夜一声蛙，撞破乾坤共一家。正恁么时谁会得，岭头脚痛有玄沙。"届明，谒法印一禅师，机语颇契。适私忌，就明静庵供云水主僧惟尚禅师，才见，乃展手，公便喝。尚批公颊，公趋前，尚曰："张学录何得谤大般若？"公曰："某见处只如此，和尚又作么生？"尚举马祖升堂，百丈卷席话，诘之。叙语未终，公推倒卓子。尚大呼："张学录杀人！"公跃起问傍僧曰："汝又作么生？"僧罔措，公殴之。顾尚曰："祖祢不了，殃及儿孙。"尚大笑。公献偈曰："卷席因缘也大奇，诸方闻举尽攒眉。台盘趯倒①人星散，直汉从来不受欺。"尚答曰："从来高价不饶伊，百战场中奋两眉。夺角冲关君会也，丛林谁敢更相欺。"

绍兴癸丑，魁多士复谒尚于东庵。尚曰："浮山圆鉴云：'饶你入得汾阳室，始到浮山门，亦未见老僧在。'公作么生？"公叱侍僧曰："何不只对！"僧罔措，公打僧一掌曰："虾蟆窟里果没蛟龙。"

丁巳秋，大慧禅师董径山，学者仰如星斗。公阅其语要，叹曰："是知宗门有人。"持以语尚，恨未一见。及为礼部侍郎，偶参政刘公请慧说法于天竺。公三往不值，暨慧报谒，公见，但寒喧而已，慧亦默识之。

寻奉祠还里，至径山，与冯给事诸公议格物。慧曰："公只知有格物，而不知有物格。"公茫然，慧大笑。公曰："师能开谕乎？"慧曰："不见小说载，唐人有与安禄山谋叛者，其人先为闽

---

① 倒：径山本作"起"。

守，有画像在焉。明皇幸蜀，见之怒，令侍臣以剑击其像首。时阆守居陕西，首忽堕地。"公闻，顿领深旨，题不动轩壁曰："子韶格物，妙喜物格，欲识一贯，两个五伯。"慧始许可。

后守邵阳，丁父难，过径山饭僧，秉钧者意慧议及朝政，遂窜慧于衡阳，令公居家守服。服除，安置南安。丙子春，蒙恩北还，道次新淦，而慧适至，与联舟，剧谈宗要，未尝语往事。于氏《心传录》曰："宪自岭下侍舅氏，归新淦，因会大慧，舅氏令拜之。宪曰：'素不拜僧。'舅氏曰：'汝姑扣之。'宪知其尝执卷，遂举子思《中庸》'天命之谓性，率性之谓道，修道之谓教'三句以问。慧曰：'凡人既不知本命元辰落处，又要牵好人入火坑。如何圣贤于打头一着不凿破？'宪曰：'吾师能为圣贤凿破否？'慧曰：'天命之谓性，便是清净法身。率性之谓道，便是圆满报身。修道之谓教，便是千百亿化身。'宪得以告，舅氏曰：'子拜何辞。'"

继镇永嘉，丁丑秋，丐祠柱道访慧于育王。越明年，慧得旨复领径山。谒公于庆善院，曰："其①每于梦中，必诵《语》《孟》，何如？"慧举《圆觉》曰："由寂静故，十方世界诸如来心，于中显现如镜中像。"公曰："非老师莫闻此论也。"其颂黄龙三关曰："我手何似佛手，天下衲僧无口，纵饶撩起便行，也是鬼窟里走，讳不得。我脚何似驴脚，又被黐胶粘着，翻身直上兜率天，已是遭他老鼠药，吐不出。人人有个生缘处，铁围山下几千年，三灾直到四禅天，这驴犹自在傍边，煞得工夫。"公设

---

① 其：径山本作"某"。

心六度，不为子孙计，因取《华严》善知识，日供其二回食，以饭缁流。又尝供十六大天，而诸位茶杯悉变为乳。书偈曰："稽首十方佛法僧，稽首一切护法天。我今供养三宝天，如海一滴牛一毛。有何妙术能感格，试借意识为汝说。我心与佛天无异，一尘才起大地隔。倘或尘销觉圆净，是故佛天来降临。我欲供佛佛即现，我欲供天天亦现。佛子若或生狐疑，试问此乳何处来。狐疑即尘尘即疑，终与佛天不相似。我今与汝扫狐疑，如汤沃雪火销冰。汝今微有疑与惑，鹞子便到新罗国。"

参政李邴居士 字汉老，醉心祖道有年。闻大慧排默照为邪禅，疑恕①相半。及见慧示众，举赵州庭柏垂语曰："庭前柏树子，今日重新举。打破赵州关，特地寻言语。敢问大众，即是打破赵州关，为甚么却特地寻言语？"良久曰："当初只道茆长短，烧了方知地不平。"公领悟，谓慧曰："无老师后语几蹉过。"后以书咨决曰："某近扣筹室，承击发蒙滞，忽有省入。顾惟根识暗钝，平生学解，尽落情见。一取一舍，如衣坏絮，行草棘中，适自缠绕。今一笑，顿释所疑，欣幸可量。非大宗匠委曲垂慈，何以致此。自到城中，着衣吃饭，抱子弄孙，色色仍旧。既无拘执之情，亦不作奇特之想。其余夙习旧障，亦稍轻微。临行叮宁之语，不敢忘也。重念始得入门而大法未明，应机接物触事，未能无碍。更望有以提诲，使卒有所至，庶无玷于法席矣。"又书曰："某比蒙诲答，备悉深旨，某自验者三。一，事无逆顺，随缘即应，不留胸中。二，宿习浓厚，不加排遣，自尔轻微。三，

---

① 恕：径山本作"怒"。

古人公案，旧所茫然，时复瞥地，此非自昧者。前书大法未明之语，盖恐得少为足，当广而充之，岂别求胜解耶。净胜现流，理则不无，敢不铭佩。"

宝学刘彦修居士 字子羽，出知永嘉，问道于大慧禅师。慧曰："僧问赵州：'狗子还有佛性也无？'赵州道：'无。'但恁么看，公后乃于柏树子上发明。"有颂曰："赵州柏树太无端，境上追寻也大难，处处绿杨堪系马，家家门底透长安。"

提刑吴伟明居士 字符昭，久参真歇了禅师，得自受用三昧为极致。后访大慧于洋屿庵，随众入室。慧举狗子无佛性话问之，公拟答，慧以竹篦便打，公无对，遂留咨参。一日慧谓曰："不须呈伎俩，直须啐地折嚗地断，方敌得生死。若祇呈伎俩，有甚了期。"即辞去。道次延平，倏然契悟，连书数颂寄慧，皆室中所问者。有曰："不是心，不是佛，不是物，通身一具金锁骨。赵州亲见老南泉，解道镇州出萝卜。"慧即说偈证之曰："通身一具金锁骨，堪与人天为轨则。要识临济小厮儿，便是当年白拈贼。"

门司黄彦节居士 字节夫，号妙德。于大慧一喝下，疑情顿脱，慧以衣付之。尝举首山竹篦话，至叶县近前夺得，拗折掷向阶下曰："是甚么？"山曰："瞎。"公曰："妙德到这里，百色无能。但记得曾作腊梅绝句曰：拟嚼枝头蜡，惊香却肖兰，前村深雪里，莫作岭梅看。"

秦国夫人计氏法真 自寡处，屏去纷华，常蔬食，习有为法。因大慧遣谦禅者，致问其子魏公，公留谦以祖道诱之。真一日问谦曰："径山和尚寻常如何为人？"谦曰："和尚祇教人看狗子无佛性及竹篦子话,只是不得下语,不得思量,不得向举起处会,不得向开口处承当。狗子还有佛性也无?无。只恁么教人看。"真遂谛信,于是夜坐力究前话,忽尔洞然无滞。谦辞归,真亲书入道概略,作数偈呈慧,其后曰:"逐日看经文,如逢旧识人,莫言频有碍,一举一回新。"

临安径山了明禅师 妙喜呆会中龙象,丛林所谓明大禅也。身长八尺,腹大十围。所至,人必聚观之。始妙喜谪梅州,州县防送甚严,或以为祸在不测。师为荷枷以行,间关辛苦,未曾少怠。既至贬所,衲子追随,问道者率不下二三百人。呆以斋粥①不给,且虑祸,尝勉之令去。师辄不肯,以身任斋粥,每自肩栲栳行乞。至晚,即数十人为之荷米面、薪蔬食用之属,成列以归。衲子虽多,无不具足。如是者十七年如一日。呆法嗣之盛,在贬所接者居其半,师之力也。呆被旨复僧衣自便,继被旨住育王,师尝在座下。

师为人豪迈,机锋敏速。妙喜室中,不许衲子下喝。师每入室,必振声一喝而退。妙喜一日榜方丈前云:"下喝者罚一贯钱。"师见之,乃密具千钱于袖中,至室中,先顿于地,高声一喝便出。如是者数矣。妙喜无如之何,再榜曰:"下喝者罚当日堂供一中。"师见,即骤步往库司语曰:"和尚要十两金。"主事者不疑,即与之。乃遣行者随往方丈,师袖之以入,复顿于地,高声一喝,而妙喜大骇。入室罢,徐问知其然,为之一笑,每语师云:"你这肥汉如是会禅,驴年也未梦见在。"然念其勤劳之

---

① 粥:径山本作"饭"。

久,举令出世舒州之投子。先是投子诸庄牛遭疾疫,死毙几尽,比岁不登。师以大愿力,化二百只牛以实之,连岁大稔倍常,颇有异迹。

迁住长芦,衲子辐凑,丛林改观。及妙喜住径山,师来供施及饭大众。洎归长芦,妙喜送以偈云:"人言棒头出孝子,我道怜儿不觉丑。长芦长老怎么来,妙喜空费一张口。从教四海妄流传,野干能作师子吼。孰云无物赠伊行,喝下铁围山倒走。"

后奉诏住径山,道望愈着。先是杨和王梦一异僧,长大蟠腹缓行,言欲化苏州一庄。觉而异之,未言也。翌旦,师忽杖屦徒步而至。门者呵不止,以白和王。和王出见之,遥望师奇伟,与梦中见者无异。遽呼其眷属出观之,眷属并炷香作礼。茶罢,师首言:"大王庄田至多,可施苏州一庄,以为径山供佛斋僧,无穷之利。"和王未有可否,因令办斋。师饭罢便出,更无他语。时内外哄然传言:"和王以苏州庄,施径山长老。"遂达孝宗圣听,会和王入朝。上为言:"闻卿舍苏州一庄施径山,朕当为蠲免税赋。"和王谢恩归。次日,以书至径山,请师入城。而师二日前先已迁化矣。自是,和王宴居瘼寐之际,或少倦交睫,即见师在前。语曰:"六度之大,施度为先,善始善终,斯为究竟。"和王即以庄隶本山。北庄岁出十万犁牛舟车,解库应用,百事具足。复有蠲赋之恩,至令蒙其利。师于缁素有大因缘,所在施供云委,衲子臻萃,佛事殊胜。江浙两湖,皆号之为布袋和尚再出焉。

续传灯录卷第三十三

大鉴下第十七世

龙翔圭禅师法嗣

南康军云居顽庵德升禅师 汉州何氏子，二十得度习讲。久之辞谒文殊道禅师，问佛法省要。殊示偈曰："契丹打破波斯寨，夺得宝珠村里卖。十字街头穷乞儿，腰间挂个风流袋。"师拟对。殊曰："莫错。"师退参三年，方得旨趣。往见佛性，机不投。入闽，至鼓山，礼觌便问："国师不跨石门句，意旨如何？"竹应庵声喝曰："闲言语。"师即领悟。

住后，僧问："应真不借三界高超即不问，如何是无位真人？"师曰："闻时富贵，见后贫穷。"曰："抬头须掩耳，侧掌便翻身。"师曰："无位真人在甚么处？"曰："老大宗师，话头也不识。"师曰："放你三十棒。"

通州狼山萝庵慧温禅师 福州人，姓郑氏。遍参诸老，晚依竹庵于东林。未几，庵谢事，复谒高庵悟、南华昺、草堂清，皆蒙赏识。会竹庵徙闽之乾元，师归省次，庵问："情生智隔，想变体殊，不用停囚长智，道将一句来。"师乃释然，述偈曰：

"掇出通身是口，何妨骂雨呵风。昨夜前村猛虎，咬杀南山大虫。"庵首肯。

住后，上堂，"释迦老子四十九年坐筹帷幄，弥勒大士九十一劫带水拖泥。凡情圣量，不能划除。理照觉知，犹存露布。佛意祖意，如将鱼目作明珠。大乘小乘，似认橘皮为猛火。诸人须是豁开胸襟宝藏，运出自己家珍，向十字街头普施贫乏。众中忽有个灵利汉出来道，美食不中饱人吃。山僧只向他道，幽州犹自可，最苦是新罗"。

云居悟禅师法嗣

婺州双林德用禅师 本郡戴氏子。上堂，拈槌竖拂，"祖师门下，将黄叶以止啼，说妙谈玄。衲僧面前，望默林而止渴。际山今日去却之乎者也，更不指东画西。向三世诸佛命脉中，六代祖师骨髓里，尽情倾倒，为诸人说破"。良久曰："啼得血流无用处，不如缄口过残春。"

台州万年无着道闲禅师 本郡洪氏子。上堂，"全机敌胜，犹在半途。啐啄同时，白云万里。才生朕兆，已落二三。不露锋铓，成何道理。且道从上来事合作么生？诬人之罪，以罪加之"。

上堂，举干峰示众云："举一不得举二，放过一着，落在第二。云门出众云：'昨日有人从天台来，却往径山去。'峰曰：'典座来日，不得普请。'"师曰："相见不须瞋，君穷我亦贫。谓言侵早起，更有夜行人。"

福川中际善能禅师 严陵人。往来龙门、云居有年，未有所证。一日普请择菜次,高庵忽以猫儿掷师怀中。师拟议,庵拦胸踏倒,于是大事洞明。

上堂,"万古长空,一朝风月。不可以一朝风月昧却万古长空,不可以万古长空不明一朝风月。且如何是一朝风月?人皆畏炎热,我爱夏日长。熏风自南来,殿阁生微凉。会与不会,切忌承当"。

南康军云居普云自圆禅师 绵州雍氏子。年十九试经得度,留教宛五祀。出关南下,历扣诸大尊宿。始诣龙门,一日于廊庑间,睹绘胡人有省。夜白高庵,庵举法眼偈曰:"头戴貂鼠帽,腰悬羊角锥。语不令人会,须得人译之。"复策火示之曰:"我为汝译了也。"于是大法明了,呈偈曰:"外国言音不可穷,起云亭下一时通。口门广大无边际,吞尽杨岐栗棘蓬。"庵遣师依佛眼,佛眼谓曰:"吾道东矣。"

上堂,举僧问云门:"如何是透法身句?"门曰:"北斗里藏身。"师曰:"南北东西万万千,乾坤上下两无边。相逢相见呵呵笑,屈指抬头月半天。"

乌巨行禅师法嗣

饶州荐福退庵休禅师 上堂,"风动邪幡动邪,风鸣邪铃鸣邪。非风铃鸣,非风幡动。此土与西天,一队黑漆桶。诳惑世间人,看看灭胡种。山僧不奈何,趁后也打哄,瓠子曲弯弯,冬瓜直侊侗。"

上堂,"结夏时左眼半斤,解夏时右眼八两。谩云九十日安居，嬴得一肚皮妄想。直饶七穴八穿，未免山僧拄杖。虽然如是，千钧之弩，不为鼷鼠发机"。

上堂，"先师寻常用脑后一锤，卸却学者胸中许多屈曲。当年克宾维那曾中兴化此毒，往往天下丛林唤作超宗异目，非唯孤负兴化，亦乃克宾受辱。若是临济儿孙，终不依草附木。资福喜见同参，今日倾肠倒腹"。卓拄杖曰："还知先师落处么？伎死禅和，如麻似粟。"上堂，"言发非声是个甚么？色前不物，莫乱针锥。透过禹门，风波更险。咄！"

信州龟峰晦庵慧光禅师 建宁人。上堂，"数日暑气如焚，一个浑身无处安着，思量得也是烦恼人。这个未是烦恼，更有己躬下事不明，便是烦恼。所以达磨大师烦恼，要为诸人吞却。又被咽喉小，要为诸人吐却。又被牙齿碍，取不得舍不得，烦恼九年。若不得二祖不惜性命，往往转身无路，烦恼教死。所谓祖祢不了，殃及儿孙。后来莲华峰庵主到这里，烦恼不肯住。南岳思大到这里，烦恼不肯下山。更有临济德山，用尽自己查梨烦恼，钵盂无柄。龟峰今日为他闲事长无明，为你诸人从头点破"。卓拄杖一下曰："一人脑后露腮，一人当门无齿。更有数人鼻孔没半边，不劳再勘。你诸人休向这里立地瞌睡，殊不知家中饭箩锅子，一时失却了也。你若不信，但归家捡点看。"

真州长芦且庵守仁禅师 越之上虞人。依雪堂于乌巨，闻普说曰："今之兄弟做工夫，正如习射。先安其足，后习其法。后虽无心，以久习故，箭发皆中。"喝一喝云："只今箭发也，看看！"师不觉倒身，作避箭势，忽大悟。

上堂，"百千三昧，无量妙门，今日且庵不惜穷性命，只做一句子说与诸人"。乃卓拄杖,下座。尝颂台山婆话云:"开个灯心皂角铺,日求升合度朝昏。只因风雨连绵久,本利一空愁倚门。"

白杨顺禅师法嗣

吉州青原如禅师 僧问:"达磨未来时如何?"师曰:"生铁铸昆仑。"曰:"来后如何?"师曰:"五彩画门神。"

云居如禅师法嗣

太平州隐静圆极彦岑禅师 台城人也。上堂,"韩信打关,未免伤锋犯手。张良烧栈,大似曳尾灵龟。既然席卷三秦,要且未能囊弓裹革,烟尘自静。我国晏然,四海九州尽归皇化。自然牛闲马放,风以时雨以时,五谷熟万民安。大家齐唱村田乐,月落参横夜向阑"。

上堂,"今朝八月初五,好事分明为举。岭头漠漠秋云,树底鸣鸠唤雨。昨夜东海鲤鱼,吞却南山猛虎。虽然有照有用,毕竟无宾无主。唯有文殊普贤,住,住,我识得你。"

上堂,举正堂辩和尚室中问学者:"蚯蚓为甚么化为百合?"师曰:"客舍并州已十霜,归心日夜忆咸阳。无端更渡桑干水,却望并州是故乡。"

鄂州报恩成禅师 上堂,"秋雨乍寒,汝等诸人青州布衫成就也未?"良久喝曰:"云溪今日冷处着一把火。"便下座。

道场辩禅师法嗣

平江府觉报清禅师 上堂,举僧问云门:"如何是诸佛出身处?"门曰:"东山水上行。"师曰:"诸佛出身处,东山水上行,石压笋斜出,岸悬花倒生。"

安吉州何山然首座 姑苏人。侍正堂之久,入室次,堂问:"猫儿为甚么偏爱捉老鼠?"曰:"物见主,眼卓竖。"堂欣然,因命分座。

黄龙忠禅师法嗣

成都府信相戒修禅师 上堂,举马祖不安公案乃曰:"两轮举处烟尘起,电急星驰拟何止。目前不碍往来机,正令全施无表里。丈夫意气自冲天,我是我兮你是你。"

西禅琏禅师法嗣

遂宁府西禅第二代希秀禅师 上堂,"秋光将半,暑气渐消。鸿雁横空,点破碧天似水。猿猱挂树,撼翻玉露如珠。直饶对此明机,未免认龟作鳖。且道应时应节一句作么生道?野色并来三岛月,溪光分破五湖秋"。

净居尼温禅师法嗣

温州净居尼无相法灯禅师 上堂,拈拄杖卓曰:"观音出,普贤入,文殊水上穿靴立,抬头鹞子过新罗,石火电光追不及。咄!"

大沩果禅师法嗣

荆门军玉泉穷谷宗琏禅师 合州董氏子。开堂日,问答已,乃曰:"衲僧向人天众前一问一答,一擒一纵,一卷一舒,一挨一拶,须是具金刚眼睛始得。若是念话之流,君向西秦,我之东鲁,于宗门中殊无所益。这一段事,不在有言,不在无言,不碍有言,不碍无言。古人垂一言半句,正如国家兵器,不得已而用之。横说竖说,只要控人入处,其实不在言句上。今时人不能一径彻证根源,只以语言文字而为至道,一句来一句去,唤作禅道,唤作向上向下,谓之菩提涅槃,谓之祖师巴鼻,正似郑州出曹门。从上宗师会中,往往真个以行脚为事底,才有疑处,便对众决择。只一句下,见谛明白。造佛祖直指不传之宗,与诸有情尽未来际,同得同证,犹未是泊头处。岂是空开唇皮,胡言汉语来。所以南院示众云:'诸方只具啐啄同时眼,不具啐啄同时用。'时有僧问:'如何是啐啄同时用?'院曰:'作家不啐啄,啐啄同时失。'僧曰:'犹是学人问处。'院曰:'如何是你问处?'僧曰失,院便打,其僧不契。后至云门会中,因二僧举此话,一僧曰：'当时南院棒折那？'其僧忽悟，即回南院，院已迁化。时风穴作维那问曰：'你是问先师啐啄同时话底僧那？'僧曰是，穴曰：'你当时如何？'曰：'我当时如在灯影里行。'穴曰：'你会也。'"师乃召大众曰："暗穿玉线，密度金钗①，如水入水，似金博金。敢问大众，啐啄同时是亲切处，因甚却失？若也会得，堪报不报之恩，共助无为之化，便可横身宇宙，独步大方。若跳不出，依前只在架子下。"

上堂，拈拄杖曰："破无明暗，截生死流，度三有城，泛无为海，须是识这个始得。"乃召大众曰："唤作拄杖则触，不唤作拄杖则背。若也识得，荆棘林中撒手，是非海里横身。脱或未然，普贤乘白象，土宿跨泥牛。参！"

上堂，"一切数句非数句，与吾灵觉何交涉"。师曰："永嘉怎么道，大似含元殿上更觅长安。殊不知有水皆含月，无山不带云。虽然如是，三十年后赵婆酤醋。"

上堂，"宗乘一唱殊途绝，万别千差俱泯灭。通身是口难分雪，金刚脑后三斤铁。好大哥"。僧问："保寿开堂，三圣推出一僧，保寿便打，意旨如何？"师曰："利动君子。"曰："为复棒头有眼，为复见机而作？"师曰："猕猴系露柱。"曰："只如三圣道，你怎么为人，瞎却镇州一城人眼。又作么生？"师曰："锦上铺华又一重。"问："行脚逢人时如何？"师曰："一不成，二不是。"曰："行脚不逢人时如何？"师曰："虎咬大虫。"曰："只如慈明道，钓丝绞水，意作么生？"师曰："水浸钢石卵。"问：

---

① 钗：径山本作"针"。

"三圣道,我逢人则出,出则不为人。意旨如何?"师曰:"兵行诡道。"曰:"兴化道,我逢人则不出,出则便为人。又作么生?"师曰:"绵里秤锤。"问:"不落因果,为甚么堕野狐身?"师曰:"庐山五老峰。"曰:"不昧因果,为甚么脱野狐身?"师曰:"南岳三生藏。"曰:"只如不落不昧,未审是同是别?"师曰:"倚天长剑逼人寒。"僧问:"只如昔日杨岐和尚因僧问如何是佛,杨岐答云三脚驴子弄蹄行。意旨如何?"师曰:"过蓬州了便到巴州。"吁!味师所谈心要,政如空中鸟迹,水底鱼踪,岂容凑泊哉。

潭州大沩行禅师 上堂,横拄杖曰:"你等诸人若向这里会去,如纪信登九龙之辇。不向这里会去,似项羽失千里乌骓。饶你总不恁么,落在无事甲里。若向这里拨得一路,转得身,吐得气,山僧与你拄杖子。"遂靠拄杖,下座。

上堂:"不是心,不是佛,不是物,且道是个甚么?不在内,不在外,不在中间,毕竟在甚么处?苦苦有口说不得,无家何处归。"

潭州道林渊禅师 僧问:"钟未鸣,鼓未响,托钵向甚么处去,德山便低头归方丈。意旨如何?"师曰:"奔雷迸火。"曰:"岩头道,这老汉未会末后句在。又作么生?"师曰:"相随来也。"曰:"岩头密启其意,未审那里是他密启处?"师曰:"万年松在祝融峰。"曰:"虽然如是,只得三年。三年后果迁化,还端的也无?"师曰:"嚩呢哒唎吽啜吒。"

临示寂,上堂,拈拄杖示众曰:"离却色声言语道将一句来?"众无对。师曰:"动静声色外,时人不肯对,世间出世间,毕竟使谁会。"言讫,倚杖而逝。

随州大洪老衲祖证禅师 潭州潘氏子。上堂，"万象之中独露身，如何说个独露底道理？"竖起拂子曰："到江吴地尽，隔岸越山多。"僧问："云门问僧：'光明寂照遍河沙，岂不是张拙秀才语？'僧云是。门云：'话堕也。'未审那里是这僧话堕处？"师曰："鲇鱼上竹竿。"问："离却言句，请师直指。"师竖拂子。僧曰："还有向上事也无？"师曰："有。"曰："如何是向上事？"师曰："速礼三拜。"

隆兴府泐潭山堂德淳禅师 上堂，"俱胝一指头，一毛拔九牛。华岳连天碧，黄河彻底流。截却指，急回眸，青箬笠前无限事，绿蓑衣底一时休"。

常州宜兴保安复庵可封禅师 福州林氏子。上堂，"天宽地大，风清月白，此是海宇清平底时节。衲僧家等闲问着，十个有五双知有。只如夜半，华严池吞却扬子江，开明桥撞倒平山塔。是汝诸人还知么？若也知去，试向非非想天道将一句来。其或未知"。掷下拂子曰："须是山僧拂子始得。"

隆兴府石亭野庵祖璇禅师 上堂曰："吃粥了也未？赵州无忌讳，更令洗钵盂，太杀没巴鼻。悟去由来不丈夫，这僧那免受涂糊。有指示，无指示，韶石四楞浑塌地，入地狱如箭射。云岫清风生大厦，相逢携手上高山。作者应须辨真假，真假分，若为论，午夜寒蟾出海门。"

潭州石霜宗鉴禅师 上堂，"送旧年，迎新岁，动用不离光影内。澄辉湛湛夜堂寒，借问诸人会不会。若也会，增瑕类。若不会，依前昧。与君指个截流机，白云更在青山外"。

石头回禅师法嗣

南康军云居蓬庵德会禅师 重庆府何氏子。上堂，举教中道："若见诸相非相，即见如来。""作么生是非相底道理？佯走诈羞偷眼觑，竹门斜掩半枝花。"

育王谌禅师法嗣

台州万年心闻昙贲禅师 永嘉人，住江心，病起上堂。"维摩病，说尽道理。龙翔病，咳嗽不已。咳嗽不已，说尽道理。说尽道理，咳嗽不已。汝等诸人还识得其中意旨也未？本是长江凑风冷，却教露柱患头风。"

上堂，"一见便见，八角磨盘空里转。一得永得，辰锦朱砂如墨黑。秋风吹渭水，已落云门三句里。落叶满长安，几个而今被眼瞒。"竖拂子曰："瞒得瞒不得，总在万年手里。还见么？华顶月笼招手石，断桥水落舍身岩。"僧问："百丈卷席，意旨如何？"师曰："贼过后张弓。"四明太守以雪窦命师主之，师辞，以偈曰："闹篮方喜得抽头，退鼓而今打未休。莫把乳峰千丈雪，重来换我一双眸。"

庆元府天童慈航了朴禅师 福州人。上堂，"酷暑如焚不易禁，炎炎赫赫欲流金。夜明帘外无人到，灵木迢然转绿阴"。

上堂，"久雨不晴，半睡半醒。可谓天地合其德，日月合其明，四时合其序，鬼神合其吉凶"。遂喝曰："住住！内卦已成，更求外象。"卓拄杖曰:"适来掷得雷天大壮,如今变作地火明夷。"

上堂,"牛皮鞔露柱,露柱啾啾叫。灯笼伴不知,虚明还自照。殿脊老蚩吻,闻得呵呵笑。三门侧耳听,就上打之绕。譬如十日菊,开彻阿谁要。阿呵呵,未必秋香一夜衰,熨斗煎茶不同铫"。室中问僧:"贼来须打,客来须看。只如三更夜半,人面似贼,贼面似人,作么生辨?"

上堂,"观音岩玲玲珑珑,太白石丁丁东东。西园菜蟥,似不堪食。东谷花发,却无赖红。且道是祖意教意?途中受用,世谛流布。若辨不出,雪峰覆却饭桶。若辨得出,甘赘礼拜蒸笼。参!"

上堂,"德山入门便棒,临济入门便喝。临济喝处,德山棒头耳聋。德山棒时,临济喝下眼瞎。虽然一搦一抬,就中全生全杀"。遂喝一喝,卓拄杖一下云:"敢问诸人,是生是杀?"良久云:"君子可八。"

南剑州西岩宗回禅师 婺州人也。久依无示,深得法忍。因寺僧以茶禁闻有司,吏捕知事。师谓众曰:"此事不直之,则罪坐于我。若自直,彼复得罪,不忍为也。"令击鼓升座,说偈曰:"县吏追呼不暂停,争如长往事分明。从前有个无生曲,且喜今朝调已成。"言讫而逝。

高丽国坦然国师 少嗣王位,钦向宗乘。因海商方景仁抵四明,录无示语归。师阅之启悟,即弃位圆颅,作书以语要及四威仪偈,令景仁呈无示。示答曰:"佛祖出兴于世,无一法与人。实使其自信自悟、自证自到,具大知见。如所见而说,如所说而行。山河大地,草木丛林,相与证明,其来久矣。"后复通嗣法,其书略曰:"生死海广,劫殚周通,得遇本分宗师,以三要印子验定其法,实谓盲龟值浮木孔耳。"

临安府龙华无住本禅师 广德人也。上堂,举云门大师拈起胡饼曰:"我只供养两浙人,不供养向北人。"众无语,门自代曰:"天寒日短,两人共一碗。"师曰:"韶阳老汉,言中有响,痛处着锥。检点将来,翻成毒药。诸人要会么?半在河南半河北,一片虚凝似墨黑。冷地思量愁杀人,叵耐云门这老贼。贼贼!"下座,更不巡堂。

道场琳禅师法嗣

临江军东山吉禅师 因李朝请与甥艻林居士,向公子谭谒之,遂问:"家贼恼人时如何?"师曰:"谁是家贼?"李竖起拳,师曰:"贼身已露。"李曰:"莫涂糊人好。"师曰:"赃证见在。"李无语,师示以偈曰:"家贼恼人孰奈何,千圣回机只为他。遍界遍空无影迹,无依无住绝笼罗。贼贼!猛将雄兵收不得,疑杀天下老禅和,笑倒闹市古弥勒。休休!不用将心向外求,回头瞥尔贼身露,和赃捉获世无俦。世无俦,真可仰,从兹不复夸伎俩。怗怗安家乐业时,万象森罗齐拊掌。"

道场慧禅师法嗣

临安府灵隐懒庵道枢禅师 吴兴四安徐氏子,初住何山,次移华藏。隆兴初，诏居灵隐。孝宗皇帝召至内殿，问禅道之要。师答："以此事在陛下，堂堂日用应机处，本无知见起灭之梦、圣凡迷悟之别。第护正念，则与道相应。情却物，则业不能系。尽去沉掉之病，自忘问答之意。矧今补处，见在佛般若光明中，何事不成见耶。"上为之首肯数四。

师示众曰："仙人张果老，骑驴穿市过。但闻蹄拨剌，谁知是纸做。"后退居明教永安兰若，逍遥自适。有偈题于壁曰："雪里梅花春信息，池中月色夜精神。年来可是无佳趣，莫把家风举似人。"淳熙丙申八月示微疾，书偈而逝，塔于永安。

光孝憨禅师法嗣

广德军光孝悟初首座 分座日，示众，举风幡话，至"仁者心动"处，乃曰："祖师怎么道，赚杀一船人。今时衲僧也不可恁么会，既不恁么会，毕竟作么生？"良久曰："六月好合酱，切忌着盐多。"

中竺妙禅师法嗣

温州光孝己庵深禅师 本郡人也。上堂曰："龙生龙，凤生凤，老鼠养儿沿屋栋。达磨大师不会禅，历魏游梁干打哄。"

上堂，"一九二九，相逢不出手。三九二十七，篱头吹觱栗①,翻忆小释迦,双手抱屈膝。知不知,实不实,摩诃般若波罗蜜"。

上堂,"维摩默然,普贤广说,历代圣人互呈丑拙。君不见,落花三月子规啼,一声声是一点血"。

上堂,"风萧萧,叶飘飘,云片片,水茫茫。江干独立向谁说,天外飞鸿三两行"。

---

① 觱栗(bìlì):即觱篥、筚篥。古代管乐器,形似喇叭,以芦苇作嘴,以竹做管,吹出的声音悲凄。

续传灯录卷第三十四

大鉴下第十八世

东林颜禅师法嗣

荆南府公安遁庵祖珠禅师 南平人。上堂，"不是心，不是佛，不是物。沥尽野狐涎，趯翻山鬼窟。平田浅草里，露出焦尾大虫。太虚寥廓中，放出辽天俊鹘。阿呵呵，露风骨，等闲拈出众人前，毕竟分明是何物。咄咄！"

上堂："玉露垂青草，金风动白苹。一声寒雁叫，唤起未惺人。"

汀州报恩法演禅师 果州人。上堂，举俱胝竖指因缘，师曰："佳人睡起懒梳头，把得金针插便休。大抵还他肌骨好，不涂红粉也风流。"

临安府净慈肯堂彦充禅师 于潜盛氏子。幼依明空院义堪为师，首参大愚宏智、正堂大圆。后闻东林谓众曰："我此间别无玄妙，只有木札羹铁钉饭，任汝咬嚼。"师窃喜之，直造谒，陈所见解。林曰："据汝见处，正坐在鉴觉中。"师疑不已，将从前所得底，一时扬下。一日，闻僧举南泉道："时人见此一株花如梦相似。"默有所觉，曰："打草只要蛇惊。"次日入室，林问："那里是岩头密启其意处？"师曰："今日捉败这老贼。"林曰："达磨大师性命在汝手里。"师拟开口，蓦被拦胸一拳，忽大悟，直得汗流浃背，点首自谓曰："临济道，黄檗佛法无多子。岂虚语邪！"遂呈颂曰："为人须为彻，杀人须见血。德山与岩头，万里一条铁。"林然之。

住后，上堂，"世尊不说说，迦叶不闻闻"。卓拄杖曰："水流黄叶来何处，牛带寒鸦过远村。"

上堂，举雪峰示众云："尽大地是个解脱门，因甚把手拽不入？"师曰："大小雪峰话作两橛。既尽大地是个解脱门，用拽作么？"

上堂，"一向与么去，法堂前草深一丈。一向与么来，脚下泥深三尺。且道如何即是？三年逢一闰，鸡向五更啼"。

上堂，举卍庵先师道："坐佛床，斫佛脚，不敬东家孔夫子，却向他乡习礼乐。"师曰："入泥入水即不无，先师争奈寒蝉抱枯木，泣尽不回头。"卓拄杖曰："灼然有不回头底，净慈向升子里礼汝三拜。"

上堂，"三世诸佛无中说有，莨莕拾花针。六代祖师有里寻无，猿猴探水月。去此二途，如何话会？侬家不管兴亡事，尽日和云占洞庭"。

元庵受智者请，引座曰："南山有个老魔王，炯炯双眸放电光，口似血盆呵佛祖，牙如剑树骂诸方。几度业风吹不动，吹得动云黄山畔，与嵩头陀，傅大士，一火破落户，依旧孟八郎。赚他无限痴男女，开眼堂堂入镬汤。忽有个纳僧出来道，既是善知识，为甚赚人入镬汤。只向他道，非公境界。"后示寂，塔于寺之南庵。

婺州智者元庵真慈禅师　潼川人姓李氏。初依成都正法，出家具戒。后游讲肆，听讲《圆觉》，至"四大各离今者妄身，当在何处，毕竟无体，实同幻化"。因而有省，作颂曰："一颗明珠，在我这里。拨着动着，放光动地。"以呈诸讲师，无能晓之者。归以呈其师，遂举狗子无佛性话诘之。师曰："虽百千万亿公案，不出此颂也。"其师以为不逊，乃叱出。师因南游，至庐山圆通挂搭。时卍庵为西堂，为众入室，举僧问云门："拨尘见佛时如何？"门云："佛亦是尘。"师随声便喝，以手指胸曰："佛亦是尘。"师复颂曰："拨尘见佛，佛亦是尘。问了答了，直下翻身。劝君更尽一杯酒，西出阳关无故人。"又颂尘尘三昧曰："钵里饭，桶里水，别宝昆仑坐潭底，一尘尘上走须弥，明眼波斯笑弹指。笑弹指，珊瑚枝上清风起。"卍庵深肯之。

成都府昭觉绍渊禅师　上堂曰："镕瓶盘钗钏作一金，搅酥酪醍醐成一味。如是宾主道合，内外安和，五位君臣齐透，四种料拣一串。放行则细雨蒙蒙秋风飒飒，把住则空空如也。谁敢正眼觑着。且道放行为人好，把住为人好？"复曰："等闲一似秋风至，无意凉人人自凉。"

又上堂，举僧问云门："树凋叶落时如何？"云："体露金风。"师曰："要明陷虎之机，须是本色衲子始得。云门大师具逸群三昧，击节叩关，于闪电光中出一只手，与人解粘去缚，拔楔抽钉，不妨好手。子细点捡将来，大似与贼过梯。昭觉即不然，忽有僧问树凋叶落时如何。只答他道，落霞与孤鹜齐飞，秋水共长天一色。且道与云门是同是别？"复曰："止止不须说，我法妙难思。"

又举赵州初见南泉，问："如何是道？"南泉云："平常心是道。"赵州云："还假趣向也无？"南泉云："拟向即乖。"赵州云："不拟争知是道。"南泉云："道不属知，不属不知，知是妄觉，不知是无记。若真达不疑之道，廓然如太虚空，无有障碍。"师拈曰："奇怪诸禅德，虽是沙弥初入道，一拨便转，岂不是灵利人。南泉如善射者发箭，箭箭中红心。若不是赵州，也大难承当。便向平常心是道处，动着关棙子。去却胸中物，丧却目前机，头头上明，物物上显，便能信脚行，信口道，等闲拈出，着着有出身之路。以何为验？岂不见僧问：'如何是祖师西来意？'答云：'庭前柏树子。'问：'万法归一，一归何处？'答云：'我在青州作一领布衫，重七斤'。问：'如何是赵州？'答云：'东门西门、南门北门。'与人解粘去缚，抽钉拔楔，坐断天下人舌头，穿过天下人鼻孔。岂不是平常心是道底关棙子！且不是钉斗底言语、排迭底章句，推人在死水里，者个便是沙弥底样子。应当学作么生承当？"乃曰："欲行千里，一步为初。白日青天，快着精彩。"

西禅需禅师法嗣

福州鼓山木庵安永禅师　闽县吴氏子，弱冠为僧。未几，谒懒庵于云门。一日入室，庵曰："不问有言，不问无言，世尊良久，不得向世尊良久处会。"随后便喝。倏然契悟，作礼曰：

"不因今日问,争丧目前机。"庵许之。

住后,上堂。"要明个事,须是具击石火、闪电光底手段,方能嵚峻岩头全身放舍,白云深处得大安居。如其觑地觅金针,直下脑门须迸裂。到这里假饶见机而变,不犯锋铓,全身独脱,犹涉泥水。只如本分全提一句,又作么生道?"击拂子曰:"淬出七星光灿烂,解抵天下任横行。"

上堂,举睦州示众云:"诸人未得个入处,须得个入处。既得个入处,不得忘却老僧。"师曰:"恁么说话,面皮厚多少。木庵则不然,诸人未得个入处,须得个入处。既得个入处,直须扬下入处始得。"

上堂,拈拄杖曰:"临济小厮儿,未曾当头道着。今日全身放憨,也要诸人知有。"掷拄杖,下座。

僧问:"须弥顶上翻身倒卓时如何?"师曰:"未曾见毛头星现。"曰:"恁么则倾湫倒岳去也。"师曰:"莫乱做。"僧便喝,师曰:"雷声浩大,雨点全无。"

温州龙翔柏堂南雅禅师 上堂曰:"瑞峰顶上,栖凤亭边。一杯淡粥相依,百衲蒙头打坐。二祖礼三拜,依位而立,已是周遮。达磨老臊胡,分尽髓皮,一场狼籍。其余之辈,何足道哉。柏堂怎么道,还免诸力拣责也无?"拍绳床云:"洎合停囚长智。"

上堂曰:"大机贵直截,大用贵顿发。纵有啮镞机,一锤须打杀。何故?我王库内无如是刀。"

上堂,"紫蕨伸拳,笋破梢。杨花飞尽,绿阴交。分明西祖单传句,黄栗留鸣燕语巢。这里见得,谛信得及。若约诸方,决定明窗下安排。龙翔门下,直是一槌槌杀。何故?不是与人难共住，大都缁素要分明？"

福州天王志清禅师　上堂，竖起拂子云："只这个天不能盖，地不能载，遍界遍空，成团成块。到这里，三世诸佛向甚么处摸索，六代祖师向甚么处提持，天下衲僧向甚么处名邈？除非自得自证，便乃敲唱双行。虽然如是，未是衲僧行履处。怎么生是衲僧行履处？是非海里横身入，豺虎丛中纵步行。"

南剑州剑门安分庵主　少与木庵同肄业安国，后依懒庵，未有深证。辞谒径山大慧，行次江干，仰瞻宫阙，闻街司喝侍郎来，释然大悟。作偈曰："几年个事挂胸怀，问尽诸方眼不开，肝胆此时俱裂破，一声江上侍郎来。"遂径回西禅，懒庵迎之，付以伽梨，自尔不规所寓。后庵居剑门，化被岭表，学者从之。所作偈颂，走手而成，凡千余首，盛行于世。

示众："这一片田地，汝等诸人且道，天地未分已前在甚么处？直下彻去，已是钝置你分上不少了也。更若拟议思量，何啻白云万里。"蓦拈拄杖，打散大众。

示众："上至诸佛下及众生，性命总在山僧手里。检点将来，有没量罪过。还有检点得出者么？"卓拄杖一下曰："冤有头，债有主。"遂左右顾视曰："自出洞来无敌手，得饶人处且饶人。"

示众："十五日已前，天上有星皆拱北。十五日已后，人间无水不朝东。已前已后总拈却，到处乡谈各不同。"乃屈指曰："一二三四五六七八九十十一十二十三十四。诸兄弟，今日是几？"良久曰："本店买卖，分文不赊。"

教忠光禅师法嗣

临安府净慈混源昙密禅师 天台卢氏子。依资福道荣出家，十六圆具，习台教。弃参大慧于径山，谒雪巢一此庵元。入闽留东西禅，无省发。之泉南，教忠俾悦众解，职归前资。偶举香严击竹因缘，豁然契悟。述偈呈忠，忠举玄沙未彻语诘之，无滞。忠曰："子方可见妙喜。"即辞往梅杨，服勤四载。

住后，上堂："诸佛出世，打劫杀人。祖师西来，吹风放火。古今善知识，佛口蛇心。天下衲僧，自投笼槛。莫有天然气概，特达丈夫，为宗门出一只手，主张佛法者么？"良久曰："设有，也须斩为三段。"

上堂，"德山小参不答话，千古丛林成话霸。问话者三十棒，惯能说诃说夯。时有僧出的能破的，德山便打。风流儒雅，某甲话也未问。头上著枷，脚下著匣。你是那里人，一回相见一伤神，新罗人把手笑欣欣。未跨船舷，好与三十棒，依前相厮诳混源。今日怎么批判责情，好与三十棒。且道是赏是罚？具参学眼者试辨看"。

上堂，举云门问僧光明寂照遍河沙因缘。师曰："平地捞鱼鰕，辽天射飞鹗。跛脚老云门，千错与万错。"

泉州法石中庵慧空禅师 赣州蔡氏子。春日上堂，拈拄杖卓一下曰："先打春牛头。"又卓一下曰："后打春牛尾。惊起虚空，入藕丝里。释迦无路潜踪，弥勒急走千里。文殊却知落处，拊掌大笑欢喜。且道欢喜个甚么？春风昨夜入门来，便见千花生碓嘴。"

上堂,"千家楼阁,一霎秋风,只如襟袖凉生,不觉园林叶落。于斯荐得,触处全真。其或未然,且作寒温相见"。

上堂,举《金刚经》云:"佛告须菩提,尔所国土中,所有众生,若干种心,如来悉知。何以故?如来说诸心皆为非心,是名为心。""要会么?春风得意马蹄疾,一日看尽长安花。"僧问:"先佛垂范,禁足安居。未审是何宗旨?"曰:"琉璃钵内拓须弥。"僧便喝,师便打。

东禅岳禅师法嗣

福州鼓山宗逮禅师 上堂,"世尊道,应如是知,如是见,如是信解,不生法相"。遂喝曰:"玉本无瑕却有瑕。"

西禅净禅师法嗣

福州乾元宗颖禅师 上堂,卓拄杖曰:"性燥汉只在一槌。"靠拄杖曰:"灵利人不劳再举。而今莫有灵利底么?"良久曰:"比拟张麟,兔亦不遇。"

开善谦禅师法嗣

建宁府仙州山吴十三道人 每以己事扣诸禅及开善,归结茆于其左,遂往给侍。绍兴庚申三月八日夜,适然启悟,占偈呈善曰："元来无缝罅，触着便光辉。既是千金宝，何须弹雀儿。"
善答曰："啐地折时真庆快，死生凡圣尽平沉。仙州山下呵呵笑，不负相期宿昔心。"

无用全禅师法嗣

育王笑翁禅师 讳妙堪，四明毛氏子，广颡平顶，骨清气豪。十岁从野庵道钦，受释氏学。参松源岳于灵隐，不契。往天童，参无用全公，无用问曰："行脚僧，游山僧？"师曰："行脚僧。"无用曰："如何是行脚事？"师以坐具便搋。无用曰："此僧敢来者里捋虎须，参堂去！"室中常示以狗子无佛性话。一日拟开口，无用以竹篦劈口便打。师应声呈偈云："大茶毒鼓，轰天震地。转脑回头，横尸万里。"无用领之，久之侍香。

辞去西游，历登诸老门。迨出世妙胜，嗣无用，迁金文，移光孝。乙亥大旱祷雨，州治郡将以道居左偏。师谓释左道右，旧有成法，力争不可。退归雪窦，申明于朝，得旨仍旧乃已。史卫王荐师领台之报恩。天台旧无律宗，师议合十寺为大刹，筑坛场，阐扬毗尼。朝命徙虎丘，领雪峰三年，升住灵隐。卫王创大慈成，请师开山。师审法立度，去浮务约。虽大智复作，无以易之。卫王薨，退居上柏。台州使君陈公遣使，以瑞岩邀之于道，师勉领寺事，逾月遂行。无何江心牒至，监丞史公强之乃起，黾勉绝江。明年廷臣奏令僧道买紫衣师号，俾以衣号住持。师以为，审如是，则千金之子皆可主法，吾道殆矣。奏疏殿陛，上书庙堂，其议遂寝。诏徙育王，兴建居多。既而天童除书至，不应。

戊申春，师寝疾。通守永嘉曹公等，入山问疾，从容叙世契。移顷，命纸笔书遗表，作寺丞张公书，援山谷晦堂例，请主后事。书四句偈辞众云："业镜高悬，七十二年。一槌击碎，大道坦然。"置笔与曹公诀别，右胁而逝。

天童华禅师法嗣

庆元府天童密庵咸杰禅师 福州郑氏子。母梦庐山老僧入舍而生。自幼颖悟，出家为僧。不惮游行，遍参知识。后谒应庵于衢之明果，庵孤硬难入，屡遭呵。一日庵问："如何是正法眼？"师遽答曰："破沙盆。"庵颔之。未几，辞回省亲。庵送以偈曰："大彻投机句，当阳廓顶门。相从今四载，征诘洞无痕。虽未付钵袋，气宇吞乾坤。却把正法眼，唤作破沙盆。此行将省觐，切忌便踎跟。吾有末后句，待归要汝遵。"

出世衢之乌巨，次迁祥符蒋山华藏。未几，诏住径山灵隐，晚居太白。僧问："虚空销殒时如何？"师曰："罪不重科。"

上堂，"牛头横说竖说，不知有向上关棙子。有般添桶辈，东西不辩，南北不分，便问如何是向上关棙子，何异开眼尿床。华藏有一转语，不在向上向下，千手大悲，摸索不着。雨寒无处晒眼，今日普请布施大众"。良久曰："达磨大师无当门齿。"

上堂，"世尊不说说，拗曲作直。迦叶不闻闻，望空启告。马祖即心即佛，悬羊头卖狗肉。赵州勘庵主，贵买贱卖，分文不直。只如文殊是七佛之师，因甚出女子定不得？河天月晕鱼分子，槲①叶风微鹿养茸"。

上堂，卓拄杖曰："迷时只迷这个。"复卓一下曰："悟时只悟这个。迷悟双忘，粪扫堆头重添搕𢶍。莫有向东涌西没，全机独脱处，道得一句底么？若道不得，华藏自道去也。"掷拄杖曰："三十年后。"

上堂，举金峰和尚示众云："老僧二十年前有老婆心，二十年后无老婆心。"时有僧问："如何是和尚二十年前有老婆心？"峰云："问凡答凡，问圣答圣。"曰："如何是二十年后无老婆心？"峰云："问凡不答凡，问圣不答圣。"师曰："乌巨当时若见，但冷笑两声。这老汉忽若瞥地，自然不堕圣凡窠臼。"

上堂，举婆子烧庵话。师曰："这个公案，丛林中少有拈提者。杰上座裂破面皮，不免纳败一上，也要诸方检点。"乃召大众曰："这婆子洞房深稳，水泄不通，偏向枯木上糁花，寒岩中发焰。个僧孤身迥迥，惯入洪涛，等闲坐断泼天潮，到底身无涓滴水。子细检点将来，敲枷打锁则不无，二人若是佛法未梦见在。乌巨与么提持，毕竟意归何处？"良久曰："一把柳丝收不得，和烟搭在王栏②干。"

上堂，"动弦别曲，叶落知秋。举一明三，目机铢两。如王秉剑，杀活临时，犹是无风匝匝之波。向上一路，千圣把手共行，合入泥犁地狱。正当与么时，合作么生？江南两浙，春寒秋热"。

---

① 槲（hú）：多年生灌木，不成材，易弯曲。槲树的叶子，形大如荷叶，可以用来包粽子。
② 王栏：径山本作"玉阑"。

上堂，"尽乾坤大地，唤作一句子，担枷带锁，不唤作一句子，业识茫茫。两头俱透脱，净裸裸，赤洒洒，没可把，达磨一宗，扫土而尽。所以云门大师道，尽乾坤大地，无纤毫过患，犹是转句。不见一法，始是半提，更须知有全提底时节。大小云门，剑去久矣，方乃刻舟"。后示寂，塔于寺之中峰。

南书记者 福州人，久依应庵，于赵州狗子无佛性话，豁然契悟。有偈曰："狗子无佛性，罗睺星入命，不是打杀人，被人打杀定。"庵见，喜其脱略。绍兴末，终于归宗。

侍郎李浩居士 字德远，号正信。幼闻《首楞严经》，如游旧国，志而不忘持橐。后造明果，投诚入室。应庵揕其胸曰："侍郎死后向甚么处去？"公骇然汗下，庵喝出，公退参。不旬日，竟跻堂奥，以偈寄同参严康朝曰："门有孙膑铺，家存甘赘妻。夜眠还早起，谁悟复谁迷。"庵见称善。有鬻胭脂者，亦久参应庵，颇自负。公赠之偈曰："不涂红粉自风流，往往禅徒到此休。透过古今圈襕后，却来这里吃拳头。"

道场全禅师法嗣

常州华藏伊庵有权禅师 临安昌化祁氏子。年十四得度，十八岁礼佛智裕禅师于灵隐。时无庵为第一座，室中以"从无住本建一切法"问之，师久而有省，答曰："暗里穿针，耳中出气。"庵可之，遂密付心印。尝夜坐达旦，行粥者至忘展钵，邻僧以手触之，师感悟为偈曰："黑漆昆仑把钓竿，古帆高挂下惊湍。芦花影里弄明月，引得盲龟上钓船。"佛智尝问："心包太虚,量廓沙界时如何?"师曰:"大海不宿死尸。"智抚其座曰:"此子他日当据此座呵佛骂祖去在。"师自是埋藏头角,益自韬晦。游历湖湘江浙几十年,依应庵于归宗,参大慧于径山。

无庵住道场,招师分座说法,于是声名隐然。

住后,上堂,"今朝结却布袋口,明眼衲僧莫乱走。心行灭处解翻身,喷嚏也成师子吼。旃檀林,任驰骤,剔起眉毛顶上生,剜肉成疮露家丑"。

上堂,"禅禅,无党无偏,迷时千里隔,悟在口皮边。所以僧问石霜,如何是禅。霜云甊砖。又僧问睦州如何是禅,州云猛火着油煎。又僧问首山如何是禅,山云猢狲上树尾连颠。大众,道无横径,立处孤危。此三大老行声前活路,用劫外灵机。若以衲僧正眼,检点将来,不无优劣。一人如张良入阵,一人如项羽用兵,一人如孔明料敌。若人辨白得,可与佛祖齐肩。虽然如是,忽有个衲僧出来道,长老话作两橛也。适来道,道无横径,无党无偏,而今又却分许多优劣,且作么生祇对,还委悉么?把手上山齐着力,咽喉出气自家知"。

淳熙庚子秋,示微疾,留偈趺坐而逝。茶毗,齿舌不坏,获五色舍利无数。瘗于横山之塔,分骨归葬万年寺左。

双林用禅师法嗣

婺州三峰印禅师 上堂,举野狐话曰:"不落不昧,诬人之罪。不昧不落,无绳自缚。可怜柳絮随春风,有时自西还自东。"

大沩行禅师法嗣

常德府德山子涓禅师 潼川人也。上堂，"见见之时，见非是见。见犹离见，见不能及"。遂喝曰："鲸吞海水尽，露出珊瑚枝。众中忽有个衲僧出来道，长老休寐语，却许伊具一只眼"。

上堂，横按拄杖曰："一二三四五六七，七六五四三二一。循还逆顺数将来，数到未来无尽日。因七见一，因一忘七，踏破太虚空，铁牛也汗出。绝气息，无踪迹。"掷拄杖曰："更须放下这个，始得参学事毕。"

上堂，拈拄杖曰："有时夺人不夺境，拄杖子七纵八横。有时夺境不夺人，山僧七颠八倒。有时人境两俱夺，拄杖子与山僧削迹吞声。有时人境俱不夺。"卓拄杖曰："伴我行千里，携君过万山，忽然撞着临济大师时如何？"喝曰："未明心地印，难透祖师关。"

万年贲禅师法嗣

温州龙鸣在庵贤禅师 上堂，举崇寿示众曰："识得凳子，周匝有余。云门道，识得凳子，天地悬殊。"师曰："崇寿老汉坐杀天下人，云门大师走杀天下人。龙鸣则不然，识得凳子四脚着地，要坐便坐，要起便起。"

上堂，举赵州勘婆话颂曰："冰雪佳人貌最奇，常将玉笛向人吹。曲中无限花心动，独许东君第一枝。"

潭州大沩咦庵鉴禅师 会稽人也。上堂，"木落霜空，天寒水冷。释迦老子无处藏身，拆东篱补西壁，撞着不空见菩萨，请示念佛三昧。也甚奇怪，却向道金色光明云。参退，吃茶去"。

上堂，"老胡开一条路，甚生径直，只云歇即菩提，性净明心不从人得。后人不得其门，一向奔驰，南北往，复东西，极岁穷年，无个歇处。诸人还歇得么？休休！"

上堂，举晦堂和尚一日问僧："甚处来？"曰："南雄州。"堂曰："出来作甚么？"曰："寻访尊宿。"堂曰："不如归乡好。"曰："未审和尚令某归乡意旨如何？"堂曰："乡里三钱买一片鱼鲊如手掌大。"师曰："宁可碎身如微尘，终不瞎个师僧眼。晦堂较些子，有般汉便道，熟处难忘，有甚共语处。"

上堂，举罽宾国王问师子尊者蕴空公案。师颂曰："尊者何曾得蕴空，罽宾徒自斩春风，桃花雨后已零落，染得一溪流水红。"

续传灯录卷第三十五

大鉴下第十八世

育王光禅师法嗣

杭州灵隐妙峰善禅师 吴兴刘氏子，其先居彭城，后徙吴兴，高曾、大父、父皆登膴仕。师生纨绮中，姿性高洁。年十三即辞家祝发，受业德清齐政院。其师教以经论，一见辄了大意，乃遍参诸大老。时佛照光禅师唱道鄮山，师往参礼，以风幡语直箭锋机，蒙印可，赠以偈曰："今日与君通一线，斩钉截铁起吾宗。"自是辨慧融释，然不以此自足，游衡湘，还入康庐。卓锡妙高峰下，面壁坐十年。一时学者尊称之曰妙峰禅师，分座于雁山能仁。

出世于慧因、洪福、万年诸刹，退居皋亭刘寺者又十余年。大略如在妙峰时，其徒推迫不已，复领明之瑞岩、苏之万寿、常之华藏。晚至灵隐，亦非所乐。灵隐密迩行阙，轮蹄凑集，师掩户，若不闻，一无所将迎。公卿贵人或见之，寒温而已。会天童虚席，时郑清之秉钧轴，独念非师莫宜居，因勉师行。师答曰："老僧年逾耄矣，尚夜行不休乎。"辞弗就，郑公益高之。

师上堂云："应物现形，如水中月。信手拈来，一时漏泄。"以拂子击禅床左边云："者里是镬汤炉炭。"击右边云："者里是剑树刀山，前面是观音势至，后面是文殊普贤，中间一着还知落处么？"又击云："毗婆尸佛早留心，直至如今不得妙。"

又示众云："久参高士，眼空四海，鼻孔辽天。见也见得亲，说也说得亲。行也行得亲，用也用得亲，只是未识老僧拄杖子在。何故？将成九仞之山，不进一篑之土。"生平善诱其徒，未尝厉声色。然一经指授，辄神融意悟，心悦诚服，皆充然有得。

将示寂，澡身趺坐，书偈云："来也如是，去也如是，来去一如，清风万里。"遂逝，实端平二年九月二十八日，寿八十四，腊七十一。火浴，获舍利不可数计。塔于灵隐之西冈，郑公铭其塔。

杭州府净慈北涧禅师 名居简，字敬叟，蜀之潼川王氏子。以其寓北涧之日久故，人不名字之，称北涧云。先出世天台报恩光孝寺，退居杭飞来峰之阴。张公诚子与盱江刺史走书，以唐僧绍隆所开山处之，师高卧不起，而江东部使者以东林云居力致之，亦复不起。后迁至净慈，师颂世尊初生话云："一声哇地便叱哩，突出如斯大阐提。此土西天起殃害，堂堂洗土不成泥。"又颂《楞严经》"六解一亡"云："六用无功信不通，一时分付与春风，篆烟一缕间清昼，百鸟不来花自红。"

尝辟一室以居，名曰韰①室，作赋以自见。其略曰："进则面墙，退则坐井，柱忽不支，壁忽就殒。豁然而虚，漠然而囧。如

---

① 韰（xiè）：《说文》"菜也，叶似韭。"

蒙之击,如震而警。"又曰:"如无尽藏,如大圆镜,前山送青若壮士之排闼,后山回闯拟良工之御骏。抚鸿鹄而晚眺,入冥冥而远引。笑云烟之轻去,漫悠悠而无定。驻落日于西崦,延初蟾于东岭。"是皆中所得也。

有《北涧集》十九卷行世,盱江张公诚子序之曰:"读其文,宗密未知其伯仲。诵其诗,合参寥觉范为一。人不能当也。"北涧于人不苟合,合亦不苟暌。取舍去就之际,洁如也。龙泉叶公水心酬师诗曰:"简公诗语特惊人,六反掀腾不动身。说与东家小儿女,涂青染绿未禁春。"

师居天台委羽,有二姓争竹山竭产不肯已。仙居丞王君怿来嘱师讽之,乃作《种竹赋》一首示二姓,而讼遂止。

杭州径山如琰禅师 字浙翁,台州周氏子。颖悟迈伦,作《维摩》赞偈云:"毗耶示疾放憨痴,添得时人满肚疑,不是文殊亲勘破,者些毛病有谁知。"

明州天童派禅师 字无际,题郁山主像偈云:"策蹇溪桥蹉跌时,误将豌豆作真珠。儿曹不解藏家丑,笑倒杨岐老古锥。"

东禅观禅师 字性空。上堂,举盐官国师因僧问:"如何是本身卢舍那?"师云:"与老僧过净瓶来。"僧将净瓶至,师云:"却安旧处着。"僧复来问,师云:"古佛过去久矣。"师云:"盲者难以与乎文彩,聩者难以与乎音声。者僧既不荐来机,国师只成虚设。云门道无眹迹,扶国师不起。雪窦云,一手指天一手指地,争得无也。扶国师不起。"以拂子画一画云:"前来葛藤一时画断,且道毕竟如何是本身卢舍那?"掷拂子,下座。

又举保寿和尚开堂日,三圣推出一僧公案。师云:"众中商量道，三圣有奔流度刃之作，向平地上涌波澜。保寿用疾焰过风之机，向虚空里轰霹雳。二大老各出一只手，扶竖临济正法眼藏。与么说话，要作临济儿孙，且缓缓。东禅道，蚊子如何擎大柱，藕丝焉可挂须弥。若是临济正法眼藏，端的向二人边灭却。"

上方朴翁铦禅师 天资奇逸，辩博无碍。赞达磨像曰："一言已出驷难追，赖得君王放过伊。扬子江心航折苇，浪头何似问头危。"

大鉴下第十九世

天童杰禅师法嗣

杭州府灵隐松源禅师 名崇岳，生于处州龙泉吴氏。天姿纯笃，造诣端实。早岁慕出世法，稍长弃家，衣扫塔服，受五戒于大明寺。首造灵石妙公，继见大慧杲公于径山。慧升堂，称蒋山应庵为人径捷。师闻之，不待旦而行。既至，入室未契，退愈自奋厉，朝夕咨请。应庵举世尊有密语，迦叶不覆藏。师云："钝置和尚。"应庵厉声一喝，师有省。应庵大喜，以为法器，说偈劝使祝发。

隆兴初，师始得度于临安西湖白莲精舍，自是遍参诸大老，罕当其意者。乃入闽，见乾元木庵永公。一日辞木庵，木庵举有句无句如藤倚树。师云："裂破。"木庵云："琅邪道，好一堆烂柴𣎴。"师云："矢上加尖。"如是应酬数反，木庵云："吾兄下语,老僧不能过,其如未在。他日拂柄在手,为人不得,验人不得。"师云:"为人者,使博地凡夫,一超入圣域,固难矣。验人者,打向面前过,不待开口,已知渠骨髓,何难之有。"木庵举手云:"明明向汝道,开口不在舌头上,后当自知。"

逾年,见密庵于衢州之西山,随问即答,密庵微笑而已。师切于究竟,至忘寝食。密庵移蒋山、华藏、径山,皆从之。会密庵入室次,问傍僧:"不是心,不是佛,不是物。"师侍侧,豁然大悟,乃曰:"今日方会木庵道,开口不在舌头上。"自是机辨从横。密庵迁灵隐,遂分座。旋出世于平江澄照,为密庵嗣。徙江阴之光孝、无为之冶父、饶之荐福、明之香山、平江之虎丘。

庆元三年,灵隐虚席,被旨补处。师上堂云:"大凡扶竖宗乘,须具顶门正眼,悬肘后灵符。只如保寿开堂,三圣推出一僧,保寿便打。三圣道,与么为人,瞎却镇州一城人眼去在,保寿掷下拄杖便归方丈。二尊宿等闲一挨一拶,便乃发明临济心髓,只是不知性命总在这僧手里。还有检点得出者么?昔年觅火和烟得,今日担泉带月归。"

又因岁旦,示众云:"元正改旦,万事成现,有时放行,有时坐断。不惜两茎眉,和坐盘掇转。佛法世法,都卢一片。既是佛法世法,如何得成一片?但办肯心,必不相赚。"居灵隐六年,法道盛行,得法者众。退居东庵,俄属微疾,倡道不废。忽亲作书,别诸公卿,且垂二则语以验来学曰:"有力量人,因甚抬脚不起?开口不在舌头上。"及贻书嗣法香山光睦、云居善开,嘱以大法,因书偈曰:"来无所来,去无所去。瞥转玄关,佛祖罔措。"加趺而寂,实嘉泰二年八月四日也,得年七十有一,坐夏四十。奉全身塔于北高峰之原。

夔州卧龙破庵禅师 讳祖先，广安王氏子。工夫稳实，见地明白。尝分座杭之灵隐，有道者请益曰："胡孙子捉不住，愿垂开示。"师曰："用捉他作什么？如风吹水，自然成纹。"时无准侍傍，大悟。有示楞严座主偈曰："见犹离见非真见，还尽八还无可还。木落秋空山骨露，不知谁识老瞿昙。"

饶州荐福曹原生禅师 南剑人，分座云居。出世妙果，徙龟峰，后住荐福，逾月化去。咏灵云石，有偈曰："云去云来非有意，云来云去亦无心，有无截断灵何在，突兀一峰青到今。"

天童枯禅自镜禅师 福州高氏子。作上钟偈曰："一模脱就转风流，平地教他不肯休。要得洪音喧宇宙，直须更上一层楼。"

净慈慧光禅师 字潜庵。作化盐偈曰："合水和泥一处烹，水干泥尽雪花生。乘时索起辽天价，公验分明孰敢争。"

太平府隐静万庵致柔禅师 潮州陈氏子。上堂，举天衣怀禅师雁过长空影沉寒水话，因颂曰："长空孤雁一声秋，献宝波斯鼻似钩。风卷白云归别嶂，黄昏月挂柳丝头。

天童达观禅师法嗣

苏州虎丘㧱堂善济禅师 题鱼篮观音像赞，曰："云鬓浓妆苦强颜，为它闲事入尘寰。携来活底无人买，只作寻常死货看。"

径山如琰禅师法嗣

灵隐大川禅师讳普济 明州奉化人，纂修《五灯会元》，题世尊出山相偈云："龙章凤质出王宫，肘露衣穿下雪峰。智愿必空诸有界，不知诸有几时空。"

杭州径山偃溪闻禅师 闽人。开炉上堂，举赵州示众云："老僧三十年前在南方火炉头，有个无宾主话，直至如今无人举着。"拈云："森罗万象，明暗色空，日夜举扬，赵州古佛不是不知，只为贪程太速。"

径山淮海肇禅师 泰州人。赞达磨偈曰："踏翻地轴与天关，合国人追不再还。去去一身轻似叶，长江千古浪如山。"

婺州双林介石明禅师 因见郁山主画像，傍僧索赞，师信笔书曰："拾得明珠笑眼开，为言尘尽转生埃。若无直下承当者，孤负阇黎一扑来。"

万寿崇观禅师法嗣

黄龙慧开禅师 字无门，杭州人。作朝阳补衲偈曰："寒时急用底物，趁暖着些针线，忽然腊月到来，免致脚忙手乱。"

潭州石霜竹岩妙印禅师 作对月看经偈曰："未动舌头文彩露，五千余卷一时周。若言待月重开卷，敢保驴年未彻头。"

育王师瑞禅师法嗣

明州瑞岩寿禅师 字无量。因僧问："世尊腊月八日正觉，山前夜睹明星悟道。此意如何？"师答以偈曰："明星现处眼皮穿，汉语胡言万万千，暴富乞儿休说梦，谁家灶里火无烟。"

灵隐之善禅师法嗣

杭州径山藏叟禅师 名善珍，泉南安县吕氏子。年十三，依郡之崇福寺南和尚出家落髪。十六游方，至杭，受具足戒。谒妙峰善公于灵隐，入室悟旨。

后出世，住里之光孝，升承天。继迁安吉之思溪圆觉、福之雪峰。复以朝命，移四明之育王、临安之径山。师示众云："古者道，知之一字众妙之门。又有道，知之一字众祸之门。只者二门入得，更须出得。三世诸佛出不得，六代祖师出不得，天下老和尚出不得。何故？变铁成金易，变金成铁难。"又据室云："这里是问讯烧香了，来老僧身边立地底所么？呆子，你自钝置犹可，莫来钝置老僧。"尝自题其像云："参禅无悟，识字有数。眼三角，似燕山愁胡。面百折，如赵婆呷醋。一着高出诸方，敢道饭是米做。"

师生于宋绍兴甲寅十月十二日，示寂于丁丑五月二十一日，寿八十三，塔全身于径山南塔院云。

天童智颖禅师法嗣

临安府径山荆叟禅师 讳如珏,婺州人。室中僧问:"如何是佛?"师答曰:"烂冬瓜。"仍颂云:"如何是佛,烂冬瓜。咬着冰霜,透齿牙。根蒂虽然无窨子,一年一度一开花。"

净慈居简禅师法嗣

明州育王大观禅师 鄞县横溪陆氏子,字物初。蚤参北涧于净慈,悟旨,典文翰,声称籍甚。晚住育王,座下名缁蚁附。上堂云:"达磨正宗,衲僧巴鼻。充塞虚空,无处回避,堪笑迷流。白日青天开却眼,只管瞌睡。更有黄面老人,不识好恶,入泥入水,却道我于然灯佛所无一法可得,而为我授记。何异好肉剜疮,空花求蒂。毕竟如何?悉唎悉唎。"既顺世,塔葬于寺之西庵。

鼓山安永禅师法嗣

杭州净慈晦翁悟明禅师 福州人。上堂,举夹山会下一僧到高亭,才礼拜,亭便打。僧云:"特来礼拜,师何打。"又拜,亭又打趁出。僧回举似夹山,山云:"会么?"云:"不会。"山云:"赖汝不会。汝若会,即夹山口哑去。"应庵拈云:"高亭一期,忍俊不禁。争奈拄杖,放行太速。这僧当时若是个汉,莫道高亭夹山，便是达磨大师出来，也斩为三段。何故？家肥生孝子，国伯有谋臣。"拈云："高亭夹山，门庭施设，各得其宜。但中间一人较些子，应庵与么道，也是巩县茶瓶。"师尝纂修《联灯会要》传于丛林。

直翁举禅师法嗣

明州天童岫禅师 字云外，族昌国某氏。身材眇小，精悍有余。师事直翁举公剃落。究明曹洞宗旨，尽其源底。出世慈溪石门，历象山智门，迁郡之天宁，继以三宗。四众推挽，升住天童，丛林莫不稽首称庆。

师说法能巧譬傍引，贵欲俯就学者而曲成之。至于奔轶绝尘，虽鹘眼龙睛，亦无窥觑分。

上堂，"闹市红尘里，有闹市红尘里佛法。深山岩崖中，有深山岩崖中佛法。山僧昨日出城门，闹市红尘里佛法一时忘却了也。行到二十里松云，便见深山岩崖中佛法。大众且道，如何是深山岩崖中佛法？"良久云："白云淡泞，出没太虚之中。青萝荐缘，直上寒松之顶。"

又谢首座书记藏主，上堂，以拂子打圆相云："摩诃衍法，离四句绝百非。"又打一圆相云："礼之用，和为贵。先王之道，斯为美。"又打一圆相云："摩尼珠，人不识，如来藏里亲收得。诸人还见么？所见不同，互有得失，天童这里毋固毋必。"师不倨傲，不贪积，不私食，得施利随与人。见后生敬之，逾谨。二时粥饭，必同众赴堂。既寂，无余资，禅者率钱，津送后事，塔葬于本山。弟子聘大方、升独木、省愚庵、证无印,四人足大其宗。但位不称德,罕嗣其法者尔。

大鉴下第二十世

卧龙祖先禅师法嗣

杭州径山无准禅师 讳师范。生于蜀之梓潼,雍氏。九岁,依阴平山僧道钦出家,经书过目成诵。绍熙五年冬,登具戒。明年,次成都坐夏正法,遇老宿名尧者,师请益坐禅之法。尧曰:"禅是何物,坐底是谁。"师受其语,昼夜体究。一日如厕,提前话有省。明年辞去,谒佛照于育王。佛照问师曰:"何处人?"师曰:"剑州人。"佛照曰:"带得剑来么?"师随声便喝。佛照笑曰:"者乌头子也乱做。"贫甚无资剃发故,佛照室中常以乌头子目之。久之,复还灵隐,破庵居第一座。斋余同游石笋庵,庵之道者请益胡孙子话,破庵答之,语在《破庵传》中。师于侍傍有省。破庵过天童,扫密庵塔,师偕往。逮破庵赴穹窿,未几以台雁未到,拉月石溪同游,至瑞岩时,云巢领住持事,留分座。忽夜梦伟衣冠者,持把茅见授。翌日,明州清凉专使至,师受请入院,见所谓伽蓝神,茅其姓,衣冠与畴昔所梦无异。升堂开法,一香供破庵。三年迁焦山,期年迁雪窦。三年被旨移育王,又三年嵩少林散席,径山朝命以师补处。明年寺毁,师逆知其数,不动容经意。是年十月有旨入内,上御修政殿引见。师奏对详明，上为之动色，赐金襕僧伽黎。仍宣诣慈明殿升座，上垂帘而听，乃赐佛鉴禅师号。三年寺成，阅六年复毁，师不惊不变，而多助云至，不数年，寺宇崇成。去寺四十里，筑室数百楹，接待云水，额曰万年正续。正续西数百步，结庵一区，为归藏所。土建重阁，秘藏后先所赐御翰。敞室东西，偏奉祖师与先世香火。遇始生日，为饭僧佛事，以赞冥福。

盖蜀乱，师之先祀遂绝，故兹祠奉以旌孝慕云。上闻而嘉叹，赐扁圆照。淳祐戊申秋，师筑室明月池上，榜曰退耕。乞老于朝而旧疾适作，三月旦，升堂示众曰："山僧既老且病，无力得与诸人东语西话。今日勉强出来，从前所说不到底，尽情向诸人面前抖擞去也。"遂起身抖衣云："是多少？"十五日，集两班区画后事，亲书遗表及遗书十数，言笑谐谑如平时。其徒以遗偈为请，乃执笔疾书云："来时空索索，去也赤条条。更要问端的，天台有石桥。"移顷而逝，停龛二七日。遗表上闻，上遣中使降香赐币。奉全身塔于圆照庵。禀法分化，有雪岩钦、断桥伦、西岩惠焉。

杭州灵隐法熏禅师 号石田，眉山彭氏子也。师生而慧敏，三四岁时，见佛僧即知礼敬。年十六，往从丹棱石龙山法宝院智明出家。二十二剃发受具戒。遂游方，至石霜，礼雷迁塔，述偈曰："一念慈容元不隔，何须特地肆乖张。平高就下婆心切，恼得雷公一夜忙。"师名因是大着。

闻吴门穹窿破庵先禅师道望，遂往依焉。一见知为法器，室中举世尊拈花迦叶微笑。师云："焦砖打着连底冻，赤眼撞着火柴头。"破庵阴奇之，每于日用语默，故起其疑。师于是决志依栖，随时咨询，与无准范日相激砺。辞去，遍游诸老门庭，见灵隐松源岳、净慈肯堂充、华藏遁庵演，咸谓其从作家炉鞴中出，自不同也。

俄出世苏之高峰，高峰蕞尔刹，劳苦戢缩，以身率之，未三年，为改观。次迁枫桥，众绳绳然。钟山虚席，庙堂精选择乃以师补处。宝庆初，迁净慈。端平二年，迁灵隐。淳祐甲辰三月望，示徒云："但得本，莫愁末。唤恁么作本，唤恁么作末？松柏千年青，不入时人意。牡丹一日红，满城公子醉。山僧恁么道，若有不肯底，是我同参。"弟子师俊，绘师像求赞，有云："末后一句，分付厨山。"众颇讶之。明日忽示疾，又明日退而归宝寿，趣办终焉计。窆全身于院之后山，不违师意也。寿七十五，腊五十三。

师貌古性直，音韵朗畅。五迁望刹，阅三十有二年。搏节而足用，审量而计功。虽有大兴建，一毫不以干人。见他处持疏鹭俟人门，呫嗫以希施与者，直鄙而笑之。而土木金碧，在处成就云。

续传灯录卷第三十六

大鉴下第二十世

荐福道生禅师法嗣

径山痴绝禅师 讳道冲,武信长江荀氏子,母郭氏,生而丰上短下,资性绝人。少长,以进士业应诏不利。受释氏学于梓州妙音院,礼修证为落发师。游成都,习经论。绍熙壬子出峡,回翔荆楚间,时松源岳唱密庵之道于饶之荐福,径造其庐,以岁饥不受。会曹源生出世妙果,师听入门语,有省。参堂俾侍香,朝从夕游,老拳痛棒,不少贷。平生知见至是多无影响。曹源徙龟峰,侍行。又三年以偈辞,游浙。其言有曰:"尚余穷相一双手,要向诸方痒处爬。"至京师,松源主灵隐,师依焉。嘉定己卯,由径山第一座,应嘉禾光孝请,嗣曹源。是时庵元觉庵即逢庵原、无相范、石溪月,皆在会中,道闻于朝。忠献卫王以堂帖除蒋山,濑江易涝,下田多无秋。师忍饥鸣道,行乞养士,居十三年无倦色。

嘉熙己亥,侍郎东畎曹公豳帅闽,闻师道望,以鼓山来聘。未行,雪峰牒至,领事半年而天童诏下,众集如海,法度修明。

虽宏智盛时，殆不之过。育王虚席，摄住持事，往来说法两山间。

上堂曰："天童用底来育王用不着，育王用底归天童用不着。虽然如是，用不着处用有余，一箭双雕随手落。"又结夏上堂云："圆觉伽蓝尘尘有路，坐断去来顿空今古。那里十三，这边十五，后先不差毫发许，可笑黄面瞿昙，至今不知落处。"

二年淳祐甲辰，有旨移灵隐，而世故有不满其意者，伐鼓告众，归隐金陵。京兆尹遣属官追挽至苏台，不可。朝命以虎丘，俾养老，不就。留守虚斋赵公，以蒋山起之，不应。戊申春，育王笑翁堪散席，朝论以大觉故家不轻畀付，召师隐所，使者三返，卒不奉。诏明年升径山。未几，膈间疾作，涉春不瘳，然升堂说法不废。二月末，始不出。然说偈书赞、嬉笑言论，如平时。侍僧以遗偈请，麾斥不顾。已而笑谓侍者曰："末后一句，无可商量，只要个人，直下承当。"自是屏却医药，谢绝外事。至十四夜分起坐，移顷而逝，归葬于金陵山中。

净慈闻禅师法嗣

杭州径山云峰禅师　名妙高，福之长溪人也，家世业儒。母阮梦池上婴儿合爪，坐莲华心，手捧得之，觉而生师，因名梦池。神彩秀彻，嗜书力学，尤耽释典。固请学出世法，依吴中云梦泽公受具戒。师锐意求道，首参痴绝，次见无准，准尤器爱。遂之育王，见偃溪，入室掌藏钥。一日，溪举譬如牛过窗棂，头角四蹄都过了，因甚尾巴过不得。师划然有省，答曰："鲸吞海水尽，露出珊瑚枝。"溪可之。会溪迁南屏，师与俱。后出世，住宜兴大芦，遂为嫡嗣。

迁江阴劝忠、雪川何山，云衲四来。蒋山虚席，师奉朝命居之，历十有三载，众逾五千指。德祐乙亥，寺被兵，军士有迫师求金者，俄以刃拟师。师延颈曰："欲杀即杀，吾头非汝砺刃死①，辞色了无怖畏。"军士感动，掷刃而去。丞相伯颜公见师加敬，施牛百、斋粮五百，寺赖以济。

至元庚辰迁径山，寺罹回禄，草创才什一，师究心兴建，不十年悉还旧观。戊子春，魔事忽作，有谮毁禅宗者。师叹曰："此宗门大事，吾当忍死争之。"遂趋京。有旨集诸宗徒廷辨，上问："禅以何为宗？"师奏："净智妙圆，体本空寂，非见闻觉知、思虑分别所能到。"宣问再三。师历举西天东土诸祖，以至德山、临济棒喝因缘。大抵禅是正法眼藏，涅槃妙心，趋最上乘，孰有过于禅。词指明显，余二千言。又宣进榻前，与谮者反复论难。谮者辞屈，上大悦，禅宗安堵如初，陛辞南归。

示众云："我本深藏岩窦，隐遁过时，不谓日照天临，难逃至化。"又云："衲帔蒙头万事休，此时山僧都不会。"径山复灾，师谓众曰："吾夙负此山债耳。"遂竭力再营建，汇殿坡为池，他屋以次落成。癸巳六月十七日，书偈而逝。师生于嘉定己卯二月十七日。寿七十五，腊五十九，葬于寺之西麓云。

---

① 死：它本作"石"。

育王观禅师法嗣

径山佛智晦机禅师 讳元熙，族豫章唐氏，世业儒。西山明觉院明公，乃师之族叔。父聚其宗族子弟，教之世典。师与兄元龄，俱从进士业，元龄既登第，师年十九遂从明公祝发。将游方，其母怜之，私具白金为装。师谓财足丧忘，即善辞母，不持一钱以行。至吴，一时名宿皆欲出已座下不顾也。闻物初观禅师阐化玉几，往依之。物初与语，大惊异之，留侍左右，朝夕咨扣，尽发其秘，字之曰晦机，为偈以勉焉。后至钱塘，谒东叟颖公于南屏，延师掌记。

至元中，总统杨琏真加奉旨，取育王舍利塔，进入供养，乃亲诣师，求记述舍利始末，因招与俱。师辞曰：“我有老母，兵后存亡不可知。”遂归江西。则元龄先以临江通判，从文丞相起兵死，独母在堂，师奉之，以孝闻，隐居里之灌山。

元贞二年出世，应百丈之请，居十二载，而法席振兴。至大初应净慈之请，入寺之日，行中书省行宣政院官属，俯伏迎请，发扬宗旨。四方英衲，一时辐凑。

上堂曰：“云门道个普字，尽大地人不奈何。殊不知，云门四棱塌地，当时若与震威一喝，待此老恶发徐徐打，个问讯道，莫怪触忤好。非徒扶起此老，管取话行天下。”居七载，还径山。阅三月，师杖策归南山之下，复起之不往也。江西学者，闻师退闲，咸倾诚法味，以致百丈大仰之徒，争来请师。师辞不获已，遂返仰山，居三年。将示寂，手书所与往来作偈示众，掷笔化去。延祐六年闰八月十有七日也，寿八十二。大仰之下有金鸡石者，应马大师悬谶故葬焉。而其徒之在杭者，又建塔于净慈之西隐，以存詹敬之所。嗣法者有笑隐欣、石室瑛、仲芳伦云。

径山善珍禅师法嗣

杭州径山元叟禅师　讳行端，族临海何氏，世业儒，母陈氏。师生而秀拔，幼不茹荤。年十二，从族叔父茂上人，得度于余杭之化城院，十八受具戒。一切文字不由师授，自然能通。初参藏叟和尚于径山。叟问："汝是甚处人？"师云："台州。"叟便喝，师展坐具。又喝，师收坐具。叟云："放汝三十棒，参堂去！"师于言下，豁然顿悟，即延入侍司。叟告寂，师至净慈，依石林巩公，即处以记室。寻以灵隐山水清胜，往挂锡焉。师尝自称寒拾，里人横川珙公在育王，以偈招曰："寥寥天地间，独有寒山子。"师竟不渡江，而谒觉庵真公于承天。

复参雪岩钦公于仰山，岩问："何处来？"师云："两浙。"岩云："因甚语音不同？"师云："合取臭口。"岩云："獭径桥高，集云峰峻，未识书记在。"师拍手云："鸭吞螺蛳，眼睛突出。"岩笑顾谓侍者："点好茶来！"师云："也不消得。"

居三岁而岩逝，乃还浙右，径山请师居第一座。大德庚子，出世湖之资福。学徒奔凑，名闻京国，特旨赐慧文正辨禅师。中书平章事张闾公任行宣政使，首举师主中天竺。开堂之日，公率僚属亲临座下。皇庆壬子，迁灵隐，有旨设水陆大会于金山，命师升座说法。竣事入觐，加赐佛日普照之号。陛辞南归，养高于良渚之西庵。至治壬戌，径山虚席，宣政行院请师补其处，师至是凡三被金襕袈裟之赐。二十年间，足不越阃，而慕其道者鳞萃，至无所容。

僧问："如何是正法眼藏？"师云："十字街头石敢当。"僧云："莫只这便是么？"师云："月似弯弓，少雨多风。"

上堂，举僧问赵州："狗子还有佛性也无？"州云："无。"又僧问："狗子还有佛性也无？"州云："有。"师云："若以无为究竟，后来因甚道有。若以有为谛当，前面因甚道无。者里捉败赵州，许你天上天下。"

上堂，"秋风凉，秋夜长，未归客，思故乡"。拍禅床。"自是不归归便得，五湖烟景有谁争。"师尝勘一新到僧云："何方圣者，甚处灵祇？"僧云："临朕碪。"师云："杜撰禅和如麻似粟，参堂去。"又勘一僧云："棋盘石斫，破你脑门。钵盂池浸，烂你脚板。"僧拟答，师便喝。又勘一僧云："擘开华岳连天秀，放出黄河彻底清，即且置。平实地上道将一句来。"僧拟开口，师便打。

师以呵叱怒骂，为门弟子慈切之诲。以不近人情，行天下大公之道。师之利他，皆阴为之没齿不言。

师生于宋宝祐乙卯，以至正辛巳八月四日，书偈诀众云："本无生灭，焉有去来。冰河发焰，铁树花开。"投笔垂一足而化。世寿八十八，僧腊七十六。以是月十一日，奉全身窆于寂照塔院。弟子竹泉林、古鼎铭、梦堂噩、楚石琦、以中及等，皆足亢其宗。

净慈仲颖禅师法嗣

温州江心一山禅师 讳了万，族临川金氏，貌瘠而弱。年十五业程文有声，然素志出家莫夺。去从金溪常乐院思仁者，祝发。俄有灵芝产户枢，占者曰，吉征也。及游方，谒偃溪，闻公荆叟、珏公简、翁敬公，皆相语合。东叟领南屏，择师掌记。师偶经神祠，见纸灰随风旋起者，脱然忘所证。亟以白东叟，东叟诘之，终无疑滞，遂蒙印可。后游天台及境，众请开法寒岩，竟嗣东叟。逾三年，迁仙居紫箨，历十载，迁疏山。当道议不合，即拽退。未几，江淮总统会诸山于灵隐直指堂，议以开先迎居之。师莅事，丛林鼎新。又十年，升住江心。少不适意，辄弃去，寺众数百恳留，随至凭公岭，不从，各泣别散去，师恬然如脱去桎梏焉。

会庐山月涧明公，遣舟迎归东溪。明公示寂，开先之众复以请，师力却之。众恳迫至再四，愿不以寺事累师，惟乞训徒耳。

皇庆元年十一月二十六日，遘疾危坐，不近药。阅七日，命具浴更衣，出，据室几书诀众语，坐逝。阇维收五色舍利，如菽不可计。双目睛不烬，镕以烈焰，益晶荧。齿牙顶骨，铮有声。时改作豫章乌遮塔，江西行省丞相斡赤命以旧藏释尊舍利奉于中，而遣使分一山之目睛舍利，贮之银匣，陪葬焉，余骸舍利，又以葬东溪。

奉化岳林栴堂益禅师 温州人，开法婺之天宁。迁荐福，后主明之太平，升彰圣至岳林。上堂云："古者道，我者里无法与人，只是据款结案。彰圣者里亦无法与人，亦不据款结案。"拈拄杖云："如何是佛，赤脚踏莲花。如何是佛向上事，雕梁画栋。"掷下拄杖，便归方丈。二月十五日上堂，击拂一下。"彰圣今日将三十年前冷灰中爆出乌豆，换老胡眼睛去也。"喝一喝云："设有一法过于涅槃，我此一喝不作一喝用。"

双林朋禅师法嗣

杭州灵隐悦堂訚禅师 南康周氏子，宋端平元年八月一日生。年十三禀父母，依同郡嘉瑞寺出家，礼偓一人为师，剃落受具。一日阅《华严经》，至"惟一坚密身，一切尘中现"，忽有省。即往见别山智公于蒋山，智问："近离何处？"师云："江西。"智云："马大师安乐否？"师叉手进云："起居和尚。"智命侍香。未几至杭，见断桥伦公于净慈。伦问："临济三遭黄檗痛棒，是否？"师云："是。"又问："因甚大愚肋下筑三拳？"师云："得人一牛还人一马。"伦颔之。

伦逝而柏山介石适来补其处，一日室中举柏树子话，师拟议，石抗声云："何不道黄鹤楼前鹦鹉洲？"师于言下顿悟，即令侍香。久之归庐山东岩，日公住圆通，延师分座。九江守钱真孙，聘师出世西林，为介石嗣。至元二十五年迁开先，又选东林。元贞初，奉诏赴阙入对称旨，赐玺书，号通慧禅师，并金襕法衣。大德九年，升住灵隐。尝勘一僧云："微尘诸佛在你舌上，三藏圣教在你脚底，何不瞥地？"僧罔措，师便喝。又勘一僧云："释迦弥勒是他奴，他是阿谁？"僧拟对，师便打。一僧新到，师问："何处来？"僧云："闽中。"师云："彼处佛法如何住持？"僧云："饥即吃饭，困即打睡。"师云："错。"僧云："未审和尚此间如何住持。"师拂袖归方丈，僧休去。居四岁而逝。诀众偈曰："缘会而来，缘散而去。撞倒须弥，虚空独露。"世寿七十五，僧腊五十二。

天童云外禅师法嗣

明州雪窦无印禅师 讳大证，族番阳史氏子，生于大德丁酉岁正月二十四日。幼颖异，父母知不可留，使从州之昌国寺智节学出世法。年十四剃落受具戒。出游，谒荆石琬公于庐山圆通，机语不契。时思庵睿公居间房，师日亲煅炼。云外岫公方唱曹洞之道于天童，师往依之。一日入室次，公云："天童今日大死去也，汝作么生救？"师云："请和尚吃饭。"公又云："天童今日大死去也，汝不要相救。"师云："救它作么。"公又云："天童今日大死去也，阿谁与我同行？"师云："和尚先行，某甲后随。"公呵呵大笑。自兹情同鱼水，犹沩山之与寂子也，遂命典藏教。已而谒中峰本公于天目山，公雅相器重。至治间，诏天下善书者，以金书藏经与国师妙公偕北上入觐。竣事，赐以织金屈眴之衣。泰定初，南还江浙，丞相脱欢公领行宣政院事，起师主衢之南禅说法，为云外之嗣。云外嗣直翁举，直翁嗣东谷光，东谷嗣明极祚，明极嗣自得晖，盖隰州古佛之六世也。继领光孝迁信之祥符，既而洪之翠岩、饶之芝山，俱以行院檄请，师以疾固辞。至正七年，主庆元之定水。阅九年，迁雪窦。

上堂曰："千说万说，不若觌面一见。昨日二十九，今朝七月一。报你参玄人，光阴如箭疾。娘生两只眼，个个黑如漆。急急急回头，看取天真佛。"良久，"是何面目？"下座，巡堂吃茶。

又上堂，"妙不妙，衲僧鼻孔多无窍。玄不玄，刹竿头上无青天。至士宁容袖手，良马岂待挥鞭。全超棒喝，不落蹄筌。百鸟不来春又去，岩房赢得日高眠。"居四年，退居定水之圆明庵。明年辛丑九月二十一日示寂，得年六十有五，奉龛阇维烬，余牙齿数珠不坏。舍利明莹，门人景云等敛诸不坏者，建塔圆明庵后。

灵隐崇岳禅师法嗣

镇江金山善开禅师 字掩室。上堂，举密庵破沙盆话颂云："法眼拈来早自谩，无端错对破沙盆，而今遍界难遮掩，殃害丛林累子孙。"

湖州道场运庵禅师 讳普岩。题赵州像偈云："无端提起七斤衫，多少禅人着意参，尽向青州做窠窟，不知春色在江南。"其下有虚空愚、石帆衍绍之。

华藏觉通禅师 字无得。青苗会，上堂，"破一微尘出大经，鸢飞鱼跃更分明。不将眼看将心看，已是重敲火里冰。淹黑豆，昧平生，直须劫外话丰登，缲成白雪桑重绿，割尽黄云稻正青"。嗣法有虚舟度云。

温州龙翔石岩禅师 讳希琏，潮阳马氏子。室中僧问："昔日佛照光禅师因宋孝宗宣问：释迦佛入山六年，所成何事？

光曰：将谓陛下忘却。"师答以颂曰："大根大器大熏修，瞥转机轮向上头，万亿斯年惟一佛，雪山元不隔龙楼。"

瑞岩少室光睦禅师 上堂，举曹山霞因僧侍立，山曰："道者可煞热。"曰："是。"山曰："只如热向甚么处回避？"曰："向镬汤炉炭里回避。"山曰："只如镬汤炉炭，又作么生回避？"曰："众苦不能到。"师颂曰："瞎却顶门三只眼，镬汤炉炭里优游，若言众苦不能到，端的何曾有地头。"

明州天童山天目禅师 讳文礼，号灭翁，杭之临安人，姓阮氏，家天目山之麓，因又号天目云。师生六岁，携篮随母采桑，俄而寤，念携之者谁邪，遂有出家志。年十六，依乡之真相寺僧智月剃落。往净慈，参混源。混源举"见成公案放汝三十棒"话，不契。谒育王佛照光禅师，光问："恁么来者，那个是汝主人公？"师豁然领旨。他日光再问："是风动是幡动，这僧如何？"师云："物见主眼卓竖。"又问："不是风动不是幡动，甚处见祖师？"师云："揭却脑盖。"光喜其俊迈，挽为书记。久之，返浙西，听一心三观之旨于上天竺。松源岳禅师唱道饶之荐福，室中问僧："不是风动不是幡动。"拟议即捧出。师闻之，顿忘知解，乃往参焉，蒙印可，得尽其旨。辞松源，巡礼江淮间祖塔，时浙翁琰公主蒋山，挽师充立僧首座。晋陵尤公焴数至山，诵师提唱语，悦服。嘉定五年，约斋居士张公镃，请师开法临安慧云，一香为松源嗣。既而迁温之能仁。未几辞归西丘，时节斋赵公慕师高行，微服过西丘，师亦不问其姓名，与语终日而去。明日奏请师住持净慈。室中每举南山笙笋、东海乌鲗话，学者拟议，师辄督牙三下，莫有凑泊之者。厥后，迁居福泉，升住天童。

师因上堂,举《楞严经》云:"诸可还者,自然非汝,不汝还者,非汝而谁。"师颂云:"不汝还者复是谁,残红流在钓鱼矶。日斜风定无人扫,燕子衔将水际飞。"

冬至上堂云:"黄钟才起时,九数从头数。相将幽谷莺啼,次第雕梁燕语。田父祭句芒,丛祠敲社鼓。农父狎牛郎,村姑教蚕妇。光阴老尽世间人,冬至寒食一百五。"

宏智禅师忌,上堂,"夜明帘外,宝鉴堂前,元无兼带,岂有偏圆。正恁么时,毕竟谁居正位?古渡无人霜月冷,芦花风静鹭鸶眠。"有来上座直入方丈云:"某甲有状告投和尚。"师云:"对头在那里?"来云:"和尚便是。"师云:"老僧与汝有甚么冤仇?"来无语。师捉住云:"冤家,冤家。"

新到相看,师问:"汝名什么?"僧云:"智虎。"师退身作怕势。僧拟议,师便归方丈。又佛光法照师首,依师于梁渚,师令往下竺参北峰印公,作二偈送之曰:"送子参寻有鹫山,诸方多是落前三。自从开异归同后,圆旨于今亦倦谭。拣境分明妙药方,余之分别更须忘。晚风吹落残红片,休向枝头觅旧香。"丛林至今传诵不绝。

师尤邃于《易》,干淳诸儒大阐道学,师与之游,直示以心法,不为世语徇悦也。朱晦庵问毋不敬,师叉手示之。杨慈湖问不欺之力,师答以偈曰:"此力分明在不欺,不欺能有几人知。要明象兔全提句,看取升阶正笏时。"其晓人,类如此。

师所阅五刹,通不过八九年,而得闲之岁月,多逍遥于梁渚之西丘,群衲参叩,无异领众时也。其为人,高古简俭,不苟为笑语。将入寂，病中问侍者曰："谁与我造无缝塔？"侍者云："请师塔样。"师云："尽力画不出。"乃怡然脱去。阇维，弟子收舍利并遗骨，袝葬于天童应庵塔左。寿八十四，腊六十八。绍其传者，有横川珙、石林巩，称二甘露门云。

附编一

续传灯录总目录（三卷）

续传灯录总目录卷上

卷第一
大鉴下第十世
  汝州首山念禅师法嗣一十六人
    汾阳善昭禅师　叶县归省禅师
    神鼎洪諲禅师　谷隐蕴聪禅师
    广慧元琏禅师　三交智嵩禅师
    铁佛智嵩禅师　首山怀志禅师
    仁王处评禅师　智门迥罕禅师
    鹿门慧昭山主　丞相王随居士（已上十二人见录）
    黄檗重谧禅师　福圣善瑶禅师
    南台契旷禅师　契聪上座（已上四人不录）

卷第二
大鉴下第十世

智门祚禅师法嗣三十人

  雪窦重显禅师　　延庆子荣禅师

  百丈智映禅师　　南华宝缘禅师

  护国寿禅师　　　九峰勤禅师

  云盖继鹏禅师　　黄龙海禅师

  彰法澄泗禅师　　云台省因禅师

  青山好禅师　　　慈云绍诜禅师（已上十二人见录）

  芙容文喜禅师　　清溪省肇禅师

  德山僧可禅师　　翠峰觉显禅师

  百丈月禅师　　　翠岩奉鸾禅师

  归宗省一禅师　　广慧清顺禅师

  天童宝坚禅师　　百丈智赟禅师

  广教义嵩禅师　　蕲阳口诠禅师

  灵泉晓禅师　　　长松袭禅师

  药山宣禅师　　　广福允恭禅师

  太平清禅师　　　大龙德宣禅师

文殊真禅师法嗣一人

  洞山晓聪禅师（见录）

南台勤禅师法嗣二人

  高阳法广禅师　　石霜节诚禅师（二人见录）

黑水璟禅师法嗣一人

  黑水义钦禅师（见录）

五祖戒禅师法嗣四十人

  洞山自宝禅师　　泐潭怀澄禅师

北塔思广禅师　云盖智颙禅师
翠峰慧颙禅师　四祖端禅师
五祖秀禅师　　天童怀清禅师
白马辩禅师　　水南智昱禅师
海会通禅师　　乂台子祥禅师
十王怀楚禅师　定慧道海禅师
雁荡文吉禅师　洞山妙圆禅师
宝严叔芝禅师（已上一十七人见录）
西禅文岫禅师　舜峰蒙正禅师
海会显同禅师　功臣慈应圆禅师
瑞岩圭禅师　　三角幽禅师
大明明禅师　　五祖昉禅师
大愚达禅师　　中宫登禅师
景德简禅师　　舍利该禅师
云居庆禅师　　永安圆禅师
十王清禅师　　雍熙德兴禅师
六合修己禅师　德山文灿禅师
龙牙迁禅师　　梁山了奇禅师
随州报恩和尚　舒州龙门和尚
瑞岩圆禅师（已上二十三人无录）

福昌善禅师法嗣一十一人
　上方齐岳禅师　育王常坦禅师
　金山瑞新禅师　福昌询禅师（已上四人见录）
　夹山惟俊禅师　德山文捷禅师

灵峰显英禅师　　公安智珠禅师

　　四明赟禅师　　　元封政禅师

　　开圣道如和尚（已上七人无录）

乾明信禅师法嗣三人

　　药山彝肃禅师　西禅垂白禅师（已上二人见录）

　　保唐无约禅师（无录）

福岩雅禅师法嗣四人

　　北禅智贤禅师　衡岳振禅师（已上二人有录）

　　衡山了实禅师　国宝李琛殿撰（已上二人无录）

开福贤禅师法嗣三人

　　日芳上座（见录）　大阳文昱禅师

　　双溪生禅师（已上二人无录）

报慈嵩禅师法嗣一人

　　兴阳逊禅师（见录）

德山远禅师法嗣八人

　　开先善暹禅师　禾山楚材禅师

　　资圣盛勤禅师　鹿苑圭禅师

　　大中仁辩禅师　菩提桂芳禅师（已上六人见录）

　　钦山悟勤禅师　王氏山普禅师（已上二人无录）

西峰豁禅师法嗣一人

　　南安岩自严尊者（见录）

广教志禅师法嗣二人

　　四面山怀清禅师（见录）　兴化友清禅师（无录）

云顶敷禅师法嗣一人

乐营将（蜀人无录）

石门绍远禅师法嗣七人

　　清居浩升禅师　　广济方禅师

　　云顶鉴禅师　　道吾契诠禅师（已上四人见录）

　　澧州善来禅师　　襄州惠远禅师

　　随州崇宝禅师（已上三人无录）

梁山观禅师法嗣五人

　　罗纹德珍山主　　药山利昱禅师

　　梁山岩禅师（已上三人见录）　　云岩清眺禅师

　　大哥和尚（已上二人无录）

德山晏禅师法嗣一人

　　德山智先禅师（见录）

北禅感禅师法嗣一人

　　南禅聪禅师（见录）

谷隐俨禅师法嗣五人

　　谷隐契崇禅师（见录）　　谷隐法诲禅师

　　开解重慜禅师　　鹫岭怀坚禅师

　　蕲州怀令和尚（已上四人无录）

普净觉禅师法嗣二人

　　张生居士　　给事陶毂居士（二人无录）

灵澄上座法嗣一人

　　夹山真首座（无录）

广济通禅师法嗣二人

　　南华智度禅师　　九华勤禅师（已上二人无录）

乾明穆禅师法嗣一人

　　因胜灯禅师（无录）

承天昭禅师法嗣十一人

　　灵泉皓升禅师　药山用和禅师

　　夹山省宗禅师　灵泉用淳禅师

　　夹山仁秀禅师　黄龙思卿禅师

　　嘉鱼法珍禅师　开福宝贤禅师

　　兴教居祐禅师　崇圣志圭禅师

　　彰法悟显禅师（已上俱无录）

卷第三

大鉴下第十一世

汾阳昭禅师法嗣十六人

　　石霜楚圆禅师　琅邪慧觉禅师

　　大愚守芝禅师　石霜法永禅师

　　法华全举禅师　芭蕉谷泉禅师

　　龙华晓愚禅师　天圣皓泰禅师

　　龙潭智圆禅师　投子圆修禅师

　　太子道一禅师（已上十一人见录）　乾明了同禅师

　　疏山晓珠禅师　荆南竹园禅师

　　湖州罗汉兴禅师　汾阳侍者（立化已上五人无录）

叶县省禅师法嗣八人

　　浮山法远禅师　宝应法昭禅师

　　大乘慧果禅师（已上三人见录）　石门守进禅师

广慧怀庆禅师　承天遐猛禅师
什邡方水禅师　香岩海仙禅师（已上五人无录）

卷第四
大鉴下第十一世
谷隐聪禅师法嗣三十五人
金山昙颖禅师　洞庭慧月禅师
仗锡修己禅师　大乘德遵禅师
竹园法显禅师　永福延照禅师
景清居素禅师　仁寿嗣珍禅师
云门显钦禅师　永庆光普禅师
驸马李遵勖居士　英公夏竦居士（已上十二人见录）
龙华齐岳禅师　石门守进禅师
谷隐可宗禅师　栖隐自然禅师
承天辩元禅师　湖州上方新禅师
翠峰普禅师　凤皇了同禅师
寿宁慧灵禅师　云门灵毅禅师
安乐通照严禅师　袭亲圆慧禅师
广教了同禅师　苏州泗洲秘禅师
双林己禅师　疏山古禅师
普明澄禅师　福胜集禅师
广德远禅师　普照和尚
杭州觉圆上座　文康公王曙居士
谷隐薛大头和尚（已上二十三人无录）

神鼎䛩禅师法嗣十四人

　　开圣宝情山主　妙智光云禅师（已上二人见录）

　　夹山子英禅师　潭州龙兴禹禅师

　　随州善光兰禅师　枕峰清契禅师

　　鳌口政禅师　　永康延超禅师

　　德山怀宥禅师　灵芝子政禅师

　　蒙阳希誉禅师　龙兴慧牧禅师

　　高田法明禅师　灵岩文智和尚（已上十二人无录）

广慧琏禅师法嗣七人

　　华严道隆禅师　慧力慧南禅师

　　广慧德宣禅师　文公杨亿居士（已上四人见录）

　　华严明禅师　　佛迹云皎禅师

　　云台己亲禅师（已上三人无录）

梁山岩禅师法嗣一人

　　梁山善冀禅师（见录）

道吾诠禅师法嗣一人

　　天平契愚禅师（见录）

归宗柔禅师法嗣九人

　　罗汉行林禅师　天童新禅师

　　功臣觉轲禅师　天童清简禅师（已上四人见录）

　　护国法端禅师　雪窦清禅师

　　富乐智静禅师　古田道成禅师

　　崇圣道珍禅师（已上五人无录）

百丈恒禅师法嗣三人

西贤澄湜禅师　万寿德兴禅师

云门知永禅师（已上三人见录）

抚州崇寿稠禅师法嗣四人

云台令岑禅师　资国圆进禅师（已上二人见录）

净土惟素禅师　天童子凝禅师（已上二人无录）

云居锡禅师法嗣四人

般若从进禅师　清化志超禅师（已上二人见录）

净众先禅师　法济海蟾禅师（已上二人无录）

慈云谧禅师法嗣一人

谷隐法全禅师（无录）

石霜诚禅师法嗣一人

岳麓圭禅师（无录）

罗汉仁禅师法人嗣一人

龙潭从晓禅师（无录）

卷第五

大鉴下第十一世

洞山晓聪禅师法嗣六人

云居晓舜禅师　大沩怀宥禅师

佛日契嵩禅师　太守许式郎中（已上四人见录）

百丈遑禅师　建山坚禅师（已上二人无录）

泐潭怀澄禅师法嗣三十三人

育王怀琏禅师　灵隐云知禅师

承天惟简禅师　九峰鉴韶禅师

西塔显殊禅师　崇善用良禅师

慧力有文禅师　雪峰象敦禅师

云居守亿禅师　洞山永孚禅师

令滔首座（已上十人见录）　寿聚普諴禅师

金鹅静旻禅师　广慧遇新禅师

会初庆诚禅师　清阳忠禅师

南泉靖禅师　智者岳禅师

灵泉子象禅师　寿圣志明禅师

永安智禅师　南荡利勤禅师

衡岳永恩和尚　苏州洪泽禅师

洪州元亨和尚　明州启霞和尚

天圣道禅师　大沩智明禅师

临安慧和禅师　永安道升禅师

药山绍新禅师　双岭处贤禅师

归宗守轮禅师（已上二十二人无录）

洞山自宝禅师法嗣七人

洞山清辩禅师（一人见录）　洞山鉴迁禅师

月华海林禅师　月华庆雍禅师

南台文禅师　华光海禅师

长庆慧恩禅师（已上六人无录）

北塔思广禅师法嗣三人

玉泉承皓禅师（一人见录）　永乐德忠禅师

北塔从稳禅师（二人无录）

云盖志颙禅师法嗣二人

云居文庆禅师（一人见录） 栖贤坚禅师（一人无录）

翠峰慧颙禅师法嗣二人

广果择能禅师 德山让禅师（已上二人无录）

四祖端禅师法嗣一人

广明常委禅师（见录）

海会通禅师法嗣二人

水南文秀禅师 承天和禅师（二人无录）

雁荡文吉禅师法嗣一人

净光为觉禅师（见录）

金山瑞新禅师法嗣四人

天圣守道禅师（一人见录） 天圣楚祥禅师

极乐用基禅师 上方守能禅师（已上三人无录）

上方齐岳禅师法嗣一人

东山顺宗禅师（见录）

育王常坦禅师法嗣二人

育王澄逸禅师 湖山择贤禅师（已上二人无录）

夹山惟俊禅师法嗣一人

夹山遵禅师（无录）

北禅智贤禅师法嗣七人

兴化绍铣禅师 法昌倚遇禅师

广因择要禅师（已上三人见录） 兴化晖禅师

北禅顺禅师 白兆垂素禅师

南岳子祥禅师（已上四人无录）

开先善暹禅师法嗣十三人

云居了元禅师　智海本逸禅师

天童元楚禅师　万杉善爽禅师（已上四人见录）

鹅湖恭禅师　九仙元舜禅师

广慧文浃禅师　开先海渊禅师

安国思皎禅师　上方善全禅师

法济善禅师　长庆绍新禅师

洞山慧圆禅师（已上九人无录）

禾山楚才禅师法嗣五人

曹山雄禅师（一人见录）　北禅升禅师

报恩绍端禅师　荐福守机禅师

新丰全湛禅师（已上四人无录）

资圣感勤禅师法嗣二人

本觉省文禅师　资圣子璋禅师（已上二人无录）

钦山悟勤禅师法嗣一人

梁山应圆禅师（见录）

卷第六

大鉴下第十一世

大阳玄禅师法嗣二十五人

投子义青禅师　兴阳清剖禅师

福严审承禅师　罗浮显如禅师

白马归喜禅师　大阳慧禅师

云门灵运禅师　云顶海鹏禅师

乾明机聪禅师（已上九人有语见录）

四祖海禅师　　资福乘禅师
觉城道齐禅师　罗浮远禅师
洞山存禅师　　云门宝印禅师
太平慧空禅师　安州延福禅师
福严贤禅师　　承天宗禅师
方广隆禅师　　崇胜智聪禅师
四祖处仁禅师　大阳祈禅师
白马归春禅师　晦叔王曙居士（已上十六人不录）

雪窦显禅师法嗣八十四人

天衣义怀禅师　称心省倧禅师
承天传宗禅师　南明日慎禅师
投子法宗道者　宝相蕴观禅师
君山显升禅师　洞庭慧金典座
修撰曾会居士　报本有兰禅师
长芦智福禅师　洞山慧圆禅师
香积孜禅师　　宝庆子环禅师
天衣在和禅师　称心守明禅师
凤栖仲卿禅师　灵岩德初禅师
龙兴智传禅师　乾明则禅师
乾明知应禅师　云峰元益首座（已上二十二人见录）
安国琮禅师　　永安元楚禅师
称心清演禅师　证圣守环禅师
汤院守恩禅师　广教景先禅师
东禅贤禅师　　上山德隆禅师

化城德迁禅师	广慧用舒禅师
因胜惟政禅师	资福肇禅师
白云德宣禅师	兴元道满禅师
承天洞源禅师	鹿苑显冲禅师
荐福知一禅师	岳林宗善禅师
万寿慧照禅师	海会择芝禅师
妙果自政禅师	疏山淳禅师
德山应禅师	君山筠禅师
南岳文政禅师	启霞志宣禅师
罗山蒙禅师	地藏赏禅师
真如雅禅师	凤台崇禅师
药山恭禅师	西禅罕禅师
报恩政禅师	玉池希白禅师
宝相欢禅师	云门毅禅师
横金显禅师	云岩元度禅师
万寿德禅师	护国宜谦禅师
白云重邰禅师	净土义亲禅师
大觉利真禅师	护国惟德禅师
天圣仲华禅师	荐福可禅师
翠峰普禅师	天童利章禅师
妙果垂则禅师	龙华觉禅师
护国德基禅师	报恩宗秘禅师
建福可概禅师	西方岫禅师
雪窦省宗禅师	大乘晓禅师

启霞崇梵禅师　仗锡怀秀禅师
报恩道能禅师　白衣宗朴禅师
白衣智华禅师　水陆瑞云禅师（已上六十二人无录）

百丈宝月智映禅师法嗣二人
惠因怀祥禅师　惠因义宁禅师（已上二人见录）

南华宝缘禅师法嗣一十四人
兴化延庆禅师　宝寿行德禅师
白虎守升禅师　佛陀崇钦禅师
延祥法迎禅师　舜峰惠宝禅师（已上六人见录）
甘露自缘禅师　永泰宗宝禅师
双峰法崇禅师　宝林海月禅师
罗汉清显禅师　清锉智静禅师
翁山文白禅师　延寿法牟禅师（已上八人无录）

云盖继鹏禅师法嗣四人
报恩谭禅师（一人见录）　法轮真禅师
白霞安禅师　临邛复首座（已上三人无录）

洞山子荣禅师法嗣二人
圆通居讷禅师（一人见录）　延庆法珠禅师（一人无录）

卷第七
大鉴下第十二世
石霜圆禅师法嗣五十人
黄龙慧南禅师　杨岐方会禅师
翠岩可真禅师　蒋山赞元禅师

武泉山政禅师　　双峰省回禅师
大宁道宽禅师　　道吾悟真禅师
蒋山保心禅师　　百丈惟政禅师
香山蕴良禅师　　南峰惟广禅师
大沩德干禅师　　灵山本言禅师
广法源禅师　　　灵隐德章禅师（已上十六人见录）
太平戴休禅师　　洛浦景韶禅师
天童清遂禅师　　净慈简程禅师
药山义铣禅师　　罗汉居奉禅师
永乐悦禅师　　　寿宁真禅师
藏院行原禅师　　乌龙应光禅师
净慈志坚禅师　　报本澄悦禅师
荐福岑禅师　　　普照修戒禅师
石室应禅师　　　资福海善禅师
大罗永宁禅师　　金刚德禅师
云际信安禅师　　兴化得一禅师
幕阜庆余禅师　　罗山仁彻禅师
承天了文禅师　　普门洪泽禅师
菩提光用禅师　　罗山惟慎禅师
法石德雅禅师　　翠峰泽禅师
泗洲善集禅师　　泗洲源禄禅师
古田善侍者　　　鹿苑素侍者
永上座禅师　　　提刑杨畋居士（已上三十四人无录）

琅邪觉禅师法嗣二十八人

定慧超信禅师　　渤潭晓月禅师
姜山方禅师　　　白鹿显端禅师
琅邪智迁禅师　　凉峰洞渊禅师
真如方禅师　　　兴教坦禅师
归宗可宣禅师　　长水子璇禅师（已上十人见录）
琅邪继诠禅师　　西余忠禅师
公安子和禅师　　黄龙有新禅师
玉泉悟空禅师　　天竺智月禅师
圆通智珂禅师　　崇胜文捷禅师
证圣良禅师　　　九嶷仁益禅师
甘露亮禅师　　　玉泉务本禅师
黄鹤可慧禅师　　褒禅忠禅师
褒禅用孙禅师　　法海亮禅师
开圣晓严禅师　　待制查公居士（已上十八人无录）

卷第八
大鉴下第十二世
　天衣怀禅师法嗣八十三人
　　慧林圆照本禅师　法云法秀禅师
　　慧林觉海冲禅师　长芦应夫禅师
　　佛日智才禅师　　天钵重元禅师
　　瑞岩子鸿禅师　　栖贤智迁禅师
　　净众梵言首座　　三祖冲会禅师
　　资寿捷禅师　　　观音启禅师

天童元善禅师	长芦体明禅师
开元智孜禅师	澄照慧慈禅师
法雨慧源禅师	崇德智澄禅师
栖隐有评禅师	定慧云禅师
大同旺禅师	铁佛因禅师
报本法存禅师	开圣栖禅师
衡山惟礼禅师	显明善孜禅师
启霞惠安禅师	云门灵侃禅师
太平元坦禅师	佛日文祖禅师
望仙宗禅师	五峰用机禅师
佛足处祥禅师	明因慧赟禅师
西台其辩禅师	开元智谭禅师
永泰智觉禅师	龙华文喜禅师
永泰自仁禅师	延恩法安禅师

侍郎杨杰居士（已上四十一人见录）

慈云庆珰禅师	灵岩洞偕禅师
桐城诠禅师	净慧可证禅师
宝林光寂禅师	感慈道宾禅师
泗洲宗尚禅师	白塔晦禅师
报恩和禅师	偃峰简诸禅师
道吾元泰禅师	无为楚仙禅师
报恩应谭禅师	龙门宗贲禅师
显亲顺宗禅师	长耳相禅师
荐福慧洪禅师	延福恩禅师

景德普俊禅师　荐福明因禅师

开化慧圆禅师　万寿和禅师

定法本和尚　　长芦鉴禅师

墨山有琦禅师　上蓝文达禅师

法海来山禅师　同庆智珣禅师

上方真禅师　　无锡应谭禅师

宝林种禅师　　报恩如宝禅师

芙蓉贲禅师　　白云有禅师

法雨慧深禅师　净众择言禅师

灵泉和尚　　　茶亭能和尚

永泰和尚　　　泗洲惠洪禅师

崇化珣禅师　　全咏和尚（已上四十二人无录）

卷第九

大鉴下第十二世

　大愚芝禅师法嗣一十三人

　　云峰文悦禅师　瑞光月禅师

　　洞山子圆禅师（已上三人见录）　开福守义禅师

　　兴阳启舟禅师　兴阳启珊禅师

　　大禹简南禅师　法轮聪禅师

　　云顶继兰禅师　承天应禅师

　　龙王师进禅师　承天守勤禅师

　　圭峰光应禅师（已上十人无录）

　石霜永禅师法嗣八人

福严保宗禅师　大阳如汉禅师（已上二人见录）

胜业智增禅师　保宁承泰禅师

大光玉圆禅师　石霜皓诠禅师

兴国慧秀禅师　圆通文溥禅师（已上六人无录）

浮山远禅师法嗣一十九人

净因道臻禅师　兴化仁岳禅师

玉泉谓芳禅师　定林慧琛禅师

本觉若珠禅师　华严普孜禅师

清隐惟湜禅师　衡岳奉能禅师（已上八人见录）

归宗普安禅师　白马景云禅师

甘露庆余禅师　归宗鸿式禅师

浮山洪琏禅师　甘露法眼禅师

西禅继图禅师　东禅仁照禅师

太平贤禅师　　万杉浩修禅师

溪山晓云禅师（已上十一人无录）

宝应昭禅师法嗣二人

琅邪方锐禅师　兴阳希隐禅师（已上二人见录）

石门进禅师法嗣一人

瑞岩智才禅师（见录）

金山颖禅师法嗣二十人

广教继真禅师　普慈崇珍禅师

瑞竹仲和禅师　金山怀贤禅师

石佛显忠禅师　净住居说禅师

西余拱辰禅师　般若善端禅师

节使李端愿居士（已上九人见录）
承天了素禅师　南禅自聪禅师
上方希元禅师　隐静慧观禅师
法性绍明禅师　乌崖了暹禅师
五峰仲熙禅师　雪窦诠禅师
瑞竹惟悟禅师　法性用彰禅师
因胜如道禅师（已上十一人无录）

洞庭月禅师法嗣三人
荐福亮禅师（见录）　瑞光嵩禅师
承天世珍禅师（已上二人无录）

仗锡已禅师法嗣二人
黄岩保轩禅师（一人见录）　灵岩志禅师（一人无录）

龙华岳禅师法嗣二人
西余净端禅师（一人见录）　翠岩显俦禅师（一人无录）

法华举禅师法嗣六人
永庆文禅师　海会文禅师
兴化规禅师　龙潭颙禅师
觉华康禅师　海会海禅师（已上六人无录）

天圣泰禅师法嗣六人
常熟禀珍禅师　西余宝实禅师
常熟令然禅师　福严处成禅师
中禅显玉禅师　太州知文和尚（已上六人无录）

太子院一禅师法嗣一人
太子同广禅师（无录）

卷第十

大鉴下第十二世

　投子青禅师法嗣九人

　　芙蓉道楷禅师　　大洪报恩禅师

　　洞山云禅师　　　福应文禅师

　　龙蟠昙广禅师（已上五人见录）　光化祥禅师

　　普贤标禅师　　　延洪善禅师

　　果侍者（已上四人无录）

　玉泉皓禅师法嗣二人

　　林溪文庆禅师（见录）　北禅希肇禅师（无录）

　夹山遵禅师法嗣一人

　　福昌知信禅师（见录）

　佛印元禅师法嗣二十人

　　庆善净悟禅师　　善权慧泰禅师

　　崇福德基禅师　　宝林怀吉禅师

　　资福宗诱禅师　　翠岩惠空禅师

　　密岩德溥禅师　　云居仲和禅师

　　同安幼宗禅师　　龙兴居岳禅师

　　万杉子章禅师　　鹅湖德延禅师（已上十二人见录）

　　文殊道用禅师　　龟峰祖廉禅师

　　安国以愉禅师　　东禅圆同禅师

　　北塔惠珂禅师　　香严开禅师

　　大别宗禅师　　　云居思汝禅师（已上八人无录）

广因要禅师法嗣二人

　　妙峰如璨禅师（见录）　　盐山合知禅师（无录）

智海逸禅师法嗣一十一人

　　黄檗志因禅师　　大中德隆禅师

　　白鹿仲豫禅师　　签判刘经臣居士（已上四人见录）

　　荐福重言禅师　　白云放禅师

　　兴福智正禅师　　荐福严禅师

　　凤山世如禅师　　双峰弼禅师

　　幽岩觉禅师（已上七人无录）

支提隆禅师法嗣三人

　　灵隐玄本禅师（见录）　　支提文翰禅师

　　灵隐玄顺庵主（已上二人无录）

净土惟素禅师法嗣一人

　　净土惟政禅师（见录）

宝林殊禅师法嗣一人

　　宝林用明禅师（见录）

东山宗禅师法嗣一人

　　定峰晓宣禅师（见录）

法昌遇禅师法嗣三人

　　五峰密禅师　　大和山主

　　慧日和尚（已上三人无录）

兴化铣禅师法嗣三人

　　南台以谓禅师　　花药常选禅师

　　崇寿玢禅师（已上三人无录）

圆通讷禅师法嗣三人

　　兴国智昱禅师　　四祖逸禅师

　　三祖文铣禅师（已上三人无录）

净众先禅师法嗣一人

　　隆福绍珍禅师（无录）

瑞鹿安禅师法嗣二人

　　瑞鹿蕴仁禅师　　姚夔通判（已上二人无录）

般若蟾禅师法嗣一人

　　般若隆一禅师（无录）

瑞鹿先禅师法嗣一人

　　瑞鹿如昼禅师（无录）

智者肯禅师法嗣一人

　　智者绍忠禅师（无录）

双林己禅师法嗣一人

　　枫桥来禅师（无录）

竹圆显禅师法嗣二人

　　广安牛心道轸禅师　　香水守真禅师（已上二人无录）

大乘遵禅师法嗣四人

　　龙山景静禅师　　双池宠禅师

　　竹林用淳禅师　　智门智常禅师（已上四人无录）

益首座法嗣一人

　　李林宗中书（无录）

卷第十一

大鉴下第十二世

云居舜禅师法嗣十五人

　　蒋山法泉禅师　　天童澹交禅师

　　崇梵余禅师　　　慈云修慧禅师

　　长耳子良禅师　　开元莹禅师（已上六人见录）

　　衡山澄信禅师　　祥符晓儒禅师

　　褒亲睐禅师　　　善果怀演庵主

　　观音元隐禅师　　祥符法周禅师

　　西禅怀义禅师　　开平处良禅师

　　慈云居慧禅师（已上九人无录）

大沩宥禅师法嗣五人

　　归宗慧通禅师　　兴教慧宪禅师

　　崇福清雅禅师（已上三人见录）

　　崇福贵安禅师　　大沩和尚（已上二人无录）

育王琏禅师法嗣二十三人

　　佛日戒弼禅师　　天宫慎徽禅师

　　径山维琳禅师　　临平胜因资禅师

　　弥陀正彦庵主（已上五人见录）

　　金山宝觉禅师　　安岩崇海禅师

　　广慧利和禅师　　明仙道信禅师

　　凤皇文喜禅师　　佛日道荣禅师

　　万寿洪德禅师　　精严同定禅师

　　宝云有馨禅师　　东禅智华禅师

东禅智贤禅师　极乐兴嗣禅师

　　普先处忠禅师　石门希仲禅师

　　解空清瑞禅师　五磊智环禅师

　　显圣宗利禅师　孙觉莘老居士（已上十八人无录）

灵隐知禅师法嗣二人

　　灵隐正童禅师（见录）　雪峰守超禅师（无录）

承天简禅师法嗣二人

　　智者利元禅师　瑞安僧印禅师（已上二人见录）

九峰鉴韶禅师法嗣一人

　　大梅法英禅师（见录）

称心倧禅师法嗣一人

　　慧日尧师禅师（见录）

报本兰禅师法嗣二人

　　中际可遵禅师　法明上座（已上二人见录）

称心明禅师法嗣一人

　　上蓝光寂禅师（见录）

承天宗禅师法嗣九人

　　崇福了禅师　承天守明禅师

　　凤凰有从禅师　大龙德全禅师

　　海印法安禅师（已上五人见录）

　　昆山昙玉禅师　因胜师俊禅师

　　法雨重俊禅师　护国从利禅师（已上四人无录）

长芦福禅师法嗣六人

　　广慧和禅师（见录）　保宁真戒禅师

长芦法海禅师　　寿宁楚韶禅师
资福文雅禅师　　三祖慧云禅师（已上五人无录）

天衣和禅师法嗣二人

菩提志专禅师（见录）　　菩提光用禅师（无录）

云居齐禅师法嗣五十六人

云居契瑰禅师　　灵隐文胜禅师
瑞岩义海禅师　　广慧智全禅师
保福居煦禅师　　南明惟宿禅师
清溪清禅师　　　万杉广智禅师
金鹅虚白禅师　　翠峰洪禅师
上蓝普禅师（已上十一人见录）　　龙华悟乘禅师
报恩行思禅师　　漳江昭远禅师
兴国洪禅师　　　杨岐居蕴禅师
九峰子玄禅师　　鹅湖令新禅师
云龙子才禅师　　三祖岳禅师
雪窦遇新禅师　　报本义圆禅师
建山智杲禅师　　杨岐德海禅师
上方子澄禅师　　化城会平禅师
清化智聪禅师　　象田德圆禅师
育王居素禅师　　圆通利柔禅师
罗汉怀端禅师　　化城自颜禅师
荐福臻禅师　　　清化子昌禅师
龙华有忠禅师　　显圣居耀禅师
云居慧震禅师　　兴化善能禅师

北禅觉宁禅师　　慧日达禅师
　　甘露真禅师　　　东禅清显禅师
　　岳楚永柔和尚　　彬州文靖和尚
　　明州智远和尚　　越州承雅和尚
　　南岳彦诠和尚　　西蜀义诠和尚
　　安德玄邃和尚　　玄寂义勋和尚
　　饶州仁鉴和尚　　抚州保麟和尚
　　南山省堂主　　　正庆惠洪和尚
　　鹿门慧昭山主　　苏州庆思和尚
　　（已上四十五人无录）
功臣轲禅师法嗣四人
　　尧峰颢暹禅师　　圣寿志升禅师
　　功臣守如禅师（已上三人见录）　宝华怀古禅师（无录）
栖贤澄湜禅师法嗣十一人
　　兴教惟一禅师　　西余体柔禅师
　　定山惟素山主　　福严省贤禅师
　　仰山智齐禅师（已上五人见录）　栖贤智通禅师
　　石佛宗禅师　　　东禅觉禅师
　　雪窦惟则禅师　　西余荣禅师
　　南岳福严和尚（已上六人无录）
罗汉林禅师法嗣十五人
　　长芦赞禅师　　　支提昭爱禅师
　　灵峰道诚禅师　　仰山择和禅师
　　崇胜道珍禅师　　富乐智静禅师

慧力绍珍禅师　太宁庆璁禅师（已上八人见录）
　　何山晓禅师　　兴国慧禅师
　　万杉懿宣禅师　漳江昭达禅师
　　罗汉齐因禅师　崇胜楚齐禅师
　　报恩传进禅师（已上七人无录）
凤栖卿禅师法嗣一人
　　凤栖通禅师（无录）
万杉爽禅师法嗣一人
　　法华德嵩禅师（无录）
永安楚禅师法嗣一人
　　疏山重秀禅师（无录）
雪峰敦禅师法嗣一人
　　雪峰善誉禅师（无录）
景清素禅师法嗣四人
　　何山日俭禅师　承天辩岑禅师
　　承天自能禅师　翠峰子渊禅师（已上四人无录）
乾明同禅师法嗣四人
　　双池智常禅师　含珠洞禅师
　　普宁常莹禅师　南台善圆禅师（已上四人无录）

卷第十二
大鉴下第十三世
　法云秀禅师法嗣五十九人
　　法云惟白禅师　保宁子英禅师

仙岩景纯禅师　　广教守讷禅师

慈济聪禅师　　　白兆珪禅师

净名法因禅师　　福严守初禅师

德山仁绘禅师　　广慧宝琳禅师

霍丘归才禅师　　安国自方禅师

香积用旻禅师　　瑞相子来禅师

真空从一禅师　　干明广禅师

开先智珣禅师　　甘露德颙禅师

蒋山良策禅师　　吉祥讷禅师

广慧冲云禅师　　承天月禅师

安福子胜禅师　　正觉道清禅师

澄慧义端禅师　　北天王益禅师

栖贤智柔庵主　　天禧慧严永禅师

（已上二十八人见录）　明水法逊禅师

德山妙湛禅师　　大愚如照禅师

右霜居晦禅师　　兴化当禅师

兴化净甄禅师　　钦山继明禅师

三角清禅师　　　时雍清禅师

大别道常禅师　　巴焦宗谅禅师

安丰法信禅师　　云峰又月禅师

永庆惟简禅师　　觉林遂禅师

宝池慧月禅师　　天王义安禅师

崇德仙禅师　　　兴教济禅师

荐福永坚禅师　　罗浮齐德禅师

护国淳禅师　普照有朋禅师
灵鹫慧明禅师　开和法颙禅师
天峰佛印禅师　元丰宗灯禅师
神光道芳禅师　禅慧法钦禅师
兜率景常禅师　颍叔蒋之奇居士
（已上三十一人无录）

佛日才禅师法嗣九人
夹山自龄禅师见录　千顷允良禅师
广教有全禅师　宝岩灵禅师
慧日道祥禅师　千顷省孜禅师
龟峰重仁禅师　善权珊禅师
龙兴如邃禅师（已上八人无录）

长芦应夫禅师法嗣二十五人
洪济宗颐禅师　琅邪宗初禅师
龙蟠道成禅师　普满明禅师
褒禅普禅师　宝林道辉禅师
云岩志愿禅师　等觉法思禅师
寿春法岸禅师　定山文彦禅师
护国绍通禅师　法宝德一禅师
干明宝慧禅师　开圣觉禅师
雪窦道荣禅师　慧日智觉禅师
（已上一十六人见录）　建隆智因禅师
普光献昭禅师　宝林智皋禅师
雍熙叔则禅师　寿圣重洪禅师

普满法海禅师　五峰普良禅师

大愚喜禅师　滁州宝林和尚（已上九人无录）

栖贤迁禅师法嗣五人

王屋灯禅师　法雨惟镇禅师

东明慧迁禅师（已上三人见录）　漳江宝泉禅师

彰法文素和尚（已上二人无录）

开元智谭禅师法嗣二人

开元宗祐禅师（见录）　南禅道诚禅师（无录）

善果演庵主法嗣一人

玉池冲俨禅师（见录）

天宁楷禅师法嗣二十六人

香山法成禅师　大智齐琏禅师

丹霞淳禅师　　净因觉禅师

资圣南禅师　　白水修己禅师

石门元易禅师　洞山道微禅师

韶州誧禅师　　鹿门法灯禅师

宝峰惟照禅师　普贤善秀禅师

太傅高世则居士（已上十三人见录）

龙门南禅师　　招提宝禅师

大洪恭禅师　　大智　禅师

灵岩应禅师　　合州鉴禅师

少林江禅师　　景山居禅师

慧日南禅师　　朝请崔公居士

齐州善应禅师　西京尼道深

提刑杨居士（已上十三人无录）

大洪山报恩禅师法嗣五人

　　大洪山守遂禅师（见录）　大洪山智禅师

　　善光琡禅师　大阳旦禅师

　　西禅远禅师（已上四人无录）

归宗通禅师法嗣五人

　　资福素月禅师　同安庆通禅师（已上二人见录）

　　子陵辨禅师　罗汉法医禅师

　　开圣道彰和尚（已上三人无录）

福昌信禅师法嗣三人

　　法兴期禅师（见录）　善庆楚升禅师

　　均庆清皡禅师（已上二人无录）

慈云庆珰禅师法嗣二人

　　广慈道傅禅师　虔州慈云和尚（已上二人无录）

慧日尧禅师法嗣一人

　　大随道开禅师（无录）

佛慧泉禅师法嗣五人

　　清献赵抃居士（一人见录）　幽谷祐禅师

　　兴国法云禅师　九峰殊甫禅师

　　荐福忠实禅师（已上四人无录）

续传灯录总目录卷中

卷第十三

大鉴下第十三世

 杨岐方会禅师法嗣十二人

  白云守端禅师　保宁仁勇禅师

  比部孙居士　　石霜守孙禅师

  东林郁山主（已上五人见录）　君山守巽禅师

  长庆显琼禅师　钦山智因禅师

  法轮惟一禅师　崇福善灯禅师

  法石行诠禅师　法石皓蟾禅师（已上七人无录）

 翠岩可真禅师法嗣五人

  大沩慕喆禅师　西林崇奥禅师

  石鼓洞珠禅师（已上三人见录）　净因文禅师

  永安普善禅师（已上二人无录）

 大宁道宽禅师法嗣二人

  兜率无证禅师　杨岐修广禅师（已上二人无录）

 蒋山赞元禅师法嗣九人

  雪窦法雅禅师　承熙应悦禅师

  石门雅禅师　　龟峰子琼禅师（已上四人见录）

  蒋山可政禅师　甘露宗贲禅师

  甘露德严禅师　普门道彦禅师

  黄安礼居士（已上五人无录）

双峰省回禅师法嗣四人
　　光国文赞禅师　灵山彦文禅师（已上二人见录）
　　胜业仲祥禅师　云阳慧然禅师（已上二人无录）
武泉政禅师法嗣一人
　　庆善宗震禅师（无录）
洛浦景韶禅师法嗣三人
　　夹山道暹禅师　洛浦密询禅师
　　仁王道圆禅师（已上三人无录）
菩提光用禅师法嗣一人
　　净土善思禅师（见录）
天童清遂禅师法嗣四人
　　大中立志禅师　干元圆禅师
　　万寿应城禅师（已上三人见录）　灵隐慧中禅师（无录）
云峰文悦禅师法嗣七人
　　寿宁齐晓禅师　澄慧咸诩禅师（已上二人见录）
　　精严继式禅师　大龙守真禅师
　　郭山霖禅师　　雍熙有惠禅师
　　龙牙如水禅师（已上五人无录）
开福守义禅师法嗣一人
　　澄慧惟昺禅师（无录）
泐潭晓月禅师法嗣五人
　　上蓝居晋禅师　泐潭道律禅师
　　永安修玉禅师　开先慈觉禅师
　　荐福宗海禅师（已上五人无录）

定惠超信禅师法嗣六人

　　穹窿智圆禅师（一人见录）　　明因悟果禅师

　　启宁处明禅师　　慧日如鉴禅师

　　鹿苑契符禅师　　普明法澄禅师（已上五人无录）

兴教坦禅师法嗣一人

　　明教绍珵禅师（无录）

玉泉空禅师法嗣一人

　　护国齐月禅师（见录）

常熟禀珍禅师法嗣一人

　　金山惠满禅师（无录）

福严保宗禅师法嗣二人

　　华药义然禅师　　承天智昱禅师（已上二人见录）

太子同广禅师法嗣一人

　　龙门清照禅师（见录）

净因道臻禅师法嗣六人

　　长庆慧暹禅师　　栖胜继超禅师

　　香严洞敷禅师（已上三人见录）　　少林元训禅师

　　北禅绍宣禅师　　白鹿宗海禅师（已上三人无录）

天王仁岳禅师法嗣四人

　　兴化绍清禅师　　定林景芳禅师

　　首山处圭禅师（已上三人见录）　　上方希元禅师（一人无录）

玉泉谓芳禅师法嗣四人

　　圣泉绍灯禅师　　慧力善周禅师

　　南华重辩禅师　　延福智兴禅师（已上四人见录）

金山怀贤禅师法嗣一人
　　圆通知谨禅师（无录）
乌崖暹禅师法嗣一人
　　西禅希用禅师（无录）
承天世珍禅师法嗣二人
　　白水中白禅师　九顶智海禅师（已上二人无录）
径山琳禅师法嗣一人
　　兜率择梧律师（无录）
雪峰誉禅师法嗣三人
　　鹫峰重道禅师　圆明重彦禅师
　　宝林奉琛禅师（已上三人无录）
资寿捷禅师法嗣二人
　　大智文宥禅师　资寿思永禅师（已上二人无录）
上方真禅师法嗣二人
　　云峰齐觉禅师　南岳绍巽禅师（已上二人无录）
章江达禅师法嗣一人
　　万寿法印禅师（无录）
灵隐文胜禅师法嗣二十五人
　　灵隐延珊禅师　荐福居则禅师
　　灵隐蕴聪禅师　南院清禅师
　　宝宁宗禅师　　石佛有邦禅师
　　清凉举内禅师（已上七人见录）　佛日子升禅师
　　兴教保威禅师　安乐照禅师
　　广果隆禅师　　永安锡禅师

护国崇禅师　　灵隐照禅师
　　　永安绍禅师　　妙严洪禅师
　　　清凉慈化禅师　何山慧忠禅师
　　　广法归穆禅师　圆寂修庆禅师
　　　景清智荣禅师　护国昶禅师
　　　报本拙禅师　　瑞岩普禅师
　　　海会岳禅师（已上十八人无录）
保福居煦禅师法嗣一人
　　　智者嗣如禅师（见录）
龙华悟乘禅师法嗣三人
　　　灵岩宣密禅师（一人见录）　灵凤慧端禅师
　　　乾明闲禅师（已上二人无录）
瑞严义海禅师法嗣二人
　　　大梅文慧禅师　翠岩嗣元禅师（已上二人见录）
彰江昭远禅师法嗣一人
　　　万寿守坚禅师（见录）
兴阳舟禅师法嗣一人
　　　智门慧泰禅师（无录）
白鹿端禅师法嗣一人
　　　法海戒诸禅师（无录）
归宗安禅师法嗣二人
　　　慈云有规禅师　同安宗一禅师（已上二人无录）
凉峰渊禅师法嗣一人
　　　隐山法灿禅师（无录）

言首座禅师法嗣一人

招提惟湛禅师（见录）

卷第十四

大鉴下第十三世

慧林圆照宗本禅师法嗣二百人

法云善本禅师　投子修颙禅师
金山善宁禅师　广灵希祖禅师
资寿除岩禅师　隐静守俨禅师
本觉守一禅师　甘露仲宣禅师
太平守恩禅师　灵耀辩良禅师
长芦崇信禅师　瑞光守琮禅师
水西山轲禅师　启霞慧章禅师
石佛晓通禅师　南冥善通禅师
西湖文义禅师　韶山杲禅师
净因惟岳禅师　天童可齐禅师
万寻普勤禅师　香山延泳禅师
雪窦守卓禅师　报本常利禅师
资福道芳禅师　九嶷着禅师
香山法昼禅师　琅山载仪禅师
定慧遵式禅师　广法法光禅师
瑞岩永觉禅师　法海世长禅师
太平慧灯禅师　米山崇仙禅师
宝花愿禅师　岳林元亨禅师

澄慧善珂禅师　　宝华悟本庆禅师
净土慧旻禅师　　澄慧师冕禅师
石霜能禅师　　　逍遥聪禅师
投子普聪禅师　　普照处辉禅师
南禅宁禅师　　　道场慧印禅师
褒亲祥禅师（已上四十七人见录）　金山法慧禅师
乾明慧觉禅师　　瑞岩有居禅师
马祖崇新庵主　　灵应本嵩禅师
寿宁梵仁禅师　　福严仲孚禅师
灵泉宗一禅师　　保圣永良禅师
石塔慧禅师　　　万寿有琛禅师
光化楚芟禅师　　南禅慧禅师
护国灵祐禅师　　同庆自鉴禅师
灵岩慈云禅师　　普照真寂禅师
功臣宗龄禅师　　道场良演禅师
无锡法平禅师　　寿宁成务禅师
因胜法海禅师　　蠡口法荣禅师
罗汉用诚禅师　　广慧道亨禅师
宜兴显常禅师　　资福机清禅师
广教了证禅师　　仁王安德禅师
宝林义蒙禅师　　象山灵旷禅师
福严智悦禅师　　大中子荣禅师
感慈慧端禅师　　华藏希声禅师
乾明可久禅师　　香城言惠禅师

光化仁逊禅师　　白龙希祖禅师
崇寿智海禅师　　五峰祖印禅师
上方可耸禅师　　云岩道声禅师
昭庆守严禅师　　四面惟义禅师
华严惟素禅师　　法王法海禅师
万寿义诰禅师　　秀峰真懿禅师
白泉智通禅师　　报恩重真禅师
昭庆宗满禅师　　普净法英禅师
焦山义深禅师　　支提洪占禅师
护国祖印禅师　　灵峰永松禅师
南涧智净禅师　　湖心义皋禅师
澄照守仁禅师　　无锡志圆禅师
练塘清悟禅师　　延庆德清禅师
永明道囷禅师　　广教法海禅师
崇福惟贤禅师　　宝华宝月禅师
地藏清德禅师　　崇德省余首座
大别法满禅师　　净慈崇善禅师
万寿圆禅师　　　圣寿省聪禅师
鹫峰昙清禅师　　梵天彦琦禅师
六安文湛禅师　　荐福熙禅师
广觉法忠禅师　　法海明禅师
因胜观禅师　　　龙兴如应禅师
广际深禅师　　　文殊芳禅师
安乐道思禅师　　光化真觉禅师

施水守淳禅师　　西院宗戒禅师
南祥忠简禅师　　神江则轲禅师
昆山希祖禅师　　南华德明禅师
寿宁普规禅师　　陈园浩沾禅师
寿宁慧真禅师　　因胜圆明禅师
保福慧苣禅师　　瑞岩永利禅师
崇福惟善禅师　　龙溪圆照禅师
寿圣自英禅师　　寿宁宗一禅师
天王道肱禅师　　资福瑞珍禅师
灵泉景仁禅师　　神光合韶禅师
灵泉智深禅师　　上方法广禅师
文殊尚月禅师　　资胜以逊禅师
白莲愈廉禅师　　法相用先禅师
太平慧真禅师　　西余安德禅师
宝严西杲禅师　　法会子升禅师
龙华行庆禅师　　寿宁可机禅师
禅悦慧日禅师　　安国子志禅师
安乐有捷禅师　　练塘惠满禅师
仰天契达禅师　　真隐纯洁禅师
慧日德慧禅师　　净光法空禅师
龙兴自端禅师　　慧日道祥禅师
净土法慧禅师　　兴国重宁禅师
安国子咏禅师　　永安简玉禅师
承天了宗禅师　　甘泉立生禅师

清修省方禅师　　灵岩用芳禅师
遍福心印禅师　　龙门普顺禅师
千顷宗应禅师　　永泰有澄禅师
杨直讲居士　　　道齐和尚
圆明和尚　　　　善德和尚
法海和尚　　　　报恩志明禅师
大宁永贤禅师　　功臣慧周禅师
大卢奉坚禅师　　灵峰自和禅师
多福太素禅师　　广际用干禅师
宝琛和尚　　　　鸡峰止首座（已上一百五十三人无录）

卷第十五
大鉴下第十三世
　黄龙慧南禅师法嗣上二十四人
　　黄龙祖心禅师　　泐潭克文禅师
　　泐潭洪英禅师　　仰山行伟禅师
　　隆庆庆闲禅师　　云盖守智禅师
　　玄沙合文禅师　　黄檗惟胜禅师
　　百丈元肃禅师　　大沩怀秀禅师
　　福严慈感禅师（已上十一人见录）　太平瑶禅师
　　仰山和禅师　　　雪窦行缘禅师
　　净众启蒙禅师　　大罗智高禅师
　　承天敏禅师　　　胜业子琼禅师
　　佛迹道昱禅师　　鹅湖聪禅师

章江元禅师　　积翠霞庵主
兴国倾禅师　　潘清一居士（已上十三人无录）

卷第十六
大鉴下第十三世
黄龙慧南禅师法嗣下五十九人
　　石霜琳禅师　　开元子琦禅师
　　上蓝顺禅师　　三祖法宗禅师
　　四祖法演禅师　　五祖晓常禅师
　　佛印宣明禅师　　灵岩重确禅师
　　大沩颖诠禅师　　九棕法明禅师
　　廉泉昙秀禅师　　灵鹫慧觉禅师
　　兴化法澄禅师　　花药元恭禅师
　　兴国契雅禅师　　宝盖子勤禅师
　　雪峰道圆禅师　　延庆洪准禅师
　　胜业惟亨禅师　　登云超及禅师
　　积翠永庵主　　灵隐德滋禅师
　　东林常总禅师　　保宁圆玑禅师
　　云居元佑禅师　　报本慧元禅师
　　建隆昭庆禅师　　清隐清源禅师
　　禾山德普禅师　　慧林德逊禅师
　　祐圣法宦禅师　　三角慧泽禅师
　　法轮文昱禅师　　归宗志芝庵主（已上三十四人见录）
　　隆庆利俨禅师　　黄龙自庆禅师

大光应犀禅师　　水南智秘禅师
升山绍南禅师　　南华清桂禅师
芭蕉仁珂禅师　　清泉崇雅禅师
章法觉信禅师　　慧日富禅师
归宗进首座　　　涌泉以禅师
石鼓洞珠禅师　　金粟慧英禅师
宝胜澄甫禅师　　慧日普觉禅师
西峰正信禅师　　普宁惠因禅师
翠岩宝赟禅师　　鹅湖崇坚禅师
云门希晏禅师　　吉祥有臻禅师
乾明超莹禅师　　景德本隆禅师
云顶清泰禅师（已上二十五人无录）

慧林若冲禅师法嗣八人
华严智明禅师　　永泰智航禅师
寿圣子邦禅师　　广福昙章禅师
扬州石塔戒禅师（已上五人见录）
福昌义端禅师
景德元泰禅师　　白鹿仲豫禅师（已上三人无录）

瑞岩子鸿禅师法嗣六人
佛窟可英禅师　　岳林昙振禅师（已上二人见录）
中竺禅慧禅师　　景德嵩禅师
资圣本禅师　　　寿圣文谅禅师（已上四人无录）

天钵重元禅师法嗣六人
祖印善丕禅师　　元丰清满禅师

善胜真悟禅师　定慧法本禅师（已上四人见录）

洞山仙禅师　义安慧深禅师（已上二人无录）

三祖冲会禅师法嗣二人

临安居润禅师（一人见录）　甘露明广禅师（一人无录）

卷第十七

大鉴下第十四世

丹霞淳禅师法嗣九人

天童正觉禅师　长芦清了禅师

大洪庆预禅师　治平遇禅师（已上四人见录）

武当佛岩禅师　大乘升禅师

随州修山和尚　大阳满禅师

归宗明禅师（已上五人无录）

香山净因成禅师法嗣十一人

天封子归禅师　吉祥法宣禅师

护国守昌禅师　丹霞普月禅师

妙慧尼慧光禅师（已上五人见录）

妙峰云禅师　金山坚禅师

天宁珂禅师　龙池预禅师

双泉月禅师　南岳龙王云禅师

（已上六人无录）

宝峰照禅师法嗣九人

圆通德止禅师　真如道会禅师

智通景深禅师　花药智朋禅师（已上四人见录）

乌巨如懿禅师　　仰山季禅师
　　　报恩通禅师　　　荐福臻禅师
　　　天王聪藏主（已上五人无录）
　石门易禅师法嗣五人
　　　青原齐禅师　　　天衣聪禅师
　　　香山尼佛通禅师（已上三人见录）
　　　九顶慈普禅师　　无为义耸禅师（已上二人无录）
　天宁蒲禅师法嗣一人
　　　熊耳慈禅师（见录）
　大沩喆禅师法嗣三十人
　　　智海道平禅师　　泐潭景祥禅师
　　　光孝慧兰禅师　　东明仁仙禅师
　　　普照晓钦禅师　　东林自遵禅师
　　　福严置禅师　　　东明迁禅师
　　　道吾汝能禅师　　兴教慧淳禅师
　　　罗浮希声禅师　　兴阳贤禅师
　　　永安妙喜禅师（已上十三人见录）
　　　禾山慧晓禅师　　中峰智源禅师
　　　灵泉道坚禅师　　清居文喆禅师
　　　万寿子升禅师　　崇因正禅师
　　　嘉祐辩禅师　　　岳麓海禅师
　　　沩山云蔼首座　　齐荣首座
　　　沩山永庵主　　　净福慧文禅师
　　　瑞峰道宗禅师　　昭觉师范禅师

万寿道倧禅师　云峰清悟禅师

象耳子真禅师（已上十七人无录）

雪窦雅禅师法嗣四人

光孝普印禅师（一人见录）　龙游清韵禅师

石门永熙禅师　禅林永觉禅师（已上三人无录）

庆善宗震禅师法嗣一人

庆善普能禅师（一人见录）

净土思禅师法嗣二人

万寿法诠禅师　庆善守隆禅师（二人见录）

护国月禅师法嗣一人

护国慧本禅师（见录）

护国祐禅师法嗣一人

资圣则圆禅师（无录）

南禅慧禅师法嗣二人

萧山法诠禅师　宝林道芳禅师（二人无录）

万寿圆禅师法嗣三人

国清照禅师　　慧严觉禅师

永怀荣禅师（已上三人无录）

福昌端禅师法嗣一人

王屋资禅师（无录）

天禧永禅师法嗣一人

添上座（无录）

鹿门灯禅师法嗣一人

白马熙禅师（无录）

西京尼道深禅师法嗣二人
奉圣绍才禅师　妙慧智安禅师（已上二人无录）
大洪守遂禅师法嗣二人
大洪庆显禅师（见录）　荆州公安愍（无录）

卷第十八
大鉴下第十四世
泐潭英禅师下法嗣一十一人
法轮齐添禅师　慧明云禅师
仰山友恩禅师　大沩齐恂禅师（已上四人见录）
方广怀纪禅师　宝盖自俊禅师
上封行瑜禅师　华藏叔聪禅师
宝相涌禅师　乌崖垂乂禅师
石霜子高禅师（已上七人无录）
仰山行伟禅师法嗣八人
谷隐静显禅师　黄檗永泰禅师
龙王善随禅师　慧日明禅师（已上四人见录）
王氏山慧先禅师　寒磎子和禅师
木平庆禅师　圣果永聪首座（已上四人无录）
百丈元肃禅师法嗣一十二人
仰山清苘禅师　百丈惟古禅师
月珠神鉴禅师（已上三人见录）　垂拱法满禅师
永寿信诠禅师　洛浦观通禅师
清泉道隆禅师　西峰元弼禅师

法教凝禅师　　九仙辅禅师

　　鹿苑业禅师　　凤凰有璲禅师（已上九人见录）

黄檗惟胜禅师法嗣一十六人

　　昭觉纯白禅师（一人见录）　　太平齐禅师

　　石霜允真禅师　　白水居约禅师

　　广利文易禅师　　云顶表奇禅师

　　普通了如禅师　　天王居岸禅师

　　承天处幽禅师　　西禅灯禅师

　　灵泉悟迁禅师　　宁国希则禅师

　　马溪惟广禅师　　望川山遵古禅师

　　马祖怀俨庵主　　吕微仲丞相（已上十五人无录）

隆庆庆闲禅师法嗣三人

　　安化闻一禅师（一人见录）　　龙须聪禅师

　　资福普滋禅师（已上二人无录）

云盖守智禅师法嗣九人

　　宝寿最乐禅师　　道场法如禅师

　　石佛慧明禅师（已上三人见录）　　大乘玑禅师

　　开福文玉禅师　　大宁纪禅师

　　仰山普禅师　　桃林希倩禅师

　　报恩有机禅师（已上六人无录）

上蓝顺禅师法嗣四人

　　苏辙参政（一人见录）　　方广继通禅师

　　佑圣云智禅师　　金颜逸禅师（已上三人无录）

隆庆利俨禅师法嗣一人

香严先禅师（一人无录）

隐静守俨禅师法嗣二人

广慧宗贤禅师　吉祥法顺禅师（已上二人无录）

本觉守一禅师法嗣十人

越峰粹圭禅师　寿山本明禅师

天台如庵主　西竺尼法海禅师

（已上四人见录）

福果奉华禅师　西峰惟辩禅师

法济元轼禅师　牛头昱先禅师

玄沙智章禅师　本觉钦禅师（已上六人无录）

乾明慧觉禅师法嗣二人

长庆应圆禅师（一人见录）　宝积清及禅师（一人无录）

长芦崇信禅师法嗣一十五人

妙空智讷禅师　慧林怀深禅师

智者法诠禅师　光孝如瑰禅师

天衣如哲禅师（已上五人见录）　石塔铨禅师

万寿明禅师　资圣怀悟禅师

天衣智逼禅师　资福梵钦禅师

光孝净真禅师　灵岩显颙禅师

庆善智照禅师　西禅道逼禅师

龙门法秀庵主（已上十人无录）

开先珣禅师法嗣二人

延昌熙咏禅师　开先宗禅师（已上二人见录）

保宁英禅师法嗣一十一人

广福惟尚禅师　　雪窦法宁禅师

　　　罗汉勤禅师　　罗汉善修禅师（已上四人见录）

　　　吉祥齐果禅师　　无为智全禅师

　　　虎丘通禅师　　香山常禅师

　　　华藏宜禅师　　广教守渊禅师

　　　广教原照禅师（已上七人无录）

夹山自龄禅师法嗣三人

　　　西峰法聪禅师　　兜率惟显禅师

　　　层山珊禅师（已上三人无录）

元丰清满禅师法嗣三人

　　　长兴宗朴禅师　　雪峰宗演禅师

　　　卫州王大夫（已上三人见录）

仙洞仙禅师法嗣一人

　　　明教道禅师（无录）

净因觉禅师法嗣二人

　　　华严惠兰禅师（一人见录）　　亚松圣禅师（一人无录）

大洪智禅师法嗣一人

　　　天章枢禅师（见录）

甘露宣禅师法嗣一人

　　　妙湛尼文照禅师（见录）

瑞岩居禅师法嗣二人

　　　万年处幽禅师（见录）　　护国元瑞禅师（无录）

净因岳禅师法嗣一人

　　　鼓山体淳禅师（见录）

金山慧禅师法嗣一人

　　报恩觉然禅师（见录）

卷第十九
大鉴下第十四世
法云善本禅师法嗣六十九人

　　净慈楚明禅师　　长芦道和禅师
　　雪峰思慧禅师　　宝林果昌禅师
　　云峰志璇禅师　　慧林常悟禅师
　　道场有规禅师　　延庆可复禅师
　　道场慧颜禅师　　双峰宗达禅师
　　五峰子琪禅师　　云门道信禅师
　　天竺从谏讲师　　承天滋须禅师
　　吴江法晏禅师　　资福宝月禅师
　　天衣慧通禅师　　天圣齐月禅师
　　圆明希古禅师　　狼山文慧禅师（已上廿人见录）
　　智海和禅师　　　水西达禅师
　　南陵有朋禅师　　天章澄济禅师
　　龟洋法海禅师　　报慈有聪禅师
　　瑞峰慧清禅师　　灵岩智常禅师
　　华藏利聪禅师　　广灵德衍禅师
　　天衣弁禅师　　　大别宝相禅师
　　感慈广悟禅师　　涵碧道安禅师
　　云门用升禅师　　明招子卿禅师

资庆印禅师　　宝严子鉴禅师

大梅智华禅师　　崇胜希肇禅师

净慈瑞禅师　　净慧择邻禅师

超化灵晓禅师　　寿宁戒通禅师

西方可宏禅师　　寿圣晓初禅师

佛智慧通禅师　　天宁用忠禅师

乌龙守节禅师　　报恩怀立禅师

承天普安禅师　　治平子微禅师

资圣杲宣禅师　　南山文则禅师

长庆思政禅师　　万寿海仙禅师

西院用邻禅师　　明觉慧皋禅师

澧泉慧初禅师　　太平普志禅师

黄山悟先禅师　　香山净渊禅师

蕴机和尚　　昙慧和尚

盐官谦禅师　　寿圣鉴禅师

焦山从禅师　　崇德淳禅师

罗汉交禅师（已上四十九人无录）

金山善宁禅师法嗣一十三人

禅悦知相禅师　　鹿苑道齐禅师

普济子淳禅师　　禾山用安禅师（已上四人见录）

仙居有邻禅师　　超化守昙禅师

金山佛日禅师　　仙岩慧初禅师

西余道孜禅师　　广教道本禅师

太平蔺才禅师　　胜法道纲禅师

洪福道才禅师（已上九人无录）
广灵希祖禅师法嗣三人
　　乌龙广坚禅师　　仙岩怀义禅师
　　清溪智诚禅师（已上三人见录）
圆澄岩禅师法嗣二人
　　彰法嵩禅师（一人见录）　　宝山公远禅师（一人见录）
投子修颙禅师法嗣六人
　　资寿灌禅师　　白马江禅师
　　香严智月禅师　　富彦国丞相（已上四人见录）
　　文殊法聪禅师　　资寿明潭禅师（已上二人无录）
佛国白禅师法嗣一十四人
　　金山惟仲禅师　　乾明永因禅师
　　智者绍先禅师　　胜因崇恺禅师
　　福圣仲易禅师　　慧林慧海禅师
　　建隆原禅师（已上七人见录）　　普照法最禅师
　　天宁修禅师　　慧济普虔禅师
　　二祖璇果禅师　　罗汉遇禅师
　　三祖策禅师　　广教尧禅师（已上七人无录）
长芦宗赜禅师法嗣九人
　　洪济琼禅师　　北京照禅师
　　玄沙智章禅师　　净慈惟一禅师
　　蒋山善钦禅师　　本觉道如禅师
　　天宁子深禅师　　瑞峰延禅师
　　僧忍和尚（已上九人无录）

卷第二十
大鉴下第十四世
东林照觉常总禅师法嗣六十二人
　　泐潭应干禅师　　开先行瑛禅师
　　万杉绍慈禅师　　襃亲有瑞禅师
　　圆通可仙禅师　　慧力可昌禅师
　　柏子德嵩禅师　　禾山志传禅师
　　开元志添禅师　　象田梵卿禅师
　　衡岳道辩禅师　　兴福康源禅师
　　襃亲宗谕禅师　　龙泉夔禅师
　　兜率志恩禅师　　慧圆上座
　　内翰苏轼居士（已上十七人见录）　福严惟凤禅师
　　承天德绥禅师　　崇福德徽禅师
　　东林思度禅师　　广教德方禅师
　　双林道基禅师　　无相继才禅师
　　鹿苑景深禅师　　寿宁成则禅师
　　资福怀宝禅师　　兴化以弼禅师
　　万寿智圆禅师　　景福惟洁禅师
　　隆庆志深禅师　　祥符智先禅师
　　普门子渊禅师　　胜光清宥禅师
　　仁王智诚禅师　　安国庆常禅师
　　慈姥岩谅禅师　　长松山锦禅师
　　东禅道极禅师　　上蓝希肇禅师

灵泉仁美禅师　分宁洞微禅师
胜业有通禅师　报恩明昌禅师
妙果法喜禅师　岳林圆明禅师
护国康禅师　　慈母子咏禅师
兴化愈先禅师　乾明载昌禅师
慕山觉能禅师　衡山善孜禅师
法雨元谧禅师　洞山永邦禅师
庐岩崇禅师　　斗方庆禅师
大宁道才禅师　太平普禅师
清城清传禅师　双峰省琮禅师
清化从琏禅师　罗汉省贤禅师（已上四十五人无录）

佑圣寓禅师法嗣三人

智度一禅师　　道林了一禅师
瑞岩智禅师（已上三人无录）

雪宝荣禅师法嗣一人

雪峰大智禅师（一人见录）

智者嗣如禅师法嗣四人

承天澄月禅师　华藏虚外禅师
净土可嵩禅师（已上三人见录）　宝林文慧禅师（一人无录）

白云端禅师法嗣一十二人

五祖法演禅师　云盖智本禅师
琅邪永起禅师　保福殊禅师
崇胜珙禅师　　提刑郭祥正居士（已上六人见录）
天柱处凝禅师　太平处清禅师

浮山鸿璉禅师　谷山广润禅师

香山慧常禅师　甘露归善禅师

卷第二十一

大鉴下第十四世

保宁仁勇禅师法嗣十二人

上方日益禅师　景福日余禅师

月掌知渊禅师　灵鹫宗映禅师

寿圣楚文禅师（已上五人见录）　保严道伦禅师

洞山文英禅师　灵凤允咸禅师

华藏实禅师　崇因宗袭禅师

铁索忠山主　西堂显首座（已上七人无录）

上蓝居晋禅师法嗣一人

双溪如圭禅师（无录）

兴化绍清禅师法嗣一人

高台德基禅师（无录）

白水中白禅师法嗣二人

天宁演禅师　大乘党禅师（已上二人无录）

云居元祐禅师法嗣二十七人

智海智清禅师　海会守从禅师

罗汉系南禅师　南峰永程禅师

宝相元禅师　永峰慧日庵主

白藻清俨禅师　慈云彦隆禅师

子陵自瑜禅师　景福省悦禅师（已上十人见录）

长兴得贤禅师　延福修献禅师
祥符有通禅师　子湖道元禅师
石巩戒明禅师　太平嘉橐禅师
慧力崇教禅师　北台行新禅师
马溪山禾禅师　罗汉慕评禅师
天场教禅师　　归宗子章禅师
灵峰敦雅禅师　长兴德宝禅师
鹅湖子昌禅师　承熙敏禅师
黄檗觉智禅师（已上十七人无录）

报本慧元禅师法嗣八人

永安元正禅师（一人见录）　凤皇德亨禅师
慧林政禅师　　凤皇德亮禅师
高峰圆修禅师　景德院证禅师
报本宗澄禅师　高峰文纵禅师（已上七人无录）

甘露颙禅师法嗣一人

光孝元禅师（见录）

育王振禅师法嗣一人

岳林真禅师（见录）

招提湛禅师法嗣二人

华亭观音和尚（一人见录）　南塔守聪禅师（一人无录）

玄沙文禅师法嗣一人

广慧达杲禅师（见录）

保宁玑禅师法嗣七人

育王净昙禅师　真如戒香禅师（已上二人见录）

开福世暹禅师　蒋山文瑞禅师

　　南禅立宗禅师　圆明载清禅师

　　许顗彦忠居士（已上五人无录）

华光恭禅师法嗣一人

　　万寿念禅师（见录）

大沩怀秀禅师法嗣七人

　　大沩祖珺禅师　方广有达禅师

　　南台允恭禅师　福严文演禅师（已上四人见录）

　　西材常贤禅师　上生有常禅师

　　云门怀素禅师（已上三人无录）

福严慈感禅师法嗣八人

　　育王法达禅师（见录）　南禅光澡禅师

　　云盖子思禅师　定山修举禅师

　　望川契宜禅师　醋头清岸禅师

　　禅林善从禅师　定山文普禅师（已上七人无录）

开元琦禅师法嗣六人

　　荐福道英禅师　双磎允光禅师

　　尊胜有朋禅师（已上三人见录）　承天禧宝禅师

　　三角如璇禅师　双磎先禅师（已上三人无录）

五祖山晓常禅师法嗣三人

　　月顶道轮禅师　乌崖楚清禅师（已上二人见录）

　　昭化希绍禅师（一人无录）

建隆昭庆禅师法嗣五人

　　玉泉善超禅师　泗州用元禅师（二人见录）

荐福德岑禅师　　秦少游学士

澧泉处安禅师（已上三人无录）

佛印宣明禅师法嗣六人

龙兴师定禅师（一人见录）　　广化素禅师

月珠壁禅师　　富乐德彰禅师

承天逢原禅师　　十地文用禅师（已上五人无录）

积翠永庵主法嗣一人

清平楚金禅师（一人见录）

三祖山法宗禅师法嗣四人

光孝惟爽禅师（一人见录）　　洞山渊禅师

西贤利贯禅师　　梅山海良禅师（已上三人无录）

四祖法演禅师法嗣二人

海会宗和尚　　南禅畅禅师（二人无录）

大中立志禅师法嗣一人

虎丘文湛禅师（一人无录）

灵鹫觉禅师法嗣一人

灵鹫有琦禅师（一人无录）

慧林逊禅师法嗣一人

天宁储禅师（一人无录）

石霜琳禅师法嗣三人

鼎州德山宗什庵主（见录）　　夔州卧龙思顺禅师

鼎州庆和怀悚禅师（已上二人见录）

卷第二十二
大鉴下第十四世
　黄龙晦堂心禅师法嗣四十七人
　　黄龙悟新禅师　　黄龙惟清禅师
　　泐潭善清禅师　　青原惟信禅师
　　夹山晓纯禅师　　三圣继昌禅师
　　双岭化禅师　　　龟山晓津禅师
　　保福本权禅师　　双峰景齐禅师
　　护国景新禅师　　黄龙智明禅师
　　道吾仲圆禅师　　慈云道清禅师
　　黄龙如晓禅师　　太史黄庭坚居士
　　观文王韶居士　　秘书吴恂居士（已上十八人见录）
　　兴化演禅师　　　显明道昌禅师
　　景德慧英禅师　　集福宝严禅师
　　云门宝宣禅师　　延禧智融禅师
　　天柱修静禅师　　胜缘居智禅师
　　云盖师肇禅师　　兴化法海禅师
　　鹿苑思齐禅师　　大龟惟益禅师
　　大龙世和禅师　　双峰如颖禅师
　　观音觉勤禅师　　显亲如鉴禅师
　　南登法安禅师　　建隆维庆禅师
　　无为维琮禅师　　西峰素禅师
　　禅林希广禅师　　法海法琮禅师
　　徐禧德占龙图　　公立夏倚居士

意禅上座　　彭汝励居士
王正言居士　　吴中立大夫
韩宗古侍郎（已上二十九人无录）

宝峰文禅师法嗣三十八人
兜率从悦禅师　　法云杲禅师
泐潭文准禅师　　慧日文雅禅师
洞山梵言禅师　　文殊宣能禅师
寿宁善资禅师　　上封慧和禅师
五峰本禅师　　太平安禅师
报慈进英禅师　　洞山至干禅师
宝华普鉴禅师　　九峰希广禅师
黄檗道全禅师　　清凉德洪禅师
超化静禅师　　石头怀志庵主
双溪印首座　　慧安慧渊禅师（已上廿人见录）
泐潭福深禅师　　花药英禅师
龟山允平禅师　　嘉祐道用禅师
象耳惟古禅师　　北禅惟孝禅师
嘉祐赟禅师　　曹山慧言禅师
雍熙道光禅师　　南台洪禅师
谷山希祖禅师　　光孝慧满禅师
北禅慧昭禅师　　石霜绍珂禅师
慈云敦雅禅师　　汤泉禅禅师
宝峰楚原首座　　安石王荆公（已上十八人无录）

第二十三

大鉴下第十五世

　黄龙清禅师法嗣十八人

　　长灵守卓禅师　　上封本才禅师

　　法轮应端禅师　　百丈以栖禅师

　　博山子经禅师　　黄龙德逢禅师

　　光孝昙清禅师　　光孝德周禅师

　　寺丞戴道纯居士（已上九人见录）

　　满月宁禅师　　法轮实禅师

　　天宁宗觉禅师　　知县萧从居士

　　灵峰惟古禅师　　钦山元德禅师

　　广化若秀禅师　　隆庆海禅师

　　龟峰僧璘禅师（已上九人无录）

　黄龙死心新禅师法嗣一十六人

　　禾山慧方禅师　　南荡法空禅师

　　九顶慧泉禅师　　上封祖秀禅师

　　性空妙普庵主　　钟山道隆禅师

　　扬州齐谧首座　　空室智通道人（已上八人见录）

　　竹园道珠禅师　　天宁慧副禅师

　　西贤昙禅师　　荐福慧琏禅师

　　罗汉守节禅师　　曲尺宗裔禅师

　　宁国道宗禅师　　慧宣首座（已上八人无录）

　草堂清禅师法嗣八人

　　雪峰慧空禅师　　育王普崇禅师

万年法一禅师　黄龙道震禅师（已上四人见录）

金山一禅师　云岩因禅师

慈云隆禅师　疏山了如禅师（已上四人无录）

青原惟信禅师法嗣五人

正法希明禅师　梁山欢禅师

岳山祖庵主（已上三人见录）　浮山光选禅师

昭觉荷禅师（已上二人无录）

夹山纯禅师法嗣三人

钦山普初禅师（见录）　洛浦惟昉禅师

希祖首座（二人无录）

柏子山嵩禅师法嗣一人

东禅惟资禅师（见录）

福严凤禅师法嗣三人

护国安佑禅师　北岩法融禅师

龙纪以定禅师（已上三人无录）

万杉慈禅师法嗣二人

白马元禅师　德章山楚当禅师（已上无录）

上蓝肇禅师法嗣一人

大宁文广禅师（无录）

褒亲有瑞禅师法嗣二人

寿宁道完禅师（见录）　兴国昌禅师（无录）

智海清禅师法嗣三人

千峰圆慧禅师　四祖仲宣禅师（已上二人见录）

白马汝鸿禅师（无录）

庐山罗汉南禅师法嗣三人

　　云峰慧昌禅师　浮山德宣禅师（已上二人见录）

　　张戒居士（无录）

石巩明禅师法嗣一人

　　三祖昧禅师（无录）

琅邪起禅师法嗣一人

　　金陵俞道婆（见录）

光孝兰禅师法嗣一人

　　芦山法真禅师（见录）

象田卿禅师法嗣七人

　　雪窦持禅师　　石佛益禅师（已上二人见录）

　　光孝净源禅师　九岩仲文禅师

　　象田珍禅师　　光孝宗益禅师

　　华严和尚（已上五人无录）

慧日雅禅师法嗣二人

　　九仙法清禅师　觉海法因庵主（已上二人见录）

洞山言禅师法嗣一人

　　洞山择言禅师（见录）

道林一禅师法嗣一人

　　大沩智禅师（见录）

卷第二十四

大鉴下第十五世

　净慈明禅师法嗣五人

　　　　净慈象禅师　　雪峰隆禅师（已上二人见录）

　　　　灵岩德宗禅师　　常乐本然禅师

　　　　宝应法照禅师（已上三人无录）

　长芦和禅师法嗣十五人

　　　　甘露达珠禅师　　灵隐慧淳禅师（已上二人见录）

　　　　雪窦明禅师　　琅邪诚禅师

　　　　圆智和尚　　凤山和尚

　　　　精严凤藻禅师　　清凉可升禅师

　　　　华严尚刘禅师　　褒禅道天禅师

　　　　显亲祖永禅师　　长芦法永禅师

　　　　定水然禅师　　兴国远禅师

　　　　法音首座禅师（已上十三人无录）

　雪峰慧禅师法嗣十四人

　　　　净慈道昌禅师　　径山了一禅师

　　　　金山了心禅师（已上三人见录）　　大吉法圆禅师

　　　　南安达禅师　　净慈升禅师

　　　　石松祖天禅师　　庆成悟及禅师

　　　　兴王宝机禅师　　宝胜守宁禅师

　　　　建善法藏禅师　　净慈务晖禅师

　　　　南明戒通禅师　　中峰宁禅师（已上十一人无录）

　香严月禅师法嗣二人

　　　　香严如璧禅师（见录）　　香严如琳禅师（无录）

　慧林深禅师法嗣七人

　　　　灵隐慧光禅师　　国清妙印禅师

国清普绍禅师　九座慧邃禅师（已上四人见录）

　　圆觉昙禅师　　净慧法如禅师

　　圆觉胜禅师（已上三人无录）

报恩然禅师法嗣一人

　　资圣元祖禅师（见录）

慧林海禅师法嗣二人

　　万杉寿坚禅师（见录）　万杉寿隆禅师（无录）

开先宗禅师法嗣二人

　　黄檗惟初禅师　岳麓海禅师（二人见录）

雪峰演禅师法嗣四人

　　西禅慧舜禅师（一人见录）　凤山道沼禅师

　　能仁得能禅师　龙卧俞禅师（已上三人无录）

长芦了禅师法嗣十三人

　　天童宗珏禅师　长芦妙觉禅师

　　龟山义初禅师　保宁兴誉禅师

　　北山法通禅师（已上五人见录）　寿山德初禅师

　　龙翔道晖禅师　上蓝祖卿禅师

　　能仁崇寿禅师　幽岩子咏禅师

　　长芦慧悟禅师　神光道新禅师

　　雪窦鉴禅师（已上八人无录）

天童觉禅师法嗣十四人

　　雪窦嗣宗禅师　善权法智禅师

　　净慈慧晖禅师　瑞岩法恭禅师

　　石门法真禅师　光孝思彻禅师

大洪法为禅师　　长芦琳禅师（已上八人见录）

　　广慧法聪禅师　　凤凰世钊禅师

　　乌巨光禅师　　　宝福悟禅师

　　能仁理禅师　　　雪窦毯禅师（已上六人无录）

大洪预禅师法嗣五人

　　慧力悟禅师　　　雪蜂慧深首座（已上二人见录）

　　智门雅禅师　　　普照充禅师

　　荐福演禅师（已上三人无录）

天封归禅师法嗣一人

　　东林通理禅师（一人见录）

天衣聪禅师法嗣六人

　　慧口法安禅师　　护国钦禅师

　　吉祥元实禅师　　投子道宣禅师（已上四人见录）

　　能仁普禧禅师　　石佛宗苇禅师（已上二人无录）

吉祥宣禅师法嗣一人

　　南华明禅师（无录）

大洪显禅师法嗣九人

　　子陵祖清禅师　　胜果道和禅师

　　龙安世能禅师　　北禅宗觉禅师

　　普宁祖悟禅师　　中巾山昭禅师

　　寿宁守轲禅师　　横山元经禅师

　　白兆法通禅师（已上九人俱无录）

罗汉遇禅师法嗣一人

　　曹山月禅师（无录）

径山悟禅师法嗣二人
　　慧照和尚　　宝陀了然和尚（二人俱无录）
宝林昌禅师法嗣二人
　　护国妙机禅师　兴化德观禅师（二人俱无录）
宝林慧禅师法嗣二人
　　祥符良度禅师　宣化德济禅师（二人俱无录）
承天月禅师法嗣二人
　　承天仲颜禅师（一人见录）　护国介丰禅师（一人无录）
光孝印禅师法嗣一人
　　东林本然禅师（无录）
普照钦禅师法嗣一人
　　永安可文禅师（无录）
净福文禅师法嗣二人
　　净光藏禅师　　扬州石塔和尚（二人俱无录）

续传灯录总目录卷下

卷第二十五
大鉴下第十五世
　　五祖演禅师法嗣二十二人
　　　　昭觉克勤禅师　太平慧勤禅师
　　　　龙门清远禅师　开福道宁禅师
　　　　大随元静禅师　无为宗泰禅师
　　　　五祖表自禅师　龙华道初禅师

九顶清素禅师　元礼首座
普融藏主　法閦上座（已上十二人见录）
海会慧宗禅师　中峰遵忻禅师
云顶才良禅师　大明明禅师
牛心达禅师　四面山璘禅师
南禅宗古禅师　五祖宗自禅师
延福远禅师　天目齐禅师（已上十人无录）

智海平禅师法嗣一十三人

净因继成禅师　法轮彦孜禅师
开福崇哲禅师（已上三人见录）　广教从原禅师
云阳广悟禅师　金山晓常禅师
隐静恭禅师　黄檗敏从禅师
云岩修辩禅师　柏子慧崇禅师
方广智京禅师　东禅法珊禅师
净慧从应禅师（已上十人无录）

禾山晓禅师法嗣一人

兴化道全禅师（无录）

宝峰祥禅师法嗣一十四人

鸿福升禅师　万寿素禅师
香山道渊禅师　开善道璩禅师
宝峰景淳禅师　怀玉用宣礼师（已上六人见录）
天宁彦宗禅师　多宝道威禅师
启霞德宏禅师　泐潭惟足禅师
中际继宁禅师　凤凰师闵禅师

凤山璘禅师　密严子琯禅师（已上八人无录）

云盖本禅师法嗣四人

承天慧连禅师　承天自贤禅师

香山惟德禅师　草衣岩庆禅师（已上四人见录）

护国本禅师法嗣一人

君山普净禅师（见录）

卷第二十六

大鉴下第十五世

兜率悦禅师法嗣十二人

兜率慧照禅师　疏山了常禅师

丞相张商英居士（已上三人见录）

杨岐子圆禅师　投子道胜禅师

慈云明鉴禅师　兜率慧宣禅师

罗溪慧宜禅师　广惠守真禅师

赣州智宣和尚　清溪智言和尚

福州禅林和尚（已上九人无录）

泐潭准禅师法嗣五人

云岩天游禅师　三角智尧禅师（已上二人见录）

兴化宗选禅师　光孝智端禅师

李彭商老居士（已上三人无录）

曲尺继昌禅师法嗣三人

曲尺慧照禅师　大随元信禅师

净光了威禅师（已上三人无录）

法云杲禅师法嗣三人

　　洞山辩禅师　　慧海仪禅师

　　西蜀鸾法师（已上三人见录）

华药英禅师法嗣一人

　　栖贤道宁禅师（无录）

文殊能禅师法嗣一人

　　天宁琼禅师（见录）

法轮添禅师法嗣二人

　　灵竺德宗禅师　凤栖润禅师（已上二人无录）

谷隐静显禅师法嗣四人

　　石门政禅师　　白水宗月禅师

　　兴阳浩禅师　　谷隐阎禅师（已上四人无录）

龟山津禅师法嗣二人

　　普照齐禅师　　岳麓祖昙禅师（已上二人无录）

仰山蒚禅师法嗣二人

　　仰山普禅师　　天宁蕴禅师（已上二人无录）

昭觉纯白禅师法嗣四人

　　信相宗显禅师（一人见录）　铁像嵩禅师

　　成都安象禅师　龙顷怀宗禅师（已上三人无录）

广利易禅师法嗣一人

　　龙兴顺禅师（无录）

马祖俨庵主法嗣一人

　　资教希则禅师（无录）

大沩璿禅师法嗣五人

中岩蕴能禅师　　云顶宗印禅师（已上二人见录）

　　　乾元希式禅师　　灵峰了真禅师

　　　天真法空禅师（已上三人无录）

荐福英禅师法嗣五人

　　　等觉普明禅师（一人见录）　　妙果德圆禅师

　　　鹤林智璘禅师　　崇宁庆舒禅师

　　　密严善忠禅师（已上四人无录）

泐潭乾禅师法嗣一十八人

　　　龙牙宗密禅师　　圆通道旻禅师

　　　天童普交禅师　　东禅从密禅师

　　　胜因咸静禅师　　二灵知和庵主

　　　兴化可都禅师　　道吾楚芳禅师（已上八人见录）

　　　雪峰有需禅师　　资福郁禅师

　　　景德良玉禅师　　荐福真禅师

　　　开福德筠禅师　　南冈照禅师

　　　云居如山禅师　　石霜楚蟾禅师

　　　木平觉澄禅师　　资福省悟禅师（已上十人无录）

开先瑛禅师法嗣一十六人

　　　大沩海评禅师　　慈氏瑞仙禅师（已上二人见录）

　　　道林法照禅师　　光孝文璟禅师

　　　游地汝英禅师　　三植灌冲禅师

　　　宝盖用兴禅师　　天宁宗顺禅师

　　　灵山慧浩禅师　　净土希禅师

　　　黄檗道钦禅师　　九仙次岸禅师

正法无照禅师　　卢山智通禅师
　　　龙牙宗密禅师　　德山声绝禅师（已上十四人无录）
　圆通仙禅师法嗣四人
　　　净光了威禅师　　明招文慧禅师（已上二人见录）
　　　祥符立禅师　　　浮山法真禅师（已上二人无录）
　慧力昌禅师法嗣四人
　　　慧力洞源禅师（一人见录）　　福胜常极禅师
　　　慧灯择英禅师　　云溪文庆禅师（已上三人无录）

卷第二十七
大鉴下第十六世
　昭觉圆悟勤禅师法嗣上十六人
　　　径山宗杲禅师　　虎丘绍隆禅师
　　　育王端裕禅师　　大沩法泰禅师
　　　护国景元禅师　　玄沙僧昭禅师（已上六人见录）
　　　普照奉胜禅师　　虎丘宗达禅师
　　　正法化冲禅师　　清溪常禅师
　　　普慧因净禅师　　天宁道成禅师
　　　宝相道智禅师　　长松晓禅师
　　　信相圆禅师　　　九顶希问禅师（已上十人无录）

卷第二十八
大鉴下第十六世
　昭觉圆悟勤禅师法嗣五十九人

南峰云辩禅师　　正法建禅师

华藏安民禅师　　昭觉道元禅师

中竺中仁禅师　　象耳袁觉禅师

华严祖觉禅师　　福严文演禅师

明因昙玩禅师　　虎丘元净禅师

天宁梵思禅师　　君山觉禅师

宝华显禅师　　　东山觉禅师

天封觉禅师　　　道祖首座

宗振首座　　　　枢密徐俯居士

郡王赵令衿居士　侍郎李弥逊居士

祖氏觉庵道人　　令人明室道人

成都范县君　　　灵隐慧远禅师

洪福子文禅师（已上二十五人见录）

中岩照禅师　　广利璲禅师

广利枢禅师　　无为胜禅师

定山昂禅师　　开福宜禅师

白水正禅师　　显报旸禅师

翠峰弼禅师　　云际全禅师

德山静禅师　　报恩莹禅师

四明亨禅师　　西禅通禅师

金文照禅师　　长溪朴禅师

江宁府悟明禅师　宝林勤禅师

九顶宗悟禅师　　智顗首座

道殊首座　　　自珍首座

智度演禅师　璟上座
师范首座　中竺海禅师
永怀有证禅师　幽岩珊禅师
干明印禅师　保宁祖禅师
景德旻禅师　门司郑谌居士
灵泉希寿禅师　云顶宗正禅师
（已上三十四人无录）

卷第二十九
大鉴下第十六世
　太平勤禅师法嗣十六人
　　文殊心道禅师　南华知昺禅师
　　龙牙智才禅师　蓬莱卿禅师
　　何山守珣禅师　泐潭择明禅师
　　宝藏本禅师　祥符清海禅师
　　净众了灿禅师　谷山海禅师（已上十人见录）
　　灵岩昼禅师　启霞楚谦禅师
　　福圣深禅师　千山智嵩禅师
　　融藏主　发书记（已上六人无录）
　龙门佛眼远禅师法嗣二十一人
　　龙翔士圭禅师　云居善悟禅师
　　西禅文琏禅师　黄龙法忠禅师
　　乌巨道行禅师　白杨法顺禅师
　　云居法如禅师　归宗正贤禅师

道场明辨禅师　方广深禅师

　　成都世奇首座　净居尼惠温禅师

　　冯楫给事（已上十三人见录）　云居圆禅师

　　云居祖禅师　　三圣道方禅师

　　寂庵主　　　　三角劫禅师

　　三圣真常禅师　辨侍者

　　越州石佛世奇禅师（已上八人无录）

开嗣道宁禅师法嗣一人

　　大沩善果禅师（见录）

自得晖禅师法嗣四人

　　雪窦德云禅师　仗锡崇坚禅师

　　华藏慧祚禅师　雪窦焕禅师（已上四人无录）

瑞岩石窗恭禅师法嗣二人

　　净慈重皎禅师　净慈壁禅师（已上二人无录）

大沩智禅师法嗣四人

　　云盖澄禅师　　石霜能禅师

　　泰岳久禅师　　陈与义居士（已上四人无录）

卷第三十

大鉴下第十六世

　雪窦明禅师法嗣一人

　　峥山宁禅师（见录）

　净慈昌禅师法嗣三人

　　五云悟禅师（见录）　智者可升禅师

万寿正受首座（已上二人无录）

灵隐光禅师法嗣三人

　　中竺元妙禅师（见录）　天衣性禅师

　　灵石辩禅师（二人无录）

圆觉昙禅师法嗣一人

　　灵岩圆日禅师（见录）

岳麓海禅师法嗣一人

　　玉泉思达禅师（见录）

天宁卓禅师法嗣八人

　　育王介谌禅师　道场慧琳禅师

　　道场居慧禅师　显宁圆知禅师

　　乌回良范禅师　本寂文观禅师（已上六人见录）

　　温州符庵主　径山惟表首座（已上二人无录）

佛心才禅师法嗣四人

　　普贤元素禅师　鼓山僧洄禅师

　　鼓山祖珍禅师（已上三人见录）　仁王大心谟禅师（一人无录）

云岩天游禅师法嗣二人

　　径山智策禅师（一人见录）　报德智一禅师（一人无录）

圆通旻禅师法嗣七人

　　圆通守慧禅师　黄龙道观禅师

　　左丞范冲居士　枢密吴居厚居士

　　谏议彭汝霖居士　中丞卢航居士

　　左司都贶郑居士（已上七人俱录）

雪峰需禅师法嗣五人

雪峰慧忠禅师（见录）　净众全禅师

　　天宁靖禅师　陈易体常居士

　　鼓山宗译禅师（已上四人无录）

祥符立禅师法嗣一人

　　报慈淳禅师（见录）

浮山法真禅师法嗣一人

　　灵岩徽禅师（见录）

信相显禅师法嗣三人

　　金绳文禅师（见录）　云顶师旦禅师

　　中峰祖源禅师（已上二人无录）

净因成禅师法嗣二人

　　瑞岩如胜禅师　冶父道川禅师（已上二人见录）

上封秀禅师法嗣一人

　　文定胡安国居士（见录）

黄龙逢禅师法嗣一人

　　荐福择崇禅师（见录）

黄龙震禅师法嗣三人

　　德山慧初禅慧（见录）　天龙毯禅师

　　真州北山作禅师（已上二人无录）

万年一禅师法嗣二人

　　报恩法常禅师（见录）　石佛净禅师（无录）

岳山祖庵主法嗣一人

　　延庆叔禅师（见录）

胜因静禅师法嗣六人

万寿普信禅师　　慧日兴道禅师

　　光孝果懋禅师（已上三人见录）　　崇宁超禅师

　　广教嚚禅师　　法慧冲禅师（已上三人无录）

天童交禅师法嗣一人

　　蓬莱圆禅师（见录）

明招慧禅师法嗣二人

　　宣秘礼禅师（见录）　　净光和尚（无录）

天童珏禅师法嗣一人

　　雪窦智鉴禅师（见录）

雪窦宗禅师法嗣二人

　　广福道勤禅师（见录）　　翠岩宗静禅师（无录）

善权智禅师法嗣二人

　　超化藻禅师（见录）　　保安超禅师（无录）

灵峰古禅师法嗣一人

　　舒州四面欣禅师（无录）

禾山方禅师法嗣二人

　　袁州仰山韬禅师　黄龙义和尚（二人无录）

中岩能禅师法嗣一人

　　毡头崇真化主（无录）

鸿福升禅师法嗣一人

　　舒州甘露常禅师（无录）

琼首座法嗣一人

　　雪峰慧山首座（无录）

琅邪诚禅师法嗣一人

北塔善初禅师（无录）

广慧聪禅师法嗣一人

　　明州普照戒禅师（无录）

大随静禅师法嗣一十四人

　　石头自回禅师　　护圣居静禅师

　　南岩胜禅师　　　梁山师远禅师

　　能仁绍悟禅师　　子言庵主

　　剑门南修造禅师　莫将尚书少虚居士

　　龙图王萧居士（已上九人见录）　能仁净禅师

　　黄梅明禅师　　　妙高则禅师

　　钓台诠禅师　　　提刑吴昕居士（已上五人无录）

五祖自禅师法嗣一人

　　龙华高禅师（见录）

卷第三十一

大鉴下第十七世

虎丘隆禅师法嗣一人

　　天童昙华禅师（见录）

育王裕禅师法嗣九人

　　清凉坦禅师　　　净慈师一禅师

　　道场法全禅师　　延福慧升禅师（已上四人见录）

　　云岩法秀禅师　　连云行敦禅师

　　天目肇禅师　　　安岩古禅师

　　上岩咏禅师（已上五人无录）

大沩泰禅师法嗣四人
　　慧通清旦禅师　　灵岩仲安禅师
　　正法灏禅师　　昭觉辩禅师（已上四人见录）
护国元禅师法嗣五人
　　国清行机禅师　　焦山师体禅师
　　华藏智深禅师　　参政钱端礼居士
　　（已上四人见录）　　上竺圆智禅师（一人无录）
灵隐远禅师法嗣九人
　　东山齐己禅师　　疏山如本禅师
　　觉阿上人　　内翰曾开居士
　　知府葛郯居士（已上五人无录）　　济颠书记禅师
　　尧首座禅师　　上蓝了乘禅师
　　公安慧冲禅师（已上四人无录）
华藏民禅师法嗣一人
　　径山宝印禅师（见录）
华藏祚禅师法嗣一人
　　东谷光禅师（无录）
昭觉元禅师法嗣一人
　　凤栖慧观禅师（见录）
文殊道禅师法嗣三人
　　楚安慧方禅师　　文殊思业禅师（已上二人见录）
　　文殊琼禅师（一人无录）
佛灯珣禅师法嗣四人
　　稠岩了赟禅师　　待制潘良贵居士

（已上二人见录）　　天井道如禅师

双槐郑续居士（已上二人无录）

泐潭明禅师法嗣一人

无为守缘禅师（见录）

卷第三十二

大鉴下第十七世

径山大慧杲禅师法嗣九十四人

教忠弥光禅师　　东林道颜禅师

西禅鼎需禅师　　东禅思岳禅师

西禅守净禅师　　开善道谦禅师

育王德光禅师　　华藏宗演禅师

天童净全禅师　　大沩法宝禅师

玉泉昙懿禅师　　荐福悟本禅师

育王遵璞禅师　　能仁祖元禅师

灵岩了性禅师　　蒋山善直禅师

万寿自护禅师　　大沩景晕禅师

灵隐了演禅师　　光孝致远禅师

雪峰蕴闻禅师　　连云道能禅师

灵隐道印禅师　　竺原宗元庵主

近礼侍者　　　　净居尼妙道禅师

资寿尼妙总禅师　侍郎张九成居士

参政李邴居士　　宝学刘彦修居士

提刑吴伟明居士　门司黄彦节居士

秦国夫人计氏　径山了明禅师（已上三十四人见录）
祖麟道者　清凉珠禅师
花药继明禅师　大云颖禅师
昭觉子文禅师　龙王自隐禅师
岳麓梵禅师　南华因禅师
超宗道人　大沩惠仰禅师
洛浦相禅师　径山祖庆禅师
伊山冲密禅师　祥符如本禅师
象田德禅师　象田信禅师
龙牙信禅师　岳侍者
光孝林禅师　云卧晓莹禅师
九鼎法生禅师　黄文昌编修
郑昂居士　径山有才禅师
大悲闲禅师　雪峰慧然禅师
华严觉印禅师　福严了贤禅师
庆成冲禅师　报恩崇海禅师
光孝祖彦禅师　荐福妙熙禅师
博山能禅师　石门仁禅师
龙翔宗常禅师　蒋山恩禅师
蒋山等诠禅师　光孝圆禅师
黑水昙振禅师　秀峰南禅师
法济僧鹗禅师　报恩行禅师
舟峰庆老禅师　荐福普仁禅师
水陆野庵和尚　大沩如晦禅师

玉泉道成禅师　　明招观禅师
兴王如沼禅师　　从庆庆禅师
法宏首座　　　　石泉咏禅师
光孝立禅师　　　明昭微禅师
大明广容禅师　　昭觉祖明禅师
正法秀禅师　　　仰山圆禅师
正焕首座　　　　关西尼真如（已上六十人无录）

卷第三十三
大鉴下第十七世
　龙翔珪禅师法嗣二人
　　云居德升禅师　　狼山慧温禅师（已上二人见录）
　云居悟禅师法嗣九人
　　双林德用禅师　　万年道闲禅师
　　中际善能禅师　　云居自圆禅师（已上四人见录）
　　灵瑞肱禅师　　　信州怀玉坚禅师
　　洪州同安隆禅师　灵岩宜方禅师
　　黄檗幻住印禅师（已上五人无录）
　乌巨行禅师法嗣六人
　　荐福休禅师　　　龟峰慧光禅师
　　长芦守仁禅师（已上三人见录）　荐福忠禅师
　　天宁记禅师　　　智者修禅师（已上三人无录）
　白杨顺禅师法嗣二人
　　青原如禅师（一人见录）　　南安岩如禅师（一人无录）

云居如禅师法嗣二人

　　隐靖彦岑禅师　　报恩成禅师（已上二人见录）

道场辩禅师法嗣六人

　　觉报清禅师　　何山然首座（已上二人见录）

　　正法济禅师　　能仁朋禅师

　　金绳勤禅师　　道场言禅师（已上四人见录）

黄龙忠禅师法嗣四人

　　信相戒修禅师（一人见录）　　慈化印肃禅师

　　无为道徽禅师　　崇化道赟禅师（已上三人无录）

西禅琏禅师法嗣一人

　　西禅希秀禅师（一人见录）

净居尼蕴禅师法嗣一人

　　净居尼法灯禅师（一人见录）

大沩果禅师法嗣十五人

　　玉泉宗琏禅师　　大沩行禅师

　　道林渊禅师　　大洪祖证禅师

　　泐潭德淳禅师　　保安可封禅师

　　石亭祖璇禅师　　石霜宗鉴禅师（已上八人见录）

　　吉祥灿禅师　　石门立禅师

　　双林远禅师　　穹窿觉文禅师

　　禾山暹禅师　　法轮孜禅师

　　雪峰一禅师（已上七人无录）

石头回禅师法嗣一人

　　云居德会禅师（一人见录）

育王谌禅师法嗣七人
　　万年昙贲禅师　　天童了朴禅师
　　西岩宗回禅师　　高丽坦然国师
　　龙华本禅师（已上五人见录）　　华藏先禅师
　　雪窦妙湛禅师（已上二人无录）

道场琳禅师法嗣三人
　　东山吉禅师（一人见录）　　狼山琚禅师
　　径山了粹禅师（已上二人无录）

道场慧禅师法嗣一人
　　灵隐道枢禅师（一人见录）

光孝憩禅师法嗣二人
　　光孝悟初首座（一人见录）　　崇胜善行禅师（一人无录）

中竺妙禅师法嗣二人
　　光孝深禅师（一人见录）　　灵隐蕴衷禅师（一人无录）

南华炳禅师法嗣四人
　　四祖宗肇禅师　　天宁法清禅师
　　正法月禅师　　南华明禅师（已上四人无录）

雪庭净禅师法嗣一人
　　翠云僧价禅师（一人无录）

讷堂思禅师法嗣三人
　　澄照行齐禅师　　青原立禅师
　　智首座（已上三人无录）

大中海禅师法嗣一人
　　报恩法舟禅师（一人无录）

蓬莱卿禅师法嗣一人

　　延福广禅师（一人无录）

真牧贤禅师法嗣二人

　　永福嗣衡禅师　无为了悟禅师（二人无录）

廓庵远禅师法嗣一人

　　信相宜禅师（一人无录）

古佛范禅师法嗣一人

　　乌回禧禅师（无录）

球堂忠禅师法嗣一人

　　上蓝独秀宏禅师（一人无录）

梦庵信禅师法嗣四人

　　能仁琢禅师　鹤林妙禅师

　　孝感竦禅师　永宁道全禅师（已上四人无录）

足庵鉴禅师法嗣一人

　　天童如净禅师（一人无录）

卷第三十四

大鉴下第十八世

　东林颜禅师法嗣一十一人

　　公安祖珠禅师　报恩法演禅师

　　净慈彦充禅师　智者真慈禅师

　　昭觉绍渊禅师（已上五人有录）　万年荷屋常禅师

　　积善道昌禅师　保福清皎禅师

　　护圣麟庵开禅师　徽州简上座

栖贤辩禅师（已上六人无录）

西禅需禅师法嗣四人

鼓山安永禅师　龙翔南雅禅师

天王志清禅师　剑门安分庵主（已上四人俱录）

教忠弥光禅师法嗣二人

净慈昙密禅师　法石慧空禅师（已上二人俱录）

东禅岳禅师法嗣四人

鼓山宗逮禅师（一人见录）　径山德潜禅师

白云师沼禅师　鼓山知珆禅师（已上三人无录）

西禅净禅师法嗣三人

乾元宗颖禅师（一人见录）　华严云和尚

中际立才禅师（已上二人无录）

开善谦禅师法嗣一人

吴十三道人（一人见录）

遁庵演禅师法嗣四人

育王法明禅师　何山慧清禅师

南禅大用禅师　移忠得一禅师（已上四人无录）

无用全禅师法嗣七人

笑翁堪禅师（一人见录）　灵隐希夷禅师

承天允韶禅师　雪峰了宗禅师

雪窦处南禅师　盘山思卓和尚

钱象祖止庵居士（已上六人无录）

天童应庵华禅师法嗣八人

天童咸杰禅师　南书记

侍郎李浩居士（已上三人见录） 凤山诠禅师

祥符善登禅师 禾山心鉴禅师

智者满禅师 严朝康教授（已上五人无录）

道场全禅师法嗣一人

华藏有权禅师（一人见录）

双林用禅师法嗣一人

三峰印禅师（一人见录）

大沩行禅师法嗣二人

德山子涓禅师（一人见录） 德山师本禅师（一人无录）

净慈水庵一禅师法嗣四人

息庵达观禅师 仰山嗣清禅师

瑞岩顺和尚 承天湛和尚（已上四人俱无录）

径山印禅师法嗣二人

金山道奇禅师 金山永聪禅师（已上二人无录）

玉泉宗琏禅师法嗣一人

玉泉希俨禅师（一人无录）

万年贲禅师法嗣四人

龙鸣贤禅师 大沩鉴禅师（已上二人见录）

天童从瑾禅师 投子淳禅师（已上二人无录）

大洪证禅师法嗣四人

玉泉恩禅师 万寿师观禅师

丞相益国周公 蓝丞成乘周公（已上四人无录）

楚庵方禅师法嗣二人

和庵若禅师 讷庵俊禅师（已上二人无录）

天童净禅师法嗣二人

　　石林秀禅师　　孤蟾莹禅师（已上二人无录）

普庵肃禅师法嗣二人

　　佛惠清禅师　　铁牛礼禅师（已上二人无录）

东谷光禅师法嗣一人

　　直翁举禅师（一人无录）

或庵体禅师法嗣三人

　　天童智颖禅师　万寿了修禅师

　　雪峰云禅师（已上三人无录）

晦庵光禅师法嗣四人

　　雪峰元肇禅师　径山元聪禅师

　　报恩智因禅师　陈安节樵隐居士

　　（已上四人无录）

水陆野庵禅师法嗣一人

　　四恩庵主（一人无录）

大圆璞禅师法嗣一人

　　然庵主（一人无录）

可庵然禅师法嗣一人

　　如如居士颜公（一人无录）

荐福本禅师法嗣一人

　　法灯首座（一人无录）

灵瑞肱禅师法嗣一人

　　福严杰禅师（一人无录）

逢庵会禅师法嗣一人

万松大琏禅师（一人无录）

慈航朴禅师法嗣二人

雪窦僧彦禅师　太平诏和尚（已上二人无录）

卷第三十五

大鉴下第十八世

育王光禅师法嗣一十四人

灵隐之善禅师　净慈居简禅师

径山如琰禅师　天童派禅师

东禅观禅师　上方铦禅师（已上六人见录）

育王宗印禅师　净慈义云禅师

径山妙嵩禅师　育王师瑞禅师

育王权禅师　天童齐禅师

云居梵琮和尚　铁牛印禅师（已上八人无录）

大鉴下第十九世

天童杰禅师法嗣九人

灵隐崇岳禅师　卧龙祖先禅师

荐福道生禅师　天童自镜禅师

净慈光禅师　隐静致柔禅师（已上六人见录）

蒋山庆如禅师　灵隐了悟禅师

侍郎张镃居士（已上三人无录）

天童达观禅师法嗣四人

虎丘善济禅师（一人见录）　华藏善净禅师

天衣文蔚禅师　柏岩凝和尚（已上三人无录）

径山如琰禅师法嗣七人

　　灵隐普济禅师　　净慈闻禅师

　　径山肇禅师　　双林朋禅师（已上四人见录）

　　枯桩昙禅师　　弁山阡禅师

　　东山源禅师（已上三人无录）

万寿崇观禅师法嗣四人

　　黄龙慧开禅师　　石霜妙印禅师（已上二人见录）

　　孤峰德秀禅师　　鸿福师洸禅师（已上二人无录）

育王师瑞禅师法嗣一人

　　瑞岩崇寿禅师（见录）

灵隐之善禅师法嗣四人

　　径山善珍禅师（一人见录）　　净慈仲颖禅师

　　无方安禅师　　霜林果禅师（已上三人无录）

天童智颖禅师法嗣三人

　　径山如珏禅师（一人见录）　　虎丘务本禅师

　　雪峰德因禅师（已上二人无录）

净慈居茼禅师法嗣二人

　　育王大观禅师（见录）　　石楼明禅师（无录）

鼓山安永禅师法嗣二人

　　净慈悟明禅师（见录）　　承天法坚禅师（无录）

直翁举禅师法嗣一人

　　天童岫禅师（见录）

育王妙堪禅师法嗣一人

　　东湖祥禅师（无录）

育王宗印禅师法嗣一人
　道场法舟禅师（无录）
乾元宗颖禅师法嗣二人
　鼓山宗鉴禅师　白云仁禅师（已上二人无录）
金山道奇禅师法嗣一人
　灵隐祖泉禅师（无录）
天童派禅师法嗣一人
　无镜彻禅师（无录）
径山嵩禅师法嗣一人
　无尘净禅师（无录）

大鉴下第二十世
卧龙祖先禅师法嗣四人
　径山师范禅师　灵隐法薰禅师（已上二人见录）
　云居慈觉禅师　大慈道俦禅师（已上二人无录）

卷第三十六
大鉴下第二十世
荐福道生禅师法嗣一人
　径山道冲禅师（见录）
净慈闻禅师法嗣三人
　径山妙高禅师（见录）　天童止泓鉴禅师
　何山铁镜明禅师（已上二人无录）
育王观禅师法嗣一人
　径山元熙禅师（见录）

径山善珍禅师法嗣二人

　　径山行端禅师（见录）　　曹溪觉禅师（无录）

净慈仲颖禅师法嗣三人

　　江心了万禅师　　岳林益禅师（已上二人见录）

　　双林云屋闲禅师（一人无录）

双林朋禅师法嗣一人

　　灵隐祖阇禅师（见录）

天童云岫禅师法嗣一人

　　雪窦大证禅师（见录）

孤峰秀禅师法嗣二人

　　鼓山皖山凝禅师　　双林一衲介禅师（二人无录）

灵隐普济禅师法嗣三人

　　蒋山东叟恺禅师　　雪窦野翁同禅师

　　天童石门来禅师（已上三人无录）

天童自镜禅师法嗣二人

　　松窗照禅师　　月窗圆禅师（已上二人无录）

径山如珏禅师法嗣一人

　　中竺空岩有禅师（无录）

雪窦大梦因禅师法嗣一人

　　风幡空山中禅师（无录）

黄龙慧开禅师法嗣一人

　　瞎驴见和尚（无录）

淳庵净禅师法嗣一人

　　天童西江谋禅师（无录）

灵隐崇岳禅师法嗣一十二人
  金山善开禅师　道场普岩禅师
  华藏觉通禅师　龙翔希琏禅师
  瑞岩光睦禅师　天目文礼禅师（已上六人见录）
  雪窦大歇谦禅师　净慈谷原道禅师
  瑞岩云巢岩禅师　虎丘蒺藜昙禅师
  北海心禅师　诺庵肇禅师

附编二

增集续传灯录

（明　文琇　集）

《增集续传灯录》序

余于少壮时，尝阅秀紫芝《人天宝鉴》，其序有云："先德有善不能昭昭于世者，后学之过也。及观《五灯会元》，若妙峰北涧、松源破庵诸老宿，皆未登此书，乃有撰述之志。于是凡见禅宗典籍及塔铭行状，自宋季及元以来诸硕德言行超卓者，遂笔之，迨今越三十余年矣。但不能遍历江湖访而求之，于心未慊。故于永乐乙未移书诸大方尊宿，幸籍灵谷幻居和尚、天童即庵和尚展转搜讨，继而又得郡人吴道玄亦为博寻遗籍，仅有所成遂用铨次。窃观《续传灯录》于《五灯会元》后，若大鉴第十八世至二十世曾收三世，奈收之未尽，已收者亦言行太略。今于所收外又增入之，故云《增集续传灯录》。噫！凡著述者言必尚文，余愧乏于文。然吾宗直指单传之道，所贵直书以显其旨趣耳，亦何假乎文哉！惟吾门通宗者鉴诸。

永乐十五年丁酉三月，径山禅寺前住持比丘文琇书

《增集续传灯录》凡例

宋景德中沙门道原所集《景德传灯录》者，其立名甚当，况有所据。后来诸师所集或名《续灯》，或名《联灯》《普灯》《广灯》，虽各有意趣，然终欠纯一。

大报恩寺重刊大藏经，新收《续传灯录》，其立名亦甚定当，但此书成于仓卒，所收太略。自大鉴第十八世至二十世三世止，收得四十一人有机缘语句，其它皆空名而已，况四十一人中差误又多。今于《续传灯录》所收外又增集之，故名《增集续传灯录》。

采集规矩并依《传灯录》例，以宗旨为要，若行业超卓，堪为世范及传宗宗师，略载出处，以为后人矜式，他不具录。传受世代但据大鉴，不言南岳青原者，其有意也。盖吾宗本一祖所出，何须分作五派。徒涉支离曾无意谓，今之所收故不分也。《增集》始自大鉴第十八世，其不能齐于一世而止者，盖大慧虎丘二师而下，传受世代延促不同故。

大鉴第十八世内有二十一人，已见《五灯会元》，今复列于传次者，贵便于披阅也，各于目录名下注云"旧传"。《续传灯录》中有传者，于目录名下注云"续传"。《续传》中差误者，今考而正之，目录名下注云"增正"。《续传》中太略者，今复补入，目录名下注云"增备"。

据各处祖图及与前辈讲明，止得其名不见机缘语句及塔铭行状者，今但列名于目录中，庶见传流有自，后之好事者能搜访补入为幸。

卷第一
大鉴下第十八世
　天童应庵华禅师法嗣（嗣虎丘）
　　天童密庵咸杰禅师　　南书记
　　侍郎李浩居士（已上三人旧传）　光孝善登禅师
　　严康朝教授　　凤山守诠禅师（此后无传）
　　禾山心鉴禅师　　智者满禅师
　育王佛照光禅师法嗣（嗣大慧）
　　灵隐妙峰之善禅师（续传）　　净慈北礀居简禅师（增备）
　　径山浙翁如琰禅师（增备）　　天童无际了派禅师（增正）
　　东禅性空智观禅师（续传）　　上方朴翁义铦禅师（增备）
　　育王退谷义云禅师　　育王秀岩师瑞禅师
　　育王孤云权禅师　　云居率庵梵琮禅师
　　育王空叟宗印禅师　　灵隐铁牛印禅师
　　石庵正砲禅师　　天童海门师齐禅师
　　径山少林妙崧禅师（此后无传）
　　虎丘镜中大禅师
　东林卍庵颜禅师法嗣（嗣大慧）
　　公安遁庵祖珠禅师　　汀州报恩法演禅师
　　净慈肯堂彦充禅师　　智者元庵真慈禅师（已上四人旧传）
　　昭觉绍渊禅师（续传）
　　徽州简上座　　万年荷屋常禅师（此后无传）

积善道昌禅师　　保福清皎禅师
护圣麟庵开禅师　栖贤辩禅师

西禅懒庵需禅师法嗣（同）
鼓山木庵安永禅师　龙翔柏堂南雅禅师
天王志清禅师　　剑南安分庵主（已上旧传）

教忠晦庵光禅师法嗣（同）
法石中庵慧空禅师　净慈混源昙密禅师（已上旧传）
青原信庵唯裡禅师
道一维那（无传）

东禅蒙庵岳禅师法嗣
鼓山宗逮禅师（旧传）　径山寓庵德潜禅师
鼓山石庵知昭禅师　白云师沼禅师（无传）

西禅此庵净禅师法嗣（同）
乾元钝庵宗颖禅师（旧传）　中济无禅立才禅师
华严别峰云禅师

华藏遁庵演禅师法嗣
何山月窟慧清禅师　育王法明禅师（此后无传）
南禅大用禅师　　移忠得一禅师

开善谦禅师法嗣（同）
吴十三道人（旧传）

天童无用全禅师法嗣（同）
育王笑翁妙堪禅师（增备）　灵隐石鼓希夷禅师
雪窦野云处云禅师　雪峰灭堂了宗禅师
盘山思卓和尚　　止庵居士钱象祖

可庵然禅师法嗣（同）

　　如如居士颜公

隐静圆极岑禅师法嗣（嗣云居如）

　　福严礼禅师（无传）

道场无庵全禅师法嗣（嗣育王裕）

　　华藏伊庵有权禅师（旧传）

双林用禅师法嗣（嗣云居悟）

　　三峰印禅师（旧传）

大沩行禅师法嗣（嗣大沩果）

　　德山子涓禅师（旧传）　德山师本禅师（此后无传）

　　无为悟禅师　永福衡禅师

净慈水庵一禅师法嗣（嗣育王裕）

　　天童息庵达观禅师　仰山简庵嗣清禅师

　　瑞岩顺和尚（此后无传）　承天湛和尚

径山别峰印禅师法嗣（嗣华藏民）

　　金山退庵道奇禅师　金山蓬庵永聪禅师

玉泉穷谷琏禅师法嗣（嗣大沩果）

　　玉泉希俨禅师（无传）

万年心闻贲禅师法嗣（嗣育王谌）

　　龙鸣在庵贤禅师　大沩咦庵鉴禅师（已上二人旧传）

　　天童雪庵从瑾禅师　投子淳禅师（无传）

大洪老衲证禅师法嗣（嗣大沩果）

　　万寿月林师观禅师　玉泉恩禅师（此后无传）

　　丞相益国周公　　　监丞成乘周公

雪庭裕禅师法嗣（裕嗣万松秀　秀嗣雪岩满　满嗣玉山体　体嗣大明宝　宝嗣青劦辩　辩嗣鹿门觉　觉嗣芙蓉楷）

　　灵隐泰禅师（无传）

楚安方禅师法嗣（嗣文殊道）

　　和庵若禅师（此后无传）

慈化普庵肃禅师法嗣（嗣黄龙忠）

　　佛慧清禅师（此后无传）　　铁牛礼禅师

　　盘龙和光世禅师　　讷僧俊禅师

灵隐东谷光禅师法嗣（嗣明极祚）

　　天宁直翁一举禅师

天童长翁净禅师法嗣（嗣足庵鉴）

　　承天孤蟾莹禅师（此后无传）　　石林秀禅师

焦山或庵体禅师法嗣（嗣护国元）

　　天童痴钝智颖禅师　　天童茨庵尧禅师

　　万寿无证了修禅师（此后无传）

　　雪峰云禅师

龟峰晦庵光禅师法嗣（嗣乌巨行）

　　径山蒙庵元聪禅师　　雪峰累庵元肇禅师（此后无传）

　　报恩智因禅师　　　樵隐居士陈安节

灵瑞肱禅师法嗣（嗣云居悟）

　　福严杰禅师（无传）

云居蓬庵会禅师法嗣（嗣石头回）

　　万松坏衲大琏禅师

天童慈航朴禅师法嗣（嗣育王谌）

雪窦僧彦禅师（此后无传）　太平韶和尚

径山石桥宣禅师法嗣（嗣华藏民）

　古樵侃禅师（无传）

竹林宝禅师法嗣（嗣懒牛和 和嗣天目齐）

　竹林安禅师（无传）

卷第二
大鉴下第十九世
　天童密庵杰禅师法嗣
　　灵隐松源崇岳禅师（续传）　卧龙破庵祖先禅师（增备）
　　龟峰曹源道生禅师（增备）　天童枯禅自镜禅师（同）
　　净慈潜庵慧光禅师（增正）　隐静万庵致柔禅师（同）
　　灵隐笑庵了悟禅师　　　　蒋山一翁庆如禅师
　　承天铁鞭允韶禅师　　　　约斋居士侍郎张公镃
　　业海茂禅师（此后无传）　柏庭文禅师
　灵隐妙峰善禅师法嗣
　　径山藏叟善珍禅师（续传）　净慈东叟仲颖禅师
　　龙济友云宗鳌禅师　　　　雪峰霜林果禅师（此后无传）
　　无方安禅师　　　　　　　雪翁立禅师
　净慈北涧简禅师法嗣
　　育王物初大观禅师（续传）　万寿石楼明禅师（无传）
　径山浙翁琰禅师法嗣
　　径山偃溪广闻禅师（增备）　虎丘枯桩昙禅师
　　径山淮海元肇禅师（增备）　灵隐大川普济禅师（增备）

净慈介石朋禅师（增备）　　天童辨山仟禅师

虎丘东山道源禅师　　　　大慈芝岩慧洪禅师

寿国梦窗嗣清禅师　　　　龙溪文禅师

孤岩启禅师（此后无传）　因叟源禅师

法藏闻禅师　　　　　　　草堂隆禅师

承天琏禅师

天童无际派禅师法嗣

　天宁无境彻禅师　鳌峰定禅师

　雪窗日禅师（无传）

育王秀岩瑞禅师法嗣

　瑞岩无量寿禅师（增备）

育王空叟印禅师法嗣

　道场别浦法舟禅师　无极观禅师

径山少林崧禅师法嗣

　无尘净禅师（无传）

鼓山木庵永禅师法嗣

　净慈晦翁悟明禅师（续传）　承天一庵法坚禅师（无传）

青原信庵裡禅师法嗣

　青原正庵宗广禅师

乾元钝庵颖禅师法嗣

　鼓山宗鉴禅师（此后无传）　白云讷庵仁禅师

何山月窟清禅师法嗣

　雪峰北山信禅师

育王笑翁堪禅师法嗣

黄龙东湖祥禅师（无传）

天童息庵观禅师法嗣

　　虎丘佃堂善济禅师（续传）　　华藏纯庵善净禅师

　　天衣啸岩文蔚禅师　　　　　柏岩凝和尚

　　断崖躬禅师（此后无传）　　万寿独山礼禅师

　　复川源禅师　　　　　　　　无芳觉禅师

金山退庵奇禅师法嗣

　　灵隐高原祖泉禅师

万寿月林观禅师法嗣

　　黄龙无门惠开禅师（增备）　石霜竹岩妙印禅师（增备）

　　囊山孤峰德秀禅师　　　　　鸿福嵩严师洸禅师（无传）

灵隐秦禅师法嗣

　　还源遇禅师（无传）

天宁直翁举禅师法嗣

　　天童云外云岫禅师（续传）

天童痴钝颖禅师法嗣

　　径山荆叟如珏禅师（增备）　雪峰大梦德因禅师

　　虎丘不传务本禅师（此后无传）

　　光孝伊庵玉禅师　　南翁明禅师

竹林安禅师法嗣

　　海西容庵海禅师（无传）

福严礼禅师法嗣

　　半山嵩山晃禅师（无传）

卷第三

大鉴下第二十世

灵隐松源岳禅师法嗣

- 天童天目文礼禅师（增备）
- 道场运庵普岩禅师（增备）
- 江心石岩希琏禅师（同）
- 金山掩室善开禅师（续传）
- 华藏无得觉通禅师（续传）
- 瑞岩少室光睦禅师（同）
- 道场北海悟心禅师
- 雪窦无相范禅师
- 瑞岩云巢岩禅师
- 雪窦大歇谦禅师
- 净慈谷源道禅师
- 虎丘蕨藜县禅师
- 诺庵肇和尚

卧龙破庵先禅师法嗣

- 径山无准师范禅师（增备）
- 灵隐石田法薰禅师（同）
- 云居即庵慈觉禅师
- 大慈独庵道侤禅师

龟峰曹源生禅师法嗣

- 径山痴绝道冲禅师（增备）

天童枯禅镜禅师法嗣

- 育王寂窗有照禅师
- 净慈清溪沅禅师
- 法石愚谷智禅师
- 西禅月潭圆禅师
- 报恩太古先禅师
- 公安虚溪锡禅师
- 岊翁淳禅师
- 高峰崇禅师
- 无巳谦禅师（无传）

隐静万庵柔禅师法嗣

- 虎丘双杉元禅师

育王物初观禅师法嗣

径山晦机原熙禅师（增备）　用潜明禅师（无传）

径山藏叟珍禅师法嗣

径山原叟行端禅师（增备）　曹溪觉禅师（无传）

净慈东叟颖禅师法嗣

江山一山了万禅师（增备）　岳林栴堂益禅师（同）

智者云屋自间禅师

龙济友云鉴禅师法嗣

赣州彻庵见禅师（无传）

无方安禅师法嗣

枯木荣禅师

灵隐大川济禅师法嗣

天童石门来禅师　雪窦野翁炳同禅师

蒋山东叟恺禅师（无传）

径山偃溪闻禅师法嗣

径山云峰妙高禅师（增备）　何山铁镜至明禅师

天童止泓鉴禅师　雪峰平楚耸禅师（此下无传）

北禅毒果因禅师　南山寿禅师

径山淮海肇禅师法嗣

虎丘孤岩启禅师（无传）

净慈介石朋禅师法嗣

灵隐悦堂祖訚禅师（传续）

天童辨山仟禅师法嗣

圆通雪溪逸禅师

天宁无境彻禅师法嗣

灌溪昌禅师　南浦遵禅师（无传）
无尘净禅师法嗣
　光孝玉涧莹禅师（无传）
雪峰北山信禅师法嗣
　大庆尼了庵智悟禅师
荐福无文璨禅师法嗣
　圆通玉崖振禅师（此下无传）
　荐禅定山一禅师　别翁总禅师
华藏纯庵净禅师法嗣
　雪峰石翁玉禅师　天童西江湛禅师（此下无传）
　月溪清禅师　　天宁勤禅师
　荐福祥禅师
灵隐高原泉禅师法嗣
　宝林无机禅师
黄龙无门开禅师法嗣
　护国臭庵宗禅师　慧云无传祖禅师
　华藏瞎驴见禅师　无疑定禅师（此下无传）
　赵信庵居士
石霜竹岩印禅师法嗣
　直翁圆藏主（无传）
囊山孤峰秀禅师法嗣
　鼓山皖山止凝禅师　双林一衲戒禅师
还源遇禅师法嗣
　淳拙才禅师（无传）

天童云外岫禅师法嗣
　　雪窦无印大证禅师（续传）　独木升禅师（此下无传）
　　愚庵省禅师　大方聘禅师
径山荆叟珏禅师法嗣
　　中竺空岩有禅师
雪峰大梦因禅师法嗣
　　风幡空山中禅师（此下无传）　愚叟智禅师
　　古泉锡禅师
海西容庵海禅师法嗣
　　庆寿中和璋禅师

卷第四
大鉴下二十一世
　天童天目礼禅师法嗣
　　育王横川如珙禅师　净慈石林行巩禅师
　　天宁冰谷衍禅师　虎丘云耕靖禅师
　　翠岩守真禅师（此后无传）　月庭华禅师
　道场运庵岩禅师法嗣
　　径山虚堂智愚禅师　天童石帆衍禅师
　金山掩室开禅师法嗣
　　径山石溪心月禅师
　华藏无得通禅师法嗣
　　径山虚舟普度禅师
　雪窦大歇谦禅师法嗣

承天觉庵梦真禅师　惠严象潭泳禅师

一关溥禅师　国清溪西泽禅师

雪窦霍山昭禅师（无传）

瑞岩云巢岩禅师法嗣

万寿讷堂辩禅师　虎丘清溪义禅师

净慈谷源道禅慧法嗣

万寿高峰岳禅师　仰山无禅信禅师（无传）

径山无准范禅师法嗣（二十人）

仰山雪岩祖钦禅师　净慈断桥妙伦禅师

天童西岩了慧禅师　灵隐退耕宁禅师

天童别山智禅师　天童瑰溪一禅师

天童月坡明禅师　雪窦希叟绍昙禅师

雪峰绝岸可湘禅师　光孝石室辉禅师

国清灵叟源禅师　天童简翁敬禅师

东林指南宜禅师　荐福无文璨禅师

雪窦方岩垠禅师（此后无传）　江心兀庵宁禅师

东山日禅师　石梁忠禅师

顽石玉禅师　剑关益禅师

灵隐石田薰禅师法嗣

净慈愚极慧禅师　中竺雪屋珂禅师

国清清虚心禅师（此后无传）　灵隐一如因禅师

径山痴绝冲禅师法嗣

神光北山隆禅师　高台此山应禅师

石霜西溪心禅师（此后无传）　育王顽极弥禅师

蒋山正叟心禅师　　净慈无文传禅师
　　开先别翁甄禅师　　良山沂禅师
育王寂窗照禅师法嗣
　　道场龙源介清禅师
公安虎溪锡禅师法嗣
　　云山兴禅师（此后无传）　　东溪亭禅师
径山晦机熙禅师法嗣
　　龙翔笑隐大欣禅师　　保宁仲方天伦禅师
　　育王石室祖瑛禅师　　中竺一关正逵禅师
　　天衣业海子清禅师　　东林东阳德辉禅师（此后无传）
　　虎丘雪窗普明禅师　　南禅宝洲觉岸禅师
　　祥符梅屋念常禅师　　平川济禅师
径山原叟端禅师法嗣
　　灵隐竹泉法林禅师　　径山古鼎祖铭禅师
　　国清梦堂昙噩禅师　　天宁楚石梵琦禅师
　　径山愚庵智及禅师　　万寿行中至仁禅师
　　径山复原福报禅师　　灵隐性原慧明禅师
　　上竺我庵本无法师　　开原愚仲善如禅师
　　灵隐天镜原净禅师　　护圣迪原启禅师
　　万寿佛初智淳禅师　　天宁仲猷祖阐禅师
　　天宁太古昙徽禅师（此后无传）
　　开原方崖成大禅师　　五峰亢恕普慈禅师
　　清凉用堂子梗禅师　　开化一庵道如禅师
江心一山万禅师法嗣

报恩无方智普禅师　云居小隐师大禅师

赣州彻庵见禅师法嗣

黄龙空庵了一禅师（无传）

雪窦野翁同禅师法嗣

岳林水南湘禅师（无传）

径山云峰高禅师法嗣

东林古智哲禅师　中竺一溪自如禅师

径山本源善达禅师　天童怪石奇禅师

龙岩真首座　国清无我亲禅师（无传）

天童止泓鉴禅师法嗣

道场玉溪思珉禅师　万寿竺田汝霖禅师

何山铁镜明禅师法嗣

恭都寺

灵隐悦堂闾禅师法嗣

东林无外宗廓禅师　雪岑立禅师（无传）

灌溪昌禅师法嗣

无积聚禅师（无传）

天童西江谋禅师法嗣

天宁怪翁祥禅师（此后无传）　旌忠东溪仙禅师

华藏瞎驴见禅师法嗣

金芝铁觜念庵主

直翁圆藏主法嗣

天宁无能教禅师

鼓山皖山凝禅师法嗣

淀山蒙山德异禅师　冶父金牛真禅师（无传）

淳拙才禅师法嗣

少林竹庵子忍禅师　历岩稔禅师（无传）

中竺空岩有禅师法嗣

真觉原翁信禅师　信翁朝禅师（此后无传）

痴牛愚禅师　明叟宗禅师

风幡空山中禅师法嗣

吕铁船居士　南华古衲遵禅师（无传）

庆寿中和璋禅师法嗣

庆寿海云印简禅师

卷第五

大鉴下第二十二世

育王横川珙禅师法嗣

紫箨竺原妙道禅师　保宁古林清茂禅师

保福断江觉恩禅师　开寿商隐予禅师

学士文清公袁桷

净慈石林巩禅师法嗣

虎丘东州寿永禅师　净慈东屿德海禅师

穹窿独木林禅师　净光东石契禅师

天宁竺云昙禅师

径山石溪月禅师法嗣

西禅柏堂祖森禅师　东林明岩彻禅师

虎丘无机慧禅师　鼓山鼎翁鼐禅师

万寿南州珍禅师　　清凉南叟茂禅师
虎丘云谷庆禅师　　慧力圆中规禅师
莲峰玉禅师（无传）

径山虚堂愚禅师法嗣

虎丘闲极法云禅师　　定水宝业道源禅师
净慈灵石如芝禅师　　灵岩竹窗喜禅师
雪窦禹溪了禅师　　葛庐覃禅师

径山虚舟度禅师法嗣

径山虎岩净伏禅师　　承天庸叟时中禅师
天童竺西妙坦禅师　　灵隐玉山德珍禅师（无传）
疏山楚山端禅师（无传）　　德岩佑禅师（无传）
一岩唯禅师（无传）

承天觉庵真禅师法嗣

东林泽山戌咸禅师　　可庭宗禅师（无传）

国清溪西泽禅师法嗣

易无象首座

仰山雪岩钦禅师法嗣

天目高峰原妙禅师　　径山虚谷希陵禅师
道场及庵信禅师　　灵云铁牛持定禅师
高丽铁山琼禅师　　药山天隐圆至禅师（无传）
慧力海印昭如禅师（无传）　　达本陡崖戒禅师（无传）
华藏无涯浩禅师（无传）　　万寿默翁一禅师（无传）
茶陵无学习禅师（无传）　　石溪无一全禅师（无传）

净慈断桥伦禅师法嗣

净慈方山文宝禅师　　净慈古田垕禅师

　　　能仁藏室珍禅师　　　西禅末宗本禅师

　　　江心啸云庄禅师　　　光孝雪矶纲禅师

　　　新安雪山昙禅师　　　隆教绝象鉴禅师

　　　归宗竹屋简禅师　　　别翁传禅师（此后无传）

　　　雪山泽禅师

天童西岩慧禅师法嗣

　　　天童东岩净日禅师　　荐福月涧文明禅师

　　　翠岩木庵讷禅师　　　天宁月舟乘禅师

　　　绝壑淳禅师（无传）

灵隐退耕宁禅师法嗣

　　　蒋山月庭忠禅师　　中竺旨堂宗禅师

天童别山智禅师法嗣

　　　西余竹洲修禅师　　西林松岩秀禅师

　　　应叟言禅师（无传）

天童环溪一禅师法嗣

　　　承天雪镜明禅师（此后无传）　石梁忠禅师

　　　可堂悦禅师　破衲修禅师

　　　南峰吉禅师

雪窦希叟昙禅师法嗣

　　　中吴承天克翁绍禅师（此后无传）

　　　方外圆禅师　绝流慧泗禅师

　　　刍牛和庵主

雪峰绝岸湘禅师法嗣

云叟从禅师（此后无传）　　断崖恩禅师

净慈愚极慧禅师法嗣

雪峰樵隐悟逸禅师　　灵隐竺田悟心禅师

灵隐千濑庆禅师　　舜田满禅师

日休一禅师（此后无传）　　清拙澄禅师

育王顽极弥禅师法嗣

育王东生德明禅师

净慈无文传禅师法嗣

净慈石湖美禅师（无传）

蒋山正叟心禅师法嗣

石霜玉涧璁禅师（此后无传）　　云叟庆禅师

龙翔笑隐欣禅师法嗣

万寿别传起宗禅师（无传）　　天界觉原慧昙禅师

净慈用章廷俊禅师　　育王约之崇裕禅师

净慈仲邠克岐禅师　　灵隐用贞原良禅师

天界全室宗泐禅师　　天界芳林宗噩禅师

九岩道纯雅禅师　　净慈清远怀渭禅师（此后无传）

承天仲铭克新禅师

保宁仲方伦禅师法嗣

奉圣笑庵善愈禅师　　灵谷物先仲义禅师（无传）

灵隐竹泉林禅师法嗣

鸿福牧隐文谦禅师　　虎丘灭宗宗起禅师

慧日昙石德祺禅师　　灵隐白云自悦禅师（无传）

虎丘石田隐畊禅师（无传）

径山古鼎铭禅师法嗣
　　径山象原仁济禅师　　灵谷天渊清浚禅师
　　天界白庵万金禅师　　万寿本空昙相禅师
　　万寿泽源慧禅师　　灵隐竺昙敷禅师（此后无传）
　　灵隐性中仁禅师　　江心极原智禅师
　　江心印宗智蜜禅师　　虎丘觉原明心禅师
国清梦堂噩禅师法嗣
　　径山岱宗心泰禅师
天宁楚石琦禅师法嗣
　　万寿莹中景瓛禅师
径山愚庵及禅师法嗣
　　灵隐空叟忻悟禅师　　天童用愚希颜禅师
　　庆寿独庵道衍禅师　　瑞光希远观通禅师（无传）
　　虎丘南琛智宝禅师（无传）　　巽中宝盈藏主（无传）
万寿行中仁禅师法嗣
　　径山南石文琇禅师　　永怀无我普观禅师
　　虎丘性海善法禅师　　天宁雪心明显禅师
　　示光止庵普震禅师　　光孝仲虚广益禅师
径山复原报禅师法嗣
　　疏山天霖弘泽禅师
灵隐性原明禅师法嗣
　　碧峰无作慎行禅师
万寿佛初淳禅师法嗣
　　天宁沧海智宝禅师

报恩无方普禅师法嗣
　　懒牛勤禅师
天童怪石奇禅师法嗣
　　　广化宗圣觉禅师　延祥绝海法舟禅师
　　　古心仁藏主
万寿竺田霖禅师法嗣
　　净慈孤峰德禅师（此后无传）　华藏习禅师
道场玉溪珉禅师法嗣
　　　天童寿岩智昌禅师　净慈愚溪弘智禅师
天宁无能教禅师法嗣
　　　妙果竺源盛禅师
冶父金牛真禅师法嗣
　　　太湖无用贤宽禅师
淀山蒙山异禅师法嗣
　　　袁州孤舟济禅师（无传）
历岩稔禅师法嗣
　　　秋江洁禅师（无传）
真觉原翁信禅师法嗣
　　　虎跑止岩普成禅师　广德东海德涌禅师
　　　天池空海本源禅师　乌石杰峰愚和尚
　　　铁关枢禅师（此后无传）　宇中泰禅师
庆寿海云简禅师法嗣
　　　海云可庵智朗禅师（此后无传）　赜庵偎禅师

卷第六

大鉴下第二十三世

　紫籜竺原道禅师法嗣

　　天童了堂唯一禅师　瑞岩恕中无愠禅师

　　天童木庵司聪禅师　径山大宗法兴禅师

　　保福一庵如禅师　　灵石古帆新禅师

　　寿昌别源法源禅师（无传）

　保宁古林茂禅师法嗣

　　灵岩南堂清欲禅师　龙华会翁清海禅师

　　仙岩仲谋猷禅师　　建长竺仙梵仙禅师

　　定慧大方因禅师　　清凉实庵茂禅师

　　永福灵江浩禅师（无传）

　净慈东屿海禅师法嗣

　　径山悦堂希颜禅师　育王雪窗悟光禅师

　　育王大千照禅师　　穹窿子原自厚禅师

　　虎丘中行本复禅师　明因天渊湛禅师

　　万年横江浩禅师　　明岩大古熙禅师

　　宝华枯林泽禅师　　翠峰仲谦敏禅师（无传）

　万寿南州珍禅师法嗣

　　万寿中峰宗海禅师　无异常禅师（无传）

　净慈灵石芝禅师法嗣

　　法喜岳云一嵩禅师

　径山虎岩伏禅师法嗣

　　育王月江正印禅师　万寿别岸若舟禅师

径山南楚师悦禅师　宝林明极楚俊禅师
灵隐独孤淳朋禅师　江心无际本禅师
金山即休契了禅师　（此后无传）
能仁定门习禅师　无染净禅师
空远义禅师　沧海立禅师

承天庸叟中禅师法嗣

万寿荆石琦禅师（无传）

天童竺西坦禅师法嗣

龙翔孚中怀信禅师　雪窦华国子文禅师
天童正宗法匡禅师　佛陇行可宜禅师
大慈天宇定禅师（无传）

灵隐玉山珍禅师法嗣

龙翔昙芳守忠禅师

天目高峰妙禅师法嗣

天目中峰明本禅师　天目断崖了义禅师
中竺布衲祖雍禅师　白云空中以假禅师
辨山千江珂月禅师（无传）

径山虚谷陵禅师法嗣

径山竺远正源禅师　仰山了堂圆照禅师
兴圣觉隐本诚禅师　中竺空海念禅师
千福木岩本植禅师　桐江大禅师（此后无传）
唯堂一禅师

道场及庵信禅师法嗣

福源石屋清珙禅师　净慈平山处林禅师

灵云铁牛定禅师法嗣

　　般若绝学世诚禅师　　南华玄极规禅师（此后无传）

　　皇庆绝翁绍禅师　　江陵古庭越庵主

高丽铁山琼禅师法嗣

　　江陵无闻聪禅师（无传）

净慈方山宝禅师法嗣

　　华顶无见先睹禅师　　天宁镜堂古禅师

　　资福一源灵禅师　　广孝秋江湛禅师（无传）

　　丁生

净慈古田垕禅师法嗣

　　江心东涧洵禅师　　古愚存禅师（此后无传）

　　天有昭禅师

归宗竹屋简禅师法嗣

　　明教如翁申禅师（此后无传）　　慧日无禅海禅师

天童东岩日禅师法嗣

　　天童平石如砥禅师　　灵岩虚中满禅师

　　江心无言宣禅师（此后无传）　　四祖止堂定禅师

　　云盖此堂证禅师

荐福月涧明禅师法嗣

　　饶州东山崇禅师

蒋山月庭忠禅师法嗣

　　万寿云西亮禅师（无传）

承天克翁绍禅师法嗣

　　虎丘居中寿宁禅师（无传）

天界觉源昙禅师法嗣

　　天界朴庵行椿禅师（无传）　　育王别峰常在禅师（同）

　　灵谷幻居净戒禅师（同）

天界全室泐禅师法嗣

　　天童佛朗性禅师（无传）

灵谷物先义禅师法嗣

　　净慈祖芳联禅师（无传）

慧日昙石祺禅师法嗣

　　守拙上座

天界白庵金禅师法嗣

　　鸡鸣白石瑄禅师（无传）

净慈孤峰德禅师法嗣

　　灵隐无文本绹禅师（无传）　　天宁象初道干禅师（同）

乌石杰峰愚和尚法嗣

　　福慧克庵和尚

铁关枢禅师法嗣

　　净慈逆川顺禅师

海云可庵朗禅师法嗣

　　华庵满禅师（无传）

颐庵儇禅师法嗣

　　云西安禅师（无传）

大鉴下第二十四世

　　天童了堂一禅师法嗣

径山敬中普庄禅师
瑞岩恕中愠禅师法嗣
　　灵谷圆极居顶禅师
寿昌别源源禅师法嗣
　　天童左庵原良禅师（无传）
灵岩南堂欲禅师法嗣
　　金山穆庵文康禅师　　灵岩天彰文焕禅师
虎丘中行复禅师法嗣
　　虎丘松庵真禅师（无传）
径山南楚悦禅师法嗣
　　灵隐见心来复禅师　　承天野舟道间禅师（无传）
龙翔孚中信禅师法嗣
　　万寿天叙宗秩禅师（无传）
天童正宗匡禅师法嗣
　　道场竺芳慕联禅师
龙翔昙芳忠禅师法嗣
　　荐严兰江清㵮禅师
天目中峰本禅师法嗣
　　圣寿千岩元长禅师　　师林天如维则禅师
净慈平山林禅师法嗣
　　天界易道夷简禅师（无传）　　天界止庵德祥禅师
虎丘居中宁禅师法嗣
　　虎丘道立中禅师（无传）

大鉴下第二十五世

圣寿千岩长禅师法嗣

圣恩万峰和尚　松隐唯庵德然禅师

无相居士学士宗濂（无传）

增集续传灯录卷第一

大鉴下第十八世

天童应庵华禅师法嗣

四明天童密庵咸杰禅师 福州郑氏子，母梦庐山老僧入舍而生。自幼颖悟，出家为僧，不惮游行，遍参知识。后谒应庵于衡之明果，庵孤硬难入，屡遭呵。一日庵问："如何是正法眼？"师遽答曰："破沙盆。"庵颔之。未几辞回省亲，庵送以偈曰："大彻投机句，当阳廓顶门，相从今四载，征诘洞无痕。虽未付钵袋，气宇吞乾坤，却把正法眼，唤作破沙盆。此行将省觐，切忌便垛根，吾有末后句，待归要汝遵。"

出世衡之乌巨，次迁祥符蒋山华藏。未几诏住径山灵隐，晚居太白。僧问："虚空消殒时如何？"师曰："罪不重科。"

上堂，"牛头横说竖说，不知有向上关棙子。有般漆桶辈，东西不辨，南北不分，便问如何是向上关棙子。何异开眼尿床！华藏有一转语，不在向上向下，千手大悲摸索不着，雨寒无处晒晾，今日普请布施大众"。良久曰："达磨大师无当门齿。"

上堂，"世尊不说说，拗曲作直。迦叶不闻闻，望空启告。

马祖即心即佛,悬羊头卖狗肉。赵州勘庵主,贵买贱卖,分文不直。祇如文殊是七佛之师,因甚出女子定不得?河天月晕鱼生子,槲叶风微鹿养茸"。

上堂,卓拄杖曰:"迷时只迷这个。"复卓一下曰:"悟时祇悟这个。迷悟双忘,粪扫堆头,重添搕𢶍。莫有向东涌西没,全机独脱处,道得一句底么?若道不得,华藏自道去也。"掷拄杖曰:"三十年后。"

上堂,举金峰和尚示众云:"老僧二十年前有老婆心,二十年后无老婆心。"时有僧问:"如何是和尚二十年前有老婆心?"峰云:"问凡答凡,问圣答圣。"曰:"如何是二十年后无老婆心?"峰云:"问凡不答凡,问圣不答圣。"师曰:"乌巨当时若见,但冷笑两声。这老汉忽若瞥地,自然不堕圣凡窠臼。"

上堂,举婆子烧庵话。师曰:"这个公案丛林中少有拈提者,杰上座裂破面皮,不免纳败一上,也要诸方检点。"乃召大众曰:"这婆子洞房深稳,水泄不通,偏向枯木上糁花,寒岩中发焰。个僧孤身迥迥惯入洪波,等闲坐断泼天潮,到底身无涓滴水。子细捡点将来,敲枷打锁则不无二人。若是佛法,未梦见在。乌巨与么提持,毕竟意归何处?"良久曰:"一把柳丝收不得,和烟搭在玉栏干。"

上堂,"动弦别曲,叶落知秋,举一明三,目机铢两。如王秉剑,杀活临时。犹是无风匝匝之波,向上一路,千圣把手,共行合入泥犁地狱。正当与么时,合作么生?江南两浙,春寒秋热"。

上堂,"尽乾坤大地唤作一句子,担枷带锁不唤作一句子,业识茫茫，两头俱透脱，净裸裸赤洒洒，没可把。达磨一宗扫土而尽。所以云门大师道：'尽乾坤大地无纤毫过患犹是转句，不见一法始是半提，更须知有全提底时节。'大小云门，剑去久矣，方乃刻舟"。后示寂，塔于寺之中峰。

南书记 福州人，久依应庵，于赵州狗子无佛性话豁然契悟。有偈曰："狗子无佛性，罗睺星入命，不是打杀人，被人打杀定。"庵见，喜其脱略。绍兴末终于归宗。

侍郎李浩居士 字德远，号正信。幼阅《首楞严经》如游旧国，志而不忘。造明果投诚入室，应庵摅其胸曰："侍郎死后向甚么处去？"公骇然汗下。庵喝出，公退参。不旬日竟跻堂奥，以偈寄同参严康朝曰："门有孙膑铺，家存甘贽妻，夜眠还早起，谁悟复谁迷。"庵见称喜。有鬻胭脂者亦久参应庵，颇自负，公赠之偈曰："不涂红粉自风流，往往禅徒到此休。透过古今圈繢后，却来这里吃拳头。"

衢州光孝百拙善登禅师 和州乌江闵氏子。住后，僧问："世尊生下一手指天一手指地云：'天上天下唯吾独尊。'意旨如何？"师云："一人传虚，万人传实。"僧云："有意气时添意气，不风流处也风流。"师云："赞叹也赞叹不及。"僧云："只如云门大师道：'我当时若见，一棒打杀与狗子吃，贵图天下太平。'毕竟具什么眼目？"师云："脑后荐取。"

上堂，"白日闹浩浩，夜后静悄悄，长廊走波波，步步无欠少。不识主人翁，全身入荒草，撞着傅大士，问讯维摩老。卧疾毗耶城，几个知天晓，若是过量人，不向那边讨。为什么如此"。喝一喝云："下坡不走快，便难逢。"颂香林因僧问如何是衲衣下事曰："香林腊月火烧山,冷淡家风退步看,闹里忽然轻踏着,方知日午打三更。"

饶州教授严康朝　湖州长兴人,尝问道于荐福雪堂。及见应庵于报恩得旨,尝有颂曰："赵州狗子无佛性,我道狗子佛性有,蓦然言下自知归,从兹不信赵州口。着精神,自抖擞,随人背后无好手。骑牛觅牛笑杀人,如今始觉从前谬。"时大慧在梅阳,严以此颂寄呈,大慧答以书,略曰:"随人背后无好手,此八万四千皆公活路。"

育王佛照光禅师法嗣

杭州灵隐妙峰之善禅师　刘氏子,世居彭城,后徙吴兴。高曾、大父、父皆登膴仕。师生纨绮中,姿性高洁。年十三即辞家祝发,受业德清齐政院。其师教以经论,一览辄了大意,乃遍参诸大老。时佛照唱道鄮山,师往参礼。以风幡话悟旨,蒙印可,赠以偈曰:"今日与君通一线,斩钉截铁起吾宗。"自是辩慧泉涌,然不以此自足。入康庐妙高峰下,面壁坐十年,身隐而名弥彰,学者尊之曰妙峰禅师。

出世于台之慧因、鸿福、万年诸刹,退皋亭刘寺者又十年。大略如在妙峰时,其徒推迫不已。复领明之瑞岩、苏之万寿、常之华藏。晚至灵隐,亦非所乐。灵隐密迩于阙,轮蹄凑集,师掩户,若不闻,一无所将迎。公卿贵人或见之,寒温而已。会天童虚席,时郑清之秉钧轴,谓非师莫宜居,因勉师行。师答曰:"老僧年逾耄矣,尚夜行不休乎。"郑公高之。

僧问："如何是不入众流句？"师曰："乌龟钻破壁。"僧云："如何是妙体无私句？"师曰："百疋马中一头驴。"僧云："如何是瞬目扬眉句？"师曰："花雨岩前石点头。"僧问："如何是奇特事？"师云："紫薇花下紫薇郎。"僧云："学人不会。"师云："三十年后。"

上堂，以拂子击禅床左边云："这里是镬汤炉炭。"击右边云："这里是剑树刀山，前面是观音势至，后面是文殊普贤，中间一着还知落处么？"又击云："毗婆尸佛早留心，直至如今不得妙。"

上堂，"久参高士，眼空四海，鼻孔辽天，见也见得亲，说也说得亲，行也行得亲，用也用得亲，只是未识老僧拄杖子在。何故？将成九仞之山，不进一篑之土"。

上堂，"谈玄说妙事如麻，添得时人眼里花，赤骨律穷挨得人，泼浪泼赖是生涯。悬羊头，卖狗肉，吃私酒，卧官街，笑倒篱根破草鞋"。

上堂，举云门普请般柴次，乃抛下柴片云："一大藏教只说者个。"师拈云："云门只见锥头利，不见凿头方。"师喜诱其徒，未尝厉声色。然一经指授，辄心融神化，充然皆有得。

将示寂，澡身趺坐书偈云："来也如是，去也如是，来去一如，清风万里。"遂逝，实端平二年九月二十八日，寿八十四，腊七十一。塔灵隐之西冈，郑公铭其塔。

杭州净慈北涧居简禅师　字敬叟，潼川龙氏。世业儒，资质颖异。幼见佛书必端坐，默观如宿习。依邑之广福院圆澄得度，参别峰涂毒于径山，沉默自究。一日阅卍庵语有省，遂往育王见佛照，机契，自是往来其门十五年，一时社中耆硕忘年与交。走江西，访诸祖遗迹。莹仲温尝掌大慧之记庵于罗湖，纂所闻成书，发挥祖道，与师议论，大奇之，以大慧居洋屿庵竹篦付之，师巽焉。

久之出世台之般若，迁报恩，英衲争附。儒硕竹岩钱公、水心叶公，莫不推重大参。真西山时为江东部使者，虚东林命之，以疾辞，乃于飞来峰北涧扫一室居十年，人不敢以字称，因以北涧称之。起应雪之铁佛西余、常之显庆碧云、苏之慧日、湖之道场。奉旨迁净慈，所至道化大行，垂老不倦槌拂。

结夏上堂，"以大圆觉为我伽蓝，身心安居平等性智。吃官酒，卧官街，当处死，当处埋。本来无位次，何用强安排"。

上堂，"云岩二十年在药山只明此事，澄潭不许苍龙蟠，赵州除二时粥饭外不杂用心。兔子何曾离得窟，铸成铁砚欲磨穿，还他万里功名骨"。

上堂，"先佛照道：'棒头拨着活衲僧，正法眼藏增高价。'北涧则不然，棒头拨着活衲僧，正法眼藏瓦解冰销。且道与先佛照是同是别？"尝颂《楞严经》六解一亡云："六用无功信不通，一时分付与春风。篆烟一缕闲清昼，百鸟不来花自红。"

辟一室以居，名曰蕴室，作赋以自见。赵节斋奏师补处灵隐，师笑曰："吾日迫矣。"乃举天童痴绝冲。淳祐丙午春示疾，三月二十八日索纸笔偈于纸尾，复书"四月一日珍重"六字，呼诸徒诫之曰："时不待人，以道自励，吾世缘余两日耳。"至期昧爽索浴，浴罢若假寐然，视之已逝矣。寿八十三，腊六十二。葬全身于月堂昌禅师塔侧，遵治命也。

杭州径山浙翁如琰禅师 台州周氏子，幼岐嶷颖悟迈伦。上堂，举乾峰因僧问："十方薄伽梵，一路涅槃门，未审路头在什么处？"峰以拄杖画云："在这里。"后僧请益云门，门拈起扇子云："扇子𨂴跳上三十三天，筑着帝释鼻孔。东海鲤鱼打一棒，雨似盆倾。会么？"师云："唱愈高，和愈峻。还他二老，若是十方薄伽梵，一路涅槃门，总未踏着在。"上堂，拈拄杖云："蒋山唤这个作拄杖子，诸人亦唤这个作拄杖子，还有缁素也无？阑干虽共倚，山色不同观。"

四明天童无际了派禅师 上堂，"三五十五，月圆当户。然虽匝地普天，要且秋毫不露。对景凭谁话此心，令人翻忆寒山子"。

上堂，"诸人十二时中，上来下去，折旋俯仰，起居问讯，谩崇恩一点不得。只今坐立俨然，宾主交参，面面相睹，崇恩亦谩诸人一点不得。既然彼此不相谩，为什么自作障碍？"喝一喝，"因风吹火，用力不多"。

上堂，"昨夜安排一段禅，天明起来都忘却。而今打鼓众云臻，对面临时旋捏合"。遂回头唤侍者云："记取者一着。"

上堂，"释迦老子昔向今辰入大寂定，堪笑天下衲僧刻舟求剑，二千余年区区不已。崇恩今日不动神机，捩转瞿昙鼻孔，不图打草蛇惊，只要大家相见。汝等诸人各宜子细观瞻，莫教蹉过"。遂合掌云："不审不审。"

上堂，"佛法在你日用处，在你着衣吃饭处，在你语言酬酢处，在你行住坐卧处，在你屙屎送尿处。拟心思量便不是也。咄！啼得血流无用处，不如缄口过残春"。

福州东禅智观禅师　号性空。上堂，举盐官国师因僧问："如何是本身卢舍那？"官云："与老僧过净瓶来。"僧将净瓶至，官云："却安旧处着。"僧复来问，官云："古佛过去久矣。"师云："盲者难以与乎文彩，聩者难以与乎音声。者僧既不荐来机，国师祇成虚设。云门道无朕迹，扶国师不起。雪窦云，一手指天一手指地，争得无也扶国师不起。"以拂子画一画云："前来葛藤一时画断，且道毕竟如何是本身卢舍那？"掷拂子，下座。

上堂，举保寿和尚开堂日，三圣推出一僧公案。师云："众中商量道，三圣奔流度刃之作，向平地上涌波澜，保寿疾焰过风之机，向虚空里轰霹雳。二大老各出一只手，扶竖临济正法眼藏。与么说话，要作临济儿孙，且缓缓。东禅道，蚊子如何擎大柱，藕丝焉可拄须弥。若是临济正法眼藏，端的向二人边灭却。"

湖州上方朴翁义铦禅师　天资奇逸，辩博通宗。上堂，举赵州和尚因僧问狗子还有佛性也无，州云无。师颂云："狗子佛性无，还他大丈夫。是非虽入耳，东壁挂葫芦。"赞达磨像云："一言已出驷难追，赖得君王放过伊。扬子江心航折苇，浪头何似问头危。"

四明育王退谷义云禅师　僧问："三圣道，我逢人则出，出则不为人。意旨如何？"师云："东斗西移。"云："兴化道，我逢人则不出，出则便为人。又作么生？"师云："南斗北转。"

上堂，"奔流度刃，疾焰过风，啐啄同时，崖州万里。有底道，如人学射，久习则巧。殊不知未彀已前中的，早涉迂回了也。赵州到茱萸，靠却拄杖即且置。只如孚上座道圣箭折也，意作么生？"喝一喝云："若不同床睡，焉知被里穿。"

上堂，举首山拈竹篦示众云："唤作竹篦则触，不唤作竹篦则背。汝等诸人唤作什么？"叶县近前，掣竹篦拗作两橛，抛向阶下，却云："是什么？"山云："瞎。"县便礼拜。师云："临济一宗扫土而尽。"

四明育王秀岩师瑞禅师 上堂，举道吾和尚云："高不在绝顶，富不在福严。乐不在天堂，苦不在地狱。相识满天下，知心能几人。"大慧和尚云："高在绝顶，富在福严。乐在天堂，苦在地狱。谁知席帽下，元是旧时人。""大众，二大老随机应用即不无，若是衲僧门下未梦见在。且道衲僧门下作么生？"良久，"不是知音者，徒劳话岁寒"。

上堂，举灌溪参临济，济挡住灌溪，溪云领领，济乃托开。师颂曰："雨散云收后，崔嵬数十峰。倚阑频顾望，回首与谁同。"

四明育王孤云权禅师 上堂，举僧问雪："峰古涧寒泉时如何？峰云："瞪目不见底。"僧云："饮者如何。"峰云："不从口入。"又问赵州："古涧寒泉时如何？"州云："苦。"僧云："饮者如何？"州云："死。"师云："一人随波逐浪，一人截断众流。检点将来，总欠会在。今日有问育王古涧寒泉时如何，只对他道，须是亲见雪峰。饮者如何，问取赵州。"送僧归凤山偈云："凤凰山下凤凰儿，文采才彰羽翼齐。铁网漫天拦不得，归心已在碧梧枝。"

江州云居率庵梵琮禅师 上堂，举百丈野狐话，颂曰："百丈野狐，石女无夫。一回泪出，沧海干枯。"颂佛降生曰："且喜今朝降独尊，率庵无物庆生辰。只将一霎蔷薇露，洗出湖山净法身。"

四明育王空叟宗印禅师 西蜀人,初住湖山崇光保寿。僧问:"如何是本来身?"师云:"风吹日炙。"僧云:"意旨如何?"师云:"钉钉胶粘。"僧问:"如何是佛向上事?"师云:"非佛。"僧云:"意旨如何?"师云:"慢二急三。"僧云:"名状不得,所以云非,又作么生?"师云:"切忌错承当。"僧问:"如何是育王为人底句?"师云:"棒下绝商量。"僧云:"豁开户牖,划断玄微去也。"师云:"莫谤他好。"

上堂,"据虎头,收虎尾,第一句下明宗旨,直饶句下宗旨明,拈来犹较十万里。何故?大慧师祖于此悬羊头,卖狗肉。佛照老人于此冒姓名,佃官田。小比丘来继芳尘,毕竟如何施设?"拈拄杖云:"平生无所有,只此一枝藤。"

上堂,"大道坦然,离名离相,划除则失旨,建立则乖宗。从上佛祖,古往今来善知识,显大机,彰大用,尽是关空锁梦,过犯弥天。印上座打破面皮,还免得么?"良久,拍禅床云:"不入惊人浪,难逢称意鱼。"

上堂,"二由一有,一亦莫守,平地上死人无数。一心不生,万法无咎,屎窖里头出头没。孤迥迥,峭巍巍,花须连夜发,莫待晓风吹"。

上堂,"铁昆仑儿吃一镢,南海波斯舞不彻。夜半失却拦腰帛,笑倒东村王大伯"。拍禅床一下,下座。

杭州灵隐铁牛印禅师 上堂,举南泉示众云:"王老师自小养一头水牯牛,拟向溪东放,不免食他国王水草。向溪西放,亦不免食他国王水草。如今不免随分纳些些,总不见得。"颂曰:

"不如随分纳些些，唤作平常事已差，绿草溪边头角露，一蓑烟雨属谁家。"

石庵正玿禅师 归湖上偈曰："鸟不惊飞水不流，碧潭空阔冷淡秋。一丝头上无香饵，风辊芦花落钓舟。"

四明天童海门师齐禅师 由台州瑞岩奉旨升天童，有童行日捧香合，随师各殿堂行香，及毕回方丈，佛前师白佛云："晨朝诵《大方广佛华严经》一部，回向真如。"云云。盖师出方丈门时，诵《世主妙严品》起，及回方丈已诵毕。其童行对众僧说如上事，众皆不信。师云："汝等八十一人各执经一卷，老僧于法座上诵。众僧依命。"师诵一卷毕，其八十一人各闻自手执经诵毕，众疑方释，知师是华严大菩萨再世者也。

东林卍庵颜禅师法嗣

荆南府公安遁庵祖珠禅师 南平人。上堂，"不是心，不是佛，不是物。沥尽野狐涎，趯翻山鬼窟。平田浅草里，露出焦尾大虫。太虚寥廓中，放出辽天俊鹘。阿呵呵，露风骨，等闲拈出众人前，毕竟分明是何物。咄咄！"上堂，"玉露垂青草，金风动白苹。一声寒雁叫，唤起未惺人"。

汀州报恩法演禅师 果州人。上堂，举俱胝竖指因缘。师曰："佳人睡起懒梳头，把得金钗插便休。大抵还他肌骨好，不涂红粉也风流。"

杭州府净慈肯堂彦充禅师 於潜盛氏子，幼依明空院义堪为师。首参大愚宏智、正堂大圆。后闻东林谓众曰："我此间别无玄妙，祇有木札羹，铁钉饭，任汝咬嚼。"神窃喜之。直造谒陈所见解，林曰："据汝见处，正坐在览觉中。"师疑不已，将从前所得底一时扬下。一日闻僧举南泉道："时人见此一株花，如梦相似。"默有所觉曰："打草祇要蛇惊。"次日入室，林问："那里是岩头密启其意处？"师曰："今日捉败这老贼。"林曰："达磨大师性命在汝手里。"师拟开口，蓦被拦胸一拳，忽大悟，直得汗流浃背，点首自谓曰："林际道，黄檗佛法无多子，岂虚语哉。"遂呈颂曰："为人须为彻，杀人须见血。德山与岩头，万里一条铁。"林然之。

住后上堂，"世尊不说说，迦叶不闻闻"。卓拄杖曰："水流黄叶来何处，牛带寒鸦过远村。"

上堂，举雪峰示众云："尽大地是个解脱门，因甚把手拽不入？"师曰："大小雪峰话作两橛。既尽大地是个解脱门，用拽作么？"

上堂，"一向与么去，法堂前草深一丈。一向与么来，脚下泥深三尺。且道如何即是？三年逢一闰，鸡向五更啼"。

上堂，举卍庵先师道："坐佛床，斫佛脚，不敬东家孔夫子，却向他乡寻礼乐。"师曰："入泥入水即不无，先师争奈寒蝉抱枯木，泣尽不回头。"卓拄杖曰："灼然有不回头底，净慈向舛子里礼汝三拜。"

上堂，"三世诸佛无中说有，蔄（来宕切，毒药也）藒（徒浪切）拾花针。六代祖师有里寻无，猿猴探水月。去此二途，如何话会？侬家不管兴亡事，尽日和云占洞庭"。

元庵受智者请，引座曰："南山有个老魔王，炯炯双眸放电光。口似血盆呵佛祖，牙如剑树骂诸方。几度业风吹不动，吹得动云黄山畔，与嵩头陀、傅大士。一火破落户，依旧孟八郎。赚他无限痴男女，开眼堂堂入镬汤。忽有个衲僧出来道，既是善知识，为甚赚人入镬汤。只向他道，非公境界。"后示寂，塔于寺之南庵。

婺州智者元庵真慈禅师 潼川人，姓李氏。初依成都正法出家具戒，后游讲肆，听讲《圆觉》，至"四大各离，今者妄身当在何处，毕竟无体，实同幻化"。因而有省，作颂曰："一颗明珠在我这里，拨着动着，放光动地。"以呈诸讲师，无能晓之者。归以呈其师，遂举狗子无佛性话诘之。师云："虽百千万亿公案不出此颂也。"其师以为不逊，乃叱出。师因南游，至庐山圆通挂搭，时卍庵为西堂，为众入室，举僧问云门："拨尘见佛时如何？"门云："佛亦是尘。"师随声便喝，以手指胸曰："佛亦是尘。"师复颂曰："拨尘见佛，佛亦是尘。问了答了，直下翻身。劝君更尽一杯酒，西出阳关无故人。"又颂尘尘三昧曰："钵里饭，桶里水，别宝昆仑坐潭底。一尘尘上走须弥，明眼波斯笑弹指，珊瑚枝上清风起。"卍庵深肯之。

成都府昭觉绍渊禅师 上堂，举僧问云门："树凋叶落时如何？"云："体露金风。"师云："要明陷虎之机，须是本色衲子始得。云门大师具逸群三昧，击节扣关，于闪电光中出一只手，与人解粘去缚，拔楔抽钉，不妨好手。子细点捡将来，大似与贼过梯。昭觉即不然，忽有僧问树凋叶落时如何，只答他道，落霞与孤鹜齐飞，秋水共长天一色。且道与云门是同是别？"复曰："止止不须说，我法妙难思。"

上堂，"镕瓶盘钗钏作一金，搅酥酪醍醐成一味。如是宾主道合，内外安和，五位君臣齐透，四种料拣一串。放行，则细雨蒙蒙，秋风飒飒。把住，则空空如也，谁敢正眼觑着。且道放行为人好，把住为人好？"复曰："等闲一似秋风至，无意凉人人自凉。"

上堂，举赵州初见南泉，问："如何是道？"南泉云："平常心是道。"赵州云："还假趣向也无？"泉云："拟向即乖。"州云："不拟争知是道？"泉云："道不属知，不属不知。知是妄觉，不知是无记。若真达不疑之道，廓然如太虚空，无有障碍。"师曰："奇怪，诸禅德，虽是沙弥初入道，一拨便转，岂不是灵利人。南泉如善射者发箭，发箭中红心。若不是赵州，也大难承当。便向平常是道处动着关棙子，去却胸中物，丧却目前机，头头上明，物物上显，便能信脚行，信口道。等间拈出，着着有出身之路。以何为验？岂不见僧问：'如何是祖师西来意？'答曰：'庭前柏树子。'问：'万法归一，一归何处？'答曰：'我在青州作一领布衫重七斤。'问：'如何是赵州？'答曰：'东门、西门、南门、北门。'与人解粘去缚，抽钉拔楔，坐断天下人舌头，穿过天下人鼻孔，岂不是平常心是道底关棙子。且不是钉斗底言语，排叠底章句，推人在死水里。者个便是沙弥底样子，应当学作么生承当？"乃曰："欲行千里，一步为初，白日青天，快着精彩。"

徽州简上座

卍庵居径山首座时，因问之曰："一二三四五六七，明眼衲僧数不出，你试数看！"简便喝。庵复曰："七六五四三二一，你又作么生？"简拟对，庵便打出曰："你且莫乱道。"简于言下有省，遽说偈曰："你且莫乱道，皮毛卓竖寒，只知梅子熟，不觉鼻头酸。"又尝颂狗子无佛性话曰："赵州老汉，浑无面目，言下乖宗，神号鬼哭。"年仅三十而卒，交朋靡不伤悼。

西禅懒庵需禅师法嗣

福州鼓山木庵安永禅师 闽县吴氏子，弱冠为僧，未几谒懒庵于云门。一日入室，庵曰："不问有言，不问无言。世尊良久，不得向世尊良久处会。"随后便喝，师焂然契悟，作礼曰："不因今日问，争丧目前机。"庵许之。

住后上堂，"要明个事，须是具击石火闪电光底手段，方能嶮峻岩头全身放舍，白云深处得大安居。如其觑地觅金针，直下脑门须迸裂。到这里假饶见机而变，不犯锋铓，全身独脱，犹涉流水。祇如本分全提一句又作么生道？"击拂子曰："淬出七星光灿烂，解粘天下任横行。"

上堂，举睦州示众云："诸人未得个入处，须得个入处。既得个入处，不得忘却老僧。"师曰："恁么说话，面皮厚多少？木庵则不然，诸人未得个入处，须得个入处。既得个入处，直须扬下入处始得。"

上堂，拈拄杖曰："临济小厮儿，未曾当头道着。今日全身放憨，也要诸人知有。"掷拄杖下座。

僧问："须弥顶上翻身倒卓时如何？"师曰："未曾见毛头星现。"曰："恁么则倾湫倒岳去也。"师曰："莫乱做。"僧便喝，师曰："雷声浩大，雨点全无。"

温州龙翔柏堂南雅禅师 上堂，"瑞峰顶上，栖凤亭边。一杯淡粥相依，百纳蒙头打坐。二祖礼三拜依位而立，已是周遮达磨老臊胡分，尽髓皮一场狼藉，其余之辈何足道哉。柏堂怎么道，还免诸方检责也无？"拍禅床云："洎合停囚长智。"

上堂，"大机贵直截，大用贵顿发，纵有啮镞机，一槌须打杀。何故？我王库内无如是刀"。

上堂，"紫蕨伸拳笋破梢，杨花飞尽绿阴交。分明西祖单传句，黄栗留鸣燕语巢。这里见得，谛信得及。若约诸方决定明窗下安排，龙翔门下直是一槌槌杀。何故？不是与人难共住，大都缁素要分明"。

福州天王志清禅师 上堂，竖起拂子云："只这个天不能盖地不能载，遍界遍空成圆成块。到这里，三世诸佛向甚么处摸索，六代祖师向甚么处提持，天下衲僧向甚么处名邈？除非自得自证，便乃敲唱双行。虽然如是，未是衲僧行履处。作么生是衲僧行履处？是非海里横身入，豺虎丛中纵步行。"

南剑州剑门安分庵主

少与木庵同隶业安国，后依懒庵未有深证。辞谒径山大慧，行次江干，仰瞻宫阙，闻衙司唱侍郎来，释然大悟，作偈曰："几年个事挂胸怀，问尽诸方眼不开，肝胆此时俱裂破，一声江上侍郎来。"遂径回西禅，懒庵迎之，付以伽梨，自尔不规所寓。后庵居剑门，化被岭表，学者从之，所作偈颂，走手而成，凡千余首盛行于世。

示众云："这一片田地，汝等诸人且道，天地未分已前在甚么处？直下彻去，已是钝置分，上座不少了也。更若拟议思量，何啻白云万里。"蓦拈拄杖打散大众。

示众："上至诸佛，下及众生，性命总在山僧手里，捡点将来，有没量罪过。还有捡点得出者么？"卓拄杖一下曰："冤有头，债有主。"遂左右顾视曰："自出洞来无敌手，得饶人处且饶人。"

示众："十五日已前，天上有星皆拱北。十五日已后，人间无水不朝东。已前已后总拈却，到处乡谈各不同。"乃屈指曰："一二三四五六七，八九十十一十二十三十四。诸兄弟，今日是几？"良久曰："本店买卖，分文不赊。"

教忠光禅师法嗣

泉州法石中庵慧空禅师　赣州蔡氏子。春日上堂，拈拄杖卓一下曰："先打春牛头。"又卓一下曰："后打春牛尾。惊起虚空入藕丝里，释迦无路潜踪，弥勒急走千里。文殊却知落处，拊掌大笑欢喜。且道欢喜个甚么？春风昨夜入门来，便见千花生碓觜。"

上堂，"千家楼阁，一霎秋风。祇知襟袖凉生，不觉园林落叶。于斯荐得，触处全真。其或未然，且作寒温相见？"

上堂，举《金刚经》云："佛告须菩提，尔所国土中所有众生若干种心，如来悉知。何以故？如来说诸心皆为非心，是名为心。""要会么？春风得意马蹄疾，一日看尽长安花。"僧问："先佛垂范禁足安居，未审是何宗旨？"曰："琉璃钵内拓须弥。"僧便喝，师便打。

杭州净慈混源昙密禅师　天台卢氏子，依资福道荣出家。十六圆具，习台教。弃参大慧于径山，谒雪巢一此庵元，入闽留东西禅，无省发。之泉南教忠，俾悦众解职归前资，偶触香严击竹因缘，豁然契悟，述偈呈忠。忠举玄沙未彻语诘之，无滞。忠曰："子方可见妙喜。"即辞，往梅阳服勤四载。

住后上堂，"诸佛出世打却杀人，祖师西来吹风放火。古今善知识佛口蛇心，天下衲僧自投笼槛。莫有天然气概特达丈夫，为宗门出一只手主张佛法者么？"良久曰："设有，也须斩为三段。"

上堂，"德山小参不答话，千古丛林成话杷。问话者三十棒，惯能说讹说夯。时有僧出的能破的，德山便打，风流儒雅。某甲话也未问，头上着枷，脚下着匣，你是那里人？一回相见一伤神，新罗人把手笑欣欣。未跨船舷好与三十棒，依前相厮诳。混源今日怎么批判责情，好与三十棒，且道是赏是罚？具参学眼者试辨看！"

上堂，举云门问僧光明寂照遍河沙因缘。师曰："平地摝鱼鰕，辽天射飞鹗。跛脚老云门，千错与万错。"后示寂，塔于本山。

吉州青原信庵唯裎禅师　福之长乐李氏子。年十有一而出闽，依盱江禅悦兰若广公为童子，阅五白而获僧服。因广以佛国白公《五十三知识颂》授诸摩那，师侍其傍，闻止住有林僧要见十方佛，无事间观一片心之句，便得要领。广异其根性，俾还闽，谒鼓山佛心才公、东禅月庵杲公、西禅懒庵需公，皆蒙其赏。第闻禅状元之誉，未及一见。以光之禅高于天下，故有是称。时晦庵住龟山，至彼才期月，于夜榻摸索净巾次，恍然大彻。黎明趋方丈通其所证，呈偈曰："业识茫茫无本可据，昨夜三更回头一觑，一殿灵光本来独露。"庵不觉解颜。出岭见颜。万庵于番阳荐福入室次，相与酬酢甚捷。颜厉声曰："这福州子被人教坏了也。"一众骇愕。

时大慧居梅阳，师往见。慧问曰："如何是佛？"师曰："觌面相呈更无别法。"又曰："如何保任？"对曰："饥来吃饭，困来打眠。"既而随大慧北还，住育王，迁径山。慧一日问师曰："许多人入室，几人道得着，几人道不着？"师曰："唯裡只管看。"慧忽展手曰："我手何似佛手？"师曰："天寒且请和尚通袖。"慧遽打一竹篦曰："且道是赏你是罚你？"师遂以颂发挥佛祖机缘十数则呈大慧。其世尊初生曰："撞出头来早自错，那堪开口更称尊。当时若解深藏舌，安得间愁到子孙。"慧为之击节。

开法天台真如，迁报恩豫章上蓝，转青原。所至，山川改观，法席增盛。僧问："三圣道，我逢人则出，出则不为人。意旨如何？"师曰："移花兼蝶至。"僧云："兴化道，我逢人则不出，出则便为人。又作么生？"师云："买石得云饶。"

上堂，举僧问云门树凋叶落时如何，门云体露金风。师云："云门袖头打领，腋下剜襟，不妨好手。子细看来，未免牵丝带线。或问报恩树凋叶落时如何，只向他道，来年更有新条在，恼乱春风卒未休。"

上堂，拈拄杖示众云："十方佛土中，唯有一乘法。这个是横泉拄杖子，那个是一乘法？"卓一下云："千峰势到岳边止，万派声归海上消。"

绍熙三年壬子六月示疾,十九日书偈云:"末后一句,觌面分付,拟议思量,世谛流布。"遂跏趺而逝,罗湖莹仲温状其行。

东禅蒙庵岳禅师法嗣

福州鼓山宗连禅师 上堂,"世尊道,应如是知,如是见,如是信解,不生法相"。遂喝曰:"玉本无瑕却有瑕。"

杭州径山寓庵德潜禅师 兴化人,机缘语句皆失录,独有入径山山门,佛事弹指一下便入,话行丛林。

福州鼓山石庵知玿禅师 僧问:"坐断云山事已彰,可怜云水自茫茫。今日石门通一线,端然衣锦便还乡。还乡一曲作么生唱?"师云:"罕遇知音。"僧云:"争奈鼻头绳子犹属他人在。"师云:"且道他是阿谁?"僧云:"他也不识。"师云:"依俙越国,仿佛扬州。"僧云:"祇如未跨石门一句作么生道?"师云:"百杂碎。"僧云:"已跨石门一句又作么生?"师云:"依旧却浑仑。"僧云:"直得大顶峰点头,鼓山㘞(林直切)㘞(任力切)震动。"师云:"未为分外。"僧云:"祇今晏国师抚掌呵呵大笑云,幸得与老师相见去也。"师云:"不是冤家不聚头。"僧礼拜,师云:"放汝三十棒。"

上堂,谢李深卿、陈仲龄。"昔在东溪日,花开叶落时,几拟以黄金,铸作钟子期。"师云:"古人恁么道,大似焦桐挂壁,罕遇知音。白云今日幸遇二居士到来,正值六合风清,万籁俱息,不免再理朱弦,试弹一曲。"横按拄杖云:"诸人还闻么?闻即不无,且道是何曲调?"卓拄杖云:"太古希声无限意,知音知后更谁知。"

上堂,"语是谤,寂是谁。不语不寂,转增虚妄"。喝一喝云:"春风吹落桃李花,淡烟疏雨笼青嶂。"颂赵州和尚镇州萝卜话曰:"些儿活计口皮边,点着风驰与电旋。谩说镇州萝卜大,何曾亲见老南泉。"

西禅此庵净禅师法嗣

福州乾元钝庵宗颖禅师 上堂,卓拄杖曰:"性燥汉只在一槌。"靠拄杖曰:"灵利人不劳再举。而今莫有灵利底么?"良久曰:"比拟张麟。兔亦不遇。"

福州中济无禅立才禅师 上堂,举雪窦和尚颂云:"三分光阴二早过,灵台一点不揩磨。贪生逐日区区去,唤不回头争奈何。"师云:"雪窦老汉颠颠顶顶,佽佽侗侗,更参三十年也未会禅在。然虽如是,土旷人稀,试听下个注脚,瞎却摩醯三只眼。南北东西路不分,千秋叶落无人扫,独自松门展脚眠。"

上堂,举赵州和尚吃茶去话颂云:"赵州逢人吃茶,谁知事出急家。反手作云作雨,顺风撒土撒沙。引得洞山无意智,问佛也道三斤麻。"读《此庵语录》,偈曰:"南海波斯持密咒,千言万语少人知,春风一阵来何处,吹落桃花三四枝。"

兴化华严别峰云禅师 初住福州支提,迁福泉。至华严,上堂,"千种言,万般解,只要教君长不昧。且道不昧个什么?唤作竹篦则触,不唤作竹篦则背"。

上堂,"弥勒大士朝入伽蓝,暮成正觉。总似这般钝汉,有甚用处,直饶隔山望见支提双童峰便回去,脚跟下好与三十"。

上堂,举真净和尚道:"也无禅也无道,也无玄也无妙,快活须明这一窍。"师云:"既无禅道又无玄妙,甚处得这一窍？若有一窍可明,如何得快活去。诸人即今要得快活么？"便下座。

上堂,"过去诸如来斯门已成就,是甚语话。见在诸菩萨今各人圆明,诬人之罪。未来修学人当依如是法,莫钝置他好。其奈茫茫宇宙人无数,几个男儿是丈夫"。

华藏遁庵演禅师法嗣

湖州何山月窟慧清禅师 上堂,举天台韶国师初参法眼,因僧问法眼:"如何是曹源一滴水？"法眼云:"是曹源一滴水。"韶闻豁然开悟。师颂曰:"曹源一滴水,相骂饶接觜。鹦雀空啾啾,骅骝已千里。"

开善谦禅师法嗣

建宁府仙州山吴十三道人 每以己事扣诸禅,及开善归,结茆于其左,遂往给侍。绍兴庚申三月八日夜适然启悟,占偈呈善曰:"元来无缝罅,触着便光辉。既是千金宝,何须弹雀儿。"善答曰:"啐地折时真庆快,死生凡圣尽平沉。仙州山下呵呵笑,不负相期宿昔心。"

天童无用全禅师法嗣

四明育王笑翁妙堪禅师 俗隶慈溪毛氏，广颡平顶，骨清气豪。从野庵道钦受释学，依息庵观于金山，参松源岳于灵隐，皆不契。时无用居天童，径造其室。用问曰："行脚僧，游山僧？"师曰："行脚僧。"用曰："如何是行脚事？"师以坐具便搣。用曰："此僧敢来者里捋虎须！"俾参堂室中常示狗子无佛性话。一日拟开口，用以竹篦劈口打，师应声呈偈曰："大涂毒鼓，轰天震地。转脑回头，横尸万里。"用颔之，即俾侍香。已而报恩约公致师分座，太守程公请出世妙胜。迁金文，移光孝。忠献史卫王以堂牒除台之报恩。天台旧无律宗师，与大卿齐公议合十寺为大刹，筑坛场，命负毗尼学者倡开遮持犯之法，夙励新学。闽帅王公请居雪峰，未几诏住灵隐。师厌逼近屠沽，撤其庐，揭关飞来峰外，以限喧寂。卫王以大慈完美，请开山。及王薨，师庵居上柏。台州使君陈公，以瑞岩邀师，无何江心牒至，监丞史公强之，乃起净慈。诏下，丐辞不允。大参全公书来，谓不可重违君命。明年荆湖总臣，奏令僧道买紫衣师号，俾以师号住持。师谓如是则千金之子皆可主法，吾道殆矣。奏疏殿陛上书庙堂，其议遂寝。诏徙天童，力辞。东归翠岩筑室，奉先世香火。育王虚席，有旨起师，再辞不许。乃奉诏表章大觉，祖述妙喜，秩然有序。

上堂，"膏雨及时，江山如洗。幽乌语乔林，残红随远水。可怜盲聋喑哑人，不识此方真教体"。

上堂，举兴化开堂三圣推出僧话，颂曰："一人客路知天远，一个归心似箭轻。彼此征途虽有异，须知同日到天廷。"

上堂，举汾阳示众云："识得拄杖子行脚事毕。"颂曰："平地无端立话头，揭天声撼怒涛寒。直饶识得拄杖子，也是封皮作信看。"天童除书至，大参赵公请住净慈，悉谢之。示疾，书遗表。作寺丞张公书，请主后事。通守永嘉曹公来问疾，从容叙世契，移顷书偈曰："业镜高悬七十二年，一槌击碎大道坦然。"置笔泊然而逝。

杭州灵隐石鼓希夷禅师 上堂，举琅琊觉禅师因法华举和尚相见话，颂曰："闻名不如见面，见面不如闻名。此地无金二两，俗人沽酒三升。"

上堂，举南泉和尚云："文殊普贤昨夜三更每人与二十棒趁出院也。"赵州曰："和尚棒教谁吃？"南泉曰："且道王老师过在什么处？"赵州礼拜而出。师颂曰："春风吹落碧桃花，一片流经十万家。谁在画楼沽酒处，相邀来吃赵州茶。"

和梁山远禅师十牛图颂，句法与梁山相垺，理趣超卓，反有过焉。一寻牛，只管区区向外寻，不知脚底已泥深，几回芳草斜阳里，一曲新丰空自吟。二见迹，枯木岩前差路多，草窠里辊觉非么，脚跟若也随他去，未免当头蹉过他。三见牛，识得形容认得声，载嵩从此妙丹青，彻头彻尾浑相似，子细看来未十成。四得牛，牢把绳头莫放渠，几多毛病未曾除，徐徐蓦鼻牵将去，且要回头识旧居。五牧牛，甘分山林寄此身，有时亦蹋马蹄尘，不曾犯着人苗稼，来往空劳背上人。六骑牛还家，指点前坡即是家，旋吹桐角出烟霞，忽然变作还乡曲，未必知音旨伯牙。七忘牛存人，阑内无牛趁出山，烟蓑雨笠亦空闲，行歌行乐无拘系，赢得一身天地间。八人牛俱忘，惭愧众生界已空，个中消息若为通，后无来者前无去，未审凭谁继此宗。九返本还源，霁机不堕有无功，见色闻声不用聋，昨夜金乌飞入海，晓来依旧一轮红。十入廛垂手，者汉亲从异类来，分明马颔与驴腮，一挥铁棒如风疾，万户千门尽豁开。

四明雪窦野云处南禅师 上堂，"百计推寻，永不见面，一时休去，在处逢渠。长连床上吃粥吃饭，取饱为期。我且问你，常住一粒米是几番过手？"

上堂，"斩钉截铁，特地乖张，就下平高。衲僧笑，具皇觉。到此有理难伸，未审诸公如何理论？"

上堂，"摩醯正眼熙然赫然，一处该通万机顿赴。缚虎擒龙之手自此而伸，惊天动地之名从兹而起。且平常一句又作么生？莫把是非来辨我，浮生穿凿不相关。"

福州雪峰灭堂了宗禅师 上堂，"空索索，冷冰冰，清虚之理毕竟无身。为什么却有许多烟雨，晓得么？若晓得，七种供养诸人。若晓不得，滴水难消"。

盘山思卓和尚 上堂，拈拄杖云："登山渡水全藉者人。"掷下拄杖云："相见易得好，共住难为人。"

上堂，"寂寂惺惺有气死人，惺惺寂寂无用顽石。嘻！下载清风付与谁"。

止庵居士钱象祖 嘉定二年闰二月薨于天台里茅。象祖初守金陵，尝在保宁问道，于无用有所得。后于乡州建接待十所，皆以净土极乐名之。创止庵高僧寮，为谭道之所。自左相辞归，兼修净业。得微疾，有问起居者，则曰："不贪生不怖死，不生天上不生人中，惟当往生净土耳。"言讫趺坐而化。时天鼓震响，异香芬郁。未终之前，郡人有同闻空中声云："钱丞相当生西方莲宫为慈济菩萨。"

可庵然禅师法嗣

如如居士颜公 有举赵州见南泉话问居士，因以颂答之云："解把一茎野草，唤作丈六金身。会得头头皆是道，眼中瞳子面前人。"又颂子湖狗话曰："盆家无所有，只养一只狗，便是佛出来，也须遭一口。"

道场无庵全禅师法嗣

常州华藏伊庵有权禅师 临安昌化祁氏子。年十四得度，十八岁礼佛智裕禅师于灵隐。时无庵为第一座，室中以从无住本建一切法问之，师久而有省，答曰："暗里穿针，耳中出气。"庵可之，遂密付心印。尝夜坐达旦，行粥者至忘展钵，邻僧以手触之，师感悟为偈曰："黑漆昆仑把钓竿，古帆高挂下惊湍，芦花影里弄明月，引得盲龟上钓船。"

佛智尝问："心包太虚，量周沙界时如何？"师曰："大海不宿死尸。"智抚其座曰："此子他日当据此座呵佛骂祖去在。"师自是埋藏头角，益自韬晦。游历湖湘、江浙几十年。依应庵于归宗，参大慧于径山。无庵住道场，招师分座说法，于是声名隐然。

住后上堂，"今朝结却布袋口，明眼衲僧莫乱走。心行灭处解翻身，喷嚏也成师子吼。栴檀林，任驰骤，剔起眉毛顶上生，剜肉成疮露家丑"。

上堂，"禅禅无党无偏，迷时千里隔，悟在口皮边。所以僧问石霜如何是禅，霜云甋砖。又僧问睦州如何是禅，州云猛火着油煎。又僧问首山如何是禅，山云猢狲上树尾连颠。大众，道无横径，立处孤危。此三大老行声前活路，用劫外灵机。若以衲僧正眼检点将来，不无优劣。一人如张良入阵，一人如项羽用兵，一人如孔明料敌。若人辨白得，可与佛祖齐肩。虽然如是，忽有个衲僧出来道，长老话作两橛也。适来道，道无横径无党无偏，而今又却分许多优劣。且作么生祗对，还委悉么？把手上山齐着力，咽喉出气自家知。"

淳熙庚子秋示微疾，留偈跌坐而逝。茶毗齿舌不坏，获五色舍利无数。瘗于横山之塔，分骨归葬万年山寺。

双林用禅师法嗣

婺州三峰印禅师 上堂，举野狐话曰："不落不昧诬人之罪，不昧不落无绳自缚。可怜柳絮随春风，有时自西还自东。"

大沩行禅师法嗣

常德府德山子涓禅师 潼川人也。上堂，"见见之时，见非是见。见犹离见,见不能及。"遂喝曰:"鲸吞海水尽,露出珊瑚枝。众中忽有个衲僧出来道,长老休寐语。却许伊具一只眼。"

上堂,横案拄杖曰:"一二三四五六七,七六五四三二一。循环逆顺数将来,数到未来无尽日。因七见一,因一亡七。踏破太虚空,铁牛也汁出。绝气息,无踪迹。"掷拄杖曰:"更须放下这个,始是参学事毕。"

上堂,拈拄杖曰:"有时夺人不夺境,拄杖子七纵八横。有时夺境不夺人,山僧七颠八倒。有时人境两俱夺,拄杖子与山僧削迹吞声。有时人境俱不夺。"卓拄杖曰:"伴我行千里,携君过万山。忽然撞着临济大师时如何?"喝曰:"未明心地印,难透祖师关。"

净慈水庵一禅师法嗣

四明天童息庵达观禅师 务之义乌赵氏,年十二,受业于县之法慧寺正觉。初参应庵于天童,次见无庵于道场,后于天封水庵室中明得二老垂手处。木庵在闽,机用峻峭,为衲子一关。径往扣之,一语破的而返。至龙翔柏堂,遽分第一座。识者伟柏堂知人开法严州灵岩,阅四五刹。自金山被旨居灵隐。上堂,举二祖见达磨话,颂曰:"长安深夜雪漫漫,欲觅心安转不安,纵使言前开活眼,那知已被老胡谩。"

袁州仰山简庵嗣清禅师 上堂,举达磨大师一日谓门人曰:"时将至矣,汝等盍各言所得乎。"最后慧可出,礼三拜,依位而立。磨云:"汝得吾髓。"师颂曰:"捏目生花立问端,得他皮髓被他谩，这般瞎汉能多事，六月无霜也道寒。"

径山别峰印禅师法嗣

镇江金山退庵道奇禅师　僧问雪峰云："望州亭与汝相见了也，意旨如何？"师云："左眼半斤。"云："乌石岭与汝相见了也，作么生？"师云："右眼八两。"云："僧堂前与汝相见了也，又且如何？"师云："鼻孔大头向下。"云："只如鹅湖骤步归方丈，保福入僧堂，此意又作么生？"师云："水自竹边流出冷，风从花里过来香。"僧礼拜。

上堂，"此段大事，无处不周。新焦山未离东霞时，已与诸人相见了也，且道相见底事作么生？几多头角成龙去，虾蟹依前怒眼睛"。

上堂，"至道本乎无心，心法本乎无住。无住心体，灵知不昧，性相寂然。所以道吾打鼓，四大部洲同参。拄杖横也，挑干乾坤大地。钵盂转也，覆却恒河沙界。到这里，象王行处，狐兔绝踪，水月现时，风云自异。古今收不得，历劫不知名，千圣立下风，谁敢当头道。咄！我王库内无如是刀"。

镇江金山蓬庵自闻永聪禅师　杭之于潜徐氏。八岁依县东资福寺行居服僧伽梨，后还家塾授五经。十五从父游径山，慕别峰机辨警拔，白父曰："人天龙象也愿学焉。"别峰器焉。至育王天童，当拙庵、密庵全盛时，往来两翁间十余年。后游闽越江东、西湖南北，凡遇名流，反复博约，雍容婉辞，尽底蕴乃已。出世台之净慧，徙金陵保宁蒋山，转金山。终时寿六十五，腊五十七。

万年心闻贲禅师法嗣

温州龙鸣在庵贤禅师 上堂,举崇寿示众曰:"识得凳子,周匝有余。云门道,识得凳子,天地悬殊。"师曰:"崇寿老汉坐杀天下人,云门大师走杀天下人。龙鸣则不然,识得凳子四脚着地,要坐便坐,要起便起。"

上堂,举赵州勘婆话,颂曰:"冰雪佳人貌最奇,常将玉笛向人吹。曲中无限花心动,独许东君第一枝。"

潭州大沩咦庵鉴禅师 会稽人也。上堂,"木落霜空,天寒水冷。释迦老子无处藏身,折东篱补西壁,撞着不空,见菩萨请示念佛三昧,也甚奇怪,却向道金色光明云。参退吃茶去"。

上堂,"老胡开一条路甚生往直,祇云歇即菩提,性净明心,不从人得。从人不得其门,一向奔驰南北,往复东西,极岁穷年,无个歇处。诸人还歇得么?休休!"

上堂,举晦堂和尚一日问僧甚处来,曰:"南雄州。"堂曰:"出来作甚么?"曰:"寻访尊宿。"堂曰:"不如归乡好。"曰:"未审和尚令某归乡意旨如何?"堂曰:"乡里三钱置一片鱼鲊如手掌大。"师曰:"宁可碎身如微尘,终不瞎个师僧眼。晦堂较些子,有般汉便道熟处难忘,有甚共语处。"

上堂,举罽宾国王问师子尊者蕴空公案。师颂曰:"尊者何曾得蕴空,罽宾徒自斩春风,桃花雨后已零落,染得一溪流水红。"

四明天童雪庵从瑾禅师 永嘉楠溪人，俗姓郑。礼普安院子回为师落发，谒心闻于瑞岩。一日入室，闻举红炉片雪问，师拟答，忽领旨，留待三年。入福州，见佛智于西禅。问："甚处来？"师曰："四明来。"智曰："曾见憨布袋么？"师便喝，智便打。师接住拳云："和尚不得草草。"智云："瞎汉这边立。"

时心闻主江心，师归谒，命充维那。一日问师："一喝分宾主，照用一时行。如何是一喝分宾主？"师便喝。闻云："此喝是宾是主。"师云："宾则始终宾，主则始终主。"闻笑曰："汝又眼花了。"师即呈偈云："一喝分宾主，依然又眼花。倒翻筋斗去，蹈杀死虾蟆。"

初住仪真灵岩，僧问："如何是灵岩境？"师云："鹿跑泉冷浸明月，龙斗港深藏白云。"僧问："如何是祖师西来意？"师云："夜半须弥安鼻孔。"僧云："如何是禅？"师云："仰面不见天。"僧云："如何是道？"师云："全身入荒草。"僧云："如何是法？"师云："千重百匝。"僧云："作家。"师云："收。"

上堂，"金槌影动，三世诸佛不敢当头。法令施行，外道天魔悉皆拱手。峭巍巍木无板仰，净裸裸不用安排。行住坐卧不用猜疑，好恶是非一时放下。然后和泥合水，拽把牵犁，任运纵横，总无妨碍。正恁么时，且道太平一曲怎么生唱？"良久，"铁船横古渡，重整旧家风"。

上堂，"金刚圈里翻身，筑着帝释鼻孔，悬崖头上撒手，突出达磨眼睛。往复三回，兴犹未尽，机轮一转，势不可停。倒拈蝎尾，婢使声闻，顺捋虎须，奴呼菩萨。释迦已灭，弥勒未生，佛法祖令，总属天童。把住放行，如何施设？"良久，"无孔铁槌当面掷,普天匝地起清风"。庆元六年七月二十三日,索浴更衣书偈,投笔而寂。寿八十四,腊七十,全身葬心闻塔之左。

大洪老衲证禅师法嗣

苏州万寿月林师观禅师 俗姓黄,福州候官人。僧问:"三圣道,逢人则出,出则不为人。意作么生?"师云:"错。"僧云:"兴化道,逢人则不出,出则便为人。又作么生?"师云:"错。"僧云:"兴化枪旗倒卓,三圣肝胆齐倾。"师云:"引不着。"僧云:"只如今日,和尚作么生为人?"师云:"一棒一条痕。"

上堂,"诸佛于此转大法轮,诸佛于此而般涅槃。正恁么时,甚处见释迦老子?"良久云:"三门头合掌,佛殿里烧香。"

上堂,"此世不移动,彼世不改变,当处发生,随处灭尽。阿呵呵,见不见,秋风一阵来,落叶两三片"。

上堂,举杨岐禅师示众云:"身心清净,诸境清净。清净清净,身心清净。还知杨岐老人落处么?就船买得鱼偏美,踏雪酤来酒倍香。"

灵隐东谷光禅师法嗣

四明天宁直翁一举禅师 上堂,"机先一句,万别千差。三日一风,五日一雨。田畴水足,万物发生。且道陕府铁牛髭须长多少?"卓拄杖,下座。

焦山或庵体禅师法嗣

四明天童痴钝智颖禅师 出世茶陵军严福,迁金陵保宁、蒋山、绍兴报恩、苏州灵岩,再住蒋山。迁四明雪窦,至天童。

上堂,"德山棒,临济喝。龙跃云津,雷惊蛰户。开得眼者,顿彰意气。无转动者,死在其中。诸人要见德山、临济么?"卓拄杖,喝一喝,下座。

上堂,"日面月面,机前转变。千人万人,是谁亲见。西风一阵来,落叶两三片"。

上堂,"马祖升堂,百丈卷席。象王回旋,狮子返掷。拟议青天轰霹雳"。颂初祖见梁武帝话曰:"提起须弥第一槌,玉门金锁击难开。重施背踏空劳力,应悔迢迢万里来。"赠术士偈曰:"无位真人赤骨律,面门出入有谁知。太虚元与渠同寿,庚甲凭君子细推。"示张大夫狱吏偈曰:"活捉生擒百种囚,敲枷打锁问来由,个中一字能通变,活却从前死路头。"

四明天童茨庵尧禅师 赞二祖偈云:"青云未遂读书心,白首穷途困少林。三拜起来连底错,承虚接响至于今。"

龟峰晦庵光禅师法嗣

杭州径山蒙庵元聪禅师 福州人,晦庵会中得心要,众推为高第弟子。

上堂,举玄沙见僧礼拜,沙云:"因我得礼你。"师颂曰:

"因我得礼你,莫放屁撒屎,带累天下人,错认自家底。"

上堂,举赵州和尚在东司上见文远,侍者过,蓦召文远,远应诺,赵州曰:"东司上不可与汝说佛法。"师颂曰:"明明道不说,此理凭谁识。春风一阵来,满地花狼藉。"送行者求僧偈云:"山前麦熟雨初晴,桑柘青连柳色新。毫发不存风骨露,头头总是比丘身。"

云居蓬庵会禅师法嗣

万松坏衲大琏禅师 赞出山相佛偈曰:"行满功圆彻骨穷,不胜羸瘦发鬔松。弥天罪过今无数,毗舍耶中一款供。"

增集续传灯录卷第二

大鉴下第十九世

天童密庵杰禅师法嗣

杭州灵隐松源崇岳禅师 姓吴氏，生于处州龙泉之松源，故因以为号。自幼卓荦不凡，未尝嬉戏。年二十三弃家，衣扫塔服。首谒灵石妙公，继见大慧于径山。闻大慧称蒋山华公为人径捷，即往参。一夜举狗子无佛性话有省，即以扣应庵。庵举"世尊有密语，迦叶不覆藏"。师云："钝置和尚。"应庵励声一喝，师便礼拜。应庵大喜，以为法器，说偈劝其祝发。

隆兴二年，始得度于临安西湖白莲精舍。遍历诸大老之门，罕当其意。入闽见木庵永公，木庵一日举"有句无句，如藤倚树"。师云："裂破。"庵云："琅琊道，好一堆柴𣚟。"师云："矢上加尖。"庵云："吾兄下语，老僧不能过。其如未在，他日拂柄在手，为人不得，验人不得。"师云："为人者，使博地凡夫一超入圣域，固难矣。验人者，打向面前过，不待开口，已知渠骨髓，何难之有。"庵举手云："明明向汝道开口不在舌头上，后当自知。"及见密庵于衢之西山，随问随答，庵但微笑。师切于道，至忘寝食。庵移蒋山，华藏径山皆从之。会入室次，问旁僧不是心不是佛不是物，师侍侧豁然大悟，乃云："今日方会木庵道，开口不在舌头上。"庵迁灵隐，遂命师为第一座。旋出世吴郡澄照，徙江阴光孝、无为冶父、番阳荐福、四明香山、苏之虎丘。

庆元三年被旨补灵隐，示众曰："明眼衲僧因甚打失鼻孔，有贼无贼。"

上堂，"大凡扶竖宗乘，须具顶门正眼悬肘后灵符。只如保寿开堂，三圣推出一僧，保寿便打。三圣道：'与么为人，瞎却镇州一城人眼去在。'保寿掷下拄杖便归方丈。二尊宿等闲一挨一拶，便乃发明临济心髓，只是不知性命总在这僧手里，还有检点得出者么？昔年觅火和烟得，今日担泉带月归"。

岁旦上堂，"元正改旦，事事成现。有时放行，有时坐断。不惜两茎眉，坐和盘拨转。佛法世法都卢一片，既是佛法世法，如何得成一片。但辨肯心，必不相赚"。

上堂，拈拄杖云："入荒田不拣，信手拈来草。怀州牛吃禾，益州马腹胀。怀宁独山张主管铸锅三口，宾头卢尊者不知，失却琉璃碗，且道落在什么处？"掷下拄杖云："众眼难瞒。"

上堂，举保宁勇和尚云："大方无外，大圆无内。无内无外，圣凡普会。瓦砾生光，须弥粉碎。无量法门，百千三昧。"拈起拄杖云："总向这里会去，苏卢苏卢，悉唎悉唎萨婆诃。"师云："这老汉业识茫茫，不奈船何，打破屏斗。"

居灵隐六年，法道盛行。退居东庵，俄属微疾，犹不废唱道。忽亲作书别诸公卿，垂二则语以验学者曰："有力量人，因甚么抬脚不起，开口不在舌头上？"又贻书嗣法香山光睦云居善开，嘱以大法，乃书偈曰："来无所来，去无所去。瞥转玄关，佛祖罔措。"跏趺而寂，实嘉定二年八月四日也，得年七十又一，坐夏四十，全身塔北高峰之原。待制陆游放翁铭其塔有曰："读师之语，峻峭嶕崒下临云雨，如五千仞之华山。蹴天驾空，骇心眩目，如钱唐海门之涛。虎狗股栗，屋瓦震堕，如汉军毗阳之战。可谓临济正宗，应庵、密庵之真子孙也。"放翁其知言者哉。

夔州卧龙破庵祖先禅师 族出蜀广安王氏。从罗汉院德祥出家，闻缘老宿住昭觉，往参扣语契，令奉圆悟香火。一日从方丈前过，缘问："庵头有人么？"师云："无人。"语未竟，缘劈胸与一拳云："你聻。"师忽有省。出峡依澧州德山涓落发，寻受具，遍参诸方。至苏之万寿，值雪夜坐，自念行脚十年矣，尚不能彻去。正闷闷间，不觉钟动，趋后架举头见昭堂二字，疑情顿释。既而见水庵于双林，水庵问："师子尊者被罽宾斩却头固是，你道西天胡子为什么无须？"师云："非双林不举此话。"水庵云："今日撞着个作家。"师云："心不负人，面无惭色。"水庵遂拓开，师云："勘破了也。"逮水庵谢事，遂往见密庵于乌巨。庵命师典客，偶庵对旁僧举不是风动不是幡动，师闻豁然大悟。次日庵遇师于众寮前，谓师曰："总不得作伎俩，你试露个消息看。"师应声曰："方丈里有客。"庵呵呵大笑。庵迁蒋山，师侍行相从凡五载，尽得旨要。辞归蜀，庵以偈送之曰："万里南来川藞苴，奔流度刃扣玄关，顶门戳瞎金刚眼，去住还同珠走盘。"

已而南至夔门，尚书杨公辅以卧龙请居之。辞去，遍游于吴华藏遁庵演、金山退庵奇、灵隐笑庵悟、径山蒙庵聪，皆分第一座命说法。历住常州荐福、真州灵岩、吴中秀峰穹窿。杨和王请住湖州资福，约斋居士张公请为广寿慧云禅寺开山住持。六坐道场，皆王公巨卿所请，时甚荣之。

上堂，举古人道："杨歧乍住屋壁疏，满堂尽布雪真珠。缩却项，暗嗟嘘。翻忆古人树下居。"师云："杨歧斗胜不斗劣，秀峰斗劣不斗胜。秀峰乍住没亲疏，个个尽怀沧海珠。满眼湖山看不足，释迦弥勒是他奴。"

上堂，举密庵先师道："有问冬来事，京师出大黄，贪他一粒米，失却半年粮。""秀峰不恁么，有问冬来事，京师出大黄，只图一粒米，却得百年粮。或被知事道：'长老长老，莫道百年粮，只得半年不少。'也得只向他道，但辨肯心，必不相赚。"

上堂，举东山和尚道："如何是禅？阎浮树在海南边，近则不离方寸，远则十万八千，毕竟如何？禅禅！"师云："穹窿也有个道处。如何是禅？阎浮树在海南边，撑天拄地，拄地撑天。巧说不得，只要心传，毕竟如何？禅禅！"

上堂："十五日已前明似镜，十五日已后黑如漆。正当十五日又且如何？莺迁乔木频频语，蝶恋芳丛对对飞。"

师将终，作书别所厚善，书偈曰："末后一句已成忉怛，写出人前千错万错。"书讫端坐而逝，实嘉定四年六月九日也。师化时寓径山，遗嘱弃骨山下，主翁石桥收骨，建塔于别峰塔之右。寿七十六，腊四十九。

信州龟峰曹源道生禅师 南剑人，出世饶州妙果。迁龟峰，后住饶州荐福，逾月化去。

上堂，"佛法二字人人知有，狼毒砒霜那容下口。直饶透出威音前，也是痴狂外边走。山僧已是拖泥带水，诸人合作么生？"喝一喝。

上堂，"今朝八月十五，天色半阴半雨。几多门外游人，不睹月圆当户。也好笑，又堪嗟，争似西湖寺里一队古佛。参退，归堂吃茶"。

上堂，"春风东扇西扇，春雨似晴不晴。浅白深红，烂铺锦绣。莺声燕语，互奏笙簧。一一揭示圆通妙门，头头流通正法眼藏。拟心凑泊，依前万水千山。直下知归，许你七穿八穴"。拍禅床下座。

上堂，"雨雪落纷纷，檐头水滴滴。良哉观世音，草里跳不出。也大屈，水里乌龟钻铁壁。咄！"

上堂，"月生一，拶倒银山并铁壁。月生二，土宿骑牛穿闹市。月生三，屋头幽鸟语喃喃，不是葛藤露布，亦非入理深谭。正与么时，宾主交参一句作么生道？万仞悬崖垂只手，百花丛里现优昙"。

上堂，"平旦清晨三月朝，南山苍翠插云霄。不须更觅西来意，窗外数声婆饼焦"。拍膝云："好大歌，窗外数声婆饼焦。"拍膝云："好大歌。"

四明天童枯禅自镜禅师 俗姓高，闽之长乐人。谒木庵永、水庵一、或庵体，最后见密庵于灵隐，机缘吻契。久之开法隆兴上蓝。迁建康旌忠、抚州白杨、福州太平西禅。宝庆元年被旨升灵隐，移天童。

上堂，"有句无句，如藤倚树，树倒藤枯，句归何处？"良久，"长忆江南三月里，鹧鸪啼处百花香"。

上堂，"一拽石，二般土，夜半日轮正卓午，老安曾牧沩山牛，南泉不打盐官鼓。报君知，莫莽卤，火里鹚䴔吞却虎"。

上堂，举僧到鹤林敲门，林云："是谁？"僧云："行脚僧。"林云："非但行脚僧，佛来亦不着。"僧云："既是佛来，因甚不着？"林云："无你栖泊处。"师云："若是天童有人敲门，即大开门户与伊入来，当胸挡住云：'道，道！'待伊拟开口，劈胸与一拳。若向这里转得，身吐得气，便请明窗下安排。"

杭州净慈潜庵慧光禅师 上堂，举赵州和尚因僧问狗子还有佛性也无，赵州云无。颂曰："狗子无佛性，全提摩竭令。才拟犯锋铓，丧却穷性命。"

太平府隐静万庵致柔禅师 湖州陈氏子。妙喜南迁，道经干潮，祖父暹延供无虚日，其母黄氏梦一僧曰可供我，遂怀妊。及诞日，父母誓不以世尘累，年十岁投受和尚出家，越九载得度。谒鼓山木庵永，会庵升堂云："国师再来也。"师微笑有省。又谒密庵于蒋山，庵室中举释迦弥勒是他奴他是阿谁，师曰："无地头汉。"庵曰："千闻不如一见。"师拳一打。庵擒住励声云："小鬼头见个什么胡打乱打。"师云："更要一拳在。"庵打两拳云："打这无地头汉。"师豁然契悟。以母老归宁，郡将吏部朱公江请住城南广法。

上堂，"起道树，诣鹿苑，不是向上机。传少室，续曹溪，未为性燥汉。直得无依无欲，无一法当情，犹落第二见。放过一着，卷舒在我，纵夺临时。于把住处放行，露柱灯笼活鲅鲅。于放行处把住，释迦弥勒是他奴"。卓拄杖，"是放行，是把住？一气不言含有象，万灵何处谢无私"。

上堂,"毗卢师,法身主。若要动地放光,且来般柴运土。嗄!将谓忘却"。

上堂,"百丈不再参马祖,岂得三日耳聋。临济不到大愚,安知老婆心切。仰山将得镇海明珠,为甚向东寺面前叉手当胸?却道无理可伸,无言可说。咄!直饶倾下一栲栳,敢保老兄犹未彻"。

上堂,"饥荒老鼠咬葫芦,多计猢孙倒上树。要透报恩向上关,须是一步低一步。既是向上关,因甚一步低一步?待你踏着却向你道"。

上堂,举东山示众云:"空门有路人皆到,到者方知旨趣长。心地不生闲草木,自然道放白毫光。"师云:"东山只解无中觅有,不解有中觅无。隐静则不然,空门有路人皆到,到者方知碍处通。石上栽花并结果,到头元不假春风。"将终,集众嘱曰:"予平生不畜长物,只如常僧,安寝堂二日足矣。"书偈端坐而化。越三日寺毁,众悟遗言,若有旨也。寿七十,腊五十二。

杭州灵隐笑庵了悟禅师 姑苏人。上堂,举睦州因僧问:"以一重去一重即不问,不以一重去一重时如何?"睦州曰:"昨日栽茄子,今日种冬瓜。"师颂曰:"昨日栽茄子,今日种冬瓜。一声河满子,和月落谁家。"

金陵蒋山一翁庆如禅师 姓氾,福州长乐人。上堂,"春雨如膏,春云似鹤,春鸟关关,春泉濯濯。揭却观音脑盖,踢倒慈氏楼阁,莫将错就错"。拍禅床云:"参!"

上堂,"过去诸如来,斯门已成就,一盲引众盲。现在诸菩萨,今各入圆明,鰕跳不出斗。未来修学人,当依如是法,赚杀一船人"。

上堂，"意能刬句，句能刬意，意句交驰，讨甚巴鼻。尽力道不得底句，不是河南便是河北。衲僧闻得与么告报，十个有五双鼻孔冷笑"。遂拈拄杖云："云居拄杖子，党理不党亲。"卓一下云："雪巢初冷夜，云须未梳时。"

上堂，"霜明万壑，月皎千家。达磨不会，却返流沙"。拍膝云："好大歌，归堂吃茶。"

上堂，"天地造化有阴有阳，有晦有朔。圣人治世有礼有乐，有刑有政。衲僧门下有杀有活，有擒有纵。其擒也纵也杀也活也，总是黄龙指甲缝里。汝若拟议，不消一掐。然虽如是，笑我者多，哂我者少"。

上堂，"一句截流，万机寝削，且道是那一句？"良久卓拄杖云："归堂吃茶。"

上堂，"久雨忽晴，天清地宁。云收岳面，月落波心"。拈拄杖卓一下云："恁么会去，达磨一宗扫土而尽。"

上堂，"诸佛不出世，人人举足踏着。祖师不西来，人人满口道着。既蹈着又道着，毕竟是个什么？有般汉东西不辨，南北不分，便道明明不覆藏，切忌从他觅。殊不知抛却真金，随群摄上"。

上堂，"豁开户牖，当轩无人。挝动雷门，凭谁侧耳。裴相国印心于老黄檗，温伯雪目击于鲁仲尼。衲僧门下检点将来，犹在半途。知县学士今日到来，云居如何与伊相见？"拈拄杖画一画云："万重关锁尽，一剑倚天寒。"

晚年退隐南昌西山。示寂，塔于定林，寿六十八，夏四十九。

苏州承天铁鞭允韶禅师 上堂，"一五二五，机轮无阻。南山起云，北山下雨。有人却道锦上添花，有人又道泥里洗土。有人又道，离此二途，便见丹霄独步。若总如斯论量，山僧未敢相许。毕竟如何？"良久云："逢人不得错举。"

徽宗皇帝国忌日上堂，竖起拂子示众云："还见么？眨得眼来，古佛过去久矣。珍重！"

师住泉州光孝，判府请开堂祝圣。白槌罢，师乃云："唤什么作第一义？莫有旁不甘者么，出来道看！"时有僧出问顶额摩酰眼卓竖。师拈拄杖卓云："住住，今日开堂不比寻常佛事。设问答到弥勒下生，勾镰连环盛水不满，也祇是空鼓粥饭气，于自己了没交涉。所以道，问不在答处，答不在问处。问答交驰，如青天轰霹雳，看者不容眼，那堪便向言中定旨、句下明宗。大似缘木求鱼，守株待兔。殊不知，我宗无语句，亦无一法与人。这里彻去，皇恩佛恩一时报毕。其或未然，更为锦上添花。"复卓拄杖一下。

佛涅槃日上堂，"老汉当年腊月八，三更夜半颠狂发。刚把长钉钉眼睛，直至如今未能拔。山僧今日下毒手，为他拔一拔看"。便下座。

约斋居士侍郎张公镃

久参密庵，闻钟声悟道，有偈云："钟一撞，耳根塞，赤肉团边去个贼。有人问我解何宗，舜若多神面门黑。"东州永和尚举此偈，颂云："一棒钟声到耳根，三千刹海一晴昏。贼从赤肉团边去，明日依然不离门。"

灵隐妙峰善禅师法嗣

杭州径山藏叟善珍禅师 泉州南安吕氏，年十三，依郡之崇福南和尚落髮，游方至杭受具。谒妙峰于灵隐，入室悟旨。后出世里之光孝舛承天，迁湖之思溪圆觉、福之雪峰。朝命移四明育王、余杭径山。

上堂，"古者道，知之一字众妙之门。又有道，知之一字众祸之门。只这二门入得更须出得。三世诸佛出不得，历代祖师出不得，天下老和尚出不得。何故？变铁成金易，变金成铁难"。

上堂，"尽大地是紫磨金身，诸人每日开眼觑见释迦老子心肝，举步筑着释迦老子鼻孔，说有说无是诳，说生说灭是谤，说即心非心是妄，不诳不谤不妄，春风吹落桃李花，淡烟疏雨笼青嶂"。

上堂，"春雪寒，春霄短。古佛心，破灯盏。正法眼，干纸捻。抖擞精神只管看，看到北斗西移南斗东转，上元依旧正月半"。

上堂，"灵云见桃花悟去。玄沙道，敢保老兄未彻。香严闻击竹悟去，仰山道，祖师禅未会。禅和十个五双道，我此一门全无肯路，亦未知灵云香严在。要知二大老么？醉我落花天，借他弦管里。又据室去这里，便是问讯烧香了。来老僧身边立地底所在么？呆子！你自钝置犹可，莫来钝置老僧"。

尝自题其像云："参禅无悟，识字有数。眼三角似燕山愁，胡面百折如赵婆。呷醋一着，高出诸方，敢道饭是米做。"送忍书记偈云:"鬓丝不可织寒衣,煮字那能疗得饥。别欲语君安乐法,正忙却未有闻时。"

生于宋绍兴甲寅十月十二日,示寂于嘉定丁丑五月二十一日。寿八十三,塔全身于南塔院。

杭州净慈东叟仲颖禅师 上堂,"切忌随他觅,无劳向己求。纵横活鱍鱍,有放还有收。是什么?一叶落,天下秋"。

上堂,"迷生寂乱,悟无好恶。奉化县里契此翁,凸个肚,矮双足,拖个布袋十字街头,憨憨痴痴,落落魄魄,何似老龙牙手里把柄破木杓"。

上堂,拈拂子画一画云:"伏羲发天地之秘,未明者消息。"又点三点云:"瞿昙示圆伊之妙,未明者消息。者消息如何辨的?不见道,冬至乃书云物。"击拂子。

上堂,"上不在天,下不在地,中不在人"。喝一喝,"且道这一喝落在什么处?若也知得,也有宾也有主,也有照也有用。若也不知,参退巡堂吃茶"。

上堂,"挝动鼓,众斯聚,耳同闻,目同睹,超乾坤,越今古。夫何故如此?五月五是端午"。

上堂,"行者行,坐者坐,左之右之缺一不可。甘露园中蒺藜,黄檗树头蜜果。才与么不与么,不与么却与么,善贾之家不停滞货"。

吉水龙济友云宗鍪禅师 族出庐陵王氏,自幼喜学禅坐,十二从宝寿院海室淙公出家,寻剃发受具。参妙峰于灵隐,佛涅盘日,峰上堂拈拄杖云:"释迦老子来也,诸人还见么?微妙净法身,具相三十二。"放下杖云:"见汝诸人不会,入涅槃去也。"

师于言下豁然契悟。一日辞归，峰嘱曰："深山里结个茅庵去。"

师登吉水东山佛顶峰，扪萝披捧，得修山主古寺基遂居焉。木食涧饮，夙夜危坐。或雪寒缺粮，啖昌歜（怛感切乃菖蒲葅也）数寸以度日。尝口点云："山僧有分住烟萝，无米无钱莫管他。水似琉璃山似玉，眼前总有许来多。"久之缁白踵至，遂成丛席。因旧名榜曰"龙济清凉禅寺"，书门以示来参曰："除却眼耳鼻舌身意，那个是你自己？若也道得，许你亲见龙济来。其或未然，且居门外。"雪岩和尚见而问曰："曾接得几人？"师曰："老僧从来不会按牛头吃草。"僧问："腊月三十日到来时如何？"师曰："门前无索债人。"至元丁亥七月二十七日入灭，住世八十，僧夏六十一，塔全身于峰之颠。

净慈北涧简禅师法嗣

四明育王物初大观禅师　鄞县横溪陆氏，夙参北涧，于净慈悟旨，典文翰声祢籍甚。晚住育王，座下名缁蚁附。上堂，"达磨正宗，衲僧巴鼻，充塞虚空，无处回避。堪笑迷流，白日青天开却眼只管瞌睡。更有黄面老人，不识好恶，入泥入水，却道我于然灯佛所无一法可得而为我授记。何异好肉剜疮，空花求蒂。毕竟如何？悉唎悉唎"。既顺世，葬于寺之西庵。

径山浙翁琰禅师法嗣

杭州径山偃溪广闻禅师　闽之候官东家子，母陈氏，世业儒。疏眉秀目，哆口丰颐。从季父智隆于宛陵光孝，十八得度受具。初见铁牛印少室睦无际派，追随甚久。参浙翁于天童，针芥难投，自知未稳，及再参于双径，翁笑迎曰："汝来耶。"一夕坐檐间，闻更三转，入堂曳覆而蹶，如梦忽醒。翌朝造室，翁举赵州洗钵盂话，师将启吻，翁遽止之，平生疑情当下冰释。

绍定戊子四明制阃，胡公以小净慈致之。历住香山万寿雪窦、育王净慈、灵隐径坞。入山所至，革弊支倾，广容徒众。开炉上堂，举赵州和尚示众云："老僧三十年前在南方火炉头有个无宾主话，直至如今无人举着。"师曰："森罗万象，明暗色空，日夜举扬。赵州古佛不是不知，只为贪程速急。"

上堂，"杨岐眼中睛，临济顶中髓。一不成，二不是，点着不来，白云万里"。

佛成道，上堂，"错错！六载草绳空自缚。了了！开得眼来天大晓。古今天地，古今日月，古今星辰"。拍膝云："剑去久矣，切忌刻舟。"

上堂，"云门放洞山三顿棒，嚼饭喂婴孩。黄檗打临济三顿棒，按牛头吃草。只今不犯丝毫，有个方便"。良久云："大事为你不得，小事自家担当。"

上堂，"非风幡动，仁者心动，浣盆浣盆。非风铃鸣，我心鸣耳，漆桶漆桶。尽古往今来，和泥脱擎，有什么限？还知万寿落处么？劫石有消日，虚空无尽时"。

上堂，"十字街头石幢子，无你遮护处。一声江上侍郎来，无你回避处。初僧家朝出暮入，脚前脚后也，须子细。忽然筑着磕着，净慈拄杖别有分付"。

上堂,"一舜三合,拄杖头边万木千山,草鞋跟底未言先领。谁家灶里无烟,撩起便行。是处井中有水,莫道空来。又空去许多途路不相孤"。

上堂,"一句绝离微,浑仑无缝罅。善财七日寻觅不得,赵州五年分疏不下。灵山今日快便难逢。为通一线,六月卖松风,人间恐无价"。

上堂,"绕禅床一匝,挥香案一下,转藏已竟,讲经已竟。若具看经眼目,方知落处。其或未然,依经解义,三世佛冤。离经一字还同魔说"。

上堂,"赵州吃茶去,金牛吃饭来,龙门多上客。有人续得末后句,许你入阿字法门"。

景定四年六月十四日示寂,寿七十五,夏五十八。

苏州虎丘枯桩昙禅师　　上堂,举大梅常禅师问马大师:"如何是佛?"大师云:"即心是佛。"师云:"要知马师蹲坐处么?水向石边流出冷,风从花里过来香。"

杭州径山淮海原肇禅师　　通州静海潘氏子,母朱氏,邑之利和寺妙观。其诸父也,谓其父母曰:"是子生而有异,却荤薣,殆亦凤种,盖俾出家,父母然之。年十九剃染受具,参浙翁于径山。"翁问:"汝何处人?"师曰:"淮人。"翁曰:"泗州大圣为什么在扬州出现?"师曰:"今日又在杭州撞着。"翁曰:"且得没交涉。"师徐曰:"自远趋风。"翁以师警敏,欲大激发,未容其参堂,才见便云:"下一转语来!"拟开口,即喝出。师以书上,又以颂呈末句云:"免教回首望长安。"翁云:"这里是什么所在?"师曰:"谢和尚挂搭。"始容就入室之列,已而命掌记。

翁既寂，师出世通之光孝，迁吴城双塔、金陵清凉、天台万年、苏州万寿、东嘉江心。而四明育王虚席，庙堂奏师补处。迁杭之净慈、灵隐径山。其住径山，歉余逋券山积，僧残屋老。未几楼阁矗霄，云衲踵至，不减浙翁全盛气象。俄示疾，嘱其徒为吾树一穴于东涧，见生死不忘奉师之意。浴讫书偈而逝。尝赞达磨偈曰："踏翻地轴与天关，合国人追不再还。去去一身轻似叶，长江千古浪如山。"

杭州灵隐大川普济禅师 明州奉化人。上堂，举睦州因僧问："如何是祖师西来意？"州云："一队衲僧来，一队衲僧去。"颂曰："一队衲僧来，一队衲僧去，打破睦州关，大地无寸土。"题世尊出山相偈曰："龙章凤质出王宫，肘露衣穿下雪峰。智愿必空诸有界，不知诸有几时空。"送僧偈曰："云遮剑阁三千界，水隔瞿唐十二峰，抖擞屎肠都说了，莫教错认瓮为钟。"

杭州净慈介石朋禅师 上堂，举明招谦禅师一日天寒上堂，众才集，招曰："风头稍硬，且归暖处商量。"便归方丈。众随至立定，招曰："才到暖室，便见瞌睡。"以拄杖一时趁下。师颂曰："稍硬风头早已乖，更将暖处自沉埋，反令千古成踪迹，枉吃罗山白饭来。"因见郁山主画像，旁僧索赞，师信笔书曰："拾得明珠笑眼开，为言尘尽转生埃，若无直下承当者，孤负阇黎一扑来。"

四明天童辨山仟禅师 送僧归乡偈曰："奋志南方问正因，正因一字不曾闻，七零八落袈裟角，惹得凌霄几片云。"赞观音偈曰："螺髻屈蟠春屿碧，绿衣零乱晓云寒，寻声只么随流去，见甚真观清净观。"

苏州虎丘东山道源禅师　福建连江黄氏,隶业郡之白云,历两浙,见知识二十余员。末后到蒋山,见浙翁室中举即心即佛话有省。出世奉化清凉,上堂,"几载长庚度岁寒,横眠倒卧放痴顽,虽然不作住山计,却被无心趁出山。俯顺时机,高低普应,尧风荡荡,舜日熙熙,樵唱渔歌,咸归正化"。良久,"四海浪平龙睡稳,九天云净鹤飞高"。

上堂,拈拄杖。"德山棒,临济喝,总是用过了闲家泼具。且道虎丘将什么为人?"卓拄杖云:"不假钳锤烹佛祖,惯将折箸搅沧溟。"掷拄杖,下座。

师居虎丘,以病朔望不至官府,守许其简。师写一偈云:"业风吹我到姑苏,多病那能强自扶。珍重虎丘山上月,出门何处不逢渠。"建安徐直翁帅三山,以雪峰起师。至建安光孝寺,遗偈而化,淳祐元年九月二十九日也,寿五十九。

四明大慈芝岩惠洪禅师　越州新昌人,姓朱。其生也,母梦僧入卧内肖前石佛高禅师。年十六从石佛净因剃染。谒蒋山浙翁,翁问曰:"汝何处人?"师曰:"越州。"曰:"近离何处?"曰:"净慈。"曰:"如何是行脚事?"师拟议,翁色庄曰:"汝答我一一分晓,问着行脚事则茫然,为何所碍?"曰:"今日来见和尚。"翁曰:"念汝新到,参堂去!"翁迁天童,师再参翁。室中举不是心不是佛不是物,师曰:"毒龙行处草不生。"翁曰:"且喜没交涉。"师曰:"入水见长人。"翁便喝。

后应丞相忠献越王之命,出世崇报。上堂,"住山懒慢,百事无成,教为剩语,禅亦强名"。击拂子,"夜来春睡重,一觉到天明"。

住石佛，上堂。"红尘堆里四经秋，验尽诸方碗脱丘，忽地船头轻拨转，却来屋里贩杨州。襕衫翻着，曲唱还乡，坐断千差，壁立万仞。直得韶光溢目，故园桃李争妍。瑞气腾空，本地风光显现。若也顿开千眼，何妨把手同归。其或未然，善财一去无消息，楼阁门开竟日间。"

上堂，"若论此事，如春行大地，物物皆春。若是焦芽败种，又争怪得"。临终书偈云："六十三年前，六十三年后，腊月火烧山，虚空俱出丑。"跏趺而逝。

四明寿国梦窗嗣清禅师 越之山阴于氏，肄业郡之天章。佛涅槃，上堂，"佛真法身犹若虚空，因甚二月十五日却向双林树下做尽死模活样，竹影扫阶尘不动，月穿潭底水无痕"。

上堂，举白云端和尚示众曰："若端的得一回汗出。"师拈云："要知白云老人落处么？自从塞北径鏖战，敢向江南说阵图。"

上堂，"德山入门便棒，临济入门便喝。逼龟成兆，终不能灵。宝陀这里寂然不动，感而遂通，马无千里漫追风"。

上堂，举曹山辞洞山，洞山云："子向甚么处去？"曹山云："不变异处去。"洞山云："不变异处岂有去耶？"曹山云："去亦不变异。"师云："云藏无缝袄，乌宿不萌枝。"

上堂，"春风如刀，春雨如膏。裁剪不得处，桃花色转娇。灵云一见不疑去，谢郎舞棹更呈桡"。

上堂，"归宗斩蛇，秘魔擎义，禾山打鼓，赵州吃茶。十字街头开铺席，见钱买卖且无赊"。

上堂，"三十年来寻剑客，几回叶落又抽枝。自从一见桃花后，直至如今更不疑"。师云："寻常春梦无奇特，独有灵云说向人。只如玄沙道，谛当甚谛当，敢保老兄未彻在。若不同床睡，焉知被底穿。"

上堂，"万里无寸草，头上漫漫。出门便是草，脚下漫漫。夜行只管贪明月，不觉和衣渡水寒"。

龙溪文禅师 示众云："无相无形本寂寥，拟抬眸处转迢遥。蒲团静倚无余事，窗外一声婆饼焦。"

天童无际派禅师法嗣

天宁无境彻禅师 上堂，举岩头和尚因僧问："浩浩尘中如何辨主？"头云："铜沙锣里满盛油。"颂曰："百万雄兵入汉关，威如猛虎阵如山，单刀直取颜良首，不是关公也大难。"

鳌峰定禅师 赞玄沙和尚偈曰："襄衣不肯换金章，千古风流属谢郎，钓得锦鳞人不荐，夜寒沙上听鸣榔。"

育王秀岩瑞禅师法嗣

四明瑞岩无量寿禅师 上堂，举鸟窠和尚因白侍郎问："如何是佛法大意？"鸟窠曰："诸恶莫作，众善奉行。"侍郎曰："三岁孩儿也解恁么道。"鸟窠曰："三岁孩儿虽道得，八十老人行不得。"颂曰："恶无相貌善无形，皆自心田长养成。不动锋铓轻剔破，菩提烦恼等空平。"因僧问："世尊睹明星悟道，此意如何？"师答以偈曰："明星现处眼皮穿，汉语胡言万万千，暴富乞儿休说梦。谁家灶里火无烟。"

育王空叟印禅师法嗣

湖州道场别浦法舟禅师 尝有鱼篮妇赞曰:"月眉斜印海门孤,逐浪随波不丈夫,双手向人提掇处,却将鱼目换明珠。"

无极观禅师 出山佛赞曰:"王宫不住个痴呆,半夜逾城真怪哉,苦行六年谁采你,计穷只得出山来。"

鼓山木庵永禅师法嗣

杭州净慈晦翁悟明禅师 福州人。上堂,举夹山会下一僧到高亭才礼拜,亭便打。僧云:"特来礼拜师何打?"又拜,亭又打趁出。僧回举似夹山,山云:"会么?"云:"不会。"山云:"赖汝不会,汝若会,即夹山口哑去。"应庵拈云:"高亭一期忍俊不禁,争奈拄杖放行太速。这僧当时若是个汉,莫道高亭夹山,便是达磨大师出来也斩为三段。何故?家肥生孝子,国伯有忠臣。"师云:"高亭夹山门庭施设备得其宜,但中间一人较些子。应庵与么道,也是巩县茶瓶。"师纂修《联灯会要》传于丛林。

青原信庵裡禅师法嗣

吉州青原净居正庵宗广禅师 僧问:"不在内,不在外,不在中间,且道在什么处?"师曰:"逢人不得错举。"僧云:"还有请益个也无?"师云:"弄巧成拙。"僧礼拜,师云:"却较些子。"

上堂,"父子相继住此山,丛林轨则没多般,主宾色色皆仍旧"。蓦召大众,"且道仍旧后如何?一炷清香尽日间"。下座。

上堂,"不用爱圣,圣是假名。不用厌凡,凡是妄立。但得圣凡情尽,自然物我双忘。正与么时凭谁委悉?石女穿针山色秀,木人牵线海云生"。

何山月窟清禅师法嗣

福州雪峰北山信禅师 颂佛成道曰:"六年冻得眼无光,一见明星雪后霜,担水出山频唤卖,不知江海白茫茫。"

天童息庵观禅师法嗣

苏州虎丘幻堂善济禅师 赞鱼篮观音偈曰:"云鬟浓妆苦强颜,为它闻事入尘寰。携来活底无人买,只作寻常死货看。"

绍兴天衣啸岩文薛禅师 上堂,举云门和尚示众云:"人人尽有光明在,看时不见暗昏昏。作么生是诸人自己光明?自代云:厨库山门。又云:好事不如无。"师颂曰:"人人尽有光明在,看时不见暗昏昏,踢倒山门与厨库,此时明暗自然分。"

华藏纯庵善净禅师 上堂,举六祖风幡话,颂曰:"不是风兮不是幡,白云尽处见青山,可怜无限英灵汉,开眼堂堂入死关。"

柏岩凝和尚 作破衲颂曰："零零落落几经年,信手拈来搭半肩,午夜定回和束倒,个中消息许谁传。"

金山退庵奇禅师法嗣

杭州灵隐高原祖泉禅师 上堂,举九祖伏驮密多尊者问八祖佛驮难提尊者父母非我亲话,颂曰:"父母分明非我亲,祖师肝胆向人倾。直下若能亲荐得,优昙花发火中春。"赠黄汉岭开接待偈曰:"路绕悬崖万仞头,行人到此一场愁,蓦然得个休歇处,重迭关山信脚游。"

万寿月林观禅师法嗣

隆兴黄龙无门慧开禅师 杭州良渚人,俗姓梁,母宋氏。礼天龙肱和尚为受业师,参月林于苏之万寿。林令看无字话,经于六年迥无入处,乃奋志克责。誓云:"若去睡眠,烂却我身。"每至困时,廊下行道,以头向露柱磕。一日在法座边立,忽闻斋鼓声有省,成偈曰:"青天白日一声雷,大地群生眼豁开。万象森罗齐稽首,须弥蹦跳舞三台。次日入室,欲通所得。林遽曰:"何处见神见鬼了也?"师便喝,林亦喝,师又喝,自此机语吻合。

嘉定十一年出世安吉报国,继迁隆兴天宁、黄龙翠岩、苏之开原、灵岩镇江焦山、金陵保宁,淳祐六年奉旨开山护国仁王寺。

上堂，"若人识得心，大地无寸土。古人恁么道，黄龙即不然，若人识得心，大地尽是土"。

上堂，"是非长短耳边风，切莫于中觅异同。要得八风吹不动，放教心地等虚空。慈受老人只解顺水张帆，不能逆风把柁。黄龙又且不然，是非都去了，是非里荐取。何故？聻！几度黑风翻大浪，未曾闻道钓舟倾"。

上堂，"三分光阴二早过，怀州牛吃禾。灵台一点不揩磨，益州马腹胀。贪生逐日区区去，天下觅医人，唤不回头争奈何。灸猪左膊上，于斯荐得，参学事毕。其或未然"。拈拄杖云："请木上座与诸人说破。"卓拄杖一下。

上堂，"赵州和尚云：'南来者与他下载，北来者与他上载。'大似世情看冷暖，人义逐高低。慈受和尚云：'南来者与他一面笑，北来者与他一面笑。'大似欢喜厮散，笑里有刀。若是焦山又且不然，南来者以平常待之，北来者以平常待之。也不嗔也不笑，也无下也无高。何故？清平世界不用干戈"。

作朝阳偈曰："寒时急用底物。趁暖着些针线。忽然腊月到来，免到脚忙手乱。"对月偈曰："始见些儿光影，要了末后一段，若是无门拳头，不打这般钝汉。"

师晚年倦于槌拂，庵居西湖之上，参学者犹众。理宗召入选德殿说法祈雨，随即感应，敕赐金襕法衣、佛眼之号，以示褒宠。

潭州石霜竹岩妙印禅师 豫章进贤万氏，受僧业于邑之龙塘绍昙。江浙名老宿历扣其庐，留龙门光痴钝颖最久。用心良苦，不遂其大欲。乃见月林于苏之万寿，于入室次，林问："如何是祖师西来意？"师云："老鼠咬破灯盏。"林领之。历住名刹。及居石霜，道大振，长松片石皆长颜色。作对月偈曰："未动舌头文采露，五千余卷一时周。若言待月重开卷，敢保驴年未彻头。"晚筑庵，曰紫霞。丞相赵公葵燕居里第，招师论道无虚日。宝佑三年八月示疾。二十三日手书偈云："六十九年一场大梦，归去来兮，珍重珍重。"泊然示寂。塔于紫霞。

兴化囊山孤峰德秀禅师 福之连江陈氏，于吴门枫桥祝发。上堂，举僧问雪峰："如何是第一句？"峰良久。僧举似长生，生云："此是第二句。"雪峰再令其僧问："如何是第一句？"生云："苍天苍天。"师云："二大老与么泪出痛肠。若是第一句，要且未梦见在。忽有人问怡山如何是第一句，只向他道，剑去久矣。"

上堂，举真净和尚云："头陀石被莓苔裹，掷笔峰遭薛荔缠。罗汉寺里一年度三个行者，归宗寺里参退吃茶。大众要会么？听取一颂：天晴日头出，雨落地下湿，尽情都说了，只恐信不及。"

天宁直翁举禅师法嗣

四明天童云外云岫禅师 昌国人，身材眇小，精悍有余。师事直翁举公剃落，究明曹洞宗旨，尽其源底。出世慈溪石门，历象山智门郡之天宁，继以三宗，四众推挽舛住天童。

上堂，"闹市红尘里，有闹市红尘里佛法。深山岩崖中，有深山岩崖中佛法。山僧昨日出城门，闹市红尘里佛法一时忘却了也。行到二十里松云,便见深山岩崖中佛法。大众,且道如何是深山岩崖中佛法?良久云:"白云山淡泞,出没大虚之中,青萝寅缘直上寒松之顶。"

谢首座书记藏主,上堂,以拂子打圆相云:"摩诃衍法,离四句绝百非。"又打一圆相云:"礼之用,和为贵。先王之道,斯为美。"又打一圆相云:"摩尼珠人不识,如来藏里亲收得。诸人还见么?所见不同,互有得失。天童这里毋固毋必。"师说法能巧譬傍引,贵欲俯就,学者而曲成之。至于奔轶绝尘,虽鹘眼龙睛,亦无窥瞰分。平生不倨傲,不贪积,得施利随与人。既寂无余资,禅者率钱津送,葬于本山。

天童痴钝颖禅师法嗣

杭州径山荆叟如珏禅师 婺州人。初见痴钝室中垂语曰:"如何是佛。"师答云:"烂冬瓜。"复成颂曰:"如何是佛,烂冬瓜,咬着冰霜透齿牙,根蒂虽然无窖子,一年一度一开花。"又尝作偈寄呈痴钝曰:"钟山白刃赤身挨,几度曾经被活。一自人亡家破后,了知无位可安排。"

夏小参。"我此一宗,正令全提,如暴风率雨,鼓荡无前,石火电光追奔不及。举意即迷源,抬眸已蹉过。不埋是目前法,莫生种种心。纵汝三种互修,克期取证,第二头第三首,万拄千撑,转见气急。殊不知髑髅未具,己眼先明。呱地一声,千了百当。然虽如是,亲证者万无一二,错会者数有河沙。"佛成道,颂曰:"六年雪岭方成道,打失从前鬼眼睛,满面惭惶无着处,至今生怕见明星。"

福州雪峰大梦德因禅师 作布袋和尚赞曰："杖挑布袋走红尘，底事何曾见得亲，业识茫茫无本据，不知开口笑何人。"

增集续传灯录卷第三

大鉴下第二十世

灵隐松源岳禅师法嗣

四明天童灭翁文礼禅师 杭之临安人，家天目山之麓，因又号天目，姓沉氏。师生六岁，携篮随母采桑，俄而寤念曰："携篮者谁邪？"遂有出家志。年十六，依乡之真相寺僧智月剃落。往净慈参混源，不契。谒育王佛照光禅师，照问："恁么来者，那个是汝主人公？"师豁然领旨。他日照再问："是风动，是幡动，这僧如何？"师云："物见主，眼卓竖。"又问："不是风动，不是幡动，甚处见祖师？"师云："揭却脑盖。"照喜其俊迈，挽为书记。久之，返浙听一心三观之旨于上竺。时松源唱道饶之荐福，室中问僧不是风动不是幡动，僧拟议即棒出。师闻之，顿忘知解，乃往参焉，蒙印可。辞源，巡礼江淮间祖塔。至蒋山，浙翁命充立僧首座。晋陵尤公煜数入山，听师提唱语，悦服。

嘉定五年，约斋居士张公镃请开法慧云，迁温之能仁，未几辞隐钱塘之西丘。节斋越公慕师高行，微服过西丘。师亦不问其姓名，与语终日而去。明日奏请师住持净慈。厥后退居福泉，晚居天童。僧问:"牛头未见四祖时如何?"师云:"牛头。"僧云:"见后如何。"师云:"牛头牛头。"

问:"和尚见佛照时如何?"师云:"石中有玉。"僧云:"见松源后如何?"师云:"沙里无油。"僧问:"祖意教意是同是别?"师云:"南山笙笋,东海乌贼。"僧拟议,师辄督牙三下。

上堂,"长颈鸟乔林不栖,横飞天外。穴鼻牛山田耕了,直上峰头。天下衲僧望他不及。何故?嘉州打大像"。

上堂,举《楞严经》云:"诸可还者自然非汝,不汝还者非汝而谁。"师颂云:"不汝还者复是谁,残红流在钓鱼矶,日斜风定无人扫,燕子衔将水际飞。"

上堂,"投子和尚道:'迎之不见其首,随之不见其形,大似徐六担板。'天童则不然,仰之弥高,俯察非遥。横塘宿鹭斜飞起,几只银瓶挂树腰"。

上堂,"众生本不曾迷,夜阑鸡向五更啼。诸佛本不曾悟,秋清雁度长空去"。拍膝一下云:"西窗昨夜月华明,凉飙已到梧桐树。"

元宵上堂,"昨夜摩腾法师遍点莲灯,助佛光明,直得善信真人失却光彩。太白龙王出来道,我从龙种上尊王佛时住此山,未闻有这个消息。于是空中打个闪电,变作满天黑风暴雨。还委悉么?我见灯明佛本光瑞如此"。

宏智禅师忌,上堂。"夜明帘外宝鉴台前,元无兼带莫有偏圆。正恁么时,毕竟谁居正位?古渡无人霜月冷,芦花风静鹭鸶眠。"

有来上座直入方丈云:"某甲有状告投和尚。"师云:"对头在那里。"来云："和尚便是。"师云："老僧与汝有甚么冤仇？"来无语。师捉住云："冤家冤家。"

新到相看，师问："汝名什么？"僧云："智虎。"师退身作怕势。僧拟议，师便归方丈。佛光法师首依师于梁渚，师令往下竺参北峰印公，作二偈送之曰："归去相依有鹫山，渠家一向斥前三。谁知开异归同后，圆旨于今亦厌谈。拣境分明妙药方，余之分别更须忘。晚风吹落残红片，休向枝头觅旧香。"丛林至今传诵。

师邃于《易》，干淳诸儒大阐道学，师与之游，直示以心法不为世语徇悦也。朱晦庵问毋不敬，师叉手示之。扬慈湖问不欺之力，师答以偈曰："此力分明在不欺，不欺能有几人知。要明象兔全提句，看取升阶正笏时。"其晓人类如此。

师阅五刹，通不过八九年而得。闲之岁月，多逍遥于梁渚之西丘，群衲参扣无异领众时也。其为人高古简俭，不苟为笑语。将入寂，问侍者曰："谁为我造无缝塔？"侍者云："请师塔样。"师云："尽力画不出。"怡然脱去。阇维，弟子收舍利遗骨，附葬应庵塔左。寿八十四，腊六十八。

湖州道场运庵普岩禅师 上堂，举洞山冬夜吃果子次问泰首座曰："有一物上拄天，下拄地，黑似漆，常在动用中，动用中收不得。且道过在什么处？"泰曰："过在动用中。"山曰："侍者掇退果卓。"师颂曰："洞山点辱家风，首座埋没自己。双双绣出鸳鸯，千古扶持不起。"

赞赵州和尚像曰："无端提起七斤衫，多少禅人着意参，尽向青州做窠窟，不知春色在江南。"

镇江金山掩室善开禅师 上堂，举密庵因应庵垂问："如何是正法眼藏？"密庵答云："破沙盆。"师颂曰："法眼拈来早自谩，无端错对破沙盆，而今遍界难遮掩，殃害丛林累子孙。"

华藏无得觉通禅师 青苗会，上堂。"破一微尘出大经，鸢飞鱼跃更分明，不将眼看将心看，已是重敲火里冰。淹黑豆，昧平生，直须劫外话丰登，缲成白雪桑重绿，割尽黄云稻正青。"

温州江心石岩希琏禅师 潮阳马氏子。上堂，举广慧琏禅师与杨大年夜话公案。师云："内翰攀南斗倚北辰，广慧转天关反地轴。寥寥千古许谁知，断弦须是鸾胶续。"

室中有僧问："昔日佛照光禅师因孝宗问释迦佛入山六年所成何事，佛照奏云将谓陛下忘却。此意如何？"师答以颂曰："大根大器大熏修，瞥转机轮向上头，万亿斯年惟一佛，雪山元不隔龙楼。"

台州瑞岩少室光睦禅师 上堂，举曹山霞因僧侍立，山曰："道者可煞热。"曰："是。"山曰："祇如热向甚么处回避？"曰："向镬汤炉炭里回避。"山曰："只如镬汤炉炭里又作么生回避？"曰："众苦不能到。"师颂曰："瞎却顶门三只眼，镬汤炉炭里优游，若言众苦不能到，端的何曾有地头。"

湖州道场北海悟心禅师 举黄檗在盐官殿上礼佛，时唐宣宗为沙弥，问曰："不着佛求，不着法求，不着僧求，礼拜何为？"黄檗曰："常礼如是事。"沙弥曰："用礼何为？"檗便掌。师颂曰："曾施三掌触君王，佛法何曾有寸长，粗行沙门封断际，至今无地着惭惶。"

四明雪窦无相范禅师 上堂，举赵州和尚云："才有是非，纷然失心，还有答话分也无？"僧举似洛浦，浦扣齿。又举似云居，居曰："何必。"僧回举似赵州，州曰："南方大有人丧身失命。"僧曰："请和尚举。"赵州方举前话。僧指旁僧曰："这个师僧吃却饭了作怎么语话。"师颂曰："坐底见立底，立底见坐底。咄哉老赵州，白日眼见鬼。"

台州瑞岩云巢岩禅师 作写经偈云："以字不成八字非，当阳拈起大家知。释迦老子舌无骨，黄叶将来吓小儿。"颂灵云见桃花话曰："三月桃花烂熳红，灵云打失主人翁，随邪逐恶玄沙老，半是真情半脱空。"

四明雪窦大歇谦禅师 上堂，举密庵因应庵问："如何是正法眼藏？"密庵对曰："破沙盆。"师颂曰："白玉琢成没弹子，黄金铸就铁昆仑，千年滞货无人买，未免如今累子孙。"送僧偈曰："兴化当年打克宾，丛林千载话犹存，云黄有棒且高阁，只么煎茶送出门。"

杭州净慈谷源道禅师 举丹霞然禅师参石头和尚，一日头告众曰："来日划佛殿前草。"师颂曰："石头划草验英豪，懵懂丹霞眼不高，若解转身行活路，至今应不累儿曹。"

苏州虎丘蒺藜昙禅师 初住四明延庆，迁苏之穹窿、震泽普济、镇江甘露、真州长芦。至虎丘，上堂，举僧问香林如何是衲衣下事，林云腊月火烧山。师曰："兔子何曾离得窟，若有人问延庆如何是衲衣下事，只对他道，就缸买得鱼偏美，踏雪沽来酒倍香。"

上堂，"念念释迦出世，时时弥勒下生。顿超天地未分之前，岂在天地既分之后。不历阶梯，掀翻宝所。便怎么去，可以开无量法门，可以演百千妙义"。蓦拈拄杖卓一下云："无量法门，百千妙义，尽向这里百杂碎了也。还知虎丘落处么？"靠拄杖云："祖祢不了，殃及儿孙。"颂灵云桃花话曰："三月桃花是处开，灵云双眼尽尘埃，谢郎重整钓鳌手，未免将身一处埋。"

诺庵肇和尚　赞二祖偈曰："觅心无处自欺谩，甘受齐腰雪正寒，三拜起来依位立，谁知遍界是波澜。"

卧龙破庵先禅师法嗣

杭州径山无准师范禅师　生于蜀之梓潼雍氏，九岁依阴平山道钦出家，经书过目成诵。绍熙五年登具戒，出游至成都坐夏正法，有老尧首座、瞎堂高弟，师请益坐禅之法。尧曰："禅是何物，坐底是谁？"师受其语，昼夜体究。一日如厕，提前话有省。辞去，依佛照于育王东庵。照问曰："何处人？"师曰："剑州人。"照曰："带得剑来么？"师随声便喝。照笑曰："者乌头子也乱做，贫甚无资剃发。"故人以乌头子目之。未几，闻破庵住苏之西华秀峰，遂往见焉。有纯颠者入室次，横机不让，庵打至法堂，且欲逐出。师解之曰："禅和家争禅亦常事，何止如此。"庵曰："岂不闻道，我肚饥，闻板声，要吃饭去聻！"师闻其语，不觉白汗浃背。逮破庵居灵隐第一座，复往从之。因侍破庵游石笋庵，庵之道者请益曰："胡孙子捉不住，乞师方便。"庵曰："用捉他作什么？如风吹水，自然成纹。"师在侍傍，平生碍膺之物顿释。

岩云巢居吴郡穹窿，迁瑞光及台州瑞岩旨，延师分座。师在瑞岩，忽梦伟衣冠者持把茅见授，翌日明州清凉专使至，迨入院见伽蓝神，姓茅，衣冠形貌与畴昔所梦无异。继迁焦山，舛雪窦，连被旨移育王径山。师居径山二十年，储峙丰积，有众如海。虽丙丁火厄而旋复旧观，号法席全盛。

僧问："赵州道：'三十年前火炉头有个无宾主话，未曾有人举着。'此意如何？"师云："舌头拖地。"僧云："毕竟如何是无宾主话？"师云："言满天下。"僧云："只如玄沙闻得云：'者老汉脚跟未点地在。'又作么生？"师云："一坑埋却。"僧云："可谓焦砖打着连底冰，赤眼撞着火柴头。"师云："一画画断。"

上堂，"灵山指月，曹溪话月，递代相传，证龟成鳖。范上座寻常有一张口挂在壁上，未曾动着。今日无端入这行户，事到如此，只得东簸西簸，未免拈起多年历日，于中点出些子，误赚处说似诸人。且要郭大、李二、邓四、张三知得江南两浙春寒秋热。虽然如是，黄河三千年一度清"。

上堂，"若论个事，直是省要易会，多是诸人自作艰难，自作障碍。所以有时东廊西廊见诸人和南问讯，山僧便乃低头相接。其实无他，只要诸人识得长老是西川隆庆府人事。若识得去，便与诸人打些乡谈，说些乡话。如今且未说你识得长老，且各自知得自家乡井也得。还知么？明州六县，奉化八乡"。

上堂，"五峰门下百种全无，僧床迫窄堂供萧疏。脚下踏着底破砖头碎瓦砾，面前撞见底王獦獠李麻胡，恁么薄福住山，真个孤负老胡。虽然如是，更点分明"。

上堂，"一夏已满，无事不辨。遂府钵盂，功州磁碗"。

理宗尝召见于修政殿，奏对详明，上为之动色，赐金襕僧伽黎，仍宣诣慈明殿升座。上垂帘而听，以师所说法要示参政陈公贵谊。陈公奏云："简明直截，有补圣治。"乃赐佛鉴禅师号，兼缣帛金银等物。

师去寺四十里作室接待云水，理宗亲洒宸翰赐额曰"万年正续"。淳祐己酉三月旦日示众曰："山僧既老且病，无力得与诸人东语西话。今日勉强出来，从前所说不到底，尽情向诸人面前抖擞去也。"遂起身抖衣云："是多少？"十五日亲书遗表及遗书十数，言笑谐谑如平时。医者诊视次，师谓曰："你未识这一脉在。"十八日黎明索笔书偈曰："来时空索索，去也赤条条，更要问端的，天台有石桥。"移顷而逝，全身葬于正续之侧，塔曰圆照。

杭州灵隐石田法熏禅师 眉山彭氏，生而慧敏。从丹棱石龙山法宝院智明出家，游方至石霜礼雷迁塔，述偈曰："一念慈容元不隔，何须特地肆乖张，平高就下婆心切，恼得雷公一夜忙。"师名因是大著。闻破庵道望，时在吴门穹窿，遂往依焉。室中举世尊拈华迦叶微笑，师云："焦砖打着连底冻，赤眼撞着火柴头。"庵阴奇之，每于日用语默故起其疑，师于是决志依栖，与无准日相激砺。久之出世苏之高峰，次迁枫桥普明，行辈有高原泉、无相范、即庵觉、石溪月、相依而住。俄钟山虚席，庙堂以师补处。宝庆初，诏迁净慈。端平二年，诏迁灵隐。

上堂，"一径直，二周遮，衲僧会得万别千差。庭前闲放目，春尽尚余花，老胡不合过流沙"。

上堂，"大道体宽，无易无难，相头买帽，此土西天"。

上堂，"识得心，山岳沉。握金成土，握土成金。脚后脚前，现成行货。少室峰前，交点不过"。

上堂，"石中有玉，沙里无油。德山临济，未出常流。却忆寒山子，时临古渡头"。

上堂，"见闻觉知，行住坐卧，贬上眉毛，早是蹉过。赤脚唱山歌，路上无人和"。

上堂，"把定重关，诸人性命在山僧手里。放开一线，山僧性命在诸人手里。而今也不把定，也不放开，山僧即是诸人，诸人即是山僧，三十年后莫道蒋山和泥合水"。

上堂，"自从胡乱后，三十年不少盐酱，马大师满地狼籍。灵山即不然，自从胡乱后，三十年不少"。良久云："衲子难谩。"

示众偈曰："剑刃翻身犹是钝，屋头问路太无端。楚鸡不是丹山凤，何必临风刷羽翰。"淳祐甲辰三月望日示徒云："但得本，莫愁末。唤什么作本，唤什么作末？松柏千年青，不入时人意。牡丹一日红，满城公子醉。山僧恁么道，若有不肯底是我同参。"弟子师俊绘师像求赞，有云："末后一句分付厨山。"众颇讶之。师先尝建接待院于西溪曰宝寿，忽示疾，即退居宝寿，趣办终焉，计嘱窆全身于院之后山。端坐而化，寿七十五，腊五十三。

江州云居即庵慈觉禅师 上堂，举雪峰因闽王问："拟欲盖一所佛殿去时如何？"峰曰："大王何不盖取一所空王殿？"王曰："请师样子。"峰展两手。云门云："一举四十九。"师颂曰："空王殿样子，雪峰展两手。添得老韶阳，一举四十九。总是面南看北斗。"赞船子和尚偈曰："三十余年在药山，鬼家活计岂能传，当时不得夹山老，你且耐烦撑破船。"

四明大慈独庵道俦禅师 赠制鞋匠偈曰："透底工夫做已圆，须知密处自心传，脚跟着地随他转，踏到驴年也未穿。"

龟峰曹源生禅师法嗣

杭州径山痴绝道冲禅师 武信长江苟氏子，母郭氏。生而丰上短下，资性绝人。少长，习进士业，兼之受释氏学。于梓州妙音院礼修证为落发师，游成都习经论于圣慈，以名相厌人复弃去。闻松源唱道于饶之荐福，径造其门，以岁饥不受。曹源以云居首座出世妙果，师听其入门语有省。源遂俾侍香，老拳痛棒不少贷。平生知见至是绝无影响。源徙龟峰，师复侍行，久之呈偈辞。游浙有曰："尚余穷相一双手，要向诸方痒处爬。"江湖盛传。

至杭时松源主灵隐，门严户峻，八阅月不得入室。或以失士告，源曰："我已八字打开挂搭他，自是他当面蹉过了。"师闻其语彻见。侍曹源于妙果龟峰，时嘻笑怒骂皆为人善巧方便。嘉定己卯，由径山第一座出世嘉禾光孝，道闻于朝。忠献史卫王以堂帖除蒋山，侍郎曹公豳帅闽以鼓山来聘，未行。雪峰牒至，领事半年而天童诏下众集如海，犹宏智盛时。育王虚席，摄住持事，往来说法两山间。

淳祐甲辰有旨移灵隐，师谓大父密庵、伯父松源，弘道之地，方欲奋励力振祖风，而世故有不满其意者，伐鼓辞众，归隐金陵。朝命以虎丘俾养老，不就。留守虚斋赵公以蒋山起之，不应。育王笑翁散席，朝论以大觉故家召师隐所，使者三返，卒不应诏。明年，京尹赵公以法华请开山，将领事径山，诏至，师欲以法华并辞，自谓不赴法华则失信，重违君命则不恭，失恭与信何以为后学法，乃幡然而作。留法华逾月，即登径山，故人神响应，欢声如雷。

上堂，僧问："心佛及众生是三无差别，如何是过去心？"师云："待冷来看。"僧云："如何是现在心？"师云："你问我答。"僧云："如何是未来心？"师云："后次上堂向你道。"僧云："如何是过去佛？"师云："去年梅。"僧云："如何是现在佛？"师云："今岁柳。"僧云："如何是未来佛？"师云："颜色馨香依旧。"僧云："如何是过去差别智？"师以拂子击禅床左边。僧云："如何是现在差别智？"师以拂子击禅床右边。僧云："如何是未来差别智？"师以拂子中间点一点。僧云："心佛众生无向背，十方刹海一毫收。"便礼拜。师乃云："过去心不可得，现在心不可得，未来心不可得。三世既不可得，唤什么作差别智？若人见得彻去，三世诸佛无一时不在诸人顶额上转大法轮，更来这里挨肩并足讨什么碗。"以拄杖一时赶散。

结夏上堂，"圆觉伽蓝尘尘有路，坐断去来顿空今古。那里十三这边十五，后先不差毫发许。可笑黄面瞿昙，至今不知落处"。

上堂，"尽乾坤大地无丝毫许大，是汝诸人横担拄杖，绕四天下行脚，道我无处不到，无事不知。且道西天那烂陀寺戒贤论师今日说什么法？"便下座。

上堂，"有一人一念顿证堕在佛数，有一人累劫阐提不愿成佛。且道那个合受人天供养？"良久云："蝶穿芳径双眉湿，蜂掠残花两股肥。"

临示寂，手书龛记并遗书十数。且曰："无准忌在三月十八日，吾以十五日即行，不能瓣香修供。"侍僧亟以遗偈请师，谓曰："末后一句无可商量，只要个人直下承当。"即命笔书。辞众上堂，语至夜分起坐，移顷而逝，寿八十二，腊六十一。茶毗，舍利五色者无数。其徒遵治命，奉骨归葬金陵。玉山庵学者追慕不忍，含中分其半，建塔菖蒲田玉芝庵。

天童枯禅镜禅师法嗣

四明育王寂窗有照禅师　福之闽县邓氏，依九峰榕庵慧得度。时枯禅唱道怡山，往从之。一日禅曰："自从一见桃花后，直至如今更不疑。那里是他不疑处？"师大笑，趋出。禅深肯之。禅迁灵隐，师掌内记。已而见大梅石岩、虎丘蒉藜、鄮峰无准、金山大歇，皆深器重。以母老归省雪峰，痴绝留掌记室。闽帅赵公汝愚钦师名，命开法东山大乘，住福之黄檗。时左史竹溪林公希逸从师论心法，拳拳服膺。竹溪有诗云："老来得友如师少，别去伊谁伴我间。"朝命主江心，诏迁玉几。适灾变，竭力兴建众屋，稍完谒平章。贾魏公闻奏朝廷，降金帛鼎，建舍利宝塔，顿复旧规。

僧问："如何是佛？"师云："八吉祥。"僧云："如何是法？"师云："六殊胜。"僧云："如何是僧？"师云："面目见在。"

上堂，"六尘不恶，还同正觉。鸦鸣鸦鸦，鹊噪鹊鹊。江北江南，潮生潮落。春风二月花草香，善财何处寻楼阁。喝！"

上堂，"如何是道木头？如何是禅碌砖？古德与么垂示，十个五双恁不为事，殊不知，正抓着邓峰痒处。何故？建造殿宇恰用得着"。

杭州净慈清溪沅禅师 上堂，"达磨西来一坐具地，被他神光礼了三拜一时占了，致令后代儿孙各自分疆列界。衲僧家拨草瞻风，朝吴暮越，南天台，北五台，拄杖头，草鞋底，还曾踏着也未？"良久，"切忌踏着"。

泉州法石愚谷智禅师 山居偈曰："栗色伽黎千百结，倚松扪腹看云飞。有人问我云山趣，向道春深笋蕨肥。"

福州西禅月潭圆禅师 开炉上堂，"人人尽守瓮中天，地覆天翻我不然。直下一槌星火迸，螺江烧却谢郎船"。赞猪头和尚云："血淋淋，古佛心，几回提起，谁是知音。"

报恩太古先禅师 上堂，"若论此事，不涉心思意想，非干默照忘怀，要得洞然明白，须是汗下一回。汗下后如何？"唤侍者云："将扇子来。"

上堂，"夜冷清霜重，风来寒更多。因循时节过，自己事如何？"拍禅床云："不是知音者，如何举向他。"

上堂，"衲僧家游方行脚，拨草瞻风，第一须识路径始得。路径不错，东西南北到处为家。稍涉迂回，五里单牌，十里双堠，那里更在那里。"掷下拄杖云："看脚下。"

荆南府公安虎溪锡禅师 上堂，"心心浅处实甚深，道道幽远无人到。急行踏不着，缓行成蹉过。少林几坐花木春，却忆西来胡达磨"。

岊翁淳禅师 佛诞偈曰："毗岚毒种毒花开，添得云门醉后杯。今日柯桥风色恶,淡烟疏雨洗黄梅。"

高峰崇和尚 颂初祖见梁武帝话曰:"开旗展阵入梁邦,未睹天颜早已降。纵有神通难展款,翩翩一苇渡长江。"

隐静万庵柔禅师法嗣

苏州虎丘双杉元禅师 上堂,举密庵因应庵和尚问:"如何是正法眼藏?"密庵曰:"破沙盆。"师颂曰:"五陵公子少年时,得意春风跃马蹄。不惜黄金为弹子,海棠华下打黄鹂。"冷泉画两廊壁,颂曰:"一一尘中坚密身,改头换面转精神,谁知东壁打西壁,尽是灵山会上人。"

育王物初观禅师法嗣

杭州径山佛智晦机原熙禅师 族豫章唐氏,世业儒,西山明觉院明公乃师族叔父,聚宗族子弟教世典。师与兄原龄俱习进士业,原龄既登第,师遂从明公祝发焉。将游方,其母私具白金为装。师谓财足丧志,即善言辞之,不持一钱以行。闻物初阐化玉几,往依之。物初与语惊异,留侍左右。后谒东叟颖于南屏,命掌记。至元间总统杨琏真加奉旨取育王舍利,亲诣师求记述舍利始末,因招与俱。师辞曰:"我有老母,兵后存亡不可知。"遂归江西。则原龄先以临江通判从丈丞相起兵死,独母在堂,师奉之以孝闻。

元贞二年出世百丈,居十二载法席振兴。至大初应净慈请入寺。日行中书省行宣政院官属俯伏迎请发扬宗旨，四方英衲一时辐凑。上堂，"云门道个普字，尽大地人不奈何。殊不知，云门四棱蹋地，当时若与震威一喝，得此老恶发，徐徐打个问讯道：'莫怪触忤好！'非徒扶起此老，管取话行天下"。

上堂，举太原孚上座闻角声悟道话，颂曰："琴生入沧海，太史游名山。从此扬州城外路，令严不许早开关。"

上堂，"三界无法，何处求心。白云为盖，流泉作琴，古今无间，谁是知音"。击拂子云："一曲两曲无人会，雨过夜塘秋水深。"

上堂，"独坐大雄峰，寒灰拨不红。一星荧火出，孤鹤过辽东"。

结制上堂，以手作结布袋势云："南山今日结布袋口了也，汝等诸人各各于中身心安居平等性智。忽有个开冲碧落撞倒须弥底，莫道结子不坚密。"良久云："缦天网子百千重。"居七载，迁径山。已而杖策归南屏山下，百丈大仰之徒闻师退闲，争来请师。辞不获已，遂返仰山居三年。将示寂，手书与所往来书偈示众，掷笔而化，延祐六年闰八月十有七日也，寿八十二，于金鸡石下葬焉，其弟子在杭者，又分爪发塔于净慈西隐。

径山藏叟珍禅师法嗣

杭州径山原叟行端禅师 族临海何氏，世为儒家，母陈氏能通五经。师六岁，母教以《论语》《孟子》，辄能成诵。十二从族叔父茂上人得度于余杭化城院。逮受具戒，一切文字不由师授，自然能通。而克志大法，至忘寝食。

初参藏叟于径山，叟问："汝是甚处人？"师云："台州。"叟便喝。师展坐具，叟又喝。师收坐具，叟云："放汝三十棒，参堂去！"师于言下豁然大悟。一日侍次，叟云："我泉南无僧。"师云："和尚聻。"叟便棒。师接住云："莫道无僧好。"叟颔之，即延入侍司。叟既告寂，至净慈，依石林巩公处以记室。寻以灵隐山水清胜，往挂锡焉。师尝自称寒拾里人。横川在育王以偈招之，有云："寥寥天地间，只有寒山子。"师竟不渡江而谒觉庵真于承天，复谒雪岩钦于仰山。岩问："何处来？"师云："西浙。"岩云："因甚语音不同？"师云："合取臭口。"岩云："獭径桥高，集云峰峻，未识书记在。"师拍手云："鸭吞螺蛳，眼睛突出。"岩笑顾谓侍者点好茶来，即送师归蒙堂，居三年而岩逝，乃还浙右。虎岩伏时住径山，请师居第一座。寻退处楞伽室，拟寒山子诗百余篇，皆真乘流注，四方衲子多传诵之。

德大庚子，出世湖之资福，名闻京国，特旨赐慧文正辩禅师。中书省平章政事张闾公，任行宣政院使首举师主中竺。复迁居灵隐，有旨设水陆斋于金山，命师说法。竣事入觐于便殿，奏对称旨，加赐佛日普照之号。陛辞南归，即养高于梁渚西庵。至治壬戌径山虚席，三宗四众相率白于宣政行院，请师补处，乃阖辞奏请玺书护持师。至是凡三被金襕袈裟之赐。二十年间足不越阃，慕其道者鳞萃至无所容。虽素以师道自任者，至则气索意消愿就下列。

僧问："如何是正法眼藏？"师云："十字街头石敢当。"僧云："莫只这便是么？"师云："月似弯弓，少雨多风。"

上堂,举僧问:"赵州狗子还有佛性也无?"州云:"无。"又僧问:"狗子还有佛性也无?"州云:"有。"师云:"若以无为究竟,后来因甚道有。若以有为谛当,前面因甚道无。者里捉败赵州,许你天上天下。"

上堂,"秋风凉,秋夜长,未归客,思故乡"。拍禅床,"自是不归归便得,五湖烟景有谁争"。

上堂,"心不是佛,兔马有角。智不是道,牛羊无角"。蓦拈拄杖画一画云:"一夜落花雨,满城流水香。"

师尝勘一新到僧云:"何方圣者,甚处灵祇?"僧云:"临朕砥。"师云:"杜撰禅和,如麻似粟,参堂去。"又勘一僧云:"棋盘石斫破你脑门,钵盂池浸烂你脚板。"僧拟答,师便喝。又勘一僧云:"擘开华岳连天秀,放出黄河彻底清,即且置。平实地上道将一句来。"僧拟开口,师便打。师以呵叱怒骂,为门弟子慈切之诲,以不近人情,行天下大公之道。宾友相从,未尝谭人间细故。舍大法不发一言,得宗师体裁,具宗师机用。绍临济正传,为藏叟的子一人而已。

至正辛巳八月四日终于丈室。其先五日示微疾,越四日沐浴更衣趺坐书偈云:"本无生死,焉有去来。冰河发焰,铁树花开。"投笔垂一足而化。龛留七日,颜貌如生。奉全身塔于寺之后,曰寂照。庵分爪发建塔化城幻有庵。世寿八十八,僧腊七十六。

净慈东叟颖禅师法嗣

温州江心一山了万禅师 族临川金氏，貌瘠而弱，年十五业程文有声，然素志出家，去从金溪常乐院思仁祝发。及游方谒偃溪，闻荆叟珏简翁敬皆相语合。东叟领南屏择师掌记，偶经神祠，见纸灰随风旋起，脱然忘所证，亟以白东叟，叟诘之无滞。后游天台，众请开法寒岩。迁仙居紫籜疏山。未几，江淮总统会诸山于灵隐直指堂，议以开先迎居之。升住江心，少不适意，辄弃去，寺众数百恳留，随至冯公岭，不从。庐山月涧明迎归东溪，及明示寂，开先之众复以请，不敢以寺事累师，惟乞训徒耳。

上堂，"静情情，闹浩浩，浑不涉阶梯，已踏向上道。万里无寸草，出门便是草。撞着卖柴翁，便是栽松老。琉璃殿上月团团，珊瑚枝头日杲杲"。

上堂，"逢尧舜，则陈典谟，要立生涯。遇桀纣，则道杀伐，尽扫活计。我辈人，干曝曝，硬嚗嚗，净裸裸，赤洒洒，何曾有许多事。可怪陈睦州见僧入门便道，现成公案放汝三十棒。子细看来，也是穷急计生"。

上堂，拈拄杖云："此拄杖子西天四七，东土二三，天下老和尚拈弄不出。今日在开先手里，无头无尾，能放能收，离相离名，不与不夺。虽然如是，也只为中下之机。忽遇上上人来时如何？"画一画云："放过一着。"

皇庆元年十一月二十六日遭疾。阅七日，命具浴更衣，书诀众语。坐逝，阇维五色舍利如菽不可计，双目睛齿牙顶骨俱不烬。时改作豫章乌遮塔。江西行省丞相干赤命以旧藏释尊舍利奉于中，遣使分一山之目睛舍利，贮之银匣陪葬焉。

奉化岳林栯堂益禅师　温州人，出世婺之天宁。迁荐福，后主明之太平，升彰圣至岳林。

上堂，"鲁祖面壁，麻谷闭门。二大老虽与天宁相去数百年，今日各与二十拄杖。何故？譬如油蜡作灯烛，不以火点终不明"。

示众："诸子出息，不保入息。二六时中，切莫将身心别处杂用。饶你掉臂也是祖师西来意，脚头尖也踢出一员古佛，不如无事好。"

上堂，"古者道，我这里无法与人，只是据款结案。彰圣者里亦无法与人，亦不据款结案"。拈拄杖云："如何是佛，赤脚踏莲花。如何是佛向上事，雕梁画栋。"掷下拄杖，便归方丈。

二月十五日上堂，击拂子一下。"彰圣今日将三十年前冷灰中爆出一粒乌豆，换老胡眼睛去也。"喝一喝云："设有一法过于涅槃，我此一喝不作一喝用。"

上堂，举黄龙三关话拈云："黄龙老人头圇，所以说漳泉福建话逼真，谩得天下人过，谩漳泉福建人不过。"

上堂，"指左边者是香炉，指右边者是花瓶。能以一义作无量义，能以无量义为一义。陈尊宿织蒲鞋，邓师伯打瓦鼓"。

上堂，"一切世间诸所有物，皆即菩提妙明元心。石脾入水即干，出水即湿。独活有风不动，无风独摇"。

上堂，"诸上座步步是汝证明处，须是自肯，方可归家稳坐。若不然者，螺蛄腹蟹水母目虾"。

上堂，"五千四十八卷，只作一句道却"。遂起身云："立地待诸人构取。"便下座。临终遗偈云："八十三年什么巴鼻，柏树成佛，虚空落地。"火葬，牙齿数珠不坏，舍利莹然。

金华智者云屋自间禅师 括苍叶氏，雪堂行和尚乃师之九世诸父也。初见荆叟于冷泉，次见东叟于净慈，俾掌记。撰成道疏云："发见精于午夜。"叟易发为泯，师不觉股粟汗下如撒，蒙蔀顿见叟垂手处。自是韬晦大方，累聘悉皆辞焉。虽双林智者两提鉏斧，乃为人所强耳。皇庆壬子十月二十五日，与客语笑如常，时命侍僧取笔，书偈已遂终。

无方安禅师法嗣

枯木荣禅师 赞三祖偈曰："风恙缠身世莫医，家贫遭劫更堪悲，谁知觅罪了无处，正是贼归空屋时。"

灵隐大川济禅师法嗣

四明天童石门来禅师 尝作剪刀颂曰："浑钢打就冷光浮，两刃交锋未肯休，直截当机为人处，何曾动着一丝头。"

四明雪窦野翁炳同禅师 越州人，送僧之华顶见溪西和尚，偈曰："高高峰顶屹云中，八十溪翁也眼空，相见莫言行脚事，累他双耳又添聋。"

径山偃溪闻禅师法嗣

杭州径山云峰妙高禅师 福之长溪人也，家世业儒。母阮梦池上婴儿合爪坐莲华心，手捧得之，觉而生师，因名梦池。幼而神彩秀发，嗜书力学，尤耽释典，愿学出世法。依吴中云梦泽公，继受具戒。师锐意在道，首参痴绝，次见无准，准尤器重。寻之育王见偃溪入室，掌藏钥。一日溪举譬如牛过窗棂，头角四蹄都过了，因甚尾巴过不得。师划然有省，即答曰："鲸吞海水尽，露出珊瑚枝。"溪云："也只道得一半。"

后出世，住南兴大芦。迁江阴劝忠、雪川何山。蒋山虚席，奉朝命居之，历十有三载，众逾五千指。德祐改元，元兵渡江，军士有迫师求金者以刃拟师，师延颈曰："欲杀即杀，吾头非汝砺刃石。"辞色了无怖畏，军士感动叩首而去。丞相伯颜见师加敬，施牛百斋粮五佰，寺赖以济。迁径山寺，罹回禄，草创才什一，师究心兴建，不十年悉还旧观。

示众："前念是凡，后念是圣。一刀两段，更莫迟回。是以涅槃会上，广额屠儿放下屠刀，便言我是千佛一数。虽然，若无举鼎拔山力，千里乌骓不易骑。"

示众："言前辨旨，句下明宗。东计山炽然说法，湛渎水专为流通。这里构得，未免递相钝置。若是尚存观听，扰扰忽忽，晨鸡暮钟。"

上堂，"声色为无生之鸩毒，受想乃至人之坑穽。者般说话，阿谁不知。然粗餐易饱，细嚼难饥。"

上堂，"世界未形，乾坤泰定。生佛未具，觌体全真。无端镜容大士鹰巢跃出擘破面皮，早是遭人描邈。那更缺齿老胡不依本分，遥望东震旦有大乘根器，迢迢十万里来，意在搀行夺市。直得凤堂鼓响，阿阁钟鸣，转喉触讳，插脚无门，合国难追，重遭讦露。新蒋山迫不得已，跨他船舷，入他界分。新官不理旧事，毕竟如何？"拍禅床云："戍楼静贮千峰月，塞草闲铺万里秋。"

上堂，"五峰峭峙，到者须是其人。一镜当空，无物不蒙其照。祖师基业依然犹在，衲僧活计何曾变迁。着手不得处，正要提撕。措足无门时，方堪履践。直得山云淡泞，涧水潺湲，一曲无私，万邦乐业。正恁么时，功归何所？车书自古同文轨，四海如今共一家"。

至元戊子春，僧录杨辇真加奉旨，集江南教禅诸德朝觐论道。上问："禅以何为宗？"师进前奏云："禅也者，净智妙圆体本空寂，非见闻觉知之所可知，非思量分别之所能解。"上又云："禅之宗裔，可历说？"师云："禅之宗裔，始于释迦世尊在灵山会上拈起一枝金色波罗花普示大众，惟迦叶微笑。世尊云：'吾有正法眼藏涅槃妙心，分付迦叶。'由此代相授受而至菩提达磨。达磨望此东震旦国有大乘根器，航海而来，不立文字，直指人心，见性成佛，是为禅宗也。"上嘉之。师因从容奏云："禅与教本一体也，譬如百千异流同归于海而无异味。又如陛下坐镇山河天下一统，四夷百蛮随方而至。必从顺承门外而入，到得黄金殿上亲睹金面皮，方可谓之到家。若是教家，只依着文字语言，不达玄旨，犹是顺承门外人。若是禅家，虽坐破六七个蒲团，未得证悟，亦是顺承门外人，谓之到家俱来也。是则习教者必须达玄旨，习禅者必须悟自心。如臣等今日亲登黄金殿上睹金面皮一番，方可称到家人也。"上喜，赐食而退，陛辞南归。

示众云："我本深藏岩窦，隐遁过时，不谓日照天临，难逃至化。"又云："衲被蒙头万事休，此时山僧都不会。"山中复灾，师谓众曰："吾负此山债耳。"遂竭力再营建，汇殿坡为池他屋，以次而成。癸巳六月十七日书偈而逝，寿七十五，腊五十九，葬寺之西麓。

湖州何山铁镜至明禅师 福唐长溪黄氏子，首谒蓑叟尧于嘉禾天宁，虽蒙其策励，未大省发。后依偃溪于净慈，俾侍左右，朝参暮叩，获臻智证。访清溪沅于虎丘，命司藏典。登双径藏叟，复俾掌藏。至元辛巳，何山虚席，请师补处，移住四明大梅。大德庚子，何山耆旧合辞上行宣政院延致再住。

上堂，"原野秋阴，寒蛩悉吟。枫林落叶，片片赤心。达磨顶门无骨儿孙海底摸针，忽然摸着时如何，谁道龙王宫殿深"。

上堂，"达磨不来东土，官路少人行。二祖不往西天，私酒多人吃。何山门前一条大路，南来北往知是几多，只是中间一块石头，未曾有人踏着。众中还有踏著者么？"掷下拄杖云："看脚下。"

上堂，"今朝八月二十五，记得洞山离查渡，落在云门网子中，有屈至今无雪处"。竖拂子，"云门大师来也，合吃何山手中棒，且道过在什么处？不合鼓弄人家男女"。

上堂，"着意驰求，驴年见面。尽情放下，瞥尔现前。香严闻击竹声，彻见本来面目即不问，且道怎么热向甚处回避？归堂吃茶去"。

延祐乙卯十一月初五日,呼其徒嘱以后事,索纸大书曰:"绝罗笼,没回互。大海波澄,虚空独露。"放笔翛然而逝,寿八十六。

四明天童止泓鉴禅师 初住信州真如,上堂,"诸佛不能真实说法度群生,菩萨有智慧见性不分明。白云无心意,洒为世间雨。大地不含情,能长诸草木。古德与么提唱,于四谛法中,开凿人天,不妨善巧。若据衲僧分上,何止白云万里"。上堂,拈拄杖云:"一有多种,二无两般。枯桑知天风,海水知天寒。拄杖子闻与么道,不觉忻忻笑云,出身犹可易,脱体道应难。"掷拄杖,下座。

净慈介石朋禅师法嗣

杭州灵隐悦堂祖闻禅师 南康周氏子,依同郡嘉瑞寺出家,礼偃上人为师剃落。一日阅《华严经》至"惟一坚密身,一切尘中现",有省。即往见别山智于蒋山,山:"近离何处?"师云:"江西。"山云:"马大师安乐否?"师叉手进前云:"起动和尚。"

未几至杭,见断桥伦于净慈。桥问:"临济三遭黄檗痛棒,是否?"师云:"是。"桥云:"因甚大愚肋下筑三拳?"师云:"得人一牛,还人一马。"桥颔之。桥逝,柏山介石来补处。一日室中举柏树子话,师拟议,石抗声云:"何不道黄鹤楼前鹦鹉洲?"师于言下顿悟,即令侍香。久之归庐山,东岩日住圆通,延师分座。九江守钱真孙聘师出世西林。至元二十五年迁开先，继升东林。元贞初奉诏赴阙，入对称旨，赐玺书，号通慧禅师，并金襕法衣。

大德九年升住灵隐，尝勘一僧云："微尘诸佛在你舌上，三藏圣教在你脚底，何不瞥地？"僧罔措，师便喝。又勘一僧云："释迦弥勒是他奴，他是阿谁？"僧拟对，师便打。一僧新到，师问何处来，僧云闽中，师云："彼处佛法如何住持？"僧云："饥即吃饭，困即打眠。"师云："错。"僧云："未审和尚此间如何住持？"师拂袖归方丈，僧休去。居四岁而寂，诀众偈曰："缘会而来，缘散而去，撞倒须弥，虚空独露。"寿七十五，腊五十二。

天童辨山仟禅师法嗣

圆通雪溪逸禅师 赞兴化和尚偈曰："中原一宝有来由，捋得君王引蕨头，到此若无青白眼，当机谁敢谩轻酬。"

天宁无境彻禅师法嗣

灌溪昌禅师 山居偈曰："闲来石上玩长松，百衲禅衣破又缝，今日不忧明日事，生涯只在钵盂中。"

雪峰北山信禅师法嗣

绍兴大庆尼了庵智悟禅师 生闽中王氏，幼孤，年十一白母愿出家。礼祥山寺普升得度,习经诵至空无所有一句顿悟。每自叹曰:"不求明师决择,恐成差别,虚弃光阴。"

时北山退漳之南院闲居鼓山西庵,师随众入室。山问曰:"上座什么处住?"师曰:"不住南台江边。"山诘曰:"毕竟住在什么处?"师不审便行。山叱曰:"走作么,合吃山僧手中棒。"师面热汗下。次日复诣请益:"某甲昨日祇对和尚有什么过?"山厉声云:"更来这里觅过在。"师云:"月明照见夜行人。"山指旁僧曰:"看渠志气甚不凡。"遂印以偈,有"相逢若问其中事,风搅螺江浪拍天"之句。

出世苏之西竺,一日痴绝来访,问曰:"子悟处,如末山见大愚,忽然撞着灌溪为佛法来时如何?"师对曰:"大海不让细流。"痴绝一笑而已。宝佑六年太师判宗大王帖请住大庆,僧问云:"灌溪道,我在临济爷爷处得半杓,末山娘娘处得半杓。毕竟是有是无?"师云:"百花球子上,何用绣红旗。"

上堂,拈拄杖云:"天垂十二阑干角,风满三千世界中。热恼变成清净境,禅心顿觉悟真空。"靠拄杖云:"有甚共语处?"

上堂,"大阳门下日日三秋,明月堂前时时九夏。古人恁么,未免坐在这里。大庆即不然,山转疑无路,溪回别有村"。

上堂,"柳絮飘风,杏花沐雨,好个生机,快须荐取"。以拂子击禅床云:"咄!三十年后不得错举。"

华藏纯庵净禅师法嗣

福州雪峰石翁玉禅师 礼雪峰塔偈曰:"入闽早是四旬余,

象骨岩前缚屋居,谁道开平年代后,春畤烟雨几犁锄。"

灵隐高原泉禅师法嗣

婺州宝林无机和尚 上堂,举教中道:"居一切时,不起妄念。于诸妄心,亦不息灭。住妄想境,不加了知。于无了知,不辨真实。"大慧和尚颂曰:"荷叶团团团似镜,菱角尖尖尖似锥。风吹柳絮毛球走,雨打梨花蛱蝶飞。""大慧和尚可谓桃花李花总成一家。双林则不然,客舍并州二十霜,归心日夜忆咸阳。无端更度桑干水,却望并州是故乡。"

上堂,"芦花对蓼红,木落山露骨,彷佛扬州,依希越国"。拈拄杖卓一下云:"为君卓落精灵窟,无位真人赤骨律。"

黄龙无门开禅师法嗣

杭州护国臭庵宗禅师 上堂,举丰干谓寒山拾得云:"你与我去游五台,便是我同流。"寒山云:"你去游五台作么?"干云:"礼拜文殊。"山云:"你不是我同流。"师云:"丰干开口不在舌头上,寒山同坑无异土。检点将来,两个驼子厮撞着,世上应无直底人。"

上堂,举岳林振禅师示众云:"布袋口开还有买底么?"僧云:"有。"林云:"不作贱不作贵,作么生买?"僧无语,林云:"老僧失利。"师云:"岳林设个问端也甚奇特,及至被人道个有字,直得东遮西掩,囊藏不迭。护国今日布袋口开,还有买底么？"良久云："阑干虽共倚，山色不同观。"

杭州慧云无传祖禅师 上堂，"佛佛广说，大智莫能知。祖祖相传，凡情讵能测。先天后地，成坏长存。入死出生，去来不变。于斯荐得，已涉支离。其或未然，山僧更为下个注脚"。以拂子击禅床云："啼得血流无用处，不如缄口过残春。"

华藏瞎驴见和尚

颂兴化打克宾话曰："兴化打克宾，言亲语不亲，棒头如雨点，敲出玉麒麟。"

襄山孤峰秀禅师法嗣

福州鼓山皖山止凝禅师 龙舒太湖人，乃大唐神尧之后。其号皖山者，因生缘密迩三祖道场故也。年十七，二亲俱丧，投黄州双泉道瑛剃落，鄂渚开原受具。即游方遍参，往三祖见环庵琏、钟山痴绝、冲长芦、南山哲，皆不契。参双塔无明性，明问："达磨九年面壁时如何？"师曰："有理难伸。"被明劈胸一拳，师忽然有省，叹曰："我生平用底，遭这老汉一拳，瓦解冰销了也。"

入闽之披秀，礼孤峰和尚，峰举狗子无佛性话令参究，及半年得臻阃奥，乃颂曰："赵州道无，箭不虚发。筑着磕着，全杀全活。"峰曰："你也得只是未在。"一日峰举德山见龙潭话，问："那里是德山亲到处？"师以手掩峰口，即说颂曰："潭不见，龙不现，全身已在空王殿。梦回忽听晓莺啼，春风落尽桃花片。"峰曰："汝今日方知泗州大圣不在扬州出现，善自护持。"遂俾侍香。峰迁西禅囊山,师亦随侍。峰归寂,师登石鼓典藏教,上雪峰霜林果,请归板首。

宝佑丁巳,出世福州钓台,升万岁,久之,太傅贾平章魏国公札迁鼓山,槌拂之下,众盈四千指,七闽丛席斯为第一,贤士大夫抠衣问道,恨识师之晚。黄童白叟见以郎罢呼之,至于家绘其像,饮食必祝。非于全闽宿昔有缘,畴克臻此哉。

上堂,"入院方三日,追陪人事忙。灯笼与露柱,密密细商量。且道商量个什么?"拍禅床云:"昨夜碧天风浪静,一轮明月映螺江。"

上堂,"六月旦,夏已中,荷花开水面,荔子映山红。无位真人,处处相逢,拟议云山千万重"。

鼓山入院上堂,拈拄杖云:"扬下补山鉏斧,拈起国师圣箭。"卓拄杖,"一镞破三关,机锋如掣电。左右逢原,全机杀活。直得大顶峰小顶峰,望空斫额。白云亭涌泉亭,笑里点头。正与么时,且道功归何所?"靠拄杖云:"雕弓已挂狼烟息,万国来朝贺太平。"

示众:"万机不到,千圣攒眉。正令当行,阿谁敢拟。便恁么会,已落第二义谛。大似望默林止渴,有甚快活处。衲僧家将黑豆子换人眼睛,把断贯索,穿人鼻孔,未为分外。且道衲僧见个甚么道理?"卓拄杖一下云:"选佛若无如是眼,宗风那得到于今。"

将终,集两序示遗诫,索笔书偈云:"八十四年一梦相似,梦破还空也无些事。"端坐而逝。

婺州双林一衲戒禅师 赞傅大士偈曰:"非儒非道亦非禅,

杜撰修行忒可怜，担阁一身三不了，至今八百有余年。"

天童云外岫禅师法嗣

四明雪窦无印大证禅师 番阳史氏，幼颖异，父母知不可留，便从昌国寺智节学出世法。谒荆石琬于庐山圆通，不契。时思庵睿居闲房，师日亲锻炼。云外唱曹洞之道于天童，往依之入室。云外云："天童今日大死去也，汝作么生救?"师云："请和尚吃饭。"外又云："天童今日大死去也，汝不要相救。"师云："救他作么。"外又云："天童今日大死去也，阿谁与我同行?"师云："和尚先行，某甲后随。"外呵呵大笑。自兹情同鱼水，犹沩山寂子，命典藏教。

至治间，诏天下善书者金书藏经，竣事赐织金。屈眴南还江浙，丞相脱欢公起师主衢之南禅。继领光孝，迁信之祥符，移明之定水，升雪窦。

上堂，"千说万说，不若觌面。一见昨日二十九，今朝七月一。报你参玄人，光阴如箭疾。娘生两只眼，个个黑如漆。急急急，回头看取天真佛"。良久，"是何面目?"下座，巡堂吃茶。

上堂，"妙不妙，衲僧鼻孔多无窍。玄不玄，刹竿头上无青天。至士宁容衲手，良马岂待挥鞭。全超棒喝，不落蹄筌。百鸟不来春又过，岩房赢得日高眠"。退居定水圆明庵，入寂，至正辛丑九月二十一日也，寿六十五。阇维，牙齿数珠不坏，舍利明莹，门人景云等塔于圆明庵之后。

径山荆叟珏禅师法嗣

杭州中竺空岩有禅师 室中勘验学者垂语云："黄金铸就铁真人，东海涌颂云。锦衣公子醉田家，熟睡柴床日未斜，热渴呼浆无所得，便将玉带换瓯茶。"

海西容庵海禅师法嗣

广阳庆寿中和璋禅师 天姿粹美，机用纵横。室中示徒，或握木剑，或执绵蛇。因海云初见便问曰："某甲不来而来，作么生相见？"师曰："参须实参，悟须实悟，莫打野榸。"曰："因击火迸散，乃知眉横鼻直。"师云："吾此处别。"曰："如何表信？"师曰："吾牙是一口骨，耳乃两片皮。"曰："将谓别有。"师曰："错。"海云喝曰："草贼大败。"师便休。次日师举临济两堂首座齐下喝，僧问临济："还有宾主也无？"济曰："宾主历然。""汝作么生会？"海云曰："打破秦时镜，磨尖上古锥，龙飞霄汉外，何劳更下槌。"师曰："汝只得其机，不得其用。"海云便掀禅床，师曰："路途之乐，终未到家。"海云与一掌曰："精灵千载野狐窟，看破如今不直钱。"师打一拂子曰："汝只得其用，不得其体。"海云进前曰："青山耸寒色，月照一溪春。"师曰："汝只得其体，不得其智。"海云曰："流水自西东，落花无向背。"师曰："汝虽善语言三昧，要且没交涉。"海云竖起拳，复拍一拍，丈室震动。师曰："如是如是。"海云拂袖便出。

增集续传灯录卷第四

大鉴下二十一世

天童天目礼禅师法嗣

四明育王横川如珙禅师 永嘉大姓林氏，有叔父为禅沙门者曰正则，视师幼不肉食，爱之乃度其祝发，预戒于广慈院。初见石田于灵隐，及痴绝至，犹留从之，然终疑碍无入。闻天目居大白，往投以疑。目举南山笋东海乌鳖，师拟对，目打之，师忽有省，遂留执侍。国清断桥延师典藏，桥迁净慈，命为第二座，寻又为第一座。丞相以师有行解可师，表以鹰山灵岩命出世。继迁能仁，既归放牧寮，辞病不应外。

至元十年有旨授师育王，僧问："如何是教外别传底句？"师云："不落玄妙。"僧云："恁么则直入如来地。"师云："且缓缓。"僧问："如何是学人行履处？"师云："你适间从甚么上来？"僧云："如何报得四恩去？"师云："但从适间路下去。"僧问："虎逼临崖时如何？"师云："命若悬丝。"僧云："相救相救。"师拈拄杖掷与之。僧问："如何是闻复翳根除？"师云："一不成二不是。"僧云："如何是尘消觉圆净？"师云："漏木杓破笊篱。"僧问:"有问赵州如何是西来意,云庭前柏树子。有问庆云,云庭前无柏树。一等是问西来意,为甚答不同?"师云:"不是阇梨问,老僧也不知。"

上堂,"地大、水大、火大、风大。若一念无疑,地不能碍。若一念无爱,水不能溺。若一念无嗔,火不能烧。若一念无喜,风不能飘。如此即是无依道人。佛从无依生,若悟无依,佛亦无得"。

中秋上堂,"马祖百丈智藏南泉玩月,各呈自己见解,于月有甚交涉。月轮有圆有缺,孤光透彻,谓之月光。菩萨照破山河大地昏暗,开一切众生心地昏暗。老僧出母胎时正当今夜,拈却门前大案山,放你诸人东去西去"。

上堂,"鲁祖三昧最省力,才见僧来便面壁。育王三昧又省力,才见僧来便合掌。南山北山,如牛拽磨。脚瘦草鞋宽,地肥茄子大"。

上堂,"妙明心印印佛,则一手指天,一手指地。印法,则狗衔赦书,诸侯避道。印僧,则个个钵盂口向天。还有自印者么?自印则行住坐卧一一明了。灵山会上传此心印,少室峰前传此心印。为藏穴寺侧曰此庵,乃自为铭曰病叟。今年六十六死日将至,火化好土化好?"西堂唯庵贯和尚云:"古鄝山中有片荒地,因迭石为塔焉。"铭曰:"天生一穴,藏吾枯骨,骨朽成土,土能生物,结个葫芦挂赵州壁,永脱轮回,超三世佛。"将没,书诀众记而化,年六十八,至元二十六年三月十八日也。门人禀遗诫,窆全体于塔。

杭州净慈石林行巩禅师 初住安吉上方,升思溪法宝、隆兴黄龙、吴郡承天。至净慈，上堂，"横眸碧汉，万国风清。垂手红尘，千峰日出。才恁么便不恁么。所以道，我此法印为欲利益世间故说。在所游方，勿妄宣传"。横按拄杖云："佛灭二千二百单六载，沙门行巩今于苕雪尽头鼓钟清处，显示此印，丝毫无有妄者。"卓拄杖云："谨白。"

上堂，"山静课花蜂股重，林空含箨笋肌明。倚栏不觉成痴兀，又得黄鹂唤一声。思溪恁么道，好吃拄杖三十。何故？为他不合随声逐色"。

上堂，"水乡水阔地多湿，六月花蚊觜如铁。夜半起来笑不彻，烦恼不彻作什么。床头一柄扇，无端又打折"。

上堂，"三家村里牛动尾巴"。乃摇拂子云："与这个相去多少？"掷拂子云："洎合停囚长智。"

上堂，"雪峰辊球，禾山打鼓。秘魔擎叉，道吾作舞。一切贤圣皆以无为法而有差别"。喝一喝，下座。

师室中垂示云："尽大地是个金刚正体，上座者皮袋向甚处着？芭蕉闻雷而抽，且道是有情是无情？南屏山下，壁立三关，透不过者一错百错，透得过者千难万难。忽有不甘底出来道，既透得过，因甚么也难。去，明日来，与你子细相看。"

嘉兴天宁冰谷衍禅师 上堂，"朔风何萧萧，吹彼岩下衣。家业久荒芜，游子胡不归。人生百岁岂长保，昨日少年今已老。翻忆寒山子，十年归不得，忘却来时道"。

上堂，"劫石可消，恩情难断"。拍膝云："坏冢青松下，年年挂纸钱。"

上堂，"冷风疏雨作新年，寂寞寒泉古涧边。暖合地炉煨榾柮，送穷不用更烧钱"。

圣节上堂，"心王安，六国通。天地阔，车书同。风从虎，云从龙。深惟海，高惟嵩。万灵无处参化工，俱知一气复鸿蒙"。击拂子一下。

苏州虎丘云畊靖禅师 上堂，"我若不说破，恐汝不回头。我若说破，又恐后日骂我去"。

上堂，"山僧若真正举扬，河步亭无汝着脚分。且抑下威光随汝根器未说超宗。异日若知得虎丘山高一百三十尺，舍利塔是隋朝建立，也许汝有个入处。甘心下劣，又争怪得老僧"。

上堂，"龙门无客个个无退步底道理，矮疏山三千里外卖布单，跛云门被拶脚折。汝辈只管悠悠过日"。

佛生日，上堂，"我观如来前际不来，后际不去，今亦不住。且道大殿里香汤沐浴个什么？若也会得，手中杓子拈放自由。其或未然，明年今日依旧胡泼乱泼"。

上堂，"冷如冰霜，细如米末。水不能漂，火不能热。王母昼下云旗翻，子规夜啼山竹裂"。

上堂，"古人道：'依经解义，三世佛冤。离经一字，还同魔说。'依与离既不可得，毕竟如何？"卓拄杖云："渔人只看丝纶上，不见芦花对蓼红。"

上堂，拈拄杖云："云岩看山玩水，拄杖子亦乃看山玩水。云岩浑身病苦，拄杖子亦乃浑身病苦。云岩脱体轻安，拄杖子亦乃脱体轻安。"卓拄杖云："擘开河岳易，除却爱憎难。"

道场运庵岩禅师法嗣

杭州径山虚堂智愚禅师 四明人,出世嘉禾兴圣,迁光孝、明之显孝、延福、瑞岩、婺之宝林、四明育王、柏严、杭之净慈、径山,凡历住十刹。师室中垂语曰:"己眼未明底,因甚将虚空作布裤着画地为牢?因甚透者个不过?入海筭沙底,因甚向针锋头上翘足?"僧问:"声前一句,不堕常机。转位就功,如何相见?"师云:"问讯不出手。"僧云:"且道天子万年作么生?"师云:"瑞草生嘉运,林花结早春。"僧云:"直得九州岛四海雷动风飞。"师云:"出门惟恐不先到。"

上堂,"春风如刃,春雨如膏。衲僧门下,何用忉忉"。

上堂,"言而足,终日言而尽道。言而不足,终日言而尽物。且道道与物是一是二?若道是一,为甚么案山,主山低。若道是二,为甚么天地一指,万物一马。个里缁素得出,还你草鞋钱。不然,但愿来年蚕麦熟,罗睺罗儿与一文"。

结夏上堂,"有一人日销万两黄金同此圣制,只是无人认得。若有人认得,许伊日销万两黄金"。

上堂,"二林初无门户与人近傍,亦不置之于无何有之乡。只要诸人如铁入土与土俱化,然后可以发越其如运粪入者,吾末如之何"。

上堂,举松源师祖临示寂告众云:"久参兄弟正路上行者有,只不能用黑豆法,临济之道将泯绝无闻伤哉!"拈云:"鹫峰老大似倚杖骑马,虽无僵仆之患,未免傍观者丑。"

师在净慈入院日问答绝，忽天使踵门传旨，问："赵州因甚八十行脚，虚堂因甚八十住山？"师举赵州行脚到临济话，颂曰："赵州八十方行脚，虚堂八十再住山。别有一机恢佛祖，九重城里动龙颜。"使以颂回奏，上大悦，特赐米伍伯石、绢一百缣，开堂安众。再住育王径山，亦赐赉优渥。

四明天童石帆衍禅师 上堂，举大颠和尚因韩文公问春秋多少，大颠提起数珠曰："会么？"公曰："不会。"大颠曰："昼夜一百八。"师颂曰："一串摩尼亲面当机，赚却首座疑杀昌黎。弄尽许多穷伎俩，春秋元自不曾知。"

金山掩室开禅师法嗣

杭州径山石溪心月禅师 西蜀眉州人。上堂，举僧问九峰和尚："如何是学人自己？"峰曰："更问阿谁？"僧云："便怎么承当时如何？"峰曰："须弥还更戴须弥。"师颂曰："自家冷暖自家知，祖意西来更问谁。全体承当全体是，须弥顶上戴须弥。"送僧偈曰："未到双林见旧游，眉横新月眼横秋，寒暄未举宜先问，因甚桥流水不流。"

华藏无得通禅师法嗣

杭州径山虚舟普度禅师 维扬江都人，姓史氏。稍长，虽习世书，绝无处俗意。母识其志，俾依郡之天宁出家。会与毕将军再遇共语，大奇之曰："此儿短小精悍，音吐如钟，他日法中向上爪牙也。"携归武林，礼东堂院祖信为受业师。侍信左石五年，奋志参方。初见铁牛印于灵隐，已而江东西湖南北悉遍历焉。时无得唱道饶州荐福，师决志叩请，其迁福严华藏亦与俱。偶入室次，得问："不与万法为侣者是甚么人？"师曰："金香炉下铁昆仑。"得曰："将谓这矮子有长处，见解只如此。"师曲躬作礼曰："谢和尚证明。"若天童晦谷光、大慈石岩琎、虎丘石室迪，一见器异，留典法务。

淳祐初，制府赵信庵以金陵半山请出世。继迁润之金山、潭之鹿苑、抚之疏山、苏之承天。景定间，大传贾魏公奏补中天竺，复请旨升灵隐。至元丁丑，被命径山。

上堂，"邪人说正法，正法悉皆邪。正人说邪法，邪法悉皆正"。卓拄杖一下，"邪耶正耶？"又卓拄杖一下，"说耶不说耶？向这里拣辨得出，黄金为屋未为贵，玉食锦衣何足荣"。

上堂，"万法是心光，诸缘惟性晓，本无迷悟人，只要今日了。既无迷悟人，了个什么？"卓拄杖一下，"千言万语无人会，又逐流莺过短墙"。

上堂，举云门和尚示众云："汝等诸人在此过夏，山僧深不欲向你道惜取眉毛好。"师云："云门灵龟，曳尾拂迹。迹生灵隐即不然，汝等诸人在此过夏，山僧直截向你说，口是祸门。"

上堂，举临济和尚道："有一人论劫在途中，不离家舍。有一人离家舍，不在途中，那个合受人天供养？"师云："兔马有角，牛羊无角。寸毫尺厘，天地寥廓。潘阆倒骑驴，撅杀黄番绰。"师住径山值火，余志图兴，复将有绪。俄示微恙，索笔大书曰："八十二年驾无底船，踏翻归去明月一天。"全身塔寺东十里挂罟坞之阳。

雪窦大歇谦禅师法嗣

苏州承天觉庵梦真禅师 宣州人，八岁为僧，十九受具，二十便行脚。凡见尊宿七八员，师意不能了此事。闻无准手段恶辣，遂登径山。每到室中战怖，话头也不记得，自此不去入室，昼夜只是坐禅。一日廊下行闻火板鸣有省，私自欢喜。知得本命元辰落处，于是又去入室。准问："你是吃粥吃饭僧、参禅学道僧？"师抗声云："吃粥吃饭僧。"准云："更须饱吃始得。"师云："谢和尚供养。"自此得一条路行，只是看狗子无佛性话，无入作处。乃过雪窦见大歇，歇问："作么生是生死底事？"师云："眉毛安眼上。"歇云："眉毛因甚安眼上？"师云："说着令人转不堪。"歇又问："汝甚处来？"师云："径山来。"歇云："火后事作么生？"师云："五峰依旧插天高。"歇云："那事还曾坏么？"师又手向前云："幸喜不曾动着。"遂挂塔归堂。

师自知未得透脱，心下常热哄哄地。一夜更深行至僧堂前，见琉璃灯豁然大悟，从前所得一时冰消瓦解。次日入室，歇举如何是佛三脚驴子弄蹄行，声未绝，师云："一任蹦跳。"歇拟议，师当中间问讯。歇云："甚么与杨岐相见？"师云："当面蹉过。"歇又拟议，师过东边与僧对面问讯。歇云："犹隔海在。"师拍手呵呵大笑而出。久之开法永庆，迁连云，升何山，至承天。

上堂，"将心学佛，摄入魔宫。拟心参禅，堕在阴界。直饶嫌佛不肯做，被拄杖子穿过髑髅。若怎么看来，直是无用心处"。

卓拄杖云："携取旧书归旧隐，野花啼鸟一般春。"

上堂，"庭前翠竹青青，砌下黄花郁郁。唤作真如体，又是般若用。忽有个出来道，我见从上佛祖说了万千体用，不似承天样蹊跷，莫是智过佛祖耶，杜撰臆说耶？"卓拄杖云："好向暮天沙上望，西风惊起鹰行斜"。

上堂，举韶国师颂云："通玄峰顶不是人间，心外无法满目青山。"师召大众云："韶国师好个颂子，只是打成两橛。承天亦有个颂，可惜落韵双峨峰，顶上是青天。夜半捉乌鸡，伸手不见掌。"喝一喝。

上堂，"三伏热不似人心热，行路险不似人心险。万斛清风碧玉盘，不知谁共倚阑干。忽有个出来道，长老正恁么时，如何是祖师西来意？向他道，作贼人心虚"。

至元间，有贤首宗讲主奏请江南两浙名刹，易为华严教寺。奉旨南来，抵承天，次日师升座说法，博引《华严》旨要，纵横放肆。剖析诸师论解是非，若指诸掌。其讲主闻所未闻，大沾法益，且谓承天长老尚如是矧杭之巨刹大宗师耶。因回奏，遂寝前旨。

慧严象潭泳禅师 上堂，举无着和尚至五台与老翁吃茶次，翁拈起玻璃盏问曰："南方还有这个么？"着云："无。"翁云："寻常将甚么吃茶？"着无对。师颂曰："五台凝望思迟迟，白日青天被鬼迷，最苦一般难理会，玻璃盏子吃茶时。"

一关溥禅师 颂马祖令僧问大梅曰，和尚见马祖，得个甚么便住此山话，曰："只将马祖铅刀子，裂破漫天铁网罗，碧沼夜敲荷叶雨，至今贫恨一身多。"

天台国清溪西泽禅师 普说略云："参玄上士，行脚高流，拨草瞻风，到一处所，便乃供下入门口款，谓之生死事大，无常迅速。"乃召云："兄弟，生死若是有，从古至今无有一人能免生死。若是无，争奈目前生死何。生死亦有亦无，不有不无。当恁么时还有漏网底么？既是走透无门，腊月三十日撞到面前，毕竟如何支准。等是踏破草鞋，岁月飘忽，不可把玩。要须穷教去处分明，与前来入门口款相应始得。"又云："便只恁么歇去，则适来说出许多络索，甚处安着。直饶诸人一时不受打迭得净尽，山僧却有个古话举似诸人。记得长庆示众云：'净洁打迭了，却须近前来就我觅。有一棒到你当生惭愧，无一棒到你又作么生？'雪窦云：'净洁打迭了，却须近前来就我觅，有一棒到你则屈着你，无一棒到你与你平出。'二大好一棒，未免作得失论量。天封不然，净洁打迭了，却须近前来就我觅。有一棒到你，花铺锦上。无一棒到你，霜加雪上。且道前头为人后头为人？辨明得出，后次挂牌时却来通吐。"

瑞岩云巢岩禅师法嗣

苏州万寿讷堂辩禅师 上堂，"释迦老子降诞王宫，好个初生孩子，不妨令人疑着。及乎道天上天下唯吾独尊，败阙了也。后来冷地羞惭四十九年，三百余会，救搭也救搭不来，收拾也收拾不上。诸仁者，要见释迦老子败阙处么？是非只为多开口，烦恼皆因强出头"。

上堂，"你在这里，我在这里，人天交接，两得相见，时清休唱太平歌。一贯文籴三斗半米，二贯五百文买一个大绢。好诸禅德，虽然如此，厨中有剩饭，路上有饥人"。

上堂，举僧问古德万境来侵时如何，德云垂却着。"古德有障断狂澜底手段，未免劳心费力。或有人问金山，万境来侵时如何，只向他道，我既无心于万物，何妨万物常围绕。"

上堂，"我若与你说破，将后必须骂我。我若不与你说破，又恐你因循蹉过。忽有个汉出来道，长老话堕了也。只向他道，老僧罪过"。悼云巢和尚偈云："人传师死已多时，我独踌躅未决疑。既是巢空云又散，春深犹有子规啼。"寄铁鞭和尚偈云："思量四句寄承天，卷得完全缺半边，颂又不成诗不是，如何拈出向人前。"寄无准和尚偈云："猿与鼋交割不开，兄呼弟应似忘怀。及乎说到訵讹处，又却心肝不带来。"

苏州虎丘清溪义禅师　送僧偈云："台山万迭入眉青，途路同行各奔程，清晓鸡啼茅店月，是谁先起唤师兄。"

净慈谷源道禅师法嗣

万寿高峰岳禅师　赞达磨偈曰："开旗展阵入梁邦，未睹天颜早已降。纵有神通难展款，翩翩一苇渡长江。"

径山无准范禅师法嗣

袁州仰山雪岩祖钦禅师　婺州人，初见无准于径山，因铸钟令作疏语，师成偈曰："通身只是一张口，百炼炉中辊出来，断送夕阳归去后，又催明月上楼台。"准即俾居侍司，自是声动丛林。出世潭州龙兴，迁湘西道林、处州佛日、台州护圣、湖州光孝。逮尸仰山，道遂大显。

上堂，"纯清绝点，正是真常流注。打破镜来，未免一场狼藉。不若遇饭吃饭，遇茶吃茶，晓来独立空庭外，闲对寒梅几树花"。

上堂，"海水不可斗量，虚空不可尺度。净地不可撒沙，烂泥不可着脚。这四转语转转有落处，且道落在什么处？东京大相国寺里有树芭蕉，风吹雨打一似破袈裟"。

上堂，"有句无句如藤倚树，白鹭下田千点雪，黄鹂上树一枝花。三千里外卖却布单，不远而来，因甚放下泥盘？"呵呵大笑，"毗婆尸佛早留心，直至如今不得妙"。

上堂，"禅树上叫喧喧，道门前风浩浩，冷地思量真可笑，笑什么，等闲拾得苏州梨，看来却是青州枣"。

上堂，"个事本成现，觅则不可见。白珪本无瑕，琢磨乃成玷。执之以实法，空中生闪电。视之似等闲，脚下添红线，若是学道人，好好看方便。作么生？莫看仙人手中扇"。

杭州净慈断桥妙伦禅师 天台黄岩徐氏子。母刘，梦月而孕。十八落发于永嘉广慈院，见谷源道于瑞岩。闻三斤麻之话疑之，遍叩诸方，机终未凑。自谓吾口讷耳聩，不若把本修行。日以诵经为业，忽阅《楞伽》。于云居见山堂，至"蚊虫蝼蚁无有言说而能辨事"，顿然有省曰："赵州柏树子话，可煞直截，然不以语人。"还谒无准于雪窦，准以狗子因何有业识，令师下语。凡三十转不契。师曰："可无方便乎？"准以真净所颂答之，即辣然良久。忽闻板声，通身汗下，于是始脱然矣。准移育王双径，皆以师从，俾分座。出世祇园，迁瑞岩国清，至净慈。

上堂，"荆山有玉，获得者不在荆山。赤水有珠，拾得者不在赤水。衲僧有无位真人，证得者出入不在面门"。蓦拈拄杖横按云："会么？幽州江口石人蹲。"

上堂。举慈明室中安一盆。水盆上横一柄剑。剑上安一纳草鞋。凡见僧来便指。拟议便打。师颂曰。百花丛里跃鞭过。俊逸风流有许多。末第儒生偷眼觑。满怀无奈旧愁何。

上堂，"德山低头，夹山点头。俱胝竖起手指头，玄沙筑破脚指头"。提起拄杖云："都来不出山僧拄杖头，何以见得？"卓拄杖云："一叶落天下秋。"

上堂，举达观颖禅师示众曰："七佛是性隶，万法是心奴。且道主人翁在甚么处？"自喝云："七佛已下出头。"又自诺云："各自祗候。"师云："唤七佛为性隶，指万法是心奴。达观自谓有出身路，及乎自喝自诺，又是奴隶边事，主人翁何曾梦见在。大众要见么？"以拂拂一拂云："晓来一阵春风动，开遍园林百样花。"

将终，与众入室罢，索笔作书辞诸山及魏国公。公馈药不受，又使人问曰："师生天台，因甚死净慈？"师答曰："日出东方夜落西。"遂书偈而化，寿六十一，腊四十四。

四明天童西岩了慧禅师 蜀之蓬州罗氏，垂髫与群儿戏，必抟泥沙为佛塔像。一日玉掌山祖灯与其舍，师向之合掌。父母以师资宿契，遂令出家。灯授以《般舟三昧》，非其志，辞往成都，谒坏庵照于昭觉，器许之，属令南询，乃参浙翁琰于径山。

闻高原泉为人径直，心慕之，适原赴台之瑞岩，师与俱往。一日，原问：“山河大地是有是无？”师拟开口，原即喝出。师复以偈呈，原曰：“没交涉。”师一日偶书白杨示众语，原阅之笑曰：“写字与作言句尽得，争奈没交涉何。”师愤悱莫伸。原曰：“吾方便屡矣，汝自不顾，盖缘不在此，其往见雪窦乎。”时无准主雪窦，师造席下，自陈来历。准呵曰：“熟睡去。”继而令充不厘务侍者。一日谓师曰：“觑不透处只在鼻尖头，道不着处不离唇皮上，讨之则千里万里。”师抗声曰：“将谓有多少？”准迁育王，师侍行，从容承禀，乃尽其要。逮准居径山，往典藏教，复升第二座，自是声动丛林。节斋赵观文作牧苏州，举师开法定慧，众集寺治时甚称之。迁东嘉能仁、江州东林，而至天童，咸有伟绩。

佛涅槃日上堂，拈拄杖召大众云：“黄面瞿昙乃竺干猛将，以慈悲为弓矢，以智慧为戈矛，统百万雄兵，勇不可当，布三百余阵，势不可敌。如是四十九年，演出五千余卷兵书，虽流落人间，而未尝有一字漏泄。因与生死魔军为冤为对，遂于跋提河边筑一巨城，名为涅盘。于其城中，先以紫磨金躯犒赏诸兵，令其瞻仰取足，再三抚谕，而又散以八斛四斗珠珍。其谋意无他，必欲打破生死牢关，普与尽大地众生共行通天活路，得到大安隐、大解脱之场而后已。岂谓二千余载犹未遂其志而未奏其功。山僧既知其力尽计穷，不免拔剑相助去也。”以拄杖画一画云：“四海浪平龙睡稳，九天云净鹤飞高。”芙蓉长老至，上堂，举芙蓉和尚访寔性大师。寔性上堂，右边拈拄杖向左边云：“若不是芙蓉师兄，也大难委悉。”颂曰：“陪尽老精神，杯盘越样新。谁知村店酒,难劝御楼人。"

晚居寺之幻智塔庵,将终,戒执事已。问曰:"今何时?"对曰:"二鼓矣。"遂放身若投,斯须视之已逝矣。实景定三年三月十一日也,寿六十五,夏四十七。

杭州灵隐退耕宁禅师 初住嘉兴崇圣,次居苏之报恩承天、慧日万寿。至灵隐,上堂,"目前无法,意在目前。雨余山色翠,风暖鸟声喧"。拍禅床一下云:"堪笑老胡无转智,少室峰前坐九年。"上堂,举香林因僧问:"年穷岁尽时如何?"林云:"东村王老夜烧钱。"师云:"王老烧钱,言端语端,锦包特石,铁裹泥团。"上堂,"极目千峰锁翠,满空柳絮飞绵。可怜无位真人,一向草宿露眠。哑!三春看又过,何日是归年"。

四明天童别山智禅师 上堂,举世尊临入涅槃,文殊请佛再转法轮。世尊咄云:"吾四十九年未尝说一字,汝请吾再转法轮,是吾曾转法轮耶。"颂曰:"老汉生平大脱空,将无作有诳盲聋。临期一语方真实,也是阇梨饭后钟。"

四明天童环溪一禅师 上堂,举经云:"大通智胜佛,十劫坐道场,佛法不现前,不得成佛道。"颂曰:"劫初铸就毗卢印,古篆雕虫尚宛然,堪笑堪悲人不识,却嫌字画不完全。"

四明天童月坡明禅师 上堂,举马祖因僧问离四句绝百非话。颂曰:"离四句兮绝百非,递相推过几曾知,这僧担一担懵懂,换得两头滒(胡骨切,浊也)脂(徒骨切,肥也)归。"

四明雪窦希叟绍昙禅师 西蜀人,出世佛陇。上堂,僧问:"向上宗乘事若何?"师云:"檐头滴滴分明历历。"师乃云:"西子湖边泛渺茫,一堤寒绿看垂杨,谁知业债难逃避,开眼堂堂入镬汤。到这里如何即得？拟欲烂煨黄，独不顾紫泥，未免踏古人脚迹。拟欲关空锁梦，塞路断桥，又恐坐在葛藤窠里。不如随分纳些些，俯顺时宜去。"拈拄杖，"竖穷三际，横亘十方"。靠拄杖，"碧眼黄头会不得，野梅风定暗香浮"。

上堂，"二月春云暮，韶华似酒浓，莺啼杨柳雨，蝶弄海棠风。若作境会，过山寻蚁迹。不作境会，度水觅鱼踪。毕竟如何？故国归路远，日暮泣途穷"。

上堂，"一宿觉，三担土，脚未跨门，手骨已露。等闲举一步，危径结寒花。信彩示一机，断崖飞瀑布。虽然，要跨乳峰门即易，要入乳峰室即难。何故？鸿飞冥冥弋人何篡"。

上堂，"发得一机活，出得一言当。万里无片云，青天合吃棒。不待春风着意开，暗香已在梅花上"。寄天目和尚偈曰："翁翁八十再生牙，烂嚼虚空吐出查。撒向玲珑岩畔树，枝枝叶叶是昙华。"

福州雪峰绝岸可湘禅师 上堂，举曹山因僧问："雪覆千山，因甚孤峰不白？"山曰："须知有异中异。"曰："如何是异中异？"山曰："不堕众山色。"师颂曰："言中彼此带幽玄，尽向言中辨正偏。孤负一条官驿路，茫茫沉在月明前。"渔浦接待偈曰："吴山那畔越山前，有饭充饥有榻眠，到此便能休歇去，帝乡犹隔一潮船。"

光孝石室辉禅师 上堂，举城东有一老姥与佛同生，不欲见佛，每见佛来，即便回避。虽然如此，回顾东西总皆是佛。遂以手掩面，十指掌中亦总是佛。师颂曰："平生不愿佛相逢，十指尖头现绀容，夹路桃花风雨后，马蹄无处避残红。"

天台国清灵叟源禅师 上堂，举僧问赵州："真如凡圣皆是梦言，如何是真言？"州云："唵部临噯。"师云："赵州禅只在口皮边，看他与么也是唤钟作瓮。忽有问灵岩，却向他道饥时但吃饭。且道与古人是同是别？西天梵语，此土唐言。"

上堂，"炎自炎，凉自凉。法无二法，不用商量。只如人人鼻孔在面上，则固是知有。我更问你，别沼荷香，何似深村稻香？"示防意如城偈曰："六门长锁旧封疆，已是攀缘万虑忘。昨夜贫家忽遭劫，元来祸起自萧墙。"守口如瓶偈曰："明明只在鼻孔下，动着无非是祸门，直下放教如木揆，青天白日怒雷奔。"

四明天童简翁敬禅师 上堂，举文殊问庵提遮女生以何为义话。颂曰："问处分明答处端，当机觌面不相谩，死生生死元无际，月上青山玉一团。"

庐山东林指南宜禅师 送人之成都偈曰："智不到处道一句，一句当机便到家，宿鹭亭前风摆柳，锦宫城里雨催花。"

饶州荐福无文璨禅师 尝与其友知无闻书有云："住院何足道哉，近年敕差堂除者何限，可挂齿牙者能几人。使吾有口可以吞三世诸佛，则曲录床终身不坐又何慊。无闻以为，何如某昔者入众见识字人多不修细行，决意不作书记。诸老不作据位称师者，又多看不上眼。遂无意出世，今皆不遂其初矣。住院十年名为长老，只是旧时璨上座。饮食起居与堂僧无异，出入时多了一轿两仆耳。使目不眩，轿仆亦不用之。相从衲子岁不下百数十人，遇五日挝鼓升堂，以平时在诸老间所得细大法门随分东语西话。断不敢以脱空语笼罩学者，亦不敢以过头语欺谩学者。说到无巴鼻无滋味处，欣然自笑，听者不必解笑也。士大夫多相知，然所知者不过谓其读书也，能文也，解起废也，硬脊梁也。盖胆毛几茎则知者鲜矣，读其书则其所造可知。"

灵隐石田熏禅师法嗣

杭州净慈愚极慧禅师　参石田于灵隐，田室中举云门念七话，连举十数过无人下语。忽有一僧才跨门，田曰："雪峰辊球。"师在侍傍耸耳而听，蓦然领悟，冲口呈偈云："云门念七，雪峰辊球，白苹红蓼，明月孤舟。"田颔之。住北禅日，谢剑南儒藏主、云谷庆藏主、无则珍藏主，上堂，举白云师祖开堂拈香有云："众中衣钵道友，有一言半句利益我者同伸报谢。山僧乍住，二三故人远来相贺，又非一言半句者，比岂无片香以为供养，烧枫香是着菩提边事，烧黄熟是说佛说祖边事。而今猛爇一炉，也要尽大地人知道，浙西管内嘉兴府川原地道，且道烧底是什么香？"良久云："不下阁。"送宁禅人偈曰："心未宁时为汝安，落花小雨酿春寒。断桥流水孤山路，杨柳丝丝拂画阑。"

杭州中竺雪屋珂禅师　上堂，"枯桑知天风，海水知天寒，且道衲僧知个什么？知道饭是米做，直饶恁么，阎罗老子索饭钱有日在"。师以宋鼎既迁，即谢寺事，金山贤默庵雅知师且尊其道行。时元兵下江南，默庵被总兵伯颜胁而置之幕中，从至武林。默庵言于伯颜，请师升住灵隐，亲持请疏叩师门。师抽关露半面问云："汝为谁？"默庵云："和尚故人某甲也。"师落关云："我不识你。"盖师虽处世外而以忠节自持，故不屑灵隐之命。后断江恩有诗云："雪屋今亡四十年，高风凛凛尚依然，伯颜丞相拜床下，不肯为渠来冷泉。"

径山痴绝冲禅师法嗣

福州神光北山隆禅师 礼镜清塔偈曰："惯问门前什么声，池蛙笑汝自蛙鸣。年来荒却天华寺，正令方才一半行。"

高台此山应禅师 上堂，举大隋庵侧有一龟。僧问："一切众生皮裹骨，这个众生因甚骨裹皮？"隋拈草履覆龟背上，僧无语。师颂曰："休将皮骨强分张，得六藏时且六藏，只履尽情都盖了，这僧无事可思量。"

育王寂窗照禅师法嗣

湖州道场龙源介清禅师 王氏，世居福州长溪，得度于义兴法藏齐禅师。过育王，谒寂窗入室有契，俾为侍者，复掌藏钥。出世四明寿国，迁开寿，升道场。上堂，"三春云暮，绿暗红稀，动为境转，静为法迷。不以色盖，不以声骑，风前闲听杜鹃啼"。上堂，"终日忙忙，那事无妨，显而不灵，隐而不藏。如何是隐而不藏底事？玉梅结子浮青树，石笋抽条上绿窗"。

径山晦机熙禅师法嗣

金陵龙翔笑隐大欣禅师 族姓陈，九江羲门唐尚书操诸孙。从郡之水陆院出家，初至庐山，谒开先一山万公。既而遣诣百丈，参晦机。机一见器重，由内记升记室。一日问曰："黄龙得旨泐潭，领徒游方，及见慈明，气索汗下，过在什么处？"师抗声曰："千年桃核里，觅甚旧时仁。"又一日，举百丈野狐话诘曰："且道不落因果便堕野狐身，不昧因果便脱野狐身，利害在什么处？"师拟答，机遽喝之，平生凝滞涣然冰释。因同参者告问，师颂曰："百丈野狐，野狐百丈，埋作一坑，伏惟尚享。"机迁净慈，复延掌记。

出世湖之乌回，迁杭之报国中天竺。天历元年，文宗以金陵潜邸为大龙翔集庆寺，妙东名德开山，首膺其选，号曰广智全悟大禅师，为开山第一代住持。厥后驿召赴阙入见奎章阁，赐坐咨问法要，对扬称旨，赐貂裘金衲衣。及顺帝御极，待遇益隆。有旨命百丈山东阳德辉重编《禅林清规》，仍命师校正，遂定为九章，四方咸取以为法。以老病求退，御史大夫撒迪公以闻优诏不许，加号释教宗主兼领五山寺，敕外台护视，使安居终老。

师因僧侍立展手云："八字打开了也，为什么不肯承当？"僧云："恐钝置和尚。"师云："许多时没一点气息。"便打。一日问僧甚处来，僧云游山来，师云："笠子下拶破洛浦遍参底作么生？"僧云："未入门时已呈似和尚了也。"师云："即今为甚不拈出？"僧拟议，师便打。一日云："青州布衫重七斤，古人道了也。毕竟万法归一，一归何处？"有僧出云："东廊头西廊下。"师云："什么处见赵州？"僧拟对。师云："捧上不成龙。"

一日有僧来参，师云："竖拂拈槌，古佛榜样。擎叉舞剑，列祖条章。衲僧门下一句作么生道？"僧珍重便行，师云："不消一札。"

上堂,"赡养国中水鸟树林,悉皆念佛。知足天上树相撑触,演说苦空"。竖起拂子,"山僧拂子穿汝诸人鼻孔,诸人向甚处出气?"

入新寺升座,"第一义谛明如杲日,宽若太虚,万汇森然,纤尘不立。明今举古,无非节外生枝。立主立宾,何异虚空钉橛。然圣旨建寺,诸官临筵,不可只恁么休去,还有共相激扬底么?"问答罢,乃云:"释迦世尊舍金轮而登佛位,今上皇帝从佛位而御金轮。收摄三千刹海于一印中,具足八万法门于一毫上。如华严会上,菩萨得无尽福德,藏解脱门,于一器中出生种种美味饮食,又于众会仰观空中而雨种种珍宝,随众生心悉令满足。然后得其宝者尽证法门,食其味者咸成妙道,无一尘而不具足佛事,无一法而不圆满正宗。即今崇建宝坊,阐扬法施,诸天音乐不鼓自鸣,梵呗咏歌自然敷奏,十方菩萨咸集道场,八部天龙同伸庆赞。还有不历化城,径登宝所者么?"击拂子云:"四海已归皇化里,时清休唱太平歌。"

上堂,"拈花微笑彩奔咬家,断臂安心漏逗不少,汝诸人分上又作么生?不经一事不长一智"。至正四年五月俄示微疾,肩舆与御史大夫脱欢公为别留书。凡与交游之善者嘱其徒,以两朝赐己金币作万佛阁,上报国恩。二十四日遂书偈,趺坐而化,春秋六十一,夏四十六。

金陵保宁仲万天伦禅师 明之象山张氏,幼而岐嶷,投广德天宁竺源嗣公剃落。竺源谓曰:"汝志趣宏远,堪任大法,无为我滞此。"遂往依虎丘东州永,偶过旃檀林,与一僧看《传灯录》,语之曰:"千七百则公案,浑如生铁锁子,还有得钥匙入手者么?"师于言下有省。时晦机在净慈,师遂往见,才入门,机云:"湖山霭霭,湖水洋洋,浸烂你鼻孔,塞破你眼睛,因甚不知?"师云:"通身无影象,步步绝行踪。"机云:"未在更道。"师拂袖便出,未几俾居侍司,复命掌藏钥。

师俾人事繁杂,叹曰:"世降道衰,人根浮薄。宿师硕德具大知见,犹不为学者信服。无他,盖表里不纯故也。"自是必欲铲踪削迹于深静地。闻吴兴桃花坞尤僻邃,乃往缚茅焉。一日灌园,忽四山云瞑,骤雨疾风,摧折林木,霹雳一声,胸中疑碍顿释。乃曰:"大奇大奇也大奇,掇转虚空颠倒骑,蟭螟吞却五须弥。曩于南屏室中,屡扣老和尚终不肯为我说。使当时说破,安有今日耶。"

泰定丁卯,出主广德东泉。迁明之佛岩,龙翔笑隐招居第一座。南台治书吐鲁公数来问道,泛及《楞严》,玄旨契合。会保宁虚席,台章荐举宣院札付俾主之。有僧至参,师云:"好个僧怎么行履。"僧云:"拨草瞻风,岂因别事。"师云:"汝吃得棒也未?"僧拟议,师便喝。又僧问:"如何是和尚家风?"师云:"谁人看不见?"又问:"如何是一相三昧?"师曰:"青黄赤白。"又问:"如何是凤台境?"师云:"凤台有什么境?"

上堂,"言无展事,语不投机。承言者丧,滞句者迷。与么也不得,不与么也不得,与么不与么总不得。你有拄杖子,我与你拄杖子。你无拄杖子,我夺却你拄杖子"。

上堂,举僧问云门久雨不晴时如何?门云札。"云门一札,猿啼巴峡。熊耳峰高,石头路滑。"初在桃花坞定惺时,见一僧礼拜,师问:"汝何礼拜?"僧云:"师非救菩萨也。"言讫不见。

晚年卜筑于凤台西，曰新庵。将终，谓净觉昙公曰："欲将后事相浼。今日何日？"净觉曰："二十九日。"师云："月穷日，不宜去。明日五月一，吾即行矣。"至期，召门人付嘱已，举手作别。或请书偈，叱去。端坐而逝，世寿六十六，僧腊五十一。

四明育王石室祖瑛禅师 族姓陈氏，苏之吴江人。韶年出家住里之普向寺，十五祝发寻受具戒，即杖策游方。初从虚谷于仰山，闻净慈晦机道化亟往投之。一见契合，遂留执侍，继掌记室，声闻日章。

出世四明隆教，升浙江万寿、鄞之雪窦育王。谢天童平石砥问疾，有偈曰："是身无我病根深，惭愧文殊远访临。自有檐花谈不二，青灯相对笑吟吟。法身遍在一切处，噇饭噇空得自由。太白鄮峰烟雨里，笋舆来往亦风流。"

迨谢事，遂退处于受经，自号罢休老子，又称鸿一道人。昆阳郑东季明作《罢休老子传》。晚年得痿痹疾，造一龛，曰木褐，日坐其中，绝不涉人事。

至正癸未三月，定中见一衰衣妇人扣头，请师应身为国王。师曰："吾不愿生天王家。"逾月十有七日趺坐化去。阇维，以其遗骨煅之，遵治命也。既而炭灰已尽，益以香薪百炼不回，镕作金铜色，扣之有声，四众惊异，附葬于三藏道法师塔右粤。三年，吴兴郑希圣七月二日夜，梦师高坐，语希圣曰："此兜率内院也，慈氏菩萨今现在宫中说法，汝往拜之。"希圣往观内院，境之胜众之多，如经所云。古林茂悼以偈有云："毗岚风折须弥柱，摩竭鱼吞般若舟。"

杭州中天竺一关正逵禅师 番易人，姓方氏。参晦机于净慈,机问甚处人,师曰番易人。机曰:"番易湖水深多少?"师曰:"瞪目不见底。"机曰:"怎么则浸烂衲僧鼻孔也。"师曰:"终不借和尚鼻孔出气。"机曰:"毕竟借谁鼻孔出气?"师曰:"恭惟和尚万福。"机肯之,命充侍者。逾二年,往依中峰于天目山。久之,径山原叟命掌记,中天竺笑隐又俾分座。既而出世金陵崇因,帝师授以佛日普照之号。迁凤山资福,升主报国。

至中天竺,示众曰:"心不是佛,智不是道,一念涉思惟,全身入荒草。所以道,目前无法,意在目前,不是目前法,非耳目之所到。古今天地,古今日月,古今山河,古今人伦。头头显露,物物全彰。不从千圣借,不向万机求,内外绝承当,古今无处所。怎么解会,犹是错认驴鞍桥作阿爷下颔。虽然,既是泗州大圣,因甚在扬州出现?"良久云:"参!"示寂年五十又七,腊四十又四。

越州天衣业海了清禅师 上堂,"三岁孩儿抱花鼓,八十翁翁辊绣球,娇羞老丑都呈露,直得诸人笑不休。山僧昔在南屏山下粪扫堆头,拾得一领破襕衫子,抖擞将呈,天目不为顾采。又过崇德,撞着恶辣汉,被渠扯(昌者切,裂开也)破,七孔八穿,收拾仍归南屏,深藏四十余年,不将轻与外人。无端今日来天衣比看,破旧相似,颜色一般,着来嫌袖大,起舞觉天宽。直得十峰齐起舞,双涧共鸣湍。尽看当场,鲍老不知,笑倒旁观"。遂大笑,拈拄杖画一画,"更把一枝无孔笛,等闲吹出万年欢"。复举三圣我逢人则出话。师云:"二大老窃得临济家私,各自卖弄。检点将来,好与一坑埋却。"同参至上堂,"飒飒凉风景,同人访寂寥,煮茶山下水,烧鼎洞中樵。慈明老祖将常住物作自己人情。天衣则不然，供佛懒拈花，延宾不煮茶，莫嫌无礼数，冷淡是僧家"。

径山原叟端禅师法嗣

杭州灵隐竹泉法林禅师 别号了幻，族姓黄，台之宁海人。依同邑法安太虚同禅师出家，因看睦州语有省，白虚曰："从生至死，只是这个不由别人也。"参原叟于中天竺，叟问："何处来？"师曰："天台。"叟曰："曾见寒山拾得么？"师叉手而前曰："今日亲见和尚。"叟曰："脱空谩语汉，参堂去！"寻俾侍香，复掌藏钥。看经次，叟曰："看经那？"师曰："是。"叟曰："将甚么看？"师曰："将眼看。"叟竖起拳曰："何不道将这个看。"师曰："放下拳头将甚么看？"叟微笑。

东屿在净慈，招分半座，时竺原在浮山得师提唱语，称誉不置，寻美以偈。有五百众中居上首，妙解堪作人天之句。居净慈蒙堂，不出户者九年。行省左丞相脱欢公，请主浙江万寿。迁中天竺，后至元四年迁灵隐，宗风大振，顺帝锡以金襴法衣。时寂照在径山，父子同时唱道，五山人以为盛事。

上堂，"法是常法，道是常道。拶破面门，点即不到。雪峰一千七百人善知识，朝夕只辊三个木球。赵州七百甲子老禅和，见人只道吃茶去。中峰居常见兄弟相访，只道叙通寒温，烧香叉手。若是金毛师子子，三千里外定譸讹"。

上堂，举僧问赵州："万法归一，一归何处？"州云："我在青州作一领布衫重七斤"。师云："赵州虽则善用太阿截断这僧舌头,未免自扬家丑。灵隐则不然,忽有僧问万法归一一归何处,只向他道,今日热如昨日。"

元宵上堂,"今朝上原节,雪霁见晴春,梵刹灯千点,长空月一轮。鼓钟喧静夜,歌管闹比邻。总是圆通境,何须别问津"。

上堂,"一大藏教五千四十八卷,顿也渐也权也实也偏也圆也,只作一句道却:三世诸佛在你脚跟下"。

上堂,"古杭管内灵隐名山,肇建于东晋咸和年间,慧理法师为第一祖。今日上原令节诸处放灯,知事直岁各各照管风烛"。便下座。

大龙翔席虚,呈吉大夫遣币聘,师辞不赴。使者三往返,师避于会稽山中。行院知不可强,具疏请师仍领灵隐。又居三年,退处了幻庵。至正十五年春感末疾,二月二日集诸徒叙平生本末,且诫之曰:"佛法下衰无甚于今,宜各努力,吾世缘止于斯矣。"索笔书偈曰:"七十二年虚空钉橛,末后一句不说不说。"遂奄然而化。龛留十日,颜色不变,全身窆于松源塔西塔前。古桂当春吐花,清香满路,见者叹异。侍讲学士黄公晋卿目见其事故,自书塔铭序中。

杭州径山古鼎祖铭禅师 姓应氏,世居四明奉化,依金峨横山锡公得度,竺西坦公主天童辟为内记。后遍参诸尊宿。元叟在灵隐,往从焉,叩黄龙见慈明因缘。叟诘之曰:"只如赵州云,台山婆子被我勘破。慈明笑曰是骂耶。你且道二老汉用处是同是别?"师曰:"一对无孔铁锤。"叟曰:"黄龙直下悟去又且如何?"师曰:"也是病眼见空花。"叟曰:"不是不是。"师拟进语,叟便喝,师当下廓然,即命居记室,自是声誉顿发,而师愈谦抑自持。

及年五十四，始出主隆教。迁宝陀中天竺径山。帝师闻法席之盛，锡号慧性宏觉普济大师。僧问："祖意教意是同是别？"师云："破粪箕生苔帚。"僧礼拜云："谢师指示。"师云："昨夜三更失却牛，天明起来失却火。"问："如何是佛？"师云："秤锤蘸醋。"僧云："如何是佛向上事？"师云："仰面不见天。"僧云："记得僧问云门如何是佛，门云干屎橛。又作么生？"师云："云门不是好心。"僧云："干屎橛与秤锤蘸醋相去多少？"师云："镬汤无冷处。"僧拟进语，师便喝。

上堂，"将十方世界安向诸人眼睫上，丝毫不动。将四大海水倾向诸人脚跟底，涓滴不流。会医还少病，知分不多愁"。

上堂，举大愚芝和尚示众云："大家相聚吃茎蕃，若唤作一茎蕃，入地狱如箭射。"师云："宗师为人如蛊毒之家，置毒于饮食中与人，未尝不欲断其命根。虽然，是冤对者能有几人。"颖毫作乱，师治妙明庵以将归老焉。元日祝厘行省，现白光三道。丞相康里公奉师所赞观音像于紫薇阁，是夕瑞光煜然。葛獠焚掠径山，丞相延至郡城云居，时诣师叩宗门玄旨。一日看经次，问："长老何不看经？"师云："寻行数墨为看经耶？"丞相无语。师翻经云："老僧看经去也。"丞相以手掩经云："请为说破。"师云："伊尹周公是阿谁做？"中天竺用贞良公谓师尝阐化是山，请归了幻庵。寻示疾，致书嘱丞相外护，书偈曰："生死纯真，太虚纯满，七十九年，摇篮绳断。"掷笔而逝。

台州国清梦堂昙噩禅师 自号酉庵，慈溪王氏子也。母周氏，生六年而父殁。母命从乡校师游，气岸高骞，有一日千里之意。洎长，穷览儒籍，彻其义髓。学文于修道胡先生长孺，已而心有所感叹曰："攻书修辞，此世间相耳，曷若求出世间法乎？"乃白母，走奉化广法院，礼良公为师。访道吴楚，渡江憩真之长芦。雪庭传公有鉴裁，知师器识，遂为剃发，师春秋已二十三矣，继受具戒。凡佛经及诸宗之文，昼夜磨研，不知有饥渴寒暑。久之复叹曰："教相如海，苟执着不回，是觅绳自缚，曷若求明本心乎。"原叟由中天竺补灵隐，门风高，非宿学莫敢闯其门。师直往咨叩，了无畏惧，机契命掌内记。径山虚谷慎选书记，得师缁白交庆。至元五年出主四明咸圣，迁慈溪开寿。帝师锡以佛真文懿号。至元十七年，行宣政院以国清聘瑞龙院，易甲乙为十方，师为开山院赖增重。

上堂，竖拂子，"只这个在临济则大机大用，卷舒擒纵，杀活自由。在云门则孤危耸峻，格外提持，言前定夺。在曹洞则家风细密，金针玉线，明合暗投。在沩仰则父慈子孝，用剑刃事，施陷虎机。在法眼则箭锋相拄，心空法了，情尽见除。五家提唱，金声玉振，迈古超今。总是门庭施设，若是直截一句不曾道着，作么是直截一句？"厉声云："看脚下。"

上堂，"一二三四五六七，七六五四三二一。黄河九曲出昆仑，摩诃般若波罗蜜"。师数诫诸徒曰："吾与尔等究明此道，当外形骸忘寝食，以消累劫宿习，然后心地光明。"自是日惟一食，终夜凝坐以达于旦。国朝洪武三年，诏征江南有道僧，而师居其首，馆于天界。既奏对，上悯师年耄，赐令还山。晚年以梁唐《宋高僧传》重加笔削，刻板以传。六年二月甲申，无疾忽索浴易衣，出器物遗大方诸友，集众而言曰："三界空花如风卷烟，六尘妄影如汤沃冰。吾之幻躯今将入灭,灭后阇维煅骨为尘,不可建塔以累后世。"言讫敛目危坐而逝,寿八十九。

嘉兴天宁楚石梵琦禅师 四明象山人,姓朱氏,母张。师在襁褓中有僧来见之,谓其父曰:"此儿佛日也,必当振佛法照耀浊世。"乡党因以昙曜称之。从族祖晋翁洵公说法湖之崇恩,师往从焉。赵魏公见之,特器重,为鬻牒为僧,继受具。晋翁迁道场,师为侍者,又司藏室。因阅《楞严》至"缘见因明暗成无见",恍然有省。由是觉内外典宛如宿习,然尚有凝碍。原叟主径山,师往参次,即问:"如何是言发非声色前不物?"叟遽云:"言发非声色前不物,速道速道!"师拟答,叟震威一喝,师错愕而退。

会英宗诏金书大藏经,有司以师善书,选上京都。一夕,闻彩楼鼓鸣,豁然大悟,抚几笑曰:"径山败阙处,被我识破了也。"因成偈曰:"崇天门外鼓腾腾,蓦札虚空就地崩,拾得红炉一点雪,却是黄河六月冰。"翩然东旋至双径,叟迎笑曰:"西来密意,喜子已得之矣。"遽处以第二座。

初居海盐福臻,升永祚,迁杭之报国、嘉兴之本觉天宁。僧问:"不愁念起惟恐觉迟,如何是觉?"师曰:"牛角马角。"僧云:"如何是念?"师云:"四五二十也不识。"僧礼拜。僧问:"一大藏教是个切脚,未审切个什么字?"师云:"切个不字。"僧云:"只如不字又切个什么?"师云:"莫错举似人。"僧云:"谢师指示。"师云:"石羊头子向东看。"僧问:"一切诸佛及诸佛阿耨多罗三藐三菩提法,皆从此经出。如何是此经?"师云:"更要批注那。"

上堂，"弥勒真弥勒，分身千百亿。时时示时人，时人自不识"。拈拄杖云："冲开碧落松千尺，截断红尘水一溪。"

上堂，"米里有虫，麦里有面。厨库僧堂，山门佛殿。盏子扑落地，揲子成七片"。

上堂，"炉鞴之所多钝铁，良医之门足病夫，不因柳毅传书信，何缘得到洞庭湖"。

上堂，"闻声悟道，塞却你耳根。见色明心，换却你眼睛。蒲团上端坐，针眼里穿线。西风一陈来，落叶两三片"。

晚年于永祚筑西斋而终老焉，因自号西斋老人。洪武元年九月，上念将臣或没于战，民庶或死于兵，宜以释氏法设冥以济拔之。于钟山建大法会，征师说法。廷臣奏其说，上大悦。明年三月，复用元年故事召师说法。又明年秋，上又召师以鬼神为问，师与同召诸师援据经论，辨核其理成书，将入朝敷奏。师忽示微疾，索浴更衣，取笔书偈曰："真性圆明本无生灭，木马夜鸣西方日出。"置笔谓梦堂曰："师兄，我去也。"堂曰："何处去？"师曰："西方去。"堂曰："西方有佛，东方无佛耶？"师乃震威一喝而逝，实七月二十六日也。礼部官以遗偈闻，上为嗟悼之。缁白瞻礼，如佛涅槃。天界住持白庵乃法门犹子也，为治后事，时制火化，上以师故特开僧家火化之例。火余，牙齿数珠不坏，舍利纷缀遗骼。参徒奉其遗骼，归葬西斋而塔焉。寿七十五，腊六十三。

杭州径山愚庵智及禅师　字以中，别号西麓，苏之吴县顾氏。父茂卿，母周氏。入海云院为童子，释书儒典并进。闽国王清献公都中见之，特加赏异。听贤首家讲法界观，未终章，遂莞尔笑曰："一真法界圆通太虚，但涉言辞即成剩法。"乃去。谒广智于龙翔，微露文采，广智大惊。有屿上人者呵曰："子才俊爽若此，不思负荷大法，甘作诗骚奴仆乎。无尽灯偈所谓黄叶飘飘者何谓也。"师舌禁不能答，即归海云。胸中如碍巨石，逾月忽见秋叶吹坠于庭，豁然有省。虽喜不自胜，不取证明眼，恐涉偏执，乃走见径山。山勘辨之，师应答不滞，山遂命执侍，久之迁主藏室。至正壬午行院举师出世昌国隆教，转普慈。未几，行省左丞相达失公延主净慈，复请升径山。

僧问："语是谤，默是诳，语默向上有事在。如何是向上事？"师云："胡孙上树尾连颠。"僧问："如何是宾中宾？"师云："君向潇湘我向秦。"云："如何是宾中主？"师云："常在途中不离家舍。"云："如何是主中宾？"师云："常在家舍不离途中。"云："如何是主中主？"师云："横按镆铘全正令，太平寰宇斩痴顽。"

一日达失帖穆尔丞相到方丈问："净名丈室容三万二千狮子座，净慈丈室容多少？"师云："一尘不立。"相云："得与么觌体相违。"师揭起帘云："请丞相鉴。"相呵呵大笑云："作家宗师，不劳再勘。"师便供茶。

上堂，举东山演祖示众云："祖师说不着，诸佛看不见，四面老婆心，为君通一线。"师云："若教频下泪，沧海也须干。"

上堂，"诸方今日开炉，未免与诸人说些火炉头话"。乃以拂子作吹火势云："唤作火烧杀你，不唤作火冻杀你。"

上堂，"一二三四五六七，地水火风空觉识。拈来数日甚分明，明眼衲僧数不出。也大奇，乌龙钻败壁，鸡向五更啼"。

洪武癸丑，诏有道硕师十余人集天界寺，师居其首，以病不及召对。赐还穹窿山，即海云也。戊午八月忽示疾，至九月四日索笔书偈而逝。其徒以遗骨藏海云山阴，又分爪发归径山，于无等才禅师塔左瘗焉。寿六十八，腊五十一。

苏州万寿行中至仁禅师　自号澹居子，又曰熙怡叟，番阳吴氏，父仲华为江州儒学教授。师方五岁，其父俾从州之报恩真牧纯公，七岁得度。自幼见地颖拔，迥出常儿。西域指空和尚赴英宗召，便道憩报恩。见师叹异，曰："再世人天师也。"因授以戒。及持摩利胝天咒法师受真牧，嘱参原叟于径山。叟视师轩渠一笑，师罔知所以，汗流浃背，失展尼师坛。叟咄曰："参堂去！"次日又见，叟曰："尔何处人？"师曰："番阳人。"叟曰："番阳湖深多少阔多少？"师展手作量势，叟曰："不是不是。"师曰："合取臭口。"遂留侍香，继掌外记。叟喜得师，谓其徒曰："仁书记虎而翼者也。"

出世蕲之德章，次住越之云顶崇报、苏之虎丘万寿。法道衰微，位以求得，独师务韬晦。五名刹皆公卿敦迫而赴，故一出人皆尚之。师室中拈木枕子问僧云："者个是甚么？"僧云："也知和尚老婆心切。"师掷枕于地，僧拟议，师便喝出。一日云："一切众生性清净，因甚么轮回六趣？"时有僧云："愿和尚慈悲指示。"师云："钵盂口向天。"

上堂，竖拂子，"这个是马祖家风"。喝一喝，"这个是临济家风"。以拂子画一画云："这个是什么家风？若到诸方不得错举。"

上堂，"迭迭远山青，迢迢江水绿。尽日小吴轩，倚阑看不足"。蓦唤侍者云："收取拂子。"便下座。

上堂，"禅性无生，离生禅想。禅性无住，离住禅寂。五台山上云蒸饭，佛殿阶前狗尿天。刹竿头上煎馉子，三个胡孙夜簸钱"。师旁通外典，尤邃于《易》。其所论著，务在匡宗，不以此自多。若虞文靖公集、黄文献公潜、张潞公翥、宋侍讲濂辈，皆称之。文靖见师《黄州思贤寺苏文忠公祠堂记》曰："文辞简奥，有西汉风。"潞国尝以诗寄，有"今代能仁叟高风播海涯"之句。国朝洪武初，皇上以鬼神之理，召释氏之老问焉。师与同召者曰："鬼神之说，当本佛旨以对。"及为书以进，上大悦。

师暮年养闲于松林兰若，道望益尊。人不敢叱名，咸称曰松林和尚。十五年三月忽示疾，十九日有同参如愚仲来问讯曰："师兄时节既至矣，诸弟子在侧，可不赐一言为末后训乎。"师曰："十方薄伽梵。一路涅槃门。"曰："与师缔交五十年矣，此别直至净土相见。"师厉声曰："尽大千界是一个净土，何处不相见。"良久，索纸书偈已，泊然而逝。世寿七十四，腊六十七。

杭州径山复原福报禅师 台之宁海人，俗姓方，母张氏。禀父母命，往杭之梁渚崇福出家。时石湖美公主净慈，师往参，湖器之，为祝发。径山原叟门庭严峻，师以己事未明，往咨决之。叟问："近离甚处？"师云："净慈。"叟云："来作甚么？"师云："久慕和尚道风，特来礼拜。"叟云："赵州见南泉作么生？"师云："头顶天脚踏地。"叟云："见后如何？"师云："饥来吃饭困来眠。"叟云："何处学得这虚头来？"师云："今日亲见和尚。"叟颔之。次日命居侍司，明年升掌藏教。

久之出世慈溪庐山，迁越之东山四明智门。

皇朝洪武初，驿召道行沙门，师与径山以中及上竺日章你赴京，馆天界寺。屡入内庭，应对称旨。留三年，赐还智门，庵于寺东，扁曰海印，为终焉之计。径山虚席，起师补处。

上堂，"举一不得，举二放过，一着落在第二。古人恁么说话，正是抱赃叫屈。东山即不然，举二不得，举一放过，一着落在第七。到这里，须知有向上一路始得。如何是向上一路？"良久云："莫守寒岩异草青，坐却白云宗不妙。"

上堂，"一叶落天下秋，一尘起大地收。谁谓北郁单越不是南瞻部洲？刚自骑牛更觅牛"。

上堂，"语是谤，默是诳，还有二俱不涉者么？"拍禅床云："汨合停囚长智。"

上堂，"一默一语一作一止，何似水银落地。僧问赵州云乞师指示，州云吃粥已未，僧云吃粥了也，州云洗钵盂去"。

上堂，"终日着衣未尝挂着一缕丝，终日吃饭未尝咬着一粒米。似地擎山不知山之孤峻，如石含玉不知玉之无瑕。不着佛求，不着法求，不着僧求"。拈拄杖，"有时乘好月，特地过沧洲"。

前住山象原经始佛殿，未就而终，师力完之，其费则出姑苏葛德润氏。两住径山甫八年。忽一日得疾甚，革侍者请偈，师叱曰："吾世寿尚有三年。"已而果然终时，寿八十四，夏六十四，门人奉全身窆寂照塔右之冈。

杭州灵隐性原慧明禅师 幻隐别号也，出台之黄岩项氏，母陈。既长不甘俗处，往依温之宝冠东山鲁公出家，谒竺原道公于仙居紫箨山，咨问心要，不大省发。去参径山原叟，叟问：

"东岭来西岭来?"师指脚下草鞋曰:"此是三文钱买得。"叟曰:"未在,更道。"师曰:"某甲只与么,未审和尚作么生。"叟曰:"念汝远来,放汝三十棒。"久之职侍香,朝参夕究,一旦默契。

育王雪窗招师掌藏教,未几出住鄞之五峰,迁金峨。洪武五年春,诏天下高僧建大斋会于钟山,师与径山季潭俱与是选。既竣事,季潭奉旨住天界,延师居第一座,提纲举要得表率丛林体。又明年镇江金山请师补处,十一年升居灵隐,学徒坌集,宗风大振。

上堂,"今朝闰五月初一,依旧日从东畔出,衲僧个个解知。音短咏长歌皆中律。梅雨晴,树阴密林下优游。何得失,无位真人赤肉团,等闲靠倒维摩诘"。

佛涅槃上堂,"涅槃生死等是空华,佛及众生皆为剩语。诸人到这里怎么生会?"良久拍禅床云:"但见落花随水去,不知流出洞中春。"

浴佛上堂,举香严和尚云:"去年贫未是贫,今年贫始是贫。去年贫犹有卓锥之地,今年贫锥也无。众中忽有个汉出来问:'长老错了也,今朝四月八是佛生日,如何举此公案。'山僧只对道,住持事烦。"下座。

师始至经画大雄宝殿,仅一载即落成,岿然山峙。师室中垂语曰:"莲华峰被虮虱食却半边,因甚么不知。"又曰:"冷泉亭吞却壑雷亭即不问,南高峰与北高峰斗额,是第几机?"罕有契之者。示灭于洪武十九年六月二十三日,寿六十九,夏五十。

杭州上天竺我庵本无法师

黄岩人,从净慈方山落发,依寂照于中天竺,掌纲维。有舅氏教庠老成挽之更宗,于是见湛堂于演福,研精教部。寂照惜其去,作偈寄之云:"从教入禅今古有,从禅入教古今无。一心三观门虽别,水满千江月自孤。"

后出世,既为湛堂嗣,仍爇一香报寂照,不以迹异而二其心。寂照示寂时,师住四明延庆,遗书祝其力弘大苏宗趣,余无他言。师于祭筵拈香云:"妙喜五传最光焰,寂照一代甘露门。等闲触着肝脑裂,冰霜忽作阳春温。我思打失鼻孔日,是何气息今犹存。天风北来岁云暮,掣电讨甚空中痕。"我庵临终,无疾坐蜕。

苏州开原愚仲善如禅师 吴江人。上堂,"佛身充满于法界,普现一切群生前。为甚么沪渎居民黄老之流迎之而风涛骇吐,像即没沉,吴县朱膺东灵帛尼一请而灵相峨峨,倏然双泛?试就提捧,豁尔胜舟,今山中所奉维卫、迦叶二石像是也。岂非随缘赴感靡不周而恒处此菩提座。大众,若作怎么会,大虫看水磨。不作怎么会,真州望长芦。怎么不怎么总拈却,又作么生?清平世界不用讹言"。

师动止安徐,言不妄发。或有求偈语,信笔而书,皆有警策之意。若寄阊门草庵僧云:"国师万代善知识,雁宕草庵天下闻,得在其中居住者,生难遭想报深恩。度牒亲从天上降,得来何翅万黄金,时中若不修僧行,孤负皇王一片心。"师晚年因法门从子璨莹中住万寿,辟一室延之养老。及相本空继席,待之尤至,故得优游以乐其道。尝居葑门直指庵,人因称之曰直指和尚。将终,呼本空及松林诸子贞松石等诀别,泊然而逝。

杭州灵隐天镜原净禅师 会稽倪氏,幼从至大寺雪庭立公祝发。及受具，遂往杭之集庆，从天岸济公学止观。一日师自谓："从上诸老多由教入禅，吾亦究别传之旨乎。"登华顶参无见睹。又如玉几见石室瑛，室与语，大奇之曰："吾法叔径山原叟和尚具大眼目，今代妙喜也，子欲了已躬事往见勿后。"师遂参叟于不动轩。入门，叟震威一喝，师不觉汗流浃背，即礼三拜。已而俾居侍司，继掌记室。寻游金陵，见笑隐于龙翔。上江西，礼诸祖塔像。过临川，访虞文靖公，道话契合，延师度夏，为作断江塔铭、朴隐轩铭。

至正丙申，出世邑之长庆，迁天衣。圣朝洪武五年，设广荐法会于钟山。诏天下名尊宿轮座说法，师预焉。九年冬，杭诸山请居灵隐，辞再四，金曰："而祖佛照妙峰，而父寂照，而兄了幻，皆说法灵隐。于今振坠绪提宏纲，舍和尚其谁哉。"师幡然而起，上堂，"即心即佛，嘉州牛吃禾。非心非佛，益州马腹胀。不是心不是佛，天下觅医人灸猪左膊上"。良久，"啼得血流无用处，不如缄口过残春"。

上堂，"声不是声，观音三昧。色不是色，文殊法门。声色无碍，普贤境界"。拈拄杖画一画云："大鹏展翅盖十洲，篱边燕雀空啾啾。"终时年六十七，腊五十五。

台州护圣迪原启禅师 临海人，为书生时，拜叔父坚上人于里之宝藏寺。偶阅其几上《首楞严经》至"山河大地皆是妙明心中所现物处"。置卷紬绎良久，豁然有省。白父母求出家，礼寂照为师，服头陀行，久而益勤。出世护圣，退居东堂七年，著书曰《大普幻海》、曰《法运通略》、曰《赘谭》、曰《疣说》、曰《儒释精华》，总若干卷。又作《佛祖大统赋》。终时寿四十三。

苏州万寿佛初智淳禅师 送忠侍者偈曰:"鸟窠吹起布毛,侍者当下悟去。一对无孔铁锤,卖弄鬼家活计。若是灵利阿师,别有天然气宇。恢张本地风光,显出衲僧巴鼻。以大千摄入毫端,将须弥纳向芥子。直踏毗卢顶上行,千手大悲拦不住。"

宁波府天宁仲猷祖阐禅师 别号归庵,族陈氏,鄞人也。依佛智匡禅师于永乐而获剃染,参寂照于径山得旨。久之出世芦山,迁香山,升郡之天宁。

上堂,"第一句,三世诸佛道不得,六代祖师道不得,天下老和尚道不得,山僧道不得,大众道不得"。拈拄杖,"拄杖子道得也是第二句"。

上堂,"即心即佛,非心非佛,不是心不是佛。五台山上云蒸饭,佛殿阶前狗尿天。刹竿头上煎锤子,三个胡孙夜簸钱"。

元宵上堂,"十五日已前,脚头脚尾黄金莲。十五日已后,白牯狸奴成队走。正当十五日,楼台上下火照火,车马往来人看人。好大众,且道好在什么处?众眼难谩"。便下座。

江心一山万禅师法嗣

报恩无方智普禅师 桂阳人,俗姓龙。住后上堂,"六月行人口吐烟,区区只为利名牵。争如林下无心客,一觉和衣到晓眠"。拍禅床起来,"干明不惜口业为你说破,腊月三十日阎老子要问你索饭钱在"。

上堂,"春色浓,春日融,园林暖,野桃红。昔日灵云一见,透脱色空。而今诸人总见，因甚不悟。若也不悟，眼被色笼，天宁未免开示令得悟入"。击拂子，"错教人恨五更风"。

南康云居小隐师大禅师 终日方丈危坐澹如也。剃余须发，侍者锓生争取藏之，信次即生舍利。尝送信禅人偈曰："信是道元功德母，药如有验不消多。上人直下承当得，佛祖安能奈尔何。"

径山云峰高禅师法嗣

江州东林古智哲禅师 都昌人，俗姓巢氏。初住兴国兴圣，迁东林。

上堂，"过去诸佛已说，未来诸佛当说，现在诸佛今说。且毕竟说个什么？"卓拄杖下座。

上堂，"明来暗谢，智起惑亡。黑牛卧死水，癞马系枯桩。何似东村黑王老，黄昏伸脚睡，一觉到天光。山僧与么道，切忌错承当"。

上堂，"尽令提纲，圣凡罔测。放开线道，普请同参。熏风自南来，殿阁生微凉"。

上堂，"诸禅德，祖师道圆同太虚，无欠无余。三条椽下七尺单前，切忌依他作解。莫有向天外出头底么？"乃云："巡堂吃茶。"礼遏道者塔偈云："髑髅元自有灵光，雪窦何曾抖屎肠。截断婆婆三寸舌，至今双剑倚天长。"

送万禅人参径山虚谷和尚偈曰："万辙千途同一车，参方眼正不曾差，一千七百人中主，元是仰山小释迦。"

杭州中天竺一溪自如禅师 福建人，元兵下江南。师年少，被游兵虏至临安遗之而去，富民胡氏收养之，令伴其子弟读书乡塾。师隅立，凝神静听，默识无所失，胡氏喜。因子之既长，命隶里中无相寺为僧，参云峰于径山得旨。戒检精严，法服应器不离体。初住浙江万寿寺，后有大家黄氏重师道行，常供以伊蒲塞馔。一日，请归其家，进供逾勤。乃开私帑所藏金玉示师，欲动其心，师归谓左右曰："彼黄氏以帑中宝示我，欲诱我死去为其子耳。殊不知我视金玉如瓦砾，古人堕此辙者颇众。非但为其子，为其牛马者有之，我自此其疏黄氏矣。"天历初，中天竺笑隐奉诏开山大龙翔寺，因举代住中竺者三人，御笔点师名，宣政院具疏敦请。久之化去，茶维灵异颇多。

杭州径山本源善达禅师 仙居柴氏，早年与及庵信行脚，誓不历职。往江西见雪岩于仰山，随众入室，无所省发。后归仙居，里人请主多福。弃去，游湖南主福严。寻还浙西，见径山云峰，入室有省，峰印可之。适慧云虚席命师补处，后住保宁净慈径山，皆有成绩可纪。师凡住处，不设卧榻，夜则焚香然烛，安坐至旦，率以为常。又体所禀与人异，遇严寒则衣绨绤，大热则大缯絮。以余资建大圆院于东路半山，接待云侣。一日自知时至，会众叙平生行脚事毕，须臾端坐而寂。

四明天童怪石奇禅师 为众普说，其略云："参禅本无难易，只要具大信根，有决烈志，万机休罢，千圣不携，坐断诸缘，不存一法。如太虚空了无朕迹，如须弥卢屹然不动，无上真乘方可希冀。"又云："此事如人饥渴相似，说饮说食，岂能救疗。直须自饮水自吃饭，方有实效处。"又云：因举从上先德痛切为人语要开示，"倘能向者里虚却心，不即法相不离法相。一闻顿悟，便是涅槃会上广额屠儿放下刀立地成佛底时节。是即是，不得恁么会，言多去道转远，且截断葛藤"。喝一喝，下座。

龙岩真首座

诸方屡聘，不肯应世，尝作乐闲歌曰："即心是佛，无心是道。万事但随缘，自觉身心好。院子从来不要住，便是佛也不要做。律亦不曾持，戒亦不曾破。放行把住总由人，执法修行驴拽磨。要行便行要坐便坐，也不精进也不懒惰，一卷三字经，逐日为工课。有时深深海底行，有时高高山顶卧。几生修得做闲人，肯为虚名被羁锁。我不轻汝等，从他当面唾。百年能得几光阴，何必强分人与我。贫也不须忧，富也休庄大。阎王相请无亲疏，尽付一堆红焰火。自家作得主宰，终不随风倒柂。补破遮寒暖即休，淡饭粗茶随分过。我作乐闲歌，自歌还自和，不是闲人不肯闲，世上闲人能几个。"

天童止泓鉴禅师法嗣

湖州道场玉溪思珉禅师 明之象山张氏，首参云峰于径山，次谒止泓于天童。泓问："近自何来？"师曰："径山。"泓曰："未离径山一句作么生道？"师曰："平如镜面，险似悬崖。"泓曰："昨夜山前因甚虎咬大虫？"师拟进语，泓即掌之，师忽有省。一日侍次，泓举世尊因外道问："不问有言不问无言，世尊良久。""意旨如何？"师叉手进前。泓曰："外道赞叹云，世尊大慈，开我迷云，令我得入。又作么生？"师曰："君子爱财，取之有道。"泓喜其类已,令典藏教。

大德四年,出世郡之吉祥,迁金文大梅保福。帝师颁旨褒护,赐佛心明妙之号。至顺三年,广教府聘主婺之双林。元统二年,行省选住道场。示众云:"此事如铁壁银山,如大火聚,凑泊不得,回避不得。你辈合作么生?直饶脚不点地,通霄别有活路,也是不快漆桶。"上堂,"依经解义,三世佛冤。离经一字,即同魔说"。拈拄杖卓一下,"六月不热,五谷不结"。后至元三年四月示微恙,至二十有八日书偈而逝。

苏州万寿竺田汝霖禅师 四明昌国王氏,从郡之慈溪永乐寺梅涧福公出家,既祝发受具。闻天童止泓道化,往参拜。泓密奇之,遂命为侍者。泓室中,举赵州狗子无佛性话勘验来学,众皆未喻,师已豁然矣。已而见悦堂圚于杭之灵隐,堂器之命典记室。会其受业师祖方岩会公赴龙兴上蓝,以师侍行。因游百丈,晦机素知师,遂命分座。师每有著述,晦机阅之加敬。未几继祖住上蓝,大振法道,缁白翕如。久之升明之雪窦,阅三载,松江淀山缺席屈师。俄寺毁,师不惮劬勚,十余年间殿堂众宇皆一新之。晚主万寿仅一载,示微疾,更衣书偈,诀众而逝,后至元五年五月二十五日也。茶毗,设利五色如菽粟者不胜数,人争得之。或后至者掘土而淘,亦满其意。徒众分舍利骨石为二,一塔淀山,一归葬龙山之西冈。寿六十六,腊五十勚。

何山铁镜明禅师法嗣

恭都寺 四明人,廉介自持,精修梵行,日诵《法华经》。

因聆铁镜上堂，遂得心要，尝夜坐有偈云："点尽山窗一盏油，地炉无火冷啾啾，话头留向明朝举，道者敲钟又上楼。"铁镜因升堂，特称赏之。临终无疾，更衣坐逝。阇维，舌根不坏，湖海人声偈追悼。

灵隐悦堂訚禅师法嗣

江州庐山东林无外宗廓禅师 送僧之中吴，偈曰："佛是西天老比丘，何缘卧倒在苏州，凭君此去轻扶起，问取二千年话头。"

华藏瞎驴见禅师法嗣

苏州阳山金芝岭铁觜念庵主 示众："灵山付嘱天下葛藤桩，少室单传诸方是非窟。安心忏罪破漆桶，又要重光。付法传衣滞行货，徒劳索价。临济棒头开正眼，拳下示生涯。曹洞锦帐绣鸳鸯，行人难得见。云门三句可辨，一镞辽空。法眼大地山河俱为妙用。沩仰团团无缝罅，壁立绝中边。看来世界清平，何用琼森节目。金芝今日为诸人断这公案去也。看看！"以拄杖画一画云："四海浪平龙睡稳，九天云净鹤飞高。"复举三圣道："我逢人则出，出则不为人。"兴化道："我逢人则不出，出则便为人。"师颂云："谁谓家风分两边，一条拄杖两人牵。休观千嶂凌云势，好看银河落九天。"颂舍利弗入城、月上女出城话曰："出城入郭两相逢，来去谁云路不同，回首涅盘台上望，九州岛四海一家风。"

直翁圆藏主法嗣

无为州天宁无能教禅师 于门首悬一牌云："谨防恶犬。"竺源盛，初往参，及跨门，源便云："老和尚为我赶狗。"师便入去。有长芦智首座出接，同坐，须臾，师从面前过，智起禀云："此上人得得来见和尚。"师云："已相见了也。"已而源每闻师诃蒙山。不合引兄弟礼佛拜忏施食之类。源云："清净地上不受一尘，佛事门中不舍一法。"师云："不然，我宗门中合提何事，如何是佛麻三斤，如何是佛干屎橛，当提此事始得。"源就问云："蒙山和尚平昔问学者云，栽松道者不具三缘而生。达磨大师葬熊耳，三年后只履西归，谓是神通妙用，谓是法尔如然。"师云："为是他不会，我道莫作禅会，得么？"源当下如梦忽醒。

鼓山皖山凝禅师法嗣

松江淀山蒙山德异禅师 示阳高安卢氏，参苏之承天孤蟾莹。蟾问："亡僧迁化向甚处去？"师罔措，悱发参究。因首座入堂坠香合作声，豁然有省，乃成颂曰："没兴路头穷，踏翻波是水，超群老赵州，面目乃如此。"武忠吕公闻之，寄颂旌美。登径山谒虚堂，语契。然师未以此自足，往参皖山于鼓山。室中举狗子话反复征诘，箭拄亟合。山又拶以张拙寂照之语，师拟议，山震威一喝，师当下意消心废。一日，山举卧云深处不朝天，因甚到这里。师云："邦有道则现。"山深肯之。已而复如吴万寿石楼明，命典藏。至元间，丞相伯颜破吴武，暇询决禅要，机契确，请出世于淀山。既退承天觉庵，遂处以第一座。素轩蔡公施莲湖桥庵请居之，曰休休。僧问："保寿开堂，三圣推出一僧，其意如何？"师云："两彩一赛。"僧云："保寿便打，又作么生？"师云："为人须为彻。"僧云："三圣道恁么为人，非但瞎却这僧眼，瞎却镇州一城人眼去在。是何的意？"师云："兜率陀天一日，人间四百年。"僧云："保寿归方丈，有利害也无？"师云："疑杀憃痴佛祖，庆快灵利男儿。"

师以虚中十妙示学者曰："位中功中，动中静中，体中用中，意中句中，要中妙中，各演以偈。"

上堂，"昨日十四，今日十五。灵利衲僧，吞却佛祖。从教谢三郎，月下自摇舻。阿呵呵，莫莽卤，甜瓜彻蒂甜，苦瓠连根苦"。

上堂，"夺人不夺境，九月菊花新。夺境不夺人，当阳扑破镜。人境两俱夺，古井浸乾坤。人境俱不夺，撼树摘来香。便恁么去，在人背后叉手。不行此道，八十四种圆相如何收拾。灵利汉更进一步，拂却行踪，瞥转一机，平常无偶。自然境智干净，自然父慈子孝。虽然，两口无一舌，是何宗旨？"良久，"暗机犹未动，义海已全彰"。

淳拙才禅师法嗣

河南府嵩山少林竹庵子忍禅师　邓之内乡王氏。上堂，举法灯开堂谓众曰:"本欲栖藏岩窦,又缘清凉老人。有不了底公案,今日出来为他了却。"僧云:"如何是不了公案?"灯便打云:"祖祢不了,殃及儿孙。"僧云:"过在什么处?"灯云:"过在我殃及你。"天童宏智拈云:"这僧若是个汉,出来便与掀倒禅床。不唯自己有出身之路,亦免见祖祢不了,殃及儿孙。"师云:"山僧则不然,今日若有人问,如何是不了底公案。"拈拄杖打云:"狮子咬人,韩獹逐块。"

中竺空岩有禅师法嗣

嘉兴石门真觉元翁信禅师 真觉肇兴众请开山,上堂,"向上一机,末后一诀,佛祖不传,千圣结舌。莫有转身吐气者么?出来通个消息看"。僧问:"鈯斧开山从古有,师今新启石门关。借路经过,不妨一问。"师云:"公验快将来。"僧云:"如何是关中主?"师云:"太平不举令。"进云:"意旨如何?"师云:"镆鎁横在手,未肯斩痴顽。"僧拟议,师便喝。僧礼拜,师云:"痴顽汉。"僧归众,师乃云:"满目溪山绝点埃,无边刹海自周回。毗卢楼阁重重现,谁睹门门有善财。"卓拄杖,石门关启,以杖画一画,"真觉场开"。横按拄杖,"一任南来与北来"。复云:"昔日灵山会上,世尊拈花,迦叶微笑。世尊云:'吾有正法眼藏,付嘱摩诃迦叶,传授将来,无令断绝。'大众,且道如何是正法眼䨞?适来已为重拈出,金色头陀笑未休。"

小参,"建法幢,立宗旨,明明佛敕曹溪是。大众,建法幢则故然,如何是立宗旨?莫是二转五转竖拳下喝么?莫是默然据座拂袖便行么？莫是语言文字确古论今么？莫是灰头土面长坐不卧么？切须子细。若是正眼不明，尽堕偏邪执滞。所以道，醍醐上味，为世所珍。遇斯等人，翻成毒药。据我祖师门下，尽十方世界是个无缝铁壁，达磨不识。尽十方世界是个无孔铁槌，迦叶不知。无汝拟议时，无汝承当处。旋天转地，换斗移星，双放双收，透顶透底。还会么？龙袖拂开全体现，象王行处绝狐踪"。

风幡空山中禅师法嗣

吕铁船居士 其母秦国夫人，妊时梦公安二圣住持福岩，佑公至而生。故居士虽在富贵中，每以欲透彻祖关为要。当未弱冠时，日夕参空山。一日空山问云："曾见赵州么？"居士厉声云："无。"空山休去，称于人曰："再来人也。"居士尝任江淮都府总管，于苏之嘉定建佛寺曰永寿，以延云水。赓和永明寿禅师山居诗六十九首，甚得山林旨趣，及他偈言皆超迈绝俗，诚有所得者也。

有达磨忌拈香云："西来不称梁王旨，西去空携一只履。若言妙用与神通，真正衲僧谁数你。九年面壁寻出场，接得一人又无臂。衣盂连累到卢能，从此葛藤生不已。罪过有弥天，源流无滴水。今朝七百八十六年逢忌辰，那个儿孙痛彻髓。一炉香篆一瓯茶，报恩却是孤恩底。欲把鼻头举似伊，怜梁已没当门齿。"

庆寿中和璋禅师法嗣

广阳庆寿海云印简禅师 山西人，姓宋，世业儒，父静虚先生有隐德，母王氏。师七龄，父授以《孝经·开宗明义章》。师问云："开者何宗，明者何义？"父异之，携见传戒颜公。戒欲观其根器，以石头和尚草庵歌俾读之，至"坏与不坏，主元在处"乃问云："主在什么处？"戒云："什么主？"师云："离坏与不坏者。"戒云："此正是客也。"师云："主聻。"戒吟吟而已。即往礼中观沼观为师，剃发受具。一夕，闻空中有声，召师名曰："印简，大事将成行矣，毋滞。"遂挟策之京。过松铺岭，值雨宿岩下，因同行者击火，师见火星迸散，遂大悟。以手扪面曰："今日始知眉横鼻直，信道天下老和尚不寐语。"遂谒庆寿中和。先一夕，和梦一异僧策杖径趋方丈踞狮子座，明日和以所梦语左右，且曰："今日有暂到即引见。"迨日晡，师至。和笑曰："此衲子即夜来所梦者。"往复征诘，师机语捷出无滞语。见中和传，中和喜命典记室，智证益深，乃以衣颂授师曰："天地同根无异殊，家山何处不逢渠。吾今付与空王印，万法光辉总一如。"历住名刹，晚两主庆寿。自元太祖至世祖，屡朝师奉之，位至僧统，宠遇优渥，不可备述。

年五十六忽患风痹，一日说偈辞众毕，顾侍僧毋喧，吾欲偃息。侍僧忽呼主事人至，师已吉祥卧逝。茶维，设利无筭，奉敕葬庆寿寺侧，建石塔于其上。谥佛日圆明大师。

增集续传灯录卷第五

大鉴下第二十二世

育王横川珙禅师法嗣

台州紫箨竺原妙道禅师 台之宁海人，俗姓陈，父曰原卿，母何氏。幼嗜学，偶患右目，母携以祷观音像前，仰见像之右目有蛛窠，为揭去之，患随愈。父以为于佛有缘，合俾出家，依杭之六和寺正严得度。严令学《百法论》，师乃曰："一法不学，学百法乎？"乃遍参禅门知识。至育王谒横川，与语契合，遂居侍司。川一日问曰："僧问云门如何是佛，门云干屎橛。汝作么生会？"师累日怏怏不能答，遂再诣质问，川云："汝不会耶？"展开两手云："那那。"师豁然大悟，即呈偈曰："云门干屎橛，光明照十方，鄮峰才发足，五日到钱塘。"川颔之，谓左右曰："道侍者再来人也。"由是名动丛林。

至元己丑，释教都统起师出世邑之慈源。迁仙居紫箨，有以师名闻于仁宗，特旨住黄岩鸿福，号定慧圆明禅师。继而苏之诸山讽大府请住昆山荐严，法席鼎盛。僧问："陆亘大夫问南泉云：'弟子家中有一片石，也曾坐也曾卧，欲镌作佛得么？'泉云：

'得。'亘云：'莫不得么？'泉云：'不得。'意作么生？"师云："如人向十字街头开个饭店，只是不许人吃。"僧问："和尚教看柏树子话并无入路。"师云："河里失钱河里摝。"一僧夜上方丈请益狗子无佛性话，师云："试举看。"僧拟开口，师厉声云："夜深，下去。"僧不会，归堂中怨詈不已，或者以告。师云："他向后会去在。"僧闻之释然。

台之监郡也都公问："如何是佛？"师云："牛背上老鸦。"问："如何是法？"师云："蘸雪吃冬瓜。"公欣然领旨。僧问："如何是祖师西来意？"师云："石马不生毛。"僧云："莫只这便是么？"师云："一字无两画。"僧问："祖意教意是同是别？"师云："乾三连，坤六断。"僧问："前三三后三三，意作么生？"师云："猢狲倒上树。"

上堂，"胡卢得雨方浮甲，匾豆新栽未上笆。日日后园行一转，住山何事不干怀"。

上堂，"灵台不磨而自莹，灵源不决而自流。妙花不植而自生，妙轮不拨而自转。碧兔水中悬宝镜，乌龟火里辊金球"。

上堂，"今时禅和子不肯参自己，要解会古人言句。古人言句不从解会来，从自己流出。你若踏着正脉，言句即是自己。自己即是言句，别有纤毫，并同流浪"。

上堂，"虚空无变动之相，日月自上自下。宝镜无鉴照之心，物象自去自来。须菩提宴坐岩中，帝释雨花赞叹"。喝一喝，"不觉日又夜，争教人少年"。

上堂，"鹄不日浴而白，乌不日黔而黑。六尘为自己之雠，稊稗乃嘉禾之贼。庄周梦蝶，庖丁解牛。虚空放纸鹞，线断一时休"。

师晚年归休于紫箨，不出山十有四年，乃自号东海暮翁。至正甲申，师年八十又八，门人散处他山者期以九十会庆。师闻之曰："我不过明年正月半。"明年正月十二日忽诫参徒曰："从朝至暮，行住坐卧，起心动念，但能与道相应，自然无愧佛祖。吾明日行矣，宜各努力。"十三日跌坐叙平生始末以别众，众乞留偈。师曰："诸方到此作尽伎俩，我只如常。"乃书偈曰："佛寿八十我多九年，世间情尽寂灭现前。"阇维，目睛不坏，门人收遗骨藏山中。

金陵保宁古林清茂禅师 别号休居叟，温州林氏。十岁闻人诵《法华经·妙庄严王品》感而出家，事天台国清孤岩启公，试经得度，从律师温容受具。启公尝励众曰："尔等持父母所生之身，从师入佛，无饥寒无徭役，不于此时究竟，出家果何为乎。"师闻之流涕愤悱，遂往参石林于净慈。林问："甚处人？"师曰："温州。"林云："永嘉到曹溪，因甚打失鼻孔？"师良久呈偈云："永嘉到曹溪，鼻孔何曾失。振锡绕禅床，九九八十一。"林云："善则善，只恐汝错会。"师拟进语，林喝云："果然错会，参堂去。"继而室中闻举南山笋东海乌蟞，有省。俄林化去，往依横川于雁山能仁放牧寮，即呈所作一编。川火之曰："佛法不如此，作此见解，非吾种草，他日何足出而为人。"师不觉通身流汗。一日侍次，川顾师云："僧问云门不起一念还有过也无？门云须弥山。"声未绝，师豁然大彻，励声曰："和尚教坏人家男女了也。"川下床擒住云："你向甚处见云门？"师托开云："张公吃酒李公醉。"川喜于得人，每示众必曰："惟茂侍者知我语落处。"

出世苏之天平,迁开原饶之永福,晚居保宁,在处缁白蚁慕。尝垂三关语曰:"舌是斩身之本,须菩提岩中宴坐,因甚天雨四华?明知四大五阴是生死根本,因甚入者皮袋吃粥了也洗钵盂去?衲僧家因甚口挂壁上?"师问僧:"国师三唤侍者,你作么生会?"僧拟议,师便打出。僧不甘再至,师云:"你适来既道不得,如今更是道不得也。"僧拟议,师又打出。僧问:"一言道尽时如何?"师云:"驷不及舌。"僧云:"学人不会。"师云:"头长三尺。"僧云:"便与么去时如何?"师云:"猢狲系露柱。"

师一日坐次,僧才入,师云:"适来上座乱统打出了也,你因甚么也乱统?"僧拟议,即喝出。次有僧入,师云:"适来那僧不曾开口,因甚么道他乱统?"僧云:"某甲是某州某县人民。"师云:"却是你乱统。"便打出。

上堂,"一大藏教只说者个,有底道不说,坐深井者不知太虚之宽广,忘偏见者方明至理之圆融。岂不见僧问五祖云:'一大藏教是个切脚。未审切个甚么?'祖云:'钵罗狼。'"卓拄杖云:"野色更无山隔断,天光直与水相连。"

上堂,举雪窦云:"春力不到处,枯树亦开花。九年人不识,几度过流沙。"师云:"日不待火而热,月不待风而凉。虽然,志士苦日短,愁人知夜长。"

其退开原,居隆祖塔所时,有旨特赐佛性号,侍者承宣以雪窦拈古请益,师云:"出据款结案耳。今诸方以密庵传授,岂祖师意?得吾海印三昧又何疑?"者宣记所闻别为一编,附语录宗门统要之书,止于杨岐会禅师。师在永福时续之,凡十二卷。其居保宁，文宗亦潜邸金陵常延师谭玄要，深契旨意，造《佛顶心经》刻本，特命叙其首。入践大位，遣使赍白金致褒问。居开原时，侍讲袁公伯长亦尝作偈以寄。其为圣君贤臣所知如此。将入灭众请留偈，师云："犹少这一解在。"乃援笔书云："来亦不迟，去亦不早，打破虚空，红日杲杲。"掷笔问云："甚时？"众云："戌时。"遂逝。

四明保福断江觉恩禅师 慈溪顾氏，形模修瘠，操履清峻。依云门广孝寺落发，从明之延庆闻法师受《四教仪》，七日通之，莫不惊讶。时横川住育王，师往入室，机契，命典内记，德业日彰，名振遐迩。所制诗颂典雅高古，尝有偈寄紫箨道公云："茶塘茶与水井水，此味由来属老饕。铁鹞春风吹不起，儿童争放纸鸢高。"若袁文清公、赵文敏公、邓康庄公，皆相友善。出世苏之太平，迁开原明之保福，而至越之天衣。一日坐次，扶杖而言曰："老僧嵌空倚杖藜，分明画出须菩提。"顾侍者曰："会么？"曰："不会。"即掷杖倚蒲团而逝。

四明开寿商隐予禅师 上堂，"见闻觉知，路绝一切。诸法现前，僧堂佛殿。穿过汝髑髅，四大海水灌注汝心田。汝等诸人还觉么？若也觉去，头上火起脚下烟生"。上堂，"诸兄弟且歇却狂心与，你若能履践得纯熟，心花发明照十方刹。"

侍讲学士袁文清公 伯长尝作数偈，寄吴中诸山，其寄开原古林茂公偈曰："玉几峰头第一枝，老禅吃吃我心知。曾将铁杵敲冰骨，自怪铅刀割蜜脾。法外无心犹涉解，句中有眼即成疑。袈裟不展蒲团稳，此是开原妙总持。"在朝与内翰虞文靖公伯生为同僚，伯生每见其辩博奇奥，浩然莫穷其津涯，意其所得，非一学能名，因询其所以，伯长乃谓曰："横川在吾郡说法时往咨决，得其激发之益，古林乃吾同参也。"伯生自是愈信佛学。

净慈石林巩禅师法嗣

苏州虎丘东州寿永禅师 上堂，"青萝夤缘，直上寒松之顶。白云淡泞，出没太虚之中。须菩提无说而显道，天帝释绝听而雨花。"拍禅床一下云："善财去后无消息，楼阁门开竟日闲。"

上堂，"昨日朔风生八极，昨日篱头吹觱篥。今朝起来看历日，又是十一月初一。天色严寒，无事不须久立"。

上堂，"频频唤汝不归家，何处是家？贫向门前弄土沙，争怪得他。每看年年二三月，不寒不热，满城开尽牡丹花。佛手难遮"。拈拄杖画一画。

上堂，"经台剑石的的全彰，古木寒泉重重显露。南歌北唱，时时闻解脱之音。汉阮秦筝，一一奏无生之曲。声来耳边，色到眼中，不落见闻，归家稳坐。所以古德道，君若随缘得似风，飞沙走石不乖空，但于事上通无事，见色闻声不用聋"。

上堂，"一二三四五六七，无角铁牛眠少室。七六五四三二一，波斯鼻孔黑如漆。空中木马舞三台，眼里瞳人吹觱篥。千重关锁一齐开，万两黄金亦销得"。

杭州灵隐东屿德海禅师 台州临海陈氏子，其母舅智益为苏州寒山寺僧，挈与俱从蜀僧安石山落发。及受大戒即谒石林于承天，林问："如何是汝自己？"师拟议，林即推出。师自是疑情莫决，如仇同处。一日为病僧市药，路忘所向。及归，值林开室，问曰："尽大地是金刚正体，何处着上座这皮袋？"拟对，林便打，师当下豁然，即呈颂自通。林迁净慈，命师为侍者。一日林问云："国师三唤侍者，意作么生？"师云："不是失却猫儿，即是失却狗子。"林云："是孤负不是孤负？"师云："瞒人自瞒。"林休去。

横川主育王，师往见之。川室中垂语云："南山笙笋，东海乌鲗。"师遽掩其口曰："请师更道。"川托开云："朝看东南，暮看西北。"师拂袖便出，川遂以藏钥留之。

开法天台寒岩，迁姑苏寒山，升昆山荐严。武宗赐玺书金襴衣。历居杭之中天竺、净慈、灵隐，室中垂语曰："手握利刃剑，因甚猢狲子不死？"曰："咬破铁酸豏，因甚路上有饥人？"曰："波斯去帽，蔗咬甜头。"又曰："鱼以水为命，因甚死在水中？"僧问："如何是佛？"师云："牯牛背上立乌鸦。"僧云："如何是祖师西来意？"师云："真州望长芦。"僧云："如何是法身？"师云："德山卓牌。"僧云："如何是法身向上事？"师云："劈来也好做柴烧。"僧问："如何是衣线下事？"师云："仙人礼枯骨。"僧云："作么生是仙人礼枯骨？"师云："六脚蜘蛛上板床。"僧问："描貌不得处，如何是无位真人？"师云："石厌笋斜出，岸悬花倒生。"僧云："提掇不起处，如何是吹毛剑？"师云："旱地千寻浪，青天一阵雷。"僧问："如何是宗门极则事？"师云："眼里瞳人踢绣球。"僧云："学人不会。"师云："人心似铁，官法如炉。"

上堂，"白玉阶前舞癞牛，虚空背上看扬州。眼中瞳子吹长笛，纸画仙姑踢气球"。

上堂，"古今佛法尽知，古今机用尽会，按下云头，不如无事好。释迦掩室不是无事，净名杜口不是无事，达磨面壁不是无事，黄檗掩耳不是无事。佛与祖师皆非无事底人，觅个无事底，也是腊月莲花。"延祐四年九月初三日示灭，寿七十二，腊五十七。赐号明宗慧忍。

苏州穹窿独木林禅师　初参石林于黄龙，林问："你曾参见什么人来？"师从实吐露，林取坐具于师面前一拜云："你作得我师。"便归方丈，闭却门。师便归堂坐，不觉通身是汗。自后每见便云："还我一拜来。"师心热闷如是三年。一日，室中林举德山托钵话，师复请问，林将公案举一遍，师便问讯而出。林云："末后句是有是无却来道。"次日，师闻僧堂前钟声，豁然省得密启处意，便上方丈。林一见便问："如何是末后句？"卓上有一两瓜，师便捧起云："只这便是末后句。"林曰："你四五日思量得这一句子。"师应声云："莫相瞒好。"林曰："密启正是何意？"师曰："贼见贼。"林曰："贼在什么处？"师即指云："即这是。"寻呈一偈曰："不识岩头密启时，有无之句几多疑。风吹柳絮毛球走，雨打梨花蛱蝶飞。"林方许可。后到雁山能仁，参横川和尚，一见便问："近来甚处？"师曰："和尚试道看。"川曰："道不得。"师曰："道不得最亲。"川曰："此是我语。"师曰："切忌分别。"

至明州报恩，值觉庵入室提起竹篦云："唤作竹篦则触，不唤作竹篦则背。"师把住竹篦云："和尚离却这个别道。"庵竖起拳头。师曰："话作两橛。"庵打一下云："诸方即得报恩门下吃棒有分。"师曰:"逢人但与么举。"庵有颂曰:"蒺藜遍地火漫空,峭壁悬崖路不通。不是四明林侍者,谁拚性命到其中。"

先主苏城觉报,次主穹窿。上堂,"恁么,则五龙池畔全彰古佛家风。不恁么,则花板台中突出衲僧巴鼻。恁么不恁么,阖庐城动地雨花。然虽如是,于少室门风一点也使不着。何也?风定尧天阔,云开舜日明"。

上堂,举佛眼和尚示众云:"一日日一时时,龙门老心自知。""山僧则不然,一日日一时时,要与空王为弟子,莫教心病最难医。"

上堂,"若了目前法,便会西祖意。目前法即且置,如何是西祖意?"击拂子云:"暑运推移,日南长至。"上堂,"二由一有,一亦莫守。窦八布衫穿,风吹石臼走"。

温州净光东石契禅师 上堂,"脚绊草鞋,肩横拄杖,不历所司,径登方丈,你有伎俩,我无伎俩。侍者烧香,行者点茶,你无伎俩,我有伎俩"。

上堂,"一切静处有湛然凝止之相,一切闹处有视听言动之劳。蚯蚓斩为两段,两头俱动"。

上堂,"灯笼拜露柱,露柱拜灯笼,与你发明过去尘沙劫边事。蛇吞鳖鼻,虎咬大虫,与你显示现行三昧。冬瓜直侗侗,瓠子曲弯弯。无你咬嚼处,无你近傍处"。

上堂,"歇得念念驰求心,着衣吃饭,屙屎送尿,是脱生死法。不歇得念念驰求心,着衣吃饭,屙屎送尿,是生死无际,轮转不息"。上堂,"自从胡乱后,三十年不少盐酱,舌是斩身之本"。

嘉兴天宁竺云昙禅师 初出世婺州治平，迁松江北禅金山昭庆，至天宁。上堂，"俱胝竖指，秘魔擎叉，雪峰辊球，三平驾箭，总唤作西来祖意三生六十劫"。卓拄杖下座。上堂，"惟一坚密身，一切尘中现。砖头瓦砾，孤迥迥地。墙壁露柱，硬斜斜地。青山绿水，净裸裸地。草木丛林，赤洒洒地。觑着则瞎，动着即错。切忌认驴鞍桥作阿爷下颔"。上堂，"五五由来二十五，余山不打禾山鼓。等闲拈起金刚圈，当阳坐断主中主。明眼人，莫莽卤，发机须是千钧弩"。卓拄杖下座。

径山石溪月禅师法嗣

福州西禅柏堂祖森禅师 蜀重庆巴县人，俗姓杨。年十九，其父见师种性绝俗，俾事乡之崇因寺绍先，越三年得度。束包出峡如浙，一时宗匠，若痴绝、无准、石田、北涧，参谒殆遍，皆以法中龙象许之。石溪由虎丘升灵径，师皆依侍。一日，室中问云："如何是父母未生前面目？"师答云："棋盘石元在凌霄峰顶。"溪喝云："更须下这一着始得。"师密领其旨，遂司藏钥。溪归寂，从灵叟源公，于焦山国清，皆为第一座。

出世口之般若，迁杭庆远、闽西禅、雪峰神光，晚复居西禅。

上堂，"客从远方来，遗我径寸璧，中有一个字，举世无人识。大藏五千四十八卷是上头一点，传灯千七百则是下面一人。般若不敢私藏，也要下个音释"。卓拄杖云："会么？类格切。"

上堂，"古人道即心即佛，又道非心非佛，又道不是心不是佛。庭前种莴苣，莴苣生火箸，火箸生莲花，莲花生木瓜，木瓜擤落地，撒出大油麻"。

上堂，举玄沙参次，闻燕子声，遂云："深谭实相，善说法要。"便下座。寻有僧出云："某甲不会。"沙云："去，谁信你。"师颂曰："娇娥羞倚玉楼妆，密把金针绣锦囊。轻薄少年楼下过，风前遥认绮罗香。"

上堂，"佛佛禅禅，一犁春雨。万顷良田，远近青秧。漠漠往来，白鸟翩翩。画也画不成，举也举不全。佛佛禅禅，新妇骑驴阿家牵"。上堂，"蛊毒乡，水莫尝，皱眉吃橄榄，吐唾嚼槟榔。待得甘回齿颊，更须着意堤防。且堤防个什么？饭中沙石，蜜里砒霜"。临终书偈已，跏趺而逝，寿七十二，腊五十三。

江州东林明岩彻禅师 上堂，"三日雨，两日晴，子规苦苦劝归人。王孙醉眠芳草，游子烂走江尘。是汝诸人还猛省么？画角声前孚上座，野桃花下老灵云"。

苏州虎丘无机慧禅师 上堂，举同安察禅师因僧问："新岁方来，残年已去。莫有不受岁者么？"安曰："有。"曰："如何是不受岁者？"安曰："作么生？"曰："恁么则不受岁也。"安曰："城上已吹新岁角，窗前犹点旧年灯。"师颂曰："楼上鸣咿角已吹，灯前蝴蝶梦犹迷。如今要识不迁义，日出东方夜落西。"

福州鼓山鼎翁鼐禅师 上堂，"鼓声未动，古佛显露堂堂。及乎才动鼓声，便见释迦走入诸人鼻孔中，弥勒跳入诸人眼睛里。还觉顶门重么？"

苏州万寿南州珍禅师 初住常熟甘草能仁，迁庐山开先，升万寿。上堂，"大道只在目前，要且目前难睹。欲识大道真体，不离声色言语。踏着底土埋砖头,撞着底灯笼露柱。毕竟大道真体在什么处?"良久,下座。上堂,"眼若不睡,诸梦自除。心若不异,万法一如。大众,唤什么作不睡底眼?唤什么作不异底心?"良久,"缲成白雪桑重绿,割尽黄云稻正青"。上堂,"耕而食,蚕而衣,天地造化,万物生于四时。说甚无修无证、无念无为,山僧来年七十三岁,谁知道乙酉生人不属鸡"。

清凉南叟茂禅师 上堂,举赵州谂禅师因僧问:"道人相见时如何?"州云:"呈漆器。"师颂曰:"漱石泠泠石涧阴,乔松千尺带寒青,多应只看昂霄操,谁信根头有茯苓。"

苏州虎丘云谷庆禅师 题血书《法华经》偈曰:"眼里有筋皮有血,自家针札自家知,一毫头上能通变,红菡萏花三四枝。"

九江慧力圆中规禅师 上堂,"一夜春风浩浩,扫尽千花百草"。因忆临济向黄檗吃六十拄杖,遂拍膝云:"知机良不早。"

径山虚堂愚禅师法嗣

苏州虎丘闲极云禅师 上堂,"一茎草上明宗,面壁老胡多虚。少实三转语中定旨,鹫峰聩祖暗展明收。全身奉重底,无一点佛法。身心拨无因果底,具无量殊胜妙义。者里转得一步,便见皇都城里人物骈阗,管弦杂沓,落星石畔,山明水秀,渔唱樵歌。可谓羲皇上人成佛子住。然虽如是,犹堕功勋。量外一机如何举唱?"击拂子,"彻底潮收青海尾,好看月上长珊瑚。上岂多岐亡羊,多言丧道,蓦札相逢,何曾欠少。岂不见天台桐柏宫卢道士年一百二十岁，摄召行法极好。若也不信，问取洞庭山水仙太保"。上堂，"南熏凉蔫，卜香日长，无事靠胡床。乾坤稊稗，身世糟糠。苍苔满地无人到，付与蝉声送夕阳"。上堂，举药山久不上堂，院主白云："大众久思和尚示诲公案。"师云："当时若道得个起动和尚，管取药山归方丈不得。"

四明定水宝业源禅师 本郡人，参虚堂于径山，凡宗门话头未能透脱者，必咨决老成。一日问虚堂云："德山末后句若谓有，德山焉得不会。若谓无，岩头又道德山未会。望和尚慈悲指示。"堂云："我不会，汝去问云首座。"师去问云，适云游山归，索水濯足。师丞进水，委身出手为摩捋之，却仰首问云："德山末后句某甲未识有无，望首座开示。"云以两手掇濯足水浇泼云："有什么末后句？"师不明其指，明日见堂，具道问云事。堂云："他无别语。"师云："他道有什么末后句？"堂云："那那我向你道他会得。"师当下释然。

住后，僧问："记得僧问洞山如何是佛，洞山云麻三斤。意旨如何？"师云："款出囚口。"僧云："又僧问赵州如何是佛，赵州云殿里底。又作么生？"师云："贵买贱卖。"

上堂，"见见之时，见非是见。见犹离见，见不能及"。师拈云："释迦老子四棱蹋地去也，还有人救得么？"喝一喝。

上堂，"蒲团收足，未有长住而不行。拄杖横肩，未有长行而不住。舍彼就此，从西过东，了无佛法干怀，亦无世谛留念。粗饭淡羹，随缘度日。熏炉茗碗，任意适时。一句酬恩，如何敲唱？风定尧天阔，云开舜日明"。

上堂，举赵州和尚因僧问："如何是祖师西来意？"州云：

"庭前柏树子。"僧云:"和尚莫将境示人。"州云:"我不将境示人。"僧云:"如何是祖师西来意?"州云:"庭前柏树子。"师拈云:"这僧未发问时,已自黛色参天二千尺。赵州再答一遍,岂止霜皮溜雨四十围。"

上堂,"诸方谈禅浩浩,崇福并无分晓,土面灰头过时,住持职事不子。手臂长衫袖小,直裰袈裟布粗皂。将无作有接,禅和笑倒保真泉大道"。

上堂,举古德道三世诸佛不知有,狸奴白牯却知有。师拈云:"知有是,不知有是。"击拂子,"名利尽随骑马客,是非不到钓鱼人"。

杭州净慈灵石如芝禅师 初住嘉禾兴圣,迁台之涌泉嘉兴本觉。上堂,"奔蜂不能化藿蠋,鲁鸡不能伏鹄卵。衲僧九十日中,刚要蒸沙作饭,者一半那一半,劈腹剜心,穷坑易满"。

上堂,"六月不热,五谷不结。波斯顶上罩晓镜,金刚脑后添生铁。岂不见云门大师道,尽大地无纤毫过患,犹是转句,不见一色,始是半提,更须知有全提时节"。卓拄杖下座。

上堂,"结夏已一月,光阴迅如注。水牯牛水草伤甘,寒山子饭饱弄箸。针膏肓,起沉痼,山僧有易简私方,普施诸人去也"。击拂子,"若饭食时量彼来处"。

灵岩竹窗喜禅师 上堂,"诸人每日行住坐卧、闻见觉知、俯仰折旋、攀附应接,头头妙用圆融,处处神光具足。为甚闻钟声披衣,闻鼓声上堂?向这里见得明白,许你七穿八穴。不然,万紫千红零落尽,一年春事又成休"。

四明雪窦禹溪予禅师 上堂,"如何是佛,即心是佛,与么会便不是。如何是佛，即心是佛，与么会方始是。金不博金，水不洗水，两三行鹰冷云边，七八叶芦秋色里"。

葛庐覃禅师 颂傅大士讲经公案："双林大士太无端，又向梁朝露一斑。经旨未分玄路绝，一挥案上动龙颜。"

径山虚舟度禅师法嗣

杭州径山虎岩净伏禅师 淮安人，初由中天竺首座出世潭州石霜。上堂，"廓落无依是何境界？风不鸣条，雨不破块"。以拂子击禅床云："尧舜之君犹有化在。"

上堂，"是句非句，全提半提。虚空剜孔窍，节目上生枝。似这般病，朝打三千暮打八百，有什么过？"

上堂，"机先领旨，句下明宗。云门拶得脚折，百丈喝得耳聋。落花三月雨，残梦五更钟"。

上堂，"拈香择火，运水搬柴，不是神通妙用。着衣吃饭，屙屎送尿，不是神通妙用。毕竟如何？放旷长如痴兀人，他家自有通人爱"。

上堂，"点着便行脚跟下，好与三十棒。不拨自转顶门上，犹欠一锥。总不恁么，几般云色出峰顶，一样泉声落槛前"。

上堂，"高山坠石，至平地而势自休。大海生波，遇无风而波自息。两头坐断，一法不存。那里有明暗色空，那里有山河大地？虽然，不是僧繇手，徒说会丹青"。

上堂，"凌霄峰顶有一片碁盘石，方不方圆不圆，平不平仄不仄，提掇不动，穿凿不开。莓苔薜荔裹之不交，风雨烟云洒之不湿。以满天星斗万象森罗为一局棋子,白月则现,黑月则隐。自古自今,无人下得一着。衲子旁观有分,山僧试为下者一着"。蓦拈拄杖卓一下云:"路从平处崄,人向静中忙。"

苏州承天庸叟时中禅师 初参径山无准,次于冷泉见虚舟。其出世四明万寿,开堂拈香有云:"此香于淳化年间,凌霄峰顶,瓦砾场中拾得,便知道地。次于乳窦峰前,寒花亭畔,皮肤脱尽,惟在真实。末后逗到飞来峰下,直指堂前,撞着个不分不晓,指南作北底老和尚,被渠一嗅嗅着,直得气息全无,熏天灸地云云。"

上堂,"无心则差,用意则错,良医之门,如何发药?"抚膝一下云:"睦州担板,普化摇铎"。

上堂,举僧问云门:"杀父杀母佛前忏悔,杀佛杀祖向甚处忏悔。"云门云:"露。"师颂云:"一般春色未尝偏,白白红红各自妍,路转溪回风景好,五须弥顶浪滔天。"

上堂,"释迦老子四十九年说,要且说不到。达磨大师九年冷坐,要且觑不破。说不到觑不破,海神知贵不知价,留与人间光照夜"。

上堂,举古德道:"君若无心得似风,飞沙走石不乖空,但于事上通无事,见色闻声不用聋。""大众,古德与么说话,早是压良为贱了也。双峨则不然,君若无心得似风,东西南北路头通,个中声色非声色,云自高飞水自东。"

上堂,举三分光阴二早过,何曾动着,灵台一点不揩磨,争怪得他。"贪生逐日区区去,也是寻常行履处。唤不回头争奈何,前无达者后无人。承天与么批判,诸人不得随语生解。"卓拄杖一下。

四明天童竺西妙坦禅师 族金氏，婺之浦江人。母张，梦莲花产于庭而生。依同里慧香净月为师，既得度。下涛江，登天竺，从晦岩照公妍，究三观一心之旨。会虚舟唱道灵隐，委身事焉。一日室中，舟问："如何是良遂知处？"诸人不知。师答曰："冬瓜直侗侗，瓠子曲弯弯。"舟咄曰："如斯见解，不离教乘。"师拟答，舟以拳劈面便打，师有省遽作礼，趋出，舟即命为侍者。舟莅径山，召掌书记。西游见觉庵真于承天，寻主无锡保宁，迁慧山移华藏，退处承天。久之乃赴灵岩，居数月复遁于虎丘祖塔。大德戊戌，被旨仍主华藏逾十年，至大戊申迁天童。

上堂，"静处闹浩浩，闹处静悄悄，谨白参玄人，莫向两头讨，出门总是长安道"。

上堂，"霜露既降，木叶尽脱。古者道，有寒暑兮促君寿，有鬼神兮妬君福。是你诸人还觉寒毛卓竖么？忽若死灰里火发燎却面门，便是参学事毕"。喝一喝。

示众："五日风，十日雨，野老不知尧舜力。今日三，明日四，悠悠空度少年时。大众，还知天童苦心处么？昨夜三更月到窗，杜鹃啼在深深树。"

承天觉庵真禅师法嗣

江州庐山东林泽山弋咸禅师 病起上堂，"寒一上，热一上，左之右之，七颠八倒，明头暗头，千思万想。大地长时动摇，四至罔知所向。待令冷汗通身，顿觉神清气爽。便解信口呼五作六，信手抛三放两。诸仁者，要论衣单下工夫，总不出这个模样"。喝一喝。

上堂，"祖意教意全提半提，翻风蝴蝶舞，呼雨鹁鸠啼。海上明公秀，赵州东院西"。

上堂，"行脚参寻等是不着，便一切事闻如不闻，一切事见如不见"。拍禅床，"西风一阵来，落叶两三片"。

上堂，"日迟迟，风细细，解脱门开，不可思议。土宿骑黄牛，那咤伸八臂。吽吽"。

上堂，"少减多添，将无作有。此是通人分上事，虎丘直下儿孙偏用省数，须一是一二是二始得"。

国清溪西泽禅师法嗣

易首座 字无象，宋将家子，夏氏。膂力过人，武技最精。曾袭父职，不乐弃官，隶上虞奉国寺出家落发。其师俾诵《心经》，三日不记一字，因大恶。俄有僧曰妙峰者，过其寺谓其师曰："此人好危坐，恐是禅定中来，可以与我。"其师忻然命与俱。首抵雪窦挂搭，孜孜参究，胁不至席。忽一日定去屹如枯株，经七日徐徐出定，似有庆快。清夜徐步廊庑间，有正首座者云："且喜大事了毕。"师不答，指所见钟楼，肆口说偈云云。即抵华顶，见溪西，往复勘辨悟旨，踢倒香倚即行。又往见天目高峰，机语尤契合，俾为首座。至正初来明之海会，机绝诸缘，影不出户，道具不离侧，人咸仰之。甲午正月忽谓侍僧曰："吾俟来月二十四日暂游戏江东。"至期，沐浴更衣趺坐，告众曰："吾前日岂不向汝道今日游戏乎!"言讫乃泊然而逝。

仰山雪岩钦禅师法嗣

杭州天目高峰原妙禅师 十五岁出家,十六岁为僧,十八习教,二十更衣入净慈,参断桥和尚习禅,遂立三年死限,用工虽切,未有入处。时雪岩闲居北涧塔,遂往请益,方问讯即被打出。次日复去,始得相见。岩问已前参究处,师一一答了。岩令看无字话,从头开发,做工夫一遍。日前所积之疑,当下便得豁然。岩又令日日上来一转,要见用工处。自后一入门,岩便问:"阿谁为你拖者死尸来?"声未绝便打,日日如此,正被逼拶,方有些涯际。值岩赴南明请,师遂上径山度夏。忽一夜梦中忆着断桥和尚所举万法归一话,自此工夫打成一片。又一日至三塔阁上讽经,忽睹五祖和尚真赞末后云:"百年三万六千朝,返覆看来只这汉。"日前被岩问拖死尸句子蓦然打破。虽然如此,日用中尚不得自由,如欠人债相似。后侍岩赴天宁,途中岩诘问曰:"日用浩浩时还作得主么?"师答曰:"作得主。"曰:"睡梦时作得主么?"曰:"作得主。"曰:"正睡着时无梦无想无见无闻,主在甚么处?"师无语,岩却嘱云:"从今日去,也不要你学佛学法,也不要你穷古穷今,但只饥来吃饭,困来打眠。才眠觉来却抖擞精神,我者一觉主人公毕竟在甚处。"师遵守此语及五年,偶寓一庵宿睡觉,正疑此事。忽同宿道友枕子堕地作声,打破疑团,如在网罗中跳出。日前所疑佛祖諆讹公案,古今差别因缘,恰如泗州见大圣,远客还故乡,元是旧时人,不改旧时行履处。

至元丁亥冬众请开堂,师室中垂语曰:"大彻底人本脱生死,因甚命根不断?佛祖公案只是一个道理,因甚有明与不明?大修行人当遵佛行,因甚不守毗尼?杲日当空无所不照,因甚被片云遮却?人人有个影子寸步不离,因甚踏不着?尽大地是个火坑,得何三昧不被烧却?"

示众:"有一物,明历历,佛祖觑不破,大地无人识,常在舌头尖,尽力吐不出。吐得出,也是胡饼里呷汁。"

示众:"海底泥牛衔月走,岩前石虎抱儿眠。铁蛇钻入金刚眼,昆仑骑象鹭鸶牵。此四句内有一句能杀能活,能纵能夺,若捡点得出,许汝一生参学事毕。"

上堂,"日正暄,春已暮,花片片,随流去"。拈拄杖云:"拄枝杖头一点红,馨香遍界无人顾。大众,顾不顾即且止,毕竟一归何处?"掷拄杖下座。

上堂,举僧问长庆:"众手淘金,谁是得者?"庆云:"有伎俩者得。"僧云:"学人还得也无?"庆云:"大远在。"师拈云:"西峰不然,今日忽有人问众手淘金谁是得者,只向他道阿谁无分?"又云:"学人还得也无?犹嫌少在。"将终书偈云:"来不入死关,去不出死关,铁蛇钻入海,抬倒须弥山。"

杭州径山虚谷希陵禅师 婺州人。上堂,"直指人心,曲垂方便。石巩张弓,三平架箭"。上堂,"见处平常,用处平常,截鹤而短,续凫而长。有见怎么道,便道我会了也。西天胡子因甚没髭须?"

湖州道场及庵宗信禅师 婺之方氏。僧问:"一念未兴时如何?"师云:"名不得。"僧云:"名不得后如何?"师云:"初八二十上三堂，千说万说，不如亲见一面。东去西去，无过只要到家。"竖拂召大众云："见么？见了。"击拂云："到也到了，且其中事作么生？"以拂子画一画云："不是与人难共住，大教缁素要分明。"

上堂，举岩头访仰山，才跨门便提起坐具云："和尚。"仰山拟取拂子，岩头云："不妨好手。"师云："仲尼温伯雪，目击而道存。千古之下谁是知音？"顾视大众云："不可谓秦无人。"

上堂，举杉堂长老问仰山和尚云："学道人还假悟也无？"山云："悟则不无，争奈落在第二。"师颂云："油煎石磉盘，一口吞一个，不是不与人，只缘劈不破。"

上堂，举僧问赵州："万法归一，一归何处？"州云："我在青州作一领布衫重七斤。"师颂曰："万法归一，一何归，南海波斯舞柘枝，青山只解磨今古。流水何曾洗是非。"

鄩县灵云铁牛持定禅师 吉安大和王氏，宋尚书赞九世孙也。依雪岩于仰山服杜多行，岩示众有云："兄弟家做工夫，若也七日夜一念无间，眼不交睫，无个入处。斫取老僧头作舀屎杓。"师闻，遂励精奋发。因为众持茅，众患痢，师委身事之。未几亦有疾，医谓不可治。乃取一触桶于屏处，危坐其上，单持正念，七日不动，忽觉山河大地遍界如雪霁月明，堂堂一身独露乾坤之外。久之似闻击木声，遍体汗流，其疾亦顿愈。遂请陈于岩，岩诘之，酬对无滞。复示以偈曰："昭昭灵灵是什么，眨得眼来已蹉过，厕边筹子放光明，直下元来只是我。"寻为大僧。一日岩上堂举亡僧死了烧了向什么处去，自代云："山河及大地。全露法王身。"师于言下疑情荡然，身如涌高丈许，即造方丈曰：

"适来和尚举扬般若，惊得法堂前石狮子笑舞不已。"岩云："你试道看。"师云："劫外春回万物枯，山河大地一尘无，法身超出如何举，笑倒西天碧眼胡。"岩敲面前卓子云："山河大地一尘无，者个是什么？"师作掀倒势，岩笑曰："一彩两赛。"岩巡堂次，师以楮被裹身睡。岩召至方丈励声云："我巡堂，汝打睡，若道得即放过汝。"师答云："铁牛无力懒耕田，带索和犁就雪眠，大地白银都盖覆，德山无处下金鞭。"岩曰："好个铁牛也。"因以为号。游方至衡阳鄱县，爱其桃源山幽深，结屋而居，鄱人翕然从化。寺成榜曰灵云。大德七年癸卯正月十五日示寂，函全身于陶具，三年启视，坐如生，爪发俱长，乃建塔于其上。

高丽铁山琼禅师 湘潭人。年十三，因一僧教导方知有佛法，但以诵经礼佛为事。见经云："种种供养非报佛恩，惟发菩提心能报佛恩。"然不知菩提心作么生发。又见《法华经》云："新发意菩萨常于间处修摄其心。"自此乃学坐禅。二十二为僧，二十四受具。往参雪岩于仰山，值岁歉不纳，径到石霜讨住。众中有庚首座，他是有发明者，师遂亲炙学坐禅。偶见雪岩坐禅箴，思量做处不曾从这里过，乃复上仰山。久之方得归堂。一日岩上堂有云："兄弟家终日在蒲团上瞌睡，也须是下地后架头走一遭，冷水灌漱，洗开两眼。却上蒲团上竖起脊梁，壁立万仞，单单提一个无字。如关云长百万军中斩颜良头相似，斩得头来，百万军众总不知。诚能如是用工七日七夜，若不悟去，斩取老僧头去作舀屎杓。此是老僧四十年前已用之工。"师闻如是说，便咬定牙关，依彼所说而坐。至第四日夜，忽觉如劈破髑髅相似，又如万丈井底掇出在虚空中相似。突出这一段光明，露裸裸地在面前，直是无着欢喜处。次日见岩，才入门，岩便问："什么人？"师云："某甲。"岩云："有什么事？"师云："门前好五凤楼。"岩以拄杖连打二三十下，却坐定问数转语，师一一答了。岩云："未在，更去做工夫。"师寻以纸求语，岩示以偈曰："一拶虚空粉碎时，花开铁树散琼枝。绍隆佛种向上事，脑后依前欠一槌。"已而至庐山东岩作夏，一日东岩开堂次，举心不是佛，智不是道。师云："抱赃叫屈。"又云："不是心不是佛。"师云："眉间放出辽天鹘。"岩命师掌藏教。未几岩迁育王，师送入院。又请充后堂。后到苏之休休，见蒙山机契。蒙山甚喜，请居第一座。冬节秉拂云："冬在月头，卖被买牛。冬在月尾，卖牛买被。"卓拄杖云："者里无头无尾，中道齐休。行也休休，坐也休休，住也休休，卧也休休。睡眼豁开，五云现瑞。光风霁月，无处不周。梅绽枯枝古渡头，风前时复暗香浮。虽然到此，向上一路，万里崖州，何以见得？"靠拄杖云："休休！"蒙山谓人曰："说禅还是铁山始得。"

高丽国王钦师道德，具礼币遣使专请师至彼国，玄风大行，得度者甚伙。

因洪宰相请普说，有云："蒙山和尚宗门旨要最亲最切，前辈到处不到处，悉捡点得出，细大法门，莫不精通。从前承师友教导者，多独蒙山胜他前辈。所谓纵擒杀活掣电之机而得自在。雪岩道，如人入海，轻入轻深。蒙山道，犹如剥珠，愈剥愈光。二老之言，若合符节。"师终时甚多灵异。

净慈断桥伦禅师法嗣

杭州净慈方山文宝禅师 上堂,"三世诸佛,六代祖师,在你诸人脚跟下,还有踏得著者么?"良久云:"若踏不着,三世诸佛六代祖师在你诸人顶额上屙。"

上堂,"山僧一夏与诸人说底,总是世谛之谈,与那事略无干涉。若要与那事相应,直须向世谛中明取。傥不如斯,向后逢人切不得道在祇园过夏"。

上堂,"一鸡二犬三豕四羊,新年佛法已为举扬。傥或观听尚留,便见五马六牛七人八谷去也"。

上堂,"百骸俱溃散,一物镇长灵"。拈拄杖,"者个是拄杖子,那个是长灵一物?"掷下拄杖,"何似南山鳖鼻蛇"。

上堂,"一夏以来,东敲西击,费尽手脚,为汝诸人得彻困,赖是恬然不顾。设若一个半个眼睛定动,老僧定入无间地狱"。

腊八,上堂,"北斗七南斗八,夜夜光生,人人眼活。老瞿昙突然道个奇哉,是甚树栽竹栽鱼栽菜栽?"

上堂,"禅和家气宇如王,几肯放头低人半箬叶地,为甚逗到今日各各不敢做一动子?"良久,"山中九十日,云外一千年"。

杭州净慈古田垕禅师 初住扬州雍熙,迁广德灵山、安吉凤山、吉州东山、吴中虎丘、台州慧因天宁、杭州中天竺。上堂,举傅大士颂曰:"空手把锄头,步行骑水牛,人从桥上过,桥流水不流。"师拈云:"乡谈满口也怪他大士不得。灵山亦有一颂:赤脚过干溪,草鞋绊树生,仰身吃一撅,肚下污黄泥。"

解夏上堂，举古德一夏不与兄弟说话，大开东合，有僧自叹云："只么空过，不望说佛法得闻正因二字，亦得把饭叫饥。"德闻云："阇梨莫誓速。若论正因二字，也无这多口汉。"德复扣齿云："适来不合与么道，也是倒抽书。"邻壁老宿闻云："好釜羹被两颗鼠粪污却。"拈却卦盘复云："古人三寸咽喉，被灵山一掐摇定了也。"顾视左右云："莫有与伊出气底么？"便下座。

上堂，"此土清规，画圈禁蚁。西天古制，缚囤关羊。今日尽情革去，别立条章"。击拂子云："依旧熏风殿阁凉。"

上堂，举世尊升座，大众集定，迦叶白槌云："世尊说法竟。"世尊便下座。师拈云："元首明哉，股肱良哉！虽然如是，还知太平无象么？"

上堂，举古德道："乾坤之内，宇宙之间，中有一宝，秘在形山。"又古德云："挂在壁上。"师拈云："好一宝，无端被二大老韫椟而藏之。凤山今日与诸人打开去也。乾坤之内，宇宙之间，中有一宝。"便下座。

上堂，"赵州倾鸩毒于茶瓯，不能烂院主肠肚。懒安露霜刀于笑面，未即断疏山命根。若是吾乡我里之人，决不敢轻易动着。何故？台州性一触便发"。

上堂，"江南两浙，春寒秋热，一雨便凉，莫言不说"。

上堂，拈拄杖卓一下云："白大众。"众举首。遂靠拄杖云："且待别时。"

开炉上堂，"南山自罹回禄之后，不敢道着火字，亦不敢动着死柴头。今日开炉，且拨冷灰看"。以拄杖拨云："照顾燎却眉毛。"至元壬辰四月十四日终于净慈丈室。

温州能仁藏室珍禅师 台州人,初住大同。上堂,"吾法二千年后不移毫发,达磨大师预将后人田园界至高低,作一白契籍没了也。至若穷山深谷,猿狖昼啼,草木尘毛,形影相杂处,各住本位,各演本法,咸彰未兆之前,共助无为之化。新大同出来亦只作得个证明而已,争敢妄通消息。虽然如是,台州管内近有七处开堂"。复举僧问大同济:"如何是祖师西来意?"济云:"庭前一丛竹经霜不自寒。"僧云:"毕竟如何?"济云:"只闻风击响,知是几千竿。"师云:"如人善舞,节拍相成,只是罕逢别者。忽有问新大同如何是祖师西来意?只向道:拄杖开封,毕竟如何?卸下衲衣,痛与一顿。"

上堂,"大道通衢,曾无傍径。青天白日,何用指迷。新能仁惩时不轨,努力出头来,将从上古德间家泼具,德山棒,临济喝,石巩弓秘魔叉,一时籍没。普请大地人归家稳坐"。乃拍手笑云:"且喜天下太平。"溪亭晚坐,偈曰:"雨饱山田稻正香,溪亭贫坐晚风凉。今无监院鸣参鼓,得听寒蛩送夕阳。"

西禅末宗本禅师 听蛙,偈曰:"头戴青苔咄咄鸣,千山虚寂月初明,一机顿发空诸有,太雅松风无此声。"

温州江心啸云庄禅师 上堂,"世尊不居灵鹫,老胡不涉流沙。智者不来金地,宿觉不在永嘉。黄梅时节家家雨,青草池塘处处蛙。"

光孝雪矶纲禅师 上堂,"我宗无语句,亦无一法与人。遍地刀枪,通身泥水。光孝只知检点,德山老汉自己不觉开眼尿床"。

上堂,"眉毛眨上,电影难留,丝毫念起,万里崖州。休去歇去，古庙香炉去，冷湫湫地去。债有主，冤有头，三世如来碗脱丘"。喝一喝。

上堂，"放开线，路重重，铁壁银山，不动纤尘，处处七花八裂。恁么则释迦虚费口业，净名徒然杜词。有人会得，钱唐江潮一日两度，不是差异底事。不然，拄杖子用得恰好"。以拄杖卓一下。

上堂，"十方无影像，三界绝行踪。叶落千岩雨，松号万壑风。多有人到这里只么打住，三十年后，宁免换手搥胸"。

象山新安雪山昙禅师 闽中人，蚤从断桥得旨相，依方山于瑞岩甚久。尝着《禅门宗要》，凤山一源灵称羡此书。其中提掇古人不到处，余不能及。其首篇云："我宗无语句，亦无一法与人，已是枝蔓了也。后代而降，口耳授受，何左途哉。或理于玄妙，则曰：'风动尘起，云行鸟飞，动作施为，无非是道。'去道远矣。或堕于空寂，则曰：'身如槁木，心如死灰，绝虑忘缘，静观默照。'谓道在是，去道远矣。愚常考诸古，如神光三拜依位而立，有所传耶，无所传耶？鲁祖面壁，有所说耶，无所说耶？起模画样，百丑千拙，若谓之不立文字，教外别传。吾宗扫土而尽。"

四明隆教绝象鉴禅师 颂孚公勘鼓山赴大王请话："洞天无壁月无遮，朝斗先生叩齿牙，风撼古坛松子脱，打反头上帽檐斜。"

归宗竹屋简禅师 上堂，举鼓山晏国师参雪峰，峰挡住云："是什么？"山释然了悟而忘其了，唯举手摇曳而已。峰云："子作道理耶？"山云："何道理之有？"峰抚而印之。师颂曰："蓦被曾郎挡着胸，平生途路忽然穷，无端抬手轻摇曳，笑倒南方大顶峰。"

天童西岩惠禅师法嗣

四明天童东岩净日禅师 僧问："三圣道，我逢人则出，出则不为人。意旨如何？"师云："车不横推，理无曲断。"云："兴化道，我逢人即不出，出则便为人。又作么生？"师云："梵音亭下月临泉。"

上堂，"释迦掩室于摩竭，净名杜口于毗耶。白昼讹言妖语，不知哄动几家。直得杨岐三脚驴，走遍天涯海涯，夜来依旧宿芦花"。

上堂，"一日日一时时，口如鼻眼如眉，翻覆看渠渠是谁"。良久，"未明三八九，难辨力围希"。

上堂，"万法本闲，唯人自闹。"喝一喝，"苦瓠连根苦，甜瓜彻蒂甜"。

临终垂诚云："吾灭后，但依常僧例，三日后茶毗，一切丧礼并免。历观前辈遗嘱，或令露骸松下，或化骨藏之众塔，或投于江去。后往往为诸徒藉此白占常住山地，造塔建庵为温饱计。岂为师弟子之道哉！"故述一偈以示二三子："以天为盖地为函，底用重营塔与庵，煅骨焚躯言已出，勿违吾志重吾惭。"

饶州荐福月涧明禅师 上堂，"五千四十八卷破故纸，一千七百烂葛藤。其间说长说短，说玄说妙，至于疏解笺注，胡批乱判，总是杜撰僻说，带累后代儿孙，刺头入烂泥中，何有了日"。蓦拈拄杖画一画云:"山僧为诸人一时扫绝去也。"卓拄杖,"野色更无山隔断,天光直与水相通"。

洪州翠岩水庵讷禅师 上堂,"日可冷,月可热,众魔不能坏真说。三乘十二分教尽是妄谈,且如何是真说?"拍禅床云:"山上鲤鱼吞石螺,海底泥牛嚼生铁。"

天宁月舟乘禅师 作无参偈曰:"得罢休时便罢休,南询着什么来由,情知五十三知识,门掩西风一样秋。"

灵隐退耕宁禅师法嗣

金陵蒋山月庭忠禅师 潭州人,上堂,"入门便棒,入门便喝,临济德山现钱足陌。诸人还知落处么?六月不热,五谷不结"。上堂,"离四句绝百非,西来祖意觌面提持,拟心凑泊隔云泥"。上堂,"松风凉,秋夜长,虫鸣古砌,叶堕银床。何事五湖云水客,甘心流落在他乡"。

杭州中竺旨堂宗禅师 上堂,"隔山见烟,便知是火。隔墙见角,便知是牛。咄哉!不快漆桶。我更问你,参学眼在什么处?"

上堂,"诸德行亦禅坐亦禅,未到曹溪时语。到了曹溪时语,若与么,永嘉大师正好行脚"。

上堂,举僧问百丈如何是奇特事,丈云独坐大雄峰。师云:"老百丈与么道未为奇特。或有问山僧如何是奇特事,只向道,中峰今日开堂。"

上堂,"诸兄弟南来北往,京三汴四。行脚事未问,你还知诸方老宿向上提持么？"良久，"路遥知马力，岁久见人心"。上堂，"千了百当，孤峰独宿。七间僧堂，甘心闲却。中峰与么道，也是按牛头吃草"。

天童别山智禅师法嗣

湖州西余大觉竹洲修禅师 上堂，"有来由，没己鼻。一种春风，万般花卉。年年费尽巧精神，见彻根源能有几。直饶见得亲切，也是玄沙道底"。

上堂，"一叶坠林端，山河珠走盘。随流能转物，世上独称尊。离微不犯，切忌垛根。不见古人曾有言，犹是王老师儿孙"。

西林松岩秀禅师 上堂，举玄沙参次，闻燕子声，沙云："深谈实相，善说法要。"便下座。时有僧请益云："某甲不会。"沙云："去，无人信汝。"师云："深谈实相，善说法要。钵盂着柄，虚空掘窖。者僧请益，利刃有蜜。玄沙道去无人信汝，甜瓜彻蒂甜，苦瓠连根苦。"

净慈愚极慧禅师法嗣

福州雪峰樵隐悟逸禅师 俗姓聂，绝岸湘手度弟子。上堂，"开口道着，不在口皮边。举足踏着，不在脚跟底。万物一马，天地一指。临济德山讨甚巴鼻"。

上堂，举僧问投子："春雨霖霖，百草为什么不抽芽？"投子云："巴蕉只么长。"僧问法眼，法眼云："却是本色百草。"师云:"二大老与么答话,如慈云密布,甘雨普沾,争奈不能活这僧焦芽败种。山僧若见他与么问,拈拄杖劈脊梁便打也。教他知道,近水柳先绿,向阳花易红。"

上堂,"巧梓顺轮桶之用,枉直无废材。良御适险易之宜,驽骥无失性。喝下知归,棒头取证,临济德山未能尽令"。

上堂,"子湖立牌于门下,千金嫁蛊毒。德山卓牌于闹市,五彩缦毒缸。钟山这里终不学他这些伎俩,寒暄语话一切如常,早是龟毛数丈长"。

上堂,举白云和尚云:"开口时,末上一句正道着。举足时,末上一步正踏着。为甚到底鼻孔不正?只为寻常见他顽了,所以不肯发心。白云今日劝诸人发心去。"乃云:"一。"师云:"白云师翁与么说话,大似自家心里急,他人未肯忙。钟山这里一个个总是发心底,要且不用劝他。何故?青山碾为尘,白日无闲人。"

上堂,拈拄杖,"一径直,二周遮,道吾舞笏,秘魔擎义"。掷下拄杖云:"何似南山鳖鼻蛇。"

杭州灵隐竺田悟心禅师 初住南康天宁,迁庐山罗汉,转栖贤至圆通,后升灵隐。僧问:"诸佛出世接物利生,和尚出世有何方便?"师云:"一举四十九。"僧云:"还许学人领会也无?"师云:"三十年后。"僧云:"和尚眼空佛祖,为什么不识某甲问头?"师云:"放汝三十棒。"

上堂,"若约祖师门下,直尔无你开口处,无你措足处。你若问佛,佛是名句。你若问法,法无相状。二六时中,但回光返照,不用别求。穷劫至今,一道神光初无间歇。诸禅德,祇如是见,不用疑惑,便是报佛祖之恩,报国王之恩。古者道,歇即菩提，各自努力"。

上堂，举夹山示众云："百草头上荐取老僧，闹市门头识取天子。"师云："草鞋跟底认取达磨大师。"

上堂，"不着佛求，不着法求，不着僧求。蒲团上端坐，针眼里穿线。西风一阵来，落叶两三片"。

杭州灵隐千濑庆禅师　上堂，举玄沙因僧问："尽大地是一颗明珠，因甚学人不会？"沙云："用会作么？"师颂曰："白发渔翁理钓舟，烟波万里思悠悠。苹花冷照江天雪，醉卧不知明月秋。"

舜田满禅师　送僧偈曰："昔年曾入长蛇阵，重整风前旧战袍，春醉马蹄花影乱，一鞭暗日上凌霄。"

育王顽极弥禅师法嗣

四明育王东生德明禅师　上堂，"今日初一，明日初二。冻解寒岩，春回大地。江路野梅香，漏泄西来意"。上堂，"目前无法，六鳌头戴远峰青。意在目前，大海波澄春水绿。不得作境话会，切忌佛法商量。只如高提祖印，丕赞皇猷，又且如何举唱？海国乾坤阔，蓬莱日月长"。

颂临济参黄檗话，曰："梅边春尽已三分，戏蝶游蜂总未闻，怪底清香轻漏泄，一枝斜亚竹篱根。"送僧见荐福泽山偈，曰："上人参礼何方去，玉几难为指路头，有个长汀憨布袋，如今出现在饶州。"

龙翔笑隐欣禅师法嗣

应天府天界觉原慧昙禅师 天台杨氏,母贾,梦吞明珠而有娠。及生,广颡丰颐,平顶大耳,相甚异焉。长依越之法果大均,学出世法。洎冠剃染具戒,习《华严》于高丽教公,听《止观》于上竺澄公。已而皆弃去。时广智在中天竺,师造焉。智问曰:"何处来?"师曰:"游山来。"智曰:"笠子下掇破洛浦遍参底作么生?"师曰:"未入门时呈似和尚了也。"智曰:"即今因甚不拈出?"师拟议,智便喝,师当下脱然有省。一日智展两手示师曰:"八字打开了也,因甚不肯承当?"师曰:"休来钝置。"智曰:"近前来为汝说。"师即掩耳而出,智颔之。及广智奉敕为龙翔开山住持,师随至掌藏钥,继分座。

至顺辛未,行台檄师出世牛头山祖堂。至正癸未,升清凉。道行闻于帝师,授以净觉妙行之号。乙未,迁保宁。丙申,太祖高皇帝定建邺,师谒于辕门。见师魁伟杰特,叹曰:"真福慧僧也。"命主蒋山。丁酉,赐龙翔为大天界寺,诏师住持。御书"天界第一禅林"六大字,揭于门以旌宗极。师室中示僧曰:"二六时中,无你啖啄分,无你趣向分。会么?僧罔措。师曰:"未明三八九,难免自沉吟。"

示众曰:"春风浩浩,春日迟迟,黄莺啼在百花枝,个中无限意,毕竟许谁知。"语未既遽有僧问曰:"心意识遏捺不住时如何?"师厉声曰:"是谁不住?"

上堂,"六月一日前,万象森罗替说禅。六月一日后,八角磨盘空里走。今朝正当六月一,无位真人赤骨律,金毛狮子解翻身。无角铁牛眠少室,十圣三贤总不知,笑倒寒山并拾得"。

上堂,"朝到西天,暮归唐土,鉴在机先,未敢相许。保宁八字打开了也,莫有控勒不住者么?"下座。

上堂,"拥之不聚,拨之不散。类之不齐,混之不滥。绝照忘缘,十方坐断。隔江招手见誵讹,尽力承当得一半。蒋山与么提持,驴年也未梦见"。

上堂,"只个现成公案,众中领解者极多,错会者不少。所以金鍮不辨,玉石不分,龙河者里直要分辨去也。张上座,李上座,一个手臂长,一个眼睛大。总似今日达磨一宗,教甚么人担荷"。嘘一声下座。

上堂,"经有经师,论有论师。龙河放一线道,分科列段去也"。拈拄杖卓一下云:"且道是何章句?"

上堂,"威音王已前,弥勒佛已后,有个现成公案,未敢与汝说破。何故?心不负人,面无惭色"。

上堂,"恢杨岐宗风,坐南泉钵位,佛祖命根,衲僧巴鼻"。卓拄杖云:"东头买贱,西头卖贵。"

示众,"文远当年侍赵州,东司说法未轻酬。回光一念分明处,午夜霜清月满楼。"

至大元年,大内新成,上将登宝位,诏师引千二百僧,披阅藏经,用严清净觉地。师升座说法,上亲帅群臣座前瞻听。大悦,出内帑帛以赐。洪武元年戊申,春开善世院,诏师领院事,赐紫衣及金襕方袍,御制诰章其略曰:"自予肇业,命汝匡宗,德风振起于法门,景运赞襄于家国,特授'演梵善世利国崇教大禅师'。"时章缝之士以释子为世蠧，奏请除之。上以疏章示师，师对曰："孔子以佛为大圣人，以此知真儒必不非佛，非佛必非真儒矣。"上亦以佛之教阴翊王度，却不听。庚戌夏六月，廷议西域末臣伏，上以彼域敦尚佛乘，特命师往，诏尚书赵某为之副。师承命即日登途，衣盂之资一无顾惜。辛亥秋道憩僧伽罗国，其王奉师于佛山精舍，执弟子礼。九月示微恙，二十六日沐浴更衣，亟命尚书至，谓曰："某幻缘终，此不能复命矣。"仍诫谕左右。屹然端坐，夜过半问曰："天明也未？"对曰："未也。"少顷复问，对曰："日出矣。"遂恬然而逝。世寿六十八，僧腊五十三。其王奉棺茶毗，收舍利齿牙舌根，祔葬彼国辟支佛塔。甲寅冬尚书赵某还朝陈其事，上闻而嗟悼，敕天界住持宗泐，以师遗衣藏于雨华台之左。

杭州灵隐用贞原良禅师　别号介庵，苏之吴县人，范文正公第三子，尚书右丞恭献公讳纯礼之九世孙，父伯和，母郑氏，生二子，长叔敬，次师也。年十五从里之迎福院受弥剃发，依北禅泽法师学天台教观。因天平住山士瞻璎公劝其从禅，于是往见广智于龙翔。智问："汝自何来？"师曰："苏州北禅来。"智曰："三乘十二分教即不问，如何是行脚事？"师拟议，智便喝，师礼拜而退。次日又见，拟伸问，智又喝。师俛首，智曰："思而得之，落在第二头去。"师遂有省，乃执侍左右，久之尽得其要旨。复往谒石室瑛公于育王，室俾掌藏教。至正壬午，行宣政院檄师出世嘉兴资圣，迁越之天章，移杭之中天竺，升灵隐。

示众曰："夏末秋初，衲僧家东去西去，拄杖头拨着一个会佛法底，便是祸事。三世诸佛构不着，历代祖师构不着，天下老和尚构不着。"喝。又曰："百千法门无量妙义，一毫头上识得根源，万两黄金亦消得，因甚云门道还我九十日饭钱来？盖谓炉鞴之所多钝铁，良医之门足病人。向上更有事在，其间别有商量，达磨一宗扫土而尽。"洪武四年正月十六日化去。先一日谓左右曰："明日巳时行矣。"至时澡浴端坐，侍僧请偈，乃书曰："今年五十五，打破虚空鼓，不涉死生关，讨甚佛与祖。"须臾寂然而逝。

杭州净慈懒庵廷俊禅师 用彰，其字也。世居饶之乐平，姓董氏，从里之大云辑公出家，年二十剃发受具。二十又五游方，历庐山诸刹。久之往浙中，见月江印于吴兴何山，印曰："未入门来相见了也。"师曰："凤栖不在梧桐树。"印曰："不是不是。"师疑之，执侍期岁终不契。时广智阐道杭之中天竺，师往谒，智展两手示之，师即礼拜。智曰："见什么？"师曰："骅骝堕地，志在千里。"智叹曰："子黄龙佛印流也，善自护持。"灵隐东屿寻命掌记室。天历初，文宗即金陵，潜邸建大龙翔集庆寺，广智为开山住持，延师居第一座。讲行清规，号令广众，遂致法席全盛。至正二年，行宣政院选师住苏之白马，继迁吴兴资福。作大殿山门僧堂厨库方丈，仅五载而大完。再迁绍兴能仁、杭之中天竺净慈。国朝洪武元年，浙西僧道以赋役集金陵，师在行寓钟山。五月二十三日端坐如常，寂然久之。侍僧意师欲去，膜拜请偈，师瞠目曰："缘未尽则住，缘尽则去，何偈为。"顷之则逝。天界觉源昙公，法门昆仲，为力治丧事，世寿七十，僧腊五十。

四明育王约之崇裕禅师 毗陵陈氏子。事寿昌院东林晓公为师，参径山寂照天目断崖，俱不契，见广智于中天竺。及至龙翔，始机凑，俾充纲维掌藏教，自是益励精于道，三十年胁不沾席。

出世太平南禅，迁九江圆通，至育王。上堂，"鸿蒙未剖已前，天地未位之际，有一句子三世佛不知，六代祖师不会，老僧不惜眉毛今日当阳显示"。展两手云："嘎。"

上堂，"昔日简堂和尚拈出一个死猫头，向山中开张铺席，辽天索价，卖弄不行，直至如今风吹日炙，臭气熏天。山僧不惜腕头之力，重为上行去也。莫有定价者么？见义不为，何勇之有"。

上堂，"教中道，清净本然，云何忽生山河大地？山僧道，清净本然，唤什么作山河大地。若向教中语下悟去，压沙取油。若向山僧语下悟去，画波求缝。毕竟如何？地倾东南，天倾西北"。

上堂，"诸禅德，也无玄也无妙，也无佛也无祖。从朝至暮，东廊上西廊下，还曾有物绊你脚跟么？"

杭州净慈仲邠克岐禅师 别号尚素，台之临海人，姓徐。年十三，依天台明岩太古熙得度。闻无际本唱道江心，遂往谒。际问何处来，师曰："天台来。"际曰："石桥昨夜作两截，汝还知么？"师曰："近离华顶。"际曰："我问汝石桥。"师曰："十日到此。"际乃喜。久之往谒广智于龙翔，掌内记。礼寂照于径山，典藏教，自是丛林易观。

出世四明五峰，迁大梅，升净慈。上堂，"问话且止，未入门来已为诸人相见了也，皇恩佛恩一时报毕，若也尚存观听，未免重下注脚。达磨云：'吾本来兹土，传法救迷情。一华开五叶，结果自然成。'年来事久多变，后代儿孙门风无限，搅得身心一团麻线，五峰今朝都为截断，还会么？一百五日近清明，上元定是正月半"。

上堂，"长天无极，白日如飞。人心不定，白发催归。物理昭然，古今不易。三条椽下，七尺单前，宜加省察"。

上堂，"贪嗔痴，戒定慧。泥团土块作么生得十成去？河里失钱河里摝"。

上堂，"鹭池鹫岭，海甸庵园，曹溪路上，少室峰前，其平如掌，其直如弦，总在这里。有耳者闻，有眼者见，闻见历然。直下是个什么？"良久。"依稀越国，彷佛杨州。"洪武二十四年八月十七日示寂，寿八十三，腊六十九。

应天府天界李潭全室宗泐禅师 台之临海人，周姓，父吉甫，母葛氏。师生始能坐即跏趺，父母亲族咸异之。八岁命从杭之中天竺广智学佛，经书过目成诵。十四剃发，二十受具。智开山金陵龙翔集庆寺，师与俱。一日智问："国师三唤侍者三应，意旨如何？"师云："何得剜肉作疮。"智云："将谓汝奇特，原来只与么。"师喝，智拟棒，师拂袖而出，自是日臻玄奥。久之谒原叟于径山，语合，命掌记室。未几出世宣之水西余二十祀，众废毕举。

洪武戊申，升杭之中天竺，迁径山。太祖高皇帝问鬼神事，诏两浙有学行僧，师居其首，馆于天界，对扬称旨。既而建普度大会于钟山，师奉命作赞佛乐章，复对鬼神说法，太祖临筵，瞻听叹美，命住天界宠荣之，一时缁白向化，法席鼎盛。

上堂，"苦乐逆顺，道在其中。无苦无乐，无逆无顺，道在什么处？"卓拄杖云："满堂无限白苹风，明明不在秋江起。"

上堂，"一年十二月，九个月游州猎县，玩水观山，看来有甚了期？安居三个月正好休去歇去。山僧怎么告报，也是泥里洗土块"。遂击拂子，"熏风自南来，殿阁生微凉"。

冬至上堂，"一阳来复，万汇昭苏。鲁公台上书云，汉女宫中添线。若作世谛流布，塞壑填沟。更作佛法商量，堕坑落堑。何故？车不横推，理无曲断"。

上堂，"仲冬严寒，天寒人寒。地炉频着火，收足上蒲团。现成有一句，大雪满长安"。拍禅床下座。

上堂，"说心说性，说妙说玄，总是野狐涎唾。行棒行喝，擎叉舞笋，亦是鬼家活计"。卓拄杖云："毗婆尸佛早留心，直至如今不得妙。"

上堂，"今朝三月旦，过去已灭，未来未至，现在无住，从无住本立一切法"。击拂子云："大虫舌上打秋千，蟭螟眼中放夜市。"

驾每临幸，或召对内廷，赐茶与膳，复和师所作诗一帙以赐。西天善世禅师板的达来朝，见师叹曰："真苦海慈航也。"尝患疾，驾幸慰问，使医诊视。丁巳春奉诏，同杭州普福如玘注《心经》《楞伽》《金刚般若》三经行世。太祖以佛书有遗逸，命师领徒三十人往西域求之，得《庄严》《宝王》《文殊》等经。洪武十五年三月还朝，十六年开僧录司，以右街善世授师。或有教门事，同官不敢言，惟师力言之。后因长官奏事获谴，同往凤阳槎峰建寺，三年讫工，敕赐圆通之额。十九年秋趣归天界，引见赐诗，有"泓翁去此问谁禅，朝夕常思在目前"之句。后二年旧寺灾，师以兴复为己任，率住山春公奏重建于聚宝门外，上曰可。师于是力为无倦色，落成，师辟一室于三塔庵，额曰松下居，为佚老之所。二十三年夏，诏再住天界，上曰："一百二十岁永镇纲宗。"二十四年，复领右街，善世居无何以年老赐归槎峰，诣阙拜辞。上曰："寂寞观明月，逍遥对白云，汝其往哉。"绝江至江浦石佛寺，俄示疾，召门人诚谕已，遂泊然而寂。阇维，设利无算，乃九月十日也。世寿七十四，夏六十。余骼附葬于天界广智塔右。

应天府天界芳林宗㘽禅师 别号幻梦，台之临海毛氏子。示众曰："古德云：'是身寿命如驹过隙，何暇间情妄为杂事。'大众，汝十二时中着衣吃饭，岂不是杂事。烧香礼佛，岂不是杂事。看经坐禅，岂不是杂事。且道那个是本分底事？"良久云："我不敢轻于汝等，汝等皆当作佛。"

台州九岩道纯雅禅师 颂佛成道曰："堂堂独露劫空前，万里青天赫日悬。夜睹明星方瞥地，顶门合吃棒三千。"

保宁仲方伦禅师法嗣

勾容奉圣笑岩喜念禅师 上堂，"非不非，是不是，差之毫厘失之千里。赵州茶，庐陵米，玉箸撑开虎眼睛，金鞭敲出凤凰髓。阿呵呵！谁识阎罗王是鬼"。

上堂，"一口针，三尺线，金州布，扬州绢。赵州道，我在青州做一领布衫重七斤。闭门造车，出门合辙"。寄同参偈曰：

"黍为住山人，甘自忍饥饿。三条篾束腰，四壁寒凝雾。袈裟无一截，纸被都碎破。床上笑翻身，门外车声过。仰面看屋梁，知心无一个。新开一片畬，雨余萝卜大。"

灵隐竹泉林禅师法嗣

台州鸿福牧隐文谦禅师 福州长乐方氏，幼颖悟，书过目能诵。年十一，从邵武安国寺自建得度。游方抵蒋山，时昙芳法席盛甚，有首座所铁山者亦闽人，号为宿德，师咨以禅要。所令参狗子无佛性话，久之有省，乃造所曰："赵州被我捉败了也。"所曰："无字聻。"师遂拳之。所曰："离此一拳落在甚么处？"师提起坐具撼之曰："更少个什么。"所曰："放汝三十棒。"去谒金山即休了公，休命掌记。闻灵隐了幻道化，往谒曰："自远趋风，乞师一接。"幻曰："未入门来，接心了也。"师曰："因风吹火，用力不多。"幻曰："书记近离甚处？"师曰："金山。"幻曰："金山与焦山斗额是第几机？"师曰："不辞向和尚道，只恐不信。"幻颔之，复令掌记。行宣政院檄住台之觉慈，迁鸿福。

洪武五年春，太祖高皇帝有旨，召高德僧十人于钟山法会，演法师与其选，召对武楼下，赐膳。次日驾幸钟山，御崇禧寺，对扬称旨，天颜大悦。已而感微疾，谓其徒曰："吾今日去矣。"有问者曰："和尚如何？"师曰："谓吾昏耶？"问者曰："昏得这个，昏不得那个。"师厉声曰："有甚这个那个？"众请留偈，乃援笔大署曰："有世可辞是众生见，无世可辞是如来见。踏倒须弥卢，虚空无背面。"遂端坐而化。天界金禅师因召入内，具奏师告寂之故，并诵其遗偈。太祖为手书之，嘉叹良久。阇维，舍利无算。寿五十七，夏四十六。

苏州虎丘灭宗宗起禅师　族出天台，谢事万年，隐居石桥庵，长年禅坐，不知有人世事。暮年僧录司举住云岩，仅一载。师为人简淡，拙于应世，士庶待之寻常。及化去，光明伟异，皆嗟叹不已，乃洪武廿三年也。师终时，以平昔法语藁自焚之，惟记其尝送衡公住穹窿偈曰："穹窿山顶铁船浮，直接南湖万顷秋，谩说国师遗旧业，今逢开士继徽猷。髻螺山好排檐拥，法雨泉甘绕舍流，莫谓西来无祖意，未曾开口已先酬。"

苏州常熟慧日昙石德祺禅师　崑山太仓胡氏子，兴福院出家。初见湖州天池元翁信，至杭中天竺，了幻爱其笃志在道，俾居侍司，复升掌藏教。及幻迁灵隐，又往参谒，遂分第二座。从游既久，尽得其末后一着。久之，归太仓构庵而居，曰净慧。与数禅者同住，朝钟暮鼓，禅诵有常规，邑之黎庶翕然归敬。士大夫过门，但与谭禅，不及世故。不能契机，辄旁引《圆觉》《楞严》开喻。凡聆其指教，无不油然生信。晚年四众劝勉开法慧日，虽不遇其时，能以法道自任，凡丛林清规真举。

上堂，"从来大道出平常，那用将心谩度量，渴则饮泉饥则饭，寒时向火热乘凉。慧日寺里一众，清晨上殿讽经，粥了打板坐禅，饭罢廊下东行西行。且道是平常不是平常？若是金毛狮子，三千里外见諨讹"。

上堂，举真净和尚云："二月仲春渐暄，时来万物争妍，莫待桃花悟道，出门芳草芊芊。"师云："恁么说话，犹带廉纤在。惠日则不然，二月仲春渐暄，日长正好打眠，长连床上一觉，团团月出山颠。"良久，"子期去后知音少，往往徒劳奏七弦"。终于嘉定檀越顾长达所建圆觉庵。师将终，谓庵主琛石隐云："有一顶袈裟无人堪受领，不幸得罪于师门。"言毕泪下。良久，泊然而逝。茶毗，异香袭人，莫不异之。

径山古鼎铭禅师法嗣

杭州径山象原仁淑禅师 台之临海陈氏。年二十闻径山寂照道望，往依之，获剃染。昙芳继席，俾掌内记。东还之鄞至育王，雪窗命职书记。妙明主杭中天竺，师造焉。明曰："书记带得育王舍利来么？"师展两手云："是什么？"明曰："侊侗真如。"师曰："当面蹉过。"明以竹篦挟之曰："不是不是。"师汗下如雨，乃云："这回识破这老子了也。"会明迁径山，师再往参之，命居第二座。行院札符开法天目山，大觉兄视妙明而师承之。洪武元年，善世院檄住嘉禾。天宁五年，诏天下高僧建法会于钟山，师预其列。入觐奉天殿，赐坐与膳，寻住径山。

上堂，"心不是佛，智不是道。怎么会者，庆快平生。不恁么会者，庆快平生。上乘菩萨信无疑，中下闻之必相笑"。卓拄杖云："莫相笑，木马夜嘶风，天明失却晓。"

上堂，举乾峰示众云："举一不得举二，放过一着落在第二。"云门出众云："昨日有人从天台来，却往径山去。"峰顾侍者云："明日不得普请。"师拈云："乾峰如项羽持兵四十万，会汉高于鸿门。若不是云门嗅土知机，争见前徒倒戈卸甲。"顾侍者云："明日不得普请，败阙多少？"

上堂，"有一句到你肉上抉疮，无一句到你日中逃影。总不恁么时如何？"良久，"横身当宇宙，谁是出头人"。因县令梁公复庵勉师建佛殿，材木已具而工未就，忽谓门人曰："吾初住此山，梦寂照授箸九双，今越九载，缘止是矣。"书偈而逝，洪武庚申六月四日也。阇维，脊梁骨寸余，成佛像，眉目分明。观者惊异，叹未曾有。设利如珠，粘缀遗骨，塔于凌霄峰下，曰归云。其住径山，翰林学士宋公濂赠以十偈，其末章云："寂照传灯到妙明，如今正印属师兄，好将东海为油点，续焰联芳到化城。"

应天府灵谷天渊清浚禅师　别号随庵，俗黄岩李氏，父益母应。师幼学乡校，颖悟特异，然不甘处俗。年十三，依妙明于明之宝陀，逾年剃发受具。明迁中竺，延师居侍司。及升双径，又处以记室。师益奋励，坐究行参，弗忘向上事。一日阅大慧语录，至"唤作竹篦则触，不唤作竹篦则背"，忽有悟，即白明。明曰："我手何似佛手，作么生？"师曰："合取臭口。"明呵呵大笑。师复日阅《楞严》《圆觉》《楞伽》《维摩》等经，皆深究义趣。既而还四明，留育王佛照祖庵五载。爱东湖青山境致清绝，往挂锡焉。

洪武改元，始应郡守请，出世万寿。甫三载，又卜二灵，和庵主故山缚茅而居，扁曰随庵。四年，太祖高皇帝有旨，于钟山设普度大会，驿召有道沙门十人，师居一也。事竣还山，赐赉甚优。十五年，肇开僧录司，召师职觉义。十九年，被旨即灵谷大斋会说法，祥光发现，照曜林谷，万目咸睹叹未曾有。适灵谷住持羲物，先以疾辞退，太祖命师补处，亲制诗十二章以宠其行，仍敕僧录司，官弘道夷简守。仁宗泐翰林学士刘三吾、董伦咸属和以赠师。寻和进太祖，览之称善。时天大雪，太祖御几筵，复为冒雪来朝诗以褒嘉之，有"佛日增辉万象开，全身又入梦中来"之句。自是太祖侍遇益隆，屡奉制赓和。一日钦和思亲怀故诗进，太祖嘉叹，赐宝钞二千五百。师不己有，就奏为万工池费，而尤为诸亲王礼待，赐予手书诗偈及珍异物。道风远播，四方参学之士，云屯水汇。师皆随其根器以加策励，多所成就。

佛诞上堂，举世尊初生下，一手指天一手指地，周行七步，目顾四方云："天上天下唯我独尊。"云门云："我当时若见，一棒打杀与狗子吃，贵图天下太平。"师颂云："指天指地称第一，万祸千殃从此出。云门棒短没奈何，殃及儿孙无了日。"

结制并谢首座，上堂，举云门和尚有时云："平地上死人无数，过得荆棘林是好手。"时有僧出云："与么则堂中第一座有长处也。"师云："唤什么作荆棘林，又何用要过。殊不知荆棘林即是菩提座，从旷大劫来未尝暂离。行也在里许，住也在里许，坐也在里许，卧也在里许。卷舒出没，纵横变化，无不自在。所以道，随缘赴感靡不周，而恒处此菩提座。虽然，只如世尊入因沙室，与此时是同是别？毕竟水须朝海去，到头云定觅山归。"

示全侍者偈曰："破颜微笑显全机，二十乌藤未放伊，前路逢人休错举，得便宜是落便宜。"洪武壬申五月三十日入灭。其先五日斥服玩，散交游，诫诸徒，别同僚。书偈而化。春秋六十五，夏五十一。阇维，其徒收遗骨，陪葬双径妙明塔左。

应天府天界白庵万金禅师 吴郡姚氏子，母苏，生师时，奇香馥郁满庭。年临五六，方颡圆颜，白皙如玉。琢郡大夫爱之，时抱载车上，归与妻妾瑰玩之，欲索为子，父母靳弗与。逮七岁，颖悟异常，几书一览即记忆。一日请于母："儿患世相不常，愿求出世间法。"母曰："出家甚苦，尔来幼弗堪。"曰："儿心自乐之，想无苦也。"自后请之不已，父母知志不可夺，俾依吴县宝积寺道原衍公为弟子，祝发及受具。衍主嘉禾德藏师为纲维。俄弃去，谒妙明于双径。明一见以法器期之，留侍左右。一日谓曰："德山见龙潭，因甚向吹灭纸烛处，方始瞥地？"师曰："莫瞒某甲好。"又一日，举如"来有密语，迦叶不覆藏"，声未绝，师即抗声曰："和尚惜取眉毛。"一日，闻厓石堕地，胸中廓然，顿忘知解，明俾掌记，由后堂复升前堂，自是声称籍甚。

至正乙未，出世苏之瑞光，迁嘉禾天宁。帝师大宝法王闻师之道，授以圆通普济禅师之号。师自幼丧父，惟有母存，乃于城东筑孤云庵以奉养焉。洪武改元，肇开善世院以统释教院，以疏币聘师补处杭之净慈，不受。已而有旨起师住持天界，师应诏至阙，见太祖高皇帝于外朝，慰劳优渥。即令内宫送入院，赐天厨之膳。自后屡奏对多称旨。

上堂，"天地与我同根，万物与我一体。灯笼自灯笼，露柱自露柱，何曾得一体来？南泉道，时人见此一株花如梦相似。又且如何？休将支遁鹤唤作右军鹅"。

上堂，举黄檗示众云："汝等诸人尽是噇酒糟汉，怎么行脚何处有今日？还知大唐国里无禅师么？"时有僧出云："只如诸方匡徒领众又作么生？"檗云："不是无禅，只是无师。"师云："潭州纸遗一状领过。"

五年春，诏三宗名僧十人，及其徒二千，建广荐法会于钟山，命师总持斋事。师能灵承上旨，凡仪制规式皆堪传永久。寻以母年耄，举径山泐公自代，复还喜禾侍母。是年冬诏复建会钟山如初。大驾临幸，诏师说法，公侯庶僚靡不悦服。上以师才智踔绝，谕令罢道辅政，师固辞而止。一日示门弟子曰："吾有宿因必酬之。"去饮食七日，委顺而化，实六年十二月二十四日也。停龛六旬，启而视之，容貌如生，爪发皆长。阇维，数珠顶骨齿牙不坏。寿四十七，腊三十六。其徒奉灵骨及诸不坏塔于天宁。

苏州万寿本空昙相禅师 谢檀越施法被，上堂，"见则易，识则难，花根本艳，虎体元斑。识不难，见不易，干木随身，逢场作戏。钟山道，林大士拈起杖头剪刀把虚空剪得七零八落，有个摩耶佛母忍俊不禁，向金针锋上玉线蹊中恰好揍得还成一片。青者自青，白者自白，红者自红，绿者自绿，莫不自然。斗角捉方。攒花簇锦，以致过现未来三世诸佛向杂华世界各坐一方，同声赞叹奇哉奇哉！希有希有！因见诸人懵懵不采，走入山僧拄杖里去也"。举起拄杖云："若唤作三世诸佛，又是拄杖子。若唤作拄杖子，又是三世诸佛。三世诸佛穿过拄杖子，拄杖子穿过三世诸佛。正与么时，若有具择法眼缁素得出，许你一生参学事毕。其或未然，拄杖子为你说破。"卓拄杖云："菩提妙华遍庄严，随所住处常安乐。锦绣丛中辊出来，须弥顶上大张开。看他妙用神通处，鹘眼龙睛妙莫猜。"

上堂，举云门因僧问："如何是学人自己？"门云："游山玩水。"师云："原来跛脚阿师，说得行不得，带累多多少少人向山水中着到。若有问北山如何是学人自己，便与一喝，岂不直截分明。"良久，"个中若了元无事，体用何妨分不分"。

上堂,"遇八念诵,遇五升堂。虽然旧事,举起何妨。云门干屎橛,切忌错承当"。

佛诞日上堂,"才出胞胎便会行,多生习气不能忘。西天五印都瞒尽,最苦难瞒是大唐"。

上堂,"三期果满在今朝,大野风生暑气销,脚下草鞋生两翼,吴云楚水任游遨。大众,切忌踢破脚指头"。

苏州万寿泽原慧禅师 上堂,举东印土国王请般若多罗尊者斋次,王问:"诸人尽转经,唯师为甚不转经?"者云:"贫道出息不随众缘,入息不居阴界。常转如是经百千万亿卷,非但一卷两卷。"师云:"山僧道,东印土国王只有供养心,全无问难意。见与么答,便言请尊者经看。若下得这一转语,非惟檀波罗蜜具足圆满,亦乃财法二施等无差别。"

上堂,举晏国师示众云:"鼓山门下不得咳嗽。"时有僧咳嗽一声,国师云:"作什么?"僧云:"伤风。"国师云:"伤风即得。"师云:"大小国师龙头蛇尾。当时若见他道伤风,便云伤风败教之徒,偏门摈出。非惟有放有收,抑亦玄风独振。"

上堂,"马祖升堂,百丈卷席。剑出匣,画人之头婴锋而摧。矢离弦,石虎之额没羽而裂。正所谓毗岚倒山、霹雳破柱时也。未举先知,尚为钝根。伫思停机,岂是灵利"。卓拄杖,"在途空尔念归家,多勇何如多智慧"。

上堂,"得之于心,伊兰作栴檀之树。去之于旨,甘露乃蒺藜之园。古德与么道,品之教苑堪逞座主,长材班之禅丛,未见宗师手段,慧上座不惜眉毛为他去也"。拍禅床下座。

上堂,"临济云:'佛者心清净是,法者心光明是,道者处处无碍净光是。'"良久云："三段不同，打归一处。"

国清梦堂噩禅师法嗣

杭州径山岱宗心泰禅师　别号佛幻，越之上虞人，姓孙，父子实，母何氏。产师时外向而出，识者谓离俗之兆。未髫即聪颖，群儿莫与敌。尝书于闼曰："一行白鹭非上天，不识飞作非。"父母异之。七岁入乡校读书，过目能诵，不烦捶责，校师奇之。然不乐处俗，惟僧是乐。年十五依等慈沃洲达公，后礼其徒闻叟爱公剃染，继往郡城开原受具。志欲游方，遂入杭。初夏于西天竺，寻上径山见古鼎铭，鼎留为侍者，弗就。逾十载，闻梦堂说法天台国清，遂往见之。堂曰："汝从何来？"师曰："上虞来。"曰："来作甚么？"曰："特来礼拜和尚。"曰："礼拜我作么？"曰："学佛法耳。"曰："若是佛法，我这里一毫也无。"曰："和尚说底。"堂器之，即令入室。久之见用贞于灵隐，命掌书记。国朝洪武初天界白庵，疏命董姚江龙泉，继主上虞东山国庆。十三年，僧录司举住中天竺。时浙江布政使司布政王公钝重师林而能文，力为外护。永乐元年升住径山，开炉上堂，举此庵和尚云："开炉今岁无柴炭，潦倒情怀实不安。寒气四山来得重，大家收足上蒲团。"径山亦成一偈举似大众，"诸方无炭又无薪，寒气如何不着人，径坞有薪还有炭，自然暖处好安身"。

浴佛上堂，"母胎才出已称尊，不是兴家便灭门。莫谓云门无毒手，棒头别有一乾坤"。四年丙戌，国家纂修《永乐大典》，师承召赴京，僧录司以师年耄，馆于天界闲居以俟，葛利麻上师至而迎接之。丁亥得归山中,戊子谢事,居寂照庵。辛卯受业诸孙请归永乐侍奉。乙未冬十一月示微疾。十四日作偈别众曰:"八十九年为僧到老,末后一句不道不道。"掷笔而逝。茶毗,徒孙收遗骨塔于等慈。

天宁楚石琦禅师法嗣

苏州万寿莹中景瓛禅师 别号笑轩,族出携李姚氏,父桂卿,母茆氏。幼岐嶷,与群儿戏,辄作呗匿声。或调之曰:"明日有船来取你作塴去也。"师怒曰:"便是铁船来也打碎他底。"父母识其志,送同郡兴福寺礼法云祝发,犹壹郁不怿。既具戒,即更礼天宁西斋为师,始惬素抱。一日叩问曰:"父母未生已前。"西斋遽曰:"那个是你本来面目?"师遂有省。径山竺远爱其英伟,招为侍者,升记室。寻往宣之水西,依法叔澹居于西堂,日增智证。国朝洪武元年,肇开善世院,总统县公雅知师,首举出世海盐。天宁四年,澹居出主虎丘,师躬辅翼,迨迁万寿,犹从之,若普化之于临济也。偶与僧山塘行次,僧举妙喜遣僧与张公紫岩书话,至"拖个死尸路上走"。乃大笑曰:"先师用处我识得了也。"及澹居谢事,郡守王公兴宗请师嗣居之。时丁潦饥众多而食不给,师分卫以赡。

上堂,"世尊无说说,迦叶不闻闻。一段奇特事,分明举向君"。便下座。

上堂,"溪光山色,全彰清净法身。柳巷花街,廓尔涅槃正路"。良久,"竹杖化龙去,痴人㞗夜塘"。

上堂，"夏日长，熏风凉，雨过满庭薝卜香，莫作境物会却，休为佛法商量"。良久，"达磨大师牙齿缺，释迦老子面皮黄"。

上堂，"妙明心印，触处全彰，在天是天，在地是地，在僧是僧，在俗是俗。即今坐立俨然，何处是妙明心印？"喝一喝，下座。

上堂，"如来禅，祖师禅，如水合水，似空藏空。有般汉闻怎么道，便云我会也我会也。且问你，阿难因甚合掌，迦叶因甚擎拳？"击拂子，下座。

上堂，"百千法门同归方寸，河沙妙德总在心源。玄沙和尚云：'达磨不来东土，二祖不往西天。'何处得怎么说话？嗄！口因踢破脚指头"。十一年，诏天下僧徒习《心经》《金刚般若》《楞伽》三经。昼则讲演，夜则坐禅。师为众讲说，言简理丰，靡不厌服。十五年，僧录司选住青州华严而终。茶毗，其嗣法弟子昆山、荐严、素蕴等奉遗骨，塔于苏之西山佛日庵。

径山愚庵及禅师法嗣

杭州灵隐空叟忻悟禅师 苏之吴县人，俗姓钮，父本华，母吴氏。儿时简重寡默，父母知其非处俗质，甫九岁，命入郡城龙兴，依白云间公出家。暨受具，即欲参方。时愚庵居净慈，师往见。庵诘之曰："如何是永明旨？"师曰："某甲新到，只见一湖水，不识永明旨。"庵可之，遂容入室为侍者，继命典藏教，复居第二座。既而中天竺懒庵请居第一座，表率其众。久之还乡里，吴郡诸山以天平请，弗徙。时帝师闻师道誉，锡以圆慈正济之号。皇明洪武元年戊申，善世院命居感慈，亦不赴。三年庚戌，京都宗刹疏住浙江万寿，起废之余，待云锡不懈。迁住中天竺，募施建天香阁。既完，升住灵隐，学者鳞萃。

上堂，"绝思惟，断疑惑，三际十方明历历。放过德山，扫除临济。热则乘凉，困则打睡。山悠悠，水悠悠，更嫌何处不风流"。

上堂，"诸佛不出世，亦无有涅盘。释迦世尊因甚向双林树下摩胸告众云：'汝等善观吾紫磨金色之身，瞻仰取足，毋令后悔，今日则有，明日则无。'世尊毕竟是涅槃耶，不涅槃耶？还委悉么？阑干虽共倚，山色不同观"。

新正上堂，"今朝正月一，一岁从新起，遍界动香风，普天施法雨。一生二，二生三，三生万物，管取今年禾麦熟，大家安坐乐升平"。

开炉上堂，兼谢龙华和尚。"今朝十月旦，天寒宜向火。深山古寺兽炭少，大家迭足团围坐。堪笑丹霞烧木佛，却教院主眉须堕。相识满天下，知心能几人。"终时寿五十五，腊四十。

四明天童用愚希颜禅师 苏之长洲余氏，觉林出家。住后上堂，"登山须到顶，入海须到底。登山不到顶，不知大虚之宽广。入海不到底，不知沧溟之浅深"。喝，"才有是非，纷然失心"。

上堂，举东山演祖示众云："祖师说不着，佛眼看不见，四面老婆心，为君通一线。"便下座。师云："若教频下泪，沧海也须干。"终于浙江万寿东堂。

北京顺天府庆寿独庵道衍禅师 苏之长洲姚氏，幼依里之妙智庵出家。入乡校读书，不烦师谕，义理自通。寻礼宗传为师披削。未及冠即能诗文，为时所称。从北禅虚白亮公习天台教。阅《四教仪图解》，剔其谬处问虚白，白不能答，遂弃之。往杭之径山，参愚庵，机契，命司记室。自是往来十余年，尽得旨要，声誉洋洋聿起江海间。

初出世临安普庆，迁住杭之天龙、嘉定之留光。洪武壬戌，僧录司选举，钦除庆寿住持。皇上当潜龙时，重师道学，每召入内府，必茗膳问辩。屡锡楮镪黄白之物无虚月，众集如云，法席一振。

上堂，举修山主云："二破不成一，一法镇长存。若作一二会，永劫受沉沦。修山主尽力只道得八成，普庆为他画虎添斑去也。二破不成一，黄昏候日出。一法镇长存，面南看北辰。若作一二会，隔壁猜哑谜。永劫受沉沦，圆通解脱门。"喝。"禾黍不阳艳，竞栽桃李春，翻令力耕者，半作卖花人。"

上堂，"霜华扑户北风凉，荒院萧萧夜愈长，莫只拥衾间瞌睡，火炉头话合商量"。

上堂，"今朝三月十五庆寿，升堂打鼓。山门厨库交参，露柱灯笼起舞。直得开山和尚向山僧拂子头上，将木剑绵蛇横拈倒弄，踊跃欢喜而脱咒曰：室利室利，苏噜苏噜。报禅流，休莽卤，蟭螟虫吞却虎，大地山河无寸土"。

永乐二年，皇上命师罢道辅政，特授资善大夫太子少师，赐名广孝。与府第，享厚禄，屡锡金帛。虽胝冠带当富贵，清修自如而淡薄，禅诵比旧益加。十六年三月二十五日，往朝皇上于北京。二十八日遂敛衽跌坐而逝。皇上哀悼，辍视朝三日，命有司为治丧葬，追封荣国公，谥恭清，遣官赐祭。以四月六日火化，惟舌不坏，坚如金石，得舍利皆五色光彩煜然。仍为卜地于西山砻石建塔。寿八十四。

万寿行中仁禅师法嗣

杭州径山南石文琇禅师 苏之昆山李氏，父福成，母沉氏善清。幼从邑之双江绍隆院智兴祝发。初参兰江溅公于荐严，一见器许，然师意终未满。洪武四年，熙怡翁说法虎丘，师谓闻其名既久，必一见乃已。才觌面，果契合，遂俾居侍司，升记室，自是声誉霭然。未几出世郡之普门，迁灵严，升住万寿，法席大振。

永乐四年，奉召纂修《永乐大典》，留京三年。及书完，僧录司公举师住杭之径山，参徒云集。

上堂，"十方无异路，为什么南寻天台北寻五台？目前无异草，为什么桃花红李花白？"良久，"打破祖师关，总是自家底"。

上堂，"情尘易遣，理障难除，尽十方世界空索索地，有什么情尘可遣？有什么理障可除？虽然，山门头，佛殿里，切忌撞着露柱"。

上堂，"望州亭，乌石岭，相见了也。发明空劫已前事，灯笼与露柱交参。厨库对僧堂发笑，显示现行三昧。嘉州牛吃禾，益州马腹胀。天下觅医人，炙猪左膊上。三世诸佛构不着，历代祖师构不着"。

上堂，"但参活句，莫参死句。头头上显，物物上明，是死句。举步踏着南辰，转身触翻北斗，是死句。且作么生是活句？苏州街雨过着绣鞋"。众拟议，掷拂子下座。

上堂，"森罗及万象，一法之所印。前面是钵盂峰，后面是凌霄峰，中间是佛殿，唤什么作一法？"良久，"国一祖师原是昆山人"。

上堂，"目前无法，意在目前。不是目前，不是目前法，非耳目之所到。洗砚池头云冉冉，埋鸡冢上草离离"。师室中垂语云："道源不远，在什么处？祖师西来，为什么事？菩提无树，谁为立名？"僧问："昔有僧问巴陵，祖意教意是同是别？巴陵云，鸡寒上树，鸭寒下水。此意如何？"师云："你问我。"僧云："祖意教意是同是别？"师云："蠢瓦钵，破蒲扇。"僧云："某甲不会，望和尚慈悲指示。"师云："钵好盛饭，扇好取风。"

师问侍者："南阳三度唤侍者，你还会么？"者云："也只为老婆心切。"师云："你怎么会，国师汗臭气也未梦见在。"者云："望和尚点破。"师云："待钵盂峰点头，向汝道。"

师暮年还万寿松院，纂成此录，及脱藁次，于永乐十六年九月二十四日入寂。茶毗，舍利累然，其徒孙奉遗骨塔于永怀门，弟子分塔于寂照塔之右。世寿七十四，僧腊六十七。嗣法吴郡翠峰宗谧校对寿梓，依世次而书入之。

昆山永怀无我普观禅师 族出嘉定，于邑之留光寺出家。初参昙石于常熟慧日，咨以出世之法，石屡启之，知有而不能发，遂见熙怡于北山，俾居座首。一日熙怡问曰："仰山梦升兜率，其意若何？"师曰："白日青天，休要说梦。"熙怡领之。师尝颂赵州无字话曰："狗子无佛性，一刀便断命，若是懵懂流，拟议即成病。"

苏州虎丘性海善法禅师 别号无说，吴县徐墅顾氏。幼依宝寿信庵谨公，学出世法，礼其徒祖显为师。见熙怡于万寿，俾职纲维。一日熙怡问曰："兴化打克宾，你还会么？"师曰："太平不用将军令。"怡休去。既而之杭，遍游湖山。时空叟悟主中夫竺，挽居藏司，师虽孜孜以向上事存心，然终有疑碍。偶访旧于江阴独行道中，田家小儿唤耕夫吃饭来，师闻不觉手舞足踏，私自庆曰："今日始知眉毛元在眼上。"

洪武庚申，出世秀峰，壬申迁虎丘。佛诞上堂，举世尊初生话颂曰："分手指上下，颠狂似少神，茫茫天地内，将谓更无人。"

灵岩南石至，上堂。拈拄杖竖起云："灵岩拄杖子，若不是云岩师兄到来，决不肯容易拈出。且拈出后如何？"遂以拄杖放旧处云："明眼人前不敢妄通消息。"居四年，退归受经，辟一室日宴坐其中。永乐七年正月旦示微疾，初十日呼徒孙诚之曰："吾世缘止于此矣，汝辈当勤道业，莫负出家之志。"言讫端坐泊然而逝。茶毗，收骨石附葬其祖信庵塔右。

常州天宁雪心明显禅师 檇李陈氏，母颜，俱茹素事佛，故师自幼即绝荤血。稍长，父母命礼海盐德藏荆翁珏法师为师，年十有六，始得度为大僧，寻诣杭之昭庆受具戒。忽自叹曰："出家以明佛心宗为要，若寻常碌碌者，名字沙门耳，何足取哉？"乃更衣往姑苏万寿，参熙怡和尚。怡问曰："汝是驱乌沙弥、应法沙弥？"师曰："和尚年尊，惜取眉毛好。"怡见师年少英伟，异之，遂俾为侍者。亲炙既久，遂臻壶奥。去登径山见泉原，原闻自熙怡室中来，即延居记室，一时龙象皆敬而友之。常之僧纲司稔师道誉，以永庆久废，特命师起之。甫三载，堂殿一新。升主天宁，法席尤盛。室中垂语曰："三世诸佛不知有，狸奴白牯却知有，且道知有什么？"又曰："山门佛殿日夜为诸人说法，还闻么？"

上堂，"历代祖师，天下善知识，互相出兴，各开方便，盖得其本而然也。所以道，从无住本立一切法。你诸人若得其本，便能开大口说大话。不得其本，莫道着衣吃饭量家道，便是土也消不得。天宁怎么说话，且道还有本么？"自云："有。归堂吃茶去。"

上堂，"如来说一切法即非佛法。唤什么作佛法？昨日栽茄子，今日种冬瓜"。已而退居长洲庄溪福济庵，日以禅诵自怡，士庶归依者益众。永乐十三年四月示微疾，十五日澡浴更衣端坐而逝。阇维，设利无算。追旬余，有以灰土淘洗，又悉满所欲。其徒复初等收遗骨，建塔福济之后。

苏州示光止庵普震禅师 嘉定瞿氏，参熙怡于万寿，由内记而掌外记。出住示光经一十年，克苦精勤，得住持之体。募建大雄氏殿甫成，诏修《永乐大典》，至长于因疾而逝。师学赡内外，湖海咸期其起熙怡之家。俄尔倾逝，莫不痛惜，多声偈以悼师。尝题鱼篮观音云："丰婆窈窕鬓髻松，篮内鱼儿活似龙，路转金沙晴日暖，令人无处避腥风。"

江阴光孝仲虚广益禅师 号萍庵，苏之吴县徐氏。从古庭学公于光福究华严之宗趣，侍熙怡于虎丘了少林之别传。一日侍次，熙怡举南阳三唤侍者话未竟，师遽说偈曰："南阳三唤太无端，六月无风彻骨寒。一把柳丝收不得，和烟搭在玉栏干。"

住后上堂，"非不非，是不是，辩如悬河说不出，力能扛鼎提不起。阿呵呵，啰啰哩。三级浪高鱼化龙，痴人犹㖏夜塘水"。终时寓江阴广福。

径山复原报禅师法嗣

抚州疏山天霖泽禅师 初住智门，后居天界第一座，升疏山。解夏上堂，"九旬禁足，以大圆觉为我伽蓝，身心安居平等性智，释迦老子舌头拖地。赵州云：'有佛处不得住，无佛处急走过，三千里外逢人不得错好'。犹较些子。如今截断二途，剖破藩篱去也。须弥顶上走马，大洋海底蹴球，人人鼻孔辽天，一任随缘去留"。颂僧问巴陵话："珊瑚枝枝撑着月，三世如来同一舌，共工触到不周山，女娲炼石补天缺。"终于疏山。

灵隐性原明禅师法嗣

应天府碧峰无作慎行禅师 别号卍庵，族出台之临海毛氏。幼聪敏，稍长从四明雪窦寿松怀祝发。及受具，才思泉涌，偈句操觚而成，人因称为小高僧。洪武戊午，如杭冷泉参幻隐。隐问何处来，师曰："四明。"隐曰："如何是三佛出处？"师曰："一尚不可得，何况有三。"隐曰："未在。"师曰："和尚因甚自生退窟？"隐乃厉声云："参堂去。"师当下豁然。隐喜，即俾侍香。凡幻隐上堂小参赠送偈语，诸徒争执笔记录，师一经耳目，绝无忘失。丁卯，杭之僧纲司以大报国命出世。丙子，僧录司选举，钦除青州府郡纲，兼住持弥陀禅寺。皇上登极，召授僧录司左觉义兼碧峰住持，恩赐隆厚。师室中垂语曰："郑州梨，青州枣，万物无过出处好。你诸人还知出处么？"又云："云门干屎橛，洞山麻三斤，不用举着。父母未生前道将一句来。"永乐甲午正月十日示微疾，一日呼诸徒训诫讫，端坐而逝。茶毗，其弟子虎丘宗南，奉遗骨附葬杭之灵隐幻隐塔之右。

万寿佛初淳禅师法嗣

常州天宁沧海智宝禅师 绍兴人，苏之嘉定普照出家，礼铁壁通公为剃度师。初住长洲月轮，迁常之天宁。上堂，"奔流度刃，未是作家。疾焰过风，犹为钝汉。德山见僧入门便棒，笑杀旁观。临济见僧入门便喝，翻成剧戏。指南一路，智者知疏。末后一机，通人解会。若是举一明三，目机铢两底，拨着便动，撩起便行，犹是外边打之绕。离此之余，不堪种草。总不恁么，又且如何？"良久，"将此深心奉尘刹，是则名为报佛恩"。退归普照而终。火后，门人收骨附葬铁壁塔侧。

报恩无方普禅师法嗣

懒牛勤禅师 颂世尊成道："夜半毛头星子现，老胡才见便荒忙，玉溪一觉鸡鸣丑，谁管三更月到窗。"

天童怪石奇禅师法嗣

钱唐广化宗圣觉禅师 黄岩蔡氏，径山本源达手度弟子。厉志讲学，怪石在大慈时，招居侍司。未几往从育王石室攻诗，诗日臻其奥。若赵公子昂、虞公伯生、张公仲举，皆称之。中岁知非，取平日著作火之，力空绝学之旨。参仲谋猷无所入，遂扣南堂于本觉。堂曰："你自是了事人，但闻见太多，隘塞胸次，以致本地风光不能发现。"师随问："如何是佛？"堂曰："晨时有粥，午时有饭。"拟进语，堂以手揶揄曰："不是不是。"师恨其不为明白说破。次日又谒云："和尚开大炉鞴，镕锻圣凡。我正如一块顽铜钝铁，投入其中，求锻炼成就美器。若不能者，是和尚炉鞴欠热耳。"堂曰："我此法门只贵直截承当，不在世智辩聪。若能一刀两段，有甚么顽铜可锻，有甚么美器可成。去此二途，向父母未生前道将一句来。"师无语。后效古人，顶弥勒像，彻夜行道所生内院。久之豁然，彻见怪石用处。年六十二得微疾，与众诀别，泊然而逝。

金陵汤水延祥绝海法舟禅师 昌国人，依怪石了达宗旨。住延祥二十年，得住持之体。垂终将衣钵尽行遗嘱，独留拄杖棕帽，请方丈东堂至。拈拄杖与方丈云："与和尚撑天拄地去。"提起棕帽与东堂曰："与和尚盖覆天下人去。"言讫端坐而化，寿八十七。

古心仁藏主

台州人，参怪石得旨，遂司是职，居天童蒙堂，足不出山门。尝作二偈悼断江恩公。其一曰："知识一年无一年，烹金炉冷火无烟，布单从此不须卖，留取三冬盖脚眠。"其二曰："笑到断江肠欲裂，数珠牙齿不关情，破沙盆话无人举，秋雨秋风撼祖庭。"

道场玉溪珉禅师法嗣

四明天童寿岩智昌禅师 台之黄岩陈氏，谒枯木秀于大慈。木激以究明己事，师因谢绝诸缘，危坐蒲团，足不越阃。一日暑雨初霁，绿阴凝寂，蝉声乍歇，忽然有省。遂往雪之道场参玉溪，溪与语契合，留居择木寮。一日举送僧偈云："东观白雾蒙蒙，西望青山岌岌，唤作浑仑句子，胡饼正好觅汁。侍者会么？"师云："鸡作鸡啼，犬作犬吠。"溪咄云："未在，更道。"师拟开口，溪便打，师便礼拜。

孚中信唱道天童，往见之，乃为司藏。久之出主四明大梅，升昌国吉祥，迁天童。师室中问僧云："生从何来，死从何去？"僧云："渠无生死。"师云："渠是阿谁？"僧无对，师便打云："不快漆桶。"师又问僧云："太白峰开口即不问，玲珑岩点头一句道得么？"僧无语，师云："伎死汉。"

上堂，"似地擎山，不知山之孤峻。如石含玉，不知玉之无瑕。知之者不如好之者，好之者不如乐之者。且道乐个甚么？"喝一喝。

上堂，"释迦老子在你脚底，三世诸佛在你脚底，六代祖师在你脚底。拟议不来，白云万里"。

上堂，举僧问投子："一大藏教还有奇特事也无？"投子云："演出一大藏教。"又有僧问黄龙："一大藏教还有奇特事也无？"黄龙云："演入一大藏教。"妙喜云："演出演入则不无，二大老若是奇特事，三生六十劫也未梦见在。"师云："妙喜怎么说话，也是压良为贱，唤作奇特事早是错下名言。"拍禅床下座。颂赵州庭前柏树子话曰："庭前柏树子，直截为君举，东土与西干，迢迢十万里。"

杭州净慈愚溪弘智禅师　别号藁室，苏之吴江人。初住广德圣感，移广信兴福湖之法宝道场，洪武初升居净慈。上堂，举东山和尚示众云："结夏无可供养，大众作一家宴。"管顾诸人，遂展两手云："啰啰招，啰啰摇，啰啰送，莫怪空疏，伏惟珍重。"师云："东山和尚与么设施，也是黄叶止儿啼。兴福则不然。"拈拄杖靠左边，下座。

上堂，举碧云和尚云："跳出胞胎也只宁，指天指地强惺惺。碧云不用韶阳棒，水拍银盘弄化生。""老碧云使福州肚肠，用白拈手段，言中蛊毒，句里砒霜。捡点将来，只是腕头力弱，不能用韶阳棒子。法宝则不然，有条扳条，无条攀例。辄成一偈举似诸人，母胎出得便粗豪，南北东西转一遭。孝顺子孙心似铁，年年恶水蓦头浇。"

上堂，举迦叶世尊偈云："一切众生性清净，从本无生无可灭。即此身心是幻生，幻化之中无罪福。"师云："迦叶如来乃十号具足之尊，位居七佛之内。既出头来，只合提持向上一段极则大事，与大地众生解粘去缚，拔楔抽钉。便一个个不为罪福所惑，一个个不为生死所拘，一个个不为身心所役，一个个不为净秽所碍。无端说身说心说净说秽，说生说死说罪说福，带累后代儿孙，个个拖泥带水，头出头没无有出离。且道作么生是向上极则大事？"骤步下座云："切忌认驴鞍桥作阿爷下颔。"

二十年任湖州府僧纲司都纲。二十四年秋九月一日上僧录司书求解印，寻辞合郡官僚与诸道旧，期以九日茶毗。遂归法宝之东轩，以衣服遗嘱诸山及分诸徒。是日与客早饭且戏曰："我上路人宜倍餐。"令人昇龛，师乘舆语笑如平居。至化所有以师像请赞，师援笔疾题云："西州大呆子，东土哑羊僧，静奏无弦曲，闲看没字经。百般无出豁，一味得人憎。末后转身句，浑仑付丙丁。"遂索火自焚。苕溪驿丞三山陈德铭尝问道于师，后至哀泣独甚。师于火聚中掷数珠与之云："勤修勿怠。"俨然不动。龛之四维一舍许，天华弥空。好事者搏取置香合中，信次乃消。有九鹤盘旋空中，火烬方去。舍利无算，送者数千人于草木瓦砾中得之者甚众。嗣法弟子法宝、住持道慧等，奉舍利骨石塔于道场山之归源庵。

天宁无能教禅师法嗣

饶州妙果竺源永盛禅师 饶之乐平人，姓茫氏，号无住。年十七，从沙门常公于萝山寺。常使受学乡校而每耽禅寂。一日刺血书《金刚经》，常见之呵曰："不读书早事此耶。"师徐对曰："读书能免生死，固不敢懈，第不免尔。"常虽奇之，终欲使卒其学。既剃落，谒月庭忠于蒋山。时孤舟济为首座，济以皖山凝示蒙山异公语示之。师抚几曰："于此已见二公矣。"至东林悦堂闻命掌藏教。过袁州见仰牛和于治平。寻抵无为见无能，举前参请话征诘，涣然冰释。能俾颂赵州无字话，师冲口曰："赵州道无，猛虎当路。狐兔潜踪，佛祖罔措。"又令颂有字话，师曰："狗子佛性有，面南看北斗。更拟问如何，虚空开笑口。"能肯之。海印如居饶州，荐福延，师居座首。延祐四年，南巢居民柳氏舍山成庵曰竺源，请师居之。天历己巳，主西湖妙果，垂三关语示学者。一，父母未生已前，向甚处安身立命。二，三千里外定誵讹，因甚对面不相识。三，展手云："此是第二句，还我第一句来。"学者多不契其几。

上堂，"大众，天地未分，阴阳未判，此心已逼塞虚空。天地既分，三才既立，此心亦逼塞虚空。即今坐立俨然，此心亦逼塞虚空。所以道，心同虚空故，示等虚空法，证得虚空时，无是无非法"。

上堂，"般若如大火聚，拟之则燎却面门。岂不见僧问五祖演和尚云：'一大藏教是个切脚，未审切个甚么？'祖云：'钵啰娘。'"师拈拄杖卓一下云："野色更无山隔断，天光直与水相连。"至正七年丁亥四月二十四日入寂，弟子奉全身塔于珠峰。世寿七十三，僧夏五十三。

冶父金牛真禅师法嗣

庐州大湖普明无用贤宽禅师 庐之和州含山县周氏。参金牛于冶父，初入门金牛便喝，师亦喝，金牛曰："那里学得这虚头来。"师曰："大有人疑着。"金牛便打。次日又见金牛，引师入合中坐，忽炉内汤瓶泻，炉灰上冲，师豁然大悟，汗流浃背。即呈偈，有"水底泥牛吼一声，大千沙界一齐倾"之句，金牛额之。至正甲午，于太湖创禅居曰普明。又于西梁山及当涂各处建庵，师往来说法，四方禅衲蚁慕。夜则有天灯下照，人皆惊叹，师若无有。帝师特赐佛照圆悟之号。佛成道示众曰："六年雪山错，忽见明星错，走下山来错错错。假使九州岛之铁，也难铸这一错。"卓拄杖一下，"大地含生成等正觉"。泰定三年九月十五日，召门弟子勉进德业已，书偈而逝。龛留一月，颜貌如生，全身葬太湖之原。

真觉原翁信禅师法嗣

杭州虎跑止岩普成禅师 室中垂语云："大鹏金翅鸟，因甚在蟭螟眼里作窠？"又云："南高峰因甚与北高峰斗额？"

嘉兴广德东海德涌禅师 族出广东冯氏。生十三岁便知有出世大事因缘。十九岁僧于曹溪南华，决志参方。首谒赣州马祖岩彻庵，见即器异之。次见智者无涯际、华顶无见，睹皆有所启发，然犹以为未了。闻原翁喝道吴兴之天池，不惮数千里之远，直造其门。适机缘相契，向之所未明者，一旦而廓然矣。时虚谷主径山，师为掌内记。及元叟继席，又掌外记，悉有声称第，孳孳以道为务，世俗文笔随时应酬，非其好也。自是道风远扬，四方参请之士随处麋至，却之不能去。乃结庐嘉禾之曹奥，即广德也。大开法席，陶冶后昆，逾五十年，登其门者多获趣证。

上堂，"一向不恁么，孤峰独宿，目视云汉，不顺人情。一向恁么,十字街头,灰头土面,世谛流布。恁么中不恁么,不恁么中却恁么。悬崖撒手,从空放下,随处自在,是处安间,本无生灭,岂有去来。放大光明,高低普应。到这里始知居一切时不起妄念,于诸妄心亦不息灭,住妄想境不加了知,于无了知不辨真实,与诸佛同一受用。其或未然,有寒暑兮促汝寿,有鬼神兮妬汝福"。

上堂,"寂光圆照周沙界,体用如如绝古今。直下不生凡圣解,鹁鸠啼在绿杨阴"。

上堂,"动则影现,觉则冰生。不动不觉,死水平沉。既动既觉,未免伤锋犯手。正恁么时如何举唱?"蓦拈拄杖卓一下云:"依稀苔寻柄,仿佛赤斑蛇。"洪武元年十二月初一日入寂。

湖州天池空海本源和尚 苏之崇明人,山居不出,有高尚之节,道俗归之着甚众。尝赞达磨偈云:"竺国东风欠密藏,十分春色媚晴妆,一声雷过落花雨,狼藉满城流水香。"

乌石山杰峰愚和尚 室中垂语云:"三世诸佛,因甚么披毛戴角在异类中行?白日青天,因甚开眼作梦?一尘不立,因甚么法法全彰?"

增集续传灯录卷第六

大鉴下第二十三世

紫箨竺原道禅师法嗣

四明天童了堂唯一禅师 别号芥室，台之宁海人，宋丞相叶梦鼎之的裔。从四明万寿雪崖庄公学出世法，初住延庆，迁台之紫箨四明天宁。僧问："金刚眼中着得什么？"师云："着得什么则且置，唤什么作金刚眼睛？"僧云："学人不会。"师云："问取灯笼。"僧云："十二时中如何用力？"师云："无汝用力处。"僧礼拜。僧问："如何是佛？"师云："八角磨盘空里走。"僧云："如何是法？"师云："赤脚踏冰棱。"僧云："如何是僧？"师云："井底种林檎。"僧云："如何是一体三宝？"师云："骅骝将捕鼠，不及跛猫儿。"僧问："万法归真，真归何所？"师云："三脚虾蟆着锦裆。"

上堂，"我此间，也无禅也无道，也无玄也无妙。只有一口剑，佛来也斩魔来也斩。众中忽有人出来道，借和尚剑看。只向他道，三年一闰，五年再闰"。

上堂，举盘山积禅师示众云："心月孤圆，光吞万象。光非照境,境亦非存。光境俱亡,复是何物?"师云:"天台则有,南岳则无,赵州东壁挂葫庐。"

上堂,"饮光论劫坐禅,布袋终年落魄。质库何曾典牛,蚁子不食生铁。占波国人,语言难辨。一二三四五,虚空缺处补。五四三二一,黄昏候日出"。拍禅床下座。

上堂,"佛祖向上巴鼻,诸人本地风光。觑得破者,银山铁壁。觑不破者,银山铁壁。且道一大藏教是个切脚,毕竟唤什么作正文?"拈拄杖,"兴化棒头知落处,笑看千嶂起风雷"。退院上堂,"百尺竿头抛铁网,千峰顶上棹金船。行来此日难行事,了得前生未了缘"。终时寿八十四。

台州瑞岩恕中无愠禅师 台之临海人,别号空室,族姓陈。七岁入乡校,所读书不烦再授。往径山依寂照剃落。辞游方,见净慈灵石芝、资福一源灵源,造诣深远。师扣问细大事至详切。既而归径山寂照,令居择木寮。东还见太白平石典藏教。久之又偕聪木庵兴大宗,参竺原于紫箨,以看狗子话未破为问,才开口被一喝即大悟。因进一颂曰:"狗子佛性无,春色满皇都,赵州东院里,壁上挂葫芦。"原乃笑曰:"恁么会又争得。"师拂袖便出。

开法明之灵岩、台之瑞岩。室中示众曰:"稳坐家堂,因甚主人翁不识?掀翻大海,捆碎须弥,平地上因甚抬脚不起?眼光烁破四天下,自家眉毛落尽,因甚不见?"僧问:"如何是瑞岩境?"师云:"风吹不入。"僧云:"如何是境中人?"师云:"水洒不着。"僧问:"如何是函盖乾坤句?"师云:"猛虎口里活雀儿。"僧云:"如何是截断众流句?"师云:"金刚手里八棱棒。"

僧云："如何是随波逐浪句？"师云："李白捉月，张骞乘槎。"

上堂，竖起拂子云："世尊拈花，达磨面壁，乃至后来或行棒行喝，或擎叉舞笏，神头鬼面，百种施呈，总向这里出。"掷下云："好事不如无。"

上堂，"辞亲割爱，剃发染衣，入此门中合为何事？若也知惭识愧，是真出家。一出俗尘恩爱家，二出三界火宅家，三出粗感烦恼家，四出细惑无明家。出得四家，始称衲僧家。且如何是衲僧家？撞着冤家恶口小家"。

上堂，"情尘易遣，理障难除。十二时中放教虚豁豁地，不取一法不舍一法，情尘不遣而自遣，理障不除而自除，饥则吃饭，寒则添衣，又不可违时失候"。

上堂，"若以语言名状心，终不得心。不以语言名状心，亦不得心。去此二途如何凑泊？驴唇先生开口笑，阿修罗王打蹦跳。海神失却夜明珠，擘破毗卢穿七窍"。学者景从。俄谢事居松岩，洪武七年夏，日本国主遣使入贡，就奏请师化其国，以水晶数珠峨山石砚为贽。上召师至阙，师以老病辞，上悯而不遣留处天界。时金华宋公濂在翰林，休沐日则访师剧谈道妙。是年冬奉诏东还，宋公为制语录序。晚年因弟子居顶住翠山，迎师奉养，四方参扣者无虚日。忽遘微疾，索笔书偈曰："七十八年无法可说，末后一句露柱饶舌。"端坐而逝，实洪武十九年丙寅七月十日也。阇维，奉骨窆翠山之唐岙。

宁波天童木庵司聪禅师 台州临海谢氏，宋宰相方叔之后，父岳，母黄氏。年十五从鄞之灵峰汶公学出家法，既祝发受具。谒天童平石砥公，居侍司。登径山，依原叟端禅师，升典藏之职。师自察所得,不离见闻觉知,岂为究竟。有老宿言,紫箨道公本色钳锤。时道公春秋高栈绝人事。师至却之,如是者三,方纳之。一日举圆照以庭前柏树子答僧问古帆未挂机缘,师豁然开悟,彻见从上诸祖用处。至正辛卯,来太白蒙堂,闭一室禅诵,日有常规。久之行宣政院檄师出世里之洪祐,迁国清。皇朝洪武二年升天童法席,出诸方。

上堂,"从缘有者终成败坏,不从缘有者历劫常存"。举起拂子,"穿却德山鼻孔,换却临济眼睛"。

上堂,"百丈卷席,秘魔擎叉,南泉斩猫,大随烧蛇。犀因玩月纹生角,象被雷惊花入牙"。

上堂,"一切法即诸佛法,一切道即诸佛道,一切语即诸佛语,一切事即诸佛事。南瞻部洲,北郁单越,西瞿耶尼,东拂于逮,家家门底透长安"。卓拄杖一下,下座。五年,朝廷即钟山设无遮大会,诏两浙高行僧校雠藏经仪袁法事,师预焉,屡获赐坐,从容论道。诏师说法,开示幽显。及东还,寻退居东堂,因自号东院。十四年四月朔入灭,寿七十。

杭州径山大宗法兴禅师　别号松石,台之黄岩阵氏。幼岐嶷,在龆龀中重默如成人。年十五,投同邑瑞严寺明公出家,依平石砥于天童,命侍香。逾浙见古鼎于径山,延入藏司。时归源藏老于仙居紫箨,师与木庵聪等,折节轮诚,咨决法要,有省。出世永嘉太平,迁乐清寿昌、鹰山能仁。

上堂,"青海崖头,双溪那畔,烟波万顷,渔市千家。突出衲僧巴鼻,显示第一义谛。当头坐断,百匝千重,一句全提,十方通畅。所以道,佛佛授手,祖祖相传,德山入门便棒,临济入门便喝，秘魔擎叉，俱胝竖指，检点将来，总是三家村里卖草鞋底相识"。蓦拈拄杖，"须弥山上走马，大洋海底横身。天无私临，日无私照。山岳穹崇，江河浩渺。是故金轮御万国咸宁，玉烛调四时式叙。狸奴白牯齐歌至化，露柱灯笼共乐升平"。卓拄杖，"洪钧妙力先天地，五叶花开遍界春"。

上堂，举杨岐拈拄杖示众云："一即一切，一切即一。"以拄杖画一画云："山河大地，天下老和尚，百杂碎。作么生是诸人鼻孔？"良久，"剑为不平离宝匣，药因救病出金瓶"。喝一喝，卓拄杖一下。师拈云："大小杨岐巧尽拙出。"蓦拈拄杖云："诸人鼻孔即且置，作么生是山河大地天下老和尚百杂碎？"靠拄杖，"不因紫陌花开早，争得黄鹂下柳条"。

洪武丁卯，僧录司选师补处径山，衲子向风云合。斋厨不给，乃吴江望族葛德润乐为之赈，与师若有宿契然。明年遘微疾，前住侍复原报禅师居寂照庵，一日来问疾，师危坐款茶话而别。忽顾侍僧云："吾行矣。"侍僧曰："临行一句作么生道？"师云："空手捏双拳，开口落第二。"僧曰："恁么则与和尚流通去也。"师云："也不消得。"侍僧拟再进语，师竖一拳示之，即索笔书偈云："生也如是，死也如是，如是如是。咄咄！"掷笔而逝，乃三月十一日也。茶毗，舌根牙齿不坏。其徒塔于支陇东崦，其营立之费，则出义士山左者姓姚彦仁氏。

四明保福一庵如禅师　温州人。上堂，"昨日说凡夫法，圣人不会。今日说圣人法，凡夫不知"。拈拄杖卓一下，"虾蟆跳上梵天，蚯蚓蓦过东海"。

上堂，"三德六味供佛供僧，有情无情均沾利乐。还有知恩报恩者么？有水皆含月，无山不带云"。

上堂，"粥罢吃茶，茶罢升座。摩诃衍法，离四句绝百非"。便下座。

黄岩灵石古帆新禅师　初见东州永于虎丘，俾典藏钥。次见竺原于鸿福，一夕上方丈请益云："某甲看狗子无佛性话，无入头处，望和尚垂示。"原厉声云："夜深，下去。"师归堂中诟骂云："不为我说则休，何得见嗔。"有人说向竺原，竺原云："他向后自会去在。"师闻之当下廓然。

保宁古林茂禅师法嗣

苏州灵岩了庵清欲禅师　别号南堂遗老，台之临海大雄山朱氏。母黄，九岁而孤。仲父茂上人引登径山为童子，依虎岩试经得度受具。希白明藏主亦师之叔父，自育王横川会中来，一见以法器期之，提诱辨诘，无所不至。谓曰："子气锐甚，非佛性不足为师，今在苏之开原，往见不可后。"师即谒佛性，性问云："近离何处？"师云："径山。"性云："船来陆来？"师云："二俱不涉。"性云："汝安得到此？"师便喝，性云："虽是后生，却堪雕琢。"他日性又问："汝岂不是径山来？"师云："是。"性云："山上有鲤鱼，井底有蓬尘，怎么生？"师云："和尚甚处得这消息来？"性云："钦师因甚犹被马师惑？"师云："也少和尚一分不得。"性云："参禅须是些子始得。"师乃掩耳而出。皇庆初，佛性被旨复住开原，师为入院侍者，继掌藏教。还径山虚谷陵，选为后堂首座。佛性迁建业保宁，分第一座说法。天历乙巳，出世漂水开福。元统癸酉,迁嘉禾本觉。帝师大宝法王有旨,赐金襕衣并慈云普济禅师号。居十年,退居南堂。至正乙酉,应中吴灵岩请,衲子闻风而萃。室中垂语云:"文殊普贤起佛见法见,贬向二铁围山则固是。且道释迦老子还有过也无?"良久云:"休。"

上堂,"一大藏教束之高阁,长期短期无绳自缚。莫更纷纷纭纭,直须洒洒落落。杨岐一头驴,只有三只脚。潘阆倒骑归,撅杀黄幡绰。五味拈来饘枒锤,别有香风满寥廓"。喝一喝。

上堂,"前无释迦,后无弥勒,中无自己。钟楼上念赞,床脚下种菜。甜瓜彻蒂甜,苦瓠连根苦"。阅五载,复归南堂。时江浙行省丞相遣使延请,师坚卧不起,作三偈答之,有"绿萝窗下垂垂老,轩盖林中不得来"之句。癸卯秋八月十三日感微疾,默而不言。至二十五日索笔书偈云:"七十六年无后无先,圣凡情尽明月中天。"适通守陈公元礼来候疾,谓师曰:"和尚东南大法幢也。时既至矣,可无一言启迪我辈乎?"师瞪目大笑,遂泊然而逝。阇维,火未盛有红白二圆光盘旋龛顶,良久浮空而灭。顶骨舌齿俱不坏,舍利无筭。侄僧祖灅等收而藏之南堂,即千佛塔院。

台州龙华会翁清海禅师 临海人,年三十始入道,投径山虎岩披剃。至旃檀林巡按有见其举止山野窃讥诮之,即发愤。翼日往天目求中峰海示,昼夜弹力参究。睡重难遣,摘数珠撒暗地,摸足数乃已。久之无所入。时东州住虎丘,古林住开原,东岐住枫桥寒山,师如苏州,出入三大老之门,渐臻闻奥。

出世龙华,师室中垂语云:"举足下足无非道场,因甚却踏不着?父母未生面目开眼便见,因甚不识?"一日问僧云:"甚处来?"僧云:"天台。"师云:"还闻长觜鸟说禅么?"僧云:"闻。"师云:"摩斯咤因甚心挂树枝身沉海底?"僧拟议,师即打出。僧问:"如何是三乘教外别传底事?"师云:"汝若不问,我即忘却。"僧云:"恁么则学人有赖也。"师云:"切忌错承当。"

上堂,"木落四山空,水肃潭石见。霜气晓萧萧,又是十月半。堪笑衲僧家,漏逗浑不第。若也第,两个五伯原是壹贯"。喝一喝,下座。

上堂,"诸佛时时降生,诸佛时时成道,诸佛时时灭度。若言有过去、未来、现在,大似无事生事。毕竟如何?饭箩里还着得屎么?"喝一喝下座。

上堂,"一释迦,二原和,三佛陀,分明道了也,献佛不在香多"。

师谢事西游,寓云间南禅。是时蒙尚为驱乌受经,师正宗兴山,主迎师来双江绍隆。有一居士行业极谨,年七十余欲礼师,剃度故也。居士后名觉显,号无外,终时多灵异。由是蒙得侍左右仅一岁,师每举古德语示蒙,蒙不能晓,寒夜爱拥炉坐,尝引声吟曰:"腊月寒深道者孤,一堂禅侣守寒炉,衲衣穿处冰侵骨,坐到更深炭也无。"蒙遂扣问云:"古人毕竟意在于何?"师曰:"你他后自会去在。"年九十三抵育王守横川祖塔,俄跌损左足,不能良行,每床坐当清夜,朗吟古人偈语。其徒文涣问曰:"一生参禅,到此不能受用,却托吟咏自遣。"师曰:"不见大慧和尚因疾呻吟?左右云:'平生呵佛骂祖,今乃尔。'大慧云:'痴子,呻吟便不是耶。'"涣礼拜。既寂,火化异香袭人。

温州仙岩仲谋猷禅师 本郡人。上堂,"明头来明头打,着甚屎急。暗头来暗头打，着甚屎急。四方八面来连架打，着甚屎急。总不与么来时，明日大悲院里有斋。又且如何？踏破草鞋赤脚走，好山犹在最高峰"。

上堂，举松源和尚示众云："石巩张弓，鲁祖面壁。正令不行，拗曲作直。"师云："广教则不然，石巩张弓，鲁祖面壁，绵裹秤锤，锦包特石。"

上堂，"碧天杳杳，红日团团。空里无花，眼中无翳。成佛作祖，正是这个时节。拖犁拽杷，正是这个时节"。

谢藏主侍者至，上堂。"一默酬僧雷轰电激，三唤领旨玉转珠回，七十三八十四，筑着磕着碍塞杀人。"拈拄杖，"昨夜西风枕簟秋，无限蝉声噪高树"。读《正法眼藏》，偈曰："竹榻夜长灯焰短，萝窗昼永日光浮，二千余载真消息，五十平头病比丘。"

日东建长竺仙梵仙禅师 自号来来禅子。见休居于保宁，得心要泰定间。日东遣使来聘，既至其国，道契其王臣，度人不可胜纪。熙怡和尚尝叙其语录有云："惟古林诸子多贤，而崭然绝出者二人。其一南堂欲公道鸣中国，其一竺仙化彻异邦，可谓二甘露门矣。是录称性而谈妙得家法，纵横迅捷云兴泉注，示用应机如矢中的。宜乎东人感化得度者伙也。"南堂尝以三偈悼之，其一曰："五住招提尽大方，座中冠盖拥朝行，雷音远震扶桑国，缮写归来作宝藏。"

苏州定慧大方因禅师 既谢事，居灵岩老宿华公房。至正壬戌九月八日，郡守周义卿以事入山，师忻然出迎，谓云："某此月十四日即此日大化，侯其为我证明。"周戏诺之别去。至十三日师以偈寄侯曰："昨日岩前拾得薪，今朝幻质化为尘，殷勤寄语贤佳道，碧落云收月一痕。"是夜请于华以燥薪为高棚，十四日晨起与众僧诀，遂自秉火行升柴。棚薪得火，烈焰炽然，于火聚中祝香云："灵苗不属阴阳种，根本原从劫外来，不是休居亲说破，如何移向火中栽。"度数珠与华云："聊当遗嘱。"火焰到处，多得舍利。侯闻之惊异，为诗二章以挽之。南堂欲公悼以四偈，其首章云："佛日西倾不奈何，奋身挥起鲁阳戈，向来入室操戈者，火后争收设利罗。"

四明清凉实庵茂禅师 僧问："石头和尚道，言语动用没交涉。意旨如何？"师云："打铁不离火星。"僧云："只如药山道，非言语动用，亦没交涉。又且如何？"师云："一对无孔铁锤。"僧问："德山棒，临济喝，是同是别？"师云："悬羊头卖狗肉。"僧问："朕兆未分人尽望，及乎天晓意如何？"师云："红日上山头，清风吹木杪。"僧云："恁么则尽大地是解脱门。"师云："把手拽不入。"

上堂，"直下便是，大似眼里撒沙。向上承当，还如空中钉橛。直饶上无攀仰，下绝己躬，常光现前，壁立万仞，正是扶篱摸壁汉。到这里，纵有悬河之辩啮镞之机，一点也用不着"。拈拄杖卓一下，"八十翁翁辊绣球"。

净慈东屿海禅师法嗣

杭州径山悦堂希颜禅师 四明人，初住苏州昆山东禅，升万寿虎林之净慈，行中书省左丞相达失公举主径山。结制上堂，"今朝四月十五，天下丛林结制。东禅懒散过时光，未免依时卫旧例。普请同道高流,切莫开眼瞌睡"。

上堂,举僧问投子:"春雨淋淋,因甚百草不抽芽?"子云:"芭蕉只恁么长。"师云:"今日忽有人问万寿,春雨淋淋百草因甚不抽芽?只向他道,春色无高下,花枝自短长。"

上堂,"十五日已前,水涨船高,泥多佛大。十五日已后,乌栖无影树,花绽不萌枝。正当十五日又作么生?熏风自南来,殿阁生微凉"。

上堂,"山鸣谷响,虎啸龙吟,是汝诸人向什么处安身立命?流止亭前新号令,钵盂峰下旧家风"。

上堂,"一不做二不休,打爷须是铁拳头"。拈拄杖卓一下云:"有意气时添意气,不风流处也风流。"

四明育王雪窗悟光禅师 姓杨氏,成都新都人,投天王寺了冲剃染。出峡遍历禅林,至杭,谒东屿于净慈。屿问:"三乘十二分教即不问,如何是行脚句子?"师拟答,屿亟以拄杖逐去。师坚坐堂中,夜半见飞蚁扑灯,忽有省,因叹曰:"若不遇善知识,不几空过一生。"已而开法苏之白马,升开原。宣政院使纳麟高公举住育王,师室中垂语云:"尽大地是沙门一只眼,因甚不见自己?透过荆棘林是好手,因甚平地上死人无数?手抬利刃剑,因甚胡孙子不死?"僧问:"年穷岁尽时如何?"师云:"家家门首钉桃符。"问:"如何是金刚正体?"师云:"翻檐帽子秃袖布衫。"

上堂,"大众,道不用修,但莫染污。禅不用学,只贵明心。心明则无菩提可求,绝学则无烦恼可断。自然虚而灵寂而妙,头头显露法法全彰。然虽如是,要称本色衲僧,且待三十年后"。

上堂,"山僧这里不似诸方说影子里话,分明向你道,日东升,月西没,饭是米做,炭是柴烧。汝若自生分别,也怪老僧不得"。下座。

一日有僧来参,师云:"何处来?"僧云:"天台。"师云:"将得钵来么?"僧云:"将得来。"师云:"何不呈似老僧?"僧云:"且过中有。"师云:"我不问这个钵,我问无底钵。"僧罔措。师云:"俊快衲僧能有几个去。"

四明育王大千照禅师 别号元虚,初住温州明庆,迁明之宝陀。至育王,师室中手握木蛇问学者云:"唤作木蛇则触,不唤作木蛇则背,速道速道!"僧拟议,师便打。

上堂,"世尊三昧迦叶不知,迦叶三昧阿难不知。阿难三昧商那和修不知。棒打石人头,剥剥论实事"。

上堂,举法灯云:"无根兮得活,离地兮不倒,日用尚不会,更于何处讨。"师云:"切忌唤钟作瓮。有物先天地,无形本寂寥,唤作无根得么?能为万象主,不逐四时凋,唤作离地得么?日用尚不会,会又会个什么?"喝,"西风吹渭水,落叶满长安"。

上堂,"古德道,结夏已五日了也,水牯牛作么生?又有道,结夏已十日了也,寒山子作么生?聊成一偈举似大家:一头水牯一寒山,困则眠兮饥则餐,终日拈香并择火,不知身在画图间"。下座。

苏州穹窿子原自厚禅师 本郡人,佛诞上堂,"有见则为垢,此则未为见。远离于诸见,如是乃见。佛毗蓝园里示现受生,九龙吐水灌沐金躯。汝等诸人眼里还着得屑么?"喝一喝下座。

请藏主上堂，"诸佛出世说个甚么，祖师西来传个甚么，有眼如盲，有口如哑。一默酬僧，柴瓣扬下。五千四十八卷，翻成黄叶止啼。咄咄咄！力围希，禅子讶中眉垂"。

苏州虎丘中行本复禅师 本郡人，上堂，"心生种种法生，森罗万象乱纵横。心灭种种法灭，如净琉璃含宝月。也无生也无灭，雨后千山呈秀色。正法眼藏破沙盆，无位真人干屎橛"。蓦拈拄杖云："大丈夫须猛烈，贼来须打客来看，五台问取三菩萨。"

苏州芝塘明因天渊湛禅师 天历改原，师在凤山资福一源灵会中居前堂，秉拂云："翔凤山前行，看白云乍舒乍卷。禹泉亭上坐，听流水或抑或扬。眼处作耳处佛事，耳处作眼处佛事，便见非唯观世音，我亦从中证。"已而一源云：有"便见"二字是与别人说话，无此二字方是自家说话。师不觉退席谓人曰："还丹一粒，点铁成金，堂头之谓也。"

台州万年横江浩禅师 郡之仙邑东溪郑氏，出世紫岩。上堂，"曹溪路上水泄不通，紫岩山前千郊两足。所以道，今年雨水非常足，管取秋来田稻熟。牧童齐唱太平歌，笑倒东村王大叔。好大众，杨广山前草，凭君待价炖，异苗翻茂处，深密固灵根"。击拂子，"将谓白云老祖，却是大阳和尚"。

上堂，"佛无众生不成佛"。良久，"一雨普施，三草二木"。颂赵州柏树子话曰："赵州禅在口皮边，方便垂慈为指南。可笑死于言下者，竟从庭柏树头参。"师室中尝垂语云："拗折无星秤，将什么称斤定两？猛虎当路坐，鹞子过新罗。"

天台明岩太古熙禅师 久依双清，得心法。愠恕中早岁尝参。师问云:"藏主久参竺原和尚,世尊初生下时做出许多神头鬼面,还知落处么?"愠对云:"美食不中饱人吃。"师忽离位分手指上下,乃至步武厉声云:"天上天下,唯我独尊。"

　　苏州吴县宝华枯林泽禅师　本邑人,余庆院受业。早依双清于净慈掌记室,出世郡之枫桥普门,迁太平,升宝华。

　　上堂,拈拄杖示众云:"唤作拄杖子则触,不唤作拄杖子则背。"卓拄杖云:"如我按指海印发光,汝暂举心尘劳先起。"

　　解制上堂,卓拄杖云:"布袋头解了也。"又卓云:"铁弹子百杂碎了也,衲僧家一任东去西去。"喝一喝,"逢人切忌错举"。

　　岁旦上堂,举僧问黄龙云:"旧岁已去,新岁未临,不涉二途,请师速道。"黄龙云:"东方甲乙木。"师颂云:"东方甲乙木,言端语亦端,晓来风色紧,依旧孟春寒。"

万寿南州珍禅师法嗣

　　苏州万寿中峰宗海禅师　上堂,"即心即佛,舌头无骨。非心非佛,此地无金。还识马大师用处么?听雨寒更尽,开门发华深"。

慈净灵石芝禅师法嗣

　　嘉兴法喜岳云一嵩禅师　上堂,"灵机绝待,妙应无差。南泉斩猫,归宗斩蛇。星河秋一鹰,砧杵夜千家"。

　　上堂,"灵光独辉,迥脱根尘。左眼八两,右眼半斤"。卓拄杖，"石牛阑古路，一马生三寅"。

上堂，"大海干枯，虚空突兀。南岳磨砖作镜，马祖坐禅成佛。灵山会上无许多事，少室峰前无许多事"。一日，三人新到相看，师问云："识得一万事唤什么作一？"僧竖起一指，师云："你既不会。"第二近前，僧云："也知和尚惯用此机。"师云："过那边着。"指第三僧云："者个僧却较些子。"僧罔措。师云："同坑无异土。"

径山虎岩伏禅师法嗣

四明育王月江正印禅师 自号松月翁，福之连江刘氏。参虎岩于灵隐，岩授以狗子话俾参究。久之以偈呈露，岩颔之，令侍香，复掌藏教，自是声誉隆着。育王横川慎许可，与师语，喜愕曰："此后学甘露门。"元贞乙未，开法常之碧云，迁松江淀山南禅湖之何山道场，至育王。所至弘道树业，厥功茂焉。

师室中垂示云："钟楼上念赞，床脚下种菜。荆棘林中是什么人行履？两个泥牛斗入海，无位真人因甚额头汗出？达磨不来东土，二祖不往西天，祖师鼻孔长多少？"

上堂，"古德道，菩提涅槃真如佛性，名异体同。真心妄心佛智世智，名同体异。镕瓶盘钗钏为一金，搅酥酪醍醐为一味。春色无高下，花枝自短长"。

上堂，举僧问广德周和尚云："阿逸多不断烦恼，不修禅道，佛说此人成佛无疑。此理如何？"德云："盐又尽，炭又无。"僧云："盐尽炭无时如何？"德云："愁人莫向愁人说，说向愁人愁杀人。"师颂曰："行看山兮坐看山，春风花鸟自关关。善财别后无人到，楼阁门开尽日闲。"

师居育王时，帝师闻其道，赐以金襕法衣，号曰佛心普鉴。将终索浴更衣，书偈而逝。阇维，舍利不可胜数，其徒塔于松江真净。

苏州万寿别岸若舟禅师 嘉兴人，姓朱氏，礼华亭海慧寺觉源祝发。参虎岩于径山，即投以偈，遂蒙印可。住后上堂，"一叶落，天下秋。凉风暗度，酷暑潜收。一种可人描不得，夜明帘外月如钩"。

上堂，"道远乎哉，触事而真。如井觑驴，如驴觑井。圣远乎哉，体之则神。南山起云，北山下雨。一夏九十日过了也，且道之与圣在什么处？金风兮浙浙，玉露兮瀼瀼，耶舍塔中敲铁磬，天台雁宕绝人行"。

上堂，"一切法是佛法，一切心是佛心。青萝夤缘，直上寒松之顶。白云淡泞，出没太虚之中"。下座。

上堂，"十二时中，无纤毫系念，犹是阴界。那里是汝放身命处？栴檀丛林栴檀围绕，荆棘丛林荆棘围绕"。赠延上人书华严偈曰："杂华林里展戈矛，笔阵堂堂巧运筹，五十三人俱纳款，百城烟水一毫收。"

杭州径山南楚师说禅师 南昌邓氏，初见一山万于开先，侍次，山顾谓曰："马祖升堂，百丈卷席，意作么生？"师抗声曰："二俱不了。"山器之。辞去，谒虎岩于灵隐。岩问："从甚处来？"师曰："庐山开先。"岩曰："青玉峡吞却华藏世界，五老峰走入藕丝窍里，汝还知么？"师曰："赖有和尚证明。"岩骇异。

未几岩移径山，师与俱侍香，久之去掌天童东岩书记。岩化去，竺西继之，复命分座，出世番易妙果。先有旨遭义学僧三十六人开讲席于诸郡名刹。在饶州妙果，师至，以禅讲混杂，别作一寺处之，曰天寿。万安教寺主庐山开先，复一新之。中吴承天既毁，强师来居。既至，施者麇集，大致坚良之材，所征众工必极天下之选，故楼殿巨丽，像设严好，东南无与俪踵。昙芳居径山，法席亦鼎盛。僧问："说法者当如法说，怎么生是如法而说？"师曰："绵裹蒺藜，锦包特石。"僧云："专为流通去也。"师曰："且莫诈明头。"

上堂，"洪机在掌，巨灵神擘开泰华之峰。明镜当台，演若多烁破迷妄之域。诸禅人会不会，虾蟆跳上梵天，蚯蚓蓦过东海"。

上堂，举僧问赵州："如何是毗卢圆相？"赵州云："自小出家，不曾眼花。""忽有问径山如何是毗卢圆相，只向道，桃花带日舒红锦，草色连天展展茵。"终于苏城法喜庵，其徒奉全身归葬径山之东崦。

婺州宝林明极楚俊禅师 四明昌国黄氏，依虎岩于冷泉。一日岩见问曰："是什么？"师拱而前曰："和尚莫瞒某甲好。"岩曰："未在，更道。"师曰："某甲无侍者，祇对和尚。"岩休去。

住后上堂，"好诸禅德，一切智通无障碍，五须弥山障碍你不得，百亿刹土障碍你不得，四大海水障碍你不得。拈灯笼向佛殿里，将山门来灯笼上"。

上堂，"有时教伊扬眉瞬目，白云万里。有时不教伊扬眉瞬目，白云万里。有时教伊扬眉瞬目者，是白云万里。有时教伊扬眉瞬目者，不是白云万里。定林如此批判，还契得马大师么？白云万里"。日本国王具书，以国师礼聘至彼，对扬称旨，命住巨福山建长寺。示寂时年七十五岁。

杭州灵隐独孤淳朋禅师 俗姓杨氏，临海人。上堂，"晃晃焉于色尘之内而相不可睹，昭昭然于心目之间而理不可分。古人垂示处不妨明白，后人领解处多是颠顶。天宁今日矢上加尖去也。一夜落花雨，满城流水香"。

上堂，"因妄说真，真无自相。从真起妄，妄体本空。妄既归空，空亦不立"。良久云："荡荡一条官驿路，晨昏曾不禁人行。"

上堂，"会即事同一家，不会万别千差。不会则且置，如何是事同一家？鸡寒上树，鸭寒下水"。

上堂，"毕钵岩前风清月白，曹溪路上浪静波平。灵鹫山中从苗辨地，三段不同收归上科"。

上堂，"春风吹，春雨滴，落花满地春狼藉。云外青山青又青，独立寥寥竺何极。诸人要识朱顶王，者汉从来头脑赤"。延祐甲寅住灵隐，至元丙子秋入寂，寿七十八，全身葬普光庵后。

温州江心无际本禅师 入院山门佛事云："江心门户迥与诸方不同，不设枢机，昼夜开豁。"示徒偈曰："大地撮来如粟粒，九旬禁足诳婴孩。杨岐种子无碑记，时把龟毛眼里栽。"有岐上座者，乃明岩太古熙公弟子，一日持郁山主跨驴图请题。师援笔疾书曰："策蹇溪桥蹉脚时，误将豌豆作真珠。儿曹不解藏家丑，笑倒杨岐老古锥。"置笔乃问云："你且道杨岐这一笑落在什么处？"岐云："无风荷叶动，必定有鱼行。"师掌云："归去师前分明举似。"岐即仲邠也。

天童竺西坦禅师法嗣

金陵龙翔孚中怀信禅师 明之奉化姜氏,母刘。礼里之鹿顶山法华院子思剃鬓,遍扣浙西诸德之门,平昔胸中凝滞淘汰殆尽。会华藏竺西迁天童,遂随以来,于其言下悟旨,领纲维职。迨云外岫继席,留掌藏教。泰定三年,出世四明观音,迁宝陀。元统二年,朝廷降香营修功德庄严大士妙相,使问特旨,赐广慧妙悟智宝弘教禅师号及金襕紫伽黎。至正乙酉赴天童,众废具举。且营寿塔于中峰祖庭为终焉计。未几应龙翔之辟,不得已也,师不倦提唱,随机示用,出于自然。德性真率,和气霭然,未尝以声色忤人。至正丁酉八月二十四日,晨起更衣,跌坐而瞑,如入禅定,良久气尽。停龛七日,颜貌如生。阇维,设利不可算。贮以宝瓶,光发于外。塔牛首山东麓。寿七十八,腊六十九。

四明雪窦华国子文禅师 慈觉圆通者,帝师大宝法王所赐之号也。俗姓赵氏,宋清献公之裔孙。父讳烨,博学号纯儒,故师于经史诗书皆自幼习。出家里刹净慧,从毕万一经公剃染。公天台性具,少林心要,悉能淹贯。师亲杖屦既久,所获非常流可比。辞游两浙,参扣诸硕德求是正之耳。时竺西在毗陵华藏,一见契合。及迁天童,起师为记室。雪窦横山锡,又以第一座招之。寻开法奉慈,迁万寿,升雪窦。至正辛卯二月六日示微疾而卒。龛留七七日,颜无异于存日,流汗被面。阇维,顶骨牙齿不坏。寿八十三，腊七十。

四明天童正宗法匡禅师 定海人，俗姓赵。依竺西于太白，入室次，竺问曰："取不得，舍不得，不可得中只么得。"师随答云："寐语作么？"竺挥竹篦，师拂袖退。竺领之，命为侍者，寻掌藏钥。初住明之开寿，迁龙兴上蓝，升蒋山。江浙丞相赤怜真班入山作礼宝公问曰："大士生鹰巢中是否？"师曰："要且谩丞相不得。"又问："大士十二面那个是正面？"师以手打圆相云："巍巍堂堂，炜炜煌煌。僧繇敛手有分，梁皇窥觑无门。"相遂有省，施毦段玉盏。至正十三年，行院请住天童。

上堂，"一雨火云尽，千峰午吹凉。幽栖无个事，高枕卧长床。诸禅德，知幻即离，不作方便。离幻即觉，亦无渐次。弹指圆成八万门，一超直入如来地"。

上堂，举五祖云："一抽三，二添四。黄牛角指天，八脚垂过鼻。"乃云："急急。"以手拍禅床云："趁得老鼠打破油瓮。"

四明佛陇行可直禅师 佛涅槃，上堂。"今朝二月十五，天色半晴半雨。桃花李花竞开，柳条桑条正吐。如何天下痴人却谓如来灭度不灭度？"拍禅床云："晓来兀坐萝窗下，听得竹鸡三两声。"

上堂，"世尊拈花，迦叶微笑。一对铁槌，全无孔窍。谓之正法眼藏、涅槃妙心，有甚交涉？"拈拄杖云："诸人不得妄生节目。"下座。

颂玄沙三种病话："潦倒玄沙巧用功，病源三种示宗风。巨灵抬手无多子，分破华山千万重。"听雨偈曰："檐前滴滴甚分明，迷己众生唤作声，我亦年来多逐物，春宵一枕梦难成。"

灵隐玉山珍禅师法嗣

金陵龙翔昙芳守忠禅师 南康都昌黄氏,依云居玉山祝发。游方,至佛陀里官讲听《法华》。入吴见蒙山于休休庵。问:"乡里何方?"师曰:"江西都昌。"蒙山曰:"船来陆来?"师曰:"二途不涉。"蒙山展两手,师瞪目视之。往径山,见虎岩伏,岩命掌纲维。又往育王,见东岩日,留典藏教。及玉山居灵隐,师往省。山一日室中举僧问赵州:"如何是祖师西来意?"州云:"庭前柏树子。"师闻举豁然。久之开法金陵保宁,移蒋山。泰定己丑,太子梁王至金陵,是夕寺灾,明日王诣山问师兴复若何。师曰:"赖有大檀越在。"王颔之。王嘱师建寺于宝珠峰,曰崇禧。自是每至必留连问辨。一日问曰:"如何谓之衲僧门下事?"师曰:"不离殿下所问。"王有契,大悦。致和元年,王入登宝位,改元天历,遣使函香至蒋山谢宝公兼劳师,赐金襕袈裟、经一藏、白银器五伯两、黄金五十两、纳失失幡一对。明年,遣使特授广慈圆悟大禅师,住持大崇禧寺,兼领蒋山。至顺元年,召师与大龙翔䜣公乘驿入京。既至,礼部尚书王士弘引见于奎章阁,赐坐温问,礼赐优渥,敕学士虞集撰《重兴蒋山寺记》。

至正二年,行院使纳麟高公起师主径山,五年正月特旨升住龙翔。虽经郁攸而旧观悉复。上堂拈拄杖云:"拄杖子有时象王回旋,有时狮子嚬呻。"卓拄杖,"且道是象王回旋,是狮子嚬呻?"靠拄杖云:"龙蛇易辨,衲子难瞒。"

上堂,"坐深井者不知大虚之宽广,忘偏见者方明至理之圆融。临济掌黄檗，黄檗掌百丈。国清才子贵，家富小儿骄"。

上堂，举南泉道："我十八上便解作活计。"赵州道："我十八上便解破家散宅。"师云："诸禅德解作活计底，便解破家散宅。解破家散宅底，便解做活计。若到径山门下，总与明窗下安排，三十年后却不得道曾见径山来。"

上堂，举云门问僧："甚处来？"僧云："江西。"门云："江西一队老汉寐语住也未？"僧无语。师云："者僧无语且置，云门老汉面皮厚多少？"

八年十月二十八日召诸弟子诫曰："汝等宜勇猛精进，绍隆先圣之道，庶无负国家崇重吾教之心。"言讫翛然而逝，世寿九十四，僧腊五十六。

天目高峰妙禅师法嗣

杭州天目山中峰明本禅师 钱唐孙氏，母娠时，梦无门开道者持灯笼至其家而生。师稍长即爱阅经教，然指誓持尸罗，困则首触柱以自警。一日阅《传灯录》，至"庵提遮女问文殊：明知生是不生之理，为甚被生死流转？"有疑，往参高峰叩心要。诵《金刚经》至"荷担如来阿耨菩提"处，恍然有省。师自谓识量依通非悟也。高峰为剃染于狮子院，寻受具戒。因观流泉乃大悟，师亦闷而不闻于人。自是说法纵横，该贯辩博无碍。高峰将戢化，权书真赞遗师曰："我相不思议，佛祖莫能视。独许不肖儿，见得半边鼻。"

延祐戊午，仁宗特召，不起。赐金纹伽梨，号曰佛慈圆照广慧禅师。英宗御极亦封衣香即所居攸敬。附马浑王请于朝亲诣山中礼谒，构亭岩前，曰真际，表得法也。翰林学士丞旨赵公孟俯每与师书，必称弟子。行宣政院使张闾诸达官尤加敬服，屡以径山灵隐奉师，固不受。转运使瞿霆发以大觉寺请，亦不受。逾越渡淮至浮舟以居而隐避之。所至结庵，皆名幻住，学徒从之者如云。朔漠三韩、西域南诏，至于日本之僧，靡不来参。多望风信慕，尊之曰大和尚，绘像事焉。南诏僧普福奉师像南归，至重庆，忽神光烛天，其土感悦，遂笃信禅宗。师凡见学者辄问曰："汝唤什么作生死？"或者茫然无所答，或者谓生不知来处，死不知去处。师曰："便饶知得去来，所知亦是生死。"又或指一念忽起是生，一念忽灭是死。师曰："离一念起灭亦生死也。"师之提唱辩博机峻，实由乘愿力而来为法檀度。观时适宜，随机应物，多诸方便。师曰："真造实履以先之而不事空言。"故信之者众也。

示众："云门话堕，赵州勘婆。唯之与阿，相去几何。焦尾锦鳞，跃开地网。摩空俊鹘，透过天罗。不动一尘知落处，二十年事不争多。还会么？如或不然，更为你重下注脚。记得雪窦和尚颂为道日损曰：'三分光阴二早过，灵台一点不揩磨。贪生逐日区区去，唤不回头争奈何。'折东篱，补西障，回地轴，转天关，在雪窦则不无，争奈四句遭人捡点。三分光阴二早过，向甚处去也？灵台一点不揩磨，无你下手处。贪生逐日区区去，何处不称尊。唤不回头争奈何，直得分疏不下。高高峰顶行，抬脚不起。深深海底坐，打衣不湿。雪窦平地上把人埋没，捻指二百余年，今古之下乏人点捡。幻住也有一喝，还有捡点者么？须早出来。不然则就与拈出去也。三尺黑蝈眠暗室，一双白鼠啮枯藤。家山咫尺无行路，有底闲情逐爱憎。"

至治癸亥八月十四日，写偈辞众曰："我有一句，分付大众。更问如何，无本可据。"置笔安坐而逝，全身塔于寺西。寿六十一，腊三十七。天历乙巳文宗谥曰："智觉禅师。"塔曰："法云。"《语录》及《楞严》《或问》等总三十卷。元统二年大庆寿住持善达密的理奏闻，赐入大藏，仍赐号普应国师。

天目山断崖了义禅师 湖州德清杨氏，父大宥，母张氏。师始能言，便从其母诵《法华经》，于人事懵无所知。年十七，有禅者过门诵高峰上堂语，忽有感。遂往见于天目山之左关，为童子。峰令提万法归一话。他日，峰为僧举牛过窗棂话，师闻遂大疑，参究益精进。一日告峰云："上极天宫，下穷水际，尽大地一琉璃瓶。"峰曰："莫作圣解。"偶过钵盂塘，见松上雪坠有悟，即诣呈颂云："不分南北与西东，大地山河一片雪。"声未绝，峰棒之，不觉陨身崖下。人意其必绝，同学救之，则已出崖半无所苦也，谓同学曰："我往江西见雪岩去也。"同学曰："汝孤负老和尚痛棒矣，力挽之还。"师乃自誓曰："我七日不证，则决去矣。"遂直坚壁，忘废寝食，夜则攀树露立达旦。未及所期，豁然大悟。驰至死关呼曰："大地山河一片雪，太阳一照并无踪。自此不疑诸佛祖，更无南北与西东。"明日峰上堂云："我布漫天大网打凤罗龙，不曾遇得一虾一蟹。今日蟭螟虫撞入，三十年后向孤峰绝顶扬声大叫。且道叫个甚么？"举拂子曰："大地山河一片雪。"自是与母入武康上柏山，结茅以居。越五年还山，峰为剃落，名了义。

元贞乙未峰示寂，师亦韬晦。然所至四众归重，未尝受请立僧，咸称之曰义首座。泰定三年勉循众请，归坐祖庭一载，即师子正宗禅寺。师室中垂语云："除却语默动静道将一句来？"又曰："一息不来，向何处安身立命？"

元统元年岁除日，忽谓徒众曰："有一件事大来大，你还委悉么？"良久云："明日是年朝。"正月六日至夜分乃曰："老僧明日天台去也。"禅者曰："某甲随和尚去。"师曰："你走马也赶不着。"翌早跏趺而逝，世寿七十二，僧腊四十九，全身葬狮子岩之后云深庵。

杭州中天竺布衲祖雍禅师 明州定海人，题李源访圆泽图曰："天竺山前相会时，源公认得泽阇梨。果然头角能奇特，十二年前也似伊。"师尝赓永明寿禅师山居诗，其意趣不相上下，句法圆熟，间有过之者。临终书偈坐逝，火余设利颇多。

处州白云山福林室中以假禅师 衢州括苍人，姓叶氏，宋咸淳生。早失恃怙，年十七入郡之岑峰出家，礼荣枯木为师，越二年剃染受具。首谒高峰于天目，峰问："汝名什么？"师曰："以假。"峰曰："汝性假否？"师曰："性尚无真，岂有假耶？"峰令参堂。师然指自誓云："不明此事，不下此山。"因入室闻举狗子无佛性话有省，呈颂曰："赵州一个无，春暖花齐发，直饶与么会，眼里重添屑。"峰云："未在。"师云："这回不疑天下老和尚舌头。"峰便喝，师拂袖而出，峰深肯之，服勤十载。住后法化大行，得其开发者颇众。晚年退居一室，渊默自怡。一日唤弟子智光智度谓曰："我将行矣。"书偈已，掷笔泊然而逝。寿六十九，腊五十，全身塔福林中麓。

径山虚谷陵禅师法嗣

杭州径山竺远正源禅师 族出卢陵欧阳氏，从舅氏梅溪清公于里之甘竹寺，清之徒师济为剃发。一日善相者过之曰："师五短人也，异时必主大方为人天师。"延祐初上径山，值佛鉴入室次，举德山见龙潭，因甚向吹灭纸烛处悟去。师云："焦砖打着连底冻。"鉴云："打着后如何？"师云："万古碧潭空界月，再三捞漉始应知。"鉴云："知个甚么？"师拟对，鉴便打，师豁然有省，遂俾执侍左右。鉴示灭，原叟继其席，命师掌记。泰定四年，出世上海观音，迁嘉禾兴圣。帝师颁旨，赐佛慧慈照普应之号。至正二年主湖之道场，十四年迁灵隐，居三年。径山以兵毁，丞相达失公起师主之，拂岁畚砾，经营佛殿、龙王堂，未就绪而疾作，将寂，书偈别众，复致书丞相毕而逝。寿七十一，腊五十五。

袁州仰山了堂圆照禅师 南昌徐氏，礼大云寺矑庵越公九世孙海公出家，凡内外典籍无不该习，至元庚辰试经得度。初参翠岩讷公，岩累策发之，然未有证入。谒佛鉴于仰山，鉴举僧问赵州："狗子还有佛性也无？"赵州云："无。古人意旨作么生？"师云："某甲近离翠岩。"鉴云："毕竟古人意作么生？"师云："夜来宿山前接待。"鉴喜，以藏钥留之。未几去游两浙，天童东岩命分座说法。及佛鉴迁径山，师再参，又命分座。出世旌忠，还仰山，法化大振。示寂日，策学者务勤修，即怡然而逝。龛奉七日，颜貌如生时。阇维，烟成五色，俄火光粲若白莲花。既烬，舍利如菽者无算，顶骨牙齿亦不坏，建塔梅洲藏之。

嘉禾兴圣觉隐本诚禅师 崇德人，号道原。师尝着《性学指要》十卷。宛陵注叔志古汧，段天佑吉甫皆序之于前。段序有云："是编发明心性至为详密。"又曰："吾儒欲为极本穷源之学，此书不可以不观也。"中有真性篇曰："心性本一，故曰真如。真如者一真心源也，故曰真如性。"又曰："真如心性无形。心有质心，以性为体。性以心为主，是故体则俱体，故曰性体。"又云："心体用则俱用，心为能用，性为所用。能用者智，所用者理。能用非所用，则真智无以显。所用非能用，则实体无以彰。所以心非性不立，性无心不行，故云理智交彻，体用一源也。又谓之真如法界，法界者一真之体、万化之本。真如凝然，本之一也。真如随缘，化之万也。一即万，无不从此法界流。万即一，无不还归此法界。理事交彻，皆一心之妙用。然心之与性，其静则一，其用则殊。所以或一或异者，以心之有生灭也，故云心生则种种法生，心灭则种种法灭。心有真妄，性体惟一。妄心者，心违性而动也，故谓之无明心。无明妄心倏起倏灭，如天忽云，如镜忽尘。然云昏尘翳黯蔽其外，天镜之体本无增损。盖心能随物而转，性则无有变迁。心则可善可恶，性则纯一无杂。又谓之法性，法以轨持为义，至正无私，方堪轨范，略有偏颇则非法矣。所以此真性体，从无始来，湛湛真如，净无纤翳，故云实际理地不受一尘，是所谓大觉之真体，生灵之大本也。"

杭州中竺空海良念禅师 贺净慈起千佛阁两牌门画五十三参壁改路偈曰："千佛束之高阁了，百城烟水一毛吞，纵饶别有通天路，也落南山第二门。"

宁州两峰千福木岩本植禅师　中秋上堂，"灵山指月，曹溪话月，寒山比月，马师玩月。这一队汉总是弄光影底，要见真月未得在。且如何是真月？"以拂子打圆相云："会么？无物堪比伦，教我如何说。"

上堂，"若论此事，如隔墙看马骑，眨得眼来千里万里，高亭见德山，隔江招手便乃横趋。早迟八刻，更待扬眉瞬目、竖拂拈槌，堪作何用？灵利汉向这里拂袖便行，西峰有棒也未到你吃在"。

上堂，"鸡鸣丑，愁见起来还漏逗，裙子褊衫个也无。袈裟形相些些有，裈无裆，裤无口，头上青灰三五斗。指望修行利济人，谁知变成不唧𠺕。赵州老人大似积世故家，富贵固是熏人，只是不合风流太过。西峰今日不是眼皮热他也，只要后代儿孙太家知有"。

道场及庵信禅师法嗣

嘉兴福源石屋清珙禅师　苏州常熟温氏，依崇福永惟祝发。一日有僧过门曰："将登天目见高峰和尚。"师忻然偕行见峰，峰授以万法归一话令参究，三年无所入，辞参诸方，峰曰："温有瞎驴，淮有及庵，宜参谒不可后。"师遂往见及庵于达阳西峰，庵问："何处来？"师答曰："天目。"庵曰："天目有何指示？"师曰："万法归一。"庵曰："此是死句，什么害热病底教汝与么？"师恳求启发，庵曰："有佛处不得住，无佛处急走过，意旨如何？"师屡答不契，庵曰："这个亦是死句。"师不觉汗下。

后因入室庵理前话征诘，师曰："上马见路。"庵呵曰："在此六年犹作这个见解。"师发愤弃去，途中忽举首见风亭，豁然有省，即回语庵曰："有佛处不得住也是死句，无佛处急走过也是死句，某甲今日会得活句了也。"庵曰："汝作么生？"师曰："清明时节雨初晴，黄鹂枝上分明语。"庵颔之。未几庵迁道场，命师典藏教。庵谓众曰："此子乃透网金鳞也。"已而见悦堂誾于灵隐，延居第二座。寻卓庵湖之霞雾山、天湖樵苏之役，皆躬为之，有古宿遗风。禅暇喜作山居诗，丛林盛传。广教府请居当湖福源，师坚不应。或曰："弘法为要，何乃独善？"遂幡然而起。居七年，法席大振。名闻朝廷，降香币以旌异，皇后又锡以金襕衣。

上堂，"四月十五日已前，夜短睡不足。四月十五日已后，日长饥有余。正当四月十五日，福源寺里禅和子饭亦足睡亦足，游戏圆觉伽蓝，安居平等性智，敢问诸人因甚得到这般田地？熏风入户自生凉，湖水到门非有意"。

临终书偈而逝。阇维，其徒收骨石塔于天湖。弟子愚太古高丽人，其王尊为国师，遣使分舍利归国建塔。

杭州净慈平山处林禅师　仁和王氏子，母黄氏。师既生，比旦有僧过其家，持木刻梵僧像仅尺许遗其父母曰："此即汝所生儿也。"语讫不知僧所往。父母异之曰："此必佛种也。"因不茹荤肉以保护之。年十二，俾礼邑之广严院广修剃发。既具戒，告母曰："儿欲参学四方。"母曰："此汝分内事也。"为治衣履使行。不数日，复还见母，母曰："学佛当持不退心，何趑趄若是？"师因痛自警省，即往金华谒及庵于西峰。庵一见器之，命处侍室。一夕侍次，庵捻纸清膏以代烛，因举示师曰："龙潭吹灭，汝作么生会？"师拟答，庵遽以手掩其口，忽有省。未几庵迁湖之道场，师从之典藏。冬至，师秉拂，学者发百余问，随问随答，如矢中的，众皆詟服。庵还化，师往见虚谷于仰山，偶因禅者乞作茶瓢颂，谷见惊喜，命居第二座。

出世大慈嘉禾，当湖张某建寺曰福源，请师开山。迁中天竺，行院选师居净慈，学者坌集至万指，施者亦向风而来，殿堂像设皆一新之。勘辨学者，随机策励。且营净居塔院为终老计。一日师语左右曰："吾世缘殆尽矣。"肩舆入城与丞相别。还至净居索浴，浴罢书偈已，泊然而化，乃至正辛丑五月一日也。世寿八十二，僧腊六十六。

灵云铁牛定禅师法嗣

豫章般若绝学世诚禅师 吉水镏氏，年十七诸父迫使从商，行寓兴国大冶三泉山，有异僧无相者通宿命，见师呼曰："昔黄梅同参能记识乎？"师惘然。无相勉学佛以还旧习，师即弃货殖，从修禅定，又教以出神。师曰："神往形存，被人舁致水火，神返将何所寄？"知不足学，弃去，礼真颠肉身剃落。久之，入吴见蒙山异公及庵信公，复归里见徂崖戒公。戒卒，见铁牛于湘南，征诘数返，始嚗然如释所滞。铁牛遂留分座，洪之凌景仁即灵鹫峰筑庵曰般若生，采市邓实齐亦舍所居为庵。师往来居之，学者坌集。西域、高丽、云南、日本诸师，向风趋慕。若公卿儒士、黎庶老稚，接踵于道，家绘其像祀之。每剪爪发或堕齿牙，则争取持去，皆获舍利。至顺壬午十月二十三日化，寿七十三，腊四十二。全身沙瘗三年，出视之貌如生，爪发俱长，眉须亦皆长寸余。饰以香泥，迎置于堂，砻密石为塔以奉之。

净慈方山宝禅师法嗣

天台华顶无见先睹禅师 台州仙居叶氏子，世业儒，从郡之天宁古田垩公剃染。既具戒，遂参方山于瑞岩，尽得其要领。乃翩然上华顶，寻高庵所居故址结茅而居，久之道化大行，咸谓高庵再来也，四方学者争集，人以为无田不可蓄众，往往持田券来施，师皆却之。冬夏一衲，食惟充饥不分粗细。

示众曰："风冷冷，日杲杲。蔔花开满路香，池塘一夜生春草。堪悲堪笑老瞿昙，四十九年谭不到。阿呵呵！"拍禅床下座。

山居偈云："一树青松一抹烟，一轮明月一泓泉，丹青若写归图画，添个头陀坐石边。"又，"偶挑野菜过坑西，懒草齐腰路欲迷，春雨弄晴春日淡，杜鹃啼住竹鸡啼"。迁化火浴，忽胸堂清水迸出，如瓶之注。得舍利大如菽，光耀人目。

嘉兴天宁镜堂古禅师 上堂，举僧问云门和尚："如何是诸佛出身处？"门云："东山水上行。"师颂云："东山水上行，直截为敷扬。静里乾坤大，闲中日月长。"

上堂，"佛说一切法，为度一切心。我无一切心，何用一切法。六根门头空索索，十方世界空索索，山河大地日月星辰甚么得来？"喝一喝。

上堂，"一不成二不是，闪电未成，霹雳随至。耳里着得须弥山，眼里着得大海水"。击拂子，"万论千经只这是"。

湖州资福一源灵禅师 宁海人，径山云峰手度弟子。参方山于台州瑞岩，充维那，以赵州勘台山婆子话扣问。山云："灵维那，你下一转语看？"师随口便道："尽大地人无奈这婆子何。"山云："我则不然，尽大地人无奈赵州何。"师当下如饥得食，如病得汗。

住后上堂，举世尊升座，文殊白槌公案。师云："世尊以是错说，文殊以是错传，凤山今日以是错举。会么？字经三写，乌焉成马。"时竺原隐居六和塔，闻之歆艳曰："宣政院举许多长老，惟凤山较些子。"愠恕中参师，一日饭后遣困，偶与朋友掷选佛图。师闻之，令净头送至一偈云："百千诸佛及众生，休向图中错较量。心印堂阳轻掷出，堂堂高坐寂光场。"恕中次日清朝问讯，师乃数云："古人无剪爪之工，汝后生辈忍得唐丧光阴，且掷选佛图到极合杀时，掷得一个印出，便欢喜云：'我成佛了。'一切时一切处，皆是汝成佛处，汝却不知。"

针工丁生 天台人，参方山于瑞岩。曾蒙印可，咏琉璃偈云："放下放下，提起提起。一点光明，照破天地。"

净慈古田垕禅师法嗣

温州江心东涧洵禅师 台之仙居人，出世三学。上堂，"山僧生缘仙居，如今把人杓柄又是仙居，可谓熟处难忘。况现前一众尽是旧时相识，各各心眼相照。且不用说佛法长短家太有无，入院之初但只叙寒温而已"。喝一喝云："宾主历然。"

上堂，"今朝解夏了也，放得脚头阔，无往而不可。会么？紫栗一寻，青山万朵"。

上堂，"山僧平生不曾将一法击缀人，亦不曾将语言赚误人，只据平等真实处说与诸人。今朝冬至节，鲁史验书云。诸人也要知得分晓"。良久，"惟有黄色是丰年"。

上堂，"双峰高耸东西塔，一日平分早晚潮。灯揭半空璇斗出，日升东海玉龙摇。个是我家一片天然境界，千百亿生受用不尽。既是千圣不传之妙，任是真歇老人亦乃未曾踏着。何故？灵踪更在猿啼处，月照须弥第一峰"。

颂大通智胜佛话曰："直节虚心不受污，采蔽甘隐首阳居，警言不食姬周粟，千古夷齐只饿夫。"

天童东岩日禅师法嗣

四明天童平石如砥禅师　出世保福，升定水，至天童。上堂，举三角和尚因僧问如何是三宝，角云禾麦豆。师云："三角与么道，大似将常住物作自己受用，其奈傍观者哂。忽有人问保福如何是三宝，只向他道佛法僧。何故？千虚不如一实。"

上堂，僧问："三圣道，逢人则出，出则不为人时如何？"师云："有甚巴鼻。"僧云："兴化道，逢人则不出，出则便为人，又且如何？"师云："却较些子。"僧云："古今无异路，达者自同途。"师便喝，僧礼拜，师云："不快漆桶。"

上堂，"鲁祖面壁，雪峰辊球，动弦别曲，叶落知秋。便与么会时如何？铜沙锣里满盛油"。

上堂,"云门一曲腊月二十五,直下会得,未敢相许。何故?射虎不真,徒劳没羽"。

上堂,"山僧夜来得一梦甚是奇特,天明起来拟欲举似诸人,子细寻思又成忘却"。便下座。

灵岩虚中满禅师 台之黄岩人。上堂,"千山竞秀,万壑争流,色不到耳,声何触眼。眼色耳声,万法成辨。衲僧家语默动静不知落处,将何以报佛祖垂荫之恩"。拈拄杖卓一下,"金刚脑后铁三斤"。

示众:"十方三世一一周遍,不属古今岂离闻见。运水般柴着衣吃饭,毫发无差种种成现。"击拂子,"急须着眼看仙人,莫看仙人手中扇"。

慧日昙石禧禅师法嗣

守拙上座 姓夏,苏之嘉定人,中年舍缘入道。昙石在净慧时,师往从之,究心要。石以狗子无佛性话授之,寅夜参究,至忘寝食。寻得祝发披缁,自是各寺院坐期必预。预名双江绍隆庵坐期。一夜五更闻鸡鸣,豁然大悟。素不识一丁乃说偈曰:"几年壁角坐堆堆,阴极阳生走出来。一夜五更鸡报晓,天明红日上高台。"终后火化,舌根不坏。

乌石杰峰愚和尚法嗣

衢州福慧克庵和尚 施主设斋上堂,举临济与普化赴施主斋，济云："毛吞巨海，芥纳须弥。为复神通妙用，为复法尔如然？"化踢倒饭床。济云："太粗生。"化云："者里说什么粗细。"济休去。明日又同赴一家斋，济云："今日供养何似昨日。"化又踢倒饭状。济云："得即得，只是太粗生。"化云："瞎汉，佛法说什么粗细。"师云："一人深深海底行，一人高高山顶立。我当时见化踢倒饭床，便与震威一喝，教他俱倒退三舍。众中还有为二老出一口气底么？千山势向岳边止，万派声归海上消。"

铁关枢禅师法嗣

杭州净慈逆川顺禅师　上堂，竖拄杖云："拄杖竖，山河大地一时竖。"横拄杖云："拄杖横，山河大地一时横。"卓拄杖云："山河大地粉碎了也，诸人向甚么处安身立命？"靠拄杖，喝一喝，下座。

上堂，举僧问云门如何是云门曲，云门云："腊月二十五。"师云："云门曲调和者应稀，雅山冬病起来疏阔。尊众未免效颦一曲，少伸供养，病来病去皮粘骨，抖擞起来无一物。行不成步语声低，鼻孔依然高突兀。将谓雅山曲又是东山颂。"击拂子下座。

上堂，"六桥杨柳，十里荷花，常在诸人眼睛里转大法轮"。拈拄杖，"一二三四五，五四三二一，渡水不穿云，般若波罗蜜"。

荐福月涧明禅师法嗣

饶州东山崇禅师 上堂,"赵州无,云门普,雪峰球,禾山鼓,东山瞽,黑漆拄杖七尺五"。

上堂,"泥牛吞却南山虎,万象森罗齐起舞。木人笑兮石女歌,露柱灯笼齐唱和,是何曲调万年欢"。

上堂,"春风习习,春春日迟迟。是处桃花破萼,发明向上真机。堪悲堪笑灵云老,打失眼睛鼻孔,刚道不疑"。

大鉴下第二十四世

天童了堂一禅师法嗣

杭州径山敬中普庄禅师 自号呆庵,台州仙居袁氏。初住抚州北禅选云居。洪武甲戌奉旨居径山。师一日问新到云:"我这里虎狼塞路,荆棘参天,上人到来有何忙事?"僧云:"特来礼拜和尚。"师云:"入门一句则不问,且道你脚下草鞋甚处得来?"僧拟议,师便喝。又问一僧云:"昨日离何处?"僧云:"庐山。"师云:"不劳再勘。"

上堂,"或喜或嗔,或动或静,总是一相三昧,切忌妄生分别"。蓦拈拄杖卓一下云:"云自帝乡去,水从江汉流。"

法华会上堂,"久默斯要,不务速说。今当说之,各宜善听"。良久云："我不敢轻于汝等皆当作佛。"

因雪上堂，"大地雪漫漫，山深分外寒，断肱人不到，面壁也无端。大众且道，是祖师无端、山僧无端？"拈拄杖掷下云："无端无端。"

上堂，"鸟窠吹布毛，通侍者便解悟去。如虫御木，偶尔成文。云门扬下柴片，一大藏教只这是。为蛇画足，取笑傍观。径山与么批判，譬如狮子王哮吼，狮子儿闻之，悉增勇猛。若是野干之流，自坏狂怖，又争怪得？"喝一喝，下座。

瑞岩恕中愠禅师法嗣

应天府灵谷圆极居顶禅师　别号圆庵，生台之黄岩陈氏，父颐道，母叶氏。师产时得吉梦，因愿舍之出家。年十五能诗文，入乡之净安寺为沙弥。依迪元瑀公讲授《楞严》《圆觉》。会空室主瑞岩，遂从得度，继为侍者，尽得心要。

空室退寓慈溪永乐，师随侍之。因得从庸庵宋先生妙尽作文之法。已而金华宋潜溪、天台朱云巢，见师著作，皆共称赏。蜀王殿下亦尝赐诗叹美，有"僧中班马是何人"之句。

洪武十六年，出世鄞之翠山，延空室奉养，至于送终塔葬，克尽其礼，江湖称孝焉。二十五年，蜀王召师主成都大慈，力辞弗就。适金华双林虚席，僧录司檄请补处。二十八年，太祖高皇帝召至京师。明年正月，敕补僧录司左讲经。继住灵谷，宠锡便蕃，又升左阐教。师有送远侍者偈云："香林曾把纸衣书，潦倒圆庵一字无。有口惟能吞饭颗，远来参侍恐相孤。"又送勇藏主还径山偈云:"一大藏教破故纸,达磨西来无直指。道人更欲问何如,井底蓬尘山上鲤。"永乐二年二月初二日入寂。阇维,异香袭人。门人收骨石葬翠山空寄塔右。

灵岩南堂欲禅师法嗣

镇江金山穆庵文康禅师 慈溪人。僧问:"牛头未见四祖时如何?"师云:"头上着枷,脚下着杻。"僧云:"见后如何?"师云:"要坐即坐,要行即行。"师室中垂语云:"威音王已前,与你日用现行相去多少?"又云:"打破髑髅,向什么处见释迦老子?"又云:"来时因甚无口。"

上堂,"身心清净,诸境清净。诸境清净,身心清净。僧问云门如何是云门一曲,门云腊月二十五。摩诃般若波罗蜜,甚深般若波罗蜜"。卓拄杖下座。

上堂,举僧问赵州狗子还有佛性也无,州云无。师云:"狗子无佛性,头正尾亦正。跳出向上关,急急如律令。"

苏州灵岩天彰文焕禅师 别号本光,温之林氏。依南堂于灵岩颇久,智证日深,尝分座说法。精究《楞严》要旨,极爱环师所注,寻常不释手。师貌与苏城东禅酒仙贤禅师相类,或谓酒仙再来也。师因礼其像有偈云:"人言我貌似仙翁,况与仙翁姓又同。是汝是吾俱莫论,笊篱捞取西北风。"又尝烧线香有偈云:"杂华香散一丝烟,宝网云台悉现前,但把寸心灰得尽,熏闻不在鼻头边。"

径山南楚悦禅师法嗣

杭州灵隐见心来复禅师 豫章人，别号蒲庵。上堂，"马颔驴腮，一真妙相。鸦鸣鹊噪，一佛妙声"。竖拂子云："且道这个是甚么相？"击拂子云："且道这个是甚么声？汝诸人若以有相有声即是常见，若以无相无声即是断见。直饶有无俱遣，犹在半途，更须透出向上一关始得。且道向上一关作么生透？"良久，"自是不归归便得。五朝风月有谁争。"

上堂，"上不在天，下不在地，中不在人"。竖拂子，"且道这个因甚在山僧手里？"以拂子击禅床一下，"百杂碎了也。向这里莫有转得身吐得气底么？夜短路长休把火，大家吹灭暗中行"。

上堂，"古人道，一口吞三世诸佛，一气转一大藏教。点捡将来，大似无事生事。槎峰则不然，有口且咽唾，有气且养神，那得闲肚肠吞三世诸佛，那有闲工夫转一大藏教。只图省事过时，免见动劳心力。何故？了了了时无可了，玄玄玄处亦须呵"。]

天童正宗匡禅师法嗣

湖州道场竺芳慕联禅师 别号朽庵，四明定海人，父钱。幼依大白山佛龙寺行宣为沙弥，逾年往五台寺受具。游浙西，首谒灵隐竹泉和尚。泉问云："汝何处人？"师云："明州。"泉云："我闻明州有三佛，是否？"师答云："一尚不见，何况有三。"泉云："汝不是明州人。"师顾旁僧云："这老汉又醉也。"泉云："且坐吃茶。"继往蒋山见正宗,一日宗问："汝本师有听雨颂,还记得么?"师云："记得。"宗云："试举看。"师举云："檐前滴滴甚分明,迷己众生认作声。"宗以手约住云："既不唤作声,唤作什么?"师云："终不唤作碗脱丘。"宗云："见面不如闻名。"师云："圆悟关踏倒了也,和尚还知么?"宗便作掌势。师退步云："和尚已后错打人去也。"久之,行宣政院命出世石门,迁宝陀普慈。洪武十年,朝命升道场,建佛殿众屋,俱倍胜旧规。十一年,奉旨校雠新注三经。十五年,朝廷新开僧道衙门,众推师为僧纲司都纲,管内僧徒无不听命为善。吴兴清规为之鲁变。

上堂,"一大藏教不是黄面老子说底,直指人心不是达磨大师传底"。拈拄杖,"牛角长三寸,兔角长八尺。牧羊海畔女贞花,拒马河边望夫石"。

上堂,"古德道,释迦不出世,达磨不西来,佛法遍天下,谭玄口不开。古德恁么道,只见锥头利,不见凿头方。龙峰则不然,释迦不出世,达磨不西来,落花二五片,点破阶前苔"。

上堂,举保宁勇和尚示众云:"智不到处,切忌道着,道着则头角生。大众头角生也,是牛是马?"师云:"大小保宁牛马也不识。既是头角生也,有甚难辨。虽然,汝诸人也不得草草勿勿。"七十年六月一日示微疾,十二日早发诸山书讫,移顷而逝。

龙翔昙芳忠禅师法嗣

昆山荐严兰江清㵾禅师 天台人，姓镏。初从集福远公习天台教，去依岳林水南湘公，久之走谒金陵保宁。仲方伦公以太随话诘之，半载间犹不契。一旦行护龙河上，脱然有省，遂自庆曰："大随鼻孔令入我手矣。"仲方曰："此固善矣，未可以自足也。"师既辞去，眼膺此言，刹那不敢忘。偶过湖州菁山市中，俯仰之间，顿忘移步，始知无佛可成，无众生可度。呵呵大笑。既而见广慈于蒋山，俾居侍司，复掌藏钥。寻游吴兴灵岩欲公，分座说法。

出世常之翠微，迁湖之显慈，天界净觉延居第一座，复俾居昆山荐严。僧问："世尊拈华，迦叶微笑，意旨如何？"师云："世尊手里一花红，迦叶面门双眼碧。"僧云："鼻祖面壁，神光断臂，又且如何？"师云："当年用毒流支有，今日安心慧可无。"僧云："只如分皮分髓，又作么生？"师云："机先领旨犹成滞，言下知归亦是迷。"僧拟议，师遂喝。

上堂，"即心即佛，非心非佛。不是心，不是佛，不是物。石女肝肠锦绣缠，波斯鼻孔黄金突。突出虚空，蓦拶相逢"。

上堂，举百丈野狐话毕，作野狐叫，云号狐。下座。

上堂，"感之所召，越山河而非遥。缘之所乖，附耳目而有间。当求于己，莫让于人。用黑豆法，吞栗棘蓬"。

上堂，"清净行者不入涅盘，破戒比丘不入地狱。十二阑干倚遍时，海门一点远山绿"。师偶成偈曰："略无世事可思量，只恨人间夜不长。一觉起来天大亮，西风满院桂花香。"化渡船偈曰："岸南岸北声相接，活路不通千里赊，全藉个中人着力，船头拨转便归家。"不求人偈曰："寻常柄杷在吾手，二六时中受用多。痒处蓦然抓得着，通身无奈喜欢何。"终于松江，松隐唯庵禅师为竭力其后事。

天目中峰本禅师法嗣

婺州伏龙山圣寿千岩元长禅师　号无明，越之萧山人，姓董氏。随诸父曰昙芳者，学佛于富阳法门院，诸书经目辄成诵。十九剃染，走武林习律于灵芝寺。律师问曰："八法往来片无乖角何谓也？"师曰："何不问第九法乎？"律师曰："问律而答以禅，真大乘器也。"会丞相府饭僧，师随众入，中峰亦在座，遥见师，即呼谓："汝日用如何？"师曰："唯念佛耳。"峰曰："佛今何在？"师拟议，峰叱之。师遂作礼求指示，峰以狗子无佛性话授之。继往习禅于灵隐，山中雪庭传公召师掌内记。俄归法门将十载。一旦忽喟然叹曰："生平气志充塞乾坤，乃今作瓮里醯鸡耶。"复造灵隐，胁不沾席者三载。因闻鸡声有省，亟见中峰，峰复叱之，师愤然来归。夜将寂，忽鼠翻猫食，器堕地有声，恍然开悟。觉身跃起数丈，且复往质于峰。峰曰："赵州何故云无？"师曰："老鼠食猫饭。"峰曰："未在。"师曰："碗子扑落地，打破常住砖。"峰乃微笑祝曰："善自护持。"既而师隐居天龙东庵，有一蛇日来座下，师为说归戒，蛇即矫首低昂作拜势而去，自是声光日显。

行省丞相脱欢公遣使逼师出世，诸山亦争相欢请，师皆谢绝。乃逾江之伏龙山，卓锡岩际，警曰："山若有泉，吾将止焉。"俄山泉溢出作白乳色，遂依大树而止。邑大姓楼君如浚等，为构屋以居。寻因旧寺基号曰圣寿，缁白向慕辐凑。镇南王亲书寺额以赐，并僧伽梨及普应弘辩妙智之号。资政院又为咨于东朝，命臣制佛慧圆明广照无边普利大禅师之号，并金襕衣以赐。

僧问："释迦弥勒犹是他奴，未审他是阿谁？"师云："粪扫堆头生苔藓。"僧云："学人不会。"师云："问取净头。"僧问云："大悲千手眼，那个是正眼？"师云："点。"

宋公景濂尝访师，师问曰："闻汝阅尽大藏教，有诸？"濂曰："然。"师云："汝用耳阅乎，抑眼观也？"濂曰："亦眼观耳。"师云："眼之能观者汝谓谁耶？"濂扬眉向之，于是相视一笑。

示众云："转山河国土归自己则易，转自己归山河国土则难。拈了也，父母未生前道将一句来。"

上堂，指香炉云："大众，香炉与诸人说法了也。"便下座。

上堂，"秋风凉，秋夜长，未归客思故乡。大众，如何是你故乡？"喝！"幸然家里在，不用苦思量。"至正丁酉六月十四日书偈曰："半生饶舌，今日败阙。一句轰天，正法眼灭。"投笔而逝，全身瘗青松庵。

苏州狮子林天如维则禅师 庐陵人，师在幻住室中，偶一新到问："大事未明如丧考妣，大事已明亦如丧考妣。"问声未绝，幻便打。师于侍傍疑情顿发。既而屡呈己解，皆不契。一日忽自笑曰："今日瞒我不可得了也。"幻勘之曰："明与未明即不问，且唤什么作大事？"师随口应曰："露柱吞却狮子岩，灯笼笑破半边口。"幻肯之，且嘱曰："汝须向孤绝处一坐坐断，三十年后不相负也。"寻命师居板首，师力辞。幻遽下床一拜，师急闪身曰："和尚这一拜却拜在虚空里。"幻曰："你且不在虚空外。"遂鸣钟送师归寮。自是幻每曰："堂中有首座，老幻可偷闲矣。"幻既寂，师于苏城中结庵名曰师子林。

示众云："如何是佛麻三斤，如何是佛殿里底，如何是佛干屎橛。三文大光钱，买得个油糍，吃向肚皮里，当下便不饥。"

示众："山中何所有，岭上多白云。阿呵呵！个是众寮之物，谁敢私而有之。虽然如是，只可自怡悦，不堪持赠君。"师尝集《楞严经》诸家注释要语，合为一书，名曰《会解》，板行于世。

净慈平山林禅师法嗣

应天府天界止庵德祥禅师　杭州人，出世郡之龙华，迁苏之天平，移杭之报国，升净慈径山。至天界，径山新方丈成，上堂，"阔一丈斩新日月，深十尺别是乾坤。东来西来底，南来北来底，总在这里相见。且道不来不去底，向甚么处相见？"拈拄杖卓一下，"鹤飞千尺雪，龙卧一潭冰。"

大鉴下第二十五世

圣寿千岩长禅师法嗣

苏州邓尉山圣恩万峰和尚 讳时蔚，温州乐清金氏。母郑，梦儒释二人入其寝室，逮旦产二子，次即师也，有光烛室，众怪欲弃去，姑育之。在襁褓见僧辄微笑合掌。年十一得度于越永庆，礼升讲主为师。升授《法华》，诵至"诸法从本来"，忽有省，遂游方。既受具，即参止岩于虎跑。岩示南泉三不是话，俾参究。寻往达蓬山佛迹寺故基卓庵而居，昼夜究竟所参话，殆忘寝食。久之往华顶礼无见，不契。闻千岩道化，亟往见。一日入室次，岩问："汝莫要受戒么？"师即掩耳而出。明日普请斫松次，师拈一圆石作献珠状云："请和尚酬价。"岩云："不直半分钱。"师云："瞎。"岩云："我也瞎你也瞎。"师云："瞎瞎。"岩休去。

佛降诞日，岩上堂云："今日有种种好事，一者世尊降诞，二者天道晴明，三者有大施主设斋。诸人若向此识得老僧舌头落处，日消万两黄金。"师从西过东，一手指天一手指地云："天中天，天中天，释迦弥勒谁后先。"岩喝云："这温州子也胡做。"已而请居后板，自是蔚首座之名播于四方。未几复还佛迹，后岩寄以偈仍嘱云："汝缘在浙西，当往彼化导。"师至姑苏，缁白蚁慕。建四道场，从受归戒者不可以数计。闻名睹影，靡不以手加额。绘其像奉祀者甚众。岂非与苏人宿有因缘！将终，沐浴更衣，索笔书偈而逝。全身塔于圣恩之右涅盘山。寿七十九，腊五十九。

松江松隐唯庵德然禅师 郡之张氏，参千岩，闻其提唱有悟，继而踵其席。

示众："德山棒，临济喝，拈放一边。诸人脚跟下，道将一句来。"以拄杖画一画云："毗婆尸佛早留心，直至如今不得妙。"

上堂，"江月照，松风吹，永夜清宵何所为。永嘉大师满口道了也，大众还知落处么？"卓拄杖，"劫石有销日，黄金无坏时"。

暮年养间于松隐，人因称为松隐和尚。遐方异域宰官士庶缁流，如水赴壑。宋翰林景濂题其语录有曰："语言峭拔，铜关铁壁，利剑长矛，岂惟不可凑泊，亦无缝罅之可乘。"吁可畏哉，翰林之言可不信夫！

附编三

校点后叙：圆极居顶与《续传灯录》

圆极居顶，生年不详，卒于永乐二年（1404），字圆极（又作元极、玄极），别号圆庵。南岳下第二十二世台州瑞岩空室恕中无愠禅师（？~1386）法嗣，在洪武、永乐年间曾任僧录司左讲经、左阐教，有《居顶文集》及《圆庵集》传世。圆极居顶生平传记仅见于明僧文琇（1345~1418）所集《增集续传灯录》，兹录如下。

"应天府①灵谷圆极居顶禅师，别号圆庵，生台之黄岩陈氏，父颐道，母叶氏。师产时得吉梦，因愿舍之出家。年十五能诗文，入乡之净安寺为沙弥。依迪元瑀公讲授《楞严》《圆觉》。会空室主瑞岩，遂从得度，继为侍者，尽得心要。

空室退寓慈溪永乐，师随侍之。因得从庸庵宋先生妙尽作文之法。已而金华宋潜溪、天台朱云巢，见师著作，皆共称赏。蜀王殿下亦尝赐诗叹美，有'僧中班马是何人'之句。

洪武十六年，出世鄞之翠山，延空室奉养，至于送终塔葬，克尽其礼，江湖称孝焉。二十五年，蜀王召师主成都大慈，力辞

---

① 应天府：又称京师、南京，是南京在明朝时期的名称，为明朝前期首都，后永乐时期迁都顺天府（北京），应天府作为陪都。

弗就。适金华双林虚席,僧录司檄请补处。二十八年太祖高皇帝召至京师,明年正月,敕补僧录司左讲经。继住灵谷,宠锡便蕃,又升左阐教。

师有送远侍者偈云:'香林曾把纸衣书,潦倒圆庵一字无。有口惟能吞饭颗,远来参侍恐相孤。'又送勇藏主还径山偈云:'一大藏教破故纸,达磨西来无直指。道人更欲问何如,井底蓬尘山上鲤。'

永乐二年二月初二日入寂。阇维,异香袭人。门人收骨石葬翠山空寄塔右。"

《续传灯录》编撰于明洪武末与永乐初年。作者在《续传灯录序》中叙述了纂集此书的缘由与特色。

洪武辛巳（1401）冬,朝廷刊刻《大藏经》即将完成时,敕僧录司把中国佛教诸宗系的切要之书,按照宗系编入《大藏经》。时任左阐教的圆极居顶接受朝廷的命令,组织学徒重新纂集了《景德传灯录》以后禅宗的语录传记,名曰《续传灯录》。

圆极居顶认为,宋景德间吴僧道原编撰的《景德传灯录》带来了禅宗的繁盛。而后来相继编纂的禅宗灯录有《建中靖国续灯录》《联灯会要》《天圣广灯录》《嘉泰普灯录》。至南宋晚期,灵隐大川普济以为前五部灯录过于繁复,乃会粹成《五灯会元》。居顶认为,五部灯录中,《景德传灯录》是编撰得最好的,后面的四部灯录都不能避开它,而《五灯会元》虽然"用心固善",但"不能尊《景德传灯》为不刊之典,复取而编入之,是为重复矣"。因此,有必要再编纂一部《传灯录》。所谓《续传灯录》,意为以《景德传灯录》为典范,接续《景德传灯录》而编纂的

《传灯录》。

《续传灯录》三十六卷,取自《景德传灯录》以后,始于大鉴(慧能)下第十世首山念禅师法嗣汾州太子院善昭禅师(947~1024),讫于大鉴下第二十世灵隐崇岳禅师法嗣明州天童山天目文礼禅师(1167~1250)及诺庵肇禅师(生卒年不明),历五代至南宋后期近300年,所列人名三千一百一十人,其中正文收载行状语录者一千二百零三人,无行状语录只存名字者一千九百零七人。

《续传灯录》在编排体例上不同于以前的《灯录》。此前的《灯录》,有的在六祖惠能下分出南岳、青原二系(如《景德传灯录》《建中靖国续灯录》《联灯会要》《天圣广灯录》),有的在二系下再分五宗二派(如《嘉泰普灯录》《五灯会元》)。《续传灯录》则只标出"大鉴下"第几世,其理由是,"不敢以五家宗派分裂之","五家宗派互相激扬,同出大鉴",故"统而合之,以一其归也"。

《续传灯录》多取材于《五灯会元》《佛祖慧命》《僧宝传》《分灯录》《禅门宗派图》以及诸师语录等书,有的"仍其旧",不加改动;有的只"略加取舍",不加修饰,以保持其原来的真实性。

《续传灯录》的纂集由于时间仓卒,因此有它的不完善之处。此书纂集开始于洪武辛巳(1401)冬,朝廷刊刻《大藏经》即将完成时,圆极居顶卒于永乐二年(1404)二月,其纂集的有效时间大概两年左右。因此,其一,虽然所列入的人名有三千一百一十人,而其中一千九百零七人只是空名,没有机缘语句,有待补入。其二,大鉴第十八世至二十世的禅师收之不全,所收者仅四十一人有机缘语句,且有差误,有待增补更正。其三,有的机缘语录亦太略,仅只言片语。其四,此书纂集非出自一人之手,对禅师及机缘语录的取舍的标准恐有不同。所以,圆极居顶在《序》最后说:"至若机缘语句,无从质正者,尚有待于后之同志嗣成其书焉。"可见,圆极居顶在世时,此书没有最后完成,寄希望于后来的志同道合者加以弥补核实,使此书得于完善。

有鉴于《续传灯录》的欠缺,明南石文琇于永乐十五年(1417),编纂《增集续传灯录》,对《续传灯录》十八世至二十世的禅师语录加以整理补正,同时补续到大鉴下第二十五世,凡六卷,新式标点后,现附于书后,以供读者参阅。①

---

① 《增集续传灯录》后缀有《五灯会元补遗》目录与正文,非关《续传灯录》,兹不照录。

附编四

主要参阅书目

《禅林僧宝传》宋　惠洪撰　吕有祥点校　中州古籍出版社

《大慧书》宋　大慧宗杲著　吕有祥　吴隆升校注　中州古籍出版社

《正法眼藏》宋　大慧宗杲著　董群点校　中州古籍出版社

《古尊宿语录》宋　颐藏主编集　萧箑父、吕有祥点校　中华书局

《景德传灯录》宋　道原撰　大正藏第五十一册。

《天圣广灯录》宋　李遵勖编　卍续藏第七十八册。

《建中靖国续灯录》宋　惟白集　卍续藏第七十八册。

《联灯会要》南宋　悟明集　卍续藏第七十九册。

《嘉泰普灯录》南宋　正受编　卍续藏第七十九册。

《僧宝正续传》南宋　祖琇撰　卍续藏经第七十九册

《南宋元明禅林僧宝传》清　自融撰、性磊补辑　卍续藏经第七十九册

《五灯会元》南宋　普济集　苏渊雷点校　中华书局

《五灯会元续略》明　净柱辑　卍续藏第八十册。

《指月录》明　瞿汝稷集　卍续藏第八十三册。

《五灯严统》明　通容集　卍续藏第八十册。

《补续高僧传》明　明河撰　卍续藏第七十七册

《大明高僧傳》明　如惺撰　大正藏第五十册

《续指月录》清　聂先编辑　卍续藏第八十四册。

《五灯全书》清　超永编辑　卍续藏第八十一册至八十二册。

《续灯正统》清　性统编集　卍续藏第八十四册。

《唐五代禅宗史》杨曾文著　中国社会科学出版社

《宋元禅宗史》杨曾文著　中国社会科学出版社

《禅宗宗派源流》吴立民主编　中国社会科学出版社

《中国曹洞宗史》毛忠贤著　江西人民出版社

《杨岐派史》徐文明著　中国社会科学出版社

《中国禅宗通史》杜继文、魏道儒著　江苏人民出版社